王嗣均地缘人口学术与人生

十亿人的空间归宿
——城市化与人口迁移文集

王嗣均　著

ZHEJIANG UNIVERSITY PRESS
浙江大学出版社

图书在版编目（CIP）数据

　　王嗣均：地缘人口学术与人生 / 王嗣均著. —杭
州：浙江大学出版社，2021.11
　　ISBN 978-7-308-21885-6

　　Ⅰ. ①王… Ⅱ. ①王… Ⅲ. ①王嗣均—文集 Ⅳ.
①C53

　　中国版本图书馆 CIP 数据核字（2021）第 227896 号

王嗣均地缘人口学术与人生

王嗣均　著

责任编辑	傅百荣	
责任校对	梁　兵	
封面设计	周　灵	
出版发行	浙江大学出版社	
	（杭州天目山路 148 号　邮政编码 310007）	
	（网址：http://www.zjupress.com）	
排　　版	浙江时代出版服务有限公司	
印　　刷	杭州高腾印刷有限公司	
开　　本	787mm×1092mm　1/16	
印　　张	43.75	
彩　　插	8	
字　　数	1092 千	
版　　次	2021 年 11 月第 1 版　2021 年 11 月第 1 次印刷	
书　　号	ISBN 978-7-308-21885-6	
定　　价	176.00 元	

编辑说明

　　王嗣均先生(1929—)，浙江大学教授，我国现当代著名人口地理学者，原杭州大学经济地理(城市规划)专业主要创始人和负责人，浙江省人口研究的主要开拓者、杭州大学人口与发展研究所的创办者，并任该所所长多年。先生曾长期担任中国地理学会人文地理专业委员会委员、中国人口学会人口迁移与城市化研究委员会委员、浙江省人口学会会长，以及中国大百科全书地理学卷人文地理学编委(1982—)、《经济地理》杂志编委(1981—1996)、《人文地理》杂志编委(1985—1996)、《国外人文地理》杂志编委(1985—1996)、中国人口丛书编委(1983—1991)、中国人口问题系列专著编委(1990—1995)等多项学术兼职。

　　在超过半个世纪的教学、科研生涯中，由于国家需要，在不同时期，先生涉足过地理学、城市规划学、人口学的多个学术领域，除了培养人才之外，撰写和主持编著了大量学术性论著，留下了多方面具有先导性、开创性、突破性、经得起时代检验的学术成果。

　　早在国内人口研究还处于销声匿迹状态的 20 世纪 60 年代前期，先生就在经济地理研究中率先开辟了农业区域劳动力资源及其利用平衡的研究领域，指明了大量农村剩余劳动力转移的根本出路，其卓越的预见已为改革开放后我国工业化蓬勃发展、农村劳动力大规模转移的进程所证实。70 年代中后期至 80 年代前期，先生在主持经济地理(城市规划)专业工作期间，正是国内"恐城症"气氛迷漫、"抑大放小"的城市发展政策被不断固化、强化的时候，先生悉心投入城市研究和规划实践，以超前的学术视野、求真的科学精神、可贵的学术勇气和扎实的经济地理学功底，对计划经济时代形成的城市发展观进行了深刻的理论反思和系统研究。在"文革"刚刚结束、僵化的思维定势还有待突破的 1978 年，先生就直面城市化低水平徘徊、人口迁移和流动受严格控制、城市建设方针提法存在重大缺陷等问题，率先对我国长期凝滞的城乡人口构成和分布格局进行了深入研究，提出了改变这种状态的一系列理论观点和科学见解。在沿海地区对外开放尚处萌芽阶段的 1979 年初春，他就敏锐地捕捉到国际航运船舶大型化驱动下的深水港口建设将开启我国沿海开放和港城发展的新时代。他在宁波市修订城市规划的调研中，把握港埠从河港向河口港到深水海港演进对城市产业发展、布局和空间拓展的牵引作用，首次提出了宁波港口开拓、市区空间扩张与宁(波)、镇(海)、北仑三片组团式发展的城市—区域空间规划构想，突破了当时国内城市规划界"就城市论城市"的思维局限和城市空间"摊大饼"式发展的思维定势，其观点和思路受到当地政府的高度重视,成为当时该市制定新一轮城市空间规划的重要科学依据。1980 年代初,先生在参与当时国家建工部项目"城市合理规模研究"时,从分析城市基本活动的规模入手,校正了计划经济时期延续下来的严格控制大城市人口规模的极端化观念,勾画了 20 世纪末杭州市城市人口规模的轮廓。1984 年转入人口研究工作以后,先生首次发现了我国、特别是东部沿海地区乡镇普遍存在的"隐性城市化"现象,并对这种现象的概念、识别指标、形成机理和调控措施进行了开创性的研究;在大城市发展问题上,他拨开长期笼罩的"恐城症"迷雾,对城市体系整体的客观性质、大城市超前发展的必然性及其内在机理、城市效率差异对未来城镇化的影响、城市空间组织跟不上时代要求等事关我国城市化道路、城市发展方针政策的重大理论和现实问题,进行了极富创见的研究;在与清除城市化进程障碍相关的政策法规问题上,他针对城乡划分标准、城市规划法规、人口迁移的户籍管理制度限制等不合时宜的规章制度,从理论和实践两个方面,提出了许多富有说服力和决策应用价值的改革思路。

由于先生在学术上的建树和影响力,曾牵头组织中山大学、南开大学、吉林大学、南京大学、华东师范大学、西安交通大学等 8 所国内著名高校人口所的研究人员,承担了中国/联合国人口活动基金 P04 项目(CHINA/UNFPA/P04)"中国现阶段不同区域城市化的调查与比较研究";主持了国家社会科学基金与国家教委"六五"重点项目《中国人口·浙江分册》的编撰工作;还主持过浙江省"七五""八五""九五"多项社会科学重点项目和省内若干重要应用基础研究项目的研究。其成果对学术进步和决策咨询起着积极的作用。

王嗣均先生治学严谨,学识渊博,为人宽厚,正直无私,对后辈学人提携有加,在人口地理和人口学界享有崇高的学术声誉和影响力。作为受过先生多年教育熏陶的学生,我们深知先生的学人品格、治学态度和创新精神,先生在广义人口地理研究领域多方面的开放性、开创性思维和理论建树,在主要研究方向上的学术成果,对进一步梳理我国人口地理学发展演变脉络,扩展新发展格局下人口地理研究的深度广度,具有重要的意义。先生的为人、治学精神值得晚辈继承发扬,先生的学术思想和学术成果值得为学界同仁分享。正是由于这种感受,我们商请先生把他在主要研究方向上的代表性论文及学术人生回顾编集付梓,得到了先生的首肯。经过三年左右时间的收集、整理和编排,今天终于呈现在了读者朋友的面前。

为了全面反映先生的学术成就和治学历程,本书由两大部分(两集)组成:第一部分(上集)收录了先生 50 余年学术生涯中撰写的具有代表性和重要学术价值的论著。主要包括城市化理论问题研究、人口迁移及与其相关的户籍管理制度改革研究、人口地理学科学视野内的理论问题研究、人口与可持续发展研究以及人口科学与人口决策相关问题研究等五个系列的论文和几项未曾发表过的研究报告。第二部分(下集)选自先生 2018 年完成的自传《淡淡的脚印——我的一生》,内容涉及原杭州大学地理学、城市规划学及人口学三种学科、专业的发展演变历史,以及先生自己的治学经历和感悟,对查考其任职学校、系科、专业的发展和先生个人的治教治学活动,是不可多得的历史资料,具有史料参考价值。

在本书编辑出版过程中,得到了多方面的支持和帮助。浙江大学地球科学学院范今朝副教授全程参与了这项工作,倾情投入了大量时间和精力。前期文字录入、图形处理等工作得到了浙江大学地球科学学院 2018 级硕士生卢奂和闫佳钰同学、浙江大学人口与发展研究所 2020 级硕士生赵宇辉同学和 2019 级硕士生高云舒同学、浙江大学机械学院 2019 级硕士生郭奥同学的帮助;范今朝副教授和浙江大学人口与发展研究所张海勇老师对文稿做了多次认真细致的校对。先生在浙江大学人口与发展研究所工作期间的同事叶明德教授、原华荣教授、尹文耀教授、周丽苹教授、米红教授、姚引妹副教授、李芬老师,以及先生首届研究生(1985 级)、区域与城市规划专家韩波教授等也对本书的出版给予了很多关心和支持。本书的出版得到了浙江大学出版社社长褚超孚教授、浙江大学出版社原副总编辑杨晓鸣编审的大力支持,责任编辑傅百荣老师为本书的出版付出了辛勤的劳动。在此一并致谢!

班茂盛　冯雨峰

2021 年 10 月 9 日

绪　言

新中国成立以来，人口问题之复杂，应对人口问题决策之纠结，是前所未有的。

新中国成立之初，国家继承了历史移交下来的 5.4 亿人口。其后，战争的硝烟远去，社会安定，人口增殖加速，除了 1960 年、1961 年两年以外，每年都以一千万以上甚至超过两千万人的数量递增。到 1978 年，全国人口超过了 9.6 亿（未含台湾、香港、澳门及国外华侨人数），30 年增加了 78％ 左右，使本来已经紧张的人地矛盾雪上加霜，国家不得不采取强有力的计划生育政策，来急速降低生育率。经过 30 年的努力，刹住了人口增长速度，但随之而来的是人口自然构成（性别构成和年龄构成）畸变，年龄金字塔倒转，少子老龄化困局提前到来，国家免不了再花几十年时间，通过政策和社会调节来疏解这种困局。

降低生育率，控制人口增长，为缓解人口对资源环境的压力立下了汗马功劳，但要全面改善人口的生存状态，还要靠经济和社会的全面发展。国际经验表明，除了农业社会遗留下来的人地矛盾之外，当代发展中国家的人口问题本质上是个发展问题，只有经济社会发展了，才能从根本上改善人口的生存状态，也有助于通过社会内在调节机制促使人口自然增长趋向静止。然而，正是在"发展"这一大计上，我们一度掉进了体制的陷阱。

新中国成立后的头 30 年，国家实行社会主义计划经济体制，排斥市场在资源配置中的基础性作用。结果，错失了利用富余劳动力和科学技术后发优势实现跨越式发展的时机，工业化和城市化水平低下，社会经济生活长期处于短缺状态，几亿农村剩余劳动力无法向城镇转移。在僵化的计划经济体制之下，为了防止农村人口自发流向城镇，政府还制定了严格限制农村人口向城镇迁移和流动的户籍管理制度及相应的配套措施，甚至动员一部分城镇人口"上山下乡"，逆向迁往农村，导致反映社会发展程度的一项重要人口指标——城市化率在极低水平下出现倒退，成为工业化、城市化时代潮流中的一个体制性反常特例。

为了吸取历史教训，尽快提高国家发展水平，1978 年中共十一届三中全会开启了对内改革、对外开放之路，用社会主义市场经济体制逐渐取代计划经济体制，在政策和市场的双重驱动下，蕴藏在农村人口中的非农转移和地域转移潜在活力暴发性地释放了出来，预示着工业化、城市化的高潮即将来临。但是，原有计划经济体制封闭运行了 30 年，满足短缺经济状态下限制农村人口进城的各项规章制度已经固化，一时难以突破。同时，各级领导和城市管理者也缺乏农民进城和人口城市化的精神准备，普遍存在着唯恐城市人口膨胀的"恐城"心理，只是允许农村剩余劳动力在集体经济框架内就地兴办非农产业，实行离土不离乡的非农转移。这是一种"隐性城市化"现象，充其量只能看作城市化的前奏或准备阶段。直到上世纪 80 年代中后期,计划经济时期的生活供应票证制度陆续退出历史舞台,城乡分割的第一道藩篱被突破,农村剩余劳动力一下子大量涌向城市,以至在 80 年代末出现了以"百万民工下珠江"为先声的那种举世瞩目的进城民工潮。不过,那时城乡分割的第二道藩篱——户籍管理制度尚未改革,乡村人口一般只能以流动形式而不能以户口随迁形式进入城市,从而形成了一种史无前例的强流动弱迁移的人口现象。如何理顺高速工业化、城镇化过程中农村人口大量进城的必然性、必要性、现实性和民工市民化需求同原有户籍管理制度、城市住房和公共设施供给能力之间的矛盾,又成了政府决策的一个难题。

上述这些纷繁复杂的人口问题,引起了学术界的高度关注,相关学科的学者纷纷投入研究。笔者出身于地理学,初以经济地理、城市地理、人口地理为主要专业方向,后又由于工作需要先后转向城市规划和人口学的教学和研究。这些专业有一个共同特点,就是都离不开人口这一要素。由于职业敏感性,笔者对国际上有关工业化、城镇化、人口迁移和再分布的趋向一直比较关注,对工业化与城镇化的孪生关系了然于心,期盼国家尽快推动工业化、城镇化进程,使农村大量剩余劳动力转入城镇非农产业,从而使大部分农村人口在城镇找到归宿,实现现代意义上的城乡均衡发展。因此,还在错批马寅初《新人口论》使人口研究陷入20 年(1957—1977)沉寂的时期,笔者就于 1963 年从农业劳动力资源利用的角度在浙东姚慈地区进行了人口调查,提出了剩余劳动力基本出路和归宿的问题。1978 年又以《我国人口城乡构成亟待改变》为题对农业剩余劳动力转移问题进行探讨。此后,随着改革开放的推进,围绕城市化问题,对人口与可持续发展、大城市超先发展、城镇体系、人口迁移与流动、户籍制度改革等多方面的理论和实际问题进行研究,为高层决策提供参考。这里呈献给读者朋友的,就是以上述诸方面探索为基础的一部文集。文章写作的时间大致从上世纪 60 年代跨至本世纪初,主要集中在改革开放后的 20 多年。

笔者集中发表这类文章的年代,正是经济社会飞速发展的年代,也是城乡暴露出来的各种问题最为集中的年代,国家法规、方针、政策、规划、计划等等最需要迅速跟进的年代。回顾改革开放以来的 40 多年历程,我们欣喜地看到,中国已经从一个欠发达国家,奋力跨过了中等发达的历史阶段,全面实现了小康目标,现在正在马不停蹄地向发达的现代化强国目标高歌猛进。我们这一代学人所阐述的一些理论问题大都已经得到社会的认同,对实际问题提出的一些政策思考也在不同程度上被政府有关部门所接受,一些与时俱进的问题正在向着更高的境界加以解决。这本文集可以看作是笔者在改革开放前后对以城市化为主线的一些问题进行理论和政策思考的一段历史记录。

王嗣均

2021 年 10 月启真名苑

目　录

中国城市化的若干理论问题

城市化与户籍管理制度改革

广义人口地理学的科学视野

人口与可持续发展

人口科学与人口决策

中国城市化的若干理论问题

农村隐性城镇化的调查与水平估测[①]

——以萧山市农村为例

中国是一个典型的二元经济结构国家。在以往几十年中，一方面，国家利用工农业产品价格剪刀差、城乡隔绝、城镇劳动力低工资高就业，以及生老病死皆由企业一包到底的一套完整的政策措施，在较短的时期内建立起一套完整的现代工业体系；另一方面，由于过去错误的人口政策导致的庞大人口数和长期的城乡隔绝，加上政府对农业投资有限和工业对农业剩余的强制积累，使我国农村仍为自给半自给的传统农业，农村剩余劳动力与日俱增。正是在这种情况下，率先在农村实行的联产承包责任制的改革措施，极大地焕发了农民的生产积极性，促进了农业劳动生产率的提高，农村原先的潜在剩余劳动力日渐转化为显性剩余劳动力，农村劳动力非农转化和地域转移的冲动非常强烈。然而，城镇由于各种福利待遇和充分就业的政策，也使国家背上了沉重的包袱，加上过去经济政策上的长期失误，致使城镇工业根本无法吸收农村的剩余劳动力，实行多年的城乡隔绝政策便不得不继续把农民阻滞在他们世居的乡村。在改革开放形势下，农民利用由于农产品价格调整等政策所积累的农业剩余，在农村蓬勃发展起了非农产业。据 1990 年底统计，全国农村共有 8673.1 万非农产业大军，占农村劳动力的 20.65%，在东部沿海发达地区，这个比例高达 40%[②]。这部分实现了产业转移的非农劳动力，由于城镇创造的就业岗位不足，加上有关政策的限制，一时还无法跨入城镇的门槛，然而，由于劳动力的非农转化基本上是一种不可逆的过程，加上非农产业发展本身要求相对集聚，因而这种转移出来的非农劳动力不会长久保持原有的人口分布状态，他们必将随着非农产业的相对集中而集中，其生活方式日益具有城镇的特性，一旦政策允许，他们终将叩开城镇的大门。因此，这部分人口处于一种潜在的或隐性的城镇化状态。本文通过在浙江省萧山市农村的实地调查，试图证明农村隐性城镇化的存在，在此基础上估测农村的隐性城镇化人口和隐性城镇化水平，最后对与农村隐性城镇化有关的问题进行必要的讨论。

一、基本概念与数据来源

中国至今没有一个合理的城乡划分标准和乡村人口统计口径。公安部门统计的乡村人口与国家统计局农村社会经济统计司统计的乡村人口出入较大。产生这种差异的主要原因是公安部门只把县所辖人口扣除县所辖建制镇人口后的人口统计为乡村人口，而统计局农

---

① 本文系提交中国国家教委联合国人口活动基金"P04 项目""中国现阶段不同区域城镇化比较研究"课题组组织的"中国城镇化区域比较研究学术研讨会"的论文，署名"王嗣均，周志刚"。

② 《中国农村统计年鉴 1991》第 238 页。

村社会经济统计司统计的乡村人口是指户口在乡、镇村民委员会的常住人口,包括常住人口中外出的民工、临时工、合同工及户口在家的在外学生,但不包括户口在家领取国家工资的职工和供销社职工,以及仍吃商品粮的退休职工。另外,统计局农村社会经济统计司统计乡村人口的城乡划分是 1964 年国务院颁布的建镇标准,因此它包括新建镇人口[①]。显然,统计局农村社会经济统计司统计的乡村人口口径大于公安部门统计的乡村人口口径。由于乡村劳动力数量及其行业构成都是统计局农村社会经济统计司的统计资料,因此本文所说的乡村人口是指该司统计的乡村人口。

农村劳动力的行业划分是按从事的主业划分的,如果以从事农业生产为主,兼营非农产业,则仍作为农业劳动力统计。1992 年 5 月我们在萧山市农村作抽样调查时,规定一年内从事非农生产累计时间超过 10 个月,则这个劳动力称为完全非农劳动力,如果一户人家所有在业人口都是完全非农劳动力,则这户人家就是纯非农户。由于萧山市两个调查乡 1990 年从事过非农生产的劳动力中只有 1.31% 从事非农生产时间不超过 6 个月,因此,对萧山市两个调查乡来讲,我们将不再区分从事过非农生产的劳动力和非农劳动力,统称非农劳动力。乡村非农人口是指乡村非农劳动力及其抚养人口。在假定乡村农业劳动力和非农劳动力的带眷系数一样的前提下,我们用乡村非农劳动力乘以(1＋带眷系数)所得的数值称为乡村非农人口。

本文所称的隐性城镇化专指乡村劳动力非农转化过程中由于城乡迁移政策的限制而未能实现地域转移的一种人口状态。这类人口在职业上和生活方式上已具有相当程度的城镇特性,只是其居住地域仍为乡村。

本文所用的面上资料,如乡村人口、乡村劳动力、乡村非农劳动力、带眷系数等,都来自萧山市统计局农村社会经济调查队。有关乡村非农劳动力的城镇特性的数据来自我们对萧山市城北乡、裘江乡 500 户农户的抽样调查。

二、农村劳动力的产业大转移:1978—1990 年

早在 1958 年,萧山市就有社队企业 240 家,从业人员达 26879 人。但是,在此后的二十年里,农村发展非农产业得不到政策的鼓励,加上外部环境的限制,社队企业发展极其缓慢,到 1978 年改革开放前夕,社队企业也只有 332 家,从业人员 23555 人,农村劳动力的转移基本处于混乱无序和规模不大的状态。

党的十一届三中全会以后的改革开放政策,为农村劳动力的产业大转移创造了条件,乡村非农产业得到了迅猛的发展。企业数从 1978 年至 1990 年逐年增加,平均每年增加 236 家,1984 年创下一年增加乡村工业企业 408 家的最高纪录。从业人员除 1989、1990 两年由于国民经济调整而有所减少外,其他各年都迅猛增加,平均每年增加 1.87 万,1984 年竟增加 3.44 万。乡村工业的发展有力地促进了农村劳动力的产业大转移,乡村工业成为农村劳动力转移的主要出路。到 1988 年,已有超过半数的农村劳动力从事非农产业,农村非农化水平从 1980 年的 17.46% 提高到 1990 年的 51.31%,10 年间共提高 33.85 个百分点,平均每年提高 3.4 个百分点。这么快的非农化速度在发达国家和发展中国家中都是少见的。美国农村的非农化水平从 1940 年的 54% 提高到 1970 年的 89%,30 年间共提高 35 个百分点。日本农村的非农化水平 1960 年为 46%,到 1970 年为 62%,10 年间仅提高 16 个百分点。

---

① 《中国农村统计年鉴 1991》第 29 页。

那么萧山市农村劳动力的产业大转移又有什么特点呢? 我们通过对萧山市两个乡500户农户的抽样调查,认为有以下四个特点:首先,以就地转移为主。有76.07%和11.02%的非农劳动力在本乡农村和本县(市)农村从事非农生产,只有0.24%转移到外县(市)从事非农生产,有12.68%的非农劳动力在本县(市)城镇从事非农产业。可见,农村是吸收非农劳动力的主要地域。其次,转移比较彻底,兼业化现象不很突出。从事非农产业劳动力中有41.47%整年从事非农生产,有50.95%在一年中有10~12个月从事非农生产,只有7.58%存在明显的兼业化现象,他们一年从事非农生产的时间不超过10个月。第三,转移的行业以工业为主,建筑业、交通运输业、商业饮食业也占有一定比例。有58.46%的非农劳动力从事工业生产,16.21%的非农劳动力从事建筑业,从事交通运输业和商业饮食业的非农劳动力所占比例分别为7.22%和6.98%。第四,转移的企业以乡办、村办企业为主。有52.79%和20.78%的非农劳动力在乡办和村办企业从事非农生产,从事个体经营的非农劳动力也占有一定比例(11.64%)。

三、农村劳动力非农化过程中的隐性城镇化

按照二元经济结构理论,发展中国家的非农化和城镇化应该是同步的。我国由于人口基数大,加上城乡隔绝政策,农村劳动力的非农化被严格限制在乡村区域,快速的非农化并未带来高速的城镇化,城镇化的过程明显滞后于非农化进程。那么,农村劳动力在非农化过程中是否存在着一种城镇化的潜势呢? 通过对萧山市农村500户农户的抽样调查,我们从以下十个方面认为,农村劳动力在非农化过程中,其生活方式日益表现出某种程度的城镇特性,从而存在着一种明显的隐性城镇化现象。

1. 从收入及其构成看农村非农劳动力的城镇特性

1990年萧山市农村非农劳动力的人均纯收入为2614.36元,不仅高于农村农业劳动力的人均纯收入,而且比同期全民所有制企业职工的年均工资2506元和城镇集体所有制企业职工的年均工资2026元还高。从收入的构成看,农村非农劳动力有86.46%的收入来自非农业收入,只有13.54%的收入来自农业收入(表1)。因此,从收入数量看,农村非农劳动力与城镇职工已一样,从收入的构成看,农村非农劳动力也有86.46%的城镇特性。

表1　1990年萧山市乡村非农劳动力与农业劳动力的收入及其构成

	农业收入		非农业收入		合计	
	绝对值(元)	比重(%)	绝对值(元)	比重(%)	绝对值(元)	比重(%)
农业劳动力	916.96	78.70	248.11	21.30	1165.07	100.00
非农业劳动力	354.06	13.54	2260.30	86.48	2614.36	100.00

2. 从从事非农生产的时间看农村非农劳动力的城镇特性

从表2可见,从事非农生产的劳动力中有41.47%整年从事非农生产,尽管他们生活和居住在农村但已完全脱离农业生产。有50.95%的劳动力从事非农生产的时间超过10个月,虽然这部分人也从事一些农业生产,但绝大部分时间仍从事非农生产,从某种程度上讲,他们还能与城镇居民相比较。只有7.58%的劳动力从事非农生产时间不超过10个月,他们从事的生产活动具有某种兼业性。平均来讲,农村非农劳动力一年从事非农生产的时间为11.51个月,占整年时间的92.95%。因此,从从事非农生产的时间看,农村非农劳动力

具有 92.95％的城镇特性。

表 2　1990 年萧山市农村从事非农生产的劳动力按从事非农生产的时间分组的人数及比重

从事时间(月)	合　计	整　年	10—12	8—10	6—8	4—6	2—4	< 2
人数(人)	844	350	430	35	18	7	2	2
比重(％)	100.00	41.47	50.95	4.17	2.13	0.83	0.24	0.24

3. 从文化程度看农村非农劳动力的城镇特性

不同产业对劳动力的文化素质的要求是不一样的,一般来讲,非农产业对劳动力的文化素质要求相对较高。以我们这次调查看,农村农业劳动力的文盲率高达 24.63％,而非农劳动力的文盲率仅为 5.58％,两者之比为 4.41∶1,小学文化程度劳动者占农业和非农业劳动者的比重基本一致,非农劳动力中,有 24.47％和 5.46％的初中文化程度者和高中文化程度者,而农业劳动力相应的比重分别为 10.45％和 0.75％。非农业劳动力的平均学习年数为 6.73 年,比农业劳动力的平均学习年数多 1.85 年。尽管农村非农劳动力的文化程度比农业劳动力高,但平均文化程度只有小学毕业,比城镇劳动力的平均学习年数 10.18 年少 3.45 年,仅为城镇劳动力的 66.11％。因此,从文化程度看,农村非农劳动力的城镇特性是较弱的,相对只有 66.11％的城镇特性。

4. 从闲暇时间的分配情况看农村非农身动力的城镇特性

生存、享受和发展是人类生活的三个重要组成部分。生存所需要的时间就是劳动时间,享受和发展所需的时间就是闲暇时间。随着社会的进步,闲暇时间将不断增加。一般地讲,城镇居民的闲暇时间较多,生活也丰富多采,而农村居民的闲暇时间相对较少,生活也较单调枯燥。改革开放后,随着农村非农化的发展和人民生活水平的提高,农村劳动力的闲暇时间已增加很多。据我们这次调查,农村非农劳动力的闲暇时间分配已完全不同于农业劳动力,他们不仅拥有较多的闲暇时间,而且除看电影、看电视、打牌等娱乐活动时间外,还有一定的从事学习、看报、进修及探亲访友等社会交往时间(表 3)。

目前,关于城镇职工的闲暇时间还没有一个权威的统计数据。据王雅林的城镇居民时间预算的调查,城镇居民的闲暇时间为 3.52 小时[①]。如果以此为标准,则农村非农劳动力的闲暇生活可以讲已有 52.12％的城镇特性。

表 3　萧山市农村劳动力的闲暇时间分配　　　　　　　　　　　　　　(小时)

	业余学习时间	娱乐时间	交往时间	无事休息	合　计
非农劳动力	0.20	1.11	0.18	0.35	1.84
农业劳动力	0.04	0.72	0.06	0.50	1.32

5. 从农村家庭总支出中购买性支出所占的份额看农村非农劳动力的城镇特性

家庭支出的形式在城乡之间有很大的差别。一般来讲,农村家庭以自给性的实物支出为主要形式,而城镇家庭则以购买性的货币支出为主要形式。用家庭总支出中购买性支出所占的比重这一指标,可以反映一个区域商品经济的发展程度和社会化程度,从而反映一个区域居民的城镇特性(表 4)。

---

① 王雅林:"城镇居民时间测算研究",《中国社会科学》,1991 年第 2 期。

表 4　1990 年萧山市农村家庭的支出构成

	购买性支出		自给性支出		合计	
	绝对值（元）	比重（%）	绝对值（元）	比重（%）	绝对值（元）	比重（%）
纯农户	928.57	65.00	500.00	35.00	1428.57	100.00
纯非农户	3497.24	82.63	735.11	17.37	4232.35	100.00
兼农户	3017.38	77.48	878.98	22.52	3894.36	100.00

从表 4 可以看出,纯农户、纯非农户、兼业户的支出形式是很不一样的。尽管三者都以购买性支出为主要形式,但纯农户的支出购买率最低,只有 65.00%,其次为兼业户,支出购买率为 77.48%,纯非农户的支出购买率最高,为 82.63%,这说明纯非农户家庭的社会化程度最高,其城镇特性也最强。如果以城镇居民的支出购买率为 100% 的话,那么纯非农户家庭具有 82.63% 的城镇特性。

6. 从恩格尔系数看农村劳动力的城镇特性

生活消费支出的构成是反映人们生活水平的重要指标。联合国曾采用食品支出占生活消费支出的比例（恩格尔系数）来区分人们的生活水平。一般来讲,生活水平越高,则恩格尔系数就越低,反之,生活水平越低,则恩格尔系数就越高。目前,我国人民的总体生活水平还不高,恩格尔系数一般还在 50% 左右。据国家统计局的住户调查,1990 年我国城镇和农村的恩格尔系数分别为 54.78% 和 54.86%,两者基本一致①。这充分说明改革开放后农民生活水平的提高和城乡差别的缩小。从我们这次调查来看,萧山市农村住户 1990 年的恩格尔系数只有 47.33%,低于全国城镇和农材住户的恩格尔系数,这正是萧山市农村经济较发达,人民生活水平较高的真实写照。由此可见,从恩格尔系数看,萧山农村已与城镇无多大差别,农村劳动力在恩格尔系数方面已具有 100% 的城镇特性。

7. 从农村住户耐用消费品拥有量看农村劳动力的城镇特性

表 5　1990 年萧山市农村住户每百户耐用消费品拥有量

	萧山市农村	全国城镇	以全国城镇为 100 的萧山市农村数值
1. 自行车	219	187.24	116.96
2. 缝纫机	65	69.35	93.73
3. 钟、手表	328	299.21	109.62
4. 电风扇	208	130.28	159.66
5. 收音机	16	44.24	36.17
6. 收录机	37	70.63	52.39
7. 电视机	91	112.46	80.92
8. 照相机	4	21.10	18.96
9. 洗衣机	12	79.67	15.06
10. 电冰箱	21	46.31	45.35

资料来源:萧山市为笔者调查的二个乡的数据,全国城镇为国家统计局的城镇住户调查数据。

---

① 《中国城镇住户调查资料 1990》,《中国农村住户调查资料 1990》。

　　从表 5 可见,萧山市农村的自行车、手表、电风扇等耐用消费品已普及,电视机、缝纫机已基本普及,照相机,洗衣机,电冰箱在农村的普及程度还很低。与全国城镇相比,照相机、洗衣机、电冰箱、收音机等耐用消费品,萧山市农村每百户的拥有率远低于全国镇城,相对拥有量都不超过 50,自行车、手表、电风扇在萧山农村的拥有率高于全国城镇,相对拥有量都大于 100。如果以上述 10 大类耐用消费品的相对拥有量的算术平均值作为反映农村劳动力在耐用消费品方面的城镇特性的指标,则萧山市农村劳动力在耐用消费品方面有72.88％的城镇特性。

　　8. 从农村饮用水使用情况看农村劳动力的城镇特性

　　饮用水使用情况是反映人们物质生活方式的一个重要方面。一般来讲,在城镇,自来水(水厂制)的普及率很高,主要饮用水为自来水(水厂制),而农村的自来水(水厂制)的普及率还很低,主要饮用水为溪水、湖水和河水。据这次萧山市二个乡的抽样调查,自来水(水厂制)的普及率还不高,仍有 42.40％的住户以河水、湖水和溪水为主要饮用水,只有 55.80％的住户饮用上了自来水(水厂制)。据国家统计局城镇住户调查,1990 年底全国城镇自来水(水厂制)普及率为96.02％,萧山农村的自来水(水厂制)普及率仅为全国城镇的 58.11％。因此,从自来水(水厂制)的普及率来看,农材劳动力在饮用水方面仅有 58.11％的城镇特性。

　　9. 从燃料使用情况看农村劳动力的城镇特性

　　据萧山市二个乡的抽样调查,萧山市农村仍有 72.84％的住户以柴草为主要燃料,只有23.74％的住户使用上了液化石油气和煤气。由此可见,传统的以柴草烧饭、烧菜的生活方式仍未改变。1990 年来,全国城镇居民的煤气、液化气的普及率已达 40.97％,萧山农村煤气、液化气的普及率仅为全国城镇的 57.94％,因此萧山农村劳动力在煤气、液化气的普及率方面 仅有 57.94％的城镇特性。

　　10. 从卫生设备的使用情况看农村劳动力的城镇特性

　　目前,我国农村的卫生条件还很不理想,农民在新建住宅时,没有把卫生设备的设计放在重要的位置,一般仍以茅厕为主要的卫生设备。只有 7.85％的住户有浴室有厕所,另有2.41％ 住户有厕所无浴室,厕所拥有率只有 10.26％。我国城镇的老式住宅的厕所拥有率也不高。近年来在城镇住宅设计中强调了卫生设备的要求。据全国城镇住户抽样调查,有66.20％的住户拥有抽水厕所。所以,从抽水厕所拥有率来看,萧山农村仅为全国城镇的15.50％,也就是讲,萧山农村劳动力在抽水厕所拥有率方面仅有 15.50％的城镇特性。

四、农村隐性城镇化水平测算

　　前面我们从反映城镇特性的 10 个方面论证了农村隐性城镇化是存在的。那么农村到底有多少隐性城镇化人口呢? 隐性城镇化水平又是多少呢? 本节拟结合萧山市的调查资料对此作初步的探讨。

　　用来反映农村非农人口的城镇特性的指标有很多,不同学科的学者往往从自身研究的角度选用不同的指标。要选择一套全面反映城镇特性的指标体系是非常困难的。一般可根据数据的可得性和可量化性两个方面,选择一些重要的有价值的反映城镇特性的指标。

　　同时,为了得到一个具有时间上和空间上可比的隐性城镇化水平的指标,我们选择一个具有标准城镇特性的指标值,然后将不同区域、不同时间得到的反映城镇特性的指标值与标准城镇特性的指标值相比,所得的值称为不同区域、不同时间的隐性城镇化的特征比。由于我们所选的标准城镇特性的指标是唯一的,所以用以上方法得到的隐性城镇化的特性比,相对于我们选定的标准指标值来讲,在时间和空间上是可比的。由此特征比构造得到的隐性城镇化系数、隐性城镇化人口,隐性城镇化水平也具有时间和空间上的可比性。下面先提出一套计算隐性城镇化水平的理论框架,然后用这套理论框架对萧山市农村的隐性城镇化水平进行测算。

1. 一般的理论框架

设 $E_i^0(i=1,2,\cdots,n)$ 为 n 个反映城镇特征的标准指标值[①], $E_i^{St}(i=1,2,\cdots,n)$ 为反映 t 年份 S 区域(均指乡村区域)城镇特性的 n 个指标值,则 t 年份 S 区域的隐性城镇化的 n 个特征比 $R_i^{St}(i=1,2,\cdots,n)$ 为:

$$R_i^{St} = \begin{cases} \dfrac{E_i^{St}}{E_i^0}, 如果 \dfrac{E_i^{St}}{E_i^0} \leq 1 \\[2mm] 1, 如果 \dfrac{E_i^{St}}{E_i^0} > 1 \end{cases} \quad \cdots\cdots\cdots\cdots\cdots\cdots\cdots\cdots (1)$$

显然, R_i^{St} 满足 $0 \leq R_i^{St} \leq 1 (i=1,2,\cdots,n)$ 。

由于反映城镇特性的 n 个特征比在反映城镇特性方面的重要程度是不一样的,因此它们对应的权重也是不一样的。我们假定权重不受时间和空间的影响,则可设 $R_i^{St}(i=1,2,\cdots,n)$ 所对应的权重为 $A_i(i=1,2,\cdots,n)$,其中

$$\sum_{i=1}^{n} A_i = 1, 0 \leq A_i \leq 1$$

有了特征比 $R_i^{St}(i=1,2,\cdots,n)$ 和权重 $A_i(i=1,2,\cdots,n)$ 后,我们就可以构造一个综合反映农村非农劳动力城镇特性的指标 —— 隐性城镇化系数,它的意义是一个非农业人口所相当的隐性城镇化人口。 t 年份 S 区域的隐性城镇化系数 LC^{St} 为:

$$LC^{St} = \sum_{i=1}^{n} A_i R_i^{St} \quad \cdots\cdots\cdots\cdots\cdots\cdots\cdots\cdots (2)$$

显然,隐性城镇化系数满足 $0 \leq LC^{St} < 1$ 。

则 t 年份 S 区域的隐性城镇化人口 LUP^{St} 为

$$LUP^{St} = LC^{St} \times NL^{St} \times (1 + C^{St}) \quad \cdots\cdots\cdots\cdots\cdots\cdots\cdots\cdots (3)$$

其中 NL^{St} 为 t 年份 S 区域的非农劳动力, C^{St} 为 t 年份 S 区域非农劳动力的带眷系数。 t 年份 S 区域的隐性城镇化水平 LUR^{St} 为:

$$LUR^{St} = \frac{LUP^{St}}{P^{St}} * 100\% \quad \cdots\cdots\cdots\cdots\cdots\cdots\cdots\cdots (4)$$

其中 P^{St} 为 t 年份 S 区域的总人口。

2. 萧山市的实例

从一般的理论框架知道,要计算隐性城镇化人口和隐性城镇化水平,关键在于:①反映

---

① 这里我们所选的指标均要求是正向性指标。

城镇特性指标的选择;②反映城镇特性的标准指标值的确定;③特征比和权重的确定。

根据我们对萧山市的调查资料,我们根据数据的可得性和可量化性,选定了以下 10 个方面反映农村隐性城镇化特性的 10 个指标:①非农劳动力收入的非农率(%);②平均一年从事非农生产的时间(月);③非农劳动力的平均学习年数(年);④闲暇生活时间(小时);⑤农村家庭支出的购买率(%);⑥农村家庭生活消费支出的逆恩格尔系数(%);⑦农村家庭 10 类耐用消费品相对拥有量(件);⑧农村自来水(水厂制)的普及率(%);⑨农村煤气、液化气的普及率(%);⑩农村家庭抽水厕所的拥有率(%)。

上述 10 项指标所对应的作为反映城镇特性的标准指标值的选择可以是多种多样的。为了便于在全国 30 个省、市、自治区作比较研究,我们选择 1990 年末全国城镇的上述 10 项指标所对应的值作为标准的指标值。

上述 10 项指标所对应的权重可以通过专家调查法得到,限于时间,我们暂时按以下方法确定。由于逆恩格尔系数和 10 类耐用消费品的相对拥有量二项指标都是反映人们的消费生活情况,故把它们看作一类。自来水普及率、煤气、液化气普及率、抽水厕所拥有率等三项指标都反映物质生活方面,也将其作为一类。这样将 10 项指标分为 7 类,前五类平均得0.14 分,后两类平均得分 0.15 分。具体如表 6。

表 6　反映城镇特性的十项指标的数值、特征比和权重

	萧山市农村		标准参照值		特征比		权重	
	变量名	数值	变量名	数值	变量名	数值	变量名	数值
收入的非农率(%)	E_1	86.46	E_1^0	100	R_1	0.86	A_1	0.14
从事非农生产的时间(月)	E_2	11.15	E_2^0	12	R_2	0.93	A_2	0.14
平均学习年数(年)	E_3	6.73	E_3^0	10.18	R_3	0.66	A_3	0.14
闲暇活动时间(小时)	E_4	1.84	E_4^0	3.53	R_4	0.51	A_4	0.14
支出的购买率(%)	E_5	82.63	E_5^0	100	R_5	0.83	A_5	0.14
逆恩格尔系数(%)	E_6	52.67	E_6^0	45.22	R_6	1.00	A_6	0.05
10 类耐用消费品拥有量(%)	E_7	72.88	E_7^0	100	R_7	0.73	A_7	0.10
自来水普及率(%)	E_8	55.80	E_8^0	96.02	R_8	0.58	A_8	0.05
煤气液化气普及率(%)	E_9	23.60	E_9^0	40.97	R_9	0.58	A_9	0.05
厕所拥有率(%)	E_{10}	10.20	E_{10}^0	66.20	R_{10}	0.15	A_{10}	0.05

说明:①萧山市农村的数值来自二个乡 500 户农户的抽样调查。

②标准参照值取自《中国统计年鉴 1991》,其中闲暇活动时间取自《中国社会科学》1991 年第 2 期王雅林文。

有了表 6,我们利用公式(2)就可以计算出 1990 年萧山市农村非农劳动力的隐性城镇化系数 LC 为:

$$LC = \sum_{i=1}^{10} A_i R_i = 0.72 \qquad \cdots\cdots\cdots\cdots\cdots\cdots\cdots\cdots\cdots (5)$$

另据萧山市统计局的统计,1990 年萧山市共有乡村人口 98.30 万,乡村劳动力 65.41

万,由此可得乡村劳动力的带眷系数 C 为 0.50,假如萧山市农村农业劳动力和非农劳动力的带眷系数相同,则利用公式(3)、(4)和(5),可以计算出 1990 年萧山市农村隐性城镇化人 LUP 为:

$$LUP = LC \times NL \times (1+C) = 0.72 \times 33.56 \times (1+0.5) = 36.24(万) \quad \cdots\cdots (6)$$

1990 年萧山市农村的隐性城镇化水平 LUR 为:

$$LUR = \frac{LUP}{P} \times 100\% = \frac{36.24}{98.30} \times 100\% = 36.87\% \quad \cdots\cdots\cdots\cdots\cdots\cdots (7)$$

　　显然,萧山市农村的隐性城镇化现象是很突出的。如果将萧山市农村的隐性城镇化人口除以萧山市的总人口所得的百分比称为萧山市的隐性城镇化水平,则 1990 年萧山市的隐性城镇化水平为 36.87%,比第四次人口普查市镇人口统计的第二口径统计的 1990 年年中的 22.80% 的显性城镇化水平还高,足见乡村地区城镇化潜势是相当强劲的。

五、问题讨论

　　农村隐性城镇化是我国特有的二元社会经济结构条件下所产生的一种必然现象,是农民面对二元社会经济结构所作出的现实抉择,它的存在有其合理方面。首先,它大量吸收了农村剩余劳动力,减轻了农村劳动力大量转移对城市的压力。其次,促进了农村经济的高速发展、乡村产业结构的优化和农民生活水平的提高。然而,这种乡村区域的隐性城镇化又不可避免地存在不合理的一面。第一是由于乡村非农产业分散化带来的规模不经济性,不能从外部获得供电、供水、供热、排污、仓储、交通运输等基础设施的便利;第二是分散的非农产业所造成的环境污染大大超过城市企业对环境造成的污染,且由于其分散性而难于集中治理;第三是由于信息不灵和交通不便,不能适应市场行情的变化;第四是分散的非农产业限制了分工协作,也不利于新技术的吸收和扩散;第五是分散的非农产业助长了土地的分散倾向,不利于农业的规模经营和现代化。因此,农村非农产业在分布上必然要求适度集中,其规模分布大致服从于克利斯泰勒(W. Christaller)的中心地(central place)系统的规则。目前,我国乡村非农产业不集中的原因,既有来自城市方面,如城市创造的就业岗位不足、城乡隔绝政策等,也有农村内部自身的原因,如农林市场发育不足、基础设施投资不够,乡村非农产业的地缘性和血缘性等等。因此,各级有关部门必须加强乡村区域集镇或中心居民点的规划和市场培育,增加对它们的基础设施投资,以改善乡村区域经济活动和人口分布的格局。要重视农村隐性城镇化的研究,为我国城镇化的健康发展作出科学的预测和规划。

载《人口与经济》1993 年(总第 76 期)第 1 期,第 16—24 页

中国农村隐性城市化的形成机理、区域差异及发展前景[①]

中国通常称位于农村地区的企业为"乡镇企业",其企业领导人为"农民企业家",其所建的城镇为"农民城",在乡镇企业工作的农村劳动力仍称为"农民",在城市企业打工的农村劳动力称为"农民工"。这些在本质上相异的事物能如此巧妙地结合在一起,并代表着一种发展趋势,是中国农民在特有的二元社会经济结构条件下的伟大创举,从而使中国农村城市化有别于其他发展中国家而具有自己的特色。本文针对上述现象,首次提出了隐性城市化的概念,并在全国6大区的6个县的抽样调查基础上,实证研究了这种中国特色的城市化的形成机理、区域差异及发展前景。

一、隐形城市化概念的提出及其度量

(一)中国市镇人口统计标准的独特性

在讲隐性城市化概念之前,我们不得不回顾一下我国的城乡划分标准和市镇人口统计口径。我国自1955年公布《国务院关于城乡划分际准的规定》以来,城乡划分标准经历了1963年的"精减、压缩"、1984年对设镇标准的放宽和1986年实行市带县体制等多次变动,市镇人口统计口径也从最初的市镇辖区内的全部人口变为市镇辖区内的非农业人口,到1982年第三次人口普查时再变为市镇辖区内的全部人口,1990年第四次人口普查时又有了新的统计口径。这种城乡划分标准的频繁变动和市镇人口统计口径的前后不一及其由此带来的弊端,已为中外学者所熟知(李成瑞,1985;冯立天,1983;周一星,1990;周志刚,1992)。目前采用最多的"市镇总人口"与"市镇非农业人口"两项统计数据,前者是指市、镇行政辖区内的全部人口,完全受行政区划变动的影响,在我们这样一个城乡划分标准变动频繁,各地对城乡划分标准执行不一的国家里,"市镇总人口"的统计数据已不具有时间的可比性和空间的可比性,"市镇总人口"的统计数据实际上已经失去了统计意义(周一星,1990)。"市镇非农业人口"从字面看是指市、镇辖区内的从事非农业生产的劳动者及其抚养人口,而实际上主要指市、镇辖区内的吃商品粮的人口,因而把居住在市、镇建成区和城乡结合部的郊区,主要从事非农业生产但其户口性质尚属农业户的人口排除在外,致使市镇非农业人口的统计数据低于实际的城镇人口。国外和国内许多学者,在没有更好的城镇人口统计口径的情况下,一般都愿意采用"市镇非农业人口"的统计数据。然而,在乡村非农产业蓬勃发展、城乡人口流动频繁的今天,用"市镇非农业人口"的统计数据来代替城镇人口数据,其缺陷越来越大。

[①] 本文与周志刚合作完成,发表时署名"王嗣均,周志刚"。

　　1990年第四次人口普查,采用了一套新的市镇人口统计口径,将设区的市所辖的区人口和不设区的市所辖的街道人口,以及不设区的市所辖镇的居民委员会人口和县辖镇的居民委员会人口,统计为市镇人口。尽管用这一统计口径统计的26.23%的城市化水平被普遍接受,但就其本质而言,仍是城镇人口统计的夸大口径与缩小口径的拼凑,只是夸大与缩小相差不多而已。同时用这一统计口径统计的市镇人口数据在省区一级及以下都不具有可比性(周一星、孙樱,1992;周志刚,1993)。因此,除"市镇总人口"已失去市区城镇人口的统计意义外,"市镇非农业人口"和1990年第四次人口普查采用的新口径都基本不能反映改革开放后乡村地区非农化迅猛发展和城乡人口频繁流动所体现的城市化潜流,更无法将那些已实现了产业转移而一时还无法实现地域转移的那部分乡村人口及在城市打工(目前称其为流动人口)的那部分乡村人口统计在内,所以,必须寻找新的统计概念。

　　(二)隐性城市化概念的提出与界定

　　首先,如前所述,中国至今没有一个合理的城乡划分标准和城镇人口统计口径,现行的市镇人口统计数据已无法反映我国城乡发展的实际。为弥补上述缺陷,同时便于与官方统计的市镇人口数据相区别,我们不妨将现行官方统计所反映的城市化叫做"显性城市化",而把官方统计所没有反映的那部分城市化叫做"隐性城市化"。这是我们提出隐性城市化的第一个原因。

　　其次,我们在1990年7月对浙江省宁波市进行改革开放以来市区人口迁移抽样调查时发现,70年代后期以来,宁波作为国家在浙江省的重点投资城市,大规模的建设投资并没有像W. A. 刘易斯所期望的那样出现乡村剩余劳动力向城市的大规模迁移,似乎近期城市工业的发展对劳动力的需求可以通过城市内部调剂来满足,中心城市政府产业投资的城市化效应并不明显。相反,乡村区域民间非农产业投资却推动了农业剩余劳动力的大量转移,产生了城市化的潜流,乡村区域处于一种潜在的或隐性的城市化状态(王嗣均、周志刚、吴清法,1992)。这促使我们去深入研究这种乡村区域的潜在城市化的起因及其社会经济影响,也促使我们提出隐性城市化这一概念。

　　第三,1990年联合国人口活动基金援助中国的"大学人口学研究与培训"项目设立了"中国现阶段不同区域城市化的调查与比较研究"课题,根据课题文本设计,课题的基本目标是通过全国各省区城市化与经济发展关系的研究,揭示城市化区域差异的现状、动向及其存在问题,为政府制定或调整区域发展政策提供科学依据。基于这样的目标,我们在作城市化与经济发展之间的相关分析时,发现两者虽呈强相关关系,但相关系数一般只有0.6~0.7,说明城市化水平的区域差异不能很好反映经济发展水平的区域差异,因而需要寻求新的城市化变量。另外,在作城市化与经济发展的相关分析和弹性分析时,有个别省区城市化水平的实际值远远偏离理论值,如浙江省和江苏省,1990年统计的城市化水平分别只有21.72%和24.52%,而模型的理论值分别为34.50%和33.61%,分别相差12.78个百分点和9.09个百分点,如果不考虑这些省区乡村区域的较高的隐性城市化,就很难在理论上就城市化与经济发展关系的区域差异作出解释,也很难真实反映我国城市化的区域差异,把握未来城市化区域格局的变动趋向,从而难以达到课题文本设计的目标。有鉴于此,我们在1992年正式在"中国现阶段不同区域城市化的调查与比较研究"课题的修改文本中提出了隐性城市化的概念,并在课题中设置了"隐性城市化区域比较研究"的子课题,于1992年6月由课题各协作单位在全国六大片的各一个省的一个县(市)进行了隐性城市化的专题调查。随后,陆续发表了有关隐性城市化的文章(王嗣均、周志刚,1993;钟逢干、袁政,1993;李新建,1993;

李树茁、刘海城,1994)。至此,隐性城市化概念逐步被学术界所接受。

"隐性城市化"的概念主要是与"显性城市化"的概念相对应而言。因此,我们可以从显性城市化的概念出发,把隐性城市化理解为显性城市化所没有反映的那部分城市化,主要指乡村区域那种已经实现了产业转移而一时还无法实现地域转移,但从其生活方式和居民点形态上看,已具有某种程度的城镇特性的那种人口状态。隐性城市化的概念不同于非农化的概念,因为非农化没有聚集性的要求而只有非农性的要求,而隐性城市化不仅具有非农性的要求,同时还有聚集性的要求。隐性城市化的概念也不同于一般城市化的概念,因为隐性城市化毕竟不是一般意义上的城市化,它只是城市化的一种潜能或潜流,将隐性城市化转化为显性城市化还需具备许多条件,但这种转化却是必然的。因此隐性城市化又可理解为城市的非成熟形态,与国外所讲的半城市化(Semi-urbanization)类似。本文所讲的隐性城市化,专指乡村劳动力非农转化过程中由于城乡迁移政策等的限制而未能彻底实现地域转移的一种人口状态,这些人口在从事职业上、生活方式上和居民点形态上已具有相当程度的城镇特性,只是其居住地域在行政上仍为乡村或这些人口在统计上仍是乡村人口。

(三)隐性城市化的度量

基于对隐形城市化的不同理解,可以对隐性城市化有不同的度量,但目的都是去度量显性城市化所没有反映的那部分城市化。

基于中国显性城市化水平的滞后性,可以利用"城市化与经济发展的世界模型",将中国的经济发展水平代入模型而得到的中国城市化水平的理论值(拟合值)与实际的显性城市化水平的差值去度量中国城市化水平相对于经济发展水平的滞后程度,这种滞后程度也可以看作是隐性城市化水平。也可以用工业化率与城市化率之比(IU比)或非农化率与城市化率之比(NU比)的国际比较来大致判定中国城市化水平滞后于工业化水平或非农化水平的程度(辜胜阻,1991:114—118),并由此来定义我国的隐性城市化水平。另外,也可以采用我国流动人口的抽样调查,大致估计我国各级城镇流动人口与常住人口的比例,然后通过流动率加权法确定全国及各省区流动人口数量,而这部分人口在显性城市化人口统计中都被统计为乡村人口,而事实上,他们都参与了城镇的社会经济活动,分享城镇基础设施,是隐性城市化人口的一个组成部分。后一种方法在城市规划中常被使用,因为城市规划必须把这部分人口考虑在内。

我们对隐性城市化的度量,则是采用特征比的思想(李树茁、李南,1992;李南,1992),利用本课题所作的隐性城市化的专题调查数据,从收入的非农率、平均一年从事非农生产的时间、平均文化程度、平均每周闲暇活动时间、支出的购买率、逆恩格尔系数、10大类耐用消费品相对拥有量、自来水普及率、煤气、液化气普及率、厕所普及率等10大特征比和有关反映居民点形态的中心度指标,通过加权平均法,定义了乡村区域非农劳动力的隐性城市化系数,即一个乡村非农劳动力相当于多少个隐性城镇化人口,然后通过隐性城市化系数定义了隐性城市化人口与隐性城市化水平。详细的度量方法参见(王嗣均,1995:第10章)

二、隐性城市化的形成机理

按照发展经济学理论,发展中国家在工业化过程中,农村剩余劳动力可以通过城市第二、三产业的发展逐步被城市吸收,因而从理论上讲,发展中国家不会存在明显的隐性城市化现象。而我国由于独特的人口条件及工业化道路,加上农村人口向城镇迁移的政策限制,致使我国绝大部分省区,尤其是东部沿海发达省市,出现了明显的隐性城市化现象。其形成机理主要是：

（一）人口与耕地比例的严重失调及农村单一的产业结构

人口众多是我国的最基本国情，由此决定了我国许多社会经济问题的独特性和解决的艰巨性。中国农村剩余劳动力的大量存在及城市工商业无法吸收农村剩余劳动力，都与我国人口的快速增长密切相关。

我国总人口从 1949 年的 5.42 亿增加到 1992 年的 11.72 亿，43 年间共增长了 1.16 倍，净增人口 6.3 亿，平均每年净增人口 1465.21 万人。人口出生率从 1949 年的 36.00‰上升到 1963 年的最高峰 43.67‰，随后开始缓慢下降到 1970 年的 33.43‰。随着 70 年代我国计划生育政策的实行，人口出生率从 1970 年的 33.43‰迅速下降到 1992 年的 18.24‰。人口死亡率除 1959—1961 年受三年困难时期影响，1960 年有明显上升外，其余年份都呈下降趋势，到 1992 年仅为 6.64‰。由于人口出生率与死亡率下降的不同步性，致使我国在工业化初期就遇到了较高的人口自然增长率，1970 年以前，人口自然增长率基本都在 25‰以上（除 1959—1961 年三年困难时期外）。70 年代实行计划生育以后，人口出生率迅速下降，到 1992 年人口自然增长率为 11.60‰。

总人口的高速增长必然带来劳动适龄人口的大量增加，加上我国人口年龄结构的影响，60 年代以后，我国劳动适龄人口的增长速度远大于总人口的增长速度，劳动适龄人口的高速增长必然带来沉重的就业压力。

然而，在全国总人口、劳动适龄人口高速增长的同时，我国耕地面积从 50 年代末以后就出现了绝对下降的趋势。耕地面积从 1957 年的 167745 万亩下降到 1992 年的 143139 万亩，共减少耕地 24606 万亩，平均每年减少 703.03 万亩。

人口的急增和耕地的锐减必然造成人口与耕地比例的严重失调。人均耕地从 1957 年的 2.59 亩下降到 1978 年的 1.55 亩，再下降到 1992 年的 1.22 亩。人均耕地的成倍减少，即使在农业生产技术不发生变化的条件下，也会使一部分农业劳动力成为剩余劳动力，何况 40 多年来，我国农业生产技术有了一定的提高。因此，人地矛盾的尖锐不可避免地产生大量农业剩余劳动力。另外，延续几千年的以狭义农业为主的单一产业结构在解放后并未发生根本变化，在一些年份，由于片面推行"以粮为纲"、限制多种经营的错误路线，使农村产业结构更加单一。单一的产业结构使农村自身吸收农业剩余劳动力的能力雪上加霜。

总之，人口与耕地比例的严重失调及农村单一的产业结构是农业剩余劳动力大量产生的根本原因，它为农村隐性城市化伏下了一笔。

（二）资本排斥劳动的城市工业化道路

既然农村存在着大量的农业剩余劳动力，那么人们要问，1949 年以后，大规模的工业化建设使我国建立了一套完整的工业体系，工业总产值在 1969 年就超过社会总产值的一半，1978 年工业总产值占社会总产值的比重达 61.89%。如此大规模的工业建设，为什么没有像 W.A. 刘易斯所期望的那样出现农业剩余劳动力通过乡村人口向城市迁移逐步被城市工业所吸收呢？这一点，除了与 70 年代以前我国城市人口本身的自然增长也很快有关外，与新中国成立后所实行的计划经济体制下的工业化道路密切相关。

新中国成立时，我国是一个落后的农业国，工业基础十分薄弱，人地矛盾尖锐。因此，中国工业化的推进理应考虑自己的特殊国情，按农业—轻工业—重工业的关系发展。然而，我们却忽视了特殊国情，搬用苏联的经验，选择了一条优先发展重工业的资本排斥劳动的工业化道路。

新中国成立初,我国轻工业占的比重很高,这与其他国家工业化发展的顺序是一致的。但是,没过多久,轻工业比重就迅速下降。1958年,重工业产值首次超过轻工业,到1960年,重工业比重比轻工业高出1倍。从1965年起,轻工业比重开始回升,与重工业基本持平。70年代轻工业产值又低于重工业产值,两者之比一般在0.75~0.80之间。80年代以后,轻重工业比重基本持平,由于重工业的资本有机构成高,因此重工业的优先发展必然带来工业部门人均资本装备率的迅速提高,从而导致资本的劳力吸纳系数快速下降,同量的资本所吸纳的劳动力数量不断减少。

表1　我国工业人均固定资产增长情况(1952—1978)

年份	工业劳动者(万人)	工业固定资产原值(亿元)	人均固定资产(元)
1952	1246	149.2	1197.43
1957	1401	339.6	2428.98
1962	1705	872.7	5118.48
1965	1828	1064.1	5821.12
1970	2809	1507.5	5366.67
1975	4284	2577.5	6016.57
1978	5009	3477.6	6942.7
1980	5600	4134.0	7382.1
1985	8349	6885.9	8247.6
1987	9343	9158.2	9802.2

资料来源:根据《中国统计年鉴(1988)》计算。

从表1可见,我国工业人均固定资产原值逐步上升,1978年比1952年增长了4.8倍,年平均增长率为7%。改革开放后,我国轻工业虽得到较快发展,但工业人均固定资产原值却仍保持持续上升的势头,1987年比1978年增长41.20%,年平均增长速度为3.91。工业人均拥有固定资产的提高,在工业投资有限的情况下,势必削弱工业吸纳劳动力的能力。据国务院研究室郭庆估计,1952—1978年我国工业资本积累应当吸纳新增劳动力17113.7万人,实际只吸收劳动力8091万人,少吸纳劳动力9017万人,也即少吸纳劳动力人数相当于1978年全部工业劳动力人数(郭庆,1993:176)。

我国的这种优先发展重工业的工业化道路与日本的工业化道路明显相反。日本从1888年到1916年,工业人均资本拥有量逐年减少,1888年为4272.34元,到1916年为2768元,1920年又降至2694.62元,比1888年下降了36.9%,直到1930年,工业人均资本拥有量也只有3068.26元(费景汉、拉尼斯,1989:105—107),在这之后,重工业才开始迅速发展起来。二次大战后,日本的产业发展重点才转向重工业。日本的这种轻工业—重工业的工业化次序,使日本基本解决了在工业化过程中大量农业剩余劳动力的转移问题。

由此可见,由于我国实行的是一条资本排斥劳动的工业化道路,使城市工业的劳动力吸纳能力大大减弱,加上城市人口自身一度自然增长快,致使城市工业吸纳农村农业剩余劳动力的数量极其有限,这就是我国大量农业剩余劳动力滞留农村、城市化滞后于工业化的根本原因之一,从而迫使农村自己发展工业,使农业剩余劳动力实现就地转移,促使隐性城市化的发展。

（三）二元社会结构对乡村—城镇人口迁移的限制

人口与耕地比例的严重失调和农村单一的产业结构使农业劳动力大量剩余，而资本排斥劳动的工业化道路，又使得城市工业无力吸纳大量的农业剩余劳动力。然而，由于受城乡比较利益的驱使，大量农业剩余劳动力仍有可能流入城市，出现像许多发展中国家那样的过度城市化。我国基本避免了过度城市化的出现，这主要是由于限制乡村人口向城镇迁移的二元社会结构的存在，从而使农业剩余劳动力不得不"禁锢"在他（她）们世居的乡村。

限制乡村—城镇人口迁移的二元社会结构主要指户籍制度、粮食供给制度、就业制度、住房制度等 14 种具体制度（郭书田、刘纯彬，1990：29—80），其主要内容是：

户籍制度：以"农业"和"非农业"户口把中国公民划分成标志鲜明的两个类型。"农业"户口的居民除考取国家正规大专院校等极少的几个途径以外，原则上不能转为"非农业"户口，因而也就没有权利进入市镇定居或寻找职业。户籍制度是限制乡村—城镇人口迁移的最主要制度。

粮食供给制度：非农业人口享受国家低价定量供应的粮食，并且不受歉年影响，农民则必须根据购销合同低价向政府交售粮食。保证市民的粮食供给是户籍制度的首要目的，只有通过户籍制度，才能控制城市人口数量，才能保证市民的粮食供给。因此，农业剩余劳动力流入城市，首先遇到的吃饭问题就无法解决，从而限制了农业剩余劳动力向城市的转移。

就业制度：国家负责市民的就业和培训，不负责农民的就业和培训；城市企业一般只能招收非农业户口的人员，而不能招收农业户口的人员。这就限制了农业剩余劳动力在城市寻找职业，从而阻止了农业剩余劳动力向城市的转移。

住房制度：国家向市民提供住房，而且房租低廉，而农民只能在农村住自建房，不能到城镇建房。这样就使农业剩余劳动力向城市转移遇到了居住的限制。

其他九种社会制度，如教育制度、医疗制度、社会保障制度等都在不同程度上限制农业剩余劳动力向城市转移，这里不再一一列举。

总之，二元社会结构对乡村—城镇人口迁移的种种限制，使得农民只有为工业化提供农业剩余产品的义务，而不能参与城镇职业活动，分享工业化的利益和城市文明。

（四）"就地转移"的农村工业化道路

改革开放前，我国是一个高度集权的社会，限制乡村—城镇人口迁移的若干制度有效地阻止了农民进城居住，使他们滞留在表面上人人有活干的农村集体组织之中，农业劳动力的剩余基本处于隐性状态。改革开放后，农民获得了生产经营的自主权，极大地焕发了生产积极性，促进了农业劳动生产率的迅速提高，原先大量隐性的农业剩余劳动力日渐显性化，乡村农业剩余劳动力的非农转化冲动非常强烈。正是在这种背景下，为促进农村经济发展和解决大量剩余劳动力转移问题，国家制定了一系列允许农民就地发展乡村非农产业的政策和措施，使农民获得了参与工业化的权利，分享了工业化的利益。但由于限制乡村—城镇人口迁移的二元社会结构还未彻底打破，因而农民还无法自由迁居城市，难以分享城市文明，从而使我国走上一条"就地转移"的农村工业化道路。

改革开放以来，我国乡村非农化得到了迅速的发展，非农劳动力从 1978 年的 3150 万人猛增到 1992 年的 9765 万人，14 年间共增长了 2.1 倍，平均每年新增非农劳动力 472.5 万人，年平均增长率为 8.42%。乡村非农劳动力占乡村总劳动力的比重也由 1978 年的 10.28% 上升到 1992 年的 22.29%，14 年间共增加 12.01 个百分点。这些实现了非农转化的乡村人口,不会长久保持原有的人口分布状态,他们终将随非农产业的相对集中而集中,并将积极寻求机会叩开城镇的大门,城市化的潜能非常巨大。因此,"就地转移"的农村工业化道路使隐性城市化成为现实。

三、省区市间隐性城市化的差异及其利弊

我国地域辽阔,各省区市的地理环境千差万别,区位条件不尽相同,经济发展条件和水平也参差不齐,因而我国各省区市隐性城市化必然表现出较大的差异。这种区域差异在某种意义上是我国显性城市化区域差异的必要补充,它将影响我国城市化的未来区域格局。

(一)各省区市间隐性城市化程度的差异

根据有关隐形城市化的度量方法及隐性城市化专题调查资料和面上官方统计资料,我们可以整理出 1990 年我国各省区市隐性城市化的有关数据(表2)。

表 2　1990 年中国各省区市隐性城市化情况

地区	隐性城市化人口(万人)	显性城市化人口(万人)	隐性城市化人口与显性城市化人口之比	隐性城市化水平①(%)	隐性城市化水平②(%)	显性城市化水平(%)	人均国民生产总值(元)
全国	13186	28835.50	0.46	14.72	11.56	25.57	1551.81
北京	155.90	762.91	0.20	39.77	14.35	73.66	4610.68
天津	134.80	606.31	0.22	34.27	15.24	69.65	3397.17
河北	922.20	1105.24	0.83	17.69	14.97	18.07	1331.31
山西	490.60	829.52	0.59	21.32	16.92	29.15	1373.72
内蒙古	114.50	818.15	0.14	8.09	5.29	38.06	1325.10
辽宁	415.50	2060.34	0.20	21.32	10.47	52.60	2432.29
吉林	118.80	1247.68	0.10	8.10	4.78	51.13	1586.39
黑龙江	174.90	1804.01	0.10	9.38	4.94	51.70	1791.53
上海	210.60	870.42	0.24	50.40	15.75	67.82	5569.71
江苏	1485.50	1635.92	0.91	27.71	21.95	24.52	1942.35
浙江	877.40	919.75	0.95	24.71	21.05	21.72	2007.70
安徽	565.30	1032.40	0.55	11.83	9.96	18.24	1068.79
福建	426.50	649.92	0.66	17.11	14.04	21.66	1533.88
江西	379.60	817.92	0.46	12.47	9.96	21.74	1094.88
山东	1316.20	1877.89	0.70	18.65	15.49	22.29	1568.50
河南	817.70	1359.65	0.64	11.82	10.07	15.87	1035.66
湖北	518.60	1459.03	0.36	12.62	9.53	27.15	1457.14

地区	隐性城市化人口(万人)	显性城市化人口(万人)	隐性城市化人口与显性城市化人口之比	隐性城市化水平①(%)	隐性城市化水平②(%)	显性城市化水平(%)	人均国民生产总值(元)
湖南	458.70	1154.30	0.40	8.79	7.49	18.89	1146.61
广东	1454.40	1964.90	0.74	27.75	22.91	31.46	2319.32
广西	251.30	664.28	0.38	6.77	5.90	15.66	921.92
海南	56.50	166.77	0.34	12.62	8.52	25.61	1433.03
四川	338.80	1935.46	0.43	8.99	7.76	17.90	1061.30
贵州	158.10	500.80	0.32	5.58	4.04	15.47	778.79
云南	189.40	543.83	0.35	5.87	5.08	14.72	1061.35
西藏	6.70	23.75	0.28	3.55	3.02	10.89	1101.35
陕西	297.00	789.80	0.38	11.70	8.96	24.11	1130.43
甘肃	205.20	463.29	0.44	11.08	9.10	20.78	1039.42
青海	23.90	132.23	0.18	7.87	5.33	30.41	1479.46
宁夏	26.70	135.43	0.20	7.69	5.68	29.08	1298.94
新疆	40.70	551.30	0.07	5.01	2.66	36.78	1647.35

资料来源:隐性城市化人口由调查推算而得,隐性城市化水平①以农村总人口为分母计算而得,测量的是隐性城市化人口占农村人口比重,隐性城市化水平②以总人口为分母计算而得,测量的是隐性城市化人口占总人口比重,详见(王嗣均,1995:第十章)。显性城市化水平系本课题调整得来,详见(王嗣均,1995:第六章)。人均国民生产总值根据《中国统计年鉴(1993)》计算。

表 2 显示,隐性城市化人口与显性城市化人口之比,浙江、江苏、河北、广东、山东、福建、河南 7 省份大于 0.6,隐性城市化人口占居极为重要的地位。山西、安徽、江西、四川、甘肃、湖南 6 省份在 0.4 至 0.6 之间,隐性城市化人口的地位也比较重要。北京、天津、辽宁、上海、湖北、广西、海南、贵州、云南、西藏、陕西、宁夏 12 个省份,在 0.2 至 0.4 之间,显性城市化有明显优势,但隐性城市化仍有一定发展。内蒙古、吉林、黑龙江、青海、新疆 5 省份,隐性城市化人口与显性城市化人口之比小于 0.2,显性城市化占据绝对主导地位,隐性城市化明显发展不足。

从隐性城市化水平①和隐性城市化水平②的地区分布来看,东部地区的隐性城市化水平明显高于中部地区,中部地区的隐性城市化水平略高于西部地区,东部地区与中部地区的隐性城市化水平的差异是主要的和本质的,而中部地区与西部地区的隐性城市化水平差异是次要的、非本质的。从隐性城市化的空间优势地带来看,主要集中在长江三角洲、珠江三角洲和环渤海地区,扩大一点看,主要是东部地区,再放大一点,主要是"T"字型地区(周志刚,1995)。

总之,我国隐性城市化的区域差异是明显的,从某种意义上讲,隐性城市化的区域差异大于显性城市化的区域差异,且隐性城市化的区域差异明显不同于显性城市化的区域差异(周志刚,1995)。

形成我国隐性城市化区域差异的原因是多方面的、复杂的,主要受区位条件、经济发展水平、显性城市化水平和体制等方面的影响。隐性城市化水平较高的东部沿海地区,具有得天独厚的地理优势,地处我国改革开放的前沿,最先享受到改革开放政策的优惠,这些地区经济发展水平都较高,发展速度也较快,乡村区域具有比较充裕的民间资金。另外,这些省区在过去几十年内由于受平衡发展战略的限制,显性城市化发展都受到抑制,促使乡村区域工业化和隐性城市化的发展。中西部地区,尤其是西部地区,城市全民所有制大中型企业占据主导地位,在农村,受到地理条件、人口分布、历史传统、经济水平、政策的龙尾效应等因素的限制,隐性城市化的发展并不怎么显著。

(二)隐性城市化程度与经济发展水平之间关系的几种类型

经济发展水平是影响隐性城市化的最主要因素。一般而论,经济发展水平越高,其隐性城市化水平应该越高,反之,经济发展水平越低,其隐性城市化水平也应该越低。经济发展与隐性城市化的这种互促共进规律在现阶段的中国是成立的。我们利用 1990 年我国 30 个省区市隐性城市化水平(LUR)与人均国民生产总值(GNP)的数据,作两者的相关分析,发现两者呈极强的正相关关系,相关系数达 0.90,其模型如下:

$$LUR = -0.4759 + 0.0094GNP$$
$$R^2 = 0.3122, S.E. = 4.9032 \tag{1}$$

考虑到隐性城市化发展受到显性城市化水平的制约,隐性城市化仅仅是显性城市化的某种补充,因此,我们也作了 1990 年我国 30 个省份显性城市化水平(AUR)与经济发展水平的相关分析,结果如下:

$$AUR = 7.1732 + 0.0136GNP \tag{2}$$
$$R^2 = 0.7085, S.E. = 9.4901$$

利用模型(1)和(2),我们得到 1990 年我国 30 个省份隐性城市化水平、显性城市化水平偏离理论值的程度,并由此可以判断各省区市隐性城市化、显性城市化与经济发展的协调程度,见表 3。

表 3　隐性城市化、显性城市化与经济发展水平之相关模型的实际值、拟合值及其残差

地区	隐性城市化水平(%)			显性城市化水平(%)		
	实际值	拟合值	残差	实际值	拟合值	残差
北京	39.77	42.83	−3.06	73.66	69.92	3.73
天津	34.27	31.43	2.34	69.65	53.41	16.23
河北	17.69	12.03	5.66	18.07	25.29	−7.22
山西	21.32	12.42	8.89	29.15	25.87	3.28
内蒙古	3.09	11.97	−3.88	38.06	25.20	12.85
辽宁	21.32	22.37	−1.05	52.60	40.28	12.32
吉林	3.10	14.43	−6.33	51.13	28.77	22.36
黑龙江	9.38	16.35	−6.97	51.70	31.56	20.14
上海	50.40	51.84	−1.44	67.82	82.98	−15.16
江苏	27.71	17.77	9.94	24.52	33.61	−9.09
浙江	24.71	18.38	6.33	21.72	34.50	−12.78

续　表

地区	隐性城市化水平（%）			显性城市化水平（%）		
	实际值	拟合值	残差	实际值	拟合值	残差
安徽	11.83	9.56	2.27	18.24	21.72	−3.48
福建	17.11	13.93	3.18	21.66	28.05	−0.39
江西	12.47	9.80	2.66	21.74	22.08	−0.33
山东	18.65	14.26	4.39	22.29	28.52	−6.23
河南	11.32	9.25	2.57	15.87	21.27	−5.39
湖北	12.63	13.21	−0.59	27.15	27.10	0.14
湖南	8.79	10.29	−1.50	18.98	7.49	−3.89
广东	27.75	21.30	6.44	31.46	31.46	−7.28
广西	6.77	8.18	−1.41	15.66	19.72	−4.06
海南	12.52	12.98	−0.36	25.61	26.67	−1.07
四川	8.99	9.49	−0.50	17.90	21.62	−3.72
贵州	5.58	6.84	−1.26	15.47	17.77	−2.30
云南	5.87	9.49	−3.62	14.72	21.62	−6.90
西藏	3.55	9.37	−6.32	10.89	22.16	−11.27
陕西	11.07	10.14	0.92	24.11	22.55	1.55
甘肃	11.08	9.29	1.79	20.78	21.32	−0.54
青海	7.07	13.42	−5.55	30.41	27.31	3.10
宁夏	7.69	11.72	−4.04	29.08	24.85	4.23
新疆	5.01	15.00	−9.99	36.78	29.59	7.18

从表3可知,隐性城市化水平明显高于模型拟合值的有江苏、山西、广东、浙江等省份,这些省份都是隐性城市化发展强劲的地方,隐性城市化水平都高达20%以上。隐性城市化水平相对于经济发展水平明显滞后的有新疆、西藏、吉林、黑龙江等省份,这些省份近年来经济发展一般比较缓慢,隐性城市化水平一般不足10%。就显性城市化水平相对于经济发展水平而言,明显超前的有吉林、黑龙江、天津、内蒙古、辽宁等省份,这些省份大多是隐性城市化水平滞后的省份。明显滞后的有上海、江苏、浙江、广东等省份,而这些省份大多是隐性城市化水平明显超前的省份。我们把隐性城市化水平、显性城市化水平相对经济发展水平的超前、滞后、适中等情况,将全国30个省区市隐性城市化水平、显性城市化水平与经济发展水平之间关系分成五类:

第Ⅰ类:隐性城市化水平、显性城市化水平相对于经济发展水平都处于适中状态,两者关系基本协调,它们是湖北、湖南、江西、海南、陕西、甘肃、四川、贵州8省份,其地区分布主要在我国的内部地区,它们一般既不沿海,也不沿“边”。

第Ⅱ类:隐性城市化水平相对于经济发展水平明显偏高,而显性城市化水平相对于经济发展水平明显偏低,它们是江苏、浙江、广东、山东、河北、福建、河南、安徽8省份。这些地区多数位于东部沿海地区,在改革开放前,受均衡发展战略的影响,属国家非重点投资区域,显性城市化发展明显不足。改革开放后,这些地区利用优越的区位条件和改革开放的种种优惠政策,在乡村区域迅速发展了非农产业,乡村区域隐性城市化的势头强劲,相对于经济发展水平而言,这些地区隐性城市化水平明显超前于经济发展水平,以作为显性城市化不足的一种补偿。

第Ⅲ类:隐性城市化水平相对于经济发展水平明显偏低,显性城市化水平相对于经济发展水平明显偏高,这样的省区有宁夏、新疆、吉林、黑龙江、青海、北京、辽宁、内蒙古8省份,其地域分布主要在东北和西北地区。这些地区在改革开放前是内向型封闭式的工业化空间模式的受益地区(王嗣均,1983),大量国家重点投资使这些地区显性城市化水平迅速提高,然而由于受区位条件和原有工业基础的影响,城市化的经济效益并不明显,致使大量的重点投资和快速的显性城市化没有带来经济的高速发展,从而使显性城市化水平明显超前与经济发展水平。改革开放后与东部沿海发达省份出现的乡村地区的高速非农化相比,这些地区的乡村非农化具有起步迟、发展慢的特点,隐性城市化现象并不明显,隐性城市化水平明显滞后于经济发展水平。

第Ⅳ类:隐性城市化水平、显性城市化水平相对于经济发展水平均偏高,主要有天津、山西2省份。

第Ⅴ类:隐性城市化水平、显性城市化水平相对于经济发展水平均偏低,包括西藏、云南、广西、上海4省份。这些省份,西藏由于其独特的地理位置和社会经济条件,属于低度开发地区,上海由于是直辖市,处于我国黄金海岸线的中段和长江的入海口,区位条件特别优越,经济发展水平在全国名列第一,显性城市化水平和隐性城市化水平都较高,只是相对于经济发展水平,滞后了一些。云南、广西两省份,地处我国南疆,由于改革开放前和改革开放后的各个时期,在投资政策和改革开放政策等方面,都受惠不多,使显性城市化水平、隐性城市化都滞后于经济发展水平。

(三)隐性城市化现象的利弊分析

隐性城市化是我国特定的社会经济条件下所产生的一种必然现象,是农民面对二元社会经济结构所作出的现实抉择,它的存在既有其有利的一面,又有其不利的一面,而且这种利弊在不同区域的表现也各有差异。

就隐性城市化现象有利的一面而言,主要表现在以下四个方面:

首先,就地吸收了大量农业剩余劳动力,减轻了农业劳动力大量转移对城市的压力。就各省区市而言,乡村隐性城市化水平高的地区,乡村非农劳动力占农村劳动力的比重就较高,如我国乡村隐性城市化水平最高的上海、北京、天津、广东、江苏、浙江等6省份,1993年乡村非农化水平分别为73.19%、58.52%、50.23%、40.39%、41.71%和41.15%,绝大多数农业剩余劳动力被乡村非农产业所吸收,有的还吸纳外地大量农业剩余劳动力,如广东省。而那些乡村隐性城市化水平较低的省份,如西藏、新疆、贵州、云南、广西、青海、宁夏、吉林、黑龙江、湖北等省份,乡村非农劳动力一般只占乡村劳动力的10%左右,农业剩余劳动力转移的压力相当沉重。

其次,乡村隐性城市化的发展,提高了农民的收入,促进了农村产业结构的调整。隐性城市化水平高的东部沿海地区,农村居民人均收入都较高。据1993年的统计,这些地区的农民人均纯收入都高于1000元,除三个直辖市外,浙江达1745.94元,列第一,广东达1674.78元,列第二;而且这些地区农民人均纯收入提高迅速,如浙江省,1993年比1980年提高了 1526.76 元,增长了近 7 倍。相反,那些隐性城市化水平较低的省区,农民人均纯收入一般在 700 元左右,而且提高缓慢,如云南和新疆两省份,1993 年农民人均纯收入仅674.79 元和 777.6 元,与 1980 年相比,仅仅增长了 3.50 倍和 2.90 倍。

第三,促进了经济的高速增长和农村现代化进程。农村非农化和隐性城市化的发展,为整个国民经济发展找到了新的生长点,那些隐性城市化水平高的地区,近年来,经济发展表现出良好的势头,国民经济快速增长,如浙江省连续两年经济增长速度列全国第一。而那些隐性城市化水平较低的地区,在向市场经济转轨过程中,经济发展比绞缓慢,如黑龙江省,其国民经济在全国占据重要地位,显性城市化水平已高达 50% 左右,但近年来经济发展速度在全国列倒数第一,1990 年为 4.5%,1991 年为 3.9%,1992 年为 6.5%,1993 年为 5.3 %,失去了昔日的光辉。

第四,促进了小城镇的快速发展。乡村非农化与隐性城市化是一个事物的两个侧面,前者的发展必然促进后者的发展,从而增强了城市化发展的潜力和动力。隐性城市化水平较高的广东、江苏、浙江等省份,在改革开放后,小城镇迅猛发展,小城镇数量大量增加,而隐性城市化水平较低的西部地区,小城镇发展缓慢,小城镇数量较少。

就隐性城市化的弊端来说,主要表现在以下四个方面:

首先,是农村工业分散性和乡土化带来的规模不经济性。长期以来,把乡村工业化理解为就是在农村社区内由农民就地兴办工业,一开始就对乡村工业施以“三就地”的限制。后来,虽突破了就地取材、就地销售的限制,但就地办厂至今仍未完全突破乡办工业办在乡、村办工业办在村、家庭工业办在家的模式,乡村工业普遍呈现分散性和乡土化的现象,导致中国农村工业化、隐性城市化具有极大的外部不经济性:(1)是土地利用不经济,与城市工业相比,乡村工业占有较多耕地;(2)是单位产值的能源消耗高;(3)是供电、供水、供热、排污、治污、仓储、交通运输等基础设施的投资成本高;(4)是不利于工业的技术进步。

其次,是农村生态环境恶化。以城乡单位工业产值相比,农村工业对环境的污染大大高于城市工业,因为城市工业仅是点污染,比较易于集中治理,而农村工业的废水、废气、废料大多直接排放,形成了整个农村的面污染,难以集中治理。

第三,是小城镇发展无序化。由于农村非农化未与城市化相结合,乡村区域非农化只是表现出一种城市化的潜能,小城镇的发展存在无序化现象,不仅规模小而分布密,而且基础设施简陋。

第四,是农业兼业化和副业化,不利于农业的规模经营和现代化。那些已经实现了产业转移的乡村非农劳动力,绝大多数不愿意放弃所承包的土地,致使农业发展出现兼业化和副业化倾向,而且由于大量青壮年劳动力转向从事非农产业,使农业劳动力出现“老龄化、妇女化和儿童化”的倾向,影响农业的发展,也阻碍农业的现代化。有人认为农民不愿放弃承包地的原因是保守落后的小农经济的恋土心理,其实不然,真正的经济原因是农村非农劳动力虽已离农,但未离乡,未能取得与城市居民一样的由国家稳定地提供粮食、副食品、就业、养老保险、教育等的平等权利,因此只能抓住一小块土地作为就业和生活退路的保险。

上述弊端,在隐性城市化水平较高的省份表现得极为突出,如江苏省和浙江省。在隐性城市化水平较低的省份,表现不明显,有的仅是初露端倪。

总之,农村非农化、隐性城市化大大促进了我国农村的发展,大大缓解了我国大量农业剩余劳动力对城市的压力;然而,这毕竟只是一种过渡模式,而不是终极模式,应逐步走乡村非农化与城市化相结合的道路,使二元城市化逐步走向正常的城市化。

四、隐性城市化现象的前景

(一)在今后一段时间内隐性城市化尚有继续存在的根据

隐性城市化是中国特有的二元社会经济结构条件下农村自发形成的一种现象,在向市场经济转轨的过程中,这种现象将随着深化改革、扩大开放而逐步淡化,但不会一下子退出历史舞台。原因如下:

首先,我国仍面临大量农业剩余劳动力需要转移的现实,这些农业剩余劳动力不可能马上全部转向城市,农村非农产业仍将发挥农业剩余劳动力转移的"蓄水池"作用。从户籍管理制度改革的角度来说,也不可能在短时间内彻底解决长期阻碍农村人口向城镇转移的政策问题。即使目前县及县以下城镇的人口迁移限制行将取消,这类城镇也不可能一下子接纳那么多的农业剩余劳动力。因此,农村非农劳动力向城镇转移只能是一个渐进过程。在这一过程中,"就地转移"仍是我国农村非农化的重要形式;农村自办的非农产业仍将是消化和吸收农业剩余劳动力的重要途径;隐性城市化现象的存在仍将有它的历史依据和现实根据。

其次,从城乡人口增长和劳动力供给来看,今后几年我国仍将面临人口增长和劳动适龄人口增长的高峰,城乡劳动力供给量非常大,就业压力仍然沉重(胡鞍钢,1989:50—68)。加上城市用工制度的改革,原先城镇的隐性失业人口将逐渐显性化,这些人口需要再就业仍是很大压力。另外,农业剩余劳动力仍在源源不断地产生出来。因此,寄希望于城乡劳动力需求扩大、供给减少来达到隐性城市化向显性城市化的转变,在近期内是不可能实现的。

第三,从隐性城市化现象的区域差异来看,我国仅东部沿海的少数省份,隐性城市化达到较高的水平,乡村劳动力中非农劳动力超过农业劳动力,大多数省份隐性城市化水平还很低,在国家乡镇企业"西进"政策鼓励下,在这些地区农村本身发展的需求下,隐性城市化在这些地区将会有一个较快的发展时期。

总之,在今后一段时间内,我国将会有一部分隐性城市化人口转化为显性城市化人口,但仍将有相当一部分隐性城市化人口保留隐性城市化状态,另外还将有一部分农业剩余劳动力加入隐性城市化人口行列,隐性城市化仍有其存在的根据。

(二)隐性城市化向显性城市化并轨的必然性

虽然隐性城市化是我国目前条件下的一种必然现象,但它不是一种终极模式,只是一种过渡模式,隐性城市化必然向显性城市化转变,这主要受以下两股力量的作用:一股力量来自乡村企业内部。现代工业的载体主要是城镇,而非农村,在规模效益和集聚效益的驱使下,工业化必然与城市化为伴,这是世界城市化发展的客观规律,我国农村的工业化也不能例外。由于市场导向的作用,乡村企业面临激烈的竞争,市场的筛选将使企业优胜劣汰,优胜的企业基于它的资金优势、技术优势和管理优势,继续谋求发展,寻求集聚效益,从而脱离乡村环境,使隐性城市化转化为显性城市化。另一股力量来自城镇。城镇经济实力的增强,主导部门产业链的确立和延伸,需要大量资金,资金融通的市场化和来源的多元化将是城镇经济发展的趋向,其中不可避免地要吸引农村民间资金,资金的流入又会带来劳力的流入,从而使隐性城市化转变为显性城市化。当然,这种双向靠拢、二元城市化向一元城市化、隐性城市化转化为显性城市化的过程是缓慢的,渐进的,并需要具备许多先决条件。

(三)由隐性城市化转化为显性城市化的先决条件

首先,各级城市要加快经济社会管理体制改革,提高经济效益,扩大经济规模,改善经济结构,增强吸引投资和吸纳劳动力的能力。目前,主要是深化以国有企业为重点的经济体制改革,转变企业经营机制,增强国有大中型企业的活力。

第二,必须冲破城乡隔绝的二元社会结构。城乡隔绝的二元社会结构是隐性城市化形成的重要原因,也是隐性城市化转化为显性城市化的最大阻力。因此,要使隐性城市化转化为显性城市化,首先必须冲破城乡隔绝的二元社会结构。(1)改革现行的户籍制度,逐步使劳动力能在城乡之间、地区之间自由迁移,目前可以先放开县及县以下城镇的乡村人口向城镇迁移的限制,只要在城镇具有合法的工作和固定的居住场所,乡村劳动力就可以向县及县以下城镇迁移。(2)改革劳动就业制度,取消现行的正式固定工、计划合同工、临时工、农民工等分等级的劳动就业制度,逐步建立和完善劳动力市场,使人力资源配置市场化。(3)对市民福利体制进行总体配套改革,取消或改善国家对城市人口在住房、粮油、水电、医疗、社会福利等方面的种种补贴制度,使之市场化和社会化。(4)改革收入分配制度,使收入分配市场化。另外,还要深化各种以市场为取向的改革,逐步建立市场体系,使市场在资源配置上真正发挥基础性的调节作用(周文霭、许庆明,1993)。

第三,深化土地制度改革,逐步推进土地适度规模经营,加快农业现代化进程。要使隐性城市化转化为显性城市化,使农民彻底离开土地,与农业劳动生产率的提高和农业的现代化水平密切相关,这又与土地适度规模经营密不可分。因此,必须深化土地制度改革,建立土地集中机制,通过土地使用权的转让,促使土地向专业户集中。同时还要完善社会保障体系和社会化服务体系,使农民彻底离开土地没有后顾之忧。另外,还要增加对农业的投入,在工业化的中期,要平等对待农业与工业,工业化不能再靠农业提供积累。在工业化后期,工业要支援农业的发展,以工养(补)农,实行保护和扶持农业的政策(陈文辉等,1994:226—250)。

(四)隐性城市化显性化后我国城市化区域差异的动向

由于我国乡村地区城市化发展处于隐性发展状态,因此,目前我国显性城市化的区域差异多半打有"计划"的烙印,相反,隐性城市化的区域差异才具有"市场"的特性,它更反映了各地区社会经济发展条件的差异。因此,隐性城市化转化为显性城市化后,我国城市化的区域差异将呈以下态势。

第一,城市化水平与经济发展水平的相关性将明显提高,城市化水平的区域差异能很好地反映各地经济发展水平和差异。

第二,东部沿海发达地区的城市化水平将明显提高,彻底改变目前东部地区城市化发展滞后的局面。东部地区与中部地区、中部地区与西部地区的城市化差异将拉大,目前这种差异不大的局面将会改变。

第三,由我国黄金海岸线和黄金水道(长江)组成的"T"字形地带将是未来我国城市化发展较快、水平较高的地区,全国城市化水平的区域格局将是以上述"T"字形地带为中心向两边扩散。

第四,东北地区和西北地区将失去昔日城市化方面的优势,城市化水平明显超前的情况将有所改变。

第五,长江三角洲、珠江三角洲和环渤海地区将成为城市连绵区,城市化发展将进入成熟期。

城市化发展的上述态势要求各级政府早作准备,尽早规划,迎接全面城市化时代的到来。

参考文献：

陈文辉、冯海发、石通清(1994)：《农民与工业化》，贵州人民出版社，第226—250页。

费景汉、拉尼斯(1989)：《劳动剩余经济的发展》，华夏出版社，第105—107页。

冯立天(1988)：中国城乡划分标准专家研讨会关于中国城乡划分标准及有关问题的意见书，《人口与经济》，第5期。

辜胜阻(1991)：《非农化与城镇化研究》，浙江人民出版社，第114—118页。

郭庆(1993)：《现代化中的农村剩余劳动力转移》，中国社会科学出版社，第176页。

郭书田、刘纯彬(1990)：《失衡的中国》，河北人民出版社，第29—30页。

胡鞍钢(1989)：《人口与发展——中国人口经济问题的系统研究》，浙江人民出版社，第50—68页。

李成瑞(1985)：国际人口学会佛罗伦萨会议对我国1982年人口普查结果的评价和提出的问题，《人口研究》，第6期。

李南(1992)：《区域人口城镇化水平的比较与分析》，载王嗣均主编：《中国城镇化区域比较研究论文集》，杭州大学出版社。

李树苗、刘海城(1994)：陕西省洛川县隐性城镇化调查分析，《西北人口》，第2期。

李树苗、李南(1992)：《中国区域人口城镇化水平的比较与分析》，载王嗣均主编《中国城镇化区域比较研究论文集》，杭州大学出版社。

李新建(1993)：农村地区人口城镇化的发展潜能和阶段特征，《人口与经济》，第2期。

王嗣均(1988)：中国城市化空间发展的战略转变与宏观调节，《中国人口科学》，第2期。

王嗣均(1992)：中国城镇化几个问题的省际比较研究构想，载王嗣均主编《中国城镇化区域比较研究论文集》，杭州大学出版社。

王嗣均、周志刚(1993)：中国农村隐性城市化的调查与估测，《人口与经济》，第1期。

王嗣均、周志刚、吴清法(1992)：二元经济结构条件下产业投资的城镇化效应探析，《人口学刊》，第1期。

王嗣均主编(1995)：中国城市化区域发展研究，高等教育出版社，第十章。

钟逢干、袁政(1993)：广东三水县隐性城镇化现象，《经济地理》，第4期。

周文骞、许庆明(1993)：2000年浙江省农村城市化问题研究，《浙江大学学报(哲学社会科学版)》，第3期。

周一星(1990)：关于我国城镇人口的几个问题，《人口与经济》，第6期。

周一星、孙樱(1992)：对我国第四次人口普查市镇人口比重的分析，《人口与经济》，第1期。

周志刚(1992)：中国80年代各地区城镇化水平的调整与分析，载王嗣均主编《中国城镇化区域比较研究论文集》，杭州大学出版社。

周志刚(1993)：第四次人口普查市镇人口统计口径的几个问题，《人口研究》，第3期。

周志刚(1995)：农村隐性城市化的区域差异及其对我国未来城市化区域格局的影响，待发表。

中国近期城市化速度和市镇人口的分配问题[①]

一个多世纪以来,城市化是世界性潮流,特别是第二次世界大战以后,随着工业化和社会生产力的迅速发展,人口城市化的速度更为迅猛。目前发达国家城市人口比重平均超过70%,基本上实现了城市化;发展中国家虽然城市人口比重不过30%左右,但从1950—1980的30年中,每十年城市人口的递增率都比发达国家高,显示了方兴未艾的势头。全世界实现城市化是历史的必然。

我国是发展中的社会主义国家,城市化水平还低。尽管有2.1亿市镇人口(1982年),论绝对数在世界上首屈一指,但市镇人口只占总人口的20.8%。这是一个很小的比重。据国际复兴开发银行/世界银行出版的《1983年世界发展报告》所列125个国家和地区的资料统计,1981年有94个国家和地区的城市化水平高于我国。因此,在世界强大的城市化潮流中,我国必然有个城市化蓬勃发展的时期。回顾我国新中国成立以来的城市化过程,分析本世纪最后阶段城市化的速度,研究新增市镇人口在各级城镇之间的分配,对制定城乡发展政策是很有必要的。

一、我国城市化过程及其特点

1949年中华人民共和国成立以后,我国在政治上和经济上走上了独立发展的道路,国家社会主义工业化和城市各项事业的兴办,扩大了城市的人口容量,开始了在新的社会条件下的城市化。30多年来,我国市镇人口增长速度和比重的变化如表1、2所示。

表1　1949—1982年我国市镇人口比重变化

年份	总人口（万人）	市镇人口	
		人数（万人）	占总人口比重（%）
1949	54167	5765	10.6
1952	57482	7163	12.5
1957	64653	9946	15.4
1960	66207	13073	19.7
1962	67295	11659	17.3
1965	72538	13045	18.0

---

① 本文与韩常先合作完成,发表时署名"王嗣均,韩常先"。

续　表

年份	总人口（万人）	市镇人口	
		人数（万人）	占总人口比重（%）
1970	82992	14424	17.4
1975	92420	16030	17.3
1978	96359	17245	17.9
1980	98705	19140	19.4
1982	101541	21154	20.8

资料来源:国家统计局:《中国统计年鉴·1983》。

表 2　1949—1982 年我国市镇人口年平均增长率　　　　　　　　（%）

年份	总人口	市镇人口
1949—1982	1.90	4.00
1949—1957	2.24	7.07
1958—1965	1.45	3.45
1966—1978	2.19	2.17
1979—1982	1.45	5.24

资料来源:国家统计局:《中国统计年鉴·1983》。

从以上两表可见,我国城市化进程具有两个显著的特点:

1.市镇人口增长较多,但市镇人口占总人口比重增加不快,城市化发展速度缓慢。从 1949 年到 1982 年,市镇人口从 5765 万人发展到 21154 万人,增加 2.67 倍,年平均增长率 4%,在此期间,总人口从 54167 万人发展到 101541 万人,增加 0.87 倍,年平均增长率 1.9%。市镇人口增长速度远大于总人口的增长速度,城市化现象是明显的。但是由于总人口基数大,城市化进程以世界城市化潮流去衡量,又显得相当微缓。1950—1980 年发达国家和发展中国家的城市人口比重分别提高了 19.1 和 11.7 个百分点,而我国只提高了 8.2 个百分点(表 3)。而且,应当指出,我国市镇人口的增长中自然增长占据重要地位,六七十年代尤其突出,自然增长数占城镇总人口增长数的 2/3 左右。这不但与发达国家的情况不同,就是与其他发展中国家相比也有很大的差别。

2.市镇人口增长速度不稳定,既有激增,也有骤减,波动较大。纵观三十多年来市镇人口增长速度,我国城市化大体经历了四个时期。第一个时期,1949—1957 年,为我国市镇人口的快速增长期。这个时期总人口平均每年以 2.24% 的速度增长,市镇人口比重由 10.6% 增大到 15.4%。第二个时期,1958—1965 年,为我国市镇人口的大起大落时期。这个时期总人口年平均增长率为 1.45%,市镇人口年平均增长率为 3.45%,市镇人口比重由 15.4% 上升到 18.0%。第三个时期,1966—1978 年,为我国市镇人口增长的徘徊时期。这个时期总人口年平均增长率为 2.19%,市镇人口年平均增长率为 2.17%,结果,市镇人口比重由 1965 年的 18.0% 下降到 1978 年的 17.9%,城市化处于停滞不前的状态。第四个时期,1979 年至今,为城市化的复苏时期。这个时期,按 1979—1982 年的数字计算,总人口年平均增长率为 1.35%,市镇人口为 5.24%,市镇人口的增长速度又大大超过总人口的增长速度,市镇人口的比重由 17.9% 上升到了 20.8%。

表 3　我国与世界城市人口比重变化比较　　　　　　　　　(%)

	1950 年	1960 年	1970 年	1980 年
全世界	28.8	33.9	37.5	38.2
发达国家	53.7	58.7	64.7	72.8
发展中国家	15.6	21.9	25.8	27.3
其中:中国	11.2	19.7	17.4	19.4

资料来源:联合国《1977 世界人口情况》,《1980～2000 年世界城市人口和农村人口增长》、国家统计局《中国统计年鉴·1983》。

形成我国城市化进程中上述两大特点的基本原因,在于经济发展水平较低,人口增长过快,以及工作上的某些失误。

在当今世界上,城市化水平与经济发展水平密切相关。经济发展水平决定着城市化的程度,城市化程度也在很大程度上反映出经济发展水平。70 年代末我们曾对世界 158 个国家和地区的城市化程度(城市人口占总人口的比重)分级编组,然后计算各个组的国家和地区的人均国民生产总值平均数,两者加以对比,显示收入水平与城市化程度的正相关线性关系,可以认为,当代世界上一国的城市化程度已经成了间接衡量该国经济发展水平的标志。以后有人对两者的关系进行统计分析,以更加精确的形式证实了它们之间的内在联系[①]。我国从 1949 年以来,进行了 30 多年的建设,尽管有很大的进步,但现阶段仍然是一个人均国民收入很低的国家,城市化水平较低是理所当然的。

我国城市化速度较慢还与人口数量过多、增长过快密切相关。旧中国经济上落后决定了城市化水平较低;人口数量过多,又在一定程度上遏制了经济发展的速度,从而延缓了城市化的进程。新中国成立后,在一段时期内没有注意控制人口,人口增长过快。由于经济发展水平本来就比较低,国民收入有限,而人口迅速增长,为了保证全国人民必要的消费,就得把国民收入的绝大部分用作消费基金。30 多年来的经验证明,在国民经济发展比较正常的年份,积累率超过 30%,就会影响人民生活的安排,因此,不得不维持较小的积累额和较低的积累率,工业和各项建设事业的发展规模和速度受到限制,城市化的发展速度当然也就不可能很快。

我国城市化进程缓慢的原因,还在于经济工作指导上的失误和城市人口的集聚问题认识上的反复。如上所述,30 多年来,我国市镇人口经历了快速增长、大起大落、徘徊和复苏四个时期,这实际上是经济发展的四个时期在城市化速度上的反映。

二、近期内我国城市化速度

未来一二十年内我国城市化的进程将取何种速度,到本世纪末将达到什么样的水平,受到国内外有关机构和学者的关注,对此作出种种预测。

有人根据新中国成立以来市镇人口增长与粮食产量增长关系密切的现象,以及市镇人口增长与国家对市镇人口投资能力的关系,估测 2000 年我国市镇人口将是 3 亿～3.2 亿,

---

① 　周一星:《城市化与国民生产总值关系的规律性探讨》,载《人口与经济》1982 年第 1 期。

在总人口不超过 12 亿的情况下,城市化水平为 25%～30%,并认为 3.2 亿市镇人口、30% 的城市化水平可能是 2000 年的极限①。这一估计是以当时的城镇人口统计口径为依据的,因此,2000 年的市镇人口的估计数偏低,但市镇人口增长率却为 4.1%～4.35%。也有人根据人均国民生产总值和城市化水平之间关系的世界模式,认为我国人均国民生产总值达到 800～1000 美元时,市镇人口比重应达到 37%～41%,但是顾及技术进步,工业化起步晚的国家人均国民生产总值达到 1000 美元时,市镇人口比重比早期工业化国家达到此水平时要低些,因而又认为实际上可能低于按世界模式估测的下限,但不低于 30%②。据此,在 2000 年之前城市化速度当为 3.2%～4.3%。

就我国情况来说,30 多年来,粮食产量高低与市镇人口增长快慢关系的确相当密切,我们对此进行回归分析,直线方程的拟合程度很高($Y = 0.89689 + 0.55482X$,相关系数 $r = 0.89130$,标准差 $S = 1.79317$,$F = 119.78971$)。但据以预测 2000 年城市化水平(以 2000 年人口 12 亿,每人粮食 800 斤和 1000 斤为标准)却只有 22% 和 28%,显然偏低,不很可信。同样,30 多年来我国城市化速度与国民收入总额提高的关系也非常密切,回归方程甚至更为显著($Y = 7.12359 + 3.50776X$,$r = 0.94583$,$S = 1.28438$,$F = 263.09526$),但以 2000 年人均国民收入 800 美元和 1000 美元,人口 12 亿的指标测算市镇人口,其比重可达 46%～49%,显然偏高,也不很可信。因此,这些变量之间的关系,只能作为判断的参考,而不宜作为预测一个国家城市化水平的基本依据。

国外一些机构和学者通常根据过去一定时期内的发展速度,考虑未来有关因素的作用,设定预测期的增长速度,求得预测期内城市人口的数量和比重。例如联合国出版的《城乡人口增长类型》一书中,以我国 1980 年以前的发展速度为基础,以估计的 1980 年总人口(907609000 人)、城市人口(230652000 人),城市人口比重(25.4%)为基数,预测 2000 年的总人口为 1147987000 人,城市人口为 443213000 人,城市人口比重为 38.6%③,据此,从 1980 到 2000 年城市人口年平均增长率为 3.32%。我国学者也进行类似的测算。例如新近有人根据我国 1949 年以来各个时期城市化进展的实际情况,选取 4%(低位)、4.5%(中位)、5%(高位)为 1982—2000 年市镇人口年平均增长速度,来预测本世纪末市镇人口数和城市化水平,最后认定以 4.5% 的速度较为合理。按此速度,本世纪末我国市镇人口将是 46718 万人,再与按低位、中位、高位预测的总人口数相比,得出城市化程度可能为 38.8%、37.4% 或 36.5% 的结论。

从以上种种测算来看,我们认为,在各家对城市化速度估计的数据中,增长率小于 4% 的部分是偏低的。这可以从以下几方面得到说明:

首先,从 1949—1982 年的 33 年中,市镇人口年平均增长率达到了 4%。这是在前述三个阻碍城市化速度和水平提高的因素起作用的情况下达到的。那么,克服或减轻这些因素对城市化的阻碍作用,就有可能使城市化速度加快。现在,我国国民经济建设进入了一个富有活力的新的发展时期,人口控制也收到了显著成效,从乡村到城镇的人口流动正在受到政策的鼓励,原来对城市化进程起消极作用的因素正在发生转化,未来一二十年内城市化速度不应该比以往的 30 多年倒退。

① 吴友仁:《关于我国社会主义城市化问题》,载《人口与经济》1980 年第 1 期。
② 周一星:《关于我国城镇化的几个问题》,载《经济地理》1984 年第 2 期。
③ Patterns of Urban and Rural Population Growth(United Nations Publication,Sales No. E 79 Ⅷ 9).

其次,综观低收入国家 1960—1970 年和 1970—1981 年的城市人口年平均增长率分别为 4.2% 和 4.4%;下中等收入国家分别为 4.4% 和 4.3%[①],都远高于我国同期 1% 和 3.1% 的年平均增长率,也略高于我国 1949—1982 年 4% 的平均增长率,而这两类国家的工农业总产值增长速度大都不如我国。因此,只要今后一二十年内经济正常发展,同时采取合理的城乡人口流动政策,我国市镇人口增长率可望比前 30 多年高一些。

第三,按世界模式,各国城市化水平与人均国民生产总值的对数值之间大致呈正比增长关系[②]。这就是说,在低收入和下中等收入阶段,每增加一个单位的人均国民生产总值,城市化程度提高的百分点要比中等收入阶段以后多一些。人均国民生产总值越高,增加单位人均国民生产总值所对应的城市化程度提高的百分点越微小。因此,我国在现代化建设顺利发展的情况下,在达到中等收入和中等城市化水平之前,实现比以前高一些的市镇人口增长率,是完全符合客观规律的。

当然,市镇人口增长速度也不能指望过快。30 多年来,我国城镇工业职工人均拥有固定资产价值较低,城镇住宅、市政、公用事业和公共设施不够完善,在一定程度上反映了市镇人口增长超越了城市建设投资能力。这种现象,固然可以随着政策指导上的改善而改善,但全国总人口过多,仍将在相当长的时期内对城镇人口投资的增大起着牵制作用。此外,我国市镇人口的增长速度还将受到下列因素的制约:(1)以往城镇工作效率(包括劳动生产率)不高,现有市镇人口的潜力还有待发挥;(2)城镇育龄妇女生育率已进入低水平,未来几十年自然增长将不再成为市镇人口增长的主要来源;(3)现行市镇人口统计口径已经包括了城郊农业人口,今后市(不含县)镇行政区域内农业人口转化为非农业人口,在统计上将不反映市镇人口的增加,除非市、镇行政区进一步扩大。这些都表明,今后一二十年市镇人口增长速度不宜设想过快,即使保持以往 33 年 4% 的平均速度,也不能认为是很慢的速度。

综合分析了城市化的历史与现状,对照了世界城市化的资料之后,我们认为,在 20 世纪的最后十多年,我国的城市化以 4%～4.5% 的速度前进的可能性较大,假如那时全国人口控制在 12 亿,那么本世纪末城市化程度将是 35.7%～38.9%,比 1982 年提高 14.9～18.1 个百分点。这就意味着本世纪末将有 4.28 亿～4.67 亿市镇人口,比 1982 年增加 2.1 亿～2.5 亿,即增长 1～1.2 倍。在城市建设欠账仍然很多的情况下,本世纪末以前城镇的人口投资将是一宗巨大的开支。

三、新增市镇人口的分配

2000 年比 1982 年可能增长的 2.1 亿～2.5 亿市镇人口将如何容纳呢？这里有两个方向:一是原有城镇;二是新的小城镇。

原有城镇吸收新增人口的可能性是否存在,曾引起人们的怀疑。如前所述,从 1949 到 1982 年全国市镇人口以 4% 的年平均增长率增长,33 年增长了 15389 万人(如果把 1964 年因镇建制标准提高,取消了部分建制镇而少计了的人口考虑在内,实际增长的人口数还要多些),在此期间,在城市各项事业的建设中,较多地注意了生产性建设的投资,而在一定程度上忽视了城市基础结构和生活性建设投资,以致在相当长的时期内(主要是 1958—1976 年)城镇人口居住标准反而比新中国成立初期有所降低,其他设施也不能适应发展需要,造成各

①　国际复兴开发银行/世界银行《1983 年世界发展报告》。

②　周一星:《城市化与国民生产总值关系的规律性探讨》,载《人口与经济》1982 年第 1 期。

级城市居住紧张,供应困难,交通拥挤,能源不足,环境劣变的普遍现象。加上计划体制长期存在集中过多,管得过死,指令性计划的比重过大,忽视市场调节,不善于运用经济调节手段;经济工作上存在重生产,轻流通,在生产上又片面地追求提高产量,忽视经济效益,使社会劳动生产率不高,国民收入增长速度低于工农业总产值的增长速度,影响财政收入的提高,从而影响了城镇建设规模。特别是在"十年动乱"中,城镇青年大批动员下乡和留城待业的现象并存,更使人们怀疑我国原有城镇人口容量还有扩大的可能性。但是,这些情况是在特定的历史条件下出现的,随着政治上拨乱反正,国家安定团结,经济上对内搞活,对外实行开放,加上人口出生率得到有效的控制,国民经济已经走上了健康发展的轨道。城市待业人口的问题已经通过国家、集体和个人多种渠道的安排,基本上得到了解决,城镇继续吸收未来新增人口的条件正在逐步具备。图1就反映了这种条件在成熟的情况。

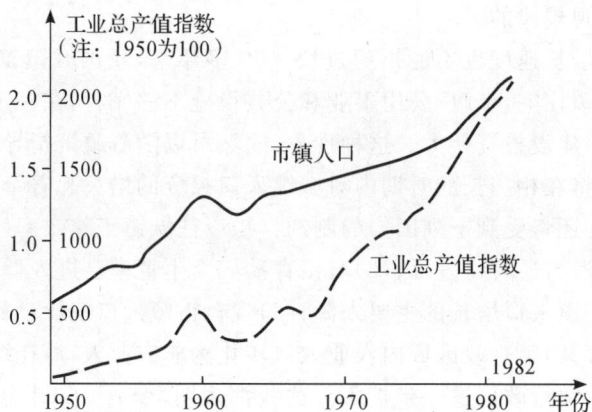

图 1　市镇人口与工业总产值指数的变化

图 1 表明,以往 33 年中市镇人口增长 2.67 倍,而工业总产值指数上升了 50.86 倍,作为城镇经济支柱的工业,生产发展这么快,只要经济效益充分发挥,是完全有可能把每年增加 4% 的市镇人口妥善安置的,只是在不很正常的条件下才会出现上述现象。33 年中的前 27 年,工业总产值指数曲线的波动始终与市镇人口曲线的波动大体保持一致的趋势,后 6 年,特别是最后 4 年,尽管市镇人口增长曲线在加速上升,但工业总产值指数曲线却上升得更为陡急。在经济建设效益不断提高的今天,这种现象充分反映了城镇经济支持市镇人口增长的能力有显著的提高。因此,原有城镇有没有吸收未来新增人口的潜力问题,回答应该是肯定的。至于客观上要求吸引多少,要在分析新建小城镇的人口容量后才能回答。

新小城镇吸收新增市镇人口的问题,除了新兴的小型工矿城镇及大城市的新建卫星城镇外,基本上是现有乡镇在吸收非农业人口或亦工亦农人口的基础上,一部分条件优越的集镇迅速扩大规模,达到或超过镇建制的标准,行政上被承认为建制镇,从而将这些镇的人口统计为市镇人口的问题。关于新小城镇吸收新增人口的潜力,已经引起广泛的重视。根据农林渔牧部的报告,我国到本世纪末,预计农村(包括集镇)范围的劳动力将达 4.5 亿个。按国内发达地区的经验,农业机械化程度提高后,除了用于农、林、牧、渔,以及城市或工矿区吸收一小部分外,至少有 40% 的劳动力要就地转移,这就只能通过举办乡村工业、建筑业、运输业、商业和其他服务业以及家庭工副业来解决[①]。换句话说,本世纪末有 1.8 亿以上的农

---

① 《关于开创社队企业新局面的报告》,载《人民日报》1984.3.18.

村劳动力要就地消化。现在,全国有 54300 多个乡,如果按平均分配,每个乡就需要举办能吸收 3300 多个非农业劳动力的第二、三产业。由于乡村企业需要有一定数量的原材料和服务对象以及必要的基础设施,它们不可能平均地分布在一切居民点,而是自然而然地会逐渐向作为乡村中心的集镇集聚。同时,由于集镇是居民点层级系统的组成部分,它们的地位受制于交通位置、市场吸引范围和行政职能。在这些区位因子的作用下,条件最优的集镇就将获得较大的发展,而多数小集镇将留在层级系统中的较低地位。如果有 1/5 集镇吸收了本乡和邻乡一部分转移出来的非农业人口,从而升格为建制镇,并发展成为平均具有 5000 人口左右、履行四五个乡范围的中心地职能的工商业、服务业和行政中心(相当于一个区的中心),那么这些新建制的小城镇就将支持 5000 万以上的市镇人口。看来,只要采取正确的经济政策和相应的人口流动政策,到本世纪末,作为市镇人口统计的从集镇上升的新小城镇的人口达到这个水平是完全可能的。

　　现在,问题很清楚,除了未来新建制镇可能容纳 5000 万或稍多的人口之外,本世纪末可能增加的 2.1 亿～2.5 亿市镇人口中,尚余的 1.6 亿～2 亿人口还将由原有城镇来吸收,问题是这部分人口如何分配。这里也有两种方式可供选择:一是在工业化初期各级城市和镇都存在不同程度的吸引产业和人口集聚的力量,未来新增人口按各自的活力吸收;二是按"控制大城市规模,合理发展中等城市,积极发展小城市"的方针,区别对待,把重点放在中小城市和镇。从我国的实际情况来看,1982 年市镇人口中城市和镇的比重分别为 70%(14808万人)和 30%(6346 万人),城市人口占市镇人口的比重比世界平均要高。在城市人口中,50万人口以上的大城市占 75.1%,比世界平均数及几个人口大国都要高(表 4)。鉴于我国大城市集中程度已经较高,新增人口分配以采取第二种方式为宜。

表 4　中国与世界及几个人口大国城镇人口规模结构比较

	城市与镇人口比重(%)		各级城市人口比重(%)			
	城市	镇	>100 万人口	50～100 万人口	20～50 万人口	<20 万人口
全世界(1975)	63.1	36.9	51.5	15.7	20.1	12.7
中国(1982)**	70	30	52.1	23.0	19.1	5.8
苏联(1975)**			26.2	25.1	31.0	17.8
日本(1974)			39.0	6.2	34.7	20.1
印度(1981)	60.4	39.6*	31.0***			

　* 为了便于与中国比较,我们把世界和印度人口在 10 万以下城市的人口看作镇人口。

　** 苏、日最低标准的城市在我国属镇一级,故按我国标准来看,这些国家大中城市人口比实际上要稍大一些。

　*** 印度百万人口等级和 50 万～100 万人口等级的城市人口比重是 20 个人口在 75 万以上的最大城市的人口比重。

　　基于城市建设的上述方针,同时顾及各级城镇人口增长速度和规模结构的合理性,我们把 2000 年的城市与镇的人口比例设想为 6∶4,而把四级城市人口比重分别调整到 40%、25%、25% 和 10%,则 2000 年市镇人口的分配如表 5。

表 5　2000 年我国市镇人口分配[*]

		人口数 （亿人）	比 1982 年增加 （亿人）
市镇人口		4.29～4.67	2.17～2.56
镇人口		1.72～1.87	1.09～1.24
市人口		2.57～2.80	1.09～1.32
其中	100 万人口以上城市	1.03～1.12	0.26～0.35
	50 万～100 万人口城市	0.64～0.70	0.30～0.36
	20 万～50 万人口城市	0.64～0.70	0.36～0.42
	20 万人口以下城市	0.26～0.28	0.17～0.19

　　[*] 镇人口包含 2000 年以前可能建制的新城镇人口，以 5000 万计。市与镇人口均未考虑未来规模等级晋升的因素。

　　据此，2000 年前各级城镇的人口年平均增长速度为：

100 万人口以上城市	1.63%～2.10%；
50 万～100 万人口城市	3.57%～4.09%；
20 万～50 万人口城市	4.70%～5.22%；
20 万人口以下城市	6.07%～6.51%；
建制镇	5.83%～6.33%。

　　以上城镇人口规模结构——速度系列，体现了以下特点：

　　1. 大城市人口增长受到控制，其中 100 万人口以上城市受到严格控制，50 万～100 万人口城市也受到一定程度的控制；

　　2. 中小城市，特别是小城市的发展将得到加速；

　　3. 镇的总发展速度较快。

　　可以认为，到本世纪末市镇人口的这种分配方式是基本合理的。但是，有两个问题必须补充指出：

　　1. 仅仅对四个等级城市的人口比重作不大的调整，在数字上就显示出大城市人口集聚优势的逆转。事实上在一二十年内这种逆转不会自发形成，必须在计划指导下逐步用合理的社会政策和经济手段加以引导。如果单纯采取行政手段来促其逆转，就会在经济和社会方面付出代价。

　　2. 镇人口年平均增长速度虽然较高，但扣除新建制镇人口，原有镇的增长速度不过3.74%～4.41%，似乎还可能高一些。因此，设想的市、镇人口比例可能稍有突破，但不至于使这一构成发生重大改变。

四、结论

　　1. 新中国成立以来我国城市人口有很大增长，但城市化进程波动较大，城市化水平提高较慢，主要是受到经济发展水平、人口增长速度和特定历史条件的制约。

　　2. 随着国民经济建设进入一个新的时期，经济和社会发展将会加快，在本世纪末以前城市化速度将超过以往 30 多年，但由于人口多，积累不易大幅度提高，市镇人口增长速度必须是有节制的提高,以取 4%～4.5% 的速度为宜。

3.30 多年来,大城市,特别是百万人口以上城市的人口比重不断提高,大城市优势十分突出,今后有必要按城市建设方针调整城镇人口的规模结构,使新增的市镇人口及其增长速度在各级城镇中得到合理分配,要做到这一点,需要有相应的政策措施。

4.大城市人口的增长虽然受到控制,但还将表现出一定的增长速度,这一方面固然是由于大城市本身还有少量自然增长,另一方面,更重要的还在于工业化初期的国家,大城市在经济上有很大的活力,强烈吸引着人口,不可能完全抑制其规模的扩展。同时,城镇体系总体上是一种层级系统,客观上是全系统发展的,其规模等级的构成随经济发展水平而逐渐变动,内部有一定的机制,人们能够认识它,作出合理的调整,但不能急速中止高层级城市的发展,也不能把推进低层级城镇的发展绝对化,为了争取在控制大城市规模中获得主动,有必要普遍制定大城市发展区域化的方案。

5.中、小城市(指 50 万人以下)和镇如果达到估测的成长速度,那么,在本世纪末以前,现有中小城市和镇(特别是中、小城市)将有许多迅速上升到高一级城市的规模。这对城市规划建设部门将是一场挑战。

6.由于农村劳动力过多,全国农业人口转移为非农业人口的速度将超过城市化的速度,非农业人口存在集聚的趋势,但不会在乡的中心居民点普遍形成新城镇,国家有必要对小城镇和非城镇的集镇作出基础设施的统一规划。

载《经济地理》1986 年(第 6 卷)第 1 期,第 3—9 页

中国城市化空间发展的战略转变与宏观调节

世界上多数国家的政府关心城市化和人口分布的合理性问题。据联合国对 158 个国家的调查,政府对本国人口分布感到比较满意的只有 19 个国家,139 个国家的政府对他们国土上的人口分布不同程度地感到不能满意,其中也包括一些城镇人口分布与城镇地域结构问题[①]。我国幅员广大,工业化与城市化条件不尽相同,工业化和城市化过程中空间布局方面又有过失误,有一些重大问题值得探讨。这里就我国城市化空间战略与组织方面的问题作一讨论。

一、新中国成立以来城市化空间发展的两次战略转变

新中国成立以来,我国城市化空间发展的战略方向经历了两次转变。第一次是新中国成立后,否定了解放前半殖民地条件下的城市化空间发展方向,根据政治和经济环境,确定了内向的工业布局和城市化空间发展战略,形成了以行政—经济区域为依托的城市化空间结构模式。第二次是 70 年代末,全国掀起改革浪潮,经济体制的变革和内外关系的新发展,打破了内向型封闭式的城市化的僵化模式,开始了向内外结合型的城市化空间发展的战略转变。

1949 年以前的 100 年间,中国城市化是在列强侵入的形势下,沿着半殖民地半封建的政治经济轨道发展的。从 1843 年到 1930 年,根据不平等条约被迫开放或在外国势力影响下由中国政府自行开放的商埠共 105 处,其中 3/5 属沿海沿江各省,主要是沿海沿江口岸[②]。这种形势在很大程度上构成了我国近代城市化空间组织的框架。从全局看,重点是港口城市,尤其是列强竞相划设租界的上海、天津、广州和汉口,因有最优越的区位条件,构成良好的投资环境,源源吸引着资本和人口。城市爆发性的成长,成为华东、华北、华南、华中以至全国城市化的枢轴。那时开设的商埠虽然打着半殖民地的烙印,但这种格局却反映了近代城市化空间发展的客观规律。

新民主主义革命的胜利,扫除了帝国主义在华势力的影响。我国城市化过程及其空间组织格局的演化也就脱离了旧的轨道,社会主义改造的完成,强化了国家的行政职能,全面推行了计划管理体制,以行政的办法和指令性计划来组织生产、流通、分配、消费以及非经济部门的活动。在外部与世界资本主义市场疏远、内部强化行政管理的情况下,确定了内向型封闭式的工业化空间结构模式。全国、大区、省、地区、县成了不同层次的行政经济区,各级

---

① 联合国:《人口趋势与政策——1979 年追踪报告》,1980 年(英文)。
② 严中平等编:《中国近代经济史统计资料选辑》,科学出版社,1955 年。

行政中心代替了经济中心,全国和区域性的国民经济运转,全部处在半封闭状态。经济没有竞争,人口缺少流动,加上占支配地位的平衡配置生产力的政策与相应措施所产生的影响,使市镇人口分布的重心略微向北偏西移动①,城镇空间组织越来越向着区际差异人为拉平、区内层级保持稳定的方向发展。工业和城镇布局虽然被铺开,但经济活力却受到了无所不包的计划体制的抑制。这个时期东部沿海与内地城市发展的状况可从下列数字中看出(见表1)。

表 1 中国城市化空间发展第一次战略转变后沿海和内陆地区城市化发展比较

年份	沿海地区		内陆地区	
	城市人口占全国的比重(%)	城市平均人口规模(万人)	城市人口占全国的比重(%)	城市平均人口规模(万人)
1953	61.0	43.89	39.0	21.99
1963	54.3	61.70	45.7	32.58
1973	50.9	54.16	49.1	31.48

注:沿海地区包括沿海 11 个省、直辖市和自治区,未包括台湾和港澳数字;内陆地区包括沿海各省、市、区以外的省和自治区。城市人口中未包括镇人口。

资料来源:根据国家统计局资料换算,转引自《地理学报》41 卷 1 期许学强等文。

1978 年党的十一届三中全会打破了僵化局面,实行对内搞活,对外开放的方针,城市化空间发展也相应地实行了新的战略转变。从农村到城市的经济体制改革,在经济领域不断注入新的活力,有效地解放了生产力,预示着经济效益将在很大程度上支配经济活动的指向,区位条件对城市化程度的地域差异将起越来越大的作用,区域间原有的平衡关系将被冲破,区域内城镇层次结构也将因优势的差异而调整。区域与城市从封闭走向开放,从内向走向内外向相结合,城市化重心开始再次东移。近几年来,沿海 11 个省份的市镇人口在全国的比重已从下降走向回升,1982—1985 年的 4 年间,沿海地区市镇人口比重依次为46.16%、46.26%、47.82%、47.40%。

二、现阶段城市化空间态势和战略优势地带

现阶段我国城市化空间发展的基本态势,表现在全国三个经济地带②城市化水平和经济活力的差异上。

以 1983—1985 年 3 年的平均数字,看三个经济地带市镇人口占各该地带总人口的比重,东部为 34.85%,中部为 29.30%,西部为 24.27%,表现为城市化水平从东部向西部渐次递减。但是,仅仅这几项数字还不足以充分反映城市化的空间态势与战略优势地带,有必要进一步对与判断三个地带城市化空间态势有关的几项数字加以考察(见表 2)。

---

① 许学强等:《我国城市化的省际差异》,《地理学报》41 卷第 1 期,1986 年。
② 三个经济地带是指东部地带、中部地带和西部地带。此处按第七个五年计划的划分法,东部地带包括北京、天津、河北、辽宁、上海、江苏、浙江、福建、山东、广东、广西 11 个省、自治区和直辖市;中部地带包括山西、内蒙古、吉林、黑龙江、安徽、江西、河南、湖北、湖南 9 个省、自治区;西部地带包括四川、贵州、云南、西藏、陕西、甘肃、青海、宁夏、新疆 9 个省、自治区。

表 2　从 1983—1985 年的几项平均数看三个地带城市的态势　　（%）

	国土面积	总人口	市镇人口	固定资产投资				工农业总产值	工业总产值
				全社会	全民所有制	集体所有制	城乡个人		
全国合计	100.00	100.00	100.00	100.00	100.00	100.00	100.00	100.00	100.00
东部	13.48	41.27	47.26	50.28	47.52	62.67	51.61	55.98	59.91
中部	28.93	35.69	34.37	29.82	28.58	25.69	36.24	29.56	27.25
西部	57.59	23.04	18.37	15.13	16.73	11.64	12.15	14.46	12.84

　　注：固定资产投资的全社会栏和全民所有制栏的分地带数字，未包括国家不分地区的投资数，故这两栏中三个地带相加不等于全国合计数。各栏数字均未包括台湾与港澳。

　　资料来源：根据 1984、1985、1986 年的中国统计年鉴资料换算。

　　表 2 反映了以下事实：

　　（一）在国土与人口的关系上，东部总人口与市镇人口占全国的比重大大超过国土面积占全国的比重；中部总人口与市镇人口占全国比重略大于国土面积所占的比重，但大致平衡；西部与东部相反，国土比重大而总人口及市镇人口比重很小。

　　（二）在人口与投资的关系上，东部固定资产投资比重略大于总人口与市镇人口的比重。其中全民所有制单位固定资产投资所占比重的优势并不显著，集体所有制单位和城乡个人的固定资产投资比重则明显大于总人口与市镇人口的比重，表明东部地带民间比较殷实。中部固定资产投资略小于总人口和市镇人口的比重，其中全民、集体投资偏低，只有城乡个人投资比重略超过总人口和市镇人口的比重，说明不仅国家和地方对该带按人口或市镇人口平均的投资力量不足，民间投资力量也要比东部弱一些。西部固定资产投资比重远低于总人口和市镇人口的比重，其中全民所有制单位投资比重与总人口及市镇人口比重差距稍小，集体所有制和城乡个人投资的比重仅及总人口和市镇人口比重的一半或稍多，表明那里民间自我增强的能力不足。

　　（三）在人口、投资与产值的关系上，东部工农业总产值占全国的比重大于人口与固定资产投资总额占全国的比值，工业总产值的比重超过得更多。中部工农业总产值和工业总产值比重大致相当于固定资产投资的比重，但低于总人口和市镇人口的比重。西部工农业总产值，尤其是工业总产值比重远低于总人口、市镇人口的比重，也低于固定资产投资总额的比重。这说明投资效益是从东部向西部依次递减的。

　　由于西部地带各省份之间的发展程度差异极大，事实上最西部的西藏、青海、新疆三个省份城市化内部机制的作用还要微弱。以 1984 年这三个省区的人口、固定资产投资以及产值占全国的百分比为例，总人口与市镇人口分别占 1.49% 和 1.71%；全民所有制投资占 2.93%，集体所有制和城乡个人投资分别占 0.67% 和 0.61%；工农业总产值和工业总产值分别占 1.09% 和 0.37%。可见这些省份由于行政、经济体制的缘故，市镇人口有一定程度的集中，但固定资产投资主要靠国家，民间投资能力极其微小，而且工业生产的经济效益很低。

　　这些事实说明，三个地带城市化的内在动力存在着梯度差异，东部的动力大于中部，中部的动力大于西部。这正是我国现阶段城市化空间发展的真实态势。

　　形成这种梯度差异的基本原因是：第一，地理环境的影响。东部土地资源与热量水分条件都比较优越,为农业、为人口活动提供了有利条件。西部属内陆干燥区或高寒区,自然条件严酷,农业活动受到极大的限制。中部自然环境与位置均居于中间状态,生存条件也居其中。第二,区位条件的影响。东部港口和陆上交通节点多,人口稠密,运输、市场、劳力、信息、技术等区位因素容易满足产业集聚的要求,使城市化内在动力能发挥作用。从东部到中部,首先失去了海港这一世界性区位条件。从中部到西部,更失去了市场地位的有利性,加上其他有利因子少,使城市化内在动力不易发挥。第三,历史基础的影响。东部近代开放的许多口岸,经过长期经营,发展成了层次较高,甚至很高的中心城市,它们是一所无形的学校,造就过成千上万的各种产业的经营人才和技术人才,建立过大大小小的经济情报网络。在宽松的经济环境下,这类传统就会发挥作用,成为引发经济发展和城镇成长的社会力量。这种历史基础,中部较弱,西部更弱。

可见,我国城市化的战略优势地带在东部,我们应该优先调动战略优势地带的潜力,加速工业化和城市化步伐。这与促进不发达地区的共同繁荣并不矛盾,只有让优势地区走得更快些,才能有效地创造带动后进地区发展的物质基础。

三、城市化的空间推进

尽管城市化空间优势已被重视和利用,但是,我国城市化在空间上的合理推进,还是必要的和可能的。在全国三大经济地带之间,虽然存在着城市化的梯度差异,而且这种差异还可能加强,然而,这并不排斥三个地带城市化程度共同提高的可能性。理由是:

(一)从理论上说,以港口为依托的东部地带,其经济的发展需要依靠各个港市大小不等的腹地和前地(即所谓两个扇面)。沿海大小港口的活动,起着联系产地和市场之间的纽带作用,这种作用,正是以内向联系的腹地和外向联系的前地的存在和发展为条件的。没有腹地的振兴,港口职能就不能充分发挥,东部地带的优势也就受到限制。因此,发达地区的集中化与发达程度的梯度推移,是一个事物内部互相制约、互为条件的两个侧面。

(二)从经济和资源分布关系上说,东部地带工业总产值(1983—1985 年 3 年平均)占全国的 59.91%,比中、西两带合在一起还高出 19.82 个百分点。但矿产资源丰度不如中部和西部,在全国 40 种主要矿产储量中,东部只有五个矿种占全国总储量的一半以上,煤只占6.6%。能源短缺、原料不足,是东部地带面临的主要问题之一。相比之下,中、西部的矿产资源优势就比较突出。可见,东部要进一步发挥经济优势,需要有内地资源开发来促进,而内地通过资源开发,也将进一步推动工业以及其他产业的发展,从而有助于城市化水平的提高。

(三)从中、西部地带的现有基础说,1985 年中部已有 100 万人口以上城市 5 座,50 万～100 万人口城市 13 座;西部 50 万～100 万人口的城市虽然只有 3 座,但 100 万人口以上城市也有 5 座,多分布在西部地带的东段。这两带中有像武汉、重庆、西安、哈尔滨等那样一些重要的工业基地和经济中心,对引进、消化、传递技术和信息,提供人才,建立地带内外的生产协作,组织流通都有较好的基础和一定的经济后盾,为工业化和城市化从东到西的梯度推移提供了中介条件。

上述梯度推移,当然不能理解为城市化程度由高到低一个地带一个地带地依次覆盖,而是以主要交通线为发展轴,使工业和城镇建设合理推进。现代工业离开交通运输线就难以生存,而没有工业就没有人口的集聚,也就谈不上城市化。从这个意义上说,交通线是城市化空间推进的先行者。这种作用不仅在大范围是如此,就是在一个城市内部也如此。可以这么说,轴向推进是城市化空间推移和扩散的带有规律性的表现。

轴向推进的轴,应该包括不同等级的交通轴线,但从全国来说,首先着眼于一、二级交通轴线(全国性与区域性水陆交通干线)的作用,以它们为依托,利用区位优势,进行生产力布局的轴向推进和扩散。这里,除了应当看到东西向和南北向的铁路干线的作用外,特别要强调发挥一级水运干线的优势,具体地说,就是要充分发挥长江水道的作用。在旧中国开放的商埠中,最重要的商埠除了分布在沿海地区之外,就是在长江沿岸。那时没有铁路或铁路很少,长江是内陆最强大的运输手段,使长江沿岸与沿海地区一起,成为我国近代工商业和城市发展的先行地带。新中国成立后,在相当长的时间里没有充分注意长江水道的经济潜力,迄今长江中下游两岸3700多公里岸线中,只利用了6%左右[1]。沿江地区工业和城镇的开发也不充分,1985年沿江有百万人口以上城市4座,20万~50万人口城市12座,20万人口以下的城市2座,建制市个数还不如京广沿线的22座多,而且没有50万~100万人口等级的城市,20万人口以下的城市也很少。随着生产力布局和经济管理的科学化,长江沿岸的城市在水陆运输、能源供应、水资源供应、装置型工业(钢铁、石化、基本化工等)基地建设等方面的优势将得到显示。目前,长江沿岸已经配置了占全国半数的大型钢铁工业基地,八个大型炼油厂,两个大型石油化工基地,一个天然气化工基地,还将形成总装机容量达一千多万千瓦的葛洲坝和三峡水利枢纽。这些情况表明,长江轴线将是我国城市化东西轴向推进条件最充分、潜力最大的一条轴线。

四、城镇层级结构的浮动与协调

城镇在地域上是个层级系统,它包含不同层级的城镇居民点。从工业化初期到后工业化时期之前,随着城镇人口比重的增大,城镇层级增多,高层级城市规模增大,城市层级向上浮动。如1920—1960年世界不同规模等级城市人口增长的情况是:2万人口以下的增长不到半倍,2万~10万的增长近一倍,10万~50万的增长超过一倍半,50万~250万和250万~1250万的分别增长二倍和二倍半以上[2]。产生这种情况的根本原因,在于集聚规模所带来的经济效果。60年代以后,世界范围的新技术革命蓬勃发展,一部分进入后工业化时期的国家,高层级城市规模膨大的势头减弱,大城市人口开始向郊外甚至向次级城市转移。但是多数国家,特别是城市化速度较快的发展中国家,这种高层级城市人口比重上浮的现象依然存在。由于规模带来经济效益,使资本、劳力和技术源源流入,结果高层级城市规模大而又大,直到经济水平提高,而人口集中到必须对市区基础设施、社区、住房、交通、环境作结构性改造时,大城市的人口流向才会逆转。因此,当市区人口没有达到极限规模之前,各级城市的成长都有自己的经济根据。一般说来,在工业化前期,城市层级上浮和大城市膨胀并不奇怪,倒是一种必然。

我国作为处在工业化前期的发展中国家,高层级城市人口数占据优势的现象也是存在的。表3反映了从50年代初到80年代初,50万~100万人口和100万人口以上两个层级(高层级)的城市人口数之和都超过城市总人口数的60%,只有1985年略见下降。应当指出,高层级城市的人口集中早在60年代初就开始受到国家政策的限制。但是由于大城市本身所具有的区位优势和吸引力,加上长期来用行政办法管理经济,高层级的城市争取重大建

---

① 宋家泰等:《充分利用"黄金水道"建立沿江"经济走廊"》,《城市规划》1986年第4期。
② 联合国:《城市化——发展政策与规划》,1986年(英文)。

设项目与投资的行政地位优越,使高层级城市的建设项目越摆越多,城市功能结构日益复杂,导致大城市规模不断膨胀。在这种情况下,我国 50 万人口以上城市的人口占城市总人口的比重,比印度、苏联、日本这样一些与我国有一定可比性的国家都要大。[①]

表 3　中国城市人口的层级结构

人口规模等级(万人)	1953 年		1964 年		1976 年		1982 年		1985 年	
	城市数(个)	占城市人口比重(%)	城市数(个)	占城市人口比重(%)	城市数(个)	占城市人口比重(%)	城市数(个)	占城市人口比重(%)	城市数(个)	占城市人口比重(%)
合计	166	100.0	169	100.0	186	100.0	239	100.0	324	100.0
>100	9	40.2	13	45.0	13	33.3	20	43.3	22	40.1
50~100	16	21.3	18	18.9	25	23.9	28	20.5	30	18.5
20~50	28	16.2	43	20.8	53	22.6	136	32.4	94	24.5
<20	113	22.3	95	15.8	95	15.2	55	3.8	178	16.8

　　资料来源及说明:1953 年引自《人口研究》1984 年第 4 期丁赋声文;按城市人口计算,1964、1976 年引自《人口与经济》1980 年第 1 期吴友仁文;按城市非农业人口计算,1982 年根据《中国统计年鉴 1983》,按市非农业人口计算第 4、5 两行数字分别为 10 万~50 万和小于 10 万人口的城市数和占城市人口比重;1985 年根据 1986 年 6 月 29 日《人民日报》发表的数字,按市非农业人口计算。

　　1964 年以来,我国最低层级的城镇——建制镇的数目几经缩减后,近几年出现了镇数目和人口跳跃式增加的现象。从 1982 年中的 2664 个镇,6190.9 万人,跃增到 1984 年末的 6211 个镇,13447.4 万人,在市镇人口中的比重从 29.97% 上升到 41.27%。之后两年又有新的增加。这里,镇人口的增长固然有设镇标准放宽后一部分乡改镇而夸大了镇人口统计的问题,但客观上镇非农业人口也确有较大增长。例如 1982 年中与 1984 年末镇人口数中,扣除各自所含的农业人口数后,两年半内镇非农业人口增长了近 17%(已减去在此期间升格为市的原镇非农业人口)。这种现象,从经济上说,导源于农村经济体制改革所带来的农业劳动力的解放,农产品商品率的提高,工副业的发展,农民和集镇居民参加商业服务业的竞争,结果使历来承担乡村服务中心职能而 1956 年以后冷落 20 多年的集镇获得了勃勃生机。这在我国条件下是符合经济发展规律的。

　　但是,这不应该成为加重我国流行的发展乡镇企业、建设小城镇是我国城市化基本的甚至是唯一正确的道路这一认识的砝码。其实,镇的作用突然显目,与中、小城市经济活力没有完全释放有关。首先,城市体制改革刚刚开始,还没有充分形成激发自身经济活力的机制。在生产和流通领域里,一部分本来属于城市职能的内容转移到了集镇。其次,在户口管理制度上,镇的户口实行了有条件的开放,而城市要做到这一点还需要时间。第三,在"控制大城市规模,合理发展中等城市,积极发展小城市"的方针中,"合理发展""积极发展"还只是一种口号,城乡建设部门本身不具备诱导中、小城市发展的行政手段、计划手段和经济手段。这些都说明解放城市生产力,特别是解放中、小城市生产力的问题远远没有解决。一旦障碍被克服,城市潜力得到释放,城市系统中的中、小城市就会取得在规模结构中的应有地位。

　　由此可见,我国城市化过程中市镇人口层级结构已经经历了一个高层次快速发展的时

---

　　① 王嗣均、韩常先:"中国近期城市化速度和市镇人口的分配问题",《经济地理》,1986 年第 1 期。

期,现在正在经历着低层次加速发展的时期,还有可能经历一个中层次加速发展的时期,即在未来一个时期,从总体上说,需要迎接中、小城市的发展。

五、城市化空间发展的调节

从静态来看,现阶段城市人口层级结构在三个地带间有很大的差异。表4清楚地表明,东部地带百万人口以上城市的人数占一半以上,其余三个层级的城市人口还不到一半。这是近代沿海大城市强势发展的结果。尽管60年代以来对大城市特别是对特大城市(百万人口以上城市)的规模实行严格控制,特大城市人口的比重还是遥遥领先。中部地带各个层级的人口比重比较平衡,说明那一带的城市大都依托农业环境成长,具有强大吸引力和辐射力的城市不多。西部总的是以中、小城市为主,但在人口比较稀少的区域里,几个省会城市和个别大城市的多功能综合发展所带来的人口增长,就使百万人口以上这个层级的比重显得比较突出。是否可以这么说,东部和西部应该着重推进中、小城市的发展,中部不妨促成一些新的强大的经济中心。

表4　1985年三个地带城市人口层级结构　　　　　　　　　　　　　　　（%）

合计	≥100万人口的城市	≥50万不足100万人口的城市	≥20万不足50万人口的城市	<20万人口的城市
东部 100	52.80	16.83	20.35	10.03
中部 100	22.63	24.30	32.12	20.95
西部 100	38.31	11.84	21.36	28.49

说明:均按市(不含县属镇)非农业人口计算。
资料来源:根据1986年6月29日《人民日报》公布的数字各省有关统计资料换算得来。

可见,城市化的空间发展需要调节。调节有不同尺度,全国性的问题应该通过大尺度的调节来解决。

大尺度的调节,宜通过全国国土规划和经济计划来实现。全国的国土总体规划是在对全国自然条件和自然资源、经济条件和其他人文条件进行充分研究的基础上,把国家战略开发目标、重点和重大方针,在规划期内具体化并体现在地域上。国土规划的核心是重要资源(包括人力资源)的开发和生产力战略布局,使全国各个地带或区域在发挥资源优势或区位优势的同时,形成一个具有良好宏观经济效益、社会效益和生态效益的空间经济结构。这正是全国城镇化空间合理组织的前提条件。在国土规划基础上,发挥国民经济长期计划的宏观调节作用,对城市化空间发展进行诱导。并且在全国背景下,考虑一些特殊地区的发展问题,例如边远地区或少数民族地区。过去不适当地强调缩小发达地区与不发达地区的差距,片面追求生产力平衡布局,结果反而延缓全国经济发展的步伐,达不到共同繁荣的目的。这是有教训的。不过,为了民族团结,国防安宁,也不能因强调优势而把发展先进地区与开发后进地区对立起来。国民经济长期计划在宏观协调这类关系上是能起作用的。

中、小尺度的调节,主要是针对一个区域或个别城市的发展问题,通过区域规划或城市规划实行调节。不过,对研究全国城市化空间组织这样一个宏观问题来说,中、小尺度调节就不必多加讨论了。

六、结语

我国在城市化过程中,决策层对城镇布局问题的认识有过曲折,出现过两次战略性转变。目前城市化战略重点重新东移。按三个经济地带来看,现阶段我国城市化的优势在东部地带,这种优势是相对稳定的。利用东部优势,加速东部工业化和城市化的进程,对逐步提高全国城市化水平具有战略意义。

强化东部优势,合理提高中、西部城市化水平,两者是相辅相成的。城镇化水平从东部向中、西部作梯度推移是我国条件下的必然过程。重点是轴向推进,以沿东西向一级交通轴线为主,特别是发挥长江的动脉作用,与沿海一起,首先构成一个"丁"字形的城市化核心地带,同时逐步扩散。

在城市化过程中,城镇体系层次结构有个浮动和协调的问题,经过两级浮动后,还将出现中层级城市在规模结构中的调整。

计划调节是社会主义国家的优越性之一。各个地带、区域的城市化在进入竞争形势下发展之后,可能导致某些偏颇,为了无损于全局利益,需要运用不同尺度的规划和计划手段实行调节。

载《中国人口科学》1988 年第 2 期,第 16—22 页

80 年代中国人口城镇化概观

一、人口城镇化以前所未有的速度发展

80 年代是中国城镇大发展的时期,也是城镇化进程大大加快的时期。1980 年中国有市镇人口 19,140.7 万,1988 年增加到 54,248.8 万,占全国总人口的比率从 19.39% 上升到 49.78%,8 年内提高了 30.39 个百分点,上升幅度达 156.73%,年平均增长速度为 13.9%。虽然现行市镇人口统计中由于 80 年代不少县、乡继续撤县建市、撤乡建镇等原因,包含了大量实际上属于乡村人口的人数,但即使按市镇非农业人口这一比较保守的指标来衡量,80 年代城镇化速度的加快也是很显著的。1980 年市镇非农业人口占全国总人口的 14.04%,1988 年上升到 18.72%,提高了 4.08 个百分点,上升幅度为 33.33%。

对比解放以来的其余几个年代,80 年代人口城镇化速度不论按市镇总人口还是市镇非农业人口计算,都是前所未有的(见图 1)。

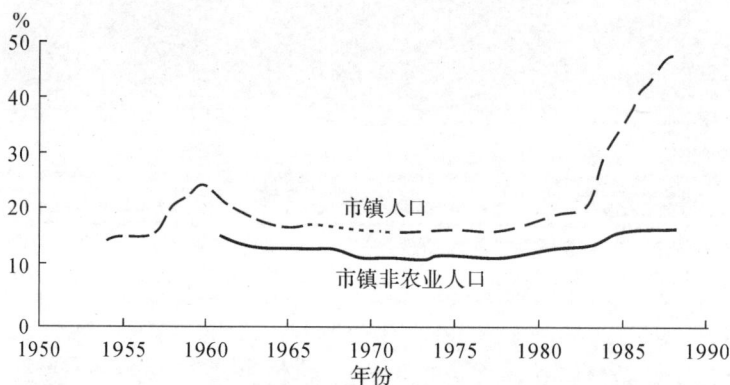

图 1　市镇总人口与市镇非农业人口占全国总人口百分比的变化

80 年代人口城镇化速度的加快,是有其经济基础的。首先,1978 以后,全国工作的重点移到了经济建设上来。本着改革开放的方针,对生产关系中不适合生产力发展的部分作了调整,有效地解放了社会生产力,搞活了城乡经济,开拓了就业门路,从而扩大了城镇的人口容量;其次,城镇化归根结底是工业化的产物,人口向城镇集聚的速度在很大程度上取决于工业发展的速度。根据解放以来至 80 年代中期市镇人口与工业总产值的相关分析,相关系数为 0.95,属高度显著。① 因此,正是 80 年代工业的高速度发展,为人口城镇化速度的加快提供了基本条件。

---

① 吴汉良:《我国市镇人口增长来源的动态变化》,《经济地理》1988 年第 3 期。

但是,从市镇非农业人口增长与工业总产值增长的数量关系来看,作为人口城镇化重要指标的市镇非农业人口的增长,与工业总产值的增长相比,又显得相对不足。1980—1988年工业总产值(按当年价格)年平均增长率高达 17.1%,而同期市镇非农业人口的年平均增长速度仅为 4.95%。这表明,在中国的条件下,工业总产值的高增长率有相当一部分是乡镇工业所做出的贡献,而乡镇企业职工多数不在市镇非农业人口统计之列。它从侧面提示我们,80 年代中国乡村劳动力非农化的步子很快,但人口城镇化的实际速度相对来说是较低的。这种现象既与城镇人口政策有关,也是我国经济二元结构在人口城镇化问题上的反映。

80 年代中国人口城镇化在快速发展的背后,也潜伏着两种不稳定因素。一是一些年份工业总产值增长率偏高,刺激了社会需求,引起总需求与总供给之间的比例失衡,导致国民经济与社会发展的规模、比例和速度被迫调整,这种波动势必带来城镇化速度的波动;二是农业总产值的增长速度在 80 年代中期以后有下降的趋势,粮食产量 1984 年达到历史最高水平之后连续 4 年低于这一水平。中国脆弱的国民经济基础——农业,在非农化浪潮中一旦有所萎缩,就会反过来阻碍工业化和城镇化的进程。

二、城镇化的人口来源已从自然增长为主转变到以机械增长为主[①]

80 年代,中国人口的城镇化不仅速度快,而且市镇人口的增长来源也发生了质的变化,机械增长稳定地取代了以往几个年代以自然增长占优势的地位。

要简洁地说明这一点,本来只要用历年全国市镇人口及其自然变动和迁移变动的统计数字进行比较就可以了。可惜,全国人口统计数字中没有市镇人口四项变动的材料,这里不得不用间接推算的办法来确认这一事实。

首先,通过全国市镇人口的增长数与全国总人口及全国市人口的自然增长数的对比,来考察一下市镇人口增长来源中自然增长与机械增长的地位(见表 1)。

表 1　80 年代全国市镇人口增长与全国总人口及全国市人口自然增长比较

年份	全国市镇人口增长		全国总人口自然增长		全国市人口自然增长	
	增长数（万人）	增长率（‰）	增长数（万人）	增长率（‰）	增长数（万人）	增长率（‰）
1980	19140.7		1160.0		112.0	
1981	20172.6	5.39	1439.0	1.46	161.4	1.13
1982	21155.8	4.88	—	1.45	—	1.30
1983	24122.8	14.02	—	1.19	—	1.01
1984	33006.2	36.83	—	1.08	—	0.91
1985	38224.3	15.87	—	1.12	—	0.81

[①]　此处"机械增长"一词泛指自然增长以外的人口增长,包括迁移增长、市镇行政区域调整以及新建制市、镇所带来的人口增长等。

续 表

年份	全国市镇人口增长		全国总人口自然增长		全国市人口自然增长	
	增长数（万人）	增长率（‰）	增长数（万人）	增长率（‰）	增长数（万人）	增长率（‰）
1986	43725.6	14.40	—	1.41	—	1.16
1987	50101.1	14.51	—	1.44	—	—
1988	54248.8	8.28	—	1.42	—	—

说明：第(2)、(3)两栏1982年以后增长数缺，是因为未从抽样调查数字推及总体。

资料来源：《中国人口统计年鉴》(1989)。

表1(1)栏与(2)、(3)两栏数字不是出自同一个统计项目，不能据此分离出全国市镇人口增长中机械增长和自然增长的份额。但是1987年全国1‰人口抽样调查资料告诉我们，镇的妇女活产子女数高于市而低于县，恰好居于两者之间。据此推断，全国市镇人口自然增长率当高于市而低于全国总人口的自然增长率，大致相当于表1第(2)、(3)两栏增长率的折中数。这就表明，全国市镇人口自然增长率只占市镇人口总增长率的几分之一乃至几十分之一，市镇人口增长来源占压倒优势的是机械增长。

其次，通过1980—1988年市镇非农业人口的总增长率和全国人口的总增长率，测算迁移增长在市镇非农业人口增长中所占的地位。

前述市镇人口机械增长如此大幅度地超过自然增长的情形，大部分是由于市镇行政区域扩展和新建制市镇加入的缘故。尽管这部分人口的加入在一定程度上也是人口城镇化过程的必然产物，然而，正如前面所指出的，新设市镇大都采取撤县建市、撤乡建镇的办法，市镇辖区人口高出建成区人口若干倍，使市镇人口的机械增长优势不能恰到好处地反映城镇化过程中的真实人口态势，即作为近代城镇化本质特征的乡村人口向城镇的迁移集聚。为了认清80年代城镇化中迁移增长的动向，这里以受市镇政区变动和建制增减影响较小的市镇非农业人口的增长为基础，用"全国增长率法"来测算迁移增长与自然增长在80年代中国城镇化人口来源中各自所占的地位。

"全国增长率法"公式如下：

$$M_u = \left(\frac{u_2 - u_1}{u_1} - \frac{p_2 - p_1}{p_1} \right) k$$

式中，M_u为市镇非农业人口的净迁移率；u为市镇非农业人口；p为总人口；下标1和2分别表示1980年和1988年；k为常数，用100表示。

已知1980年和1988年全国市镇非农业人口分别为13863.2万和20405.7万，全国总人口分别为98,705.6万和108,978.0万，以此代入上式，得1980—1988年8年的市镇非农业人口总净迁移率为36.78％，或年平均净迁移率为4％。

把市镇非农业人口的增长看作是自然增长和机械增长的总和，则可换算得1980—1988年市镇非农业人口的总自然增长率为10.41％，年平均自然增长率为1.2％。

应当指出，"全国增长率法"的假设条件是不考虑市镇人口和乡村人口的自然增长率和国际迁移率的差别，实际上这种差别是存在的，尽管数字不是很大。因此，测算结果只是一个近似数。这一点只要把这里得到的市镇非农业人口年均净迁移率和自然增长率之和为5.2％，与前节笼统地从1980—1988年市镇非农业人口数中得到的4.95％的年均增长率相比，差额为 0.25 个百分点,就可以明了。但这一细小的出入,对说明 80 年代城镇化中人口来源的态势没有什么影响。

可见,不仅市镇总人口增长中机械增长占绝对优势,就是市镇非农业人口的增长,也是迁移增长起主导作用,自然增长居次要地位。两者在市镇非农业人口的增长中分别占78.93％和22.07％。

像这样的以迁移增长占稳定优势的年代,是解放以来仅有的。50 年代两种增长来源的主次关系交替取代;60 年代迁移增长跌到负数,自然增长占绝对优势;70 年代前期以自然增长为主,后期才转到以迁移增长为主。不难看出,中国人口城镇化从 60 年代跌入低谷后,经过徘徊,逐渐摆脱了困境,由迁移引起的人口集聚在城镇化中占据了主导地位。

城镇化主要人口来源的转换,其原因不外乎两个。一是人口控制取得显著成效,自然增长率下降;二是经济增长和比较宽松的政策环境给乡村—城镇的人口迁移提供了机遇。

从中华人民共和国成立之初起,经过大约 24 年的死亡率迅速下降,出生率在高水平上大致保持稳定,以致人口高速增长的时期之后,随着经济社会的发展和计划生育政策的推行,人们的生育观开始发生深刻的变化。在死亡率降低之后,出生率也随之下降,使人口再生产类型在短短 40 年中发生了两次转变。现阶段正处于由高自然增长率向低自然增长率转变的时期,自然增长从市镇非农业人口增长中的主导地位退下来是很自然的。至于乡村—城镇人口迁移流的增强,在农村始终存在对大量剩余劳动力的推力的情况下,主要得助于城镇经济发展所创造的就业机会的增多,其中包括结构性劳力不足和第三产业的蓬勃兴起等。其次也得助于在比较宽松的经济环境中政府所制定的人口政策,包括上山下乡人员返城的政策;农民自理口粮进城镇务工经商的政策;以及调整市镇设置标准,鼓励发展小城镇的政策等。这些政策对城镇化进程都起着积极诱导的作用。

三、城镇流动人口已经成为城镇化过程中不可忽视的成分

在改革开放的形势下,全国农村大批剩余劳动力从农业中释放出来,纷纷投身到第二,第三产业的活动中去。他们中的一部分人就地转移,另一部分人则外出务工经商,包括从事工业、建筑业、运输业、商业、服务业以及其他行业。据有关部门的粗略估计,80 年代中期以后的几年,全国农村外出劳动力不下 5000 万人。这些人绝大多数流入城镇。此外,全国各地,还有因学习培训、探亲访友、投靠寄养、治病休疗养、公私事务、旅游等等缘由进入城镇居留的,加上外国人来华、海外侨胞和港澳同胞、台湾同胞回大陆逗留在城镇的,合在一起,数量当更为可观。

很明显,这里关于城镇流动人口的概念不仅不包括在我国属于法定概念的户口迁移者,也排除了城镇内部当日往返的人流,及通过陆路、水路和空路到发的客流,仅指从外部进入城镇,从事经济活动、社会活动和个人生活寄寓而寄住、暂住和滞留在城镇的人口。不能否认,城镇与外部之间人流的辐合和辐散都是城镇化现象的一部分,对城镇的发育都是有意义的。但是,直接关系到城镇规模和城镇化水平与速度的,则是上述范围的那些流动人口,特别是居留时间较长的那部分人口。

究竟全国城镇流动人口在出入相抵后有多少净流入人口,他们占城镇常住户口的比率有多大? 这个问题由于没有普查和全国性人口抽样调查的全面资料作支持,还不能对全国的动态过程作精确的数量描述,只能根据各地局部的资料,获得一些粗略的印象。但就是那些局部资料,也足以证明 80 年代城镇流动人口激增,城镇实际容纳的人口要比统计的容量

大得多。下面以上海和珠江三角洲的城镇为例加以证明(见表 2)。

表 2　上海市区流入人口

调查日期	流入人口总数(万人)	其中在居民户、集体户暂住人口数(万人)
1982-7-1	—	24.6
1984-8-10	75	40
1985-9-12	111	51
1986-8-27	111	47
1988-10-20	81.7	43.8

资料来源:张开敏主编《上海流动人口》,中国统计出版社,1989 年。

表 2 是上海市区 1982 年人口普查和 1984 年以后由上海市组织的 4 次流动人口调查的流入人口数字,它表明 80 年代初中期人口流入的势头很猛,后期有所减弱。但调查发现,在进入市区人数减少的同时,进入郊县城镇的人数有明显增多。另外,调查资料还表明,在流入人口中,农民的比重在增大,滞留时间也在延长。1985 年调查,流入人口中原职业为工人的占 31.9%,居第 1 位,1988 年调查时下降到 14.7%,居第 2 位。同期原职业为农民的,从 25.1%上升到 47.6%,由第 2 位跃居第 1 位。1985 年调查流动人口在沪居住 1~5 年的占 27.2%,1988 年上升到 31.9%。[1] 这些材料,在城镇化问题上给了我们很有价值的信息。第一,尽管从经济过热转入治理整顿,使流动人口数量有点波动,但改革开放使人口流动活跃,城市实际容量大大超过统计容量则是无疑的。上海 1988 年调查的流动人口,出入相抵,净流入 64.7 万(入 81.7 万,出 17 万),占时年上海市区常住人口的 9%左右。第二,流入人口原职业构成的变化和滞留时间的延长,反映了本来意义的城镇化的势头在加强。第三,近年流入市区的人口数量略减而流入郊县的人口数量增多的情况,说明大城市工业在向郊县扩散,因而对流入人口产生了逐渐增强的截留作用。

珠江三角洲是流动人口加入城镇化行列的一个比上海更为醒目的例子,特别是外来劳动力的流入,势如潮涌。到 1988 年底,进入深圳、广州、佛山和珠海 4 市的外来劳动力分别达 93 万,41.26 万、32.44 万和 16.5 万人,号称广东"四小虎"的东莞、中山、南海、顺德 4 市县以及宝安县,吸收的外来劳力占全省外来劳力 320.31 万人的 1/3。[2] 东莞市太平镇外来民工从 1984 年的 1000 人发展到 1988 年的 3 万多人,比当地从事工业劳动的 1.8 万多人还多得多。[3] 这代表了改革开放程度高、经济最富有活力的地区人口城镇化的典型特征。

上海和珠江三角洲城镇流动人口只不过是全国城镇流动人口中的两个突出的例子而已,事实上人口流向城镇的现象是普遍的,只要农村劳动力不断地从农业中游离出来,城镇产业有吸纳农村剩余劳动力的能力,人口从农村向城镇的流动就会保持强劲的势头,城镇间流动的强度也不会减弱。今天的城镇规划和建设已经不能回避大量流动人口存在的事实。

---

① 郑桂珍:《上海市流动人口的发展趋势》,载张开敏主编《上海流动人口》,北京:中国统计出版社,1989 年,第 63—64 页。

② 刘非、马建:《广东"外来劳动力"问题探讨》,《南方人口》,1989 年第 4 期。

③ 石祥记、石佩晖:《珠江三角洲人口流动和管理》,《南方人口》,1989 年第 4 期。

四、城市规模结构存在着双向变化的趋势

城镇化也反映在城市规模结构的变动上,主要表现在以下两点:

(一)小城市增多,城市规模结构中的下层比重增大

80 年代,中国经济从以前单一的计划体制转变为计划指导和市场调节相结合的体制后,城镇作为不同层级经济区域中心的作用日益显露出来。随着下层城镇经济实力的增强,人口的增多,设市之势如雨后春笋,尤其是 1983 年以后,市的个数骤增。1980 年全国有市217 个,1988 年发展到 432 个,8 年内增加 215 个,增长了 99.08%。回顾以前三个年代,50年代(统计年份为 1953—1959)6 年间设市城市从 166 个增加到 183 个,增长了 10.24%;60年代(1961—1970)从 208 个减少到 176 个,下降了 15.38%;70 年代(1971—1980)从 176 个增加到 217 个,增长了 23.30%。相比之下,80 年代无论是市个数的增多还是增长率的提高,都处于遥遥领先的地位。

由于大批撤县建市,加上少数大镇升格为市,全国城市体系的规模结构发生了深刻的变化(见表 3)。

表 3　1980 年、1988 年中国市规模结构的变动　(个,%)

年份	合计市数	<10 万人口		10 万~30 万人口		30 万~50 万人口		50 万~100 万人		100 万~200 万人		>200 万人	
		市数	比率	市数	比率	市数	比率	市数	比率	市数	比率	市数	比率
1980	217	43	19.82	98	45.16	31	14.29	30	13.82	8	3.69	7	3.23
1988	432	114	26.39	210	48.61	50	11.57	45	10.42	19	4.40	9	2.08

说明:按市非农业人口计算。

资料来源:《中国人口统计年鉴》(1989)。

表 3 是 1980、1988 两年全国市按非农业人口分组的个数和比率,它告诉我们,8 年内各个层级的市的数目都有较快的增多,但从规模结构来看,30 万人口以下的低层级市所占的比重明显提高,中、高层级城市的比重,除了 100 万~200 万人口这一级略有上升外,其余各级都有一定程度的下降。说明中国城市建设中鼓励小城市发展的方针正在得到贯彻。结合大量集镇升格为建制镇的情况,80 年代中国市镇日益向农村地区发展,这对发展农村经济是有利的。

(二)全国城市首位度指数下降,大城市结构失衡

城市地理学上常用首位度指数来衡量一国一地区城市的规模结构。[①] 就目前我国情况而论,全国的城市首位度已经大大降低。按城市非农业人口计算,1988 年 2 城市指数为1.30,4 城市指数和 11 城市指数分别为 0.53 和 0.49,而 1961 年这三项指数分别为 1.61、0.65 和 0.61。这就是说,作为首位城市的上海,多年来城市人口规模几乎原封不动,而大城市中位列其后的 10 座城市,其人口增长尽管受到同一政策的限制,却膨胀得比较快,这是一

①　城市首位度是一国一地区首位城市与第 2 位城市或第 2~4 位城市人口数之和的比值,或首位城市人口数的两倍与第 2~11 位城市人口数之和的比值,分别称为 2 城市指数、4 城市指数和 11 城市指数。按序位规模律的理想规模结构,2 城市指数应为 2,4 城市指数和 11 城市指数均应为 1。

个值得注意的动向。1988 年位列上海之后的 10 座城市是：北京、天津、沈阳、武汉、广州、重庆、哈尔滨、成都、西安和南京。按行政地位分，它们中除天津和重庆为市治外，北京为首都，其余 7 处都是省会。1961—1988 年的城市非农业人口统计表明，上海增长最慢，仅增 13%，其次为重庆、沈阳、哈尔滨和天津，增长 28%～39%。其余 6 处增长幅度在 40%～60% 之间。不难看出，单纯的市治人口增长幅度较小，首都和省会城市的膨胀要快得多（省会沈阳和哈尔滨因新中国成立初期发展快，60 年代以后相对减缓）。这种现象告诉我们，长期来在行政—经济—元化管理体制下，像上海、天津、重庆那样长期对全国和大区经济起举足轻重的作用的城市，由于行政功能不强，规模增大不显著；而首都和省会随着行政功能的强化，人口也迅速膨胀。这一点，就是从省会城市在省内的首位度也可以看出，它们的 2 城市指数大于 2,4 城市和 11 城市指数大于 1。[①] 说明条块分割的管理体制，在很大程度上鼓励了省会城市的发展，压制了几个强大的经济中心的发展，使高层级城市的规模结构失衡。

五、人口城镇化重心重新东移

80 年代中国城镇化在地理空间上所表现的一个动态特征，是在发展态势上内陆地区较弱，沿海地区较强，同时北部稍弱，南部略强。

把全国自东而西分成三个地带，以沿海 12 个省、自治区、直辖市为东部地带，西北 5 省区和西南 4 省区为西部地带，其余 9 省区为中部地带，那么，三个地带 80 年代与以前几个年代相比，人口城镇化的发展是不同的（见表 4）。

表 4　中国东、中、西三地带城镇化发展比较

	市镇人口增长（%）		
	1988 比 1980	1980 比 1978	1970 比 1957
东部地带	222.92	23.01	32.65
中部地带	176.44	42.94	52.81
西部地带	132.51	45.15	39.12

资料来源：《中国人口统计年鉴》(1989) 资料计算。

显然，1949 年以来我国人口城镇化强度在相当长的时间里是内陆地区超过沿海地区，80 年代在改革开放的形势下，才使沿海地区重新处于领先的地位。

如果把注意力从分带的平均数移到个别省份的发展数字，那就更加醒目。沿海省份在 80 年代 8 年中市镇人口的增长，除辽宁原有城镇化水平较高，增幅不足一倍外，其余各省份大都高过二三倍，其中广东、广西两省份竟高出 4 倍以上。值得注意的是这些省份中除了山东在 50—60 年代市镇人口有较快的增长外，其余省份 80 年代以前的市镇人口发展都比较缓慢，一旦改革的方针政策鼓舞了群众积极性，它们的历史基础和区位条件就开始发挥作用，导致市镇人口的暴发性增长。

近几年来，人们较多地注意沿海与内陆之间经济发展和城镇化的地域分异，不大理会南北之间的某些差别。我们把东北、华北、西北 13 个省、市、自治区和山东、河南划为北片，华东、中南、西南的余下 15 个省、市、自治区划为南片，按表 4 同样的时间间隔，对市镇人口的

---

① 顾宝昌：《论中国的城市体系发展》，《人口研究》1988 年第 3 期。

变化进行计算,则 1988 年与 1980 年相比,南北两部分市镇人口分别增长 229.72％和 149.02％,1980 年比 1970 年分别增长 38.38％和 29.61％,1970 年比 1957 年分别增长 31.24％和 49.86％。表明五六十年代北方城镇化速度高于南方,70 年代南方开始超过北方,80 年代南方更胜于北方。似乎可以这么说,在城镇化重心东移的大势中,又有南部稍占上风的态势。

载《中国人口年鉴(1990)》,经济管理出版社,1991 年,第 121—127 页

二元经济结构条件下产业投资的城镇化效应探析[①]

——以宁波市为例

1990 年 7 月，我们在浙江宁波进行了改革开放以来市区人口迁移的抽样调查，在调查中发现，70 年代中后期以来宁波作为国家在浙江省的重点投资城市，大规模的建设投资并没有使人口迁移率发生令人瞩目的上升，而乡村区域民间的非农产业投资却推动了农业劳动力的大量转移，产生了城镇化的潜流，这促使我们去寻找重点投资与非重点投资、中心城市产业的政府投资和乡村区域非农产业的民间投资对城镇化所产生的不同效应。我们感到，在我国这样一个发展中的社会主义国家里，二元经济结构是宏观经济特征中最基本的特征之一。这种经济特征，加上过多的人口和严格的城镇人口控制政策，使我国正在走着一条"二元城市化"的道路。本文拟以宁波市为例，从引发城镇化的直接动因——非农产业投资出发，对二元经济结构条件下投资的城镇化效应进行初步的实证性研究。

一、产业投资与城镇化的一般关系

城镇的兴起和成长都是以非农产业的兴起和发展为基础的。当非农产业在某一地点出现，并且逐渐形成产业规模和集聚规模时，城镇就成长起来。在各个城镇的区位条件、产业规模、经济辐射区域及其发展水平的共同作用下，城镇出现规模分化和功能分化，渐次形成一个国家、一个地区不同层次、不同功能的城镇网络。但是，城镇经济基础理论告诉我们，城镇形成的基础并不是所有非农产业，而是以满足城镇本身以外一定地区内居民的物质文化生活需要为目的的那些产业。它们得到区域的哺育，又给区域以反哺。那些超越城镇本身需要的产业发育了，城镇才算确立了区域中心或某种产业基地的地位。因此，城市经济学通常把因城镇本身以外区域需要而存在的产业看作城镇的经济基础，把这些产业的从业人员看作是城镇的基本人口，而把为满足城镇基本人口需要而发展起来的产业及其从业人员看作是服务性产业和服务人口。基本人口与服务人口之和（即城镇在业人口）与带眷系数的乘积，则是被抚养人口。这三部分人合计，便是城镇全部常住人口。显然，作为城镇经济基础的产业决定着城镇基本人口规模，城镇基本人口规模又决定着服务人口规模，进而决定着城镇总人口的规模。这种关系，在城市规划中早就成为预测城镇未来人口的所谓劳动平衡法的基本依据。

城镇经济基础的建立依靠投资，投资的结果直接间接地创造就业机会。一般地说，投资

---

① 本文与周志刚、吴清法合作完成，发表时署名"王嗣均，周志刚，吴清法"。

增加,就业机会随之增加。投资规模越大,增加的就业机会越多。投资从三个方面创造就业机会:一是投资形成的生产和服务能力所提供的就业机会;二是实现投资的建筑安装所创造的就业机会;三是投资间接创造的就业机会。关于投资间接创造的就业机会,既有来自前向联系的产业,又有来自后向联系的产业;既有寓于第二产业的机会,也有寓于第三产业的机会,情况比较复杂。为便于说明问题,我们把着眼点放在投资直接创造的就业机会上。其理论模型可表达如下:

$$L_d = L_c \cdot I \qquad\qquad ①$$

其中 L_d 为新增就业人数; L_c 为投资的劳力吸纳系数; I 为投资额。

从①式可以看出,新增就业人数不仅取决于投资额,而且还取决于投资的劳力吸纳系数。一般来说,随着科学发展和技术进步,资本有机构成不断提高,因而单位投资直接吸纳劳力的数量逐渐减少。

投资与就业人数之间的关系,还可以用就业人数对固定资产原值的弹性(或增长系数)大小来衡量,所谓就业人数对固定资产原值的弹性,是指固定资产原值每增加 1% 时,就业人数增加的百分数。其计量模型如下:

$$\ln Y = a + b\ln X \qquad\qquad ②$$

其中 X 为固定资产原值; Y 为就业人数对固定资产原值的弹性。

通常投资并不能马上引起就业人数的增加,而是存在着一个滞后期。以宁波市区全民所有制企业固定资产投资年增长率与新就业人数变化过程为例,1953—1989 年宁波市区全民所有制企业固定资产投资的变化大致经历了 8 个阶段,随着固定资产投资年增长率的周期性波动,新增就业人数也产生周期性的波动,但有一个 3 年左右的滞后期。可以认为,投资引起就业人数变化的时滞大致为 3 年。分析固定资产投资增长率变化与就业人数变化的关系,掌握投资吸纳劳动力的滞后效应与滞后期的长短,对预见投资引起的城镇化效应是有价值的数量依据。

产业投资的城镇化效应还与投资结构有关。由于不同行业投资的劳动力吸纳系数不同,在投资总量一定的情况下,投资结构的变化可以引起劳动力吸纳效应的变化。因此,在一个时期里,投资结构的调整,会对城镇人口增长速度产生不同的影响。

二、中心城市产业政府投资的城镇化效应

这里,我们姑且把中心城市政府投资的产业只限于全民所有制产业,包括第二产业和第三产业。那些在 50 年代中期完成对个体手工业和商业的社会主义改造基础上发展起来的城镇集体所有制产业,即所谓"大集体"企业,虽然六七十年代一度在资金来源、经营方式和分配方式上与全民所有制企业没有多大差别,但是在 80 年代,重新强调了它们的集体性质(见 1991 年 9 月发布的《中华人民共和国城镇集体所有制企业条例》),因而在下面的讨论中将不包含这类所有制单位,只是在必要时作为中心城市政府投资产业和乡村区域民间投资非农产业的对比材料加以使用。

中心城市政府对产业投资的城市化效应如何,让我们先就 70 年代末以来宁波市区全民所有制单位固定资产投资额与新增就业人数之间的关系作一考察。

表1　1978—1989年宁波市区政府的固定资产投资额与新增就业人数

年　份	投资额（万元）	新增就业人口（万人）	劳动力吸纳系数（人/百万元）
1978—1980	88697	5.34	60.20
1981—1985	182484	2.77	15.18
1986—1989	423647	2.90	6.85
合　计	894828	11.01	15.85

资料来源：《宁波奋进四十年》，《宁波统计年鉴（1989）》。

　　从表1看到，改革开放以来宁波市全民所有制单位固定资产投资与就业的关系具有两个特点：一是劳力吸纳系数较小，改革开放以来平均每百万元固定资产投资仅吸纳15.18个劳动力。二是固定资产投资额迅速增加，劳力吸纳系数急剧缩小。"七五"头四年每增加百万元固定资产仅能吸纳劳动力6.85人，只及"六五"期间的45.13％，而"六五"期间单位固定资产投资所能吸纳的劳动力只及改革开放初期（1978—1980）的25.22％。这说明从投资的劳动力吸纳效应来看，改革开放头三年强于"六五"期间，而"六五"期间又强于"七五"计划头四年。

　　对比宁波市区城镇集体所有制单位固定资产投资的劳力吸纳效应的变化，两者的趋势是一致的，但在同一时期里劳动力吸纳效应有很大差别。

表2　1978—1989年宁波市全民和城镇集体所有制单位固定资产投资的
劳力吸纳效应比较　　　　　　　　　（单位：人/百万元）

年　份	全民所有制单位固定资产投资劳力吸纳系数	城镇集体所有制单位固定资产投资劳力吸纳系数	合计
1978—1980	60.2	996.90	83.45
1981—1985	15.18	113.90	24.39
1986—1989	6.85	13.78	7.61
合　计	15.85	76.56	21.13

资料来源：同表1。

　　表1、表2所用的都是12年的数字，劳动力吸纳系数随时间的变化而减弱的趋势，与劳动就业人数对投资的滞后效应无关，而是与资金技术构成提高、"文革"期间大量待业人员和下乡返城知青在70年代末、80年代初陆续安置就绪和社会就业门路拓宽有关。

　　这一情况，可以判断政府投资产业就业人数对固定资产原值的弹性是比较小的。为了定量地说明问题，我们用宁波市区1962—1989年全民所有制企业固定资产原值及就业人数的统计数据，通过计算机处理，建立如下的计量模型：

$$\ln Y = -1.4007 + 0.3395\ln X$$
$$(-11.0909) \quad (29.4398)$$

相关系数　$R^2 = 0.9709$
标准差　　S.E. $= 0.0895$
F 检验值　$F = 566.7038$

　　可见，固定资产原值与就业人数存在强相关关系，且模型的所有统计检验均圆满通过。由此我们得到就业人数对固定资产原值的弹性为0.3395，即当固定资产原值每增1％时，导致就业人数增加 0.34%,后者的增长速度慢于前者。

这种情况能不能用投资结构的改变去解释呢? 我们来比较一下 1982 年与 1989 年各行业投资结构的数字(见表 3)。

表 3　1982 年和 1989 年宁波市区全民所有制单位投资行业结构和在业人口行业结构比较 （%）

	投资构成			劳力构成		
	1982 年	1989 年	1989 年比1982 年+/−	1982 年	1989 年	1989 年比1982 年+/−
农、林、牧、渔、水利业	0.55	0.99	+0.44	3.63	3.19	−0.44
工业	70.89	71.34	+0.65	45.20	45.55	+0.35
建筑业、地质勘探业	1.93	1.01	−0.92	11.31	8.52	−2.79
交通、邮电通信业	11.52	12.65	+1.13	9.14	9.87	+0.73
商业、饮食业、物资仓储业	5.22	3.57	−1.65	14.56	10.12	−4.44
房管、公用、居民咨询服务	3.99	5.21	+1.22	2.42	4.45	+2.03
文、教、体、卫、广播事业	2.10	4.44	+2.34	8.09	10.03	+1.94
科研、综合技术服务	0.03	0.28	+0.25	0.60	1.04	+0.44
金融、保险业	0.73	0.65	−0.08	0.85	1.64	+0.79
机关、社会团体	3.62	6.12	+2.86	4.20	5.60	+1.40

资料来源:《宁波市统计年鉴》,1982,1987。

表 3 表明,以全民所有制企事业来说,各部门固定资产投资比重最大的是工业和次大的是交通、邮电通信业,在 8 年中的比重大体稳定,略有提高。各部门劳动力构成中比重最大的也是工业,只是投资比重次大的交通邮电通讯业,1989 年与商业、饮食业、物资仓储业变换了位次,比重有较人的变化。其余各部门即使有较大的变动幅度,但它们在投资和劳动力部门构成中的比重很小,不足以引起整个投资结构和劳动力结构的重大变动。

可见,改革开放以来政府投资的劳力吸纳系数的降低和就业人数对固定资产原值的弹性变小,不可能用固定资产投资结构的变动来解释。比较有说服力的解释应该是:在城市经济政策和社会政策的背景下,重点投资的增加和重点投资企业资金技术构成的提高,使政府投资的劳力吸纳系数和就业人数对固定资产原值弹性降低。

改革开放之初,国家刚刚从"十年内乱"导致国民经济濒临崩溃的境地中解脱出来,财力有限,能用于重点建设和大规模技术改造的资金不多,加上"十年内乱"时期积压下来的城市待业问题需要解决,大批按政策返城的知识青年和其他人员需要安置,因此,政府投资的劳力吸纳系数较大。随着改革开放的推进,经济得到长足的发展,返城知青安置问题基本解决,城市内部就业门路拓宽,各种经济成分和各项事业都消化了一些新增劳动力,在城市继续控制人口迁入的情况下,使政府投资企业压力有所缓解。于是,政府投资的劳力吸纳系数就大大下降了。最明显的是中央和地方用于重点建设投资和改造企业技术设备的资金增加,资金技术构成大大提高。例如,70年代中后期以来在宁波先后建设起来的大型能源、交通、基础工业企业,都是国家和省的重点建设投资企业,投资大而占用劳动力数量相对较少。就其中的四家工业企业(石化总厂、生产海洋渔业装备的渔业基地以及镇海和北仑两大电厂)而论,到1989年国家累计投资达21.97亿元,占市区全民独立核算工业企业投资总额的75.37%,但它们1989年末仅有职工16077人,占市区全民独立核算工业企业的17.07%,固定资产原值的劳力吸纳系数平均为7.32人/百万元。近几年这些大型工业企业劳力吸纳系数更是渐趋缩小,从1986年到1989年百万元固定资产投资吸纳劳力数量从6.26人降低到1.02人,平均只有2.3人。

在论及上述近期政府投资于中心城市的大型全民所有制工业企业的时候,没有涉及与它们前向关联和后向关联的产业固定资产投资的劳力吸纳系数问题,但是,从近期兴建的国家大型工业企业以外的其余全民所有制工业企业的情况来看,1989年全部固定资产原值的劳力吸纳系数为10.82人/百万元,而1986—1989年新增固定资产投资的劳力吸纳系数降低到了平均9.95人/百万元。

显然,中心城市产业发展中政府投资的城镇化效应是微弱的。

三、乡村区域民间非农产业投资的城镇化效应

这里我们把"乡村区域"定义为宁波市所属各县、市全部乡和行政村建制的区域。乡村区域除了因政府计划布点而坐落在农村环境里的全民所有制企事业单位之外,其余经济活动都依靠当地的民间财力。宁波市所属各县、市农村(尤其是鄞县农村),早在1958年就出现了社队企业,但是,在此后的20年里,农村发展非农产业得不到政策的鼓励,以致直到改革开放前夕的1978年,社队企业还显得很弱小。1978年全市乡村区域194.84万劳动力中,从事非农产业的劳动力为18.43万人,仅占农村劳动力的9.46%,其余占总劳力90.54%的176.41万人,仍然留在农业之中,每个农业劳动力的耕地负荷量只有2.17亩,劳动力大量剩余始终困扰着农村的发展。在宁波地区这样一个近代工商业发展较早,与上海有千丝万缕联系的区域,只要确立鼓励劳动力非农转化的政策,乡村劳动力就会闻风而动,摆脱极有限的土地的束缚,向非农产业进军。

党的十一届三中全会以后的改革开放政策,为农业劳动力的大规模转移创造了条件。在原有农业集体经济的基础上,开始普遍举办非农产业。由于全民所有制企业和城镇集体所有制企业提供的产品和服务不能满足社会需要,加上全民所有制企业的活力没有充分释放,农村非农产业虽然固定资产投资不多,设备简陋,劳动者素质较低,管理也比较原始,但它们规模小,应变灵活,产供销受制环节少,收益还是较高,对农村劳动力产生强大的吸引力。因此,一经兴起,便具有勃勃生机,以有限的投资吸纳了大量的劳力(见表4)。

表4　1982—1989宁波市农村非农产业生产性固定资产投资额与农业劳动力转移量

年份	1982	1983	1984	1985	1986	1987	1988	1989	合计
投资额(百万元)	12.7	86.45	16.87	32.44	306.03	484.21	461.61	399.56	2243.78
农业劳动力转移量(万人)	0.83	18.70	29.25	2.04	7.29	4.98	2.16	−3.69	61.64

资料来源:浙江省统计局。

从表4的数字来看,1982—1989年,乡村区域非农产业生产性固定资产投资总额为

22.44亿元,吸纳劳动力61.64万人,平均百万元固定资产投资吸纳剩余劳动力274.27人,劳力吸纳系数比1981—1989年宁波市区全民所有制单位的9.35人/百万元和城镇集体所有制单位的43.62人/百万元,分别大29.33倍和6.29倍。

在表4所列的年份里,非农产业固定资产投资虽然有些波动,总的是快速增大的。相比之下,农业劳动力转移量显得很不稳定,表现出大起大落的现象,到后期甚至与固定资产投资额没有正向的关系。把表4年份的劳动力转移量和投资额的关系进行统计分析,得到 $Y=15.05X-2.18$,相关系数 $r=0.37$,两者的相关性不显著。这说明,一方面农村资金流入非农产业引起农业劳动力的暴发性转移,另一方面,在非农产业如雨后春笋般兴起后,面临着市场竞争的考验,乡村企业不得不通过改进经营管理,改造和更新设备,提高劳动生产率来求得生存与发展,使固定资产投资的劳力吸纳系数有一段下降的时间,甚至出现负数。显然,乡村企业在其他条件不变的情况下,劳动力的过量投入也妨碍劳动生产率的提高。这一点,按照1981—1989年农村工业总产值、工业固定资产原值和工业劳动力数量计算的柯布—道格拉斯生产函数也是一个佐证。

$$P = L^{0.289} I^{0.764} \qquad ③$$

相关系数 $r=0.99$

其中:P 为农村工业总产值;L 为农村工业劳动力;I 为农村工业固定资产投资。

该生产函数揭示,在宁波市乡村区域近十年来工业发展过程中,单位固定资产投资额所作的贡献,近两倍于单位劳动力投入所作的贡献。也就是说,固定资产投资的边际生产效率高于劳动力投入的边际生产效率。现阶段农业劳动力大量进入非农产业,实质上是以牺牲劳动生产率为代价的劳动力快速转移。

然而,农村并不因此而使劳动力转移的总量减少。以1989年国民经济调整前后的状况来说,在1986年以前的几年里,社会总需求膨胀,乡村区域非农产业固定资产投资额与农业劳动力转移量都是大幅度增大的。1988年,政府为了控制总需求的膨胀,压缩基建规模,紧缩银根,收紧了农村信贷资金,同时由于1984年以后的几年里,粮食生产滑坡,政府采取必要的政策,鼓励农村增加农业投入,于是,农村投资构成有所变化。在这种情况下,按理劳动力会随资金流向改变而在产业之间进行调整,即使劳动力流向对资金流向有个滞后期,也不至于与资金流向相悖。但是,考察国民经济调整前后年份的统计,投资产业构成的变化与劳动力产业构成的变化在一定程度上存在逆向关系,表5大致反映了这一情况。

表5　1985、1989年宁波市农村集体经济生产性固定资产投资与
劳动力产业构成 （%）

		农林牧副渔业	工业	建筑、交通运输业	其他
1985年	投资构成	5.79	79.84	7.53	6.84
	劳动力构成	56.10	31.28	4.41	8.21
1989年	投资构成	15.55	77.86	5.50	1.09
	劳动力构成	54.91	29.80	5.94	9.35

资料来源:浙江省统计局。

在表5中,1989年与1985年相比,农业生产性固定资产投资比重提高了9.67个百分点,而劳动力比重反而下降1.19个百分点,第二、三产业投资比重都有所下降,但劳动力比重除工业有相应下降外,建筑、交通运输业与商业、饮食、服务业等单位投资的劳力吸纳系数较大的产业都有所上升。这说明即使在多数从事第二、三产业的劳力仍然是兼业农民的情况下,紧缩第二、三产业的信贷资金,增加农业投入,也很难使已经转移到非农产业的农业劳动力回到农业中去。是否可以这么说,由于农业增加劳动力投入的边际生产率低,即使第二、三产业追加劳力投入所产生的效益也不理想,但比起投向农业来,收益还是高一些,因此,农村民间资金投向第二、三产业,促使大量剩余农业劳动力向非农转化的势头不可阻遏。农业劳动力一旦实现了非农转移,实际上是不可逆的。到1989年,全市乡村区域已有113.8万劳动力从事非农产业,占乡村区域总劳力的45.09%。

尽管如此,我们却难看到从农业中转移出来的劳动力迅速转入城镇的现象,乡村区域非农产业投入的人口城镇化效应是不显著的。以宁波市区的镇海区镇海城关为例,1988年迁入该城的人口中,来自农村的仅48人,迁入率只有0.2%,乡村—城镇人口迁移强度之微弱由此可见一斑。造成这种现象的原因,从城镇方面来说,是与产业投资政策、土地管理政策、房地产经营政策、城镇户口控制政策以及创造的就业机会不足等因素直接相关的。从农村方面来说,土地承包制度的制约也有一定影响,许多兼业农民不愿轻易放弃小块承包土地,以免失去传统的土地依托。

既然农村实现产业转移的劳动力城镇难以接受,兼业农户多数不愿放弃承包的土地,于是他们长期处于离土不离乡的状态之中。劳动力大量转移而缺少集聚,非农化来势猛烈而城镇化速度不快,是现阶段乡村人口转化中的基本特征。80年代市镇人口的大幅度增长,主要得之于市镇建制和行政区划的调整,而不是乡村人口向城镇的大规模迁移。因此,乡村区域民间非农产业投资,只是向人口城镇化跨上了农村人口非农转化的一步,而没有跨进名副其实的城镇的门槛。这种状态,不妨称作二元经济结构与严格控制城镇人口条件下的隐性城镇化(潜在城镇化)现象。

四、问题讨论

以上分析向我们展示了一幅似乎令人惶惑的图景。一方面中心城市产业的政府投资不断扩大,而劳动力吸纳系数日趋缩小,似乎近期城市经济发展对劳力的需求可以通过城市内部调剂来满足。城市每年迁入的人口,只不过是在现有政策许可范围内对一部分人的安置,并非高速城镇化过程中通常具有的经济性移民浪潮,中心城市以及县城对乡村—城镇人口迁移的贡献度不大。另一方面,在乡村区域,土地排斥劳动力,劳力寻求非农转化的冲动十分强烈,而实现了转化的劳动力由于城镇创造的就业岗位不足,加上有关政策的限制,极少跨入城镇的门槛,绝大多数不得不依靠就地消化,乡村区域处于潜在的城镇化状态。

这是一种僵局,却又是二元经济结构条件下加上人口迁移受行政干预所产生的必然现象,其中包含着合理的成分。从城市方面来说,新中国成立以来,生产建设所需资金除一部分得到中央和省的支持外,主要是依靠内部的有限财力,城市经常处于资金不足而就业增多的境况之中。生产力要素的宏观组合得不到优化,劳动生产率不高,客观上需要有一个打基础、上水平、增效益的过程。十年来中心城市全民单位固定资产投资劳力吸纳系数逐渐下降,正是这一过程逐渐推进的反映。宁波市区十多年来致力于能源、交通、原材料工业的建设,实质上是一种打好基础为后向关联产业发展创造条件的突破性策略。一旦基础性产业带动后向关联产业发展了,并且有效地提高了劳动生产率和经济效益,第二、三次产业中新的就业岗位就有可能不断创造出来。县城也是这样,没有以某些产业为基础建立起前、后向关联的产业链,是不会涌现大批就业岗位的。目前,县城以上城市只处在培育产业链的初期,要有几十年的开拓才有可能产生吸引农村劳力的强大动力。从农村方面来说,农业的发展起着稳定社会的巨大作用,但要使农民富裕起来,终究必须实现土地的规模经营,使大多数劳力既离土又离乡。在城镇缺乏吸纳农村劳力能力的今天,过渡性的出路只能是在乡村区域兴办劳动密集型非农产业,走二元经济结构下的二元工业化和二元城镇化之路。

我们说它过渡性,是因为二元工业化和二元城镇化不是永久性模式,而是一种阶段性模式。这种模式将被两股力量逐渐冲破。一股力量来自乡村企业内部。由于市场导向的作用,乡村企业面临着激烈的竞争,市场的筛选将使企业优胜劣汰。优胜的企业基于它的资金优势、技术优势和管理优势,继续谋求发展,以致寻求集聚效益和城镇依托,脱离乡村环境。另一股力量来自城镇。城镇经济实力的增强,主导部门产业链的确立和延伸,需要大量投资,资金来源的多渠道化将是城镇经济发展趋向,其中包括吸引农村民间资金在内,就像目前农村吸收城镇民间资金一样。各国发展轨迹表明,资金流入必然带来劳力流入,这就将使二元城市化向一元化趋近。当然,这种双向靠拢的过程将是缓慢的,并且需要有相应的城镇投资政策、土地政策、房地产政策和户口管理制度的改革来配合。

鉴于中国工业化不是以使农村破产为前提,而是让农民先实行就地非农转化求得发展,因而城镇化过程走着一条迂回的道路,它不是单轨发展,而是双轨发展,两步到位。经济学者、社会学者、地理学者以及各种空间规划工作者(国土规划、区域规划、城市规划、村镇规划、环境规划等工作者)共同研究我国城镇化可能采取的轨迹,为稳健地实现全面城镇化作出科学的预测和规划,对发展经济、保护土地、保护环境、提高社会发展水平,将是有意义的。

载《人口学刊》1992 年第 1 期,第 30—37 页

中国城镇化几个问题的省际定量比较研究构想

本文是在"中国现阶段不同区域城镇化比较研究"课题建议书的基础上节略改写而成的[①]。该课题建议书经审议批准后,列入了联合国人口活动基金援助中国的"大学人口学研究与培训"项目第三周期(1990—1994)的活动计划。这里提出的是课题中需要进行定量比较研究的几个核心问题的研究设想。

一、研究的背景与基本目标

我国自70年代末实行改革开放政策以来,城乡经济高速增长,城镇化进程显著加快。与此同时,乡村向非农产业转移的劳动力也越来越多。这种情况提醒人们需要对城乡经济和社会发展的一系列问题进行考察、预测和规划。政府有关部门对此颇为重视,国家科委在第七个五年计划期间就曾把城镇化问题的研究列入"技术进步与经济发展研究计划"之内,并委托城乡建设环境保护部组织"中国城市化道路"课题进行研究,国家社会科学基金"七五"重点项目规划中也列有城镇化研究课题。可见,城镇化问题是政府希望取得研究成果的一个科学领域。

十多年来,国内学术界对城镇化问题已做了不少研究。不过,人们的注意力大都集中在探讨城镇化发展的道路方面,极少涉及城镇化进程的区域分异问题。我国疆域辽阔,地理环境千差万别,区位因子不尽相同,经济发展条件参差不齐,城镇化状况的区域差异是客观存在的。一般而言,在有利的地理环境和经济区位中,经济易于发展,城镇化水平较高,反之,经济发展比较艰难,城镇化水平较低。但是,我国是个社会主义国家,新中国成立以来经济建设基本上是政府主办的事业,政府通过生产力布局,对不同区域给予不同的投资份额,从而直接影响不同区域城镇化的水平和速度。原来经济基础较好的省区,如果得到国家重点扶持,经济便如虎添翼,城市也蓬勃发展,原有经济基础薄弱的省区,得到国家重点扶持后,尽管经济效益有时不尽如人意,但城镇化水平迅速提高,而有的省区,即使原来经济基础较好、经济区位有利,如果得不到重点投资,城镇化水平也会显得长期低下。因此,不同区域城镇化状况与经济基础之间的关系是很不一致的。改革开放以来,随着生产力布局与经济发展战略的转变,这种状况有所改变,区位条件对经济与城镇成长的作用日益显著,在综合经济优势强的区域,城乡第二、三产业以强劲的势头发展。但是,由于城镇(特别是城市)在投资、土地使用、户口管理等政策上没有向乡村人口开放,造成发达地区乡村非农转化人口的堆积,城镇化水平的提高只是通过市镇建制标准的放宽和统计范围的扩展反映出来。所有

[①] 在课题建议书的准备过程中,周志刚、胡刚参加了文献检索和量化方法的探索。

这些现象,都给人以一种扭曲的印象,如果不进行实证性的比较研究,就不可能真正认识中国城镇化的特征,就会在生产力布局和人口再分布(城镇化)政策上产生忽视经济效益和社会效益的倾向。

根据以上背景,我们认为有必要对现阶段不同区域的经济发展与城镇化问题进行比较研究,其基本目标是:通过对全国各省区城镇化与经济发展关系的研究,揭示城镇化区域差异的现状、动向及其存在的问题,为政府制定或调整区域发展政策提供科学依据。

基于这样的目标,我们设想需要重点探明以下四个方面的问题:第一,探明城镇化水平与经济发展水平之间关系的区域差异。通过各省区 1980 年以来各年份城镇化水平与经济发展水平之间的相关分析,识别不同区域城镇化水平与经济发展水平之间关系的协调程度。第二,探明城镇化速度与经济发展速度之间关系的区域差异。通过各个省区 1980 年以来历年城镇化水平与经济发展水平之间的弹性分析,识别不同区域城镇化速度与经济发展速度之间关系的协调程度。第三,探明城镇人口增长与城镇居民生活质量变动之间关系的区域差异。通过选定与城镇化进程有关的城市居民生活质量指标,组成指标体系,比较 80 年代各省区城镇人口增长与城市居民生活质量指标变动的关系,识别不同区域城镇化与城市居民生活质量变动之间关系的协调程度。第四,探明潜在城镇化现象的区域差异。所谓潜在的城镇化,是指乡村地区实现了产业转移、并在一定程度上改变了生活方式,而暂时不能实现向城镇地域转移的非农产业人口的数量和比重日益增高的过程。为了与统计上的城镇化概念区别开来,不妨把统计上的城镇化称为"显性城镇化",而把潜在的城镇化现象称为"隐性城镇化"。通过各个省区隐性城镇化水平及其与显性城镇化水平、经济发展水平关系的比较研究,考察不同区域城镇化的潜势,识别隐性城镇化与显性城镇化并存关系的区域差异与前景。

二、现有文献述要

由于国内外至今还没有人对城镇化问题作过如此广泛的区域比较研究,因此,尽管以城镇化为主题的文献大量存在,但要紧紧围绕区域比较研究的目标,从中找出在前人工作的基础上进一步开拓的基点是困难的。纵然如此,对现有文献作一扼要评述仍然是有意义的。

关于城镇化水平与经济发展水平关系的研究,早期大都为统计描述,从统计描述走向统计分析还是 50 年代的事情。1959 年,鲍格选择工业化水平作为经济发展水平的一个变量,利用美国 1820—1950 年工业化水平与城镇化水平的时序资料,经相关分析求得两者的相关系数,证明两者存在强正相关关系。[1] 1972 年,戴维斯也用同样的变量和方法,求得 1841—1946 年法国的相关系数,1841—1931 年英格兰和威尔士的相关系数,同样证实城镇化水平与经济发展水平之间的强正相关关系。[2] 以上研究都限于一个国家的时序分析。1975 年,发展经济学家钱纳里及其助手利用 101 个国家和地区 1950—1970 年城镇化水平与人均国民生产总值的统计资料进行分析,求得的相关系数也证实两者之间的较强正相关关系,并且由此建立了"世界发展模型",提出了与不同人均国民生产总值相对应的城镇化水平,以及城镇化水平趋于稳定的人均国民生产总值限界。[3] 钱纳里的研究无疑具有重要意义,他所提

---

[1] J. Bogue:The Population of the United States,New York,1959

[2] K. Davis,World Urbanization 1950—1970,in Systems of Cities,1972

[3] H. Chenery:Patterns of Development 1950—1970,Oxford Press,1975

出的"世界发展模型"给各个国家衡量其城镇化水平与经济发展水平的协调性,提供了一个"标准"参照系。

国内用类似方法研究城镇化水平与经济发展水平之间关系的,首推周一星的论文(1982)。[①] 该文根据美国人口情报社《1977 年世界人口资料表》提供的世界 157 个国家和地区城镇化水平和人均国民生产总值的数字,经技术处理后进行相关分析,得到的是显著性很高的对数相关。范力达(1988)对 1983 年 84 个国家有关城镇化水平与非农业产值数字进行相关分析,也证实城镇化水平的对数与非农业产值存在强正线性相关关系。[②] 这两篇论文都是就世界性资料作出分析的。与此同时,国内还有根据我国新中国成立后前 30 年经济发展的大起大落和徘徊不前,与城镇化进程的大起大落和徘徊不前在时间上的相关性,总结建国以来我国城镇化过程中的经验教训。在这方面,魏津生(1985)[③]、王嗣均等(1986)[④]、李竞能(1988)[⑤]的论文是较有代表性的。

80 年代也出现过直接研究中国城镇化水平区域差异及其形成原因的文献。钟逢干等(1987)利用 1982 年人口普查前后的有关资料,用多元复相关分析,对我国城镇人口分布的区域差异进行了研究,指出了东南——西北方向的绝对数差异和东北——西南方向的比重差异及其作用的主要因素。[⑥] 王嗣均(1988)通过对我国新中国成立以来大量数据的实证研究,指出随着生产力布局方针的两次战略性转变,城镇化的战略优势地带也发生了两次摆动。以东、中、西三个经济地带的数字比较,西部在 50—70 年代建立起来的城镇化相对优势,正在被东部取代。[⑦] 但这两篇论文都只作全国的概略分带,没有涉及省区的比较。

关于城镇化速度与经济发展速度之间关系的研究,与两者水平之间关系的研究密切联系,只是速度之间的关系更具动态性,因而也更为复杂。在这方面,国外大致在两个方向上有较多的研究。一是关于发展中国家"过度城镇化"问题的研究。第二次世界大战后,城镇化潮流席卷全球,大批发展中国家城镇化速度大大加快,有的超越城市经济发展的承受能力,出现了"过度城镇化"现象。这种现象引起了人们的广泛关注和研究。不过,这类研究一般都是把它当作人口问题从社会学或发展经济学角度来考察的。二是城镇化进程中城镇化速度历史变化的研究。如美国城市地理学者诺瑟姆(1979)提出各国城镇化过程速度变化的历史轨迹为 S 型曲线的论断,认为城镇化进程具有明显的阶段性。[⑧] 我国学者焦秀琦(1987)对上述论断进行了数学模型的推导,得到了城镇化历史进程的微分方程。[⑨] 根据城镇化历程的曲线,城镇化速度与它所处的历史阶段密切相关,城镇化处于发生阶段时,变化缓慢;到了发展阶段,速度急剧加快;到成熟阶段后,变化速度又趋缓慢。由此可见,研究城镇化速度与经济发展速度之间的关系,应考虑城镇化所处的阶段。

我国国内对本国城镇化速度的研究,偏重于对未来速度合理选择的探讨。这方面先行

① 周一星:《城市化与国民生产总值关系的规律性探讨》,《人口与经济》,1982 年第 1 期。
② 范力达:《人口城市化与经济发展水平的相关分析》,《人口学刊》,1988 年第 3 期。
③ 魏津生:《五十年代以来我国人口城市化的一般趋势》,《人口与经济》,1985 年第 6 期。
④ 王嗣均,韩常先:《中国近期城市化速度和市镇人口的分配问题》,《经济地理》,1986 年第 1 期。
⑤ 李竞能:《1949 年以来中国人口城市化的回顾、考察与展望》,《南开经济研究》,1988 年第 4、5 期。
⑥ 钟逢干、朱云成:《中国城镇人口分布的地域差异》,《中山大学学报(哲社版)》,1987 年第 3 期。
⑦ 王嗣均:《中国城市化空间发展的战略转变与宏观调节》,《中国人口科学》,1988 年第 2 期。
⑧ R. M. Northam, Urban Geography. New York, 1979.
⑨ 焦秀琦:《世界城市化发展的 S 型曲线》,《城市规划》,1987 年第 2 期。

性的研究是吴友仁(1980)的论文。[①] 该文根据 1949 年以来中国城镇人口增长和城乡人口构成的历史轨迹,认为粮食产量、国家对新增城镇人口的投资能力以及人口自然增长等三个方面因素是预测本世纪内城镇化速度的基本依据。这篇论文是以改革开放前的经济政策和社会政策为出发点的,部分结论被后来改革开放政策所带来的经济形势和人口形势所否定。继吴文之后,前面提到的周一星(1982、1984)、王嗣均(1986)、李竞能(1988)、范力达(1988)等人的论文也都涉及中国城镇化的速度问题。其中周一星的论文是从一百多个国家和地区的城镇化水平与人均国民生产总值之间的相关分析结果中估计中国 2000 年城镇化水平,再用内插法估计城镇化速度的,未作必要的经济分析,结果稍有偏颇。王嗣均与李竞能的论文都是根据中国的经济、人口资料和相对稳定的政策来估计城镇化速度的。王文还针对吴文及其他一些论文的论点,就我国 80 年代中期以前的 30 多年中粮食产量增长率与城镇人口增长率、国民收入增长率与城镇人口增长率之间的关系作了相关分析,尽管方程拟合程度很高,相关性显著,但据以预测未来,都很不理想。因此还是在综合分析的基础上估计本世纪末之前的城镇化速度。范力达在对我国 1950—1986 年间城镇人口增长速度和人均社会总产值增长速度进行比较后,指出两者的变化方向和波动周期基本一致,只是城镇人口增长率对人均社会总产值增长率存在大约一年的滞后期。该文对两者关系未作更多的定量研究。

关于城镇化与城镇居民生活质量之间关系的研究,先要提一下关于生活质量的研究。美国学者鲍尔 1966 年主编的《社会指标》论文集着重研究了国家的空间规划对美国社会的间接影响。[②] 这一研究激起了人们对生活质量这一领域的广泛重视。自鲍尔的论文集问世后,对"生活质量"的研究从"社会指标"研究中分离了出来,专指对社会及其环境的一些主观感受,譬如对生活各个方面(家庭、工作、环境、闲暇)的感受。近年来,这一领域的研究取得了不少成果,进展迅速。受世界潮流的影响,中国自 80 年代以来也开始了社会指标以至生活质量的研究。如林南等的《生活质量的结构与指标——1985 年天津千户问卷调查资料分析》(1987)[③]和《社会指标与生活质量的结构模型探讨——关于上海城市居民生活的一项研究》(1989)[④]两项研究报告,就是这方面的代表。

这些研究都是从人们对生活各个层面的认识和感受出发的,它们偏重于从人们的主观现实来测量心理上的满足感、幸福感和生活充实感。而我们现在讨论的课题,关心的是随着城镇化的推进而变化的具有城市特质的客观生活质量内容。对于大部分认知、情感和行为方面的指标,本身虽然很有用处,但对全国城镇化区域比较研究来说,这类方法不够直接。

反映城市生活特质的城市居民生活质量研究,国际上也做过一些。如美国人口危机委员会(Population Crisis Committee)1990 年的《世界 100 个最大都市地区的生活》研究报告中,运用指标评判法,对世界最大的一百个城市的生活质量进行了评判。[⑤] 该项研究采用了生命安全(每十万人的谋杀率)、食物开支(占收入百分比)、居住空间(每人占有房间数)、居住标准(享受水电供给的住户占总住户的百分比)、通信(每百人电话门数)、教育(中学生占中学适龄人口百分比)、公共保健(婴儿死亡率)、安宁(噪声分贝值)、交通流(高峰时间行车

① 吴友仁:《关于我国社会主义城市化问题》,《人口与经济》,1980 年第 1,2 期。

② R. A. Bauer (ed.), Social Indicator, Cambridge, MA: MIT Press, 1966.

③ 林南等:《生活质量的结构与指标——1985 年天津千户问卷调查资料分析》,《社会学研究》,1987 年第 6 期。

④ 林南等:《社会指标与生活质量的结构模型探讨——关于上海城市居民生活的一项研究》,《中国社会科学》,1989 年第 4 期。

⑤ Population Crisis Co mmittee, Cities Life in the World's 100 Largest Metropolitan Areas, Washington,1990.

速度)、空气洁净度(交替污染测定)十项指标,各指标分别确定上限 10 分,下限 1 分,介于上下限之间的按等距分配计分。按此对各城市十项指标的得分相加,得到各城市生活质量评判总分,然后依总分排序,比较各城市生活标准的高低。"指标评判法"基本上解决了城市生活质量评价的一般计量方法,但采用的指标不一定能搬用于中国国内的区域比较研究,因为有几项指标(如谋杀率、婴儿死亡率)反映国内城市生活质量区域差异的分辨力是很低的。中国城市生活质量区域比较研究的指标需按本国国情妥加遴选。

国内学者在这方面也做过一些工作。冯立天等(1987)从首都社会发展战略研究的角度,对北京人口生活质量问题作了深入的调查分析。[①] 该项调查设计了北京人口生活质量指标体系,由 10 项 44 个指标组成。十个项目是(各项下的 44 个指标从略):(1)人均收入;(2)人均生活费用支出;(3)消费结构和消费水平;(4)居住水平;(5)交通电讯;(6)教育;(7)生活环境质量;(8)商业服务水平;(9)健康水平与保健;(10)社会保障与社会安全。这个指标体系基本上切合中国大城市的实际,不过在全国的区域比较研究中,无论从资料可得性或从突出重点的需要来看,似乎可以减少一些子项。

关于农村人口非农化和乡村城镇化的研究,改革开放以来文献颇多,不胜枚举,大多数集中在探索农村劳动力转移的条件、机制、模式等方面。近年来,鉴于 80 年代中期农业劳动力转移势头过猛,在 80 年代后期的调整、整顿中受到阻遏的情况,有的学者转向适度转移研究。如李慧京等在分析农业劳动力非农转移的内在需求和冲动因素以及外部的限制、阻遏因素之后,提出了农业劳动力转移要服从三个准则,即(1)农业劳动生产率和土地产出率;(2)非农产业的劳动力吸纳能力;(3)城市吸纳农村劳动力的能力。[②] 诸如此类的研究都与隐性城镇化问题有直接间接的关系,但在区域比较研究上,除了部分论著注意到农村劳动力转移模式和转移率存在地域差异外,几乎完全没有触及多区域的具体比较。

三、研究的内容框架

这里将就基本目标中提出的四项重点内容,阐述研究的内容框架。

(一)城镇化水平与经济发展水平之间关系的区域比较研究

世界许多国家和地区的资料分析表明,城镇化水平与经济发展水平之间存在很强的正相关关系。在正常情况下,我国的城镇化水平与经济发展水平的关系也应适用于这一规律。不过,我国计划体制下的生产力布局政策,有时会使部分省份两者的相关系数与"标准"相关系数产生较大的偏离。换句话说,不同区域在城镇化水平与经济发展水平之间可能存在不同的相关程度和不同的相关方向。

我们假设城镇化水平与经济发展水平不相匹配的情况是存在的,那么,各个省份之间的差异程度究竟如何? 原因何在? 如何改善? 这些都是我们需要回答的问题。

从这一点出发,利用各省份城镇化水平与经济发展水平的数字,建立全国城镇化水平与经济发展水平之间关系的模型,同时构建世界性模型作为参照,确定一个适合于作为全国各省份比较研究依据的"标准"模型。然后观察各省份城镇化进程中城镇化水平与经济发展水平协调程度的差异,揭示某些区域两者不相匹配的反常现象,分析其原因,提出改善的方向和途径,使生产力布局的政治意义和经济意义、城镇化的社会效果和经济效果统一起来。

---

① 冯立天等:《北京人口生活质量的研究》,"人口城镇化与城镇人口问题国际学术讨论会(1987,天津)"论文。

② 李慧京等:《中国农业劳动力的适度转移研究》,《中国人口科学》,1990 年第 2 期。

　　为了达到这一目的,必须处理好城镇化水平和经济发展水平这两个变量的数据采用问题。在城镇化水平方面,要避免直接采用现行城镇人口统计数字,即不能充分代表城镇化真实水平的市镇总人口和市镇非农业人口数字。而这些数字需经专门处理,方可获得一个能相对合理地反映城镇化水平的城镇人口数字。在经济发展水平方面,要避免一开始就选用单项统计指标,而是要选列多项统计指标,以便多角度观察经济发展与城镇化之间的关系。无论是反映城镇化水平还是经济发展水平,都应该采用多年统计资料,按本课题的要求,至少应具备 1980 年以来的资料。通过各区域 1980 年以来各年份城镇化水平与各经济变量人均水平的相关分析,可以得到一系列相关系数。比较不同区域城镇化水平与经济发展水平各变量间的相关系数的大小,可以考察各个区域城镇化与经济发展关系的差异,进而分析各区域城镇化的特征及其形成机制。同时,比较不同区域相关系数与"标准"相关系数的差距,可以分析各个区域城镇化水平与经济发展水平的协调程度。

　　(二)城镇化速度与经济发展速度之间关系的区域比较研究

　　一般说来,城镇化速度应与经济发展速度相协调。但是由于经济和社会的原因,或政策的原因,城镇化速度超前或落后于经济发展速度的情形,在世界若干国家特别是发展中国家是不乏其例的,这会对城乡经济和社会发展带来困扰。中国是一个发展中的社会主义国家,各省份乡村人口向城镇迁移的数量和强度,在很大程度上决定于国家在一个时期内对不同区域的投资份额和投资数量。因此,我国各省区城镇化速度与经济发展速度之间的协调性可能存在较大的差异。目前,我国正处在城镇化的上升阶段,全面考察各省份城镇化速度与经济发展速度之间关系的差异,正确地朝着协调的方向引导,对避免"城镇化过度"或"城镇化不足"的现象具有现实意义。

　　我们假设全国各省份的城镇化速度与经济发展速度之间的协调性是有显著差异的,那么,如果用数量来表示,城镇化水平相对于经济发展水平的弹性系数也是不同的,甚至连弹性系数的方向也可能不完全一致。因此,通过各省份城镇化水平相对于经济发展水平的弹性系数的计算和系数大小的比较,确定适度的弹性系数范围,就可以识别不同区域城镇化速度与经济发展速度之间的协调程度。

　　所谓城镇化水平相对于经济发展水平的弹性系数,是指城镇人口占总人口比率的增长率,与反映经济水平的指标的增长率之比。说得明白一点,就是经济发展水平提高 1‰ 时,城镇化水平提高的百分率。若用 y 表示城镇化水平,用 x 表示经济发展水平,则城镇化水平相对于经济发展水平的弹性系数为:

$$K = \frac{\mathrm{d}y}{y} \Big/ \frac{\mathrm{d}x}{x} = \frac{\mathrm{d}\ln y}{\mathrm{d}\ln x}$$

　　当弹性系数 $K > 1$ 时,表示两者之间是强弹性的,也即城镇化水平提高速度快于经济发展水平提高的速度;当 $K = 1$ 时,表示两者之间为等弹性的,即城镇化水平提高速度与经济发展水平提高速度相同;当 $K < 1$ 时,表示两者之间为弱弹性的,即城镇化水平提高速度慢于经济发展水平提高速度。

　　应当看到,在城镇化的全过程中,弹性系数的变动范围不只限于正方向的强、等、弱三种情况,还有一种负方向的情况,即随着经济发展水平的提高,城镇化水平不但没有提高,反而有所降低,即 $K < 0$。这种情况一般出现在城镇化程度达到饱和之后。处在城镇化上升时期的当代发展中国家一般不会进入这种状态,但它毕竟是一种分析中应注意的状态。为准确起见,不妨把弱弹性定义为 $1 > K \geqslant 0$,而把 $K < 0$ 称为负弹性。

　　按世界城镇化进程的阶段性规律,各国城镇化都要经历发生、发展、成熟三个阶段。[①]
这三个阶段依次相当于前工业化时期、工业化时期和后工业化时期。我国处于城镇化的发
展阶段或工业化时期,是城镇化速度最快的历史时期,一般可以排除负弹性的可能性(除非
在"文革"时期的那种政治、经济、人口形势和政策条件下),各省份弹性系数限于强、等、弱三
种状态之中。

　　在这一前提下,一般而论,弹性系数应有个适度范围。我们可以比较世界各国城镇化水
平相对于经济发展水平的弹性系数,采用模糊数学中的模糊综合评判法,来确定上述弹性系
数的适度范围。比较不同区域,不同经济变量的弹性系数的大小,可以考察各个区域城镇化
速度与经济发展速度的协调关系。

　　(三)城镇人口增长与城镇居民生活质量提高之间关系的区域比较研究

　　发展社会生产力的终极目的是提高人们的生活水平。城镇化的推进,是社会生产力发
展的重要标志,要求在城镇化过程中相应地提高城镇居民的生活质量。因此,考察城镇人口
增长与城镇居民生活质量变化之间的协调关系,是城镇化研究中的一项重要内容。对这个
问题的研究,要着重回答不同区域在城镇人口增长过程中城市客观生活质量的差异。在研
究中,首先要解决的是评价城市生活质量的标准和方法。在此基础上,对各个省份 80 年代
以来城市生活质量的变化与城镇化水平、速度的变化作一定量考察,对两者之间的协调关系
进行细致的分析,找出存在的问题和解决的办法。

　　城镇化是工业化的结果。在正常情况下,城镇化水平的提高,意味着工业化程度和城镇
经济水平的提高,城镇居民平均生活质量当然也应有所提高。然而,现实生活中并不总是在
任何时期、任何国家表现为这种正相关关系。我国各省份城镇原有经济基础不同,城镇产业
的经济效益不同,政府在不同时期对不同区域的生产力布局、人口迁移等方面的政策导向不
同,城镇人口增长与城镇居民生活质量提高之间的关系,在省区间可能存在着程度上的甚至
方向上的差异。尽管就一般而论,城镇化水平与城镇居民生活质量的关系是正向的,但也不
排斥一定时期某些省份两者存在逆向关系的可能。这是通过区域比较研究需要查明的
问题。

　　假定不同区域城镇化水平与城镇居民生活质量提高之间关系存在较大的差异,并且造
成这种差异的原因是不一致的,那么,通过不同区域城镇人口增长与城镇居民生活质量变动
之间的协调性考察,可以识别不同区域城镇化与城镇居民生活质量变动的协调程度,然后探
明导致重大差异的原因。

　　如果用 x 表示城镇化水平,y 表示城镇居民生活质量,那么城镇人口增长与城镇居民生
活质量提高的关系,可以用城镇人口对城镇居民生活质量的导数 dy/dx 的正负性来表示。
当 $dy/dx > 0$ 时,表示城镇居民生活质量随着城镇人口增长而提高;当 $dy/dx = 0$ 时,表示
随着城镇人口的增加,城镇居民生活质量没有变化;当 $dy/dx < 0$ 时,表示随着城镇人口增
加,城镇居民生活质量有所下降。比较不同区域城镇人口对城镇居民生活质量的导数的正
或负及其数值的大小,即可鉴别不同区域城镇人口增长与城镇居民生活质量变动关系的
差异。

　　需要提醒的是,不能认为 dy/dx 的值越大越好。如果城镇经济基础脆弱,效率不高,而

---

　　① 李笔戎:《城市化规律与中国城市化发展战略基本问题探讨》,《人文杂志》,1988 年第 4 期。

城镇人口继续增长,城镇居民生活质量不断提高,那就可能存在过度消费的问题。反之,则可能是对城镇居民正常消费要求和生活质量追求的抑制。可见,对城镇居民生活质量的测定与分析,必须充分注意城镇化水平、速度与经济发展水平、速度之间的协调状况。

(四)隐性城镇化的区域比较研究

中国的经济发展在区域间存在着不同的模式,乡村农业劳动力的产业转移和地域转移也难免存在着区域差异。在乡镇企业发达的地区,农业劳动力转移的规模较大,速度也较快,但因受城镇户口管理制度的限制,乡村非农产业人口未能向城镇集中,因此非农化未能与城镇化同步发展,隐性城镇化占据了重要地位。而在另一些地区,农业劳动力转移的规模、速度都不如前者,则显性城镇化居于主导地位。就我国现阶段的情况来说,不同区域的隐性城镇化差异可能比显性城镇化差异还要显著。研究中国现阶段不同区域的城镇化问题,不能不把隐性城镇化作为一个重要问题来考虑。

我们假设不同区域的隐性城镇化状况是各不相同的,而且这种差异与显性城镇化和经济发展状况密切相关。经济发展水平、速度和城镇化水平、速度都较高的地区,其隐性城镇化水平一般较高,速度也较快;反之,则隐性城镇化水平较低,速度较慢。我们可以通过各区域隐性城镇化水平及其与显性城镇化水平之比等指标,来考察隐性城镇化的区域差异。通过各省区隐性城镇化水平与显性城镇化水平、经济发展水平之间的回归分析,得到各省区的"标准"模型,然后比较实际水平与"标准"模型的差异,可以分析不同区域隐性城镇化发展的适度性。

隐性城镇化水平指的是乡村非农产业人口占总人口的百分比,用式子来表示,即:

$$U_r = \frac{L_n(1+C)}{P_u + P_r} \times 100\%$$

其中:U_r 为隐性城镇化水平,P_u 为城镇人口,P_r 为乡村人口,L_n 为乡村非农产业劳动者,C 为乡村劳动者的带眷系数。

在具体做法上,应把各省份 1980 年以来各年份的隐性城镇化水平都计算出来,与经济发展、显性城镇化、乡村人口非农化的水平、速度联系起来进行相关分析和弹性分析,以考察隐性城镇化发展过程中同经济发展和显性城镇化之间的关系、发展前景以及合理引导的对策。

四、研究的技术路线

围绕基本目标和内容框架,此项研究可采取下列技术路线。

(一)准备好几个前提条件

1.要确定比较研究的区域单位

城镇化区域比较研究的地域单元可以有各种选择,它决定于研究的目标。例如:为了概略地了解全国城镇化的地域差异,可以以地带或大区域为单位;为了分析一些重要经济区城镇化发展的问题及其异同,可以那些作为比较对象的经济区域为单位进行对比,如珠江三角洲区、长江三角洲区、京津唐区等;为了考察某些典型的城镇化发展模式,则可以选择若干具有特征性经济模式的地区进行比较研究。我们的研究旨在考察在不同的发展战略和政策的转换过程中,全国不同地区城镇化与经济发展的协调状况,发现问题,解决问题。这就是说,在认识上要有全国范围的全面性,在措施上要有行政的可操作性。因此,此项区域比较研究以 30 个省、自治区、直辖市(可统称为省份)为比较的区域单位较为适宜。省份是全国一级行政区划单元,有较高的行政地位和较为完整的经济体系,有协调某些重大政策措施的权力和一定的经济能力,而且建制稳定,资料连贯,可比性好,反映区域差异的灵敏度高,研究成果也容易体现有较强的可操作性。

2.要确定比较研究的时间断限

由于我国的生产力布局政策,在改革开放前后有重大变动,它不能不反映到城镇化的特征上来。在区域比较研究中,既要看到改革前的特征与差异,又要看到改革后的特征与差异,因此比较的时间上限最好在 1978 年之前,但考虑到改革前的统计资料项目较少,不便与80 年代的资料作系统对比,我们姑且把比较的时间上限定在 1980 年,一则可以在一定程度上反映改革开放前的情况,二则可以与后续年份保持统计项目的基本一致性。至于比较的时间下限,则随研究工作中所能获得的最新资料年份而定。

3.要确定可比的城镇人口和可比的城镇化水平

在此项研究中,衡量城镇化水平的城镇人口占总人口百分比的数字是最常用的基础数据。这本来应该可以直接引用政府统计资料,但因我国现行统计口径中没有"城镇人口"这个统计项目,只有"市镇总人口"和"市镇非农业人口"两项,用这两项数据来衡量城镇化水平,前者失之过高,后者失之过低。为了便于对各省份较为客观的城镇化水平进行统一比较,有必要对现行两项统计资料预先作个处理。在没有以居住地域性质为基本依据的城乡划分标准之前,可以抓住城镇是非农产业和非农业人口集中的居民点这一本质特征,用模糊数学中的模糊评判法来调整上述统计数字,确定城镇人口和城镇化水平。基本做法是先厘定任何市镇其非农业人口比重应达到的下限(我们初定为 70%),然后从各市镇区域范围内现行两项统计中,找出非农业人口未达下限值的市镇,按下限值进行调整,调整式为:

$$P_u = \frac{P_n}{K}$$

其中 P_u 为市镇调整后的城镇人口[①], P_n 为按现行统计口径统计的市或镇非农业人口,K 为市、镇非农业人口应达到的下限百分值。调整得到的城镇人口,连同本来非农业人口超过下限值因而不必调整的市镇的人口,按省份加总,最后换算得到各省份的城镇化水平。这将是可比性较强的数字。

(二)合理选择比较研究的变量

首先是选择与城镇化水平有关的经济发展水平的变量。反映经济发展水平的变量可以很多,一般认为人均国民生产总值是一个比较综合的指标,但是这并不排斥其他指标从一个侧面去反映问题。我们从研究需要和资料可得性考虑,拟先选择十个变量来反映经济发展水平。它们是:人均国民生产总值、人均工业产值、人均工业固定资产原值、工业全员劳动生产率、工业资金利润率、人均农业产值、农产品商品率、人均第三产业产值、人均基础设施投资以及居民消费水平。然后在必要时将这些变量用主成分分析法综合成相对集中的、能综合反映经济发展水平的几个变量。反映与城镇化速度有关的经济发展速度的变量同此,不另赘述。

其次是选择城镇化过程中城市居民生活质量变动的指标。根据变量在不同区域的分辨力和隶属度,并考虑资料的可得性,可以选取反映城市居民生活质量的指标及其体系。这里

---

① 为了与政府统计的市镇总人口、市镇非农业人口相区别,我们把调整后的市镇人口称为城镇人口。

初步选定恩格尔系数(居民平均用于购买食物的支出占生活开支的百分比)、人均居住面积、人均普通教育经费、每千人病床数、人均市区一、二级干道面积、交通高峰时间公共车辆行车速度、人均生活居住用地、人均公共绿地、生活区单位面积日平均降尘量、每百人拥有电话机数量等十项指标。

第三是选择反映隐性城镇化水平和速度的指标。在选择隐性城镇化指标之前,首先要把握"隐性城镇化"这一概念的本质属性,它是农业人口非农化过程中未能实现户口常住地转入城镇的一种人口状态。这类人口在职业上和生活方式上已向城镇人口靠近,只是居住环境仍为乡村。因此,隐性城镇化指标首先应该选取乡村区域农业人口非农转化率,其次才是家庭非农收入比重、非自给性消费支出比重、人均纯收入水平、人均消费支出水平、恩格尔系数、初高中入学率等能从不同侧面反映隐性城镇化水平的指标。借助这些指标,采用模糊综合评判法,可以求得隐性城镇化水平。

(三)全面收集必要的数据和资料

根据前面确定的比较研究的区域单位,时间断限及变量选择,此项研究应收集1980年以来各省区的有关城镇化与经济发展的资料和数据。它们主要是:

——1980年以来各省份历年总人口和市镇总人口,市镇非农业人口以及城乡人口构成变动的数字;

——1980年以来各省份历年与城镇化水平和速度有关的诸经济变量的数据;

——1980年以来各省份历年首三位城市的人口与标志城市居民生活质量的各项数据。直辖市为其本身,人口稀少的边远省区可视情况确定一个或两个城市;

——1980年以来各省份历年乡村区域非农产业和农业劳动者非农转化的各项数据;

——与经济发展和城镇化有关的区域背景材料;

——与各省区城镇化有关的研究文献;

——与城镇化有关的各种政策性文件。

上述数据和资料主要通过两个途径取得:

第一,系统收集现有资料和文献,其中主要的有:

——1982和1990年的全国和各省份的第三次、第四次人口普查资料,1987年1‰人口抽样调查资料;

——80年代以来历年全国和各省份经济、社会和人口统计资料;

——所有年份的中国城市统计年鉴;

——80年代以来的中国农村统计年鉴;

——1985年第一次全国城镇住房普查资料;

——中国社会科学院人口研究所牵头的《中国1986年74城镇人口迁移抽样调查资料》;

——各省份1949年以来的40年统计资料汇编;

——新中国成立以来的政策文件汇编;

——馆藏的有关书刊。

第二,组织必要的实地调查。主要调查两大项:

(1)各省份首三位城市的居民生活质量调查。由于我国城市统计年份不长,有关城市居民生活质量的统计项目不多,各项指标的数字多半不能直接从政府发布的经济统计资料和城市统计资料中得到,因而必须组织人力进行实地调查,然后按省份汇总。这里之所以提首三位城市而不是随机抽取三个城市,是出于资料易得性和可比性的考虑。

(2)隐性城镇化发展典型地区的实地调查。在这方面,除了对农村劳动力非农化转移速度快、工业化潜力大、乡镇建设势头好的地区(例如特大城市郊区,辽中、苏南、珠江三角洲等地区)进行专题调查外,还应在全国分散选点作抽样调查。至少每个大区有一个县,这些县可以以富裕县为主,以便于与中国/联合国人口基金合作的 CPR/90/P04 项目贫困县人口研究课题所取得的贫困县人口、经济、社会状况抽样调查资料进行对比。

(四)科学地处理和分析所得数据

1.调查数据的处理

"面"上调查或抽样调查得到的数据,要通过电子计算机进行分类、简化、计算、汇总及制表等手续进行处理,特别是抽样调查资料,大量数据只有通过计算机交叉汇总方能使用。

2.各省份历年城镇化水平与经济发展水平之间关系的数据分析

主要是用相关分析求得两者的相关系数。设 Y_i 为 i 区域的城镇化水平,X_j^s 为 j 区域第 s 个经济变量的水平,其中 $i,j=1,2,\cdots,30$,$s=1,2,\cdots,10$,则可以求得 30×10 个相关系数 R_i^s(R_i^s 为 i 区域第 s 个经济变量与 i 区域城镇化水平之间的相关系数)。对各省份城镇化水平与每个经济变量间的相关系数,可以按绝对值大小分级打分,相关系数最高的得 10 分,最低的得 1 分,介于其间的按等距分配得分。根据各省份相关系数的得分,可以比较不同区域城镇化水平与经济发展水平之间关系的差异。

3.各省份历年城镇化速度与经济发展速度之间关系的数据分析

这一点可以通过城镇化水平与各经济变量水平之间的双对数回归分析来处理。双对数回归式如下:

$$\ln Y_i = a_i^s + b_i^s \ln x_i^s$$

这里 $i=1,2,\cdots,30$,$s=1,2,\cdots,10$,回归系数 b_i^s 为 i 区域城镇化水平 Y_i 相对于 i 区域第 s 个经济变量发展水平 X_i^s 的弹性系数 K_i^s。对各个省份城镇化速度与每个经济变量发展速度之间的关系,我们可以根据弹性系数 K_i^s 偏离 1 的程度,加以分级打分,弹性系数等于 1 得最高分 10 分,偏离 1(大于 1 或小于 1)最远的得最低分 1 分,介于其间的(大于 1 和小于 1,两边对称分配)按等距分配得分。这里的"1"应理解为弹性系数的最优值,在实际计算中,最优值可能是在 1 上下的某一个数。

4.各省份首三位城市历年人口增长与城市居民生活质量变动之间关系的数据分析

根据反映城市居民生活质量的各项指标的数值在全国加入研究的所有城市中的分布,把上述数值转换成各城市的各项生活质量指标的得分。指标值最好的得 10 分,最差的得 1 分,介于其间的按等距分配得分。比较不同年份各个城市的人口增长情况与居民生活质量单项指标得分和加总后综合指标得分的变动情况,就可以考察各省份城镇人口增长与城镇居民生活质量变动的协调程度。为了区别反映居民生活质量指标的主次关系,还可以对各个指标确定加权系数,然后再将各个城市的各项得分加权平均成一个综合反映居民生活质量的指标的得分。

5.隐性城镇化的数据分析

把计算所得的各省份隐性城镇化水平以及隐性城镇化与城镇化(显性)水平之比值的数据,通过隐性城镇化水平与城镇化水平、经济发展水平之间的相关分析和弹性分析,比较不同区域相关系数和弹性系数的大小及其得分,就可以识别隐性城镇化的区域差异及其与经济发展、城镇化状况的关系。

6. 编制分析数据的区域比较表

通过各省份历年各项分析数据表的编制,从纵向(时间的)和横向(空间的)进行比较分析,识别中国现阶段城镇化的区域分异动向及其规律性。

五、预期研究成果的理论意义和实践意义

这项研究预期可以收到以下三个方面的效果。

(一)将在全国范围内第一次系统地提供以省区为单位的城镇化比较研究材料

我国行政系统的作用是强有力的。在行政系统中,省级行政单元具有层次高且相对稳定的特点,自然条件、经济条件以及国家重大经济决策所产生的空间差异,首先从省份之间反映出来。因此,以省份为单位,对 1980 年以来的城镇人口数量、增长速度、构成和来源,经济发展水平和速度的一系列单项指标和综合指标,城镇发展中与居民生活质量有关的多项客观指标(不是主观的满意度指标),以农业劳动力非农转化率为核心的隐性城镇化指标,以及其他有关材料,进行调查、搜集、汇总、计算、分析、整理、排比,编制区域比较分析数据表,写出有充分依据的区域比较研究报告,将是国内首次完成的城镇化区域比较研究的系统成果,无论在理论上还是在实际应用上都将具有较高的价值。

(二)将为决策机构和有关部门提供必要的咨询材料

主要有下列几点:

1. 比较研究的结果将从数量上揭示某些区域城镇化水平、速度与经济发展水平、速度不相匹配的反常现象

这将提醒决策机构,在以往全国生产力布局中,那些重点投资项目集中的省份,城镇人口迅速增长,但有的没有带来相应的综合经济效益;在缺少重点投资项目的省区,城镇化程度长期裹足不前,但其中一部分却是国家财政收入的主要来源。这种现象固然有不可避免的一面,因为加速开发落后地区和少数民族地区经济,缩小各民族间的经济差距,是社会主义生产力布局的一项原则。在一段时间内,落后地区经济综合效益的提高必然滞后于国家投资增长的速度。但是,有的缺陷则是可以避免的。例如,生产力布局重视政治意义而在某种程度上忽视它的经济性;重视生产力发展的外部机制——行政干预,而忽视它的内源机制——区域和城市的综合经济潜力等等。从城镇化区域比较研究结果中引出诸如此类值得思考的问题,有助于全国和省级决策机构在制定区域发展政策时增加一些科学依据。

2. 比较研究的结果将从若干重要指标上反映不同省区城市人口增长过程中城市居民生活质量的某些差异

这将促使计划部门和城市建设部门去研究问题的症结和改善的办法。在正常情况下,城镇化水平提高,城镇居民生活质量也应有所提高,至少维持一定的标准。如果城市人口增长而居民生活质量的重要指标值下降,那就是一种过度城市化现象。这种现象一般是经济状况不良所造成的后果,但也可能存在城市投资结构不合理的问题。计划部门和城市建设部门可以从区域或城市间差异及其形成原因中得出某些结论,采取相应的对策。对大部分区域来说,城镇发展中各项生活质量指标的优劣是参差不齐的。政府部门可以针对薄弱环节,采取具体措施加以弥补和改善。在我国,城镇居民生活质量指标体系还不很完善,有的项目根据城市规模等级或功能特征有过具体的规定,有的项目从来就没有制定过指标。全

国性的城镇化区域比较研究汇集的各项指标及其所反映的区域差异,也有助于对原有生活质量项目的指标、定额进行检验和调整,并且推动中国城市生活质量指标体系的建立。

3.区域比较研究中的隐性城镇化问题把农业劳动力非农转化同城镇化联系了起来

这种联系是建立在这样一种事实基础上的,即:在一般情况下,农业劳动力的非农转化是不可逆的。转移出来的农业劳动力终究要离开土地,成为第二、三次产业的一员。这类人不会长久保持原有的分布状态,他们将随着第二、三次产业的相对集中而集中,成为城镇人口的一部分。尽管这里所说的"城镇"可能是现有城镇层级系统的下伸,但是过量下伸的"城镇"并不是一种稳定态,它们的规模分布大致要服从于中心地(Central Place)系统的规则。在条件许可的情况下,部分非农化人口会直接进入较高层次的城市,或者从最低层级的居住地逐渐向不同层级的城镇扩散。在隐性城镇化的区域比较研究中,人们将会看到,那些隐性城镇化率高的区域,非农化了的乡村人口将会积极寻求机会叩开各级城镇的大门。城乡建设部门和其他有关部门对此应该有精神准备。

(三)将推动区域比较研究和所涉及问题的方法论探索

城镇化是否健康发展,其基本衡量标准是与经济发展是否协调。对各别城市来说,这种标准是很具体的。诸如人均国民生产总值是否随着人口增长继续保持增长的势头;随着人口增长城市待业率是否始终保持在最低限度,人口增长是否能够不降低城市居住水平,等等。但在区域比较研究中,尽管城镇化与经济发展的关系仍然是各自的基础,然而把30个省区纳入比较研究的范围时,就不能仅仅把类似上述的具体标准进行排列,而是需要创造一些能综合反映和界定量和质的方法。我们设想在研究中引进一些数量方法以及经济学、社会学、地理学方法,希望获得有说服力的研究结果。目前,国内多区域城镇化比较研究还是个新的领域,可以借鉴的方法毕竟不多,这项研究的探索将在理论上和方法上给后来者留下或多或少有益的东西。

载王嗣均主编:《中国城镇化区域比较研究论文集》,杭州大学出版社,1992年,第1—28页

城市效率差异对我国未来城镇化的影响

城镇化是以工业化为主导的经济发展的产物。在城镇化过程中发展起来的大大小小的城镇,作为第二、三产业的主要载体,其运行效率的高低,又会对城镇化产生催化作用或抑制作用。本文通过对我国不同区域、不同层级城市效率的考察,分析城镇化地域分异和层级分异的前景,以期为政府对未来城镇化进行引导、调控和制定区域发展规划提供参考。

一、城市效率对城镇化进程的意义

我国自 70 年代后期实行改革开放以来,逐步由社会主义计划经济向社会主义市场经济转变,与两种经济体制相联系的各种经济规律,包括城镇化进程空间演变规律,也正在发生更替。在这种情况下,充分注意城市效率对城镇化进程地域分异的影响,对制定宏观的区域发展政策是有积极意义的。

不难理解,任何城市在其运行中只有争取高效率,才能产生高效益。有了高效益,才能使城市内部资金积累加速,产业规模扩大,产业结构层次提高,才会大大增强城市对外部的辐射力和吸引力,促使周围区域的生产要素流向城市。随着生产要素在城市的积聚,城市对劳动力的需求和人口的容量也相应增大,使城市外围地区的劳动力受比较利益的驱使,陆续进入城市,从而把城镇化进程推向前进。劳动力和人口流入城市,不仅对城镇化是重要的,而且对以工业化为表征的经济连续发展也是必不可少的。日本学者在回顾日本战后经济高涨时期的人口迁移和人口再分布时指出,人口流动,特别是劳动力流动,同资本流动一样,对经济的发展至关重要,没有劳动力的流动,就不可能有连续的经济增长。[①] 从这个意义上说,城市效率既是城市经济增长的源泉,也是城镇化向前推进的基本动力。

单个城市如此,一个区域的城市群体也是如此。在一个有若干城市的区域里,区内各个城市总体效率的高低,直接影响资金积聚和劳动力流入的强度,从而影响区域城镇化的速度。与单个城市不同的是,在一个区域内部,城镇是一个体系,城镇化速度除城市效率因素外,还受大城市超先发展规律和城镇体系的规模结构、功能结构、地域结构的制约。在区域外部,区域与区域之间存在着城市效率的差别,效率高的区域会显示它吸收外部投资和劳力的强劲势头,而效率低的区域吸收外部资金和劳力的活力不足。在这种情况下,原来区域间相互制约的关系将失去平衡,城市效率低的区域一部分资金和劳力将流入城市效率高的区域。尽管人口迁移和流动存在距离摩擦规律的作用,一地迁入(流入)和迁出(流出)人口的数量随着迁移距离的增大而衰减,但人口从低效率区域流向高效率区域的趋势总难以避免,

---

① Toshio Kuroda, Migration, Distribution of Population and Development, with Particular Reference to Japan. Asian Population Study Series No. 28, United Nations.

这样,在全国范围内便将显露出城镇化进程的地域分异。

　　这种情况在很大程度上与市场经济体制下的竞争机制相联系。在计划经济体制下,其机制不是市场竞争,而是生产力在地理空间上的计划布局,城镇化进程地域分异几乎与区域城市效率的高低无关。在市场经济体制下,市场经济客观上要求通过市场竞争来配置生产要素,哪里在竞争中处于优势,哪里就能够有效地招来资金、物质资源、人力资源以及技术和信息资源。竞争条件的优劣表现在:①区位因子组合优势的强弱,包括经济地理位置、资源赋存、人口密度、交通条件、区域经济基础、市场发育程度等;②城市竞争机制的完善程度和竞争实力的强弱。这两大方面的结合,左右着单个城市和区域城市的整体效率。一般说来,区位条件有利,竞争机制完善,竞争实力较强的地方,城市效率较高;而城市效率越高,越能强化区位优势和竞争地位。在这类区域里,生产要素的集聚速度和规模,比之于区位因子组合优势和竞争地位相对脆弱、城市效率相对低下的区域,当然要快一些,大一些,因而城镇化速度和规模也就快一些,大一些。这种关系可以用下面的框图来表示:

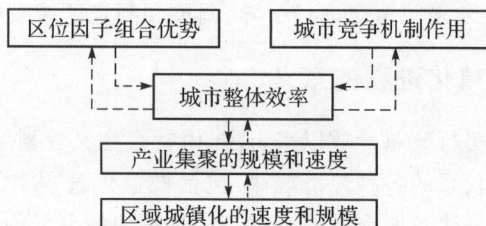

```
┌──────────────┐        ┌──────────────┐
│ 区位因子组合优势 │        │ 城市竞争机制作用 │
└──────────────┘        └──────────────┘
          ┌──────────────┐
          │  城市整体效率  │
          └──────────────┘
          ┌──────────────────┐
          │ 产业集聚的规模和速度 │
          └──────────────────┘
          ┌──────────────────┐
          │ 区域城镇化的速度和规模 │
          └──────────────────┘
```

二、城市效率指标与我国城市效率的区域差异和层级差异

　　从理论上说,城市效率应指城市运行中的整体效率。如何衡量城市整体效率,目前还没有现成的综合指标或指标体系。在我国城市统计中,有"综合经济效益"的统计项目,包含人均国民收入、人均国内生产总值和人均工农业总产值三项指标,它们实际上是含义不同而又彼此相关的一组指标,其中内涵比较丰富的是人均国内生产总值一项,它可以在较大程度上反映城市效率,但不足以囊括城市效率的全部涵义。要建立一套完整的城市效率指标体系,还有待专门的探索。本文想初步找出一些能从不同角度比较全面地反映城市效率的指标,利用这些指标的数值,对全国各个省份、各个地带和各个规模等级城市的效率进行比较,进而讨论它对我国城镇化进程可能产生的影响。

　　效率是单位人力、财力、物力的投入在单位时间内完成的工作量。城市效率可以理解为城市单位投入(人力、财力和物力)在单位时间内(如一年)创造或增殖的物质产品和精神产品的价值量。这是从创造价值方面来说的。也可从减少损耗的角度去表述,即城市效率是城市创造或增殖单位价值量的物质产品和精神产品所耗用的人力、财力、物力和时间。

　　从这一概念性的表述出发,我们可以从城市基础统计和第二、三产业活动的各类统计指标中选择一些有说明城市效率的功能,且能涵盖相近统计项目意义的指标,并对其中一些有说明城市效率功能,但又不能直接用来说明城市效率的指标,进行加工处理,使之成为能有效反映城市效率的指标。

　　根据上述城市效率的涵义和选择城市效率指标的思路,我们可以从统计资料中筛选出反映我国城市效率的项目,经过加工,组成效率指标,然后以城市规模等级、省份和地市为单位,列出指标值及其得分,对全国各层级、各省份和各地带城市的效率进行排序和比较分析。

我国对城市经济和社会发展统计资料进行全面汇编并公开出版,始于 80 年代中期,这是迄今为止研究我国城市经济和社会发展的最为完整的统计资料。本文对我国城市效率指标的筛选和组构,就以《中国城市统计年鉴》的数字为依据。

经过筛选,笔者认为下列六项指标能从不同角度较为全面地反映城市的效率:

①指标 I,市区第二、三产业产值与市区总人口和非农业人口的平均值之比【可记作 $(V_2 + V_3)/(p + P_{na})$,其中 V_2、V_3 分别代表第二、三产业产值,P、P_{na} 分别代表市区总人口和非农业人口】。这项指标的目的是反映城市人均第二、三产业的产值,本来可以记作 $(V_2 + V_3)/P_c$(P_c 为城市人口),但因人口统计中只有市区总人口(P)和市区非农业人口(P_{na}),没有城市人口(P_c)项目,同时市区第二产业(V_2)和第三产业(V_3)又不是完全分布在城市建成区,因此无论用市区总人口或是用市区非农业人口作分母去平均市区第二、三产业的产值,都不妥当。尤其是市区总人口中农业人口的比重各地相差悬殊,用市区总人口求市区第二、三产业产值的人均值,势必失去各个层级的城市之间和各省区、各地带城市之间的可比性。考虑到这些因素,加上我国城市郊区农业劳动力的非农转化率较高,所以对这一指标的分母作市区总人口与非农业人口的平均值处理。

②指标 II,市区第二、三产业产值与建成区面积之比【可记作 $(V_2 + V_3)/B_a$,其中 B_a 为城市建成区面积】。此项指标的目的是反映城市建成区单位面积的第二、三产业产值,即 $(V_{b2} + V_{b3})/B_a$(V_{b2}、V_{b3} 为建成区第二、三产业产值),以揭示城市单位面积用地投入的效率。只是我们所能够得到的全国性城市统计资料没有城市建成区的产值统计,也不可能从市区产值中把建成区的产值分离出来,因而不得不用市区第二、三产业产值与建成区面积之比来替代。应当说这个比值不十分合理,与理想的比值相比略有夸大。不过,比之于分母取用市区面积,还是要切实得多,所以仍不失为一项能反映城市效率的很有意义的指标。

③指标 III,市区第二、三产业产值与市区自然科学技术人员人数之比。

④指标 IV,市区工业万元资金提供的利税。

⑤指标 V,市区万元国内生产总值耗电量。

⑥指标 VI,市区万元国内生产总值耗水量。

以上六项指标,前四项是正向衡量的指标,数值愈大,效率愈高;后两项是反向衡量的指标,数值越小,效率越高。前四项指标分别以人口、用地、科技力量(第一生产力的开拓者)和资金来衡量,第五、六两项则以资源消耗来衡量。这些指标结合起来,基本上可以说明城市经济活动的效率。

下面我们给出全国分省份、分地带、分城市规模等级的 1989 和 1990 两年城市效率指标的平均值。不过限于原始资料的统计基础,除了按城市规模等级、按地带归口的城市可以列出全部六项指标值外,按省区归口的暂时只能列出前三项指标的数值(表 1)。

表 1　全国各省份三项城市效率指标(1989 与 1990 年平均)

	指标 I(万元/人)	指标 II(亿元/平方公里)	指标 III(万元/人)
全国合计	0.3155	0.5783	10.65
北京	0.6573	1.0472	8.44

续　表

	指标Ⅰ（万元/人）	指标Ⅱ（亿元/平方公里）	指标Ⅲ（万元/人）
天津	0.4758	0.7439	8.95
河北	0.2985	0.4432	15.23
山西	0.3161	0.4683	8.52
内蒙古	0.2107	0.1997	6.52
辽宁	0.4023	0.6318	10.65
吉林	0.2058	0.3445	7.01
黑龙江	0.2979	0.3536	10.16
上海	0.6462	1.9816	11.34
江苏	0.3663	0.8620	12.60
浙江	0.3233	0.7414	25.53
安徽	0.2494	0.4855	9.70
福建	0.3365	0.6273	17.37
江西	0.1789	0.4049	7.32
山东	0.2734	0.7612	11.37
河南	0.2642	0.4434	9.11
湖北	0.1931	0.4895	8.00
湖南	0.2276	0.4134	7.94
广东	0.5537	1.1167	25.09
广西	0.2272	0.4362	10.93
海南	0.3193	0.4273	29.27
四川	0.2291	0.6671	6.35
贵州	0.1934	0.3820	15.31
云南	0.3583	0.8237	10.99
西藏	—	—	—
陕西	0.2323	0.3645	11.28
甘肃	0.2572	0.3071	9.78
青海	0.2202	0.2035	4.46
宁夏	0.2895	0.3353	9.89
新疆	0.3219	0.3357	8.85

资料来源：根据1990年和1991年《中国城市统计年鉴》数字加工整理。西藏统计数字不全，暂缺。

　　根据表1的指标值，对各省份的城市效率进行得分计算。每项指标数值最高的省份打分100，最低的省份打分50，介于其间的指标值按间隔比例分配打分。各项指标的权系数根据判断其反映城市效率的程度确定。指标Ⅰ因涵盖了城市人均国民收入、人均国内生产总值、人均工农业总产值、工业劳动生产率等指标的意义,权系数定为0.5;指标Ⅱ～Ⅵ涵盖面较小,权系数各占0.1,其中指标Ⅲ的意义很值得重视,但自然科学技术人员特别集中的具有全国意义和大区域意义的城市,高等教育和科学研究等高级科技人才集中的机构的服务功能是广域性的,不局限于它本身或所在省份,所以权系数也不宜过大。至此,我们可以就前三项指标给出各省份的城市效率得分(表2)。

表2　全国各省份三项城市效率指标得分

	指标Ⅰ	指标Ⅱ	指标Ⅲ	三项指标得分合计	按三项得分的城市效率排序
北京	50.00	7.38	5.80	63.18	2
天津	40.63	6.53	5.90	53.06	4
河北	31.16	5.68	7.17	44.01	11
山西	32.22	5.75	5.82	43.79	12(并列)
内蒙古	26.67	5.00	5.42	37.09	27
辽宁	36.76	6.21	6.25	49.22	5
吉林	26.42	5.41	5.51	37.34	24
黑龙江	31.27	5.44	6.15	42.86	15
上海	49.61	10.00	6.39	66.00	1
江苏	34.87	6.86	6.64	48.73	6(并列)
浙江	32.60	6.52	9.25	48.37	6(并列)
安徽	28.71	5.80	6.06	40.57	18
福建	33.30	6.20	7.60	47.10	10
江西	25.00	5.58	5.58	36.16	29
山东	29.98	6.58	6.39	42.95	14
河南	29.49	5.68	5.94	41.11	17
湖北	25.75	5.81	5.71	37.27	25
湖南	25.56	5.60	5.70	36.86	28
广东	44.73	7.57	9.96	62.26	3
广西	27.54	5.66	6.30	39.50	21
海南	32.34	5.64	10.00	48.03	8
四川	27.64	6.31	5.38	39.33	22
贵州	25.76	5.51	7.19	38.46	23
云南	34.45	6.75	6.32	47.52	9
西藏	—	—	—	—	—
陕西	27.81	5.46	6.37	39.64	20
甘肃	29.12	5.30	6.07	40.49	19

续　表

	指标Ⅰ	指标Ⅱ	指标Ⅲ	三项指标得分合计	按三项得分的城市效率排序
青海	27.17	5.01	5.00	37.18	26
宁夏	30.82	5.38	6.09	42.29	16
新疆	32.53	5.38	5.88	43.79	12(并列)

　　除了按省份划分的前三项指标值及其得分之外,根据后三项指标统计数字在《中国城市统计年鉴》中的汇总口径,再把全国三个地带和五个城市规模等级的六项城市效率指标值及其得分给出。计算时权系数和打分标准不变,得分的相对意义不受影响。于是得到分地带、分规模等级的六项指标值及其得分(表3、表4)。

表3　全国三个地带六项城市效率指标值及其得分(1989年与1990年平均值)

		指标Ⅰ	指标Ⅱ	指标Ⅲ	指标Ⅳ	指标Ⅴ	指标Ⅵ	得分合计	城市效率排序
东部	指标值	0.394	0.7936	12.18	16.25	3531	336	99.64	1
	分值	50.00	10.00	10.00	9.64	10.00	10.00		
中部	指标值	0.2372	0.3920	8.40	13.65	4823	550	51.24	3
	得分	25.00	5.00	5.00	5.00	6.24	5.00		
西部	指标值	0.2517	0.4437	8.52	16.45	5251	429	60.90	2
	得分	27.32	5.64	5.11	10.00	5.00	7.83		
指标值单位		万元/人	亿元/平方公里	万元/人	元	千瓦时/万元	吨/万元		

注:三个地带是:东部——北京、天津、河北、辽宁、山东、江苏、上海、浙江、福建、广东、广西、海南;中部——黑龙江、吉林、内蒙古、山西、河南、湖北、湖南、安徽、江西;西部——四川、贵州、云南、西藏、陕西、甘肃、青海、宁夏、新疆。

资料来源:指标值来源同表1。西部地带未含西藏数字。

表4　全国五个城市规模等级的城市效率指标值及其得分(1989年与1990年平均值)

		指标Ⅰ	指标Ⅱ	指标Ⅲ	指标Ⅳ	指标Ⅴ	指标Ⅵ	得分合计	城市效率排名
≥200万人口城市	指标值	0.5591	1.0466	9.21	18.7	3365	372	93.54	1
	得分	50.00	10.00	5.00	10.00	9.55	8.99		
100万~200万人口城市	指标值	0.4132	0.6216	9.79	17.5	5144	352	77.53	2
	得分	40.56	6.68	6.01	9.02	5.92	9.34		
50万~100万人口城市	指标值	0.4103	0.5089	11.85	15.1	5593	601	72.85	3
	得分	40.58	5.80	9.62	7.05	5.00	5.00		
20万~50万人口城市	指标值	0.3070	0.5178	12.07	12.6	4466	491	68.78	4
	得分	33.69	5.87	10.00	5.00	7.30	6.92		

续表

		指标Ⅰ	指标Ⅱ	指标Ⅲ	指标Ⅳ	指标Ⅴ	指标Ⅵ	得分合计	城市效率排名
<20万人口城市	指标值	0.1726	0.4068	11.60	13.8	3144	314	65.16	5
	得分	25.00	5.00	9.18	5.98	10.00	10.00		
指标值单位		万元/人	亿元/平方公里	万元/人	元	千瓦时/万元	吨万/元		

资料来源:指标来源同表1。西藏缺资料,20万人口以下城市各项指标未含西藏数字。

三、城市效率差异对我国未来城镇化进程的影响

从表2、表3、表4可以看出,我国各省份、各地带、各层次城市的效率存在着显著的差异。概括起来有三个特点:

①城市层级愈高,效率也愈高。表现出城市效率随城市规模等级递进的趋势,这种现象姑且把它称之为"城市规模效率梯度"。它说明产业和人口规模集聚的效应是积极的。国内外城市统计资料也提示我们,大城市效率高于中、小城市,是城镇化过程的一种带规律性的现象。

②沿海地区城市效率高于内陆地区。我国东部沿海12个省、自治区和直辖市,其三项城市效率指标得分名列全国30个省份前12位的占10个,只有山东、广西两省份居于第12位之后。反过来,内陆18个省份(其中西藏缺统计数,未计入)只有三个省份在第12位之内(其中云南居第9位,山西、新疆并列第12位)。这种格局显然与沿海地区处于对外开放的前沿,区位条件有利,吸收内外投资较多,观念更新和经济体制转换较快有关。

③内陆地区城市效率中部略低于西部。人们通常认为,我国经济发展水平在东、中、西三个地带间存在着依次递减的差异,即东部高于中部,中部高于西部。但是,表3的分地带的城市效率得分表明,我国城市效率最低的地带落在中部,这多少有点出乎意料。究其原因,除了中部地带的城市效率客观上较低外,也可能受到两个因素的影响,而使这两个地带效率对比关系略有扭曲。第一,中、西两带城市建成区人口与郊区人口的比率、市区非农业人口与市区总人口的比率在某种程度上存在着不可比性。西部城市市郊农业人口相对稀疏,在计算城市效率指标(特别是指标Ⅰ)时,指标值容易比中部地带有所偏高。第二,西部省区城市数目较少,城市首位度平均较大,在计算效率指标时首位城市起着显要的作用,而首位城市通常都是一个省份中效率较高的城市,多少会使西部城市效率指标值稍稍偏高。

要回答以上特点将对我国未来城镇化产生什么影响这个问题,必须明确两个约束条件:①讨论涉及的时间阶段限于城镇化过程曲线的中段,即城镇化水平从开始加速上升到渐趋平缓的阶段;②经济环境限于逐步建立起来的社会主义市场经济环境。在两项约束条件得到满足的情况下,笔者认为,我国城镇化进程在地域分异和层级分异上可以预见到三个方面的趋势。

首先,城市规模效率梯度的作用将使高层级城市人口集中趋势进一步加强。在城镇化过程中,既然城市效率有一个与城市规模相适应的梯度,那么,梯度力的作用将使产业和人口向城市集聚的数量随着城市层级的提高而增多。结果,上层城市渐次演变成为大城市、特大城市甚至巨大的城市复合体。在上升过程中,最上层城市的规模膨胀将特别快,城镇化过程中大城市超先发展的势头将显得非常强烈。至于大城市超先发展的动力是什么,这个问

题牵涉到一系列因素,目前还没有公认的简明答案。如果说表4的材料证明了城市规模效率梯度的存在,而城市规模效率梯度是城市层级上浮的动力的论点成立,那么,大城市高效率正是大城市超先发展原因的基本解释。我们有理由推断,在我国未来城镇化进程中,包括劳动力在内的生产要素将继续受大城市高效率的牵引,大城市地区人口集中趋势将有增无减。当然,城市规模效率梯度本身毕竟表明城市体系的存在,没有也不会使一切城市趋向一个顶极规模。这是因为任何非单一城市国家的城市体系总是受到与区域经济和人口分布有关的城市功能结构和地域结构的限制。但是,这丝毫也不能否定这种制衡是城市规模效率梯度拉动下城市层级上浮中的动态制衡。

说到这里,我们不能不指出,我国1978年制定的"控制大城市规模,合理发展中等城市,积极发展小城市"的方针,是在计划经济体制下各种经济政策和社会政策限制城市发展的产物,而不是充分认识城镇化客观规律的结果。只有承认城市体系内部存在制衡关系和大城市超先发展的规律性,才能正确引导城镇化适应经济建设的步伐,并且通过各级城市对区域经济和文化的组织作用,促进整个区域的发展。

其次,区域城镇化对区域城市效率的依存性,将使省份间城镇化速度发生分异。在计划经济年代,省份间城镇化速度和水平的差异和城市效率的差异没有多少联系,直到80年代末,各省份区域城镇化水平与城市效率得分的相关性仍然不显著。随着改革的深化,这种现象将得到改变。如广东是我国除直辖市外的各省份中城市效率指标得分遥遥领先的一个省,近年来城镇化速度明显加快。但统计上的城镇化,由于城市户口尚未放开,城镇化水平的提高还不怎么突出。最突出的是城市以外的大量非农化人口,尤其是珠江三角洲,他们的聚居程度已有所提高,生产和生活方式也和城市接近,只是居住地在统计上不属城镇,只能被计作潜在的或隐性的城镇化人口。一旦城市资金市场、劳务市场、房地产市场等发育起来,户口政策、投资政策、土地政策顺应形势发展作出调整,城镇将陆续吸纳来自乡村的劳力和投资,隐性城镇化人口将有相当大一部分转化为显性(统计上的)城镇化人口。事实上,全国城市效率高的省份乡镇企业大都比较发达,情况与广东省有些类似。相比之下,城市效率低下的省区,无论是城市吸收外来劳动力和乡村劳动力就地作非农转化的能力,都落在前一类区域的后面。因此,可以预期,区域城镇化水平与区域城市效率终究将达到显著相关。

第三,城市效率区域差异将导致人口跨省区、跨地带的再分布。省份间城市效率高低不一,不仅会直接表现在各省份自身城镇化速度和水平的高低上,而且在城市效率相差悬殊的省份间,效率优势突出的省份及其中心城市,对城镇化的影响力将超越省份的范围,甚至扩及全国,形成以高效率省份为中心的跨省份跨地带的引力场,吸引外省区、外地带的资金、劳力和其他生产要素。这样一来,势将产生一种人口再分布的迭加效应,即在高效率省份不仅城镇化程度提高较快,总人口也将超常增长。反过来,在低效率省份内部城镇化动力不足,加上外省份的吸引,人口和劳力还将有不同程度的流出。这就是城镇化过程中人口跨省份跨地带的再分布,直到区域间其他发展因素与效率因素的作用达到基本平衡为止。这类模式许多国家已经经历过,我国社会主义市场经济体制的建立和完善,必将在城镇化的效率导向之下,激起规模不等的人口跨省份跨地带的流动。80年代末90年代初外省百万劳动大军下珠江三角洲的壮阔场面,已经在广东揭开了人口跨省份跨地带流动的序幕。以建设浦东新区为契机的振兴上海经济的举措,以及长江下游地区经济高速度发展的形势,也正在刺激外来人口的流入。下一个人口流入对象将是城市效率较高的京、津、唐地区及环渤海区域等。在未来几十年内,这些区域以至长江中上游具有区位优势的区域形成大城市群区或城市连绵地带,也是势所必然。但服从市场规律的大城市超先发展和高效率区域优先发展,加上服从市场规律的农村劳动力自谋出路,可能给大城市和优先发展区域的城市在短时期内带来过多的人口,造成过度城镇化现象,这将在某种程度上抵销大城市和高效区域的效率优势,带来一系列的城市社会病。因此,在认识具有迭加效应的人口再分布规律的同时,需要密切注视城镇化过程中乡村人口向城市转移的动向,以便采取必要的措施进行疏导和调控。

载《经济地理》1994 年(第 14 卷)第 1 期,第 46—51 页

论中国现阶段大城市的成长

【提要】本文从中国严格控制大城市规模的方针与大城市不断增大的现实之间的矛盾出发,对城市发展方针及其形成背景、城市体系整体性的客观性质、大城市超前发展及其内在机理,以及中国特定条件下大城市人口增长的特有推动因素分别作了考察。认为现阶段大城市成长具有必然性,严格控制大城市规模方针不能正确反映客观规律。

中国政府控制大城市规模已经实行了 20 多年。它从国家领导人的一种主张,演进为政府的一项方针,最后通过立法程序写进法律条文。然而,这一方针从提出的第一天起,学术界就有不同的看法。改革开放以后,经济和社会发展的现实更证明了作为一项方针,其决策依据的不充分性。现在处在这样一种状态:"严格控制大城市规模"是法定的城市发展方针的重要组成部分,而大城市的超前发展规律却把大城市一步一步地推向更大的规模。既然如此,我们就不应该采取漠然置之的态度,有必要对现阶段大城市人口增长问题从理论上加以探讨,认识其发展的必然性,澄清一些模糊观念,以利于科学决策。

一、中国城市发展方针的形成及其背景

50 年代末 60 年代初,中国国民经济因指导上的失误而陷入困境,城市建设也因缺乏资金而步履艰难,城市基础设施和生活设施始而落后于需要,继而欠账越来越多,大城市的问题更为突出。城市建设的经济能力不足,加上六七十年代国外对大城市弊病的渲染增多,在当时国家最高领导人的头脑里产生了城市太大了不好,还是发展小城市的想法。这就是 70 年代宣传和推行控制大城市规模,积极发展小城市方针的原由。经过几年的酝酿,到 1980年正式公布了"严格控制大城市规模,合理发展中等城市,积极发展小城市"的方针。当时10 年内乱已经结束,然而,由于改革刚刚起步,城市建设所面临的困难仍然很大,因而在城市发展方针上,严格控制大城市规模仍然被看作是顺理成章的事情。到 1989 年,上述方针经过修改写进了《中华人民共和国城市规划法》,该法第四条规定:"国家实行严格控制大城市规模,合理发展中等城市和小城市的方针,促进生产力和人口合理布局",同时还规定,大城市是指市区和近郊非农业人口 50 万以上的城市。1989 年距开始实行改革开放政策的1979 年已经 10 年,经过 10 年的改革和建设,经济有了长足的发展,各级城市乃至集镇已经在很大程度上恢复了活力,大城市人口增长也令人瞩目,但是,由于控制大城市规模的思想根深蒂固,同时也出于对大城市长期难以解决的新增劳动力就业问题、难以还清基础设施和生活设施欠账的忧虑,加上经过前面几年的大发展之后,基建摊子铺得太大,社会总需求膨胀过快,总需求与总供给失衡,政府不得不对经济进行调整和整顿,压缩基建投资规模,清退一部分进城的民工,以及过去对大城市规模膨胀恐惧的阴影难以消除,因而把严格控制大城

市规模赋予了法定的意义。

　　控制大城市规模方针的形成除了与当时经济形势有直接的联系之外，实际上还有更深的社会经济背景，那就是从第一个五年计划开始到改革开放前夕的 20 多年中所实行的工业发展战略和计划经济体制。

　　新中国的工业化是从优先发展重工业开始的。重工业是资金密集型产业，要保证它的优先发展，需要投入大量的资金。资金从哪里来？中国当时的情况是：一无西方发达国家那种资本原始积累条件，二无外来投资，三无工业内部积累基础，留下来的唯一一条筹资渠道就是利用农业剩余。新中国成立之初，中国重工业只占工农业总产值的 8％，不可能积累多少资金；轻工业在工农业总产值中的比重大些，为 22％，而且资金周转快，从表面上看轻工业提供的积累比较多，但它的积累相当大的一部分是通过与农产品的不等价交换，从农业转移过来的。所以，虽然农民缴纳的农业税数量并不很多，但通过不等价交换所提供的积累比农业税多几倍。[①] 在工业化初始阶段，从农业剩余中提取一些工业建设的资金是必要的，但取之过多，使农民得不到休养生息的机会，损伤农业的元气，终究影响了农业的发展，导致农业不能随着城市工业的发展和人口的增长向城市提供足够的农产品，最后还反过来阻碍工业和城市的发展。为了保证城市供应，国家不得不对重要农产品实行征购、统购和派购，对居民实行粮食、棉布以及部分副食品的定量供应。而要维持这种局面，就得全面实行和巩固农村生产资料集体所有制，强化全国的计划经济体制。这种带有强烈行政干预色彩的经济体制，迫使许多商品和服务退出了市场，商品经济成了产品经济，生产要素不能通过市场合理配置，产业结构不能通过市场合理调整，就连作为城乡纽带的乡镇初级市场也被乡镇地区一统天下的供销社所代替。此时，城乡经济也就无活力可言了。这本来是经济体制需要改革的一种信号，可是按当时最高决策层的认识，社会主义与市场经济是不能兼容的，还是继续推行计划体制。于是，经济振兴乏术，城市无力吸纳更多的人口，农村不仅无力提供更多的农产品，而且在人口不断增加、人地矛盾激化的压力下，农民要求摆脱土地的束缚，转向非农经济活动的愿望十分强烈。然而，由于经济体制的限制和国民经济的灾难性波动，尤其是 1959—1961 年的 3 年困难时期和 1966 年开始的长达 10 年的内乱，城市不但完全丧失了接纳农村人口的能力，就是对原有城市人口也不能吸收。国家为了减轻城市就业压力，缓解城市居民生活供应的紧张程度，从户口、就业、住房、生活供应等方面采取一系列措施来限制农村人口迁入城市；同时把一部分城市居民下放农村，以压缩城市人口规模。就是在这样的现实面前，从 60 年代开始，城镇人口增长成了各级政府心目中极其敏感的问题。城市化本来是工业化的产物，又是激发经济增长的重要源泉，它代表了人类文明进步的阶段，可是在那个时候，推进城市化竟然成了政府工作的大忌。这种被谴称为"恐城病"的状态，捆住了城市化的手脚，以致从 60 年代初期到改革开放前夕，全国市镇非农业人口的比重不但没有上升，反而有所下降。

　　耐人寻味的是，这一城市发展方针即使在改革开放前未成文而实际已实行的时期，实行起来也并不怎么顺当。在小城市一头，"方针"是鼓励它发展，但并没有真正发展起来。原因很简单，"方针"虽然鼓励小城市发展，但它不是以经济和社会体制改革为前提提出的。在计划体制下，城市的建设投资都是依靠政府拨款。小城市行政级别低，规模小，财力单薄，能够扩大城市基本人口的建设项目受到投资来源的极大限制。同时，从户口制度来说，小城市限

---

　　① 薛暮桥:《中国社会主义经济问题研究》,人民出版社,1979 年,第 19 页。

制农村人口的迁入，与大、中城市没有什么两样，这就使鼓励小城市发展成为一句空话。至于大城市这一头，一般地说是控制了，但对行政职能强大的中心城市又没有控制住。其主要原因是，中央各部门安排的建设项目和设置的机构往往定点在基础设施、管理条件比较好的省会以上的中心城市。省级各部门也愿意在省会城市安排建设项目。相比之下，一些大工商业城市，如上海、天津、重庆、大连、青岛等，由于行使行政职能的地域不大，行政上力量不强，发展速度便不及省级行政中心和首都快。最明显的是上海、天津与首都北京的比较，新中国成立之初，上海和天津分别是首位和第二位城市，第一个五年计划初期，天津的第二大城市地位已经被北京取代，那时上海首位度还在 2 以上，此后，上海对北京的首位度便从1954 年的 2.14 下降到 1980 年的 1.17（按市镇总人口计），说明首都人口的增长速度比津、沪两地快得多。足见城市发展方针受到行政力量的干预是多么的强烈，"方针"本身的有效性又是多么的脆弱。

二、城市体系整体性的客观性质

一般来说，在工业化过程中，工业和与之相配合的第三产业的兴起，促使附近乡村的农业人口在比较利益的驱使下，陆续转向第二、三产业的集聚地，于是城市一个个成长起来，数量逐渐增多，规模渐次分化，最后形成完整的城市体系。

城市体系有自己的规模结构。全国（或区域）最大与最小城市之间存在着一个规模序列，序列中相邻城市人口规模的差距按降序方向逐渐缩小。城市规模愈大，个数愈少，城市间人口差数愈大；城市规模愈小，个数愈多，城市间人口差数愈小。人们根据这种结构特性，往往把城市体系划分成若干规模等级，组成城市等级系统。尽管分级标准的确定带有一定的主观成分，但往往能更为简洁地反映城市规模结构的轮廓。

城市规模之所以分化，是由城市功能的集聚程度决定的。功能集聚少，层次低，影响范围小，城市规模就小；反之，城市规模就大。但是，城市功能的集聚不是偶然的，城市在形成之初，一般都是从功能单纯、影响范围狭小的状况开始的，而且在整个工业化和城市化进程中，多数城市在城市网络的制约中保持着功能不多、层次不高、影响范围不大的小城市地位；一部分城市则功能增多，层次升高，辐射和吸引范围扩大，终于脱颖而出，演变成中、高等级的城市。这主要归因于它们在全国或区域范围内所处的位置，以及所在地周围的自然、人口、经济、交通等条件。这些条件是功能集聚的前提，以诸多优越区位条件为依托成长起来的城市，是在其影响范围内的其他地点所不能代替的。条件最优越的地方能够集聚最多的功能，拥有最大的市场，因而也能够成长起最大的城市。可见，城市体系是一个整体，不同规模、不同等级的城市都有它存在和发展的根据，大城市当然不会例外。对任何一个城市等级强行抑制或勉强鼓励，都是违背客观规律的，必然会给经济社会发展带来不良后果。

城市体系及其规模分布的整体性不仅可以从城市体系形成和发展的实际过程得到概括的说明，而且还可以用各种模型来定量地反映它存在的整体性的客观性质。

学术界常用统计模型来反映城市规模分布，主要有贝利（B. J. L. Berry）的对数正态分布，齐夫（G. K. Zipf）的序位规模分布以及帕雷托（Pareto）分布模型。其中后二者对许多条件不同的国家和地区的城市规模结构拟合比较理想，应用也比较广泛。如，城市序位规模分布模型为：

$$P = K/r^q$$

式中 r 为城市序位，P 为城市人口数，K 为首位城市人口数，q 为常数。

帕雷托分布模型为:

$$N = C/X^\alpha$$

式中 N 为城市人口大于 X 的累积城市数目,X 为门槛城市人口数,$C = x_1^\alpha$ (x_1 为首位城市人口数,α 为常数)。

城市序位规模分布模型和帕雷托分布模型是类似的两种模型,它们都能较好地说明城市规模分布的整体性特征。

陈勇等人在根据曼德布罗特(B. B. Mandelbrot)分形理论考察城市规模分布时,提出了与帕雷托分布模型本质上一致的模型:

$$N = kr^{-D}$$

当 $D = 1$ 时,最大与最小城市人口数之比恰好等于城市体系中的城市数目,$D > 1$ 时,说明城市规模分布比较紧凑;$D < 1$ 时,城市规模分布比较松散。他们用此模型求得中国城市 1959—1989 年 D 值的变化,同时从其它文献中引用 19 个国家和地区的 D 值资料,表明尽管 D 值的大小与城市化历史、经济发展水平、国家的政治状况等国情有关,但在具有众多城市的国家,总体上 D 值的取值范围不会偏离 1 很远。[①] 这就进一步说明了城市规模分布整体性的客观性质。任何一个城市都有它存在和发展的根据,对大城市人为控制和对小城市人为放宽的做法,如果奏效,势必使 D 值畸变,破坏城市体系按空间经济规律的有序发展。

三、大城市的超前发展及其内在机理

一般说来,在城市化进程的初、中期,城市体系中大城市的人口增长速度比中、小城市要快,到中期以后才逐渐减速,这是一条被统计数字证明了的经验性规律。根据巴洛克(Paul Bairoch)在《就业与大城市——问题与前景》一文中的数字,1900 年到 1980 年全世界人口 50 万以上城市增加了 13.9 倍,年平均增长率为 3.3%,其中人口 100 万以上城市人口增加了 21.2 倍,年平均增长率为 3.9%;而同期人口 50 万以下城市人口增加仅 5.1 倍,年平均增长率为 2.1%。足见人口向大城市集中的速度之快。另外,从人口 50 万以上和人口 50 万以下城市占世界城市人口总数比重的变化,也可以看出大城市超前发展的特征(表 1)。

表 1　世界大城市与中、小城市占城市总人口比重变化的比较　(%)

年份	<50 万人口的城市	≥50 万人口的城市	其　中			
			50 万~100 万人口城市	100 万~250 万人口城市	250 万~500 万人口城市	500 万人口以上城市
1900	76.4	23.6	11.3	5.5	3.6	3.2
1950	64.5	35.5	10.1	12.0	5.5	7.9
1970	55.0	45.0	10.4	14.0	7.3	13.3
1980	57.2	42.8	9.6	13.3	7.4	12.5

资料来源:帕尔·巴洛克:《就业与大城市——问题与前景》,联合国《国际劳工评论》1982 年 9—10 月。

在表 1 的数字中,1980 年人口 50 万以上的城市人口比重有所下降,按当时世界城市化水平衡量,出现这一档城市人口比重下降似乎不太符合国际上城市化的历史轨迹。从各方

---

① 陈勇、陈嵘、艾南山、李后强:《城市规模分布的分形研究》,《经济地理》1993 年,第 13 卷第 3 期。

面的统计和预测数字来看,1980 年世界城市人口占总人口比重只有 39％～40％,预计到本世纪末也不过 50％左右。按已经高度城市化国家的城市化历程判断,1980 年这样的城市化水平一般不会发生大城市人口增长速度与中、小城市人口增长速度对比关系的逆转。因此表 1 所引用的 1980 年世界 50 万人口以上城市人口占总人口比重下降的数字,不妨暂作存疑。

大城市发展为什么会超前于中、小城市? 高佩义认为是由城市引力场和城市化三大定律相互作用决定的。他提出的三大定律是:城市聚变引力定律,乡村裂变推力定律和城市文明普及率加速定律。[①] 这一理论解释很新颖,但它毕竟是比喻性的解释,要真正认识大城市超前发展的规律,需要作许多理论研究和实证研究。我认为,大城市在城市体系中的超前发展,从根本上说,是一种以工业在有利区位的集聚为基础,并与工业发展的各种内部因素和外部因素相互作用,形成多功能聚合、彼此激励和互相促进的结果。而功能聚合和城市成长本身又会添加新的区位优势,从而进一步促使城市规模的扩大。因此,寻找大城市超前发展的答案,以区位论和与之相联系的空间经济理论为依托也许是合适的。工业在一定地点设置、扩大和多部门的集聚,其动力在于投资回报。工业区位的奠基人韦伯(Alfred Weber)早就提出工业有三类区位因素,即一般区位因素和特殊区位因素,地方区位因素和集聚、分散因素,自然技术因素与社会文化因素。就是说工业企业的设置要从运输费用、劳动力费用、地租、市场、生产技术的特殊要求、生产性质上的宜集聚还是宜分散、生产地的自然条件、技术条件和社会文化特征等方面进行可行性论证,才能定点在能够产生最大利益的地方。总体投资效率最高的地点,应是一定区域内工业集聚条件最好的地点。工业规模的扩大和集聚程度的提高,要求为其服务的第三产业有相应的发展,从而引起城市各种功能的大规模聚合。这种聚合进一步加强了原有的区位优势,又反过来吸引更多的资本和人口,推动城市向更大规模发展。原始区位优势与再造区位优势的迭加,投资利益的驱动,使大城市规模的增大,要到经济上的增益与过度膨胀引起的经济减损相抵后,平均净增益下降,各级城市利益基本平衡的时候,才能稳定下来。

在工业化的初、中期,大城市经济效益增损相抵后仍高于中、小城市的效益是显而易见的,否则大城市比中、小城市高得多的基础设施和其它公共设施建设和经营费用,就会使得大城市动弹不得。笔者曾把中国城市分成 5 个规模等级,筛选出能从不同角度较为全面地反映城市效率的 6 项指标,确定各项指标的权系数和得分计算方法。用 1989 年与 1990 年两年统计数字的平均值分别对各个等级城市的效率进行计算,得到城市效率与城市规模等级成正比的结果,我把这种现象称之为“城市规模效率梯度”。[②] 这也许正是大城市超前发展的内在机理。

当然,不能因此而得出大城市数量越多越好,规模越大越好,而中、小城市无足轻重的结论。我们说大城市存在超前发展的规律,只是因为在实现高度工业化、高度城市化之前,城市体系还没有达到相对稳定的规模制衡的时候,大城市客观上蕴藏着很强的生命力,政府的方针政策不宜抑制它们的成长,只宜根据具体情况,作些适当的政策调控,以免损害经济和社会的发展,从而受到客观规律的惩罚。

---

① 　高佩义:《中外城市化比较研究》,南开大学出版社,1991 年,第 151—155 页。
② 　王嗣均:《城市效率差异对我国未来城镇化的影响》,《经济地理》1994 年,第 14 卷第 1 期。

四、中国特定条件下大城市人口增长的特有推动因素

大城市人口增长的超前性,除了大城市固有的区位优势和经济优势之外,在中国还存在着特定条件下的补偿性增长和非补偿性增长的需要,这类需要同样不以人们意志为转移。

(一)大城市规模受到长期抑制后的人口补偿增长效应

自 60 年代开始控制城市人口特别是控制大城市人口增长以来,对大城市人口增长重要来源之一的迁移增长实行了严格的控制。这一政策的刚性至少维持了 20 年,而且从法制意义以及正规迁移(带户口的迁移)的意义上说,至今仍在继续受到它的约束。所以,作为城市化主要标志的乡村人口向城市的迁移,在向大城市迁移的活动上受控时间实际上长达 30 年以上。正因为如此,许多大城市,尤其是中、东部非国家重点投资对象的大城市,从 1962 年至 1978 年非农业人口几乎没有什么增加,有的甚至还有减少(如上海)。改革开放以后,虽然六七十年代从城市下放到农村的人口大部分实现了政策性返城,城市百废俱兴的需要也吸收了一批人员,但是,在大城市的户口政策、土地政策未向乡村人口松动的情况下,这部分人是严格地按政策许可范围进城的,他们只是大城市人口实际需要的补偿增长的一部分。另一部分补偿性增长是以"流动人口"身份进入大城市常住的那些人。这部分人口的大多数,是按流动人口管理办法规定持有证件、允许在城市受雇和常住的人,客观上是城市实际需要补充的劳动人口。这种性质的流动人口,担负着原有城市人口承担不了的劳务,年年在为城市建设作出贡献,随着改革的深化,政策的逐渐配套,城市经济的进一步兴旺,终将成为城市人口的组成部分。

(二)大城市第三产业发展的补偿性人口增长效应

新中国成立之初,对城市社会进行改造的指导思想是变消费城市为生产城市。这种思想有正确的一面,在某种程度上也有把近代城市职能与封建时代城市职能混同起来的不正确的一面。在这种思想指导下,不仅把城市中那些不正当的行业加以清除,也把城市第三产业中的一部分经济性活动和非经济性活动看作是寄生性的活动而加以限制。这是中国 50 年代城市第三产业收缩的最初原因。1957 年到 1979 年,全国第二产业从业人员占全部在业人数的比重从 9% 上升到 15.8%,第三产业从业人员占全部在业人数的比重只从 9.8% 上升到 11.7%。一个在 20 世纪中叶开始大规模工业建设的国家,第二产业从业人数比重 22 年上升 6.8 个百分点,发展之势不能算十分强劲,但相比之下,同期第三产业从业人数比重只上升 1.9 个百分点,就显得十分微弱了。再从第三产业中的零售商业、饮食业和服务业机构变动情况来看,1957 年全国这 3 类机构分别有 195.3 万个、47 万个和 28 万个,到 1980 年则分别减少到 149 万个、30.7 万个和 26.5 万个,分别减少了 23.7%、34.7% 和 5.4%。改革开放后,情况大有改观。1993 年从业人员中第二产业的比重为 22.4%,第三产业为 21.2%。在国民生产总值比例中,第二、三产业分别占 51% 和 27%。在国家达到高度发达之前,第二、三产业从业人员比重和产业增加值还要继续增高,其中第三产业增高的幅度将更大,直到占三大产业从业人员和国民生产总值的 50% 以上的水平,才会稳定下来。第三产业从业人员的来源一部分将来自第二产业从业人员的转移,但大部分应来自乡村农业劳动力的转移。作为第三产业部门高度集中的大城市,第三产业迅猛发展之势将不可阻挡。因此,大城市"三产"补偿性发展和未来的正常发展,导致大城市人口增长加速是不可避免的趋势。

（三）城市建设跨越门槛投资引起的人口补偿增长效应

城市发展到一定程度往往会遇到某种障碍，诸如地形阻隔妨碍城市进一步扩大，基础设施全面老化阻碍城市运行效率的进一步提高，环境恶化阻碍城市产业的进一步集聚等等。当城市本身的区位优势尚有潜力的时候，这些障碍因素必然要通过大规模投资进行重大工程建设加以克服，这就是城市改造中的门槛。跨过这类门槛，城市又会有一个较大发展的时期。最明显的例子是近十几年来上海大规模跨门槛的投资。过去上海市区主要部分在浦西，那里的基础设施早已需要作结构性的改造，但苦于资金短缺，只能将就维持城市的运转，而与浦西隔黄浦江相望的浦东，由于跨江桥梁、隧道设施门槛的限制，长期遭受冷落。改革开放之后，这座世界级的、曾被长期限制其人口增长的巨型城市，随着发展环境的宽松，财政体制的改革，向国内外筹资渠道的开拓，以及中央关于开发浦东新区的重大决策，在短短十几年的时间里，数以百亿的投资，使浦东迅速崛起，并且为老市区进行结构性改造跨出了决定性的一步。这样一来，上海市的城镇人口（按户籍人口计算）从 1978 年的 615 万上升到 1992 年的 886 万，加上数十万常住上海而非上海户籍的人口（1990 年人口普查时为 60.28 万），全市实际市区人口约在 950 万左右。上海如此，其他大城市也有类似的现象，只是程度不同而已。

前面说的是促使大城市人口补偿性增长的几个重要因素，并没有概括一切因素。事实上，除补偿性增长因素外，还有一个与计划经济年代大城市增长受抑制无关的非补偿性的基本因素，那就是中国目前只有 30% 左右的城市化率，距城市化的峰值水平（至少在 70% 以上）还有很长的一段路要走。因此，从城市规模分布来说，必将是在整个城市体系发展的同时，两头继续延伸，即大城市势必因中等城市陆续升格而继续增多和壮大，小城市势必因部分建制镇的晋级而不断产生出来。

五、结论

通过上面的分析，可以得到以下结论：

（1）"严格控制大城市规模"已经成为法定方针的组成部分，而同时，却几乎没有一个大城市不在市场机制的激励下继续增大。这种矛盾现象并不奇怪，原因是法定的城市发展方针本质上是计划经济体制下经济低效运行导致"恐城病"条件下的产物。

（2）在工业化、城市化时代，城市是成体系的，城市规模分布反映了城市体系中不同规模的城市具有不可取代的作用。对任何一级城市的偏好和限制，都不利于城市化的正常进行，从而也有损于城市和经济、社会的正常发展。

（3）作为城市体系组成部分的大城市，不仅有它自己存在和发展的根据，而且在各国城市化的进程中，通常都是走在整个城市体系发展的前面。这种超前性早已被世界城市统计资料所证明，其实证性的根据是在一个国家或区域里，最优区位聚集了最多的城市功能，多种功能互相激发，产生最高的效率，从而吸引更多的产业和人口，最后成为国家或地区内的大城市或巨型城市。这一过程只有在实现了高度城市化，城市体系中各级城市在地域条件制约下，其损益达到大致平衡时，大城市的成长才能相对静止下来。

（4）中国城市存在着补偿性人口增长与非补偿性人口增长的现实和前景，在这方面大城市具有很强的增长势头。我们应该顺应发展，加强规划，妥善诱导，而不是采取阻挡和限制的态度。城市发展方针的正确与否，也要看它是否有助于促进生产力的提高，是否有助于人民生活的改善，是否有助于综合国力的增强，是否有助于可持续的发展。

（5）法律条文与事物的发展规律相悖总不是正常现象。不能正确反映客观规律、无助于经济和社会发展的法律条文,是否需要继续执行下去,是政府职能部门和立法机关应该严肃考虑的问题。

载《中国人口科学》1995 年第 6 期,第 17—23 页

现阶段中国城市化区域发展的比较研究^①

一、研究背景、研究目标和研究方法

（一）研究背景

"现阶段中国城市化区域发展的比较研究"课题是由联合国人口基金援助的"大学人口研究和培训项目"（P04 项目）之一。开始于 1990 年，最终报告完成于 1995 年初，历时 5 年。杭州大学、南开大学、中山大学、华东师范大学、吉林大学、西安交通大学、南京大学和辽宁大学等 8 家高等院校的人口研究单位的 20 余名学者参加了调查和研究工作。

国内学术界对城市化问题的研究，特别是对新中国成立以来中国城市化发展水平、发展道路和发展模式的研究，揭示了许多带有中国发展特征的问题，对中国城市化问题的研究已产生了较大的影响。

中国的城市化问题是复杂多样的，仅限于一般宏观性的探讨已难以适应迅速发展的现实。及时捕捉新特点和新问题是中国城市化研究领域发展之所在。其中城市化的区域差异问题伴随着市场经济的发展而突出起来。这一问题的研究不仅较之总体研究进了一个层次，而且对新形势下中国城市化的发展具有重大的理论与现实意义。基于此，国内一些有志于人口城市化问题研究的大学人口研究机构和研究人员在 P04 项目的援助下，在已有研究的基础上，积极开展了这项合作研究。

（二）研究目标和研究意义

"现阶段中国城市化区域发展的比较研究"课题的最终目标是要在城市化区域发展问题上通过实证分析和理论研究为国家计划部门、城市建设部门和各省市领导机关提供决策的科学依据。研究重心在两个方面：一是区域城市化与区域经济发展的协调性问题；二是不同发展条件下的区域城市化模式问题。围绕上述目标对下列问题进行探讨：

1.从历史和现实的角度研究中国城市化与工业化的区域发展关系问题，寻求区域城市化与区域经济协调发展的内在机理

城市化是以工业化为基础的，并伴随着工业化的发展而发展。区位问题，不仅影响到整个国家和一个区域工业化的进程，而且影响到城市化的发展水平和发展速度，因为城市化水平是由工业化和非农化水平体现的，而工业化水平又是经济发展水平的重要标志。对这一问题的探讨实质上是城市化发展道路问题研究在区域层次上的深化。

---

① 本文与李新建合作完成，发表时署名"王嗣均，李新建"。

2.论证政府在区域城市化发展中的作用

区域城市化与国家城市化的主要区别之一是前者的制约因素多于后者。它不仅与地区社会经济发展水平密切相关,还要受到较强的政府区域发展战略和政策的影响。政府运用什么手段、通过什么机制进行调控,调控的效果及对全国和各地区发展的影响问题一直是理论界关注的焦点。市场经济的发展,冲击了单一的计划城市化模式,也使中国的城市化发展出现了多元化的局面。这种多元化不仅表现在城市化启动机制的多元化,更突出表现在区域发展的不平衡性。分析这种区域差异产生的原因和背景,有助于发现引发中国城市化发展的新动力和新的发展模式。

3.探讨区域城市化发展的比较方法和比较依据

城市化比较研究的基础是建立一套科学的、可操作的比较标准和比较方法,这是进行科学研究的重要手段和基本前提。目前,在国内外和不同时期的比较研究中,已受到统计指标和统计口径不一致的困扰。区域层次的多元比较,更要以科学的方法和可靠的数据为基础。主要涉及:城乡划分的标准、城市化数据的测定以及比较值的选择等多项难题。这些都是在国内外学术界和实际部门长期未能定夺的问题,课题组通过实际调查和运用各学科的技术在该领域进行了一些注重实效的尝试。

4.展望中国城市化发展的前景和发展潜力

中国是一个城市化发展水平较低的国家,同时也是一个城市化发展潜力最大的国家。目前中国的城市人口仅占总人口的30%左右(调整数字),与发达国家相比,差距很大。客观地研究这一过程,发现某些带有规律性的东西,对中国的城市化发展无疑具有很大的促进作用。新中国成立以后,在计划经济体制的影响下,中国的城市化走过一段蜿蜒曲折的道路,扭曲了城市化发展的特征,阻碍了城市化发展的进程。许多研究通过反思中国城市化发展的历史,借鉴国外城市化发展的成功经验,已得出了一些结论。城市化研究应该把立足点转向当前和未来。一个有意义的课题是:改革开放以后,哪些区域城市化发展快,哪些区域发展慢? 差距形成的原因又在哪里? 这些结论只能通过深一层次的比较研究才能得出。这也正是课题研究的初衷和所期待的目标。

(三)研究方法

"现阶段中国城市化区域发展的比较研究"是一个范围广、进行期长,又与中国现实关系密切的研究项目,为了能够在该领域有所突破,对国内外相关理论和方法的借鉴与应用是一项基础性工作。项目在这方面做了一些努力:

1.理论研究方法的借鉴与创新

如何在借鉴国内外已有理论的基础上,建立适合本课题研究的基础理论是问题研究能否深入的关键。西方城市化区域发展理论涉及很多基本理论问题,有些理论比较成熟,对中国的城市化研究不无借鉴意义,但对中国问题研究又具有一定的局限性。课题在对已有城市化区域理论的运用和借鉴上的一个主要问题是如何把区位因素或区域差异问题引进城市化的研究之中。对此,我们对已有的国内外有关区域城市化理论进行了比较,认为这些理论对如下问题比较侧重:其一,以不同性质的地区为基础进行研究,例如对城市地区或农村地区,经济发达和不发达地区分别进行研究,研究中一般不考虑行政区划,特别是交叉考虑区划因素。其二,比较的侧重点在于城市化发展的启动因素和启动机制。例如发展何种产业(农业、工业或第三产业),促进何种要素(人口、技术或资源)的流动可以促进城市化的发展。其三,发展哪一类城市(大城市、中等城市或小城市)更能获得较大的城市化效益。

这些理论难以解决区域比较项目所面对的问题:首先,中国的区域研究不能离开区划。为了能够对省区和某些典型地区的城市化发展提供确有实效的咨询,我们在研究中基本以区划界定研究的单位。把区位因素和区划体制因素融为一体考虑显然增加了研究的难度,但也增大了研究成果的实用性。其次,中国的城市化问题研究不能离开现有的行政管理体制。否则既不能得到可比资料,又缺乏实际意义。再次,与现实问题的贴近。一般而言,对一个国家城市化问题的研究具有宏观战略意义;对某个地区的个案研究则具有时期的借鉴意义;多区域的比较研究可兼容宏微观两重研究的特点,特别是在中国当前各地区发展不平衡的情况下,只有寻找到各区域之间的差距,才能缩小这些差距,促进共同的发展。

2.综合比较方法的使用

用比较的方法对中国城市化问题进行研究不是一个新尝试,但对中国的城市化发展进行大范围、中观层次和跨时期的比较却无先例。这种研究要涉及到比较内容的确定、比较指标的建立和比较方法的选择,没有现成的西方理论和方法可以借用。我们综合运用了多层次的比较研究方法:

首先,在区域城市化和区域经济发展关系的研究中,以省为单位,对全国各省、市区(不包括港、澳、台)的城市化水平与经济发展水平,城市化发展速度与经济发展速度作了相关分析;对各省区的有代表性的大城市发展、人口增长与居民生活质量的关系作了比较研究;并对在非农化过程中的不同省区的城镇化隐性发展问题作了比较分析。

其次,在不同发展条件下的区域城市化发展模式的研究中,选择了7个地区的发展模式:一是以上海为代表的大都市城市化的阶段性模式;二是以天津静海为代表的大都市远郊城市化模式;三是以珠江三角洲为代表的,以外向型经济为动力的乡村城市化模式;四是以苏南为代表的、以乡镇企业发展为动力的乡村城市化模式;五是以温州为代表的、以第二、三产业个体经营为契机的乡村城市化模式;六是以抚顺为代表的为避免工矿城市从上升、鼎盛趋向衰落的城市建设和发展典型;七是以陕西省的洛川为例,分析了欠发达地区农业县为代表的乡村非农化发展特征。

二、研究内容和主要研究成果

整个课题的研究内容可概括为三个方面:第一,总结概括了新中国成立以来中国城市化区域发展的基本问题;第二,比较研究了改革开放以来不同省区的城市化进程;第三,重点考察了不同类型区域的城市化的发展阶段。三个方面的考察,均围绕着两个核心问题:即区域城市化与区域经济的协调发展问题和不同发展条件下的区域城市化模式问题。

(一)中国城市化区域发展的基本问题

城市化的区域发展问题研究的侧重点是:一个国家在同一时期内为什么会出现区域间城市化发展上的巨大差异? 这种差异主要受哪些因素的影响? 国家的宏观政策和城市化发展战略的制约作用如何? 它又怎样通过中国区域城市化发展特征和发展进程得以体现? 对此,我们重点研究了如下与中国当前密切相关的问题:

1.计划城市化对区域城市化发展的影响

自新中国成立初到改革开放,中国基本上奉行单一计划经济的模式和一条独特的计划城市化道路,致使区域城市化的发展出现了一些偏差和问题。

第一,在城市化和工业化发展的方针上,忽略了区位效益,导致以效益换稳定,以效益换均衡的倾向,使城市化的区域发展扭曲。稳定的思想尽管有政治和军事上的考虑,但人为均衡的发展战略却极大地影响了中国城市化的进程,特别是抑制了发展条件好的地区的进程。

第二,与计划经济模式配套的人口迁移、户籍管理和劳动用工政策使城市化要素固化,人口的迁移停滞。一个严重扭曲的现象是,很长时间内,中国城市化水平的高低主要是市镇建制标准和市镇人口统计范围扩展的结果,而不是区域间人口、资金和资源等城市化要素变动的结果。

第三,政府对区域发展的干预主要基于行政上平衡区域发展布局的需要,并未考虑区域产出效益,特别是区域的经济基础和经济发展潜力,使某些区域经济发展与城市化水平倒置。

2.均衡与非均衡区域发展政策的比较及中国城市化战略的选择

新中国成立以后,中国的区域发展政策发生过两次战略性的转变,第一次是新中国成立初期,随着社会主义计划经济体制的建立,在区域发展政策上,把经济建设的重点由东部沿海地区转向了内陆地区。这次转变一直延续到1978年。第二次是从1979年开始,把经济发展的重点重新从内陆转向沿海,以便充分利用沿海地区的区位优势,提高经济的整体效益。这一转变目前仍在继续。通过这两次转移的对比分析,我们可得出以下结论:

第一,传统区域平衡发展政策的后果是以低效换取区域平衡。区域发展政策的转变,使区域发展的结构发生了变化,也使城市化的区域结构发生变化。区域经济发展政策变化的核心是投资方向的变化,这种变化会同时影响两个过程:工业化过程和城市化过程。在实施均衡的区域发展政策时期,历年的国民收入都从高产出省区流入低产出省区,虽然缩小了沿海与内地的差距,却以经济的低效和工业化、城市化的缓慢和停滞为代价。导致这一现象的根本在于区域发展政策违背了客观规律,超越了时空条件,人为地寻求空间平衡。具体表现在:其一,过早地夺去了沿海地区作为发展极的极化增长的机会并缩短了其积累循环的时间,使全国经济和城市发展的“生长点”受到损伤,既阻碍了沿海地区的发展,也未能根本改变内陆地区的落后局面;其二,在未具备现代工业生长的地区,硬性“植入”现代工业,强化了该地区的二元结构,也难以促进当地工业化和城市化的协调发展。

第二,改革开放以后,国家区域发展政策发生战略性转变。其一,国家投资重点转向沿海地区;其二,在沿海地区首先实行对外开放。这一转变是在复杂的社会、经济背景下进行的:一是公有制、计划体制和优先发展重工业所形成的工业格局;二是传统的工业平衡布局目标经过二十余年的努力已经基本实现,尽管是以扭曲和低效的方式实现的。但是在短短的十几年中,非平衡区域发展已显示出成效。

第三,为了比较出实施非均衡政策对不同区域的影响,进行了东、中、西三个区域城市效益的比较。共选用了6个指标,分别为:城市人均第二、三产业产值,城市建成区单位面积的第二、三产业产值,市区第三产业产值与市区自然科学技术人员之比,市区工业百元资金提供的利税,市区万元GDP耗电量、耗水量。比较的结果,东、西和中部地区分别得分为:99.35、61.19和50.74。

3.非平衡、倾斜式经济和城市化空间发展战略的可行性讨论

这一战略受西方城市发展理论中的“收束假说”和“增长极”理论启发,以中国现有的城市化发展的空间差异为出发点。具体设想为:由东部沿海发达地区向中、西部内陆地区推进、扩散的战略,以带动中、西部地区经济和城市化的发展。所谓“T”字形地带,包括东部沿海地区,即经济最发达的“黄金海岸”和长江这条得天独厚、条件优越的“黄金水道”。推进战略采用东西轴向的推进式。通过对中国城市发展的区域基础、空间差异及优势地带的多因

素分析,认为这一空间发展战略的提出不仅是必要的,而且是可行的。它的有效实施,必定能带动全国经济的发展和城市化的进程。

(二)改革开放以来省份城市化进程的比较

省份城市化发展的差异受多种因素的影响,而城市化与经济发展的协调程度是显示这种差异的主要依据。因此,课题在省区层次的比较中,首先比较了区域的城市化水平与经济发展水平,城市化速度与经济发展速度之间的关系;而后,比较城市人口的增长与城市居民生活质量提高之间的联系。通过比较,得出以下结论:

(1)通过对城市化的地区差异及城市化水平与经济发展水平的相关分析,可将全国30个省份按二者协调与否划分为五类,分别对它们的特点、表现形式、形成原因及未来发展趋势做了分析,认为各地城市化水平的差异主要来源于经济发展水平上的差异。而相对于经济发展水平过高或过低的城市化都不利于经济和社会长期稳定的发展。应该尊重客观的发展规律,因地制宜地推进各地城市化进程。

(2)通过建立人口—经济增长动态模型和城市—经济增长弹性模型,揭示了各地城市化发展速度与经济发展速度之间的协调程度以及所显示的矛盾是极不相同的,可分为三类:

第一类:浙江、福建、云南、贵州、内蒙古、新疆、吉林等7省份城市化速度落后于经济增长速度;

第二类:青海、四川、湖南、湖北、江西、河南、河北、黑龙江等8个省份城市化速度超前于经济增长;

第三类:广东、广西、山东、江苏、安徽、山西、陕西、宁夏、甘肃、辽宁、北京、天津、上海等13个省份的城市化速度与经济发展速度基本协调。

分析中还发现,尽管一些落后地区的城市化发展速度落后于先进地区,但其城市化发展速度同本地区人口—经济增长的速度相比,仍显得过快。加快这些省份的城市化发展速度是必要的,但应以加快人口—经济增长速度为前提。

(3)通过分省计算的9类11项反映城市生活质量指标平均值的比较,发现各地城市人口增长与城市居民生活质量变动存在很大的差异。例如,黑龙江、吉林、山东、陕西等省份,城市效率较高,城市人口比重较高,城市化与经济增长比较协调,但城市居民的生活质量却明显滞后;而青海、广西、湖南、江西、宁夏等省份的城市居民生活质量比较高,城市效率也较高,但城市化水平较低。前者应该注重城市生活环境的改善;后者应加快城市化的步伐。

(三)不同类型区域的城市化考察

对中国不同类型区域的城市化可以从两个角度进行考察:一是从时间序列,即把城市化看作一个由低级向高级发展的过程,考察处于不同阶段的各类区域的城市化。二是从空间上进行考察。由于区域条件对城市发展的影响极大,区位条件不同的地区,城市化就会有不同的特点。我们主要考虑区位的特点和差异,尽可能与发展阶段结合起来。选择7个典型地区所进行的研究,是期望通过尽可能少的案例,发现和比较尽可能多的类型,使人们在对省区一级城市化了解的基础上,对中国各类地区和城市的发展有更具体的了解,为分类指导和多元发展提供依据。

(1)上海和天津可同视为特大城市地区,但特点是不同的

上海是沿海对外开放特大城市的城区和郊区的研究典型,它的特点在于,80年代以来,中心城区人口已出现迁移负增长,人口主要迁入郊区和郊县,由此表明,上海正在经历大城

市集中化向郊区化的转变。这可视为中国城市化发展的一个新动向。

天津静海作为特大城市外围的农村地区,虽然非农化已达到较高水平,但未显示出城市化发展的强烈势头。主要制约因素是:乡镇企业规模小、布局分散;聚集地人口规模小、设施落后和接受大城市的辐射力小等。预计近期像静海这样的大城市外围区很难完成非农化向城市化的转变,还需要多方的努力。

(2)广东珠江三角洲地区、江苏的无锡县和浙江的温州市都是沿海对外开放地区,也是近几年城市化发展比较迅速的地区,但也有各自的特点

珠江三角洲作为强外向型经济的典型,整个地区的城市化发展都在显示一些前所未有的特点,例如:人口流动大,人户分离现象严重,市镇数目急剧增加,城市化区域性扩散强烈,对全国的发展有一定的超前示范作用。

对无锡研究的意义在于:苏南的经济发展模式已在国内外产生很大影响,我们所关心的是,这一以乡镇企业发展带动区域经济发展的模式对城市化进程的意义何在。它的主要特点还在于这是一种自下而上的、有序的、有较强的经济发展实力依托的现代意义上的城市化。

与无锡同属自下而上推进城市化的温州地区,其特点在于非农化的个体经济迅速发展,自发冲破了计划经济体制的束缚,而政府则因势利导,给个体经济以宽松的政策,从而推进了从乡镇到城市的快速城市化。

(3)辽宁抚顺市是矿产资源开发推动城市发展的重工业城市地区,近年来遇到资源开采下降而导致城市发展受阻的挑战,正经历着经济结构的转变。而陕西洛川县是尚未开放的内陆农业地区的典型,正处于城市化的准备阶段。这两个地区不仅体现了传统经济发展战略和城市化发展战略影响的痕迹,也突出了中国典型的二元经济特征。它们都面临着调整和转化问题,在全国的许多地区也颇具典型性。

三、新的尝试与发展

(一)关于隐性城市化

隐性城市化概念是 1992 年首次提出,之所以提出这个概念是由于在城市化的区域比较研究中,发现已有的概念已无法概括和说明中国城市化的一些独特现象,它的提出,有其深刻的统计背景、现实背景和研究需要。为了深入研究这一问题,我们设置了"隐性城市化区域比较研究"的子课题,由各协作单位在全国六大片的各一个省的一个县(市)进行了专题调查。主要涉及这样几个方面:

1.隐性城市化的概念

首先,隐性城市化是与"显性城市化"相对而言的。显性城市化是中国官方统计已反映的那部分城市化人口,而隐性城市化是中国政府的人口统计没有反映的那部分城市化人口。主要指乡村区域那种已经实现了产业转移,而一时还无法实现地域转移,但从其生活方式和居住形态上看已具有某些城镇特征的人口状态。其次,隐性城市化的概念不同于非农化,因为非农化缺乏聚集性的要求,也不同于一般城市化的概念,它只是城市化的一种潜能或潜流,与某些发展中国家的"半城市化"有几分类似。

2.隐性城市化的形成机理

隐性城市化的产生在中国有深刻的社会经济背景。首先,限制城乡人口流动的政策使大量农业剩余劳动力产生,并"禁锢"在乡村,使他们成为可能的隐性城市化人口。其次,"就

地转移"的农村工业化道路,使农民成为非农劳动力,并相对集中于非农产业,但受种种行政限制,还无法自由迁移到城市,而成为事实的"隐性城市化人口"。

3.隐性城市化的区域差异及其利弊分析

全国各地的隐性城市化差异很大,从地区来看,东部高于中部,中部又高于西部。主要集中在长江三角洲、珠江三角洲和环渤海地区。经济发展水平是影响隐性城市化的最主要原因。由于隐性城市化水平、显性城市化水平和经济发展水平之间存在着密切的相关性,我们按三者的适应程度将区域差异分为五类:

第一类为三者均处于适中状态,关系协调的区域。它们是湖北、湖南、江西、海南、陕西、甘肃、四川、贵州8个省份,主要在内地。

第二类是隐性城市化水平相对于经济发展水平明显偏离,而显性城市化水平相对于经济发展水平明显偏低。它们是江苏、浙江、广东、山东、河北、福建、河南、安徽8个省份,多处于东部沿海地区。

第三类是隐性城市化水平相对于经济发展水平明显偏低,显性城市化水平相对于经济发展水平明显偏高。它们是宁夏、新疆、吉林、黑龙江、青海、北京、辽宁、内蒙古8个省份,主要分布在东北和西北地区。

第四类地区有天津市和山西省,隐性和显性城市化水平相对于经济发展水平均高。

第五类为显性和隐性城市化水平相对于经济发展水平均偏低,包括西藏、云南、广西3个省份和上海市。

隐性城市化现象在全国的普遍存在有其有利的一面,也有其不利的一面。而这种利弊在不同区域的表现也有差异。有利之处在于:第一,就地吸收了大量的农业剩余劳动力,减轻了农业劳动力的转移对城市的压力;第二,提高了农民的收入,促进了农村产业结构的调整;第三,促进了经济的高速增长和农村的现代化进程;第四,促进了小城镇快速发展。不利之处在于:第一,农村工业分散化和乡土化带来的非规模化经济;第二是农村生态环境恶化;第三是小城镇发展无序;第四是农业兼业化和副业化,不利于农业的规模经营和现代化。

4.隐性城市化的前景展望

隐性城市化是中国特有的二元社会经济条件下的一种必然现象,其形成受多种因素影响,在向市场经济转轨的过程中,这些因素虽有所变化,但在今后一段时间内还将发生作用。原因在于:其一,中国仍面临大量劳动力需要转移,又不可能马上全部转入城市的现实,"就地转移"仍是中国非农化的主要模式。其二,今后中国城市和乡村劳动力仍处于供大于求的状况,寄希望于城乡劳动力需求扩大,供给减少来达到隐性城市化向显性城市化的转变在近期内是不可能的。其三,目前只有中国东部沿海的少数省区的隐性城市化达到较高水平,大多数地区的隐性城市化水平还很低,预计还会有一个较快的发展。总之,从发展趋势看,隐性城市人口短期内不仅不会减少,还会在规模和区域上有所扩大。尽管如此,它也只是城市化的一种过渡形式,由隐性走向显性是城市化发展的必然。

(二)确定比较研究方法上的尝试

比较的方法在科学研究中被广泛使用,但是并非任意对两个事物比较都具有意义。可比性原则是比较研究的关键,对"现阶段中国城市化区域发展的比较研究"课题也不例外。针对研究的重点,我们在以下问题的研究中尝试了较新的方法:

1.关于城市化可比标准问题

由于中国现行人口统计中没有"城镇人口"这个统计项目,只有"市镇人口"和"市镇非农业人口"。用这两项指标衡量城市化水平,前者过高,后者又太低。为了能够客观地进行区域间的比较,我们用"直接调整法"调整了现行的两种口径的城镇人口统计数据,并用"特征比度量法"计算了不同区域以非农化特征为依据的城市化率,克服了城市化可比人口标准这一老大难问题。

2.城市化与经济发展协调性的比较研究,是项目的主要内容之一,在定量与定性的方法上都具有一定的难度

对城市化水平与经济发展水平协调性的衡量,我们采取了用各省城市化水平与主要经济指标回归方程的拟合曲线作为衡量的基线,满足了比较的需要。城市化速度与经济发展速度协调性的区域比较,设计了一个城镇人口—经济增长动态模型,用城镇人口弹性、城镇结构弹性、城镇化收入弹性、城镇化收入减损弹性等指标进行比较,也解决了多变量比较的困难。

3.关于"城市人口增长与城市居民生活质量变动的省区比较"难度较大

我们选用了9类11项指标值构成城市居民生活质量的指标体系,并分省算得综合指标值和全国的平均值,从而衡量出不同省区之间的差距,作为分析的基础。关于隐性城市化研究,则采取了入户调查,填写问卷的方法收集资料,并用定量的方法进行了度量和类比。

总之,本课题的研究比较系统地提供了以省区为单位的城市化比较研究资料;在前人零散研究的基础上比较深入地总结了多种区域类型的城市化和非农化的典型模式;就城市化区域发展的若干问题在实证研究的基础上做了一些理论上的提炼;同时也在比较研究的方法上进行了一些探索,很多内容带有尝试的性质。

本文根据"现阶段中国城市化区域发展的比较研究"课题总报告整理而成。

载中国社会科学院人口研究所中国人口年鉴编辑部编:《中国人口年鉴(1995)》,经济管理出版社,1995年,第342—347页。

城市化道路的回顾与反思

新中国成立以来,我国的城市化经历了一个曲折的过程。50 年代初,在一个小农经济如汪洋大海的国家里开始了大规模的工业建设和相应的城市建设,出现了工业化和城市化比翼双飞的局面。然而,好景不长,由于工业建设需要资金,走优先发展重工业的工业化道路更需要资金,在当时的条件下,农业剩余成了支持城市工业和其他建设事业的主要资金积累来源。我国的农业是脆弱的,取之过多,伤了农业的元气,反过来又阻碍了城市工业和其他事业的发展。经过两个五年计划,城乡陷入了两难的境地:从农村方面来说,人多地少,拿走了本来就不多的农业剩余,使农业不仅难以扩大再生产,无力为城市提供更多的粮食、原料和其它农副产品,而且越来越多的农业劳动力成了隐蔽的过剩人口,他们急需从农业中转移出去,另谋出路。从城市方面来说,工业资金短缺,加上日渐强化的计划体制窒息了市场,使经济丧失了活力,劳动就业的门路越来越窄,城市连安排自身自然增长的劳动力都捉襟见肘,再要吸纳农村剩余劳动力也就变得难上加难了。因此,在六七十年代,城市化不但没有进展,反而有所倒退。直到改革的春风吹醒了市场,城市化机制复生,被阻断多年的城市化进程才重新迈开了步伐。

当然,计划经济体制的烙印是不可能一下子消除的,城市的行政、经济和社会管理体制至今也还没有完全理顺,城市化的掣肘因素仍然不少。倒是农村,由于生产关系比较单纯,利用改革所带来的相对宽松的政策环境,自发地开辟了一条就地非农化之路。在这种曲折的发展过程中,城市化的一般规律在表现形式和人们的认识上发生了扭曲。

城市化表现形式的扭曲主要表现为"显性"城市化与"隐性"城市化的并存。

这里所说的"显性"城市化,是指由统计的城镇人口占总人口比重来反映的通常意义的城市化。这个指标应该是按居住地性质来划分城镇统计区,计算其人口数,作为城镇人口的标准。我国 1955 年首次规定的城乡划分标准大体上符合这一要求。后来因国民经济遭到波折,中央于 1963 年发布了关于调整市镇建制、缩小城市郊区的指标,把城市人口的统计口径定为市区和郊区的非农业人口。这样,原来以居住地性质为基础的统计就变成了以户口性质为基本依据的统计,直到现在仍保留着这一统计口径。这一改变在一定程度上缩小了实际的城镇人口数,降低了"显性"城市化水平。然而,尽管统计上这部分人口剔除了城镇范围内的农业人口,但这部分人口并不因此而消失,而且改革开放以后,原有的和新进入农业人口中的绝大多数迅速转化成了事实上的非农业人口,只是统计资料中依然得不到反映而已。这就导致了各地普遍存在的城市化水平的"隐性"化现象。这种现象在国有大中型企业配置少而乡镇企业发展快的地区,尤其是东南部沿海地区,表现得格外强烈,浙江就是一个突出的例子。笔者曾经用 1994 年的统计数字做过一项全国各省份可比的城市化水平与人均GDP之间的相关分析,得到全国和各省份城市化水平的理论值。结果表明,浙江城市化水平的实际值比理论值低13.78个百分点,是全国实际值低于理论值的省份中偏低最多,即"隐性"现象最突出的一个省份。这无疑是政府鼓励农业人口就地非农化,没有在为农村非农产业及其人口逐步向城镇实现空间转移创造条件的结果。城市化水平的实际值过多地偏离理论值(不论是偏高还是偏低),决不是一种正常现象,终究会对经济和社会的协调发展产生消极的影响。

至于人们认识上的扭曲,主要表现在两个方面:一是主张城乡一体化;二是主张城市规模限大扶小。

城乡一体化的提法初见于80年代中前期,开始出自苏南地区。其原意是以城市为龙头的工业化和城市化,在计划经济年代的中后期堵塞了农村劳动力转移的通路,人们通过兴办乡镇企业振兴农村经济的实践,尝到了乡镇企业的蓬勃发展促使农村生产和生活方式与城镇趋于一致的甜头,因而认为城乡可以一体,城乡一体化可以成为我国的城市化范式。不错,在城市吸纳不了农业剩余劳动力而乡镇企业率先垂范的地方,这种提法有现实的基础。但是,这种状况是在城市经济体制不顺,二、三产业正常发展受到抑制的情况下出现的。随着改革的不断深入,城镇活力陆续释放,终究要成为工业和服务业的主要归宿。因为大大小小的城镇具有农村所不具备的产销经营条件和科教、文卫、政法等的社会服务条件。历史的轨迹和当代国际统计资料表明,一个国家的城市化顶极水平大致在75%~80%的范围之内,如果由乡村分散地消化占GDP90%以上的二、三产业和大部分人口,并且能收到令人满意的经济、社会和生态效益,那么世界上许多国家还有什么必要存在容纳了七八成人口的庞大的城镇体系呢?

城乡一体化的观点,还容易与超越时代的幻想联系起来。持这种观点的人,根据发达国家向后工业化时期转变时有一种所谓逆城市化的现象,似乎觉得通过城乡一体化可以毕城市化与逆城市化之功于一役。这里,对逆城市化有一种误解。实际上发达国家的"逆城市化"是中心城市富裕阶层居住地的郊区化,而不是城市人口的重新乡村化。

可见,城乡一体化的主张不是城市化理论的逻辑发展,而是我国现阶段特有经济和社会现象的一种注解,终将汇入城市化的主流之中。当然,我们并不一般地否定"城乡一体化"这个词,在其他场合,比如在区域规划中统一考虑城乡基础设施的建设时使用这个词,那就另当别论了。

"限大扶小"的主张反映在80年代推行的城市建设方针和后来颁布的城市规划法的条文中。提出这一主张的缘由要回溯到三年困难时期。当时城建资金匮乏,基础设施和生活设施的欠账越积越多,加上粮食和副食品供应紧张,要维持城市尤其是大城市的正常运转困难重重,于是产生了城市太大了不好,还是以小城市为宜的想法。这一想法就是70年代中后期宣传控制大城市、发展小城市的依据。经过几年的酝酿,于1980年公布了"严格控制大城市规模,合理发展中等城市,积极发展小城市"的方针。1980年已经结束了十年内乱,进入了改革初期,但因经受了"十年浩劫"之后,百废俱兴,城市建设仍然面临许多困难,因而在方针上继续限大扶小是合乎逻辑的结果。问题是到了推行改革开放政策已经11年的1989年,上述方针稍作修改后还是写进了《中华人民共和国城市规划法》。该法第四条规定:"国家实行严格控制大城市规模,合理发展中等城市和小城市的方针,促进生产力和人口合理布局。"这说明,80年代末尽管城市经济与改革开放以前相比有了很大的增长,但面对当时总需求超过总供给的过热经济环境,政府采取了调整和整顿经济,压缩基建投资规模,清退部分进城民工的措施,终使职能部门和立法机构人员难以消除对大城市的规模膨胀的戒备心理。

笔者认为,上述城市发展的方针性规定并不符合城市发展的规律。我们可以从三方面来看:首先,它得不到事实的支持。在计划经济年代,大城市说控制,控制不住;小城市说发展,发展不了。道理很简单,以行政手段管理经济的体制,一般说来,政区层次越高,其首府对建设项目的吸引力越强,城市越容易膨胀;反之则相反。转向社会主义市场经济体制之后,各级城市都迎来了自己的发展机遇,而且都有发展潜力,即使像京、津、沪这样的超级城市,也以不可阻遏之势日益壮大。其次,它得不到人口国情的支持。我国有 12 亿人口,未来的峰值数还将达到 15 亿~16 亿,没有各级城市的整体发展,如何容纳将来占全国人口75%~80%的城镇人口? 其三,它得不到城市等级规模分布规律的支持。任何现代国家(只要不是单一城市国家及"袖珍"国家)城镇都是一个完整体系,并且在规模结构上大致服从帕雷托(Pareto)分布。如果硬要限制某一级,扶持另一级,就会受到客观规律的惩罚,付出沉重的代价。

由此可见,计划经济时期的工业化道路以及相应的经济、社会管理模式,不仅阻碍了城市化的发展进程,破坏了城市化与工业化的协进关系,而且还给人们的思维方式造成了定势,不容易及时纠正那些不正确的认识或不合理的做法。时至今日,我们应该凭着实事求是的思想路线,去认识城市化规律,遵循城市化规律,引导城市化正常发展。

城市化是一种世界性的历史现象。它以近代产业革命为契机,推动劳动力和人口的产业转移与空间转移,在改革经济结构的同时,改变着人类的住区与社会结构,最后使绝大多数人脱离农业,大多数人从农村转入城镇。全体城镇组成一个动态系统,经过大城市的超前发展和系统自组织对城镇规模等级、功能分工以及空间配置的不断调整,使整个系统趋向相对平衡与稳定,并且与余留的农村保持经济和社会活动的衔接。这是一个不以人们意志为转移的历史过程,中国当然不会例外。我们一方面固然要看到我国城市化的现阶段还存在着一些体制障碍,以及由基本国情带来的一些实际困难;另一方面也要看到,作为一种历史规律,不管在前进道路上有多少曲折,它总是要按照固有的法则向着一定的目标逼近。正因为这样,为城市化的有序发展创造良好政策环境,就显得十分必要了。

当前在政策上要考虑的,主要有两个方面:

第一,要给城镇体系的整体发展解除束缚。过去对城镇的发展干预过多,突出地表现在限大扶小上,它干扰了城镇系统的自组织作用,国家为此付出了无形的代价。现在,小城市这一头政策上的偏好已基本消除,遗留的偏颇主要是大城市,它们的发展至少在法律上还没有松绑。实际上大城市的超前发展规律,它们的高效率,以及眼前它们的经济社会发展势头,都证明了在现阶段的中国"严格控制大城市规模"这项方针依据的不充分性。我们不能因为它具有法律效力而默认下去,政府职能部门和立法机关有必要重新考虑这个问题。

第二,要创造条件让乡村工业资本进入城镇。乡村工业化与隐性城市化现象是我国特殊历史条件下的产物,在发展农村经济,扩大农村就业,改善农民生活,促进社会安定等方面发挥了重大的作用。但是,不能因此而把它看作是中国城市化的唯一正确的道路。我们知道,今天的乡村工业大部分都不是就地取材、就地消费的加工业,它同许多城市工业一样,需要有利的区位和外部经济,仅仅这一点就足以说明分散的乡村工业化模式和城乡一体化设想不应成为未来发展的追求目标。政府有必要在投资政策、土地政策、就业政策、人口迁移政策等方面为乡村工业资本进城创造良好的条件。

　　正确地反映城市化规律,妥善地调节城市化过程中的若干政策,促进经济和社会的现代化与可持续发展,就是本文讨论这个问题的基本出发点。

载《浙江通讯》1997 年第 5 期,第 10—12 页

尊重规律,因势利导,推进长江三角洲经济区南翼的城市化

以上海为中心的长三角洲经济区是全国经济最发达的地区之一,城市化水平高于全国平均水平。但是,在全区范围之内,除了中心区上海市之外,浙东北6个地级市(即杭、嘉、湖、宁、绍、舟,以下简称南翼)与苏中南7个地级市(即苏、锡、常、宁(南京)、镇、扬、通(南通),以下简称北翼)的经济和城市化发展水平存在着明显的差异,南翼落在北翼的后面。主要表现在南翼经济和人口集聚程度偏低,城市规模普遍偏小。南翼6市市区平均非农业人口规模为42.5万人,北翼7市市区平均则为83.7万人,南翼只相当于北翼的1/2强。两翼县级市规模对比也属类似情况。与集聚规模偏小相联系,南翼6市市区人均工业总产值为1.56万元,北翼7市市区平均则为2.13万元,前者为后者的73.2%。[①]

这种差别的形成,有其历史原因、地理原因,也有新中国成立以来政策上的原因。上世纪40年代上海开埠,随后暴发性地成长为东亚最大的城市之一。由于城市的快速发展,1927年从江苏省的上海、宝山、嘉定诸县之地析置上海市,1930年后一直定格为直辖市(1958年又把苏南9县划归上海市管辖)。因此,江苏与上海之间存在着地缘人缘上的历史渊源,成为上海经济辐射最直接的腹地,自然是顺理成章的事,从而有效地刺激了苏中南地区早期民族工业以较快速度的发展。30年代中前期,在全国纺织工业最发达的6个城市的华商纱锭中,除了上海遥遥领先之外,无锡和南通与武汉、天津并驾齐驱,远远超过青岛。1933年,全国除东北以外的12个重要城市的净产值中,无锡仅次于上海、广州而居于第3位。[②] 与此同时,上海经济的吸引也使苏中南地区人口源源流入上海。据1950年1月上海市人口籍贯统计,外省籍人口占全市人口的85%,其中江苏籍的就有48.06%。[③] 在上海设市的同年,南京也设立了市的建制,并且在1930年后保持了22年的直辖市地位,使上海与南京成为沪宁杭三角地带最重要的两个极。铁路、运河、长江水道以及国道省道公路把两极间的城市紧密地联结在一起,构成北翼工业和城市发展的强有力的杠杆。

南翼虽然也与上海毗邻,但没有行政隶属变动的关系;作为三极中一极的杭州与沪、宁同年设市,但一直居于省辖市地位;至于与上海的交通联系,虽然也有铁路、内河航道与公路,但交通发展的节拍始终滞后于北翼,直到现在修建高速公路仍然如此:杭州湾没有像长江黄金水道那样的通航价值,只有沪甬间海运作了局部弥补。因此,南翼虽然也因邻近上海而得工业和城市发展风气之先,但与北翼相比始终略逊一筹。这一点在工业基础与流向上

① 根据1994年《中国城市统计年鉴》计算。
② 严中平:《中国近代经济史统计资料选辑》,科学出版社,1955年,第106、109页。
③ 胡焕庸、张善余:《中国人口地理(下册)》,华东师范大学出版社,1986年,第114页。

海的人口中也可以看出。以旧有工业基础而论，南翼基础较好的杭州与宁波不及北翼的南京与无锡等城市。以流入上海的人口而论，按上述 1950 年上海人口籍贯统计数字，浙江籍的上海人占全市人口的 25.78％，居各省籍人口的第 2 位，但比江苏籍人口要低 22.28 个百分点。

新中国成立以后，南北两翼初期同受国防形势的制约，工业重点投资极少；后来随着计划经济体制的僵化，工业化和城市化同处于停滞状态。但是，有两个因素苏南比浙北有利：一是在城市工业生产受到"文革"破坏的情况下，苏南农村利用集体积累较为厚实，以及上海和当地闲置的技术力量较多的人缘地缘优势，率先兴起乡镇工业。到"文革"后城市复苏时，城市规模效应重新发挥作用，城乡两股力量合流，把工业化和城市化迅速推向前进，起步比浙北要快。二是江苏基本是个平原省，产粮区大，全省对苏南商品粮依赖程度低，政策上发展二、三产业的自由度较大。浙北杭嘉湖地区则不同，是浙江商品粮重点产区，在长时期内，指导思想上把发展经济的重点放在农业上，这也是浙北工业化与城市化步伐慢于苏南的一个重要原因。

对比南北两翼的发展条件，有的条件为人力所不及，有的条件则是可以改变、转化甚至创造的，关键在于审时度势，把握机遇，科学决策，推动南翼工业化、城市化的快速和健康发展。基于这样的认识，现阶段有必要采取以下几个方面的措施：

第一，深化改革，加快制度创新，减少发展阻力。城市化本质上是二、三产业与人口在整个城镇体系中不同规模城镇的集聚过程。在这一过程中，资金、物质资源与劳力主要流向城镇，使资源得到最有效的配置。应当承认，现阶段这一过程还不是很顺畅，农村资本与人口要作真正意义的城市化性质的转移，还受到若干制度性的限制，其中最突出的是城市土地使用制度、户籍管理制度以及投融资体制的阻碍。因此，必须根据发展的需要，以改革的精神加快制度创新，使阻力转化为动力。

第二，顺应规律，区位导向，合理集聚。在浙东北地区，乡镇企业经过 20 年的发展，已经成为一支十分重要的经济力量。然而，由于乡镇企业面广量大，高度分散，多数存在着规模不经济、外部不经济和污染环境、付出生态代价的隐痛，需要通过扩大规模、适当集聚去提高经济效益和生态效益。在市场经济条件下，一部分有实力的乡镇企业和有远见的乡镇企业家正在接受区位导向，开始把企业选址瞄准城镇，这是空间经济发展的一种规律性表现，应因势利导。目前，需要在两个方面同时创造条件：一方面要通过改革和制度创新，用宽松的政策引路；另一方面，要淡化行政本位观念，特别是乡镇一级，要避免用行政力量去阻止企业向城镇集聚，要看到乡村终究不是工业空间布局的主要归宿。

第三，加强交通建设，改善投资环境。南翼与北翼相比，一个明显的弱点是区域性交通设施比较薄弱。在杭嘉湖小三角地带的中腹，水网密布而公路网密度较低，直接影响这个区域的内外经济交流与城镇发展，加大公路建设的投入是"填平"这个区域城市化"凹陷"的必要条件。在宁绍地区，与上海的联系除了绕道杭州湾之外，没有径直跨越杭州湾的通道，失去了这个地区至上海、嘉兴一带的二三小时交通圈，有必要建设跨杭州湾的交通干线；同时，宁波港作为深水良港，腹地小，集疏运系统也不够强大。亟需向西拓展至金衢盆地接浙赣铁路和杭金衢高速公路的铁路和公路快速通道，既改善港口集疏运条件，又扩大港口的腹地范围。弥补这些交通设施缺陷，将会显著改善三角洲南翼的投资环境，加快工业化和城市化进程。

第四，接轨浦东开发，接受上海辐射。开发浦东是振兴上海经济的一个契机，通过浦东开发,将兴起一批现代产业,不断丰富和充实这个大都市的现代功能。城市现代化在经济上的重要标志是产业结构高度化。上海通过深化改革,扩大开放,浦东开发,将使产业结构加速提升。在这一过程中,三角洲两翼将受到上海越来越强烈的辐射和吸引,其中包含着许多商机。利用上海的辐射和吸引,捕捉各种机遇,是南翼加速经济发展与城市化进程的不可忽视的因素。

第五,放开城市手脚,发挥城市优势。城镇是一个体系,在一定的区域背景下形成一定的规模结构、功能结构和地域结构,它们受到区域自然环境、经济地理位置、人口密度、经济水平以及市场因子、运费因子、集聚与分散因子等的制衡,是不以人们意志为转移的。只有尊重规律,放开各级城市和集镇的手脚,才能使城市体系得到有序的发展。长江三角洲两翼的所有城市,都在上海的辐射与吸引范围之内,但是作为南翼大城市、浙江首府的杭州,本身是省内的主要中心,有一大部分功能对全省或局部地区产生辐射和吸引作用,从而带动省区经济的发展。因此,必须克服城市发展方针中对大城市的偏见,从南翼来说,应当让杭州、宁波这样一类成长潜力明显的城市,按照各自的区位优势和经济能量去发展,直到整个城市体系充分发育,城市间比较利益达到相对均衡为止。

载《杭州师范学院学报》1999 年第 5 期,第 6—8 页

城市化与人口现代化

（一）

在谈论城市化与人口现代化这个主题之前,首先应理清人口现代化这一概念。

"人口现代化"一词自刘铮在《人口现代化与优先发展教育》一文中首先提出后[1],人口学界还没有公认的定义,概念还比较含糊。我认为,人口现代化可以有狭义的和广义的理解。狭义的理解是从人口统计学意义上的理解,即人口再生产从传统型向现代型转变,并稳定在合理的低生育率水平的过程。广义的理解可以包含三个层次:第一个层次,就是上述狭义理解的层次;第二个层次,是从社会发展意义上理解的层次,主要是人口素质、人口社会构成和人口生活质量达到发达国家的平均状态和水平的过程;第三个层次,是从可持续发展意义上理解的层次,即逐渐把人口总量控制在资源、环境能永续承受的范围之内的过程。

由于狭义理解的人口现代化与广义理解的人口现代化的第一个层次的涵义一致,因而人口转型和使低生育率稳定在合理水平上作为现阶段实现人口现代化的基本目标是适宜的。而且,这个层次的人口现代化正是计生工作者和人口研究工作者人口现代化视野内的核心,因此,从实际出发,姑且把本文涉及的人口现代化概念定格在这一层次上。明确了这一点,就可以开始讨论城市化在人口现代化中的作用及二者的相互关系问题。

（二）

城市化的动力是工业化,反过来又促进工业化和整个国民经济的发展。在高度工业化之前,城市化水平与人均国民生产总值(GNP)同是反映一国一地区经济发展水平的重要指标,对推动人口再生产类型从传统型向现代型转变,并在合理的低生育率水平上稳定下来来说,是一种基础变量,起着较强的助推器的作用。

根据美国人口咨询局 1997 年资料[2],全世界发达国家与发展中国家城市化水平与总和生育率的数字分别为:

---

①　刘铮:《人口现代化与优先发展教育》,载《人口研究》1992 年第 2 期。

②　美国人口咨询局编,中国人口信息研究中心编译:《1997 年世界人口数据表》。

	城市化水平(%)	总和生育率(%)
发达国家	74	1.6
发展中国家和地区(含中国)	36	3.4
发展中国家和地区(不含中国)	38	4.0

很明显,在城市化进程中城市化水平愈高,总和生育率愈低;反之则反。

我们把 1997 年资料中同时具备城市人口比重与总和生育率两项统计数字的 192 个国家和地区,以城市人口比重为自变量(x),以总和生育率为因变量(y),对它们进行回归分析,结果线性拟合方程为:

$$y = 6.0902 - 0.0470x$$
$$r = 0.364$$

尽管相关系数 r 的值不高,但是由于散点(国家和地区)多达 192 个,总和生育率与城市化水平的相关关系仍然是在 $\alpha = 0.01$ 水平上显著的。事实上总和生育率与城市化水平的关系要受到许多因素的干扰,诸如经济发展历史,经济发展道路,文化与宗教,政府的人口政策等 等因素都会对总和生育率、城市化及其相关关系发生干扰。我们试把依靠石油外汇在短期内实现高度城市化,而居民生育观念尚未转变、生育率并没有急剧下降的阿拉伯国家除开,同时把经济和城市化水平尚低,而依靠强有力的控制生育政策使生育率急速降低的中国剔除,结果线性拟合方程就成为:

$$y = 6.51 - 0.0597x$$
$$r = 0.555$$

这里,相关系数显著提高了,这说明,在常规的发展条件下,城市化水平提高对降低生育率的作用是积极的,人口转型与城市化进程是密切相关的。

上面是世界城市化与人口转型关系的一个时间断面的情况,再以新中国成立以来 50 年的历史纵剖面来看,城市化在人口转型中的基础变量作用也非常明显。除了 20 世纪 50 年代末至 60 年代初经济波动与出生率波动极不正常的年份略有变形外,总的发展进程是总和生育率曲线走势与城市化水平曲线走势呈剪刀形交叉,即城市化曲线逐渐上升,而总和生育率曲线逐渐下倾。这反映即使在中国这样一个城市化进程受到经济体制严重扭曲的国家,城市化在人口转型中的作用也是无法抹煞的。

(三)

城市化为什么会促使人口转型,从而推动人口现代化呢? 主要是以下三个方面的作用机理:

第一,城乡经济生活与社会生活存在着重大差异。具体表现在:(1)城乡就业条件不同。农村自耕农一般不存在就业和失业的麻烦,而城市劳动者大都要承受一定的就业风险,风险意识限制了城市居民多生子女的欲望。(2)城乡家庭对孩子的期望不同。一般来说,农村家庭对孩子的期望不高或没有明确的期望,对培养孩子投资不多。城市家庭则不然,他们对孩子的期望值比较高,在孩子身上投放的抚养和培养费用要大大高于农村,因而从经济上限制了城市居民多生孩子的欲望。(3)城乡孩子的价值不同。农村家庭劳动力接替存在着现实的需要,而且由于社会保障程度不高,养儿防老仍然是体现孩子价值的重要因素;而城市家庭一般不存在劳动力接替的问题,父母生活保障也较多地依靠社会保险,孩子在父母生活保障特别是养老保障方面的功能逐渐减弱,因而从社会保障上为城市居民少生孩子创造了条件。(4)城乡居民在生活消费上所追求的目标不同。农村居民较多的是物质生活需要层次上的追求,而城市居民有较高的精神消费的追求,因而从生活追求标准上限制了城市居民多生孩子的欲望。所有这些,都使城市居民并不热衷于追求孩子数量,而是注重孩子的质量。这种在现实生活中形成的价值观一旦成为社会观念,就会从总体上使城市化对加快人口转型和稳定低生育率作出贡献。

第二,城市化过程主要是第二、三次产业向城市集聚和乡村人口向城市迁移的过程。对迁移者来说,迁移过程乃生育观念被城市同化的过程。由于城乡经济生活和社会生活存在着重大差异,城乡居民对包括生育观在内的价值判断标准也有很大的不同,城市育龄人群对孩子的需求明显比农村要少。而城市化就人口空间过程来说主要是乡村人口向城市迁移,农村人口一旦迁入城市,无形中就会受到城市社会生活的熏陶,接受城市行为规范的约束,经过潜移默化,逐渐习惯于城市社会的价值标准,从原居住地带来的生育观念逐渐淡化,最后完全为城市居民的观念所同化。年龄愈轻,同化愈快,生育率低抑效应也愈显著。

第三,差别迁移无形中增强了城市化对生育率的低抑效应。迁移并不是在整个人口中随机发生或均匀发生的,而是与性别、年龄、婚姻状况、教育程度、职业性质和地位等有一定的关系,这就是所谓差别迁移或称迁移的选择性。就城市化性质的人口迁移对人口转型的影响而言,年龄选择性与教育程度选择性的影响最为显著。国内外研究都表明,青年时代正是外出求学或踏进社会求职的时期,为了在社会上立足,需要去努力开辟自己的生活。由于他们年轻,一般没有家庭牵挂,也没有名誉、地位、进退、得失的顾虑和包袱,因此迁移比较频繁。在教育程度方面,受教育年数较多,学历较高的人群,具有较大的迁移概率。根据1995年全国1‰人口抽样调查资料,我国乡村迁出人口以15~29岁的年龄段人口为多,平均教育程度高于未迁出人口。[①] 我们知道,年轻迁移者容易与城市的观念相融合;我们也知道,育龄妇女生育率与教育程度高低有密切关系,一般是生育率水平与教育程度呈负相关关系,即随着教育程度的提高生育率水平呈下降趋势。因此,迁移的选择性使得迁入城市的育龄人群本身就具有比较容易接受城市生育模式的年龄条件和教育程度条件。

(四)

既然生活在城市环境中的人们其生育观念更接近于人口现代化的要求,那么,城市化对彻底完成人口转型,稳定合理的低生育率成果,推进人口现代化,无疑是一种依托。同时,城市化过程中存在着城市文明加速扩散的规律性。随着城市化的发展,农村不仅越来越多、越来越快地接受着城市的物质文明,而且城市各种传播媒介以及文化、教育、科学技术的活动及其成果越来越多地介入农村居民的生活,使城市文明的扩散比城市人口比重提高的速度更快,波及更为广泛,意义更为深远,在一定程度上对农村的人口现代化也是一种催化作用。

---

① 该项资料的迁移统计对象包括常住户口迁移的人口和未迁移常住户口但离开户口所在地已6个月以上,在调查地作登记的人口。

　　这些规律性的表现告诉我们,城市化不仅为工业化提供了主要载体,是产业结构提升和经济社会现代化的必不可少的条件,对人口现代化也是极为重要的推动力量。随着经济发展和城市化水平的提高,城市化作为促成和稳定现代人口再生产类型基础变量的作用逐渐增强,实现人口现代化的作用机制正在发生深刻的变化。这种变化将给计划生育工作创造出日渐宽松的社会环境。遗憾的是,我国的城市化滞后于经济的发展,全国如此,浙江尤为突出。原因是计划经济时期遗留下来的有碍城市化的因素在改革开放 20 年后的今天尚未清除,制度上的障碍因素和认识上的障碍因素同时存在。目前亟待解决的是:第一,要为城市化的顺利推进作出制度创新,着力改革不适应甚至阻碍城市化潮流的迁移管理制度、就业制度、房屋产权和土地使用权制度以及投融资体制等。第二,城市化要走出几个误区,摆脱多年来误导城市化进程的以城市规模为依据的城市发展方针,以及农村城市化、城乡一体化等似是而非的提法,把城市化推上健康发展的轨道,使它在更有力地推动经济发展的同时,更有力地推动人口现代化的发展。

　　当然,城市化即使正常发展,从初期到高度城市化也有个过程。一般说来,当代像中国这样的发展中国家,从现有城市化水平到高度城市化水平,大约需要半个世纪的时间。目前,我国城市化水平还只有 30% 左右,浙江只不过 35% 上下,要达到 75%～80% 的城市化水平,还有相当长的一段路要走。因此,就现状而言,对城市化推动人口现代化进程的贡献,期望不能过高,要求不能过急,不能因为城市化对人口转型和稳定合理的低生育率起着基础变量作用,而漠视计划生育政策和计划生育工作的必要性和重要性。而且,还应当看到,通过计划生育工作加快人口转型有利于避免和消除像在部分发展中国家存在的那种城市人口增加而城市化水平停滞不前的现象,推动城市化进程的加速。

　　华裔美国社会学家田心源曾根据世界各国生育率转变的情况,将他们分成两类:一类是发展型转变的国家,说的是随着经济和社会的发展,生育率自然而然地发生由高到低的转变,这类国家主要是一些发达国家;另一类是诱导型转变的国家,主要是指那些提倡节制生育,进行节育服务而使生育率有所降低的国家。按照他的分类,中国在后一类国家之列。其实,所谓诱导型转变的国家,彼此在做法上有许多不同,其中最大的区别在于政府有否进行政策和指标干预。中国的低生育率成就是在政府的政策和指标的双重干预下取得的,所以,客观地说,还应加上一类干预型转变的国家,我国正是这一类型国家的代表。正因为如此,我国才成为在经济欠发达的情况下,仅仅花上 30 年左右的时间便基本完成了生育率转变的唯一人口大国。这一点,在世界人口统计数据中可以看得很清楚。按前面引用的 1997 年世界人口数据表的数字,城市化水平与我国相仿的 14 个国家的总和生育率为 5.12,而中国的总和生育率只有 1.8。[①] 所以,中国在人口转型中尽管经济发展和城市化水平的提高对生育率的降低起着不可忽视的作用,但通过计划生育工作贯彻政府对生育的强有力的干预,使总和生育率在短时期内迅速降低到更替水平以下,起到了杠杆的作用。

---

　　①　该资料中中国的城市人口比重为 29%,以中国的数字为中数,取城市化水平在 27%～31% 的国家,共 14 个。

（五）

通过以上分析，我们可以得出三点结论：

（1）城市化是降低生育率的一个重要基础变量，无形中对促进人口再生产类型转变，稳定合理的低生育率水平，从而实现人口现代化，起着助推器的作用，政府必须遵循社会主义市场经济的客观规律，转换城市化的运行机制，促进城市化的顺利发展，加速人口的现代化。

（2）城市化促进人口现代化的效果是稳定的、长效的，但作用是渐进的、温和的，在人们生育观念还没有普遍达到现代化程度的今天和今后相当长的一段时间里，计划生育工作仍然是人口转型和转型后继续维持低生育率成果的有效手段。

（3）人口现代化的作用机制将从干预机制逐步向诱导机制过渡，整个过渡时期将是两种机制作用此消彼涨的过程，要完全过渡到诱导机制起支配作用的程度，大约需要与达到高度城市化所需时间相仿的一个长时期。在此基础上，最后将逐渐进入主要由发展机制起主要作用的时期。

载《当代人口》2000 年第 1 期，第 8—11 页

"八五"期间浙江城市化发展评估

一、城市化水平是社会发展的一个重要标尺

城市化在整个工业化时期是与技术革命和经济增长紧密联系在一起的,城市化过程本身又对经济增长、技术进步和社会发展起着催化作用。因此,在后工业化时期到来之前,城市化水平在很大程度上具有综合反映经济和社会发展水平的功能。正因为如此,近几十年来国内外已经越来越多地用它来作为反映一国一地区经济和社会发展水平的一项指标,发展中国家尤其如此。

一般地说,衡量一个国家的城市化水平是否适度,往往要从世界各国城市化水平与经济发展水平的相关关系中作出判断。至于一个省,则要从全国同级单位城市化水平与经济发展水平之间的相关关系中作出判断,并通过城市化水平的排序去判别该省区城市化水平在全国的地位。

城市化水平通常是指城镇人口率,即城镇人口占总人口的比重。这是一个衡量城市化状况的最基本的数量指标,我们在评估浙江城市化状况时将首先对城市化水平进行全国排序。然而,在城市化水平提高的过程中,市镇经济活动是否具有较强活力,市镇居民生活质量是否达到相应水平,也是评估中需要关注的问题,为此,我们也将对城市效率与城市居民生活质量进行全国排序,以便较为全面地认识现阶段浙江城市化的状况。

为了从城市化的几个侧面对全国各省、自治区和直辖市(以下简称各省区)的数字进行统计分析和排序,先决条件是要有各省区最新的、连续的和可比的统计数据,特别是专就市镇进行统计的数据。目前,在这方面的条件还不很理想,给评估带来许多问题,需要采取变通的办法。关于这一点,将在有关部分的阐述中加以说明。

二、"八五"期间浙江城市化水平快速上升

(一)建制市镇数目有较大幅度增加

从 1990 年到 1995 年,全省建制市从 24 个增加到 34 个,其中地级市从 9 个增加到 10 个,增长 11%;县级市从 15 个增加到 24 个,增长 60%,建制镇从 751 个增加到 965 个,增长 28.5%。

(二)市镇平均规模增大

以 1990 年就已建制的市镇为标准,1995 年与 1990 年相比,原有地级市市区及县级市的非农业人口从平均每市 18.51 万人增加到了 20.94 万人,增长 15.37%;原有县所属镇非农业人口从平均每镇 4558 人上升到了 5675 人,增长 24.51%。由于 5 年中县级市和镇的

建制增加很快,新建制的市镇规模趋小。1995 年按全部市的非农业人口计算,平均每市只有 17.77 万人,比 1990 年的平均数还小 4%,显然受新建市非农业人口数量偏小的影响;镇的平均非农业人口则为 5182 人,略大于 1990 年的平均数,要不是因为计算 1990 年平均数只限于县辖镇,而 1995 年包含了市辖与县辖建制镇的缘故,1995 年镇的平均非农业人口数也全小于 1990 年。

(三)城市规模等级结构发生显著变化

按市区非农业人口计算,把全省城市分成 6 个等级,那么,5 年中的变化情况如表 1 所示。总的情况是中小城市增加较快,且中小城市有依次晋级的趋势。

表 1　1990—1995 年浙江城市规模等级结构变动

	<5 万人	5 万~10 万人	10 万~20 万人	20 万~50 万人	50 万~100 万人	>100 万人
1990 年(个)	0	10	9	3	1	1
(%)	0	41.7	37.5	12.5	4.2	4.2
1995 年(个)	1	13	13	5	1	1
(%)	2.9	38.2	38.2	14.7	2.9	2.9

(四)市镇非农业人口增长主要得之于人口机械增长

5 年中市镇非农业人口增加了 264.24 万人,增幅为 31.55%,年均增长率达 5.64%。同期市镇人口年均自然增长率为 0.6%~0.7%,自然增长人口仅占市镇非农业人口增长的很小一部分。可见,机械增长已在市镇非农业人口增长中占压倒优势。机械增长的方式主要是:市镇建制的增多,部分市镇辖区的扩大,市镇辖区内部分农业人口的非农转化,以及乡村人口的迁入。

(五)城市化水平正处在快速上升时期

按 1990 年人口普查和 1995 年 1‰人口抽样调查市镇人口的第二统计口径①,1990 年 7 月 1 日零时全省市镇人口比重为 31.17%,1995 年 10 月 1 日零时该项比重为 32.58%。在 5 年多时间里城市化水平只上升 1.41 个百分点,平均每年提高还不到 0.27 个百分点,显然与现实不符。究其原因,主要是 1990 年的普查数包含了部分设区市的大量乡村人口,导致统计的城市化水平偏高(这一点与邻省江苏相比显得格格不入),而 1995 年的抽样调查部分地消除了这种夸大,因而使两个年份的城市化水平相差很小。为了避免城市化水平时空不可比的矛盾,这里采用市镇非农业人口比重与第二、三产业从业人员占全部从业人员比重这两项数字的几何平均数作为城市化水平(理由将在下文说明),来观察"八五"前四年的变化,结果是从 1990 年 27.04%的基础上,1991—1994 年逐步上升为 27.22%、28.14%、29.88%和 31.07%,四年提高 4.03 个百分点,平均每年达 1 个百分点。这一速度是相当快的。

除了上述五个方面外,市镇暂住人口数量激增也是"八五"期间浙江城市化现象的一大特征。这部分人口已占城镇人口的相当份额,有的早已是事实上的城镇人口,只是目前还难以有准确的统计数字,暂时把它作为一种突出的现象在这里提出罢了。

---

① 市镇人口第二统计口径是:市人口——设区市所辖的区人口和不设区的市所辖的街道人口;镇人口——不设区的市所辖镇的居民委员会人口和县辖镇的居民委员会人口。

三、浙江城市化水平在全国处于中等地位

有比较才有鉴别,要对浙江城市化水平进行评估,有必要对各省区城市化水平作出排序。排序的先决条件是要有省区间可比的城市化水平数据,而我国缺少这样的现成数据,因此,首先必须解决测定全国城市化可比水平的标准。

(一)测定城市化可比水平的标准选择

表示城市化水平的城镇人口率这一指标,如果城乡划分标准合理,城镇人口统计口径划一,那么,研究工作中只要直接取用统计部门公布的数据即可。遗憾的是,我国从 1982 年以来一直没有"城镇人口"这项指标,只有市镇人口和市镇非农业人口两项。由于市镇人口是按市、镇行政区统计的,随着撤县建市、撤乡建镇的增多,近几年市镇人口中所含的乡村人口越来越多,以市镇人口占总人口比重代表城镇人口率,会严重地夸大城市化程度。与此相反,市镇非农业人口是按原有户口性质划分的,排除了市镇建成区及其周边地区实际上属于城镇人口的那部分人口,这又大大地缩小了城镇人口数和城镇人口率。一个夸大,一个缩小,都不能客观地反映城市化水平。有鉴于此,1990 年全国人口普查时设置了市镇人口统计的第二口径。这一措施使全国的市镇人口和城市化水平在很大程度上贴近了实际。然而,由于不同省份在设区城市的区的划分中,未掌握好区别城乡的统一尺度,市镇人口中所含乡村人口的比重出入很大,以至省份间城市化水平的可比性仍然存在问题。在这种情况下,学术界为了满足研究工作和决策咨询的需要,只好探索测定城市化可比水平的标准。

到目前为止,学术界提出的城市化水平可比标准不少,其中较有可操作性的如:(1)设定市镇非农业人口系数,以市镇非农业人口与市镇非农业人口系数的比值为实际城镇人口,去换算城市化水平[①]。这一方法简便易行,对全国来说,一般认为基本符合实际。但用同一系数处理各省份的数字之后,因为不同省份存在的隐性城市化程度不同,市镇内部包含的农业人口比重不同,市镇近郊的人口密度不同,仍然容易产生省份间特别是东、中、西三大地区省区间不尽可比的问题。(2)用市镇非农业人口占总人口比重与第二、三产业从业人员占全部从业人员比重两个数值的几何平均数作为城镇人口率[②]。这也是一种经验性的方法,但它数据易得,计算简便,与产业结构和城市化的本质联系紧密,省份间可比性较强,而且暗含了现阶段人们所关注的实际在城镇就业的农村流动人口某些成份。(3)用直接决定城市化水平的人口学因子为参量设计的城市化水平预测控制模型去测算的城市化水平[③]。这一方法的优点在于以决定人口城市化水平的直接因子取代经济发展水平这一间接因子去建立模型,既可预测也可反推。但它的主要功能在于预测未来,对比较省份间的现状作用不大。

这里,我们拟借用上面评介的第二种方法,对全国各省区市的城市化水平进行测定和排序。

(二)浙江城市化水平在全国位居中等

根据上述第二种方法,测得 1994 年各省份的城市化水平与序次如表 2。

① a. 辜胜阻:《非农化与城镇化研究》,浙江人民出版社,1991 年,第 104—105 页。
b. 周志刚:"中国 80 年代各地区城镇化水平的调整与分析",见王嗣均主编:《中国城镇化区域比较研究论文集》,杭州大学出版社,1992 年,第 50—52 页。
② 俞德鹏:"合理度量地区城市化水平的思路",《人口与经济》,1995 年第 5 期。
③ 丁金宏:"未来我国分省人口城镇化水平预测",《人口研究》,1995 年第 4 期。

表2 1994年全国各省份城市化水平与序次

	市镇非农业人口占总人口比重(%)(X_1)	第二、三产业从业人员占全部产业从业人员比重(%)(X_2)	城市化水平(%)($\sqrt{X_1 X_2}$)	城市化水平排序
全国	22.04	45.7	31.74	
北京	63.38	89.2	75.19	2
天津	55.56	82.6	67.74	3
河北	15.17	46.1	26.44	21
山西	22.87	56.0	35.79	10
内蒙古	30.04	45.3	36.89	8
辽宁	43.20	68.8	54.52	4
吉林	41.06	53.9	47.04	6
黑龙江	41.21	63.2	51.03	5
上海	67.68	91.0	78.48	1
江苏	22.60	56.9	35.86	9
浙江	17.62	55.6	31.30	14
安徽	15.63	38.4	24.50	23
福建	17.94	48.6	29.53	17
江西	17.88	43.9	28.02	19
山东	20.62	44.1	30.16	16
河南	14.09	37.8	23.08	26
湖北	24.24	46.4	33.54	12
湖南	15.92	37.2	24.34	24
广东	29.22	59.0	41.52	7
广西	14.39	32.0	21.46	27
海南	20.28	39.0	28.12	18
四川	15.63	35.4	23.52	25
贵州	13.40	25.2	18.38	28
云南	11.75	23.5	16.62	29
西藏	9.48	21.9	14.41	30
陕西	18.55	39.6	27.10	20
甘肃	16.37	41.0	25.91	22

续　表

	市镇非农业人口占总人口比重(%)（X_1）	第二、三产业从业人员占全部产业从业人员比重(%)（X_2）	城市化水平(%)（$\sqrt{X_1 X_2}$）	城市化水平排序
青海	23.95	40.0	30.95	15
宁夏	25.00	40.1	31.66	13
新疆	29.34	43.0	35.52	11

资料来源:《中国人口统计年鉴(1995)》,《中国统计年鉴(1995)》。

(三)城市化水平滞后于经济发展

从表2可见,1994年浙江城市化水平在华东地区6省1市中位居第三,除上海外,在6省中居于第二位,无论从地理位置、历史基础还是总体发展水平来说,都在情理之中。放大到沿海12个省份来看,则位居第七,除开沪、京、津三市之外,居其余9省份的第四位,低于辽宁、广东、江苏3省,高于山东、福建、海南、河北和广西5省份。这一地位与沿海各省份经济状况也是相符的。

再看全国,浙江城市化水平列在第14位,除三个直辖市外,在27个省份中名列第11,只处于中等水平。观察位次先于浙江的10个省份,可以看出大致有三类地区:第一类是计划经济时期建设起来的一些大工业基地所在省份,包括辽宁、吉林、黑龙江、山西、内蒙古和湖北,在优先配置重工业骨干企业的基础上形成和发展了一批巨大的工业中心城市,与其他省份相比,它们在市镇非农业人口占总人口比重上占据明显优势,乡村人口的产业转移和地域转移都比较早,造成了稳居前列的城市化优势,辽、吉、黑三省的情况尤其明显。第二类是历史上经济基础较好,改革开放后抓住机遇发展很快的省份,主要是广东和江苏二省。这两个省原来城镇比较发达,改革开放后又以珠江三角洲、长江三角洲和苏南地区为龙头迅速形成所谓珠江三角洲模式和苏南模式,大量农业人口实现职业转移,形成第二、三产业从业人员比重较高的优势,从而占据了城市化水平排序中的较高位次。第三类是原来经济基础薄弱,建国以来在国家扶持下中心城市大规模发展的省份,如新疆与宁夏。这类省份生态脆弱,地广人稀,一些中心城市的兴起,尤其是作为政治、经济、文化、交通中心的自治区首府的膨大,对城市化水平起着举足轻重的作用。浙江从条件来说,接近第二类,提高城市化水平的关键是利用沿海的地缘优势,抓住机遇,全方位地发展经济。

浙江31.3%的城市化水平,与人均GDP所达到的水平是否协调呢?我们以人均GDP为自变量,以城市化水平为因变量,对全国各省份的两个变量进行相关分析,结果为线性相关,相关系数$R=0.86456$。换句话说,回归方程所拟合的直线基本上可以作为观察各省份两个变量间协调与否,各自在人均GDP水平下,城市化程度是高了还是低了的依据。若用直角坐标图表示(纵轴为城市化水平,横轴为人均GDP),就是在方程拟合的直线下方的省份,城市化水平没有达到人均GDP所许可的理论值;直线上方的省份则反之。浙江是直线下方偏离最大的一个省。具体数量关系见表3。

表3 1994年全国各省份城市化水平与人均GDP相关分析结果

	人均GDP(元)	城市化实际水平(%)	城市化水平理论值(%)	城市化理论值与实际值之差(百分点)
北京	9636	75.19	62.62	12.57
天津	7755	67.74	52.99	14.75
河北	3362	26.44	30.50	−4.06
山西	2804	35.97	27.64	8.15
内蒙古	3017	36.89	28.73	8.16
辽宁	6354	54.52	45.81	8.71
吉林	3764	47.04	32.55	14.49
黑龙江	4408	51.03	35.85	15.18
上海	14542	78.48	87.74	−9.26
江苏	5779	35.86	42.87	−7.01
浙江	6211	31.30	45.08	−13.78
安徽	2500	24.50	26.08	−1.58
福建	5295	29.53	40.39	−10.86
江西	2570	28.02	26.44	1.58
山东	4466	30.16	36.15	−5.99
河南	2436	23.08	25.75	−2.67
湖北	3285	33.54	30.10	3.44
湖南	2666	24.34	26.93	−2.59
广东	6340	41.52	45.74	−4.22
广西	2764	21.46	27.43	−5.97
海南	4655	28.12	37.12	−9.00
四川	2477	23.52	25.96	−2.44
贵州	1507	18.28	21.00	−2.72
云南	2473	16.62	25.94	−9.32
西藏	1941	14.41	23.22	−8.81
陕西	2432	27.10	25.73	1.37
甘肃	1899	25.91	23.00	2.91
青海	2916	30.95	28.21	2.74
宁夏	2659	31.66	26.90	4.76
新疆	4128	35.52	34.42	1.10

资料来源:人均GDP根据《中国统计年鉴(1995)》,城市化实际水平根据本文表2第3栏。

表3数字表明,在只作国内比较的条件下,就浙江人均GDP水平而论,城市化水平理论

值为 45.08%，而实际值为 31.30%，比理论值低 13.78 个百分点，是全国各省区市中偏低最大的一个省。这说明，浙江城市化水平滞后于经济发展水平，存在着提高城市化水平的很大潜力。

四、浙江城市效率属全国偏上水平

城市化正常与否，不仅要看城市化水平与人均 GDP 的协调程度，还有必要看看省区城镇整体运行效率。这里援引我们曾在此前的研究工作中提出的"城市效率"的概念，来考察省区城市的经济效益、城市土地利用的经济性、城市科技人才的优势度以及城市利用能源与水资源的效率等，以便综合测定城市化中省区城市运行效率的可比水平，并且与城市可持续发展的目标初步联系起来。

在具体测定之前，有两点需要说明：第一，我国没有建制镇经济社会指标的专项统计，只有 80 年代中期以后开始出版的《中国城市统计年鉴》，因此，只能是对省份城市进行效率的考察，而不包含镇的成分。第二，目前能得到的最新《中国城市统计年鉴》是 1993 年与 1994 年的合并本，其最新数据是 1993 年，且缺少多项有助于反映省份城市效率的统计，倒是 1992 年及以前几年出版的此种年鉴反而收编了本文所需要的统计项目，这就使我们不得不退而采用 1989—1991 年的平均数。

（一）城市效率指标的选择

根据衡量城市效率的客观需要与资料可得性，我们选择 6 项指标[①]。

指标 Ⅰ，市区第二、三产业增加值与市区总人口和非农业人口的平均值之比［可记作 $(V_2 + V_3) / 0.5(P + P_{na})$，其中 V_2、V_3 分别代表第二、三产业的增加值，P、P_{na} 分别代表市区总人口和非农业人口］。这项指标的目的是反映城市人均第二、三产业的增加值，本来只要记作 $(V_2 + V_3) / P_c$ 即可（P_c 为城市人口），但我国现行人口统计中没有"城市人口"（P_c），只能对指标的分母作变通处理。

指标 Ⅱ，市区第二、三产业增加值与建成区面积之比［可记作 $(V_2 + V_3) / B_a$，其中 B_a 为城市建成区面积］。这项指标的目的是反映城市建成区单位面积的二、三产业增加值，理应记作 $(V_{b2} + V_{b3}) / B_a$、（V_{b2}、V_{b3} 分别为建成区第二、三产业增加值），以揭示城市用地投入的效率，但也因原始数据分离上的缺陷，变通地处理了指标的分子。

指标 Ⅲ，市区第二、三产业增加值与市区自然科学技术人员数之比。

指标 Ⅳ，市区工业百元资金提供的利税。

指标 Ⅴ，市区万元 GDP 耗电量。

指标 Ⅵ，市区万元 GDP 耗水量。

这六项指标，前四项是正向指标，数值愈大，效率愈高；后二项是逆向指标，数值愈小，效率愈高。前四项指标分别以人口、用地、"第一生产力"的开拓者以及资金去衡量，后二项则以资源消耗去衡量。这些指标结合起来，基本上可以说明城市经济活动的效率。

（二）城市效率位居全国第六

取 1989—1991 年各省份与六项城市效率指标有关统计项目的平均数，计算出分省份的六项城市效率指标值。然后对各省份城市效率进行得分计算，消除不可比的量纲。得分计

---

① 王嗣均主编：《中国城市化区域发展问题研究》，高等教育出版社，1996 年，第 58—60 页。

算方法是:先确定各省区市每项指标值的打分范围,指标值最高的省份打分100,最低的打分50,介于其间的指标值按间隔比例计算得分。再确定各项指标的权系数。指标Ⅰ是反映城市效率的基础,实际上涵盖了诸多经济指标的意义,综合性强,权系数定为0.5;指标Ⅱ～Ⅵ各自的涵盖面较小,权系数各为0.1。具备了各项指标值、指标值的打分范围以及各项指标的权系数,我们就可以通过六项指标给出各省份城市效率的得分和排序(表4)。

表4 1989—1991年三年平均各省份城市效率得分及排序

	指标得分						总分	效率排序
	指标Ⅰ	指标Ⅱ	指标Ⅲ	指标Ⅳ	指标Ⅴ	指标Ⅵ		
北京	49.73	7.35	5.60	7.31	7.59	9.08	86.66	2
天津	40.00	6.45	8.80	6.42	6.46	7.75	72.87	5
河北	31.04	5.63	7.00	5.81	5.79	6.25	61.52	15
山西	32.27	5.75	5.80	5.80	5.68	7.17	62.47	14
内蒙古	26.96	5.00	5.40	5.61	5.60	6.25	54.81	27
辽宁	36.29	6.16	6.20	6.06	6.14	6.33	67.19	10
吉林	26.59	3.35	5.40	6.16	6.14	6.67	56.31	26
黑龙江	31.57	5.10	6.20	6.09	6.05	7.58	62.89	13
上海	50.00	10.00	6.00	7.32	6.93	5.92	86.16	3
江苏	34.78	6.75	6.60	6.26	6.83	6.81	67.81	8
浙江	32.96	6.45	9.80	6.84	7.59	7.17	70.82	6
安徽	28.55	5.75	6.00	6.42	6.20	5.00	57.92	20
福建	33.43	6.30	7.60	6.94	6.85	6.08	67.20	9
江西	25.00	5.55	5.60	5.99	6.35	5.67	54.16	28
山东	30.27	6.58	6.40	6.09	7.06	9.08	65.50	12
河南	29.57	5.66	6.00	6.11	5.74	6.00	59.08	16
湖北	25.98	5.80	5.80	6.52	6.54	5.83	56.47	25
湖南	27.73	5.60	5.60	6.73	6.81	5.08	57.54	22
广东	46.22	7.67	10.00	6.64	9.02	7.58	87.13	1
广西	27.86	5.64	6.20	6.65	6.76	5.17	58.23	18
海南	32.71	5.60	9.60	5.00	10.00	6.67	69.58	7
四川	27.94	6.28	5.40	6.25	6.30	5.92	58.09	29
贵州	25.96	5.51	7.20	6.44	5.58	6.00	56.69	24
云南	34.63	6.72	6.40	10.00	7.16	10.00	74.91	4
西藏	—	—	—	—	—	—	—	—

续　表

	指标得分						总分	效率排序
	指标Ⅰ	指标Ⅱ	指标Ⅲ	指标Ⅳ	指标Ⅴ	指标Ⅵ		
陕西	27.98	5.48	5.80	6.05	6.15	6.33	57.80	21
甘肃	28.69	5.32	6.00	6.23	5.00	5.83	57.34	23
青海	27.76	5.03	5.00	5.63	5.20	5.33	53.95	29
宁夏	31.04	5.36	6.00	5.71	5.02	5.67	58.79	17
新疆	33.22	5.43	5.80	5.55	7.08	8.58	65.66	11

资料来源:根据《中国城市统计年鉴》(1990、1991、1992)数据计算。

(三)提高城市化速度的潜力还很大

表4除了云南省的得分与序位有点高出意外之外(主要是卷烟工业的作用),其余省份的得分与排序大都在情理之中。从表中可以看出,浙江城市效率名列全国第六,对照表2中城市化水平处于第14位的情况,应当说浙江城市发展的活力较强,效率较高,而城市化的实际水平相对低了一些。从城市效率与城市化水平的关系上说,浙江存在着适度提高城市化速度的潜力。

分项来看,指标Ⅰ浙江位列第十,在全国处于中上水平。但在沿海12个省份中,浙江低于上海、北京、广东、天津、辽宁、江苏和福建,位居第8,仅略高于海南、河北、山东、广西4省区。可见按1989—1991年的平均数,浙江城市人均第二、三产业增加值的水平在沿海地区不算先进。指标Ⅱ浙江在全国并列第七,说明城市单位面积的产出较高。不过,这里面包含着城郊乡镇企业比较发达的因素,并不完全代表建成区内第二、三产业所拥有的实力。指标Ⅲ浙江仅次于广东,位居第二。这一方面反映了浙江城市较少的科技人员取得了较高的产出;另一方面也隐含着浙江城市工业以轻型、小型、集体、分散为主,而科技人才数量偏少、比率偏低的问题。指标Ⅳ浙江在全国位居第五,表明城市工业百元资金提供的利税较高。指标Ⅴ与Ⅵ浙江分别在全国并列第三和并列第八,也属上乘。这一方面说明了城市万元GDP能耗和水耗较少的事实,同时也意味着以轻型为主的工业结构的作用,并不等于浙江城市工业的技术经济指标真正达到了当代先进的水平。

总起来说,浙江现阶段确实存在着加快城市化步伐的条件。当然,要使城市化水平与经济社会发展水平保持协调状态,延缓资源枯竭,防止环境恶化,还需要在继续推进工业化的同时,改善产业结构,发展三产和提高三产层次;培养和开发科技力量,加速科技成果转化;提高工业技术经济效果,减少土地、能源、水资源以及其他自然资源的浪费等各方面下工夫。

五、城市居民生活质量超前于城市化水平

除了对城市化水平以及城市效率进行评估外,下面进一步考察城市化水平的提高与城市居民生活质量的提高是否匹配的问题。本节的任务与前两节一样,把注意力放在城市居民生活质量的省区间比较上,以便对浙江城市化的现阶段城市居民生活质量状况在全国的地位进行评估。

同前节一样,由于全国没有对建制镇的社会经济状况进行专项统计,讨论范围不得不仅限于城市。同时,城市专项统计的最新资料是《中国城市统计年鉴(1993—1994)》,只能以

1993 年的数字作为考察省区城市居民生活质量现状的依据。

（一）城市居民生活质量指标的选择

反映居民生活质量的指标有客观指标和主观指标。我国是发展中国家,人民生活还不富裕,人们关心的主要是物质生活和精神生活的外部条件能满足到什么程度,而不是在物质和精神生活外部条件已经得到充分满足的基础上,对生活各个层面的认识和感受。因此,这里将采用客观生活质量指标来衡量和评估我省城市化中城市居民的生活质量。

城市居民客观生活质量指标可以多至二三十项,限于资料,我们只能取 7 项指标,它们是:(1)职工平均工资;(2)人均居住面积;(3)人均铺装道路面积;(4)居民享有绿化的程度;(5)万人公共汽(电)车辆数;(6)百人电话机部数;(7)万人医生数。当然,也需要指出,评价社会生活的某个方面的问题,也不是指标越多越好,主要是依评价的目的和资料的可得性、可比性而定。国际上用得较多的"物质生活质量指数"(PQLI)就只用成人识字率、婴儿死亡率和 1 岁组人口平均预测寿命三项指标构成。大体可以这么说,我们所用的 7 项指标,尽管不很全面,但还是可以体现省区间城市居民生活质量差异的基本特征。

（二）城市居民生活质量位居全国第七

根据上述 7 项指标,每项指标值最高的省份得 10 分,最低的省份得 5 分,介于其间的按间隔平均计算得分。各项指标视为同等重要,不作加权处理,按省份直接加总,理论上最高为 70 分,最低为 35 分,然后按总分对各省份进行排序。指标加工处理后的结果见表 5。

表 5 1993 年各省份城市居民生活质量指标得分与排序 *

	职工平均工资 Ⅰ	人均居住面积 Ⅱ	人均铺装道路面积 Ⅲ	居民享有绿化程度 Ⅳ	万人公共汽(电)车辆数 Ⅴ	百人电话机部数 Ⅶ	万人医生数 Ⅷ	总分	总分排序
北京	7.51	6.59	5.30	8.35	6.87	10.00	10.00	54.56	2
天津	7.04	5.63	5.93	5.87	5.58	7.45	8.40	45.90	6
河北	5.69	6.04	5.69	6.81	5.17	5.23	5.97	40.87	22
山西	5.99	6.10	5.57	6.74	5.22	5.56	7.04	42.22	19
内蒙古	5.54	5.43	5.63	7.91	5.22	5.73	7.25	42.71	16
辽宁	6.06	5.29	5.32	8.42	5.81	5.94	6.30	43.14	13
吉林	5.12	5.03	5.03	7.05	5.10	5.84	5.90	39.07	29
黑龙江	5.24	5.17	5.17	6.60	5.43	5.73	6.00	39.88	25
上海	9.70	5.78	5.00	6.16	7.37	9.27	8.69	51.97	3
江苏	6.85	6.16	5.57	7.63	5.71	5.83	5.47	43.22	12
浙江	7.08	8.34	7.00	5.83	5.79	6.02	6.11	45.06	7
安徽	5.60	5.36	5.54	7.44	5.47	5.16	5.37	39.94	24
福建	6.77	6.87	5.76	7.16	5.70	5.86	5.25	43.37	11
江西	5.00	5.76	5.11	7.77	5.00	5.26	5.54	39.44	28
山东	5.98	6.45	6.63	8.03	5.28	5.40	5.26	43.03	14

续　表

	职工平均工资Ⅰ	人均居住面积Ⅱ	人均铺装道路面积Ⅲ	居民享有绿化程度Ⅳ	万人公共汽(电)车辆数Ⅴ	百人电话机部数Ⅶ	万人医生数Ⅷ	总分	总分排序
河南	5.32	5.69	5.39	6.91	5.08	5.15	6.33	39.87	26
湖北	5.75	6.46	6.61	7.68	5.58	5.35	5.39	42.82	15
湖南	5.98	6.38	5.36	7.99	5.89	5.13	5.65	42.38	18
广东	10.00	8.25	5.80	8.65	5.89	6.81	5.23	50.63	4
广西	6.01	5.00	5.81	8.42	5.01	5.40	5.92	41.57	20
海南	8.94	10.00	10.00	7.09	10.00	7.43	5.77	59.23	1
四川	5.81	5.96	6.04	9.10	6.19	5.00	5.58	43.68	9
贵州	5.52	5.98	5.31	6.65	7.03	5.13	5.58	41.12	21
云南	6.23	6.17	5.39	6.53	5.67	5.55	6.98	42.52	17
西藏	—	—	—	—	—	—	—	—	—
陕西	5.53	5.20	5.21	6.52	5.34	5.45	6.79	40.04	23
甘肃	5.90	5.88	5.50	5.62	5.23	5.50	6.20	39.83	27
青海	6.32	5.36	5.41	6.08	5.82	6.43	8.47	43.89	8
宁夏	5.88	5.89	5.80	6.93	5.22	6.13	7.57	43.42	10
新疆	6.55	6.14	5.93	8.21	5.61	6.53	8.02	46.99	5

　　* 指标Ⅰ、Ⅱ、Ⅶ以市区为计算范围;Ⅲ、Ⅴ按市区非农业人口计算;Ⅳ是人均园林绿地面积(按市区非农业人口计算)和建成区绿化覆盖率两个基础指标得分的算术平均数;Ⅵ的统计资料是地级及地级以上市的统计,包含了市辖县的范围。

　　资料采源:《中国城市统计年鉴(1993—1994)》。

　　(三)城市居民生活质量超前于城市化水平

　　表5的数字在省份间基本上是可比的,但有三点需要提醒:(1)海南省在7项指标得分中有3项为全国之冠,两项分列第三和第四,使该省总分排在全国第一位。这与海南省被列为特区之后城市建设气势宏大,若干城建指标一时突破了国家定额有关。(2)京、津、沪三市作为巨型城市,其统计数字与其他省份按省内所有大大小小建制市统计的数字在程度上有相当大的差异。因此,城市居民生活质量部分指标的得分,彼此间不完全可比。(3)百人电话机部数一项,地级及地级以上市的统计含市辖县,以致各省区与三个直辖市相比,指标得分明显偏低(西北各省区地级市所辖县人口少,除数效应不明显)。

　　现在来考察一下浙江城市居民生活质量在全国的地位。表5总分排序显示,浙江居于第七位,与表4城市效率序次仅相差一位,也是远高于表2的城市化水平在全国的位次。这表明现阶段浙江城市居民生活质量的提高超前于城市化水平的提高,它同样说明了浙江省总体上存在着加快城市化进程的可能性。

　　从7项指标来看,浙江在全国处于上乘的指标主要是与个人和家庭生活水平关系最直接的职工平均工资和人均居住面积两项。前者反映改革创造了比较灵活的机制,经济发展较快,给职工平均工资的增长准备了条件;后者表明改革开放以来浙江在解决城市职工住宅问题上作了大量投入,取得了显著的成效。这些都对促进城市居民安居乐业和社会稳定起了积极的作用。人均铺装道路面积一项也显著高于全国一般水平,居各省份的第二位。在这一点上,近10年来全省城市道路建设固然功不可没,但同时也应当指出,作为分子的铺装道路面积统计口径和作为分母的人口统计口径多少存在着一些问题,使这项指标的得分有所提高。对浙江来说,在7项指标中制约城市居民生活质量的主要是两项指标:一是居民享有绿化的程度。指标的得分远低于全国平均7.4的水平,其中人均园林绿地面积的实际数($2.95m^2/$人),也大大低于国家建设部规定的$\geqslant 7m^2/$人、最少不低于$5m^2/$人的规划指标。这种情况对美化、净化城市环境、增进居民身心健康是不利的。二是万人医生数得分全国最低,直接限制了城市和周围农村居民享受医疗保健的条件。

六、结论与建议

通过多角度的评估与分析,可以得出几点结论,并提出一些建议。

（一）城市化已进入了快速发展状态

随着经济体制改革的深入和二、三产业的高速增长,城市化的经济基础正在加厚。在人口自然增长率下降和市镇建制、市镇辖区调整、迁移、农转非等因素的助动下,市镇人口增长构成中机械增长已占压倒优势。近5年来,城市化水平正以每年上升一个百分点的速度提高,涨势之快,标志着与经济起飞结伴的城市化高速发展阶段已经到来。

（二）城市化水平滞后于经济发展

一年的静态分析数字表明,浙江是全国16个城市化实际水平低于理论值的省区市中偏离度最大的一个省。这一现象导源于第二、三产业从业人员占全部产业从业人员比重与市镇非农业人口占总人口比重之间的差值居于全国各省区市的前列,其实质是全省乡村非农产业较为发达,大量"准城镇人口"以隐性城市化的方式滞留在农村。就经济和社会体制转换初期的历史和现实而论,这种情况是可以理解的。但是如果把"农村城市化"当作理论模式固定下来,不仅在理论上会遇到挑战,而且在实践上也将产生越来越多的弊病。从既面对现实,又积极推进城市化的角度看问题,政策上必须为解决整个城镇体系接受广大农村第二、三产业资金与劳力创造必要的条件。

（三）城市整体效率还有待提高

效益在很大程度上来自效率,较高的城市整体效率,是经济有效增长的源泉,也是资源有效利用的保证,从而成为城市产业健康发展的动力和城市化正常推进的活力所在。浙江在城市效率上有一定优势,但是这种优势是相对的,它得益于轻、小、集为主的经济结构和产业结构,以及比较灵活的经营机制。然而,从另一方面说,大中型骨干企业少,科技人员短缺,势必影响经济增长与社会发展的后劲。在未来的发展中,既要扬长避短,又要"扬长补短"。就浙江而论,从长远着眼,这个"短"字莫过于资源短缺和科技人才短缺,而科技从某种意义上可以对短缺的资源产生替代效应。因此,要克服两个短缺,更具战略意义的是要克服人才短缺,造就大批优秀的科技人才和其他人才。落实科教兴省战略,制定切实可行的方针、政策和措施,是浙江今后一个时期的一项要务。

（四）城市居民生活质量不同指标存在偏颇

现阶段城市居民生活质量总体上在全国堪称上乘,但主要表现在家庭收入和居住条件方面,其余指标表现平平,个别指标(万人医生数)则属全国倒数第一。这说明表现为城市居民生活质量的一些社会发展指标,发展很不平衡。今后在城市化水平提高的过程中,除了总体上继续提高居民的生活质量外,在城市社会发展的指导思想上需要摆正位子,克服重个人和家庭直接生活水平而忽视公众共享的间接生活水平的偏向,力求随着城镇人口的增加,居民生活质量得到相应的全面的提高。

载谷迎春、杨建华、杨张乔主编:《走向均衡——1995—1996 浙江社会发展蓝皮书》(城市化部分),杭州出版社,1996 年,第 82—104 页

关于改善城市化进程的几点思考^①

由产业革命引起的近代工业化和城市化,是人类文明进步的重要标志。先进的生产力,包括作为第一生产力的科学技术在城市的集聚,以其所产生的"裂变"和"聚变"效应,大大加速了人类社会的发展。城市化的历史必然性和进步性早已为绝大多数人所共识。

我国在新中国成立后的一段时间,曾经出现过工业化和与之相伴随的城市化的较为顺畅的时期。然而好景不常,由于所选择的工业化道路和计划经济体制的缺陷,加上一系列政治运动和经济建设指导上的失误,进入 60 年代后的 20 年中,工业化和城市化就徘徊不前。浙江作为全国的一个省份,当然也不例外。不仅如此,而且在当时国际国内政治背景下,地处东南沿海的浙江,不易得到国家重点建设项目的投资,以致在 50—70 年代,工业化和城市化水平(或称城镇化率,即城镇人口与总人口比率)在全国的地位有所下降。

改革开放以后,随着经济体制改革的推进,市场的发育,以及各项建设事业的发展,城市化速度加快,城镇人口比重提高,各级城市和集镇在人口自然增长率迅速降低的同时,规模显著增大,中心作用增强。这些进展是改革前不可同日而语的。但是,正如旧经济体制转换过程中经济运行的许多环节需要逐步理顺一样,城市化进程中也有不少计划经济时期遗留下来的问题需要理顺。诸如城市化水平与经济发展水平的协调问题,大城市的成长问题,城乡一体化的提法问题,一些城镇发展的行政区域本位倾向问题,等等。这些问题如不在认识上与政策上理清和解决,就会使已经被扭曲的城市化进程继续被扭曲下去,导致对经济和社会发展的无形损害。

本文针对这些问题提出一些看法,同时,对跨世纪城市化趋势与可能出现的问题做些估计,供有关方面参考。文章的讨论立足于浙江,但因与城市化有关的方针政策大都出自中央,涉及全国,讨论中不得不放大一些视角。

一、矫正城市化水平与经济发展水平之间的匹配关系

1.浙江城市化水平实际值大幅度低于理论值

从工业化初期到高度工业化,并开始向后工业化时期转变的这段时间,是近代意义的城市化从发生、发展到成熟的时期。在这一时期里,经济发展与城市化 相互依存,互为条件,以城镇人口占总人口比重为主要标尺的城市化水平的变化,与以人均国民生产总值或人均国内生产总值为主要标尺的经济发展水平的变化,始终是一种正相关的关系。拿当今世界

① 本文载 1998 年由杭州大学出版社出版的《浙江社会发展问题与思考》一书(第三个专题)。该书由谷迎春、杨建华主编,是《浙江省社会发展状况(1992—1997)》(蓝皮书)一书的延续与深化。

一百多个国家的城市化水平与经济发展水平的两项指标进行相关分析,得到的是显著性很高的对数相关。[1] 换句话说,各国城市化水平与经济发展水平之间的关系,反映在直角坐标图上是紧靠着一条对数曲线分布。个别国家在这条曲线之上或之下偏离较大,就表明它们的城市化水平与经济发展水平脱节,不是城市化过度,就是城市化不足。

全世界如此,一个国家之内各个省份这两项指标之间的关系也是如此。笔者在两年之前曾就 1994 年我国以省、自治区和直辖市为单位的城市化水平与人均国内生产总值进行相关分析,大致呈线性相关。不过,我国由于 40 多年来几度调整区域发展战略的缘故,有的省份两者关系多少有点偏移。多数省份紧靠理论值分布,但也有一些省份城市化水平偏高或偏低于理论值的数字较大。浙江就是低于理论值数字最大的一个省份,偏低幅度达 13.78 个百分点。[2]

以城市化水平大幅度偏高或偏低于理论值为标志的城市化过度或城市化不足,都不是正常现象,都是从一个侧面反映社会发展与经济发展之间关系的偏颇,对国家或区域的发展是潜在的不利因素。以城市化不足来说,它对经济社会发展会产生深远的消极影响,因为现代区域经济,不论是全国的还是地方的,归根到底是由城镇功能辐射与吸引带动的。城市化不足,就意味着人口向城镇集中的速度过于缓慢,作为区域中心或发展极的城镇,就达不到应有的规模,其辐射力与吸引力也就相对较弱,最终起到延缓各级区域发展进程的作用。因此,对城市化水平大幅度偏低于理论值的浙江来说,关注城市化水平与经济发展之间的匹配关系,对已经发生的扭曲现象加以考察,探明原因,从方针政策上加以引导和调节,是很有必要的。

浙江城市化水平的实际值远远低于理论值的问题,总的来说是事实,但也包含着虚假的成分。下面几项数据可以说明这一点。以前面提到的笔者做过多项统计对比的 1994 年情况而论,全省的人均 GDP 居全国第 6 位,城市化可比的实际水平居第 14 位[3],市镇非农业人口占总人口比重居第 20 位,第二、三产业从业人员占全部从业人员比重居第 9 位。可见,不论是城市化实际水平还是市镇非农业人口占总人口比重,与人均 GDP 的位次相比都要低得多,这是城市化滞后于经济发展的确凿证据。但同时,市镇非农业人口占总人口比重的位次远低于第二、三产业从业人员占全部从业人员比重的位次,又无可争辩地说明了在浙江的具体省情下,现行的市镇非农业人口统计口径大大降低了城市化水平,人为地加剧了城市化水平与经济发展水平之间关系格格不入的现象。因此,要使城市化与经济发展水平保持正常的匹配关系,就要从两方面采取措施:一方面要认清造成城市化偏低的实际原因,逐步加以改变;另一方面也要正视造成城市化水平过低假象的原因,尽快加以消除。

2. 逐步扭转城市化过多地滞后于非农化的现象

浙江城市化水平偏低的实际原因主要是城市化远远滞后于非农化。这是历史所造成的。在计划经济时期,市场在资源配置中的基础作用被无所不包的计划安排和行政指挥所取代。随着体制僵化,市场萎缩,经济失去了活力,以致新增就业机会极其稀少。加上接二连三的政治运动所造成的破坏性后果,使城市完全丧失吸纳新增劳动力的能力。而农村越

---

① 周一星:《城市化与国民生产总值的规律探讨》,《人口与经济》1982 年第 1 期。
② 参见谷迎春、杨建华、杨张乔主编:《走向均衡》,杭州出版社,1996 年,第 88—92 页。
③ 由于缺少全国各省份间可比的城市化水平的统计数据,此处城市化可比的实际水平是从各省、自治区、直辖市的市镇非农业人口占总人口比重与第二、三产业从业人员占全部从业人员比重两项数字求几何平均数得到的。

来越多的人口,在人均拥有量越来越少的土地上,听从集体组织的安排,从事以粮食生产为主的农业劳作,无法从根本上摆脱贫困。农民迫切需要实现产业转移,在城镇已经堵塞农村劳动力转移出路的情况下,农民只有一条路可走,那就是根据农村生产关系相对单纯的特点,冲破阻力,利用国有和城镇集体企业的计划生产满足不了社会经济生活多方面需要,计划经济体制无法克服经济短缺的弱点,以微小的集体积累,就地兴办非农产业,以解决部分剩余劳动力的出路,改善农民生活,同时对社会商品供应起拾遗补缺的作用。它一出现,就显示了自己的生命力,迅速崛起成为国民经济中的一支有生力量。乡镇企业的兴起,不但丰富了社会物质产品和服务,增加了集体积累和农民家庭的收入,促进了农业的发展,而且开辟了劳动力就地实现产业转移的路子,在一定程度上稳住了农村剩余劳动力,减轻了城镇就业的压力。到90年代中期,浙江农村工业产值已占全省工业总产值的2/3,走在全国的前列,而企业分布依然在农村,这就是浙江成为城市化实际值偏离理论值最大省份的根本原因和症结所在。

事物的产生和发展都是有条件的。乡镇企业是在城乡处于隔离状态之下,农村为了谋求劳力和经济出路,冲破行政约束,在计划经济的隙缝中产生的。它在特定历史环境下是一种必然,而且富有生气,但毕竟带有特殊性和过渡性。一旦市场发育,城乡户口壁垒消失,各级城镇在不同规模区域经济和社会发展中的中心作用加强,资本逐渐向区位条件有利的城镇流动,遍地开花的乡村工业和其他非农产业就将部分地失去原有的优势,促使它们的资本和劳力向城镇转移。事实上,分散在农村的不少企业已经在规模效益、外部经济效益和环境效益等方面暴露出它们的弱点,需要在空间配置、组织结构、技术档次以及管理水平上加以调整、改造和提高。这正是从乡镇企业发展过程中产生的改变城市化滞后于非农化状态的潜在动力。

当然,潜在的动力要成为现实的动力,还需要克服若干障碍。从乡镇企业方面来说,企业空间位置的变动,与企业经营者的利益直接联系,他们面临投资地点、投资方式、投资方向、企业组织结构等的新选择,这对经营者来说,无疑是一项大计,需要多方面权衡才能作出抉择。企业空间转移与职工也存在着直接的利害关系。乡镇企业的部分职工本身就拥有企业股权,他们同经营者持相似的看法是不奇怪的。撇开这一层,对一般职工来说,职工本人及其家庭大都没有放弃土地承包关系,在他们看来,保持就地兼业状态比离土离乡的风险要小,因而并非人人都有离乡进城的强烈愿望。从城镇方面来说,许多政策还没有为农村人口进城铺平道路,诸如投资体制、土地批租、户口迁移、住房购置、社会保障、子女教育等等,都存在不同程度的障碍。这些问题不解决,乡镇企业向城镇集聚是不易办到的。只有尊重社会主义市场经济发展的规律,因势利导,制定有利于乡镇企业逐步向城镇聚集,向更高层次发展的方针、政策和措施,才能更好地推进国民经济和社会发展的现代化,并使非农化与城市化协调起来,把城市化水平与经济发展水平不相匹配、无形中影响经济和社会向新的高度发展的现状改变过来。

3. 从统计上消除城市化水平过低的部分假象

关于浙江城市化水平过低存在某种假象的问题,来源于统计数字。它本身并不影响城市化的真实水平。然而,统计数字的偏颇,会给人造成错觉,给政府规划及其他业务工作带来困难,甚至导致失误,因而有必要尽快改进。

城市化水平统计数字过低的假象,不仅是统计部门的责任,也是历史的产物。即在50年代末至60年代初的国民经济困难时期之后,城乡人口统计标准发生了朝着不利于准确反映城市化水平的方向变更,使城乡人口概念混乱不清,城镇人口比重被人为压低。因此,要在统计上还城市化水平的本来面目,必须从两个方面着手:

第一,重新制定设置市、镇建制的标准和城乡划分的标准,使城乡人口统计范围趋向合理。应当认为,1955年6月和11月先后发布的《国务院关于设置市、镇建制的决定》和《国务院关于城乡划分标准的规定》两个文件,基本原则是合理的,以此为标准的城乡人口统计数和城市化水平符合当时我国的实际,并且在国际上大致可比。然而,后来由于国民经济遭受挫折,中央出于严格控制城镇人口的需要,于1963年12月发布了关于调整市镇建制、缩小城市郊区的指示,并且把城市人口限定为市镇行政区内的非农业人口。这样一来,以居住地为区分城市人口(或城镇人口)和乡村人口的概念就消失了,市镇非农业人口成了反映城市化水平的唯一标准。改革开放以后,为了加速小城镇(指建制镇)的建设,国务院于1984年11月批准了民政部关于调整建制镇标准的报告,掀起了一阵撤乡建镇、撤县建市的热潮。镇与市的数目及市镇总人口大幅度增加,市镇非农业人口的统计口径却依然如故,结果前者占总人口的比重大得惊人,后者则小得难以令人置信,使人对城市化水平的数字无所适从。在这种情况下,国家统计部门出于人口普查统计的需要,在第三、四次人口普查中规定过市、镇人口统计标准,但并没有作为法定标准在各省区的统计年鉴中普遍反映。笔者认为,国家应制定新的市、镇建制标准和城乡划分标准,恢复"城市人口(或城镇人口)"概念。在出台新标准之前,不妨以第四次人口普查的市、镇人口的第二统计口径为基础,对局部不合理的地方作必要的调整(例如设区城市以区人口为标准统计,在浙江夸大了嘉兴、湖州、宁波、舟山等市的城市人口),每年逐级公布城镇人口数及占总人口的比重。以利正确反映城市化水平,使政府和社会各方面在规划和进行其他业务工作时有统一的依据。

第二,改变把城市行政区内的非农业人口作为城市人口、其余作为乡村人口统计的不合理标准。必须把户口常住地在城市行政区内的人口如实地统计为城市人口(或城镇人口,在本文中这两个名词互通)。至于农业人口与非农业人口,是客观存在,但应以居民本人的职业或家庭主要生活来源为依据,而不能以户口性质来固定人的农与非农身份。须知市镇区域内的农业人口相当大的部分早就不是本来意义上的农业人口,为了统计的科学性,为了还人们本来的身份归属,为了使隐性城镇人口显性化,客观反映城市化现状,改革这项统计标准已经到了再也不能回避的时候了。

二、重新检验城市化发展中抑大放小的政策思想

1.抑大放小的政策思想不完全正确

六七十年代的大部分时间国民经济处在困难的境况之下。把城乡分割开来,严格限制农村人口迁入城市或向城市流动,成了缓解城市困难的重要手段,城市的成长受到抑制。当时城市建设资金匮乏,城市基础设施和生活设施跟不上需要,而且缺口越来越大。同时,生活供应的组织调拨也十分紧张,大城市的问题显得更加突出。在这种情况下,当时国家领导人头脑里产生了"城市太大了不好,还是发展小城市"的想法。这就是70年代宣传和推行限制大城市规模、发展小城市的方针的缘由。经过几年酝酿,于1980年公布了"严格限制大城市规模,合理发展中等城市,积极发展小城市"的方针。这是一种抑大放小的政策思想,是在计划经济条件下国民经济和城市经济运行陷入困境时的一种愿望,实际上是行不通的。在大城市一头,既控制了,又没有控制住。原因是行政职能强大的中心城市的优越地位在起作用。中央安排的建设项目和设置的机构,除了有特殊布局要求的之外,往往定点在基础设

施、管理条件比较好的省会以上的中心城市。省级各部门也愿意在省会城市安排建设项目。相比之下，行政辖区不大的主要商业城市，如上海、天津、重庆、大连、青岛等发展速度便不及首都和省区首府。反差最明显的是上海、天津与首都北京的比较，新中国成立之初，沪、津两地分别是全国的首位和第二位城市，到50年代中前期，天津的第二大城市地位已经被北京代替。1980年上海对北京的首位度已从1964年的2.14下降到了1.17（按市镇总人口计）。这一方面说明了方针本身的脆弱性，另一方面也反映了它背离了经济规律。在小城市一头，方针是"放"，但实际上发展不起来。原因很简单，在城市各项建设投资主要靠政府拨款的情况下，小城市级别低、规模小、财力单薄，一般没有足以扩大城市基本人口和服务人口的重大建设项目。同时，小城市的户口管理与大、中城市没有什么区别，照样限制农村人口迁入。所以鼓励小城市发展实际上只是一句空话。

　　到了1989年，改革开放已经10年，市场已经有所发育，各级城市已经在很大程度上恢复了活力，上述方针已经基本失效，然而它被稍加修改写进了《中华人民共和国城市规则法》。该法第四条规定："国家实行严格控制大城市规模，合理发展中等城市和小城市的方针"。同时还规定，大城市是指市区和近郊非农业人口50万以上的城市。这就表明，抑制大城市规模的膨胀，已经不是计划经济时期为大城市解困的权宜政策，而是成了人们的一种思维定势，并且通过法律条文固化了起来。

　　我们姑且撇开"合理发展中等城市和小城市"这一头，也不深究"合理发展"的尺度是什么。只从大城市一头来看，几乎所有大城市都设有集中掌握控制人口迁入的机构，但是谁也制止不了大城市数量的增加和规模的扩大。一些发展条件优越的中等城市迈步跻身于大城市的势头方兴未艾，原有大城市在市场经济条件下的优势重现，加上多年抑制后的补偿性增长，城市成长的潜力很大，比中、小城市有过之而无不及。全国如此，浙江也是如此。虽然外来人口的户口迁入受控，但是数以十万、数十万、百万计的暂住人口实际上是大城市新增常住人口，其中相当一部分人终将成为这些大城市名副其实的居民。现实生活告诉我们，现行的干预城市体系中规模结构的这种方针本身是苍白无力的。

　　2. 尊重城市规模结构自身的规律性

　　在近代经济发展中，一国、一地区（特别是有较大地理空间和人口数量的地区，如我国的省区）全部城市在规模、功能和空间分布上是自成体系的。一般说来，在工业化过程中，工业和与之相依存的第三产业的兴起，促使农村人口在比较利益的驱动下陆续走向第二、三产业的集聚地，于是城镇一个个成长起来，数量逐渐增多，规模和功能渐次分化，最后形成完整的城市体系。

　　城市规模之所以分化，是由城市功能的集聚程度决定的。功能集聚少，层次低，影响范围小，城市规模就小；反之，城市规模就大。城市功能的集聚不是偶然的，在城市形成之初，一般都是从功能单纯、影响范围狭小的状态下开始的，而且在整个工业化和城市化过程中，多数城市在城市运行的空间网络的制约下保持着功能不多、层次不高、影响范围不大的小城市地位或最低层次的集镇地位；一部分城市则功能增多，层次增高，辐射和吸引范围扩大，终于脱颖而出，演变成中、高层次的城市。这主要归因于它们在全国或某一地区所处的位置，以及区域内自然环境、资源、人口、经济、市场、交通等条件。这些区位条件的良好结合是功能集聚的前提。以此为依托成长起来的城市，其作用是在它影响范围内其他地点的城市所不能取代的。条件最优越的地方，能够集聚最多的功能，拥有最大的市场范围，从而能够成长起最大的城市。因此，城市体系（或城镇体系）形成中分化着的城市规模系列是一种动态的整体结构,任何规模的城市以至集镇都有它存在的根据。这是城市化过程中不以人们意志为转移的一种规律。这种规律不仅可以定性地阐明,而且可以借助统计模型来表述。例如:捷夫(G. K. Zipf)序位规模分布模型,帕雷托(Pareto)分布模型以及应用分形理论观察城市规模分布的模型等,都可以说明这种规律的存在。[①]

城市体系的规模结构是一个序列。序列中城市序位越高,则个数愈少,序位相邻城市间的人口数量相差愈大;反之,则个数愈多,人口差数愈小。人们根据这种结构特性,为了便于简明地认识它,或便于行政管理和统计,往往是把整个城市体系的规模序列划分成若干等级。这本身是无可非议的,只要正确理解城市规模序列是有规律地形成的,具有客观性质;而城市规模等级的划分是人们根据需要所作的一种分类,具有主观性质,也就没有什么不妥。问题在于人们容易把握主观划分的城市等级,而不易意识到城市体系中规模结构(序列)的整体性和客观性,当管理上出现某种需要时,便依托"主观"划分的城市规模等级,对某一级城市施行"主观"的政策干预,以致产生消极的后果,这是需要特别注意的。

3.认清城市化过程中大城市领先成长的普遍性

在城市化过程中,城市体系规模结构演变一方面表现为不可分割的整体性,另一方面,在城市化的不同阶段,不同规模等级城市的成长速度又表现为不均衡性。在城市化进程的初、中期,大城市人口增长速度比中、小城市要快,到城市化进程的中后期,这种差别才能逐渐缩小,乃至基本弥合。据统计,1900 年到 1980 年全世界 50 万人口以上城市的人口增加了 13.9 倍,平均每年增长 17.4%。其中百万人口以上城市的人口增加了 21.2 倍,年平均增长率为 26.5%,同期 50 万人口以下城市的人口增加仅 5.1 倍,年平均增长率为 6.4%。[②]这些数字表明,在城市化的上升时期,大城市规模向上攀升的速度是多么惊人!

人口为什么会快速地向大城市集中?从根本上讲,是一种以工业在有利区位的集聚为基础,通过工业扩张的各种内部因素与外部因素的相互作用,促成多种功能要素汇集,以及功能间相互激发、共同促进的结果。多种功能要素汇集与城市发展壮大本身又会添加新的区位优势,进一步加强城市在一定区域内的地位,积累吸引更多资本和人口的能量,推动城市向更大规模的发展。原有区位优势与"再造"区位优势的叠加,总体上投资利益的增大,促使人口与资本向大城市加速集中的过程,要到城市化出现以下两种情况中的一种时才能止息下来:一种情况是大城市规模扩张到城市产业和城市管理部门经营费用的上升抵消城市规模扩大给城市带来的增益的时候。另一种情况是城市化达到顶极水平的时候。因为任何城市都有它自己的辐射和吸引区域内不可代替的服务功能,一旦城市化推进到顶极水平,城市人口与乡村人口、大城市人口与其他规模等级城市人口在数量上、分布上以及利益分配上已经相互制衡,没有必要再向大城市集中。

这种规律性的表现是显而易见的。世界上已经完成了城市化过程的发达国家,资本、产业和人口已经不再涌向大城市,城市体系的规模结构基本达到了稳定,有的大城市人口甚至还有微弱的减少。然而,发达国家在工业化和城市化的初、中期,没有哪一个能抑制大城市领先于其他城市快速发展的势头。当今的发展中国家,大城市数目已远远超过了发达国家,而且在大城市受到各种所谓"城市病"困扰的时候,尽管来自官方的和民间的关于控制大城市人口膨胀的呼声很高,但没有一个国家能真正制止大城市的继续扩张,因为在达到高度城

---

① 参见王嗣均:《论中国现阶段大城市的成长》,《中国人口科学》,1995 年第 6 期。

② 帕尔·巴洛克:《就业与大城市——问题与前景》,联合国《国际劳工评论》,1982 年 9—10 月。

市化状态下的城市规模结构制衡之前,绝大多数大城市蕴藏着创造财富的巨大潜力。试想,假如大城市新增人口所创造的边际效率抵偿不了它比中、小城市高得多的租金、基础设施与公共设施追加投资及其经营费用消耗对城市经济带来的减损,那么,大城市就失去了规模扩张的经济前提。到了那一步,还有哪个大城市能继续膨胀呢?

由此可见,城市发展的抑大放小的政策思想,既不符合城市体系形成和发展中的规模结构整体性的规律,也不符合大城市领先发展的规律。明智的做法是尊重城市化和城市发展固有规律,利用各级城市各自的优势,为加速经济和社会发展服务,同时因势利导,把城市化推向前进。

三、避免城市化与城乡一体化提法的混淆

80 年代出现了城乡一体化的提法。它与城市化究竟是同一范畴,还是平行的两种社会过程,抑或可以取代城市化的一种历史趋势,引起了认识上的混乱,无形中影响着城市化的正常发展,需要鉴别和澄清。

1. 以打破城乡分割为出发点的城乡一体化提法可以成立

"城乡一体化"的概念最初是由实际工作者在改革的实践中提出的,1983 年在苏南地区首先使用了这个概念。当时,苏南地区的社会经济背景是:(1)乡镇工业有了很大的发展,其产值超过了农业;(2)以乡镇工业为主要载体,城乡间科技、文化和其他社会交往日益频繁;(3)城乡生活水平和生活方式差距逐步缩小;(4)实行"市管县"的行政管理体制后,地方政府有可能对辖区内城市和乡村、工业和农业、经济和社会发展实行统筹兼顾的调节和安排。[①] 继苏南之后,在一些相对发达的地区也纷纷使用这一概念。经学术界和政府研究部门的研究、总结以及媒体的传播,其影响迅速扩大。

城乡一体化概念提出后,经过一些地区的几年实践和理论界的探讨,在一些深思熟虑的理论工作者和政府有关部门的人员中已经形成了比较客观的认识。首先,城乡一体化提法的出发点是为了打破城乡分割的体制,消除城乡关系中的超经济强制,改革维系二元经济的那些制度(诸如农产品购销制度、户籍制度、资源分配制度、价格管理制度等),从根本上协调工农关系和城乡关系。[②] 其次,城乡之所以需要作一体化考虑,其主要依据是:社会是个整体,它的各个部分之间,包括一个地区的中心城市和辖区内的农村之间,是相互依存的。在改革之前,面对越来越大的城乡差距,不是用改革的办法鼓励城市与农村共同发展,去弥合这种差距,而是用行政强制的办法把城乡割裂开来,封闭起来,结果,不仅造成新的城乡对立,而且使城乡经济一起陷入困境。改革以后,当农村自发冲破单纯搞农业的框框,闯出一条农村工业化新路子的时候,促使各地政府认识到,按照我国国情,现阶段只有城市和农村一起走工业化道路,区域经济才能振兴,国家才能加速实现工业化。在向市场经济转轨的过程中,城乡一起办工业和第三产业,就必然要面向统一的市场,在市场竞争中实现资金、劳力、人才、技术、信息的交流,加速农村产业结构和劳力结构的变化,支持农业向规模化、产业化、现代化方向发展,最后形成城乡统一的经济体系,并且使城乡间社会交往日益频繁,缩小农村生活方式、文化环境与城市的差距。第三,"城乡一体化"说的是处理好城乡关系,但又不是一般改善城乡关系的概念,而是在一定地区内,冲破城乡分割状态,求得城乡共同发展

① 张雨林:《论城乡一体化》,《社会学研究》,1988 年第 5 期。

② 陈锡根:《上海城乡一体化研究综合报告》,《上海农村经济》,1991 年第 3 期。

和繁荣,因而它有特定的区域涵义。主要是以城市为中心的一定的行政区域;在一定的行政区域范围内对城乡经济和社会发展实行统筹兼顾、协调发展的政策;为要使区域协调发展,区域政府在本区域范围内改革不合理的制度,实现制度创新。

从对城乡一体化概念的上述认识来看,它的本意是在一个以城市为中心的行政—经济区范围内,借改革开放的东风,打破城乡二元经济结构,以市场为纽带,以政府为区域规划、建设、协调的领导机构和服务机构,推动整个区域的发展。可见,其核心是处理好一个区域发展中的城乡关系,扫除农村发展的障碍,而不是回答城市化的道路问题。像这样的城乡一体化概念,在实践上和理论上都是可以成立的,与城市化没有任何矛盾。

2. 混淆城市化的"城乡一体化"概念有碍城市化的正常发展

当城乡一体化作为一个新鲜的概念传播时,吸引了许多人的注意力,围绕这个概念发表议论的颇为不少。其中确实也有一些是把城乡一体化与城市化混为一谈的。举两个例子就可以大致看出两个概念被混淆的情况。

有人在研究一个区域城市化取向时,把城市化与城乡一体化这两个不同性质的概念拉到了一起,视后者为前者的一种取向。认为实行"城乡一体化"有利也有弊,利在于:我国人口多,不可能有几亿农民进入大城市;大城市投入大,筹措建设资金困难,城乡一体化有利于发挥地方积极性,繁荣地区经济,缩小城乡差别,加速城市化进程。弊则在于小城镇难以创造现代文明,城市化素质不高;另外,小城镇不但用地不经济,效益也较低,难以参与世界市场的竞争。[①] 不难看出,这一议论把城乡一体化概念与一种以发展小城镇为主的城市化取向的看法等同了起来。

另有人在研究城乡一体化问题时,把城市化放在它的对立面上,加以全盘否定,主张用"城乡一体化"来代替"城市化"。理由是:(1)城市化不是社会发展的普遍现象,而是资本主义社会发展的必然趋势。(2)马克思以及毛泽东等领袖们在分析资本主义矛盾和预见共产主义前景时,总是讲要消除城乡对立,清除城乡差别,一再强调的根本不是城市化,而是讲工农之间、城乡之间如何结合、联合和融合的问题。(3)城市既是社会发展的动力,又是社会环境的破坏力,绝不可把城市化作为一个发展战略。(4)我们不能再走资本主义的老路,让乡村破产以至长期凋敝,而城市畸形繁荣,"城市病"难以治愈。这种进程愈是发展下去,也就愈不容易逆转,不能只顾一时的繁荣,忽视长期全面的失调。(5)从近代发展史看,已经展现城乡趋于融合的新态势,而且,现代科学技术已经为城乡融为一体提供了物质技术基础,为什么还要走城市化这样一条要花很大代价的路子呢?[②] 我们姑且不去评述这种主张的具体论点是不是站得住脚,然而,围绕我们所讨论的问题,有一点必须指出,持这种观点的人把城乡一体化与城市化这两个本不相同的概念扯到了一起,又让它们对立起来,打的是一场无头官司。

这里有一个有趣的现象,那就是凡是循着从实际中提出的城乡一体化的思路去论述城乡一体化问题的,大体能够说清城乡一体化这个概念的基本涵义是什么。他们反对的是计划经济体制下造成和固化起来的新的城乡对立,主张革除束缚农村发展手脚的旧规章制度,打破二元结构。同时,面对大量农村人口不可能在短时间内转化为城市人口的现实,提倡走中心城市(或发展极)与辖区乡镇共同发展之路。凡是接过城乡一体化这个提法就同城市化

---

① 　郑天祥:《珠江三角洲经济区路向(疑系"取向"或"走向"之误——引者)——大都会带与城乡一体化的两种战略抉择》,《学术研究》1995年第2期。

② 　张修志:《略论当前社会发展趋势不是乡村城市化而是城乡一体化》,《城市建设》1987年第1—2期。

这个"老"概念较量的,往往对城乡一体化究竟是什么,并没有给人勾画出一个简明的轮廓,而对城市化现象却持这样或那样的异议态度,极端的还否定城市化是历史的必然,甚至连本来已经不那么确切、但比较接近他们所理理解的城乡一体化方向的"农村城市化"的提法,也不能容忍。

城乡一体化与城市化的概念之争,如果只停留在学术界的讨论上,那还无关紧要。但是,当城乡一体化这个概念进入领导层的决策考虑而对它的性质还没有分辨清楚时,那就可能产生对实际工作的误导。一段时间以来,在一些地方和部门领导人的谈话或报告中,常常出现使用城乡一体化的提法,在一些场合,其涵义是明确的,在另一些场合,则不甚清晰,存在着混淆与城市化概念界线的问题。例如,有这样的情况,一个地区的某一职能部门在自己的职责范围内提出研究和编制城镇体系规划的计划,并向领导请示,这项计划本来是属于国土规划范围内的一种空间规划,而领导人认为不要做城镇体系规划,而要做城乡一体化规划。这样一来,这种规划究竟是空间规划还是经济社会发展规划,确实有点让人捉摸不定。

正因为城乡一体化的提法传播开来,变成一种时髦的话题,而且在地方党政负责人的工作范围内也常常使用这一提法,而又不完全是在提出城乡一体化的出发点的意义上去使用,以至在一些人的头脑里,城市化这个与工业化必然结伴而行的历史阶段似乎是可以逾越的。这就在思想上对正常的城市化进程设置了障碍。

3.从实际出发,稳步推进浙江的城市化

主张城乡一体化可以替代城市化,认为城市化这一必然要经过的历史阶段可以逾越的人,在很大程度上是对非城市化发展道路的一种幻想。事实上,对非城市化发展道路抱有幻想的人,国外早就有过,但没有真正成功的榜样。在欧洲,当工业革命推动城市迅速发展的时候,一方面创造出辉煌的物质文明和精神文明,同时也出现了居住拥挤、卫生条件恶化等问题,激发了空想社会主义者的改良设想,例如莫尔的"乌托邦"、傅立叶的"法郎吉"、欧文的"合作新村"等,都想造就一种社会成员既从事农业,又从事工业,其生活环境既是城市又是乡村的理想社区。然而,这些设想以至实验都以失败而告终。后来,E.霍华德提出并实践它的"田园城市"构想,但其实质是一种接近自然的城市居住环境,并不是集工农业和城乡于一身的聚落发展模式。我国以城乡一体化为口号的非城市化发展道路的向往者,似乎比欧洲空想社会主义者要贴近现实,然而概念模糊不清,不易界定,除了带着浓厚的政治色彩之外,没有眉目清楚的实验样板。

说到这里,我们要再强调一遍,以苏南、珠江三角洲、温州等率先冲破旧体制的束缚,使农村走上富裕道路的地区为先导,在总结经验的基础上,倡导打破城乡分割和长期处于二元结构的状态,把城市行政—经济区作为整体,让区域经济,特别是区域内的农村经济活跃起来,尽快摆脱农村贫穷落后的面貌,这样的城乡一体化思路不但说得通,而且行得通。离开这条思路,把城乡一体化理解为非城市化的发展道路,不但有悖于历史规律,而且在现实生活中也将被城市化进程所扬弃。

现在,我们正处在工业化的中期,而且浙江工业化的速度还走在全国的前列。与工业化互相依存的城市化也已步入了发展的中期。我们必须把握历史进程,顺应发展潮流,既尊重城市化过程中的城市规模结构发展规律,也尊重城市体系的空间分布规律,以及不同城市的功能分异规律,以工业化为基础,以经济的全面振兴为动力,稳扎稳打地把城市化推向前进。

应当指出,城市化不是目的,它只是一种过程,一种工业化时期不可避免的历史现象。在这一过程中,城市成为现代文明的发源地、传播者,也是现代文明的化身,蕴藏着无限的潜能。诚然,城市化过程也带来城市的某些社会病症,即所谓"城市病",但它又总是通过自己焕发的能量,在把经济与社会发展水平一次又一次地推上新台阶的同时,祛除或缓解了城市的社会病症。所以,没有人能超越城市化阶段,也没有人能阻挡住城市化的进程。我们重视城市化问题,是因为过去遏制和扭曲了城市化进程,也因为现在还没有让城市化和各级城镇真正循着自己的轨迹行进。

当然,城市化进程受到国情、省情的制约,人口、国土资源、发展道路、经济水平、国际环境等都是它的制约因素。我们不赞成用城乡一体化取代城市化的主张,但并不否认城市化还需要半个世纪左右才能完成的渐进的过程。在这个过程中,农村还有一个一手抓农业,一手抓二、三产业的时期,与此同时,在各级城镇的引力和农村第二、三产业追求规模效益和集聚效益所产生的向心力的双重作用下,总有一部分二、三产业陆续脱离农村,使城市体系逐渐壮大。因此,从实际出发,实事求是,既把握城市化的趋势,积极迎接城市化向更高水平发展,又给农村二、三产业的发展创造充分的条件。创造农村二、三产业发展的条件,也是为最终实现城市化创造条件。两者乍看起来是对立的,实际上却是统一的。

四、克服城市发展中来自行政本位倾向的一些负面影响

由于计划经济时期各级政府行政职能的强化,政府行为对行政区域内多项工作起着支配作用。改革开放以来,虽然经济体制已经转轨,市场的作用日益重要,但是,我国是社会主义国家,各级党和政府对辖区内的政治生活、经济生活和社会生活还需要保持足够的调控能力,行政职能不能有过多的削弱,加上财政税收体制的改革,各级政府行为仍然难免打上保护地方经济利益的烙印,表现出某种程度的地方行政本位倾向。这种倾向也渗透到与城镇发展有关问题的处理之中,因而可能表现出某些负面影响。

1. 消除城市扩展与行政隶属关系的若干矛盾

国内外经验表明,城市化水平达到20%以后,城市化进程开始步入中期发展阶段。在这个阶段,城市化速度明显超过初期阶段。浙江的情况也是这样,目前城市化率已在30%以上,正处在城市化的快速发展时期。

在城市化总体推进速度加快的时期,城镇数目增多,规模普遍增大,功能也有所增强,但是各个城镇之间和各个地区城镇之间的发展是不平衡的,它决定于下列各种条件的组合及其作用:(1)区域中心地位的高低;(2)区位条件的优劣;(3)原有经济基础的强弱;(4)城市功能与性质的差异;(5)发展机遇的差别与把握;(6)跨越城市建设投资门槛能力的强弱,等等。各项条件综合作用占有优势的城镇,其发展速度和规模扩展较快;反之,发展速度与规模扩展较慢。当城镇差别发展演进到一定程度的时候,原来的行政区划往往成为一部分城镇发展的障碍,要求作出适当的调整。然而,行政管辖权的问题相当敏感,往往使调整成为难题。

城镇发展涉及行政区划问题的,主要有四种情况:

第一种情况是"跨越"。城镇原来行政区划中郊区范围狭小,随着市(镇)区的扩展,原有郊区难以满足需要,部分城镇不得不越界发展。这样一来就会遇到同级或次级市、县(或乡镇)的行政管辖权的问题,协调起来往往旷日持久,影响城镇的正常成长。杭州市向东跨江发展与萧山市的关系,向北扩展与余杭市的关系,就是这方面的例子,其中杭州向东跨江发展与萧山向北推进的矛盾不能说已经得到了妥帖的解决。温州市建成二桥和三桥之后也面临与永嘉县的行政协调问题。

第二种情况是"包容"。我国封建时代一座城市往往兼容几个层次行政区域的治所,如

省会兼容府治（或州治）及县治，府城兼容县治等。这种传统延续到现在，已经有了很大的变动，但仍有一些地方保留了下来。这类做法在未进入近代城市化之前，城内的各级官府可以相安无事，但是，到了城市化快速推进的今天，要兼容就不是那么顺当了。在城市迅速成长的过程中，市区内原设的县级机关及县属企事业单位被包容在里面，由于行政隶属关系的限制，县属单位很难在市区扩容或新增，限制了县域行政中心经济和社会的发展。在县域各项事业发展较快，经济实力较强的地方，县领导机关从本县的利益考虑，往往不继续寻求在市区范围内发展，而是宁愿跳出市区，另建新的县域中心。宁波市在发展过程中与鄞县的关系就是如此。绍兴市区（越城区）与绍兴县的关系也有这种动向。由中心城市包容首县（指中心城市所在地的那个县）县治的，通常首县县域没有其它地位突出的中心，另建县城意味着大规模的额外投资。

第三种情况是"联立"。在一个区域内的若干城市中，由于发展不平衡，原有中心城市的综合优势相对降低，而另一些次级中心的综合优势相对上升，经济重心向次级中心转移，进而促使行政中心也转向次级中心。在次级中心是单个城市的情况下，转移后原来的中心城市与次级中心城市只是行政地位的置换，关系比较单纯。但在次级中心是有几个同级行政区域构成的"组团"时，新中心就有一个主体发展还是组团联立的问题，使整个城市的组建在一定程度上受到行政单位纠葛的牵制，抵消一部分发展的动力。台州市设置过程中市区由两个同级行政区域组建成松散的三区联立的城市，就是这方面的例子。

第四种情况是"并行"。当一个行政区域被析置成两个或两个以上行政区域时，新建制的区域为了设立新的行政中心或经济中心，就需要选址组建。在正常情况下，这是必要的，也不会引起区域间的矛盾。但是，由于行政本位的存在，也可能导致重复建设、资源共享不充分等问题。例如从平阳县析置苍南县之后，苍南为了有一个自己的出海口，集资筹建了一座新镇龙港，与原有港口、平阳县的鳌江镇隔江相对，并行发展。这一举措本身是有远见的，然而由于龙港与鳌江分属苍南与平阳，难以统一规划，对港口岸线的合理共享，对统一形成浙江最南部的经济重镇，都会产生一些掣肘作用。

所有这些现象，对充分合理地利用自然资源和人文资源，提高经济效益、社会效益和环境效益，加速城镇和区域的发展会造成一些障碍，而在城市化加速发展的时期，城镇与城镇之间、城镇与区域之间因行政本位引起的矛盾还将不断出现。因此，在城市化过程中注意克服因行政本位倾向给城镇合理发展带来消极影响是很有必要的。

克服行政本位倾向的消极作用，首先要转变观念，克服计划经济年代强化行政职能所遗留下来的历史惯性。要知道我国行政区划有悠久的历史沿革，尽管有变化，基本上是一种静态的人为的东西。城市化则不同，是近代工业发展的产物，城镇的产业集聚与人口集聚方兴未艾，它们的盛衰消长主要不是决定于行政行为，而是受时代条件和区域条件的制约。换句话说，城市化是动态的、不以人们意志为转移的。因此，当动态的城镇发展与静态的行政区划发生碰撞时，有关区域的政府要避免单纯从行政本位的立场考虑问题，尽可能为城镇正常发展开道。其次，要改革城镇及其相邻行政区域划地为牢的传统习惯，创造条件在户口、投资、就业、土地批租、住房等方面逐步做到互相开放，促进共同发展。要树立区域行政管理机构的职责主要是服务，而不是守土的观念。第三，要有处理城市化与城镇发展过程中涉及行政区划变动问题的调研和协调机构。遇到城镇发展受到行政区划摩擦时，经过充分调查、研究和论证，制定解决问题的方案。这类机构可以是非常设机构，也可以是政府调研机构的一部分，但调研工作的组织必须由高一级政府牵头，方案的审定必须由高一级政府负责，把调研工作的科学性与高一级政府决策的权威性结合起来。

2.避免和克服建制镇规划建设中行政行为的某些盲目性

自从 1984 年中央一号文件下达以后,掀起了一个设置建制镇的高潮。同年 11 月《国务院批转民政部关于调整建制镇标准的报告的通知》发布之后,建制镇又有大幅度增加。

随着农村商品经济和乡镇工业的蓬勃发展,集镇作为联结城乡的桥梁和纽带,在促进城乡经济交流和发展上,显示了它的重要作用,中央作出在具备建镇条件的乡,撤乡建镇,实行镇管村体制的决定是正确的。

大量建制镇的设置,除了绝大多数镇符合"总人口在 2 万以下的乡,乡政府驻地非农业人口超过 2000 的,可以建镇;总人口在 2 万以上的乡,乡政府驻地非农业人口占全乡人口 10％以上的,也可以建镇"这一基本的人口标准之外,镇与镇之间其他现状条件和发展条件是千差万别的。最重要的是交通位置、商业腹地、腹地内的人口和经济基础、集镇网络的制约状况和高一级城镇的吸引力等。因此,在建制镇规划建设中必须充分研究现状和发展前景,以免流于保守或冒进。这一点,不少镇的领导层是清醒的,作出了依据较为充分的规划和建设安排。然而,在基层城镇行政主宰的氛围仍然相当浓重的今天,也有一些镇的政府机构对本镇的发展条件和前景研究不充分,而是从行政本位出发,横向攀比,盲目建设专业市场以及其它经济性和非经济性项目,造成资源的大量浪费。

为了避免不必要的损失,在全省范围内应该作出三种预测,以利对基层城镇的规划建设起一定的指导作用。

第一种预测是城市化前景预测。这种预测必须测算出全省人口的顶极规模和城市化的顶极水平及其出现的年份,以便掌握最后留在乡村的极限人口数量,这部分人口对建制镇未来的生存是一种基本条件。

第二种预测是城镇体系预测。这种预测的主要任务是展望未来一段时间城镇的空间分布与规模结构,以此为依托,估测各级城镇的发展规模,以便给大批建制镇提供指导性的发展前景。

第三种预测是建制镇发展条件的前瞻性评价。这种评价也是一种预测,它根据集镇发展的各种要素和影响因素,结合资料的可得性,选取若干基本的指标,采用适当的评价方法,得出所有建制镇发展条件优劣的排序,给各个建制镇的发展规划提供一个参照系。

这三种预测在浙江都已取得了有价值的成果,继续深入研究可以使这些成果具有更高的应用价值。当然,全省性的预测毕竟是梗概性的,要使这类预测更有实用价值,更具有可操作性,对建制镇发展的指导作用更为直接,可以扩大到市(地)和县(市)两级,但市(地)、县(市)两级的预测必须与省级的预测互相参照,才不至于严重失准。

五、迎接新世纪城市化的挑战

1.下世纪前期浙江城市化走势强劲

一位外国地理学者曾提出,各国城市化过程速度变化具有阶段性,其历史轨迹为一条 S 形曲线。[①] 以后我国学者对上述论断进行了数学模拟,得到了城市化历史进程的微分方程。

---

① (美)R.诺瑟姆:《城市地理学》,纽约,1979(英文)。

根据城市化历程的曲线,城市化速度与它所处的阶段密切相关。[①] 换句话说,城市化初期(城市化率大致在 20% 以下的时期)速度较慢,曲线变化平缓;进入中期后,速度加快,曲线陡急上升;到了成熟期(城市化率约在 65% 以上的时期),曲线重新趋缓,最后稳定在 75%～80% 的高水平上。浙江城市化的现状,按 1996 年年末统计数据,其水平为 32.59%,处在城市化的中前期。按照正常的发展进程,今后 30 年将是城市化的快速发展时期。

不久前,我们曾用时间序列法、国内生产总值总量法、生命指数与机械变动法、农村劳动力转移法四种方法预测浙江跨世纪的城市化发展水平,将几种方法所测得的数字作几何平均,得出下世纪前 30 年的城市化水平为:2000 年 38.26%,2010 年 45.68%,2020 年 53.60%,2030 年 61.99%。城乡人口比重转换年份为 2016 年。[②]

任何预测都是以参数的设定为前提的。参数所代表的是影响事物发展过程的基本因素及其量的变化趋势。就城市化前景的预测来说,不同的方法所考虑的因素虽然不同,但是,在它们的背后直接间接反映城市化速度与水平的主要因素是人均 GDP 与人口自然增长率的变化。

浙江省国民经济和社会发展"九五"计划和 2010 年远景目标纲要提出,2000 年人均 GDP 达到 1.2 万左右,2010 年将上升到 2.4 万左右。现在,实现 2000 年计划目标估计不成问题,2010 年的目标如果能够实现,那么这一速度与二战后经济起飞的亚洲国家和地区相比,仍然是属于高速度的一类。经济增长是扩大社会就业的决定因素,也是支持城市化的决定因素,从 1990—1996 年的浙江 GDP 与从业人员变动的关系来看,GDP 每增加一个百分点(按当年价计算),从业人员增加 0.195 万人,其中第一产业减少 0.631 万人,第二、三产业增加 0.826 万人。显然,经济的增长从两个方面同时支持着城市化的发展:一方面使就业人数增加,另一方面,促使农业劳动力向第二、三产业转移。不论是就业总人数增加还是农业向第二、三产业转移人数增加,都是城镇人口或"城镇化了的人口"的增加,都推动着城市化水平的提高。

人口增长率的降低从另一个侧面支持城市化速度的加快和水平的提高。如所周知,城市化水平是城镇人口占总人口的比重,城市化速度是城镇人口比重的年平均增长率,二者都受总人口增长速度的约束。如果人口增长率高,而城镇人口增长率不高于总人口的增长率,那么,即使城镇人口有所增加,也只能说有城镇发展而没有城市化的进展。南亚和非洲的一些国家城市化水平长期难以提高,就属于这种现象。反之,如果人口增长率低,而城镇人口增长率较高,则城市化速度较快。浙江从 80 年代起育龄妇女总和生育率就低于替换水平,进入 90 年代以后,总和生育率已经多年稳定在 1.4%～1.5% 的低水平上,按照现行生育政策,21 世纪前期生育率不会显著回升,因此,未来二三十年全省人口自然增长率将从目前 0.5% 左右的水平上继续下降,预计到下世纪 20 年代将进入第一次零增长。人口在增长速度递减的过程中增幅渐趋微小,城镇人口在经济高速增长的过程中增幅将有所加大。二者形成强烈反衬,将使本省城市化的走势相当强劲。

近年来改革触及了深层次的问题,企业减人增效,下岗人员增多,工业产品由卖方市场转向买方市场,商品销售趋于疲软;加上亚洲金融危机的波及,进出口贸易受到影响,经济快速增长的势头受到一定程度的抑制,城市化水平还能不能像预期的那样快速提高呢? 这是

①　焦秀琦:《世界城市化发展的 S 形曲线》,《城市规划》,1987 年第 2 期。
②　王嗣均、尹文耀:《2020 年浙江农村社会发展问题研究报告》(1998 年 4 月打印稿)。

需要思考的问题。应当认为,经济波动会在短期内影响城市化速度,然而,只要在经济起飞的时期,保持适度的高增长,加上人口自然增长率向零趋近的有力帮助,城市化作为人类历史上社会结构变动的一个阶段,特别是在这一阶段的中期,其总的快速发展的趋势不会根本改变。

2.未来的城市化应当围绕可持续发展的战略目标

在下世纪前期城市化快速发展的过程中会暴露出种种问题,需要通过经济的进一步发展和适当的政策调节去加以解决。但是最根本的问题是要从城市化与城镇发展过程的各个方面,把既满足发展又坚持可持续发展的战略目标结合起来。这里仅仅围绕这一目标提出三个问题供有关方面参考。

(1)要把城市交通方式作为可持续发展的战略性问题来考虑

城市交通问题涉及城市道路的规划建设、交通方式取向以及交通的组织与管理等等。从可持续发展的角度来看,交通方式取向是其中的核心。

城市要现代化,城市交通当然要先行,使城市生活顺畅运转。现代城市交通都是多种交通方式的组合,但不同国家、不同城市的侧重面有所不同,大别而言,主要有两种:一种是以私人汽车交通为主的组合方式,另一种是以公共交通为主的组合方式。

在当代发达国家,私人汽车已经主宰了城市交通。一些发展中国家私人汽车作为交通工具的也越来越多。有的城市,如曼谷,仅仅从80年代后期至90年代前期的几年时间里,私人小汽车便充满了大街小巷,成为世界注目的汽车拥挤的城市。我国目前私人汽车还不多,但城市汽车拥有量增长的速度相当快。例如,1983年到1994年北京汽车增长了5倍,同期杭州增加了3.6倍,私人小汽车拥有量增加的迹象也开始显露。在这城市公共交通拥挤,而私家汽车开始露头的今天,城市交通向何处去,确实是一件需要从长计议的大事。

根据我国国情和浙江省情,笔者认为,我们应走以公共交通方式为主、私人汽车交通方式为辅的城市交通发展道路。理由是:第一,我国城市的人口密度大,与西方同样人口规模的城市相比,占地面积要小得多,大中城市的通勤距离不算太大,现代化的公共交通应该可以满足城市居民工作和日常生活的需要。第二,我国人口多,人均石油资源短缺,以各种公共交通组合为主的交通方式在单位时间内可能通过道路断面的客流量比私人交通要大,而消耗的能源比私人交通要少,有利于节约能源,保护城市环境。第三,以公共交通为主的城市交通,社会车辆拥有量较少,车流占用城市道路与车辆占用停车空间都比以私人汽车为主的交通方式要少,有利于节约土地资源。第四,通过以公共交通为主的城市交通方式对能源的节约,有助于延缓石油资源枯竭的时间,从而可以为寻找、研究、开发替代能源赢得一部分宝贵的时间。

当然,公共交通也有它的弱点,大中型公交车辆都有固定的行驶路线,且受行车密度限制,个人出行的直达性和灵活性不足,不能给人以最大的方便。正因为如此,公交才会在发达国家和一部分发展中国家的城市受到冷落。因此,提倡公共交通必须同城市街巷改造、各类交通工具合理搭配、交通企业营运管理以及道路交通管理等环节的改善结合起来,创造一个便捷、舒适的交通环境。这应该说是可以做到的。

一个原则性的问题是以公交为主的城市交通方式如何与国家的产业政策协调一致。我国政府把汽车工业作为支柱产业之一,扩大小轿车生产规模,鼓励私人购车以开拓国内市场。因此,在发展城市公共交通与私人汽车交通之间,大量使用私人汽车与节约资源、能源、土地,保护环境与可持续发展目标之间,客观上存在一定的矛盾,需要找到一个两全的对策。

　　(2)要避免郊区化的早熟倾向,严格控制住宅建设用地指标

　　当汽车进入中等收入以上家庭的时候,大中城市就开始进入郊区化的扩散过程,这在发达国家早已成为现实。改革开放以来,浙江经济发展速度走在全国前列,在不断加强的市场经济规律的作用下,城乡都有一部分人先富起来,他们从拥有汽车到向往拥有别墅式的独院住宅。这种人目前在城市属于极少数,但人数正在增多。他们的这种向往,是郊区化的一种先兆,从中可以预感到本省有可能出现一种郊区化的早熟倾向。对于这种动向,人们的认识不完全一致。有的认为,先富起来的人想改善居住条件是很自然的,满足他们的要求也未尝不可,国家既可以收到土地使用费,又可以繁荣建筑市场,收一举两得之效。也有的认为土地使用的关口不能松,否则耕地资源的保护将受到严重威胁。我们认为,对这种可能产生的倾向同样要从国情、省情出发,把改善居民的居住条件与可持续发展的战略目标联系起来:第一,逐步地、普遍地改善居民的住房条件。坚持以多层公寓式住宅为主的居住方式,根据人们生活的多种需要与经济承受能力,设计建设户型多样,平面布置合理的住房,创造容积率较高而环境宜人、生活方便的居住环境。第二,城市住宅建设用地指标必须符合国家规定的城市用地分类与规划建设用地标准(中华人民共和国国家标准 GBJ137—290),不能任意改变。第三,城郊建设别墅式住宅或住宅区群,必须按规定经过严格的审批,政府有必要制定或改善相应的行政法规,杜绝对宝贵的土地资源的滥用。

　　(3)要把城镇发展与乡村地区村落重组联系起来考虑

　　如上所述,浙江到 2016 年城市化水平提高到 50%。这表明,在此之前农村人口多于城镇人口,之后,则发生倒转,城镇人口将多于农村人口。不仅城乡人口的比重作这样的变动,就是农村人口的绝对数也将比现在大大减少,直到下一个世纪中叶后城市化水平达到75%～80%,农村人口从现在的 2900 万减少到 1000 万左右,才基本稳定下来。

　　我们知道,农村人口减少是城市化和人口自然增长率降低共同作用的结果,无论从人口过程现代化还是从社会经济发展的角度看,都是一种令人鼓舞的进步潮流。但是,在这股进步潮流面前,也会给农村带来难以适应的问题。在农村人口趋向减少的过程中,农村社区基础设施和生活设施建设将陷入两难的境地。主要将表现在三个方面:第一,在经济发展中,农村基础设施需要有大的改善,而基础设施服务对象渐渐减少,经济效益将降低。不论是交通、水利还是电力、通信、给水等都将遇到这个问题。第二,目前农村社区人口规模已进入极限,但村落仍在扩展。随着农村人口的减少,现在扩展着的村落将逐渐空虚,居民点体系和村落用地规模与人口规模随着人口减少逐渐萎缩,社区公共设施利用率降低,学校、医疗机构、文化活动场所、养老机构、交通通信服务等都将次第进入难以为继的境地。

　　顺应这种潮流,未来半个世纪农村实行村落重组势在必行。这是因为:第一,农村人口陆续减少,弃置的空宅逐渐增多,如任其自流,将造成土地的无谓浪费。第二,改革开放以来城市化和农村非农产业的发展正在发生与历史上农民被迫进山或散居僻处相反的过程,山村、小村的农民终将纷纷离开他们世代居住的小天地,进入中心村、集镇甚至城市谋生,造成散布的小居民点相继废弃。第三,基础设施、教育、科技、文化、卫生等资源的配置都要求有临界人口规模和合理的服务半径,居民点过小、过散、过于偏僻,对各种公共设施设置的经济性和服务的近便性不利。第四,在工业化社会,农村人口适当集中会导出若干就业岗位,产生一定的人口聚合的就业效应。

　　目前,农村人口规模收缩刚刚初露端倪,距未来农村居民点定格还有一段路要走。但是农村的村落重组与城镇聚落的发展壮大是城市化过程在乡村与城镇两个方面的必然趋势,

我们完全可以预见到实现城市化后农村居民点最终的基本格局。因此,在进行城镇规划的时候,不能忘记乡村规划。要在适当的时候,做好村落重组规划。一般地说,可以考虑把乡镇范围内的居民点收缩为两个层次,一是乡镇中心,二是自然村与行政村合一的为数不多、较为集中的村庄。在规划基础上分步实施,滚动修订,不失时机地为节约土地、改善居民点体系与村落内部布局、全面提高农村居民点生活质量创造条件。

城市化与户籍管理制度改革

我国凝滞的人口城乡构成亟须破局

——兼评城市建设一项方针的提法[①]

人类过去、现在和将来都不能脱离农业而生存。然而,从产业革命以来的两个世纪中,为人类创造物质财富和精神财富的主要场所,已经由农村转到城市。与此相应,人口也从乡村转入城市。最近30年,科学技术突飞猛进,许多国家工业高度发达,把农业人口绝大多数吸收到了工业和服务业。随着农业人口的急速减少,农业技术装备广泛替代了大量农村人手,大大提高了农业劳动生产率和农产品产量。结果,尽管农业每时每刻都维系着人类生存,但农村人口还是大批离开故土而进入城市。而且,由于电子技术广泛应用而带来的生产自动化,又使城市劳动力的产业结构发生变化,服务业人口超过了制造业人口。这些转变,一步比一步有力地推进社会经济的发展。

在当代世界上,不仅发达国家的人口已经大部分从乡村转入城市,就是发展中国家,也正在加速这一进程。现在,全世界已有40%左右的人口居住在城市。这种世界性的乡村人口大规模向城市转移的现象,有人称它为"二十世纪的伟大人口迁移"。

我国50年代虽然曾一度经出现过乡村人口转变为城镇人口的苗头,但随着50年代末60年代初的灾难性经济挫折,一部分进城农村人口被要求迁返农村,城镇人口比重增而复降,随后,受十年内乱的全局性破坏,人口城乡构成几乎处于冻结状态。结果,拿1953年到1978年全国城镇人口增加数同总人口增加数相比,城镇人口从7726万增加到11954万,增长54.7%;总人口(不包括国外华侨和留学生)从59019万增加到97523万,增长了65.2%。城镇人口增长幅度还不及总人口增长幅度,使这一时期城镇人口占总人口的比重从13.26%,下降到12.52%。应当指出,城镇人口的这点增加在很大程度上还是城镇内部自然增长的结果。很明显,在"二十世纪的伟大人口迁移"中,我们落伍了。

必须清醒地看到,经历了1/4世纪,乡村人口仍然保持在87%左右,而且其中有97%是农业人口,城镇人口和非农业人口比重一直徘徊不前,城乡人口比例关系甚至出现倒退的反常现象,这种情况决不能视而不见。今天,人口的城乡构成已经成为间接衡量一个国家经济发达程度的标志,它像一面镜子,反映一个国家的经济状况。没有一个发达国家城市人口不是超过乡村人口的,也没有一个乡村人口比重很大的国家其经济不是落后的。我们不妨把世界各国按城市人口占总人口的比重分级编组,并与人均国民生产总值的平均数相对照,来

---

① 本文是1979年9月"杭州大学庆祝建国三十周年科学报告会"论文。原题为《我国城乡人口构成必须改变——兼评城市建设一项方针的提法》。

看看城市人口比重大小与国家富裕程度的关系。[①]

城市人口比重分组(%)	国家数量(个)	人均国民生产总值(美元)
60 以上	34	3858
40~59	43	2155
20~39	39	700
19 以下	42	310

从上表可以看出城市人口比重大小与富裕程度的相关现象,特别是城市人口比重在半数上下,显示出一条国家贫富差别的明显界线。我国与上表情况比较,也是完全符合这种关系的。以与上表统计年份相当的 1976 年为例,全国城镇人口比重为 13.4%,每人平均国民收入 139 美元(与表中国民生产总值不完全可比。在计算上比国民生产总值低些),同上表对照,两者都是属于最低一组。这种地位,是无论如何应该尽快摆脱的。

新中国成立初,我国农业人口不到 5 亿,现在发展到 8 亿多,有 3 亿多劳动力。耕地面积变化不大,还是 15 亿亩左右,农业人口每人平均耕地面积越来越小。在人口稠密的地区,问题更加突出,由于每个农业劳动力所负担的耕地面积实在太小,在基本上还是手工劳动的今天,劳动力就大量剩余。只是在集体经济体制下,无论劳动力怎么多,生产队的管理者,都得把社员常年的劳动日安排下来,以避免农村劳动力大量盲流的现象。但是,正是在这一点上掩盖了人地矛盾,似乎集体经济使农村人人有事做,个个有饭吃,不存在劳动力过剩问题。毫无疑问,人民公社在这方面显示了自己的"优越性",把日益增长的农村人口容纳了下来。然而,农村集体经济组织容纳现有全部农业人口,只是提供了就地解决劳动力出路问题的表象,把本来有大量剩余劳动力的广大农村,变成表面上"人人有活干"的家园。这种情况,无形中冲淡了政府对解决农村劳动力出路问题的紧迫感,把劳动就业的问题仅仅看作是城镇的问题,漠视农村劳动力迫切要求从"集体的小农状态"中解脱出来,易地(或就地)投向非农产业领域的现实问题。模模糊糊地认为这个问题还提不到议事日程上来,从而没有为逐步解决农业人口转移问题,从体制上做出应有的改革。

事实非常明显。我国农村尽管依靠人民公社的集体力量,进行大规模的农田基本建设,改变耕作制度,提高复种面积,改进以农业"八字宪法"为内容的农业技术,国家又逐年增加机械、化肥、农药等生产资料的供应,作物产量特别是粮食产量增长的幅度不算很小,但是由于人口增长快,每人所占的农产品数量增加有限,农业劳动生产率没有显著提高。同解放初期相比,每人平均用粮水平只是略有提高,其他作物和林、牧、渔产品产量的增长,多半还达不到粮食作物那样的速度。劳动力不断增多而劳动手段受到限制的矛盾,实际上早就十分严峻,非常尖锐。

当然,这不是说就现状而论农村容纳劳动力的潜力已经挖尽,在过去相当长的一段时间里,形而上学泛滥,把"以粮为纲,全面发展"的方针,歪曲到唯粮独尊的地步。农业中种植业的粮、棉、油、麻、桑、茶、糖、菜、烟、果、药、杂往往不能统筹兼顾,林、牧、渔、副各业更加不被重视,有的经营活动甚至被当作"资本主义尾巴"来割。现在提倡五业兴旺,并且调整农村经济政策,农业劳动力的利用率会有所提高,农民的收入也会增加一些。但是劳动力与劳动手

[①]　根据"1977 年世界人口资料"中 158 个国家和地区的资料归类整理。

段之间的矛盾依然存在,大量农业劳动力的转移是势在必行的。近年来,农村社队企业发展迅速,社队工业尤其具有吸引力;另外,不少地方农民得到社队允许,有组织地外出寻找活计。这些都证明农民蕴藏着摆脱现行体制对劳动力的束缚,争取实现劳动力产业转移和地域转移的强烈愿望。

我国农业人口与土地之间矛盾的尖锐化,人口基数过大、增长过快当然难辞其咎。但是,从现代眼光看问题,农业劳动力难以实现向非农产业及其集聚地——城镇正常转移,已经成为主要矛盾。这里,基础性的问题是工业化及伴生的城市化水平过低,发展过于缓慢。没有工业化的强劲势能,自然难以产生其他产业和城镇体系蓬勃发展的动能,也就不可能迅速实现农村大量剩余劳动力的产业转移和向城镇的空间转移。

人口过多、增长过快与工业化、城市化滞后这两个因素往往还互相作用,产生恶性循环:工业化、城市化迟滞,农村人口转移不出去,大多数人滞留在农村,人地关系越来越尖锐,而且乡村人口的自然增长率一般高于城镇人口自然增长率1/3以上,农村人口比重愈大,总人口增加愈快;而人口增量愈大,国家消费基金需要也愈大,扩大再生产的资金积累就会捉襟见肘,从而阻碍工业化和城市化的发展。

新中国成立30年来,我国经济发展太不稳定,政治运动干扰太多,形不成一个长期稳定发展的局面,不能让农业劳动力陆续转入新的生产领域和新的发展空间,只好被牢牢地困在农村。

现在,关于控制人口增长的问题,国务院有关部门已经作出规划,要求今年把自然增长率控制在10‰以下,到1985年降到5‰左右,再逐渐下降,到2000年出生率与死亡率持平,人口自然增长率降到零。[①] 关于工业发展以及在此基础上的国民经济各部门的发展,也有一个在本世纪内走在世界前列的规划目标。这两个规划目标都很积极,要在规划期限内实现,任务非常艰巨,甚至有点可望而不可及。不过,无论如何,在本世纪最后1/5时间里,呈现在我们面前的前景是,人口增长将得到有效的控制,工业和国民经济其他部门将得到较大的发展,农业人口向非农产业转移、乡村人口向城镇转移,将会进入一个相对正常的发展时期。

当然,我国人口多,底子薄,积累不容易,现代化建设的速度不可能要求过快。乡村人口和农业人口的比重在短时期内不能要求降低到像发达国家那样的水平。但是,我们应该有一个基本认识,人口总量大,在农业以外从事生产和服务的人也要多。假如今后我国人口稳定在某一个数字上,那么,除了按照农业技术条件,投放能够满足全国对农产品需求的劳动力之外,其余劳动力都应当转向非农业领域,主要是转移到各级城镇的生产部门和服务部门。只要工业化有一个积极而持久的发展势头,非农产业人口和城镇人口的绝对数,应当在不久的将来超过世界上任何一个国家。然后继续前进,到一定时候,形成一个既符合国情而又反映现代化经济社会发展水平的、相对稳定的人口城乡构成。这种过程,发达国家大都已经成为过去。例如:英国是老牌资本主义国家,产业革命后,工业大发展,到1861年城市人口的比重到达了62%,以后缓缓上升,近半个世纪来,大体上稳定在近80%的水平。美国本世纪初有60%的人口住在乡村,随着工业的发展,大部分乡村人口陆续转入城市,50年代城市人口冲破60%,现在大致稳定在75%左右。日本1950年城市人口不过38%,从50年代后期开始,工业高速成长,1960年城市人口比重已上升到63%,此后不到20年,城市人口又

---

①　见陈慕华:《实现四个现代化,必须有计划地控制人口增长》,《人民日报》1979-8-11。

达到现在的 76％，大有向 80％ 的比率冲刺之势。苏联从 1926 年到 1939 年，城市人口从 18％ 上升到 33％，卫国战争时期一度中断，战后又随着工业的进一步发展而上升，现在已占总人口的 60％ 左右，还有缓慢上升的趋势。这里，一方面表明这些国家在工业强劲发展之下实现了人口城乡构成的转化，同时，它们的新城乡构成也或多或少反映了国情。国土面积小、人口密度大的国家，工业化后乡村人口比重降得特别低；国土面积大，人口相对稀疏的国家，尽管城市还有能力容纳更多的人口，农业只需要很少的劳动力，乡村人口比重还是稍稍大一些。我国国土面积大，与苏、美相似；人口密度高（就适于开发的面积而言），与日、英类同；人口比它们多几倍至十几倍，则与它们都有重大差别。根据这一特点，是否可以说，我国今后城镇人口数量比上述国家都应多得多，而为了保证全人口的农产品供应，农业的集约化既要体现在先进技术的应用上，又要发扬传统的精耕细作，两者必须并行不悖，乡村人口的保留也要比国土大而人口不如我们多的国家多得多。但因人口基数大，农业人口的比率不应过高，表现在人口城乡构成上与这些国家还是应该大体相当。

这样说，是不是对我国人口城乡构成的转化过分乐观了呢？非也。这里必须注意两个条件：

第一，不要忘记一个前提，就是尊重经济社会发展的客观规律，一刻也不放松抓住经济发展这个牛鼻子。做到这一点，就会自然而然地体现人口城乡构成转化的必要性和可能性。这方面，我国早就有过自己的经验。50 年代从国民经济恢复时期到第一个五年计划时期，随着城市的整顿、改造和建设，工商业得到了恢复和发展。同时兴办了各种人民事业，劳动力需求年年有所增加。在这个时期里，国家还按计划兴建了一批大、中型工交项目和一些新的城镇，从而从农村吸收了相当数量的劳动力。1958 年，在"国民经济大跃进"的形势下，曾经出现了连续三年使大量的农村劳动力转入城镇的局面，只因国民经济离开了正常发展的轨道，高速度不能持久，经济受到严重挫折，导致部分进城农村人口返乡。在"文化大革命"十年内乱期间，更使经济走到崩溃的边缘，城镇劳动力就业问题更加雪上加霜。"文革"结束以后，中央拨乱反正，把工作的重心转移到社会主义现代化建设上来，生产得到恢复和发展，使国家能够采取广开就业门路的措施，积极发展手工业、修缮业、商业、服务业、养殖业、饮食业、旅游业、城市公用事业、园林绿化事业和其他有需要有条件发展的企事业，使待业人员逐步得到适当的安置。在三年调整的第一年，就将解决 700 多万人的就业问题。[①]

上面列举的这些劳动岗位，大都是服务性质的，而且仅限于安置城镇现有待业人员。这是因为城镇就业问题亟需解决，而这些行业投资少，岗位多，牵涉面广，社会需要，发挥作用快；同时，自从 50 年代资本主义工商业社会主义改造以来，市场萎缩，国营、公私合营、集体化工业企业职工比重上升，商业、服务业职工比重下降，城镇劳动结构不尽合理，充实这些行业的从业人员，对满足城镇生活正常运转也是必不可少的。至于开辟新的产业，进一步扩大就业而吸收农村劳动力，还需继续努力。纵然如此，没有这两年生产的恢复发展和社会安定，要办到现在所办的这些也是不可能的。这正反面两种经验，难道不是证明了只要毫不放松经济建设和各项事业建设，避免头脑发热和思想僵化两个极端，经常注意国民经济的比例关系，调整生产关系中某些不适合生产力发展的环节，稳定地吸收劳动力，使农业劳动力获得正常的转移出路是完全可能的。

第二，不要忘记农民对农业人口转化为非农业人口的积极性。前面已经提到农村社队

---

①　见华国锋：《政府工作报告》，人民出版社，1979 年，第 25 页。

企业的问题。从人口问题的角度来说,社队企业是农民依靠自己的力量,有组织地实行劳动力转移的一种形式。过去,社队企业受到种种限制,处境相当困难,然而它们在困难中前进了,壮大了。现在国家给了社队企业以应有的地位,而且各县建立了相应的机构来领导这一事业的发展。根据各地调查,社队企业兴旺的县份,从业人员达到农村总劳动力的20%以上,产值占农村三级经济的50%～60%,其中大部分是社队工业的产值。只要善于因势利导,把社队的积极性同国家的扶植结合起来,在社队企业发展的基础上,使数量可观的小集镇逐步壮大起来,也是完全可能的。这些未来的城镇,在我国城镇体系中,应该有它的地位,其人口在城镇人口构成中也应该有自己的份额。如果因为统计口径的缘故,暂时未把他们计入城镇人口之内,那也不要紧,本质的问题是,这条途径在一定程度上反映了农业劳动力的解放,部分地实现了农业人口向非农业人口的转化。

我们是社会主义国家,办起事来全国有个统一性和计划性,这是一种长处,也是一种优越性,便于全面调动社会的和自然的各种有利因素,把经济建设搞上去,把人口增长速度降下来,使大多数农业人口从土地上陆续解放出来,建立新的经济结构和人口城乡结构,改变国家的落后面貌。可是人们往往把统一性和计划性绝对化,反过来变成束缚自己思想和手足的消极因素。也有人经过国民经济的几次反复,吓怕了,因而对改变人口城乡构成现状的问题,连想都不敢想它。

常常听到有人说,现在城市人口多,各方面安排都有困难。这种说法,也对也不对。目前我国经济状况对解决城市各方面的问题确有困难,但是说城市人口多,却未免有点短视。我国有9亿多人口,农业主要解决吃的问题,另外解决一部分穿的和用的问题,其余大都要依靠以城镇为主要基地的工业来解决。只要不是满足于落后的现状,这点城镇人口是怎么也说不上多的。苏联和美国都是2亿多人口的国家,城市人口都有1.6亿左右,比我国多几千万;而且乡村人口中还有相当大的一部分非农业人口。印度是6亿多人口的国家,在世界上算得上是落后的,它的城市人口也比我国多。我国有这么多人口,土地面积占世界第三位,为什么1.1亿多城镇人口就嫌多了呢?

还有一种说法是,城镇人口不能再增加,否则农业养不了城镇。这种说法也不完全站得住脚。我国农业所生产的食物和工业原料,还不能使城镇居民饮食很丰富,也不能保证以农产品为原料的工业放开手脚发展,因而这些工业部门不能大量吸收新劳力,这是事实。但这不等于农业养不活城镇人口。人在城市要吃饭,在农村也要吃饭。至于工业原料,过去轻工业大部分依赖农产品,现在除食品工业和造纸工业外,其它轻工业部门,包括纺织工业在内,正在逐步减少这种依赖。这些都是明显的。我国60年代中期的几年,农业养活这么一些城镇人口,确实显得很紧张,但这不能归咎于城镇人口增加,主要原因在于前一段时间不尊重经济规律的作用,后一段时间受到“文革”的破坏。当政治稳定,政策有利于调动农民积极性的时候,市场供应就很快好转。1962年到1965年的几年是这样,“文革”以后的情况也是这样。在那些经济遭到摧残的年头,要说农业难以供养城镇,城镇又何尝能用自己的工业产品去满足城市本身生产和生活的基本需要呢? 所以,应当提出这样的问题:是农业养不了城镇,还是体制存在问题? 城镇一切部门中,有许多为社会创造物质和精神财富的路可以走,只要有资金有市场,完全可以向生产的深度和广度进军,既满足国家建设和人民生活的需要,又解决劳动就业问题。然而,这种迫切需要而又可以办到的事,总是受体制束缚,互相掣肘,阻碍发展。例如,一个县办的水泥厂,资源条件与厂址都很好,按50万吨规模预留了用地,但这个厂长期只建10万吨的规模,产量还达不到这个水平。为什么呢? 据说县里怕办大了地区要管;后来属地区管了,地区也不想办大,怕办大了省里要管。上级管了,下级只能分成,好处不多。就这样,不管国家建设与人们生活需要,这种热门产品产量老是上不去,工商业发展不起来,农村劳动力也就不可能被吸收。有一些产品,譬如卫生设备,陶瓷和水泥都可以做,原料很多,市场供应却很紧张,新建住宅安装不上,原有住宅不能及时更换,用户干着急。建筑施工队伍也是这样,城镇待业人员不想干,又不能向农村招收,只好让许多公社建筑队到城镇去打零工。这些说明我国的经济体制有缺陷,把这些缺陷革除,把可以办需要办的事情办起来,不但城镇现有待业人员的就业问题不难解决,逐步吸收农村劳动力的可能性也是实际存在的。

过去我们一讲支援农业,首先想到的总是多给农业一点机械、化肥等生产资料。从来没有尝试过另外一种"支农"方式,那就是工业搞得快一些,商业搞得活一些,把其他事业带动得多一些,向农业多要走一点劳动力。如果两者结合起来,效果会好得多。举个例子来说,我国从农业合作化后就提出了农业机械化的任务,20多年过去了,到现在还没有达到农业基本机械化的目标。为什么呢?有多方面的原因。其中有一条,就是有的机械农民欢迎,有的不欢迎。南方试验水稻插秧机和收割机已经10多年,出过许多型号的产品,也作过试点推广,直到如今还是推不开,不是农民不想减轻劳动强度,不想提高工效,而是机械没有胜过农民的精工细活,不能给农民带来更高的收入,反而增加开支。既然如此,放着那么多的农业劳动力不用,还要机械干什么呢?所以,在人口稠密地区,没有高度工业化去吸收大量劳动力,使农民大批地从土地上解脱出来,农业要机械化,仍然是一句空话。

这些年来,在城市建设的方针政策方面,也有一些束缚城镇建设手脚的地方,对实际工作不利。这里着重讨论一下关于城市规模的一项方针的提法问题。1965年以来,城市建设部门一直在执行一项"搞小城市"的方针。小城市规模小,职工上下班距离近,内部交通不复杂,市政设施造价较低,生活供应容易解决,环境质量不易恶化,接近农村,便于城乡交流,而且有利于战备,等等,有许多优点,这是现实生活所容易了解的。但是,既然把"搞小城市"作为一项方针,那么对其它各种规模等级的城市应该怎么看待?现在有一种笼笼统统的说法,叫做控制大城市,发展小城市。到底大城市为什么要控制?小城市为什么要提倡?小城市有许多优点,大城市有没有?却没有作出应有的回答。事实上,大城市交通方便,工业部门多,生产协作条件好,教育科研机构集中,技术力量强,生产水平高,是全国或省区经济和文化发展的杠杆;同时,市政设施比较完善,物质文化生活条件也比较好,这些正是小城市所不具备的。而这些物质要素和精神要素综合起来,有利于创造较高的劳动生产率。我们曾粗略地分析过一个省的大中小城市和县镇工业全员劳动生产率的材料,它们之间存在着正相关的现象,即从县镇到大城市,全员劳动生产率一般是随着城市规模的增大而提高。国外在讨论城市规模的文献中也有类似的材料。应当认为,判断城市规模合理与否,劳动生产率的高低是一个极其重要的因素。列宁在论述消灭城乡对立时,曾经"肯定"资本主义社会大城市的进步性。[①]斯大林在经过30多年社会主义建设实践后,也得出"不仅大城市不会灭亡,并且还要出现新的大城市"[②]的结论。所以,小城市有小城市的优缺点,大城市也有大城市的优缺点,此方的优点和缺点,往往是彼方的缺点和优点。各级城镇都有自己的优缺点,彼此不能互相取代,但可以优势互补。在"文革"流毒的影响下,多年来全国形成一股风,上头

---

① 见列宁:《土地问题与"马克思的批评家"》,《列宁全集》第五卷,人民出版社1959年,第132页。
② 见斯大林:《苏联社会主义经济问题》,人民出版社1952年,第23页。

讲的话,不问其讲话或批示的背景和具体条件是什么,拿了就当方针推行,结果往往牵强附会,生搬硬套,导致脱离实际的不良后果。

根据实际工作的体会,城市以什么样的规模为好的问题,至少,要在三个方面进行深入的研究:

第一,要从生产力布局的角度对城镇体系进行研究。

任何国家的城镇,其规模总是有大有小,所有大大小小的城镇各自影响一定的区域范围,合在一起就构成一个国家的城镇等级分布体系。每个国家的城镇等级分布体系,既体现本国具体条件下的特殊规律性,又包含各国所共有的一般规律性。关于一般规律性的研究,国外比较流行,这里不去说它。[①] 至于特殊规律性,首先是不同社会制度有一定差别。在同一种社会制度下,每个国家由于国情不同,也有自己的特殊表现形式。对我们来说,就是要研究我国社会主义制度下的城镇等级分布的客观规律及其表现形式。生产力平衡布局是社会主义制度的基本要求,我们必须根据这一基本要求,结合各地的经济、人口、自然和历史发展条件,来认识我国不同规模城镇的数量和分布的特征。这就是说,城镇发展的规模、数量和分布,即大、中、小城市和集镇在全国或某一地域内的搭配,具有客观性质,城镇体系中的任何一个等级的城镇,其大小受整个体系的制约,不决定于主观愿望。

第二,要从一个城镇的历史、现状、新出现的条件以及与相邻城镇的上下左右关系,对这个城镇的合理规模进行研究,为这个城镇的建设规模提出客观的依据。一个地方只有具备建设小城镇的条件,想大也大不起来;具备建设大中城市的条件,硬要限制它,不是限不住,就是违背客观规律,对经济社会进步造成损害。

第三,要从城市经济学的角度对各种等级的城镇进行系统的研究,用各种可比指标进行衡量,从而对它们进行综合评价。

可见,一无生产布局和城镇等级分布体系研究的依据,二无城市合理规模研究的依据,三无不同规模城市综合经济、社会效果评价的依据,只凭“唯上”的原则推行“搞小城市”的方针,除了对城市建设起限制作用之外,不会有多少积极的效果。

当然,这不是说城市越大越好。对于那些继续膨胀所引起的问题越来越不易解决的特大城市和大城市,需要适当调控;同时,也要把为数众多的中小城市和城镇建设好,使生产布局和城镇分布趋向平衡。这里所说的,只是要求从认识客观规律的基础上去制定方针,而不是拿领导人的某一句话,甚至一个词组,不加研究地去以偏概全,当方针推行,到处硬套,搞得大城市好像一无是处。像中国这样一个人口众多而经济落后的大国,有较多的分布相对平衡的大城市,对带动各地经济发展应该是一种积极因素,而不是什么灾难。

实际上,推行“搞小城市”的方针,并没有优先保证小城市的建设。我国设市的城市共有192个,其中大部分是一二十万人口的小城市,它们的建设条件一般不如大城市,发展速度也没有大城市快。尤其值得注意的是,数量上比设市的城市要多得多的城镇,仅县城就有两千多个。对这些城镇的建设,征收土地没有给予相应的劳动指标;市政建设所需要的经费,没有像城市那样有明确的三项费用的安排。一般县城都有相当数量的农业户居住,生产队的土地往往被征收得所剩无几,却不能让劳动力作正当的转移;城里有许多服务事业已经由城区农业队在经营,却不能承认他们是城镇居民。使未设市的城镇在建设中矛盾重重。这类城镇接近农村,建设得好,对吸收农村劳动力和推动农村建设是大有好处的。应当在政策

---

① 据日本地理学家高阪宏行归纳,各国学者研究城市等级分布体系的模式共有四大类十二种。

上妥善处理,为它们的发展创造条件。

　　总之,人口城乡构成的凝滞性和落后性一定要改变,因循守旧的思想状况一定要打破,要理直气壮地把发展我国城镇,大大地增加城镇人口,看作进步的事业。改变城乡人口构成的前提是工业化,有了高度工业化,就有其他各项事业的发展,就有劳动就业的出路。这是全世界人口城乡构成转化的共同道路。还有一条道路,大概是中国特有的,农村社队搞集体副业,搞到一定程度就办起社队工业。既利用当地资源,又接受来料加工,还可以搞一些产品的定点生产。社队工业一壮大,就可以使乡村工业化,再加上现在正在试行的农工商联合企业,将使一般公社中心及工商联合企业的集中点变成小城镇。过去对城镇发展,人口城乡构成转化起限制作用的一些方针、政策、规定、办法,哪些是积极的,哪些是消极的,都应该按实践是检验真理的唯一标准的原则加以鉴定,使人口城乡构成转化的过程始终得到政策的支持。

经济发展呼唤迁徙自由

户籍管理制度的每一次改革，都会受到百姓的极大关注。原因很简单，户口问题关系到每个公民的切身利益。自从1958年《中华人民共和国户口登记条例》（以下简称《户口登记条例》）规定限制农村人口向城市迁移，以及其后20年陆续发布的补充规定和实际措施出台之后，损害了千家万户的利益，伤害了人们的感情，也妨碍着经济的繁荣与社会的进步。改革开放以来，尽管国家对过去不合理的户籍和人口迁移政策作了局部的变革，但改革的力度很小，百姓心里仍然存在着许多悬念。时至今日，彻底改革迁移管理制度已势在必行，户政工作逐步退出控制农村人口迁往城市的特殊功能，还户籍管理以本来面目，已经是时候了。

一、要从理论上认识恢复迁徙自由的必要性

我国正处在工业化与城市化的时代，这一时代是人口大迁移的时代。工业化过程是传统的农业社会转变为工业社会的过程，在这一过程中，产业结构与就业结构同时发生变化，直到绝大多数农业劳动者转化为非农业劳动者，农业人口转化为非农业人口为止。工业及以工业为基础派生出来的第三产业的发展要以有利的区位为依托，而从农村转移出来加入第二、三产业的人口，就不仅表现为产业转移，而且表现为地域转移——即迁向具有地域优势的城市。这就是工业化总是与城市化孪生的根本原因。这种趋势是不以人们意志为转移的，我们应当顺应历史潮流，而不是设置障碍去限制农业人口转化为非农业人口，农村人口转化为城镇人口。如果强行抑制这种转化，即使一时奏效，最终也难免受到客观规律的惩罚。

在认识到工业化城市化时代农村人口向城镇迁移是不可抗拒的历史潮流的同时，我们也要看到向城镇迁移的人口最终会有规则地分布在整个城镇体系之中。目前我国不少地方实行的一味鼓励发展小城镇的政策，并没有多少科学根据，在工业化的初中期，大城市的领先发展倒是空间经济规律的表现。

在工业化时代，人口迁移与资本流动一样，是绝对必要的。资本向着能够取得满意投资回报的部门、产业和区域流动，人口则向着最具吸引力的工作环境和预期收益的地方流动，这是社会进步的动力。计划经济体制在对待人的问题上的一个致命伤，就是抑制了人的自我跨越能力，从而抑制了经济社会发展的原动力。

另外，还应当看到，迁移应该是公民的一种权利。人类的生存繁衍和进步从来都是与迁移联系在一起的。从土地依存型的农业经济时期到区位依存型的工业经济时期，迁移无不是为了发展自己，同时，也在无形中为国家和民族的繁荣作出贡献。

二、改革必须在迁移政策上重点突破

迁移管理制度改革的核心问题就是要删除《户口登记条例》第十条关于限制农村人口向城市迁移的规定,停止实行 1962 年 12 月和 1977 年 11 月两个文件中有关严厉限制农村人口迁往城市的补充性规定。

对迁移政策作大胆的改革,会不会带来严重的社会后果?答案应该是否定的。过去,对农村人口迁往城市作出限制,直接的原因是计划经济体制下造成的口粮和生活必需品匮乏,城市就业困难,住房紧张等等。现在,我们当然还不能说城市已经不存在吸纳农村人口的任何困难。但是,经过二十年的改革开放,造成城乡二元经济和社会结构的政治经济条件已经发生重大变化,迁移环境已有显著改善。具体表现在:(1)劳动力迁移的市场机制正在形成;(2)二、三产业创造就业机会的能力已经并且仍在继续提高;(3)就业观念正在更新,自谋职业逐渐取代政府安排,用工制度正在由固定制向合同制转变,同时社会保障制度正在逐步配套;(4)城镇建设投资正在以多渠道筹资的方式发展,城市设施欠账大大减轻;(5)城市居民生活供应的票证已全部取消,住房制度改革逐步向纵深发展,政府在这方面的财政补贴负担将大大减轻;(6)进城人口与城镇就业岗位缺口之间的矛盾已逐步得到自发与政府调控相结合的调整,农民进城就业趋向有序;(7)农村土地使用权流转制度的初步建立,给进城处于暂住状态的农民留有后路;(8)生育率持续下降,新一代劳动力增幅减小,新增就业压力相对趋缓。所有这些,都说明害怕放开迁移管制,对恢复迁徙自由顾虑重重,是缺乏根据的。只要经济持续发展,劳动力接受市场导向,政府加强宏观调控管理,就完全可以避免重大的社会震荡。

三、在改革迁移政策的同时必须改革有关的配套政策

要在打破限制性迁移政策的基础上顺畅地实现迁移自由,还必须同时改革在长时期内形成的阻碍城市化进程的不合理配套政策。这些改革,归纳起来可分为三类。

(一)改革直接阻碍城市化进程中人口迁移的有关政策

(1)要从"城市规划法"条文中删除"严格控制大城市规模,合理发展中等城市和小城市"的方针。这一方针是在六七十年代国民经济困难重重的背景下形成的。作为方针,它在理论上割裂城镇体系的整体性,在实践上早已受到改革开放以来城市体系发展现实的挑战。然而它对城市化进程及与之相联系的人口迁移的消极影响却长期存在,而且在实践上给人以城市化等同于小城镇化的误导。(2)改革不合理的户口性质划分标准。既然户口性质划分起源于城乡人口口粮的不同供给方式,那么,在粮票早已退出人们生活的今天,这样的户口性质划分还有什么必要呢?(3)废除农转非指标控制。(4)革除城市增容收费的做法。这种做法是计划经济体制下城市建设投资严重不足,基础设施和生活设施欠账过多的产物,也是长期以来无视迁入人口是城市财富创造者的结果。随着城建筹资渠道多元化与市场化,政府财政拨款在城建投资中的比重正在降低,收取迁入人口增容费已无必要。更何况迁入者一生所创造的财富总是大于其所得到的回报,他们的劳动剩余实际上已经部分地转移到了城市建设费用之中。

(二)改革间接阻碍人口向城镇迁移的城镇配套政策

(1)改革城市就业政策,不应以户口问题排斥外来人员就业。(2)改善办学体制,放宽城

市中小学入学的户口限制。(3)改革住房政策,城市住房政策不应该再与户口拴在一起。(4)完善社会保障制度。(5)完善人事档案代理制度。

(三)改革间接阻碍城市化性质人口迁移的农村配套政策

主要要解决两个问题:(1)健全土地的使用权承包和流转制度。由于乡迁城的迁移管制不可能马上放开,大多数进入城市的农村人口暂时还只能以暂住人口形式存在,他们可能因为经济出现短期波动或因个人缘故失去工作,一段时间内仍有可能流回农村。在这种情况下,农村必须健全土地使用权承包和流转制度,这既能解除进城农民迁移定居前的后顾之忧,又有利于农村土地的适度规模经营。(2)协调城乡计划生育政策。在小城镇户籍制度改革试点中,有些农民尽管已迁入城镇,却不急于转为城镇户口,原因之一是城镇的生育政策比农村要紧。在城镇育龄妇女总和生育率已经极低的情况下,可以考虑城乡生育政策并轨。

载《浙江法制报》2000 年 3 月 25 日"明镜周刊"第 11 号(第 3 版)

关于城乡划分标准问题的几点意见[①]

现阶段我国城镇化水平还低,城镇型居民区的扩散现象不普遍,城镇地域和乡村地域无论在经济条件和居民生活方式上都有明显差别,在制定市镇建制标准时,相应地制定较为客观的城乡划分标准,使建制的市镇能够比较实在地确定城镇地域,并在一般情况下使市镇政区符合城镇地域的范围,是完全必要的,也是可行的。可是,80年代初以来实行的放宽了的设市标准和1984年调整的设镇标准,脱离城乡划分标准的客观要求,往往撤县建市,撤乡建镇,结果以市代县,以镇代乡,而城镇实体的地域范围不清。1982年起,市镇人口的统计口径放弃了1963年的规定,把市、镇辖区内的总人口计作市镇人口。这本来是正常的,然而由于撤县建市、撤乡建镇的情况大量存在,放大了市镇政区,在城镇实体范围不清的情况下,统计上夸大了城镇化的水平。加上农业人口和非农业人口算法上的缺点(这一点1988年8月已在国务院批准的国家统计局《改革我国农业、非农业人口划分标准的试行方案》中得到了纠正——作者注),使本来已成问题的城乡划分标准更具进一层模糊的因素。以上问题的存在,使精确统计和正确认识城镇的经济和社会状况发生困难,对制定政策,编制规划,指导工作不利,同时也给学术研究和国际对比带来不便。

合理确定城乡划分标准,必须同时解决以下四个问题:

一、建立合理的市镇建制标准

我国现行设市标准仍然沿用国务院1955年的规定,聚居人口在10万以上的居民点可以建市。人口不足10万的,须是规模较大的重要工矿基地、省级国家机关所在地、物资集散地或边远地区的重要城镇,并确有必要时,方可设市。这一标准基本符合我国人口众多的国情,只要不把市的行政辖区与城市实体的地域范围混同,即使设市的人口标准有点摆动,也不至于影响城乡划分标准。影响较大的倒是来自镇的设置。1955、1963、1984年的三次规定,设镇标准中的聚居人口数和非农业人口比重两项指标各不相同,镇的个数和人口数也随之波动。1984年建镇标准调整后,各省区新建制的镇大量涌现,但掌握的标准不完全一致,甚至有相当大的出入,说明镇建制标准带有一定的不确定性,从而也使城乡划分标准带有某种不确定性。我们认为我国幅员广大,在特殊坏境下建镇标准有些差别是允许的,但从国家宏观控制和国内统计数字有可比性的角度考虑,设镇的人口标准宜基本统一。这里需要提一下的是,1984年调整的标准,虽然提供了大体统一的人口尺度,但它着眼于变乡为镇,偏离了城乡划分的具体概念,仍然存在讨论的余地。按照我国的情况,聚居常住人口在3000人以上,其中非农业人口占70%以上,作为设镇

---

① 本文与韩波合作完成,发表时署名"王嗣均,韩波"。

建制的标准比较合适,因为它能综合地反映近期全国各地人口分布、经济社会发展程度和自然条件的特点。

二、合理确定市镇的地域范围

按现行市镇建制标准,市、镇辖区过大,农业人口比重过高,有必要建立一个以城镇地域概念为基础的市镇辖区标准。

任何城镇总有建筑物连绵的地域,这就是城市规划中常用的建成区的概念。建成区是城镇地域的基本部分,是市镇的主体。但是,城镇在成长,建成区的界线是一条经常变化着的动态的界线,一般不与任何一级行政区划边界一致,统计上有许多困难,因此需要有一条相对稳定的外围边界。外围边界可以取规划控制区的界线。按照我国城镇总体规划的年限,远期一般为 20 年,在远期规划中,通常都根据规划建成区确定一个规划控制区,这个规划控制区包括现状建成区和与城镇未来发展紧密相关的、有一定面积的、能够基本上满足规划期内城镇扩大等要求的郊区。由于控制区边界在一定时期内相对稳定,因此可以把规划控制区作为城镇地域范围来看待。规划控制区的范围,根据以下三个原则来确定:(1)规划控制区内的非农业人口占总人口的比重,城市不低于 80%,镇不低于 70%。(2)规划控制区应包括现状建成区和城镇有关设施(如供水管线、变电所、城镇水源地等)已经涉及的地区,以及根据总体规划,与规划建成区及城镇某些设施有关的地区。(3)尽量使规划控制区界线与行政区划界线吻合。市规划控制区可以与乡级边界一致,镇控制区可以与村的边界一致,以便资料统计。

三、明确市镇人口的统计口径

如果把规划控制区作为城镇地域,以此建立市区或镇区,那么市镇区域内的全部人口,包括农业和非农业人口,都是市镇人口。这个统计名称,看起来与现行的名称一致,实际上统计口径是大不相同的。它接近真实,在国际上也较为可比。从区划角度考虑,规划控制区还可以进一步分为现状建成区和未建成区两种子区域类型。居住在未建成区的人们,经济活动和生活方式与建成区内人们也有些差异,但他们与城镇地域以外的人们显然也有差别,他们使用城镇公共设施的频率明显高于后者,与建成区的关系也较后者密切,这正是城镇近郊区的特点。

四、理顺城镇地域的命名系统

城镇地域命名系统似乎与城乡划分问题无直接关系,实际上理顺命名系统有助于澄清市镇建制和城乡划分中的浑沌状态。我国现行的城镇地域命名系统和行政区域单位命名系统存在着两个问题,一是市建制的城市不分大小统称为市,区分不够明确;二是行政区域命名重复使用市的概念,市中套市,非常混乱(图 1)。汉语具有丰富的词汇,完全可以建立一套明确的城镇地域和行政区域命名系统。比如,城镇地域的命名可以按都—市—城—镇—街(集)来组织,行政区域单位的命名可以按省—郡—县—区—乡—村来组织。前者既代表城镇实体地域,同时也是一种行政管理单位,与后者存在着如图 2 所示的关系。改变命名系统当然会感到不习惯,那只是个适应的时间问题,而不是实质性的困难。

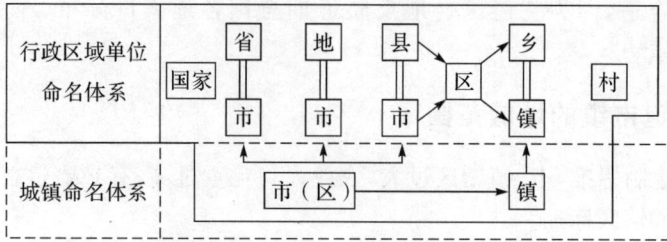

图1 现行行政区域层级与城镇层级命名系统

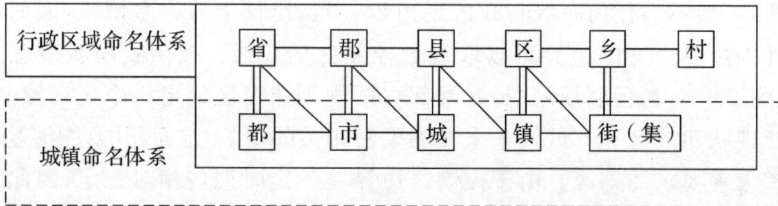

图2 设想的行政区域层级与城镇层级命名系统

载《人口与经济》1989 年第 1 期,第 14—15 页

户籍制度改革需要重点处理好三个问题

　　1958 年 1 月 9 日由全国人大常委会通过的《中华人民共和国户口登记条例》(下称《条例》)是新中国成立以来第一部关于户籍制度的法律文件。《条例》的实施,除了维护社会秩序,保护公民的权利和利益之外,还准确、及时地掌握了人口的数量、变动和分布,为编制国民经济计划,正确额定统购统销,统筹安排劳动就业和劳动力调配,以及节制生育等重要政策措施,提供了人口资料。因此,起到了它应起的作用。

　　这一《条例》目前还是现行法规,我们在讨论户籍制度改革问题时还得从它开始。从现在的眼光来看,《条例》在两个方面存在着重大的缺陷。其一,对迁移和流动作了约束性的规定,特别是迁入城市,必须先取得迁移资格,然后向常住地户口登记机关申办迁出手续,待获得准迁证后,才能实现迁移。其二,公民身份的证明以户口登记机关的户口登记簿以及居民户口簿登记的事项为依据。户口簿在城市、水上和设有公安派出所的镇每户一本,农村以合作社为单位发给,其余户则无户口簿。这些规定在相对封闭的计划经济时期还可以行得通,一到改革开放之后,很快就暴露了它的不适应性。市场经济要求通过市场供求关系来配置生产要素,必然引出人、财、物的大流动;同时,未来二三十年将是我国实现城市化的关键时期,人口从乡村到城市的迁移和大范围的区际迁移势不可挡,现行《条例》无论如何也满足不了社会主义市场经济以及城市化和区域生产力配置变化对人口迁移和流动的要求。因此,户政部门还在 80 年代中期就着手对户籍制度进行局部的改革,例如:1984 年发出了《国务院关于农民进入集镇落户问题的通知》;1985 年发布了《公安部关于城镇暂住人口管理的暂行规定》;同年,又公布了《中华人民共和国居民身份证条例》,以及随后四年接踵发布与此有关的实施细则、使用和检验制度等,1995 年公安部又作出了关于租赁房屋治安管理的规定。所有这些,都反映了随着改革的逐步深入,社会主义市场经济正在呼唤对户籍制度作出相应的改革。

　　从目前情况来看,笔者认为户籍制度改革首先需要在三个问题上有所突破。

　　第一,要充分体现公民享有居住和迁移的自由权利。现行《条例》规定"公民由农村迁往城市,必须持有城市劳动部门的录用证明,学校的录取证明,或者城市户口登记机关的准予迁入的证明,向常住地户口登记机关申请办理迁出手续。"这段文字说明,农村人口迁往城市必须事先经过批准,而不能在新址实现迁入登记的同时向原住地办理户口注销手续。当然,《条例》在字面上并没有确切地反映迁移限制的严格程度,假如取得迁入地的证明只是一种登记形式,而不是一种严格审批的程序,那么这项规定并不怎么影响居住和迁徙的自由。但实际情况是在《条例》公布后的 20 年中,除个别年份外,我国的国民经济都是在极度短缺的状态下度过的,城市的劳动就业、住房供给、生活供应以及政府对居民生活的暗贴都非常困难。因此,《条例》中规定的农村人口向城市迁移的限制,其尺度从 60 年代到 70 年代掌握得一年比一年紧,除了几种特许的情况之外,城市几乎对农村人口关上了大门,甚至连原住城市的部分居民和因"文化大革命"辍学的中学生,也几度被动员下乡,把户口转入农村,以减轻城市就业和生活供应的压力。这种情况显然有悖于我国第一部宪法中关于"公民有居住和迁徙的自由"的规定。鉴于六七十年代城市长期解决不了扩大就业的难题,不得已,全国人大在后来的宪法中删除了上述条文。这样,限制农村人口向城市迁移的做法,与宪法的抵触是避免了,但这种状况在法理上总是一种欠缺。

如果说,计划经济年代采取限制农村人口迁往城市的措施是可以理解的话,那么在计划经济向社会主义市场经济转轨,城市化机制日渐增强的今天,继续秉承以前的做法就显得不可取了。因为在计划经济条件下,人口落户城市后政府就得把他们包下来,当城市处于低效率状态下,财政上难以承受人口增加压力的时候,政府不得不出此下策。而现在的情况是尽管政府仍然负有宏观调控城市劳动就业的责任,但是所有制形式的多样化和劳动合同制的普遍推行,进入城市的劳动力已经不需要再由政府统包,而且随着劳动力市场和人才市场的逐渐发育,劳动力的横向流动(部门间和地区间流动)与纵向流动(部门内不同职位间流动)渐趋频繁,城乡间双向流动和城市内工作岗位的上上下下开始被人们认为是一种择业的正常现象。即使进城以后找到的工作得而复失,甚至不得不暂时返回农村,也不至于毫无思想准备,因为人们开始认识到失业在一定意义上是不可避免的。因此,户籍制度中有关农村人口往城市迁移的限制,已经具备松动的条件,先是由须经批准变成只是履行一种例行的手续,再过渡到实行自由迁移是可以做到的。

第二,要把户口管理由以户为主转向以人为主,人户兼顾。现行《条例》的户口管理是以户为单位来进行的,它存在着明显的弱点:户口簿登记的事项具有证明公民身份的效力,但户口簿一户(家庭户、集体户)只有一本,户内任何一个成员都不可能经常随身携带,以备随时可能在需要证明个人身份的场合使用。这样,人们在社会生活中通常使用工作单位、集体经济组织、政府机关等的介绍信、证明信或工作证,只有在特殊需要时才使用户口簿。这在改革开放以前,问题还不大。改革开放以后,人们的社会活动迅速扩大,外出增多,近年来仅外出的暂住人口全国就多达七八千万,社会生活中需要证明个人身份的场合又比以前增多,户口簿当然更满足不了需要,而用五花八门的介绍信、证明信、工作证来证明身份,又出现了越来越多的防伪问题,因而使用规范化的个人身份证件就显得刻不容缓了。1989年起全国实现居民身份证使用和查验制度,就是这种背景下的产物。实行身份证制度是户籍管理从管户为主到管人为主的决定性转变。户政部门可以以此为契机,通过设计足够的合理的个人登记项目,做到居民身份证磁卡化,建立人口管理的信息网络,处理好人口管理信息与公民隐私权利保护的关系,使以人为主、人户结合的管理方式完善起来。

为什么以人为主,还要人户兼顾呢? 这是因为户是客观存在的实体,而且户的成员之间存在着某些法定的权利义务关系。例如家庭户中往往有监护人与被监护人的关系,抚养与被抚养或赡养与被赡养的关系,以及财产继承关系,等等;集体户也有法人代表与其他成员之间的权、责、利关系。当然,户口登记中人户兼顾的形式可以保留按户发放户口簿的做法;也可以在个人登记项目中充实足以证明存在着户内成员间法定关系的项目,而把登记材料只保存在户口登记机关的户口登记簿里及储存在电子计算机里。

第三,户籍制度改革必须解决好政策配套。户籍制度改革本身是一项复杂的工作,经改革的户籍制度要付诸实施,还会遇到更复杂的问题。这是因为户籍管理的直接对象是全体公民,他们的活动涉及到社会生活的一切领域,符合户籍制度规定的社会行为,很可能在涉及到其它领域的管理制度时得不到到认可。

举例来说,1984 年《国务院关于农民进入集镇落户问题的通知》公布后,不少农民办理了自理口粮到集镇落户的手续。就户政部门来说,当时采取这样一种政策,满足了有需要并且具备条件的农民实现离土离乡的转移,方向是正确的。但各地政府及有关部门由于主客观的原因,在这些农民进入集镇落户后,没有落实保障他们的生活和合法利益的配套政策和措施,挫伤了已经到集镇落户和希望进集镇落户农民的积极性,以致《通知》执行了几年之后不得不暂时停止。90 年代前期,不少省区对常住地在农村,但在城镇有稳定住所和职业,且要求在城镇定居的人口,允许以蓝印户口的形式在城镇入户,享受与城镇常住户口同等的待遇。这本来是在 1984 年《通知》基础上的前进,但不少地方以征收城市增容费为蓝印户口落户的必要条件,造成了变相买户口的现象。应当指出,征收城市增容费是计划经济后期把进入城镇的人口看作是一种负担,而不把他们看作是创造城市社会财富的源泉的"恐城"思想在继续作怪,是与工业化、城市化的历史规律背道而驰的做法。另外,人才流动中要求夫妇同迁以不造成新的两地分居的做法,其原意虽然是好的,但并不符合市场经济的要求,不少人就因配偶落实不了单位而无法实现流动。可见,户籍制度改革的政策配套是多么重要!

户籍制度改革需要其他方面的政策配套的例子还很多,限于篇幅,这里就不一一列举了。

以上所述,只是现阶段户籍制度改革需要有所突破的几个方面,并非户籍制度改革的全部。户籍制度改革的总体要求应该是更好地纳入民主与法制的轨道,在保护公民合法权益,维护社会秩序,适应社会主义市场经济和建设现代社会需要的大目标下,不断地使户籍法规完善起来。

选自本刊编辑部:《中国户籍制度改革:市场经济发展的必由之路》,载《人口研究》第 21卷第 3 期(1997 年 5 月),第 33—35 页

迁移管理制度改革的理论思考

内容提要：本文着重探讨了与现行迁移管理制度改革有关的几个理论问题。作者认为工业化、城市化时代是人口大迁移的时代，要用时代精神去创造人口迁移的政策环境；城市化过程是按城镇规模结构规律吸纳人口的过程，要用科学精神去对待顺应这一规律的迁移流向，用革新精神去建立迁移和流动的激励机制。而在今天我国建设法治国家的新时期，要用法制精神去反思户口政策，创造平等的迁移环境。

关键词：迁移；管理制度改革；理论思考

严格限制农村人口向城镇迁移的政策已经实行了 41 年，改革开放后，这种政策与现实生活越来越显得格格不入。进入 80 年代以来，党和政府陆续采取了一些措施来调整迁移政策，推进迁移管理制度的改革。但是，从目前的情况看，若干根本性的问题尚未触及，改革一直没有取得实质性的突破。这种状况之所以存在，与迁移政策改革有关的理论研究未能深入进行不能不说是一个重要的原因，只有从理论高度认识作为迁移管理制度灵魂的迁移政策改革的历史使命，才能把改革置于自觉的基础之上。这里，将着重讨论迁移管理制度改革中不可回避的几个理论问题。

一、工业化、城市化时代是人口大迁移的时代，要用时代精神去创造人口迁移的政策环境

我们正处于工业化时代。工业化过程是传统的农业社会转变为工业社会的过程，在这一过程中，经济结构与就业结构同时发生变化，直到绝大多数农业劳动者转化为非农业劳动者、农业人口转化为非农业人口为止。传统的以满足生存需要为基本目的的农业，在工业化过程中，用日益进步的技术装备起来之后，只需要很小一部分劳动力就能够满足全社会人口的生存需要，以及取自于农业的那部分享受需要。从农业中解放出来的劳动力，首先是向工业和传统服务部门转移，继而从工业和传统服务部门向更高层次的现代服务部门转移。而随着工业化向后工业化时期转变，后一种转移速度加快。

第二产业的发展要以有利的区位为依托，从而在区位条件有利程度不等的地方成长起规模不等的城镇。以第二产业为基础派生出来的多层次多部门服务产业，也因此而在不同规模的城镇集聚。这样，从农村转移出来的人口，就不仅表现为产业转移，而且表现为地域转移。这就是工业化总是与城市化孪生的根本原因，二者互相依存，互为条件，互促共进，把人类的文明推进到新的历史阶段。人类社会的发展历程已经告诉我们，这种趋势是不以人们的意志为转移的，我们应当顺应历史潮流，为工业化与城市化创造良好的互动条件，促进经济和社会的发展。

二、城市化过程是按城镇规模结构规律吸纳人口的过程，要用科学精神去对待顺应这一规律的迁移流向

在城市化潮流里，主流是乡村人口向城镇迁移，同时，城镇人口也在城镇之间（少数在城乡间）调整。进入城镇的新老移民在城镇体系中如何分布，既不决定于迁移者主观愿望，也不决定于政府政策。移民作为个人，基于对某个（或某些）城镇的了解程度、迁移后的预期收益以及迁移可能付出的代价等的考虑，有他自己选择迁移目的地的意愿。但是，就移民总体而言，他们在城镇体系中的分布，大致是按城镇体系的规模序位分布法则分配的。政府作为行政主体，在城市化进程中，必要时可以对移民的流量和流向采取诱导性或强制性的政策，使不同区域、不同规模层次的城镇在一段时间里按照政策导向去吸纳移民。然而，就城市化进程而言，行政力量无法改变城镇体系中规模结构演化的规律性，不得不尊重所有城镇按各自的功能结构和辐射能力去吸纳与自身容量相适应的移民。

历史的轨迹告诉我们，城市化进程中人口在城镇间的分配具有很强的规律性，具体表现在：

（1）城市化过程也是城镇体系形成和发展的过程，在这一过程中，城镇数量增多，规模分化，构成以产业集聚和人口集聚程度为依托的有规则的规模层次与规模序列。

城镇规模为什么会分化，又是怎样构成层级系统的？这是与城镇区位相联系的产业集聚程度、功能层次高低决定的。在广大乡村区域，散布着许多集镇，他们功能单纯，主要是容纳一些乡镇企业，并发挥小范围的农副产品与日常生活用品交换中心的作用，构成了城镇体系中的最低层级。产业集聚规模愈大，功能种类愈多，层次愈高，辐射能力愈强，辐射区域内所需门槛人口数愈大，城市自身的规模也就愈大，分别形成小城市、中等城市、大城市以至特大城市。所以，城市化过程从城镇体系变化的角度来说，实际上是大致形成金字塔形的城镇规模结构的过程。塔基部分城镇数量多，规模小，依次向上城市数目渐次减少，规模渐次增大。

无论是城镇规模分化与规模结构形成的理论分析还是实证分析，都说明这样一个问题：城镇体系是一个整体，在城镇体系中，城镇规模结构是不同规模城镇在城市化进程中的动态平衡，是客观过程的产物。既然城镇体系的发展是整体的发展，城镇规模按城镇功能集聚程度自动取得平衡，那么就应该把城镇体系这一复杂的社会系统看作是一个自组织，人口在各级城镇中动态平衡，乃是系统在运行中自动调节的结果。移民迁往哪一层级的城镇，或在多大的范围内调整，主要是通过市场在劳动力配置中的基础作用来实现，而不是靠放宽某些（或某级）城镇限制另一些（或另一级）城镇人口迁入的人为干预。

这就是说，不仅要看到工业化、城市化时代人口迁移是不可抗拒的历史潮流，要给迁移创造宽松的政策环境，而且必须在认识城镇体系规模结构客观性的基础上去自觉调整迁移政策。阻遏乡村人口迁往城镇固然违背时代潮流，不让迁往城镇的人口按客观需要与可能在整个城镇体系中分布，也是违背科学规律的。决策机构在改革迁移管理制度时当然要从实际出发，但强调实际而忽视甚至无视规律的历史教训也实在不少。一段时间以来，政策和舆论一味强调农村人口转移方向是小城镇，人为割裂城镇体系的平衡发展，至少在理论上是片面的，实践上也正在被证明是非理性的。城市化性质的人口迁移，其正道是让迁入城镇的人口按照规模结构的特性去合理分布。

（2）在城镇体系形成过程中，不同层级城镇人口规模变化速度是不完全平衡的。大城市

以其多功能、大市场、高效率的优势,大规模地吸引资本和人口,通常总是率先快速成长。

在城市化进程的初、中期,城镇体系不仅规模分化显著,而且大城市的成长比中、小城市要快得多,到中期以后,膨胀势头逐渐减弱。这一特点已为近百年来世界性统计资料所证实。

大城市的率先快速成长,是初始区位优势的基础作用与添加区位优势的滚动作用共同推动的结果。在工业时代以前,没有统一的大市场,城镇一般难以容纳大量人口,随着工业化的进展,交通运输方式的多样化,市场的迅速扩大,近代意义的城市如雨后春笋那样冒了出来。在一些显要的水陆交通节点,很快就显示出它们的区位优势,给多部门大运量的工业提供了难得的立地条件,有力地吸引工业集聚。以此为契机,商业勃兴,为工商业及市内居民提供行政管理、技术支持、人才支持以及生活服务的部门也应运而生,形成了多种功能的聚合与扩张。多种功能的互相依存,彼此激发,极大地促进了这类地点城市的成长,而城市的成长过程又会产生"聚变"效应,带来更多的资本、人口和技术,创造更为诱人的投资和就业环境,从而在初始区位优势基础上添加新的经济区位优势,促使城市向更大的规模发展。当然,大城市率先成长的规律性,并不排斥城镇体系整体发展的规律性,因为各地利用各自局部区位和商业腹地优势而兴起的众多城镇是不能互相取代的。

由此可见,大城市的超前发展是在工业化时期不断增强的市场作用在区位优势催化下的产物,是城市化进程中空间经济规律在调节城镇规模结构中的作用的反映。正是这种规律的作用,大城市才成为推动经济发展和社会进步的龙头,现代文化的化身,才能有这么大的潜力去吸纳数以百万计甚至千万计的人口。人们可以认识和顺应这种规律,把大城市规划好、建设好、管理好,使它更好地为国家或区域的现代化服务,决不应该要求大城市削足适履,去服从发展小城镇的政策。大城市发展中当然会产生这样或那样的社会问题,诸如:就业、住房、交通、环境、治安等等问题,但这些都是发展中的问题,随着经济实力的增强,科学技术水平的提高,内部管理的改善,社会保障与社会公平的逐步确立,是可以逐步解决的。如果因噎废食,始终采取严厉的政策限制本来大有潜力的大城市的发展,即使收到了控制大城市规模的目的,终究也要付出损害大城市乃至国家或区域经济和社会发展利益的沉重代价。

现阶段我国大城市的人口增长,除了受空间经济规律的支配之外,还受到三种补偿人口机制增长效应的推动,即:规模长期受压抑后的补偿性增长效应;第三产业长期受抑后的补偿性增长效应;城建投资跨越高大门槛后带来的补偿性增长效应。正处在经济腾飞中的12亿多人口的国家,城镇体系比别的国家庞大,大城市数量相应地比别的国家多,规模比别的国家大,是情理中的事情,从计划经济时期到市场经济时期始终限制人口进入大城市,在很大程度上是非理性的决策。应当指出的是,1989年把控制大城市规模(50万人口以上)写进了《中华人民共和国城市规划法》,可是,改革开放以来许多大城市、特大城市迅速膨胀的现实,早就暴露了硬性控制大城市规模的决策思想和立法思想既不反映客观规律,又不符合城市发展实际,是缺乏科学依据的,应该重新检验。

三、城市化性质的人口迁移和流动是活跃生产力的积极因素,要用革新精神去建立迁移和流动的激励机制

在工业时代,人口迁移和流动与资本流动一样,是绝对必要的。资本向着能够取得满意投资回报的部门、产业和区域流动,人口则向着最具吸引力的工作环境和预期收益的地方流

动,这是社会进步的动力。利润也好,工资也好,一般地说,它的最大化是与产出(包括物质产品和精神产品)的最大化相联系的,人在流动中追求高收益,同时也是在为社会提供高产出,从而最大限度地推动着经济社会的发展。

人口迁移和流动有利于社会进步,人本身又在流动中实现自我跨越。下列四种情况都说明了这一点:

(1)劳动者在产业转移中实现自我跨越。在工业化的初中期,农业劳动力转向以工业为主的非农产业,后期则以工业劳动力转向第三产业和新增劳动力进入第三产业为主。这是产业进化,其动力是科学技术的进步。人从一个产业进入另一个产业,都需要掌握新的技术或新的管理方法,都会使自己扩大视野,丰富知识,增长才干,从旧我变成新我。

(2)人口在地域转移中实现自我跨越。在城市化进程中,人口的地域转移大都是人口产业转移的空间表现形式。人口产业转移过程一般是与人口地域转移过程同时发生的,在特殊条件下,也不排斥产业转移与地域转移发生时间错位的可能性,例如:城市化滞后于工业化;城市化进程部分地表现为"隐性"特征等。我国,特别是浙江,20年来的工业化和城市化进程就是这方面的突出例证。但是,不论二者在时间上怎样错位,工业化终究要把城市化推向城镇人口比重达到75%～80%的水平,并且以城市作为创造物质文明和精神文明的主要载体,把经济、社会以及人口和环境的关系推向现代化,充分体现工业化与城市化的不可分割的关系。工业化与城市化之所以共生,是因为工业以及以工业为依托的第三产业与农业不同,农业是土地依存型的产业,而非农产业则是区位依存型的产业,它需要在具有优势区位的地方,以集聚的形式来取得最大的经济效益与社会效益。世界上不存在没有城市化的工业化,也不存在没有工业化的城市化。因此,人口在工业化过程中既实现产业转移,又实现地域转移,是合乎逻辑的结果。在城镇人群中,人的智慧和潜能在生产性和非生产性的群体活动中,通过合作与竞争,不断得到砥砺、激发,聚合成为一种巨大的能量。这种能量比处于分散状态的人的能量迭加,要大得难以估量。以城市化为表征的人口地域转移,无形中把每一个人推上了自己所能达到的历史高度。人口的地域转移,还使仍处在乡村环境的人口或少数从城镇迁往农村的人口同样实现历史性的跨越,因为工业化、城市化在刺激农业走向规模经营的同时,也改变了农业技术和生产方式,使农业人口由传统农民脱胎出来,成为新型的现代意义的乡村居民。

(3)人口在横向流动中实现自我跨越。在市场经济条件下,一个产业的若干部门或一个部门的若干单位之间,存在着从业条件的种种差别,而且处于经常的变化之中,这就为人口在部门间或部门内的单位间横向流动提供了机会。就在业人口而论,对经济收入与自身发展的期望值是决定其是否流动的内在因素,而部门间、单位间对劳力和人才需求的数量和质量,以及能够提供物质待遇和个人发展条件,则是能否实现横向流动的外部条件,二者通过市场结合起来,使企事业单位获得较好的利益,使劳动者个人得到较为满意的境遇。对一个人来说,一生横向流动的次数总是有限的,但就整个社会而言,则是无限的。个人的每一次横向流动未必都实现自我跨越,但全社会无数个人的横向流动,则使无数单位和个人实现了自我跨越,无形中成为社会发展的动力。

(4)人口在纵向流动中实现自我跨越。人的追求因个人的体质、教育程度、心理素质、经历、所处环境等的差别而各不相同。但作为社会人,其追求总的来说是向上的。因此,激励人的上进心,鼓励"人往高处走",决不应该与鼓吹利己主义混为一谈。一个有生气的社会,人的纵向流动是活跃的,不论是原地还是易地流动,人们都在实现自我跨越,同时也把社会从一个高度推向另一个高度。

　　计划经济体制在对待人的问题上,一个致命的弱点就是抑制了人的自我跨越活力,从而抑制了经济和社会发展的原动力,违背了为国家求富强为人民谋福利的初衷。改革开放20年来,综合国力增强如此之快,人民奔小康和奔向现代化的势头如此之猛,并没有什么秘诀,除了政治和社会稳定外,无非就是由行政支配的包罗社会生活一切领域的计划,让位给对人、财、物配置起基础作用的市场,使人实现自己的价值成为可能。30年计划经济体制下形成的户籍管理制度,特别是迁移管理制度,因为政治上要服从当时的大局,与工业化、城市化的时代潮流背道而驰,现在应该是唤起求实、革新精神,支持人口迁移和流动的时候了。

四、在面临建设法治国家的新时期里,要用法制精神去反思户口政策,创造平等的迁移环境

　　人类的生存繁衍从来都是与迁移联系在一起的。自主的经济性迁移是为了寻求新的生存环境与新的谋生手段,然而,通过迁移在实现迁移者的愿望的同时,无形中传播了文明,给提高生产力带来希望。为了保障公民迁移的合法权利,在正常情况下,近代许多国家的人口迁移受到宪法的保护。据荷兰学者对142个国家的统计,有81个国家规定公民有迁徙的自由,占被统计国家的57%[①]。我国解放后的一段时间里,宪法也赋予公民以迁徙自由,而且在现实生活中享受这种自由,然而时隔不久,随着计划经济体制的固化和政治运动的干扰,宪法中迁徙自由的规定落空,到了60年代中期,人口迁移政策离开常规就更远了。

　　现在,在迁移问题上,造成社会事实上不平等的经济条件与政治条件已有重大改变,迁移环境有所改善,具体表现在:(1)人口迁移的市场机制正在形成;(2)二、三产业创造就业机会的能力已经并且仍在继续提高;(3)就业观念正在发生变化,自谋职业逐渐取代行政的安排;劳动用工制度正在由"终身制"向合同制转变,社会保障制度正在逐步配套;(4)城镇建设正在由政府独家投资转向政府投资与通过市场多渠道筹资相结合的方式发展,城市设施与住宅欠账大大减轻;(5)城镇居民生活供应票证全部取消,住房制度改革逐步向纵深发展,政府财政补贴负担行将解除;(6)农村人口进城对今天城镇繁荣做出了重大贡献的看法已为多数人所接受,进城人口多而城镇就业岗位缺口大之间的矛盾也逐步得到自发与政府调控相结合的调整,随着就业信息网络化和就业服务社会化、规范化,进城就业将趋向有序;(7)70年代以来生育率持续下降,新增劳动力增幅减小,就业压力渐趋缓和。以上种种变化,说明彻底改革户籍管理制度,消除迁移管理制度造成的公民之间事实上的不平等的条件渐趋成熟,当前重要的是决策层在迁移政策思想上要有重大转变,从法治和改善社会公平的高度,结合政治、经济和社会发展的具体条件,制定合理的迁移政策和迁移管理制度。

载《浙江学刊》2000年第1期,第142—145页

---

　　① [荷兰]亨利·范·马尔塞文等著:《成文宪法的比较研究》,陈云生译,华夏出版社,1987年,第144页。

城市化进程的加速与迁移管理制度改革研究[①]

党的十一届三中全会以来,经济体制由计划经济向社会主义市场经济转轨,工业化与城市化进程加快,人口与劳动力流动空前增强,现行户籍管理制度,特别是其中的迁移管理制度,与现实的经济生活和社会生活已经格格不入,改革势在必行。为了缓解这种矛盾,国家陆续出台了一些政策,采取了若干措施。近两年来,小城镇户籍管理制度改革试点,完善农村户籍管理制度,以及解决当前户口管理工作中几个突出问题等方面所做的工作,更是在户改中迈出的可喜一步。所有这些,对于深化改革,促进经济繁荣和社会进步,都具有积极的意义。但是,户籍管理制度改革滞后于经济社会发展的局面还没有根本改变,许多问题,尤其是与迁移管理有关的政策问题(以下简称迁移政策)仍值得探讨。本项研究就是在这样的背景下进行的。为了使研究目标明确,重点突出,我们把注意力主要放在户籍管理制度改革中迁移管理制度改革的问题上。

一、户籍管理制度改革的焦点在于改革迁移管理制度[②]

1. 计划经济时期户籍管理制度演变的核心问题是日益严格地限制农村人口向城镇迁移

人民共和国成立之初,百废待举,户籍管理工作主要是为铲除敌对势力,巩固人民政权的大局服务,重点是大城市、工矿所在地、水上、军事要塞及其周围地区的户口管理,还没有较为系统的户籍制度。

1953年4月,政务院发布了《为准备普选进行全国人口登记的指示》,并制定了《全国人口普查登记办法》,这是新中国第一次人口普查。通过普查,除了为普选准备了各行政区域准确的人口数字之外,也促进了在农村建立简易的户口登记制度(此前,政务院已于1951年7月颁布实施了《城市户口管理暂行条例》),为全国城乡全面建立户籍管理制度作了铺垫。1955年6月,国务院发出了《建立经常户口登记制度的指示》,对人口四项变动和户口变更的登记提出了具体要求,使户籍管理制度逐渐成型。1956年2月,户口登记管理工作及人口资料统计汇总业务归口公安部门。同年3月,召开全国第一次户口工作会议,调整了户籍管理工作的任务,明确规定户籍管理的基本任务是"证明公民身份,便利公民行使权利和义

① 本文是在20世纪90年代中后期社会主义市场经济蓬勃发展、城市化加速推进,而户籍管理制度特别是迁移管理制度改革严重滞后的背景下,开展针对性理论研究的成果。此项研究以课题形式于1998年5月列入浙江省哲学社会科学规划领导小组办公室年度重点项目。课题组负责人:王嗣均;成员:黄勇(浙江省经济建设规划院)、周联盟(浙江省公安厅三处)、班茂盛、李芬(未注明工作单位的均为浙江大学人口与发展研究所)。课题报告由王嗣均、班茂盛撰稿。

② 本节关于新中国成立以来户籍管理制度变迁的资料取自浙江省档案馆有关档案,《中国人口年鉴(1985)》,以及殷志静、郁奇虹《中国户籍制度改革》一书(北京,中国政法大学出版社,1996年,第1—20页)。

务；统计人口数据，为国家经济、文化、国防建设提供人口资料；发现和防范反革命和各种犯罪分子活动，密切配合斗争"。这表明，随着政权的巩固和经济的发展，户籍管理工作的任务与新中国成立之初相比，重点已有所转移。但是不管重点怎样变化，从新中国成立之初到1957年，公民的正常迁移是自由的，只需办理登记手续，无需审批，与1954年颁布的《中华人民共和国宪法》第九十条中关于公民有居住和迁徙自由的规定精神完全一致。

1958年1月9日，《中华人民共和国户口登记条例》颁布（以下简称《户口登记条例》），共24条，对户口登记管理作了比较全面的规定。《户口登记条例》的宗旨是"为维持社会秩序，保护公民的权利和利益，服务于社会主义建设"。凡是中华人民共和国的公民都应当履行以户为单位的户口登记。户口登记簿和户口登记的事项，具有证明公民身份的效力。这是我国第一部，也是迄今为止唯一的一部按立法程序制定、通过主席令颁行的户籍管理法规，它标志着户籍管理制度开始进入有法可依的新阶段。然而，《户口登记条例》关于迁移管理的条文却从宪法的原则后退了。《户口登记条例》第十条规定："公民由农村迁往城市，必须持有城市劳动部门的录用证明，学校的录取证明，或者城市户口登记机关准予迁入的证明，向常住地户口登记机关申请办理迁移手续。"按照这一规定，除了少数幸运者之外，实际上杜绝了农村人口自主迁往城市的可能性，它开了农村户口向城市迁移要凭证明材料申请审批，然后凭准许迁移证件到迁入地落户的制度之先河，成为此后40年城乡户口二元化的起点。

《户口登记条例》颁布后的20年，经济体制僵化和政治运动干扰，使短缺经济雪上加霜，城市就业形势更加严峻，于是又出台了一些户籍管理中与迁移管理有关的补充性政策，主要有以下两项：(1)1962年12月，公安部发出了《关于加强户口管理工作的意见》，规定"对农村户口迁往城市的，必须严加控制；城市迁往农村的，应一律准予落户，不要控制；城市之间必要的正常迁移，应当准许，但中小城市迁往大城市的，特别是迁往北京、上海、天津、武汉、广州等五大城市的，要适当控制"。(2)1977年11月，国务院批转《公安部关于处理户口迁移的规定》，强调从农村迁往市镇（含矿区、林区等），由农业人口转为非农业人口，从其他城市迁往北京、天津、上海三市的，要严格控制。从一般农村迁往市郊、镇郊农村或国营农场、疏菜队、经济作物区的，应适当控制。上述迁移需一律报送迁入地的市、县公安局批准。

这两项文件，把迁移管理从《户口登记条例》单纯限制农村人口向城市迁移，向更加苛刻的方向推进了一步。一是采取了与城市化潮流背道而驰的方针，鼓励人口从城市迁往农村；二是不仅限制农村人口迁城，而且限制中、小城市人口往大城市迁移；三是把限制农村人口迁移的范围扩大到集镇、矿区、林区、国有农业生产单位以及其他吃商品粮的农村，并且限制农业人口转为非农业人口。

计划经济时期户籍管理制度与迁移管理有关政策的演变，是由政治经济形势和相应的社会经济政策决定的。早在50年代中期，粮食以及其他主要农产品紧缺的问题已经暴露了出来。1955年8月，国务院发布了《农村粮食统购统销暂行办法》和《市镇粮食定量供应暂行办法》，明确农民吃自产粮，城镇户口实行按人定量供应。这是粮食供应与户口的最初联系。与此同时，城市就业压力也在增大，农村人口迁往城市既受粮食供应制约，也受就业岗位制约，才有《人口管理条例》限制农村人口迁城的规定。1958年9月，中央精简干部和安排劳动力五人小组发出了《关于精简职工和城镇人口工作中几个问题的通知》，要求对农村县镇迁往大城市的要严加控制。这又成了限制小城镇人口迁入大中城市的起点。第二个五年计划一开始，由于指导上的失误，导致1959年到1961年的国民经济严重困难，农业现代化、工业化、城市化进程同时受挫。为了减轻粮油等生活必需品计划供应的压力,把全体居民划分成农业户口和非农业户口两种户口性质,国家计划供应的商品粮只提供给非农业户口,使粮食供应进一步与户口性质捆绑在一起。"文革"期间,经济形势每况愈下,严格限制农业户口转变为非农业户口,乡村人口转变为城镇人口,更使户口性质成了公民身份的象征。在这种形势下,要实现迁移自由已经成为可望而不可及的事情。于是,1975年经修改的宪法删除了1954年宪法中公民有居住和迁徙自由的条款。这样,从1958年到1978年,在国家经济、社会政策的总框架下,户籍管理成了控制非农业人口和城镇人口数量的强有力的杠杆。这是户籍管理在自身的基本功能之外,因服从国家通过户政工作控制社会稳定的需要而衍生出来的一种特殊功能,是经济走上绝境在户籍管理制度上的反映。

2.向市场经济转轨过程中户籍管理制度改革的焦点在于调整不合理的迁移政策

党的十一届三中全会以后,我国进入了改革开放的新时期。从农村到城市的经济体制改革,以及与之相配套的一系列制度创新,使人口迁移和流动的必要性与可能性空前提高,其中主要机制是:第一,农村家庭联产承包责任制的确立,给剩余劳动力的自主转移创造了条件;第二,城市体制改革的推进,各项建设事业的发展,多种经济成分的共同繁荣,创造了日益增多的就业机会;第三,劳动力市场和人才市场的发育,给外来人口进入城市就业提供了媒介;第四,商品的不断丰富,棉布、燃料、食油、粮食等主要生活必需品先后结束了凭票供应的历史,给人口迁移和流动添加了"润滑剂";第五,政治、经济环境的逐渐宽松,给过去有正当的"农转非"、乡迁城理由而未能获准的人提供了机遇。所有这一切,促使人口摆脱现行户籍管理制度的束缚,以日益浩大的声势流动起来。事情越来越明显,改革旧有的迁移政策乃是改革户籍管理制度的焦点所在。面对这种形势,政府对迁移政策作出了一些适应性的调整:

(1)对"农转非"控制指标进行微调

1980年9月,公安部、粮食部、国家人事局联合发布了《关于解决部分专业技术干部的农村家属迁往城镇由国家供应粮食问题的规定》,对高级专业技术干部、年龄在40岁以上工龄20年以上的中级专业技术干部、有重大发明创造、在科研、技术以及专业工作上有特殊贡献的专业技术干部的农村家属加以照顾。符合此规定迁入城镇的人口,不占公安部正常审批的控制比例。此后,正常审批的"农转非"控制比例由原来的不超过当地非农业人口的1.5‰,调整到2‰(1989年因对过热的经济治理整顿,指标又调回到1.5‰)。

在以后的十多年中,中央政府、有关部委以及地方政府从不同角度提出了"农转非"的政策,包括解决职工、干部和军警家属的"农转非"问题、一部分人员本人的"农转非"问题以及五六十年代以来返回的必须落实政策的人员的"农转非"问题。

(2)有条件地允许农民进镇落户

1984年10月,国务院《关于农民进集镇落户问题的通知》规定,凡申请到集镇(指县以下集镇,不含城关镇)务工、经商、办服务业的农民和家属,在城镇有固定的住所、有经营能力或在乡镇企事业单位长期务工的,公安部门应准予落常住户口,发给《自理口粮户口簿》,统计为非农业人口。该"通知"还就加价粮油供应、方便建房、租房,以及享受集镇居民同等权利、履行应尽义务作了规定。

(3)试行当地有效城镇居民户口制度

为了解决不断增多的且不属于"农转非"政策范围,但从经济、社会发展需要考虑应允许在城镇落户的人员落户;也为了解决大量增加的符合"农转非"政策,但受到指标限制而无法在城镇办理入户手续的人落户城镇,公安部于 1992 年 8 月发出了《关于实行当地有效城镇居民户口的通知》。该项制度的原则是:当地需要、当地受益、当地负担、当地有效。范围是小城镇以及国务院或者省级政府批准建立的经济特区、经济技术开发区、高新技术产业开发区,重点是县城以下的集镇。

当地有效城镇居民户口用的是蓝色印记,故又称"蓝印户口",在实行蓝印户口制度的地方,不再办理自理口粮户口,把自理口粮户口纳入"蓝印户口"的管理范围。

(4)实行居民身份证制度

随着人口流动的急剧增加,以及人际交往和社会生活的扩展,需要证明公民身份的场合越来越多。由于户口登记是以户为单位,户口簿一户一本(农村在 1997 年之前甚至没有按户发簿),缺少能随时证明个人身份的便于携带的证件,人们外出靠介绍信、证明条、工作证等,这些证件缺少防伪功能,漏洞多,又不方便。为此,1985 年 9 月 6 日全国人大常委会通过了《中华人民共和国居民身份证条例》。这一制度的实施,为公民在社会生活中证明身份提供了方便,同时也有利于维护社会秩序,保障公民的合法权益。

(5)开展小城镇户籍管理改革试点

根据党的十四届三中全会关于改革小城镇户籍管理制度,允许农民进入小城镇务工经商、发展农村第三产业,促进农村剩余劳动力转移的精神,1997 年 10 月,国务院批转了公安部的《小城镇户籍管理制度改革试点方案》,允许已经在小城镇就业、居住并符合一定条件的农村人口在小城镇办理城镇常住户口。这个试点方案把改革的范围限制在县城(县级市市区)的建成区与建制镇的建成区,比 1984 年国务院《关于农民进集镇落户问题的通知》只限县以下集镇,不含城关镇的规定,有所放宽。

(6)解决户口管理工作中的突出问题

为了密切党和政府与人民群众的关系,维护人民群众切身利益,促进社会稳定,1998 年7 月国务院批转了公安部《关于解决当前户口管理工作中几个突出问题的意见》,重点解决 4个方面的户口管理政策问题,即:实行婴儿落户随父随母自愿的政策;放宽解决夫妻分居问题的户口政策;解决老年人投靠和归属的政策;解决在城市投资、兴办实业、购买商品房的公民及随其共同居住的直系亲属在城市落户的政策。

这些政策措施是受群众欢迎的。但是从改革的意义上说,除了实行居民身份证制度是一项重大创新之外(当然,身份证的信息含量及防伪技术尚待提高),其余各项只是政策上的局部调整,对计划经济时期所设置的户口迁移障碍并没有从根本上触动,诸如:人为扩大的农业户口;"农转非"的低指标限定与平均主义的分配原则;不以居住地为依据的城乡人口划分标准;人为割裂人口迁向小城镇与迁向整个城镇体系的关系;等等。这种状况,一方面固然与经济社会发展进程以及各方面改革的程度有关,另一方面,计划经济时期遗留下来的不合理体制残余以及"恐城病"的残留影响尚未完全消除,也是不可否认的事实。往往是把人口进城看作给城市增加负担的多,而把进城人口看作是积极的创造力量的少,以致人口迁入城市要收取城市增容费;在安排"农转非"与解决户口管理工作中的突出问题时,往往以人道主义的或奖励性优惠、福利性照顾的精神看待问题,而不是用工业化、城市化的眼光去认识正常的人口进城是一种发展,一种进步,应予欢迎。乡村人口突发性涌进城镇固然需要疏导,但总的来说,市场这只看不见的手自始至终在劳动力的城乡制衡中起作用。经济发展,市场导向,政府管理三管齐下,加大迁移政策改革的力度,不至于危害社会稳定。因此,从目前情况看,全方位深化迁移政策的改革仍然是户籍管理制度改革的关键,这就一方面要求我们从理论上认识彻底改革迁移政策的必要性,另一方面,在实践上既积极又稳妥地把这项改革推向前进。

二、从理论高度认清迁移管理制度改革的历史使命

这里,我们将着重讨论迁移管理制度改革中不可回避的几个理论问题。只有从理论高度认识作为迁移管理制度灵魂的迁移政策改革的历史使命,才能把改革置于自觉的基础之上。

1.工业化、城市化时代,是人口大迁移的时代,要用时代精神去创造人口迁移的政策环境

我们正处于工业化时代。工业化过程是传统的农业社会转变为工业社会的过程,在这一过程中,经济结构与就业结构同时发生变化,直到绝大多数农业劳动者转化为非农业劳动者、农业人口转化为非农业人口为止。传统的以满足生存需要为基本目的的农业,在工业化过程中,用日益进步的技术装备起来之后,只需要很小一部分劳动力就能够满足全社会人口的生存需要,以及取给于农业的那部分享受需要。从农业中解放出来的劳动力,次第向非农产业转移,首先是向工业和传统服务部门转移,继而从工业和传统服务部门向更高层次的现代服务部门转移。随着工业化向后工业化时期转变,后一种转移速度加快,这是因为工业取代农业成为主导物质生产部门之后,它的作用主要是在新的高度上满足全社会的部分生存需要和绝大部分享受需要,但不能全面满足发展需要,要全面满足人的发展需要,还得由多层次多部门的服务业去解决,这就给劳动力从第二产业和一般服务业向现代服务部门转移提供了巨大的动力。

第二产业的发展要以有利的区位为依托,从而在区位条件有利程度不等的地方成长起规模不等的城镇。以第二产业为基础派生出来的多层次多部门服务产业,也因此而在不同规模的城镇集聚。这样,从农村转移出来的人口,就不仅表现为产业转移,而且表现为地域转移。这就是城市化总是与工业化孪生的根本原因,二者互相依存,互为条件,互促共进,把人类的文明推进到新的历史阶段。人类社会的发展历程已经告诉我们,这种趋势是不以人们的意志为转移的,我们应当顺应历史潮流,为工业化与城市化创造良好的互动条件,促进经济和社会的发展,而不是设立障碍抑制农业人口转化为非农业人口,乡村人口转化为城镇人口,如果硬性地抑制这种转化,即使一时奏效,最终也难免受到客观规律的惩罚。

2.城市化过程是按城镇规模结构规律吸收人口的过程,要用科学精神去对待顺应这一规律的迁移流向

在城市化潮流里,主流是乡村人口向城镇迁移,同时,城镇人口也在城镇之间(少数在城乡间)调整,进入城镇的新老移民在城镇体系中如何分布,既不决定于迁移者主观愿望,也不决定于政府政策。移民作为个人,基于对某个(或某些)城镇的了解程度,迁移后的预期收益,以及迁移可能付出的代价等的考虑,有他自己选择迁移目的地的意愿。但是,就移民总体而言,他们在城镇体系中的分布,大致是按城镇体系的规模序位分布法则分配的。政府作为行政主体,在城市化进程中,必要时可以对移民的流量和流向采取诱导性或强制性的政策,使不同区域、不同规模层次的城镇在一段时间里按照政策导向去吸纳移民。然而,就城市化进程而言,行政力量无法改变城镇体系中规模结构演化的规律性,不得不尊重所有城镇按各自的功能结构和辐射能力去吸收与自身容量相适应的移民。

历史的轨迹告诉我们,城市化进程中人口在城镇间的分配具有很强的规律性,具体表现在:

(1)城市化过程也是城镇体系形成和发展的过程,在这一过程中,城镇数量增多,规模分化,构成以产业集聚和人口集聚程度为依托的有规则的规模层次与规模序列。

城镇规模为什么会分化,又是怎样构成层级系统的?这是由与城镇区位相联系的产业集聚程度、功能层次高低决定的。在广大乡村区域,散布着许多集镇,他们功能单纯,主要是容纳一些乡镇企业,并发挥小范围的农副产品与日常生活用品交换中心的作用,构成了城镇体系中的最低层级。产业集聚规模愈大,功能种类愈多,层次愈高、辐射能力愈强,辐射区域内所需门槛人口数愈大,城市自身的规模也就愈大,分别形成小城市、中等城市、大城市以及特大城市。所以,城市化过程从城镇体系变化的角度来说,实际上是大致形成金字塔型的城镇规模结构的过程。塔基部分城镇数量多,规模小,依次向上城市数目渐次减少,规模渐次增大。

无论是城镇规模分化与规模结构形成的理论分析还是实证分析,都说明这样一个问题:城镇体系是一个整体,在城镇体系中,城镇规模结构是不同规模城镇在城市化进程中的动态平衡,是客观过程的产物。既然城镇体系的发展是整体的发展,城镇规模按城镇功能集聚程度自动取得平衡,那么就应该把城镇体系这一复杂的社会系统看作是一个自组织,人口在各级城镇中的动态平衡,乃是系统在运行中自动调节的结果。移民迁往哪一层级的城镇,或在多大的范围内调整,主要是通过市场在劳动力配置中的基础作用来实现,而不是靠放宽某些(或某级)城镇限制另一些(或另一级)城镇人口迁入的人为干预。

这就是说,不仅要看到工业化、城市化时代人口迁移是不可抗拒的历史潮流,要给迁移创造宽松的政策环境,而且必须在认识城镇体系规模结构客观性的基础上去自觉调整迁移政策。阻遏乡村人口迁往城镇固然违背时代潮流,不让迁往城镇的人口按客观需要与可能在整个城镇体系中分布,也是违背科学规律的。决策机构在改革迁移管理制度时当然要从实际出发,但强调实际而忽视甚至无视规律的历史教训也实在不少。一段时间以来,政策和舆论一味强调农村人口转移方向是小城镇,人为割裂城镇体系的平衡发展,至少在理论上是片面的,实践上也正在被证明是非理性的。城市化性质的人口迁移,其正道是让迁入城镇的人口按照规模结构的特性去合理分布。

(2)在城镇体系形成过程中,不同层级城镇人口规模变化速度是不完全平衡的,大城市以其多功能、大市场、高效率的优势,大规模地吸引资本和人口,通常总是率先快速成长。

在城市化进程的初、中期,城镇体系不仅规模分化显著,而且大城市的成长比中、小城市要快得多,到中期以后,膨胀势头逐渐减弱。这一特点已为近百年来世界性统计资料所证实。

大城市的率先快速成长,是初始区位优势的基础作用与添加区位优势的滚动作用共同推动的结果。在工业时代以前,没有统一的大市场,城镇一般难以容纳大量人口。随着工业化的进展,交通运输方式的多样化,市场的迅速扩大,近代意义的城市如雨后春笋那样冒了出来。在一些显要的水陆交通节点,很快就显示出它们的区位优势。给多部门大运量的工业提供了难得的立地条件,有力地吸引工业的集聚。以此为契机,商业勃兴,为工商业及市内居民提供行政管理、技术支持、人才支持以及生活服务的部门也应运而生,形成了多种功能的聚合与扩张。多种功能的互相依存,彼此激发,极大地促进了这类地点城市的成长,而城市的成长过程又会产生"聚变"效应,带来更多的资本、人口和技术,创造更为诱人的投资和就业环境,从而在初始区位优势基础上添加新的经济区位优势,促使城市向更大的规模发展。当然,大城市率先成长的规律性,并不排斥城镇体系整体发展的规律性,因为各地利用各自局部区位和商业腹地优势而兴起的众多城镇是不能互相取代的。

由此可见,大城市的超前发展是在工业化时期不断增强的市场作用在区位优势催化下的产物,是城市化进程中空间经济规律在调节城镇规模结构中的作用的反映。正是这种规律的作用,大城市才成为推动经济发展和社会进步的龙头,现代文明的化身,才能有这么大的潜力去吸纳数以百万计甚至千万计的人口。人们可以认识和顺应这种规律,把大城市规划好、建设好、管理好,使它更好地为国家或区域的现代化服务,决不应该要求大城市削足适履,去服从发展小城镇的政策。大城市发展中当然会产生这样或那样的社会问题,诸如:就业、住房、交通、环境、治安等等问题,但这些都是发展中的问题,随着经济实力的增强,科学技术水平的提高,内部管理的改善,社会保障与社会公平的逐步确立,是可以逐步解决的。如果因噎废食,始终采取严厉的政策限制本来大有潜力的大城市的发展,即使收到了控制大城市规模的目的,终究也要付出损害大城市乃至国家或区域经济和社会发展利益的沉重代价。

现阶段我国大城市的人口增长,除了受空间经济规律的支配之外,还受到三种补偿人口机制增长效应的推动,即:规模长期受压抑后的补偿性增长效应;第三产业长期受抑后的补偿性增长效应;城建投资跨越高大门槛后带来的补偿性增长效应。正处在经济腾飞中的 12 亿多人口的国家,城镇体系比别的国家庞大,大城市数量相应地比别的国家多,规模比别的国家大,是情理中的事情,从计划经济时期到市场经济时期始终限制人口进入大城市,在很大程度上是非理性的决策。应当指出的是,1989 年把控制大城市规模(50 万人口以上)写进了《中华人民共和国城市规划法》,可是,改革开放以来许多大城市、特大城市迅速膨胀的现实,早就暴露了硬性控制大城市规模的决策思想和立法思想既不反映客观规律,又不符合城市发展实际,是缺乏科学依据的,应该重新检验。

3. 城市化性质的人口迁移和流动是活跃生产力的积极因素,要用革新精神去建立迁移和流动的激励机制

在工业化时代,人口迁移和流动与资本流动一样,是绝对必要的。资本向着能够取得满意投资回报的部门、产业和区域流动,人口则向着最具吸引力的工作环境和预期收益的地方流动,这是社会进步的动力。利润也好,工资也好,一般地说,它的最大化是与产出(包括物质产品和精神产品)的最大化相联系的,人在流动中追求高收益,同时也是在为社会提供高产出,从而最大限度地推动着经济社会的发展。

人口迁移和流动有利于社会进步,人本身又在流动中实现自我跨越。下列四种情况都说明了这一点:

(1)劳动者在产业转移中实现自我跨越。在工业化的初、中期,农业劳动力转向以工业为主的非农产业,后期则以工业劳动力转向第三产业和新增劳动力进入第三产业为主。这是产业进化,其动力是科学技术的进步。人从一个产业进入另一个产业,都需要掌握新的技术或新的管理方法,都会使自己扩大视野,丰富知识,增长才干,从旧我变成新我。

(2)人口在地域转移中实现自我跨越。在城市化进程中,人口的地域转移大都是人口产业转移的空间表现形式。人口产业转移过程一般是与人口地域转移过程同时发生的。在特殊条件下,也不排斥产业转移与地域转移发生时间错位的可能性,例如:城市化滞后于工业化;城市化进程部分地表现为"隐性"特征等。我国,特别是浙江,20 年来的工业化和城市化

进程就是这方面的突出例证。但是,不论二者在时间上怎样错位,工业化终究要把城市化推向城镇人口比重达到75%～80%的水平,并且以诚市作为创造物质文明和精神文明的主要载体,把经济、社会以及人口和环境的关系推向现代化,充分体现工业化与城市化的不可分别的关系。工业化与城市化之所以共生,是因为工业以及以工业为依托的第三产业与农业不同,农业是土地依存型的产业,而非农产业则是区位依存型的产业,它需要在具有优势区位的地方,以集聚的形式来取得最大的经济效益与社会效益。世界上不存在没有城市化的工业化,也不存在没有工业化的城市化。因此,人口在工业化过程中既实现产业转移,又实现地域转移,是合乎逻辑的结果。在城镇人群中,人的智慧和潜能在生产性和非生产性的群体活动中,通过合作与竞争,不断得到砥砺、激发,聚合成为一种巨大的能量。这种能量比处于分散状态的人的能量迭加,要大得难以估量。以城市化为表征的人口地域转移,无形中把每一个人推上了自己所能达到的历史高度。人口的地域转移,还使仍处在乡村环境的人口或少数从城镇迁往农村的人口同样实现历史性的跨越,因为工业化、城市化在刺激农业走向规模经营的同时,也改变了农业技术和生产方式,使农业人口由传统农民脱胎出来,成为新型的现代意义的乡村居民。

(3)人口在横向流动中实现自我跨越。在市场经济条件下,一个产业的若干部门或一个部门的若干单位之间,存在着从业条件的种种差别,而且处于经常的变化之中,这就为人口在部门间或部门内的单位间横向流动提供了机会。就在业人口而论,对经济收入与自身发展的期望值是决定其是否流动的内在因素,而部门间、单位间对劳力和人才需求的数量和质量,以及能够提供的物质待遇和个人发展条件,则是能否实现横向流动的外部条件,二者通过市场结合起来,使企事业单位获得较好的收益,使劳动者个人得到较为满意的境遇。对一个人来说,一生横向流动的次数总是有限的,但就整个社会而言,则是无限的。个人的每一次横向流动未必都实现自我跨越,但全社会无数个人的横向流动,则使无数单位和个人实现了自我跨越,无形中成为社会发展的动力。

(4)人口在纵向流动中实现自我跨越。人的追求因个人的体质、教育程度、心理素质、经历、所处环境等的差别而各不相同。但作为社会人,其追求总的来说是向上的。人只有追求更多的知识,更高的技能,更大的才干,更便于施展才能的岗位,作出更多的努力,才能取得更丰厚的收入,而这恰恰是为社会创造更多更好的物质与精神财富的回赠,二者是相辅相成的。因此,激励人的上进心,鼓励“人往高处走”,决不应该与鼓吹利己主义混为一谈。在法制健全、特权作用淡化甚至消失的社会条件下,收入是在平等竞争中衡量一个人贡献大小的基本标尺。一个有生气的社会,人的纵向流动是活跃的,不论是原地还是易地流动,人们都在实现自我跨越,同时也把社会从一个高度推向另一个高度。

计划经济体制在对待人的问题上,一个致命的弱点就是抑制了人的自我跨越活力,从而抑制了经济和社会发展的原动力,违背了为国家求富强为人民谋福利的初衷。改革开放20年来,综合国力增强如此之快,人民奔小康和奔向现代化的势头如此之猛,并没有什么秘诀,除了政治和社会稳定外,无非就是由行政支配的包罗社会生活一切领域的计划,让位给对人、财、物配置起基础作用的市场,使人实现自己的价值成为可能。30年计划经济体制下形成的户籍管理制度,特别是迁移管理制度,因为政治上要服从当时的大局,与工业化、城市化的时代潮流背道而驰,现在应该是唤起求实、革新精神,支持人口迁移和流动的时候了。

4.在面临建设法治国家的新时期里,要用法制精神去反思户口政策,创造平等的迁移环境

人类的生存繁衍从来都是与迁移联系在一起的。自主的经济性迁移是为了寻求新的生存环境与新的谋生手段,然而,通过迁移在实现迁移者的愿望的同时,无形中传播了文明,给提高生产力带来希望。当代世界上各国都发生过或发生着城市化,已经完成或将要完成大部分人口从乡村到城镇的转移,其结果是人类的物质和精神文明一次又一次地取得划时代的成就。为了保障公民迁移的合法权利,在正常情况下,近代许多国家的人口迁移受到宪法的保护。据荷兰学者对 142 个国家的统计,有 81 个国家规定公民有迁徙的自由,占被统计国家的 57%[①]。我国在新中国成立后的一段时间里,宪法也赋予公民以迁移自由,而且在现实生活中享受这种自由,然而时隔不久,随着经济体制的僵化和政治运动的干扰,经济严重短缺,导致宪法中迁徙自由的规定落空,到了 60 年代中期,人口迁移政策离开常规就更远了。1964 年中共中央、国务院发布了《关于城镇青年参加农村社会主义建设的决定》(草案),动员知识青年扎根农村,安家落户。1968 年 12 月 22 日《人民日报》发表毛泽东的指示,动员知识青年到农村去,接受贫下中农再教育。结果,"文革"十年,把 1400 万知识青年从城镇动员到了农村[②]。

从 1954 年到 1975 年,人口从可以自由迁移转变到限制农村人口迁往城市,再进到动员城镇人口迁往农村,最后到取消宪法中的自由迁移条文,完全是在经济恶化的形势下为保持社会稳定的逻辑结果,这是不难理解的。然而,应当看到,那种超稳定的社会结构是在背离社会主义民主和法制精神的情况下形成的,它遗留了若干消极的后果。首先,损害了宪法的严肃性。迁移政策从自由向限制的转变,是在 1954 年制定的宪法的有效期内发生的。宪法条文在未经立法机构修改之前就出现可依可不依的现象,不能不说是对法制的一种嘲弄。这类问题的影响至今不能低估。其次,强化了人治观念。在抛开宪法条文精神的单项法规、政策、最高领导人指示都产生"法律效力"的环境里,立法机构形同虚设,全民族法制观念迟迟不能树立,人治重于法治、以言代法的现象盛行。这种怪现象至今仍有一定市场。第三,造成了城乡居民之间事实上的不平等。农业户口与非农业户口、乡村人口与城镇人口在户口管理上的二元化,造成了两种户口、两类地域人口在获得个人发展机会方面的不平等,客观上是一种新的城乡对立。第四,剥夺了部分群众应当享有的权利。主要是许多家庭受到夫妻长期分居两地的困扰;农村居民难以向在城市居住的亲人投靠落户;进城谋职或开拓事业多年的,得不到户口承认,给立业与成家带来困难;一批知识青年及其家庭所遭受到的困难,有的至今没有完全消除;等等。

现在,在迁移问题上,造成社会事实上不平等的经济条件与政治条件已有重大改变,迁移环境有所改善,具体表现在:(1)人口迁移的市场机制正在形成;(2)二、三产业创造就业机会的能力已经并且仍在继续提高;(3)就业观念正在发生变化,自谋职业逐渐取代行政的安排,劳动用工制度正在由"终身制"向合同制转变,社会保障制度正在逐步配套;(4)城镇建设正在由政府独家投资转向政府投资与通过市场多渠道筹资相结合的方式发展,城市设施与住宅欠账大大减轻;(5)城镇居民生活供应票证全部取消,住房制度改革逐步向纵深发展,政府财政补贴负担行将解除;(6)农村人口进城对今天城镇繁荣作出了重大贡献的看法已为多

①　[荷兰]亨利·范·马尔塞文等著:《成文宪法的比较研究》,陈云生译,华夏出版社,1987 年,第 144 页。
②　转引自《钱塘周末》1998 年 9 月 4 日,第三版。

数人所接受,进城人口多而城镇就业岗位缺口大之间的矛盾也逐步得到自发与政府调控相结合的调整,随着就业信息网络化和就业服务社会化、规范化,进城就业将趋向有序;(7)70年代以来生育率持续下降,新增劳动力增幅减小,就业压力渐趋缓和。以上种种变化,说明彻底改革户籍管理制度,消除迁移管理制度造成的公民之间事实上的不平等的条件渐趋成熟,当前重要的是决策层在迁移政策思想上要有重大转变,从法治和改善社会公平的高度,朝着迁移自由的方向,结合政治、经济和社会发展的具体条件,制定合理的迁移政策和迁移管理制度。

三、改革迁移管理制度的根本问题是扭转特化了迁移管理功能

以时代特征为依托的理论探讨,揭示了决定迁移管理制度的迁移政策改革的历史使命,但是要对现行迁移管理制度进行彻底改革,必须正本清源,对导致迁移管理功能特化的政策基础作一考察。我们认为,在50年代中期以后的二三十年间,政府出于管理社会的需要,用行政手段将迁移管理的功能一步步特化,同时由于各种原因,与居民利益息息相关的要素也被越来越多地附加于户口之上,更使得被特化了的迁移管理功能固化。因此,要在迁移管理制度的改革上有所突破,必须对导致迁移管理功能特化、固化的原因仔细分析,对约束迁移管理制度改革的根本障碍深入探究,在此基础上,制定相应的迁移政策,推动迁移管理制度的改革深入进行。

1. 短缺经济导致迁移管理的功能特化

在正常情况下,迁移管理作为户籍管理的组成部分,其基本功能是:通过户口登记中的迁移登记,即迁入与迁出的登记,准确地统计人口数据,为国家的经济建设服务,同时,便于公安部门通过对户口的登记与查验发现罪犯,打击犯罪活动,维护社会治安。这就是说,除了依法被限制迁移的人员之外,对于公民的正常迁移,只要求到户政机关办理登记手续,没有过多的限制。新中国在户籍管理制度建立的初期,迁移管理发挥的作用大体就是这样。

随着第一个五年计划的顺利实施,计划经济的框架逐步构建起来。经济和社会发展各个部门、各个领域的活动相继纳入统一的计划轨道。社会主义改造的完成,大大强化了计划体制。早在1956年,国家计划管理下达的产品已有380种,计划分配的物资达到530多种,中央直属企业9000多家,大部分农副产品的收购和生活消费品供应已经直接纳入政府计划管理的渠道[①];在劳动就业体制方面,统一分配取代了自行就业、自谋出路的政策,统一分配的范围已包括大学、中专、技工学校学生和退伍军人,所有的招工名额都纳入了政府的计划范围之内,劳动就业的管理权限完全集中到了政府职能部门。在以后的20年间,计划更是一统天下,不要说资本市场、人才市场、劳动力市场以及生产资料市场已经不复存在,就是生活资料市场也压缩到了很小的范围。失去市场在资源配置中的基础作用甚至调节作用的经济,注定是短缺经济,迅速暴露出来的粮食与农副产品供应能力脆弱;工业积累在一定程度上转化为重工业的内部循环,效益不佳;第二产业难以带动第三产业和社会发展事业;城市建设资金极度短缺,基础设施、生活设施欠账日增等等问题,加上人口总量过大,增长过快,经济宏观决策的失误以及非经济因素的严重干扰,使城市这一在工业化、城市化时代本应源源不断地吸收农村剩余劳动力的地方,再也无力接纳外来人口,几乎成了原有城市人口的"领地"。

---

① 殷志静、郁奇虹:《中国户籍制度改革》,中国政法大学出版社,1996年,第8页。

在这种情况下,国家实际上已经面临亟需改革的问题。但是,当时党和政府深信社会主义制度必须实行计划体制,没有也不可能认识到产生这一问题的根本原因正是来自经济体制的缺陷,因而也就不可能采取根本性的改革措施去改变这种局面,只能通过限制农村人口迁往城镇,以控制城市人口的机械增长,缓解人口对城市的压力。为了达到这个目的,只好改变迁移政策,把办理迁移手续从原来只要求即时登记,改变为事前申请审批,凭证申报落户,而且随着形势的变化,随时增加一些与限制城镇人口、大中城市人口、非农业人口有关的补充性行政法规。所有这些,都要在户政部门的户口管理工作中贯彻下去,于是原来只对迁移者进行迁入和迁出登记及统计的迁移管理的基本功能,就演变成了限制农村人口迁往城镇,限制小城镇人口迁往大中城市,严格控制城镇人口增长的特殊管理功能。迁移管理的功能就这样完成了特化过程。

2.利益要素与户口粘连,使特化了的迁移管理功能被固化

由于计划经济年代国民经济严重短缺,不可能满足全社会的物质、文化需求与就业需求。为了做到公平,政府不得不按户口去分配利益,对不占有生产资料的城镇居民更不能不有所倾斜。于是户口就附上了各种各样的利益要素,使利益要素和户口这样两种在本质上没有任何逻辑联系的不同事物联系在了一起。根据这些利益要素本身性质的差异,户口与利益粘连的方式可以概括为以下几种:

(1)以户口为依据分配基本生活资料。早在第一个五年计划期间,城市人口增加,加上计划经济体制下生活资料供给短缺的问题露头,城镇粮食供需矛盾开始突出。为了解决这一矛盾,1955年8月国务院颁布了《市镇粮食定量供应暂行办法》,明确规定,凭城镇户口实行按人口定量供应口粮的政策,使户口第一次与利益结合在一起。而后,随着计划经济的框架逐步构建完成,经济体制僵化的弊端逐步暴露出来,生活资料极度短缺,供应全面紧张。为了维持城镇居民在低标准下的生活稳定,党和政府采取了按人口定量供应包括副食品、衣着、某些日用品以及燃料在内的基本生活资料,同时按户口提供低租金的住房。这样,户口与利益要素又进一步捆绑到一起。在现实生活中,这种联系不仅体现在不同户口性质的差别上,而且体现在不同等级的城市间和不同地域的城市间户口的差别上。一般说来,拥有非农业户口的家庭可以得到稳定的口粮供应,凭户口簿可以领取各类票证以购买所需要的基本生活资料。而在不同等级的城市间,生活资料计划供应标准不完全一致。大城市户口较中小城市户口可以获得种类较多的生活必需品。

(2)以户口为依据,对城镇人口的就业、教育等进行政策倾斜。以就业而言,在改革开放之前,我国一直执行由国家统包城镇人口劳动就业的制度,持农业户口的青年很少有被城镇招工就业的机会。就教育而言,教育体制在许多方面一直实行以户籍为依据的教育歧视政策,主要表现为:①在几乎所有的城市,中小学学生入学范围的划定以户籍为依据,超出户籍所在地的学区,求学就很不容易,非该城市户口的,要取得入学资格更是难上加难。②在学龄人口接受完九年制义务教育之后,户口的性质就成为学生能否接受更高一级教育的一个重要影响因素。有些地方,在高中的升学考试中的分数线对不同户口性质的学生要求不同,属于农业户口的学生必须比非农业户口的学生有更高的入学成绩才能接受高中教育,同时,农业户口的学生在初中毕业后接受同级或更高一级的职业教育时同样要受到许多限制,如农业户口的学生不能报考技工学校,等等。

(3)城镇户口、非农业户口的"珍稀性",无形中凝聚了附加价值。我国从50年代中后期以来,在社会生活的许多方面一直实行以户籍为依据的倾斜政策。同时,户籍管理制度是以

限制人口自由迁移,特别是以限制农村人口向城镇迁移为主要特征的刚性制度,农业户口和农村人口要转变为非农业户口和城镇人口是非常困难的。而不同性质、不同地域的户口给人们带来的生活方便程度和实际的生活水平有明显的差别,这就使得户口与另外一种利益要素发生联系,即户口无形中凝聚了附加价值。主要表现为两种形式:①户口的社会价值。由于现实生活中,非农业户口、城镇户口确实能给人们带来某些好处,因此政府常常把户口作为一种福利待遇奖给某些社会成员,例如,为了体现对知识分子的照顾和尊重,1980年国务院有关部委颁布了《关于解决部分专业技术干部的农村家属迁往城镇由国家供应粮食问题的规定》,把解决部分知识分子家属的户口问题作为落实知识分子政策的一项措施。诸如此类的例子不一而足。②户口的交换价值。在控制城市人口的政策指导下,从80年代起大部分城市为了限制人口迁入,对于有正常迁入手续的人口也规定要征收一定数量的城市建设费或增容费,各地收费标准不一,总的是大城市高于中小城市,城市高于集镇。而在民间,由于刚性户籍管理制度的约束,人们为了顺利进入各自的迁入地往往需要对调户口,处于高等级城市的户口往往要向处于低等级城市的户口收取一定的费用作为补偿,补偿的水平在某些地区实际上形成了一种相对稳定的价格①。

　　户口与利益要素粘连决定于当时的经济条件,但要使这种粘连关系在社会生活中稳定地起作用,则需要依靠行政的支撑。在计划经济时代,政府用行政手段对整个社会的运行实行严格的计划管理,为户口与利益要素相联提供了“运行平台”。国家用行政手段取消了粮食、副食品等基本生活资料的交易市场,生活在城市的人口对基本生活资料的需求无法通过市场的交换实现,只能依靠政府以户为单位进行分配;城市中没有劳动力市场和人才市场,所有用人单位的用工计划都被纳入政府的计划之中,就业只能通过政府的安排实现;同时,政府又取缔了任何一级地产市场,城市中住房的产权大都为国家所有,政府凭户口向城镇居民出租房屋的使用权,没有当地城镇户口,根本不可能找到稳定的住所。一句话,失去了市场,城市居民生活的一切需求无法通过市场交换获得,只能通过政府的制度安排来实现,政府不仅成了调控社会生活而且成了调控居民日常生活的主体。这就使户口与利益要素相粘连的关系长期保持稳定,促使特化了的迁移管理功能被固化,使得控制农村人口向城镇迁移、农业人口向非农业人口转变为主要目的的特殊管理功能在实际工作中的长期正常运作成为可能,因为如果一个人向某一城镇迁移的要求在事前得不到同意,就不可能获得他期望迁入的那个城镇的户口,没有户口,即使身在城镇也不可能获得基本生活资料、不可能找到工作、不可能有固定的住所,因而不可能长期定居下来。

　　由此可见,特化了的迁移管理功能被利益附着所固化,个人的迁移行为完全被纳入了政府的管理之中,不要说永久性迁移,就是暂时性迁移(即暂住)的自由度也大大缩小了。

　　3.剥离与户口相粘连的利益要素,减少迁移管理制度改革阻力

　　户口与利益要素相联系,使迁移管理特化了的功能被固化,限制了农村人口的空间转移,也限制了城市间人口的正常迁移。因此,要扭转迁移管理功能特化,推进迁移政策和迁移管理制度改革,首先应将附着于户口的利益要素剥离。目前的情况是:

　　(1)生活消费品供应已经与户口脱钩。70年代末80年代初先后开展的农村和城市经济体制改革,有效地解放了生产力,搞活了流通,市场消费品日益丰富。50年代中期到70年代中期陆续粘附于户口的名目繁多的消费品供应票证,从80年代前期起先后退出配给范

---

①　户籍改革课题组:《现行户籍管理制度与经济体制改革》,《上海社会科学院学术季刊》1989年第3期。

围,到 1992 年,最后一种票证——粮票,也在全国失去作用,结束了日常生活消费品供应与户口粘连的历史。

(2)就业、教育、住房已经在不同程度上与户口剥离。随着计划经济向社会主义市场经济转轨,劳动力市场和人才市场逐渐发育,一般劳动力与专业人才凭证(农村劳动力凭身份证、务工经商证明以及计划生育证明,专业人才以具备履历证明更为重要)易地谋生已成为可能。在教育方面,中小学生入学与户口的紧密联系,也因公办学校的某些变通和社会办学的逐渐兴起而开始松动。在住房方面,随着城镇福利分房向住房商品化过渡,以及城乡房源的增多,异地就业解决住房问题已不再是不可克服的障碍。

当然,我们应当清醒地看到,在城镇,有没有当地户口仍然是解决就业、求学、住房的首先考虑的条件。有的部门和单位,如党政机关和国有企事业单位,在进入时仍严格讲求户口与人事档案;一些城市,出于稳定社会的需要,政府仍采取一些强制性的措施,阻止利益要素与户口分离;为了解决当地人口的就业问题,用行政手段限制企业雇佣外来劳动者;等等。但是,不管怎么说,随着社会主义市场经济的确立与完善,利益要素与户口的完全分离已是大势所趋。

(3)户口附加价值正在降低和逐渐消失。户口之所以具有了附加价值,主要源于刚性的户籍管理制度以及户口与上述两类利益要素相联系。从因果关系看,户口的附加价值不是政府政策附加于户口的价值,因而本质上不是制约迁移管理改革的因素。户口附加价值的剥离,取决于社会主义市场经济条件下户籍管理制度改革的深化。

4.根本问题在于改革迁移政策,扭转迁移管理的功能特化

以上分析表明,附着于户口的利益要素正在得到有效的剥离。从理论上讲,分离与户口相粘连的利益要素,就是已经扫除了实现人口自由迁移的障碍。但事实并非完全如此。从目前的情况看,尽管与户口粘连的利益要素越来越少,也只是在一定程度上弱化了控制迁移的特殊管理功能(如改革开放后出现的从农村进入城镇的大量暂住人口,就是以控制农村人口向城镇迁移为主要目标的迁移管理功能特化正在减弱的表现之一),而限制迁移的状况未发生实质性的改变;计划经济时期所设置的户口迁移障碍没有从根本上触动,处理户口迁移的原则几十年未变;大量的"事实迁移"未予承认;户政部门迁移管理的核心依然是对人口的迁移进行资格认证和审批;现行迁移管理制度的功能设立、工作重点以及运行模式都没有根本性的变革,等等。可以这样说,即使将与户口相粘连的利益要素全部分离,也只能在一定程度上有助于现行迁移管理制度的改革,而不可能把迁移管理制度特化了的功能扭转过来。由此可见,利益要素与户口分离,只是迁移管理制度改革的必要条件而非充分条件。充分条件是在经济发展与城市化进程加快的形势下,改革现行的迁移政策,实现公民居住和迁徙自由。

那么,为什么迁移政策未做实质性的调整,现行的迁移管理制度的改革何以没有取得突破性的进展呢?原因是多方面的,一方面固然要受到发展水平和整个改革进程的限制,但另一方面,从改革的角度来看甚至是更为重要的方面,在于思维定势的影响以及观念的束缚。

(1)计划经济时期形成的城市发展观根深蒂固。在计划经济条件下,城市发展受到工业工业化道路与经济体制僵化等多种重大经济和政治因素的约束,不但城市化进程难以推进,就连低城市化水平下的城市人口也处于饱和状态,城市社会问题非常严重,特别是大城市,问题更加突出。在这样的背景下,早在 60 年代,控制城市发展,尤其是控制大城市发展的城市发展观就逐步形成。到 1980 年,经国务院批准,提出了"严格控制大城市规模,合理发展

中等城市,积极发展小城市"的城市发展总方针。1989 年,上述方针被稍加修订后写进了《中华人民共和国城市规划法》,该法第四条规定:"国家实行严格控制大城市规模,合理发展中等城市和小城市的方针"。这一方针割裂了城市体系内部运行过程中客观形成的规模结构,用主观愿望替代了客观规律。如果说在计划经济时期形成这样的城市发展观尚情有可原的话,那么,在社会主义市场经济已经基本确立的今天,继续坚持这种观点就成了一种非理性的思维定势。正是这种思维定势对迁移管理制度进行实质性改革仍在起着阻碍作用。

(2)对迁移管理制度改革可能带来的消极作用估计过高。现行的迁移政策之所以未能全面调整,不可忽视的另一个重要原因是过高地估计了迁移管理制度改革可能带来的负面影响,总担心农村人口进入城市对就业会造成难以承受的压力。尽管农村人口过量涌入城市确实会对城市就业以至社会治安、交通、生活环境等带来压力,但是,如前面已经指出的,只要经济发展,市场导向,政府管理三管齐下,压力是可以变成发展的动力的。事实证明,80年代中期以来进城劳动力与城镇就业岗位之间的关系,在市场机制作用与政府调控之下,彼此基本取得了动态平衡。没有近一亿的人口与劳动力进入城镇,十多年来全国城镇建设与经济发展要达到今天的水平与速度是不可想象的。

(3)在对待人口迁移问题上缺少一点民主与法制精神。从某种意义上讲,人类社会的发展史就是一部迁移史。自古以来,迁移就是人类趋利避害的重要手段,自由迁移是人与生俱来的基本权利。过去,在计划经济体制下,限制人口迁移,特别是限制乡村到城镇的迁移,人们是可以理解的。今天,在经济体制改革已经深化,工业化、城市化进程显著加快,建设法制国家已经取得重大进展的情况下,迁移政策还不曾有重大变革,是有必要从民主与法制的高度作一番思考的。

四、改革迁移管理制度的同时要改革配套政策

改革迁移管理制度的最终目标是恢复公民居住和迁徙自由的权利。在现实生活中,重点应该是打破 40 年前颁布的《户口登记条例》中对人口从乡村迁往城市的过于苛刻的限制。要做到这一点,必须同时改革在长时期内形成的直接间接阻碍人口正常迁移、影响城市化进程的不合理配套政策(包括方针、政策、标准、管理办法等)。这些配套政策,有的应当废除,有的应当调整,有的应当更新。但是由于配套政策涉及政府许多部门,各项政策牵涉面和影响深度也不尽相同,究竟怎样废除、怎样调整、怎样更新,需要政府会同有关部门逐步解决。在这个问题上,本报告只提出一些梗概性的看法。

1. 改革直接阻碍城市化进程中人口迁移的有关政策

(1)从法律条文上删除"严格控制大城市规模,合理发展中等城市和小城市"的方针。这一方针是六七十年代国民经济和社会发展困难重重,"恐城病"气氛笼罩决策层,国际上对某些发展中国家过度城市化的评述沸沸扬扬的背景下酝酿形成的。作为方针,它在理论上割裂了城镇体系的整体性,在实践上早已受到改革开放以来城镇体系发展现实的挑战,对城市化进程及与之相联系的人口迁移的消极影响大于积极影响。这一点从本文第二部分的有关分析中已经可以得到回答,这里不再赘述。非常明显,这样的方针没有必要列入法律条文,应当通过立法程序从《中华人民共和国城市规划法》中删除,至少应该进行符合理论和实际的修改。

与这一方针相呼应,90 年代有一种流行的看法,那就是把小城镇(实际是建制镇)作为农村人口地域转移的主要归宿。这种说法虽未见于法律条文,却在相当大程度上发挥着指

导性的作用。应当指出,这种说法同样是片面的。一个国家、一个区域在城市化进程中的人口集聚,不会按人们的主观愿望在城镇体系中的特定规模等级(比如建制镇)分布,而是受以区位为依托的空间经济规律作用的牵引,按所有城镇各自的功能集聚程度及相应的人口容量有序地分布。认识这一点,对拨正城市化航向,促进迁移政策改革是有积极意义的。

(2)改革不合理的户口性质划分标准。从60年代前期开始,户口被人为地划分成农业和非农业户口两大类。本来,农业人口和非农业人口是客观存在的,即从事农业或以农业为主要生活来源的人口为农业人口,其余人口为非农业人口。这只是为了满足统计的需要。但是,不以居民的职业或主要生活来源为依据,而是以是否吃国家计划供应的商品粮为主要标准,把居民划分成农业户口和非农业户口两种性质,并且把若干利益要素有差别地附着于两种户口之上,让非农业户口比农业户口享受较多的优惠,就使两类户口性质的划分离开了客观标准,失去了统计意义,成了在特殊条件下维持社会稳定的一种依托。这样一来,人口无形中分成了"两大阶层"、"两种身份"。公民要从农业户口变成非农业户口,从农村人口变成城镇人口,似乎不只是职业、生活来源和居住地的变化,更重要的是身份的变化,简直成了一个社会阶层向另一个社会阶层的垂直流动,在政策上和心理上大大加固了城乡之间的户籍壁垒。现在,改革开放已经20年,经济体制和政治体制的改革都取得了重大成就,随着经济的高速发展,城乡人民生活水平显著提高,今天的社会生活条件与牵强划分户口性质的那个年代相比,已经不可同日而语,然而,不合理的户口性质划分标准依然存在,并且还在社会生活中起作用。这种情况,当然会同迁移管理制度的改革发生碰撞。现在是恢复本来意义的农业人口和非农业人口划分标准的时候了。

(3)废除农转非的指标控制的规定。把户口划分成农业和非农业两种性质之后,事实上在农业与非农业、乡村与城市之间筑起了一道阻碍人口转移和迁移的壁垒,只是为了应付实际需要,政府才开了一个农转非指标的小口子。在六七十年代,限定每年各地农业人口转为非农业人口的数量不超过当地非农业人口总数的1.5‰,以控制城镇人口的机械增长,进入80年代后,由于符合农转非条件而受到指标限制的不能兑现的人越来越多,这一指标被微调为2‰,80年代后期,因经济过热,总需求超过总供给,1989年政府在治理整顿中又把这一指标返回到1.5‰。不论指标怎样调整,它都是计划经济体制下用户口控制社会稳定的办法的延续。在目前的条件下,农转非指标完全可以废除。原因有三:第一,按原规定符合农转非条件的对象,大部分本身就不是原来意义上的农业人口,而是在当时历史条件下,为减少吃国家计划供应商品粮人数,被人为划归农业户口的。现在,粮食市场开放已经多年,完全可以解除对这批人的农业户口约束。第二,近年来,各地每年农转非指标都大于规定的比例,实际转移数比指标数更大。以浙江为例,1992—1996年每年农转非指标数占非农业人口总数的比例已经从12.4‰上升到21.7‰,农转非的实际数占非农业人口总数的比例更是从27.3‰上升到了33‰,超过了原定比例的一二十倍。据本课题组1998年8月对织里、新登、杨汛桥三个户籍改革试点镇的调查,农转非的指标控制基本失去了作用,但都未曾出现人口过度流入城镇的问题。第三,在市场经济条件下,农转非人口的就业已经在很大程度上通过劳动力和人才市场的供求关系来解决,他们的生活资料需求(包括住房需求)一般都可以通过市场交换得到满足。尽管随着改革的深化,目前城镇还普遍存在冗员下岗的问题,但这是改革的阵痛。客观地说,现在落在政府肩上的非农业人口就业压力和财政负担,实际上已经比改革前大大减轻,废除控制农转非指标的政策,不会对社会带来恶性的人口后果。

(4)废除城市增容收费的做法。80年代以来,城市对按政策迁入的人口,包括来自农村的和其他城市的,要收取城市增容费,各地城市的收费标准不一,但收费则是普遍现象,理由是政府要为每个迁入人口付出一笔城市建设费用,这笔费用以收取城市增容费的形式取得某种程度的补偿。这种做法是不适当的,应予废止。首先,它是计划经济体制下城市建设投资依靠财政拨款以及三项费用,资金严重不足的产物。随着市场经济体制的逐步完善,城建筹资渠道多元化和市场化,政府财政拨款在城建投资中的比重正在降低。其次,迁入人口中的在业人口是社会财富(包括精神财富和物质财富)的创造者,他们创造的财富一般大于所获得的报酬,其劳动剩余实际上部分地转移到了城市建设费用之中,为城市建设和发展作出了贡献,何况生活在城市的人口本身就是纳税人。第三,迁移需要付出成本(包括实际成本、机会成本和心理成本),对迁入城市人口收取增容费,无疑加重了迁移者的迁移成本。

(5)改变城市暂住人口暂住时间"永久化"现象。改革开放以来,农村外出务工经商在城镇暂住的人口数量,随着经济发展速度的变化而变化,但总的是逐渐增多后渐趋稳定。这些人在城市暂住时间有长有短,从几个月、一二年、几年以至十几年不等。他们中的一部分人已经有了合法而稳定的职业和收入,合法的住所,而且又愿意迁入城镇,但是,除了户籍改革试点镇之外,在其他城镇,现行政策一般都无法满足他们的迁入要求,其中城市尤其如此。应当看到,在城镇暂住时间较长,而且居住合法,收入合法而稳定的人,表明城镇已经接受和消化了他们,不再构成城镇的负担。对这些人,应分情况允许迁入,逐步做到让暂住人口融入城市化过程,陆续转变为名副其实的城镇人口。当然,在户籍制度特别是迁移政策彻底改革之前,作为过渡,并不排斥对暂住人口转为常住人口的条件作出某些规定。

2.改革间接阻碍人口向城镇迁移的城镇配套政策

(1)废除对非农业户口、城镇户口基本消费资料的计划供应与补贴政策。对非农业户口、城镇户口基本消费资料的计划供应与补贴政策产生于计划经济条件下的物资短缺和低工资制度。随着经济体制的转轨,社会生产力的提高以及消费品市场的迅速发育,基本消费资料的生产已经能够满足国内市场的需求,以往曾长期实行过的对重要农产品统购统销和部分工农业产品计划供应的政策逐渐失去了作用,对非农业户口、城镇户口供应基本消费资料实行补贴的项目越来越少,只有一些大城市在供暖、供汽、公交月票等少数几个消费项目上,政府还在对居民采取补贴措施。随着市场化进程的向前发展,政府可以将遗留下来的少数消费项目的补贴打入职工的工资,取消补贴的形式,以减少人口迁移和城市化的阻力。

(2)改革城市就业政策。在计划经济时期,城市实行的是按统一计划招工和分配就业的政策。随着经济体制的转轨,统一的劳动用工制度和人事制度逐渐趋向企事业单位自主用工、个人自主择业的制度。但是,在这一过程中,新旧体制的摩擦是经常发生的。几乎在所有城市,特别是在大中城市,政府为了保证当地居民的充分就业,对户口不在当地的外来人口,不论是来自城市还是农村,都在一定程度上采取排斥的态度。许多企事业单位在招聘广告中都把应聘者是否具有当地城市户口作为录用的第一条依据,明显地反映了城市就业政策仍带有深刻的计划经济烙印。更有甚者,有一个直辖市劳动局曾发出通告,明确规定,金融与保险业的业务员、咨询服务业的业务员、会计,以及电梯工、保育员等20多个工作相对轻松、收入比较丰厚的行业和工种,禁止使用没有当地户口的外来人员[①]。这就不仅仅是劳动就业受计划经济体制的残余影响,或为了保证当地人口充分就业、维护社会稳定的问题了。其实质是采取地方保护主义,把安排当地人员就业与在市场经济条件下人才和劳动力

---

① 吴浙等:《倾斜的国土——中国区域经济不平衡发展的现实与趋势》,中国经济出版社,1995年,第213页。

参加市场竞争对立了起来,把解决现实问题与坚持改革方向对立了起来。我们认为,为了谋求社会稳定,优先考虑当地人口的就业是无可非议的,但是,城市也应当在就业政策上建立一种激励机制,让当地的求职者充分认识到他们与外来人员在谋职的问题上是平等的,要获得一个较好的工作岗位,不仅必须具备必要的资历和能力,而且需要有奋斗精神,不然,即使优先安排了一个较好的职位,也会在日后的竞争环境中得而复失。从长远看,城市企业单位用人必然要坚持择优录取,量才录用的原则,城市户口对于就业不应该是也不会总是万应良药,户籍制度、劳动制度、人事制度改革应该为就业创造这样一种机制:人们可以流动就业;城市居民在常住地找不到合适的工作,可以到外地(包括到农村)去发展;城市居民个人就业问题从依赖政府的状态中摆脱出来(当然,城市政府应该为居民创造尽可能多的就业机会,但是这些机会应当是面向所有的求职者,而不仅仅是当地居民)。

(3)改善办学体制,放宽城市义务教育段与高中教育段入学的户口限制。在城市,对具有当地户口的义务教育段和高中教育段学龄人群入学,户口限制主要表现在学区的划分上(考入重点高中、中专的不受此限);对户口不在该城市的外来同一学龄段人群来说,户口限制则关系到是否允许入学的问题。在一般情况下,公办学校不允许他们入学,即使同意,也要家长支付高额的"赞助费",给外来工薪家庭增加了不轻的经济负担。公允地说,在现行财政体制和教育行政部门按学额确定学校教育经费的条件下,学校对外来寄读学生收取"赞助费"也不算过分。然而,对外来人口来说,这确实是一种"户口歧视"。在我国城市化过程中,农村人口向城镇迁移在一段时间里还不得不以暂住形式为主的情况下,受教育"户口歧视"无疑会给以存在大量暂住人口为特征的城市化过程产生消极的影响。

为了改变这种情况,政府有关部门需要从长计议。但以下几个问题至少应该考虑:第一,在城市化进程中,要求在城镇求学的学龄人群,比按城镇户口统计的学龄人群数量要大是一种正常现象,城市教育部门应当满足外来学龄人群的入学要求。第二,城市政府在编制教育经费预算时,要为教育部门解决外来学龄人群求学这一块的教育经费留有余地。同样,教育部门给公办学校的拨款,也应当在按正常学额核算的经费之外,根据实际情况适当增加,以利外来学生入学,同时也为学校减收"赞助费"创造条件。第三,鼓励民间办学。民办、民办公助、公办民助等方式都可以采取,只要纳入教育法规,并且核定合理的收费标准,就应当允许备案,以便在更宽松的条件下满足公民平等接受教育的权利。

(4)改革住房政策。在计划经济时期,城市实行的是以户口为依据的低标准、低租金的福利住房政策,非城市户籍人口进入城市,一般无法得到住房。这是约束人口自由迁移的重要因素之一。进入90年代后,政府启动了城镇住房改革,近年来加大了改革力度,1998年国务院把取消福利分房作为城镇住房改革的重点,为迁移管理制度改革扫除了一大障碍。但是,在实际生活中,城市住房政策在许多方面仍然与户口有关,如:有关房地产条例明确规定,参与按揭贷款的购房者必须具有本市常住户口;有些地方规定无当地常住户口的人员购买的商品房不能办理产权证;有的大城市规定外地人口购买该市房价或面积超过一定数额的商品房,可以落实一个蓝印户口,并且随着购房价或购房面积数额的增大,可以相应地增加蓝印户口人数;等等。因此,从房改方面为人口自由迁移扫清道路还有许多工作要做。例如:尽快取消政府对城镇居民的住房补贴,由实物分房向货币购房过渡;修改购买城市住房与户口相联系的某些规定,废除获得城市住房的"户口歧视";培育和完善房地产的一级、二级和三级市场,促进住房的开发和流转;从政策上引导、鼓励房地产开发商多建质优价廉的公寓楼,以适应多数市民和外来人口的购买力。

（5）建立城乡衔接的社会保障制度。社会保障名目繁多，这里主要是养老保障、失业保障和医疗保障。由于城乡社会经济状况的差别，社会保障的机制、基金来源、管理办法以及享受保障的覆盖面也各不相同。在城市化进程中，农村人口向城镇大量转移，不论是迁移性转移还是暂住性转移，都涉及社会保障权利的变动，必须把从农村进入城镇的职工（包括在城镇订有稳定劳务合同的农民工）、个体劳动者、自由职业者等的社会保障纳入城镇的社会保障范围之内。建立和完善社会保障制度本身是很复杂的问题（其中医疗保障制度问题尤其繁复），我国在迁移政策尚未根本转变之前，城市化性质的人口空间移动表现为弱迁移强流动的形式，即城镇暂住人口远多于迁入人口，暂住人口中已经获得相对稳定职业的人员，原则上都应该受到城市养老、失业、医疗保障体系的覆盖，但这些人没有割断与农村社会保障体系的联系，这就大大增加了城镇社会保障改革的复杂性。如何把城乡社会保障制度衔接起来，深化城镇社会保障制度的改革，是迁移管理制度中城镇不可缺少的配套改革任务。

（6）建立人事档案代理制。我国国有和城镇集体企事业单位一直实行严格的人事档案管理制度，一个人的一生都伴随着自己的一份人事档案。如果失去属于自己的那份人事档案，不论是升学、就业，还是调动工作，都会遇到难以逾越的困难。在计划经济时期，人员流动性很小，档案一般可以在单位的人事或劳动工资部门得到妥善的管理。向市场经济转轨之后，人员流动性大大增加，地区间、部门间、不同所有制单位间的人员流动已很常见，从有人事档案管理机构的单位向没有人事档案管理机构的单位另行择业的人员日渐增多，于是出现了档案归宿无主的问题，使一部分人在空间流动和社会流动中发生困难。面对这种新情况，必须对人事档案管理制度作出必要的改革，要在县以及县级以上的城市普遍建立人事档案代理，把政府人事部门和劳动部门的部分职能和办事机构转化为人事档案的代理机构，对流动的人事档案履行接收、材料归档、调阅、证明、转出等职责。

3. 改革间接阻碍城市化性质人口迁移的农村配套政策

（1）健全土地的使用权承包和流转制度。农村人口向城镇转移的速度决定于城镇劳动力需求增长速度。目前，全国农村人口仍占总人口的大多数，以浙江而论，约65%左右，县和县级市范围内的农村人口一般都还在70%～80%甚至更多，要完成转移大约需要30年甚至更长的时间。当然，浙江农村长期外出在城镇暂住的劳动力约占全省劳动年龄人口的10%，实际常住农村的人口比例没有那么大。但是，由于户籍管理制度还不可能马上恢复迁移自由，加上经济可能出现的短周期波动，这部分进城劳动力不能说已经在城镇定居，未来后续转移也不能保证没有转移速度上的波折。另外，即使在城市化快速发展时期，人口流向也是复杂的，不能排斥少量人口从城镇转向农村，从二三产业转向农业。因此，要顺利推进城市化进程，减少人口迁移的阻力，从农村的角度来说，必须理顺人口与土地的关系。对户口已经从农村迁入城镇的户，应当解除土地承包经营合同，农村集体经济组织依法收回承包地和宅基地的土地使用权。对进入城镇暂住的劳动力和户，依法享有土地承包经营权，可以转包，但不能抛荒。这种办法有它的二重性，一方面对推进土地适度规模经营是一种制约因素；另一方面，在进城农民大多数还不能实现户口迁移的情况下，有利于解除他们的后顾之忧，促进城市化性质的流动。这是国情和省情决定的过渡性选择。对从城镇迁入农村或在农村以暂住的形式从事土地农业经营的，农村集体经济组织要按照《中华人民共和国土地法》的有关规定处理他们的土地承包经营问题。

（2）协调城乡计划生育政策。实行计划生育，控制人口增长，提高人口素质是我国的一项基本国策。但是，由于城乡生产条件和经济发展水平的差异，实行的计划生育政策有所不同。在普遍提倡一对夫妇只生一个孩子的前提下,农村照顾生育二孩的限制条件比城镇要宽。这是 80 年代在计划生育走向法制化过程中主要考虑到农村,特别是山区和海岛渔区,生产作业的劳动强度要比城镇大,独女户会给生产安排带来困难,因而增加了农村育龄妇女如果第一胎生育女孩,本人有再生一个孩子的愿望,可以允许生育第二胎的规定。这就使城乡在完全执行各自计划生育政策的条件下,农村家庭拥有的孩子数要多于城市家庭。目前,农村人口生育观念已有显著转变,但尚未彻底为现代生育观念所替代,农村育龄夫妇及其长辈对拥有这点生育“优惠”还是相当看重的,以致近年来在小城镇户籍管理制度改革试点中,允许由农业户口转为小城镇非农业户口的家庭,有的因不愿意放弃农村所能享有的较宽松的生育条件,而对转变为城镇户口不感兴趣。这种状况,与城市化趋势是相背的,实际上成了一种妨碍农村人口向城镇迁移的因素。因此,在生育政策上需要做一些有利于缩小城乡差异的调整,现在农业适度规模经营和效益农业正在各地推进,农业技术和农业生产条件有明显改善,农村工业和第三产业也普遍有所发展,城乡劳动强度的差别已经没有像过去那样悬殊,缩小以至拉平城乡计划生育政策差异的条件正在逐步成熟。另外,城市育龄夫妇虽然没有强烈的多生愿望,但现行计划生育政策下的城市生育率已显得过低。因此,根据新的情况制定城乡基本一致的生育政策已属必要,并且也是可能的。

五、处理好改革目标彻底性与改革步骤渐进性的关系

1. 要坚信迁移管理制度改革的最终目标是恢复迁移自由

户籍管理制度改革的最终目标是实现公民居住和迁徙自由。所谓迁徙,就是公民在法律允许的范围内享有自主选择、变更居住地的权利[1]。在办理乡村到城镇迁移手续时,不必经过事先持证审批,然后凭准迁证办理迁出和迁入登记,只要在实施迁移时办理迁出和迁入登记即可。关于这一点已经为越来越多的学术界和政府有关部门人士所认同。这是因为:

(1)从人类社会的发展进程看,自古以来,迁移就是人们趋利避害的重要手段,整个人类就是在不断的迁移过程中保存和发展起来的,古今中外都是如此。就拿改革 20 年来看,每年都有数以百万计的农民流入城镇,并且滞留在那里,就是经过长期压抑和困惑后,为追求发展机会而掀起的全国范围内的农民大迁移。因此,迁徙是人的一种天性,迁徙自由应该是人与生俱来的基本权利。在今日中国和今后中国也不例外。

(2)从公民权利看,1975 年以前中国的宪法承认公民有迁徙自由权,取消迁徙自由权的 1975 年修宪,产生于“文化大革命”这一极不正常的特定政治和经济环境,本身就是一种无奈和错误,随着政治稳定和经济发展,要求对这一做法予以更正是理所当然的。我国宪法已经承认了《世界人权宣言》19 项基本人权中的 17 项,但还没有承认公民的迁徙自由权,不能不说是一种缺陷。以前国家根据能否保证实现迁徙自由承诺来考虑是否承认公民的迁徙自由权,这是计划经济“包下来”的思想在起作用,改革开放以来的实践已经证明,国家只需要确认法律原则,依法提供公平竞争的社会环境,让公民自主决定是否迁移,是不会出现大的社会振荡的。至于每个公民能否把握机遇,要看他有无相应的能力和是否做出相应的努力,政府除了宏观调控和管理服务之外,无需包办。

(3)从社会主义市场经济的特征看,要求包括资本和劳动力在内的生产要素合理流动,以市场为中介,实现生产要素的有效配置。劳动力是最重要的生产要素之一,在市场经济条

---

①　王太元:《户政与人口管理理论研究综述》,群众出版社,1997 年,第 254 页。

件下，就是通过市场导向实现频繁流动的。因此，如果离开了人口的自由迁移，各种生产要素就无法实现最佳的配置。

（4）从城市化进程滞后的情况看，一个重要原因是刚性户籍管理制度限制着人口的自由迁移。长期以来，人口向城市聚集的正常过程被人为阻断，导致农民在农村人多地少的境况下，另辟蹊径，走农村工业化道路，造成乡镇企业职工离土不离乡，进厂不进城的局面。结果，工业化水平提高了，而城市化水平却一直偏低，与工业化进程相比，明显处于滞后状态。在加速城市化进程的内在动力已经形成的今天，人口的迁移自由，是促进城市化与工业化耦合联动的决定性条件。

可见，实现迁移自由，是户籍管理制度改革的方向，也是迁移政策改革的最终归宿，现行户籍管理制度中一切限制人口自由迁移的措施最后终将完全废除。换句话说，迁移管理制度的改革应该是完全的、彻底的。但是，在现实生活中，迁移管理制度改革的最终目标不能马上实现，措施不能一步到位，改革要有一个渐进的过程，这是由各种因素决定的。

2. 恢复迁移自由有一个过程，改革只能是渐进的

（1）现行的户籍管理制度在其构建完成的过程中，迁移管理承担了过多的社会控制功能，为了使这些功能正常发挥作用，政府出台了一系列有关的政策、制度与之配套，这些配套的政策、制度在实施的过程中与迁移管理制度形成了相互制约的关系。因此，迁移管理制度的改革，必然要涉及这些配套制度的改革，而配套制度改革不可能一蹴而就，需要有个过程才能完成。配套制度改革的复杂性、渐进性决定了迁移管理制度的改革必须把目标的彻底性和步骤的渐进性结合起来。

（2）我国城市与乡村之间经济上存在着巨大的差异，不同的区域之间也有显著差别，特别是在东部沿海地区与中西部内陆地区之间，尽管改革开放 20 多年来都有长足的发展，但彼此间的绝对差距还是有所拉大。如果迁移改革一步到位，城市与乡村、东部地区与中西部地区之间差距所形成的人口迁移势能会加速释放出来，可能造成短时间内高强度人口迁移。由于我国农村人口基数大，即使是较小的迁出率也将导致人口大量进入城市及东部沿海地区，而城市和东部地区二三产业吸纳人口和劳动力的能力一时难以适应，就会对社会稳定产生冲击。因此，在未来一段时间内，迁移不可能一下子从严格的准迁审批制跳进到事后登记制，还需要有一个按过渡性条件受理迁移登记的过程。

（3）从 1995 年 9 月中央提出经济体制从传统的计划经济体制向社会主义市场经济体制转变，经济增长方式从粗放型向集约型转变的方针以来，各行各业都在按照各自的特点探索两个转变的路子。近年来，城镇国有企业冗员纷纷下岗；去年，国务院决定在三年内完成政府机构改革，裁减人员一半；事业单位也在朝这一方向部署改革。所有这些，一方面固然反映了改革进入向深层次发展的阶段，值得庆贺；但另一方面，也在为消除计划经济时期遗留下来的大政府小社会、低工资高就业、粗放型低效率的弊端付出代价，其直接结果就是失业人数增加，给城市社会带来阵痛。这种阵痛不是一朝一夕所能解除的。在这种时候，即使存在迁移自由的条件，农村劳动力的无限供给（至少现阶段是如此）与城镇劳动力的有限需求之间的矛盾也难以解决。这也是迁移管理制度不宜一步到位的一个现实原因。

3. 要有步骤地推进迁移管理制度的过渡性改革

迁移管理制度的改革要在把握方向和目标的前提下，从实际出发，先易后难，积极推进，化解迁移政策与现实生活之间的种种矛盾，使户籍管理制度能更好地适应国家改革和发展的形势，更好地保护公民的利益。为此，建议在今后几年里从以下几个方面有步骤地推进

改革:

(1)适当放宽尺度,尽快解决当前户口管理工作中的突出问题。由于严格控制农村人口向城市迁移的政策已经实行了40年,造成许多家庭夫妻长期分居、子女与父母中的一方长期不能共同生活,身边无子女老人无法向在城市的子女投靠等等问题,给他(她)们带来生活上的种种不便和困难。1998年7月22日《国务院批转公安部关于解决当前户口管理工作中几个突出问题意见的通知》,在这方面有了突破,而且对因工作调动等原因在其他地区离休、退休的人员回原工作单位所在地或原籍养老、投靠,对改革开放以来出现的在城市投资、兴办实业、购买商品房的公民及其共同居住的直系亲属在城市落户的问题也作了照顾性的原则规定。可以说,这个文件是迄今为止迁移政策改革的最大进展。不过,这些规定并没有跳出把取得城市户口当作人道主义安排或福利性照顾、奖励性优惠的圈子,与迁移作为公民的一种权利的正面改革还有很大的距离。即使如此,浙江省在根据这个文件所制定的实施意见中,仍然在实施步骤和年限规定上十分谨慎。应当认为,在今天城市的改革、建设形势与承受能力下,解决这类以伦理和情理照顾为主的迁移问题,尺度不妨宽些,政策到位可以快些,以尽快解决不必要的社会摩擦。

(2)以寻求改革现行迁移政策方案为主导,清理和改革配套政策。迁移管理制度改革的步子跨得多大,决定于经济社会发展的需要与城镇的承受能力。因此,改革现行迁移政策必须寻求有利于经济和社会发展,有利于社会稳定,城镇产业能够吸纳,各项设施能够适应的方案,以此为依据,对原有各方面的配套政策加以清理。

寻求改革现行迁移政策的方案,要在改革最终目标不能一步到位的情况下,面对现实,积极创新,在迁移主体人群的类型及其迁移条件的设定上有所突破:

——《户口登记条例》中关于凭城市劳动部门录用证明可以从农村迁入城市的规定,随着形势的变化,已显得不合时宜。现在由劳动部门同意组织向农村招工的已经很少,即使招工进来,也有试用期,未必都成为长期稳定的城市职工,不必急于迁移。要迁,在试用期满后办理也未尝不可。学校录取学生虽每年有增无减,但学生在城市学校求学是有期限的,毕业后也未必在学校所在城市就业,本身具有寄住人口的性质,并不是非迁不可。更现实的是,过去人与户口、口粮是连在一起的,没有户口就没有计划供应的口粮,就无法在城市生活,因而户口非迁不可。现在,生活供应的票证也全部取消,《条例》关于被录用、录取等的准迁规定已经没有必要存在,至少学校录取只要凭录取通知书注册入学即可,没有必要办理户口迁移手续。乍看起来,这似乎是倒退,实际上,做到这一点是观念上的一大革新,也是向户籍管理制度改革的最终目标迈出的重要一步。

——城市间自由迁移的条件是在目的地城市具备合法而稳定的住所,合法而稳定的职业或生活来源。符合条件的,不论哪种规模的城市,都应当允许进入。如要稳妥一点,也可以从具备大专毕业以上学历或具有初级以上技术职称的人员开始试行。

——在城市购买公寓式商品住宅套房或独院式住房的外来人口,其本人或直系亲属中有人在该城市有合法而稳定的职业或生活来源的,可允许其本人与共同居住的直系亲属迁入。

——在城市投资或兴办实业,投资额或注册资金超过一定下限的,可以允许其本人与共同居住的直系亲属迁入该城市。投资额或注册资金不足下限的,按住所和收入的稳定性、暂住时间的长短确定迁入的具体条件。

——从农村到城市务工,在城市有合法稳定的住所和收入,暂住时间超过一定年限,劳动技能超过一定等级的,可允许其本人和共同居住的直系亲属在城市落户。

——对各种类型的迁移主体的迁移条件的把握,可以采用记点(打分)的办法。

——以职业和主要生活来源为标准划分农业人口与非农业人口,以居住地为标准划分农村人口与城镇人口,还户口性质与户口城乡归属以本来面目,废除农转非的指标与定额。

在考虑上述迁移主体类型及其迁移条件的具体标准基础上,要初步估计改革可能带来的区域性城镇人口迁入率、迁出率、净迁移率以及突发性的短时间迁移强度。如明显异常,则对有关条件的标准进行反复优选,使城镇人口预期迁入率与预期经济发展速度同城市化进程大体协调。达到这一步,就可以拟就改革现行迁移政策的可以试行的初步方案。

作出改革现行迁移政策可试行的初步方案后,不妨以此为依据,对现行迁移政策的各种配套政策进行检验、取舍和创新。由于配套政策涉及许多部门,改革要在政府主持下进行,由有关部门根据迁移政策改革方案提出配套意见,然后由政府协调研究试行。

把迁移政策与配套政策改革方案放到改革试点城镇付诸实践,以检验其适应性与可行性,然后形成正式的阶段性或过渡性的迁移管理制度改革的政策体系。

(3)拓宽改革的政策范围,扩充改革试点的城镇等级。近年来,户籍管理制度改革试点已经在全国展开,浙江省1998年国定和省定的试点改革镇(含综合改革试点与户改单项试点)已达116个,改革取得了一些成效。但是,由于改革存在两个局限,即政策范围的局限(仅限于已经出台的有限的政策调整)和城镇等级的局限(仅限于小城镇,实际上是建制镇),使改革不易深化。我们认为,改革的政策范围可以扩大到上述各种类型的迁移主体,以加大改革的力度;同时,把试点城镇扩大到大中小各级城市,以便从不同规模城镇去观察深化改革的效果与存在问题,因为城市化过程中从农村转移出来的人口是分布在整个城市体系中的。

(4)完善身份证制度,增强暂住人口与短期流动人口管理的有效性。根据以上关于迁移管理制度阶段性改革设想,每年进入城镇暂住或短期居留的人数仍将多于每年在城镇落下户口的人数。因此,作为户政管理工作重要组成部分的暂住或短期居留的人口管理任务,仍然将是相当繁重的。对这类人口的管理,基本的凭证是身份证,而我国的居民身份证制度自1985年实行以来已经十多年,不少方面需要完善,如尚未做到出生证(从出生到16岁之前)和身份证(16岁之后)衔接,终生一个号码;身份证内容只有六个项目,未包含必要时供证明或稽核的若干关于个人及家庭成员关系的项目,信息量不够;身份证防伪功能不强,缺少能保存身份证信息并且不易被伪造的电子芯片;等等。因此,不论迁移管理制度改革到何种程度,改进居民身份证的制作,完善身份证制度,提高户口与身份证信息管理水平,对日常户口管理以及加强暂住人口与短期流动人口管理的有效性,是完全必要的。

(5)把阶段性迁移政策和迁移管理制度改革法制化,为将来制定我国的户籍法作好准备。上述设想已经远远超过了现行《户口登记条例》关于人口迁移以及其他有关的规定,需要通过立法程序对《户口登记条例》进行修订,颁布新的条例。这是在制定户籍法条件尚未成熟之前的必要步骤,也是为以后形成符合国情的、规范现代户口管理制度的户籍法作必要的准备。

六、主要结论

新中国成立以来的历史表明,户籍管理制度变动对社会影响最广泛最深刻的是1958年迁移政策从原先的迁移自由到严格限制农村人口向城镇迁移的转变,几乎杜绝了城市化性质的人口迁移。进入 80 年代后,千百万农民自发冲破隔离城乡的樊篱,重新推开城市大门,促使政府作出适应性的政策调整。因此,户籍管理制度改革的焦点始终集中在如何对待农村人口向城镇迁移的政策问题上。

《户口登记条例》颁布以来的 40 年,长期实行限制人口从农村迁往城镇的政策,这一政策主要依靠户政部门去贯彻执行,因而导致迁移管理由履行迁出迁入登记为主的一般功能,转变为主要控制城镇人口机械增长的特殊功能,加上利益与户口粘连,使迁移管理制度陷入难以自拔的境地。这种状况如果长期存在下去,势必对工业化和城市化进程,对城乡经济和社会发展,对人的发展造成损害。应当在理论上认识工业化城市化时代是人口大迁移的时代;认识城镇体系规模结构形成的整体性规律;认识人口迁移和流动对活跃生产力的积极作用;认识自主迁移是法治国家应当赋予公民的权利。在实践上清理不合理的迁移政策,采取切实措施扭转迁移管理的功能特化,为最终实现迁移由事前审批制度转变到事后登记制度的目标扫清道路。

迁移管理制度改革的最终目标在现阶段还不是现实的目标,改革不能一步到位。这是由国家经济和社会发展水平以及整个改革进程决定的。必须把改革目标的彻底性同改革步骤的渐进性结合起来,重要的是要用积极进取的改革精神和实事求是的科学态度,构建一套经过认真设计、充分论证、切实可行的过渡性改革方案。

过渡性改革方案在政策思考上要跳出单纯从社会稳定的角度出发,对那些长期受迁移限制损害的家庭和个人作人道主义性质的迁移照顾,或对极少数人作奖励性迁移优惠的狭小圈子,要站在人口迁移和流动是经济和社会发展动力的重要源泉的高度上去对待这种改革。力求过渡性改革方案在迁移政策的改革上有实质性的突破,使方案所包含的迁移主体和迁移条件的政策性规定能够适用一个时期。基于这样的认识,改革方案应当考虑下列主要因素:第一,要包含足够广泛的迁移主体的人群类型;第二,对各类迁移主体规定不同的限定条件;第三,各类迁移主体限定性条件之间要有差别性、公平性、可计量性和可操作性;第四,按改革方案的迁移主体类型和所附条件,估算省区城镇总的迁入率、迁出率和净迁移率,以及可能出现的迁移强度的短期波动。

中国户籍管理制度问题的症结与改革思考

改革开放后,随着经济体制的转轨,工业化、城市化进程的加快,人口与劳动力流动空前增强,原有户籍管理制度,特别是其中的迁移管理制度,与现实生活的要求发展到了格格不入的程度。为了缓和这种矛盾,国家陆续出台了一些政策,采取了若干措施,对户籍管理制度进行渐进性的改革,扩大了人口活动空间,促进了经济繁荣与社会稳定。但是,户籍管理制度落后于经济和社会发展形势、不能满足人民群众要求的局面还没有根本改变,改革还需着力推进。

一、户籍管理制度问题的焦点及其产生根源

新中国成立以来,我国户籍管理制度与公民经济社会生活需要之间长期存在着矛盾,矛盾的焦点是与公民权利息息相关的迁移管理制度,集中反映在计划经济时期人口从农村迁往城市由迁徙自由走向越来越严格的管制。

早在新中国成立前一天,全国政协一届全会通过的《中国人民政治协商会议共同纲领》就规定,人民有居住、迁徙的自由权利。这个纲领在当时起着临时宪法的作用。1954 年 9 月 20 日,一届全国人大一次会议通过《中华人民共和国宪法》,同样规定公民有居住和迁徙的自由。在那个时期,无论从法律上还是从户口管理实际工作上说,迁徙都是自由的,人们在迁移时只需到户口登记机关办理迁移登记手续,无需经过审批。

第一个五年计划期间,粮食和其他主要农产品紧缺的问题开始暴露出来,政府于 1955 年发布《农村粮食统购统销暂行办法》和《市镇粮食定量供应暂行办法》,规定农民吃自产粮,城镇户口实行按人定量供应,开始了粮食供应与户口的直接联系。与此同时,城市就业压力也在增大,人口从农村进入城市谋生,既要受到就业机会的制约,又要受到口粮供应的困扰。然而,在农业剩余劳动力日多,农村没有其他经济出路,而城乡间存在明显差别的情况下,农民还是不可避免地要自发流入城市。为此,政府从 1953 年 4 月到 1957 年 12 月多次发出指示,要求各地劝止、防止乃至制止农村人口盲目外流。

在生活必需品短缺和城市就业机会不足的双重压力下,1958 年 1 月 9 日颁布了《中华人民共和国户口登记条例》。这是我国第一部、也是迄今为止唯一按立法程序颁行的一部户籍管理法规。在这部法规中,关于迁移管理的条文从宪法的原则后退了。条例规定:"公民由农村迁往城市,必须持有城市劳动部门的录用证明,学校的录取证明,或者城市户口登记机关准予迁入的证明,向常住地户口登记机关申请办理迁移手续。"不难看出,户口登记条例实际上杜绝了农村人口自主向城市迁移的可能性。

《户口登记条例》颁布后的 20 年,全国经济和城市就业形势更加严峻,于是,国家又发布

了一些进一步限制人口向城镇迁移的补充性规定,集中表现在以下两项文件上:(1)1962 年 12 月公安部《关于加强户口管理工作的意见》文件规定"对农村人口迁往城市的。必须严加控制;城市迁往农村的,应一律准予落户,不要控制,城市之间必要的正常迁徙,应当准许,但中小城市迁往大城市的,特别是迁往北京、上海、天津、武汉、广州五大城市的,要适当控制"。(2)1977 年 11 月国务院批转《公安部关于处理户口迁移的规定》。文件强调从农村迁往市镇(含矿区、林区等),由农业人口转为非农业人口,从其他城市迁往北京、天津、上海三市的,要严格控制。从一般农村迁往市郊、镇郊农村或国营农场、蔬菜队、经济作物区的,要适当控制。上述迁移需一律报送迁入地的市、县公安局批准。这两项文件,把迁移管理从户口登记条例单纯限制农村人口向城市迁移的要求,向更苛刻的方向推进了一步。归纳起来,一是采取了与城市化的时代潮流背道而驰的方针,鼓励人口从城市迁往农村;二是不仅限制农村人口迁城,而且限制中小城市人口迁往大城市;三是把限制农村人口迁入的范围扩大到集镇、矿区、林区、国有农业生产单位以及其他吃商品粮的农村,并且限制农业人口转为非农业人口。

　　事情到了这一步,迁徙自由已经成为可望而不可及的憧憬,1975 年终于从新中国第一部宪法中删除了公民有居住和迁徙自由的条款,迁移自由就此失去了宪法的保护。

　　为了把人口尽可能地固定在农村,首当其冲的就是要通过户口来加强迁移控制,这个任务顺理成章地落到了公安部门身上。这样,户口登记机关迁移管理方面的职能就从原来的经常登记和统计,扩大到了对城镇人口机械增长的控制,而且后者具有突出的位置。同时,政府又以是否吃商品粮为主要依据把户口分为农业户口和非农业户口两种性质,将口粮和其他生活必需品供应、土地使用、就业、住房、教育、医疗、社会福利等社会权利和待遇分别与两种不同性质的户口捆扎在一起,以达到用户口手段稳定二元社会结构、管住农村人口自发迁往城镇的目的。城乡两种户口类型,农与非农两种户口性质,以及附着于两种类型、两种性质户口之上的种种利益,使户口染上了浓重的身份化、利权化的色彩,也把户口登记机关的迁移管理职能推到了权力化的境地。

　　户籍管理制度的这种倒退和畸形演变,根本原因在于制度障碍。

　　从经济层面上说,从新中国成立初期到改革开放之初,我国实行的是社会主义计划经济体制,经济运行的宏观调控和微观组织,都由政府的计划直接控制和干预。这种经济体制及其运行机制,完全排斥了市场在资源配置上的基础作用,导致全社会的创造力低落,资金短缺,物资匮乏,人民的物质文化需求无法满足,就业门路越走越窄。在城市,随着新生劳动力的不断增多,政府即使采取牺牲效率的办法来保公平、保稳定,用低工资多就业的办法尽量安排劳力,也难以遏制待业队伍的扩大。在农村,由于人口基数大,增长快,土地少,生产力水平低,加上工农业产品的价格剪刀差,农民的收入十分低微。尽管城市经济也捉襟见肘,但相比之下,城市仍比农村优越,农村人口存在着向城市流动的势能,给城市稳定带来压力。经济体制的这种致命弱点,在第二、三个五年计划期间就已经暴露无遗,那时,现实生活实际上已经在呼唤经济体制改革,但是,在当时的政治环境下,决策层深信计划经济与社会主义制度不可分割,是社会主义制度优越性所在,计划经济体制只能加强,不能削弱,更不能改弦易辙。既然这样,经济就不能摆脱短缺,迁移就不能恢复自由,就只能采取包括迁移管制在内的一系列政策措施,把农民约束在农村集体经济组织之内,阻之于城市大门之外,且把城市"冗余"人员推向农村,导致在城市化时代出现反城市化的潜流。

　　从政治层面上说,我国在 1954 年就建立了人民代表大会制度,制定了宪法,为实行社会主义的政治民主开了一个好头。遗憾的是,没有以制宪为契机,把民主与法制建设不断推向前进,反而用接二连三的政治运动去规范人们的行为。从那时起,直到改革开放,国家通过立法程序颁行的法律法规寥寥无几,社会生活各个领域基本上无法可依。在法制不兴的情况下,党和政府的方针、政策、决定、规定、意见、办法等等就没有多少需要去考虑法律依据。即使制定法规,也会出现与宪法精神相抵触的现象,1958年颁行的户口登记条例关于迁移管理的规定就有明显的违宪之嫌。在这种缺乏法制气氛的环境中,政令和领导人的意见都可能产生强大的作用或严重的后果。例如1964年中共中央、国务院《关于城市青年参加农村社会主义建设的决定》(草案),使一大批城镇知识青年到农村落户。又如1968年12月12日《人民日报》发表毛泽东主席指示,动员知识青年到农村去,接受贫下中农的再教育。结果,"文革"十年中1400万知识青年从城镇动员到了农村。①

　　毫无疑问,限制农村人口向城镇迁移,第一位的原因是经济恶化,法制不健全是第二位的原因。但是也应该看到,正是这第二位的原因给经济和社会发展造成了障碍,助长了消极后果。第一,损害了宪法的严肃性。限制迁移自由是在赋予迁徙自由的宪法有效期内发生的,是一种有法不依的现象,这类问题的影响至今不能低估。第二,强化了人治观念。在能够容忍违宪的环境里,人治重于法治,以言代法的现象盛行,这种流弊至今仍有一定市场。第三,造成了城乡居民之间事实上的平等。户口管理的二元化,使两种户口性质、两类地域人口在获得个人发展机会上不能享有平等,客观上是一种新的城乡对立。第四,剥夺了部分公民应当享有的权利。如许多家庭夫妻长期两地分居而得不到解决;农村亲属难以向在城镇工作的亲人投靠落户;在城市工作多年的人得不到城市的户口承认,给立业和成家带来困难;一批被动员"上山下乡"的人员及其家属忍受着比一般人要多的困扰;等等。这些权利在一部分人身上至今还没有完全得到保障。

二、户籍管理制度改革的进展与走向

1.改革开放以来户籍管理制度改革取得了进展

　　1978年党的十一届三中全会以后,国家进入了改革开放的新时期。改革从经济体制转换契入,一举激活了市场,商品日渐丰富,城镇就业容量扩大,人力资源流动的势头锐不可当,计划经济时期形成的各项规章制度日益成为发展的障碍,经济、政治、社会各个领域的制度都需要改革和创新。在这种形势下,原来以杜绝农村人口自发向城镇迁移为重要管理职能的户籍管理制度被推上了改革的轨道,陆续出台了一些政策,主要有:

　　(1)对"农转非"控制指标的微调

　　1980年9月,公安部、粮食部、国家人事局联合发布了《关于解决部分专业技术干部的农村家属迁往城镇由国家供应粮食问题的规定》,对高级专业技术干部、年龄在40岁以上工龄在20年以上中级专业技术干部、有重大发明创造、在科研、技术以及专业工作上有特殊贡献的专业技术干部的农村家属加以照顾。符合此规定迁入城镇的人口,不占公安部正常审批的控制比例。在此后的十多年中,中央政府、有关部委以及地方政府从不同角度放宽了"农转非"的政策,包括解决职工、干部和军警家属的"农转非"问题、一部分人员本人的"农转非"问题,以及此前遗留的必须落实政策人员的"农转非"问题。

---

　　①　据《钱塘周末》1998年9月4日第三版

(2)有条件地允许农民进镇落户

1984年10月,国务院《关于农民进集镇落户问题的通知》规定,凡申请到集镇(指县以下集镇不含城关镇)务工、经商、办服务业的农民和家属,在城镇有固定的住所、有经营能力或在乡镇企事业单位长期务工的,公安部门应准予落常住户口,发给《自理口粮户口簿》,统计为非农业户口。

(3)试行当地有效城镇居民户口(蓝印户口)制度

为了解决虽不属于"农转非"政策范围,但考虑当地经济社会发展需要应允许其在城镇落户的人落户城镇,也为了解决符合"农转非"政策而长期受指标限制无法在城镇办理入户手续的人落户城镇,公安部于1992年8月发出了《关于实行当地有效城镇居民户口的通知》原则是当地需要、当地收益、当地有效,范围是小城镇以及国务院或者省级政府批准建立的经济特区、经济技术开发区、高新技术产业开发区,重点是县城以下的集镇。在实行蓝印户口制度的地方,不再办理自理口粮户口,一起纳入蓝印户口的管理范围。

(4)实行居民身份证制度

随着人口流动的急剧增多,以及人际交往和社会生活的扩展,需要证明公民身份的场合越来越多。为此,全国人大常委会于1985年9月通过了《中华人民共和国居民身份证条例》,大大方便了公民在国内的流动。(条例实施了18年,经过修改完善,于2003年6月改为《中华人民共和国居民身份证法》将于次年1月1日起施行)

(5)开展小城镇户籍管理制度改革试点

根据党的十四届三中全会有关改革小城镇户籍管理制度的精神,1997年6月国务院批转了公安部《小城镇户籍管理制度改革试点方案和关于完善农村户籍管理制度的意见》,允许已经在包括县城(县级市市区)的建成区和建制镇建成区在内的小城镇就业、居住并符合一定条件的农村人口在小城镇办理城镇常住户口。

(6)解决户口管理工作中与迁移有关的几个突出问题

为了维护群众切身利益,促进社会稳定,1998年7月国务院批转公安部《关于解决当前户口管理工作中几个突出问题的意见》,重点解决四个方面的政策问题。即:实行婴儿落户随父随母自愿的政策;放宽解决夫妻分居问题的户口政策;解决老年人投靠和归属的政策;解决在城市投资、兴办实业、购买商品房的公民及随其共同居住的直系亲属在城市落户的政策。

(7)全面推进小城镇户籍管理制度改革

2001年3月国务院批转公安部《关于推进小城镇户籍管理制度改革的意见》,确定从同年10月1日起把这项改革从试点推向全面实施。凡在包括县城(县级市市区的)的建成区和建制镇建成区在内的小城镇有合法固定的住所、稳定的职业或生活来源的人员及与其共同居住生活的直系亲属,均可办理城镇常住户口。原已办理的蓝印户口、自理口粮户口等,符合上述条件的,统一登记为城镇常住户口。落户者可根据本人意愿,保留其承包土地的经营权,也允许依法有偿转让。

这些措施是受群众欢迎的,应当肯定,改革取得了显著的进展。然而,从实现迁移自由,让户口登记机关恢复本来意义的迁移管理职能的要求来衡量,这些政策措施仅仅是对计划经济时期严格控制人口向城镇迁移的政策作了有限的放宽,后面要走的路还很长,应当与时俱进,把改革深入下去。

现阶段全国人口迁移和流动的基本态势,也从一个侧面反映了以迁移管理制度改革为核心的户籍管理制度改革任重道远的事实。尽管 20 多年来的户改工作收到了一定的成效，但人口迁移和流动的格局没有发生明显变化，仍然保持者强流动弱迁移的基本特征。2000年人口普查数字显示，全国 124261 万人口中，普查登记地人、户一致的为 108941 万人，人在登记地、户口在外地、离开户籍所在地已半年以上的为 14439 万人。可见，人户分离且离开户籍所在地半年以上的人口占总人口的 11.62%，这些久离户籍所在地、普查登记时在城镇的人口，不少已经是名副其实的城镇常住人口，但是在我国的迁移概念中他们不算移民，而是流动大军。在这支流动大军中，每年能转化为法定意义的迁移者的人数，只是很少的一部分。当然，流动人口任何时候都会有，他们也未必都选择在流入地城镇定居，但是流动和迁移在数量上的强烈反差，无论如何总在提醒人们户籍管理制度改革还远远没有到头。

2. 户籍管理制度改革的今后走向

到目前为止，关于有条件地放松迁移控制的改革，力度较大的是"解决户口管理工作中的几个突出问题"和"小城镇户籍管理制度改革"两项。这两项改革，以渐进的方式经过几年的实践，已经收到了一定的效果，终将全面取得阶段性成果。现在的问题是未来的改革该怎么走，笔者认为应当在新的起点上跨出决定性的两大步。

第一步，不失时机地把改革扩大到城市。

一个现代国家或一个大的区域，城镇是个完整的体系，从集镇、建制镇、小城市、中等城市、大城市到巨型城市，形成有规则的规模结构和规模序位；从小区域、中区域、大区域以至全国，所有城镇形成不同层次的中心地体系。这是不以人们意志为转移的客观规律。在一定的区域内，任何一个城镇的存在都与其他城镇的存在互为条件，彼此制约，各得其所。城镇体系的这种规模结构和地域结构，是由工业化、城市化进程缔造的。城市化过程正是城镇体系形成和发展的过程，在这一过程中，城镇数量增多，规模分化，构成以产业集聚程度和人口集聚程度为依据的有规则的规模层次。局部区域的地方小城镇，产业集聚少，职能层次低，人口规模也小。区域愈大，区域中心的产业集聚规模愈大，职能种类愈多，服务层次愈多，辐射能力愈强，辐射范围愈广，吸引的人口也就愈多，城市规模自然也就愈大。这就是说，在城市化的时代，人口在城镇体系中的分布是有规律的，总体上说，既不决定于迁移者的个人愿望，也不决定于政府行为，而是服从于城镇体系的规模分布法则。因此，联系到户改的迁移管理政策，理论上不存在那些层次的城镇户口该放，那些层次的城镇户口不该放的问题。要说小城镇的户口应该放开，那么大城市由于存在超先发展的规律性，放开户口，首先该轮到它，退一步讲，也不能"厚小薄大"，否则必定会遭到经济规律的惩罚。

长期以来，在一部分人的头脑里形成了一种思维定势，总觉得大城市人口只好控不好放。其实大城市之所以成为大城市，是因为它们有得天独厚的区位优势和由此而来的日益强大的产业聚集和人口聚集，在城市化的中期以前，大城市膨胀谁也阻挡不了。试想，改革开放前，哪一个大城市没有用政府行为控制过人口？可是，经济体制一转轨，城市化浪潮一漫卷，又有哪一个大城市人口不膨胀？首都北京上世纪 80 年代中期规划到世纪之末将人口控制在 500 多万，曾几何时，这个城市作为全国的政治、科教、文化中心，最大的陆空运输枢纽，以及新型产业中心，人口规模早就远远超过了规划部门的主观设想。上海在转入市场经济轨道之后，仅仅开发浦东一项措施，就将带来数百万人口。

由此可见，在工业化、城市化潮流中，城市只要有经济活力，人口就会往那里流，这是由市场配置资源的规律性所决定的。城市的户口想封也封不住，大量为城市创造着财富、有意愿且有条件在城市落户的人被拒之于城市户口之外，决不是长久之计。现在在城市，特别是大中城市，普遍存在一种怪现象：一方面，早已为城市做贡献、有能力在城市立足的大批普通劳动者不能成为城市居民；另一方面，城市政府为了争抢人才，纷纷出台形形色色的给高学历或短线专业的人员以户口优惠的政策。这种现象不仅反映了城市户籍制度改革前夜的无序状态，而且表现出政府追求效率而牺牲公平的偏颇态度，有损于社会和谐。因此，当小城镇户改告一段落之后，应当不失时机地把户改的重点转移到城市里来，以实现整个城镇体系的户籍管理制度改革。当然，城市户改也有必要先进行试点，选择一二个省区，以其整个城市体系为对象，先走一步，取得经验，而后推广。

第二步，因势利导，完善户籍管理法规

当户籍管理制度改革经过在整个城市体系的改革锤炼以后，剩下的大事应该是对户籍制度进行法制建设，完善和健全这方面的法规。

建设户籍管理法制，最直接的无疑是制定户籍法。但是户籍法是专门法，它应该与宪法相衔接。我国自 1975 年修宪时删除公民有居住和迁徙自由的条款后，一直没有恢复，户籍法在规范居住和迁徙权利时势必缺少宪法的依据。因此，制定户籍法的前提应该是先在宪法中确立原则。当然，并不是任何国家的宪法都必须载明公民有居住和迁徙自由的权利。荷兰学者曾经对 142 个国家的宪法作过统计，有 81 个国家规定公民享有此种自由，61 个国家则无此规定，分别占被统计国家的 57％和 43％。[①] 然而，宪法没有成文规定居住和迁徙自由的国家，并不意味着不能自由迁徙。这点显然与我国有所不同。我国是宪法取消公民有居住和迁徙自由权利条文前后明确规定限制农村人口迁往城镇的国家，在制定户籍法之前没有宪法对居住和迁徙自由的确认，就意味着户籍法本身没有反映这项权利的法律依据。因此，我国户改的法制工作必须有三个步骤：一是经过修宪明确公民在居住和迁徙权利问题上的法律原则。二是以宪法为依据制定户籍法，使它成为户籍管理的基本法典。三是在户籍法的基础上，根据具体情况制定实施细则，以利户口登记机关在日常管理上的操作。

三、深化户籍管理制度改革有待排除的最后障碍

户籍管理制度改革如果跨出了如上所述的两大步，就将取得决定性的成功。要做到这一点，需要克服改革道路上的最后几道障碍，这些障碍可以大别为三类：

第一类，法律障碍。主要有三项：

(1)《中华人民共和国户口登记条例》中关于限制农村人口迁往城市的规定，虽然在一定程度上已为改革大潮所冲破，但它并没有退出现行法规的地位，应当通过立法程序加以修改或废止，以结束它的消极影响。

(2)《中华人民共和国宪法》。该法关于公民有居住和迁徙自由的条文发生从有到无的转变后，始终给户籍管理制度的改革和立法罩上一层阴影。

(3)《中华人民共和国城市规划法》。该法第四条明文规定："国家实行严格控制大城市规模，合理发展中等城市和小城市的方针"。条文标明：大城市是指市区和近郊区非农业人口 50 万以上的城市。换句话说，一个城市达到了 50 万人的规模，就要受到严格的控制。另外，中小城市也只能是"合理"发展。这一方针的基本思想是在上世纪六七十年代国民经济困难重重，"恐城病"气氛笼罩决策层，国际学术界对发展中国家过度城市化渲染较多的背景下酝酿形成的。最初的提法是"严格控制大城市规模，合理发展中等城市，积极发展小城

---

① 亨利·范·马尔塞文等著，陈云生译《成文宪法的比较研究》，第 144 页，华夏出版社，1987 年。

市"，1980 年由建设部门正式提出，后对文字略作调整，于 1989 年写进了城市规划法。作为专门法，所定方针理应得到遵循。但是，这一方针在理论上是不正确的，因为它无视城市体系的规模结构、功能结构、地域结构的整体性规律；在实践上是没有生命力的，因为它早就受到各级城市成长因素以及大城市超先发展规律的挑战。这一方针对城市化和城市体系结构的有序发展没有好处，不必存在。

第二类，制度障碍。尚存的主要有：

（1）户籍管理制度。到目前为止，全国户改只达到县城、县级市市区及建制镇，大中城市尚未进入户改大门，40 多年来阻碍人口迁移的户口管理办法在大中城市这一层级上还没有完全终止，继续充当阻遏人口迁入城市的守门神角色，不仅使许多有迁移意愿、有发展能力的农村人口无法实现迁移，而且妨碍城市和城镇体系的自然成长。只要户改没有扩及大中城市，城市化进程就仍然存在着户口障碍。

（2）教育制度。在城市，中小学招生都有户口限制，随家长来到城市长期生活（暂住）的外地户口中小学生不能享受与市民同等的教育待遇。在一般情况下，公办学校不允许外来人员的子女入学，即使准许，也要收取高额的"赞助费"（借读费），促使收入高的家长索性把孩子送入学费昂贵的私立（民办）学校，收入低的家长只能把孩子送到教育、教学质量难以保证的民工子弟学校，给外来工薪家庭加重了经济负担或后顾之忧。公允地说，在现行财政体制和教育拨款制度下，公办中小学校向外来学生适当收取一点借读费也可以理解，然而，对外来劳动者来说，同是城市纳税人，其子女不能享受市民的教育待遇，不能不说是一种户口歧视，也增加了他们迁移或流动的成本，这种局面应当改变。被称为中国户籍制度改革"小岗村"的浙江省奉化市，2000 年 11 月市区开始户改，在短短几个月内，按照改革的入迁标准办理了 13000 个外来人员的常住户口，一举解除了他们子女入学的过高经济负担。在这场改革中，冲击最大的是教育部门，投入增加而教职工实际收入受到影响。① 但这是一次改革阵痛，任何城市都不能避免，重要的是政府要认清城市化的客观规律，在财政预算和教育拨款上留有余地，同时，对办学体制进行改革。

（3）社会保障制度。由于城乡二元经济社会结构的历史影响，城市社会保障体系在保障机制、基金筹措、管理办法、保障标准、保障覆盖率诸方面都与农村有很大的差异。随着城市化的发展，大量农村人口陆续向城市转移，城市面临城乡社会保障如何对接的问题。相对而言，农村保障水平比城市要低，农业人口入城后要按城市保障体系落实保障，首先就要在现有财力许可的条件下处理好城乡衔接的政策问题。能否解决好这个问题，在一定程度上关系到城市户籍制度改革的成败和城市化的健康发展，劳动与社会保障部门、民政部门需要从实际出发，制定弥合城乡社会保障断层的政策和办法。

第三类，思想障碍。

城市，尤其是大中城市，户口能否放开是人们心存疑虑的问题。由于我国城乡经济状况存在着显著的差别，不同地区的发展水平又参差不齐，不少人担心城市户改一经推开，农村人口会一下子涌进城去，使城市就业、教育、社会保障、基础设施、住房供给等一系列矛盾难以解决，总觉得城市户改启动的难度很大。

应该承认，户改还会遇到困难。但同时也应当看到，现在把户改推向各级城市的条件已经比过去好多了。这可以从经济基础和户改的前期成果两个方面得到印证。

---

① http://news.china.com/zh_cn/doestic/945/20010831/10093105_1.html

从经济基础方面来说，户改向城市推进的经济承受能力已大为增强，人口进入城市的生存条件显著改善。计划经济时期之所以阻止人口进城，根本原因在于城市缺少产业支撑，就业机会枯竭。现在允许农村劳动力流入城市，根本原因在于城市产业勃兴，不断创造出新的就业机会。用一句话来说，败也经济，成也经济。在这种形势下，过去阻碍人口迁移的许多因素有的已经消失，有的正在消失。例如：长期与户口捆绑在一起的生活供应票证早已成为历史；就业的市场供需在很大程度上取代了政府的计划安排；城建投资多元化，加速还清了基础设施、公共设施以及住房供给的欠账；等等。一言以蔽之，我国总体上已进入小康社会，城市就业空间和生活空间得到了拓宽，这是我国历史上任何时期所不曾有过的。

从户改前期成果方面来说，已经为后续的改革积累了经验，扫除了部分障碍。前期户改的最大作为是推行了小城镇户籍管理制度改革，以有合法固定的住所、稳定的职业或生活来源为条件允许外来人口在小城镇办理常住户口，初步打开了城门，取得了非常重要的经验。与此同时，停止了农业和非农业两种户口性质的划分，统一按居住地登记为居民户口；废除了每年由计划部门下达"农转非"指标的做法，实行按需、按条件办理户口迁移；取消了向迁入城镇的人口收取城市增容费的陋规；改进了人事档案管理办法，推行了档案代理制。另外，在土地问题上，农民进城落户后根据自愿原则可以继续使用承包土地，并可依法转让；在计划生育问题上，允许在规定年限内继续按农村计划生育政策办理，以解除迁城农民的后顾之忧和一些实际问题。通过这些措施，基本放开了小城镇户口，也为户改向城市发展作了必要的铺垫。

那么当户改全面推进到大中城市时，农民会不会因为看好城市户口而大规模进城呢？回答是：既会，也不会。说会，是因为城市户改会让一部分在城市已有生活基础而又自愿在城市入户的外来人口，按规定的准入条件办理城市常住户口，使城市户籍人口统计数字在短时期内有一个跳跃性的增长。说不会，是因为城市能进多少人不完全决定于户口是否放开，而是决定于城市产业能够吸收多少人。改革开放 25 年来的历程已经证明了这一点。从全国来看，上世纪 80 年代由于改革的催化，经济活力焕发了出来，外出谋生农民暴发性增加，80 年代末 90 年代初人口流动进入高潮，尔后逐渐平稳下来，大体保持在 1 亿人上下，没有无限制涌高。这说明城市就业容量和农村土地制度在我国城乡人口流动中起着制衡作用。从单个城市来看，情况也是如此。河北石家庄是个拥有 200 多万人口的城市，2001 年 8 月，该市在省会城市中率先推出了户口进入市区的 7 项规定，其标准几乎与小城镇户改没有多大区别。实施了一段时间以后，办理入户手续的主要还是那些早已在市区暂住且符合入户条件的人口，并没有出现大规模的移民潮。原因只有两条：一是迁入要有起码的准入条件，并非人人都符合这种条件。即使将来实现了迁徙自由，也不等于就是随心所欲的自由迁移。二是户口本身不是万能的，控制人口进城是如此，鼓励人口进城也是如此。进城的基础是城市要有生存与发展空间，个人要有生存与发展能力。正如石家庄市市长在接受媒体采访时所说的，石家庄市对外来人口的吸引力，不完全取决于户籍制度，而是取决于有没有经济利益，说白了就是有没有事干，有没有钱赚，有没有饭吃。所以，担心户改向城市推进缺乏根据。

由此可见，深化户籍管理制度改革的时机已经基本成熟，现在需要排除前进道路上的一些最后障碍。这些障碍不完全来自户政部门，而是由各方面配套产生的。改革要清障，也必须配套进行，通过舆论引导、政府牵头、公安负责、部门配合、立法跟进，多管齐下地把改革推向前进。可以相信，经过一段时间的努力，重新实现迁徙自由是有希望的。

载《中国人口年鉴 2003》，第 158—164 页

广义人口地理学的科学视野

浙东姚慈稻棉区的农业劳动力资源及其利用平衡

　　姚（余姚）、慈（慈溪）两县位于浙江东部，地处四明山与杭州湾南岸之间。境内自南而北包括四明山地、姚江平原、三北平原[①]和海滨涂地四个明显的地带，生产地域类型也依次递变，由山林、稻区、棉区到盐区。本文所称的姚慈稻棉区，即为姚、慈两县内部的姚江平原水稻区、三北平原棉区以及其间的稻棉轮作区（图1），面积约当姚、慈两县总面积的67％。这个地区以稻、棉生产为中心的农业，在宁绍平原以至东南沿海其他稻、棉产区中具有典型意义，因此对它作经济地理的各项考察和综合研究，无论在实践上或理论上都有一定的价值。本文只从人口地理方面，对本区的农业劳动力资源作一剖析。

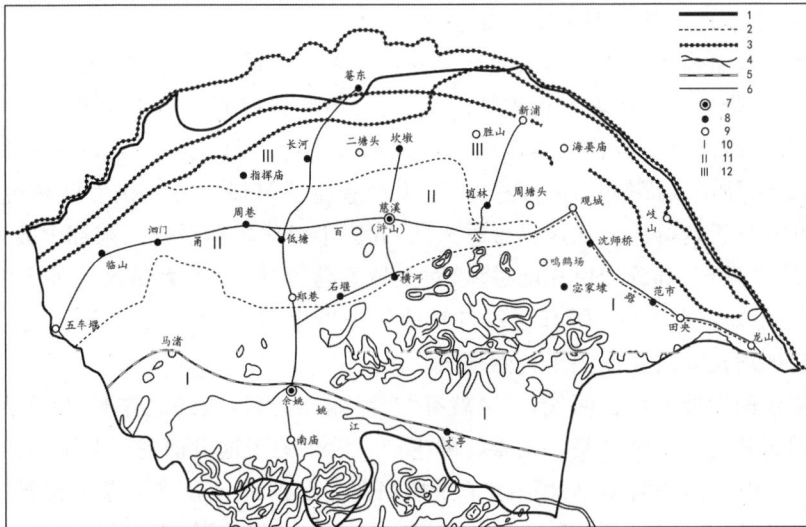

1.研究区域界 2.农业区界 3.堤塘 4.河流 5.铁路 6.公路 7.县城
8.区公所所在地 9.重要居民点 10.水稻区 11.稻棉轮作区 12.棉区

图1　姚慈稻棉区地势与农业区域

---

　　① "三北"为旧时余姚、慈溪、镇海三县北部的统称，即今慈溪县全境。三北平原以南至四明山地北缘，包括姚江流域及其迤北丘陵，本文概称为姚江平原。

一、姚慈稻棉区的人口和农业劳动力资源概观

姚慈稻棉区是浙江省经济发展水平较高的地区,也是全省人口最稠密的地区之一,人口密度每方公里 719 人。[①]

本区在历史上人口增殖很快。根据地方志的记载,宋代以前居民活动范围还局限于姚江平原一带,姚江平原以北还是杭州湾口南岸的海涂,只有一些零星围塘。北宋庆历到元代至正的三百年间,姚北古代最主要的海塘——大古塘初具规模,以后陆续向外筑塘围垦,居民的活动范围才越过大古塘向北扩展。但是自宋至明,大古塘及其以外海塘屡筑屡圮,附近土地几经沧桑之变,定居人口当然不会很多。直到明代永乐年间前后,由于海涂落淤增加,海岸线向北推进,原有海塘逐渐稳定下来,于是定居人口渐次增多。再经清代中叶及其后的大批围垦,居民经济活动的地域终于扩展到庵东及其东西两侧沿海一带[②](图 2)。可见,本区除了姚江平原及其迤北丘陵一带以外,三北平原的建造还只有几百年的历史。但是姚江平原与三北平原的人口,早在一个半世纪以前就达到了很大的数量。考自地方文献,早在 1791 年(清乾隆五十六年),余姚一县就已经居住着 47 多万人[③]。

应该指出,人口的大量增殖主要发生在三北平原。这里面积不足全区的 48%,现有居民大大超过 1791 年全区的人口总数;而占全区面积 52% 的姚江平原,虽然是历史上人口繁衍的基地,如今居民不过相当于 1791 年全区人口的 83% 左右。其增殖速度远逊于前者。

在约莫一个半世纪的时期内,在狭小的新开发地区,其人口居然超过原来的全区总数,决不是偶然的现象。究其原因主要有如下两点:

(1)移民的大量涌入。移民的来源有三:第一,姚江平原。这是随着历代围垦的进展,原来大古塘以南一带的居民逐塘实行先盐后垦,次第向北拓殖而定居下来的。第二,山阴、会稽(今绍兴)和上虞。这一带移入本区的人口以清代中叶大批围海时期以后居多[④],其定居处所多在三北平原中西部偏北,如今在方言、生产和生活习惯等方面仍然清晰可辨。第三,台州地区的临海、天台等地。从这一带移入的,起因于近代姚慈稻棉区东部少数工商业家立足上海等工商业城市,部分居民相随进城,对土地经营冷淡,以致大量流入外来的农业劳动力,其定居范围以东部为主。所有这些自发的移民过程,直到解放后实行土地改革才告结束,此后人口的增长才主要取决于自然增殖。

(2)植棉业的发展。早在明代,本区就有"产海壖以为絮,或纺之作布,民尤大利之"[⑤]的记载,足见棉花种植在那时已是一项重要的生产。清代关于这方面的记载更为详实,不仅提示了棉花生产的盛况,而且生动地描绘了因植棉而引起的地区经济繁荣的情景[⑥]。到了 19 世纪末,更受到沪、甬等地新兴棉纺织工业的刺激,使之自发地形成专门化的产棉区。可见,历来植棉业的经济收益较高,能够支持高度集中的人口。不仅如此,植棉对劳动力的需要量

---

① 人口密度系 1962 年数字。以下各种数据凡指现状或未限定时间的,均为 1962 年数字。
② 光绪《余姚县志》。卷八,水利,海堤条。
③ 同上书。卷九,田赋下,附户口。
④ 屠急公:《余姚渔盐调查》。载《东南大学学报》,1922 年。
⑤ 嘉靖《余姚县志》。转引自光绪《余姚县志》,卷六,物产。
⑥ 据光绪《余姚县志》载:"案乾隆时戴建沐修助海侯庙记云:'姚邑北乡沿海百四十余里皆植木棉,每至秋收,贾集如云,东通闽粤,西达吴楚,其息岁以百万计,邑民资是以生者十之六七。'迄今又百余年,海滨沙地日涨,种植益广,即塘南区田亦往往种之,较前所产又增益矣。"

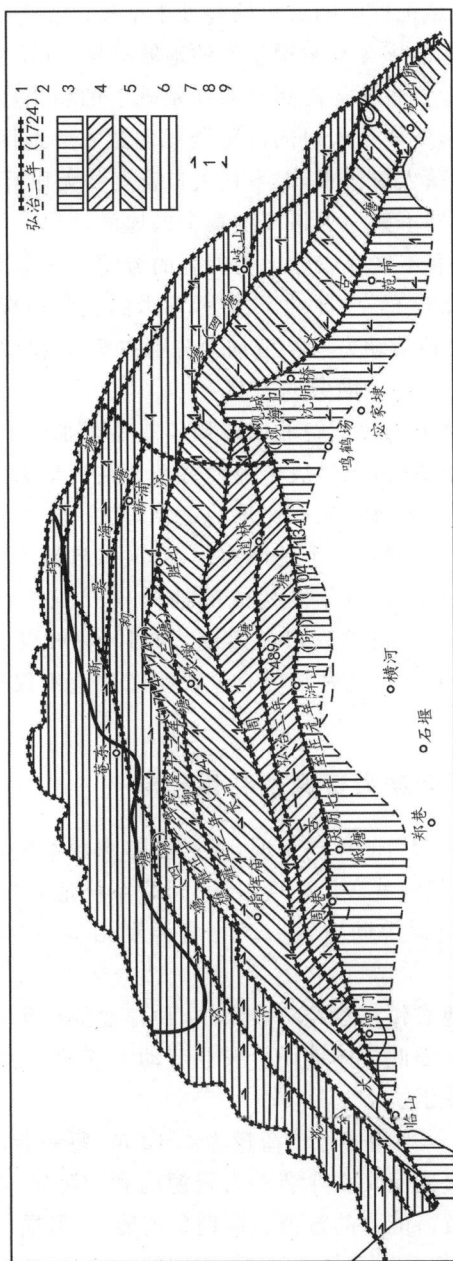

1. 海塘及修筑年代　2. 宋代以前海岸　3. 宋元围垦区　4. 明代围垦区
5. 明至清中叶围垦区　6. 清中叶至清末围垦区　7. 山阴、会稽、上虞移民
8. 姚江平原移民　9. 台州地区移民

图 2　三北平原围垦过程及人口来源示意图

也比较大,与水稻生产比较,其单位面积用工量超过水稻的 1/3。而且收获的产品除了直接与市场发生关系以外,部分留作家庭手工业的生产资料,为妇女劳动力安排了良好的活计。这些因素的共同作用,有力地吸引和固定了大量的人口。

正因为如此,植棉业的发展过程也是人口急速增殖的过程。移民的涌入是大量人口的来源,垦区的开拓为移民提供了活动场所,植棉业的发展则成为移民入境的动力和人口集中的物质基础。所以,近代姚慈稻棉区的人口始终处于增长过程之中。

由植棉业的发展而引起的棉花与水稻生产的地域分异,以及相对活跃的农村经济,促进了区内和区际的经济交流,于是建立在商业活动基础上的城镇应运而生,尤其是稻棉接触带,更形成了一系列的集镇,使城镇人口的比重居于多数农业地区之上。但是在面积狭小、人口众多的本区,稍高的城镇人口比重,对乡村人口密度并无显著影响,仅以农业人口计,平均每平方公里达 615 人,仍然不失为人口高度集中的地区。

农业人口的稠密,标志着本区在农业上所拥有的劳动力资源是十分丰富的。不仅如此,而且农业劳动力的动员也比较充分。根据农村劳动力的实际情况,全区农业劳动力占农业人口总数的 49%,其中男女整劳动力与半劳动力分别占 78% 和 22%。此外,还有相当于农业劳动力资源总数 8%~10% 的辅助劳动力。

值得注意的是辅助劳动力的比重解放以来历年有所增加。所谓辅助劳动力,固然是由劳动力队伍中的老少两极组成的,但是决定辅助劳动力在劳动力资源构成中比重增大的因素,却是青少年,即 16 岁以下未成年人口比重的逐年增大。这是由于解放以来随着生产的恢复和发展,人民生活的安定,城乡卫生条件的改善,人口自然增殖率超过以往任何时期所致。根据南部和北部个别地区人口年龄构成的抽样分析,不满 1 岁到 14 足岁的人口占 41%,即解放以来出生的人口竟占总人口的四成。同时,解放以后长大的 15 到 20 岁的人口,也显著地高于较长各龄人口。这种情况充分说明了本区不仅现有的农业劳动力资源丰富,而且拥有大批的后备。

二、姚慈稻棉区农业劳动力资源的利用程度

根据上述人口和农业劳动力的概略情况,固然能够判断本区在农业发展中劳动力资源潜力的大小,但是要具体地判别其富足程度,还必须联系耕地数量、经营方式、集约化程度、农业技术基础和农业经济效果等同农业劳动力资源利用有关的各项因素,来考察其利用程度。

本区农业生产端赖土地耕作。在经济收入中,种植业的比重占绝对优势,林、牧、副、渔各业只有微不足道的意义。因此具体地评价农业劳动力资源的利用程度,首先必须从劳动力与耕地的数量对比关系着手。

本区农业劳动力(折实)[1]平均耕地负荷量为 4.12 亩,每一劳动力所负担的耕地面积较小。不过这项数值还不是直接反映农业劳动力资源的利用程度。为了回答这个问题,还有赖于农业劳动力平均耕地负荷能力的数值。所谓负荷能力,习惯上按农事大忙期间(如稻区夏收夏种期间一个半节气,棉区春季耕、种、收、管期间的四个节气等)每一折实劳动力所能承担的作业面积来测定。因为劳动力的安排能否通过一定耕作制度下的这些生产"火候"是考察劳动力余缺的决定因素。所以农业劳动力平均耕地负荷量与负荷能力的比值——或称为农业劳动力耕地负荷指数——可以作为衡量本区劳动力资源利用程度的总尺度。

根据这一关系,只要掌握农业劳动力平均耕地负荷能力,即可求得农业劳动力耕地负荷指数。在本区现有生产水平下,负荷能力一般为 4.5~5.5 亩左右(东南部间作稻占绝对优势的地区负荷能力稍高),以此数值与上述负荷量相比,那么负荷指数当为 75%~92%,劳动力资源的利用程度未达饱和。

---

[1]　折实劳动力是一劳动日平均以 10 个底分计算的劳动力。全区折实劳动力按农业劳动力总数的 65% 折算。

不难理解,由于负荷量与负荷能力都是变量而不是常量,负荷指数是动态的东西。当负荷量与负荷能力的任何一次发生变动时,负荷指数就要发生相应的变动。因此在求得负荷指数从而了解现阶段劳动力资源利用程度的基础上,要进一步估计其合理性和提高利用程度的可能性,必须分别分析负荷量与负荷能力的变动趋势及其影响因素。

我们知道,农业劳动力平均耕地负荷量即耕地面积与农业劳动力数量之比。在本区因为垦殖指数饱和,耕地面积可以看作常数,负荷量实质上是农业劳动力数量的函数。而农业劳动力的数量又取决于农业人口的数量和农业劳动力系数(即农业劳动力占农业人口的比重)的大小。当人口迅速增殖而非农业人口比重还不可能很大的时候,农业人口、劳动力及其后备的增长速度和绝对数量是相当大的。这种情况已在第一节里说明了。这里值得注意的是农业劳动力系数的问题。根据全区农业人口和劳动力数量,本区农业劳动力系数为49%,也就是说,在农业人口中有近半的人数为动用的劳动力(不包括辅助劳动力),这个数字表明,本区农业劳动力资源的动用相当充分。

为什么农业劳动力系数能够达到这样大的数值呢?这可以从几方面得到解释:第一,大批妇女参加了农业生产,在旧时农村妇女虽然也从事现在记工范围内的某些劳动,但是妇女劳动力大批地投入田间生产,却是前所未有的事情;第二,一部分剥削阶级分子被迫走上自食其力的道路,参加了农业劳动;第三,过去的闲散劳动力大部分加入了农业劳动队伍。显然,所有这些使农业劳动力系数增大的原因,雄辩地证明社会主义制度在利用劳动力资源上的优越性。

既然垦殖指数饱和,农业劳动力平均耕地负荷量是农业劳动力数量的函数,而决定农业劳动力数量的农业人口和农业劳动力系数都有所增大,那么负荷量减少的趋势是十分清楚的。与负荷量变化有关的这些因素,构成了抑制本区农业劳动力资源利用程度的力量。

虽然如此,当我们把现阶段农业劳动力耕地负荷指数同 1947 年加以比较时,发现现阶段的负荷指数不是降低了而是提高了。按照 1947 年的数字,负荷指数为 55%～60%,而现在为 75%～92%,两相对照相差 20%～32%。显然,这里的关键在于劳动力对耕地负荷能力的变动。在负荷量减少的同时,负荷能力也发生了降低,而且后者降低的幅度超过前者。根据调查,自解放前以至解放后的合作化以前,本区每一折实劳动力负担耕地的能力始终保持在 10 亩左右,合作化以后才逐年降低到现在的 5 亩上下;降低幅度达 50%,超过了同时期内农业劳动力平均耕地负荷量减少的幅度,以致在劳动力继续增加、负荷量减少的条件下,出现了负荷指数上升,农业劳动力资源利用程度提高的"逆向"发展现象。

劳动力负担耕地能力的降低,决不意味着劳动者技术水平的低落。相反,农业技术操作逐年有所提高,特别是农业技术装备的进步,有效地刺激了负荷能力的提高。这无异于额外地添加了劳动力,从而同负荷量的减少一样起着抑制负荷指数的作用(当然,从生产力发展进程着眼,先进生产工具的使用,永远意味着走向劳动力利用的更高阶段)。以本区现有的四类主要农业机械(排灌、耕作、棉谷半机械化脱粒、喷雾)来说,都在不同程度上解放了劳动力,减轻了体力劳动,提高了劳动生产率,因而相对地充实了劳动力和降低了劳动力资源的利用程度。其中最显著的是排灌机械。按照一般折算,抽水机每马力在单位时间内的工作,相当于 8 个劳动力的劳动量,全区抽水机能力在排灌需要的高峰,代替了 20 万左右的劳动力。其次,耕作机械的作用也正在显露出来。目前本区拖拉机站建立不久,一年只机耕 2 万多亩土地,而且由于拖拉机性能和田块、沟洫等土地条件的限制,还不能发挥它的最高效率。即便如此,比人、畜力作业的功效还是提高了 20.6 倍。如果全区近年内机耕 10 万亩,年耕两度,就能比人畜力耕作节省 20 多万个劳动日,也即在翻耕季节"增添"了 1 万个折实劳动力。此外,喷雾器械和稻谷脱粒机械也都在不同程度上发挥类似的作用。

但是,劳动力平均耕地负荷能力毕竟没有因为技术装备的进步而高于过去,它仍然发生了大幅度的下降。迫使负荷能力降低从而提高负荷指数的主导因素,乃是农业集约化程度的加深。

首先,在于耕作制度的改变。特别是水稻,不同的耕作制度在劳动耗费上有很大的差别。根据估算,单季稻、双季间作稻与连作稻之间的耗工比例,如以单季稻为 100,则间、连作稻分别为 130 和 180。因此,当基本上消灭了过去部分存在的单季稻耕作制,并且把双季稻中习惯的间作制度加以改变,使连作稻的比重从解放初期的不足 1% 提高到 30% 以上,劳动力对耕地的负荷能力就发生大幅度地下降。在进一步增加连作面积和部分地走上三熟制的过程中,这种下降幅度还在扩大。因而提高了并且还将继续提高负荷指数和农业劳动力资源的利用程度。在棉区,由于实行棉粮两熟套种、冬季间作绿肥的耕作制度,农业劳动力资源的利用程度也因其对耕地负荷能力的降低而得到提高。

其次,还在于精耕细作的深化。农业经营在精细与粗放之间有很大的弹性,在单位面积劳动定额上也有明显的反映。一般说来,无论在水稻或棉花生产的几十道工序中,每道工序的操作要求提高一步,单位面积用工量就要增加几个以至十几个劳动日,加上增积自然肥等额外用工,所增加的用工量当然更多。这种情况已为各地的事实所证明。合作化以前,本区间作稻每亩用工量一般只有十几工,现在平均达到 25 工。棉花每亩用工量也从 20 工左右增加到 40 工以上。这些追加的用工量,包括农事的各个阶段,其中一部分不是用于忙期,对负荷能力不发生直接关系,我们只就同负荷能力息息相关的增加在大忙期间的用工量而论,大约相当于全部追加用工量的 1/5,按全区耕地计算,在大忙期间共需追加 300 多万个劳动日,如以大忙期间为三个节气,则相当于多用 7 多万个折实劳动力,占现用劳动力总数的 27%。可见精耕细作同样有效地提高了农业劳动力资源的利用程度。

农业改制和精耕细作在改善劳动力利用状况中所起的作用看来是无可怀疑的,不过劳动力资源的利用程度,不仅有一个数量尺度,而且还有一个经济尺度,只有当劳动力耕地负荷指数提高的同时,产生相应的经济效果,才能确认劳动力资源的合理利用。究竟耕作制度的改变和精耕细作的进一步深化所引起的追加用工,能否带来相应的经济效果——劳动日报酬的提高呢? 这是必须回答的问题。根据各地计算,在改善劳动组织、经营管理等措施的配合下,把增加的用工量投放到农业增产的关键上,这种效果是肯定的,因而也是合理的,能够成为提高劳动力资源利用程度的推动力量。以处于稻棉接触带的临山公社任家大队的计算为例,全队耕地不多,其中稻、棉各占 31% 和 69%,由于人口的增加,折实劳动力平均耕地负荷量只有 4.27 亩,但是该队主要依靠田间投工、常年积肥和水稻改制(已基本连作化,并有 72% 实现三熟制),棉花和水稻亩产分别达到 146 斤和 1200 斤(1963 年),劳动日报酬比合作化以前增加一倍以上。

由此可见,土地的限定性,人口的增殖,技术装备的进步,都在绝对地和相对地积聚着劳动力资源,降低负荷指数,使劳动力的利用受到限制。与此相反,社会主义的集体农业,在深入贯彻农业"八字宪法",不断提高集约化程度的过程中,又在很大程度上使劳动力资源的利用摆脱耕地的排斥。因此,农业劳动力的利用程度取决于两组矛盾着的因素的消长。只是现阶段在劳力与耕地的平衡上,还呈现出劳动力资源的盈余现象。

三、农业劳动力资源利用的周期变化与非周期变化

上述农业劳动力资源的利用程度,是根据本区农业生产力水平,在劳动力与耕地之间进行平衡的结果:它的基本指标是农业劳动力耕地负荷指数。由于确定负荷指数的一种因子——农业劳动力平均耕地负荷能力是从农事大忙期间每一折实劳动力所能承担的作业面积来测定的,所以建立在负荷指数基础上的劳动力资源利用程度的概念,尽管具有常年性总体平衡的性质,却不具备全面平衡的意义。事实上农业生产是有强烈季节变化的生物再生产,因而劳动力的使用也相应地存在着有规则的季节变化。这种变化规则在本区的表现,可从以下两方面窥见。

(1)全年出工日数率的波动。根据典型调查,本区农业劳动力全年可出工日数为300天左右,实际出工日数仅在200～230天,平均为220天,其中农忙时期占150天,农闲时期总共只出工70天。劳动力出勤状况的波动由此可见一般。为便于比较,列表如下。

表1　姚慈稻棉区农忙与农闲时期出工状况比较

	节气		可出工日数		出工日数		出工日数率(%)
	个数	%	日数	%	日数	%	
全年	24	100	300	100	220	100	73.3
农忙时期	10.5	44	150	50	150	68	100
农闲时期	13.5	56	150	50	70	32	46.7

(2)全年劳动日中劳动时间和劳动强度的波动。情形往往是这样:在出工日数率高的农忙时期,劳动日的劳动强度较大、劳动时间较长;而在出工日数率低的农闲时期,劳动日的强度较小,劳动时间也较短。具体情况可以从表2得到说明。

表2　姚慈稻棉区劳动日的劳动时间和劳动强度季节变化

起迄时间	劳动日劳动时间和强度	农事意义	起迄时间	劳动日劳动时间和强度	农事意义
立冬—立春	8		小满后7天～小暑后7天	10	
立春—清明	12	春花管理收获和春耕春种时期	小暑后7天～立秋	13	夏收夏种时期
清明—谷雨	12		立秋—寒露后7天	10	
谷雨—小满后七天	12		寒露后7天～立冬	12	秋收冬种时期

表中数据根据余姚城北双河公社星光大队的材料。该公社以水稻占优势,同棉区略有差异。主要区别是稻区夏收夏种时间为突出的忙头,而棉区突出的忙头则在谷雨至芒种的棉花播种、苗期管理和抢收春花。劳动日劳动时间和强度项下的数字,原系劳动日工分定额,以10分为标准工分。由于工分定额主要是参酌劳动日劳动时间和强度来确定的,因此如实地反映了劳动日劳动时间和强度的季节变化。

以上两个方面归纳起来,本区农业劳动力资源利用的季节变化有两个特点:(1)农闲时期略长于农忙时期,但在全年可出工日数中,农闲时期与农忙时期相等,其中实际出工日数

率,农忙时期达 100%,而农闲时期仅及 47%;(2)在出工日数中的劳动时间和劳动强度,农忙时期高于标准时间和强度的 20%～30%,农闲时期等于标准时间和强度或低于标准时间和强度的 20%。

鉴于农闲与农忙时期劳动工种的不同,劳动强度不可能一致,劳动日的劳动时间也允许有一些合理的差别。我们在考察劳动力利用的季节波动中,姑且把这方面的差距略去不计,只就出工日数率来作为估算农闲时期劳动力利用状况的依据[①],那么,本区在整个农闲时期的劳动力利用率只有 47%。

可见前节所揭示的劳动力资源利用程度的总情况,仅仅提供了劳动力余缺的一般概念,不能全面地说明问题。总体平衡中所看到的盈余劳动力,在有规则变化的农忙季节相反表现为"不足"[②];在农闲季节则因劳动力利用率的急剧下降而扩大了盈余额。这是农业劳动力资源利用中众所周知的周期性变化,是农业生产特点在劳动力利用上的反映;我们不妨把制约生产,从而也制约劳动力利用的有规则波动的因素(诸如节气、耕作制度、作物种类和品种等)称为影响劳动力资源利用的周期性因素,为了避免劳动力在忙期的紧张状况,有必要利用能控制的周期性因素和技术措施来调节。例如为了避免夏收夏种时期的特殊紧张状况,可以按比例搭配水稻的早、中、晚熟的不同品种和突击进行机耕等。但是对于本区来说,迫切的问题是要充分合理地利用盈余的劳动力资源。因此更重要的是控制农业劳动力资源利用中的非周期性因素,在周期变化的波谷中填充非周期变化的工种劳动,打破劳动力全年出勤曲线的常态波动。

事实有没有这种可能呢? 可能性是存在的。

(1)农业生产并不像前面讨论的范围那样单纯是种植业,与它紧密依存的林、牧、副、渔各项从来就是它的组成部分。这些部门本身往往也有季节变化,但是它们对于种植业利用劳动力的周期性变化来说,多半代表着非周期性变化的因素。现阶段这些部门所占的经济比重十分微小,因此如何充分发展多种经营,乃是农业劳动力利用中的一大要题,是解决由农业生产周期性变化而引起的劳动力利用季节不平衡的关键所在。

充分发展农业内部的多种经营,在本区有两种方向:一是利用土地资源的各项要素,把田地山水全部吸收到经济流转中来。据估计,除农田以外,本区尚有荒山 20 余万亩,可利用的水面约四万亩,此外北部沿岸狭长海涂和浅海也可利用,多种经营的余地仍然是广阔的。二是促进农业生产循环中人和自然之间物质交换的需要,把种植业和畜牧业妥善地结合起来。按照这两种方向发展多种经营,不仅能增加投工总量,也便于把劳动力的使用在季节上错开。更重要的是根据各地区的大量材料,实行农、副互济后,既促进作物高产,又大幅度地增加经济收入。这就绝对地(从劳动力使用上说)和相对地(透过经济效果来看)提高了劳动力资源的利用程度。在这方面特别值得提一提的,是余姚县农业实验场所提供的良好范例。该场劳动力的平均耕地负荷量为 3.5 亩,由于农业、畜牧业和园艺业的紧密结合,充分利用了水田、水面和小片孤丘,常年用于田间生产的劳动力

[①]　计算农闲时期劳动力资源利用状况与计算常年利用强度的标准不可能同一,因为农闲时期劳动力资源的利用,同劳动力负担耕地的能力没有直接联系。

[②]　这是从农忙时期出工日数率饱和,而劳动日的劳动时间和强度超过标准时间和强度的 20%～30%的情况着眼的。这里似乎同前节以大忙期间负担能力为条件的负荷指数的数值相矛盾。其实不然,前节是按折实劳动力的平均负荷能力计算的,其中有一部分不能适应农忙时期某些作业在技术和劳动强度上的要求,以致加重了主要劳动力在农忙时期的劳动量。

只占 39.7％,用于畜牧业的占 30.2％,用于小片孤丘经营果木的占 11.1％,其他 19％。在经济总收入中,畜牧业占 50％。由于猪的饲养量达到每亩两头,农田精肥料充足,加上其他措施,粮食单位面积产量高于邻近经营单位的 27％;粮食的高产又更加有力地保证了畜牧业的发展。在孤丘果园培育中,适当安排果粮套作,使果园管理与增产饲料兼顾。这样不但基本上保持了劳动力的合理调配,而且由于农业工人所创造的较多的财富也相对地改善了劳动力资源的利用状况。

（2）除了农业内部的多种经营以外,还有若干不属于农业内部结构的副业经营项目,但却是农村经济的必要补充。这些项目归纳起来不外乎四类:第一,建立在传统技艺基础上的手工编织。手工编织的项目不一,主要的有金丝草帽和草包的生产,尤以金丝草帽编织最为突出,地区范围遍及全区大部分农村,以中、北部各地最为集中。在原料充裕的条件下,能够有效地利用农闲时期的大批妇女劳动力。第二,适应农村生活需要的手工作坊和小型工业企业,如碾米、磨粉、打面、豆制品、砖瓦等等,既符合农村需要,也为农业经营单位经济力量所能及。近年来已有陆续兴办,还可继续普及。第三,为大工业加工半成品或利用它们的废料加工成品。这类副业为数不多,但近年来有所发展。如人造棉原料初步加工,胶木和胶丸外壳加工,石棉加工,棉区和稻棉轮作区的轧花以及棉纺织厂废棉的土纺土织等。在国家工业建设进一步发展的过程中,这种性质的副业还将有所扩大。第四,满足城乡工业、交通、基本建设短期需要的劳工服务,包括土石方工程,短途运输等等。以上四类副业,除了金丝草帽编织等少数项目以家庭副业的形式较为适宜以外,其余大都能够组织到集体经营的范围中来,使劳动力在农闲季节根据需要与可能,分散的或集中的投入各项副业劳动。

（3）在考虑发展农业多种经营与其他副业的时候,种植业仍然是充分利用农闲劳动力和调节农业劳动力利用周期变化的主要方面。理由有三:

第一,现阶段的土地投工未因劳动力的盈余而达到饱和程度。以水稻、棉花、春花(大小麦、蚕豆、油菜)三类主要作物的用工量而论,各地还有极大的差别,其情形有如表 3。

表 3　姚慈稻棉区水稻、棉花、春花三类作物用工量现状

	最低用工(工/亩)	最高用工(工/亩)	平均用工量(工/亩)
连作稻	20	65	30
棉花	30	85	40
春花	10	35	15～20

必须指出,表 3 中的每一类作物不论其单位面积用工量的差别有多大,在收、种等主要农事环节的劳动耗费上,各地的出入并不很大,所不同的仍然在于农闲时期。农闲时期的主要投工项目是田间管理和为各种作物积肥。尤其是积肥,用工量大的经营单位往往占种植业全部劳动耗费的 40％,成为各地各类作物用工量相差悬殊的主要因素。

第二,田间作业还没有全部按科学要求进行符合本区特点的规范化操作。仅以水稻培育中的肥水管理和棉花培育中的整枝打顶等作业而论,就同科学标准存在着相当大的距离,若使全部环节达到科学要求,势必进一步增加劳动耗费。

第三,还可不断加强农田基本建设。本区的农田水利基础虽然较好,这是历来施行农田基本建设的结果。但是目前各地还存在不少低产田,需要长期地进行系统的土壤改良工作,

如开沟排水,降低地下水位,培盖客土等等。同时全区河渠系统还不能保证旱涝保收,土地平整度、田块大小以及渠系分布对拖拉机作业还有很大的不便(作业条件差的地段机耕效率仅占 1.65 亩/标准台小时,比土地规则平整的地段 3.5 亩/标准台小时低一倍以上)。从水利化和机耕的要求出发,对平整土地和改善农田水利也需要付出大量的劳动,这些作业只能安排在农闲时期来进行,无疑是调节劳动力季节平衡的重要因素。

凡此种种,说明农业劳动力资源利用上的周期性与非周期性影响因素同时存在。在地少人多的地区,为了充分合理地利用劳动力资源,关键在于控制非周期性因素,使劳动力资源利用的周期性变化获得非周期性变化的补充。在提高经济效益的前提下,保持农业劳动力在全年利用周期中的波幅不大的节奏现象。

四、农业劳动力资源分配和利用的地区差异和地区平衡

农业劳动力资源的利用,除了劳动力与耕地之间的总体平衡和季节平衡问题之外,还有地区分配和利用的差异及其平衡的问题。

本区幅员不大,而且又是平原占优势,农业人口密度一般都比较高。虽然如此,区内差异还是相当大的。大致在南北方向上,从南部水稻区向北经稻棉轮作区到棉区,密度依次递增;在东西方向上,从两侧向中部渐次集中。密度的极端差距达十倍以上。农业人口密度最高的地区,南北方向大致为余姚县城经慈溪县城(浒山)到坎墩,以及从余姚县城经低塘到庵东的两条公路线之间及其近侧,东西方向则沿着甬百公路发展。南北、东西中轴线交会的地区,平均人口密度在 1300 人以上,是全区农业人口密度最大的重心。

农业人口密度的地区差异,当然反映出农业劳动力资源分配的地区差异,从而也在一定程度上反映出农业人口平均耕地拥有量和农业劳动力平均耕地负荷量的地区差异。

表 4　姚慈稻棉区各地区农业人口密度与耕地的相关情况

农业类型区	地区	农业人口密度(人/平方公里)	农业人口平均耕地拥有量(亩)	折实劳动力平均耕地负荷量(亩)
水稻区	鸣鹤	388	1.36	4.30
	丈亭	300	2.06	7.77
	城南	442	1.52	5.38
	城北	467	1.45	4.95
	马渚	474	1.75	5.86
半稻半棉与稻棉轮作区	龙山	452	1.43	5.26
	横河	487	1.16	4.26
	低塘	730	1.43	4.81
	临山	660	1.36	4.95

续 表

农业类型区	地区	农业人口密度（人/平方公里）	农业人口平均耕地拥有量（亩）	折实劳动力平均耕地负荷量（亩）
棉区	观城	650	1.46	4.23
	逍林	745	1.10	3.28
	浒山	1350	0.96	2.58
	长河	959	0.90	2.54
	周巷	1026	1.10	3.57
	泗门	720	1.24	3.55

上表可以看出，除城镇人口、地形和水面积的影响，使部分地区农业人口同耕地的对比脱离正相关的轨道外，一般保持着农业人口密度愈大，农业人口平均耕地拥有量和农业劳动力平均耕地负荷量愈小的正常负相关关系。这一差异及相关现象的存在，引起劳动力在地区间的移动。移动的方向以中北部流向东部为主，北部流向南部的现象也有所见。其中接受移入劳动力的主要地区是东部的丈亭、龙山和观城三区。

劳动力的移动有以下五种方式：(1)北部棉区和稻棉轮作区的少量劳动力，在夏季接受南部稻区部分地区夏收夏种时期的短期招工；(2)水稻区的中部与东部之间(如城北区与丈亭区的个别公社之间)通过人畜力变工的形式，实行劳动力由中部向东部的短期移动；(3)北部棉区向丘陵地区租营山地，以增辟生产门径，在租用期间移置一部分劳动力；(4)棉区和稻棉轮作区的中西部以一部分盈余劳动力移入东北部半稻半棉区和东南部稻区，长期包种一定的土地；(5)棉区和稻棉轮作区中西部的少数公社组织集体移民，分散插入或集体安置在丈亭、龙山等区，成为这些地区的定居人口。以上五种方式，一、二两种为季节性移动，三、四两种为常年性移动，最后一种为永久性移民。应当认为，当农业劳动力未能充分利用之前，在可能情况下适当利用上述有组织的移动方式，还是积极的和合理的。

不过我们知道，人口的移动不是轻而易举的事情，而且总的看来，本区的农业人口密度又比较高。由农业劳动力资源分配的地区差异而引起的区内人口移动——劳动力资源的再分配——为数很少，只能在微小的程度上调节本区劳动力资源的平衡关系。而且接纳移入人口的地区，由于本身人口的自然增殖，集体生产积极性的发挥，劳动力渐次自足，区内的常年性移动和永久性移民逐渐趋向静止。因此通过人口的机械变动来实现劳动力资源在地区间再分配的可能性并不理想。经常地但是无形地调节劳动力地区平衡关系的杠杆，乃是不断发掘耕地少劳动多的地区在利用劳动力资源上的潜力。它表现在劳动力投工经济效果与生产对劳动力的吸收能力两个方面。

首先，从经济效果上来看，棉区和稻棉轮作区虽然农业人口密度大，按农业人口和劳动力平均的耕地面积小，但是根据经济收益的分析，绝大部分地区在现有的集约化程度下，劳动日报酬高于水稻区的 20%～30%。

其次，从生产对劳动力的需求来看，又具体表现在农业劳动力系数和劳动力出工日数率两个方面上。根据分析，农业人口密度大而平均耕地少的棉区和稻棉轮作区，由于植棉业能够有效地利用各级劳动力，农业劳动力系数反较农业人口密度较低而平均耕地较多的水稻区为大。

至于出工日数率，由于棉田单位面积投工普遍多于稻田的 1/3 以上，而且棉田增加投工的可能性较大,增加投工后所得到的增产效果也显著。所以,即使负荷量很小的棉区若干公社,年出工日数仍在 200 天左右,它虽不及全区平均出工日数率,但是比之于农业人口密度的差距,则大大地缩小了。

由此可见,基于各个农业类型区的自然条件、农业资源、历史发展过程和经济水平不同,农业人口密度和吸收劳动力资源的能力也不同。如前所述,棉区和稻棉轮作区在长时期内从其它地区涌入农业劳动力资源,甚至到了农业人口相当稠密的时期,仍由密度稍低或低得多的稻区和其他地区陆续流入,使农业人口密度远远驾凌于水稻区之上,就是因为植棉业利用劳动力的特点和经济效果支持了这种过程发展的结果。只是到了现今,由于部分地区密度过大,也即农业劳动力资源地区分配的差异过于突出,才发生了局部的"回流"现象。这就是说,现阶段姚慈稻棉区农业劳动力的地区平衡处于这样的状态之下:一方面农业人口特别密集的地区,人口和劳动力向密度较小的地区移动;另一方面,以往支持农业人口集中过程的因素继续起作用,以抵消人口和劳动力机械变动的倾向。两者构成一对矛盾,而以后者为矛盾的主要方面,制约着本区农业劳动力资源利用在地区上的相对平衡。

五、结语

姚慈稻棉区的大宗农业劳动力资源,是在历史上利用有利的自然环境,并且经过经年累月的改造、拓殖和悉心经营,使农业经济不断发展的过程的产物。它过去是、现在仍然是本区发展以粮棉为中心的集约、高产农业的基本条件之一。但是由于农业的主要劳动资料和劳动对象——土地是一种常量,农业人口是一种变量,两者存在着固有的矛盾。这种矛盾,以一定阶段的生产力水平为中介,通过劳动力耕地负荷指数和经济收入水平两种尺度反映出来。就全区而论,与开拓时期土地吸引劳动力的倾向相反,现在却表现为土地对劳动力的排斥,使劳动力的利用率不足,经济收入的提高受到限制。

解决这个问题的根本出路,无论现在或将来,都必须从发展生产着手。在现阶段,最主要的还是继续推进耕作制度的改变和加深精耕细作的程度;同时广辟集体副业的领域,组织劳动力有效地利用农闲时期,把目前种植业以外的诸项收入上升一个较大的幅度,逐步地完善农业经济中以种植业为主体的部门结构,做到以副养农,农副互济,以增加集体积累和劳动者的收入。从长远来看,通过农业四化彻底改造农业生产的物质技术基础,从根本上提高农业劳动生产率,乃是制止劳动力资源在耕地上"过饱和"的最有效办法。同时,随着国家工业化的进展和国民经济的繁荣,在一个长时期内出现农业人口向非农业人口的转化过程,也是必然的趋势。

地区劳动力资源的研究,是有重大实际意义的课题。但国内有关这方面的文献还所见不多。作者只从人口地理学的角度,对姚慈稻棉区的农业劳动力资源作一考察,提出一些问题,作为研究这一课题的试探。

载《地理学报》1964 年(第 30 卷)第 4 期,第 331—343 页

人口地理学概观

一、人口地理学的历史

在谈到人口地理学的发展时,人们往往追溯到 19 世纪的德国地理学家 K. 李特尔和稍后的 F. 拉采尔,以及法国地理学家 P. 维达尔-白兰士和 J. 白吕纳。这些近代人文地理学的代表人物,在他们的著作里的确把人口置于重要的地位。拉采尔的《人类地理学》把人口密度同生产力发展阶段联系起来,提出了渔猎时期、畜牧时期,农耕时期、工业时期相应的人口密度指标。虽然有环境决定论、人口决定论的错误,但是把人口、经济活动、环境联系起来研究,还是有它积极的一面。维达尔-白兰士的《人文地理学原理》中已经有相当水平的世界人口分布图与人口现象的描述。尽管如此,它们的著作还不能说是人口地理学的专著。

人口地理学从人文地理学中分离出来成为一门专门的分支学科,还是本世纪二三十年代的事。这一演进,得之于两个方面的助力。一是人文地理学前辈为人口地理学做了奠基的工作。他们在研究人地关系的时候,对人口现象倾注了很大的注意力,从人口的时间和空间变化上进行了广泛的研究,掌握了人口分布、密度、增长、移动与自然、经济、社会之间相互关系的若干知识,绘制了个别国家的和世界性的人口地图,给人口地理学从人文地理学母体中脱胎准备了条件。二是人口统计资料的增多。自从 1790 年美国举行全国性的人口普查,成为举世公认的近代人口普查的开端之后,许多国家相继举行了人口普查。到本世纪 20 年代,世界上发达国家多数建立了定期的人口普查制度,一些殖民地和附属国也在宗主国的推动下进行了人口普查。另外还有一些国家通过户口登记取得人口资料的条件也比过去有所改善。尽管许多国家得之于普查的或户口登记的资料可靠性不是很高,国家间或地区间在时间上的可比性也不理想,但是比之于 19 世纪以前,已经不可同日而语。在这样的背景下,专门性的人口地理研究文献也就开始问世。

第二次世界大战以后,人口地理学获得了较快的发展,出现了不少通论性的著作,如法国 P. 乔治的《人口地理模式导引》(1951)、《人口地理学问题》(1959),J. 鲍热-加尼尔的《人口地理学》(两卷,1956、1958 年各出一卷)、《人口地理学》(高级地理读物,英译本 1966 年初版,1978 年再版),英国 J.J. 克拉克的《人口地理学》(1965),美国 W. 捷林斯基的《人口地理学引论》(1965),G. T. 特莱瓦萨的《世界人口地理图式》(1969)等。这些著作在国际人口地理学界都有一定的影响。其他人口地理文献,尤其是区域性的人口地理著述,为数更多,范围包括世界各大洲的许多国家和地区。

十月革命前的俄国,由于世界地理学发展潮流还没有把人口地理研究推上独立发展的道路,当然也没有专门的人口地理学。十月革命后,苏联为了在地理教育和地理研究中贯彻马列主义的立场、观点与方法,开展了对西方人文地理思想,尤其是对人类地理学观点的批判,可是没有在批判的基础上进行积极的建树。结果,在二三十年代出现了人文地理领域中经济地理学一花独放的局面,人口地理学问题在苏联地理学文献中几乎是空白。正如巴朗斯基后来所指出的,在批判人类地理学过程中,人自己也连同水被一起泼掉了。消除了旧的人类地理学,新的毫无建树,在一些著作中连人口的篇章也消失得无影无踪了。

到了40年代初,在卡博和巴朗斯基的倡导下,苏联人口地理学才走上独立发展的道路。不过直到60年代,苏联的人口地理学实质上包括聚落地理学,而且聚落研究的比重大于人口研究。在聚落研究中起初注重城市,后来才开辟乡村聚落的研究,真正侧重于人口研究的,还是60年代以后的事。苏联人口地理学家波克什谢夫斯基、科瓦列夫、舒瓦洛夫,在70年代分别出版了《人口与地理》、《苏联人口地理学》和《人口地理学》等专著。

我国人口地理研究,发轫于20年代后期,而较多的人口地理学文献则见之于30年代。如1926年竺可桢的《论江浙两省人口之密度》,1933年翁文灏的《中国人口分布与土地利用》,1934年张印堂的《中国人口问题之严重》,1934年、1935年胡焕庸的《江宁县之耕地与人口密度》、《安徽省之人口密度与农产区域》、《中国人口之分布》,以及张振之、张恩护、赵晓屏、洪绂、陈献荣、蔡明等人的文章。胡焕庸在《中国人口之分布》一文中创制了中国第一张人口密度图,提出了从黑龙江爱辉到云南腾冲划一线,可把我国人口分布为东南半壁与西北半壁两个截然不同的部分的概念,这条分划线后来被地理学界所广泛接受。无论从研究成果的数量和所体现的地理性来看,胡氏堪称我国人口地理学的先驱。

抗日战争时期,半壁江山沦于敌手,人口地理学的系统发展为之中断。战时,内迁至川、黔一带的高等学校与研究机构中的地理学者,虽然也作了一些人口地理的调查研究,但限于人口资料条件,多半是局部的聚落分布和聚落类型的调查,成果零星,直到新中国成立前夕,看不出学科发展的势头。

解放以后,在地理学得到迅速发展的同时,西方人文地理学思想受到批判,与人文地理学有历史渊源的人口地理学的发展也受到了影响,只是人口地理研究不像人文地理学及某些分支(如种族地理学、政治地理学等)那样完全绝迹,50年代中期至60年代前期,少数学者还是结合人口再分布、劳动力资源利用、农村居民点规划等做了一些工作,取得了一些成果。不过,总的说来,从50年代中期以后掀起批判马寅初《新人口论》的一股"左"的浪潮开始,人口问题成了理论禁区,人口地理学的研究基本上也就被扼杀了。直到十年内乱之后,于1978年冲破人口理论禁区,人口地理研究才获得了复兴的机会。从那时起,在地理学、人口学、经济学的刊物以及综合性的社会科学刊物中,人口地理文章陆续出现,通论性和区域性的人口地理著作也由一些学者着手编写,一部分高等学校地理系开设了人口地理学课程。

在世界范围内,本世纪以来人口地理学的文献有相当数量的积累。据美国人口地理学家W.捷林斯基的统计,从人口地理学孕育阶段的19世纪末起,到1961年止,全世界共有人口地理文献2588种。据苏联学者密特凡特柯夫的计算,60年代苏联每四本经济地理学著作中,就有一本是人口地理学的。尽管密特凡特柯夫所说的人口地理学实际上是人口与聚落地理的总和,纯粹的人口地理文献没有那么多,它还是反映了人口地理信息量逐渐增大的事实。这种情况无疑是与科学发展的总进程相一致的,但是,还有另外两个因素不能忽视:一是人口统计数据增多,人口地理研究基本资料条件改善。二是世界人口激增,人口问题日益严重;同时,城市化速度加快,人口移动频繁,带来各种社会问题,需要从各方面加以研究。条件改善与社会需要促进了人口地理学的发展。当然,这种进展是就人口地理学本身来说的,如果与相邻学科相比,势头还是不大的。例如1980年在东京召开的第24届国际地理学大会上,五个人文方面的小组共宣读论文 225 篇,人口地理组只有 19 篇,是最少的一组。

二、人口地理学的对象

人口地理学的研究对象是什么,各家说法不一。西方学者往往不是严格地去讨论学科的对象,但也有一些代表性的表述。

美国地理学家 P. E. 詹姆斯认为,人口地理学的目的"是要解释和确定居民数量和种类的区域差异的意义。而且,从数量和种类出发,寻找同人类住地有关的一切现象的地域联系,寻找在同整个自然的、生物的和文化环境的种种因果关系中可以发现的意义"。[1]

法国的 J. 鲍热-加尼尔认为人口的地理研究应包括三个层次的问题,即"世界人口的分布,人类社会的演变以及人类取得成就的程度"。[2]

英国的 J. J. 克拉克认为"人口地理学和人口学相似,人口地理学基本上是研究数量的一门科学,它在很大程度上是取决于统计资料的。不过,这两门科学也进行质量方面的研究。人口学家研究那些说明人口质量的各种体力和智能的特点,以考察它同数量的关系;人口地理学则力图在社会与自然环境的相互关系以及自然与人口的相互关系的总和中来进行研究"。[3]

这些学者对人口地理学对象表述的形式不同,实质上没有重大差别,都主张研究人口的空间现象,研究人的活动与环境(包括自然和社会环境)的因果关系和相互关系。这当然是无可非议的。但是,他们有一个通病,那就是忽视社会再生产过程对人口空间结构及其变动的决定性作用。

正是在这一点上,苏联多数学者不赞成西方学者对人口地理学对象定义的表述。他们认为,在人口地理学定义中抛弃了人口地理现象受社会再生产过程制约这样一个极其重要的理论概念,就会促使人们脱离社会条件从人本身的特性中去寻找各国各地区差异的原因,而人的特性又要用周围的自然界的影响来解释,这样一来,不仅会使人口地理学脱离经济地理学的大家庭,而且会使人口地理学再次发出人类地理学的气味。

苏联有影响的人口地理学家 B. B. 波克什谢夫斯基在其 1978 年出版的《人口与地理》一书中对人口地理学对象作了如下表述:人口地理学应该是经济地理学的一个分支,它研究在所探讨的社会再生产和同自然环境的相互作用过程中人口的结构(以其数量和质量指标)、分布和地域组织。这种相互作用过程决定所有这些人口特点的发展与动态规律性(特别是空间的规律性)。[4] 苏联各类百科辞典,包括大百科全书在内,人口地理学条目中也有类似的提法。

苏联学者对人口地理学定义的一个特点是强调人口地理学是经济地理学的分支,在他们看来,如果把经济地理的内容仅限于物质生产本身的分布,而把生产活动中的人的社会相互关系和生活的地域组织的因素排除在外,就不能全面地说明和解决生产布局问题;反过来,如果对这些相互关系的产生基础不加分析,人口地理学本身就会成为从区域观点提出的

① P. E. James, The Geographic Study of Population, edited by P. E. James & C. F. Jones, American Geography:Inventory and Prospect, 1954, Chapter 4.

② J. Beaujeu-Garnier, Geography of Population, 1978, second edition.

③ J. J. Clarke, Population Geography, Pergamon, Oxford, 1965.

④ 转引自《人口与经济》1980 年第 2 期,第 60 页。译文略有改动。

简单的人口学调查材料。另一个特点是,强调在一定的社会再生产条件下通过在一定自然环境下的经济活动,才体现出人口结构、分布和地域组织的本质特征。这些观点一般说来是正确的,但过多地强调经济地理条件的制约,也使定义的表述存在一定的片面性,丢掉了不完全受经济活动支配的人口现象的地理研究。

我国学者对人口地理学对象的认识,在20世纪50年代至70年代,在很大程度上与苏联流行的观点基本一致。1961年出版的《辞海》试行本第九分册和经过修订于1979年出版的《辞海》中,"人口地理学"一条的释文,都认为这门学科是经济地理学的分支(或称部门经济地理学)。这是我国人文地理学界深受苏联学术思想影响的反映。近年来,国内研究人口地理的学者日多,对人口地理学的科学对象又有一些新的探索,提出了不同的主张,但远远没有达到公认的程度。这除了人口地理学本身的特性之外,缺乏实践和理论研究基础是更为重要的原因,为了避免仓促轻率的概括,我们应当进行大量的实践和理论研究。

三、人口地理学的基本内容

对人口地理学对象的认识虽众说纷纭,但是考察世界各国人口地理学的著作,它们的基本内容大体上是一致的。除了阐述人口地理学的发展历史,讨论研究对象以及与相邻学科的关系等内容外,人口地理学本身的实质性内容主要是人口增长与人口分布、人口构成及其地域差异、人口移动、人口城市化以及人口合理容量等几个方面。

人口数量与分布是人口地理现象中最基本的现象。一定区域内人口分布的状况,是人口发展和人口移动的动态过程在某一时点的静态表现。为了揭示人口分布的规律性,人口地理学首先要从尽可能低级的区域开始,掌握大量的人口数据,制作所研究地区的人口分布图和人口密度图,在此基础上分析人口分布的特征及其形成原因。在形成原因的分析中,人口地理学通常运用自然地理、历史地理和经济地理的理论和材料,从自然环境的多种要素,历史过程的各个阶段和有关的历史事件,以及现代经济活动的各个部门和重大技术进展,分别地和综合地考察它们对人口分布的影响,找出人口分布及其表现形式——聚落分布的规律性。

人口构成是人口总体的分解。作为社会总体的人口,是由相关联的各种属性所构成的,它表现人口的质的区别和量的比例。根据人口构成要素的不同特点,一般把人口的构成区分为三大类,即:人口的自然构成、人口的地域构成和人口的社会构成。人口自然构成的内部区分比较单纯,主要是性别构成和年龄构成,有时也包括人种构成。人口社会构成的种类比较繁多,它是人口具有多方面社会属性的反映,主要包括:人口的阶级构成、民族构成、宗教信仰构成、劳动构成、行业构成(或部门构成)、职业构成、文化程度构成、婚姻状况构成等。人口地域构成主要是城乡构成,由于城乡人口比例决定于社会经济水平,有时也把它看作是一种社会构成。人口构成的量的比例关系的研究是人口统计学的任务,但质的区别与量的比例关系的统一,也是人口知识体系中若干学科所共同关心的内容。在人口地理学中,各类人口构成往往由于政治、经济、社会、历史、人口基础、自然等条件的作用,在一定的地域内表现出自己的共性,而在不同的地域之间则表现为一定的差异性。研究人口构成的地域特征及其原因与后果,不仅对认识人口总体的地域特征是一种深化,而且对进行人口预测,制定人口政策,搞好人口规划以及经济和社会发展规划,都有现实意义。

人口移动是自有人类以来就存在的人口现象,但是现代人口移动的性质、规模、强度、方向、距离等,是远非古代所能比拟的。人口地理学就是要对一个城市、一个区域、一个国家甚至全世界的人口移动的性质、规模、强度、方向、距离以及原因与后果进行具体的研究,藉以找出其规律性。人口移动包括人口迁移和暂时性移动。人口迁移有国际迁移与国内迁移,国内迁移又有省际的、省内的、城乡间的、城市间的、乡村间的迁移等;暂时性移动有常年性流动、季节性流动和一日间钟摆式流动等。在不同的国家确定迁移的标准不完全相同,因而世界各国人口迁移的材料也并不完全可比。但是人口迁移的历史规律是共同的。在前资本主义时期,人口迁移主要是土地的开拓,是农业依存型的迁移;在资本主义工业化时期,大量迁移的人口是脱离土地涌向城市,是工业依存型的迁移;在当代高度发达的国家,人口迁移并没有完全脱离工业依存型的特点,但它们的迁移方向已经以城市之间的调整为主。这种历史规律,是现今研究人口迁移的重要依据。

城市化是比人口向城市集中的意义更为广泛的一个概念。但是城市化的主要标志是城市人口在总人口中比重的提高。随着经济的发展,人口逐渐向城市集中,引起城乡人口构成的巨大变化,城市内部和乡村内部的人口结构也发生相应的变化。城镇人口的增加,乡村人口相对或绝对的减少,造成城乡居民点体系和结构的变化。阐明城市化过程中城乡人口结构的变动、人口分布型式的变化以及由此产生的经济、社会和环境的后果,是人口地理学的基本内容之一。

人口合理容量指的是地球以及它的各个部分对人口的合理负载能力。地球上的人口容量是随经济发展和技术进步而扩大的,但归根到底有一个极限,人类必须克服自身繁殖的生物潜力的无限性与环境、资源负载能力有限性的矛盾,使地球对人口保持着合理的负载。这就是说,要在一定的技术水平下合理开发地球资源,生产各种物质资料,满足全部人口优厚的生活需要,而又不致使资源枯竭,使环境失去平衡。人口地理学的职责在于通过全面研究地理环境和资源,综合地计算在一定的技术水平下地球或它的各个部分对人口的最大容量和合理容量,特别是从供养人口的能力的角度去认识这种容量。

以上五项内容中的前四项,也是人口统计学所关心的,但人口统计学主要研究它们的数量方面,而人口地理学主要研究它们的空间特征与因果关系。后一项内容也是人口学和某些自然科学和社会科学学科所关心的,但它们一般不注重具体的地域条件,而有各自的分析方法和计算方法,人口地理学正可以扬己之长,补己之短。

除了上述五项之外,民族人口、劳动力资源、人口分布预测以及人口地域类型和区划也是人口地理学的研究内容。

四、人口地理学发展中的两个基本问题

世界人口问题早就引起人们的关注,近 20 年来,国际舆论已经把人口与粮食、能源、资源、环境一起列入世界五大问题,人口问题居于五者之首。联合国与各国政府和民间组织都在推进人口研究,人口科学发展很快。在这种形势下,人口地理学也有发展,但相形之下显得比较疲软,这里存在两个基本问题:

(一)研究领域与理论基础问题

人口地理学从 19 世纪末出现雏形,20 世纪二三十年代形成学科,到 70 年代全世界有了一批通论性和区域性专著,是一个向前发展的过程。尽管如此,直到现在这门学科还没有建立起严谨的内容体系和基础理论。30 年代,人口地理学刚刚从人文地理学母体中脱胎的时候,全世界人口普查的覆盖面还不是很大,普查项目也不是很多,它所涉及的领域仅仅是静态的人口分布、人口密度和动态的人口增长与迁移,理论上几乎完全受环境决定论和人地

相关论的支配,着力于对静态与动态人口同自然环境和人文环境之间的因果关系的分析和描述,实际上是在人口统计的基础上用环境决定论与人地相关论观点所作的空间解释。以后,全世界人口普查资料逐渐丰富,特别是第二次世界大战之后,由于电子计算机的应用,普查项目大大增加,多种多样的人口属性的统计资料都比较容易取得,这些属性只要有分布现象的,都可以进行空间分析。于是,人口地理学从注重于人口与环境因素的因果关系分析,逐渐演变到注重于对大量人口资料的全球性和区域性统计分析,东、西方有些学者的著作在很大程度上成了从空间(或区域)观点提出的人口学解释。与此同时,苏联人口地理学主流派的学者,一味强调人口地理学必须是经济地理学的分支。他们的研究注重于作为劳动力的人是生产者,和作为人口总体的人是消费者的性质及其对经济地域组织的影响,以及经济地域组织对人口地域组织的作用,完全同经济地理条件联结在一起,而撇开人口空间现象若干侧面与其他人文因素有关的事实,应该说在认识上是不全面的。笔者曾通过人口地理学的外延分析和社会生活实际需要的分析,证明不仅有"经济人口地理"领域存在,而且还有"社会人口地理"领域存在。[①] 可见,时至今日,人口地理学的领域仍然不很确定。在理论与方法方面,要么借助于人口统计学,要么依重于经济地理学,其本身的理论基础相当薄弱。我们知道,学科内涵不明确,缺乏深厚的理论基础,是不可能有高屋建瓴的发展势头的。

(二)应用问题

人口地理学在经济建设和控制人口两大方面的应用上存在局限性。

首先是在经济建设方面应用的局限性。人口地理学的地理实体是构成人文现象主体的人口,但人口的分布并非总是主宰着人文现象特别是经济现象的分布。相反,人口的分布除了受自然条件的制约外,决定于经济活动。不同的生产力水平,不同的生产方式,有不同的生产力分布和经济活动的空间组合,也就有不同的人口分布形式。因此,就整个人文现象来说,人口是核心,是主体;但就人文地理领域来说,人口地理现象却在很大程度上依存于经济地理现象。经济活动空间结构演变的规律和特征,决定着人口和居民点分布体系演变的规律和特征。这样,人口在包括经济现象在内的人文现象中的主体性,使人们很早就注意到了人口地理的研究,但人口空间现象对经济空间现象的依存性,又使人口地理研究不能单独为国土开发和经济建设规划等提供战略性的前景。这就使人口地理学在经济建设上的应用不如经济地理学广泛和有效,因而学科发展的活力也不如经济地理学旺盛。

其次是在控制人口方面应用的局限性。世界面临的人口问题,主要是人口数量过大,发展速度过快的问题(当然也不能忽视人口素质问题)。解决的办法主要是推行计划生育。为了使制定计划生育政策具有科学依据,人口科学的各门学科都起着积极的作用,其中最主要的是人口统计学,它通过人口过程的统计分析和预测,可以为制定和推行计划生育政策提供可靠的数量尺度和时间尺度。人口地理学在控制人口数量、解决人口问题方面,也有自己的积极作用。例如,可以通过人口地域类型和人口区划的研究,制定人口区域规划;通过区域人口容量的研究,提出调整人口分布和人口迁移的意见,等等。但是与人口统计学相比,其作用要间接一些,局限一些。

科学导源于现实生活的需要,科学的发展必然要以应用为归宿。人口地理学有应用而应用不很直接、不很广泛的情况,是这门学科发展缺乏势头的重要原因。

---

① 王嗣均:《人口地理学中一个被忽视的领域》,载《人口与经济》1984 年第 2 期。

五、人口地理学的实践任务

社会生活中有许多涉及人口方面的问题需要解决,其中也包括人口在空间方面的问题,人口地理学应该去研究,去解决。从我国的情况来看,现阶段人口地理学应该担当起以下几项主要任务:

(一)人口区划与人口区域规划

我国人口数量多,增长快,平均素质低,同国家四化建设的要求不相适应。为了有效地控制人口数量,实现本世纪末我国人口发展的总目标,同时,在体质和精神两方面提高人口素质,必须贯彻计划生育这项基本国策。但是我国幅员广大,各地自然条件、资源状况、开发历史、经济发展水平、民族成分、社会习俗等迥异,不仅东南与西北两个半壁人口分布极不平衡,就是各省区也因自然环境、经济环境和其他人文环境的不同,表现出人口分布的不平衡性,人口数量发展和人口素质的差异性。在执行计划生育这项基本国策中,必须根据各地的具体情况,因地制宜地制定人口区域规划,实行分类指导。为此,国家计划生育部门于1983年5月间在昆明召开了人口区域规划工作会议,部署开展全国性的人口区域规划工作。这是人口地理工作者义不容辞的任务。为了进行人口区域规划,除了深入调查影响人口发展与分布的各种区域条件,准备人口统计基础资料和预测数据之外,还必须做好人口区划工作。目前我国地理学界对人口分区已做了一些工作(如胡焕庸教授分全国为八大区,分新疆为十区),但是,人口区划的理论问题还有待于进一步研究。人口区划同任何地理区划一样,首要的也是基本的理论问题,是如何确定区划指标问题,对人口地理学来说,就是确定划分人口地域类型和人口区划的指标体系问题。综合的地域类型划分和区域划分应有综合的指标体系,特定目标的类型划分和区域划分应有符合各自目标的指标体系。目前,这方面的工作基本上还没有开展,我们应当努力探索。根据我国国情,现阶段区划指标体系的拟定,首先应该服从计划生育分类指导的需要。

(二)劳动力资源利用和农村劳动力转移研究

我国有六亿左右的劳动年龄人口,这是一宗极大的资源,而且在本世纪的最后十多年中,劳动年龄人口无论是绝对数或相对数都还将增大。从理论上说,劳动年龄人口比重大,负担系数小,正是社会创造更多财富,国家创造更多积累的黄金时期,关键是劳动力要能够充分就业。可是,我国由于劳动力基数太大,充分就业还有困难,因此,劳动年龄人口数量和比重的上升,给劳动就业造成更大的压力,反而带来新的社会问题。据1982年的人口普查,我国市镇人口20659万,占全国总人口的20.5%,这一比重虽然只相当于世界平均水平的一半,只及高度城市化国家的1/4,但就绝对数而言,世界上没有一个国家的城市人口超过中国。世界高度城市化国家从开始搞工业化到实现高度城市化,大约花了100到150年的时间,我国工业化时期正面临新技术革命的浪潮,不能完全同发达国家实现城市化所需时间等量齐观,但是由于我国市镇人口的绝对数已经很大,解决城镇人口就业的问题已经十分严峻,未来二三十年内城市人口比重上升的速度不可能很快。这就决定了大部分经济活动人口在相当长的时间内还不得不生活于乡村。如何尽可能充分合理地利用这宗巨大的劳动力资源,如何在工业化和农业现代化的进程中消化农村剩余劳动力,实现农业人口转化为非农业人口,乡村人口转化为城镇人口,是一项重大的战略任务,在实践上和理论上都有重大意义。人口地理学应同经济学、社会学等学科协同工作,去认识我国劳动力资源的特点、利用程度和转化规律,同时发挥地理学研究区域的优势,系统地研究不同区域的资源和经济潜力,劳动力资源及其利用和转移问题。当前应以重点开发的经济区为主要对象,联系区内具体条件和经济社会发展的战略目标,开展深入的研究。

(三)移民问题研究

解放以来,国家为了开发边疆地区自然资源,发展少数民族地区经济,平衡布局生产力,多次号召并组织从东部地区向西部边远省区移民;为了压缩城镇人口,多次动员从城镇向乡村移民。30多年来的事实证明,这类有组织的移民多半成效不大。究其原因,不外乎以下三端:

一是违背了人口迁移的历史规律。世界上的人口迁移经历了"征服"、"撤退"和"收复"三个阶段。在前工业化时期,人口迁移的主要目标是对新土地的"征服",即以农垦为主要目的的土地开拓型移民;在工业化时期,人口迁移的主要特征是从乡村"撤退"而趋向城市;在高度现代化时期,人口又从城市(特别是大城市)扩散,出现了在新的高度上对乡村的"收复"。我国正处在工业化时期,根据我国国情,同时遵循历史规律,应当逐步地推动乡村人口从土地"撤退",向整个城镇体系的各级居民点转移。可是,我国从60年代初到70年代后期实行的却是一项相反的政策,结果事与愿违,效果不好。

二是违背了人口迁移的地理上近似性原则。人们长期在一定区域内定居,养成了与之相适应的生产和生活习惯,一旦被动地远离乡土,置身于地理上完全陌生的、风土人情差异极大的另一种区域,需要有相当长时间的适应过程,有时由于生理的、心理的或社会经济的原因,使客籍人口不愿久留。因此,历史上除了战争引起的移民外,自发的经济性移民大都是渐进的。例如明末清初的所谓"湖广填四川",近百年中河北人出关和山东人渡海到东北,江浙人到上海,闽广人到南洋,等等。我国领土辽阔,东部和西部、南方和北方地理条件差异很大,生产活动、生活条件、民风习俗以至宗教信仰也彼此各异,一律从东部向西部移民,或从南方向北方边疆移民,就会使移民们在生活上和心理上产生障碍,以致收不到预期的移民效果。

三是违背了人口迁移的经济动力。人口在自发迁移的条件下,大都为经济目的所驱动。社会主义制度下的有组织移民,也不能无视这种动力。30多年来,我国的移民工作过多地强调了移民的政治意义,忽视了移民群众的经济动力和移民工作的经济效益,以致有组织的移民大部分在移入区扎不了根,倒是自发的移民往往能够安于新环境的生活,但得不到引导。现在党中央、国务院提出了开发青海、新疆等边远省区的远大目标,全国还将有许多改造自然、开发资源的大规模工程建设,都将提出非城市化性质或城市化性质的移民任务,人口地理工作者应当研究移民规律,深入调查移民来源区和接受区的自然条件、经济条件和人文特点,进行移民开发的技术经济论证,为有效地做好移民工作提供科学依据。

(四)人口地图编制

人口地图既是人口地理研究的工具,又是人口地理研究的结果,它能为国家计划生育部门和其它有关部门,如人口教育、人文地理教育、人口研究和人文地理研究提供直观的科学资料。新中国成立以来,我国除了出版过人口密度图和民族分布图之外,没有成套的人口地图,这对实际工作和科学、教育事业是不利的。现在,人口统计资料、生物医学调查资料以及测绘、地理工作基础已经大为改善,编制成套人口地图的条件已经成熟,人口地理工作者应当与有关部门合作,编制下列图件:人口分布、人口密度、民族分布、聚落分布、生育率和出生率分布、死亡率分布、地方病和遗传病分布、预期寿命分布、性比例分布、年龄结构分布、文化程度构成分布、行业构成分布、职业构成分布、人口城市化状况、人口迁移、人口地域类型、人口区划等。通过人口制图，可以积累人口地理资料，开辟人口地理学研究领域。人口制图的理论和方法尚未完善，通过制图的实践加以探讨，也是提高人口地图编制理论水平，改善制图方法的有效途径。

载李旭旦主编：《人文地理学论丛》，人民教育出版社，1985 年，第 117—125 页

中国人口地理研究的进展

从 1926 年竺可桢发表《论江浙两省人口之密度》一文算起，人口地理研究在中国已经走过了 60 多年的历程。在前 50 多年中，尽管有像胡焕庸那样的矢志于人口地理研究的学者，但从总体上说，由于历史条件的限制，这门学科的成果寥若晨星。只有到了 70 年代末，科学的春天给学术研究带来勃勃生机，才使中国的人口地理学在近十年中有了长足的进步。本文拟就这门学科的最新历史断面——80 年代的进展，作一简要剖析。

一、历史的转折

70 年代后期，中国跨进了一个发展的新时期，在社会生活的各个方面都发生了重大的转折，学术研究也不例外。人口地理学就是从那时开始由长期停滞走向繁荣的。

标志人口地理研究转折的，首先是人口学的解冻和人文地理学的复兴。50 年代由于不适当的批判，人口学和人文地理学若干分支的学术研究几乎处于偃旗息鼓的状态。1978 年思想界关于实践是检验真理的唯一标准的大讨论，对解放思想，树立实事求是的学风，起了极大的推动作用。1978 年 10 月在北京举行了全国第一次人口科学讨论会，人口学开始活跃起来。与此同时，地理学界也酝酿了复兴人文地理学的活动，并于 1980 年 5 月在杭州召开了人文地理学讨论会。人口地理学作为人口学和人文地理学的边缘科学，与这两门学科的盛衰息息相关，它们的重建，使人口地理学有了相互依存的学科群落。

其次是人口形势的召唤。1966—1976 年"文革"的十年内乱使国民经济濒于崩溃的边缘，人口膨胀的形势显得格外严峻，城乡新增劳动力就业困难，控制人口，发展经济，已经成为极其紧迫的任务。1979 年起全国工作的中心转向经济建设，国家对内进行经济体制改革，对外实行开放，有效地解放了生产力，加快了经济发展速度，促进了农业劳动力的非农转化和城市化的进程，使人口再分布和空间流动出现了许多新的情况。所有这些，都给人口地理学准备了大量课题。

第三是人口资料条件的极大改善。以前，中国人口资料完全依靠经常登记的统计。由于统计项目少，应用于研究的价值有限。其间虽然也有过两次全国人口普查（1953、1964），但分别只有六个和九个项目，而且采用手工汇总，信息量不大，很少用于学术研究。1982 年的全国第三次人口普查，不仅调查项目增至 19 个，而且由电子计算机处理，大大扩充了人口信息。其后，生育率、生育力、残疾人、住房、迁移、老年人口等的全国性抽样调查纷纷出现，加上人口经常登记资料，为人口地理研究创造了前所未有的资料条件。

第四是人口地理专业队伍的形成。1977 年高等学校恢复正常招生后，先后在地理学系和人口学系开设了人口地理学课程，有的还招收了以此为专业方向的研究生，以教学工作为依托，形成了一支研究力量。各地地理研究机构有的也配备了人口地理学研究人员。1980

年开始,中国政府与联合国合作执行"大学人口学研究与培训"项目,促进了 22 所高校人口研究机构的建设,其间也有数量不等的人口地理专业研究人员。几方面人员汇合起来,形成了一支初具规模的人口地理学队伍。

上述因素的共同作用,把中国人口地理研究推上了一个崭新的阶段。

二、十年进展

对 80 年代的进展,拟概括为六个方面加以简述。由于涉及面广,文献多,不能广为介绍,引述的代表性文献也难免挂一漏万,笔者但求发展梗概不至于与事实相违。

1. 人口分布研究

人口分布与密度历来是人口地理的基本内容,只是随着时间的推移,这种静态地反映人口空间存在形式的内容,在人口地理学中逐渐退居次要地位。尽管如此,中国近十年来在人口分布特征分析、区域开发中的人口再分布研究以及人口分布的定量分析研究等方面,还是做了一些工作。

人口分布特征分析,既有全国的,也有局部区域以至地理剖面的。与以前不同的是,经过 1982 年的人口普查,人口资料充实,改变了过去只能依靠一项人口数,联系区域地理条件,去分析人口分布特征的状况,把分析内容扩大到了人口增长、人口自然构成、民族构成、劳动力资源利用程度、城乡人口构成以及人口分布特点等多种人口标识空间差异的分析上。这方面,朱云成等(1986)的论文具有一定代表性。

区域开发与人口再分布的研究,虽然不限于国土的哪一部分,但焦点在于大西北经济开拓与人力资源的来源。有人认为,我国东南沿海人多地少,劳动力大量剩余,而西北则地旷人稀,资源丰富,劳力不足,要改变这种"不合理"分布状况,从东南沿海向西北移民势所必然(王勋,1984)。这种见解立即引起一批学者的异议,纷纷撰文就西北人口与经济发展的历史与现状,严酷的地理环境和脆弱的生态系统对移民的制约作用,论证西北经济开拓的前景主要是工矿依存型的点上开发,而不是土地依存型的面上开发。与此相联系的人力资源需求,主要是科学文化型人材的引进,而不是无条件地向区外开放农业移民(原华荣,1985、1986、1988;刘天怡,1987;严正元,1987;朱宇,1987;乔瑞迁,1987)。这种讨论虽不属开发项目的前期论证,但对澄清大西北开发的人口再分布条件的认识是有积极意义的。

人口分布的定量分析方法研究,主要是运用数理统计和其他数学方法对人口分布的向心趋势、不平衡性、分布形式、城市人口分布规律和一般地区人口分布规律的分析加以量化。王桂新(1987)在这方面作了一些引进与探索。

2. 人口迁移研究

50 年代以来,国家人口统计中关于迁移的统计,多数年份只有迁入和迁出两项数字。直到 1987 年全国 1‰人口抽样调查,才设计了两个与迁移有关的项目。因此,人口迁移的数量和构成研究长期无人问津。然而,研究人口迁移的动态及其特征,对掌握城乡人口变动的规律性、迁移流以及人口再分布趋势,据以制定适当的人口政策和城乡规划,是必不可少的。仇为之(1981)运用各省区人口统计中的两项迁移数据,分析了 50—70 年代人口迁移的地域差异与省际迁移的大致方向,但因限于资料,无法提供确切的迁移流和迁移人口构成。为弥补这一缺陷,有的学者试图通过对迁移登记原始记录的抽样分析来解决,这一做法对掌握迁移人口构成效果较好,对迁移流向和流量的分析则因样本点的限制,未能用迁移矩阵求解。

从 50 年代到 70 年代,中国人口迁移的一个显著特点是由政府发起的有组织迁移和自发迁移并存。就人数而言,有组织迁移在迁移总量中占很小比重,但是因为迁移距离大,流向明确,流量集中,动迁和安置的政策性强,迁移的积极作用或消极后果都比较明显,受到人口地理学者的普遍重视,在《中国人口》丛书大陆各省区分册的迁移一章,都对此作了分析和评价。

在人口迁移研究中,近年来受到国内外同行注目的,是 1986 年在 16 个省、自治区和直辖市对 74 个城镇的抽样调查。这是中国空前的按社会学方式进行的迁移调查,由中国社会科学院人口研究所牵头,16 个所在省、市、区的有关研究机构协作,共取得有效问卷 25000 份,调查人口 100267 人,覆盖面 4350 万人。其成果除储存的数据外,出版了调查资料(1988)和论文集(1989)各一辑。

此外,城市流动人口剧增引起了高度重视。上海、北京等特大城市和部分大城市进行了大规模的流动人口调查,上海 1988 年调查的研究报告已经问世(张开明主编,1989)。

3.人口城市化研究

中国关于人口城市化的研究,最热门的论题是城市化道路问题。这是因为随着城乡经济体制改革的推进,生产力得到解放,大批农业劳动力从土地中释放出来,转向非农产业,除一部分被乡镇和村办企业吸收外,多数劳动力还得另谋出路,包括流入城市谋生。但由于过去在相当长的时间里国民经济时有起落和徘徊,城市新增劳动力待业现象比较普遍,虽然改革开放以来城市发展很快,但大量吸收农村剩余劳力的能力毕竟不足。这就给人们提出了中国城市化究竟该走什么道路的问题。无疑,这是个非常复杂的理论问题,许多学科(诸如地理学、人口学、经济学、社会学、城市规划学等)都在关注它,以致十年来始终处于热烈的讨论之中,论文充斥于有关刊物。讨论的重点是乡镇企业和小城镇在城市化过程中的地位和作用,以及对大城市应采取的政策。一般倾向于充分肯定城镇在城市化中的地位和作用,对于大城市,则要在发挥它在国民经济发展中的主力军作用的同时,采取综合措施,适当控制其规模的膨胀。由于这个问题在中国经济和社会发展中的战略意义,国家科委曾把它列入技术进步与经济发展研究计划之中,成果集中反映在《中国城市化道路初探》一书(叶维钧等,1988)。

关于未来城市化水平的预测,是仅次于城市化道路研究的一个热点。鉴于中国国情的特殊性,未来城市化速度和水平,除了总体上受制于经济发展速度和水平外,还受到人口、农产品商品率、劳动生产率、新增就业机会以及经济、政治体制因素等的制约,不确定性因素较多。因此,未来城市化水平的测算,不少学者采用经济分析基础上的估测(吴友仁,1982、1988;周一星,1982;马清裕,1983;王嗣均,1986;李竟能,1988),很少采用国际上常用的方法(如城乡人口增长率差别法等)进行预测。

此外,也有一些引用计量方法分析中国城镇密度、分布类型和分布变化(许学强等,1983)和引用首位城市律和序列规模律观察中国城市的集中程度和体系变化的研究(顾宝昌,1988),以及关于城市化空间态势特点与演化的研究(钟逢干等,1987;王嗣均,1988)。

近十年来,在用人口标准来衡量城市化水平时,常因现行城乡划分标准的缺陷而感到困惑。为了改善这种状况,1988 年举行了城乡划分标准问题的专家讨论会,会议除了向政府有关部门提交咨询意见之外,主要论文刊登在《人口与经济》杂志当年第 5、6 期和次年第 1 期上。

4.环境的人口容量研究

中国以世界 7％的耕地养活 22％的人口。这种独一无二的成就,是以对环境的沉重压力为代价的。就谷物单位面积产量而论,中国早就在世界发达国家的平均水平之上(联合国,1980),但庞大的增长着的人口一直在向土地作更多的索取。在一定生产条件下,土地(泛指农业自然资源)的最大生产力所能容纳的一定生活水平下的人口数量问题,已经成为不可回避的大问题,研究者越来越多。宋健等(1981)得风气之先,还在 80 年代初就发表了《从食品资源看我国现代化后所能养育的最高人口数》的论文。

鉴于环境容量问题的全局意义,1986 年国务院有关部门委托中国科学院自然资源综合考察委员会承担起"中国土地资源承载能力"的研究任务。先在浙江、湖南、湖北、云南四省与当地地理研究所及大学地理系等单位人员合作进行试点,取得经验后全面展开。到 1989年底,已有 29 个省、自治区、直辖市都已经完成了研究报告,全国拟就了总报告。四个试点区域的前期成果有三个区域已见诸学术刊物(董棣美等,1988;何绍箕等,1989;谢庭生等,1989)。

5.人口区划研究

世界人口地理文献中,很难看到关于人口区划的概念和相应的论述。但是,中国在 80年代中期却激起过一阵人口区划热潮,其原因是:中国幅员广大,各地经济和社会发展水平不一,生育率有很大差异。计划生育部门为了实现人口控制目标,必须因地制宜地实行分类指导,分区规划。人口地理学可以在这方面提供服务,也应该通过服务发展自己。这就为人口区划进入人口地理研究领域提供了学科的依托。

1983 年 3 月在昆明举行了全国人口发展区域规划的会议。胡焕庸提出的《中国八大区的人口密度与人口政策》一文(1983),给人口区划开了先河。胡氏的区划贯串着地理学的区域综合思想,偏重于地理上的经验判断,量的界定和应用目标不很明确。陆康强(1987)尝试用数量方法来划区,选用三组 45 个指标,以主成份分析和聚类分析相结合的方法,把全国划分为九个区。这一区划,无疑是向定量化方向前进了一步,有较客观的划区依据。不过它本质上是综合人口地理区划,直接应用于控制人口的分类指导和分区规划仍有所不便。胡启迪等(1985)针对在一个省区范围内实行分类指导必须以县为单位归类划区的特点,作了分县的人口区划定量计算的探讨,借以指导计划生育工作。这就从人口区划研究演变到了应用目标更为明确的人口地域类型研究。王嗣均(1985)从识别地域人口与经济的协调性,为分类指导、分区规划提供依据的目的出发,选取实用而易得的三项数据(即人均粮食产量、人均收入和出生率),排列组合成指标体系,作了简便划分人口地域类型的尝试。所有这些区划和地域类型研究,都属初创,有待发展和完善,但它确实说明了社会的需要对学科的驱动作用。

6.专著的撰写与出版

人口地理学进入大学地理学系和人口学系的教学计划后,教材和参考读物编写显得十分必要。目前全国还没有公认的大学人口地理学教材,但已经出版了一些参考读物,《人口地理》(周启昌,1987)、《中国人口地理》(胡焕庸等,1984、1986)和《世界人口地理》(胡焕庸等,1982)是这方面较有代表性的作品。

值得提到的是人口地图的编绘。根据 1982 年人口普查,国务院人口普查办公室和中国科学院地理研究所联合编制了中国有史以来第一部大型人口地图集(1987)。图集以县为基本资料单位,容纳八个部分 137 幅图,是难得的直观人口地理读物。此外,胡焕庸和伍理合编的《中华人民共和国人口分布图》和《中华人民共和国人口密度图》(1988)也是具有当代水平的人口挂图。

三、评述与展望

纵观 80 年代中国的人口地理研究,具有下列特点:一是发展快。十年发表的文献远远超过以往半个世纪的总和。二是视角大。研究内容跳出了传统的圈子,向人口的各种空间现象及其赖以存在的条件和未来趋势的研究延伸和扩大。三是重视应用。对涉及区域开发和人口控制的一些重大问题,人口地理学都从自己的活动领域为社会实际需要服务,为科学决策服务。四是多学科交叉。人口地理学是人口学与地理学的边缘学科,而且人的自然属性和社会属性及其活动的空间影响,关系到经济、社会和生态环境等各个方面,因此在实际研究中出现了多方面的交叉。五是方法上有所引进。在调查方法方面,过去习惯于点面结合的地理调查,地理学与人口学的携手,使抽样调查方法进入了人口地理研究。在分析方法方面,普遍注意了定性与定量的结合。

毫无疑问,这些进展是可贵的,它为今后的发展打下了一定的基础。但同时也应当看到,这种进展只不过十年时间,许多问题刚刚开始接触,有待继续开拓和探索。为了满足社会的需要,推动学科的发展,对现实生活中已经提出的一些与人口地理学有关的具有重大理论意义和实践意义的问题,必须进行深层研究。对那些跨学科的重大学术问题,需要联合不同学科协作攻取。有的在以往十年里基本上是其他学科人员开辟的领域(如中国土地资源承载能力研究),人口地理学者应当义不容辞地投进自己的一份力量。

还需要指出的是,中国人口地理学者在理论和方法论上只做过一点零星的讨论(例如学科的对象、领域等),基本上还没有把自己的注意力倾注到这方面去。这也许是由于中国的现实生活给人口地理学提供了丰富的课题,以致为数有限的人口地理学者已感到应接不暇的缘故。也可能是由于人口学在中国的独立发展为时过晚,使与之对应的人口地理学还来不及去建立自己的系统理论。对于这一点,我们不能完全否认。"地理学的每一个专门领域的繁荣,都有其非地理的相应领域的发展"(捷林斯基,1966)。人口学是人口地理学的对应学科,既然人口学在中国迟迟才确立起来,当然会影响人口地理学的理论建树。但是,人口地理学发展的历史告诉我们,人口地理理论和方法论研究的薄弱,是世界性的问题。这一点,克拉克说得很中肯,人口地理学坚实的理论内核不足,一些模式和理论不是源于人口地理本身,而是来自人口地理学外部(克拉克,1984)。这是一个至关重要的问题,一门学科只有当它建立了特有的理论体系和概念体系时,才能牢牢地立足于科学之林。人口地理学的这种现状,需要唤起中国人口地理学者在继续从事实际问题研究的同时,为这门学科的理论建树作出努力。

载《人文地理》1990 年第 3 期,第 9—13 页

从人口地理角度看浙江人口的几个问题[①]

人口现象涉及许多领域,从不同的角度把复杂的人口现象及其本质揭示出来,将有助于人口理论研究和人口工作的进一步深入。本文拟从人口地理的角度考察浙江省的人口状况,以期从这个侧面为人口工作提供信息。

一、人口增长过程特点与现存问题

浙江人口从 1949 年的 2083 万发展到 1978 年的 3751 万,净增 1668 万,增长 80.07%。这个净增数,与同期大约 1720 万的自然增长数[②]相比,相差 50 余万,可见,新中国成立以来浙江人口迁移增长是一个负数,实际增长的人口数,完全来自自然增长。要是按照自然增长数计算,浙江在 29 年中人口不是增长 80.07%,而是增长 82.5%,与同期全国人口增长 77.71% 比较(由于我国入境和出境的移民很少,人口机械变动进出的差额极微,可以把全国人口增长看作完全是自然增长),其增长速度高于全国。新中国成立以来,浙江人口自然变动过程大致可以分为两个时期:第一个时期,从 1949 年到 1970 年,其总的特点是人口快速增长。从 1952 年到 1970 年的 18 年间,年平均自然增长速度为 23.27‰。这个时期唯一的例外,是 1959 年到 1962 年国民经济遭受严重挫折的几年,自然增长率剧降。其中 1961 年只有 7.74‰,是新中国成立以来自然增长速度低于 10‰ 的唯一年份。要是没有这一波动,这个时期的平均人口增长率还要高些。第二个时期,从 1971 年到 1978 年。由于重视了计划生育工作,在人口控制上收到了显著的效果,使自然增长率从 1970 年的 20.20‰ 稳步地下降到 1978 年的 11.07‰,即人口增长速度在 8 年间降低 9.13 个千分点,平均每年降低 1 个千分点以上,8 年平均自然增长率为 14.28‰。从 1978 年的情况看,浙江人口的自然增长率已低于全国 12.05‰ 的水平,这是人口工作上的很大成绩。

人口自然变动的过程与现状,固然反映了浙江近几年来的人口控制工作卓有成效,但人口增长过程中所积累的两个内在的问题,给控制人口增长的工作带来长期而艰巨的任务。

1. 由于第一个时期中有两个阶段的人口出生率特别高,而这种出生率的高峰会按一定周期重复出现。根据浙江 1952 年到 1958 年和 1962 年到 1966 年两度出生率高峰的情况,目前正处在第一高峰的周期影响之中。这一影响过去后,第二个出生率高峰周期的影响又将接踵而至。再往后,周期性波动的波幅将会随着计划生育工作的进一步奏效而削弱,但要消除它的痕迹,还需要一定时间。因此,要在全省人口自然增长率已经接近 10‰ 的今天,继

---

① 本文与周复多合作完成,发表时署名"王嗣均,周复多"。

② 自然增长数 1949—1952 年缺统计资料,在累加时,以净增数替代;1960 年、1961 年两年缺嵊泗县自然增长数,以 1962 年数字代用。

续降低增长速度,是需要认真对付的。

2.虽然 70 年代浙江人口自然增长率在不断下降,但是由于经过 20 年以上的快速增长,人口的基数已经很大,只要自然增长率还没有小到微乎其微的程度,都会使增长的绝对数相当可观。70 年代的平均自然增长率比 50 年代、60 年代约低 10 个千分点,其中 1978 年比 1963 年低近 22 个千分点。但 70 年代人口增长的绝对数并不少于 50 年代,这说明基数愈大,控制起来愈费力。

除了上述人口发展的总特点之外,地区间还存在着明显的差异。

表 1　浙江省人口自然增长地区差异

	人口自然增长率(‰)		
	1955 年	1964 年	1977 年
杭州地区	25.5	26.2	9.0
嘉兴地区	23.1	26.7	5.1
宁波地区	27.0	26.3	9.0
绍兴地区	27.8	26.9	8.4
温州地区	29.0	29.4	20.7
金华地区	28.1	29.9	12.2
丽水地区	24.9	30.2	14.7
台州地区	25.1	32.2	12.6
舟山地区	25.4	30.7	8.3

注:表中数字按 1977 年行政区划计算,但杭州、宁波、温州三市不包括在相应地区之内。

上表是三个年代较有代表性年份的人口自然增长率,它表明 50 年代、60 年代全省各个地区人口自然增长率都比较高,且彼此接近;70 年代的情形则迥然不同,各地区的自然增长率大幅度降低,但彼此之间的差别很大。全省最低的是嘉兴地区,最高的是温州地区,1977 年两区相差四倍。如果以县为单位进行比较,差别还要悬殊。嘉兴地区的平湖县只有3.09‰,人口接近稳定,而温州地区的文成县达到 22.51‰,比平湖县高出 6 倍多。因此浙江控制人口的工作不仅从整个省的全局来看还有艰巨的任务,从区域差异来看,对那些自然增长率还比较高的地区,更需要从经济、政治、社会(包括伦理)、文化等多方面进行大量的调查研究,找出人口增长速度不易下降的原因,进而采取必要的措施,把人口的自然增长率降下来。

二、人地矛盾及其对农业经济的影响

浙江省土地总面积为 101800 平方公里,按 1978 年全省人口数计算,人口密度为每平方公里 368 人,这在全国仅次于江苏、山东、台湾、河南四省而居于第五位。人口的分布,以杭州湾两岸平原和东南沿海为最稠密,每平方公里在 500 人以上,金衢盆地和浙东丘陵次之,每平方公里为 200～500 人,浙西和浙南山区较稀,每平方公里一般在 200 人以下。这是平面分布的基本特征。如果进一步考察一下垂直分布状况,人口集中的程度显得更为突出。海拔 50 米以下的平原与河谷居住着 70% 的人口,海拔 50～200 米的河谷、盆地和低丘地区的人口也有 22%,而居住在海拔 200 米以上的山间谷地和山地的人口不到 8%。[①] 这就是说,全省有 92% 的人口居住在占全省总面积 29.6% 的低于海拔 200 米的平原、盆地、宽谷、低丘地带,按这部分土地与人口计算,人口密度竟然高达每平方公里 1014 人。余下 8% 的人口分布在占全省总面积 70.4% 的海拔 200 米以上崎岖山地。这些山区看起来人口密度较稀,但人均耕地只有 0.75 亩,而且农作条件比较艰难。不难看出,在城镇人口比重还很小的今天,庞大的人口分布是以耕地分布为转移的。

全省耕地 1949 年为 2602 万亩,此后略有增加,到第一个五年计划期间曾超过 3000 万亩,但从 1958 年开始,土地征用量增加,耕地渐趋减少,到 1978 年只有 2757 万亩。同一时期内,总人口从 2083 万增长到 3751 万,农业人口从 1775 万增长到 3322 万,农业劳动力从 700 多万增加到 1465 万,以致每人拥有的耕地面积和每一农业劳动力的耕地负荷量越来越少。每人平均耕地面积从 1.25 亩减少到 0.74 亩,农业人口每人平均耕地面积从 1.47 亩减少到 0.83 亩,农业劳动力平均耕地负荷量从 3.7 亩左右减少到 1.9 亩。占总人口 88.6% 的农业人口,依附在这么一点耕地上,尽管农作物单位面积产量有很大的提高,在种植业以外其他经济门路尚未充分开拓的情况下,农村社员要从农业中平均获得较多的收入是很不容易的。

每人平均耕地面积的多少,同社员经济收入之间的关系,如表 2 所示:

表 2　浙江省各地区 1978 年社员收入与耕地、人口的关系

	1949—1978 年人口增长幅度(%)	平均每一农业人口拥有耕地面积(亩)	社员平均每人从集体经济分得的收入(不包括家肥报酬)(元)
杭州地区	75	0.82	116.5
嘉兴地区	75	1.30	129.8
宁波地区	80	0.97	125.0
绍兴地区	71	0.79	99.4
金华地区	77	0.81	73.7
丽水地区	81	0.79	62.0
台州地区	88	0.62	62.6
温州地区	103	0.59	49.2
舟山地区	85	0.49	117.0

注:宁波地区包括宁波市和镇海县在内。

从表 2 可以看出,浙江北部人口增加稍慢,按农业人口平均的耕地稍多,社员收入水平也高些,南部温州、台州、丽水三个地区的情况则相反。舟山地区地少人多,社员经济收入反而较高,是因为其中包括海洋渔业收入。总的说来,表 2 中三项数量之间的关系反映了本质联系。

可不可以用继续扩大耕地面积的办法来适应人口的增长呢? 要回答这个问题,不妨看

---

①　根据杭州大学地理系《浙江农业地理》编写组整理的全省所有公社所在地的高程资料。以公社所在地高程代表各该公社人口分布的高度。

一看30年来扩大耕地面积的历史过程。解放初,生产力得到解放,一部分过去荒芜的土地得到垦复,比较容易地增加了一些耕地。合作化以后,农村改造自然的能力提高,进行较大规模的农田基本建设,也增加了一些耕地面积,但数量有限。以后,随着人口的增加,许多地方力图根据当地条件,扩大垦殖,尤其是60年代初国民经济严重挫折所造成的困难,促使群众零星垦种。那个时候,丘陵山地区已有相当普遍的过度开垦和毁林垦荒现象,以致后来不得不提出停垦还林。这就是说,60年代全省大部分农村扩大耕地面积已有困难。扩大耕地面积比较有潜力的只有两个区域:一个是沿海地区,全省共有海涂400万亩,近期可以围垦的不过60多万亩;另一个是金衢盆地,那里有330万亩低丘红壤荒地,根据现状特点和水资源条件,适宜于开垦的亦只是一部分。要再进一步扩大,就会受到自然条件的严峻限制。因此,不可能通过不断扩大耕地面积来适应人口的增长。如果超越自然规律和经济规律所许可的限度去不顾一切地大规模拓荒,就会受到客观规律的"惩罚"。可见,从自然条件和技术经济的角度来看,全省垦殖指数实际上已接近极限。

可不可以向山地索取粮食呢? 从人口增长与粮食来源的关系上看,不宜向山地打主意,这已为历史所证明。当然这并不是说完全排除利用山区草场发展畜牧业和利用木本粮油植物等等的可能性,而只是说作为主要食物来源的耕作业不宜向山地推进。至于发展山区经济,当然是一个方向,但是也不能无条件地肯定山区是一项经济优势。不错,浙江多山,气候条件好,林木生长快,这是有利的一面;我们还要看到问题的另一面,全省山地,除少数地区交通不便的崇山峻岭外,一般都遭到程度不同的破坏,要恢复和提高山地生产力,还需要投入大量的资金和粮食。严格地说,山区在现阶段还只是一种潜在的经济优势。这可以从下面的简要说明中得到证明。

浙江有70.4%的面积是海拔200米以上的丘陵山地,约合10750万亩。这些山地,当作林业用地的有9000多万亩,其中有林地6000万亩左右,灌木林、疏林和无林山地3000多万亩。这个数字表明,在林业用地中有1/3以上是无林少林的山地。即使在有林地,无论是用材林、竹林、经济林和薪炭林,生产力都较低。以用材林而论,每亩蓄积量只有一立方米多一点,这同科学营林条件下平均单位面积森林蓄积量相比,要相差几倍。荒山为什么这么多,林地生产力为什么这么低,这里有政策、管理等种种原因,同时也与人口有关。长期以来,随着人口的增长,不断地向山要粮,使许多地方过度开垦,新昌、东阳、缙云、永嘉、泰顺等县就是突出的例子。并且,人多、户多、房多、灶多,在农村只能依靠自己的力量建房的情况下,主要是木结构建筑;在燃料只能当地自给的情况下,主要是用木柴;加上建房所用的砖瓦也多用木柴烧制,这就使山区需要大量消耗林业资源。村落附近的许多山地往往从有林到无林,使一些青山沦为荒坡。全省几十个山区半山区县份,50年代中期每年可以向国家交售木材120万立方米,现在只能向国家交售50万立方米,而且绝大部分依靠森林蓄积比较集中的7个县。即使这7个县,也因累年挑大的间伐,成熟林中留下来的木材也越来越小。人向山林过度索取之后,接着就出现惩罚性的后果。森林糟蹋多年的荒山,表土严重流失,有的已经到了无法恢复植被的程度。那些森林已遭破坏,表土还保留较好的山地,涵养水分的能力也大大降低,使河流水文和山区农田水利条件恶化。所以,就是从恢复生态平衡这一点来看,人们也不能不让山地有休养生息的机会。

以上分析表明,土地的人口容量问题,大体上应当立足于现有的耕地。按照现在的耕地和人口之比,浙江省恰巧同日本相当,平均每人占有耕地7分左右。日本农业技术高度发达,作物单位面积产量走在世界前列,但农产品消费水平还不算很高,自给率也只有71%。

浙江省作物单位面积产量(不是播种面积单产)与日本差距不算大,消费水平还低,农产品自给已经紧张,何况消费水平提高之后呢?因此,严格控制人口,使人口与耕地相适应,是发展农业经济,发挥农业作为国民经济基础的应有作用的必备条件。

三、城乡人口构成异常变化及其派生的问题

根据 1978 年统计,全省总人口中,乡村人口占 91％弱,城镇人口只占 9％强。城镇人口在全省总人口中的比重居全国第 20 位。

城镇人口比重的高低,是衡量一国一地区经济发达程度的间接标志。根据世界人口和经济统计资料,按人口平均的国民生产总值的高低同城市人口比重的大小密切相关。我们曾经把 158 个国家和地区按城市人口占总人口的比重分组,同相应组的人均国民生产总值进行比较,明显地看到了国家(或地区)富裕程度同城镇人口比重大小的正相关现象。目前世界平均城镇人口比重接近 40％,我国城镇人口比重接近 13％,浙江省的城镇人口比重低于世界水平,也低于全国水平。

浙江城镇人口比重低,反映现阶段浙江经济水平还比较低,这是问题的一个方面。更加值得注意的,是城乡人口构成变化的反常现象。在正常情况下,城镇人口增长速度应该远远超过总人口的增长速度,可是,事实不然,在 29 年间,浙江城镇人口增长速度反而比总人口增长速度慢,比乡村人口增长速度慢得多。

表 3　1963 年前和 1964 年后浙江总人口和城乡人口增长情况比较

	1963 年比 1949 年增长(％)	1978 年比 1964 年增长(％)
总人口	34.4	30.5
乡村人口	32.5	32.3
城镇人口	48.8	14.7

注:由于 1963 年前和 1964 年后城乡人口划分标准不同,1964 年的城镇人口数,在统计上比 1963 年低了二成。为了消除统计口径变换所带来的影响,在比较总人口和城乡人口增长的幅度时,我们把 29 年时间分为两段。

从表 3 可以看出,在前后两段时间里,城镇人口后段比前段增长速度人人下降;乡村人口和总人口前后两段增长速度变化不大(增长的绝对数则随着基数的增大,后段比前段膨胀得更快)。现在我们以 1964 年的城镇人口数为基数,用前一段时间的增长率来推算 1949 年的城镇人口数,或以 1963 年的城镇人口数为基数,用后一段时间的增长率来推算 1978 年的城镇人口数,其结果 29 年间城镇人口的增长幅度是 70.7％,[①]与总人口增长幅度 80.07％相比,相差近 10 个百分点。这就是说,新中国成立以来城镇人口的增长速度明显地低于总人口增长速度,更低于乡村人口增长速度。

乡村人口基数大而增长快,城镇人口基数小而增长慢,使城乡人口构成的变化,离开了一般国家工业化前期城镇人口比重上升、乡村人口比重下降的常态,造成了同现代经济发展趋势极不相称的人口地理现象。

---

①　在推算中略去了 1963—1964 年这一年城镇人口增长数。不过全省 1960—1963 年城镇人口逐年降低,1963—1964 年的全省城镇人口数虽然缺乏可比性,但因处在国民经济调整时期,城镇人口基本稳定。这从未受统计口径变换影响的几个城市的数字中可以证实。因此,略去这一年的增长数,不会产生重大误差。

　　城乡人口构成变化过程的反常,是经济发展过程反常的一种表现。在新中国成立初期的国民经济恢复时期和第一个五年计划时期,经济发展比较正常,城镇的人口容量也逐渐增大,除了城镇内部的自然增长之外,陆续吸收了一些农村劳动力,迁移增长(机械增长)比较明显。1958年到1960年,在经济工作的指导上违背了客观规律,加上其他原因,使国民经济在50年代末、60年代初遭到了严重的挫折,城镇人口也由急增而迅速出现剧减。经过1963年到1965年的国民经济调整,国民经济得到了恢复和发展。但是,城镇还没有来得及吸收新的劳动力,十年内乱便降临了。这场灾难,使城镇连容纳其自身自然增长的人口也成了问题。

　　由于这个缘故,使城乡人口构成正常变化的趋势,发生了人为的逆转,给本来就需要化力气去解决的人口问题,增添了新的麻烦。

　　首先,人口的正常移动受阻。近代浙江人口的移动,主要有两个方向,一是农村向城市的移动,二是向海外的移民。乡村人口向国内城市的移动,除了一般地向附近城市以及资本主义市场经济比较活跃的城镇集中之外,有两个地区的移动方向特别明显:一个是宁波地区,乡村人口大量移居上海;另一个是绍兴地区,乡村人口主要移居杭州。至于浙江人口移向海外,主要是浙南的青田、永嘉、文成一带,以分布在西欧为多。据估计,全省侨居国外的人口,至今还有15万以上。

　　解放以后,停止了向国外移民,人口的移动方向主要是向着省内外城市。不过,与解放前移出的重点区域和移入的重点城市都有比较明显的不同。解放后主要是分散迁移,人口移动的结果只有在统计数字上才能反映出来。这是从资本主义性质的自发移动,向社会主义性质的有组织的移动转变后的正常现象。问题是自从城乡人口构成的变化逆转以后,这种正常的状况就被打乱了。乡村人口中除了少数劳动力的季节性移动和常年临时性移动外,永久性迁徙的渠道被堵塞了。相反,城市人口被压缩下来,实行向农村转移,加上60年代末、70年代初的知识青年下乡,形成了城镇人口向农村倒流的局面。这种局面,客观上不是出于经济的吸引,这些倒流农村的人口,他们创造的价值同他们能够发挥的劳动能量相比,是一种潜在的浪费。在农村,一方面劳动力转移不出去,另一方面涌进一批劳动力,使农村劳动力多余现象更加突出,使农产品的商品率进一步降低,并反过来影响城市的生产和生活。这样做,客观上不是减轻而是加重了人口问题。

　　其次,无形中增长了不应增加的人口。在50年代,浙江城镇与乡村人口的自然增长速度不相上下。到了60年代,国家推行计划生育,城镇由于物质生活和精神生活的条件与农村不同,容易接受计划生育的宣传,同时城镇医疗保健条件较好,婴儿容易健康成长,尤其重要的是城镇职工及其家属生老病死有比较可靠的社会保险,实行计划生育的后顾之忧较少,因此,从60年代起城镇人口的自然增长率普遍低于乡村。我们把杭州、宁波、温州、嘉兴、湖州、绍兴、金华七个城市四个年份的人口自然增长率,同它们所在地区的同期人口自然增长率作一比较,就可以看得很清楚。

表4　浙江七个城市与其所在地区人口自然增长率(‰)对比

	1962年	1964年	1975年	1977年
城市	28.89	19.47	5.09	4.78
地区	26.12	27.34	12.83	10.83

从表 4 可以看出,60 年代前期以后,城市人口自然增长率比其所在地区人口的自然增长率要低 1/3 到 1/2,如果国民经济和城镇人口以第一个五年计划期间的平均增长速度发展,那么,到 1978 年城镇人口将比现在的多 488 万。这不仅意味着新老城镇有能力容纳这些劳动力,而且客观上会从减少乡村人口和提高农村物质文化水平两方面直接间接地收到更多地降低人口自然增长率的效果。而现在却不得不使社会在无形中多承受一些本来可以避免的人口负担。

四、结语

浙江无论在我国或是在世界上,都称得上是人口最稠密的区域之一,而农业人口平均耕地面积之少,尤为世界上所罕见。这样的人地关系,在现有的生产力水平下,对任何国家来说都是尖锐的问题。出路何在? 不外乎两条:一是发展生产;二是节制人口。但是,在我国社会主义经济发展过程中,长期以来把绝大部分劳动力固定在有限的耕地上,从事商品率很低的农业生产,这实质上是一种变相的自给自足经济条件下的人口分布型式,不但难以使农村经济高速度发展,同时也无助于人口的控制,反而加重了人口问题的严重性。从人口地理资料提供的信息来看,人口自然增长的地域不平衡性问题,农村劳动结构问题,农业人口向非农业人口转变问题,农村城市化问题,社会主义计划经济条件下的人口移动问题,城乡人口构成问题,等等,都是现实的研究课题。这些课题,大都同复杂的经济问题和社会问题相关联,人口地理工作者有必要同有关学科协同配合,进行深入的研究。

载《浙江学刊》1981 年第 1 期,第 28—33 页

杭州本世纪末城市人口规模试析[①]

新中国成立以来,杭州市人口已经由 62.48 万发展到 1981 年的 115.59 万,其中城市人口由 47.38 万发展到 90.53 万,未来城市规模该有多大,已经成为人们所关注的问题。

近几年来,城市规划部门根据控制大城市规模的方针,以及杭州城市的特点,提出到本世纪末城市人口有控制地发展到 100 万左右的设想。与此同时,国内外学者对杭州未来规模也提出了一些看法,其中包括两种相反的主张。一种认为,杭州是举世闻名的风景城市,不能让过多的工业和人口损害它的风貌,现有人口应压缩几十万。另一种认为,中国不可能完全脱离世界性的城市化道路,杭州不仅旅游事业有一股势头,工业和科学文化事业等也大有活力,本世纪末无疑要发展成为百万等级的大城市,往后势必是二三百万人口的大城市地区。

这些情况表明,探讨本世纪末杭州城市规模合理发展问题,在实践上和理论上都是必要的。

一、构成杭州城市现状规模的基础

随着国民经济发展的战略性转变,要求利用杭州风景名胜的优势,把发展旅游事业作为城市经济开发的重要内容之一。与此相适应,国家要求按全国重点风景旅游城市的性质来建设杭州,并对城市规模实行比一般大城市更为严格的控制。现在,规划部门确定杭州为"全国重点风景旅游城市,浙江省省会",即按游览观光胜地和省级行政中心的面貌来建设杭州。如果这两项职能是构成现状规模的基础,那么论证城市未来发展规模问题就比较单纯。可是,杭州实际上是一座综合性城市,规划的城市性质,只是一个方向,具体研究未来 20 年城市规模的合理发展,还得从实际基础出发。

杭州虽是全国重点风景旅游城市,但新中国成立后的 30 年中,这一职能没有对城市规模发展产生实质性的作用。

反映旅游职能在城市规模发展中作用的一个标志,是商业、饮食服务业职工在国民经济各部门职工总数中的比重。30 年中,商业、饮食服务业职工比重不是上升,而是下降。解放初为 25% 以上,逐步下降到 1957 年为 16.5%,1958 年更比 1957 年骤降一半多,1961 年以后,虽有几年回升,但整个六七十年代平均比重不过 10% 左右。在全国省会城市中只是平均水平,完全没有反映风景旅游城市的特色。这是由于长期来对外没有开放,而国内限于经济条件,旅游资源未开发的缘故。

反映旅游职能在城市规模发展中作用的另一个标志,是旅游服务收入对城市经济的影响。以国民经济开始调整的 1979 年来说,商业、饮食服务业收入在国民收入中的比重只有

---

① 本文是建筑工业部"城市合理规模研究"项目的一项专题研究成果。合作者王嗣均、马裕祥、周复多,执笔王嗣均。

7.6%,其中大部分是商业收入,而商业收入中多半是由本市居民购买力所提供的。这只要从全市职工工资福利总额相当于社会商品零售额销售给个人消费部分的80%这一点上就可以看出。至于旅游业净收入(指旅游部门业务纯收入和国外游客购物纯收入),只相当于商业净收入的1.6%,即使把从国内游客消费额中取得的收入加在一起,也无足轻重。

可见,旅游职能既没有起限制也没有起推动城市规模发展的作用。

解放以来实质上左右杭州城市规模的是工业,这可从以下三方面得到证明:(1)在全市职工总数中,工业职工占一半以上,而且30年中总的情况是后期比前期更大。其余各部门职工所占比例,除城市公用事业后期比前期略有上升,科研文教卫生大体保持稳定外,后期一概低于前期。这反映了工业在不断吸收城市新增劳动力中起着最重要的作用。(2)工业用地增加快,在城市用地构成中比重逐渐增大。从1953年到1978年,建成区面积扩大1.4倍,工业用地扩大了7倍。其他各种用地的比重,大都相应地有所下降。(3)在国民经济各部门基本建设投资比例和国民收入构成中,工业占据显要地位。30年平均,工业基建投资占基建总投资的58.5%,其余各个部门一般不到10%。在国民收入构成中,以1978年为例,工业创造了国民收入的80.9%,其余各业总共只占19.1%。

这表明著名的风景城市走的是一条建设工业城市的道路。这种情况决非偶然。首先,杭州的历史经济特点使它不得不走这条发展道路。杭州近代工业出现较早,但解放前备受摧残。解放初,一座近50万人口的城市,濒临生产凋敝、各业萧条、失业众多、财源枯竭的绝境。面对这种情况,采取变消费城市为生产城市的方针,以工业为重点进行国民经济建设,是理所当然的。其次,地理条件和城市原有基础可以而且应该为工业建设所利用。杭州位于钱塘江下游,地处平原与丘陵山地的接触带,周围是高产的粮食作物和桑、麻、棉、茶等经济作物区;铁路、公路、内河交通便捷;城市设施又有一定的基础。利用这些优势,一面发挥丝绸、棉纺织、食品、造纸等原有工业的潜力,一面陆续兴办一批轻纺和机械工业的骨干企业和配套企业,扩大工业生产能力,是符合城市生产力合理组织的要求的。第三,解放后,在相当长的时期内,我国的国际环境不许可大规模对外开放,国内经济条件又没有达到广泛开展旅游活动的程度,旅游事业既养不活全市人口,也没有能力进行自我投资,离开了工业,就等于离开了生长点。第四,杭州处于省会地位,有一批行政机关、高等学校和科研机构等事业单位,这些都是城市基本活动中的非经济活动部门,完全依靠国家投资,没有工业所提供的财源,行政中枢和智力开发的活动就不能顺利进行。

由此可见,工业是奠定杭州现状规模的基础。现在的情况是,杭州工业产值占全省四分之一,城市基础结构比较完善,全省还没有足够强大的工业中心来代替它的地位,经济生活还在一定程度上依赖于它。尽管规划赋予杭州建设风景旅游城市的权利,现有工业和城市基础结构仍然非充分利用不可,城市规模在今后一个时期内还会有所扩大,只是社会主义计划管理不致使城市人口增长失去控制。那种一提杭州城市的性质,就要大量压缩城市人口,或看到世界城市化潮流,就认为大城市人口失去控制的过程不可避免的看法,是不现实的。

二、城市基本活动前景与可能规模

由城市基本活动部门从业人员构成的基本人口,和由城市非基本活动部门从业人员构成的服务人口,共同组成城市全部劳动人口,两者存在一定的比例关系,而以前者决定后者。在一定的城市建设方针、政策、管理体制之下,分析未来基本活动的规模与基本人口容量,是探讨城市规模合理发展的基本依据。

　　1.基本活动部门前景分析

　　工业部门　解放初,杭州工业以小型分散的轻纺工业占绝对优势。1958 年曾提出把杭州建设成为以重工业为中心的综合性工业城市,建立了一批重工业企业,产值比重最高达到39.8％(1978 年)。1979 年开始对工业结构进行调整以来,尽管轻工业发展很快,轻重工业产值比重却没有显著拉开。这反映了两个事实:(1)虽然杭州不可能以重工业为中心,但利用大城市的生产条件,现有重工业大都站住了脚;(2)虽然轻工业占据优势,但在轻工业70％以农产品为原料的情况下,人均耕地不断减少,经济作物产量不足以推动它的高速度发展。倒是非农产品原料来源弹性增加,1978 年以来,集体所有制轻工业企业所创造的产值,有 60％以上来自非农产品原料加工。可以这么说,现在杭州轻工业的发展,有赖于重工业的平行发展,轻重工业结构处在动态平衡过程中的相对稳定阶段。

　　但这并不意味着可以不加区别地发展一切重工业。浙江缺电、少煤、无油(至少目前如此),杭州不宜发展大耗能工业,而现状是重工业能耗占 70％左右,其中 13 家耗能较多的重工业企业,耗电与耗煤分别占杭州地区(一市七县)的 30％和 25％,而产值只占 7.8％。尤其是钢铁企业,能耗占全地区的 20％以上,产值只占 3％强。这类工业的布局,经济上不尽合理。一般说来,根据资源、能源、运输和环境条件,如钢铁、炼油、重化工等,应限制发展。

　　不难看出,未来杭州工业仍将保持轻型为主、综合发展的特点,它不同于新兴工矿城市,不存在大规模配套建设问题。未来 20 年内,工业部门的劳动力容量将大体保持稳定。理由有四:(1)根据杭州的城市性质,已确定原则上不再安排新建大、中型工业项目。(2)现有工业大都是市场需要,而有相当一部分企业的原材料和能源存在不同程度的短缺,企业潜力不能充分发挥,近期生产的发展决定于原材料和能源的保证程度。即使原材料有保证的企业,也可以通过挖潜革新、改造和专业化协作,来扩大生产能力。(3)现阶段多数企业劳动生产率较低,现有职工人数完全能够满足生产发展的需要。1980 年,杭州与上海、常州、无锡相比,劳动生产率只分别达到 56％、63％和 75％,比本省的宁波市也低一些。即使按“一五”时期劳动生产率平均每年递增 6.7％的速度提高(维持这一速度是不容易的),也要 13 年才能达到上海 1980 年的水平。(4)工业职工平均占有固定资产的价值较低,通过提高技术有机构成,工业内部有调剂劳动力的很大潜力。1980 年全市全民所有制企业职工人均固定资产原值只相当于上海 63％、常州的 74 ％、无锡的 83％和宁波的 95％。把劳动生产率和人均固定资产的市际差异对照起来,两者存在着正相关的关系,这说明,杭州工业在总体上具有劳动密集型的特点,技术有机构成的提高,将使今后部分企业和某些生产环节需要补充的人力,可以通过工业内部解放劳动力的途径以余济缺。

　　交通运输部门　杭州是浙江省唯一的铁路枢纽,现有四条干线交接。沪杭、浙赣二线通过能力已经饱和,急需解决。现在沪杭线第二线工程设计方案已在逐步实施,浙赣线的改造也在积极准备。萧甬线目前以地方货流为主,运能尚有富余,何时饱和,取决于宁波港口(包括镇海、北仑港区)开发程度和生产力集结规模。杭牛线现状主要为长广煤矿服务,运能有很大富余,要待与南京联结后才会改观。因此,铁路职工增长的主要因素是沪杭线第二线工程杭州枢纽的改建。

　　公路、水路、航空运输和邮电对城市规模影响较大的主要是公路和水运,今后这两个部门职工的增减将受制于下列因素:(1)单位产值货运量和每人年旅行次数的变动。货运量增长速度因基建投资规模、工业建设方向、货流组织等因素的变动而波动。客运量增长速度与人民生活水平提高速度直接相关。70 年代以来,单位产值货运量趋于下降,平均每人年旅行次数持续上升。随着经济建设效益的提高和人民生活的改善,这种趋势还将平稳地发展。(2)社会运输工具的增加对专业运输的牵制。在这方面,汽车运输较为突出,如1979年市属两个汽车运输公司2吨以上货运车辆仅占全市的9.03%,而完成社会物资流通量所占的比例更小,只有5.5%左右;省属杭州分公司也有类似情况。水上运输民间船只吨位占40%左右,完成货运量约1/5。专业运输部门占绝对优势的只有旅客运输。(3)运输企业现有职工劳动潜力的利用程度。70年代末大量安排待业人员后,平均劳动素养下降,劳动生产率低下,只要对新增人员进行技术培训就可以在人员数量上稳定一个时期。

可见,在基建投资比例保持协调,工业结构基本稳定,农产品商品率仍低,社会车船逐年增多的情况下,专业运输部门货运增长速度将低于工农业增长速度,加上职工劳动潜力没有充分发挥,现有职工人数可以满足一个较长时期的需要。客运仍将保持较快的发展速度,近期人员会有所补充。

至于航空和邮电,国家现代化建设和高效率的旅游服务,要求它们加速发展,不过这两个部门的加强,都表现为技术装备高度现代化,人员的增加在交通运输部门中不占重要地位。

总之,交通运输业的劳动力容量,除铁路枢纽改建需增员近6000人外,其余部门应吸收,有转移,基本稳定。到本世纪末,交通运输职工总数当在1980年5.3万人的基础上发展到6万人左右。

建筑安装部门　长期以来,杭州基建队伍不能满足基本建设投资的需要。近几年招收了一批职工,情况有所改变。1978年全市基建职工占国民经济各部门职工总数的6.5%,1980年发展到8%,是新中国成立以来比较适中的比例。现在,无论从投资与劳动生产率之比、从物料保证程度、从单位建筑面积耗工量来平衡基建力量,都已经能够适应。然而,目前经常有一万人左右来自农村的建筑队伍在杭州外包工程,这主要是市内各级建筑安装企业第一线人员比例太低。如省、市、区属建筑公司一线生产人员仅50%,出勤90%,实际在一线生产的只有45%的人员,因而出现施工力量不足的现象。只要改善劳动管理,逐步提高施工现代化水平,在杭州今后基建重点不再大规模工业建设的条件下,现有职工数应能满足一个时期的基本建设需要。

旅游部门　对杭州来说旅游业是一项基本活动,旅游服务专业人员应属于基本人口。在我国对国内旅客和对港澳同胞、华侨、外籍旅客分口管理的情况下,为后几种人服务的职工(即中国旅行社和中国国际旅行社系统人员)是专业旅游服务人员,均作为基本人口。为国内旅客服务的人员,虽然也从事性质相似的工作,但按城市规划惯用的标准,一般算作服务人口,为使与其他城市的材料具有可比性,对杭州也采用同样的处理方法。这里,主要分析专业旅游部门的发展前景。

港澳和国外的来访者和游客,1980年为12.3万人,规模还不大。今后人数多少,取决于国家对外开放的程度、客运集疏能力以及市内旅游服务设施的状况,同时也与国际环境有关。根据1977年以来每年递增3万多人的情况,和市内旅游设施建设速度,今后20年大致按近几年的平均递增数递增是可能的,这样,到本世纪末将达到80万人次左右。

以本世纪末接待80万人次、平均每人次停留2.5天,床位利用率70%计,共需床位7937张。按旅游部门人员配备标准,共需专业旅游职工7800多人,比1980年增加6000人左右。

其他基本活动部门　包括国民经济十大部门中的科研文教卫生、农林水气、金融和机关团体诸部门属于基本活动性质的部分。这些部门的发展对未来城市规模影响较大的,主要是科研和高等教育事业。其他几类职工人数的总和变动不会很大。今天智力开发已经成为我国经济和社会发展的重要战略措施,根据国家财力,加快这方面的建设是势所必然的。另外,在首都采取严格控制人口增长的措施后,部分拟建单位需到外地建设,这些单位相当一部分是科技机构,它们离开首都后一般要求建在省城,仅仅在 1979 年和 1980 年,成建制迁入杭州的全国性和区域性机构就有 7 个,人员不下 2500 人。今后这类情况还将发生。因此,未来科研文教卫生事业平均每年职工增长数将略高于以往年平均增长数。从 1957 年到 1978 年,基本活动性质的科研文教卫生职工平均每年约增加 380 人,未来 20 年以年增 450 人计,到本世纪末,此类职工人数当在 2.9 万人左右。这里,我们是以高等教育和科研机构继续在杭州发展为前提的。根据新近编制的杭州市总体规划拟在富阳县城开辟文化科研中心的设想,今后要把新建大专院校和科研机构布置在富阳。果然如此,则杭州此类职工的增长数可能比预计少些。但是开辟一个文化科学城,除了兴建学校、研究所等等基本单位外,还须有相应的科技情报中心、计算中心、科学活动中心等服务机构,以及教学、研究、生产的多边合作条件。所有这些,富阳目前还不具备,而杭州是现成的。考虑到 20 年内国家财力有限,发挥原有基础的潜力仍然是一条出路;同时,在限制新建大中型工业项目进入杭州市区从而控制人口膨胀的前提下,让历史文化名城适当突出文教科学事业,对渲染城市的传统和特色也是有意义的。因此,这里仍把上述预计放在杭州来考察。

2. 基本人口容量

根据上面分析,可以对基本人口容量作一匡算。这里,基本人口的具体划分采取如下标准:

工业部门　在全市工业职工数中,剔除主要为本市需要服务的企业职工数后,其余为基本人口数。1978 年剔除 8.48%,1980 年和 2000 年均按此比例剔除。

交通运输邮电部门　除市内公交职工外,余均看作基本人口。

建筑安装部门　由于市、区属建筑安装单位的服务对象比较复杂,姑且按 1976—1980 年生产性建设投资在基本建设总投资中平均所占的比重(61%)来计算基本人口。

旅游部门　以归口于旅游局的职工数为基本人口。

科教文卫体部门　按非本市意义单位的职工数,加高等院校和中专在校学生数计算。

其他　非市属机关、团体和事业单位的职工,如数计入基本人口。

按此标准划定现状基本人口,并根据城市基本活动前景分析,匡定 2000 年基本人口数如下:

基本活动部门	1978 年	1980 年	2000 年
工业	238911	297575	298000
交通邮电	43099	52746	60000
基本设施	18997	28441	28400
旅游业	1365	1800	7800
超本市意义的科研文教事业	14000+19588*	18000+28415*	29000+46000*
非市属机关团体和其他事业单位	12372	13750	15000
合计(人)	348332	440727	484200

标 * 号处,加号后面的数字,1978 和 1980 年是高等学校和中等专业学校在校学生数,2000 年是推算学生数。推算根据是按 1966 年前教师平均年增 150 名的数字,以 1∶6 的师生比每年递增学生 900 名,在 1980 年的基础上逐年累加。

3. 人口规模推算

有了未来基本人口容量的分析数据,就可以用劳动平衡法推算城市人口规模,这是城市规划的常识,无需赘述。这里,首先要解决的是劳动平衡中基本人口和服务人口应各占何种比重的问题。从 1980 年看,两种劳动人口分别 50% 和 16%;按《城市规划定额指标暂行规定》,大城市基本人口应为 28%—33%,服务人口应为 20%—25%,现状与规定出入很大。30 年来的经验证明,现状基本人口与服务人口比重过于悬殊,既不利于生产,也不便于生活,有待调整。但是,如果取消《暂行规定》的基本人口指标,就意味着要么劳动年龄组人口比重大大降低,要么服务人口指标远远超过规定的上限。然而用年龄移算法推算(条件见本文第四部分)结果表明,本世纪末劳动年龄组[16 岁至 55 岁(女)和 60 岁(男)]人口占 67%,即使按高中毕业年龄(19 岁)起算,也占 63%,如果把机械增长考虑在内,这个数字甚至还要高些。可见本世纪内劳动年龄组人口比重不可能大大降低。至于服务人口大大超越《暂行规定》上限的可能性,仍将受到经济发展水平的限制。因此,20 年内杭州劳动构成符合《暂行规定》指标的可能性不大。劳动年龄组人口至少占 63% 的数字告诉我们,推算本世纪末的杭州城市规模,基本人口指标以取 40% 为宜。

据此推算,本世纪末杭州城市人口当为 121 万人。

用劳动平衡法推算人口规模,由于存在一些不确定因素(如基本活动部门或单位规模变化机制等)和没有严格的计算基本人口的标准,推算结果有一定误差是难免的,实践上往往用其他方法加以校验。不过,本文的目的在于讨论如何正确看待未来 20 年杭州城市规模合理发展问题,需要的是勾画一个本世纪末城市人口规模的轮廓,不一定要用其他方法作反复校验。不妨说,到 2000 年杭州城市人口为 120 万左右。

三、对预期规模的建设条件和投资可能性分析

上述预期规模会不会受到城市建设条件和城市建设投资能力的限制,是需要回答的问题。

1. 建设条件

从影响城市可能规模的角度来看,建设条件中用地和水源是两项关键性的因素。

由于原则上不安排新建大、中型工业项目,排除了在近郊新辟大、中型工业区的可能性。因此,未来一二十年杭州城市用地扩展将是渐进的,不至于产生新的组团,用地条件问题主要是渐进扩展的方向和空间保证程度。

杭州西临西湖群山,没有发展余地。南濒钱塘江,江南有较好的建设用地条件,但若跨江建设,从城市建设投资角度看,要跨一条不易跨越的"门槛"。东部有一定空间,工程地质条件也比较好,但目前受三个因素的牵制:(1)是全市蔬菜基地;(2)有杭州机场;(3)与市区之间有铁路分隔。因此,现阶段用地发展方向,自由度较大的还是向北开拓。那里是淤积地基,地势稍低,地下水位较高,工程地质条件不如东部,但空间宽广,如果撇开土地征用的具体问题,用地面积是可以适应渐进发展需要的。

杭州供水主要依靠地表水,现有水厂 5 处,日制水 42 万吨,两处以内河为供水水源,污染威胁大;三处从钱塘江取水,虽有污染,但钱塘江水量较富,自净能力较强,是比较可靠的供水水源。按 2000 年 120 万人口的生产生活用水要求匡算,日用水量略大于 100 万吨,相当于耗用 $12m^3/s$ 的流量水源是有保证的。当然,如果考虑钱塘江引水东调的工程,杭州供水水源尚需作区域平衡。

2.基本建设投资能力

1949—1979 年,杭州市生产性与非生产性基本建设投资分别占 72.4% 和 27.6%。根据 30 年情况,这个比例还不够协调,生活设施欠账很多。一般说来生产性基建投资在 60%—70% 的年份,国民经济发展比较正常。

未来一二十年的基建投资能否满足城市人口发展 120 万的需要?以 1980 年的基建投资总额为起点,设此后 20 年内按 5% 的速度递增,到 2000 年将完成基建投资额 86 亿元,以 7:3 来分配生产性和非生产性投资,可以分别达到 60 亿元和 26 亿元左右。过去 30 年中,工业基建投资占生产性基建投资的 80.78%,若仍按此比例(这个比例偏高),未来 20 年中工业基本建设投资可达 48 亿元以上。平均每个工业职工可获得投资 1 万多元,这对提高技术有机构成是有利的。其他物质生产部门也将相应地加快技术改造。在生活性投资方面,现状生活设施欠账太多,急需改善,仅住宅一项,若把平均每人居住面积从 1980 年的 $4.23m^2$ 提高到 $9m^2$,按目前住宅一般造价,仅改善现有人口的居住条件就需投资 7 亿多元,一般年份住宅建设投资占非生产性基建投资的 40%,则需非生产性投资约 18 亿元。对新增人口,生活性基建投资 3000 元/人才能达到生活设施配套的要求。这样,30 万左右的新增人口需生活性基建投资约 9 亿元。原有人口和新增人口的非生产性投资相加共需 27 亿元。这一需要的投资额,同上述到 2000 年可能增加的投资总额中的非生产性投资份额对照,大体接近。

四、改善生产力地域组织,控制杭州城市规模

综上所述,本世纪末杭州城市人口有可能发展到 120 万人左右。这不是风景城市所希望的规模,但却是难以避免的前景。

应当指出,未来杭州城市规模的扩大,主要不是来自人口的自然增长,这一点与解放后的 30 年有很大区别。解放后的 30 年,杭州城市人口增长,自然增长占很大比重。1953—1978 年平均年增长率为 18.2‰,其中自然增长为 12.8‰,机械增长为 5.4‰。今后 20 年情况将相反。按我国现行人口政策,可以认为城市育龄妇女总和生育率为 1,设 20 年内不变,则以 1980 年杭州全市总人口(其中城市人口占 77.8%)和各龄人口为基年人口数,用年龄移算法预测,城市人口(也按 77.8% 折算)的发展趋势如下:

年份	1980	1985	1990	1995	2000
城市总人口(人)	879265	903721	921232	916280	897757

预测数字反映,从 1980 年到 2000 年,单纯按自然变动测算的总人口将经历一个平缓的驼峰,2000 年又回到 80 年代初的水平。可见,未来杭州城市人口增长将决定于机械增长。

还应当指出,本世纪末的预期规模,是考虑风景城市对控制工业和人口的要求,以新建大、中型工业项目让路为前提分析得来的,它代表国家干预下的阶段性合理规模,不等于城市本身的吸引力就到此限度。杭州在建设、生产、流通、消费等经济领域比起省内其他城市来,具有明显的优势,对产业和人口的集聚仍有较强的吸引力。如果不从改变生产力地域组织上为控制杭州城市规模寻找出路,人口规模要稳定下来是不容易的,即使用强烈的行政干预控制了规模,也可能使经济潜力受到抑制。

改善生产力地域组织的出路主要是两条:一条是局部改善的办法,把确有必要直接为杭州工业配套的新建企业,安排到建设条件和生活设施较好的一二个外围小城镇集中建设,避

免分散搞多个卫星城镇,造成投资大而收效差的后果。另一条是全局性改善的办法,建立足以分担杭州在全省的工业中心和经济支柱地位的全省性中心城市,减轻全省对杭州经济要求的压力。也许可以这么说,新的全省性工业中心形成的过程,也是杭州城市规模趋向稳定的过程。全省性新工业中心的选择,应当是现有基础好、建设条件有利的城市。现阶段宁波市在这些方面具有综合优势,重点建设好宁波(包括镇海、北仑港一带),使之成为全省性工业中心,是论证杭州城市合理规模问题中值得注意的区位条件。至于宁波市发展条件的具体论证,非本文所属,当另作专题讨论。

载《杭州大学学报(自然科学版)》1983 年(第 10 卷)第 2 期,第 237—245 页

宁波港口开拓与城市组团发展构想①

　　1974 年国家计划新建宁波港镇海港区,同时在镇海城关附近安排三个大型工业建设项目。1977 年国家又确定在镇海口以东 10 余公里的新碶一带深水岸线兴建北仑港大型矿石转运码头,为上海宝山钢铁厂配套。镇海、北仑两地分别距宁波 20 公里与 30 公里左右,工程建设都以宁波为后方基地,为了便于建设,1978 年国务院决定将宁波市和镇海县从宁波地区划出,镇海县归宁波市领导。这样一来,宁波城市规划部门就面临一系列与区域规划和城市规划有关的问题。诸如:两个新港区的发展规模会有多大,与老港区一起三个港区的功能如何组织? 新港区的开辟给滨海大型基础工业的布点创造了前所未有的条件,工业区将以何种门类的工业项目为主,其规模、结构、空间布局及交通组织与港城规划如何协调? 新港区和新工业区发展势必形成新的城市组团,分布相对分散,与老市区如何整合? 等等。这些问题要通过区域规划或城市框架性规划来回答。可是宁波目前还没有这类规划,而行政区划调整和新港区建设项目上马后,区域规划与新的城市总体规划已刻不容缓,规划部门为了避免工作上的被动,急切需要对包括原宁波市和镇海县在内的新市域制定一个全局性、框架性的规划纲要。在这种情况下,宁波市城市建设规划处邀请杭州大学地理系经济地理(城市规划)教研室相关专业人员对宁波规划具有全局意义的问题进行调研。调查在城建规划处领导和技术骨干积极配合下进行。在此基础上,从港口演变入手,就新港开发、基础工业布点、城市组团构成以及市域交通布局等问题进行概括性研究,从以下四个方面提出市域整体发展的构想。

一、认识港口演变对宁波城市发展的历史作用

　　宁波成为区域性中心城市,是从唐长庆元年(821)开始的。当时,明州州治从奉化江支流鄞江感潮河段终点的小溪(今鄞江镇)迁到这里,先建子城(在今鼓楼附近),为州署所在。天祐四年(907)又建罗城。之后,历代行政建制(州、路、府、专区、市等)的治所都设在这里。

　　唐代把州治设置在宁波,反映了早在设治之前,三江口(奉化江、余姚江与甬江的汇流处)西南侧沿江一带已有活跃的商业活动,形成了港埠与城市聚落的雏形,使宁波作为甬江流域交通和商业中心的条件渐趋成熟。正是因为有这样的城市经济基础,才对州治的设置产生了强有力的吸引作用。

---

　　① 本文的基础是 1979 年春杭州大学地理系经济地理(城市规划)教研室有关专业人员应宁波市城建规划处之邀、并在他们密切配合下进行的一次城市规划调查。调查后由调查工作主持人王嗣均撰写成文,原题为《宁波港口开拓与宁、镇、北仑区域发展的几个问题》,以调研报告形式提供该市规划部门在制定城市发展规划纲要时参考。文章收入此文集时,题目做了改动,文字做了精简。

　　宁波建城一千多年以来,一直以港口城市著称于世。唐时,在我国沿海地带的中段,宁波的对外贸易地位仅次于扬州。唐以后,扬州逐渐衰落。到了宋代,尤其是南宋,杭州盛极一时,不过随着南宋的灭亡,加上杭州湾出海水道不理想,杭州逐渐失去优势。而上海,要到元末以后才初露头角,暴发性扩张则在鸦片战争之后。因此,自唐至明,宁波是我国东部对外通商的门户,地位相当重要。在我国古代设置市舶司的历史中,宁波是继广州在唐代设置市舶司之后,于宋代设置市舶司最早的一批港埠之一。元至元十三年(1276)杭州撤销市舶司,随后温州、澉浦的对外通商机构又并入庆元(即宁波),使宁波在当时东南沿海各港口对外贸易中居于突出的地位。到了明代,仍是我国三大市舶司之一,专营对日本的贸易。明代嘉靖年间至清代前期,因倭寇骚扰,实行海禁,海上贸易不兴。即使如此,清初设置的全国四大海关中,就有一个是设在宁波的浙海关。鸦片战争后,清廷屈服于英国的武力威胁,实行五口通商,宁波也是其中之一。民国时期和中华人民共和国成立后的二三十年,宁波一直维持着国内中等港口的地位。1979年,随着镇海、北仑两港区的开辟,宁波港一跃而成为交通部直属的港口,在我国社会主义现代化建设中,日益表现出显要的地位。

　　纵观宁波建城以来的历史轨迹,港口和腹地的规模决定着城市的规模,港口的每一重大变化,必定给城市带来深刻的影响。宁波港的演变,从地理上说,主要表现在港址的推移上,从三江口附近的奉化江左岸开始,顺着甬江向下转移,直到河口海岸。其全部过程可分为三个时期,每个时期都使城市发生重大变化(见图1)。

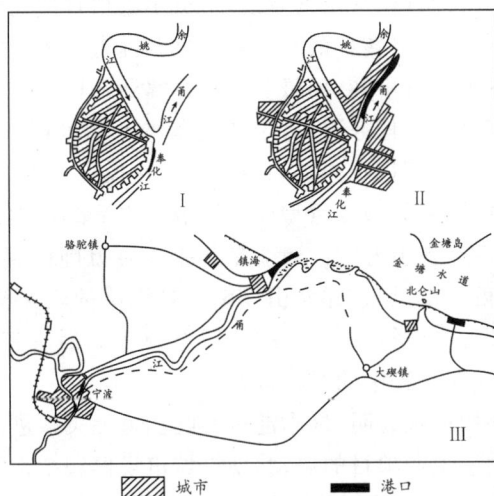

图1　宁波港口与城市发展的三个时期

　　时期Ⅰ,或称"城东时期"。这一时期从唐代开始,随着港埠的成长,使宁波繁荣起来,进而成为区域性中心城市。宁波在确立了港埠与区域性行政中心地位后,相对稳定地延续了千年左右,这一时期港口位置主要在三江口以上奉化江左岸,也就是宁波城东沿江一带,运输手段靠的是木帆船。历史上突出地记载这个时期宁波对外通商的地位,给人以对外贸易港的强烈印象。实际上,按当时的生产力水平,主要是依靠城市与腹地之间的商品交换,在此基础上,利用便利的出海条件,行销这一时期浙江已负盛名的丝、纸、瓷器和茶等商品,掌握着与日本之间的贸易往来,使它成为航海、商业、手工业发达的城市。

　　时期Ⅱ,或称"江北时期"。"五口通商"后,随着外国势力在华对轮船航运业的投资,特别是19世纪60年代至70年代英国太古、怡和两家洋行分支进入宁波,加上我国官办的轮船招商局相继在上海成立,宁波成为这些轮船公司在沪甬间频繁通航的港埠。从此,木帆船作为海上运输工具主角的地位被轮船运输所取代。由于轮船对港池水深、水域面积和陆域面积要求比木帆船要高得多,城区东门沿江一带古旧的埠头(码头)已经不能适应,需要另觅港址,于是在三江口以下的甬江北岸选址建港。那里水文条件较好,岸线前沿水深相对稳定,水域捣载余地较大,陆域设施和作业空间也较为宽裕。伴随江北新港区的兴起,商业资本、金融资本(钱庄、银行)以及随后的工业资本纷至沓来,江北港埠附近也就成为宁波城市扩展的重要组成部分。与城区隔奉化江相望的江东,其城市型聚落兴起比江北还早,与城区之间的津渡往来相当繁忙,先于江北就成为城市不可分割的一部分,只因没有上等级的港口泊位,不为人们所注视罢了。

江北建港之后,港埠与城市又进入了一个相对稳定的发展时期,一直延续到本世纪70年代前期。1949年中华人民共和国的成立,虽然把这个时期分成了社会制度有本质差异的两个阶段,但是,在这一百多年中宁波的港口腹地范围和资源条件大致依旧,城市规模和职能没有产生重大变化。

时期Ⅲ,或称"海口时期"。这个时期从本世纪70年代中后期开始,其背景是:(1)宁波港需要吞吐的大宗物资(矿建料材、燃料、化肥、水泥、粮食等)数量越来越大,"江北时期"的港口(以下简称老港区)虽经改建和扩建,分成三个作业区,吞吐能力有所提高,但仍然不能满足吞吐量增长的需要。而且由于1959年姚江大闸建成后,航道冲刷能力减弱,港口回淤已经发展到三千吨级船舶必须候潮进出的程度,形成了港口日淤而运量日增的矛盾。(2)上海港现有吞吐能力,与需经上海港转口的吞吐量之间越来越不相适应,压力很大,不但需要摆脱浙江物资在上海港的不合理中转,而且要求在侧翼浙江境内开辟深水港,分流从上海港中转的物资。浙江要承担这样的任务,只有宁波具备港址和水铁联运条件。但是老港区本身存在上述矛盾,难以克服,只能把眼光移向通过一次性投资可以获得万吨级深水港的甬江镇海口。(3)根据海运国家利用大型和巨型船舶运输建立滨海基础工业基地的国际经验,我国计划购买澳大利亚铁矿石,在上海宝山建立年产钢六百万吨的钢铁联合企业。由于宝山受港口条件限制,选择了甬江口以东、北仑山以南一带海岸的天然深水港址,以解决巨轮停泊、捣载转运铁矿石的问题。这样,1974年和1977年国家先后决定建设宁波港镇海港区和北仑港区,开创了宁波港演变过程中的"海口时期"。

港口演变与城市发展的进程表明,标志港口吞吐能力突飞猛进的一个新时期已经开启。大规模海运经济和沿海大型工业项目的启动,助推城市规模和结构的迅速变化。从"城东时期"肇始,宁波成为依托老城区的港埠城市;"江北时期"的开创,又使宁波成为近代著名的港口工商业城市,市区以三江口附近为中心向江东、江北扩展,在形态上构成了紧凑的三棱形组团城市。现在,以两大新港区的开辟为标志,港口演进到了"海口时期",根据我国现代化建设的宏伟目标,无疑将是城市生产力新发展和城市新扩张、新组合的先导,这个时期的城市将是规模不断增大,而形态结构将演变成为以宁波市区为主体、以甬江口以西的镇海港与甬江口以东的北仑港为前沿的三个组团鼎立的城市。新的组团将围绕新的港区兴起,其功能与规模将取决于港区开发程度和超地方规模的大型、特大型现代工业的布局。

二、充分利用岸线,合理开发港口

1. 港口现状和岸线利用潜力

现阶段的宁波港由江北老港区、镇海港区和北仑港区三个部分组成。目前,除老港区吞吐能力已经饱和之外,镇海港区已建成一座码头、两个泊位(万吨级和3000吨级各一);北仑港区正在建设两座码头、三个泊位(一个10万吨级,两个2.5万吨级)。后两个港区均有待续建。全港现有码头16座,千吨以上泊位17个。

下面分别考察三个港区的现状和开发潜力。

(1)老港区

老港区共有13座码头,12个泊位,其中3000吨级和3000吨级以下泊位各6个。此港区泊位多而吨级低,但目前全港吞吐的客货仍然是以这里为主。解放以来,随着吞吐量的增大,港口已有所扩建,主要码头库场已由江北外马路向下游发展到白沙路一带,并且根据使用性质,分成三个装卸作业区:外马路老码头区为一区,白沙路扩建区为三区,三江口以南江东跃进路临江为二区。三个作业区的简况如表1。

表1　老港作业区现状

作业区	位置	码头(座)	千吨以上泊位(个)		位总长(米)	岸线(米)	陆域纵深(米)
			3千吨级	3千吨级以下			
一区	江北外马路	7	2	4	218.3	401	50～60
二区	江东跃进北路	2			251	251	20
三区	江北白沙路	4	4	2	522		约100

注:一区是19世纪中叶以后开始建港的老区,经营传统客货运业务,以客运为主;三区因有水铁联运条件,以中转大宗物资为主;二区则以担负粮食和矿建材料等散货运输为主。

老港区的主要优点在于紧贴宁波市区,客货集散方便。但问题也很突出:

一是水深不足,航道、港池淤积严重,3000吨级船舶已不能随时进出港区。尤其是一区,水深仅3～3.4米,3000吨级重载货轮须减载30%候潮进出,严重影响运能的发挥。

二是港区陆域过于狭窄。就以陆域纵深最大的三区来说,集中了老港区近70%的装卸设备和担负60%的货物吞吐量,而且宁波铁路货站就紧邻码头前沿仓库背后,但是由于港区局促,铁路不能直接引进,装卸效率受到限制。二区则更为突出,江东原无港务系统作业区,由于甬江右岸淤积特别快,沿江工厂原有自备码头多半报废,使绝大部分要在江东装卸的货物,不得不集中到受余姚江中泓顶冲的、深水较好的河段统一作业,才被港务系统增辟为第二作业区。但这里陆域纵深仅20米,一上岸就是城市干道,毫无发展余地,目前只用于江海联运性质的小吨位船只靠埠作业,实际上是一处权且使用的作业区。要改善二区的陆域条件,以在三区对岸一带选择码头位置较为合宜。

三是第一、三作业区之间岸线受其他部门穿插,互相牵制,对各方的使用和发展都有所不便。这个问题的存在,部分是由于早期规划难以预见后期发展的全部因素所致,部分则与城市经营管理制度不完善有关。可见,老港区一带岸线开发受到自然条件和城市其他因素的限制,港区吞吐能力主要依靠技术改造来提高,但潜力有限。

(2)镇海港区

镇海港区从1974年筹建以来,已在镇海城区东北的甬江口外筑堤吹填,初步形成了长3060米的岸线轮廓,1978年建成煤码头一座,有万吨级与3000吨级泊位各一个(属宁波港第四作业区)。本区水域宽400米,对岸有山地屏障,免受东南方向风暴袭击,陆域纵深380～460米,铁路深入港区,作业条件较好。问题是筑堤后河口动力地貌条件改变,洄淤加速,超过了初期试验研究所预计的程度,现在河床动力虽渐趋平衡,但码头前沿水深已大大低于万吨级泊位－12米的设计要求,必须依靠挖泥或其他工程措施来维持港池与航道的深度。

这个问题,引起了对镇海港区前途的不同看法。一种意见认为应当缩小规划规模,减少泊位;另一种意见认为集中力量建好北仑港区,以替代镇海港区。我们认为,对待这个问题既不要盲目乐观,也不要因噎废食,应该从国家是否需要,技术上有否可能,经济上是否合理,来全面衡量。

从需要来看,我国沿海港口年总吞量还只有2亿吨,低于鹿特丹港一个港口的吞吐量。9亿多人口的国家,随着社会主义现代化建设的进展,决不能排除国内运输和进出口大量增长的实际可能性。我国长江流域的门户——上海港,吞吐能力已经饱和,通过挖潜、革新、改造,也难应付4亿人口腹地的远景吞吐量。华国锋总理在五届人大二次会议上所作的政府工作报告中提到"加快沿海港口的建设",就是出于扩大港口吞吐能力的现实需要和战略需要。宁波邻近上海,国家计划部门下达建港任务时,把分流上海物资,减轻上海港负担,当作建设镇海港区的前提,说明建设镇海港区在现阶段是必要的。

从技术方面来看,镇海港所出现的洄淤问题之所以引起震惊,主要是前期试验研究还不充分。现在,应当根据新情况进行新的探索,找出新的洄淤规律,采取相应的措施,来改善港口的水深条件。这从现代技术的角度来看是完全能够办到的,问题是要看经济效果如何。无论采取哪一种工程措施,都需要对工程本身和港区进行全面的技术经济论证,在改善镇海港区水深条件方面,现在还没有可能取得各种工程措施比较方案的经济效果资料,但是有一点是肯定的,那就是工程经济效果与港口吞吐量有关,港口吞吐量越大,工程经济效果越显著。我们知道,在货源充足的条件下,港口吞吐量的极限就是吞吐能力,为了发挥港口工程维护的经济效益,总是希望扩大港口能力。因此,只要国家交通部门分配给镇海港区货运任务不断增大的前提存在,那么,航道维护工程投资效益,与规划岸线的开发程度是成正比的。换句话说,只要岸线利用充分,吞吐量大,挖泥或其它工程措施是可取的。

基于上述理由,我们认为,筑堤吹填而成的规划岸线应当全线开发。当然,在洄淤较快的情况下,如果泊位吨级相差悬殊,挖泥工程可能不很经济,挖泥效果也可能不很稳定,要是经过试验研究和技术经济比较确乎如此,可考虑采用泊位吨级相对一致的全岸线开发方案。

(3)北仑港区

目前正在以北仑山南侧为中点的海岸东段兴建为宝山钢铁厂配套的10万吨级泊位一个和2.5万吨级泊位两个的矿石运转码头。这里背靠滨海平原,预留港口陆域应该不成问题。港区前沿深度大,离岸300米即深10米,向外以1/70的平均坡度下倾,如以10万吨级货轮泊位需水深18米为设计要求,则在离岸900米左右的地方就能建立10万吨级的码头。航道(金塘水道)北面有金塘岛屏蔽,减轻了风浪袭击的强度。航道潮流速度较大,泥沙不易停积,水深稳定,是比较理想的天然深水港。这一带港址自然条件的美中不足之处,是潮流稍急,风浪偏大,2万吨级船舶停靠似尚嫌过小。

这一带海岸适于建港的约有10公里,目前在建的仅一小段(另外,西端有一小段已建成炼油厂的厂用原油码头)。在远洋运输船舶大型化的今天,深水港是不可多得的宝贵资源,应当全面规划,合理使用。展望这个港区的用途,不外是三个方面:一是大批量物资(包括散货、件杂货、集装箱)的转口;二是石油进出;三是依靠大规模进出口进行生产的临港大型工业企业的直接吞吐。在未对岸线作出统筹规划之前,应严格控制岸线的使用。

2.各港区发展规模与分工设想

在交通部统管之前，除北仑港区只作了现有工程规划外，老港区和镇海港区分别作过近期发展规划①。这些规划，根据国民经济调整、改革、整顿、提高的方针，部分有所变动。随着国民经济逐步走上高速度协调发展的轨道，同时，考虑宁波港在全国沿海港口中的地位和扩大腹地范围的趋势，结合新港区建设中的正反面经验和充分利用岸线的要求，各个港区的近期规模大致可作如下估计：

老港区：目前货物吞吐量为214万吨/年，旅客107.5万人次/年，港口设施稍加调整配套，即可分别达到250万吨/年和130万人次/年。

镇海港区：已建成的两个泊位的煤码头吞吐能力为270万吨/年，近期再建件杂货码头万吨级泊位3～4个，增加吞吐能力100万～140万吨/年。

北仑港区：在建的矿石转运码头泊位三个，吞吐能力2000万吨/年。

远期，老港区通过技术改造以及二区迁建，可增加货物吞吐能力100万吨/年；镇海港区如对已初步形成的规划建港岸线实行全线开发，考虑到洄淤的影响，泊位作万吨级安排，个数不少于14个，新增泊位仍以件杂货装卸为主，增加货物吞吐能力300万吨/年；北仑港区考虑矿石、煤炭、石油和其他大批量物资转口以及直接进行工业吞吐的需要，增加吞吐能力3000万吨/年。这样，远期货物吞吐能力大致为：

老港区　　　　　350万吨/年；

镇海港区　　　　700万吨/年；

北仑港区　　　　5000万吨/年；

全港共约　　　　6000万吨/年。

应当指出，港口吞吐能力与货种的关系极大，在新港区远景货运构成还难预见的情况下，港口吞吐能力的估计，伸缩性是相当大的。

实现这一规模，必须增加铁路干线。港口的吞吐能力并不单纯决定于港口本身，也决定于铁路牵引能力。这样大的吞吐量，即使只有1/3由铁路集散，按单线铁路年通过能力为1000万吨计算，且考虑与萧甬铁路不同走向，需要增加新干线一条。

根据各港区的位置、自然条件和远景规模，按照深水深用，浅水浅用，统一规划，各得其所的原则，结合货物种类和批量大小，以及船舶运载的经济性，各港区宜作如下分工：

老港区：鉴于甬江航道即使全面疏浚，也只能通行5000吨级以下的船只，因此，宜承担到发批量不大的以直接腹地集散为主的货物吞吐。客运近百年来都在本港区的第一作业区，该区深入城市，便于旅客进出和中转，有显著的优越性，在其他运输方式还不能替代海上客运的情况下，宜继续保持。

镇海港区：按前述设想，该港区泊位以万吨级为基础平衡设置，那么，凡5000吨级至万吨级的船舶，到发批量和年到发量都较大、且以中转省内外为主的货种，宜在这里进出。

北仑港区：凡两万吨级以上的船舶，到发批量很大，年到发量以百万吨计的、以远洋运输为主的货种，宜集中在此港区作业。

三、依托新港区，配置滨海大型基础工业和配套产业

20世纪70年代之前，宁波虽是浙江省第二位的工业城市，却没有一家大型工业企业，

①　本文所用的时期，均按目前城市规划期限一般要求，近期到1985年，远期到2000年。

工业规模仅仅是地方性的。究其原因，一是近代半殖民地半封建社会经济因素的影响；二是地处海防前线，解放后头几个五年计划没有国家重点投资项目；三是当地缺乏就地取材发展大型工业的条件。

现在，宁波工业的发展出现了若干新因素。

首先，根据国家经济发展全局，对宁波提出了新的要求。我国经济还比较落后，要加速实现社会主义工业化，不但要扶持大量的中小型地方工业企业，还要拥有一批大型现代化工业企业，构成全国工业体系的骨架。根据全国生产力布局的要求，在宁、镇、北仑区域配置一些与海运、特别是远洋密切联系的大型工交企业比较理想，国家交通部门、电力部门、石油部门和水产部门已相继在这里选点建设各自所属的企业。同时，从浙江省的角度来看，全省缺铁少煤，能源和原材料工业基础薄弱，沿海多数港口吞吐能力也不强，有必要在能综合解决这些问题的地方进行投资，集中力量建设，以利在短时期内形成综合生产能力，成为省内重要工业基地。就省内现状而论，杭州工业基础稍好，产值三倍于宁波，陆上交通条件也优于宁波，建设新项目上马快，容易形成生产能力。但是，杭州是个大城市，根据目前我国城市建设方针，规模已属控制之列；而且杭州是名闻遐迩的风景旅游城市，城市规划中要求严格控制环境质量，新建大型工业企业不但不能挤进杭州，而且还有可能对现有工业企业做出逐步退出市区的安排；此外，杭州钱塘江出海口并不理想，海运无任何优势。至于浙江其他地方，无论港口或铁路沿线，综合建设条件都不如宁波。这样，浙江建设大型滨海工业基地的首选之地，自然是非宁波莫属。

其次，新港区的部分能力可以而且应该为当地发展大工业所利用。我国人口多，底子薄，要使国家富强起来，不但要充分调动国内的各种潜力，而且可以通过国际贸易调动国外的资源和市场。国际经验已经证明，利用深水港口，从国际市场取得原料，在临港区域加工运销，是发展现代工业的途径之一。这里，港口就是产供销之间的纽带。对有条件直接依靠港口进行大规模生产和贸易的地方，港口资源是应该得到充分利用的。

第三，东海大陆架石油资源开发的前景已经在望。我国沿海大陆架石油资源，国内外都很注意，尽管目前对油藏的估计说法不一，越来越趋向一致的看法是认为东亚近海地区的油气蕴藏是世界上最有希望而尚未勘探的水下区域之一。我国有关部门已经与美、日、英石油公司进行了联合开发海底石油的谈判，可见近海海底油气田的前景是比较明朗的。一旦成为现实，那么，镇海与北仑两处无论在地理位置、港口条件和其他建设条件方面，都将是建立大规模炼油工业和石油化工的理想场所。

这些新因素表明，宁波建立滨海大型基础工业及港口配套产业的时机已经到来。这就从工业性质、主要原材料种类数量、工艺流程和产、供、销运输方式等方面，决定了它们的布局必须以大型深水港为依托，把新兴的大型工业企业配置在镇海港区和北仑港区一带。现在镇海工业点已初见眉目，北仑工业点还未见胚胎，对这两个点的工业布局问题，我们提出如下看法：

（1）关于镇海工业点的工业主导部门、结构和基本规模问题

镇海在70年代中期筹建港区、炼油厂、电厂和海洋渔业基地四大工程，如前所述，这些项目是国家有关部门根据各自的布局要求定点选址的，彼此虽有联系，但未统一规划。根据现代工业成组配套布局和城镇工业区布置的要求，镇海超地方规模工业的建设，有必要明确主导部门、结构和规模的问题。

关于工业主导部门，从现有三大工业企业的性质来看，已经比较明确。电厂作为华东电

网供电来源之一,对动力供应是重要的,但它本身除了由炼油厂输送重油用作燃料外,没有什么协作的问题。海洋渔业基地除了渔轮供应、渔货冷藏加工外,内部配上修船、绳网和钢丝绳等生产项目,就解决了配套问题,是个相对独立的企业。炼油厂(现用胜利油田原油)按国家规定为全国四个成品油出口基地之一,属燃料型炼厂。在现有基础上,根据胜利油田原油供给条件,东海大陆架油气田开发前途,以及国内外其他油气供给来源,镇海炼油厂还将扩大炼油能力,并且围绕炼油,综合利用资源,增加石油化工项目投资,生产化肥、聚酯等石化产品,为农业提供化肥,为下游工业项目提供原料和半成品。因此,工业的主导部门应该是以炼油为中心的石油化学工业。

　　关于工业结构,主要看主导部门的资源综合利用和配套协作的情况。既然确定炼油厂是燃料型的,而综合利用油气资源的下游产业(石化)是多方面的,那么,镇海工业点主导部门中的主辅结构就比较明朗,情况大致如表 2 所示。

表 2　镇海工业点工业主导部门中的主辅结构

主辅关系	生产项目	主要产品
主生产厂	炼油	汽油、煤油、柴油
综合利用厂	合成氨	尿素
综合利用厂	涤纶	涤纶单体
综合利用厂	顺丁烯二酸酐	顺丁烯二酸酐
综合利用厂	聚丙烯	聚丙烯
综合利用厂	顺丁橡胶	橡胶
综合利用厂	油毛毡	油毛毡
配套厂	热电站	蒸汽、电力
协作厂	化肥编织袋	化肥包装袋

　　主导工业部门主辅企业的这一结构,是以炼油厂年处理原油 700 万～850 万吨的能力为依据的,这个目标近期能否实现还难肯定,姑且作为远期目标来处理。那末,近期按 350 万吨炼油厂的规模来安排综合利用项目,就需要暂时退出涤纶一项。若与炼油厂平行,建 30 万吨乙烯厂,另需原油 700 万吨,也只能是远期设想。

　　根据这一情况,镇海工业点超地方规模工业的近远期规模大致如表 3 所示。

表 3　镇海工业点大型企业基本规模

	生产规模		所需人员(人)		所需生产用地(公顷)	
	近期	远期	近期	远期	近期	远期
炼油与石油化工	炼油 350 万吨 合成氨 30 万吨 顺酐 1.2 万吨 聚丙烯 1 万吨 顺丁橡胶 1.5 万吨	炼油 700 万～850 万吨 涤纶 8 万吨 乙烯 30 万吨 其余与近期同	9000	30000	160	230
电力工业	25 万千瓦	50 万千瓦	1000		14	

续　表

生产规模		所需人员（人）		所需生产用地（公顷）	
近期	远期	近期	远期	近期	远期
海洋渔业基地					
渔轮 100 艘,渔货 10 万吨	渔轮 150 艘	7000		65	
合计		17000		239	

在规划期,超地方规模工业以及港口、铁路和建筑安装单位等所需人员,在很大程度上决定着未来镇海城区的人口规模,其用地需求则在很大程度上决定着这个城区的空间规模。

(2)关于北仑工业点建设的几种设想

在北仑港区附近,国家还没有下达工业建设项目,也未进行统盘规划,我们不打算在没有任何计划依据的情况下具体讨论工业布局方案。不过,根据利用大型深水港兴办大工业的新因素,我们认为依托这个港区进行工业建设是必然的趋势。因此,不妨对这个未来工业点的工业发展提出几种设想。

设想之一:如果国家经济条件许可,在北仑港为宝钢转运矿石的同时,增建码头,增加矿石进口量,直接在北仑工业点建立大型钢铁联合企业。这里牵涉几个问题:

首先,是全国布点问题。大型钢铁联合企业的布局,应当在全国平衡,上海建了宝钢,北仑还要不要建? 现状对这个问题似乎可以作否定的回答。但是,我国是九亿多人口的国家,平均每人只有 33 公斤钢,远低于世界平均水平(1976 年平均每人 0.17 吨),比发达国家平均每人约半吨的水平相去更远。浙江省 1978 年自产和国家调拨合在一起,平均每人约 12 公斤,比全国水平还低得多。即使宝钢建成,上海总共产钢一千万吨左右,按上海人口平均,相当于日本目前的水平。一个特大城市,集中用钢量是很可观的,随着工业的发展,能调出的数量有限。浙江现有 3700 万人口,建立一个 500 万吨钢铁联合企业,要不是限于国家外汇支付能力,论需要,并不为过。

其次,是原燃料和辅助材料问题。铁矿石从国外进口的稳定性如何,从目前情况判断,不存在本世纪内资源枯竭的问题。澳大利亚西部哈默斯利铁矿从本世纪 60 年代以来探明储量不断增加,还在 60 年代末,澳大利亚西部已探明高品位(55%～68%)铁矿 21.5 亿吨,总储量则在 160 亿吨以上。巴西铁矿勘探的进展也很快,资源总储量在 300 亿吨以上,超过澳大利亚。这两个国家都大量出口矿石。世界上工业国家,铁矿资源多数比较丰富,只有日本与意大利特别贫乏,需大量进口。按澳、巴两国的资源蕴藏量与开采量,不至于因贸易竞争而产生资源危机。至于燃煤和焦煤,我国资源相对丰富,可以通过陆海联运,一面供应北仑工业点需要,一面把煤炭投入国际市场。其他辅助材料主要是石灰石和白云石,不难就近解决,石灰石浙江本身就比较丰富。

第三,是用地问题。一个 500 万吨钢铁联合企业的用地,按我国现状指标,大约需要 8 平方公里,北仑区域有 50 平方公里以上的滨海平原,用地应该是可以解决的。

第四,是铁路问题。宁波南站至穿山早有路基,到北仑区域的干线长度不过 30 公里左右,铁路修到北仑港区所需投资只需 5000 万元左右,比较经济。

利用港口办大运量工业的优越性已为国际经验所证明。日本 1957 年到 1976 年的 20 年中,对钢铁工业的投资约 270 亿美元,在海滨地带建立年产 1000 万吨左右的钢铁厂 10 家,增加了 1.24 亿吨产钢能力。在同一时期,美国以同样投资而不是利用海港建厂(美国本国资源较富),仅增加 3000 万吨生产能力。这样的国际经验是可以借鉴的。当然,利用远洋运输矿石办钢铁企业,关键在于运费,这就要求船舶大型化,根据宝钢的估算,从澳大利亚运矿石,10 万吨级比 5 万吨级巨轮运费低 8000 万元,吨位再大还可以更为廉价,因此,要为更大船只的通行而准备对出入北仑港区的虾峙门航道进行整理。

　　设想之二:一旦东海大陆架油田得到开发,北仑区域不仅可以建立勘探和开采的后方基地,而且现设北仑岸线西段属炼油厂专用的原油进油码头和贮油设施将进一步扩大,并部分转向原油发送。在资源开采量大的情况下,出口成品油的生产基地可以设在这里,以便利用这里有利的出口条件。在这种情况下,现设在镇海的炼油厂可考虑转到以石油化工为主的方向。

　　设想之三:上海港腹地潜力大而港口能力受自然条件限制,以宁波港需要承担分流任务为前提,把宁波港看作扩大了腹地的转口港,而北仑港区在宁波港分工中主要承担大批量货物进出口运输,这样的转口贸易港,至少可以发展部分进出口物资加工工业(包括初级加工和高级加工),直接为进出口业务服务的包装材料工业,以及与港口有关的机械制造和船舶修造工业等等。

　　以上超地方规模工业发展前景的构画,涉及动力供应与用水来源问题。关于动力供应,镇海发电厂第一、二期工程逐步建成并网,可以适应工业发展的需要。关于工业和城市用水,当地矛盾比较突出。为解决这一矛盾,浙江省和宁波地区的水利勘测设计部门做过不少研究,这里,我们引出他们倾向性的意见。他们的基本依据是以 1971 年农业需水期连续 73 天无雨的干旱型为标准,在现有水利设施条件下,对甬江流域作分片水量平衡计算,求得余缺数字,然后再做出以上游新建和扩建水库为主要措施的流域水利规划,按规划蓄水量作"1971 型"旱年的水量平衡计算。结果只有奉化江流域有富余水量,其富余程度,同宁、镇、北仑区域规划期工业、港口和城市需水量基本平衡。其中鄞江上游富余水量与宁波、镇海片需水量平衡;奉化江干流上游富余水量与北仑片(工业以 500 万吨钢铁联合企业为用水依据)需水量平衡。据此,提出宁波、镇海片从鄞江上游引水,用直径为 1.5 米的两条输水干管经宁波输水到镇海(鄞江镇至炼油厂 37 公里);北仑片从奉化江干流上游引水,用同样管径的两条输水干管送到北仑港区(溪口镇至北仑港 61 公里)的解决方案。

　　当然,这一方案并没有排除从当地取得部分工业用水的可能性。以镇海工业点所在的余姚江流域而论,农业固然缺水,实际上水量并不贫乏,只是因为该流域主要靠姚江大闸拦水,水位过高就要淹没农田,每年丰水期不得不大量排放,最高年排放量达 18.5 亿立方米,远大于镇海一带农业缺水与工业需水的总量,就是特大干旱的 1967 年也排放了 3.8 亿立方米,超过镇海工业点远景需水量一倍以上。因此,在丰水期和农业用水淡季,取河水贮存解决部分工业用水仍然是一个途径。正因为如此,镇海四大工程和北仑港工程在建设和试生产中还没有远程输水。问题是实现了规划设想的工业规模之后,要常年稳定供水,不从奉化江流域取水是不可能的。

　　应当指出,根据上述水利规划,奉化江流域上游水量的控制已经接近最大限度,而宁、镇、北仑区域超地方规模工业、其他产业以及城市总体发展规模未可限量,未来不能排除在甬江流域以外另觅远距离输水水源的可能。

四、从全局眼光整合市域与城市组团

　　新港区的建设给滨海大型装置型工业企业的诞生准备了条件,而大工业企业及其一系列配套设施的建设,又孕育着新的城市组团。新兴的镇海港区及超地方规模工业布点,将围绕镇海城区形成宁波东北部甬江口以西的一个重要组团。甬江口以东北仑港一带,也将围绕巨型港口以及可预期的滨海大工业布点,形成一个全新的北仑组团。原来的中心城市宁波,随着经济社会的现代化,还将不断焕发新的活力。这样,整个市域即将形成一个以宁波为核心、以大型、巨型港口为前哨的综合性、组团式城市群体。

下面就有关宁波市域及城市组团间关系的全局处理问题进行讨论。

1. 关于组团型城市的整体性处理

已经出现雏形的宁、镇、北仑区域的城市群体,就其形态结构来说,我们称它为组团型城市。这表示宁、镇、北仑三个城市聚落不是鼎足三分的三个独立城市,而是一个城市的三个组团,即一个统一体中的三个组成部分。这样说,有以下几点理由:(1)从历史角度看,三个部分是宁波港埠发展过程的产物,是城市随着港口演变而发展的三个时期的总和;(2)三个港区既有明确分工,又是相互补充,在运输生产力组织上构成一个整体,管理上同属一个港务局;(3)在两个新区的港口和工业建设中,宁波是后方基地,两区建成以后,它们将是宁波的外港和工业原料基地,而宁波仍将保持浙东政治、经济、交通、文化中心地位的综合性城市,三者互相依存;(4)水、电、路等公用工程互相牵连,特别是供水,三者依靠共同水源,非作统一安排不可;(5)三点铁路运输只能是一个统一的枢纽;(6)三点之间随着城市的扩大和公共交通的发展,绝对距离和相对距离将进一步缩短,彼此之间处于"不即不离"的状态。

看清三点之间整体性因素占优势的事实,认识宁、镇、北仑区域发展前景是一个组团型的港口工商业大城市,建议实行统一建制对城市规划工作具有实际意义。它可以使各个组团在规划建设中明确根据群体的"全局",处理个体的"局部",克服目前没有统一规划机构进行规划并长期负责实施规划管理而造成三个组团建设中零敲碎打的局面。

2. 关于城市各个组团的规模与职能

镇海在1975年四大工程开始建设时曾做过城市总体规划,为期十年,对城市规模作过匡算,当时匡定的人口数为10万。这个规划已于1976年12月经省革委会批准实施。根据目前城市总体规划一般分近、远期的做法,这个规划的期限只相当于现在要求的近期规划期限。从远期考虑,镇海主要是港口石油化工城的性质,仅按700万~850万吨炼油能力计算的石油化工和为它服务的建筑安装单位职工数,就相当于原规划职工数的4倍多,略过于当时规划的镇海城区职工总数,尽管其它计算项目的远期职工人数增加幅度没有那么大,至少也超过1/2,合起来职工总数可以是当时规划的2~2.2倍,如果仍按原规划中的带眷系数法匡算,而把系数值按计划生育所取得的实际效果从原来的2.2降到1.8,那么远期镇海的规模当在15万人左右。

北仑区域目前只有已建的炼油厂原油码头和在建的矿石转运码头,暂无新立项项目,其城镇规模还不能用任何方法推算。不过,前面已经分析,北仑港区全面开发可能有三种功能,工业发展也可能有三种方向,如果这一分析对发展前景没有太大偏离,那么,按照现代大型港口和大型工业及其配套组合所可能吸引的人口数量,在该区陆续建成后估计至少不低于10万。这个未来城市组团的性质,应该是远洋运输港口和重工业基地。

原中心城市宁波,在港口开拓的第三个时期之初没有直接获得太多的动力,因此,在规划期内本身没有刺激规模膨胀的重大因素。但这并不影响它在城市群体中的核心地位,主要原因是:

(1)它将保持城市群体中以行政、经济为主要职能的中心地位。一个有悠久历史、完整城市职能、拥有 20 多万人口、潜藏着新的发展机会的城市,具有很强的稳固性,不可能改变原有的向心力。例如:港口同外事有关的国际通讯、贸易洽谈、各种会展、金融交易等等,都将依托这个中心组团。

(2)它的经济和社会发展事业将会有大的提升。港埠的演进,农业的需求,石油化工和其他基础工业的发展,工业品国内国际需求量的不断增大,会给以中小型轻纺工业和机械工业为主体的宁波工业结构和规模提升到一个新的境界。随着改革的逐步深入和开放的逐步扩大,商业流通、对外贸易等经济活动,以及科技、教育、文化等社会服务事业都将随之跟进。

(3)大规模开发新港区所需要的铁路新干线,无论其走向将来是内陆的还是沿海的,都必须从宁波分出。因此,城市的铁路货物总编组站不会偏离宁波太远,而客运中心站必定落在宁波。宁波在城市群体中的地位将受到铁路枢纽布置特别是受到客站地位的烘托。

综上所述,一方面,目前宁波市区虽然还只是存在引起城市规模增大的潜在因素,另一方面,从全国政治经济形势以及沿海地区经济发展的先导作用来看,城市规模扩大的前景已经在望。以它的现有规模 26 万多人口为基础,近期"控制"在 30 万人是适宜的,远期应允许有较大的增长。

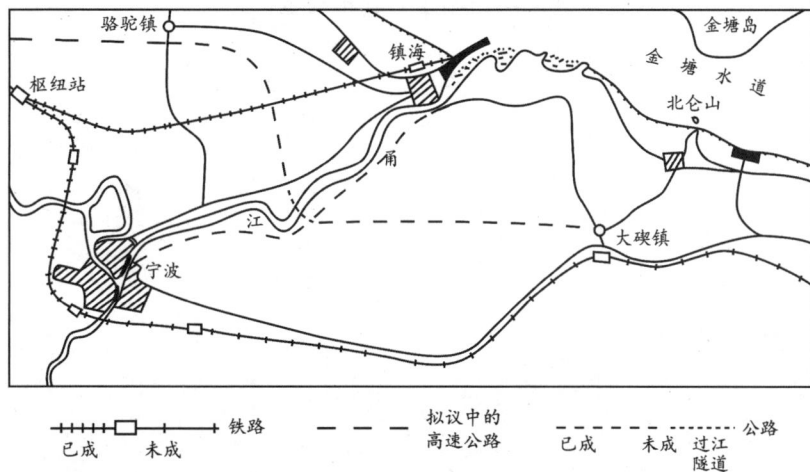

图 2　宁、镇、北仑区域交通联结

3.城市组团间交通线的布局与衔接(见图 2)

(1)公路线

为配合海运和工业建设,密切三点之间的交通联系,近期可利用现有的宁波北站—镇海(或可称为宁镇北线)、镇海南站—大碶(北仑港附近集镇)、宁波东站—穿山三条干线。宁镇北线除宁波入城段需改线外,其余部分已符合二级公路要求。另外两线需要加宽取直,改三级为二级公路。镇海过江近期仍用轮渡沟通。

为开发甬江南岸岸线,应修通宁镇南线,线路走向可与岸线大致平行,但为使使用岸线的单位有足够的陆域配置空间,线路与岸线之间宜保持 500 米以上的间隔。

随着北仑港区的进一步建设和新城镇的兴起,三点之间联系的要求也将进一步提高,需要开凿甬江过江隧道,隧道位置宜选在镇海县境的梅墟附近,其优点是:第一,对宁、镇、北仑三点过江都比较适中;第二,与拟议中的南京—杭州—宁波高速公路衔接方便;第三,线路从甬江中段经过,便于甬江两岸的联系;第四,有利于战备。隧道以南则开辟新线直通大碶。

　　鉴于宁波市区东西向过江交通全赖灵桥沟通,不仅桥上交通量负荷过大,而且造成了市内极不合理的迂回运输现象,为了解决这个问题,也可把过江隧道同宁波市区江北与江东之间的过江交通问题结合考虑,隧道位置移入宁波市区。这个问题可在城市规划中进一步作出比较方案。

　　如隧道采取后一方案,那么只要镇海、北仑两处实现规划设想的规模,远期解决镇海过江道路问题就势在必行了,至于采用高架桥还是隧道形式,则有待论证。

　　(2)铁路线

　　三点之间修通两条计划线,即洪塘—镇海支线和萧甬线延伸的甬穿(山)段。大碶地处北仑港区的陆路入口,可视今后港区布置和工业布局,设立站场,引出专用线。宁波江东甬江沿岸工业区今后如有需要,可从宁波东站引出支线。

　　宁、镇、北仑区域铁路总编组站,原设计方案把它设置在洪塘—镇海支线上,是以镇海港区的建设为主要依据的。现在应当考虑两个条件:第一,北仑港区及今后北仑工业点的建设;第二,宁波对外修建第二条铁路新干线的可能。随着两个条件的逐渐成熟,到总编组站编组的车辆,除镇海—杭州方向外,其余方向都不能避免车辆编组的折角行程,这就成为一种不合理现象。因此,建议把洪塘总编组站设置在干线上。

略论温州经济模式下的乡村超高速城镇化①

"温州经济模式"已为经济学界所熟知,但与经济模式相联系的"温州城镇化模式"还未见有较为全面的讨论。笔者拟依据三年来对温州人口、经济、城镇化问题的几次调查所得材料,针对该地区乡村城镇化的惊人速度、形成机制和存在问题,作一初步论证。

本文涉及的地域范围是整个温州市行政区,包括市区的鹿城、龙湾两区以及瓯海、洞头、永嘉、乐清、瑞安、平阳、苍南、文成、泰顺等九县(其中瑞安已撤县建市)。

一、乡村地区劳动力转移和城镇化的突进

人口城镇化是随着工业化和城镇的发展,乡村人口不断向城镇转移,城镇人口在总人口中所占比重不断上升的过程。乡村人口向城镇转移的前提,是城镇集聚非农产业,对乡村人口产生吸引力。但在我国的具体国情下,多数地方农村人多地少,劳动力过剩,而城镇产业发展缓慢,难以快速吸引乡村人口。在这种情况下,有的地方农民为了摆脱贫困,走南闯北,寻找资源和机会,自发地在家乡原有的集镇或村庄,建立起加工工业和其它产业,开放市场,在实现农业劳动力产业转移的同时,迅速出现乡村地区城镇化的局面。在这方面,温州地区堪称全国的先驱。

近十年来,温州人口非农化转移速度极快,到 1985 年,已有 130 多万剩余劳动力脱离了耕作,转向非农业部门。其中进入乡镇企业 44 万,家庭工业 33 万,个体商业和供销 25 万,劳务输出 28 万。从农村劳动力的部门分配来看,1985 年非农业部门的劳动力已占全市农村劳动力的 37.28%,1985—1987 年,全市农村劳动力从 258.31 万人增加到 270.14 万人,而农林牧渔业劳动力却从 162.00 万人减少到 151.84 万人。也就是说,短短两年时间里,全市又有 21.99 万人实现了农村内部的非农化转移。如果考虑到农村人口向城镇地区的迁移,那么,这两年从农业转向非农业的人口还要多。到 1987 年,全市农林牧渔业劳动力占农村劳动力的 56.19%,非农业劳动力占 43.81%,较 1985 年又提高了 6.53 个百分点。当然,各县农村劳动力转移速度是不平衡的,有的县转移速度远远超过全市平均速度,如乐清、永嘉两县,1987 年从农业部门转移出去的劳动力分别占农村劳动力总数的 13.96% 和 27.17%,而当年全省非农化劳动力仅占农村劳动力的 2.94%,这样快的非农化速度无论在温州非农化历史上,还是在我国现阶段,都是罕见的。

大批农村劳动力从农业部门向非农业部门的转移,必然导致经济和人口的空间集聚。对第二、三产业来说,只有当企业内部经营规模和企业外部集聚规模达到一定程度后,也即

---

① 本文与吴汉良合作完成,发表时署名"王嗣均、吴汉良"。

进入"门槛规模"后,才能充分发挥其规模效益。在温州农村,首先发展起来的是分散的、以一家一户为生产单位的家庭工厂和个体商贩。为了提高生产效益,家庭工厂不仅从单家独户开始走向联户、"挂产"和股份制形式,在地域配置上也开始向一些条件较好的集镇集聚,以利于产供销的衔接。随着家庭、联户、"挂户"企业的地域集聚,一些条件较好的集镇迅速发展,陆续升格为建制镇。尤其是 1984 年 10 月国家允许农村人口自理口粮到城镇落户后,县城以下建制镇和集镇人口的迁移增长速度明显加快。从 1964 年到 1981 年,温州全市一直只有 18 个建制镇。1982 年开始,建制镇数量逐渐增加,到 1984 年增加到 33 个,1985 年猛增到 82 个,1986 年 87 个,1987 年 99 个。增加速度极其惊人。

建制镇数量跳跃式增加的结果,必然带来市镇人口的迅速增长。1966—1970 年,温州市镇人口年平均增长速度仅 0.57%。70 年代略为加快,但仅提高到 2.90%。而同期总人口增长速度却分别高达 2.94% 和 2.37%,即市镇人口增长速度低于或接近总人口增长速度,故城市化水平反而下降或提高缓慢,如 1965 年市镇人口占总人口的 22.63%,1970 年降到 20.15%。进入 70 年代后,虽然市镇人口增长速度有所加快,但终因与总人口增长速度相差甚微,到 1980 年才达到 21.22%,尚未恢复到 1965 年的水平。80 年代中期以后,由于建制镇的大量增加,市镇人口急剧增长。1982—1987 年,市镇人口从 96.53 万人增加到244.75 万人,年平均增长速度高达 20.45%,是 60 年代后半期的 36 倍、70 年代的 7 倍。市镇人口占总人口的比重也从 1982 年的 16.03% 提高到 1987 年的 38.00%(见表 1)。

表 1　温州市城市化水平的变动　　　　　　　　　　　　　　(%)

统计口径	1965 年	1970 年	1975 年	1980 年	1985 年	1987 年
以市镇总人口计	22.63	20.51	21.09	21.22	31.43	38.00
以市镇非农业人口计	10.05	8.86	8.83	8.94	12.98	13.37

如果撇开市区,仅考虑建制镇,则更可以看出温州农村私营工商业发展和人口集聚对建制镇人口增长的影响。1958—1981 年,全市建制镇人口从 15.68 万人增加到 31.48 万人,年平均增长 2.95%。而 1982—1984 年却达到 28.81%,1985—1987 年进一步提高到 43.82%,远快于市镇人口的平均增长速度。这说明温州市区的人口增长速度是极其缓慢的。

当然,由于经济发展水平的地域差异,温州市各县城市化水平和速度也不相同。一些沿海县份经济发展较快,建制镇个数增加较多,市镇人口发展也较快;相反,海岛县洞头,山区县文成、泰顺,受到自然条件和区位条件的限制,建制镇数量和市镇人口增长较慢。1980 到1987 年,各县市镇人口占总人口的比重见表 2。

表 2　温州市各县城市化水平　　　　　　　　　　　　　　　　(%)

	瓯海	洞头	乐清	永嘉	瑞安	平阳	苍南	文成	泰顺
1980 年	4.97	9.17	6.23	1.71	6.15	8.57	5.68	6.42	5.61
1987 年	45.59	19.88	37.60	23.43	33.55	37.24	33.31	16.06	20.24

二、促使温州乡村地区出现超高速城镇化的内部因素和外部条件

1. 内部因素

首先是农村人地矛盾激化,农业排斥劳动力。温州山多田地少,全市 80% 的面积为山

地。1987 年耕地面积仅 277.9 万亩,人均 0.43 亩,不仅低于全国 1.4 亩/人的平均水平,也低于浙江省的 0.64 亩/人的水平。耕地面积小,山地人口负载能力极低,以致人地矛盾十分突出,迫使农业劳动力向非农业部门转移。

　　一方面是耕地资源贫乏且日益减少,另一方面却是人口众多且增长迅速。1949 年,温州市共有耕地 319.04 万亩,1987 年已减少到 277.90 万亩,38 年净减 41.14 万亩,相当于损失乐清一个县的耕地(41.25 万亩)。同期全市人口却从 276.7 万人增加到 643.99 万人,年平均增长速度为 2.25%,而同期浙江省人口年平均增长速度仅 1.81%。耕地以 0.36% 的年率递减,人口以 2.25% 的速度增加,结果必然是人均耕地面积急剧减少。1949 年温州人均耕地 1.16 亩,1987 年降到 0.43 亩。即使按农村劳动力人均耕地面积计,也只有 1.03亩。其中洞头县最少,仅 0.26 亩;最多的平阳县也只有 1.24 亩。即使像温州这样一个复种指数高达 2.25 的地区,每个农业劳动力在手工操作条件下也能耕种 5 亩,人地矛盾冲突之激烈可想而知。前面提到的 1978—1987 年全市农村劳动力的突进性转移是不可避免的逻辑结果。大量农业劳动力脱离土地,从事第二、三产业,自然产生产业集聚和人口集聚的需要,这正是人口城镇化的基本推动力量。

　　其次,向区外提供劳务和流动经商,促进了经济信息传递,激励了农村非农产业的活力。温州农村以个体企业为主,规模都较小,要使自己立于不败之地,就必须对市场信息特别敏感。在温州这样一个陆上交通相对闭塞的地区,信息传递显得特别重要。而温州地区在大批劳动力外出为各地城市提供劳务、流动经商的活动中,取得信息,形成正向的和反馈的信息流,恰好满足了这种要求。如上所述,1985 年温州全市已有外出个体商贩和供销人员 25万人,劳务输出 28 万人。这数十万人足迹遍布全国各地,及时捕捉各地的商品信息,迅速回传,组织生产和销售。可以说,正是这支庞大的供销队伍,沟通了温州与全国各地的信息交流,使大量农业剩余劳动力得以实现产业转移。

　　第三,需求导向,拾遗补缺,发展第二、三产业。温州全民和集体所有制工业投资不足,发展缓慢,从反面为农村个体工业发展提供了一定的条件。就全局来看,计划经济体制下的工业部门不可能满足包罗万象的市场需求,许多小商品的生产和销售得不到应有的重视。在这种情况下,温州个体工商业担负起拾遗补缺,发展不受国营和大集体企业重视的小商品生产的任务,根据市场需求进行生产,使产品行销全国各地。永嘉县桥头镇的纽扣、乐清县柳市镇的小五金和电器、平阳县萧江的编织袋、苍南县金乡镇的标牌等产销基地的勃起,就是这方面很有说服力的例子。恰恰是这些原来不受重视的商品的生产和销售,成了温州农村个体工商业的支柱,吸收了大量的农业剩余劳动力。到 1987 年,温州农村从事工副业的劳动力已占劳动力总数的 22.67%,第三产业也已占 17.90%。

　　第四,中心城市长期缺乏吸收农村劳动力的能力,迫使他们就地转移就地集聚。温州农村人地矛盾的极度尖锐化引起劳动力向外转移。在一般情况下,区域中心城市具有最强的经济实力,它与周围农村的巨大反差会对农村劳动力产生强大的吸引力。但是在温州并没有形成令人注目的向心迁移流,究其原因,主要是在依靠国家安排建设项目投资来扩大城市人口容量的城市经营体制下,温州因缺少投资而处于明显的劣势地位。温州是一个历史悠久的港口城市,具有良好的建设条件。但从新中国成立到 80 年代初,国家在温州全市的工业投资总共不过 4.39 亿元。工业投资少,工业产值增长和各项建设事业发展缓慢,严重妨碍了城市扩大基本人口和服务人口的能力。1978 年温州市区待业人口 4.5 万人,待业率高得惊人。中心城市连原有人口的就业问题都得不到解决,自然也就无法吸收农村劳动力了。

在这种情况下,中心城市如果能够利用农村家庭企业发展所积累起来的资金和人才,加以引进,也能加快城市第二、三产业的发展,增强吸收人口的能力。近几年许多建制镇新区的大面积建成和龙港镇平地崛起成为拥有三万多人口的新城就说明了这一点。但由于城市户口制度的封闭性,温州这一具备区位优势的中心城市却没有给资金迅速膨胀的农村个体户造成投资的魅力,于是就只能寻求在集聚条件较好的集镇和建制镇发展了。

第五,集镇和初级市场的兴起给劳动力转移、产业集聚以低层次的中心地依托。当经济发展到一定程度后,农民手中积累的资金总要寻找合适的投资场所。既然无法进入中心城市和县城,资金不得不投向其他建制镇和集镇,这就为温州乡村地区的超高速城镇化提供了资金基础。1979 年以来,温州市用于建制镇基本建设的投资就已达 15 亿元,其中 80% 由群众集资。龙港在建镇后仅一年多时间里,群众就自筹了 1.6 亿元资金。农村资金大批地向集镇和建制镇集中,必然带来建制镇人口的急速增长,其中最典型的就是柳市、虹桥、莘塍、金乡、宜山、水头、桥头、钱库、塘下、仙降、萧江等十大产销基地所依托的 11 个建制镇的发展。到 1987 年,这 11 个镇的人口已达 29.10 万,其中非农业人口 8.95 万人[1]。在这 11 个镇里,桥头等后 5 个镇是 1982 年后设置的新镇,柳市等前 6 个镇则已有 30 多年的历史,但正是家庭、联产工商业的发展,才使老镇获得了新的生机。

为了充分反映个体和私营工商业在温州乡村城镇化中的地位与作用,我们不妨把柳市等 6 镇与地理条件、行政地位、经济实力和基础设施都比较好的中心城市和县城作一对比。在计划体制下,市、县中心城镇的人口增长速度均远高于一般建制镇。1961—1970 年,县城和温州市区的人口年平均增长速度为 1.07% 和 1.62%,柳市等 6 镇则低达 -5.83%。进入70 年代后,这一情况逐渐逆转。1981—1987 年,柳市等镇人口增长速度高达 14.67%,而县城和温州市区却分别只有 8.35% 和 2.56%。与 1985 年相比,1987 年十大商品基地所依托的 11 个建制镇人口增加了 23.10%,县城和温州市区只分别增加 17.52% 和 2.52%,一般建制镇人口发展速度大大超过市、县中心城镇这一事实,充分说明了家庭、联产工商业对温州乡村地区城镇化的巨大推动作用。

2.外部条件

温州乡村超高速城镇化的外部条件,首先是"文革"期间和 80 年代的两次非农化机会。"文革"期间,政府机构因遭受冲击而处于半瘫痪状态,政府的控制、管理能力大大削弱。在这种情况下,人地矛盾冲突和传统的经商观念突破了政策的束缚,大批农民脱离耕地从事非农业经济活动,个体经济得到发展。尽管这种情况在全国被视为"资本主义"典型而加以批判,但人口非农化势头并未被彻底扼杀。这是 70 年代前期温州城市化速度加快的重要原因之一。

十一届三中全会后,农村经济体制改革和商品经济得到确认,使温州人传统的经商意识再次勃发,或外出经商,或利用大工厂废弃物发展家庭工业。政策的鼓励和环境的压迫使越来越多的人加入了个体经济的行列,以小规模、分散家庭作业为特点的温州经济模式逐渐形成。到 1986 年,全市家庭工业已达 14.65 万户。随着经济的发展,个体企业开始以各种形式扩大生产规模,并吸收(或雇佣)无力独资办厂的劳动力;许多乡镇企业也在竞争中得到发展,成了吸收农业劳动力的核心。

其次是县属镇户口控制的放宽。人口非农化仅仅是人口城镇化的必要准备,要实现人

---

[1]　这里按吃国家计划商品粮人数计。如按实际从事非农业产业的人口计,则远不止此数,下同。

口的空间转移,就必须在政策上允许农民进城。1984年县属镇户口政策的放宽,正是温州人口非农化得以转为城镇化的关键之一。据温州44个建制镇的调查,1984年10月至1985年12月,被批准落户的有39560户,137341人,平均每个镇3121人,大大超过全省平均水平。一些人多地少的地区就更明显,如号称"八山一水一分田"的永嘉县,自理口粮进镇定居的山区农民就有4万多人,办理临时户口的2万多人,几近于全县人口的1/10。最有典型意义的要数龙港镇,1984年建镇时仅7812人,其中非农业人口1678人,个体和私营工商业也不发达。但1984年户口政策的放松为它创造了良好的发展条件,到1986年底,该镇已拥有3.4万常住人口。显然,没有这些户口政策调整的机会,龙港是不可能有这样快的发展速度的。

最后一点是全国经济发展水平的地区差异给温州人口非农化和城镇化提供了条件,即温州人的善于经营和全国许多地区经济水平的相对落后,使得大批温州产品有了广阔的销售场所。可以说,温州人正是利用经济发展水平的地域差异,抢先占领国内消费市场,通过大力发展私营工商业,实现农村劳动力的产业转移和人口的空间集聚。

三、进一步城镇化需要克服的一个弱点

温州经济模式支配下的城镇化模式,为加速农村劳动力转移和人口城镇化提供了新的经验。但是,在这股城镇化势头面前也存在着若干不利因素,其中最基本的问题是城镇化的工业基础问题。

上述近十年来温州城镇化的种种经济活动在今后若干年内还将存在,并且继续成为城镇化的一大动力。但是这些经济活动大部分发生在流通领域,依靠工业生产积累的资金不多。已经建立的一点工业也是以家庭、联户工业为主体,加上一些村办企业和少数私人企业汇成的小商品生产,它们不需要复杂的装备和专门的技术。所以,从总体上说,全市乡村地区的超高速城镇化是在缺乏有实力的工业支撑的情况下出现的。浙江省各市、地农村劳动力转移和城镇化速度不如温州市快,但工业基础大多比温州厚实,特别是与杭州、宁波两市相比,反差更为强烈。

应当指出,这三个市所辖区域都包含平原县和山区县,三个城市都是沿海中心城市,新中国成立以来都一直保持省辖市的地位,可比性是比较强的。表3中温州市唯一超过全省平均值的是人均城镇居委会办、合作经营和个体工业产值。在温州市人均工业总产值只相当于全省人均数45%的情况下,这项数值本身也只占温州工业总产值的3.16%。因而,实际上并不是这项产值实绩很大,而是它比全省城镇居委会以下层次工业产值占全部工业产值的比重大一点而已。

表3 温州、杭州、宁波三市1987年人均工业产值比较(以全省平均为100)

	温州市	杭州市	宁波市
人均工业总产值	45	180	158
其中:人均乡办以上工业产值	44	207	165
人均城镇居委会办、合作经营和个体工业产值	200	40	267
人均农村村办、合作经营、个体工业产值	55	140	173

资料来源:《浙江统计年鉴》,1988。

可见,温州市农村劳动力从农业转移出来后,主要是通过经商获利,然后迅速产生开拓

意识、竞争意识、安全意识和新的生活追求,纷纷向允许自理口粮落户的建制镇和集镇迁移。这种以商业活动为城镇化契机(或者说商业兴市)的情形,在特定时期和特定经济环境里,无疑有其现实性,但不可能持续很久。在一般情况下,没有作为经济和社会发展支柱的工业的发展,农村劳动力转移和城镇化的基础终究是虚弱的。根据温州现实情况和生产力发展的需要,未来乡村地区城镇化的基本道路应该是利用工商业积累资金,逐步加强工业建设,在第三产业和第二产业相互推进、相互依存、协调发展的基础上,使农村人口陆续转化为城镇人口。

加强工业建设,一是要逐步改变已经从农业中转移出来的个体工商户的投资方向和投资结构;二是要扩大中心城市和县城的工业规模和再生产能力。

从农村转移出来的工商户,无论是个体的、合作(联户)形式的,还是后来出现的以雇佣劳动为基础的私人企业,经过几年的锻炼,多数经营者已拥有一定的资金积累,也在不同程度上作了扩大经营的投资。但他们的经营决策和投资行为往往受到政治气候、社会环境和社会心理的支配。不少工商户具有干练的经营才能,但在兴办工业上并非都有企业家的抱负。几乎所有人都把相当一部分资金转向私人建房,而且攀比豪华之风盛行,使得可以投向工业的宝贵资金越来越多地固定在非生产性的不动产之中。这种情况固然与对政策或多或少持观望态度有关,但也不能否认,旧的社会传统和心理对新的时代意识有着一定的抑制作用。因此,在温州乡村地区充分利用实验区宽松的经济环境,制定富有远见的发展政策,对民间资金实行投资引导,增加对工业的投入,无疑是非常必要的。

工业投资当然要讲究区位优势,这就涉及较高层次城镇的工业建设能否合理利用乡村地区民间资金的问题。城镇化从来不是城镇体系中某一个层级城镇的单独推进,而是整个城镇体系各级城镇按各自条件同时发展,在动态中求得平衡。温州地区也不例外。但是,温州市三级城镇(区域中心城市、县城、一般建制镇)目前唯有一般建制镇发展最快,较高层次的两级城镇反而显得步履蹒跚。这决不意味着中心城市和县城已经丧失区位优势,而是因为这些城镇中的全民所有制、集体所有制企业在周围个体、联户和私人经济的冲击下,没有确立相应的竞争机制,逐渐丧失了活力。这一点可以从温州市区与杭州市区、宁波市区工业企业的劳动生产率对比中看出来。如1987年全民所有制独立核算的工业企业,温州市区的劳动生产率相当于杭州市区的51.1%,或宁波市区的40.3%。如果说杭州、宁波分别拥有一些温州所没有的大型全民企业,获得了较多的政府投资,全民企业平均劳动生产率应当高一些的话,那么,集体所有制独立核算工业企业的经营条件应该说是基本上均等的。但相比之下,温州集体企业劳动生产率只及杭州的44.7%,宁波的62.3%。这就表明,温州中心城市(各县县城也类似)没有以自己较高层次和较强的经济实力,推动本区域城镇化的发展。要改变这种状况,首先当然要使中心城市和县城摆脱工业经营管理落后的局面。但是,充分利用这些城镇的优越地位,为乡村地区个体工商户和私人企业开辟工业投资的渠道,刺激其第二、三产业的发展,发挥它们作为区域城镇化龙头的作用,也不失为一项可行的补充条件。一般来说,城镇吸引外来人口主要是两类:一类是根据城镇自身实力陆续接纳的经济活动人口及其所赡养的人口;另一类是拥有资金进城直接或间接地经营工商业及其它事业的人口。目前县城与县城以上城市受到户口管理制度的限制,使迁离乡村的工商户只能在建制镇和集镇落户。这对较高层次城镇的发展实际上是一种损害,对区域城镇化的层次结构也是一种扭曲。看来,对中、小城市的户口控制实行有条件的开放,是应该提到议事日程上来的时候了。

载《人口研究》1990 年第 2 期,第 25—30 页

人口普查的现代特点与作用

[编者按]　这是省人口普查领导小组顾问王嗣均同志在全省地、市、县人口普查办公室主任会议上的讲话记录稿。原题"认识人口普查意义,搞好人口普查工作",分三个部分,本刊收入第一、二两部分,并在文字上作了一些删节。

第一个问题,讲一点人口普查的现代特点

现代意义的人口普查工作在世界上已有二百多年的历史了,最早要算冰岛,在 1703 年就进行了全国人口普查,以后瑞典等国相继进行。美国人口普查比这些国家迟,但是一般又说美国是最早进行人口普查的国家,这是因为美国在 1787 年宪法里就有关于人口普查的条文,1790 年又通过普查法案,从这一年的第一次人口普查开始,每十年一次,一直坚持到现在。到目前为止,世界上累计已有 210 多个国家和地区,从事过近二千次的人口普查。开始,普查项目比较简单,一般只是为了选举和税收二个目的。因为资本主义国家是议会制度,选举要按人头分配名额,要收直接税。后来逐渐同国家管理、税收与财政补贴、劳力供应、社会公共设施、兵源补充、移民管理等联系了起来,调查的内容增加了,成为了解国情、国力的重要手段。如利用普查资料,了解国内有多少儿童,每个家庭的收入如何,就可决定拨款补助,发展教育事业。在劳动就业、兵源、移民等方面,也是一样。所以,日本把人口普查叫做"国势调查"。

目前世界各国人口普查的特点是:

(一)采取法定的形式

许多国家把人口普查用法律形式固定下来,资本主义国家搞自由化,如果没有法律规定是不行的。因此,他们有普查法或统计法的规定。美国在 1787 年和 1790 年就有宪法和法律规定,英国在 1920 年制定普查法,印度在独立第二年,即 1948 年就颁布了普查法,日本在 1947 年颁布了统计法。所以,世界上很多国家进行人口普查都是有法律根据的。

(二)人口普查趋向定期举行

定期普查,资料有延续性和可比性,能给研究问题、安排计划,提供可靠依据。一般有十年搞一次,也有五年搞一次的,时间上不轻易更动。第二次世界大战期间,美国就未曾中断过人口普查,日本只在 1945 年战败时打乱过一次。

世界上也还有一些发达的国家没有做到定期普查,如苏联和法国等。我国也是不定期的。

十年一次普查的,一般是逢"0"年进行,如 1970 年、1980 年,这些国家约占 44%。五年

一次普查的,一般是逢"1"逢"6"年进行,如 1971 年、1976 年。有的采取五年一小查,十年一大查。这些国家约占 18%。

为了有利于普查资料的汇总和比较,国际上趋向于要求各国人口普查能在大致相同的时间里进行,联合国提出过一个"1980 年世界人口与住房普查方案建议"(草案),建议在"0"或"1"的年份搞普查。我国原考虑在 1981 年搞第三次全国人口普查,因准备工作来不及,才推迟到 1982 年。

(三)人口普查工作由常设机构处理

普查不但在普查期间有许多工作,在间隔期也还有许多工作要做,没有一个常设机构就很难进行。在国外往往设有执行机构和咨询机构,共同搞好普查工作。美国先后搞过 20 次普查,头 12 次都是临时机构,1902 年起成立了人口普查局,开始放在内政部,后来属工商部管,现在放在商务部。一些发展中国家也有常设机构,如菲律宾就设有"普查及统计局"。

(四)重视人口普查的试点工作

世界各国每搞一次人口普查都要作长时间的准备,并选一个或几个点,进行试验。普查工作时间性强,接触面广,统计复杂,各国虽有一些经验,但国家情况在不断变化,普查项目就要有增有减,不能固定不变。如生育情况在我国这次普查中是新增加的,这对控制人口、预测人口很重要。同时,普查人员也是要变动的,上次有一批人搞普查,这一次普查就不一定是这些人了,所以,每次普查都要搞试点。

联合国人口组织认为搞人口普查要有 14 项准备:(1)要有法律依据;(2)要有预算和经费管理;(3)安排日程表;(4)成立管理机构;(5)搞好联络宣传工作;(6)制图工作;(7)划分普查区域;(8)编制住所住户底册;(9)定制表计划;(10)拟订调查表;(11)普查试点;(12)点查计划;(13)资料整理计划;(14)人员招聘和训练。我国这次普查与这些准备工作要求大致相仿,只有二点不同。一点是绘制地图一项我们不必搞,我们是社会主义国家,从中央到地方,直至生产大队、居委会,都有严密的组织。资本主义国家没有这套组织,到处可以居住,普查时就要绘个地图,看看每一个区域内有几座房子,有几户人家。现在,他们用航空像片转绘地图,也不很费事。另一点是我国这次要新建电子计算机站,人家大都有了,我国是新建的。

为了搞好普查工作,联邦德国近两次普查准备了五年,英国 1971 年的普查准备了 7 年,苏联 1979 年的一次普查准备了 3 年,美国 1980 年的一次普查准备了 7 年,日本在今年的一次普查也准备了 2 年。所以,我国第三次全国人口普查三年准备时间是紧的。

试点工作做得好坏是关系到普查工作全局的,各国对试点都抓得很紧。日本 1975 年普查搞了三次试点,苏联 1970 年普查在 1967 年 3 月 23 日就开始搞试点,他们搞了 23500 平方公里,80 多万人口的试点,试点的重要作用是训练骨干,实地练兵。因为,搞得不好普查是要失败的,世界上已有失败的教训。苏联在 1937 年搞的普查就失败了,因为登记标准不统一,结果无法汇总统计,不得不于 1939 年重新搞过,这就劳民伤财了。因此,普查的标准、要求、项目等一旦统一后,要搞"一刀切",不能搞灵活机动。我国人口多、民族多、分布广、地理条件复杂、文化水平也比较低,这次普查又扩大了项目,运用电子计算机,任务重,要求高,难度大,所以更需要搞好试点工作。

(五)普查项目增多

普查项目的多少,要根据国家的需要和可能而定。所谓可能,一是被查对象有没有可能提供,二是普查力量是否可能,如无电子计算机,就不能查许多项目。我国这次普查 19 个项目的汇总交叉统计,如无电子计算机,用手工汇总是不能想象的。一般国家人口普查,都要求耗费最少的经费,取得尽可能多的资料,因此,普查项目趋向增多。普查资料不但国家需要,资本家也感兴趣,他们做生意、办企业就需要人口情况。美国洛克菲勒财团有个基金会,下面就设了一个人口研究所,人员遍及世界各大洲,他们利用各国普查资料,把世界人口情况,研究得很细。人口普查项目,在一二百年前只有三四个,二次大战后也不超过 40 个,而现在就大大增加了,加拿大有 69 项,美国有 60 项,菲律宾有 41 项。美国的普查登记表分二种,一种是短表,一二十个项目,全国人人都要填;一种是长表,选择 20% 居民填写,专门分析一些问题,项目比较复杂。1853 年世界统计协会在布鲁塞尔开会,推荐 15 个主要项目,现在联合国提出项目为六大类 36 项。今后的项目是否会无限制增加呢? 不会的,因为,许多数据可以从基本数字的交叉关系中分析、推算得到,不需要直接调查,只有无法分析、推算的数字才列入普查项目,放到登记表上。

(六)普遍采用电子计算机

从普查结果的汇总到数据的储存、检索,都必须对资料进行整理,工作量是很大的,各国大多使用电子计算机来处理。电子计算机有很高的效率和精确性,但也有它的弱点,它不像人一样,对差错不能能动地识别和调整,你给它错了,它也错了。所以普查登记与编码一点也不能马虎。一些发达国家,用电子计算机处理普查资料时间较早,发展中国家,如印度、巴基斯坦在 60 年代已用电子计算机,尼泊尔、缅甸等小国在 70 年代也用了。现在美、日等国还用"光学感应录入"设备,能把普查表上的符号直接输入电子计算机,转变为数据,每分钟能处理二百张登记表。由于应用了电子计算机,统计汇总的速度快,取得的资料更丰富,更及时,价值也就更大,更宝贵了。如用手工汇总统计,资料要好多年后才能得到。世界各国对普查资料的整理出版都很重视,美国 1960 年整理出 55200 页的人口普查资料,加拿大 1961 年整理出 7800 页,法国 1962 年整理出 13600 页,意大利 1961 年整理出 12100 页,日本 1960 年整理出 29100 页。由于资料多,公布的也就详细,如日本 1975 年出版了六卷普查资料。出版普查资料也能赚钱。

现代人口普查,除上述特点外,还有两点也值得注意:一是广泛运用抽样调查方法;二是人口普查与住房普查同时举行。抽样方法很有用,不但调查可以抽样,质量检查可以抽样,汇总也可以抽样。如日本用 1% 抽样快速汇总,很快可以把普查得到的数据推算出来告诉全国。他们在 1 亿人口中,抽了 100 万人,也有代表性了。接着再抽 20% 详细汇总,可以把职业、行业情况统计得细一些,因为全国汇总不能搞得过细。我国这次人口普查,在全面汇总前也要作 1% 的提前抽样汇总。人口普查与住房普查结合进行也比较普遍,查人口是以户为单位,必然要与住房联系在一起,住房情况再没有比它和人口情况直接有关的了。所以,在国外,一般既查人口,也查住房,联合国的建议就叫做"人口与住房普查"。

第二个问题,讲一下人口普查的意义和作用

人口普查可为国家制定各种计划提供依据,不掌握人口情况,搞计划就不行。劳力的安排,消费品的分配,还有教育、卫生、人民生活其他方面的安排,都要有人口基数。普查对人口本身的规划也有用,如掌握了人口的性别、年龄、生育、死亡的数据就可搞人口发展规划。

普查所得到的正确的人口资料和与人口有关的资料,对国家很有用,这是没有疑义的。但有的同志说,我国有户口登记管理制度,有人口统计,为什么还要人口普查? 我们说日常

户口登记不能代替人口普查。人口数字来自二个方面：一是户口登记的统计数；二是人口普查数。人口普查与户口登记的主要区别在于：一是时态不同。普查是按规定时点，在规定时间内一次搞的，是一次性的，是静态资料。户口登记是经常性的，情况随时发生变化就随时登记，是动态资料。二是项目不同。每次普查的项目常可以根据国家情况变化而定，但户口登记的项目不能很多，而且一般是不变的。三是申报的方式不同，户口登记是到户口管理机关去登记，而普查是在普查站登记，或者上门去登记的。四是法律效用不同，人口普查的资料是为国家搞计划搞建设服务的，但没有法律效用，如普查登记的婚姻关系、职业等，都是反映当时实际存在的情况，而不是在法律上给予承认。人口登记是具有法律效用的，可供证明用。如证明结婚与否，并为治安管理提供人口的基本情况。归纳起来，人口普查最大好处是可以为国家提供一定时间全部人口的多种项目的人口资料，这是日常户口登记所办不到的。

那末我国这次人口普查能解决哪些问题呢？这可以从我国这次人口普查登记表的项目内容上来看，它的作用是大的。

（一）可以取得基本人口数，便于分析与人口有关的情况

我国有十亿人口，但到底有多少，没有一个准确数字，通过人口普查首先是得到两项最基本的准确数字，一项是人口总数，一项是按性别的各龄人口数。有了前一项数字，与国家有关统计资料对照，可以获得反映国力的许多指标，如人口经济密度、按人口平均的国民收入等。有了后一项数字，可以知道婴幼儿、青少年、成年人、老年人、劳动力、育龄妇女各有多少，便于对各项事业作相应的安排。

（二）可以掌握人口的生育情况，即生育水平

主要包括五个方面：

1. 出生人数。出生的绝对数字，过去统计不很准确。按理凡是出生婴儿只要有生命现象就要统计，那怕是出生后只有一秒钟心脏跳动，也要统计的。这点在我国做得不很严格，很多出生后当即死亡的婴儿未作出生和死亡统计。通过普查，可以确切地掌握出生人数。

2. 出生率。即出生人数与总人口之比。

3. 一般生育率。即出生人数与 15～49 周岁妇女的人数之比。

4. 育龄妇女分年龄生育率。看哪一部分妇女生育最多。据了解我国近几年以 23～26 岁的妇女生育最集中，普查可以提供这方面的确数。

5. 总和生育率。就是分年龄生育率的总和。

此外，还可从生育项目与登记表中其他项目的联系，了解妇女生育情况与其他社会情况的关系。如妇女生育情况与地区有什么关系；生育与文化水平有什么关系；生育与职业有什么关系；生育与民族又有什么关系，等等。

（三）可以分析人口的死亡情况

首先是统计、分析死亡水平，包括统计死亡人数、各龄死亡人数、不同性别的死亡人数及婴儿死亡人数。从死亡人数中得出死亡率、分年龄组死亡率，再从分年龄组死亡率得到死亡概率推算出平均预期寿命。我们说我国的平均寿命是 68 岁，外国人不怎么相信，我们也不能完全肯定，只是个大概数，主要是婴儿死亡率统计不一定完整，如果从各个年龄的死亡人数中得出一个概率来，就能准确地计算出我国的平均寿命了。

其次是分析死亡与其他社会经济条件的关系。如死亡与所在地区（经济发达或落后）的关系；死亡与职业的关系等等。

　　人口的生育与死亡结合起来,就能掌握人口再生产的情况,这是人口规划的依据。要控制人口,离不开准确的生育和死亡的资料。现在我们提倡生一个小孩,但做规划还得从城乡实际生育和死亡水平出发,逐步达到控制人口的目的。

　　(四)可以掌握劳动人口材料

　　这有下面几方面情况:

　　1.了解参加劳动的程度和趋势。看总的有多少劳动年龄组人口,占总人口的比重有多大;有多少人就业,有多少人待业,就业率有多高;劳动年龄人口中按性别和年龄组的就业率怎样。这些情况都只有通过普查才能正确掌握。

　　2.了解劳动人口受人口特征与社会经济特征的影响。劳动年龄人口的数量和比重受人口年龄构成的影响,因为人口中未成年年龄组、劳动年龄组、老年年龄组的人口之间是有一定的比例关系的,增长型、稳定型、减少型三种人口发展类型,劳动人口的比重不一样。劳动年龄人口也受生育、死亡、迁移的影响。劳动人口就业率与婚姻、妇女生育情况的关系很密切,妇女结婚、生育后,往往逐渐退出劳动岗位,甚至不再做工作,劳动力就少了。此外,劳动年龄组人口的就业情况与高等教育和中等教育的普遍程度也有关系。

　　3.了解在业人口的行业、职业构成。我国过去人口普查没有行业与职业二项,这次是第一次进行这两个项目的调查。取得人口的职业、行业构成情况,对国家安排劳动力,安排职业训练能提供重要依据。

　　(五)可以分析人口与发展的关系

　　也就是说利用普查资料可以分析国家社会、经济发展的一些问题,进而为作出相应的发展规划服务。

　　劳动力安排问题,是国家发展的重要问题,就业比例高低,在一定程度上反映国家发展状况。

　　城乡发展问题,也是一个重要问题,根据农村和城市人口及其各种构成状况,可以研究城乡的发展战略。在西方国家城乡很难分。在我国城乡分明,要考虑怎样发展城市和农村的问题。

　　教育事业是国家发展的一个重要方面,也要根据人口普查资料来规划。

　　粮食与其他生活资料生产,与人口的关系十分密切,这是显而易见的,详细的人口资料无疑是农业规划不可缺少的依据之一。

　　家庭构成情况也可从普查中获得,现在国内外家庭规模都在缩小。家庭发展情况也是国家发展的一个方面。

　　人口还可以与其他资料对比。人口、粮食、能源、资源、环境是世界五大问题,而其中人口处于中心的地位。

　　(六)从人口普查资料中进行人口预测

　　要研究人口的未来,让各级政府掌握人口发展的前景,就要利用普查资料进行预测。人口预测主要有五个方面内容:

　　1.预测未来总人口。

　　2.预测未来人口的年龄、性别构成,掌握育龄妇女、劳动年龄组人口以及其它年龄组人口情况。但从经济上来讲,劳动力预测是一项很重要的预测,就像育龄妇女人数与年龄构成预测从计划生育上来讲是一项很重要的预测一样。

3.预测未来的家庭数量,可以更好地安排住宅建设。

4.预测不同地区的人口变动前景,为区域规划提供基础性数据。

5.预测城乡人口。这与编制城市规划有密切关系。例如我国根据城市吸收劳动力的能力,采取控制城市人口的方针,今后掌握什么尺度,当然需要对未来的经济和城市人口进行预测。

(七)可以同世界各国进行比较

现在,我国人口资料不全,有的资料口径与外国不一致,很难比较。有了详细的普查资料,就便于比较,可以看到彼此的共同点和差别。

此外,人口普查的每一个项目,都有它本身的用处。例如调查民族情况,了解各个民族的人口数量,人口自然、社会构成,出生、死亡特征,教育程度,等等,可以结合经济水平,为更好地制订民族政策提供必要的依据。

载《浙江人口通讯》1982年第2期,第22—27页

浙江杭、宁、绍、嵊四市镇人口迁移和流动特征初析①

　　1986 年 8 月,我们对杭州、宁波、绍兴、嵊石四市镇进行了分层随机抽样调查,抽样比分别为 1.3‰、3‰、5‰和 16.6‰,实际调查人数分别为 1512、1330、1329 和 702 人。本文主要以这次调查所得数据为素材,从人口迁移、流动的一般数量特征、人口学特征以及时空特征等方面进行初步的分析。

一、区域背景

　　杭州、宁波、绍兴、嵊石三市一镇位于杭州湾南北的杭嘉湖平原与宁绍平原。这个地带是浙江省粮食作物和蚕桑、黄麻、棉花、油菜籽、茶叶等经济作物以及水产品的主要产区,历史上水上交通发达,近代商品经济有一定的发展,同时,该区邻近上海,并拥有出海港口,早在十九世纪中后期,城镇就受到近代工商业的熏陶,中心城镇有所发展,并吸引了各自腹地的人口,是令人注目的近代城市化先行地区之一。在中华人民共和国成立后的前 30 年中,由于国家工业建设的重点不在东南沿海地区,加上 60 年代初以来长期执行控制城市人口的政策,人口向心移动并不强烈,城镇发展也不快。70 年代末以后,随着改革、开放政策的贯彻和深化,区位因素重新起作用,各项事业勃兴,城市规模迅速增大。因此,对这个地带城镇人口移动的调查研究,不仅对认识该地带本身的迁移动态及其规律性有直接的意义,对东南沿海地区也有一定的典型意义。

二、迁移流动的基本数量特征与时间变化

1. 迁移量与迁移率

　　在调查户中,37 年累计迁移量与迁移率如表 1。

表 1　三市一镇 1949 年以来人口迁移状况

	调查户数(集体户与家庭户)	调查常住人口数(人)	其中				迁出人口	
			迁入人口		原住人口			
			人数(人)	占常住人口百分比(%)	人数(人)	占常住人口百分比(%)	人数(人)	占常住人口百分比(%)
合计	1541	4873	1211	24.85	3662	75.15	275	5.64
杭州	484	1512	420	27.78	1092	72.22	49	3.24

---

①　本文与吴汉良合作完成,发表时署名"王嗣均,吴汉良"。

续　表

| | 调查户数（集体户与家庭户） | 调查常住人口数（人） | 其中 | | | | 迁出人口 | |
| | | | 迁入人口 | | 原住人口 | | | |
			人数（人）	占常住人口百分比（%）	人数（人）	占常住人口百分比（%）	人数（人）	占常住人口百分比（%）
宁波	452	1330	241	18.12	1089	81.88	32	2.41
绍兴	402	1329	280	21.07	1049	78.93	79	5.94
硖石	203	702	270	38.46	432	61.54	115	16.38

从表 1 可见，新中国成立以后迁入人口占四市镇常住人口的 24.85%，迁出人口占 5.64%，"净迁入率"仅 19.12%[①]，而同期四市镇总人口平均增长了一倍，尽管这几项数字不尽可比，但仍然可以看出，30 多年来这一带市镇人口增长的主要来源是自然增长。诚然，人口迁入大于迁出，显示了城市化过程中普遍存在的现象，但迁移变动幅度不大，说明新中国成立以来这里是弱迁移地带，城市化势头并不强。当然，四市镇之间本身也存在着差别，宁波与绍兴人口迁移、流动势头都较弱，杭州稍强，硖石最强。原因在于宁波老市区和绍兴市区国家没有重大投资，缺乏大规模吸引人口的经济机制，杭州国家投资也不多，但它处在省会的地位，事业发展较快，迁入人口较多；硖石则因海宁县治从盐官迁入本镇，行政地位的升格自然带来了较强的迁移变动。

2. 流动量与流动率

在调查数据中，反映人口流动量与流动率的主要是表 2 中的几项（表 2 中的外出率只说明外出人数与常住人口数的比例关系，并不表示常住人口的平均外出人次）。

表 2　三市一镇外出活动人口与暂住人口状况

| | 调查的常住人口数（人） | 新中国成立以来离开本市（镇）外出一年以上人口 | | 1986 年 1 月 1 日—8 月 15 日离开本市（镇）外出一天以上人口 | | 1986 年 8 与 16 日零时暂住人口 | |
		人数（人）	外出率（%）	人数（人）	外出率（%）	人数（人）	流入率（%）
合计	4873	319	6.55	1092	22.41	133	2.73
杭州	1512	152	10.05	381	25.20	45	2.98
宁波	1330	45	3.38	144	10.83	26	1.95
绍兴	1329	59	4.44	249	18.74	40	3.01
硖石	702	63	8.97	318	45.30	22	3.13

从表 2 可以看出，新中国成立以来外出一年以上的人为数不多。意义重大的是 1986 年的短期外出人口流动量和流动率，在七个半月中，四市镇差不多有 1/4 的人外出过。这是改革、开放、搞活城乡经济所带来的一种人口效应。

暂住人口是反映市镇流入人口的一项重要指标，他们暂住或寄住在旅馆、居民家庭、临

---

① 由于新中国成立以后迁入又迁出的户以及迁出的原住户都不可能进入样本，这里所说的"净迁入率"不是严格意义上的净迁入率。

时工棚以及医院等场所,但由于调查问卷只涉及家庭户中的暂住者,使表中流入率显得很低,大大削弱了这项数据的全面性和科学价值。

3.迁移的时间变化

如果按城镇正常发展状态作逻辑推理,调查户1949年以来的迁入与迁出人口数量的历史轨迹应该大致呈线性,但事实却不然。从历年迁入的在业人口来看,1961—1974年按理应大于以前年份的数字,事实上反而低于或相当于以前年份的数字,只是到1977年以后才跳跃上来,成为一条不规则变化曲线。对照杭州、宁波两地的户籍登记资料,这种曲线变形的现象确实存在(见图1)。原因在于1961年以来执行控制城镇人口的政策,以及其中十多年实行压缩城镇人口的政策。

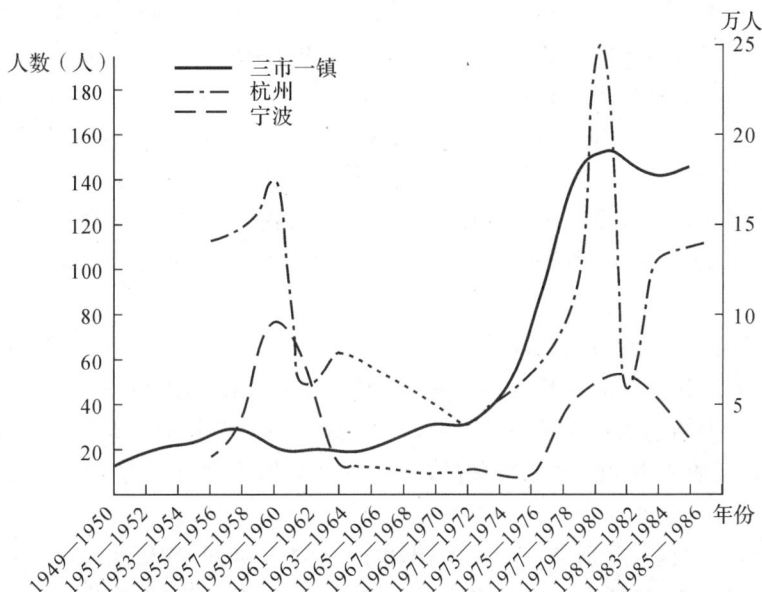

图1 迁入人口历年变动曲线

(图中,三市一镇曲线为在业人口曲线,根据抽样调查资料作出,以左轴计;杭、宁曲线为迁入人口总数,根据户籍资料作出,以右轴计。)

三、迁移人口的人口学特征与社会经济特征

作为一个特殊的人口群体,迁移和流动人口与一般人群在许多方面表现出明显的差别,即社会对该人群具有很高的选择性,正是这种差别,构成了迁移行为及对迁出地、迁入地的社会经济与人口变动的多重影响。这里,从性别、年龄、文化程度、职业、经济收入、婚姻与生育等几个方面,对迁移、流动人口的人口学特征和社会经济特征,及其与非迁移人口的差别作一简单分析。

1.单项特征

从性别来看,迁移人口的性别比高,如三市一镇迁入人口性别比高达126,迁出人口103,而非迁移人口仅101。由此可见,男性人口较女性人口具有更大的不稳定性。但值得注意的是,各城镇迁出人口性别比有着很大的差别。杭州、硖石两地迁出人口性别比分别为69和77,而宁波、绍兴两地却高达182和163。造成这种现象的原因有待于进一步调查研究。

从人口年龄构成来看,表现出迁移人口在某些年龄组的高度偏集,即极强的年龄选择

性。根据三市一镇的调查,调查时迁入人口有 53.81％集中在 20～39 岁年龄段,而该年龄段非迁移人口所占比重仅 39.42％。如果进一步考察移民迁入时的年龄构成的话,又可以发现新的特点:人口大量集中在 15～29 岁之间,他们占了总迁入人口的 57.80％。为什么迁移人口在年龄上具有那么高的选择性呢?这可以从迁移原因上得到一定的解释。在迁入人口中,有 43.84％属于毕业分配、复员转业、知青返城、招工和婚迁,而这些人基本上都是青壮年人口。

从受教育状况来看,迁移人口的文化程度明显高于非迁移人口。1986 年迁入人口的平均文化程度指数为 3.80[①],介于高、初中之间但偏于初中,非迁移人口为 4.48,即介于初中与小学之间;再看刚迁移时的文化程度,迁入人口为 3.93,迁出人口为 3.91,两者极为相近且都高于非迁移人口。这种迁移人口文化程度高于非迁移人口,调查时文化程度高于迁入时文化程度的现象各城镇都存在。这表明人口城市化有利于人口文化素质的提高。

从在业人口的职业构成来看,迁入人口中管理人员和专业技术人员所占比重明显偏高。调查时这两种人占非迁移人口的 10.96％,而移民中迁入时所占比重已高达 17.86％,到调查时更上升到 26.57％。但在迁出人口中,这两种人仅占 9.57％。这说明,这些城镇对管理人员和专业技术人员的吸引力大于排斥力。另一方面我们也看到,尽管迁移人口的职业选择性较强,但占迁移入口多数的仍是工人,他们分别占迁入、迁出人口的 30.54％和 34.04％。

文化、职业构成上的差别,造成了不同人群间的收入差别,从三市一镇的情况来看,迁入人口的经济收入明显高于非迁移人口。在 15 岁及以上年龄的人口中,1978 年迁入人口和非迁移人口的月平均收入分别为 34 元和 28.45 元,1986 年分别上升到 86.04 元和 71.04元;如果不包括无收入者,则 1978 年移民、非移民月平均收入分别为 50.89 元和 45.03 元,1986 年达到 96.29 元和 84.34 元,8 年间分别增长了 0.89 倍和 0.87 倍。增长速度的不同使得移民、非移民的收入差别进一步扩大,即由原来的 5.86 元扩大到 11.95 元。

从婚姻状况来看,未婚人口具有更大的迁移倾向,如迁入时未婚人口占 53.03％,迁出占 56.52％,均占迁移人口的一半以上,唯一例外的是碌石镇,未婚人口分别占迁入、迁出人口的 46.98％和 50.86％。此外,总的来说移民的离婚率高于非移民,丧偶率则相反。但在离婚、丧偶的综合作用下,最终表现为非移民家庭不完整的发生频率高于移民。

从育龄妇女的生育状况来看,总的来说移民的生育量低于非移民。大于、等于 20 周岁的育龄妇女平均生育量(截止调查时),移民为 1.68 个,非移民为 2.29 个,如果仅考虑已有婚育史的妇女,移民和非移民的生育量分别为 2.21 和 2.90,即移民生育量明显少于非移民。即使仅考虑已退出生育年龄的妇女,该结论仍然成立,大于或等于 50 岁的移民妇女终身生育率为 3.52,非移民则高达 4.29。

2. 交叉特征

上面我们简要分析了不同人群的一些基本特征,但实际上这些特征并不是相互独立、毫不相干的,而是互相联系、互相制约的。下面主要从经济收入和生育两方面进行分析。

不同人群的经济收入在一定程度上反映了他们各自的经济地位和社会地位。为了更确切地反映实际,这里仅对大于或等于 15 岁且有经济收入的人口进行分析。从上面我们已经

---

① 文化程度指数即平均文化程度。此处以大学毕业为 1,大学肄业或在校为 2,高中为 3,初中为 4,小学为 5,文盲半文盲为 6,再用各种文化程度人数进行加权计算求得。

知道,移民的收入高于非移民,那么,如果再把他们分成不同的人群,结果又会怎样呢?

从文化别经济收入来看,移民中大学毕业生收入最高,达到 100.37 元/月,随着文化程度的下降,经济收入也相应减少,如文盲的收入仅 55.18 元/月,几近于大学毕业生的一半;在非移民中,收入和文化程度基本上也呈正相关关系。与移民相比,非移民除了高中文化程度的收入略低外,其余各文化层次的收入都要高一些(见表3)。以非移民文化构成为标准进行计算后,我们得知,移民的标准化收入为 76.75 元/月,低于非移民的 84.34 元/月。由此可见,移民中高中文化程度人口比重远高于非移民所造成的收入差异,掩盖了多数文化层次中移民收入低于非移民的真相。

表 3　不同文化层次的经济收入　　　　　　　　　　　　　　　　(元/月)

	大学	高中	初中	小学	文盲
移民	100.37	89.51	78.85	76.34	55.18
非移民	106.27	87.89	88.38	80.14	66.57

再从职业别收入来看,移民中干部收入最高,达 111.89 元/月,其次是办事人员和专业技术人员,分别为 103.62 元/月和 102.25 元/月。但在非移民中,收入最高的是专业技术人员,达 112.38 元/月,然后才是干部和办事人员,分别为 100.10 元/月和 99.07 元/月。

此外,性别也是造成收入差异的重要原因,如男性移民月平均收入 103.24 元,而女性移民仅 86.95 元。从不同收入层次的人口性别比来看,性别比随着收入的上升而急剧上升,如月平均收入少于 50 元的人口性别比为 51,101 元以上是 107,201 元以上则高达 470。

下面再分析一下生育状况。生育不仅受当事人社会经济特征的影响,也深深地打上了时代的烙印。我们把妇女按龄分组后发现,无论是移民还是非移民,妇女的生育水平基本上随年龄降低呈逐渐下降的态势。当然,这种趋势也并非完全绝对(见表4)。如果仅考虑有生育史的妇女,则无论是移民还是非移民,20～24 岁一批妇女的平均生育量高于 25～29 岁和 30～34 岁这两批人。具体原因我们还无法断定,但一般不外乎这两种情况:一是这批人的生育水平确实有所提高,二是这一批人较年龄稍长的前两批人更加集中地提前生育。

表 4　年龄别妇女平均生育量　　　　　　　　　　　　　　　　(个/人)

年龄组 (岁)	20～24	25～29	30～34	35～39	40～44	45～49	50～54	55～59	60～64	≥65
移民	0.06	0.64	1.03	1.47	2.07	2.75	3.36	3.59	2.58	4.03
非移民	0.07	0.79	1.07	1.76	2.45	2.67	4.12	4.37	4.66	4.20

文化程度对生育水平也有较大的影响。但就有生育史的妇女来说,在大学、高中和初中这三个文化层次,文化程度与生育率并非明显的相关,但从初中—小学—文盲,每一人群的生育率都发生了一次急剧的跳跃(见表5)。

表 5　文化别妇女平均生育量　　　　　　　　　　　　　　　　(个/人)

	大学毕业	高中	初中	小学	文盲
移民	1.86	1.69	1.61	2.47	3.17
非移民	1.56	1.60	1.59	2.58	4.18

四、外出活动人口和暂住人口的人口学特征与社会经济特征

近几年来,国内对城市流动人口的调查主要着眼于流入城市的人口。事实上,城镇作为所在地区社会经济发展的轴心,人口的流入与流出都值得重视。在分析流动人口的特征时,也同样需要全面地剖析这两部分人的情况。只是由于我们调查所得的流入人口资料具有较大的局限性(只有在居民户的暂住人口),下面的分析不得不侧重于外出活动人口。

从人口性别比来看,暂住人口主要是女性人口,三市一镇暂住人口性别比仅64,其中探亲访友寄养一类更低达61。相反,外出活动人口却主要是男性人口,他们占了66%;如果按外出人次计算,则外出活动的77%是男性人口。由此可见,男性人口在社会经济活动中起着更大的作用。

外出活动人口在年龄分布上比较集中,但集中程度不如迁移人口,他们相对均匀地分布在20~39岁之间,然后逐渐减少。此外,低年龄组外出活动人口很少,远低于迁移人口在这些年龄组所占的比重。

外出活动人口的文化程度是各人群中最高的,指数平均达到3.42,即在高、初中之间,高于迁移人口的平均文化程度。虽然从绝对规模来看,高、初中人口外出最多占63%,但从外出频率来看,七个半月中大学毕业生平均每人外出3.2次,高于高中的1.8次和初中的1.0次,更高于小学的0.6次和文盲的0.2次。文化程度别外出频率的差别也间接地反映了不同文化层次的人群对社会经济发展的不同影响。

此外,外出活动人口在职业上也有相当高的选择性。工人和干部是外出活动人口的主要组成部分,分别占了38.45%和24.73%。但从职业别外出频率来看,外出次数最多的是专业技术人员,而不是工人和干部。从1986年1月到8月中旬,平均每个专业技术人员外出3.9次,而工人和干部仅1.0次和2.9次。

外出活动人口在文化程度和职业等方面的高度选择性,必然导致他们在经济收入上与其他人群的差异性。1986年,外出活动人口的月平均收入达到93.99元,如果不计无收入者则高达100.76元,两者均高于移民和非移民的相应值。在活动人口内部,则表现为外出次数越多,收入越高,如外出一次的,月平均收入为88.11元,而外出10次以上的,则高达108.96。

五、人口迁移与流动的空间特征

1.迁移人口的来源和去向

由于抽样比的限制,浙江三市一镇迁移人口来源和去向的分布,在有的省、直辖市和自治区以及省内若干县、市出现空缺,迁出部分尤其突出。为了弥补这一缺陷,掌握移民来源和去向的空间趋势,我们把省外迁移基本按大区归并,以浙江为核心,构成三个层圈,省内则按地域类型计数(见表6)。

表6　人口迁移流动的来源与去向(省外部分)　　　　　　　(%)

	合计	内层	中层		外层			港台与国外
		五个紧邻省、市	华北及山东	中南	东北	西北	西南	
迁入	100	45.65	11.59	17.03	9.06	7.97	7.61	1.09
迁出	100	42.59	16.67	14.81	16.67	1.85	7.41	—
流出	100	70.26	13.99	9.33	2.62	2.04	1.75	—

表 6 告诉我们：无论是迁入还是迁出，移民的迁移行为明显地倾向于就近迁移。因此，从沪、苏、皖、赣、闽等紧邻五省市迁来和迁往此五省、市的人数，都占有显要地位。随着距离的增大，迁移量减少。值得注意的是，作为外层区域的东北地区百分比较大，而与东北地区之间的移民有 70% 左右落在黑龙江省。这是 60 年代末、70 年代初动员浙江城镇知青"支边"及以后陆续返城这一迁移事件的反映。如扣除这个因素，那么，迁移流随距离而减弱是明显的。

就省内迁移来说，城市愈大，吸引范围愈广，来自外市、外县的比例愈高，小城镇则主要来自郊县或县内其他乡镇，如杭州市迁入人口 58.77% 来自外县、市，而硖石镇却有 73.82% 来自本县其他乡镇。迁出人口的分布都是一种格局，城市不论大小多半迁往近处，只有绍兴迁往远处的稍多一点。

2. 流动人口的来源与去向

如前所述，流动人口中的流入人口由于只调查了家庭户里的暂住人口，代表性不够，这里姑且不作剖析。至于流出人口，可分成两类：一类是外出活动一年以上的人口，其流往地的空间分布与移民迁往地的分布极为相似，另一类是 1986 年 1—8 月中旬的短期外出人口，他们在省内外活动地点的空间分布，有别于迁入人口（表 7）。向省外流动的人口除了反映出多数人就近活动的共同特点外，分布在上海、江苏和北京的特别集中。外出在省内活动的人口，除硖石外，其余三市一反省内迁移人口以迁往郊县为主的特点，大多数人流向外市、外县。这种情况表明，城市短期外出人口，主要是从事公务、商务和旅游活动。

表 7　三市一镇迁移流动人口来源与去向　（%）

	合计	外市	外县	本市郊县	本县非本镇
迁入	100	17.01	25.98	38.61	18.40
迁出	100	22.73	19.09	27.73	30.45
流入	100	35.78	32.58	18.29	13.35

3. 迁移量与距离的关系

前已述及，三市一镇迁移量大致随着距离的增大而减少。早在 50 年代，克尔道夫（Kulldorff）就归纳过若干经验公式来说明这种距离衰减规律，其中较为常用的有负指数函数、双对数函数和根指数函数。为了定量地验证所调查城市的人口迁移数量与距离之间关系的这种规律性，我们选取迁入人数较多、来源地分布较广的杭州作为定量分析的例子，并采用负指数函数进行回归拟合：

$$I = a \cdot e^{-bD}$$

式中 I 为各地迁入杭州的人口数，D 为来源地县、市中心城镇距杭州的公路里程，a、b 为常数。

结果拟合方程为：

$$I = 6.9959e^{-0.00033D}$$

相关系数 $r = -0.4376$，即两者属中等相关。

但是，如果进一步考虑到移民来源地的性质，即在计算时加入虚拟变量 x（$x = 1$ 时来源地为郊县或省内城市，$x = 0$ 为省内其他县），则

$$I = ae^{-b_1 D + b_2 x}$$

$$= 3.4293 e^{-1.9799 \times 10^{-3} D + 1.3679 x}$$

$$R = 0.7495$$

即表现为高度相关。

可见,移民来源地的性质对迁移规模也有很大的影响。换句话说,各地迁入城市的人数不完全受距离衰减律的支配,在我国现行城市人口管理制度下,这种情况还会存在,利弊如何,值得进一步研究。

六、几点评述

通过对杭州、宁波、绍兴、硖石四市镇人口迁移调查数据的分析,可以看到,浙江省人口迁移、流动状况大致符合城市化初期城市人口迁移的世界性规律,但也有一些值得注意的特点。

首先,30多年来平均每年迁入城镇的移民数量不大,迁入率不高,说明城镇创造的就业机会增加缓慢。

其次,移民进入城镇的历史过程变化极不规则,反映了经济政策和城市人口政策的不稳定性。

第三,在城市化初期,城市人口迁出量小于迁入量本来是正常的,但在调查的户中,历年累计只有占现住人口5.64%的人迁往他处,则是一个极低的迁出率。它表明,不论原住户还是移民户,其成员一旦在城镇定居,就缺少引起外移的机制,使居住地有极大的稳定性。

第四,近年来流动人口急剧增多,仅在1986年的七个半月中就有近1/4的人外出活动,各地进入城镇活动的人流更大,形成了弱迁移、强流动的局面。说明弱迁移、弱流动的情况已经不能适应城乡经济改革的形势。

第五,迁入城镇的移民数量与来源地分布,在某种程度上偏离了距离衰减律,移民流强度与距离的关系多少打上了计划体制的烙印。

以上这些人口迁移与流动方面的滞缓、凝固和扭曲的现象,与新中国成立以来的经济政策和社会政策的某些缺陷有关,只有在改革中逐步调整、完善经济政策和社会政策,使之在一段时间后能得到改善。

载《人口与经济》1988年第4期,第3—9页

中国城镇迁入和迁出人口特征的对比分析[①]

本文就我国城镇迁入与迁出人口在迁移时的结构特征进行对比分析,旨在考察城市化过程中城镇迁入和迁出人口的异同及其原因,找出一些规律性的东西和某些反常现象,希望能为制定有关的城乡社会政策提供有价值的材料。

一、迁入迁出人口数量的年际变化比较

根据抽样调查数据,1949 到 1986 年城镇迁入人口和迁出人口分别相当于样本总人口数的 38% 和 6.16%。由于调查设计的缘故,迁出人口有一部分不能进入样本,数字看上去小了一点,但仍不失为全国宏观分析的依据。

从城镇人口迁移量按年份的分布看,38 年中迁入和迁出数量都有逐渐增大的趋势。在迁移量增大的总趋势中,迁入和迁出人口的年际变化都存在着剧烈的波动(图 1)。

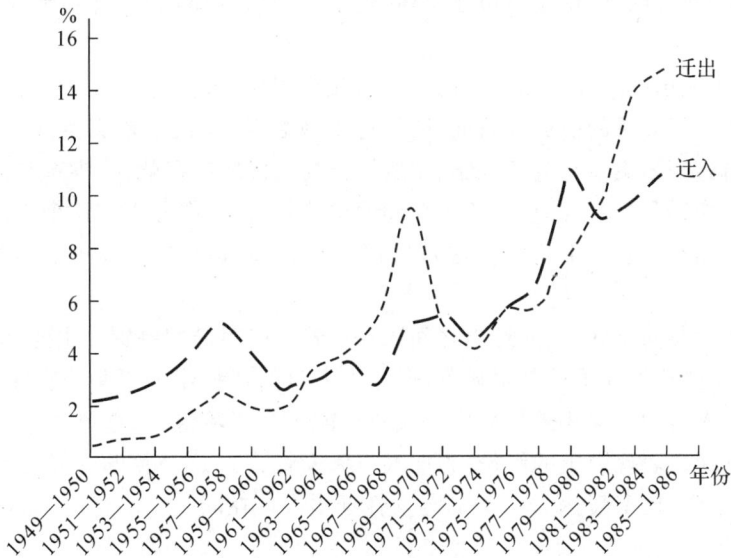

图 1　各年迁入迁出人口分别占 38 年迁入总数和迁出总数的比重

通过对起伏最大的四个时间区间的迁移数量及其原因的分析,可以滤去不规则波动的因素,找出迁入迁出人口在时间变化上的关系。这四个时间区间是:

---

① 本文数据取材于《中国 1986 年 74 城镇人口迁移抽样调查资料》(《中国人口科学》1988 年专刊(2))。

时间区间Ⅰ:1957—1962 年。此区间迁入和迁出人口数量的增多,是与 1958 年掀起的国民经济"大跃进"热潮相联系的。到 1961 年决策层认识到经济工作指导上的失误之后,城镇人口迁移活动就开始回落。

时间区间Ⅱ:1967—1972 年。先是因为"文化大革命"破坏了学校和企事业单位的正常秩序,城镇招生、招工停顿,以致迁入人口锐减,出现了城镇迁入人口的低谷。随后,要求中学生和社会上一部分其他人员到农村去,导致城镇迁出人口高峰的出现。

时间区间Ⅲ:1979—1982 年。表现为 1979 和 1980 年的城镇迁入人口激增。主要是由于党的十一届三中全会之后,落实了各项政策,迎来了城镇下放人员的回迁和其他人员迁入城镇的高潮。

时间区间Ⅳ:1983—1986 年。出现在改革开放初见成效之后。因为有了一个比较宽松的经济环境和政治环境,城镇迁入和迁出都比较活跃,其中迁出人口在 80 年代中期各年占 38 年中迁出人口总数的比重显著提高。

归纳起来,Ⅰ、Ⅳ两个区间的迁移波动,就其性质而言属于经济性的波动,迁入和迁出曲线的变化关系是同步的或同向的。Ⅱ、Ⅲ两区间的迁移波动,则是政治性的波动,迁入和迁出曲线的变化关系基本上是异步的或反向的。由此可见,尽管城镇每年迁入人口和迁出人口的绝对量不同,但只要经济稳定增长,社会生活处于正常运转状态之下,其相对数的变动是大致协调的,不但迁移曲线的剧烈波动可以消除,而且迁入和迁出曲线年际变化的趋势应该是大致合拍的。

二、迁入和迁出人口的年龄结构比较

抽样调查资料表明,不论是城市还是镇,也不论城市规模大小,迁移都存在着显著的年龄选择性。

图 2 显示了城镇迁入和迁出人口的年龄都相当集中,多数分布在 15 至 29 岁之间的三个年龄组,在这一年龄段的前面和后面,明显地出现裂点,即迁移量突然减少的情况。联系迁移原因的数据来看,主要是离家求学、学成后分配工作或应招就业、参军和退伍转业、与婚姻有关的婚迁、随迁和投亲、知识青年下乡和回城等几项,大部分落在这个年龄段,工作调动也有相当一部分落在这个年龄段。这是城镇迁入人口和迁出人口年龄结构的一个共同特点。

但是,除上述共同点外,迁入迁出之间还存在着一些明显的差别。主要是:(1)迁入和迁出人口迁移的年龄选择性虽然都很显著,但迁出人口的迁移年龄更集中。在迁移量最大的年龄段中,迁出人口的迁移年龄显然比迁入的靠前一个年龄组,比重也要大得多。(2)迁出人口中,年龄选择性表现突出的组份,男性人口和女性人口是一致的。但男性 15～19 岁人口的迁移更为集中,比率高达 53.16%,与女性迁出人口在同一年龄组占 41.07% 相比,高出 12.09 个百分点。

这两点差别,可以通过对照迁移原因来解释。对照检索发现,各类城市和镇迁出人口 15～19 岁年龄组中,67.22% 是因学习培训、参军和上山下乡三类原因而迁出。13 类迁移原因有三类集中到了 15～19 岁迁出者的身上,而因这三类原因迁出的人口,一般要滞后几年再作为迁移者迁入城镇。这就是迁出人口迁移年龄特别集中在 15～19 岁,形成迁出高峰年龄组,并且比迁入人口迁移高峰年龄组超前的原因所在。至于迁出人口中男性 15～19 岁组人口迁移的比率高于同一年龄组女性人口的现象,只不过是上述原因的派生物,因为学习培

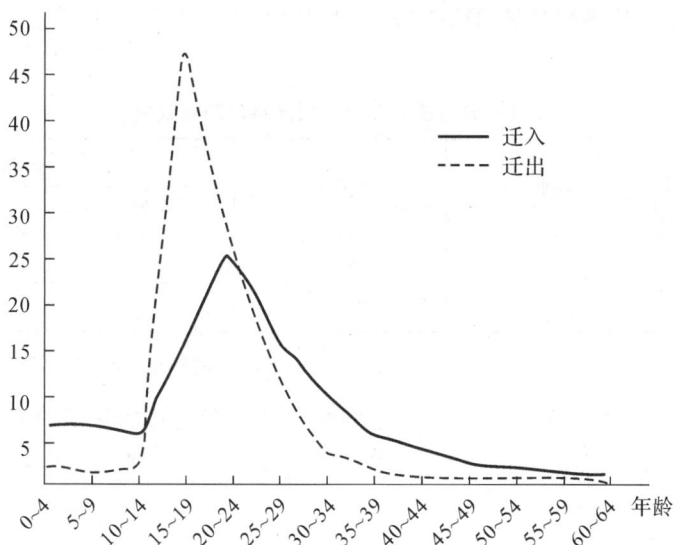

图2　城镇迁入迁出人口迁移时年龄分布

训、参军和上山下乡都是男性多于女性，参军尤为突出。

三、迁入和迁出人口的文化程度比较

调查数据表明，迁入和迁出人口的文化程度分布存在着一些差异。

(1)城镇迁入人口和迁出人口的文化程度构成有所不同。迁入人口中文化程度的两端（大学以及小学和不识字）比重较迁出的高，而中段（高、初中）的比重反之。在前一种情况中，大学程度的迁入比重较高，主要是城镇（特别是城市）对大学文化程度的人口有较大的容量。小学程度和不识字人口比重大的原因，除一部分是外来就业之外，多数属于婚迁、随迁和投亲寄养。这些人60年代初之前迁入的数量较大，尤其是特大城市，1960年之前竟占68.42%。后一种情况则是由于前面已经指出的原因，即15～19年龄组人口中有67.22%的人是因学习培训、参军和上山下乡而迁移的，其中上山下乡的就达29.64%。这些正是处在初、高中求学阶段的人群，所以使迁出人口中段文化程度的比重较高。

(2)迁入人口中各种文化程度的人都以20～24岁组比重最大，而在迁出人口中，除不识字的以外，以15～19岁组的迁移比重最高。这是由于不同文化程度人口迁出与迁入具有时序相关性的缘故。

(3)大学程度的迁入人口，在迁移高峰年龄组之后的其他年龄组分布比较均匀，迁移量随年龄增大而衰减的速度，要比迁出人口的同类文化程度人口缓慢。这是由于迁出人口除因毕业分配而迁出外，因工作调动迁出的只是很少的数量，而迁入人口不仅有毕业分配迁入，而且在中年人口中调入城镇的为数仍然不少。

四、迁入和迁出人口职业状况比较

15岁以上迁移人口的在业和不在业数字所反映的一个最明显的现象，是迁入人口中在业人口远多于不在业人口，而迁出人口中不在业人口超过在业人口（表1）。形成这种现象的原因，占迁出总数的56.56%中，在校学生和待业待升学者分别占32.86个和18.06个百分点。主要是迁出的不在业人口，这两类迁移者的迁移动机实际上大部分是共同的，即一些

在校学生和待升学者因继续升学而迁移,另一些在校学生和校外待业青年因下放农村或易地就业而迁移,等等。

表1　城镇迁入迁出人口迁移时职业状况 （%）

	在业	不在业	不在业中	
			在校学生	待业待升学
迁入	73.47	26.47	9.74	4.15
迁出	43.27	66.56	32.86	18.06

注:调查中极少数没有填写在业、不在业状况的,未列入表内,故各横行相加不等于100。

对照在业人口迁移年龄,还可以发现不同职业迁移者迁移的年龄分布是不同的。按不同职业人口迁移年龄分布的曲线型式,大致有尖峰型、圆峰型、缓峰型和单斜型四种(图3)。

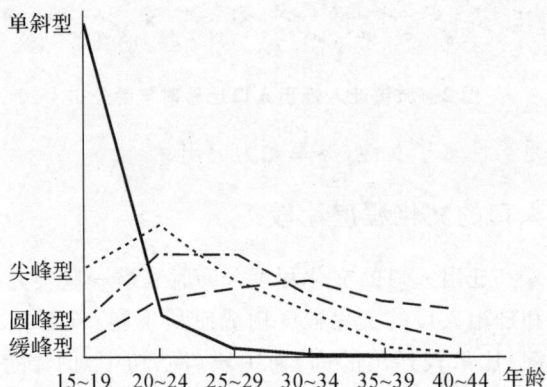

图3　不同职业人口迁移年龄分布基本型式

尖峰型就是15～19年龄组迁移还不集中,但随即在20～24岁组出现高峰,接着便随年龄增大而下降。农民属这一类。说明农民就业年龄较轻,迁移的年龄选择性很强,过了青年期,迁移的机会就不多了。

圆峰型是迁移高峰比较均衡地分布在20～24和25～29两个年龄组,在高峰之前,各年龄组曲线上升,到峰后,各年龄组曲线下倾。工人是这种型式的代表。表明工人就业比农民迟,就业初期迁移波动大,以后迁移机会也迅速减少。

缓峰型是迁移年龄分布比较均匀,高峰不很明显。峰值年龄滞后,大致在25～35岁这个年龄段。干部属这种型式。说明干部迁移的年龄选择性较弱,即易地工作受年龄的限制比较小。

单斜型是以15～19岁为迁移高峰年龄组,以后直线下降。军人入伍的迁移属这一类。这是一种只在青年期迁移的职业人群的特有型式。

其余各种职业人口迁移的年龄分布曲线型式大都介于圆峰型和缓峰型之间。

迁入和迁出人口属于同一种职业的,其迁移年龄曲线一般同属一种峰型,但各种职业迁出人口的迁移峰值年龄组有比迁入前移的迹象。前移较大的,可能转型。例如,军人迁入的年龄分布为尖峰型,迁出的年龄分布为单斜型。

五、迁入来源和迁出去向比较

先就城镇迁入人口来源和迁出人口去向作一总的考察和比较(见表2)。表2表明,城镇迁入人口的来源地以农村为主,而迁出人口的迁往地则以城市为主。这里还应当强调指出,迁出人口中迁往农村的,仅"上山下乡"一项就占17.11%,如果迁往农村的占总迁出人数的百分比中扣除17.11个百分点,那末,属于正常迁往农村的只占7.98%。可见,城镇迁出人口的真正去向以迁往城镇的居于压倒优势。而在迁入来源中,来自农村的,属于知青返城一项,仅占迁入人口总数的3.98%,扣除这3.98个百分点,来自农村的仍占41.25%,仍不失为城镇迁入人口的主要来源。

表 2　城镇迁入人口来源和迁出人口的去向　　　　　　　　　　　　　　　　(%)

	合计	城市	镇	农村	其他
来源	100	31.48	21.14	45.23	2.15
去向	100	50.85	20.85	25.09	3.22

再就不同年份迁移的来源和去向进行比较。图4显示,大部分年份不同来源地迁入人口和不同迁往地迁出人口的百分比分配彼此接近。图4(a)和(b)除了反映前已述及的50年代后期的国民经济大起大落和60—70年代的政治运动引起城镇人口迁移的大进大出之外,一般来说,从城市、镇、农村迁入和迁往城市、镇、农村的人口,在时间的分配上基本是同步的。值得注意的是,从1977—1978年起,城镇迁出人口迁往城镇的和迁往农村的各自的百分比彼此拉开了。这不仅意味着城镇人口迁入和迁出都趋向活跃,而且表明改革开放以来城镇迁出人口主要的已经是在城镇间迁移,很少流向农村。

六、迁入和迁出人口的迁移原因比较

把抽样调查中13类迁移原因按引起的迁移量多寡进行排序,则迁入的前三位依次为:Ⅰ.随迁,Ⅱ.工作调动,Ⅲ.招工顶替;迁出的前三位依次为:Ⅰ.上山下乡,Ⅱ.学习培训,Ⅲ.婚迁。这里反映了迁入迁出之间的三点差异。

(1)迁入和迁出主要原因的序位不同。这种情况是同国家经济和社会发展阶段相联系的。在工业化和城市化初期,城镇(尤其是城市)作为发展极具有强大的吸引力。在迁入的人口中,大量的是城乡活动人口,在他们进入城镇的同时或稍后,会随带家属进城,其带眷系数往往大于1。这就是为什么随迁成为城镇迁入人口第一要因的缘故。在农村发展水平远不如城镇的条件下,迁出城镇的人口很少迁往农村,即使迁往农村,一般也不带眷。

(2)迁入和迁出前三位原因的迁移性质不同。迁入的前三位是经济性迁移以及相关的附随迁移,而迁出的前三位则多属非经济性迁移。上山下乡作为迁出的第一要因,有别于正常的城镇——乡村迁移,是一种政治性强于经济性的迁移。

(3)迁入和迁出第一位原因的迁移后果不同。在发展中国家,城镇人口性别比一般较大,城市越大,性别比也越高。我国城镇人口迁移中,迁入人口以随迁为第一位原因,对于平衡城镇人口性别比是有利的。但是,随迁人口居于城镇迁入原因的首位,也给城镇带来一定的负担,因为随迁者虽有一部分是劳动人口,但也有相当一部分是被抚养人口,他们并不(至少一段时间内不)为城镇创造财富,却需要享用城镇的各项设施,在财力不足的情况下,往往会加剧城市基础设施、住房和公共设施的紧张程度。至于迁出的首位原因当属上山下乡,本

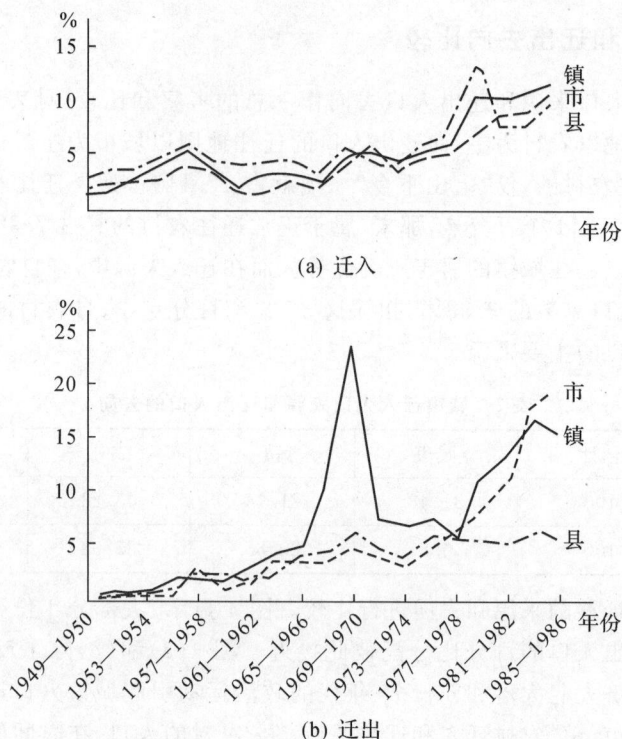

(a) 迁入

(b) 迁出

图 4 城镇迁入、迁出人口来源地和迁往地的年际变化

身就是十年内乱的后遗症,城镇和农村为此而共同付出了代价。

七、问题讨论

通过以上的对比分析,笔者认为有三个问题值得讨论。

(1)38 年的城镇人口迁移经历了一个曲折的过程。在这个过程中,我们注意到有将近一半年份的波动是直接与城镇知识青年下乡和下乡知青返城相联系的。这类迁移事件,不仅反映在迁移的数量和时间变化上,而且也反映在若干人口学特征和空间的变化上,这意味着在一代人中间造成了深刻的人口社会问题和人口经济问题,诸如教育、就业、劳动素养、婚姻、家庭等等。对这样的城乡迁移,现在仍有必要在理论上澄清,并在实践中避免重蹈覆辙。中国是个历史悠久的国家,从总体上说,土地依存型的人口迁移时期已经过去,现阶段农村普遍存在着人口大量过剩,要让土地继续吸收农村自然增长以外的人口,是不现实的。同时,当代发展中国家正处在工业化的潮流之中,工业化和城市化是孪生兄弟,是现代物质文明和精神文明的推动力量,城镇人口有组织地迁往农村,只能使经济和社会发展倒退。当然,我国人口压迫生产力的问题不仅农村存在,城市也尖锐地存在,城镇社会劳动生产率与社会就业之间不得不处于妥协状态。在这种情况下,城市化过程中城镇人口对农村人口的差别增长率不能过于悬殊,城镇不宜接受过量的农村移民。作为社会政策的一部分,中国乡村—城市的人口迁移政策应该是一种稳健的政策。

(2)城镇迁入和迁出人口迁移时文化程度构成的差异,并不是很正常的现象。问题既存在于迁出人口上,也存在于迁入人口上。迁出人口存在着中等文化程度比率高的超常现象的原因,上文已有阐述,不再重复。这里需要讨论的是迁入人口的文化构成。从现象来看,6

岁以上迁入人口的文化程度构成表现为正态分布(图5),但是不能忘记,迁入的高、初中程度人口有相当一部分是从城镇上山下乡、学习培训、参军之后复归的,真正属于从农村迁入的中学程度的人比重不大,倒是小学和不识字人口大量来自农村。这从两个方面带来不利。一是大量低文化层次的人迁入城镇,既无助于城镇效率的提高,又加重城镇教育费用和基础设施的负担。二是使农村许多具有中等文化程度的人失去了向城镇发展的机会。这种情况有必要在城乡人口迁移政策中加以考虑。

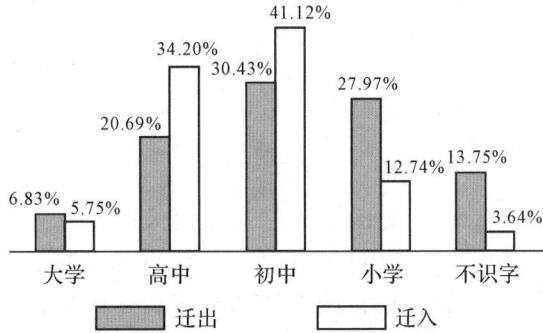

图5　城镇大于6岁人口迁移时的文化程度

(3)在迁入、迁出人口的迁移原因构成中,务工经商的比率很低,分别占1.64%和0.45%,说明直接抱着经济动机迁移的为数极少。这一方面反映社会主义制度下城镇主要是全民和集体所有制经济,大部分职工在生产领域和流通领域活动,虽然广义地说也是"务工经商",但他们如有迁移,在迁移原因分类上却属于工作调动、分配工作、招工顶替、婚迁、随迁等。另一方面,也在某种程度上反映我国城镇发展模式的刻板性。城镇生存的前提是产业活动,产业活动的扩展有赖于投资,投资来源既可以是国家的,也可以是民间的。新中国成立以来,城市产业只注意国家投资,而忽视民间投资;只考虑城镇的人口承受能力,而忽视民间投资刺激城镇经济发展的潜力。如何鼓励农村有资金有经营能力的人带资进城,是我国城市化中值得研究的问题。

载《南方人口》1990年第3期,第30—35页

长三角都市带人口容量研究[①]

前言

《长三角都市带人口容量研究》是国家《长三角地区人口发展战略研究》课题的六个分课题之一,目的是要阐明 21 世纪头 20 年长江三角洲大都市带经济发展所可能达到的人口规模以及资源环境的支撑能力,其性质相当于区域人口承载力研究。不过,传统的区域人口承载力研究大都着眼于土地究竟能养育多少人口,而大都市带的情况有所不同,它是高度开放的地域社会经济系统,支持这类地域经济社会发展和人口集聚的物质条件,除了都市带区域内部以土地为载体的资源和环境之外,更重要的是通过市场利用本区域以外(包括国内和国外)的各种自然资源和人文资源,在经济走向全球化的今天尤其是这样。为了区别于传统的区域人口承载力研究这一概念,本课题定名为人口容量研究。

本课题所说的长三角都市带的区域范围不限于地貌学上的长江河口三角洲地带,也不完全是严格意义上的城市连绵带,而是指以上海为龙头,以南京、杭州为南北两翼主要中心城市,包括上海、苏南和苏中沿江、浙北和浙东沿海共 16 个地级以上的市[②]。由于以沪、宁、杭为中心的城市密集地带已经成为国内外普遍认同的、正在迅速崛起的世界第六个大都市带,而这 16 个市已经加盟进入共同推进长三角经济一体化进程的行列,因此,本报告姑且把这些城市所连成的区域统称为长三角都市带。为行文方便,文中长三角都市带、长三角地区、长三角三个词互用。

本课题把展望长三角都市带人口容量的时间范围定为 21 世纪的头 20 年,不仅是因为国家把全面实现小康社会这一中期目标定在 2020 年,同时,对长三角地区来说,21 世纪头 20 年也是从工业化中期走向工业化后期,从城市化中期走向城市化后期,从小康社会走向富裕社会,从初步现代化走向全面现代化的时期。过了这个时期,尽管长三角的经济规模仍将继续扩大,但是人口规模将渐趋稳定,因此,21 世纪头 20 年是长三角都市带人口规模扩张的决定性时期,考察这个时期的人口容量及其支撑条件,对政府的决策具有重要意义。

---

① 长三角都市带人口容量研究是 2004 年长三角人口发展战略研究的一个分课题,课题组成员由浙江大学人口所王嗣均、尹文耀、姚引妹、班茂盛,管理学院周耀烈,地理系程玉申以及浙江省人口计生委潘祖光组成,浙大研究生吴昊、刘征也参加了课题研究活动。课题研究工作由王嗣均主持,研究报告分头起草,分六个部分,分工如下:第一部分班茂盛,第二、三两部分姚引妹,第四部分程玉申/吴昊,第五部分之(一)周耀烈/刘征,第五部分之(二)尹文耀,前言、第六部分及课题设计和报告通定稿王嗣均。

② 16 个市是:上海市,江苏的南京、镇江、常州、无锡、苏州、扬州、泰州、南通 8 市,浙江的杭州、嘉兴、湖州、绍兴、宁波、舟山、台州 7 市。

一、理论概念、国际经验及中国国情下的长三角都市带人口扩容

(一)都市带人口容量的理论概念

1. 人口容量概念的界定

进入 20 世纪中叶以后,在全球范围内,随着人口和经济的增长,资源枯竭、生态破坏、环境污染的趋势日渐显露,人口容量问题引起了学术界的关注。地理学、人口学、经济学、某些自然科学和技术科学的学者以及有关研究机构,从不同的视角对全球及不同国家和地区所能承载的人口进行了研究,以寻求缓解人地关系紧张的途径。中国对人口容量的研究早在上世纪 50 年代已有所见,80 年代初以后开始有较为深入、系统的研究。一些学者在进行理论探讨的同时,采用多种方法对全国以及不同空间尺度区域的人口容量进行了测算[1]。

不同学科背景的研究者对人口容量的认识并不一致,国际组织和学术界对人口容量所下的定义就多达 26 种[2]。不过,多数定义对一些基本问题的认识仍有共同之处,都认为人口容量是指一定时期内在某种可能的或期望的生活方式下所能养活的人口数,都承认技术对人口容量的影响。综合国内外学术界对人口容量的多种定义,我们认为,人口容量是指一定时期内特定地域空间的经济系统和资源环境系统所能支持的最大人口规模。这是一个一般化了的定义,从中可以看出,同一个区域在不同发展时期、不同开放程度之下,其可能的人口容量是不同的。

2. 影响都市带人口容量的因素

对前面界定的人口容量概念加以引伸,可以认为:都市带人口容量是在一定时期内都市带社会经济系统与资源环境系统支持下所能容纳的人口规模。

所谓都市带,是在工业化城市化进程中,在具备特定地理条件的区域出现的一种地域结构,是由一条或多条产业带或交通走廊连接起来的、多个都市区连绵而成的巨大的、多核心的城市密集地域系统。巨大到什么程度呢? 法国地理学家戈特曼认为 2500 万是都市带的下限人口规模,应集聚全国 15%~20% 的人口,而希腊学者帕佩约阿鲁则认为真正的都市带其人口规模应在 3500 万~2.5 亿之间[3]。这里,学者们说的是构成都市带的人口"标准",各为一家之言。事实上像英国、美国、中国这样一些人口以数量级相差的国家,不大可能套用一个标准,我们不必拘泥于这类"标准"。但是有一点是公认的,即人口和城市高度密集是都市带的本质特征。本报告的任务不是讨论都市带的人口标准,而是要回答未来 20 年长三角都市带将支撑多大的人口规模,这一点,目前国内外还不易见到系统而完整的文献。我们认为,不同地理条件下形成的都市带所能达到的最大人口规模是不一致的,一个都市带最终能够容纳多少人口,主要取决于三个因素:产业集聚规模、资源支撑条件、环境承受能力。

(1)产业集聚规模决定着都市带可能的人口规模。工业化进程中,产业中心规模扩张,少数中心依靠区位或资源优势成为区域中心城市,在极化效应的推动下,包括劳动力在内的各种经济要素不断向中心城市集聚,城市规模扩大,功能增强,与周边地域的联系日益密切,逐渐形成都市区,与此同时,区域交通轴线的形成使得产业和人口不断向交通轴线及其两侧的原有城市集聚,都市区数量增多,而当由多种现代运输方式构成的综合交通走廊形成之

---

[1] 陈卫:《中国人口容量与适度人口问题研究》,《市场与人口分析》2000 年第 1 期。

[2] 陈卫:《中国人口容量与适度人口问题研究》,《市场与人口分析》2000 年第 1 期。

[3] 胡序威等:《中国沿海城镇密集地区空间集聚与扩散研究》,科学出版社 2000 年版,第 32 页。

后,都市区沿着轴线方向扩展融合就逐步形成都市带。随着产业和相应的活动人口的集聚,人口规模和人口密度不断提高,直到产业集聚超过某一临界点,出现规模不经济时,产业向都市带集聚的动力消失,甚至出现向外扩散的态势,人口向都市带集聚的动力才随之而减弱甚至消失,都市带人口扩容就失去了基本的动力,这时都市带达到了当时条件下的最大人口容量。

(2)能源、原料资源供给条件制约着都市带产业集聚规模。都市带在形成与演化的过程中能够容纳多少人口主要取决于都市带的产业集聚能力,而产业的集聚与发展又受到资源供给的制约。进入工业社会以后,能源和资源供给成为全球经济发展的基本条件。统计资料显示,1820—1980年间,全球的初级金属产品的消费增长速度始终高于GDP的增长速度,而世界能源矿产与金属矿产品的消费增长趋势基本相同[1]。全球经济发展依靠资源的支撑,都市带同样如此。美国五大湖沿岸地区和东北部大西洋沿岸地区、日本的东海道太平洋沿岸地区等之所以能够形成人口规模巨大的都市带,充分的资源供给是不可缺少的条件。美国五大湖地区的匹兹堡与芝加哥等城市正是利用苏必利尔湖西部和宾夕法尼亚丰富的煤铁资源形成了钢铁冶炼中心,以此为依托,底特律和布法罗等城市又建立起了机械制造等下游产业[2]。充足的资源供给支撑着美国五大湖沿岸地区的经济高速发展并最终形成了人口规模约3300万的都市带,而二战后的日本则主要依靠太平洋沿岸的港口输入资源,在东京、大阪、名古屋一带逐步建立起钢铁、石油化工、汽车工业等重化工业,并最终形成了人口规模超过6600万的东海道太平洋沿岸都市带。足见良好的资源供给条件对都市带产业规模和人口规模的重要性。

(3)都市带区域环境容量约束着都市带人口容量。都市带区域环境容量是指都市带所在区域能够提供的最大限度的土地、淡水资源以及最大限度地接纳并自净污染物质的能力。一般说来,都市带是个复杂的、开放的区域系统,在土地资源约束方面,主要不在于传统意义的区域内土地农业产出对人口的承载能力,而是更在于区域内土地满足都市带经济活动对各类功能用地需求的能力。区域内淡水资源的年最大可用量和环境消纳污染物质的年最大负荷量是都市带人口容量的重要约束因素,不能想象在淡水资源贫乏、生态环境脆弱的区域能成长起人口以千万甚至亿万计的巨大都市带。当然,都市带的环境容量是动态的,随着技术的进步和科学发展观的深入人心,人类对土地资源会采取更有效的利用方式,对淡水资源和固体废物、废水、废气将通过循环利用有效地减轻资源供需矛盾和环境压力。但是,尽管如此,始终不能排除都市带人口容量的环境约束作用。

(二)世界都市带人口发展的历史轨迹

法国地理学家戈特曼在对美国东北海岸新罕布什尔州的希尔斯布鲁到弗吉尼亚州的菲尔法克斯之间的城市密集地区研究之后,于1957年发表了著名论文《大都市带:东北海岸的城市化》,文中借用希腊语Megalopolis即"巨大的城市"一词来表示城市化进程中城市密集分布的现象。此后,大都市带逐渐成为城市地理研究的热点,目前世界上已经形成的主要都市带有美国东北大西洋沿岸都市带,美国—加拿大五大湖沿岸都市带,英国英格兰都市带,法国—德国—荷兰—比利时莱茵河沿岸都市带,以及日本东京—大阪太平洋沿岸都市带。以上海为中心的长三角都市带正在形成之中。各都市带的基本情况见表1-1。

---

① 张雷著:《矿产资源与国家工业化》,商务印书馆2004年版,第69页。

② 王旭著:《美国城市史》,中国社会科学文献出版社2000年版,第55页。

表 1-1　世界各大都市带基本情况

都市带名称	核心城市	基本情况
美国东北大西洋沿岸都市带	波士顿、纽约、费城、华盛顿	北起波士顿,南至华盛顿,约 13.8 万平方公里,占国土面积的比重不到 1.5%,1998 年人口约 4500 万人,占全美人口的 16%,是美国经济核心地带。
美国—加拿大五大湖沿岸都市带	芝加哥,匹兹堡,克利夫兰、底特律、多伦多	集中了芝加哥、匹兹堡、克利夫兰、托利多、底特律等大中城市以及众多小城市,是美国工业化和城市化水平最高、人口最稠密的地区之一,1991 年包括加拿大部分城市在内,人口规模约为 3340 万。
英国英格兰都市带	伦敦、伯明翰、曼彻斯特	包括大伦敦地区、伯明翰、谢菲尔德、利物浦、曼彻斯特等大城市,以及众多小城镇。是产业革命后英国主要的生产基地。都市带面积为 4.5 万平方公里,人口 3650 万。
法 国—德 国—荷 兰—比利时莱茵河沿岸都市带	巴黎、布鲁塞尔、阿姆斯特丹、科隆	主要城市有巴黎、阿姆斯特丹、鹿特丹、海牙、安特卫普、布鲁塞尔、埃森、科隆等。都市带内 10 万人口以上的城市有 40 座,总面积 14.5 万平方公里,总人口 4600 万。
日本东海道太平洋沿岸都市带	东京、名古屋、大阪	由东京、名古屋、大阪三大都市圈为主组成,大、中、小城市总数达 310 个,面积约 10 万平方公里,占全国总面积的 31.7%;90 年代末期人口规模约 7000 万人,占全国总人口的 63.3%。它集中了日本工业企业和工业就业人数的 2/3,工业产值的 3/4 和国民收入的 2/3。
长江三角洲都市带	上海、南京、杭州	以上海为龙头,由浙江的嘉兴、湖州、杭州、绍兴、宁波和江苏的苏州、无锡、镇江、南京、南通等 16 个城市所组成,地域面积 9.95 万平方公里,2003 年以占全国 1.1% 的土地和 5.8% 的人口,创造了占全国 19.5% 的国内生产总值,24.69% 财政总收入,2003 年人均 GDP 达 30008 元,相当于全国平均水平的 3.3 倍。

资料来源:1. 王旭著:《美国城市史》,中国社会科学文献出版社 2000 年版;

2.顾朝林等著:《经济全球化与中国城市发展》,商务印书馆 1999 年版;

3.张文尝等著:《交通经济带》,科学出版社 2002 年版。

http://geography. about. com/cs/urbansprawl/a/megalopolis. htm;http://www. epa. gov/grtlakes/solec/94/economic/index. html♯popu。

　　从空间组织上看,都市区是大都市带的基本组成单元。一般认为,处于特定背景下的若干都市区,在技术进步的推动下,各个都市区之间以及每个都市区内部都通过集聚和扩散的双向作用调整其空间经济的组织方式,在综合交通走廊出现并成为区域城市发展和产业布局的主要轴线之后,便进入都市带成型阶段。在都市带形成和发展过程中,人口发展基本经历以下几个阶段:

　　(1)人口随产业集聚——中小城市形成阶段。工业化进程中,工业企业在某些具有区位优势或者资源优势的地方集中,随着集聚企业数量的增加,产业工人的数量不断增多,与此同时,从事商业、贸易、交通运输、生活服务等活动的第三产业相应跟进,从业人员也逐渐增多,现代意义的城市聚落开始出现。由于企业规模效益和集聚效益的驱动,包括劳动力和人口在内的各种经济要素在这类城市不断聚合,城市人口规模开始膨胀。如美国东北大西洋沿岸都市带的主要城市波士顿、纽约和费城,1790 年第一次人口普查时,城市人口分别只有1.8 万、3.3 万和 2.85 万,1820 年时,已经分别增加到 4.3 万、15.2 万和 6.5 万,见表 1-2。在中小城市独立发展阶段,由于城市本身处在成长初期,规模不大,功能单一,城市基本上只在自身有限的范围内对周遍地区产生影响,而不同城市之间的人口流动相对微弱。

表 1-2　美国东北大西洋沿岸都市带 18—19 世纪
主要城市人口变动情况　　　　　　　　　　（万人）

城市	1700 年	1750 年	1800 年	1850 年
波士顿	0.67	1.60	2.49	约 15
纽约	0.50	1.50	6.05	约 52
费城	0.50	2.00	4.12	约 26

资料来源:王旭著《美国城市史》,中国社会科学文献出版社 2000 年

(2)都市区人口扩容阶段。都市区是由一个较大的城市核心区加上与核心区有密切社会经济联系的周边区域组合而成的地域空间。在都市区形成过程中,都市区人口不断增长,按照美国联邦预算局确定的分类标准,1920—1990 间美国大都市统计区(PMSA)人口由3593.6 万增加到 19772.5 万,占全美人口的比重也由 33.9%上升到 79.5%,人口在百万以上的都市区数量也由 6 个增加到 40 个,1990 年这 40 个都市区的人口总量已经达到 1.329亿,占美国总人口的比例由 16.6%上升到 53.4%,1994 年进一步增加到 56%,见表 1-3。

表 1-3　1920 年—1990 年美国大都市区人口情况

年份	所有都市区			百万人口以上的都市区		
	数量	人口（万）	占美国人口比重(%)	数量	人口（万）	占美国人口比重(%)
1920	58	3593.6	33.9	6	1763.9	16.6
1930	96	5475.8	44.4	10	3057.3	24.8
1940	140	6296.6	47.6	11	3369.1	25.5
1950	168	8450.0	55.8	14	4443.7	29.4
1960	212	11959.5	66.7	24	6262.7	34.9
1970	243	13940.0	68.8	34	8326.9	41.0
1980	318	16940.0	74.8	38	9286.6	41.1
1990	268	19772.5	79.5	40	13290.0	53.4

资料来源:王旭著:《美国城市史》,中国社会科学文献出版社 2000 年版

(3)联合都市区阶段。随着区域内具有特定指向的交通轴线出现,各个独立的都市区均沿轴线方向扩张,各都市区的中心城市之间的联系不断加深,开始出现多个都市区在空间上相连而组成联合都市区的现象。多个都市区及其连接轴线就构成了高效率的经济地带,为经济发展和产业布局在空间上沿着阻力最小的方向展开提供了保证,全国甚至超越国界的各种经济要素进一步向这一区域集中,由于溢出效应的作用,产业和人口在轴线两侧的若干地点的

小集中,又导致新的聚落中心不断出现。随着由多种现代运输方式构成的综合交通走廊的形成,都市区沿着轴线方向扩展融合,建立起具有密切联系的功能性网络,都市带的雏形出现。

(4)都市带成型阶段。随着都市带雏形的形成,作为国家经济核心地区产生强大的吸引力,空间经济活动追求规模效益的内在冲动,牵引资本、劳动力等各种要素不断向这一地区集聚,而集聚又产生了枢纽功能和孵化功能[①]。枢纽功能把人口、物资、资金、信息等各种可见不可见的要素汇聚于"干道十字路口",而多种要素在空间上的高度集聚产生高强度的相互作用,必然导致各种新思想、新技术不断涌现,从而形成孵化功能,而孵化功能的逻辑延伸必然是分散,枢纽功能与孵化功能使都市带在更大范围内产生集聚与扩散的双向过程,这就使得都市带经济腹地不断扩张,人口规模进一步膨胀,成为区域、全国甚至跨越国界的经济增长极。当都市带的枢纽城市发展成为国际性大都市,就会超越国界成为在国际政治经济活动中发挥重要作用的核心地区,到了这个阶段,都市带的发展将主要表现为内部组织的不断优化,走向区域内的动态均衡。

虽然空间经济活动追求规模效益的客观规律牵引产业不断向某些具有区位优势的地域集聚,产业集聚带动人口空间集聚,最终形成都市带,但是都市带的产业和人口集聚不会无限的持续下去,国外都市带的演化过程表明,随着都市带产业结构的高级化,都市带人口规模不再随着经济总量的增加而增加,占全国人口总量的比例也将维持在一定的水平。以日本为例,1960年到1980年的20年间,日本东海道太平洋沿岸都市带的人口由4086万增加到6693万,但此后的20多年间,都市带人口规模基本稳定在7000万,占全国人口的比例也基本稳定在60%的水平上;美国大西洋沿岸都市带和五大湖区沿岸都市带形成后,两带合计人口基本稳定在8000万,而在都市带内部,由于城市功能演化,大城市中心区则会出现人口减少的现象,见表1-4。

表1-4　美国大西洋沿岸都市带主要城市中心区人口变动　　　　　　(万人)

城市	1950年	1990年	变化幅度
纽约	789.2	732.3	−7.2%
费城	207.2	158.6	−23%
巴尔地摩	95.0	73.6	−22.5%
波士顿	91.5	50.7	−44.6%

资料来源:张文尝等著:《交通经济带》,科学出版社2002年版

(三)发展规律和国情决定长三角人口将继续扩容

以上海为中心的长三角都市带正处于形成过程之中,按照世界性的发展规律,它所产生的强大的磁力效应将进一步吸引腹地范围内的大量生产要素向长三角地区集聚;另一方面,中国的人口、经济与资源环境国情也将继续推动人口向包括长江三角洲在内的沿海地区迁移。在多种因素的驱动下,未来长三角人口规模将继续扩大。

1.都市带形成过程推动着长三角人口扩容

戈特曼在上世纪50年代就提出中国以上海为中心的长江三角洲都市带正在形成中,由于历史的原因,此后二十多年进展极其缓慢。改革开放以来,随着市场化的推进,城市化进

---

①　胡序威等:《中国沿海城镇密集地区空间集聚与扩散研究》,科学出版社2000年版,第32页

程明显加快,上海、南京、杭州、苏州、无锡、宁波等中心城市的规模迅速扩大,城市功能不断增强,与周边中小城市的联系日益密切,中心城市的都市区逐渐形成。与此同时,长三角地区的产业和工业内部结构发生转变,呈现出大都市带的产业特征,一些发达城市从以技术含量不高的一般制造业为重点的工业化前期阶段,向以机电一体化为重点的后期阶段转换,城市的其他职能也全面加强。最大的中心城市上海则更是向国际经济、金融、贸易、航运中心的方向发展。发达城市中心城区的大量劳动密集型传统产业向周边地区扩散,激发了大批小城镇的崛起。由沪宁、沪杭、杭甬铁路,沪宁、沪杭甬、杭宁等高速公路以及长江、京杭大运河等主干河道构成的复合交通走廊,促进了产业轴线的初步形成。

不论是理论的分析还是都市带演化的实际过程都表明,都市带的形成过程是一个人口扩容的过程。对比国外都市带人口发展的情况,长三角都市带已经完成第一阶段,正处于都市区扩容阶段,其中部分地区已经出现联合都市区的雏形。随着都市带的形成,枢纽功能和孵化功能将得到进一步强化,势将在更大范围内产生集聚和扩散的效应,从而使经济腹地进一步扩大,磁力效应进一步增强,人口向长三角迁移的流量和强度也将保持强劲的势头。长三角人口规模继续膨胀将是合乎逻辑的结果。

2.国情助推长三角地区产业和人口进一步集聚

(1)区位优势的推动

长三角地处我国东南部,通江达海,具有沟通海内外的自然基础和经济基础,是我国广大内陆腹地与世界经济发生联系的最重要的联结点,在经济全球化和区域经济一体化的时代,实在是得天独厚的发展条件。如此优越的区位,在改革开放和工业化、城市化方兴未艾的形势下,长三角势必走在全国发展的前列。20世纪90年代以来,长三角是全国经济增长最快的地区。统计资料表明,1998—2003年的5年间,长三角16个城市的国内生产总值从13278亿元增加到23770亿元,占全国的比重从16.7%上升到20.4%,财政总收入也从2001年的3415亿元增加到5464亿元,占全国的比重从20.8%增加到25.2%。2003年长三角16个城市实际利用外资260.1亿美元,占全国的49.1%,分别比2001年增加97.21亿美元和增长15.5%。2003年长三角地区人均GDP达30008元,相当于全国平均水平的3.3倍。区域经济的高速增长必然吸引大量人口。1990—2000年间,长三角的常住人口从7754万增加到8743万,年平均增长1.21%,远高于人口的自然增长率。"五普"数据显示,1995—2000年间,从江浙沪三省市以外其他省区迁入长三角地区的人口约472.32万,如果考虑江浙沪三省市之间的迁移,迁入长三角的人口数量当更大。

区位优势以及区域经济发展过程中形成的区位叠加优势还将带动长三角的投资和各种资源进一步集聚,未来长三角的经济总量将进一步提高,可以肯定,随着经济密度的提高,长三角人口规模将继续增大。

(2)资源分布格局的影响

我国自然资源空间分布极不均衡,南方地区水资源比较丰富而能源和矿产资源贫乏,北方地区则相反。在现代运输和市场经济条件下,能源和矿产资源的空间机动性比水资源要大(除非是资源整体枯竭或遭到严重政治风险),水虽然是可再生资源,但缺水区域对人口容量的约束却是严峻的事实。这种资源分布格局在一定程度上决定了未来人口分布的重心在丰水区域。

北方的黄河、淮河、海河、滦河、辽河五个流域及西北内陆诸河等的总水量仅占全国总水量的 17.7％,人口却占全国总量的 46％①。北方地区普遍缺水导致地区生态环境脆弱,环境负荷能力较小,特别是华北和西北地区,地处我国的少水带和干旱带,水资源供给和环境自净能力差,大规模推进工业化和人口大量集中受到生态环境的制约。南方地区尽管能源和矿产资源贫乏,但降水量充沛,水资源比较丰富。长江、珠江、浙闽和西南诸河流域的人口占全国人口总量的 54％,水资源量却占全国总量的 82.3％。如果按照人均占有水量计算,珠江流域人均水资源拥有量可达 4500 立方米,长江流域为 2700 多立方米,淮河流域只有 479 立方米,而海河、滦河流域更少,人均只有 303 立方米②。因此,相对而言南方人口密集地区环境负荷能力比较强,环境对人口容量的约束比较小,这就从自然基础方面为南方都市带人口规模的扩大留下了余地。

长三角都市带地处我国的丰水带,年降水量超过 1600 毫米,年径流深大于 900 毫米,是我国水资源最为充裕的地区之一,水资源对该地区人口容量的约束较小。另外,长三角区域内的能源和矿产资源虽然极其贫乏,但资源供给能力较强。长三角地区具有发达的交通运输网络和丰富的深水岸线和优良的港口资源,通过海上、内河、铁路、公路和长输管道构成的交通网与国内外建立起便捷的货物运输,在很大程度上抵消了资源条件的先天不足。较充裕的水资源和较强的能源、矿产资源供给能力,为长三角产业和人口的进一步集聚提供了条件。

(3)过剩人口的推动

未来相当长的时间内,我国将面临着严重的人口就业压力。根据浙江大学人口与发展研究所的预测,中国劳动年龄人口总量将在 2012 年达到高峰,届时全国 15～64 岁的人口将达到 9.97 亿。尽管从 2013 年以后中国劳动力数量开始缓慢下降,但即使到 2050 年,劳动力总量仍将高达 7 亿(见图 1-1)。面对巨大的就业压力,只能从发展中找出路。现阶段必须继续深化改革,广辟就业领域,推进工业化和城市化进程,逐步解决就业问题。但是,全国各地的自然条件和经济发展水平是不平衡的,落后地区的大量剩余劳动力将在相当长的时期内继续向发达地区转移,长三角地区就是国内农村劳动力转移的重要的目的地之一。根据我国的人口国情与长三角的发展条件、发展势头和发展潜力,在未来 20 年内,本区继续吸收来自全国各地农村的劳力和人口的趋势不会逆转。

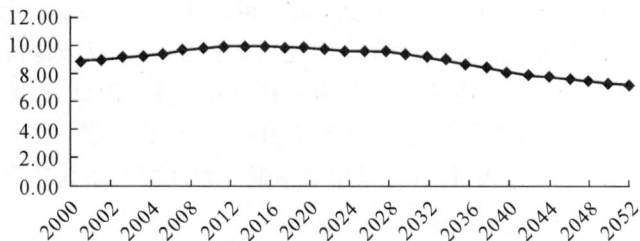

图 1-1 浙江大学人口与发展研究所对全国劳动人口的 50 年预测

---

① 陈永文编:《自然资源学》,华东师范大学出版社 2002 年版,第 153 页。

② 陈永文编:《自然资源学》,华东师范大学出版社 2002 年版,第 154 页。

二、上世纪 90 年代以来长三角都市带人口容量及其变化的相关因素

（一）长三角有关人口容量的几项人口变化特征

1. 人口总量增加，常住人口增量远大于户籍人口增量

2000 年，长三角地区拥有户籍人口 8052 万。与 1990 年的 7718 万相比，10 年净增 334 万，年均增长率为 0.42%。区内所有市的人口均有不同程度的增长，其中杭州、上海、南京、宁波 4 市共增加 158 万人，占总增长量的 47%；人口规模最小、增加也最少的舟山市，10 年仅增 1 万多人，其次是镇江和南通，2 市分别仅增加 8 万人，平均每年不到 1 万人。尽管长三角户籍人口在增长，但因增长率低于同期全国年均增长 0.98% 的水平，它占全国总人口的比重在下降，由 1990 年的 6.75% 下降到 2000 年的 6.35%，下降了 0.4 个百分点。

事实上，长三角都市带是全国经济最发达的区域，吸引着来自全国各地的劳动力和人口，常住性流动人口占总人口的比重逐步提高，户籍人口已经不能反映人口的真实情况。但是由于人口统计只有普查年具有常住人口数，其余年份习惯于用户籍人口统计数，以致我们不能直接给出本区域常住人口的变化，只能就 1990 年和 2000 年两次人口普查资料进行比较。

2000 年，长三角常住人口达到 8743 万，比 1990 年的 7754 万（注：两次普查标准略有出入，但不妨碍趋势性比较）净增 989 万，是户籍人口增加量的近 3 倍，年均增长率达 1.21%，高于全国总人口平均增长速度（1.04%）0.16 个百分点，比户籍人口增长速度（0.42%）高 0.78 个百分点。1990 年，长三角 16 个城市的常住人口仅比户籍人口多 36 万人，占全国总人口比重为 6.78%，仅比户籍人口占全国比重高 0.03 个百分点。到 2000 年，常住人口比户籍人口多 692 万，10 年间净流入长三角人口增长 18 倍，常住人口占全国总人口的比重为 6.91%，比 1990 年上升了 0.13 个百分点。除上海外，苏州、杭州、南京和宁波成为迁入人口最多的城市，5 个城市吸引了长三角外来人口总量的 60%。16 个城市中，唯有江苏的南通市常住人口数量是减少的，10 年间南通市常住人口减少了 16 万人。

2. 人口流入多，前期以沪苏为主，后期浙江在上升

1990 年长三角都市带的外来人口 109 万，出入相抵，净流入 36 万。流入主要集中在上海和苏南一些城市，占流入人口的 92%，其中：上海净流入 51 万人，占流入人口总量的 46.8%，江苏 8 市流入 49 万人，占流入人口总量的 45.0%。浙江 7 市流入仅 9 万人，占 8.2%。在总体以流入为主的情况下，浙江 7 市中有 4 个市，即宁波、湖州、绍兴、台州，为人口净流出地区，共净流出 43 万人；江苏 8 市中有南通和泰州两个市为净流出地区，共净流出 30 万人。

到 2000 年，长三角地区在总体上流入人口增多的情况下，流出也发生了相应的变化：一是人口净流出的市减少，由 1990 年的 6 个市（浙江 4 市、江苏 2 市）下降到 4 个市。宁波由净流出转变为净流入，净流入人口 55 万，仅次于上海、苏州、无锡、南京、杭州，列第 6 位；二是人口流出规模发生变化。绍兴市的人口净流出规模由 1990 年的 13 万下降为 2 万，减少 11 万；另外 3 个市的净流出人口规模扩大：南通由 1990 年的 9 万扩大到 33 万，台州由 28 万扩大到 31 万，泰州由 21 万扩大到 23 万，江苏 8 市的人口净流出规模超过了浙江 7 市。

3. 城市化水平较高，速度快，但市际差异大

2000 年长三角都市带人口城市化水平为 57.84%，比全国平均水平高 21.6 个百分点。

和 1990 年相比,整体城镇化水平上升了 22.1 个百分点,其中江苏省 8 个市上升了 25 个百分点,浙江 7 个市只上升了 16 个百分点,但也高于全国平均水平(9.81)6 个百分点。这也可以从 1990—2000 年城镇人口年均增长率变化反映出来,10 年间长三角城镇人口年增长率高达 6.21%,其中江苏 8 个市的城镇人口年均增长率高达 8.22%,上海和浙江 7 市分别为 5.08% 和 4.94%,可见,长三角地区的城市化不仅水平较高,而且速度很快。

不过,长三角都市带内部城市化水平参差不一,按 2000 年数字,可以分为三个层次:第一层次是高城市化地区,包括上海和南京,城市化水平超过 70%,其中上海市达 88.11%,南京为 71%;第二层次是中等城市化地区,包括江苏的苏州、无锡、常州、镇江和浙江的杭州、宁波、舟山和台州 8 个市,城市化水平在 50%～60% 之间;第三层次是低城市化地区,包括江苏的南通、扬州、镇江、泰州和浙江的嘉兴、湖州和绍兴,城市化水平在 30%～50% 之间,其中南通的城市化水平最低,不仅低于长三角的平均水平,而且低于全国的平均水平。

4.在业人口总数增加,但增速低于常住人口

根据第五次人口普查资料,长三角都市带 2000 年在业人口总量为 5045 万,其中上海市 842 万,江苏 8 市 2439 万,浙江 7 市 1763 万,分别占长三角在业人口总数的 17%、48% 和 35%。

和 1990 年相比,10 年间长三角在业人口总量净增 92 万人,其中上海市增加 36 万人,浙江 7 市增加 102 万人;江苏 8 市在业人口不但没有加增,反而减少了 46 万人,相当于总净增量的 50%。从增长率看,长三角在业人口增长率为 0.2%,低于本区同期常住人口 1.2% 的增长率。分省市比较,上海在业人口的增长率为 0.4%,江苏 8 市为 -0.2%,浙江 7 市为 0.6%。由于在业人口增加速度不同,使上海和浙江在业人口占长三角总在业人口比重上升了 2 个百分点,而江苏则下降了 2 个百分点。在业人口增长率不高的现象,是在业不在业的标准、人口结构、经济结构等变动因素综合影响的结果。

(二)经济增长态势

1.经济总量迅速增大

长三角都市带是中国经济最活跃、生产力最发达、科技实力最雄厚的地区之一。根据有关资料,2002 年长三角地区实现生产总值 19983 亿元,是 1990 年 2416.28 亿元的 8 倍。长三角 GDP 总量占全国 GDP 的比重由 1990 年的 13% 上升到 2002 年的 20%。

分区域看,2002 年上海市 GDP 总量占整个长三角的 27%,江苏 8 市和浙江 7 市的 GDP 分别占长三角 GDP 总量的 41% 和 32%,与 1990 年相比,上海 GDP 所占的比重在下降,由 31% 下降到 27%,下降 4 个百分点,江苏 8 市所占的比重保持不变,浙江 7 市的 GDP 比重上升了 4 个百分点。

2.人均经济水平显著提高

按户籍人口计算,2002 年长三角都市带人均 GDP 达到 24607 元,比 1990 年的 3126 元增长了 7.9 倍。按现行汇率折算,2002 年为人均 2975 美元,接近人均 3000 美元的水平[①]。从各国经济发展经验看,当一个国家人均 GDP 处于 3000 美元至 10000 美元之间时,正是国民经济进入活跃的、加速发展的重要阶段。长三角都市带人均 GDP 达到 3000 美元,标志着

---

① 若按 PPP 汇率计算,2002 年长三角人均 GDP 已达 5800 美元,国际比较应按购买力平价(PPP)折算才有可比性,但世界银行的发展报告中计算的中国 PPP,比按汇率计算的 GDP 高出 3.7 倍,似欠合理,中国社科院社会学所《2020 年我国小康社会主要经济社会指标测算》课题组作了修正,参照中等收入国家 PPP 比 GDP 高出 1.9 倍的比例计算。

本区经济发展正进入新的阶段,综合实力跃上了新的台阶,步入了中等收入国家的水平。

分区域看,2002 年上海人均 GDP 达到 40538 元,按现价折算为人均 4900 美元;江苏 8 市和浙江 7 市人均 GDP 分别达到 20930 元和 22225 元,折合 2530 和 2690 美元。人均水平上海居首,浙江略高于江苏。按城市分组来看,上海、无锡、苏州人均 GDP 在 4000 美元以上,杭州、宁波在 3000 美元以上,南京、常住、镇江、嘉兴、绍兴在 2500 美元以上,其余 6 个市的人均 GDP 均小于 2000 美元。

由于长三角是人口净迁入地区,按户籍人口计算的 GDP 不能真实反映区域社会经济发展水平。若按常住人口计算,2002 年长三角人均 GDP 当为 22314 万,比按户籍人口计算的人均 GDP 下降 2293 元,按美元计,人均 GDP 约为 2700 美元。比 1990 年人均 3116 元的水平提高了 7.2 倍。

按常住人口计算的 2002 年人均 GDP,上海仍稳居第一,达到 3824 美元,但与按户籍人口计算的人均 GDP 相比,下降了 1077 美元;浙江为 2540 美元,比按户籍人口计算下降 146 美元,居第二;江苏为 2351 美元,比按户籍人口计算下降 180 美元。这意味着上海和江苏比浙江拥有更多的外来常住人口。其中浙江的台州和江苏的泰州,外出人口较多,当地常住人口的数量小于户籍人口,因此,按常住人口计算的 GDP 不但不降,反而有所上升。

3.发展速度处于高位

为了便于比较,我们采用 GDP 可比价格(以 1978 年为 100,以全国零售商品物价指数为准)。研究表明,从 1990 年到 2002 年,长三角都市带 GDP 都呈现快速增长态势,GDP 年均增长率高达 19.25%,比全国平均水平高近 9 个百分点,比珠三角地区高近 8 个百分点;其中浙江 7 市的年均增长率高达 20.86%,居首位;江苏 8 市的 GDP 年均增长率为 19.14%,居其次,最低的是上海,年均增速也有 17.81%;按市分层看,16 个市可分为三个层次:一是 GDP 年均增速在 21% 以上的市,包括年均增速最快的绍兴市(22.36%),以及台州、宁波、苏州、无锡、杭州 5 市,其 GDP 增速均在 21% 与 22% 之间;二是增速在 18%～20% 之间的市,包括南京、常州、镇江、嘉兴和湖州;三是增速在 18% 以下的市,包括上海、南通、扬州、泰州和舟山。市与市之间年均 GDP 增速高低相差大于 6 个百分点,但都处于高位。

从按户籍人口计算的人均 GDP(可比价)增长速度看,长三角平均增速为 13.79%,比 GDP 总量增长速度低 5 个百分点以上,但高于珠三角人均 GDP 2.32 个百分点,高于全国平均 3.53 个百分点;其中浙江 7 市、江苏 8 市的平均增速分别为 15.16% 和 13.73%。

若按常住人口计算,则长三角人均 GDP(可比价)平均增长速度下降为 12.70%,比按户籍人口计算的人均 GDP 增速约低 1 个百分点;其中江苏 8 市为 12.88%,与整个长三角地区持平,浙江 7 市为 14.31%,比长三角平均增速高 1.6 个百分点;分城市看,增长率最高的前二位是浙江的绍兴和台州,分别高达 16.17% 和 16.01%,其次是浙江的宁波,江苏的苏州,增长率达到 14.62% 和 14.02%;然后是江苏的无锡、镇江和浙江的嘉兴,增长率为 13.78%、13.41% 和 13.11%,分居第五、第六和第七位;增长率最低的上海,为 10.38%,这种情况与上海人均 GDP 基数较大有关。

(三)经济增长带来人口扩容

西方著名经济学家汉森认为促成经济进步的因素主要有三个:发明、新领土与新资源的发现和开发、人口增长。人口增长与经济增长是密切相关的,一方面,人口增长受制于经济发展水平,生产力越发达,人口增长的基础就越牢固。另一方面,人口增长对经济增长具有正反两面作用,小基数下的适度人口增长可以推动经济的发展,过度的人口膨胀则对经济发展起阻碍作用。

区域经济的高速增长必然会吸引大量外来人口。长三角都市带活跃的地区经济,与周边地区及内地的收入差距,吸引了大量的外来劳动力。1990—2000 年间,长三角都市带的常住人口从 7754 万增加到 8743 万,净增近 1000 万,年均增长率为 1.21%,远远高于户籍人口 0.06%的增长水平。1990 年,长三角常住人口比户籍人口仅多 36 万人,到 2000 年,常住人口比户籍人口多 692 万人,净流入长三角人口 10 年间增长 18 倍。

当然,经济发展与人口数量、人口增长的关系,因不同国家或地区、不同历史时期而异,不能一概而论。事实上,人口增长对经济发展既有正面效应,也有负面效应,两者是复杂多变的关系,而不是简单的线性相关(见表 2-1)。

表 2-1　长三角地区 GDP 增长率与人口增长率的相关系数

	1978—1980 年	1980—1985 年	1985—1990 年	1990—1995 年	1995—2000 年	2000—2001 年	2001—2002 年	1990—2000 年	1978—2002 年
总人口增长率与 GDP 增长率	−0.3846	−0.2499	0.1514	0.4156	0.5655	0.3477	0.0542	0.4673	0.0670
在业人口增长与 GDP 增长率	0.4560	0.5048	0.6092	0.0549	−0.5023	−0.1022	0.0083	0.1272	0.5893

注:本表人口指户籍人口,在业人口指户籍在业人口

资料来源:《2003 长江和珠江三角洲及港澳特别行政区统计年鉴》计算

从表 2-1 可以看出,在 80 年代中期前,长三角都市带总人口增长与经济增长呈现负相关关系,即总人口增长较慢而 GDP 增长较快,到 1985 年后,在外来劳动力和人口开始大量流入的同时,经济也保持快速度的增长,二者呈现出同向关系。类似情况也可以从在业人口增长与经济增长相关系数中得到体现,90 年代中期,在业人口增长与经济增长出现了负相关,当时大批外地劳动力返乡,在业人口出现负增长,但经济依然保持相对高速增长,直到 2001—2002 年,在业人口的增长率与经济增长率才重新回到同方向变化。然而,就总体而言,从 1978—2002 年,无论是总人口增长还是在业人口增长,与经济增长是相互促进的。这一点,从单个年份的人口总量、在业人口与 GDP 总量的相关分析中,表现得更为突出。我们将 1978 年到 2002 年主要年份的在业人口和 GDP 总量进行相关分析,结果表明,两者呈高度的正相关,相关系数稳定在 0.99 以上;将总人口与 GDP 总量进行相关分析,其相关系数也高达 0.83~0.89 之间,呈高度正相关。

表 2-2　长三角主要年份人口与经济增长相关系数

年份	1978 年	1980 年	1982 年	1990 年	1995 年	2000 年	2001 年	2002 年
在业人口与 GDP	0.9956	0.9961	0.9975	0.9974	0.9943	0.9933	0.9918	0.9932
总人口与 GDP	0.8344	0.8517	0.8771	0.8914	0.8861	0.8854	0.8855	0.8826

注:本表人口指户籍人口,在业人口指户籍在业人口

资料来源:同表 2-1

我们也可以从人口增长与经济发展的协调度来说明人口增长与经济增长的关系。有研究表明,人口增长 1%,则要求国内生产总值增长 3%~4%,才能维持原有的生活水平(邓显

应)。所以,研究人口与经济发展是否协调可以引用"弹性系数"的概念。一般认为,经济发展对人口增长的弹性小于或等于 1 为社会经济发展停滞级;1～4.9 为社会经济发展渐进级,5 以上为社会经济发展协调级。

表 2-3　经济增长对人口增长的"弹性系数"区域比较　　　　　　　　　　　(%)

国家和地区	GDP 年均增长率	人口年均增长	人口经济弹性
日本(1980—1988)	6.55	0.61	10.74
韩国(1981—1988)	10.59	1.16	9.13
中国台湾地区(1981—1988)	8.83	1.33	6.64
长三角(1990—2000)[a]	13.45	1.21	11.12
长三角(1990—2000)[b]	13.45	0.42	32.02
中国大陆(1990—2000)	9.15	1.04	8.80

注:长三角(1990—2000)a 中的人口年均增长指的是常住人口

长三角(1990—2000)b 中的人口年均增长指的是户籍人口

资料来源:日本、韩国和中国台湾地区的资料来源于邓显应《对惠城区人口增长与经济发展的关系分析》,http://hcqtjj.hz*sin*.gov.cntjfxrkfx/rk1.htm

长三角和中国大陆数据系作者根据统计年鉴计算而成

从表 2-3 可见,1990—2000 年,长三角都市带人口经济增长弹性与表列国家和地区相比,其弹性系数都是最高的,其中户籍人口经济弹性高达 32,常住人口经济弹性也达到 11,高于全国 8.8 的平均水平,也高于日、韩及中国台湾地区 80 年代的人口经济弹性,属于社会经济发展协调级。因此,长三角无论是从户籍人口还是常住人口,人口与经济都处于协调发展状态。这是未来人口扩容的根本保证。

(四)产业升级对人口容量的影响

美国经济学家 H. 钱纳里等曾运用多国模型对人均 GDP 与经济发展阶段的关系进行研究,作出经济发展阶段的判断,下面列表 2-4 示之(应用钱纳里阶段划分标准时,必须考虑美元自身贬值对判断结论的可能影响,可以选择两种价格标准之一进行换算,或者把比较期的人均 GDP 换算为 1970 年美元值,或者把发展阶段划分的数量标准调整为比较期的美元值)。

表 2-4　经济发展阶段的判断标准

工业化阶段		人均 GDP(美元)		增加值构成(%)			就业构成(%)		
		1998a	1998b	一产	二产	三产	一产	二产	三产
初级产品生产阶段		530～1200	1700～3010	38	24	38	65	17	18
工业化阶段	初级阶段	1200～2400	3010～5350						
	中级阶段	2400～4800	5350～8590	20	40	40	50	22	28
	高级阶段	4800～9000	8590～11530						

续 表

工业化阶段		人均 GDP(美元)		增加值构成(%)			就业构成(%)		
		1998a	1998b	一产	二产	三产	一产	二产	三产
发达经济	初中级阶段	9000~16600	11530~16850	8	52	40	20	30	50
	高级阶段	16600~25000	16850~22730						

注:a 为按汇率法计算

b 为按购买力平价法(PPP)计算,按 PPP/GDP=1.95 折算

资料来源:国家经贸委行业规划司编,《我国走新型工业化道路研究》,机械工业出版社,2003 年,第 5 页

　　根据钱纳里的标准,2002 年,长三角人均经济水平为 5258 美元(PPP 价格),处于工业化的初、中级阶段之间,江苏 8 市和浙江 7 市大致处于这一阶段,唯有上海市人均经济总量以常住人口计算为 7458 美元(PPP 价格),处于工业化中级阶段后期,而中国则为 3920 美元(PPP 价格),处于工业化初级阶段。

　　从三次产业的构成来看,2002 年长三角经济发展阶段处于发达经济的初中级阶段,第一产业占 GDP 的 6%,低于标准水平 2 个百分点;第二产业占 GDP 的 52%,与标准水平一致;而第三产业为 42%,高于世界平均 2 个百分点。

　　分地区看,浙江 7 城市第一产业占 GDP 的比重为 8.43%,比发达经济的初中级阶段的标准 8% 高 0.43 个百分点,与长三角地区第一产业占 GDP6% 的水平高 2.43 个百分点;第二产业占 GDP 比重低于发达经济的初中级阶段标准水平 2.36 个百分点,比长三角地区平均水平高 2.23 个百分点;第三产业占 GDP 比重比发达经济的初中级阶段标准水平低 2.79 个百分点,比长三角地区平均水平低 4.7 个百分点。换言之,浙江 7 市的产值结构处于发达经济的初中级阶段,但人均 GDP 与世界低收入国家相近。

　　江苏省 8 城市第一产业占 GDP 的比重为 7.02%,比发达经济的初中级阶段的标准 8% 低 0.98 个百分点,与长三角地区第一产业平均水平高 1.02 个百分点;第二产业占 GDP 比重低于发达经济的初中级阶段标准水平 1.43 个百分点,比长三角地区平均水平高 1.34 个百分点;第三产业占 GDP 比重比发达经济的初中级阶段标准水平低 0.45 个百分点,比长三角地区的平均水平低 2.36 个百分点。江苏省 7 市的产值结构处于发达经济的初中级阶段,但人均 GDP 与世界低收入国家相近。

　　而上海市的产业结构虽属于发达经济的初中级阶段,但第一产业占 GDP 的比重已降至 2%,第二产业占 GDP 比重低于标准水平 3 个百分点,第三产业占 GDP 比重比标准水平高 11 个百分点,与世界中高收入国家 1998 年的平均水平相近。

　　将长三角与世界平均水平相比,2002 年,长三角人均 GDP 达到中低收入国家的平均水平,而中国的人均 GDP 经调整为 1892 美元(PPP)*,基本接近低收入国家的平均水平。

　　将长三角和珠三角、全国相比,长三角的产业结构与珠三角地区非常相似,都处于工业化的中级阶段;和全国相比,长三角的第一产业占 GDP 比重比全国平均水平低 9 个百分点,第二产业占 GDP 比重相近,第三产业占 GDP 比重比全国平均水平高 9 个百分点,关键是第一产业和第三产业的差距。

表 2-5　2002 年长三角产值结构高度的国际比较

地区	人均 GNI(美元)(PPP 汇率)	第一产业增加值占 GDP 比重(%)	第二产业增加值占 GDP 比重(%)	第三产业增加值占 GDP 比重(%)
世界平均*	7820	3.8	28.6	67.7
低收入国家	2110	23.8	30.4	45.7
中等收入国家	5800	9.1	33.9	56.9
中低收入国家	5290	10.2	33.9	55.9
中高收入国家	9660	6.3	34	59.8
拉美及加勒比地区	6950	7.0	25.6	67.4
欧共体	25700	2.2	28.1	69.7
高收入国家	28480	1.8	27.5	70.7
中国*	3920	15.4	51.1	33.5
长三角*	5258	6.0	52.1	41.9

资料来源:世界分产业的产值数据来自 world Development indicators database,April,2004

人均 GDP 资料来自 2002 世界人口数据表《www. PRB. org》

* 2002 年中国人均 GDP 为 640 美元,按 PPP/GDP＝1.95 折算,调整为 1892 美元。

从就业结构看,2002 年,长三角第一产业的就业比重为 26%,低于工业化中级阶段 24 百分点,比发达经济的初中级阶段高 6 个百分点;第二产业的就业比重为 41%,比发达经济的初中级阶段高 11 个百分点,而第三产业就业比重为 33%,比发达经济的初中级阶段低 17 个百分点。总的判断,长三角都市带就业结构处于工业化中级阶段与高级阶段之间的水平。

我们注意到,长三角都市带第二产业,无论是产值结构还是就业结构,都高于工业化中级阶段的标准水平,这可能与制造业的世界性转移相关。

表 2-6　长三角经济发展阶段和产业构成与全国比较

地区	人均 GDP(美元,2002)		产值构成(%)			就业构成(%)		
	按户籍人口	按常住人口	一产	二产	三产	一产	二产	三产
长三角	2975	2698	6.00	52.09	41.91	26.38	40.95	32.67
上海	4902	3825	1.60	47.40	51.00	10.64	40.52	48.84
江苏 8 市	2530	2351	7.02	53.43	39.55	29.93	39.99	30.08
浙江 7 市	2687	2541	8.43	54.36	37.21	29.26	42.19	28.56
全国	964	——	15.40	51.10	33.50	50.00	21.40	28.60
珠三角	3282	——	5.81	49.57	44.62	15.91	55.7	28.39

注:美元与人民币按 8.27 的汇率折算

资料来源:《2003 长江和珠江三角洲及港澳特别行政区统计年鉴》计算

《中国统计年鉴》2003

我们把产业结构与就业结构结合起来看,长三角都市带第一产业,26% 的就业人数仅创造了 6% 的 GDP,其生产力水平非常低下;第三产业以 33% 的就业人数创造 42% 的 GDP,

也落后于第二产业以 41% 的就业人数创造 52% 的 GDP。这说明长三角都市带的就业结构与产值结构还不协调，就业结构滞后于产值结构，并且第一产业投入劳力多，产出少，效率低。

从纵向看，2000 年与 1990 年相比，长三角第一产业就业人口比重下降达 12.63 个百分点，第二产业就业人口比重基本维持不变，第三产业就业人口比重上升了 12.35 个百分点。同时，长三角第三产业就业人口比重超过了第一产业，从第 3 位上升为第 2 位；第一产业就业人口比重从第 2 位下降为第 3 位。按照人口就业结构模型判断，长三角人口就业结构已从传统的正金字塔型转变为过渡时期的鼓型模式。目前，长三角的产业结构基本实现了调整与合理化阶段的任务，开始进入升级与高级化的阶段。这是符合世界性产业发展规律的。

产业结构升级与经济增长、人口容量之间究竟存在什么样的关系呢？

首先，产业结构升级是经济增长的本质要求。产业结构升级是将生产要素从低生产率部门向高生产率部门转移，通过平衡要素在不同部门的生产率来提高社会平均生产率水平。产业经济学理论认为，一般说来，生产率提高较快的产业在产业结构中的比重会趋于上升，而生产率提高较慢的产业在产业结构中的比重会趋于下降。按照索洛增长模型，生产率的提高是长期经济增长的源泉。即使在新经济增长模型中，生产率的提高对长期经济增长的作用也是显而易见的。显然，产业结构的调整和升级是经济增长的一个本质要求，只有产业结构升级，才能获得经济学上所谓的"集约增长效应"。而且，环境经济学的理论告诉我们，产业结构升级也是实现经济可持续发展的重要途径，没有产业结构的升级，可持续发展只能是一种理想。

其次，产业结构的升级有利于区域人口容量的增扩。如前所述，产业结构的升级与工业化、城市化和经济发展的阶段密切相关。随着工业化和城市化的不断推进，大批农村劳动力向第二、第三产业转移，使第一产业的从业人员不断减少，比重不断降低，而第二、第三产业从业人员迅速上升，农村人口向城镇集中，城市化水平提高。虽然随着科学技术的进步和资本有机构成的提高，第二产业就业人口到高度工业化阶段逐渐趋向饱和，如目前的发达国家，二产的发展已经不再依靠扩大其就业比重。但是，依靠科技进步创造越来越高的劳动生产率，第二产业仍然是保证人口容量扩大的基础。加上工业化中后期和后工业化时期不断涌现的第三产业门类，以及三产本身的高度化，进一步增强了吸纳劳动力和容纳人口的能力。

我们将 1978—2002 年长三角人口增长率分别与同期三次产业产值增长率进行相关分析，显示第一产业产值增长率与人口增长率是负相关，相关系数为 −0.11，说明人口增长越快，第一产业的产值增长速度越慢，从另一侧面说明了第一产业劳动生产率的低下；而第二、第三产业产值与人口增长率是正相关关系，相关系数分别为 0.09 和 0.60。换言之，一定规模的人口或劳动力是第二、第三产业发展的基础，同时第二、三产业的发展支撑了区域人口和劳动力的扩容，这也正是经济效率高的大城市人口集中的原因所在。

(五)就业增长弹性变化对人口容量的影响

就业弹性系数是研究经济发展与就业增长之间数量关系的函数，是指劳动力就业的增长率与经济增长率之间的比率，其经济含义是：经济每增长 1%，就业能增长多少个百分点。发达国家和地区的经验表明，随着资本有机构成的提高，就业弹性系数不断趋于下降。索洛增长模型也表明，技术进步率、资本投入增长率以及劳动与资本产出弹性均与就业增长率负相关，因为节约劳动型和资本密集型的经济增长会产生就业挤出效应，降低 GDP 就业弹性。

前已述及，1978—2002 年，长三角都市带主要年份的在业人口与 GDP 总量的相关系数在不同的时期里基本保持一致,高达 0.99,人口总量与 GDP 总量的相关系数略低于在业人口,但仍高过 0.8 以上;若将 GDP 增长率(可比价格)与同期在业人口增长率进行相关分析,则发现二者的相关系数为 0.498。这表明在过去的 20 多年里,长三角都市带在业人口增多有利于国民经济的增长,但人口增长率与 GDP 增长率的关系是不确定的,有变化的。如从 1978 年到 1980 年,或者从 1980 年至 1985 年,总人口增长率与 GDP 增长率是负向关系,说明从改革开放之初,到 1984 年国家出台允许农民自理口粮进小城镇落户政策以后的一段时间,降低了农村剩余劳动力进入城镇务工经商的成本。

我们计算了 1990 年到 2002 年长三角都市带分产业的就业弹性,结果见表 2-7。从表中看到,整个 90 年代,长三角都市带有资料的 12 个市的第一产业的就业弹性无一例外地是负值,表明长三角这 12 个城市第一产业是劳动力输出的部门,尤其是嘉兴市,其就业负弹性高达 -1.7,即第一产业产值上升 1 个百分点,就业人员下降 1.7 个百分点;其次是苏州市,其负弹性也超过 1 个百分点;第一产业就业负弹性最低的是上海,仅为 -0.12,说明上海第一产业的就业比重已降到较低水平,到 2002 年,上海市第一产业的人数仅占总在业人口的 11%,因此,上海市第一产业劳动力转移的速度较慢。

第二产业的就业弹性在长三角各城市表现不一,上海、苏州、南通、扬州、泰州等 5 个城市,第二产业就业弹性小于 0,说明这 5 个城市的第二产业随着改革的深入,减人增效的国企改革效果显著,第二产业产值的增长快于在业人口的增长速度,甚至出现第二产业的产值增长与就业人数减少并存。但浙江省有资料的 6 个城市中,第二产业的就业弹性均大于 0,尤其是绍兴市,第二产业的就业弹性高达 0.3,宁波、嘉兴和舟山市就业弹性均高于 0.1,与江苏、上海的负弹性完全不同,这说明浙江在经济增长的同时,劳动就业人数也在不断增加,有力地缓解了就业压力,这可能与浙江发达的民营经济有关。浙江第二产业发展仍不充分,随着世界制造向第三世界的转移,浙江民营经济必然将成为经济发展的新生增长点。

第三产业的就业弹性除南通市为负之外,其余市均为正,其中绍兴、杭州 2 市超过 0.4,上海市和湖州市的就业弹性均超过 0.3,说明这些城市第三产业成为就业的新增长点,这符合世界产业结构发展的规律性(库兹涅茨,钱纳里),而且我国第三产业就业人口占在业人口的比重滞后于产值结构,未来吸收外来人口或农村剩余劳动力的产业将主要是第三产业。

世界各国经济的发展史表明,就一国的长期总量生产函数而言,经济增长与就业增长一般是正相关的,无论是处于竞争均衡的西方工业化国家还是处于结构转换的发展中国家的经济增长进程都证明了经济增长与就业增长之间的这种互动机制。对新古典增长方程进行比较静态分析可以得知,就业增长率与经济增长率的变动趋势在理论上存在一致性,经济的较快增长会推动就业的相应增长,西方发达国家曾出现过经济衰退与失业伴生的经济事实就反证了这一关系。

表 2-7 · 1990—2002 年长三角部分市的三次产业就业弹性

地区	第一产业就业弹性	第二产业就业弹性	第三产业就业弹性
上海	−0.1165	−0.2602	0.3297
苏州	−1.1330	−0.0503	0.1903
常州	−0.6588	0.0224	0.2420
南通	−0.3922	−0.0532	−0.0649

续　表

地区	第一产业就业弹性	第二产业就业弹性	第三产业就业弹性
扬州	−0.6936	−0.0663	0.2506
泰州	−0.5704	−0.0659	0.1545
杭州	−0.5644	0.1267	0.4095
宁波	−0.6611	0.1964	0.2633
嘉兴	−1.6600	0.1599	0.0825
湖州	−0.7615	0.0652	0.3375
绍兴	−0.7328	0.3172	0.4322
舟山	−0.3512	0.1316	0.1929

资料来源：根据《2003长江和珠江三角洲及港澳特别行政区统计年鉴》相关年份计算

三、未来 20 年长三角都市带经济发展的人口容量

都市带是近、现代经济发展过程中形成的经济和社会最发达的地域，它以高密度的经济活动和社会服务容纳高密度的人口，并以拥有得天独厚的区位、广阔的市场、强大的运输和信息网络、大量的人才和先进技术而极具活力。正在形成中的长三角都市带也不例外。但是，都市带人口容量是否继续扩大，要看它本身以及国家的发展阶段。就长三角而论，一方面，它正处在工业化中期，本身有强烈的发展需要，而且整个区域具有优越的区位条件，良好的区域性基础设施，较为雄厚的人才和科技基础，而且发展势头强劲，对产业和人口有强大的吸引力，是国家提高国际竞争力最重要的前沿阵地；另一方面，全国还处于工业化初期，农村大量劳动力有待转移，需要城市、城市群特别是像长三角那样的城市带来带动。因此，宏观地判断，长三角人口容量继续增大不可避免，这是客观规律所决定的，要到全国进入工业化后期，这种趋势才能相对静止下来。当然，具体地预见未来长三角都市带的人口容量，还需通过有关经济指标进行测算，然后再用资源和环境的支撑能力加以验证。本章主要任务是预测未来 20 年长三角的人口规模（容量），但是，在测算未来人口容量之前，必须先从经济的角度对现阶段的人口容量作一考察，并且对未来人口容量起决定作用的经济因素和参变量做出阐释。

（一）现阶段人口容量的经济考察

人口与经济是否协调，要看人口总量和结构是否有利于生产力发展，是否与经济发展相匹配，是否有利于经济效益的提高。具体可以用人口容量及与之相关的人口承载力、人口压力指数等指标来衡量。人口容量可以从经济、资源、环境等不同的角度加以考察，鉴于长三角地区的特点，这里侧重从经济的角度认识现阶段的人口容量。

1. 经济人口密度与经济人口容量

长三角都市带的经济对人口的承载力较强，表现为人口密度远高于全国平均水平，而单位 GDP 的人口负荷量（经济人口密度）远低于全国的平均水平。2002 年，长三角每万元 GDP 负荷的人口为 0.45 人，低于珠三角 0.55 人的水平，也低于江浙沪二省一市 0.58 的平均水平，更低于全国 1.35 人的平均水平。其中，上海市经济人口密度仅为 0.32 人，是全国的四分之一；江苏 8 市和浙江 7 市的经济人口密度，分别为 0.51 和 0.48，均高于长三角的

平均水平。这从一个侧面反映了上海在长三角都市带的中心地位。

若以 2002 年在全国处于低位的江浙沪二省一市平均经济人口密度(0.58 人)为标准计算,那么长三角目前就可以容纳 1.16 亿人,比现有常住人口多 2628 万人,是现有人口的1.29 倍。其中上海市经济人口容量为 3137 万,是现有常住人口的 1.8 倍;江苏 8 市经济人口容量为 4774 万,是现有常住人口的 1.13 倍;浙江 7 市经济人口容量为 3679 万,是现有常住人口的 1.22 倍(具体见附表 3-4)。

表 3-1　长三角经济人口密度与经济人口容量

地区	2002 年常住人口(万)	经济人口密度(人/万元)	经济的人口容量(万)		为现有常住人口的倍数	
			a1	a2	a1 人口容量	a2 人口容量
上海市	1710	0.32	3137	7302	1.83	4.27
江苏 8 市	4233	0.51	4774	11112	1.13	2.63
浙江 7 市	3019	0.48	3679	8564	1.22	2.84
长三角	8962	0.45	11590	26977	1.29	3.01

注:a1 按长三角二省一市经济人口密度 0.58 计算

　　a2 按 2002 年全国平均经济人口密度 1.35 计算

分市来看,上海、苏州、无锡、杭州、宁波 5 市的经济人口密度最低,低于长三角平均数;南京、常州、镇江、嘉兴、绍兴 5 市次之,处于长三角都市带的平均水平上下,但低于江浙沪二省一市的平均数;而泰州、南通、扬州、舟山、湖州、台州 6 市经济人口密度较高,不但高于长三角的平均数,也高于二省一市的平均数。这种状况显然与各市的经济发展阶段和城市化水平差异有关。因此,从经济角度讲,长三角人口负荷水平低于全国,人口扩容余地相对富裕,分布基本合理。泰州、南通、扬州、舟山、湖州、台州也可以说是人口相对超负荷的问题与人口扩容潜力并存。

2.人口压力指数

人口压力指数是指一个区域现有人口数量与经济人口容量之比。当人口压力指数小于1 时,人口容量相对富裕;当人口压力指数大于 1 时,则人口容量超负荷。长三角人口压力指数小于 1,说明本区相对人口压力不大,还有一定的人口扩容余地。

从表 3-2 看到,上海、苏州、无锡、杭州、宁波 5 市的人口压力指数小于长三角的平均水平,表明这些市经济上对人口的承载力相对较强,尤其是上海、苏州、无锡在长三角中人口承载力最强,人口扩容潜力较大;而泰州、南通、扬州、舟山、湖州、台州等市人口压力指数大于1,表明相对于长三角的经济发展水平,这些市的人口已超负荷。当然,与全国相比,长三角各市的人口压力指数均小于 1,所以,优劣势是相对的。

(二)经济发展水平预测

1.经济总量和经济水平

2020 年以前是我国全面建设小康社会的时期。根据国家统计局的预测,在这样一个时期,我国经济总体上将继续保持一个比较快的增长速度,预期可以实现 7% 以上的平均增长率。在党的十六大提出的宏伟目标中,也已经明确了在未来的十五年中继续保持 7% 以上的增长率(邱晓华,2003)。

长三角都市带是中国经济最有活力的地区,1990—2002 年 GDP 年均增长率高达

19.25%,比全国平均水平 10.45% 高 8.8 个百分点。无论从各种生产要素的供给,从人才、信息、技术、政策环境等方面来看,还是从投资需求、消费需求角度来看,长三角的区域优势都是显而易见的。

表 3-2　长三角各市经济和人口压力

地区	人口荷载 1（人/平方公里）	人口荷载 2（人/平方公里）	人口压力指数 1	人口压力指数 2	现有人口密度人/平方公里
上海市	4947	11515	0.55	0.23	2697
南京市	1142	2659	0.84	0.36	962
苏州市	1422	3309	0.58	0.25	830
无锡市	1915	4457	0.57	0.25	1099
常州市	1008	2347	0.88	0.38	888
镇江市	846	1968	0.89	0.38	753
南通市	643	1497	1.45	0.62	935
扬州市	489	1137	1.42	0.61	695
泰州市	505	1176	1.64	0.71	831
杭州市	623	1449	0.69	0.30	428
宁波市	903	2102	0.71	0.30	639
嘉兴市	1047	2436	0.90	0.39	938
湖州市	421	981	1.09	0.47	458
绍兴市	652	1518	0.81	0.35	529
舟山市	588	1369	1.19	0.51	699
台州市	529	1231	1.05	0.45	554
长三角	1054	2454	0.77	0.33	815
江苏 8 市	984	2291	0.89	0.38	873
浙江 7 市	668	1555	0.82	0.35	548

注:人口荷载 1 是按长三角二省一市人口经济密度 0.58 计算的经济人口容量与土地面积之比

人口荷载 2 是按全国平均人口经济密度 1.35 计算得到的经济人口容量与土地面积之比

人口压力指数 1 是各市人口经济密度与长三角二省一市平均人口经济密度 0.58 之比

人口压力指数 2 是各市人口经济密度与全国平均人口经济密度 1.35 之比

为了能较好地预测长三角都市带从现在到 2020 年的 GDP 增长,我们设定了高、中、低三个方案。高方案以 1990—2000 年长三角 GDP 年均增长率为基准进行测算,考虑到这个时期 GDP 增速前期可能较快,后期会有所减缓,把预测期分成前后两个时段:第一时段,2004—2010 年,按 13.45% 的年均增长率增长;第二时段,2011—2020 年,年均增长率比第一时段减小一个百分点,按 12.45% 的速度增长。低方案以 1990—2000 年全国 GDP 年均增长率为基准,测算长三角 2020 年前各年的经济水平,也分两个时段:第一段,2004—2010 年,按 9.15% 的速度增长;第二段,2011—2020 年,年均增长率比第一时段减小一个百分点,按 8.15% 的速度增长。中方案的年均增长率取高方案和中方案的几何平均数,同样分两个时段,第一段按 11.09％的增长率增长;第二段增速比第一段减小一个百分点,按 10.09％的增长率增长。

预测结果,三个方案有较大差异,本报告采取中方案的结果。根据中方案的预测,长三角都市带国内生产总值将于 2007 年到达 31910 亿元,比 2000 年翻一番,其中江苏 8 市、浙江 7 市均将在 2007 年翻一番,提前实现中央下达的指标任务。

从人均 GDP 指标看,长三角都市带将在 2008 年使人均国内生产总值在 2000 年的基础上翻一番,其中上海将在 2009 年,江苏 8 市将在 2007 年,浙江 7 市将在 2008 年分别翻一番。如将人均 GDP 按美元计算,长三角地区 2004 年整体已突破人均 3000 美元大关,其中上海市早在 2000 年已超过 3000 美元,江苏 8 市将在 2005 年、浙江 7 市将在 2004 年突破 3000 美元。分城市看,人均 GDP 均超过 3000 美元的时间,除上海为最早之外,苏州和无锡市在 2001 年,杭州、宁波在 2002 年和 2003 年也已经实现,其余各市将在 2004 年以后陆续实现。

党的十六大报告提出全面建设小康社会,国内生产总值到 2020 年力争比 2000 年翻两番的发展目标,同时以人均 GDP 达到 3000 美元为标志。长三角都市带的人均 GDP 已突破这一目标,各市都制定了自己的目标,如上海市预计在 2010 年人均 GDP 达到 10000 美元。根据我们的预测,若按上海市户籍人口计算,这一目标将提前一年,即 2009 年达到;若按常住人口计算,上海市的这一目标将在 2014 年实现,比预计的推迟 4 年。浙江省的目标是 2020 年,人均 GDP 达到 6000 美元,根据预测,浙江 7 市将于 2012 年突破这一目标,比江苏早一年。其原因是江苏省 8 市之间发展的差异较大,可以分三个层次——苏州、无锡发展较快,南京、常州、镇江次之,扬州、南通、泰州落后于平均水平;而浙江 7 市大致只有两个层次——杭州、宁波、绍兴发展较快,嘉兴、湖州、台州、舟山略低于平均水平,但快于江苏第三层次三个市的发展速度。

现将长三角地区 2000—2020 年经济水平预测数据列简表 3-3 如下:

表 3-3　长三角地区 2000—2020 年人均 GDP 预测　　　　　（中方案,千美元)

地区	2005 年	2010 年	2015 年	2020 年
上海市	3.56	5.09	7.72	11.68
江苏 8 市	3.13	4.53	6.95	10.66
浙江 7 市	3.44	4.92	7.46	11.31
长三角	4.93	6.77	9.87	14.40

注:人均 GDP 美元按 8.27 汇率法计算

根据长三角经济总量的预测,到 2005 年,长三角都市带人均 GDP 达到 6942 美元(按 2002 年 PPP 汇率,下同)。按照钱纳里的发展阶段划分,2002 年,长三角处于工业化的中级阶段。尽管在钱纳里的划分标准中与人均 GDP 对应的产值结构和就业结构,同长三角同等人均 GDP 相对应的产值结构和就业结构出入颇大,但这个划分标准中各阶段的人均 GDP 取值,仍不失参照价值。这里,根据我们测算的数据,结合钱纳里的标准,来衡量长三角地区未来 20 年左右的经济发展水平。据此,到 2010 年,长三角人均 GDP 达到 11028 美元,进入工业化高级阶段,相当于 2002 年世界银行公布的中高收入国家的平均水平;到 2015 年,长三角人均 GDP 达到 16717 美元,进入发达经济的初中级阶段,相当于韩国 2002 年的经济发展水平；到 2020 年，长三角人均 GDP 达到 25308 美元，进入发达经济高级阶段，达到 2002 年欧共体国家的平均水平。

将长三角都市带的经济发展水平和美国经济发展史对照，2005 年长三角的经济发展水平相当于美国 1974 年的水平；2010 年相当于美国 1979 年的水平；2015 年相当于美国 1985 年的水平；到 2020 年，长三角已进入发达经济的高级阶段，相当于美国 1994 年的水平。换言之，美国用 20 年时间完成了 GDP 从接近 7000 美元增长到 25000 美元，长三角都市带则将用 15 年走完这一进程，比美国的发展速度快 5 年。

2. 产业结构与就业结构

按照前面预测的长三角地区 2002 年到 2020 年的人均 GDP 水平，参考世界银行发布的 2002 年全世界以及不同发展水平国家的三次产业的产值构成，并从长三角 2002 年产值构成中第一产业的份额已低于中高收入国家平均值的实际情况出发，考虑产业结构向三、二、一转变的一般规律，给出 2002 年到 2020 年主要年份产值构成的数字。

表 3-4　2002—2020 年长三角地区与 2002 年世界不同国家和地区产值构比较　　（美元，%）

年份	地区	人均 GDP（PPP 汇率）	第一产业增加值占 GDP 比重	第二产业增加值占 GDP 比重	第三产业增加值占 GDP 比重	钱纳里经济发展阶段划分标准	备注：中国、长三角与国外的对应性比较
2001	世界平均*	7820	3.8	28.6	67.7		
2002	低收入国家	2110	23.8	30.4	45.7		
2002	中等收入国家	5800	9.1	33.9	56.9		
2002	中低收入国家	5290	10.2	33.9	55.9		
2002	中高收入国家	9660	6.3	34	59.8		
2002	欧共体	25700	2.2	28.1	69.7		
2001	高收入国家	28480	1.8	27.5	70.7		
2002	中国*	3920	15.4	51.1	33.5	工业化初级阶段	低收入国家/美国 60 年代末
2002	长三角	5258	6.0	52.1	41.9	工业化中级阶段	中低收入国家/美国 1974 年水平
2005	长三角	6942	4.6	49.8	45.6	工业化中级阶段	泰国/美国 1979 水平
2010	长三角	11028	2.9	45.4	51.7	工业化高级阶段	中高收入国家/美国 1985 年水平
2015	长三角	16717	1.8	40.6	57.6	发达初级阶段	韩国/美国 1985 年水平

续 表

年份	地区	人均GDP（PPP汇率）	第一产业增加值占GDP比重	第二产业增加值占GDP比重	第三产业增加值占GDP比重	钱纳里经济发展阶段划分标准	备注：中国、长三角与国外的对应性比较
2020	长三角	25308	1.1	35.8	63.1	发达高级阶段	欧共体/美国1994水平

注：世界银行发展报告中计算的中国PPP 3920美元，被认为是偏高，比按汇率计算的GDP高出4倍，宜参照中等收入国家高出1.95倍的标准计算。表中中国和长三角人均GDP仍按世行PPP价格计。

资料来源：世界及全国数据来自：World Development Indicators Database，April，2004

虽然从经济发展水平看，2002年长三角都市带属于钱纳里划分标准的工业化中级阶段，但从就业结构看，长三角与对应的钱氏标准差异极大，尤其是第一产业的就业份额，大大低于钱氏工业化中级阶段标准，而第二产业和第三产业就业份额都比钱氏的标准要高得多。可见，长三角地区毕竟是个都市带，又在一定程度上受到中国国情的支配，它在这个阶段的产值结构和就业结构有明显的特殊性，钱氏模型对长三角来说没有普适性，必须从现实出发，对2020年之前的就业结构进行设定。大致说来，长三角都市带处于钱氏模型工业化中级阶段向发达阶段的发展过程中，其就业结构的变化可能与美国20世纪70年代到90年代相近，因此，我们根据本区域特点，结合钱氏模型和美国70—90年代变化的情况，对长三角未来就业结构进行设定。

表3-5 长三角2002—2020年就业结构变化与国际比较 （美元，%）

钱纳里划分标准	人均GDP（PPP汇率）	第一产业	第二产业	第三产业	备注
2002	5258	65	17	18	
2002—2010	5258～11028	50	22	28	
2010—2020	11028～25308	20	30	50	
长三角					相当于美国对应年份
2002	5258	26	41	33	1970
2005	6942	23	42	35	1974
2010	11028	16	44	40	1979
2015	16717	10	46	44	1985
2020	25308	6	46	48	1994

资料来源：钱纳里划分标准，李善同、侯永志，国研网 我国工业化任重道远——现阶段经济发展的10大特征 2001/07/19；美国资料来自历年美国的普查资料；国家发展计划委员会、国家统计局、国家信息中心

（三）在业人口预测

经验表明，就业增长与经济增长有着密切的关系。世界银行就曾采用就业增长弹性系数来揭示两者之间的相关关系。用经济增长的就业弹性来预测长三角的未来在业人口应当也是有效的。

在用经济增长的就业弹性来预测长三角未来在业人口前，需要对基础数据运用上令人

困惑的两问题作一说明:

一是目前各市从业人员统计是以户籍人口为依据的,结果使得一些外来或外出常住性流动人口较多的地区在业人口数据出入很大。例如,根据长三角统计年鉴,20世纪90年代以来,长三角经济快速发展,但按户籍统计的从业人员却出现下降。2000年,统计年鉴公布的长三角各市从业人员总数为4554.08万,而2000年普查推算的从业人员约5052.52万,两者相差498万。很明显,按户籍统计的在业人口排除了常住性外来流动人口中的在业人口,当然还包括部分未能被统计的"隐性就业"人员。从行业来看,遗漏的主要是在第二产业,二者相差约327万,农林牧渔业及第三产业较少,分别相差149万和23万。如果分城市考察,两种统计之间的差别也很显著,有些市的差别甚至难以理解。

二是由于常住人口统计只有普查年份才有,普查间隔期十年,不可能确立以常住人口为基础的分年度在业人口数;而我国正处于社会转型期,社会经济的发展同时受到各种政策和市场的影响,就业与经济增长的关系常有波动,这种波动只能从年度统计中看出,其人口基础则是户籍人口。所以,明知普查年的在业人口统计较为合理,但预测未来在业人口时还不得不采用年度统计数据。

按照年度经济增长和就业增长统计,改革开放以来,长三角都市带的就业弹性经历了四个阶段:第一阶段,从1978年到80年代末,就业弹性均在0.14以上;第二阶段,是90年代的前半期,就业增增长率和就业弹性开始明显下降,就业弹性整体处于0.05的水平,只有浙江7个市仍保持了0.11的水平。这表明,这段时间长三角经济处于就业低增长甚至无增长的状态;第三阶段,90年代后半期,就业人数不但没有增长,反而出现了下降,就业弹性一直处于-0.12的水平;第四阶段,进入2000年以后,就业人数缓慢地增长,就业负弹性态势得到遏制。从2000—2002年看,长三角的就业弹性有所上升,已处于0值之上。

为什么90年代以来,长三角的就业弹性出现低值甚至负值呢?我们分析可能有二种原因:一是技术进步对就业的影响。从技术进步对就业增长的内在传导机制看,技术进步的就业效应是双重的:一方面,技术进步提高了劳动生产率和资本有机构成,从而形成技术进步对就业的替代效应;另一方面,技术进步大大增加了社会产出,提高了社会的人均收入并导致社会消费结构的改变和产业结构的演进,最后又可能增加就业的需求,形成补偿效应。二是经济结构调整对就业增长的影响。1992年以后,产业结构的调整遵循资源的市场配置原则,隐性失业显现化,尤其是第二产业中的制造业和建筑业对劳动力的吸纳能力在下降,在城镇就业的农村劳动力出现了回流;而第三产业尽管存在就业潜力,但在就业结构中的比重一直滞后于产值结构。总的看来,第二产业就业弹性的下降是经济总量就业弹性下降的主要原因。

为了较正确地反映经济增长与就业之间的关系,减轻就业弹性变化的短期波动影响,我们以1978至2002年期间的就业弹性作为预测未来20年长三角在业人口的参数设定的依据(见表3-6)。

表3-6　长三角1978年到2002年的就业弹性(基于户籍在业人口)

	1978—1980年	1980—1985年	1985—1990年	1990—1995年	1995—2000年	1990—2000年	2000—2002年	1978—2002年	1990—2000年
长三角合计	0.24	0.22	0.14	0.05	-0.12	-0.01	0.01	0.08	0.01
上海市	0.29	0.13	0.06	0.01	-0.29	-0.13	0.07	0.05	0.04

续 表

	1978—1980 年	1980—1985 年	1985—1990 年	1990—1995 年	1995—2000 年	1990—2000 年	2000—2002 年	1978—2002 年	1990—2000 年
江苏 8 市	0.2	0.19	0.13	0.01	−0.09	−0.03	−0.02	0.04	0.01
浙江 7 市	0.31	0.32	0.2	0.11	−0.1	0.04	0.01	0.15	0.01
全国	——	——	0.65	0.10	0.11				

资料来源:《2003 长江和珠江三角洲及港澳特别行政区统计年鉴》相关年份计;
　　　　　《2003 年中国统计年鉴》

由于:就业增长弹性系数＝某地区在业人口的年增长率/该地区同期 GDP 的年增长率。由此得出:

就业增长率＝就业增长弹性系数×GDP 的增长率

该公式表明就业增长取决于两个因素:一是经济增长速度。当就业弹性系数一定时,经济增长率越高,就业增长率也越高;二是就业增长弹性系数。当经济增长率一定时,就业弹性系数越高,就业增长率就越高。

另外,有了就业经济增长弹性和 GDP 的可能增长率(预测数),就可以测算长三角未来在业人口的总规模。其公式是:

预测期在业人口规模＝基期在业人口规模×(1＋GDP 增长率×就业弹性系数)n

根据 1978—2002 年长三角都市带平均的就业弹性 0.10995,并考虑长三角未来不同的人均 GDP 增长率,设高、中、低三个方案进行在业人口预测。结果表明,长三角在业人口 2010 年将分别达到 5842 万、5695 万、5576 万;2015 年分别达到 6287 万、6051 万、5862 万;2020 年分别达到 6766 万、6429 万、6163 万。按照中方案,2000—2005 年长三角都市带年均净增就业岗位约 72 万,2006—2010 年年均净增岗位 83 万,2011—2015 年年均净增约 89 万,2016—2020 年年均净增约 96 万个岗位。

表 3-7　2000—2020 年长三角都市带在业人口

年份		在业人口(万人)					人均 GDP 美元(千元)				
		2000 年	2005 年	2010 年	2015 年	2020 年	2000 年	2005 年	2010 年	2015 年	2020 年
高方案	长三角	5071	5429	5842	6287	6766	2.21	3.79	8.61	14.50	24.41
	上海市	842	842	842	842	842	3.35	5.25	11.45	18.56	30.09
	江苏 8 市	1955	2104	2264	2436	2622	1.87	3.33	7.66	13.07	22.26
	浙江 7 市	1763	1898	2042	2198	2365	2.04	3.67	8.32	14.03	23.63
中方案	长三角	5071	5231	5695	6051	6429	2.21	3.56	5.09	7.72	11.68
	上海市	842	873	950	1010	1073	3.35	4.93	6.77	9.87	14.40
	江苏 8 市	1955	2027	2207	2345	2491	1.87	3.13	4.53	6.95	10.66
	浙江 7 市	1763	1829	1991	2115	2247	2.04	3.44	4.92	7.46	11.31

续　表

年份		在业人口(万人)					人均GDP美元(千元)				
		2000年	2005年	2010年	2015年	2020年	2000年	2005年	2010年	2015年	2020年
低方案	长三角	5071	5304	5576	5862	6163	2.21	3.38	4.50	6.24	8.64
	上海市	842	885	930	978	1028	3.35	4.67	5.98	7.98	10.65
	江苏8市	1955	2055	2161	2272	2388	1.87	2.97	4.00	5.62	7.88
	浙江7市	1763	1854	1949	2049	2154	2.04	3.26	4.35	6.03	8.37

注①:GDP增长高方案以1990—2000年长三角GDP年均增长率为基准进行测算,把预测期分成前后两个时段:第一段,2004—2010年,按13.45%的年均增长率增长;第二段,2011—2020年,年均增长率比第一段减小一个百分点,按12.45%的速度增长。低方案以1990—2000年全国GDP年均增长率为基准,测算长三角2020年前各年的经济水平,也分两个时段:第一段,2004—2010年,按9.15%的速度增长;第二段,2011—2020年,年均增长率减小一个百分点,按8.15%的速度增长。中方案的年均增长率取高方案和中方案的几何平均数,同样分两个时段,第一段按11.09%的增长率增长;第二段增速比第一段减小一个百分点,按10.09%的增长率增长。

②人均GDP按常住人口计算。

(四)人口总量预测

1.按人口增长率方法测算的人口规模

目前,长三角都市带人口自然增长率总体上已经向零增长靠近,未来20年的人口增长,主要将不是来自区域内人口自然增长,而是来自域外人口的流入。根据第五次人口普查资料,2000年长三角都市带常住人口比户籍人口多692万,这种趋势在全国基本实现城市化之前,尤其是在未来20年长三角地区达到高度工业化、转向后工业化时期之前不会终止。因此,不妨以1990年和2000年两次人口普查间长三角地区的平均人口增长率,作为未来20年的人口平均增长率,来测算从现在到2020年长三角地区的人口总量。

据此,2010年长三角都市带常住人口将达到9914万,与2000年相比,增加1171万。其中:上海在2010年常住人口将达到2018万,比2000年增加377万,占全区人口比重从2000年的19%上升为20%,提高1个百分点;江苏8市常住人口将增加到4588万,比2000年增加437万,占全区人口的比重从47%下降为46%,下降1个百分点;浙江7市常住人口将达到3308万,比2000年增加357万,占全区人口的比重从34%下降到33%,下降1个百分点。到2020年,长三角都市带常住人口将达到1.13亿。其中:上海2481万,占全区人口比重上升到22%,江苏8市的5104万,占全区人口比重下降为45%,浙江7市3717万人,占全区人口的比重仍保持在33%的水平上(见表3-8)。

表3-8　长三角按人口增长率方法测算的人口规模　　　　　　　(万)

年份	2000年	2005年	2010年	2015年	2020年
合计	8743	9304	9914	10578	11302
上海市	1641	1820	2018	2238	2481
江苏8市	4151	4361	4588	4835	5104
浙江7市	2951	3123	3308	3505	3717

2. 按在业人口推算的人口规模

长三角都市带的人口规模会有多大,除了受全国人口规模、各大区域发展的互相制衡、本区域自然条件和区位条件等宏观因素的制约外,就本区域内部而言主要是受就业岗位的约束。今后一个时期长三角人口规模的扩展程度,在很大程度上取决于经济发展对劳动力的需求量。

因此,我们对长三角都市带经济人口规模的测算,主要是以未来20年内国内生产总值可能达到的增长速度和可能达到的就业增长弹性系数这两个变量为基础,依据前述世界银行有关就业增长率与经济增长率之间的关系的公式,得到就业增长率,然后再推算经济人口规模。即:

就业增长率＝GDP 的增长率×就业增长弹性系数

长三角经济人口规模＝基期在业人口规模×(1＋就业增长率)n÷预测期在业人口占总人口比重

或经济人口规模＝在业人口规模 / 在业人口占总人口比重

根据前面几节的测算和分析,公式所涉及的一系列变量已经变成已知,只需要设定未来在业人口占总人口比重一项数据即可。

根据"四普"和"五普"资料,长三角当年就业人口占总人口的比重分别为64％和58％。鉴于未来十多年本区人口自然变动将趋向负增长,劳动年龄人口比重趋向高峰,加上外来人口将继续高强度迁入,其中劳动年龄人口占绝大多数,因此,按照常住人口计算,可以把2020年之前长三角地区在业人口占总人口的比重设为70‰。

这样,就可以以在业人口为基础直接测得长三角地区从现在到2020年的经济人口规模或总人口规模。按前面设想的GDP 增长高、中、低三个方案,经济人口(或总人口)规模测算也相应地设高、中、低三个方案,其结果如下:2010 年为 9664 万～10125 万人,2015 年为10160 万～10896 万人,2020 年为 10681 万～11726 万人(见表3-9)。若用中方案预测结果,则 2020 年长三角都市带经济人口规模为 1.11 亿,与按 1990—2000 年常住人口年均增长率测算的人口规模(1.13 亿)非常接近。

表 3-9　长三角都市带按在业人口推算的人口规模　　　　　　　　　　(万)

预测方案	年份	2000 年	2005 年	2010 年	2015 年	2020 年
高方案	合计	8743	9409	10125	10896	11726
	上海市	1641	1766	1900	2045	2200
	江苏 8 市	3400	3659	3938	4237	4560
	浙江 7 市	2951	3176	3418	3678	3958
中方案	合计	8743	9067	9870	10487	11142
	上海市	1641	1701	1852	1968	2091
	江苏 8 市	3400	3526	3838	4078	4333
	浙江 7 市	2951	3060	3331	3540	3761

续　表

预测 方案	年份	2000 年	2005 年	2010 年	2015 年	2020 年
低方案	合计	8743	9192	9664	10160	10681
	上海市	1641	1725	1813	1907	2004
	江苏 8 市	3400	3575	3758	3951	4154
	浙江 7 市	2951	3103	3262	3429	3605

3.比较与判别

长三角地区整体人口容量以前未见有人研究,今年(2004)始见少量文献。为了比较和判别,现将这些文献中估计、推算的结果和本课题中方案测算结果一起列于表 3-10。

表 3-10　长三角都市带人口容量预测结果比较　　　　　　　　（万人）

研究者	2010 年	2020 年	备注
文贯中	30200		前提是无条件地假设各市最大人口密度
朱宝树	9149	9933	以集聚度变化及低生育率为前提
张善余	——	11230	主要通过未来在业人口推算总人口
本课题中方案	9914	11302	用设定未来人口年增长率推算
本课题中方案	9870	11142	用未来在业人口推算总人口

表 3-10 中,文贯中的结果是通过先设想长三角地区各市最大的人口密度,然后匡算人口数而得到的。他"假设上海的人口密度提高到 5000 人,南京、苏州、杭州和宁波提高到 4000 人,无锡、常州、镇江、嘉兴、湖州、绍兴提高到 3500 人,则长三角的人口将为 3.02 亿人,扣去现有人口及其自然增长,长三角大约还可以吸收 2 亿多人口"(文贯中,2004)。（请注意,该文未及苏中三市和浙东二市,不然数字当更大）

朱宝树是根据长三角人口集聚度变化走势预测常住人口容量的,认为在继续稳定低生育水平的前提下,2010 年,长三角地区人口将达到 9149 万人,2020 年将达到 9933 万人(朱宝树,2003)。

张善余用就业人口和长三角产业发展,及与日本东京都市圈比较两种方法,对长三角地区人口容量进行预测,认为该地区的总人口将从 2000 年的 8743 万增加到 2020 年的 11230 万和 2040 年的 12500 万,占全国的比重由 6.9％升至 8.3％,而人口增量的大部分是外来移民(张善余,2004)。

可以看出,不同研究人员、从不同角度出发、用不同研究方法得出的长三角都市带人口容量数据是有差异的,甚至差异很大。本课题组认为文贯中方案臆想的成分过大,其结果难以置信,其余各方案的结果都有一定的可信度,只是预测要为区域发展和规划建设的决策服务,以适当宽松一点留有余地为好。据此,我们提出两个区间:一个是大区间,相当于本课题组低方案和高方案两个结果之间,到 2020 年,长三角人口有可能在 1.07 亿～1.17 亿之间;另一个是小区间,相当于本课题组两种测算方法的中方案结果和张善余的结果,到 2020 年,长三角人口可能在 1.11 亿～1.13 亿之间。作为结论,姑且取用小区间数字。

四、支撑未来人口容量的资源和环境条件评估

根据前面的预测,2020 年长三角都市带的人口总量将在 1.07 亿～1.17 亿之间,最有可能是 1.11 亿～1.13 亿人。从经济—人口预测的角度来说应该是不成问题的,因为都市带的人口容量在很大程度上是就业容量的函数,只要经济社会发展能够支持就业增长,人口扩容就有它的经济基础,世界都市带的人口增长都说明了这一关系。但是,这并不是说都市带人口扩容就不存在其他制约因素了。从都市带区域内部来说,环境容量就是一个制约因素;从区域外部来说,国内市场发育程度和国际市场安全程度也是一个制约因素,它表现在能否保证大量耗用的资源供给,因为没有一个大都市能从本地满足资源的需求。因此,有必要从域内环境容量和域外资源供给两个方面对支撑长三角 2020 年人口容量的可能性作出评估。

由于缺乏长三角地区整体的资源和环境数据,我们无法通过数据直接作出评估,只能利用有限的直接数据和间接数据,结合分析来加以推断。

（一）长三角域内环境的人口容量支撑能力评估

构成域内人口环境容量的主要制约因素是土地资源和水资源及其相关的生态环境平衡问题。

1. 土地资源的人口承载力

2003 年,长三角地区土地面积 100252 平方公里,年末户籍人口 8160.69 万人,人口密度 814 人/平方公里。江浙所属 15 个市的人口密度都在 1000 人/平方公里以下,其中有山区的市密度不足 600 人/平方公里,超级大都市上海每平方公里 2116 人,是人口最稠密的区域。

大都市带的土地资源的人口承载力,主要是指在走向高度城市化进程中,除了保证必要的城市建设用地和区域性基础设施用地的要需之外,土地存量中的农业用地产出能力能在多大程度上支撑都市带的人口。要回答这个问题本来并不困难,但是由于长三角资料不全,不得不用一个省的数据加以间接说明。

本研究运用浙江省农业厅对浙江省 21 世纪初食物消费标准,结合浙江省经济发展状况、农业生产水平、人民生活水平和近几年全省粮食消费变化的趋势,对 2010 和 2020 年城乡居民主要食物消费平均标准、粮食消费量、粮食单产水平、粮食市场开放后农作物种植结构调整、从省外购入粮食占粮食总需求的比例等因素进行预测,给出浙江省 2010 和 2020 年的粮地需求量表,如表 4-1 所示。

表 4-1　浙江省 2010 年、2020 年粮地需求预测

	2005 年	2010 年	2020 年
粮食总需求(万吨)	1688	1736	1823
省外购入粮食(万吨)注	650	700	911.5
省内自给粮食(万吨)	1038	1036	911.5
粮食单产水平(千克/公顷)	5696	5781	5957
粮地需求量(万公顷)	91	90	77

注:省外购入占粮食总需求比率 2010 年按 40％、2020 年按 50％计算

随着经济作物种植面积的不断加大,预计到 2020 年粮地面积与经济作物用地区性面积

的比为 38：62。据此,结合表 4-1,预测得到 2010 年、2020 年耕地面积需求表 4-2：

表 4-2　2010 年、2020 年耕地面积需求　　　　　　　　（万公顷）

	2010 年	2020 年
种粮耕地	90	77
经济作物(包括蔬菜)	123	126
需求总量	213	203

浙江省现有耕地就是 203 万公顷,换句话说,到 2020 年,在不考虑其它用地扩大需求和一半粮食依靠从省外购入的条件下,全省耕地供需才能平衡。实际上,据估计到 2020 年园地还将多占 62 万公顷,城市建设用地和区域基础设施用地也将增占 10.8 万公顷,因此,即使在购入一半粮食的条件下,耕地也难以满足需要。

江苏的人均耕地比浙江要宽松些,但发展趋势是一样的。2002 年全省粮食播种面积 7324 万亩,比 1997 年减少 1668 万亩,下降 18.5%,粮食总产量降到了上世纪 80 年代初的水平。1997 年江苏人均拥有粮食水平高于全国 24%,到 2002 年已只高出 10%,按此趋势,江苏变成缺粮省也只是一个时间问题。江浙如此,上海就更不用说了。如果把视角集中到长三角,耕地供需矛盾无疑将会更加突出。

当然,都市带是人口密集区,不可能要求粮食完全自给;同时,都市带是个开放系统,通过市场解决供需问题也是正常的。但是,现在全国各地的种植业结构都在调整,粮食安全问题始终不能大意,正因为这样,长三角地区不得不用异地占补平衡的办法来部分地弥补土地损失,用与余粮区订立政府间协议的办法来稳定粮食的供需关系。不过全国农业资源通过市场配置和政府宏观调控,长三角都市带土地应该不是人口容量的决定性限制因素。

2. 淡水资源与水环境的人口容量

长三角地处东亚季风区的湿润气候地带,平均年降水量在 1000 毫米左右,在我国应属水资源相对丰富的区域。但因工业化、城市化迅速发展,人口密度越来越大,人均水资源拥有量逐年减少,加上气候波动,环境污染造成水质变劣,使这个地区产生了水资源短缺的问题。

长三角水资源短缺主要表现在以下四个方面:

(1)资源性短缺。主要是人均水资源拥有量不高,遇到歉水年及枯水期,水资源供给显得紧张。例如在长三角两省一市中位置偏南、降水量较多的浙江省,多年平均的总水量为 955.41 亿立方米,按 2003 年户籍人口计算,人均拥有水资源量为 2099 立方米,但在歉水的 2003 年总水量只有 574.48 亿立方米,只及多年平均总水量的 60.1%,与丰水的 2002 年相比只及 46.7%,因此 2003 年人均拥有的水资源仅为 1260 立方米,导致用水发生困难。降水量较多的浙江尚且如此,江苏和上海的本地水资源当然更难摆脱这种境况。

(2)技术性短缺。水资源的用途可大别为六类,即农业灌溉用水、林牧渔畜用水、工业用水、城镇公共用水、居民生活用水和生态环境用水。目前农业用水和工业用水两类是用水的大头,限于技术水平和管理水平,加上节水意识不强,作物单位面积用水定额和工业万元产值用水定额都偏高,不但浪费了水资源,而且加剧了水资源供需平衡的矛盾。

(3)水质性短缺。水质性缺水是因为地表水大面积污染导致用水困难。这种现象在长三角地区相当普遍,除了山区大中型水库一般保持在Ⅱ～Ⅲ类水的水质之外,平原水网地区的水质普遍低劣。区内最大的淡水湖泊太湖经长期纳污,水质严重下降,成为国家要求限期治理的对象;至于河网水质,问题就更为严重。太湖流域面积只占全国的0.38%。各种污水排放量却达32亿吨/年,占全国的1%,大大超过了流域水体的自净能力。以2003年沟通江浙沪的主要河道的交界河段水质为例,在江浙交界的11个河段中,除了偏西的入太湖的两个河段为Ⅲ类水之外,其余9个河段都是Ⅳ~劣Ⅴ类水,浙沪交界的1个河段为Ⅲ类水。这种情况使平原水网地区许多城镇水厂已无符合标准(Ⅲ类以上)的地表水源可以取水,造成大范围水质性缺水问题。[①]

(4)过量抽取地下水。城市工业用水不必全部使用洁净的自来水,特别是冷却水,取用地下水更为廉价而且适用,因此被工业企业广泛采用。经过长期开采,地下水消耗量大于补给量,导致许多城市地下水资源枯竭,地面沉降,还带来更复杂的城市防洪问题。

一般地说,在一个缺少外来水资源补给的区域,水资源是这个区域人口承载力的硬约束条件,一旦水资源供需失衡,就无异于发出人口超载的警号。不过长三角的情况有所不同:首先,从资源性缺水来说,虽然域内降水不能完全保证水资源供需平衡,但长三角的水资源是个开放系统,有长江和钱塘江两条丰水河流横贯其间,通过引水和提水工程可以有效地接济水资源需求;何况本区内的水资源还不能说已经被充分利用,如2003年歉水的浙江,水资源的利用率为35.9%,仍然存在一定的容蓄潜力。其次,从技术性缺水和水质性缺水来说,这两种缺水实际上同出一源,都与技术水平低、用水定额高、管理不善、节水意识淡薄、政策法规滞后有关,只要不断改进技术,运用经济手段,加强管理和立法,普遍实施循环经济,改变经济增长方式,这两种性质的缺水问题终将大大缓解。第三,关于地下水过量抽取的问题,可以通过严格要求开采量和回灌量平衡,来达到永续利用和扼制地面沉降的目的。

因此,随着经济和社会的全面发展,水资源不至于对长三角未来人口扩容构成威胁。

(二)长三角域外资源的人口容量支撑能力评估

资源稀缺到何种程度,同人口数量和经济发展阶段密切相关。世界人口在工业革命后神话般地增长起来,21世纪前半叶仍将大量增加,预计从1650年到2050年的400年间世界人口将由5亿增加到近90亿,增长17倍,即使以简单的算术倍加,对资源消耗的增加也十分可观。而事实上远非如此,人口对资源消耗的增加不仅来自人口绝对数量的增加,而且来自每个人消耗量的增长,在人均资源减少过程中表现为很强的"加权效应"。联合国的一项统计表明,1960—1985年世界人口由30亿增加到48亿,增长60%;同期世界能源消耗增长130%,倍加于人口增长,明显地表现出人均能源消耗增长的"加权效应"。

2003年,长三角人均GDP超过了3000美元,已进入了工业化中期和城市化迅速发展的时期。从发达国家的经历看,这是消耗资源最多,对环境影响最大的时期,需要有大量的资源来支撑。然而长三角是一个矿物能源和矿物工业原料资源异常贫乏的地区,需求量极大的能源和工业原料煤、石油、铁矿石都极其稀缺,甚至完全没有,大致可以用"少煤、无油、缺铁"六个字来概括,因此,从矿物性能源和工业原料资源方面来说,完全可以排除依靠域内资源支撑庞大的经济和人口规模的可能性。

上海在地理上处于典型的三角洲前端,矿物资源几乎一无所有,然而它对矿产的需求量极大。据预测,上海2010年煤炭需求量为2530万吨,石油需求量为4219万吨,铁矿石需求

---

① 《2003年浙江省水资源公报》。

量为 3000 万吨。江苏 2003 年全省一次性能源产量为 2223.4 万吨标准煤,而消费总量达 11060.7 万吨标准煤,供需之差达 79.9%,自给率仅 20.1%,预计 2010 年能源需求将超过 1.5 亿吨标准煤,2020 年将接近 2 亿吨标准煤,对外依存度急剧扩大。浙江 2000 年全省煤 炭消费量为 5028 万吨,自产仅 100 万吨左右,自给率极低,2010 年需求量将增加到 8207 万 吨,端赖域外供给。

这里所称的域外,既包括国内长三角以外地区,也包括国外。先看国内资源。我们用中 国重要矿产储量可供开采的静态保障年限(用储产比表示,即储量与当年产量之比)来看在 多大程度上能支撑长三角地区的发展。见表 4-3。

表 4-3　2000 年中国与世界重要矿产资源静态保障年限　　　　　　　　　　（年）

矿产资源类型	中国	世界	矿产资源类型	中国	世界
石油	15.3	43	铜矿	32.1	27
煤炭	113	228	锌矿	14.3	24
天然气	44.2	64	铝土矿	32.1	189
铁矿石	48.3	141	钨矿	31.9	87
锰矿石	23.3	100	稀土矿	324	1012
铬矿	18.0	257	钾盐矿	242	327

资料来源:王高尚,中国的"家底"还有多厚?《百科知识》2004.1.

从表 4-3 中可以看出,在不考虑新增开采量和新增储量的条件下,我国从 2000 年算起, 重要矿产储量的保障年限除了煤炭、稀土、钾盐在百年内可保无虞之外,其余矿种都将在 15 至 50 年之内耗尽。从国内资源利用和保护统盘考虑的要求出发,长三角地区要依靠国内资 源来支撑未来几十年增长着的资源需求和人口容量是非常困难的。在这种情况下,必然要 增大矿产资源需求的对外依存度。这一点从有关部门对我国未来 20 年主要矿产资源需求 对外依存度变化的预测中就可以清楚地看出来。

表 4-4 中数字反映的是全国情况,矿产资源贫乏的长三角地区无论从分享国内资源的 利弊关系,本身的区位条件,还是从经济全球化的角度考虑,其对外依存度当比全国更大。

表 4-4　未来 20 年我国主要矿产资源需求量及对外依存度预测

矿产资源	2000 年需求量	2010 年		2020 年	
		需求量	对外依存度(%)	需求量	对外依存度(%)
石油(亿吨)	2.3	4.0～4.5	52.5～57.7	5.8～7.2	69～75
天然气(亿立方米)	270	1040	37.8	2400	37.3
煤(亿吨)	12.8	21	——	28	——
粗钢(亿吨)	1.6	2.6	55～57	3.0	50～60
铜(万吨)	180	359	44.6	590	52.2
铝(万吨)	330	830	31	1300	50

资料来源同表 4-3

由此可见,支撑长三角未来经济和人口的薄弱环节,主要的还不在域内环境容量,而在于能源和重要矿产资源的对外依赖。不可否认,在经济全球化的今天,任何大都市带的资源支撑没有不通过国际市场来解决的,问题是世界矿产资源也在走向枯竭,国际上对资源的争夺日趋激烈,相比之下发达国家的产业结构和技术水平早已进入后工业化时期,在资源消耗上比我国有利,在这种情况下,长三角都市带面临的资源供给风险相对而言要更大一些。

(三)必须应对域外资源特别是能源的供给风险

长三角地区主要能源和矿产资源要依赖国际市场,石油和铁矿石是最大宗的需求,其中石油不仅需要量大,而且问题也复杂。石油是当代最重要的能源,也是用途广泛的重要化工原料,其战略意义十分突出,成为国际上激烈争夺的战略资源。

当代石油价格的波动几乎影响国民经济的各个行业。据测算每桶原油价格每上涨 10 美元,全国经济增长指数将下降 0.7%。原油价格的波动产生的"乘数效应",将导致交通运输以及石油化工、精细化工、专用及家用化学品制造业等原油加工和以油品为工业原料的行业的生产成本大幅度提高,迫使许多原收益稳定的企业受到波及,效益下降。

我国进口石油渠道单一,目前中国 90% 以上进口的原油需要从海上船运,其中 90% 由外轮承担。一旦遇到战争、外交或是其他不可抗拒的风险,中国的石油运输安全将处于极为被动的局面。原油供给安全问题,也受制于原油进口来源地的政治经济稳定和海上通道的安全,这两方面的现状都存在着一定的安全隐患。从中国原油进口的主要来源地来看,2002年 80% 以上进口的原油来自 10 个国家,60% 以上来自中东和非洲的 5 个国家,预计未来若干年内,中国从中东及非洲地区进口原油的比例将继续保持较高水平。中东、非洲地区正是目前国际政治经济局势动荡的主要地区,局部冲突持续不断,恐怖事件频繁发生,加上超级大国不惜动用武力加强对中东地区石油的控制权,中东石油来源的稳定性是个严峻问题;而且无论是从中东还是从非洲进口原油,大都采用海上集中运输,其重要通道马六甲海峡安全隐患突出,石油进口面临较大的运输风险。为了改变我国石油供给渠道单一的状况,政府正在加强同我国北方以及中亚邻国在开发石油资源方面的合作,但是超级大国通过控股及参股等形式,竭力插手中国同哈萨克斯坦、土库曼斯坦的油气投资及国际合作项目,力图控制中国油气供应的中亚源头。同时,在从俄罗斯输入石油的项目中也遇到了东部邻国的竞争和干扰,如果俄国政府最终只通过安纳线向东亚输出西伯利亚原油,中国将被迫在 4000 公里长的安纳线终点纳霍德卡接油,每桶油的运价将比最初的安大线高出一倍以上。

长三角地区作为中国经济发展速度最快的地区,也是能源消耗最大的地区,未来能否获得稳定的、长期的石油供给成了影响长三角经济发展和整个国家安全的极其重要的问题。因此,国家要加大调整能源战略的力度,逐渐降低对中东石油的依赖,扩展对中东、中亚里海和非洲几内亚湾三大世界石油储藏区国家的合作。当务之急是尽快建立石油储备,确保最低限度的能源安全。在这些方面,美国、日本、德国等国家的石油政策值得借鉴。

对于长三角地区来说,除了利用国内外可以利用的能源外,在能源战略上充分借鉴日本的经验是有益的。日本一方面逐渐摆脱对石油能源的过多依赖,积极开发和利用新能源,绿色能源;主动开始新一轮能源结构的调整,鼓励新能源技术开发和利用,重点开发核电,积极进口煤和天然气,以部分取代石油。另一方面努力做好节能工作,在耗能大的产业领域和民用领域开展节能运动,以减少能源的消耗。既开源又节流,在保证能源安全上取得了良好的效果。

五、确保长三角经济人口容量安全的战略思考

虽然长三角地区经济发展势头强劲,但区域内部面临土地资源短缺、水资源大量污染、矿物能源和主要矿物原料资源贫乏的问题,区域外部(含国内外)则存在着能源和原料资源的供给风险。要缓解长三角能源和资源的供给危机,保证人口扩容的安全,必须从本区域的实际出发,考虑国内外宏观背景,在经济和人口两个方面同时采取必要的战略措施。

(一)正视资源供给风险和生态压力,实施三大经济战略

1. 三大经济战略的要点

(1)三大经济战略之一:率先实施循环经济战略

循环经济是一种善待地球的新的经济发展模式,其基本内涵①是指在人、自然资源和科学技术的大系统内,在资源投入、企业生产、产品消费及其废弃的全过程中,把传统的依赖资源消耗线形增长的经济发展模式,转变为珍惜资源、珍惜环境使资源循环利用的经济发展模式。

表面上看,循环经济只不过是强调"三废"的回收利用,但这是一种不完全的理解。从科学范式的角度看,循环经济实际上是基于技术范式革命之上的一种新的经济发展模式。在传统线性经济的技术范式上增加反馈机制,使资源消耗减量化、再利用和资源再生化,都仅仅是技术经济范式的表征,其本质则是对人类生产关系进行调整,其目标是追求可持续发展。

首先,循环经济把传统经济活动的"资源消费→产品→废物排放"开放型物质流动模式转变为相对应的"资源消费→产品→再生资源"闭环型物质流动模式。从而改变人类不断单纯地向自然界索取的掠夺式关系,建立有利于恢复人与自然界互动平衡的新关系。

其次,循环经济是一种生态经济,一种建立在物质不断循环利用,尽量不破坏生态循环和生态平衡基础上的一种经济,它要求按照生态规律组织整个生产、消费和废物处理过程,是将清洁生产与废弃物的综合利用融为一体的经济,是保持人与自然和谐相处的新型经济增长模式。

在长三角地区实施循环经济战略不仅意义深远,而且事关本区域和国家的经济安全和人口安全。长三角地区是我国经济最发达,城市化程度最高,对国家财力贡献最大,发展极具活力而且前景看好的地区之一,然而,本区现阶段的产业发展总体上还比较粗放,特别是消耗资源、能源最多,影响环境最大的第二产业,普遍存在资源高消耗、"三废"高排放、产值高增长的发展模式,每万元 GDP 的资源消耗比发达国家高 3 至 4 倍,钢材消耗是美国的5.8 倍,照此下去,到 2020 年时污染物的排放总量将增长 4 倍。这种情况将使长三角经济与资源环境的矛盾日益尖锐。长三角工业的高速增长,除了国内已缺少足够的一次性能源和重要的矿物原料资源来支撑高消耗的生产方式,以及本区域内没有足够的环境容量来承载高污染的排放方式之外,在经济全球化的今天,依靠国际市场解决资源供给固然是一条出路,但却必须随时面对经济风险和政治风险,这些都将对国家和本区经济安全以及本区扩大着的人口容量的安全产生深刻的影响。因此,长三角地区的产业现状与新型工业化的要求还有很大的距离,实际上已步入资源约束社会经济发展的阶段,经济持续增长与人口、资源、

① 张英焕:《资源性城市必须走发展循环经济之路》,http://www.studytimes.com.cn/chinese/zhuanti/xxsb/636645.htm

环境的关系正面临着十字路口的选择,根本的出路就是要朝着可持续发展的目标,走循环经济之路,而且应当在全国率先实施循环经济战略。

长三角地区率先实施循环经济的基本条件已经具备:一是有地区本身的有利条件。实施循环经济需要有较强的经济实力,有发达的产业分工和产业集群,有较强的科技实力,企业家和公众对资源环境问题有一定的忧患意识,地方有较好的执法环境,政府能发挥调控职能并具备良好的服务意识,等等。长三角地区的这些条件比全国其他地区要成熟一些,这是实施循环经济的内部保证。二是有国家政策的引导和扶持。我国政府已经把循环经济推进到了实施阶段,例如循环经济已经作为政府投资的重点领域,对一些重大项目进行直接投资或资金补助、贷款贴息;在投融资政策、价格政策和财政税收政策方面也已经和正在出台一些促进循环经济的政策;用绿色 GDP 来衡量经济发展水平的统计标准也正在制定;等等。这是实施循环经济的政策保证。可以预期,国家对循环经济的一系列政策、标准乃至法律法规将接踵而至。三是有国际经验①可以借鉴。世界上最早实施循环经济的国家是德国和日本,他们的经验可供我们参考。德国的循环经济起源于垃圾经济。在 20 世纪 70 年代,德国有 5 万个垃圾堆放场,由于管理不善,大部分堆放场引起二次污染。1972 年德国颁布了《废弃物管理法》,要求关闭垃圾堆放场,建立垃圾中心处理站(焚烧和填埋)。石油危机后,德国开始从垃圾焚烧中获取电能和热能,但不能从根本上解决问题。为此,德国在 1996 年制定了《循环经济和废弃物管理法》,其目的是彻底改造垃圾处理体系,建立产品责任(延伸)制度,要求在产品的生产和使用过程中尽量减少垃圾的产生,在使用后要安全处置或重新被利用。目前,德国生活垃圾的再利用率达到 50%,GDP 在增长两倍多的情况下,主要污染物减少了近 75%,收到了经济和环境效益双丰收的效果。日本在废弃物的处理上长期采用焚烧和最终填埋的方法,但由于受到可用土地的限制,面临最终填埋场严重不足的挑战。从 2000 年的情况看,全国一般废弃物填埋场的可利用年限为 12.2 年,东京圈为 11.2 年;全国产业废弃物填埋场的可利用年限只有 3.9 年,东京圈 1.2 年。为此,日本在《环境基本法》的基础上,于 2000 年颁布了《循环型社会形成推进基本法》。在目标和内容上比德国的《循环经济和废弃物管理法》更为深入和丰富,其宗旨是改变传统社会经济发展模式,建立"循环型社会"。具体目标是,与 2000 年相比,2010 年的资源生产率和资源循环利用率分别提高到 40%,废物最终处理量减少一半,人均每天垃圾产生量减少 20%,相关产业的市场需求和就业规模扩大一倍。

(2)三大经济战略之二:稳步实施轻量经济战略

所谓轻量经济是指发展资源消耗少,对环境污染小,但对经济增长贡献较大的知识密集型、资本密集型工业和创造较大价值的第三产业。可以说,轻量经济是循环经济和可持续发展的高级形式,从长远来看,轻量经济应是长三角经济发展的方向。

既然长三角地区正面临着资源短缺的巨大挑战,而资源的大量短缺,特别是矿物能源和主要矿物原料资源的短缺,既由于本地区资源基础极其薄弱,以及国内资源秉赋并不理想,又由于本地区工业的资源高投入、污染高产出、资源利用低效率的经济发展模式,那末,要改变资源对经济发展的制约状况,一方面必须改变增长方式,走循环经济之路;另一方面必须调整产业结构,在不影响经济增长速度的情况下,走发展轻量经济之路,以缓解资源危机,减轻环境压力。

---

① 《中外循环经济的比较》,http://www.zhb.gov.cn/eic/650229199319072768/20040630/1052325.shtml

轻量经济对长三角未来可持续发展至少有以下几方面的作用:首先,采用轻量经济可以缓解长三角地区资源短缺的制约,在一定程度上降低本地区对域外资源的依赖性和对环境的破坏性,提高单位资源量的人口承载力。其次,发展轻量经济,可以增强本地区技术创新、知识创新的国际竞争力,同时通过产业结构的调整和部分产业的转移,可以促进长三角广大腹地的经济增长和工业化,形成辐射华东和长江中上游地区的产业链和产业环,进而缓解长三角地区的人口扩容压力,增强整个地区经济的人口承载力。第三,发展轻量经济,可以减少"三废"的排放和处理,既节省治污成本,又缓解环境污染问题,同时还有助于提高人民生活水平和生活质量。第四,发展轻量经济,在经济增长的同时减少了对大自然的索取,保护了人类赖以生存的自然环境,也在一定程度上体现了以人为本和可持续性发展的思想。

长三角地区实施轻量经济战略也存在着良好的内部条件和外部条件:首先,上海的国际经济中心、金融中心、贸易中心和国际航运中心地位的确立,为长三角地区实现产业结构调整和优化提供了巨大的机遇,从而也为实施轻量经济战略提供了有利条件。其次,长三角地区正处在产业升级、经济增长方式转变的有利时机,尤其是随着循环经济战略的一步步推行,将为轻量经济打下坚实的基础。第三,长三角地区经济发达,科技力量雄厚,对科技人才有吸引力,已经培育起来的良好的投资、创业环境和管理理念,吸引着大批高素质人才的到来,为轻量经济的实施,尤其是知识密集型和资本密集型产业的发展,提供了强有力的人才和技术支持。

这里,有必要说明一点。不能把轻量经济简单地等同于轻型结构的经济,更不能理解为轻工业经济。在长三角这样一个具有国际航运中心地位、拥有众多深水良港的区域,在未来相当长的时期内,临港重化工业的重要地位还将存在,但这同发展轻量经济并不矛盾,因为在推行循环经济战略的过程中,依靠科技进步和科学管理,重化工业本身就在"轻量化"。

(3) 三大经济战略之三:推进区域一体化和外拓经济战略

长三角地区要克服资源瓶颈,继续发展经济,扩大人口容量,除了采取上述两大经济战略外,还有必要实行区域一体化和外拓经济战略。主要包括四个方面:

(1)推进经济一体化发展战略

作为地域相连、人文相亲、结构互补和较为完整的都市带,在市场经济条件下要加速一体化的步伐。一体化的发展战略包括中心城市体系、产业带网络和开发区体系三个层次。上海作为长三角都市带的中心城市,具有增长极和辐射源的功能,是带动区域经济发展的龙头;南京、杭州、宁波、苏州、无锡等次级中心城市主要承担着区域性增长极与广大腹地间的要素传输功能。沿路、沿江、沿河、沿海产业带是生产力布局的框架网络,开发区则是生产力布局的基点。长三角必须在多层次内部合作的基础上,实施经济一体化发展战略,避免内耗,实现开放型经济的协同发展。为此,需要打破行政壁垒,按照经济规律的要求,探索上海与江浙两省间基础设施衔接、支柱产业配套、新兴产业共建、一般产业互补的梯度开发模式的分工协作体系。

(2)推进科技兴贸战略,培育开放型创新体系

要依靠科技进步和技术创新,加强科贸、技贸、工贸结合,建立以企业为主体,产学研为依托,技术引进与开发相结合,面向国际市场的创新体系。要从注重出口转变为出口与进口相结合,从注重实物贸易转变为实物贸易与服务贸易,尤其是技术贸易相结合,实现外经贸的经营主体多元化、商品结构高度化、贸易方式多样化、市场布局合理化和管理方式现代化。

(3)加快实施"走出去"的开放战略,在更大范围和更深程度上参与国际竞争与合作

长三角地区可结合资源禀赋状况、产业发展特点和结构调整的总体要求,有选择地加大海外投资力度,重点支持和鼓励本区具有比较优势的轻工、纺织、机械、电子、医药等长线产品项目向海外转移,以利用企业现有设备、成熟技术和原材料、零部件等实物投资为主,在境外设立有一定规模的带料加工装配企业以及一批分拨中心、维修服务中心、技术开发中心,形成具有生产、贸易和融资功能的跨国公司,在全球范围内实现资源优化配置,拓展经济发展的空间。另一方面,拓宽外商投资新领域,把服务领域利用外资作为新的突破口,通过强化对外商投资的产业导向和跨国公司的战略合作,促进长三角地区产业结构的调整升级,同时进一步拓宽引资渠道,改进引资方式,实现利用外资领域与方式的战略性转变。

(4)由长三角向泛长三角的拓展

长三角地区不仅要在经济全球化形势下向外拓展,而且还要由长三角向泛长三角拓展,即通过产业链的延伸去利用纵深的腹地,弱化经济发展的瓶颈。

第一,以长江为纽带,实施梯度发展战略。目前长三角地区由16个地级及以上城市组成,近年来,浙江金华、安徽马鞍山等城市也要求加盟,长三角区域有延伸扩大的趋势。上海应从"立足长三角、服务全国、融入世界"的发展战略高度出发,在提升上海城市核心竞争力的同时,处理好自身发展与服务长三角、服务全国的关系,强化中心城市的综合服务功能,提升上海在区域对外经济贸易中的作用;应切实加强上海与南京、武汉、重庆等长江沿岸中心城市的合作,充分发挥流域中心城市在区域发展中的主导地位和辐射、服务、带动作用。要进一步加快沿江铁路和沿江高速公路等重大基础设施项目的建设步伐,并在流域综合治理、流域可持续发展等方面多层面、多渠道地加强与中上游省市的合作。

第二,强化各地政府特别是中心城市政府协作办公室的窗口作用与管理职能。要设立常设的专门管理机构,进一步完善长三角16个市的市长联席会议制度,变每两年召开一次会议为一年一次,并使其与一年一度的沪苏浙经济合作与发展座谈会(峰会)制度相衔接。充分发挥其对口支援、区域合作、城际经济信息和政策信息的采集与交流、制定与发布城市对国内各地开放政策等方面的职能作用,努力构筑区域统一的政策平台与投资发展环境。

第三,在充分发挥各级地方政府积极性的同时,还应发挥中央派驻长三角的一些管理职能部门的作用,强化它们在涉及区域公共产品和公共资源的局部领域实施统一规划、统一建设、统一管理的职能和权力。

总之,长三角的快速发展态势为周边地区提供不竭的外动力,同时,日益富裕起来的周边地区又为长三角提供了广阔的经济腹地,这对长三角经济带的持续增长是至关重要的。

2. 三大经济战略的实证分析与效益评估

(1)基于环境、资源的经济评估模型的构建与分析

①模型构建

通过前面的数据和分析,我们已经明了目前资源和环境对长三角经济发展和人口容量的制约,但是这种制约的程度到底有多大,或者主要表现在哪些方面,还不是很清楚。下面通过经济评估模型来进一步解读。模型包括三个维度:一维是研究对象,长三角地区16个城市;二维是时间,本研究确定为2002年;三维是5大类指标参数,它们是环境污染状况、人口状况、经济发展状况、资源消耗状况、能源消耗状况。

②相关分析

首先分析长三角地区"三废"排放量与人口、经济、能源等指标的相关关系,结果见表5-1:

表 5-1　　2002 年长三角地区"三废"指标与各社会经济变量的相关系数表

	废水排放总量（万吨）	废气排放总量（吨）	固体废弃物产生总量（万吨）	GDP 总量（亿元）	人均GDP(元)	样本量
人口总量（万人）	0.607**	0.844**	0.857**	0.892***	0.516*	14
城市化水平(%)	0.774**	0.764**	0.857**	0.772***	0.67***	14
第一产业增加值(亿元)	0.258	0.361	0.196	0.28	0.051	14
第二产业增加值(亿元)	0.719**	0.934**	0.945**	0.994***	0.83***	14
第三产业增加值(亿元)	0.687**	0.894**	0.965**	0.994***	0.749***	14
GDP 总量(亿元)	0.708**	0.921**	0.96**	1	0.4739	14
人均 GDP(元)	0.742**	0.772**	0.739**	0.4739	1	14
进出口总额(亿美元)	0.693**	0.946**	0.947**	0.969***	0.776***	14
煤(万吨)	0.607**	0.596**	0.424	0.412	0.699***	14
电力(亿千瓦时)	0.736**	0.928**	0.967**	0.995***	0.816***	14

注：* 表示相关系数在 0.10 的水平上显著；** 表示相关系数在 0.05 的水平上显著；*** 表示相关系数在 0.01 的水平上显著。

从表 5-1 看到，主栏所列的 10 个指标，除第一产业增加值与"三废"排放相关关系不显著外，其余 9 个指标目前均与"三废"排放有很强的正相关关系，如人口总量越多，"三废"排放越多，人口城市化水平越高，"三废"排放越多，GDP 总量与人均 GDP 水平越高，"三废"排放就越多。

GDP 总量与人口总量的相关系数高达 0.892，表明我们的 GDP 增长有很大一部分是因为就业人口的增加而不是依靠技术进步和知识创新而得来的；GDP 总量与电力消费的相关系数高达 0.995，但 GDP 与煤的消耗量相关系数不高，原因可能是煤炭消费量与经济增长的直接关系不显著，与电力等其他能源消费存在共线性，也可能与本课题能源指标较少，样本少有关，但其作用不应被低估。

可见，长三角地区目前的经济增长方式是资源消耗型、环境破坏型的，而不是可持续发展的，这一状况必须得到改善，而改善的途径就是上面提出的三种经济战略。

③回归分析

经济评估模型一般采用多元线性回归的方式。就本模型而言，由于不考虑时间序列问题，也不存在异方差，多重共线性的问题也将通过逐步回归来消除。我们以"三废"指标（代表环境）为因变量，GDP（代表经济）和煤、电（代表资源）等为自变量建立回归方程，并借此来评估经济发展战略的效益。

将废水排放总量与人口、经济等 10 个自变量进行逐步回归，结果只有城市化水平变量进入回归方程：

$$Y = 0.774 X_1 + 18566.77$$

其中，Y 为废水排放总量，X_1 为城市化水平。这表明由于城市化水平的提高，人口集聚程度增加，随之而带来的工业和生活两方面的水污染都在增加。

将废气排放总量与人口、经济等 10 个自变量进行逐步回归,最终有进出口总额、煤炭消费量和人均 GDP 等 3 个变量进入回归方程:

$$Y = 521.048 X_1 + 120.895 X_2 - 3.879 X_3 + 59240.918$$

($F = 370.343, R^2 = 0.991$,调整后的 $R^2 = 0.988$)

其中, Y 为废气排放总量, X_1 为进出口总额, X_2 为煤炭消费量, X_3 为人均 GDP。

回归方程表明,随着煤炭消费量的增加,会大大增加废气的排放总量(注意到煤的消费量比进出口总额大一个数量级)。至于进出口总额也进入了该模型,是因为长三角地区出口商品大多仍以初级品加工为主的产品,如这一情况不改变,不但环境污染严重,而且最终将阻碍经济的发展,不利于长三角地区经济人口容量的提高。

将固体废弃物排放总量与人口、经济等 10 个自变量进行逐步回归,最终有第一产业增加值、人均 GDP、煤炭消费量和电力消费量等 4 个变量进入回归方程:

$$Y = -3.217 X_1 - 0.0279 X_2 + 0.418 X_3 + 3.555 X_4 + 373.465$$

($F = 93.557, R^2 = 0.977$,调整后的 $R^2 = 0.966$)

其中, Y 为固体废弃物排放总量, X_1 为第一产业增加值, X_2 为人均 GDP, X_3 为煤炭消费量, X_4 为电力消费量。

结果表明,第一产业增加值与固体废弃物排放呈反方向变动,也就是说第一产业的增加值越多,环境污染就越少,事实上,随着 GDP 增长,第一产业增加值比重在下降,故环境污染不可能通过增加第一产业的产值来解决;人均 GDP 与固体废弃物排放也呈反方向变动,即人均 GDP 越高,环境污染反而越少,这说明人均 GDP 越高,第三产业增加值所占比重越大,而第三产业是无烟工业,因而固体废弃物排放反而下降;煤炭消费和电力的消费量与固体废弃物呈同方向变动,消费越多,固体废弃物排放量越大,正是由于这些能源的消费导致了环境的污染。

我们将人均 GDP 与人口、能源等自变量进行回归分析,最终有电力消费量、煤炭消费量、人口总量和固体废弃物排放总量等进入方程:

$$Y = 104.287 X_1 + 11.097 X_2 - 21.035 X_3 - 13.693 X_4 + 14093.82$$

($F = 80.989, R^2 = 0.973$,调整后的 $R^2 = 0.961$)

其中, Y 为人均 GDP, X_1 为电力消费量, X_2 为煤炭消费量, X_3 为人口总量, X_4 为固体废弃物排放总量。

从方程可以看出,人均 GDP 受到了能源、人口和环境的全面制约。在本方程中,电力的回归系数已经超出了一个数量级,同时我们可以清楚地看到目前的经济增长方式仍然是资源消耗型、环境破坏型的,与人口有密切的反向关系。现在已经到了必须摒弃通过高消耗来追求高速度导致资源枯竭和先污染后治理导致环境失衡的发展思路的时候了。

(2)三种经济战略的效益评估

①循环经济战略的效益评估

循环经济的效益主要来自三个方面,一是由于循环所节省的能源、原材料等费用;二是由于污染降低所带来的治理成本的下降;三是人们生活品质的提升。必须指出,要准确衡量这些效益是非常困难的,我们只能根据前面的回归方程,对实施循环经济的效益作一个大致评估。表 5-2 只考虑了由于能源循环带来的环境污染下降而节省的治理成本,其效益已经非常显著了。这不仅表现在环境污染的大幅下降(10% 的循环比率下,长三角一年的废气排放减少量已相当于 2002 年宁波全市的废气排放量,固体废弃物一年的排放减少量相当于南京、苏州两市 2002 年排放量的总和），也表现在经济成本的大量节省（10％的循环比率下，治理成本节省费用相当于上海市 2001 年的废气治理费用）。

表 5-2 长三角地区实施循环经济战略下的效益评估

循环比率（仅以煤、电力计算）	10％	20％	30％
废气排放减少量（吨）	150785.56	301571.13	452356.69
固体废弃物减少量（万吨）	1338.24	2676.48	4014.72
预计治理成本降低（万元）	6418.16	12836.32	19254.48

②轻量经济战略的效益评估

轻量经济的效益也主要来自三个方面：一是资源消费量本身的变化，导致了污染排放量的减少；二是相同的资源消费量由于使用方式的改变使得污染的排放比率大大降低，因为轻量经济不是资源消耗型的，而是以知识密集型和服务密集型的轻量工业和第三产业为主的经济，GDP 的增加并不必然伴随着资源消费量的增加和环境污染的增加；三是污染排放量减少而带来的治理成本的下降。虽然对轻量经济的效益评估更加困难，但可以肯定的是，轻量经济是循环经济发展的高级阶段，是一种更为合理的经济增长方式。表 5-3 虽然只是考虑污染治理的成本费用，但结果显示，若能源消费量分别节省 10％，废气一年的排放减少量相当于宁波和杭州两市 2002 年的废气排放量，固体废弃物一年的减少量相当于南京、杭州、宁波三市总体产生量，环境效应显著，经济效益也很突出，其节省的污染治理成本比上海2002 年的治理费用还要多。

需要说明的是，我们的结论是建立在趋势判断的基础上的，有些数据的预测可能由于种种原因并不那么精确，但其趋势肯定是存在的，希望对决策提供有益的参考。

表 5-3 长三角地区实施轻量经济战略下的效益评估

	回归系数	煤消费量（万吨）	电力消费量（亿千瓦时）	废气排放总量（吨）	固体废弃物排放总量（万吨）	预计治理成本（万元）
现有经济模式	*	12472.44	2297.87	2007629.00	5501.35	64181.6
轻量经济模式	**	11225.20	2068.08	1781287.89	4100.76	55990.62
差值		1247.24	229.79	226341.11	1400.59	8190.98
节省比率（％）		0.10	0.10	0.11	0.25	0.13

* 见回归系数表；** 设回归系数均为现有经济模式之 95％

③外拓经济的效益评估

外拓经济效益的定量评估，其参数和指标数据很不容易获得，这里我们只把外拓经济作为循环经济和轻量经济的辅助与补充，其效益和优势的定性判断前文已经阐述得比较清楚，此处不再赘述。

（二）重视人口问题的基础性和全局性，实施两大人口战略

1. 长三角地区的经济发展需要一定规模的人口增长

胡锦涛同志说："科学发展观，是用来指导发展的，不能离开发展这个主题"，"发展首先要抓好经济发展"。长三角是我国经济社会发展最快、最具潜力的地我之一。它的发展规模和水平，直接影响到周围广大腹地的发展规模和水平，更关系到我国综合竞争力和国际地位。长三角所有发展战略——包括人口发展战略——的中心点，必须坚持以长三角的经济建设为中心，以不断增强综合竞争力，率先进入世界最先进的发达地区行列为目标。

本报告的第二部分曾经指出，2000 年长三角常住人口达 8743 万，比户籍人口多 692 万人，而在 1990 年这一数字只有 36 万人。十年间，净流入长三角的非户籍常住人口增长了 18 倍。2000 年非户籍的常住人口约占常住人口的 8.59%，每 100 个常住人口中就有将近 9 个人是非户籍人口。而从 2000 年到 2002 年，长三角 GDP 年均增长率高达 19.25%，比全国平均水平高近 9 个百分点，比珠三角地区高近 8 个百分点。这表明，外来常住人口的增长是长三角地区经济社会快速发展的强大推动力之一。

从户籍人口发展趋势看，上海已经连续 10 多年出现自然负增长，浙江的舟山、湖州、嘉兴等市也出现了零增长或负增长，长三角其他城市也将在不久的将来出现负增长。本课题预测表明，长三角由 GDP 增长需求的劳动力所决定的总人口规模，在 2020 年将达到 1.07 亿~1.17 亿，比 2000 年常住人口多出将近 2000 万~3000 万。在长三角户籍人口即将全面出现负增长的情况下，这 2000 万~3000 万人口主要是迁入人口及其带来的自然增长人口。换言之，到 2020 年长三角地区有 18%~25% 的人口需要域外支持。届时，长三角地区常住人口占全国总人口的比重将达到 8.0%~8.7%[①]，比 2000 年（6.91%），提高 1.1~1.8 个百分点。这表明在满足本地区对人口劳动力需求的同时，长三角为全国减轻了 1.1%~1.8% 的人口压力。

（1）长三角地区人口规模的扩大，受到资源、环境的严重制约

长三角地区以经济建设为中心的发展，需要增加一定量的人口，也需要资源环境的支持和保证，但长三角地区矿产资源贫乏，人均水资源不多，土地资源少，单位土地承载的经济活动人口多，重要战略物资需要域外支持等状况在短期内不可能改变。而传统的高投入、低产出、拼资源、损环境的经济发展方式，更加重了资源的对外依赖性和环境的恶化程度，严重地制约着人口和产业的集聚与发展。

随着长三角都市带工业化进入重化工业为主导阶段，能源、矿产资源消耗大量增加，与资源环境的矛盾还要进一步加剧。从域外资源获得性看，一些重要的战略资源，在国际市场上日益遭遇国家保护主义政策的壁垒，或价格上涨，或因不正当竞争导致成本升高，国际运输路线风险加大的威胁。从域内环境承载力看，长三角地区人口与产业集聚，已超过了水环境、土地空间、大气环境等对废弃物的消解能力；现有人口生产和生活固、气、水三态废弃物排放的强度和规模，已经超过了本地区拥有的综合处理能力。长三角人口规模的扩大，日益受到资源、环境的严重制约。

因此，长三角的人口发展战略，即要考虑经济建设的需要，又要充分考虑包括经济、社会、资源、环境在内的综合承载力、支撑力，特别是不可替代的资源和不可交易环境因素对人

---

① 本课题预测结果表明 2020 年全国总人口可能达到 13.4 亿~13.5 亿。

口和产业集聚的硬约束。

(2) 采取综合措施,使资源环境因素决定的人口承载力和人口容量,符合经济建设的需求。

弱可持续发展理论认为,可持续发展的各种要素,是可以替代的。资源环境方面的某些不足,可以用经济上的优势弥补。经济上的某种不足则可以用资源环境的某些优势弥补。强可持续发展理论认为,可持续发展的各种要素,各有各的功能,是不可以替代的。正如钢铁的使用价值不能用粮食来替代、清洁的空气的使用价值不能用 GDP 来替代一样。事实上,可持续发展的各种要素,既不是无条件的可以替代,也不是绝对的不可替代,要具体情况具体分析。决定长三角人口容量的因素,也是如此。如上所述,经济发展需要人口增加到 1.07 亿~1.17 亿,也就可以容纳 1.07 亿~1.17 亿,在人口增长的同时,人均收入水平还可以进一步提高。从资源环境角度考察,不仅容纳不了这 1.07 亿~1.17 亿人口,就是当前的8 千多万人口也已经严重超载。进一步考察,可以发现约束人口容量的资源环境因素,有的可以利用经济和技术优势加以改善;有的则不可能用经济和技术优势改变,只能用其他方式改变;有的则不可改变、不可替代。

作为全球和全国的一个局部地区,长三角用经济、社会和技术优势可以改善的资源环境因素有:

——通过市场获得粮食、食物弥补耕地和食物资源不足,获得矿物原料、石油、煤炭等物资,弥补矿产资源不足,兴建快速高效的交通运输网络,提高到资源产地的通达能力;

——通过技术创新和推广,加强可再生资源和能源的开发,特别是新能源(如太阳能、核能、风能、潮汐能)的开发利用;

——投入重资,兴建环境保护的基础设施和重大工程,治理环境污染(如兴建根治水环境污染的区域性河网清洁截污工程),减轻灾害损失(如建设千里海堤、江堤),保护和储存水资源(如大江大河源头保护、与跨海大桥相结合,建设杭州湾淡水蓄水工程和其他区域性淡水储存和调配工程)、改善水资源的区域分布、调节水资源的季节性、区域性余缺;

——依靠雄厚的经济和技术实力,根治地面沉降,消除因此产生的地质灾害;

……

除经济和技术优势外,还需要有其他方式配合才能提高资源环境承载力的因素有:

——转变经济增长方式,发展循环经济,提高资源利用效率,减少废弃物排放,提高废弃物再循环、再利用比例;

——转变消费方式,建立节约型社会,提高单位资源对人口的支持力、容纳力;

——转变生活方式,建立知识型、学习型社会,普遍提高人们对全局人口与资源环境的问题的认识能力、行为能力;

……

长三角如能在这些主要方面取得重大进步,资源环境因素决定的人口承载力和人口容量,就可以得到显著提高,有可能逼近经济发展所需求的人口劳动力容量,甚至更高。

即使本区域有强大的经济和技术优势,但仍有不可替代、不可改变的因素,主要有:

——区域地理空间的有限性,及人们对居住空间、活动空间、清洁空气和充足阳光等生存所必须的最低要求。由此决定了长三角人口和产业的规模不可能在一个有限的空间无限度地扩张;

——人类与资源环境系统在物质、能量、信息交换、交流的质、量和方式上的本质联系和内在制约关系,决定了长三角人口规模取决于当时阶段在市场上可获得的资源品种及其规模、当时阶段本地区环境对不同废弃物的消纳化解能力和规模、当时阶段区域人口、资源、环境和经济、社会发展的协调规则和制度。

——全球及区域性资源的绝对和相对的有限性,决定了长三角人口规模的发展速度不能超越当时阶段长三角地区在市场上可获得的资源增长速度。长三角地区人口规模最终要受制于长三角经济在全国、全球资源市场上的竞争力和全国、全球资源和环境实际情况。但无论长三角经济如何发达,都买不到全国、全球资源市场不再存在的东西。

(3)发展循环经济,有助于缓解长三角经济发展与资源环境的矛盾,却不能完全消除对自然资源原始投入需求的增长。

要摆脱上述经济发展与区域环境承载力、支撑力之间的困境,需要变传统的线性经济为可持续发展的循环经济,提高资源的利用效率。同时,对人口数量的增长进行适当的控制,对资源的消费方式进行根本性的变革。

对浙江人口数量增长、消费方式与钢循环比例的模拟测算显示,循环经济占国民经济中的比重受人口增长的严重制约。主要表现在:①人口增长速度越快,人口规模越大,可循环比例就越低;②人均消费量增长越快,循环的比例就越小;③循环比增长率随人口增长率下降而上升;④人口负增长时期的循环比增长率,大于人口正增长时期的循环比增长率;人均钢算术级数增长的循环比增长率,高于人均钢几何级数增长的循环比增长率。

长三角地区以经济建设为中心的、全面、协调、可持续发展,在近期需要适度的人口增长,最终目标必须是尽快实现适度规模水平的稳定的零增长。据此,我们提出两项人口发展战略:共轭减量战略、质量替代战略。

2.共轭减量战略

经过以上分析,我们认为长三角未来人口发展的战略目标和前景可以用八个字来概括"集散、减量、示范、共轭",其核心是"共轭减量",简称为共轭减量战略。具体内容如下:

(1)机械集散:指人口迁移变动近期以向长三角集聚为主,远期以长三角向外扩散为主。具体地说是:

——近期适当控制人口向长三角的迁移集聚的增长速度,使其与经济发展需求和资源环境改善的速度相适应,在人口向长三角迁移集聚的同时,也向周边地区和全国扩散,形成双向对流,但以集聚为主,到2020年人口总规模不超过1.2亿,占全国总人口的比重由7%左右,上升至8.5%左右;

——在长三角基本实现现代化后,逐步进入向外疏散为主的迁移变动负增长阶段;

——最后,在全国基本实现现代化之日,长三角与全国经济发展的差距趋于缩小,全国人口区域分布重新稳定。

这就是"集聚、扩散、均衡"的三步走战略。

(2)出生减量:指以低出生为基础,缩减全国总人口规模。未来二三十年随着人口规模的继续扩大,人均资源占有量少的国情不会改变,非再生性资源储量和可用量不断减少的趋势不会改变,资源环境对经济增长制约作用越来越大,人民群众对生态环境质量的要求越来越高。迫切需要建立新型的资源节约型国民经济体系和资源节约型社会,积极发展循环经济,推进资源利用方式的根本转变,逐步形成有利于节约资源和保护环境的产业结构和消费方式。而要实现这一切,就全国总体而言,必须实施人口的减量化战略,逐步缩小全国的人口规模。其基本措施就是使生育水平长期低于更替水平,使出生人口规模长期低于死亡人口规模,使自然增长率长期处于负增长状态。我国各地因经济社会发展的差别,人口迁移变动会有很大不同,有的地区可能需要迁移正增长,有的地区可能需要迁移负增长。但就人口自然变动来说,所有地区,无论发达地区还是欠发达地区,都应毫无例外地实行低生育水平基础上的人口减量化战略。至于减量的速度和规模可以有所差异,但减量的基本精神应该是完全一致的。尽管本地区经济发展和减轻全国人口压力等方面,都需要长三角在近期内增加一定量的人口,但这种增加不能通过提高出生、只能通过增加迁移来实现。

长三角地区人口增长由人口自然增长为主,变为迁移外来人口增长及其带来的自然增长为主;户籍制度改革使计划生育各种政策对象的原有划分和执行标识变得模糊和消失;计划生育管理对象由户籍人口变为常住人口等一系列的深刻而广泛的变化,需要有新的生育政策体系。这一政策体系要体现"八个统一":二省一市统一、城乡统一,以消除长三角经济社会一体化、城市化和城乡一体化发展中的生育政策障碍;本地人口与外来人口统一,以消除人口迁移流动中的生育政策障碍;原有农业人口与非农业人口划分与现有人口的统一,以保证生育政策自然接轨,避免引起大的波动;新政策与原政策基本点统一,各代人基本点统一,以保证生育政策的连续性、稳定性、长期可执行性;原来执行生育政策和不执行生育政策的家庭统一,以保证生育政策的家庭公平性;用于区别对象的标识,区域、城乡、过去、未来统一,且明确、具体、简洁,便于识别、便于掌握,以保证可操作性。

这就需要抓住二省一市、甚至全国城乡生育政策的共同点。这就是"一对夫妇只生育一个孩子",即独生子女政策。据此,我们提出"一代独生子女"政策。[1] 其基本含义是:无论城市还是乡村,每一个家庭或迟或早都要有一代是独生子女。父母一代执行了"一对夫妇只生一个孩子"的政策,子女、孙子女、⋯⋯就可以最多生育二个;无论什么情况,只要父母一代没有执行这一政策,或子女或孙子女,⋯⋯,必须有一代执行这一政策。同时,通过各种奖励,鼓励每个家庭尽早执行"一对夫妇只生一个孩子"的政策。作者对浙江省的模拟结果表明,这一政策至少可以使浙江省的生育水平,在更替水平以下再稳定 25 年,甚至可持续到 21 世纪末。"一代独生子女"政策,微观上通过生育数量的代际补偿,体现家庭公平;通过只执行"一代人",减轻了家庭结构的脆弱期,明确了预期目标,群众更好接受。

"一代独生子女"政策,可以通过建设人口与计划生育"一卡通"的信息化工程(可简称"人口管理信息化工程")来实施。每一个人建立一张人口信息卡,卡里含许多本人及其家庭的基本信息。如:本人及其家庭成员实施计划生育的情况、应该享有的各种优惠待遇、权利和奖励及其他许多基本信息。本人凭卡可以异地支取计划生育奖励费、异地享受计划生育免费服务、异地享受免费技术培训和优惠贷款,甚至可以异地享受义务教育的政府拨款、异地享受计划生育养老保障。如有可能,也可以异地享受应享有的各种社会保障。其常住地人口与计划生育部门,则可以应用人口信息卡,给属地常住人口提供各种服务,通过服务进行与"一代独生子女"政策相关的各种管理;国家则可以应用人口信息卡刷卡情况,了解各地人口与计划生育工作量和各种经费支出情况,进行财政拨款;还可以随时掌握全国各地人口出生、死亡、迁移流动等信息,逐步形成信息化条件下新的人口普查办法,逐步建立起像天气预报那样的人口模拟与预报、预警、规划决策支持系统和制度。人口管理的信息化,将成为

---

① 20 世纪 80 年代,我国有影响的人口学家就曾提出"提倡一对夫妇只生育一个孩子的时间为一代人","即 25 年左右"(见田雪原的《跨世纪人口与发展》,中国经济出版社 2000 年版,第 239—240 页)。本文所讲"一代独生子女"政策不是这样按时间年数计算,而是按家庭代数计算。

适应人口发展方式转变,进行人口管理方式转变的基本措施和切入点,也将成为全社会信息化管理的基础性工程。

(3)全面示范:指长三角地区要在全国起到人口和经济、社会、资源、环境全面、协调发展的示范作用。从人口角度而言,主要表现为五种示范作用:人口与自然关系转变的示范、人口自然变动方式转变的示范、人口机械增长方式转变的示范、人口结构类型转变的示范、人的全面发展和人口素质全面提高转变的示范。

(4)母子共轭:这是指要正确处理长三角子系统与全国母系统的关系,形成母子互动,共同扼制全国人口增长,共同实现全面、协调的可持续发展。长三角对全国的作用主要体现为:通过发达的经济和文化创造部分人口容量支援全国;通过率先完成人口发展方式转变的全面示范作用鼓舞全国;通过计划生育政策的率先完善,创造人口发展方式转换条件下计划生育的新鲜经验支持全国。全国对长三角的作用主要体现为:通过全国人口减量,减轻对长三角的迁移压力;通过全国节约型国民经济体系的建立和资源合理开发,以更多的资源支持长三角人口容量的扩展;通过全国人口与资源环境和经济社会的普遍协调发展,吸引长三角高度集聚的人口向外疏散。如此形成长三角与全国以不同的方式,共同扼制全国人口量的扩张,缓解人口与资源环境的矛盾,共同推进可持续发展的互动共轭的良好局面。

3. 质量替代战略

随着经济的发展,长三角地区对劳动力资源的需求将继续增长。如果以人口劳动力向长三角大规模迁移集聚来满足这一要求,必将与长三角地区有限的环境容量形成更加尖锐的矛盾。解决这一矛盾的重要战略之一,就是通过促进产业技术升级,提高产业对劳动力质量的需求,以较少的高质量劳动力,替代大量低质量的劳动力,将劳动力数量需求控制在较低水平,即以质量替代数量的战略,简称"质量替代"战略。

对浙江城乡人口预测的结果表明,决定区际人口迁移强度的主要因素有三个:一是区域内投资规模和投资的产业结构和技术结构,及由此决定的对劳动力数量和质量的需求。二是本地城乡、特别是农村地区有多少劳动力可以实际满足这种需求。三是有多少不同质量要求的岗位空缺,需要外来人口填补,而外来人口中有多少人能以相应的质量供给填补这种空缺。所以实施质量替代战略可从以下五方面着手。

(1)加大发展知识经济的力度,通过国家或地区的产业政策,调控长三角的投资结构和规模,促进产业技术升级,提高企业的知识、技术密集程度,从而提高对劳动力质量需求、降低对劳动力的数量需求。

(2)扩大教育规模、调整教育结构,加大当地劳动力技术培训的力度,特别是加大当地农村可转移劳动力技术培训的力度,首先把当地劳动力培养成适应产业技术升级需求的劳动力。

(3)建立学习型社会,健全终身教育体系,加大当地结构性失业人口的新技术、新技能培训,促进结构性失业人口优先就业,充分利用好当地人力资源。

(4)营造吸引高质量劳动力的社会环境。从政策制度上约束企业行为、加强对企业依法用工的监督;改革户籍和保障制度,改革一切对外来人口劳动力歧视性的政策规定和制度,通过制度创新,集中解决外来人口与当地居民"同城国民、同等待遇"问题;企业树立"劳资协作、互补双赢"的观念,与员工建立良好的协作关系,树立企业良好的形象,建立以人为本的用工制度,为吸引高质量的劳动力创造良好的社会环境。

(5)坚持以科学发展观为指导,加强劳动力以人为本、节约资源、保护环境、人与自然相和谐等观念的培养,以此为基础,促进资源节约型国民经济体系和资源节约型社会的建立,逐步形成有利于节约资源和保护环境的产业结构和消费方式。

六、结论和对策

(一)几点结论

根据上面从不同角度对21世纪头20年长三角都市带人口容量的研究,可以得出以下几点结论:

1. 无论从世界各大都市带经济发展和人口集聚的历史轨迹,还是从长三角地区在我国的地位、本身所具备的条件以及目前所处的发展阶段来考察,其经济发展的势头以及由此所产生的对人口的强大吸引力,将继续推动这个区域人口规模的扩大。

2. 现阶段长三角地区人口增长与经济增长之间存在着高度的正相关,但随着产业结构的调整与升级,经济增长方式的转变与资本有机构成的提高,三次产业增长的就业弹性有升有降。未来第一、二次产业就业弹性将下降,第三次产业不仅产业规模将大大扩展,就业弹性也不会降低,在业人口的增长仍将保持较高的速度。

3. 根据以高、中、低三个方案测算的GDP数值为基础,以对GDP增长的就业弹性变化估计为主要依据,以在业人口的抚养比为计算人口的参数,对长三角地区2020年的经济人口容量进行预测的结果,到2020年长三角将容纳1.07亿~1.17亿人口,其中按中方案预测的数字为1.11亿人,这一数字与按1990—2000年平均人口增长率法推算的1.13亿十分接近。可以这么说,1.11亿~1.13亿人是2020年长三角都市带经济所能承受的较为适宜的人口容量。

4. 未来的经济人口容量能否得到资源和环境的支撑,是个极其重要的问题。在长三角地区内部,矿物能源和重要矿物工业原料贫乏而利用粗放,土地日益紧缺,水污染严重,已经成为支撑经济扩张和人口扩容的薄弱环节,需要在发挥市场在配置资源中的基础作用的前提下,通过革新技术,改进管理,改变增长方式,来弥补这些薄弱环节。这类问题中属于长三角本身有能力解决的问题,应当说随着增长方式的转变,在未来二三十年内将会大有改善。对经济和人口规模庞大的长三角都市带来说,严峻的问题在于谋求域外(包括国内和国外)资源的支撑。如果国际资源充裕,按市场经济的运行规律,在经济全球化的今天,理论上不应该是问题。但是,实际上存在两大风险:其一,国内重要矿产资源储量严重不足,长三角地区国内资源供给保证率将越来越低;其二,国外资源走向枯竭的趋势也日渐明显,重要战略资源,特别是石油,早已成为大国争夺国际资源的焦点。这两大风险是未来20年影响长三角经济和人口容量安全性的主要隐患,必须妥善应对。

(二)主要对策

保证长三角人口安全扩容的问题,基础是宏观经济运行能否保证长三角经济按预期目标顺利发展的问题,同时,微观经济的高效运行以及人口、资源、环境、技术诸因素的有效配合也是不可忽视的条件,涉及的方面很多,关系比较复杂。这里主要是围绕解决支撑长三角未来人口容量的资源、环境条件及其相关的问题提出一些针对性的意见。

由于长三角是一个中尺度的区域,论战略地位又是在全国举足轻重的区域。解决长三角支撑人口扩容条件的问题,从战略高度上说,既要有宏观的国家层次的对策,又要有中观的区域层次的对策。

1. 国家层次的对策

——在稳定低生育水平的基础上,实行人口减量政策。资源、环境支撑能力问题归根到底是个人口问题,因为人口规模是经济规模的基础变量。中国从"地大物博"到"地大而物不博"就是相对于人口而言的。长三角要发展,全国要发展,庞大的人口只能加速不可再生资源的枯竭,因此,全国必须在稳定合理的低生育水平的基础上,坚决实行长期的人口减量政策。减量要有目标,减少速度要作科学的滚动测算,避免人口震荡。

——尽快制定发展循环经济的政策体系,为循环经济立法做好准备。不可再生资源走向枯竭是必然趋势,现阶段只有发展循环经济才能延缓不可再生资源枯竭的速度,拯救环境的恶化。循环经济具有经济效益、社会效益和生态效益,但发展循环经济一要投资,二要技术,三要科学管理,在某种程度上同发展水平有一定的矛盾,推行起来会出现种种问题,需要用一系列政策来扶持、引导、鼓励或限制。条件基本成熟时通过立法全面推行。

——开展资源外交,扩大国外资源特别是石油资源的来源。大量利用国际资源来发展本国经济特别是大都市带经济本来是一种商业行为,没有什么特殊涵义。但是,在不可再生资源迅速减少,重要战略资源争夺已经白热化的今天,在积极开展对外贸易的前提下,运用政府力量施展资源外交,通过发展政府间的双边合作或多边合作关系,谋求扩大国际资源利用前景,已经是国际上常见的手段。我国是资源严重短缺的国家,更应该重视政府在这方面的作用,至少要在缓解石油资源供给危机方面作出重大努力。

——制定资源科技路线,积极寻找后备资源,大力开展资源替代研究。我国大宗资源的后备已经不会很多,但不等于完全没有。中国国土广袤,区域地质条件多样,发现新资源的潜力还是存在的,要充分调动全国的地质科技力量,积极找矿,扩大后备资源。但是,重要资源日益稀缺的趋势不会改变,寻找替代资源已经成为紧迫的任务,要组织力量进行资源科技攻关,力争在资源替代研究领域实现重大突破。

——稳定农业政策,以确保全国粮食安全来保证长三角地区的粮食供给,减轻土地压力。大都市带是人口高密度地带,又是大量需要城镇建设用地和区域基础设施建设用地的地带,耕地中的农业结构在很大程度上又是城郊型的,一般说来,大都市带本身不可能维持粮食自给,必须依靠外界输入。在中国这样一个人口大国,只有稳定全国的农业政策,才能使长三角乃至全国粮食供给确保无虞,并且在一定程度上减轻长三角的土地压力。

2. 区域层次的对策

——充分调动教育资源,发挥大都市带的人口素质优势,抵消人口的数量压力。未来二十年长三角地区人口总量扩大已是定势,这符合长三角的需要,也符合全国的需要。但是,大都市带的优势在于领先走上产业结构的高度化,以发达的经济、先进的科学与文化引领国内潮流,带动国家发展,并且跻身于国际竞争和国际交流的有利地位,这就要求长三角地区不仅要有必要的人力资源存量和增量,更重要的是要有丰富的人力资本存量和增量。因此,长三角必须把提高人口质量放在首位,让学历教育、技能培训、终身教育齐头并进,使经济优势与人才优势互动,既扩大经济优势,又减轻人口压力。

——率先实施循环经济,从根本上提高资源、环境的支撑能力。循环经济是公认的提高资源、环境支撑能力的发展方式,长三角经济、技术、管理水平居于全国前列,有条件率先实施。在国家还没有就循环经济出台系统的政策法规之前,长三角要走在全国前面,必须抓住两个环节:首先,要营造实施循环经济的软环境。要加大资源环境危机的宣传力度,强化全民的资源环境危机意识,倡导绿色消费;要借鉴国外经验,建立适应循环经济实施的政策和地方法规,营造制度环境;要探索建立绿色国民经济核算体系,改变过去重经济指标、忽视环境效益的评价方法;要把政府推动和市场机制作用结合起来,探索循环经济的实践模式。其次,要构筑循环经济的产业体系。要选择符合长三角区域特点的循环经济发展模式,具体实施应当在企业、区域和社会三个层面展开。企业层面应积极推行清洁生产,区域(开发区、工业园区、农业园区等)层面要着力发展生态经济,建立生态农业和生态型链式工业园区等,社会层面要积极探索整个区域可持续发展的路径,建立循环经济系统。

——进一步调整产业结构,使长三角经济轻量化。轻量经济是循环经济的补充和发展,它应该有两种涵义,一是通过循环经济,减轻资源危机和环境危机;二是产业结构轻型化,大力发展技术密集型、知识密集型的高附加值加工业,以及金融、商贸、信息、咨询、设计等无污染、高附加值的产业,提高整个区域的经济效益、社会效益、生态效益和国际竞争力。要实施经济轻量,必须使调整产业结构与实施循环经济互动互补,互促共进。

参考文献

1. 王旭著.美国城市史.中国社会科学文献出版社,2000

2. 顾朝林等著.经济全球化与中国城市发展.商务印书馆,1999

3. 洪银兴等著.长江三角洲地区经济发展的模式与机制.清华大学出版社,2003

4. 刘荣增著.城镇密集地区发展演化机制与整合.经济科学出版社,2003

5. 朱英明著.城市群经济空间分析.科学出版社,2004

6. 胡序威等著.中国沿海城镇密集地区空间集聚与扩散研究.科学出版社,2000

7. 张文尝等著.交通经济带.科学出版社,2002

8. 陈航等著.中国交通地理.科学出版社,2000

9. 李润田等著.中国资源地理.科学出版社,2003

10. 张雷著.矿产资源与国家工业化.商务印书馆,2004

11. 李国平等著.首都圈结构、分工与营建战略.中国城市出版社,2004

12. 保罗·贝尔琴等著.全球视角中的城市经济.吉林人民出版社,2003

13. 高佩义著.中外城市化比较研究(增订版).南开大学出版社,2004

14. 陈卫.中国人口容量与适度人口问题研究.市场与人口分析,2000(1)

15. 叶立梅.城市人口规模与容量的理论思考.北京社会科学,2000(1)

16. 胡鞍钢著.人口与发展:中国人口经济问题的系统研究.浙江人民出版社,1989

17. 田雪原等.从经济发展角度探讨适度人口.第三次全国人口科学讨论会论文集,人口研究增刊,1981

18. 伍理.论人口容量.南方人口,1991(2)

19. 张得志.人口容量研究新动态.西北人口,1994(3)

20. 沈清基.城市人口容量问题的探讨.同济大学学报(人文社科版),1994(9)

21. 朱国宏.关于中国土地资源人口承载力问题的思考.中国人口、资源与环境,1996(3)

22. 顾文选.以生态环境建设为重点,迎接大陆城市化的新阶段.重庆建筑,2002(3)

23. 潘纪一.试论大地人口容量.人口与经济,1988(1)

24. 陈卫,孟向京.中国人口容量与适度人口问题研究.市场与人口分析,2000(1)

25. 王建.未来十年中国经济增长的制约因素.燕园评论,2003-11-27

26. 李菁.城市人口容量的确定及评价初探.城市问题,1988(5)

27.邱晓华.未来15年促进我国经济增长的主要经济因素.在北京大学中国国民经济核算与经济增长研究中心成立大会暨学术研讨会上的讲话,2003-3-22

28.黄建富.世界城市的形成与城市群的支撑.世界经济研究,2003(7)

29.朱宝树.上海和长三角人口规模分布和城市化."长三角地区人口发展战略研讨会"论文,2004

30.张善余.大视野和大趋势."长三角地区人口发展战略研讨会"论文,2004

31.陈志恺.经济发展面临的水资源问题.中国计划管理,1990(7)

32.国家经贸委编.我国走新型工业化道路研究.机械工业出版社,2003

33.浙江省统计年鉴.2002,2003

34.江苏省统计年鉴.2003

35.上海市统计年鉴.2003,2004

36.长江和珠江三角洲及港澳特别行政区统计年鉴.2003

37.郑玉歆主编.环境影响的经济分析.社会科学文献出版社,2003

38.朱家良.从长三角城市群看环杭州湾区域协调发展.浙江经济,2003(6)

39.江苏省统计局.长三角15城市经济发展对比分析.江南论坛,2003(1)

40.曹新.产业结构与经济增长.经济学家,1996(6)

41.张大军.调整和优化产业结构是转变经济增长方式的首要条件.中国工业经济,1996(2)

42.王红瑞,赵玉霞,蔡越虹,王岩.人口、能源消费、经济发展对环境影响的定量分析.北京师范大学学报(自然科学版),1999(1)

43.马文秀,陈卫华.日本的经济增长与产业结构调整.日本问题研究,2000(4)

44.王艳.优化产业结构实现经济增长方式的转变.社会科学辑刊,1996(6)

45.苏亚菲.从可持续发展战略要求看产业结构调整与转变经济增长方式.河南社会科学,2000(6)

46.张磊."长三角"经济结构竞争力的比较分析及浙江对策.长三角发展论坛,2003(8)

47.陈振楼.长江三角洲地表水环境污染规律初探.福建地理,2000(9)

48.钱嫦萍.长江三角洲河流污染现状及变化趋势.环境科学研究,2002(6)

49.王高尚.中国的"家底"还有多厚?.百科知识,2004(1)

50.张从主编.环境评价教程.中国环境科学出版社,2003

51.陆书玉主编.环境影响评价.高等教育出版社,2001

52.刘兆德,虞孝感,谢红彬.20世纪90年代长江流域经济发展过程分析.长江流域资源与环境,2002(6)

53.向书坚.20世纪90年代时间序列预测领域主要研究动态.中南财经大学学报,2001(2)

54.唐路,薛德升,许学强.1990年代以来国内大都市带研究回顾与展望.城市规划汇刊,2003(5)

55.王关义.1980—2000中国五大经济特区投入产出配比价值系数分析.特区经济,2002(12)

56.郇庆治.80年代末以来的西欧环境运动一种定量分析.欧洲研究,2002(6)

57.吕铁.中国的产业结构升级与经济增长方式转变.管理世界,1999(1)

58.肖鸿晶.MTV模型及其运用方法.南昌大学学报(理科版),1996(3)

59.曹新.产业结构、对外开放与经济增长.理论探讨,1996(6)

60. 郭克莎. 产业结构关系与经济增长模式的转换. 经济科学,1993(1)

61. 许继琴,王才楠. 长江三角洲城市带发展探讨. 宁波大学学报(人文科学版),1996(4)

62. 金风华,杜吉中. 长三角地缘经济关系的测度分析. 华东经济管理,2004(1)

63. 杨绍波,王鸿. 长三角高技术产业快速发展的成因、现状及趋势分析. 上海综合经济,2003(8)

64. 谢守红. 当代西方国家城市化的特点与趋势. 山西师范大学学报(自然科学版),2003(4)

65. 张大军. 调整和优化产业结构是转变经济增长方式的首要条件. 中国工业经济,1996(2)

66. 贺炎林,唐代盛. 东西部产业结构与经济增长分析. 经济师,2001(8)

67. 方子良,高骏,王军辉. 多因素时间序列法的研究. 南京理工大学学报(自然科学版),2003(3)

68. 谢维,李克尧,梁晓云,钱卫. 抚顺城市生态环境定量分析. 辽宁城乡环境科技,1997(5)

69. 岳超源,李浒. 环境、资源与可持续发展的多目标评价. 环境保护,1998(12)

70. 张晓东,池天河. 基于区域资源环境容量的产业结构分析——以北京怀柔县为例. 地理科学进展,2000(4)

71. 齐康. 长江三角洲地区发展与整合. 现代城市研究,2000(1)

72. 诸大建. 可持续发展呼唤循环经济. 科技导报,1998(9)

73. 周敏,吴瑞明. 可持续发展系统的协调性特征及其描述. 科学管理研究,2000(1)

74. 王勤. 论新加坡的产业结构与经济增长. 南洋问题研究,1996(3)

75. 郭镭,张华,袁去病. 区域环境——经济协调发展定量分析方法研究. 四川环境,2003(5)

76. 白雪洁. 日本与美国产业结构变动的经济增长与就业效果比较. 现代日本经济,2003(5)

77. 魏一鸣,范英,蔡宪唐,曾嵘,傅小锋. 人口、资源、环境与经济协调发展的多目标集成模型. 系统工程与电子技术,2002(8)

78. 陈海明. 江苏省产业结构对地区经济增长的影响. 江苏统计,2000(2)

79. 诸大建. 上海建设循环经济型国际大都市的思考. 中国人口. 资源与环境,2004(1)

80. 彭希哲,钱焱. 试论消费压力人口与可持续发展——人口学研究新概念与方法的尝试. 中国人口科学,2001(5)

81. 刘渝琳. 我国可持续发展指标体系的设计和评价方法探索. 生态经济,1999(6)

82. 吴瑞明,贺国光. 一种判断城市协调发展的定量分析方法. 数理统计与管理,1996(3)

83. 祝兆松. 以产业结构调整为突破口、推动上海经济增长方式转变. 上海综合经济,1997(10)

84. 谭克,管征. 营造长江三角洲大都市带. 城市规划汇刊,2003(5)

85. 王艳. 优化产业结构实现经济增长方式的转变. 社会科学辑刊,1996(6)

86. 翁逸群. 知识积累、经济增长与产业结构演进. 预测,2002(1)

87. 刘渝琳. 重庆市可持续发展指标体系的设计和评价. 城市环境与城市生态,1999(4)

88. 林富德,刘金塘. 走向 21 世纪:中国人口发展的地区差异. 人口研究,1996(2)

89. 王东刚,滕方琼. 长江三角洲城市圈发展现状及未来定位分析. 计划与市场探索,2003(5)

90. 彭补拙. 长江三角洲土地资源可持续利用研究. 自然资源学报,2001(4)

91. 徐重远. 对"长三角"共同发展外向型经济的思考. 江南论坛,2003(1)

92. 吴绍中. 循环经济是经济发展的新增长点. 社会科学,1998(10)

93. 张磊."长三角"经济结构竞争力的比较分析及浙江对策.长三角发展论坛,2003(8)

94. 谢军安,郭苏智,王锡莲.循环经济的理念与模式建构.石家庄经济学院学报,2003(4)

95. 黄永辉.国外发展循环经济概况.上海建设科技,2003(3)

96. 韩宝平,孙晓菲,白向玉,魏颖.循环经济理论的国内外实践.中国矿业大学学报(社会科学版),2003(1)

97. 张思锋.循环经济发展阶段与政府循环经济政策.西安交通大学学报(社科版),2004(3)

98. 谢海云.可持续发展战略与循环经济.昆明理工大学学报,2000(4)

99. 何永贵.河北省经济可持续发展与"循环经济"政策思考.经济论坛,2004(8)

100. 解振华.关于循环经济理论与政策的几点思考.中国环保产业,2003(11)

101. 关于循环经济理论与政策:http://www.jtzx.net.cn/wangye/jtyw/jtyw1.htm

102. 张仁俐.构筑循环经济的政策体系.科学学与科学技术管理,2001(9)

103. 诸大建.循环经济的崛起与上海的应对思路.社会科学,1998(10)

104. 上海发展循环经济研究课题组.上海发展循环经济研究·宏观经济研究,2001(8)

105. 曲格平.发展循环经济是21世纪的大趋势.中国环保产业,2001(1)

106. 童亮.论循环经济的立法必要性.同济大学学报(社科版),2002(1)

107. 刘平宇.论循环经济发展的必然性.生态经济,2002(4)

108. 廖红.循环经济理论:对可持续发展的环境管理的新思考.中国发展,2002(4)

109. 杨士建.循环经济——经济与环境协调发展的最佳模式.环境导报,2002(6)

110. 冯久田.循环经济理论及其在中国实践研究.中国人口、资源与环境,2003(2)

111. 诸大建.循环经济:上海跨世纪发展途径.上海经济研究,1998(10)

112. 曹风中.循环经济是经济与环境利益兼而有之的双赢经济——发展中国家经济发展道路的正确选择.环境科学与技术,1999(4)

113. 龙楠.时代呼唤循环经济.环境,2000(6)

114. 诸大建.从可持续发展到循环型经济.世界环境,2000(3)

115. 王江.环境保护立法的新理念:循环经济.政法论丛,2000(5)

116. 李健.论循环经济的制造业技术选择与保障措施.天津财经学院学报,2001(4)

117. 杨永乐,乐毅全,李日春.以人与自然为本构建可持续发展城市循环经济体系.研究与发展管理,2001(3)

118. 余德辉,王金南.循环经济21世纪的战略选择.再生资源研究,2001(5)

119. 唐荣智,于杨曜,刘金祥.论循环经济及其法律调整.北京市政法管理干部学院学报,2001(4)

120. 胥树凡.推进生态工业发展,建立循环经济模式.中国环保产业,2001(6)

121. 陈锐,牛文元.循环经济:21世纪的理想经济模式.中国发展,2002(2)

122. 陈子林.加强城市固体废物污染防治促进循环经济的发展.城市环境与城市生态,2002(3)

123. 李兆前.发展循环经济是实现区域可持续发展的战略选择.中国人口、资源与环境,2002(4)

124. 李健,闫淑萍,苑清敏.论循环经济发展及其面临的问题.天津大学学报(社会科学版),2002(3)

125. 田野.充分发挥政府职能推动循环经济发展.中国环境管理干部学院学报,2002(4)

126. 李赶顺. 浅析日本"循环经济"发展战略的实施及其方策. 日本学刊, 2002(6)
127. 刘明皓. 关于循环经济理论的初步探讨. 重庆社会科学, 2002(6)
128. 陈赛. 循环经济及其法律调控模式. 山东科技大学学报(社会科学版), 2003(1)

人口地理学中一个被忽视的领域

我国自 70 年代后期打破人口科学禁区以来，人口地理学的研究得到了恢复和发展。现在，许多理论问题和实际问题正等待着人口地理工作者去研究，这里提出一个人口地理学中被忽视的领域问题，与大家讨论。

一、一种偏见

新中国成立以来，我国地理学界深受苏联地理学某些思想的影响，其中包括人口地理学思想在内。

十月革命以后，苏联以经济地理学取代了人文地理学的地位，把人口与居民点地理作为经济地理学的一个分支。一些著名的经济地理学家以至《苏联大百科全书》，多持这种观点。有影响的苏联人口地理学家波克什舍夫斯基在 1978 年出版的《人口与地理》一书中，仍然坚持这一主张。他认为"科学研究方法的区分，导致人口地理学问题在经济地理学中形成一个特殊的专门的分支"。他给人口地理学下了一个定义："这是经济地理学的一个分支，它研究在所探讨的社会再生产和同自然环境的相互作用过程中人口的结构（以其数量和质量指标）、分布和地域组织。它规定着决定所有这些人口特点的发展、动态规律性（特别是空间规律性）"。1977 年出版的舒瓦洛夫的《人口地理学》也指出："大部分研究工作者认为人口地理学是经济地理学的一个分支（部门）。"

既然人口地理学是经济地理学的一个分支，它就得致力与各国各地区生产发展、布局相联系的一些人口现象的研究。这就把人口地理学的领域限制到了狭小的范围。类似的思想长期支配着我国的经济地理学界，1962 年 7 月 26 日上海文汇报发表过一篇《什么是人口地理学》的文章，几乎完全仿照经济地理学对象的定义，给人口地理学下了一个定义，就是一例。这种影响直到现在也还不能说已经摆脱。

诚然，以研究人口现象空间规律为主要任务的人口地理学，与经济地理学有最密切的关系。人口分布形式在很大程度上反映生产力分布形式，人口的迁徙和移动，基本上受经济的吸引力和排斥力的支配。因此，围绕空间的经济活动来研究人口地理学是完全必要的。问题是不能因为人口地理学与经济地理学的这种亲缘关系，就把人口地理学的领域限定在这个范围内。这在理论上是不全面的，在实践上也是不利的。

二、人口地理学概念的外延

人口地理学至今在国际地理学界还没有一个公认的定义，主要原因在于对人口地理学的活动领域没有一个统一的认识。用逻辑学上的严格意义来说，就是概念的外延不一致，内涵（定义）当然也不一致。

我们知道,人口是指生活在特定社会制度和特定地域范围内的具有一定数量和质量的人的总称。而人,具有两重属性,即自然的与社会的属性。人的自然属性表现为人要经历从出生到死亡的生命过程,并且要繁殖后代。人的社会属性表现为人靠生产来维持自己的生存,通过生产结成一定的社会关系,并在一定的社会组织中过着群体生活。因此,在现代人口调查中(包括人口普查、抽样调查、人口登记等),通常用各种标识把人口的属性充分反映出来,这些标识是:性别、年龄、家庭地位、社会集团、教育程度、就业状况、行业类别、职业类别、生育状况、遗传性疾病,以及出生、死亡、婚姻状况、迁移等。这些标识既反映人的自然属性,又反映人的社会属性。在反映社会属性中,既包括经济方面的,也包括社会(非经济)方面的。经过统计机关的加工整理,形成反映各个地区的人口变动过程——自然变动过程、机械变动过程和社会变动过程的资料。人口的这些变动过程都具有空间分布意义,但并不是都同生产布局有关。要掌握人口现象的空间规律性,不但要研究与经济活动有关的问题,也要研究与自然属性以及与经济活动以外的其它社会属性有关的问题。换句话说,人口地理学应该研究一切人口现象的空间规律性。被看作经济地理学分支学科的人口地理学,只是人口地理学的一部分,为了便于说明问题,不妨叫做狭义人口地理学或"经济人口地理"。而同人口的其它属性有关的地理内容,包括人口再生产和人口社会文化方面的地理问题,构成另一领域的人口地理研究,为了便于对照,姑且把它叫做"社会人口地理"。这样,广义地说,人口地理学包含"经济人口地理"和"社会人口地理"两大部分,它们既可以合起来上升为普通人口地理学,也可以在区域研究中组成区域人口地理学。所有这些活动领域共同构成人口地理学概念的外延。当然,这里所谓的"经济人口地理"和"社会人口地理"的概念,只是为了区分人口地理学的领域而暂拟的,在人口地理学发展的实际进程中,还远远没有分化到这种程度。

三、从一些专著看实际涉及的领域

尽管苏联经济地理学界多把人口地理学当作经济地理学的一个分支看待,事实上在具体处理人口地理学材料时,即使这个学派的学者也很难把人口再生产和人口的社会文化方面的内容完全排除在外。例如以研究苏联乡村人口与聚落地理见称的科瓦列夫,1980年出版了《苏联人口地理学》一书,该书分十章:(一)人口地理学的任务与在地理科学中的地位;(二)人口自然变动与人口结构的地理研究;(三)人口社会组成与文化教育程度;(四)劳动力资源地理;(五)民族过程与民族地理;(六)人口分布与聚落;(七)城市化过程与城镇网的发展;(八)乡村人口地理;(九)人口迁移;(十)全国人口密度。在十章中,至少第二、三、五章的内容要纳入经济地理学分支的轨道是非常勉强的。在有的人口地理学著作中,人口自身再生产与社会文化方面的份量更为显著,如1980年明斯克出版的奥麦利扬丘克的《人口地理学》,在具有实质性内容的五章中,就有两章是这些方面的内容。这种现象岂不在理论上自相矛盾?

波克什舍夫斯基是苏联竭力主张人口地理学从属于经济地理学的学者,他的著作《人口与地理》力图避免人口地理学成为人口学的调查材料,力求以经济地理学观点去解释人口的结构、分布和地域组织。但他也不能不注意到这样的事实:即按苏联一般所理解的经济地理学的概念的外延,很难完全包括人口地理学。他担心把经济地理学内容仅仅局限于对物质生产本身分布的研究,就会把人的社会相互关系的地理学问题和生活地域组织的广阔领域排除在经济地理学范围之外。那么,一方面要把人口地理学置于经济地理学的家族之中,另一方面经济地理学的外延又不够广大,这个矛盾怎样解决呢? 按波克什舍夫斯基的说法,要

"用越来越丰富的社会经济内容来充实经济地理学,使它走向更高的阶段,可以姑且把它称为'社会地理学'",因而"没有必要于经济地理学之外,再为人口地理学在地理科学体系中寻求什么特殊地位"(波克什舍夫斯基:《人口与地理》,思想出版社,莫斯科,1978年,第34页)。事实很清楚,只要不是人为地缩小人口地理学的领域,经济地理学概念的外延是包含不了它的,除非改变经济地理学的内涵,就像波克什舍夫斯基所作的那样。

西方国家的人口地理学,就其主要活动领域来说,与苏联没有多大差别。由于人口的分布与移动同生产力的分布与经济活动的空间结构密切相关,西方人口地理研究与经济地理研究的关系当然也是很密切的。不过西方人口地理学者一般不认为人口地理学从属于经济地理学,因而在解释人口现象的空间特征方面,受经济地理学观点和方法的约束要少得多。这里姑且不论西方人口地理学的理论体系是否严谨,只从当代西方具有代表性的人口地理学专著(如法国丁·博热-加尼埃、英国J.克拉克、美国W.柴林基斯等人的著作)来看,人口地理学中要排除"社会人口地理"方面的内容是不可能的。

四、我国的现实要求

我国社会生活的实际需要,也要求人口地理学突破经济地理学分支的约束,开辟"社会人口地理"方面的研究领域。如上所述,人口调查各种标识之下的人口现象,除人口分布和迁移外,其余也多具有空间规律性。诸如人口再生产、人口性别年龄结构、人口自然素质和文化素质、疾病死亡和病因死因等等,都是"社会人口地理"的要素,都可以而且应该从人文地理学角度加以研究。这里只要举出人口再生产的地域差异和区域人口规划研究的必要性和可能性,就可以说明问题。

我国现有10亿人口,还在继续增长,国家在经济和社会发展的各个方面无不受到人口的牵制,为了实现到本世纪末尽可能把我国人口控制在12亿之内的目标,有必要对全国人口的发展进行具体规划。但是我国幅员广大,自然环境复杂多样,经济发展的条件和特点千差万别,同时又是一个多民族国家,50多个民族各有自己的发展特点和心理素质。这些差异的存在,导致人口再生产的地域差异。根据人口统计资料和全国第三次人口普查资料,人口的出生率和自然增长率在全国范围内自西南向东北递减,具有明显的地带性,只有个别省区例外。各省区的情况也是这样,以浙江省为例,人口出生率和自然增长率从西南山区向东部平原递减,在东部沿海平原,又是自南向北递减。因此,要有效地控制人口增长,科学地指导各地区的计划生育工作,必须对人口再生产状况及其相关因素进行分区研究,制定区域人口规划。在这方面,人口地理学有大量的工作可做,除了提供人口密度图、人口经济密度图、人口迁移图等从"经济人口地理"角度应提供的资料外,还应当编制育龄妇女生育率分布图,在没有生育率调查资料的情况下,应当编制出生率、死亡率和自然增长率分布图,以及性别年龄结构、接受计划生育指导程度图等。在这个基础上,对造成人口再生产特点和地域差异的因素作深入的调查和分析。这些因素包括自然的和人文的两大类,自然环境的影响到处都在起作用,但它往往通过人文因素而表现出来。因此,分析人文因素对人口再生产地域差异的影响,就显得格外重要。

首先,是区域经济特征对人口再生产的影响。世界人口史资料表明,人口再生产经历了三个类型:①前资本主义时期与低生产力水平相联系的高出生率、高死亡率、低自然增长率类型;②与初步工业化阶段相联系的高出生率、低死亡率、高自然增长率类型;③与高度工业化阶段相联系的低出生率、低死亡率、低自然增长率类型。这就是说,人口再生产类型是随着经济发展而有规则地转换的。这种规律性在地域上也有表现。我国在卫生保健事业发展较快,人口死亡率已经普遍下降到了低水平的情况下,人口再生产的差异主要表现在出生率上。根据已经公布的全国第三次人口普查资料所提供的 1981 年的出生率,东部地区一般在 20‰以下,西部多在 20‰以上,京、津、沪三市则在 16.14‰至 18.6‰之间,反映了经济发达地区从第二种人口再生产类型向第三种人口再生产类型转换的速度比落后地区要快,城市比乡村要快。从育龄妇女生育率抽样调查和生育胎次率的统计来看,反映计划生育接受程度的地区分布状况,也同上述特征相一致。各省区和省内各地区的情况也是如此。可见,社会经济条件对人口再生产的影响在时间和空间变化上都是有规律的,人口地理工作者必须研究这种相关关系。

其次,是区域社会文化特征对人口再生产的影响。人口再生产是通过一定的婚姻制度和家庭制度来实现的,而婚姻、家庭制度又是与民族、历史、经济相联系,并且在一定的生产方式之下,受政治、法律、思想、文化、宗教、道德等上层建筑和社会意识形态的制约。因此,研究社会文化特征对人口再生产的影响,就要从这些关系中去考察。例如,解放前西藏实行农奴制度,人民信奉喇嘛教,这对人口再生产起着极大的抑制作用,以致在长时期内人口增殖极其缓慢。现在,由于社会制度的变革,改变了人口再生产的条件,在全国第二、三两次人口普查间隔期的 18 年中,人口增长赶上了全国的平均速度。其他少数民族地区也由于社会文化特征各异,居民心理素质不同,传统的生育观不同,接受计划生育指导的程度也有差别,一般比汉族地区要低些,因而现阶段的人口出生率和自然增长率显著高于汉族地区。不研究这些现象之间的联系,就不能正确认识人口再生产地理分布的客观规律性。

上述自然、人文两大类影响因素中的各项因子,与人口再生产之间都有一定的数量关系,把所有因子(变量)一一排列出来,运用一定的数学方法进行具体的数量分析,用以鉴别各个变量对人口再生产的影响程度,是这一领域中研究工作向纵深发展的客观需要。这样的科学分析,有助于把区域人口规划建立在科学的基础上。

五、结语

1.在我国人口地理学研究中忽视了"社会人口地理"领域。这个领域,通过人口地理学的外延分析和我国社会生活实际需要分析,证明它是存在的。

2.忽视人口地理学的"社会人口地理"领域,主要是长时期受苏联经济地理学思想的影响,把人口与居民点(聚落)地理置于经济地理学之下。现在是突破的时候了。

3.围绕生产力布局与经济活动研究人口地理,仍然是最重要的方向,但不是唯一的方向。

4.要真正认识人口地理学中的"社会人口地理"领域,有赖于多方面的科学实践,但目前要承认这个领域的存在,必须把视角从经济地理扩大到人文地理上来。

载《人口与经济》1984 年第 2 期,第 45—48 页

人口区划问题刍议

在 1980 年以后的几年里,国家计划生育委员会出于对各省人口计划实行分类指导的需要,提出在全国进行人口区划。为此,设置了全国人口区划办公室,并于 1983 年 3 月在昆明举行了全国人口发展区域规划的会议。当时,在人口学界,特别是在人口地理学者中间,曾经激起一股研究人口区划的热情。可是,不久便随着人口区划工作的中断而冷却。人口区划作为一项工作可以有行有辍,作为一个研究领域,有没有存在的根据,要看它在理论上和实践中有没有研究价值。笔者认为,尽管人口区划工作停顿了下来,但学术上继续加以研讨,仍然是必要的。

一、人口区划在我国产生的契机

人口区划从性质上说属于人口地理学的范畴。人口地理学的形成和发展已经经历了半个多世纪,然而,直到现在我们还不易从国外人口地理文献中看到人口区划的完整概念和相应的论述。这与地理学若干分支学科早已有比较成熟的区划理论和方法的情况迥然不同。

科学研究领域的开辟,受社会需要的驱动。当今世界的绝大多数国家和地区,尽管存在性质不同、程度不等的人口问题,需要从人口数量上或空间分布上作出适当调整,但是在具体实施中,大都采取政策引导,或利用经济杠杆进行诱导,辅以民间的人口活动,来逐步接近政府所提出的人口目标,一般无需通过人口区划,层层作出人口规划。所以,在各国人口地理学发展中,并没有从社会获得需要开辟人口区划研究领域的信息。

中国的情况则不同。人口的挑战,激起了政府和全社会有识之士的深切忧虑,从 70 年代末 80 年代初开始,政府制定了明确的政策,采取了强有力的措施,来限制人口的快速增长。但我国有 960 万平方公里的土地,各地经济社会发展水平各不相同,人们的社会观念和生育意愿有很大的差异,人口的自然增长率也颇不一致,加上各地工作基础的差别,使得政府在推行计划生育政策的时候,不能不考虑到既要实现人口控制的目标,又要贯彻实事求是因地制宜落实措施的原则。这就要求领导上对各地的人口计划实行分类指导,而分类指导的根据正是人口区划。在这种情况下,人口区划的研究就应运而生了。

除了社会需要的驱动外,人口区划在我国的兴趣还有两个条件。一是人口地理学面向实践的活动,为人口区划提供了学科的依托。随着 70 年代后期人口学的解冻,人口研究在若干学科的边缘找到了生长点,汇成中国的人口科学,各门学科都在很大程度上围绕解决中国人口问题的基本目标活动,促使人口地理学把人口区划作为自己研究的一项要务来进行。二是现行计划生育管理体制为利用人口区划成果提供了可能性。由于人口问题的困扰,国家不仅在生育上实行政策干预,而且自上而下在各级政府中设置专管的职能部门,把计划生育工作作为一项重要的政务来办理。这就使人口区划一方面在高层政府部门中找到了用它来进行分类指导的依托，另一方面也在较低层次的政府部门中找到了运用区划成果、制订区域人口发展规划的出路。

二、人口区划的实践与演进

从学术研究的角度来说，区划的思想来自地理学，人口区划首先从人口地理学中产生出来是毫不足怪的。作为我国人口地理学先驱的胡焕庸，在他60多年的学术生涯中，早就有人口区划的思想萌芽。1935年他在制作的中国第一张人口密度图中，发现东南半壁和西北半壁人口密度相差悬殊，便用当时西方学者常用的轮廓性处理手法，勾画了区分两个半壁的瑷珲（今爱辉）—腾冲线，可以说是人口区划的最初尝试。[①] 时隔半个世纪，他又尝试把中国划分成为八大人口区。[②] 随后，在与张善余合著的《中国人口地理》一书中，根据区域内人口状况及其影响因素基本特点的同一性和区际的差异性的划分原则，借鉴经济区划和农业区划的方法论基础，提出了人口区划的五项基本依据。在此基础上，对胡原来的八大区方案稍加调整，把全国划分成七个一级人口区。[③] 胡、张的区划贯串着地理学的区域综合性思想，注意把人口置于一定区域的地理要素和各种社会经济因素的制约之中，避免对区域人口特征的偏面了解。不过，它主要是定性的区域，在实际生活中认识意义重于实践意义。

为了使人口区划有更充分的定量依据，陆康强在遵循区划基本理论的前提下，选取反映人口状况及其变化、人口生存和发展条件以及计划生育情况的三组共45个区划指标，运用主成分分析和聚类分析的方法，在以各省、自治区和直辖市为基本人口区的基础上，归为9大人口区。[④] 这一区划方案有较强的客观性，方法上也有所前进。不过它本质上是一级综合人口地理区划，直接用于控制人口分类指导和分区规划仍有所不便。

如何提高人口区划工作在实践中的作用，是人口地理学者需要回答的一个问题。我国存在着严重的人口问题，就现阶段的情况而论，控制人口数量增长仍然是首要的任务。国家制定了未来人口的目标，各级地方政府也根据国家的总目标，层层制定各自的目标和具体规划。但是国家如此之大，各地的发展条件千差万别，要在制定目标和实现目标的进程上完全求得均衡是不可能的。研究各地人口发展的条件和特点，找出他们在实现人口目标上的差距，归类划区，分类指导，就成为现阶段领导计划生育工作的一项重要手段。所以，我国人口工作的需要，驱使着人口区划工作朝着因地制宜为控制人口增长服务的应用性方向发展。

鉴于这种需要，胡启迪等针对在省（自治区、直辖市）内实行分类指导必须以县为单位归类划区的特点，作了分县的人口区划定量计算的理论探讨。[⑤] 他们根据现阶段人口问题的实际和获得未来人口目标的主要限定因素资料的可能性，从可比人口容载量和可比总和生育率变动因素两个方面进行分析，拟定人口容载量指数和影响总和生育率指数。然后以不同省区为例，分别就两项指数进行运算，把运算结果分别排序。再汇总处理，得到分类指数。最后按分类指数的大小归成三类，即可看出每个县在未来人口控制方面所处的地位，供区域人口发展规划工作参考。这项研究实际上已经从人口区划演变到人口地域类型研究。

---

① 胡焕庸：《中国人口之分布》，《地理学报》1935年（第2卷）第2期。

② 胡焕庸：《中国八大区的人口密度与人口政策》，上海外语教育出版社，1983年。

③ 胡焕庸、张善余：《中国人口地理（下册）》，华东师范大学出版社，1985年。

④ 陆康强：《中国人口区划的定量尝试》，《人口》1987年第4期。

⑤ 胡启迪等：《分县的近期人口区划定量计算的初步研究》，载《人口研究论文集》第3辑，华东师范大学出版社，1985年。

　　笔者从识别地域人口与经济协调性,为分区规划、分类指导提供依据的目的出发,进行了人口地域类型划分和人口区划的研究。[①]首先从省内各县市与控制人口有关的许多影响因素中选取至关重要而又容易从政府统计中获得资料的三项指标,即人均粮食产量,人均国民收入和人口自然增长率,组成指标体系。第一项是限制性指标,作为分类的主要标志,分成Ⅰ、Ⅱ、Ⅲ三级;第二、三两项是补充性指标和对照性指标,分别分成A、B两级和a、b两级来表示。把这三项指标加以组合,共得三类十二型。对照各县、市数字,得到类型的归属,供区域人口发展规划工作参考。

　　这些工作,无疑都是初步的,然而,在人口区划从认识性向实用性方向发展的道路上却迈进了一步。这对未来我国人口区划研究工作的进一步提高,无疑起了铺砖添瓦的作用。

三、进一步发展人口区划和人口地域类型研究的几个问题

　　人口区划研究在我国产生还不到十年时间,有待进一步发展。这里就三个问题作一初步讨论:

　　1.明确人口区划和人口地域类型的概念区分

　　上文已经提到了人口地域类型一词,但没有与人口区划进行概念区分。

　　人口区划和人口地域类型是两个既有联系又有区别的概念。从现有文献看,这两个概念往往被混用(有时还把人口区划和人口区域规划混淆起来)。[②]为了准确把握科学概念,促进学科的发展,有必要加以区分。

　　人口区划通常是在一定地域范围内,根据人口状况及其存在的自然、经济、社会背景,按照区内一致性和区际差异性的原则,揭示人口及其与外部因素结合关系的空间分异,划分出不同的人口区域。

　　人口区划应该满足下列要求:(1)区域划分要有基本依据。在一个区域内,要求人口发展的自然条件与社会经济条件、历史过程、人口现状特点、基本人口问题及其改善途径等的相对一致性,而在不同区域间,则要求体现显著的差异性。(2)区划要有适当的等级系统。区划涉及的地域范围有大有小,人口现象地域分异的复杂程度也有高有低,区划等级的多少要因地而异,但在大范围的区划中一般应包含几个等级。例如,中国的人口区划至少可以有四个等级。(3)区域名称在区划系统中不能重复出现。(4)为使区划工作便于取得资料,且便于行政部门利用区划方案指导工作,区划要保持较低等级行政区域的完整。

　　人口地域类型是在一定地域范围内,根据人口与各种影响因素的结合关系,选取符合于某种目标的鉴别指标,借以区分不同的类型。这些类型不仅反映人口现象的质或量的差别,而且是与某种尺度的地理空间相联系的,因而称之为人口地域类型。

　　人口地域类型的划分也应满足几个基本条件:(1)要有明确的目标。人口地域类型可以根据多种目标来划分,不同的目标产生不同的地域类型系统,只有事先确定目标,才能收到预期的效果。(2)要有符合一种目标的分类指标或指标体系。指标是分析和确定类型的定量依据,要妥善取舍。由于人口地域类型不是单因子作用的产物,指标的选取往往不是单项而是多项。为了分清各项指标的主次关系和正反关系,要组成合理的指标体系。(3)类型区之间应有显著的量的差异或质的区别。(4)类型区的划分也要保持行政区界的完整。

――――――――――

　　①　王嗣均:《浙江地理简志·人口地理篇》,浙江人民出版社,1985年。
　　②　《人口研究论文集》第3辑第2页,第7页,第200页,华东师范大学出版社,1985年。

可见,人口区划与人口地域类型都以一定地域范围的人口及其影响因素为素材,都是为了反映人口现象的空间差异(区内同质性与区际异质性),而且性质相近的人口地域类型的组合还可以作为人口区划的基础。但人口区划以地域分异为依据,不应在不同地理空间出现同名区域;而人口地域类型则以类型分异为依据,类型命名在分类系统中虽然不能重复,但在不同地理空间上可以重复出现。

2.深化综合人口区划的探索

科学研究当进入对研究对象进行分类、分期、分区的时候,都会遇到复杂的令人困惑的问题,因为它牵涉到揭示一种质态内部的本质联系,以及与他种质态之间的本质区别,只有对事物本身及其外部联系进行周密的研究和透彻的了解,才有可能获得满意的结果。综合人口区划的难度正是在这里。但是,综合人口区划的科学价值是无可置疑的,因为它所反映的人口特征的区内一致性和区际差异性,不只是人口现象本身,而且是人口现象与其赖以存在的多种背景、条件、影响因素的综合反映,是对区划所及地区人口特质的更为深层次的认识,也是对不同区域人口问题实行综合治理的科学依据。现在,我国综合人口区划工作还只跨出最初的两步,即定性描述的一级区划和定量分析的一级区划,需要继续走下去。首先,需要使定性和定量方法结合起来,在定性判断的基础上进行定量研究,在定量研究的基础上作出定性描述,产生一个有说服力的全国一级综合人口区划方案。其次,要探索分级区划系统。这一点需要解决区划等级与分级指标体系的选定问题。只有从上到下科学地作出全国分级综合人口区划,才能体现这项工作的理论价值和实践意义。

3.注重人口地域类型的研究和应用

从人口区划的实践与演进的分析中可以看出,人口地域类型研究(类型区的划分)要比综合人口区划灵活、简便而且实用,尤其是在控制人口数量增长仍属当务之急的今天,围绕计划生育工作开展人口地域类型研究更为需要。由于这项工作在根据目标选定指标体系之后,可以从分县做起,当各县、市都有类型归属时,就组成了全国的类型区,这对全国以至地方各级计划生育工作的分类指导、分区规划将起直接的作用。当然,类型区划分的应用价值高低与所建立的指标体系是否符合工作目标有关。因此,正确选择和建立指标体系,仍然是人口地域类型研究的关键所在。

人口地域类型研究不仅可以服从于控制人口数量的需要,也可以围绕人口质量管理的需要来研究。在这一点上,国际上常用的人口生命素质指数可以直接引入,或加以修订完善,作为分县计算人口质量的指标体系,借以划分人口质量类型区。

载《中国人口科学》1990年专刊,同时收入《第五次全国人口科学讨论会论文选》

脱出窠臼,迈向新的高度

——读《中国人口分布与区域经济发展—— 一项人口分布经济学的探索研究》

去年 11 月,华东师范大学出版社出版了王桂新博士《中国人口分布与区域经济发展——一项人口分布经济学的探索研究》一书,全书分 9 章,37.5 万字。第一章,作者以极大的理论勇气宣称,通过这项研究,向创建一门新学科——"人口分布经济学"挑战(按作者本意,这里的"人口分布"一词是广义的,包含分布、迁移、城市化等人口空间现象)。围绕这一目标,第二章着重讨论了区域人口经济系统的结构、作用机理和时空变动规则,构建了理论框架与模型,作为统率全书的理论和方法论基础。随后六章是该书的内容主体,从人口空间分布、劳动力非农化与城市化、人口迁移三个层面展开。每个层面又分解为两个层次,即:从静态与动态两个层次上剖析人口分布与区域自然环境及经济发展水平之间的关系;从劳动力就业结构与产业结构的联动关系、非农化与城市化的联动关系两个层次上揭示劳动就业结构变动、非农化城市化与区域产业结构变化程度、产业集聚程度等经济发展进程与水平之间的关系;从省际移民与迁移圈、迁移的经济因素及其相关模型两个层次探讨人口迁移与区域经济发展的相互关系。经过定量分析后的区域比较,判别全国范围内的人口经济系统各个侧面的区域差异。最后一章则从可持续发展的要求出发,探讨我国人口再分布与区域经济可持续发展的前景及相应的对策,作为全书的归宿。

在这部著作中,作者以拓荒者的精神在人口与经济的空间结合上锐意开辟一个新的领域——人口分布经济学。不过,作者没有直接用"人口分布经济学"一词来为他的这部著作定名,而是作为朝着这一方向努力探索的一项科学工作,在副题中标出。这正是作者既具有强烈的进取精神,又不离开实事求是科学态度的具体表现。面对全球人口与经济的复杂联系,研究人口与经济关系的学者层出不穷,出版过不少人口与经济的作品,但在人口数量变动与经济发展关系、人口空间变动与经济发展关系两个方面,经济学者通常注重前一种关系而忽视甚至无视后一种关系。这一点,我国也不例外。然而,恰恰是在我国,人口分布与区域经济发展关系上的矛盾格外显著,近半个世纪以来,经过二三十年计划经济体制以及在这种体制下生产力平衡布局原则与方针的贯彻,人口分布与区域经济发展之间的联动关系被大大地扭曲了。改革开放以来,情况虽有明显改善,但人口空间变动与区域经济发展的关系一时还难以理顺。因此,深入研究人口分布与区域经济发展的耦合联动关系,揭示其规律性,同时对构建人口分布经济学进行尝试,无论是为政府观察和协调区域人口经济系统的运行提供理论依据,还是创新学科,都是有积极意义的。要这样做,就得有高度的科学责任心和勇气,作者正是抱着一种使命感鼓足勇气的。他说:"作为一个青年学者,应该要敢于向目前还未受到足够重视、仍处于相对落后状态的人口分布与经济发展关系的研究,向中国这一地大人多、比较落后的发展中大国所面临的问题和困扰挑战。"显然，这既是作者倾注大量精力产生这部力作的力量源泉，也是把立足点首先放在把中国人口分布与区域经济发展关系阐释清楚这一基点上的主要原因之一。

这本书以系统的观点总揽区域人口经济系统；以统计分析方法求解区域人口与经济发展在时空中的数量关系；以多学科知识把统计分析结果的数量表现上升为理论，并提供应用前景。

作者把人口与经济在地理空间的运动看作是一个系统（即区域人口经济系统）的运动。以此为出发点，构建系统分析的理论模型，明确在这个系统中人口与资源、经济的关系以及人口在经济发展过程中的地位和作用。在此基础上，分别就资源分布不均、规模经济作用以及受交通、交易费用影响三种假设条件下，各自可能出现的人口分布特征加以演绎，剖析人口与经济不均衡分布的形成机理。然后，根据规模经济和外部经济等累积因果关系理论，以及世界各国和我国区域人口经济系统结构演变的历程，观察工业化初中期一国区域人口经济系统走势中的效益与平等的矛盾，从而正确地做出区域经济发展战略的抉择。

在考察人口分布与区域经济发展各个侧面之间的内在联系和相互作用时，作者始终如一地坚持耦合联动的观点。只要在人口现象与经济现象之间选择适当的可量化的相关指标，耦合联动关系是可以求解的。基于这样的考虑，作者把注意力集中在物色量化指标和建立统计分析模型上。作者在第三章以后各章中，以省级行政区域为基本地域单元，以国家统计数据为基础，以统计分析应用软件为手段，在区域人口经济系统的各个子系统中人口与经济的实质性关系上，都运用了能够有效地反映彼此间数量关系的统计分析方法，从而全面地揭示了全国、各省区以及东、中、西三个地带人口经济系统各子系统内部人口与经济因素耦合联动的量变规律性，获得了一系列有意义的发现。

定量分析是定性估计的精确化，又是更高层次的定性分析和理论概括的基础。作者正是在充分利用定量分析成果的同时，结合我国国土广袤、地理条件复杂、经济发展道路曲折的三维时空特征，去认识定量分析结果所包含的真实意义，力求对人口分布与区域经济发展关系及其变化机理在定量与定性分析密切结合的基础上做出全面解释，从而得到了若干富有说服力的结论，对宏观决策具有重要的理论意义和实际价值。例如关于我国在一二十年内应该坚持不平衡区域发展战略，以及人口分布的不平衡格局是基本合理的结论，都是在这样的基础上做出的。这些结论增加了区域发展与人口再分布等方面宏观决策的科学依据。

这本书实际上还起到了一举两得的作用。作者在向"人口分布经济学"发起挑战的同时，也把人口地理学推到了一个新的起点。早期的人口地理学偏重于人口空间现象的统计描述，60年代以后，随着数量地理学的发展，人口地理学者也试图把人口现象在与地理空间中的自然、经济、社会文化现象的联系中做出科学的解释，其中也不乏借助现代统计分析方法或其他数学方法去寻找这些对象或现象之间数量关系的例子。然而，总体上说，进展只是局部的。我国70年代以前没有自己的人口地理学专著，80年代以来陆续出版了一批通论性和区域性的人口地理作品，对弥补过去的空白，繁荣人口科学和人文地理学起了积极的推动作用，但还不能说在理论和方法上有重大突破。王著的问世，以其新颖的思路和全面进行定量分析为基础的研究方法，使以研究人口分布（广义的）及其空间过程为主要内容的人口地理学在寻找区域人地系统（其中主要是人口经济系统）内在关系方面跨进了一大步。十多年前，我曾经就人口空间现象主要受制于生产力配置，同时，社会和历史文化区域差异也导致某些特有的人口空间现象，提出过"经济人口地理"和"社会人口地理"的概念（见《人口与经济》1984 年第 2 期），如果用这种概念来观察，那么王著在"经济人口地理"的领域中可以说是竖起了一块新的里程碑。

任何一部开拓性的著作都不可能完美无缺，书中也存在某些可以斟酌的地方。但是，此书能达到今天这样的高度和深度，不能不说是作者十余年来用心血浇灌的结果。

载《人口与经济》1998 年第 5 期，第 63—64 页

菲律宾的人口政策与人口活动

〔编者按〕 根据联合国人口活动基金 CPR/85/P47 项目的计划,王嗣均教授于1987年7月至9月作为副领队参加了在马尼拉举办的"中年人口学骨干研讨班",并在菲律宾进行了考察访问。本文是王嗣均教授根据他在菲律宾的所见所闻及有关资料整理而成,曾在省人口学会理事扩大会上作过报告。现发表于此,以飨读者。

一、严峻的人口形势

第二次世界大战以后,菲律宾人口增长很快。据1948以来的历次人口普查,其总人口数如下:

1948年 1920万人;1960年 2710万人;1970年 3610万人;

1975年 4210万人;1980年 4810万人;1986年 约5600万人。

近40年来,人口年增长率平均在2%以上,1960—1970年的人口年增长率几乎都在3%以上,20几年就可以翻一番,这种速度是惊人的。

由于人口出生率高,人口年龄构成年轻化现象突出(见表1)。

表1　1948—1980年菲律宾人口年龄构成　　　　(%)

年份	1948	1960	1970	1975	1980
0~14 岁	44.2	45.7	45.7	44.0	42.0
15~64 岁	52.7	51.6	51.5	53.1	54.6
65 岁及以上	3.1	2.7	2.8	2.9	3.4

70年代开始,出生率与死亡率都有所下降,人口自然增长率降到3%以下,但是,直到1986年自然增长率还在2.3%左右,仍然是相当高的。

人口的迅速增长,给城乡经济带来了压力。尽管城市的发展已经很快,但是由于农村的经济单纯,以生产椰子、甘蔗、稻米、烟草等为主,收入低微,农村劳动力仍然不断地流入城市,城乡人口构成不断发生变化(见表2)。估计1986年城市人口比重在40%左右,产生了许多发展中国家所共有的过度城市化现象。

表2　1948—1980年菲律宾城乡人口构成　　　　　　　　　　　　（%）

年份	1948	1960	1970	1975	1980
城市人口	27.0	29.8	31.8	33.4	37.3
农村人口	73.0	70.2	68.2	66.6	62.7

　　菲律宾人口增长的势头仍在继续，即使按照相当积极的预测方案，设育龄妇女总和生育率在2010年降到2.1的更替水平，则出生率将从1980年的33.7‰，降到2010年的17.6‰，死亡率从1980年的8.7‰降到2010年的5.9‰，总人口也还将从1980年的4800万增加到2010年的8700万。

　　菲律宾战后人口的迅速增长，特别是60年代的急骤增长，引起了社会上有识之士的关注，要求实行家庭计划（计划生育）的夫妇也日渐增多。在这种形势下，以控制人口增长为中心的活动高涨起来。1963年菲律宾大学社会科学与哲学学院开始培养人口学专业人才。随后，在教学与研究活动的基础上建立了人口研究所。1965年和1967年，相继出现了人口活动的先驱性民间组织"菲律宾家庭计划协会"与"菲律宾计划生育行动"，1969年成立了更有影响的民间组织"菲律宾家庭计划组织"。1967年联合国发表人口宣言，指出人口问题是国家长期规划的主要成分。之后，菲律宾酝酿建立官方的人口机构。1970年由总统创建了人口委员会，作为政府在处理人口和家庭计划问题的中央协调机构和决策机构。1972年结合修订"人口行动计划"，加强机构建设，人口委员会制定了家庭计划项目，以补充政府的社会经济发展项目。就在1972年，民间的"人口中心基金"也成立了起来。它与菲律宾家庭计划组织一样，成了重要的全国性人口活动机构。菲律宾人口委员会成立之初，人口项目与国家经济社会发展项目是两张皮，为了把人口目标与国家经济与社会发展目标紧密联系起来，在国家经济开发总署（National Economic Development Authority）内设立了人口与发展研究项目。

二、政府的人口政策

　　在人口组织如雨后春笋般地成立起来的时候，菲律宾人口委员会制定了国家的人口政策。当时的政策目标是国家采取一切必要的手段，实现生育率下降，要求2000年下降到更替水平。为此，提倡缩小家庭规模，把改善家庭福利与节制生育联系起来。在方法上，采用以社区为基础落实措施。

　　采取这种政策目标、具体要求和方法的依据，是宪法上关于保持有利于国家福利的人口水平是国家的职责的条文。

　　应当认为，70年代菲律宾的人口政策是有成效的，它使全国人口的增长率从3%以上下降到2.5%左右。但另一方面也有一些阻力，例如宗教势力对人口政策的推行有很大的影响。菲律宾是有多种宗教信仰的国家，按人口中的覆盖率来说，基督教（以天主教为主）占84%、其余为伊斯兰教、佛教和原住民原始宗教，教会反对除避孕以外的节制生育措施。这就使人口目标的实现受到限制，到80年代，不得不把实现总和生育率降到更替水平的时间从2000年推延到2010年。

　　1986年2月革命以后，菲律宾颁布了新宪法，人口政策也作了相应的调整。人口委员会的《人口政策声明》认为：人口政策的最终目标是在公正、人道的社会里，人的生活质量的改善。要实现这一目标，必须认识人口、资源、环境因素之间的相互关系（这里的"人口"是指超越人口统计学概念的广义的人口现象）。

《人口政策声明》认为菲律宾人口不断地快速增长，在前政府管理下经济全面恶化，资源严重短缺，国家在减轻贫困、改善人民生活质量方面遇到巨大挑战。如果这种趋势继续下去，会对未来目标的追求带来加倍的困难。

因此，政府人口政策的基本部分，是支持实现全国人口增长率与资源状况协调的努力，以及在人和家庭福利意义上的更为平衡的人口分布。

《人口政策声明》援引了追求上述目标所要遵循的宪法条文，在这个基础上提出了人口工作的九项原则：

1．全面改善家庭福利，而不只是降低生育率。

2．尊重夫妇决定家庭规模与按道德规范及宗教信仰自愿选择节育方法的权利。

3．促进家庭稳固和正常生育（Responsible Parenthood）。

4．拒绝以人工流产为控制生育率的手段。

5．承认区域间与区内社会文化差异。

6．通过以社区为基础的方法促进自我信赖。

7．协调与统一各级政府的发展努力。

8．通过非政府组织的参预增进公私机构的合作。

9．最大限度地运用参预与咨询的办法。

归纳起来，现行人口政策与以前的人口政策的区别主要有：

1．夫妇有权决定自己的家庭规模，而不是一律提倡缩小家庭规模。

2．强调以完善家庭福利为目标，而不是以降低生育率为主要目标。

3．注重人口与发展的关系（如促进儿童存活，提高妇女作用与地位，家庭结构，妇幼卫生，发病率，死亡率，人口分布与城市化，国际国内迁移，人口结构等），而不只是在人口增长率的降低上。

4．强调对基层群众参加规划与决策过程进行咨询的需要，而不是以社区为基础推行既定政策。

可以看出，现行人口政策的制定者对人口形势的严峻性是有充分认识的，但在政策原则上却是极其温和的。这种温和的表现，一方面固然是前政策的改进，但同时也包含着现政府的某种政治需要，是对教会势力的让步。

三、主要人口机构的活动

菲律宾在人口活动方面有数十个公私组织机构（即政府的与非政府的组织机构），主要的是人口委员会、人口中心基金、菲律宾家庭计划组织、国家经济开发总署人口与发展研究规划处等四家，他们都是全国性的机构，在全国有较大影响。另外，在学术研究方面，菲律宾大学人口研究所也是重要的人口活动单位。

人口委员会——是政府中制定人口政策的唯一机构。人口增长、分布、构成等方面的政策，通过政府与非政府组织机构到执行人口活动项目中去贯彻，人口委员会负责协调和检查。

人口委员会的协调、检查，主要是：①综合探讨妇婴卫生、营养、家庭计划服务方面的问题；②为促进家庭计划与其它发展计划合作，在情报、教育、宣传鼓励方面进行指导；③规定一些能充分而持久地实行的、医学上经过鉴定的、法律上允许的家庭计划服务，供已婚夫妇自由选择；④保证家庭计划服务的近便性与适用性；⑤支持提高妇女地位的项目；⑥提倡能缩小与社会结构不公平有关的人口分布不平衡的政策措施。

人口中心基金——是 1972 年以民间财力建立的机构，目的是提供人口项目的技术服务与管理服务，增进民间努力的份量，以便有效地解决菲律宾的人口问题。服务范围包括以下六个方面：①研究服务，包括基础研究、操作研究、评价研究；②调研与开发服务，对人口、卫生、福利机构工作的可行性、有效性以及对紧急需要作出有效的反应进行调查鉴定，同时设计和试行新的方案等；③培训服务，对不同层次的培训对象设计培训项目；④情报、教育、宣传服务，在规划、开发、生产、传播信息方面帮助有关机构达到既定目标；⑤资料管理服务，收发情报资料并加工技术资料，使它成为适于使用者需要的材料；⑥视听材料的生产与出版、印刷服务。

菲律宾家庭计划组织——它的活动主要是家庭计划服务，如以社区为基础的家庭计划服务，通过诊所与商业渠道的家庭计划服务，侧重于绝育的家庭计划服务与综合的家庭计划巡回服务、医药服务。另外，还通过帮助家庭创收来推动妇女的发展，对青少年进行性行为教育与家庭生活教育。为了使这些工作更为有效，还对志愿人员中的骨干与正式职员进行培训，开发情报、教育、宣传材料，开创财源等等。

国家经济开发总署人口与发展研究规划处——它侧重于掌握人口动态变化与经济发展的相互关系，为全国的发展规划提供咨询。

以上四家都有自己的下属单位，自成系统。例如人口委员会在各区（菲律宾共有 73 个省，分为 13 个大区）设有相应的机构；人口中心基金在全国设若干服务中心（如碧瑶青少年中心等）；菲律宾家庭计划组织则在 24 个省里建有支部，有 12000 名志愿人员和 194 名专职职员；国家经济开发总署人口与发展研究规划处在全国布设了四个研究基地（如菲律宾大学碧瑶学院的区域研究与培训中心）等。

除了这四家之外，菲律宾大学人口研究所也是有全国影响的人口活动机构。该所只有八名专职研究人员，承担学位研究生的课程及研究工作，还出版《菲律宾人口杂志》。菲大人口所的主要贡献是对菲律宾的人口从各个角度进行学术研究，其成果直接间接地影响政府的人口决策。

菲律宾与人口有关的机构或组织很多，仅我们访问过的，除了上述各家之外，还有菲律宾大学大众媒介研究所，菲律宾大学洛斯巴纽斯分校人类生态学院人类与家庭发展研究所等。他们在计划生育宣传方面都是有特色的。

四、几点观感

菲律宾 60 年代人口剧增的浪花，泼醒了各阶层人士，纷纷成立机构，采取各种措施来解决面临的人口问题。尽管由于社会制度、经济发展、政治变故、宗教影响等原因，控制人口的做法总体上是柔性的，效果没有像中国那样显著，但他们的做法也有一些值得我们参考的地方。

首先，从国家到地方建立人口委员会，作为解决人口问题的决策机构和权威的协调机构，这对统筹处理有关人口方面的问题是有利的。人口委员会是名副其实的委员会，由政府有关部长组成，定期开会，平时由执行机构执行。执行机构向委员会报告工作，并贯彻委员会的决议。

其次，把人口规划与经济发展规划结合起来，在经济发展规划中包含着对人口动态变化的考虑,使经济发展目标、资源开发、生产力布局不脱离人口增长、人口结构、人口分布、城乡人口变动等的实际。

第三,广泛运用社会力量,建立众多的非政府的组织机构,按照政府的人口目标,协同作战,既节省了国家财力,又增加了政府沟通群众的渠道。

第四,采取多种形式进行基层人口活动。不但有直接的家庭计划(计划生育)服务,而且有许多与家庭计划有关的间接服务。例如在基层辅导妇女增加收入,善于持家的家计教育活动;疾病防治与营养辅导;对青少年开展性教育,诱导他们建立正确的生活目标,身心健康地投入学校生活与社会生活之中。

载《浙江人口通讯》1988 年第 1 期,第 48—51 页

人口与可持续发展

可持续发展与人口工作的长期使命

一、控制人口增长理论支点的转移

18 年前,当一场"实践是检验真理的唯一标准"的大讨论冲破了此前 20 多年在社会科学领域里层层设置的理论"禁区"的时候,学术界重新提出了中国人口问题的严重性和控制人口增长的必要性。本来,这个问题在现实生活中是再清楚不过了。经济底子薄,运行效率低;人口基数大,增长速度快;劳动力不能充分就业;人们的基本生活需要得不到满足等等,不从发展经济和控制人口增长两方面下工夫是不行的。但是,由于过去长时期内人口问题成为理论"禁区",没有把人口再生产和物质资料再生产一起纳入国民经济综合平衡之中,使两种再生产不能保持合理的比例关系。因此,理论工作者一开始就得从两种再生产,特别是从具体体现两种再生产之间关系的积累与消费的比例关系上做文章。

由于在一个计划期的计划中国民收入总量是给定的,因而扩大再生产的积累规模也是有一定界限的。在人口增长的情况下,要使人民生活水平不下降,消费基金的最低数额应是基期消费基金总额与(1+人口增长率)的乘积。国民收入减去消费基金的最低数额,等于计划期积累基金的最高数额。事实上计划期这种积累基金的最高数额是很难实现的,原因是:第一,它以消费水平不变条件下的消费基金最低数额为计算依据,在现实生活中,消费水平长期得不到提高,就难以维持社会稳定。第二,消费基金最低数额的计算仅仅考虑了计划期人口自然增长因素,没有考虑在新增劳动力越来越多的情况下,为了解决他们的就业,并使计划期新增就业人口的劳动生产率不至于下降,需要从积累基金的最高数额中拿出一部分用于新增就业人口的最低限度的装备,其最低量应该是计划期新增劳动者人数与基期劳动者平均固定资产装备值的乘积。而这部分基金的耗用,不能对计划期的扩大再生产起作用。[①] 所以,在人口迅速增长,人民基本生活需要要求满足,而经济工作效率低下的情况下,积累和消费的关系总是显得顾此失彼。要摆脱这种尴尬的局面,只能是一方面把工作中心转移到经济建设上来,另一方面严格控制人口增长,使人口再生产和物质资料再生产逐步趋于协调。这就是 70 年代末确立的解决我国人口问题的理论支点。后来,在实际工作中又把这一认识概括成"两种生产一起抓"的口号,即把生产抓上去,把生育率抓下来。这一口号浅显易懂,容易为基层干部和群众所接受,有效地促进了计划生育宣传工作的开展,刹住了人口快速增长的势头。

作为人口控制的理论支点,"两种生产"理论的宣传在过去十多年中一直在起作用。随

---

① 参见王向明、陈玉光:《论人口对社会主义扩大再生产的制约》,载北京经济学院人口经济研究所编《中国人口科学论集》,中国美术出版社,1981 年。

着时间的推移,它也暴露了某些不足。首先,它只局限于说明人口与经济的关系,没有涉及人口与作为自身生存基础的资源、环境的关系。其次,它只说明人口增长要与经济增长的速度相协调,没有回答什么样的增长速度与增长方式才不会危及后世的发展。因此,要彻底解决人口问题,还需要寻找更全面、更彻底、更有生命力的理论支点。

事实上,当我国正在普遍应用"两种生产"理论来指导控制人口增长的宣传活动时,国际上已经在探索人类生存与发展的根本战略的道路上迈开了大步,提出了"可持续发展"的思想。

"可持续发展"(Sustainable Development)不同于"持续发展"。持续发展是指连续不断的发展,而可持续发展的本意是指人口与经济社会的发展必须是在自然界——资源和环境永远能承受得住的限度内的发展。

这是一种新的发展观,它具有三个鲜明的特点:

第一,脱出了一切着眼于经济增长的传统发展观的窠臼,把发展置于对人口、经济、社会、资源、生态环境的全盘考虑的基础之上。

第二,摈弃了此前存在的过于悲观和过于乐观的两种对立的观点,把对人类发展前景的认识置于恰如其分的位子上。

第三,避免了过去与人口、资源、环境、经济、社会等学科有关的专家各自强调其所涉及领域的危机,客观上把人类与其生存条件之间的整体关系割裂了开来,使人们感到无所适从的弊病,开始把握住一个统一的、基本的准则,把人口与经济社会协调发展放在人类与自然界永远协调相处的框架之内。

确立这样的发展观,是人类唤醒良知的一次革命性的胜利,它给控制人口增长、提高人口素质的迫切性和长期性的宣传,提供了意义更为深远的新的理论支点。

二、可持续发展——历史赋与人类的责任

可持续发展观的形成有它的全球性背景。"二战"以后,国际上在经济和社会发展的进程中,出现了两个方面的显著特点:

第一个特点,是战后发达国家进入了高度工业化的阶段,能源和自然资源的消耗量十分惊人,环境污染波及全球。尽管他们在环境问题上走了一条先污染后治理的道路,然而资源与能源消耗绝对量的继续增大,并没有真正减轻对全人类未来生存的威胁。

第二个特点,是发展中国家在走上发展民族经济道路的同时,出现了人口激增的形势。发展中国家人口占世界人口的比重,从 1950 年的 65.73%,上升到 1975 年的 71.47%。这种人口形势,使人们警觉到人口与发展之间所存在的深刻矛盾。人口及其需求是不断扩大着的变量,而大部分资源和能源的再生能力与环境自净能力是不断缩小着的变量,它们之间将如何建立平衡关系?

在这种背景下,发达国家的一些学者率先对涉及人类生存和发展的全球性迫切问题,诸如人口增长、资源短缺、环境污染、生态退化等问题及其后果进行研究。1968 年成立的罗马俱乐部所组织的一系列研究,就是著名的例子。其中 1972 年出版的《增长的极限》是一项很有影响的研究报告,这项报告从当时的科技水平和全球已查明的资源储量和消费量出发,得出必须使人口和经济尽快变为零增长的结论。尽管报告对技术进步和资源潜力估计不充分,也忽视了穷国的发展要求,但它对未来世界经济发展与环境的日益加剧的摩擦,还是起到了示警作用。

在罗马俱乐部成立及其后的一些岁月里,研究人口、资源、环境关系与人类发展前景的机构大量涌现,研究报告也层出不穷,但基本上都是警告性的,没有展示人类社会未来合理的发展模式。

1980年国际上出现了"可持续发展"的提法,尽管尚无定义,但作为一种新观念的简括表述,显然比仅仅提出警示性意见前进了一步。

1987年世界环境与发展委员会在其题为《我们共同的未来》的报告中,"可持续发展"一词开始作为主题词出现。报告明确提出,"可持续发展是既满足当代人需求,又不对子孙后代发展能力造成损害的发展"。

1992年联合国在巴西里约热内卢举行了环境与发展大会,可持续发展作为人类共同的发展战略得到了确认,对可持续发展的上述涵义取得了共识。此后,在一系列世界性大会上,可持续发展始终是一个重要的话题。

尽管对可持续发展概念所含的细节还有不同的理解,但它作为一种全新的发展观,对人类未来的发展具有很强的指导意义,则是毫无异议的。这是由这一发展观本身具有前述三个特点所决定的。正因为如此,它才能为联合国环境与发展大会所普遍接受。联合国环发大会是各国政府首脑参加的最高层次的国际会议,会上通过了《里约宣言》和《21世纪议程》两个重要文件,签署了气候变化与生物多样性两个公约。会议的决议是有国际效力的。各国政府都以这一新发展观为指导,制定21世纪的发展战略。我国政府于1994年发表了《中国21世纪议程——中国21世纪人口、环境与发展白皮书》,向全世界表明了中国将遵循可持续发展的战略,来建设自己的国家,并对全人类发展前景共同负责的决心。

三、实行可持续发展战略的两个基本问题

国际社会确立可持续发展的发展观固然是一大胜利,但不能因此而认为它已经为全世界顺利解决人口、环境与发展之间的协调关系扫清了道路。我们回过头来看几个事实:

第一个事实,宏观地觉察到人口、发展与资源、环境之间的危机的是发达国家的有识之士。他们根据战后发达国家的资源消耗和环境污染,发展中国家的人口激增和发展要求,预见到按这种模式发展下去,自然资源和生态环境的支撑能力将难以为继,经过长期的探索和讨论,形成了必须走可持续发展之路的新观念。这种发展观对发达国家不会有什么损害,因为他们经过二个世纪的工业化历程,国家已经高度发达,人民生活总体上已经相当富裕,人口转型已经基本完成。换句话说,他们早就赢得了发展的时间,实行可持续发展战略应是顺理成章的事。然而,由于资本的贪婪,全球的资源和能源消耗和威胁环境的"大户"依然是发达国家,但它们并不愿意慷慨解囊为全球生态后果提供补偿。

第二个事实,发展中国家由于发展的历史错位,正在背着越来越重的人口包袱,艰难地走上工业化的道路,迫切需要加快发展。邓小平"发展是硬道理"这句话,对绝大多数发展中国家来说,都是至理名言。要加快发展,就要追加资源消耗,而可持续发展的世界性要求,无疑对它们的发展和资源消费起着约束作用。这是一对矛盾。可是事实已经证明,而且还将进一步证明,可持续发展的观点是正确的。发展中国家作为国际社会的一员,无论从国际共识还是从本国子孙后代的利益着想,不能不接受这一观点。因此,它们在相当长的时期内将处在强烈的发展愿望与接受这一新的全球性发展观、保护本国生存环境的矛盾之中。

第三个事实,解决资源短缺的出路在于增加资源的储量,限制资源的需求。增加资源储量要靠技术和资金的投入,去探寻新的储量,开发替代资源。这不能说没有可能,但并不容

易。限制以至减少资源需求主要靠控制人口增长乃至减少人口,因为归根到底资源索取量是人口数量的函数。要限制或减少资源需求量,用限制生活标准合理提高的办法,对发展中国家来说是难以接受的。基本手段是控制人口增长以至减少人口数量。然而,恰恰是发展中国家的人口数量十分庞大,而且存在着强大的增长惯性,在相当长的时间内还将继续增长。人口增长,生活标准合理提高,二者共同作用,至少在下一世纪内要限制以至减少资源耗费是非常困难的。

由此可见,就全球而言,在未来很长的时间里,千方百计地遏制资源的滥用和浪费;坚持不懈地把人口增长速度降下来,经过第一次零增长,到不可避免的一段负增长,然后围绕第二次零增长进入相对稳定时期,是贯彻可持续发展战略的两个基本问题,也是至关重要的战略措施。

要克服资源滥用和浪费,不是宣传、提倡、号召所能解决的,必须"将经济手段同法律手段和必要的行政手段相配合使用,提高处理环境与发展问题的综合能力"。经济手段作为一种基础性手段,"在政府的宏观调控下,市场价格机制在规范对环境的态度和行为方面将起着越来越重要的作用。"①在这方面,最基本的要求是建立资源的价格体系,使资源的量和质的维持、扩大和环境的保护、改善,有相应投入的资金来源。换句话说,通过市场价格机制的作用,让资源和环境开发利用者获得利润的一部分,以向资源转移的形式返回给资源的维持、扩大和环境的保护和改善。

利润的"资源转移"产生了以价值为基础的资源价格。资源价格影响产品价格,系统的资源价格变动,经过一般平衡过程,形成新的价格体系。用紧缺资源或重大环境代价生产的产品价格,可能使消费者望而却步,从而促使人们选择有利于可持续发展的生活方式。②

不难看出,把资源价值引入价格体系,从而重构市场体系和人们生活方式,以实行可持续发展的战略,在理论上是成立的。不过它需要具备:成熟的市场经济,有相当高的物质生活水平,有发达的科学技术,有健全的法制和有高效能的政府管理。这些条件发达国家已经具备或基本具备,发展中国家则基本不具备。因此,发达国家可以也应该率先实行可持续发展战略,发展中国家则应在发展过程中加紧为实行可持续发展战略创造条件。

抑制人口增长,必须要有坚定的人口政策,明确的人口目标和有效的计划生育措施。从理论上说,任何国家都不应有例外。

当代各国人口的增长主要受两大因素的制约。一是受各国所处的经济发展阶段以及与之相联系的人口再生产类型转变阶段的制约,这是世界性的。发达国家普遍进入了低增长阶段;发展中国家人口转型程度虽因发展程度的差别而有所差别,但总的是处在高增长阶段。二是受各国政治因素和社会文化因素的制约,不同国家对人口问题的态度不同,也在不同程度上影响着人口增长的速度。现在,世界上对人口问题严重性视而不见的人少了,但许多国家受民族文化的影响(包括宗教、历史传统、习俗等),群众难以自觉实行节制生育,而有的政府虽有控制人口增长的愿望,但出于对自身地位稳定性或其他因素的考虑,不敢采取坚定的政策去降低育龄妇女的生育率,往往只是通过柔性的支持民间组织的家庭计划活动等措施去慢慢地达到人口"软着陆"的目的。

发展中国家绝大多数都受到人口问题的困扰,无论从眼前经济社会发展的需要,还是从

---

① 《中国 21 世纪议程——中国 21 世纪人口、环境与发展白皮书》,中国环境科学出版社,1994 年,第 18 页。
② 戴星翼:《中国的持续发展问题》,《人口与经济》1995 年第 5 期。

长远的可持续发展的战略目标看问题,都有必要正视人口高速增长的严重性,冲破政治因素和文化因素的约束,排除外部势力的非难和干扰,切实发挥政府在控制人口增长方面的组织作用和领导作用,充分调动民间的力量,发动和帮助育龄人群节制生育,才能为达到可持续发展的长远目标作出贡献。

四、我国人口工作的长期使命

以上是就全球范围来讨论的,我国在杜绝资源滥用、抑制人口增长这两方面当然也应该有所作为。

关于杜绝资源浪费的问题,如前所述,我国政府已经在《中国 21 世纪议程》中表明了运用市场机制、法制手段和行政手段逐步达到这一目的的指导思想。当然,我国这方面的条件还不成熟,只能随着发展进程积极推进,最终建立完善的资源价格体系和法制,求得对资源和环境的合理开发、利用、保护和治理。就目前情况而言,损害可持续发展的最现实的问题是在工农业生产中缺乏市场机制和法律法规制约的资源浪费和环境破坏。这个问题涉及面很广,是一个需要专题研究的问题,这里不展开讨论。

关于控制人口增长的问题,我国的计划生育工作比世界上任何发展中国家都显得更有成效,这是有目共睹的事实。然而,从可持续发展的观点看问题,我国人口工作要走的路还很长,这是因为:

第一,我国土地人口承载力的极限在 16 亿人口上下,而可预见的人口顶极规模大致与此相当。

1986 年中国科学院自然资源综合考察委员会根据全国农业区划委员会的委托,设立了有 14 个单位包括土地、水、气候、农业、牧业、林业、经济、系统工程等专业 70 余名科研人员参加的"中国土地资源生产能力及人口承载量研究"课题,经过 3 年多的工作,得到如下结论:我国到 2050 年后的一段时间内,粮食的最大可能生产能力为 8.3 亿吨,以人均 500 公斤计算,最大人口承载力为 16.6 亿人;以人均 550 公斤计算,则最大人口承载量为 15.1 亿人。[①] 目前国家的人口控制远景目标大致是:力争到下世纪中叶把总人口控制在 15 亿到 16 亿,实现人口的零增长。[②] 这就是说,我国粮食远景最大可能生产能力仅仅能够养活远景最高人口数量。

第二,能够"养活",远不是能够"养好"。要能够养好,不仅要满足每人每天所需要的热量,而且热量的来源应当符合合理营养的要求,有一定比例的热量必须由蛋白质、特别是动物性蛋白质供给。这样一来,食物结构就要发生变化。如果全国人民的食物结构大致达到当代发达国家的平均水平,那么土地的最大人口承载量将大大下降。

80 年代初,以宋健为首的几位自然科学工作者与社会科学工作者合作,搜集了必要的资料,设置了各种假定条件,利用数学模型和计算机手段,研究了我国现代化后的适度人口数量问题,其中首要的是蛋白质在标准式供应(即人体吸取的蛋白质与所需的蛋白质数量之比等于 1 的供应水平)条件下,下世纪土地对人口的最大承载力。宋健等人在估计我国农业增产的各种技术因素、土地资源的具体情况和产量现状、国内外过去长时期的增长速度和今后可能实现的增长速度、大范围内生态系统已经达到和今后可能达到的支付能力等条件的

---

① 《中国土地资源生产能力及人口承载量研究》,中国人民大学出版社,1991 年,第 79—82 页。
② 彭珮云:《中国人口与发展问题》,《中国人口·资源与环境》1995 年第 3 期。

基础上提出:要使全国人民的饮食水平达到目前世界平均每人每天摄入热量 2272 千卡,且 15％由蛋白质供应(即每人每天约 85 克)的标准,调动我国所有耕地、草场、海洋和淡水水产资源,到 2050 年当蛋白质构成 60％来自动物性食物时,能够养育的最高人口数(未考虑储备、外贸、冗余等情况)为 7.68 亿人。[①]

第三,食物充裕,营养全面,只是生活需要的一个方面,事实上人的需求是多方面的。随着社会的进步,应当逐步满足人们日益增长的物质和文化需要。因此,除了从农业的角度去衡量土地资源的人口承载力之外,还应当结合其余产业对资源的需求,全面考察在充分满足人的多方面需要的情况下,整个环境系统对人口的最大承载能力。这是一个远比单项论证更为复杂的问题,迄今还没有人作出全面的、周详的研究。尽管如此,有的学者还是从不同角度作过一些尝试。所有这些尝试的结论有一个共同的倾向,就是到下世纪后期,我国要达到高度发达的水平,最高人口数量应该不大于 6 亿～7 亿。[②]

通过以上引证我们看到,当我国人口零增长来到时,全国人口已经在 15 亿～16 亿之间,很有可能接近 16 亿,远远超过了以高度发达的社会为目标,同时符合既满足当代人发展需要,又满足子孙后代发展需要条件下所应有的人口上限。解决这个矛盾只有两种选择:要么在未来的长时期内逐步压缩人口数量;要么迁就人口数量,降低对未来生活质量标准的追求。从长远来说,明智的选择应该是前者而不是后者。

鉴于这种选择,人口工作者必须作好持久地控制人口增长至减少人口数量的思想准备。从可持续发展战略的要求着眼,从现在起,人口工作将要经历时间跨度相当大的两个时期。

第一个时期,是从现在开始的大约一个世纪的时间。它将走出三大步:第一步,人口自然增长率逐步降到零,出现第一次零增长。但第一次零增长不是静止人口,它将随即转入负增长。第二步,从第一次零增长转入负增长后,由于人口惯性的作用,还要朝着负增长演进到最大负增长率。第三步,由于从本世纪末或下世纪初开始,生育率在计划生育政策范围内向上微调,第二步的负增长率将在达到极点时转而趋小,逐渐趋近以至达到第二次零增长。那时的人口数量大约可从最高的 15 亿～16 亿回到 12 亿～13 亿。

第二个时期,是从第二次零增长出现开始,仍不满足于已经取得的人口控制成果,继续朝着可持续发展的人口目标,逐步把人口减少到按可持续发展要求可以接受的适度量。第二次零增长是完全有可能成为稳定的静止人口的一种零增长,如果人口没有绝对过剩,完全可以把这种状态保持下去。然而,我国不存在这样的可能性,我们的前途是在达到第二次零增长后,还要根据当时的情况,通过合理调控,使人口数量微缓地降下来。从现在的情况来判断,我国人口到下世纪末有可能回到本世纪 90 年代的水平。这样,如果以 6 亿人口作为能满足子孙后代发展要求的环境容量所允许的人口目标,就得在下世纪末期以后的一个长时期里,把人口再减少一半。为了避免人口年龄结构发生畸变,其负增长率应当极其微小。若按平均每年以 −0.5‰ 的速度变动,要使人口从 12 亿退到 6 亿,大约需要 1380 年时间。

应当说明,第二个时期距现在还相当遥远。那时的人口发展过程目前还不可能具体把握。社会的进步,特别是科学技术的突飞猛进,究竟会使人口、经济与资源、环境的关系发生

① 宋健、孙以萍:《从食品资源看我国现代化后所能养育的最高人口数》,《人口与经济》1981 年第 2 期。
② 参见宋子成、孙以萍:《从我国淡水资源看我国实现工业化后能养育的最高人口数量》,《人口与经济》1981 年第 4 期;田雷原、陈玉光:《经济发展和理想适度人口》,《人口与经济》1991 年第 3 期;王浣尘:《从资源能源经济和人口谈中华的振兴》,《人口》1986 年第 1 期。

什么样的变化,也有许多未知数。因此,对第二个时期的人口前景只能说是轮廓性的展望或者说是一种"剪影",只起提醒的作用。但是,不论怎么说,只要我们还是生活在中国这块土地上,即使退到 6 亿人口,也不至于欢呼大自然赐予我们的是过于丰厚的礼物。我国人口工作的历史使命毕竟是长期的、艰巨的。

载《当代人口》1996 年第 3 期,第 1—6 页

经济、社会、环境协调发展的滕头村

被联合国环境规划署认定为"全球五百佳生态荣誉村"之一的浙江省奉化市的滕头村，在经济、社会、环境协调发展方面所取得的经验，是值得每一个中国农村社区学习和借鉴的。

一、需要发展

中国农村拥有世界上最多的农业人口，人口压迫生产力的问题由来已久。近代，在国内封建势力和外来侵略势力的阻挠下，又失去了独立走上工业化道路的宝贵时机。芸芸众生，始终被牢牢拴在祖祖辈辈垦辟出来的耕地上。随着人口的继续膨胀，农业的边际生产率几乎降到零。

新中国成立后，想用革命加生产的办法来摆脱贫困。还在 50 年代中期，就掀起了轰轰烈烈的社会主义工业化和农业集体化运动。由于工业化采取了一条优先发展重工业的道路，单位资金的投入所能吸纳的劳动力较少，农村越来越多的劳动力难以被源源不断地吸收，而重工业建设所需的大量资金却需要由农业剩余来提供，其中相当大的一部分依靠工农业产品价格的剪刀差来实现。在计划经济的条件下，重工业本身所产生的积累又投入到工业的内部循环。由此，广大农村不但难以实现劳动力的产业转移，而且得不到休养生息的机会。同时，在相当长的时间里忽视对人口的控制，人地矛盾更加尖锐，以致直到改革前夕，农村仍然处于贫困状态之中。

农村需要发展，农民渴望发展。1978 年 12 月党的十一届三中全会之后，改革的春风首先吹进了农村。改革的政策使农民有了农业经营的自主权，也获得了转向第二产业和进入流通领域的机会。隐藏在农民身上的生产积极性迅速地释放了出来，而农业家庭联产承包责任制的推行，则使公社化时期隐蔽的劳动力过剩一下子变成了公开的过剩。在城市体制改革尚未推进，国有和集体企业尚未搞活，生产要素市场尚未形成，户口管理制度尚未松动的时候，农村大量剩余劳动力不可能顺利地转入城市。即使城市改革深化了，各种政策理顺了，农村几亿剩余劳动力也不可能在短时期内被城市吸收。这种现实，迫使农村走自己的路，除一部分人发展农业多种经营和外出提供劳务之外，乡镇企业、村办企业、个体企业、私营企业如雨后春笋般地发展起来，"四个轮子"一起转，转出了一个乡村工业化的新局面。在短短的十几年中，乡镇及乡镇以下工业产值在全国工业总产值中几乎已是二分天下有其一（1993 年占 44.5%）。乡村工业的发展也为乡村交通运输业、商业、饮食服务业以及第三产业中其他行业的兴起提供了契机，呈现出一派经济全面振兴的景象。

然而，农村的工业化也给环境增加了压力。在只有城镇工业的时期，环境污染基本上是点状的。当农村普遍发展工业的时候，污染源扩大了，加上与日俱增的化肥农药污染与生活污染，"点"污染发展成了"面"污染。其中特别突出的是水体污染，不少地方一类地表水下降为二、三类地表水,严重的甚至成了四、五类地表水,以致居民饮水受到威胁。人们开始意识到农村工业化正在为环境的恶化付出代价。

世界上发达国家大都经历过先污染后治理的过程,其教训为发展中国家提供了借鉴。当今世界公众的环境意识已经大大加强。既要发展经济,又要保护环境,基本上已成为人类的共识。我国政府也早已把保护环境和控制人口一起定为基本国策。但是,在我国这样一个人口大国,工业化初期经济增长与环境保护之间毕竟存在着矛盾,人们往往潜意识地做出以牺牲环境为代价换取经济增长的决策。这种无情的现实似乎在告诉人们,先污染后治理似乎成了"规律"。中国农村果真非走这条路不可吗? 不然。在中国的大地上,也可以发现这样一些农村社区,它们在发展经济的过程中,成功地保护着生态环境。浙江省奉化市的滕头村堪称这样一些农村社区中的典型。它们的工业发展了,农业发展了,农业和居住的生态环境不但没有被破坏,反而变得更加洁净、更加宜人、更加优美了。正因为这样,滕头村被联合国环境规划署认定为"全球五百佳生态荣誉村"。该署的一位官员在给滕头村题词时写道:"我确信,你们对全世界的村庄是一种巨大的鼓舞。"

既然滕头村的生态环境是全球五百佳之一,说明它作为经济、社会、环境协调发展的典范,早已为人们所发现。但是,我敢说,那里的成功经验及其示范意义远非人们所熟知。总结它、宣传它、推广它,对于我们这个"地球村"的"村民"来说决不是多余的。

二、滕头之路

50 年代初,滕头是个贫穷的地方,而今天,在经济上是奉化首屈一指的"均富村",在人口控制上是计划生育先进单位,在环境建设上是"全球五百佳生态荣誉村",在科技活动上是省级"科技星火示范村",在社区文明建设上是全国的文明单位。它已经成为经济、社会、人口、环境协调发展的富裕村。

滕头村有今天,是经过一番艰苦卓绝奋斗得来的。概括起来,滕头人走了三大步。

第一步是 1966—1981 年为时 15 年的农田基本建设。滕头原来的土地条件差,高低不平,常年积水,产量低下。两首民谣惟妙惟肖地道出了这种状况,"前后龙潭涂田畈,赶水不进泻水难,一场大雨水满滩。冬天屯水鸭,蚂蝗像扁担,亩产只有二百三","田不平,路不平,收入只有一百零,有囡不嫁滕头村"。在当时既不允许农村多种经营,又不让农业劳动力向第二、三产业、向城镇转移的情况下,唯一的出路是改良原来的耕作条件。

滕头村土地条件差,有自然原因,也有人文原因。从自然原因来说,滕头位于剡江河谷平原的山前地带,在冲击与洪积共同作用下,容易形成高低起伏和低洼积水并存的微地貌。从人文因素来说,历史上小农经济遗留下来的分散土地归属,使滕头耕作区内有八九个邻村的土地互相穿插,长期以来田块错落、渠系紊乱,劣化了土地的耕作条件。

要全面实现改土造田的目标,必须做好两项艰难的工作:一是调整本村与邻村土地的零乱插花关系,为全村土地的连片改造准备好前提。一是组织村民以劳动积累的形式大量投工。调整插花地的工作,不仅触及到农村极其敏感的土地归属问题,而且涉及使邻村满意的等质、等量和地段适当的土地交换问题。滕头的带头人以自己的坦诚和气度,分别与邻村一一协商,终于解决了土地串换的难题,达到了可以连片施工的目的。继之,组织村民以劳动积累形式持久地大量投工,因为改土造田在一段时间里投入多而产出少,势必在农民心目中产生长远利益与眼前利益的矛盾。滕头村的领导做了大量耐心细致的说服工作,切实安排好群众的生活,解除他们的后顾之忧。从 1966 年 12 月起奋战了 15 个冬春,累计投工 43

万,到 1981 年,原来 1200 块高低悬殊、大小不一、常年水涝的旧农田,变成了 200 块南北走势、平整规则的新农田。原来紊乱的水系变成了规则的河渠,同时在东西向的田间道路下埋设灌溉沟管,做到了灌排分系,旱涝保收。另外,在灌溉暗管之上覆土种橘;在环村河旁遍植葡萄,利用河上空间搭建葡萄棚架;在新开的河渠、池塘放养多层鱼类和特种水产,形成了井井有条的立体农业,大大改善了农业生产条件和农田生态环境。这样,耕地不仅没有减少,反而新增了 52 亩。

第二步是新村建设。1979 年以前,全村农户住房破旧,布局零乱,无论是居住条件还是村容村貌都不能令人满意。1979 年,全村决定统一规划,全面建设新村。村党支部在村级经济能够承受,村民又能得到实惠的原则下,通过对旧房按面积、质量折价,各户按人数定额补贴,独生子女补贴加倍的办法,使大部分农户能无偿得到一套新房。这样,既克服了因怕经济受损而产生的阻力,又解决了建筑造价上涨等因素带来的种种矛盾。到 1989 年,共建成住宅 31 幢,全村 252 户人家全部喜迁新居。这一工程的完成,不仅全面解决了村民的住房问题,而且房舍布局整齐,道路铺设平整,公共设施配套,庭园绿地清秀,大大改善和美化了全村的生活环境。至此,滕头村形成了"田成方,屋成行,清清渠水绕村庄;橘子渠,葡萄河,绿树成荫花果香"的令人赏心悦目的生产区与生活区和谐结合的面貌,村民生活质量显著提高。

上述两大步的重大成就,主要是以农业经济为支柱,经过艰苦奋斗而取得的。作为农业基本生产资料的农田,总共不过 818 亩,全村 795 人(1994 年年末数),每人只拥有耕地 1.03亩,加上 191 亩果园、156 亩林地、66 亩水面,人均占有的土地资源也很有限,土地产出率再高,也只能过温饱的生活,要想达到富裕的生活水平,并且使农业成就继续增辉,还得开发第二、三产业。还在 60 年代末至 70 年代初,滕头就办过胶木厂等村级企业。党的十一届三中全会之后,在城市改革驱动较慢,农村人口难以转入城镇的情况下,只有固农兴工,农工并举,才是农村致富的真正出路。于是,滕头村从 1979 年开始毅然跨出了第三步——兴办工业。

首先是利用滕头村所在的奉化北部江口一带这一本世纪初以来走红上海的"红帮裁缝"(奉帮裁缝)发源地的历史传统和地域优势,选择了制衣工业,办起了服装厂。这是劳动密集型产业,符合本村资金、劳动力资源和改革初期的市场形势,通过引进人才,引进技术,加强内部管理,确立以质取胜的企业经营思想,瞄准市场需求,仅仅几年的时间,就使产品打入了国内外市场。现在该厂已发展成中外合资宁波爱伊美制衣有限公司,成为滕头的龙头企业。到 1993 年先后共建立起制衣、羽毛制品、皮革制衣、人造金刚石、有机氟、石材、花岗石、水泥制品、锯片(基体)、螺杆泵、工业密封件、丝绸针织制衣、电工设备、医疗器材、麦吉克系列擦洁纸、包装箱、酿酒、饲料加工等 18 家工厂,它们中间不仅有劳动密集型企业,也有像人造金刚石、有机氟制品这样一些技术密集型企业。

工业的发展,带动了全村各种产业的发展。1992 年该村组建了集农、工、贸为一体的"浙江宁波滕头集团公司",下属工业公司、农业开发服务公司、房地产开发公司、物资贸易公司、财务开发公司。工业的发展,实现了农业劳动力的产业转移,也有效地缓解了相邻乡村劳动力对土地的压力。1994 年末,共有工业职工 1324 人,远远超过了全村总人口 795 人的数字。

工业的发展,促进了农业的专业化与规模经营,大大提高了农业劳动生产率和农产品的商品率。自劳动力大量向工业转移之后,农业集中到了几个承包户,给农业走向适度规模经营、专业化、商品化、高效率的现代化方向创造了条件。

　　工业的发展,为增加智力投资创造了财力,推动了教育事业的发展,提高了人口素质。村党支部采取了有力措施,三管齐下,来培养和吸收人才:一是重视基础教育,村里出资新建小学,延聘教师,尊师重教,办好学校。二是抓好成人教育。三是聘请外来管理和技术方面的专门人才,加强集团公司及其所属单位的科学管理,提高企业的技术水平。

　　工业的发展,为进一步改善全村的生态环境创造了条件。滕头村的改土造田和建设新村两大工程使建立生态村取得了决定性的进展。在工业兴起之前,村里没有自来水,也没有燃气能源。1980 年村里建造了自来水厂,改善了村民的饮水条件。当时村民大部分仍在务农,农业和家庭副业的副产品难免影响全村环境。村里曾发动以户为单位建造沼气设施,对人畜粪便、垃圾进行无害化处理,既可积肥,又可利用沼气能源。只因当时只能分散处理,效率低,用气不理想。工业发展之后,劳动力大多数实现了非农转化,农业经营实现了专业化,这就为农业副产品、人畜粪便等有机废物集中处理创造了条件。1991 年投资建造了储气容积为 $500m^3$ 的沼气站,使全村家庭和集体单位都用上了沼气燃料。同时沼渣沼液用来肥田、喂鱼,使农业废弃物和生活垃圾进入了综合利用和合理的生态循环。沼渣还田既提高了土壤有机质,改良了土壤,又因为造气过程中经过腐熟和发酵,做了无害化处理,减少了作物的病虫害。现在,村内污物已经消踪,在房屋整齐、道路宽阔、渠水涵碧、庭园吐翠的环境里,人们似乎不是置身于农村,倒像是进入城郊"卧城"或安静的"度假村"。

　　滕头人的三大步,创造了一个经济繁荣、环境优美、生活祥和的新滕头。

　　工业通常是环境污染的主要来源,滕头发展工业,何以没有破坏环境呢? 笔者认为,除工业加强了全村的经济实力,能够为采取各种环境保护措施提供经济支持外,一个重要的原因是滕头村的领导人具有很强的环境意识。滕头集团公司有一个常设的环境保护委员会来规划和实施环境保护。在工业发展过程中,不仅考虑到市场,而且紧密结合环境保护的要求去选择工业项目。滕头的工业大都是无污染或低污染的企业,而且把它们分成三个小区,村内摆布一些无三废和低噪声的项目,其余项目根据生产性质,经市计划、土地管理、环境保护等部门共同审核后,配置在市域之内可能相对集中发展工业的地点。

　　正因为这种比较周密的安排,该村在工业蓬勃发展的同时,保护了社区环境的优美和清新。联合国环境规划署在严格审视了滕头建设生态村的材料后,于1993 年 4 月认定该村为"全球五百佳生态荣誉村"。同年 6 月 5 日(世界环境日),联合国副秘书长、环境规划署执行主任伊丽莎白·多德斯韦尔女士在北京把荣誉证书和奖章颁发给了滕头村。此前,她曾专门考察了滕头,目睹了该村住宅、牧场、工厂布置合理,井然有序;耕地平展,橘树连阡陌,河、渠、路配套;粮食、畜禽、果蔬、水产深度开发,土地和水体立体利用,燃料沼气化,生态实现良性循环的种种情况。那种"田成方,屋成行,清清渠水绕村庄;橘子渠、葡萄河,绿树成荫花果香",农、工、商全面发展的新型农村的景象,使她发出由衷的赞叹:"我到过世界上好多国家,很少有像滕头村这样美丽的、整洁的村庄。我将以自己的亲身感受,把你们生态方面取得的好经验传播到世界各地。"

三、为了明天

　　一个坚强的领导班子,是滕头村取得以上成绩的根本。滕头村的领导人中有两个备受称颂的人物。一位是人们尊称为老书记的傅嘉良,他在 50 年代合作化时期就担任支部书记,至今仍在为滕头的发展呕心沥血。他站得高,看得远,想得深,有胆有识,胸怀宽大,坚韧不拔,开拓进取,今天的滕头主要是他在胸中绘就的一幅幅蓝图的叠加。另一位是后起之秀傅企平,他目光敏锐,思维敏捷,勇于开拓,有很强的创业精神,并能以身作则,忘我工作,有高度的全局观念和自我牺牲精神。他辅佐老书记十余年,默契配合,形成了强劲的合力。在他们带领下的领导集体,团结奋进,不谋私利,廉洁奉公,脚踏实地地为滕头的发展做出贡献。

滕头领导人的可贵之处在于他们跨出的每一步都是为了明天。他们在自己的实践中确实做到减少盲目性,增加自觉性,避免短视,放开眼界,每采取一个重大步骤,都想到了未来的可持续发展。他们奋战 15 个冬春,大搞农田基本建设,直接的目的是为了更好地开发土地资源,提高农业产量,但当他们这样做的时候,想到了立体利用农田和水体,发展生态农业。他们付出十年艰辛建设新村,直接的目的是为了改善村民居住条件,但当他们这样做的时候,想到了把新村建设同社区建设、同村庄和田园间的生态循环结合起来,做到控制人口、发展教育、搞好给排水,统建沼气设施,绿化全村,使村庄和田野连成一个生态系统。他们兴办工业,直接的目的是为了发展二、三产业,让全村尽快富起来,同时促进农业剩余劳动力就地实现产业转移,但当他们这样做的时候,想到了经济繁荣和环境优质的高度统一,合理选择工业项目,适当布置工业小区,并且设立环境保护委员会,严格控制环境质量,使这个村的生活环境和生产环境始终保持良好的状态。

滕头人是有远见的,作为"地球村"的一员,他们作出了令人钦佩的努力。而在其他许多地方人们也在为振兴经济而努力,但当我们为他们的经济成就感到高兴的时候,往往不能不为环境质量的加速下降而感到忧虑。就以滕头村所在地的奉化市来说,乡镇企业如雨后春笋般地兴起,污染源由原先主要来自城镇,扩大到同时来自乡村,"点"污染正在转化为"面"污染。近几年来,因水污染而造成的居民饮水水源受损害,水产养殖场鱼群死亡,因烟气污染使果树绝收等环境纠纷时有发生。这已成为妨碍经济持续发展和社会安定的因素。无怪乎该市环保局的一位资深工程师大声疾呼:"榜样的力量是无穷的,我们能不能再建它十个滕头,一百个滕头!"

农村需要发展,农民急于改善自己的经济地位,在中国 12 亿人口中 9 亿是农民,短时期内又达不到高度城市化目标的中国,农村大力开发工业和第三产业,不仅是一种经济需要,也是农村人口非农化转移的大势所趋,是历史的进步。因此,以环境问题而对农村办工业持消极态度显然是不足取的,问题是如何把农村工业发展与环境保护的矛盾解决好。从世界发展的历程来看,环境因工业化而遭到破坏,又在高度工业化时期得到治理。滕头的情况表明,我们完全有可能在一定程度上避免走先污染后治理的老路。在这方面,各级政府是可以有所作为的,在乡镇环境问题上,县(市)一级的政府应该而且可以发挥重要作用。

首先,要摆正环境保护工作的位置。农村经济问题、社会问题、环境问题本质上都是发展问题,不发展什么问题也解决不了。但是今天的发展必须为明天的可持续发展创造条件,不然必将遭到自然规律的惩罚。因此,县(市)政府在着重抓经济的同时,也要把社会发展和环境保护放在应有的位置上。在做发展规划时,要兼顾经济增长、社会发展和环境保护。在涉及环境问题时,要严格按照环境保护法办事,勿使在这方面有懈可击,留下后患。

其次,要做好县(市)域内以工业与基础设施为中心的区域规划。在乡村中,除了小规模、无污染的工业可以继续就地发展外,对那些属于重要污染源的工业,要妥善选址,适当集中,划片发展。这既有利于共同利用交通、能源、给排水、供热供气等基础设施,也有利于集中治污,提高集聚效益。当然,采取这种规划措施牵涉土地政策、劳力安排、投资能力等问题,但只要统盘研究,问题是可以解决的。对那些已经在乡村建立起来的严重影响环境的工业企业,一时难以搬迁的,也要加强环境监测,采取严格的环境保护措施。

第三,要制定县(市)环境管理目标。重点是新老污染源控制,城镇大气环境、水环境、工业固体废物、生活垃圾和噪声的管理,也要对水系进行流域管理。通过管理,使环境质量达标。对污染居民饮水水源的地方,要格外注意加以处理,避免灾难性的环境事故发生。

第四,要协调有关职能部门的行动。环境保护不仅是环保部门的职责,也是计划、工业、城乡建设、土地管理、卫生防疫等部门以及乡镇政府的共同责任。只有他们协同工作,才能使环境保护收到应有的效果。现阶段为了求得经济发展,工业部门、乡镇政府与环保部门步调不一致的现象是常有的。在这种时候,县(市)首脑机关胸怀全局,做好协调工作,就显得特别重要。

第五,要广泛宣传,增强全民的环境意识,使人们在经济活动和社会生活中充分认识到保护环境是为自己谋利,为子孙造福的道理。唯其如此,保护环境才会有广泛的群众基础。

载《西北人口》1996 年第 2 期,第 33—36 页

2020 年浙江省农村社会发展的前景与目标研究^①

本文旨在阐明未来 20 多年浙江农村社会发展的前景与目标,为有关部门制定跨世纪的、特别是 2010 年以后一段时间的农村社会发展规划提供参考。由于研究未来的时间跨度比较大,某些问题不易准确预见,只能根据现有资料和目前能够预测的基本数据,把握一个发展过程的大概率,对 2020 年浙江农村社会发展前景作出分析,对基本目标和相应的对策提出框架性的建议。

一、改革开放以来浙江农村社会发展回顾

(一)农村社会发展事业取得显著进展

1979 年以来,首先从农村开始的经济体制改革,有效地解放了生产力,促进了农村经济的繁荣,也对社会发展事业提出了自下而上的需求。与此同时,物质文明和精神文明两手抓,政府职能部门自上而下地推动着农村社会的发展。18 年来,两股力量合在一起,使全省农村社会发展事业取得了一系列成就:

——农村经济体制改革拓宽了农业劳动力的就业门路,缓解了隐性失业。农村改革的联产承包责任制给农民以经营自主权。随着改革的深化和市场的发育,农业劳动力陆续从狭小的田地中解脱出来,或就地从事农业多种经营和深度开发,或就地转向非农产业,或外出他乡,异地就业。到 1995 年,全省已有 900 多万农村劳动力实现了非农转移,有效地缓和了过去严重存在的农业劳动力就业不充分的问题。

——市场经济体制的逐步建立,激发了农民的市场观念和竞争意识,推动了农村科技需求。现在不论是农业还是非农产业,都在通过技术革新和经营方式的变革来实现第二次创业,掌握技术和科学管理方法越来越成为农村劳动者的自觉要求,农村科技推广环境得到很大改善。

——九年义务教育的推行,提高了农村青少年的教育程度。随着经济发展,生活改善,农民让子女接受较高程度教育的自觉性普遍提高。同时,政府根据经济和社会发展的需要,不失时机地推行了九年义务教育。1995 年全省小学和初中学龄人群的入学率分别达到了 98.9% 和 88.9%。

——卫生保健事业的发展,提高了农村人口的健康水平。根据到 2000 年人人享有初级卫生保健的目标,本省卫生部门作出了相应的努力。随着农村三级卫生保健网的建立和逐步完善,改

---

① 本文是 1997 年浙江省计划与经济委员会委托的"浙江省农业与农村可持续发展研究"项目的一个分报告,由王嗣均撰稿。项目验收后,由该委员会农业区划办公室编入《浙江省农业与农村可持续发展研究》专辑,此处稍有节略。

善了妇幼保健、预防接种和常见病多发病的治疗条件，使农村人口的平均预期寿命从 1981 年的 69.51 岁提高到了 1995 年的 72.46 岁。其中婴儿死亡率的降低起着特别重要的作用。

——计划生育工作的深入开展，加速了人口再生产的现代化进程。80 年代以来，逐步完善计划生育法规，加大计划生育工作力度，加上整个社会进步背景下人们价值观的转变，浙江农村育龄妇女的总和生育率已从 70 年代后期的 3 左右降到了 90 年代中期的 1.5 左右。人口再生产类型从五六十年代的高出生率、低死亡率、高增长率迅速地向现在的低出生率、低死亡率、低增长率转变。

——农村养老保险事业逐步展开，老年生活保障程度提高。除家庭养老以及依靠集体经济组织领取养老金，"五保"等已经实行多年的社会养老保险形式外，90 年代前期以来，以这一代劳动者个人缴款为主，集体补贴为辅，建立个人养老储蓄账户的养老保险形式也有所发展，覆盖面正在扩大。

——扶贫方式逐步改进，贫困人口逐年减少。改革以来，党和政府一贯重视对贫困地区的扶贫解困工作，并且在方式上从早期的救济性扶贫，发展到现在的开发性扶贫，贫困人口迅速减少，仅 1990—1995 年五年中，就从 271 万人减少到 79.5 万人。

——经济繁荣和社会设施、社会工作的加强，提高了农村居民的综合生活质量。根据抽样调查，按本省县级小康标准的 6 大类 16 项指标，1995 年全省农村综合得分为 96.3 分，说明农村总体上已经进入小康阶段。

（二）农村社会发展领域尚存的一些问题

尽管十多年来农村社会发展取得了重大成就，但也还存在着一些不可忽视的问题，主要有：

——投入不足，社会发展滞后于经济发展。我国尚处在社会主义的初级阶段，经济水平还比较低，浙江虽然是较为发达的省份，1995 年人均 GDP 也不过 8074 元，按同年汇率还不足 1000 美元。在这样的条件下，政府的财力难以满足社会发展各方面投入的需要。社会发展关系到国家兴旺，民族繁荣昌盛，社会进步。社会事业的健康发展也有助于经济的增长。然而，社会事业的产出毕竟以社会效益为主，经济效益一般是间接的，不可能广泛地引起实业界的兴趣，它的投入主要依靠政府，或公办民助、民办公助。因此，尽管政府对社会发展事业作出了努力，终因财力有限以及指导思想上的某些偏颇，社会发展投入增长速度落后于经济增长速度。

——地区发展不平衡，贫富差距拉大。改革创造了不断改善的宏观经济环境，在短短的十多年时间里，使本省农村跨过了温饱阶段，基本达到了小康水平。然而，各地的区位因素、自然环境、历史基础、工作力度等条件各不相同，市（地）与市（地）、县（市）与县（市）、甚至乡（镇）与乡（镇）之间的经济社会发展水平差别很大。在计划经济向市场经济转轨的过程中，竞争不断加剧，优胜劣汰的规律加上马太效应，使区域之间的贫富差距有扩大的趋势。

——城市化滞后于非农化，农村土地资源和环境压力加重。计划经济年代城市经济失去活力，城市化进程受阻，为了限制农村人口进入城市，城市"高筑"了户口"壁垒"。改革之初，壁垒没有被打破，而从农村楔入的经济体制改革，却给农村创造了较为宽松的经济和社会环境。为了绕开城市户口壁垒，加快发展自己，农村通过兴办乡镇企业走就地工业化的道路，结果出现了城市化水平很低而非农化程度较高的现象。城市化进程的这种扭曲，一方面对农村的发展起到了巨大的推动作用，但同时也给农村带来了土地问题和环境问题。乡镇企业面广量大，分散占地，又缺少用地定额，从土地经济和资源保护角度看，不尽合理。从环境方面来说,乡镇企业一般缺少单独治污的能力,又没有集中治污的可能性,成随意排污的状态。在人口稠密、乡镇企业发达的地方,原来以城市为主要污染源的"点状"污染,成了污染源广泛分布的"面上"污染。

二、2020年农村社会发展的若干有利条件

2020年浙江农村社会的发展程度,取决于三个方面:一是经济发展水平,二是人口数量与结构,三是政府的指导思想、政策和工作力度。

前面说过,社会发展事业有自己的地位,但它的产出主要表现为社会效益,要依靠各级政府和民间的财力投入去哺育。因此,经济是社会发展的基础和前提。人口,既是社会发展的主体,又是社会各部门的服务对象。人口数量决定着在一定发展水平下对社会发展的总需求,人口构成(自然构成、社会构成和空间结构)决定着社会发展需求结构和建设重点,未来农村人口的数量与构成无疑是农村社会发展战略构想的基本依据之一。至于指导思想、政府的政策和工作力度,主要是体现在政府根据以上两方面的基本条件与时代需要,确定社会发展在政府工作中的地位,制定社会发展的方针政策,以及正确贯彻方针政策的主观能动性。鉴于这种关系,我们在探讨2020年浙江农村社会发展问题时,首先从这些方面去把握20多年后社会发展可能出现的有利条件。

(一)全省人均国内生产总值达到中等收入国家水平,社会发展的经济基础将有较大增强

本省"九五"计划和2010年远景目标纲要提出,2000年人均国内生产总值达到1.2万元左右,2010年将上升到2.4万元左右。现在,实现2000年计划目标估计不成问题,如果我们以2010年目标作为考虑2020年前景的起点,那么,2010年以后的10年国内生产总值若以6%~8%的年增长速度递增,到2020年,全省人均国内生产总值将是4.6万~5.5万元(按汇率折合美元5500~6600元)。这一估计值相当于当今世界中等发达国家的人均水平,它意味着在社会发展投入与财政收入同比增长的条件下,其投入水平将比1995年提高6倍左右。这对改善农村基础设施,改造农村居民点,改善环境,提高教育、科技、文化、卫生、体育、社会保障和福利事业,将是宝贵的财力保证。

(二)农村人口的比重将降到半数以下,政府在农村社会发展方面的投入有可能从应对数量扩展转到质量提高上来

根据我们测算,浙江城市化水平将从1995年的32.11%上升到2016年的50%,2020年则进一步提高到53.60%。这表明2016年以前农村人口多于城镇人口,2016年以后发生倒转。2020年全省城乡人口分别为2468.54万人和2136.94万人(53.60%:46.40%),乡村人口比1995年的2980万人减少843万。

人口城乡构成的这种变化趋势揭示了这样一种前景:过去追加到社会发展方面去的财力,在不断增长的农村人口面前显得捉襟见肘的局面逐步走向终结,政府对农村社会发展投入将不再仅仅是解决有与无、多与少的数量矛盾,而是把注意力转向解决高与低、优与劣的质量矛盾。换句话说,从现在起到2020年,农村社会设施和服务将从数量扩展型逐渐向质量提高型过渡。

（三）农村人口自然变动向零增长趋近，一直困扰农村的随新生人口增加而扩大的社会需求压力将开始缓解

进入 90 年代以来，浙江育龄妇女的总和生育率已经低到 1.4～1.5 的水平，比更替水平还低 0.6～0.7。按照现行生育政策，在 21 世纪前期生育率不会显著回升。因此，尽管五六十年代高出生率所造成的人口惯性的作用目前还没有过去，未来二三十年人口自然增长率仍将继续下降。根据我们测算，全省人口将在 2020 年进入零增长，就是生育率略高的农村，其自然增长率也将在 2025 年左右降到零。这就是说，进入下世纪 20 年代的时候，不仅由城市化引起的人口城乡构成变动使农村人口的比重下降，而且以生育率降低为主要动因的自然增长率降低，使农村人口在不考虑迁移影响的条件下也将刹住自然增长，再往后还将有一个轻度负增长的时期。因此，尽管全省人口总量正好处在峰值时期，但不论城市还是农村，不再因人口自然增长而年复一年地增大新的人口压力。到下世纪 20 年代，全省每年新创造的财富都将直接在扩大再生产、改善居民生活和社会发展条件方面发挥作用。

（四）农村产业重组，生态环境逐渐改善

本世纪 80 年代以前，浙江农村生态环境的劣变主要表现在山林的破坏上。其基本原因：一是所有制变动频繁，山林归属不稳定，导致对森林资源的乱砍滥伐。二是粮食短缺，农民被迫毁林垦荒。三是生活能源主要依靠薪柴，给封山育林造成困难。结果，不仅森林生态系统遭到蹂躏，而且大大降低了水土保持的能力，造成穷山恶水的环境后果。80 年代以来，随着改革的深化和经济的全面振兴，农村建筑材料结构和生活能源结构发生变化，加上粮食形势好转，退耕还林增多，森林破坏程度减轻，山地生态系统有所恢复。现在，农村环境问题和主要矛盾已经转化为乡镇企业的工业污染以及农田化学污染，居民生活污染也起着推波助澜的作用。同时，来自城市的污染通过大气和水体（特别是水体）也向农村扩散。所有这些，都给农村生态环境造成严重损害。这种情况目前还在加剧，但到 2020 年，有可能在较大程度上得到扭转，理由是：（1）我国政府已经发布了《中国 21 世纪议程——中国 21 世纪人口、环境与发展白皮书》，通过广泛、深入、持久的宣传，人们对环境恶化的严重后果将逐渐认识，为自觉保护环境打下良好的思想基础。（2）汪洋大海般的农村工业企业是我国特殊历史条件下的产物，在国有企业和城镇集体企业改革滞后的情况下，以其灵活的机制显示了强大的生命力。但是，乡村企业规模小，资金短缺，技术装备落后，管理水平不高，劳动者素质偏低，其内部条件的局限性在市场竞争中将逐渐暴露出它的弱点。同时，由于布局分散，基础设施共用效率低，资源配置不尽合理，企业外部不经济问题也不易解决。因此，乡村工业企业纷纷走上股份合作制或股份制的道路，扩大规模，增强竞争能力。走这一步是必要的，但它还只是所有制形式的变革，没有改变乡村企业分散布局基本格局所隐含的缺陷。为了追求规模效益和集聚效益，乡村企业中的一部分甚至大部分陆续进入小城镇，或以直接和间接投资的形式进入各级城市，是必然的趋势。乡村企业向城镇集聚的过程，也是农村主要污染源逐渐减少的过程。（3）20 多年后，城市、小城镇工业的经济实力进一步增强，从农村进入小城镇的工业企业比分散在农村能更好地体现集聚的效率与效益，这就为城市和小城镇集中治理污染创造了条件，城市污染源扩散到农村的程度也将明显减轻。

（五）政府职能转变，社会发展在政府工作中的地位将明显提高

浙江省国民经济的社会发展"九五"计划和 2010 年远景目标纲要提出，"九五"期间初步建立社会主义市场经济体制。根据这一安排，从改革的意义上说，到 2020 年，社会主义市场

经济体制应该已经比较完善,现代企业制度已经确立起来。市场,特别是资本、劳力、技术等生产要素市场,已经得到比较充分的发育,经济领域的法制已经比较健全。到那时,尽管经济建设仍然是摆在政府面前的首要任务,但是由于政企分开,政府的经济管理职能已经转变到制定和执行宏观调控政策,搞好基础设施建设,创造良好的经济发展环境上来,经济管理层次和水平的提高,还将促使政府经济管理部门的机构大大精简。社会发展则不同,管理社会发展事业的各部门固然也有一个精简机构、提高效能的问题,但社会发展各部门所属的单位大部分属于应该由政府举办或公办民助、民办公助的事业,事业编制企业化管理的单位毕竟是少数。为了适应社会主义经济建设和市场竞争中生产、经营、管理上水平、上台阶的需要,科技和教育部门应当为经济活动提供不断创新的科技成果和人才支持;为了使社会生活与经济生活互相协进,精神文明与物质文明相得益彰,社会发展领域各管理部门都应当为提高人的素质,提高居民的综合生活质量服务。因此,到 2020 年,政府社会发展管理部门职能强化,社会发展目标提高,社会发展工作在政府工作中的地位也将得到相应的提高。

以上关于浙江农村社会发展可能出现的有利条件或者说良性前景,从现在的测算和分析来看,应当说是可能的。当然,可能性毕竟不是现实,要使可能变成现实,还需要继续创造条件,其中决定性的条件是政策的连续性、改革的深化和决策的科学性。

三、2020 年农村社会发展可能面临的几个问题

根据农村经济社会发展趋势估计以及人口预测,2020 年本省农村社会发展可能面临以下四个有一定难度的问题。

(一)农村人口趋向减少,社区基础设施和生活设施建设陷入两难的境地

如上所述,农村人口减少是城市化水平提高和人口自然增长率降低共同作用的结果,无论从人口变动过程的角度还是从经济和社会进步的角度看问题,都是一种令人鼓舞的进步潮流。但是,一种进步的历史潮流涌动起来的时候,除了主流所起的积极作用之外,也会带来社会一时难以适应的问题,农村人口减少趋势中的社会设施建设问题就是这样。具体说来,主要会遇到三个方面的两难处境。

1. 农村基础设施需要有大的改善,而基础设施服务对象渐渐减少,基础设施的经济效益随之降低。例如交通设施,过去乡村公路的建设和维护资金通常由乡(镇)、村自筹加县级地方财政拨款补助来解决,建设标准低。随着时代的进步,乡村公路标准要求提高,而乡村的部分工业和第三产业逐步向城镇集聚,乡村筹资来源相对减少,建设资金将转向主要依靠地方财政,而建设起来后乡村人口进行性减少,使用频率将逐渐降低。这就关系到乡村公路要不要继续增加,等级要不要提高,路况怎样改善的问题。又如水利设施,浙江有 1840 公里的大陆岸线和 4790 多公里的岛屿岸线,大部分由海塘连接。全省八大水系水位暴涨暴落,下游又都是感潮河段,全靠堤防捍卫。海塘、河岸、涵闸既是农业最重要的水利设施,也是保护居民生命财产的命脉,常年整修的工程面广量大,其中局部的和简易的工程历来都由乡(镇)村两级管理机构组织实施,大一点的项目水利部门才视情况补助。多年来洪、涝、旱灾告诉我们,农村要防灾减灾,必须统筹规划,建设高标准的水利设施。然而,随着农村非农产业转移和人口逐渐减少,乡、村投资、投劳能力将相对减弱,地方财政负担会有所加重。交通、水利如此,电力、通讯、给水等基础设施工程也将遇到类似的问题。

2. 农村住区扩大进入极限,居民点体系和村落用地规模与人口规模不相匹配。从温饱到小康,再到更加宽裕的小康生活,农村居民除了将一部分资金投入再生产或作为金融资产

进入市场之外,还有相当一部分将用于改善住房条件。在缺少乡村发展规划及土地管理执法不严的情况下,放弃旧宅另建新宅的现象将进一步蔓延。结果,村落不断扩展而村内逐渐空虚。这种现象如任其发展,将延续到中等发达阶段后农村人口多数实现了向城镇转移时才会基本结束。像这样一种不规则的住宅建设,往往只能改善家庭居住条件,而难以改善社区整体生活环境,如果缺乏远见,不及时进行规划、管理和引导,必将对土地资源和社会经济资源造成巨大的浪费,规划管理越滞后,损失越大。

3.村落服务规模开始萎缩,社区公共设施利用率降低。农村公共设施包括学校、医院(卫生院、所)、文化站或其他群众活动场所、养老场所、邮电所(或代办点)、长途汽车或铁路停靠站等。这些设施的规模有的是与农村社区人口数量直接相关的,有的则是与人口数量和年龄结构相联系的。到 2020 年,尽管总体上社会事业在"九五"计划和 2010 年远景目标基础上会有相当大的发展,但农村大部分设施将因人口规模的缩小而趋于萎缩。其中学校因中小学学龄人群几乎比 1995 年减少 50%。原有校舍和教学设施将部分闲置。医院、文化活动场所也将萎缩。邮电、车站这类设施的利用率与总人口及人际交往频率关系密切,随着人口减少,即使人均使用频率提高,总利用率仍将逐渐下降。而且届时邮电业务很可能因电脑多媒体的基本普及,使原有邮电营业机构职能弱化,长途汽车与铁路停靠站也可能因农村汽车交通公交化、自备车辆增多、铁路列车提速等而被废弃。只有社会养老设施,尽管农村总人口减少,但因老年人口比率急速上升,加上一部分老人安土重迁,一段时间里需要维持稍大的服务规模。

(二)农村劳动年龄人数和比重下降,但农村劳动就业仍将面临严峻形势

在考虑城市化进程的条件下,对农村人口和农村劳动年龄人口进行动态预测的结果,从现在到下世纪中前期,人口与劳动年龄人口都将进行性减少,而且后者减少的速度比前者更快,因而农村劳动年龄人口对农村总人口的比率也逐步降低(见表1)。

表 1 浙江农村人口与农村劳动年龄人口变化趋势

年份	动态农村人口(万人)	动态农村劳动年龄人口(万人)	农村劳动年龄人口与农村人口之比(%)
1995	2979.69	1826.06	61.28
2000	2762.66	1733.51	62.72
2005	2625.90	1685.26	64.18
2010	2480.70	1574.62	62.39
2015	2309.72	1376.38	59.59
2020	2136.94	1201.30	56.22
2025	1961.75	1023.01	52.15
2030	1731.84	852.74	49.24
2035	1502.38	728.71	48.50
2040	1340.21	636.51	47.49
2045	1181.07	539.98	45.72
2050	941.32	420.10	44.63

资料来源:根据本项目专题报告中的数字摘编和换算。

这种现象应该说是好事,因为在本省农业确有把握养活未来全省人口的情况下,农村劳动年龄人口减少标志着农村劳地矛盾的逐渐缓和。农村人口的劳力系数降低固然意味着劳动年龄人口的负担系数有所增大,但是它对提高农业劳动生产率所带来的好处,完全可以抵消负担系数增大所带来的困难。真正需要关注的倒还是农村劳动力的就业问题。我们姑且忽略今后因国家建设征用土地和农村建房占用土地而减少耕地,以及因开垦荒地、围垦海涂而增加耕地这两类正反向的耕地变动因素,假定耕地维持 1995 年的数量不变,那么,到 2020 年农村劳动年龄人口平均负担耕地不过 0.136 公顷。即使那时每公顷耕地的农业增加值平均达到 3 万元,农村每个劳动年龄人口的年净产值也不过 4000 元左右。种植业的增加值加上林、牧、渔业的增加值,在 1995 年的基础上以每年 2.5%~3% 的速度递增,到 2020 年也不过比 1995 年增加 0.85~1.09 倍;而 1995—2020 年全省第二、三产业增加值的增长速度以每年 6%~8% 计算,总共将增加 3.29~5.85 倍。在此期间,农村劳动年龄人口约减少 34%,城镇劳动年龄人口约增加 60%,如果农村劳力完全依靠农、林、牧、渔业,那么城乡居民的收入差距只会拉大。

为了使城乡比较利益大致平衡,从现在起到 2020 年,农村劳动力除了保证农业和农村本身需要的非农产业的劳力需求外,还得有一部分就地转向并非满足农村本身消费需要的第二、三产业。这就是说,在农村劳动力和农村第二、三产业逐渐向城镇转移的过程中,留在农村的农业劳动力还会在农村内部不断地产生行业分化,以达到城乡间、农业与非农产业间就业收益的合理平衡。但是,20 多年后城市经济体制转变和增长方式转变问题已经解决,原来意义上的乡村企业在农村立足的历史优势已经不复存在,农业劳动力就地转化为第二、三产业劳动者或经营者并且获得较为丰厚收益的可能性降低。因此,今后 20 多年间动态地留在农村的劳力充分就业的问题,仍然是不容忽视的一大问题。

(三)老龄化速度加快、程度加深,老年社会问题进一步突出

近十多年来,生育率下降很快,总人口中少儿系数(0~14 岁人口与总人口之比)随之降低,而老年系数(国内一般按≥60 岁人口与总人口之比,国际上一般通行≥65 岁人口与总人口之比)则相应上升。进入 90 年代之后,不论按国内≥60 岁人口超过 10% 的标准,还是按国际上≥65 岁人口超过 7% 的标准,本省人口都已经进入了老龄化时期。往后 20 多年内,老龄化速度将加快,程度将一年比一年加深,在本项目研究期末,即 2020 年,恰好是全省城乡老年人口(按国内标准)增长速度都达到峰值的年份,以后逐渐减缓,到下世纪 40 年代才能度过老龄化程度的最高峰。

这是一种什么局面呢?首先,是在一个相当于中等收入国家的省区里要负担比发达的高收入国家负担份额还要大的老年人口的赡养费用。国民收入再分配中用于养老保障部分比重的增大,意味着用于扩大再生产和进行其他社会发展事业建设的比重减低,它将在一定程度上影响经济和社会的发展速度。其次,为社会创造财富的劳动者的年龄中位数逐渐增大。这标志着劳动年龄人口也在逐渐偏“老”。按测算的动态农村劳动力人口数量,青壮年劳力人口组(16~44 岁)与中老年劳力人口组(45~59 岁)分别占这两个组总和的 63.73% 和 36.27%。可见,2020 年 1/3 以上的劳动力已经属于中老年人,他们虽然有丰富的经验,但是体能、创新精神、工作效率已不如青壮年劳力,这将无形地影响劳动生产率的提高。第三,人口老龄化过程是一种序列变化过程,随着老年人口比重的增大,高龄老人在老年人口中的比重也渐次上升,养老方式从以家庭养老为主,转化为家庭养老与社会养老并重,是一种不可避免的趋势,它预示着社会不但要大大扩展养老设施,而且还要用一部分劳动力去服

务于社会养老,以及对家庭养老必要的社会服务。第四,农村老龄化程度将超过城市,老龄化形势比城市更为严峻。目前,农村生育率仍高于城市,因此,城市老龄化程度比农村高,速度比农村快,但是,在城市化过程中,农村人口将以永久性迁移和暂时性迁移(即领暂住证的长期流动人口)的形式陆续进入城镇,这些进城人口的先锋是青壮年劳动力,而家眷的迁移殿后,其中老年人口因眷恋故土,往往落在迁移流的最后,甚至坚持在农村度过一生。这样一来,农村老年人口的比重势必增大,未来老年社会问题农村将比城市更为突出。

(四)区域经济发展不平衡规律仍将起作用,农村发展程度的地区差异将继续存在

改革开放以来浙江各地区的经济发展都比较快,但地区间发展水平差异很大,发展速度也不完全一致。就发展水平而言,按 1990 和 1995 年的 GDP 计算(80 年代前期和中期无GDP 统计),浙东北的杭、嘉、湖、宁、绍、舟六市的人均 GDP 比浙西南的金、衢、丽、台、温五市(地)要高出 1.93 倍和 1.7 倍,最高的杭州市相当于最低的丽水地区的 3.04 倍和 3.29倍,县(市)与县(市)之间的差别更加悬殊。就增长速度而言,浙西南平均比浙东北还稍快一点,但人均 GDP 的差距却进一步拉大了。

这种格局在未来 20 多年的时间里会有所改变,但不会根本改变。原因是 GDP 的主要来源是第二、三产业的增加值,而且其比重将越来越大。在二、三产业中基础是工业,而浙江工业主体部分的空间布局对资源的地方依存性极小,基本上受其他区位条件的牵引,诸如中心城市规模、港口位置与吞吐能力、交通干线组合方式与通达的近便性、市场规模与发育程度等等,同时也受到地方原有经济基础、科技力量以及劳动者素养等因素的影响。在完成工业化和基本实现城市化之前,浙江东北部区位条件和重要人文因素上优势不会消失,西南部尽管在交通与通讯等基础设施建设上会有新的突破,区域内工业发展瓶颈因素的掣肘作用将被克服,工业投资环境将有所改善,但是在这一过程中,东北部也在发展,而且由于财力上的强弱差异,东北部的基础设施也许改进得更快,除非国家和省在跨区域的基础设施重大建设项目上在浙西南有战略性安排。因此,在往后的 20 多年里工业发展水平的地域差异还会存在下去,依附于工业化并且与工业发展相辅相成的第三产业的分布格局也不会有很大的改变。

事实上社会发展事业的若干方面按产业归属来说,基本上属于第三产业。既然第三产业的分布格局不发生重大改变,那么,农村社会发展水平的地区差异以及如何缩小这种差异,在下个世纪头 20 年内仍然是面临的一个问题。

四、2020 年农村社会发展的基本目标

2020 年的浙江农村究竟是个什么样子,还不可能把握得很准确。根据前述可以预见的一些有利条件和问题,那时的浙江农村应该是居民经济收入达到中等收入国家农民的水平;农村人口增长压力解除,人地矛盾不再加剧,劳动力剩余的严峻性有所减轻;非农产业相对集中,生态环境改善;高中段教育普及,人口文化素质有较大提高;科技服务网络基本健全,农村劳力吸收实用科技成果能力提高;社会保障体系特别是养老保障体系趋于完善,群众后顾之忧基本解除。概括地说,到那时,农村居民生活已经比较富裕,生活质量明显提高,人们可以利用已经取得的经济成果、科技成果和其他文明成果,更进一步地在可持续发展战略目标下发展经济,把注意力较多地转到解决那时存在的重大社会问题上来,着力推进农村社会的文明、进步、公平和安宁。具体地说,应该重点解决以下一些问题。

（一）把社会发展放到应有的重要地位，使农村社会发展与经济发展水平保持协调

社会发展要与经济发展相协调，理论上容易取得共识，但究竟把社会发展放到什么位置，历来既受经济水平的制约，又受指导思想、政策取向以及体制等因素的影响，并没有真正做到令人满意的安排。经济发展水平决定着国民收入中的积累额，从而决定着社会发展事业的投入能力。指导思想、政策取向、体制则左右着社会发展事业投入的实际规模。在计划经济时期，经济短缺和计划本身的缺陷，客观上不可能使社会发展与经济发展真正协调。转入社会主义市场经济体制之后，市场固然能起合理配置资源的基础作用，但它本身并没有完备的宏观自控机制和经济、社会发展之间的自动制衡机制。要使经济发展与社会发展取得协调，政府的行为至关重要。而政府行为取决于指导思想和政策取向，因此，只有指导思想正确，政策取向得当，才能在运用市场规律发展社会主义经济的同时，发挥社会主义制度全面实行宏观调控和协调的能力，使未来农村的社会发展与经济发展保持协调。

（二）全面推进农村社会发展事业，使农村居民综合生活质量有大的改善

农村社会发展在不同阶段有不同的重点，但社会发展领域本身是多方面的，它们彼此联系，互为条件，互相促进，又互相制约，缺一不可。广义地说，社会发展的水平、速度要与经济发展的水平、速度相协调；狭义地说，社会发展领域中的社会结构、社会保障、社会秩序、人口数量和质量、环境、人民生活水平等等都应当协调发展。到 2020 年，农业劳动力占劳动力资源总量的比重应低于 25%，农业劳动力平均负担耕地面积不低于 0.4 公顷，农村居民人均纯收入不低于城镇居民人均生活费收入的 60%，人口自然增长基本停止，教育程度普及到高中段（含职业高中），15 岁及 15 岁以上人口的文盲率在 10% 以下，乡镇医疗机构可以满足防治常见病多发病的需要，乡镇中心享有方便的公共交通，村庄经过全面规划具有良好的居住环境和合理的居住面积，社区生活和谐，每万人口刑事案件立案数在 15 件以下，享有安全卫生饮用水人数超过 95%，每百人电话机（指固定电话机）达到 30 部以上，电脑多媒体进入50% 以上家庭。这样，农村居民的综合生活质量大体达到相当于中等发达国家的水平。

（三）缩小地区间受教育机会的差距，使各地区的国民素质达到相对平衡

21 世纪的国际竞争主要是科技较量，而科技要靠人才，人才来源于教育。如前所述，浙江在未来 20 多年中经济发展的地区不平衡现象还不可能消除，以经济为依托的社会发展水平的地区差距当然也不会自动弥合。但是社会发展是多方面的，整个社会发展水平的地区不平衡，并不排除在社会发展的个别领域达到或接近均衡的可能性。因为调动各方面的积极性，发挥本地区的潜力，有重点地加快某一项事业的发展是可能的。我们认为抓住教育事业，在国民素质上有所突破，是克服社会落后乃至经济落后的努力中可以做也可能做到的主要工作。同时，对上一级政府来说，要通过财政扶持全面支持后进地区社会事业发展是不现实的，而有重点地支持某项事业是办得到的。要认识受教育程度和文化素养的高低是人的综合素质高低的最重要标志，它对任何地区的发展和可持续发展都将产生现实的和深远的影响。因此，缩小省内社会发展的地区差距，关键是缩小地区间受教育机会和教学条件的差距。到 2020 年，要使浙西南地区山区县的农村学龄人群在义务教育的基础上普遍受到高中段的教育，并且通过多种渠道补充经费，支持师资，改善办学条件，把中小学教学质量提高到全省的平均水平。

（四）在劳动力稳步实现产业转移、空间转移与农业深度开发和适度规模经营前提下，平稳地改善农村就业状况

人口城市化的前景预示着 2020 年农业劳动力数量正处在从峰值转向谷底的减少过程的中段（约 1200 万人）。假如农业土地资源维持现在的水平，那么，到那时并没有从根本上改变农村劳多地少的矛盾。即使到下世纪中叶农村劳动力数量随着城市化的实现而降到谷底的时候（约 400 多万人）。以其中半数从事种植业计算，按当代农业生产力所达到的水平，平均每个劳动力的耕地负荷量也只是低标准的。因此，今后二三十年内在农业与非农产业、乡村就业与城市就业的比较利益差异的驱动下，农村对劳动力产业转移和空间转移的推力仍将相当强劲。然而，尽管城市化进程不可阻挡，按目前的城市化水平，我国已经是世界上城镇人口绝对数最多的国家，城市化每前进一步，城镇都会受到劳动力投入边际效率的挑战。不管政府主观愿望如何，城市都只能在效率相对低下的状态下运转，城乡劳动力过剩问题将伴随着城市化过程的始终，农业劳动力既不断地实现转移，又经常在城乡劳动力市场上互相碰撞的现象不可避免。因此，从现在到 2020 年，农村就业只能是在城市化进程中城市就业容量和收入水平的制约下，稳步实行空间转移，农村仍需保留或开辟一部分适合于在农村经营的第二、三产业。同时，农业在循序渐进地适当扩大农、林、牧、渔经营规模的条件下，还要尽可能留住一部分劳动力，实现无剧烈振荡的就业过渡。

值得一提的是，农村在向平稳改善就业状况目标前进时，应当同时适当降低城镇劳动年龄人口的劳动参与率。我国是世界上城镇劳动年龄人口劳动参与率最高的国家之一，它是计划经济时期实行低工资多就业政策的结果。这种状态不符合社会主义市场经济运行规律的要求，适当降低城镇劳动力参与率，无论对农村劳动力转移还是提高城镇产业效率都是有利的，政府有必要把它纳入经济和社会发展的目标作统盘考虑。当然，解决这个问题要有个过程，为了避免社会波动需要进行充分的研究和论证。

（五）确立健全的养老保险制度和老年服务系统，迎接农村老龄化高峰到来

根据预测的下世纪前半叶浙江农村老龄化的动态特征，从现在起到 2020 年，应该趁老龄化程度还不是最深的时候，确立 2020 年解决农村老年人养老问题的目标模式，并一步一步地去完善、实现。

2020 年农村养老目标模式是什么？笔者认为，第一，要确立一个完善的能正常运转的养老保险制度，解除老年人生活供养来源的后顾之忧。我国的老年人权益保障法第十条规定，老年人养老主要依靠家庭，家庭成员应当关心和照料老人。这在法理上当然是正确的，但是，按照控制人口数量，提高人口素质这一基本国策，我国，特别是浙江，正在加速实现以低生育率为基本条件的人口再生产类型现代化，未来农村家庭的中、青年人要在经济上和生活服务上妥贴地照料好人数多于自己的老人，特别是高龄老人，是有实际困难的。撇开生活服务不说，单就经济供养而言，没有退休金也没有财产的老人，赡养人的负担将相当沉重；无赡养人可依靠的老人，生活自然更加艰难。因此，我国的老年人权益保障法又作了国家建立养老保险制度的相应规定。这当然是必要的。但到目前为止，农村养老供给总体上是取给于现在在劳动岗位上的劳动者的劳动贡献，即只能采取"现收现支"的办法来过渡，这就直接加重了这一代劳动者的负担。在农村劳动力趋于减少而老年人比例有所上升，以及集体经济基础参差不齐的情况下，要从根本上解决未来农村养老问题，必须从在业劳动者开始，建立以本人交纳保险金为基础，结合集体经济资助的个人账户，集体经济薄弱的地方可以实行

商业性养老保险,以供日后养老所需。从现在起至2015年是劳动年龄人口负担系数最低的"黄金时期",在这一时期,应该动员他们多储蓄,以充实个人养老资金。农村养老保险时间上应力求在本世纪末就全面推行,以后不断完善,如果坐失时机,将会造成极大的被动。第二,按家庭养老和社会养老两种方式并存的格局,确立高效的老年人医疗服务和日常生活服务体系。在医疗服务方面,包括建立多种形式的医疗保险制度,普及老年保健知识,有条件的地方为老年病人设立家庭病床,开展巡回医疗服务等。在日常生活服务方面,包括在社区建设适合老年人生活和活动的配套设施,兴办老年福利设施,组织老年人生活服务,开展老年人的群众性文体活动等等。

(六)顺应农村人口减少趋势,统筹规划引导村落重组

在未来半个世纪中,农村实行村落重组势在必行,原因是:第一,随着农村人口的陆续减少,弃置不用的空宅逐渐增多,如任其发展,将造成土地的无谓浪费。第二,改革开放以后,城市化和农村非农产业的发展,正在发生与历史上农民被迫进山或散居僻处相反的过程,山村、小村的农民终将纷纷离开他们世代居住的小天地,进入中心村、集镇甚至城市谋生,造成散布的小居民点相继废弃。第三,基础设施、教育、科技、文化、卫生等资源的配置,都要求有临界人口规模和合理的服务半径,居民点过小、过散、过于偏僻,对各种公共设施配置的经济性和服务的近便性不利。第四,在工业化社会,农村人口适当集中会导出若干就业岗位,产生一定的人口聚合的就业效应。

应当清醒地估计到,2020年仅仅是处在农村人口收缩的中间阶段,还没有到农村居民点可以最后定局的时候。但是,到那时乡镇范围内村落分布和规模的最终格局已经在望,完全有可能一次规划,分步实施,滚动修订,不失时机地为节约土地,改善居民点体系和村落内部布局,全面提高农村居民生活质量创造条件。

五、实现2020年农村社会发展基本目标的几点基本要求

2020年浙江农村社会发展的上述基本目标,既涉及社会发展的各个方面,又突出了未来20多年中具有挑战性的几个方面。实现这些目标无疑需要全面的社会发展政策和若干特殊政策。然而,作为一项时间跨度较大的前瞻性研究,重要的不是去考虑,也不可能考虑一系列的具体政策和建议,而是提出几点有效地领导和推进未来全省社会发展的基本要求。

(一)把领导、推动农村经济发展和社会发展放在恰当的位置上,防止畸轻畸重和一手硬一手软的现象

保证按长期规划、五年计划和年度计划使社会发展事业的目标明确,资金到位,措施落实,并且争取多渠道投入,多种形式办事业。根据不同行政层次,不同部门和不同事业的性质,划分管理层次和管理权限。

(二)对不发达地区的教育,实行区域倾斜政策

社会发展总体水平的地区差异不应该也不可能人为拉平,但社会发展的个别领域,主要是教育事业,关系到人口素质和区域发展后劲,有必要实行省内、市(地)内和县(市)内的区域倾斜政策。各级政府要用一定的财力帮助不发达地区发展教育,也要广泛动员社会力量,鼓励他们在不发达地区按政策或依法直接办学或捐资办学,使那些地方年青一代的教育程度和文化素质不低于发达地区的一般水准。这是一种长效的扶贫措施,或者叫教育扶贫,具有深远的战略意义。

(三)做好省、市(地)、县(市)三级社会发展的中长期规划,规划期以五至十年为好

乡(镇)则要做好规划期内的具体项目规划,诸如耕地保护规划,防灾减灾规划,环境治理保护规划,人口规划,村镇体系规划,村落建设规划,以及社会发展事业的布点规划等。在实施与利用自然、改造自然、保护自然有关的规划时,要兼顾政府投入与当地群众投资投劳的两个积极性和利益,在进行社会发展事业布点规划时不必过多迁就那些远没有达到设点门槛人口规模的散处小村和偏远小山村,应当采取具体的措施引导和帮助他们向邻近的大村或中心村镇移居。在乡(镇)的范围内,居民点一般可收缩为两个层级,一是乡镇中心,二是自然村与行政村合一的为数不多的较为集中的村庄。

(四)建立指导农村劳动力异地就业的信息系统,引导农民有序地进入城镇就业

要认识在向社会主义市场经济转轨的过程中,人口的流动和迁移与资本流动同样必要。因此,其基本精神应该是既积极鼓励人口的正常流动和迁移,又避免大规模盲目涌向城市,造成城乡社会振荡。这就需要建立劳动就业信息系统。劳动就业信息系统的建立,不是一个乡镇的力量所能解决的,严格地说,它应是一个全国性的信息系统,至少也应该是一个省办的并有省(自治区、直辖市)际交换功能的劳动就业信息系统,逐步把就业供需信息进入计算机网络,以普遍指导城乡劳动者择业。

(五)政府要实行社会发展业绩年度考核制度

进行社会发展业绩考核,关键是要建立一套科学的社会发展指标体系,它应该包括社会结构、人口状况、经济基础、生活质量、社会秩序等基本组成部分,每个组成部分包含一组能确切地从一个侧面反映社会发展水平特征的、资料可得的指标,这些指标既有从不同部门交叉统计中得到的,也有从一个部门的统计中得到的。这样,既可以全面、综合地反映某一级行政区域的社会发展水平,又可以监控某一职能部门某项工作的实绩,为考核政府和有关部门的工作、推动社会发展事业向更高目标迈进提供鞭策力量。

浙江省人口数量和结构变动对经济社会发展的影响研究^①

一、人口数量和结构的变动趋势

（一）1982—1990 年人口变动状况回顾

由于人口过程是一种连续变化的动态过程，而且数量增减和结构变异的周期很长，因此，预测之前有必要对基年的前一个时期的人口状况进行考察，分析其间的人口变动的特征，以及影响人口变动的各种因素，估计生育率和死亡率的变化方向和变动幅度，然后才能为预测选择参数，按人口仿真数学模型进行计算机人口仿真，最后得到预测期内可能最接近实际的人口数量和结构的测算结果。

本报告的人口预测以 1990 年为基年，以该年全国第四次人口普查的浙江省数字为基本依据。为了较好地判断未来几十年人口的发展趋势，为合理选择生育率和死亡率两大参数准备较为充分条件，先对 1982 年第三次人口普查（以下简称"三普"）与 1990 年第四次人口普查（以下简称"四普"）之间的人口状况及其影响因素作一回顾。

浙江省与全国一样，是从 70 年代后进入严格的生育率控制时期的。从那时起，育龄妇女生育率下降很快。以总和生育率而论，一进入 80 年代就降到了替换水平以下^②，按"三普"资料统计的全省 1981 年的总和生育率为 1.96。随着经济的发展和计划生育政策的贯彻，总和生育率继续下降，1987 年全国 1‰人口抽样调查（以下简称"1987 年抽样"）所得到的 1986 年全省总和生育率为 1.55，"四普"得到的 1989 年全省总和生育率更低到 1.40。生育率的降低是从城市开始的，然后迅速在浙江东北部农村地区见效，最后使西南部生育率也降到了替换水平以下。由于生育率下降，人口出生率（出生人口与总人口之比）也随之降低，1981 年为 17.93‰、1986 年为 14.41‰、1989 年降到 13.65‰。

可以看出，80 年代出生率下降的幅度没有总和生育率下降的幅度大。这是因为人口惯性在起作用，尽管生育率大幅度降低，但由于每年进入婚育年龄的人数仍较多，使出生率降低的幅度不能完全与生育率的降低同步，存在着出生率降低滞后于生育率降低的现象。

① 本文是浙江省计划经济委员会委托杭州大学人口与发展研究所承担的课题研究报告，经专家评审验收，于 1993 年 6 月结题。课题组成员由王嗣均（组长）、周志刚、胡刚、冯雨峰、骆克任组成，报告由王嗣均、周志刚起草，王嗣均通稿。

② 以某一年份调查得到的育龄妇女（通常指 15～49 岁）加总计算的分年龄生育率，该批妇女平均每人生育的子女数称为总和生育率。妇女生育的子女中的女孩，能存活到其母代生育她们的年龄时的个数，称为净再生产率，当净再生产率为 1 时，即为替换水平。在婴儿死亡率低的情况下，达到替换水平时的总和生育率为 2.0～2.1。

在人口统计中与生育率同等重要的死亡率,1981 年、1986 年、1989 年三个年份分别为 6.27‰、5.85‰和 5.86‰,处于基本稳定的低水平状态之下。其原因主要是人口从传统的高出生率、高死亡率、低自然增长率的再生产类型走向低出生率、低死亡率、低自然增长率的再生产类型的过程中,死亡率的降低总是先于出生率的降低,这是一种普遍的人口转变规律。就浙江的情形来说,还在 60 年代后期,全省人口死亡率就从新中国成立初期的 14‰以上降到 7‰以下,达到了相当低的水平;而同期出生率水平只从 32‰～39‰降低到 28‰左右,可降低的潜力还很大。所以,在 80 年代死亡率几乎已降到了最低限度,而出生率仍有降低的余地。这就造成了这样一种现象:到 80 年代末,总和生育率几乎低到了无可再低的程度,而人口的自然增长率暂时还停留在 7.79‰的水平,如果按此速度递增,全省人口大约再过 90 年还会翻一番。所以在未来一个时期内,继续谨慎地控制生育率,使人口自然增长率向零趋近,仍然是不能忽视的任务。

为了从数量上概括地了解预测期之前 10 年时间内的人口动态,兹将 80 年代三个年份的几项人口数据列表如下:

表 1-1　80 年代三个年份浙江省的人口自然变动与生育状况

年份	年平均人口 (万人)	出生率 (‰)	死亡率 (‰)	自然增长率 (‰)	总和生育率
1981	3849.05	17.93	6.27	11.66	1.96
1986	4049.82	14.41	5.85	8.56	1.55
1989	4189.37	13.65	5.86	7.79	1.44

资料来源:总和生育率根据"三普"、"1987 年抽样"和"四普"资料统计。其余各栏中,1981 年根据《浙江省人口统计资料汇编》,1986 年和 1989 年根据人口统计年报。

(二)1993—2035 年人口变动预测

从以上简要回顾中可以推知规划期人口发展的基本趋势是:

第一,以前长期高出生率所造成的增长惯性,在未来一段时间内还将继续起作用,尽管生育率已经很低,自然增长率也在下降,但人口增长还要持续相当长的时间,只是增长速度随时间的推移而递减,增加的数量渐趋微小罢了。我们的人口目标是要在几十年以后实现零增长,生育率与自然增长率之间的矛盾,只能以这个目标为依据去调节。

第二,由于全省生育率控制是从 70 年代末以急刹车的方式来实现的,因此,一方面人口增长惯性还在推动人口增长,另一方面生育率已远远低于替换水平。这一矛盾现象使人口年龄结构趋于畸形,并且在它的背后隐含未来一段时间的人口负增长惯性。为了达到既控制人口增长,又不使人口负增长惯性过强的目的,在未来一二十年内,将有一个生育率向上微调的过程。

第三,按目前可预见的条件,在短时期内看不到影响不同年龄组人口死亡率的因素会有重大改变。因此,可以假定在规划期内死亡模式基本不变。

上述基本趋势实际上是未来人口发展的主要约束条件。根据这些约束条件,我们对人口预测的主要参数作如下设定:

1.总和生育率的设定

思路是:(1)生育模式以"四普"调查的 1989 年的育龄妇女年龄别生育率为标准。(2)虽然 1990—1992 年的实际生育率在 1.3～1.4 的范围之内,但由于 60 年代到 70 年代初的生育高峰的周期性影响要到 1995 年以后才能缓解,所以 1995 年之前仍不允许生育率上升。(3)按国家的方针,2000 年之前生育政策不会变,但现行生育政策规定独生子女间婚配允许生育两个孩子,鉴于 1995 年以后达到婚育年龄的独生子女比重增大,加上适当改善人口年龄结构畸变的需要,1996 年以后可能对目前的总和生育率水平作一段时间的轻微调升。(4)人口发展的总目标是在 21 世纪 30 年代达到零增长,总和生育率的微调最高不能超过 2.1。据此,设定 1993 年以后的总和生育率如表 1-2:

表 1-2 浙江省 1993—2030 年总和生育率设定

时 段	总和生育率	时 段	总和生育率
1993—1995 年	1.4	2003—2005 年	1.8
1996—1997 年	1.5	2006—2010 年	1.9
1998—1999 年	1.6	2011—2015 年	2.0
2000—2002 年	1.7	2016—2030 年	2.1

2.死亡率的设定

死亡模式以“四普”调查的 1989 年分年龄死亡率为标准。但“四普”资料中 0 岁组死亡率过低,仅 14.45‰,不太符合统计规律,因此预测时对 1989 年 0 岁组死亡率作调高一倍处理。

3.净迁移率的设定

在“四普”资料中,全省常住人口比户籍人口少 70.2 万人,这是历年来,特别是改革开放以来流出人口多于流入人口的结果。但经常登记资料中净迁移量是不大的,而且以正值为主,这就使预测期净迁移量的设定要谨慎一些。我们根据迁移和流动的区别与联系,假定目前净迁移是负值,鉴于浙江经济发展较快,近年来流入人口有增加的趋势,今后净迁移的负值将缩小。据此我们对未来一段时间的迁移量假设是从微小的净迁移负值走向进出平衡。

1990—2000 年　　—1200 人/年

2000—2020 年　　—700 人/年

2010 年以后保持迁入迁出平衡,净迁移量为零。净迁移人口的分性别、分年龄比率和数量,按“三普”、“四普”资料和生命表留存率推算。

根据以上三个假定条件就可以以 1990 年为基年,预测未来的全省人口。预测结果为表 1-3。

表 1-3 1993—2035 年浙江省人口预测

年份	总人口（万人）	男（万人）	女（万人）	出生率（‰）	死亡率（‰）	自然增长率（‰）	人口翻番年数(年)
1993	4242.0	2180.0	2062.1	14.00	6.13	7.87	89
1994	4275.8	2195.5	2080.3	13.60	6.18	7.42	94
1995	4307.8	2210.0	097.8	13.10	6.21	6.89	102
1996	4339.6	2224.3	2115.3	13.53	6.26	7.27	96
1997	4371.2	2238.4	2132.8	12.97	6.31	6.66	105

年份	总人口（万人）	男（万人）	女（万人）	出生率（‰）	死亡率（‰）	自然增长率（‰）	人口翻番年数（年）
1998	4402.4	2252.2	2150.1	13.35	6.36	6.99	100
1999	4433.4	2265.9	2167.5	12.87	6.41	6.46	108
2000	4464.1	2279.3	2184.8	13.26	6.47	6.79	103
2005	4609.2	2341.8	2267.4	12.30	6.74	5.56	126
2010	4745.5	2398.5	2346.9	12.07	7.06	5.01	140
2015	4874.0	2451.0	2423.0	11.16	7.44	4.32	162
2020	4990.1	2495.8	2494.2	11.78	7.85	3.93	178
2025	5088.4	2529.1	2559.3	11.44	8.42	3.02	232
2030	5154.9	2543.9	2611.0	11.31	10.06	1.25	560
2035	5176.8	2537.1	2639.7	11.33	11.84	−0.51	−1372

表 1-3 （续 1）

年份	按国际标准			按国内标准			抚养系数（按国际标准）(%)
	少儿系数(%)	劳动力系数(%)	老年系数(%)	少儿系数(%)	劳动力系数(%)	老年系数(%)	
1993	21.89	70.48	7.62	23.49	63.15	13.36	41.88
1994	21.56	70.54	7.90	23.08	63.29	16.63	41.76
1995	21.30	70.57	8.13	22.71	63.44	13.85	41.71
1996	21.21	70.46	8.33	22.46	63.47	14.07	41.93
1997	20.68	70.69	8.63	22.37	63.38	14.25	41.46
1998	20.24	70.80	8.96	21.84	63.71	14.46	41.24
1999	20.03	70.73	9.24	21.40	63.94	14.67	41.38
2000	19.97	70.53	9.50	21.19	63.97	14.84	41.78
2005	18.57	71.12	10.31	19.87	63.71	16.42	40.61
2010	18.14	71.06	10.80	19.34	61.28	19.38	40.72
2015	17.75	69.54	12.72	18.93	28.36	22.71	43.81
2020	17.48	66.79	15.72	18.62	64.96	26.71	49.72
2025	17.20	64.24	18.56	18.32	51.10	30.58	55.66
2030	16.96	61.04	22.01	18.05	48.31	33.64	63.82
2035	16.81	58.05	25.13	17.94	47.08	34.97	72.25

表 1-3 （续 2）

年份	抚养系数（按国内标准）（%）	年龄中位数（%）	育龄妇女				男 20 岁（万人）	女 20 岁（万人）	7 岁（万人）
			15～49岁（万人）	20～29岁（万人）	30～34岁（万人）	35～49岁（万人）			
1993	58.36	29	1216.7	439.4	170.2	441.7	39.7	38.1	58.5
1994	58.00	29	1228.7	424.2	190.7	451.8	36.4	34.5	70.3
1995	57.64	30	1238.1	408.6	206.7	464.2	34.3	32.3	69.1
1996	57.55	30	1242.5	393.1	228.8	469.2	35.2	33.0	63.4
1997	57.77	31	1253.4	384.0	238.3	476.8	34.6	32.5	59.8
1998	56.97	32	1259.5	373.6	228.2	502.4	34.6	32.5	57.4
1999	56.40	32	1259.8	357.8	225.6	523.7	33.4	31.1	54.7
2000	56.32	33	1256.2	342.8	221.7	542.2	31.3	28.9	56.8
2005	56.97	35	1237.8	306.1	184.5	595.7	28.3	25.7	57.4
2010	63.17	38	1201.5	299.6	156.7	608.1	30.6	28.8	56.9
2015	70.35	40	1134.4	287.8	148.3	559.5	29.2	27.5	57.8
2020	81.95	41	1051.9	275.6	150.6	487.4	29.6	27.9	58.7
2025	95.69	42	1007.1	276.9	136.7	545.4	29.1	27.4	59.0
2030	107.01	43	991.3	277.2	138.5	434.7	29.1	27.40	58.0
2035	112.38	44	384.9	279.8	138.0	424.9	29.4	27.7	57.8

表 1-3 （续 3）

年份	学龄人口						
	13 岁（万人）	16 岁（万人）	19 岁（万人）	7～12 岁（万人）	13～15 岁（万人）	16～18 岁（万人）	19～22 岁（万人）
1993	60.8	67.6	71.1	372.6	193.9	203.3	313.3
1994	54.3	67.6	66.7	388.6	180.3	203.8	294.4
1995	74.0	65.1	68.4	383.7	189.1	200.1	283.0
1996	70.4	60.7	67.2	376.7	198.6	193.2	272.3
1997	60.5	54.1	67.2	376.0	204.8	179.7	268.5
1998	54.4	73.9	64.7	79.0	185.3	188.4	266.5
1999	58.5	70.3	60.3	375.2	173.4	198.0	258.4
2000	70.3	60.3	53.7	361.7	183.2	204.2	244.9
2005	54.7	63.4	58.2	343.9	172.0	202.4	241.6
2010	57.4	58.2	57.1	344.1	171.2	169.4	247.9
2015	56.5	57.5	56.9	344.7	172.3	170.9	230.1

续　表

年份	学龄人口						
	13 岁（万人）	16 岁（万人）	19 岁（万人）	7～12 岁（万人）	13～15 岁（万人）	16～18 岁（万人）	19～22 岁（万人）
2020	58.4	57.6	57.9	347.5	172.3	170.9	230.1
2025	59.3	57.0	57.3	350.0	173.9	173.2	228.0
2030	59.2	57.9	57.9	350.6	174.4	175.8	229.1
2035	28.1	58.7	58.0	347.4	174.8	176.8	231.5

　　需要再强调一下,表 1-3 的数字是以"四普"按常住人口登记的人口数和性别、年龄结构测算的。[①] 由于普查的常住人口数比在册的户籍人口数少 70.2 万人,上述预测结果当然也会比按在册户口人数测算的数字小一点。鉴于人口调查方法的现代化和国际化,按常住人口调查和统计人口数是人口统计的方向,所以本报告对浙江人口及其对经济社会发展影响的分析,均以表 1-3 的数字为准。

　　不过,我国在 1982 年以前只有两次人口普查,普查间隔期又没有按年度组织人口抽样调查,全国上下的人口统计都是以户政机构的经常性人口登记资料(即在册的户籍人口)为依据。直到现在,人们仍习惯于使用以户籍为基础的人口统计资料。为了顾及这种需要,我们采取简单的办法,把普查时户籍人口数与常住户口数之差(70.2 万人),与常住人口数相加,按常住人口的自然变动规则进行推算,得到未来 30 年左右时间里主要年份全省户籍人口的总数。推算结果如表 1-4,供规划时参考:

表 1-4　1993—2035 年浙江省户籍人口估算　　　　　　　　（万人）

年份	户籍人口	年份	户籍人口
1993 年	4313.8	2035 年	4956.5
1995 年	4380.7	2035 年	5074.6
2000 年	4539.6	2035 年	5147.6
2005 年	4687.2	2035 年	5242.2
2010 年	4825.8	2035 年	5264.5

二、人口的食物需求与土地生产能力[②]

（一）人口食物的需求

1.人口总量分析

　　如上所述,浙江省在未来一段时间内迁移变动的设定是从微小的净迁移负值趋向进出

　　[①]　普查登记的常住人口包括五种对象:一、常住本县、市,并已在本县、市登记了常住户口的人;二、已在本县、市常住一年以上,常住户口在外县、市的人;三、在本县、市居住不满一年,但已离开常住户口登记地一年以上的人;四、普查时住在本县、市,常住户口待定的人;五、原住本县、市,普查时在国外工作或学习,暂无常住户口的人。

　　[②]　本节在写作过程中,主要参考了以下文献:[1]《中国土地资源生产能力及人口承载量研究》,中国人民大学出版社,1991 年版;[2]中国科学院、国家计划委员会自然资源综合考察委员会:《中国国土资料数据集》,1990 年版;[3]国务院技术经济研究中心等:《2000 年中国的人民消费》,中国社会科学出版社,上海人民出版社,经济日报出版社,1998 年版;[4]玛丽林·周等:《世界粮食问题展望与农业潜力》,农业出版社,1982 年。

平衡,因此,全省人口的绝对增减实际上将由人口出生和死亡引起的人口自然变动所决定。

从现在到下世纪 30 年代初,全省出生率将继续趋低,尽管过去几十年出生人数年际波动所带来的周期性影响会使未来出生率变动曲线略有波动,但下降的总趋势是不会改变的,2030 年左右将是出生率的最低点。由于基年的出生率水平已经较低,而且预测所采用的生育率参数从 1996 年到 2016 年的 20 年中作了分段轻微调升,因此预测期的出生率下降速度将由本世纪七八十年代的剧降,变为今后的微缓下降。

与出生率的下降趋势相反,死亡率将呈现出缓慢的但逐渐加快的上升趋势。这一方面是由于 2000 年以前处于低生育率状态下的出生婴儿较少,婴幼儿死亡人数也相应较少,其死亡人数占总死亡人数的比率较低;另一方面,人口年龄结构刚刚跨进老龄化初期,老年死亡人数占总死亡人数的比率也不太大,所以死亡率水平仍较低,上升也较缓慢。但是,2000年以后情况将会有明显的不同。因为到下世纪初,低生育率已经维持了 20 年以上,未成年人口比重下降,老年人口比重上升,死亡率的回升渐见明显。不过,这是相对于本世纪末之前而言的,从总体上看,2000 年的 7.85‰ 的死亡率仍然是相当低的。2020 年以后,本世纪50 年代至 70 年代高出生率时期出生的人口次第进入老年期,死亡率会出现较大幅度的升高,当 2030 年左右出生率降到最低点时,死亡率的回升还将持续一段时间。

就人口再生产已经现代化的西方国家的人口发展进程来说,当人口再生产进入现代化阶段时,如果出生率在 12‰～13‰ 的水平,那么死亡率大致在 10‰～11‰ 的水平,人口自然增长率趋近于零。然而浙江省未来的情况却是:当 2000 年和 2005 出生率分别在13.26‰ 和 12.30‰ 时,死亡率仅为 6.47‰ 和 6.74‰;到 2020 年,出生率已低到11.78‰,死亡率也没有升高到 8‰。这种死亡率上升的滞后现象,完全是我国急速控制生育率的政策在 21 世纪前期死亡率变动上的反映。正因为这样,作为出生率与死亡率之差的自然增长率,1995 年为 6.89‰,2000 年为 6.79‰,2005 年为 5.56‰,到 2020 年还有 3.93‰,一直要到 2035 年左右才能静止下来。所以,从现在到 2035 年人口总量将持续增加,每年增加量则逐渐减少。2035 年前后的全省最终人口规模(预测的顶极规模)将在 5200 万左右(见表 1-3)。

2. 预测期生活标准的设定

人口的食物需求量取决于人口总量和人均食物消费标准。在某时段人口总量确定的条件下,人均食物消费标准决定地区人口的食物需求。但人均食物消费标准还受制于土地生产能力,所以在封闭的地域系统内,人口食物需求量的满足程度决定于人口数量和土地生产能力。食物消费水平以及消费结构不仅与土地和人口数量有关,而且还受到社会经济发展状况、历史传统、生活习惯以及宗教、民族等多种因素的影响,其中经济收入和总体消费水平是最主要、最普遍的影响因素。在市场经济条件下尤其是这样。

中国科学院、国家计委自然资源综合考察委员会(下简称"综考会")曾利用洛切(LUCH)扩展线性支出系统(ELZS)对我国人均食物消费支出额作过一次预测,依据预测得到的 2000 年和 2005 年的食品消费支出额及其结构,通过分析消费支出额与实物量的关系,参考国外食物消费的变化趋势,及我国土地资源的可能生产能力,推算出我国几种主要食品的实物量需求标准(表 2-1)。

表 2-1　全国主要食物需求预测　　　　　　　　　　　（公斤/人）

年份 项目	1985*	2000	2025
粮食	359.5(口粮 254)	400(口粮 253)	450(口粮 200)
棉花	3.5	4.8	5.0
食油	4.41	6	9
食糖	8.59	3	12
肉类	16.3	25	36
蛋类	5.1	12	18
奶类	2.8	15	25
淡水产品	2.7	8	10
蔬菜	135	150	150
水果	10.9	20.6	30.6

* 1985 年实际消费水平。

　　从表 2-1 可以看出,在未来的两个时段,无论是粮、棉、油、糖,还是肉、蛋、奶类,人均需求量均有不同幅度的提高。特别是肉、蛋、奶类的人均需求量有较多的增加。实现以上食物需求指标,全国每人每天从食物消费中摄取的营养成分将是:热量从 1985 年的 2602 大卡增加到 2000 年的 2695 大卡,再增加到 2025 年的 2809 大卡;蛋白质从 1985 年的 71.7 克增加到 2000 年的 78.1 克,再增加到 2025 年的 86.1 克;脂肪从 1985 年的 39 克增加到 2000 年的 51 克,再增加到 2025 年的 67 克。动物性产品的消费比重得到适度增加,植物性产品的消费比重随之有所下降。表明我国人民生活将获得显著改善,同时也未追求过量的热量和动物性产品的消费,这既符合我国的膳食传统和营养要求,也符合食物消费发展的一般规律,因此,可靠性是比较好的。

　　根据上述对全国食物消费水平的预测,考虑到浙江省经济发展超前于全国平均水平,并结合本省地处东部沿海,淡水和海水产品比较丰富,而山地、草地相对缺少等资源特点,制订了 1995 年、2005 年和 2020 年全省人均主要食物消费标准,见表 2-2。

表 2-2　浙江省主要食物消费标准预测　　　　　　　　　（公斤/人）

年份 项目	1995	2005	2020
粮食	427.8	448.3	499.3
食油	6.0	8.0	10.0
食糖	8.0	10.0	12.0
肉类	25.0	30.0	37.0
蛋类	10.0	13.0	18.0
奶类	5.0	15.0	25.0

续　表

项目 \ 年份	1995	2005	2020
水产 (淡水、海水)	18.0 (淡水 10.0)	22.0 (淡水 10.0)	25.0 (淡水 12.0)
蔬菜	150	170	170
水果	20	30	40

表 2-3 中人均粮食消费标准包括口粮,生产肉、蛋、奶的饲料粮及水产品的饵料用粮,此外还包括饮料、食品以及工业用粮(见表 2-3)。

表 2-3　浙江省人均粮食消费标准测算　　　　　　　　(公斤/人)

项目 \ 年份		1995	2005	2020
口粮		240	210	190
饲料粮	肉类	87.5	105	129.5
	蛋类	32	61.6	57.6
	奶类	2	6	10
淡水产品饲料粮		12	15	18
饮料、食品及其他工业用粮		54.3	70.7	94.2
总计		427.8	448.3	499.3

说明:饲料粮转化率平均为肉类 3.5,蛋类 3.2,奶类 0.4,淡水产品 1.5。

3.预测期主要食物需求总量

通过以上对浙江省人口总量变动和食物消费标准变动的预测,可以直接得出各预测年对主要食物的需求量(见表 2-4)。值得指出的是,未来的人口总量、消费水平预测值,都只是反映一种趋势,而不是实际值,从这种意义上说,食物的需求量也仅仅反映一种趋势。

表 2-4　浙江省主要食物需求总量预测　　　　　　　　(万人,万吨)

项目 \ 年份	1995	2005	2020
总人口	4307.80	4609.20	4990.10
粮食	1842.88	2066.30	2491.56
食油	25.85	36.87	49.90
食糖	34.46	46.09	59.88
肉类	1.7.70	138.28	184.63
蛋类	43.08	59.92	89.82
奶类	21.54	69.14	124.75
水产类	77.54 (淡水 34.46)	101.40 (淡水 46.09)	124.75 (淡水 59.88)

年份 项目	1995 年	2005 年	2020 年
蔬菜	646.17	783.56	848.32
水果	86.16	138.28	199.60

（二）土地利用结构及生产力变化预测

1.现状土地利用结构及土地生产力

（1）现状土地利用结构

根据中国科学院、国家计划委员会自然资源综合考察委员会编制的《中国国土资源数据集》（第三卷），浙江省土地利用结构为：耕地 3927.39 万亩，占全省土地总面积的 24.90%；园地 615.99 万亩，占土地总面积的 3.91%，林地 8199.29 万亩，占土地总面积的 51.99%，其中以针叶林占绝对优势，广泛分布于海拔 700～900 米以下的丘陵低山；阔叶林主要分布于浙南、浙西的低、中山地，面积较少；毛竹林以浙西天目山区分布面积最大，其次分布在浙东丘陵；草地面积 41.35 万亩，内陆水域面积 836.34 万亩；其他用地（包括居民点及工矿用地、交通用地、荒山等）2148.61 万亩。

表 2-5　浙江省土地利用结构现状

土地利用类型		面积（万亩）	占土地总面积（%）
耕地	水田	2694.45	24.90
	旱地	827.45	
	田埂	360.49	
	小计	3927.39	
园地	果园	126.79	3.91
	桑园	171.53	
	茶田	300.46	
	其他	19.21	
	小计	615.99	
林地		8199.29	51.99
草地		41.35	0.26
交通用地		133.07	0.84
居民点及工矿用地		540.06	3.42
水域	内陆	837.34	5.31
	潮间带	366.58	2.32
其他		1108.90	7.03
总计		15769.99	100

资料来源：中国科学院、国家计划委员会资源综合考察委员会：《中国国土资源数据集》（第三卷）。

根据本省农、林、牧、渔各业生产用地结构及其地理分布分析，土地利用的区域性特征比较明确,在平原区以种植业(包括养殖业和渔业)为主,河谷盆地低丘区,则在平畈田种粮,低丘坡地发展经济果木和造林,实现农林结合和农牧结合,而低、中山区则以林为主。

(2)土地生产力现状

根据浙江省统计局提供的资料,1990 年全省农、牧、渔产品总产量如表 2-6。

表 2-6　浙江省 1990 年农、牧、渔产品总产量

项目	总产量(万吨)
粮食作物	1586.10
棉花	6.42
油料	48.35
猪、牛、羊肉	85.62
禽蛋	18.99
水产品	138.98
水果	107.0
蔬菜	736.63
糖蔗	22.14

2. 未来土地利用结构及土地生产力的变化趋势

(1)未来土地利用结构变化趋势

在极为有限的后备宜农荒地状况下,人口的增长,工业化、城镇化的发展,必然造成耕地面积的日趋减少。仅 1985 年一年,全省减少耕地 43.89 万亩,1986 年虽有所控制,但仍减少 34.72 万亩。耕地面积消长受宜农荒地的开垦、三项建设占有耕地、农田防护林占用耕地及退耕地等因素的影响。随着人口的增长与经济的发展,今后国家各项建设占用耕地仍有扩大的趋势。另一方面,耕地后备资源数量少、质量差、开发难度较大。根据土地资源评价资料,全省可供开垦的后备耕地资源仅 168 万亩,主要分布于金华、衢州、杭州、湖州等地区,质量均较差,没有一等地,全属二等地(占 69%)和三等地(占 31%)。按乐观的预计,到 1995 年、2005 年和 2020 年,全省耕地面积将分别下降到 3684.35 万亩、3497.15 万亩和 3254.35 万亩。

本省低丘缓坡地面积较大,其中尚有较大面积可以开发,发展水果、蚕桑和其他经济林木。

根据上述大致变化趋势,预测全省未来土地利用面积及结构如表 2-7 所示。

表 2-7　浙江省土地利用结构与面积变化预测

年份 项目	1995		2005		2020	
	面积(万亩)	%	面积(万亩)	%	面积(万亩)	%
耕地	3684.35	23.36	2497.15	22.18	3254.35	20.64
园地	625.99	3.97	635.99	4.03	645.99	4.10
林地	8306.79	52.67	8447.36	53.57	8532.86	54.11

年份 项目	1995		2005		2020	
项目　　面积	面积(万亩)	％	面积(万亩)	％	面积(万亩)	％
牧地	42.45	0.27	43.55	0.28	44.65	0.28
居民、工矿、交通用地	893.13	5.66	1063.13	6.74	2313.13	7.69
水域	1203.92	7.63	1203.92	7.63	1203.92	7.63
其他	1013.36	6.43	878.89	5.57	875.09	5.55
总面积	15769.99	100.00	15769.99	100.00	15769.99	100.00

（2）未来土地生产力的变化趋势

耕地质量的变化，一方面要考虑城镇占地及开垦荒地引起的耕地数量变化，另一方面还要考虑土壤改良而引起的耕地质量变化。从实际状况看，城镇等建设一般占用一、二等耕地，新开垦的耕地一般是质量差的二、三等地。但是在耕地质量升降中，土壤改良还是占主导地位。综合来看，我省耕地质量仍会有所提高。在改善水利条件，加速改良中、低产田，因地制宜，合理种植，保证化肥、农药、薄膜等投入的基础上，我省的粮食单产仍会有所增长。

未来土地生产力变化的另一趋势是耕地复种指数的适度提高。我省耕地复种指数已经到达比较高的水平，但是由于水热条件及生产基础较好，通过充分利用冬季热量资源等措施，复种指数仍可继续上升。预计到 1995 年、2005 年和 2020 年分别可以达到 225％、226％、227％。

3.预测期主要食物产品结构与产量规模

（1）作物结构调整与配置

作物结构继 90 年代初的大规模调整后，在未来若干年中仍会有所变动。主要原因有：①随着生活水平的提高，动物性食物的需求量将不断增加，因此，玉米、青贮饲料等需求量也呈上升趋势，而稻谷的需求量将相应降低，这一消费结构的变化不能不影响作物结构的调整。②从土地养分平衡考虑，旱地作物的作用将得到广泛重视，豆类作物、豆科牧草和绿肥的播种面积将有较大发展。③经济作物关系到人民的吃、穿、用，是人民生活的必需品，也是多种轻工业的主要原料和主要的出口商品，另外经济作物的商品率较高，具有较大的经济价值，因此，在确保粮食增产的前提下，应使经济作物种植面积的比重有所提高。因此，对浙江省作物结构调整时，综合考虑了以下几个方面因素：①以现有作物结构为调整的基础；②以社会需求趋势分析作为调整的主要依据；③将土地的适宜性、养分平衡及作物的经济价值作为调整的参考因素，得调整结果如表 2-8 所示。

表 2-8　浙江省不同时期各类作物的种植面积结构（比例）预测

年份	粮食作物：经济作物： 其他作物	小稻：小麦：玉米：薯类：豆类 ：其他	春粮：油菜籽：绿肥
1995	73：10.5：16.5	62：12：2.5：7：5.5：11	45：21：34
2005	72：11.5：16.5	61：11.5：3：8：6：10.5	42：22：36
2020	72：12：16	59：10.5：4：8.5：6.5：11.5	36：25：39

(2)主要植物性产品的单产及总产量估测

"综考会"曾利用国家统计局的各省份 1951—1987 年间的逐年粮食及主要作物单产和总产作为产量时间序列,运用灰色系统预测模型(GMA(1,1)),分别建立全国及各省份粮食及主要作物产量的长期预测模型,并用模型计算得到全国及各省份粮食及主要作物在未来两个时期(2000 年和 2025 年)的单产和总产趋势预测值,其中浙江省几项主要作物单产预测值如表 2-9 所示。

表 2-9 浙江省 2000 年、2025 年主要农作物单位面积产量[*]   (公斤/亩)

项目 年份	水稻	小麦	玉米	薯类	豆类	其他	粮食 作物	棉花	植物油	食糖
2000	410.86	111.94	181.54	222.68	108.08	165.25	310	76	32.6	226.4
2025	507.26	157.16	386.71	292.63	145.66	205.25	387.99	98	50.7	431.7

[*] 按播种面积计算的单位面积产量。

资料来源:《中国土地资源生产能力及人口承载量研究》,中国人民大学出版社,1991 年,第 249、250、256 页。

根据"综考会"推荐的预测值,经过时期调整可以得到本省在 1995 年、2005 年和 2020年的各项单产估算值,并在此基础上测算不同时期主要植物性产品的总产量(见表 2-10)。

表 2-10 浙江省不同时期主要植物性产品生产量测算

作物	项目 年份	1995 播种面积(万亩)	1995 单产(公斤/亩)	1995 总产量(万吨)	2005 播种面积(万亩)	2005 单产(公斤/亩)	2005 总产量(万吨)	2020 播种面积(万亩)	2020 单产(公斤/亩)	2020 总产量(万吨)
粮食作物	水稻	3751.96	380	142.57	3471.24	430	149.26	3138.16	490	153.77
粮食作物	小麦	726.19	115	8.35	654.41	130	8.51	558.49	150	8.38
粮食作物	玉米	151.29	180	2.72	170.72	250	4.27	212.76	340	7.23
粮食作物	薯类	423.61	215	9.11	455.24	250	11.38	452.11	280	15.66
粮食作物	豆类	332.84	90	3.00	341.43	120	4.10	345.73	140	4.84
粮食作物	其他	665.67	130	8.65	597.51	175	10.46	611.67	200	12.23
粮食作物	合计	6051.55	—	174.40	5690.56	—	187.98	5318.91	—	199.11
棉花		193.80	69	1.34	189.55	84	1.59	191.99	98	1.88
蔗糖		39.79	2000	7.96	41.97	2400	10.07	45.11	4000	18.04
折合成糖(×10%)		—	200	0.80	240	240	1.01	—	400	1.80
油菜籽		646.23	83.3	5.38	102.8	102.8	6.64	681.24	125.0	8.52
折合成油(×10%)		—	30	1.94	37	37	2.39	—	45	3.07

浙江省宜于多种果树生长,常绿果树除柑橘外,还有柚、金柑、杨梅、枇杷等,落叶果树有梨、桃、梅、李、枣、柿、无花果、葡萄和猕猴桃。本省水果生产主要在荒山、丘陵缓坡、滩涂、库塘周围和房前屋后边隙地发展。根据有关参考资料,预计 1995 年、2000 年和 2020 年全省

瓜果总产量分别为 80 万吨、120 万吨和 200 万吨,蔬菜总产量分别为 700 万吨、800 万吨和 1000 万吨。

(3)主要动物性产品的生产能力估测

各种动物性产品生产能力的预测与估算,必须建立在相应时期能够用于相应产品生产的饲料、饲草资源的数量上。由于我省饲料、饲草资源的绝大部分依赖于种植业生产,特别是饲料基本来自粮食,因此,不同的投入水平带来不同的粮食产量,在一定程度上直接决定了饲料、饲草资源的数量、质量及其构成。从未来粮食消费的趋势看,口粮和饲料粮是主体,在不同投入水平条件下,粮食消费结构主要依口粮和饲料粮的消长而变化。而人均口粮消费水平主要取决于人均粮食占有量,人均粮食占有量低,则粮食消费首先满足口粮需求,解决温饱问题,人均口粮消费量较大;人均粮食占有量高,则饲料粮和工业用粮较多,促使人均口粮消费量减少。我省人均口粮消费量一直比较稳定,目前农民人均口粮消费量正渐呈下降趋势,今后人均粮食占有量增加的部分将主要用于动物性产品的生产,即用作饲料粮以提高生活质量。参考"综考会"推荐的方案,结合浙江省的实际情况,初步预测了全省饲料、饲草资源变化状况(见表 2-11)。

表 2-11　浙江省饲料、饲草资源状况　　　　　　　　　　　　　　　　(万吨)

年份	精料	饲料粮	糠	饼粕	其他饲料	饲草
1995	650	435	135	9	70	1900
2005	750	550	146	12	80	1900
2020	1100	800	150	20	90	1850

随着饲料生产技术和经营管理水平的提高,各类动物性产品的饲料报酬率会相应提高。主要考虑饲料质量、优良品种推广和经营管理水平三方面的变化情况,并参照国外饲料报酬水平的变化趋势,预计未来动物性产品的饲料报酬水平可提高到:猪肉 4.3:1,牛羊肉 2.5:1,禽肉 3.0:1,蛋类 3.2:1,奶类 0.4:1,淡水产品 1.5:1。顾及到今后畜牧业生产结构的改善,预计我省未来各类动物性产品的生产情况如表 2-12 所示。

表 2-12　浙江省动物性产品生产预测　　　　　　　　　　　　　　　　(万吨)

年份	肉类	猪肉	牛羊肉	禽肉	其他肉类	蛋类	奶类	淡水产品	海水产品
1995	114	100	3	11	0.3	45	20	27	130
2005	143	120	5	18	0.4	70	40	40	145
2020	196	150	6	40	0.4	100	45	45	160

(三)食物供需平衡及平衡途径

1.食物供需平衡

根据以上对浙江省主要食物产品的需求与生产能力预测,可以编制全省未来的食物供需平衡表(见表 2-13)。

表 2-13　浙江省主要食物产品供需平衡表　　　　　　　　（万吨）

项目 年份	粮食			植物油		
	总产量	需求量	盈亏量	总产量	需求量	盈亏量
1995	1744.0	1842.88	-98.88	19.4	25.85	-6.45
2005	1879.8	2066.30	-186.5	23.9	36.87	-12.97
2020	1991.1	2491.56	-500.4	30.7	49.90	-19.20

表 2-13　（续 1）

项目 年份	食糖			肉类			蛋类		
	总产量	需求量	盈亏量	总产量	需求量	盈亏量	总产量	需求量	盈亏量
1995	8.0	34.46	-24.46	113.5	107.70	5.80	45	43.08	1.92
2005	10.1	46.09	-35.99	143.4	138.28	5.12	70	59.92	10.08
2020	18.0	59.88	-41.88	196.4	184.63	11.77	100	89.82	10.18

表 2-13　（续 2）

项目 年份	奶类			水产类		
	总产量	需求量	盈亏量	总产量	需求量	盈亏量
1995	20	21.54	-1.54	157	77.54	79.46
2005	40	69.14	-29.14	185	101.40	83.60
2020	45	124.75	-79.75	210	124.75	85.25

表 2-13　（续 3）

项目 年份	蔬菜类			水果类		
	总产量	需求量	盈亏量	总产量	需求量	盈亏量
1995	700	646.17	53.83	80	86.16	-6.16
2005	860	783.56	76.44	120	138.28	-18.28
2020	1000	848.32	156.68	200	199.60	0.40

2.缺口分析

浙江省人多地少的矛盾十分突出,据统计1991年底全省人均土地占有面积仅 3.78 亩,相当于我国平均值的 1/4 强,人均耕地面积仅 0.94 亩,低于全国平均 1.57 亩的水平[①]。在未来发展中,一方面随经济的增长,生活水平的提高,全省食物消费标准将有较大幅度的上升,另一方面由于工业化和城镇化的迅速发展,占用耕地越来越多,而可开发后备用地却极为有限,耕地面积将继续减少。因此,本省食物供给的缺口是不可避免地存在的。从前面对全省主要食物产品的供需预测来看,供给的缺口主要在植物性产品方面,粮食、植物油、食糖的缺口将长期存在,并且除棉花以外,其他几类产品缺口将进一步扩大。从相对丰度来说,

① 浙江省土地面积和耕地面积取自"综考会"编《中国国土资源数据集》(第三卷),总人口数由第四次人口普查数推得。

棉、油、糖的相对丰度都较低,尤其是糖,缺口在70%以上(表2-14)。

表 2-14　浙江省几类农产品相对丰度表

项目 年份	粮食	棉花	植物油	食糖	奶类
1995	0.9463	0.6480	0.7505	0.2322	0.9324
2005	0.9097	0.3039	0.6482	0.2191	0.5785
2020	0.7991	0.7535	0.6152	0.3006	0.3607

水果类产品在2005前亦存在一定数量的缺口,但如果注意对坡地、山地的开发,采用合理的培植技术,从长期来看,这一缺口是可以弥补的。

动物性产品的缺口集中在奶类。前期由于人均消费标准较低,缺口并不大,后期消费标准迅速上升,需求量激剧增加,而在供给方面受饲草资源等因素限制,生产能力提高并不显著,因此缺口扩大比较明显。

上面我们都是把浙江省当作一个封闭的地域系统来考虑的。实际上,在社会主义市场经济条件下,农产品的余缺可以通过政府宏观调控和和市场调节来解决。但我国人口数量如此庞大,世界人口又在不断膨胀,当我们在国土规划中考虑人口、食物需求、土地生产能力的关系时,立足于本国、立足于本省,把省区作为一个封闭的地域系统来对待,至少不会有什么坏处。

三、劳动适龄人口的就业需求及产业转移

(一)劳动适龄人口及其变化

劳动年龄是指法定的参加社会劳动的起始年龄至退出社会劳动年龄之间的年龄段。按联合国的统计口径,劳动年龄的上下限是从年满15岁起到年满65岁止,所以人口学上通常把劳动年龄记作15~64岁这一年龄段。但是各国因国情不同,有的国家以本国劳动就业的实际情况来规定劳动年龄。我国对劳动年龄的规定,下限是年满16岁,上限分为女55岁,男60岁(人口学上记作54岁和59岁),上限中体力劳动者和脑力劳动者又有区别,前者定女50岁和男55岁。我们在分析全省劳动年龄人口变化时,分别用国内标准和国际标准来衡量,但国内标准一律用女55岁和男60岁的指标。

根据国内标准,今后一段时间内全省劳动年龄人口将持续增长,直到2005年开始缓慢回落;劳动年龄人口在总人口中的比率则从2000年之后就出现下降趋势。

按国际标准来说,劳动年龄人口数量变化的过程与按国内标准的变化过程相仿,只是数量和比率的回落时间分别要比国内标准的推迟10年和5年。

总的说来,在2010年之前,本省劳动力资源在数量上是非常丰富的,在年龄结构上也还是可以接受的,因为年龄中位数在29~38岁之间,劳动力严重老化状况尚不明显。劳动年龄人口占总人口比重高的年代,也是抚养比(非劳动年龄人口与劳动年龄人口之比)低的年代。预测表明,在2010年,按国内标准计算的抚养比为63.17%,按国际标准计算的抚养比为40.72%。近似地说,有劳动能力的人超过无劳动能力的人一倍左右。如果在2010年之前有劳动能力的人能充分就业且有较高的劳动生产率,那么,在理论上这段时间正是全省创造和积累社会财富的黄金时期(表3-1)。

表 3-1 浙江省劳动年龄人口预测及其相关人口指标的变动

标准	年份	劳动年龄人口占总人口比重(%)	未进入劳动年龄人口占总人口比重(%)	超过劳动年龄人口占总人口比重(%)	抚养比(%)	年龄中位数(岁)
按国内标准	1995	63.44	22.71	13.85	57.64	30
	2000	63.97	2ll.19	14.84	56.32	33
	2005	63.71	19.87	16.4	56.97	35
	2010	61.28	19.34	19.38	63.17	38
	2020	54.96	18.62	26.42	81.95	41
	2035	47.08	17.94	34.97	112.38	44
按国际标准	1995	70.57	21.30	8.13	41.71	30
	2000	70.53	19.97	9.50	41.78	33
	2005	71.12	15.57	10.31	40.61	35
	2010	71.06	18.14	10.80	40.72	38
	2020	66.79	17.48	15.72	49.72	41
	2035	58.02	16.81	25.13	72.25	44

当然,我们也应当看到,从现在到 2035 年,人口年龄中位数从 29 岁增大到 44 岁的最高点,说明劳动年龄人口的年龄结构在趋向老化,发展到这个时候,劳动者的体能总体上有所减弱,影响工作效率。因此,从劳动经济的角度看,本世纪末下世纪初之前抓住一切机遇发展经济,提高下一代和现有青壮年劳力的科学技术水平,把人力资源潜力发掘出来,是使经济腾飞和保持发展后劲的良好时机。从面对未来老年社会挑战的角度看,也需要用开发劳动者的智能去弥补减弱着的体能,并且使智能发展的收益大大超过体能减少的损失,才能摆脱困境。从现在起不遗余力地发展教育和科学技术,到下世纪,用劳动者不断提高的科学技术和文化素养,先进的技术装备和现代化的管理方法去主宰经济,对接受严重老龄化的挑战具有极大的战略意义。

(二)劳动适龄人口的就业需求

劳动适龄人口只有通过就业才能成为真正的社会劳动者,才能为社会创造物质财富和精神财富。我省到 2000 年劳动适龄人口将达到 3149 万人,如果不能把如此丰富的劳动力资源加以充分利用,不仅将造成人力资源的巨大浪费,而且还会消耗大量的生活资料而为社会带来负担,因此,必须综合规划和开发人力资源。

考察劳动适龄人口的就业需求,可以从劳动适龄人口的在业率及新增就业人数与社会对这些新增就业人数所需投资的满足程度两个方面来分析。

从劳动适龄人口的在业率来看(见表 3-2),我省不仅高于 80 年代初世界的平均水平(55.26%),而且近年内提高迅速,尤其是女性劳动适龄人口的在业率,从 1982 年到 1990 年的 8 年间提高了 5.17 个百分点。

表 3-2　浙江省劳动适龄人口在业率　　　　　　　　　　　　　　　（%）

年龄别	男性在业率			女性在业率		
	1990 年	1982 年	+/-	1990 年	1982 年	+/-
15~19	69.54	82.74	-13.20	69.86	77.18	-7.32
20~24	94.82	97.63	-2.81	81.66	78.40	+3.26
25~29	98.20	98.97	-0.77	80.47	73.99	+6.48
30~34	98.80	99.16	-0.36	82.81	77.31	+5.50
35~39	99.04	99.09	-0.05	83.63	76.60	+7.06
40~44	98.96	98.82	+0.14	81.08	68.87	+12.21
45~49	98.44	98.12	+0.32	71.76	57.38	+14.38
50~54	95.35	93.70	+1.65	51.86	42.65	+9.21
55~59	87.52	88.16	-0.64	37.21	30.88	+6.33
60~64	72.94	76.47	-3.53	23.35	19.15	+4.20
15~64	92.08	93.62	-1.54	72.42	67.25	+5.17
65+	43.15	42.67	+0.48	6.14	5.76	+0.38

资料来源:《浙江省第三次人口普查资料汇编》,《浙江省 1990 年人口普查资料》。

从分年龄组来看,15~19 岁人口就业率是下降的,这是我省高中阶段教育在 80 年代得到较快发展的结果。今后,我省高中阶段教育和高等教育将进一步加速发展,因而 15~19 岁、20~24 岁年龄组人口的在业率将进一步下降,预计 15~19 岁人口在业率平均每年可下降 2 个百分点,到 2000 年可望下降到 50% 左右,接近发达国家 80 年代的平均水平;20~24 岁年龄组人口的在业率在今后可望得到一定下降,预计平均每年可下降 0.5 个百分点。55 岁以后年龄段人口的在业率应该缓慢下降,今后要严格执行退休制度,50~64 岁女性人口在业率控制在 30% 以下,55~64 岁男性人口在业率控制在 60% 以下。25~49 岁年龄区间的人口在业率,主要取决于我国劳动就业制度改革的深度和成人教育发展的水平。预计随着社会主义劳动力市场的建立,原有的"隐性"失业人口将转化为"显性"失业人口,加上人们就业观念的变化和城乡劳动力流动限制的放宽,人口的待业率将有不同程度的提高。我们从建立社会主义劳动力市场的要求和人们的心理生活承受能力考虑,建议待业率的上限控制在 4% 左右。另外,由于部分虽然退出劳动年龄区间但仍具备劳动能力的老年人,仍参加社会劳动,成为社会劳动者的一员,从而会提高社会劳动者占劳动适龄人口的比例。综上所述,未来我省劳动适龄人口的在业率将缓慢下降,全社会劳动者占国际标准的劳动适龄人口的比例将从 1990 年年中的 87.65% 下降到 2000 年的 85% 左右,社会劳动者从 1990 年年中的 2538.66 万人增加到 2000 年的 2676.25 万人,平均每年增加 13.76 万人,其他年份如表 3-3。

表 3-3　浙江省劳动力总量预测

年份	1995	2000	2005	2010	2020	2035
劳动适龄人口（万人）*	3040.01	3148.52	3278.06	3372.15	3332.89	3005.13
系数（%）	85	85	84	84	84	84
社会劳动者（万人）	2584.01	2676.25	2753.57	2832.61	2799.63	2524.31

* 本表劳动适龄人口按国际标准计算。

从表 3-3 可见，未来我省劳动力是丰富的，在 2010 年前，劳动力总量不会减少，目前还在劳动力总量增加的高峰期，每年新增劳动力约为 22 万，到 2010 年达到劳动力总量的最高峰 2832.61 万。每年新增劳动力也从目前 22 万减少到无增长。随后，劳动力总量开始有所回落，在 21 世纪 40 年代达到最低值，约为 2400 万左右。

2010 年前我省平均每年新增均 15 万就业人数，这无疑给社会经济发展带来沉重的压力，而且这里还没有把由"隐性"失业转化的就业人数计算在内。如果把这一因素考虑在内，平均每年所需增加的就业岗位约为 20 万左右。要新增这么多就业岗位，社会投资能否满足呢？下面我们作一初步估算。

我们知道，投资与新增就业人数的理论模型为：

$$L_d = L_0 \cdot I \tag{1}$$

其中，L_d 为新增就业人数；L_0 为投资的劳力吸纳系数；I 为投资额。

从（1）式可以看出，新增就业人数不仅取决于投资额，而且还取决于投资的劳力吸纳系数。随着科学技术的发展，资本有机构成的不断提高，单位投资直接吸纳劳力的数量将逐渐减少。据我们对宁波市的调查，宁波市区政府的固定资产投资的劳力吸纳系数从 1978—1980 年的 60.20 人/百万元下降到 1986—1989 年的 6.85 人/百万元，劳力吸纳系数下降了近 8 倍[1]。另外，城镇与乡村的固定资产投资的劳力吸纳系数是不一样的，一般由于城镇企业的资本有机构成较高，因而劳力吸纳系数较小，而乡镇企业的资本有机构成较低，劳力吸纳系数相对较大。据对宁波市的同一调查，1982—1989 年宁波市乡村区域非农产业生产性固定资产投资的劳力吸纳系数为 27427 人/百万元，比 1981—1989 年宁波市区全民所有制单位的 9.35 人/百万元和城镇集体所有制单位的 45.62 人/百万元分别大 29.33 倍和 6.29 倍[2]。如果以 1990 年我省城镇与乡村的全社会生产性固定资产投资的劳力吸纳系数 32.48 人/百万元为基准，且由于资本有机构成的提高，每百万元固定资产投资能吸纳劳力人数假定平均每年下降 2 人，则到 1995 年，我省安置新增的 20 万人就业，就需增加生产性固定资产投资近 90 亿，到 2000 年，若每年要安置新增就业人数 15 万，则需生产性投资 120 亿左右。如此巨大的投资，必将对社会经济的发展带来压力。要使人口就业与经济发展步入良性循环，一方面要继续有效控制我省人口增长，另一方面，也是更重要的一面，是要快速发展经济，使我省经济乘抚养负担较轻的时机迅速实现起飞，发展速度在 90 年代基本保持在 9% 左右，这样才能减轻劳动适龄人口大量增加对经济发展所造成的压力，才能基本满足未来我省劳动适龄人口就业所需的社会投资。同时还要正确处理好发展经济与安置就业的关

---

① 王嗣均、周志刚、吴清法：《二元经济结构条件下产业投资的城镇化效应研究》，《人口学刊》，1992 年第 1 期。
② 王嗣均、周志刚、吴清法：《二元经济结构条件下产业投资的城镇化效应研究》，《人口学刊》，1992 年第 1 期。

系,既要兼顾劳动生产率的提高,又要广开就业门路。根据我省近期劳动就业压力较重的特点,采取有利于就业的经济政策和技术政策,积极发展第三产业和乡村非农产业,还要积极建立和完善劳动力市场,加强职业技术教育,努力提高劳动者的素质。

(三)农业剩余劳动力转移

劳动力由第一产业向第二、第三产业转移,是现代化的必然趋势,也是我省 90 年代经济持续高速增长的关键。由于我省人口密度大、资源相对贫乏,因而乡村劳动力、特别是农业劳动力剩余十分严重。如何加速实现农业剩余劳动力的转移,是我省 90 年代经济腾飞所面临的重大问题。

1. 农业劳动力转移过程回顾

纵观浙江省 40 年的劳动力转移过程,可分为以下三个历史阶段:

(1)计划经济体制下的农业劳动力转移

浙江省历史上农业比较发达,农业生产中精耕细作的传统延续了很长时间,到 1949 年,全省农业劳动力为 730 万,约占社会劳动力总数的 86%。1949 年全省农业收入占国民收入的比重为 74.4%,1978 年这个比重下降到 2.5%,下降了 71.9 个百分点,而同期农业劳动力占整个社会劳动力的比重只下降了 13.5 个百分点。据比较保守的估计,农业中的各种显性和隐性的剩余劳动力在 1978 年达 530 万,约占当时农村劳动力的 41%。

(2)改革初期的农业劳动力转移

1978 年全省农业劳动力总数为 1301 万,约占全社会劳动力总数的 72.48%,到 1985 年尽管乡村劳动力增加了 398.6 万人,但农业劳动力却减少了 1.8 万,农业劳动力占社会劳动力总数的比重由 1978 年的 72.48% 下降到 1985 年 56.03%。促使这一时期农业劳动力转移速度加快的主要原因有三:一是 1978 年以后农村改革极大地激发了广大农民的生产积极性,农业生产发展速度加快,粮食及其他农副产品产量不断提高,为国民经济其他部门的发展提供了大量的原料和农产品,从而为农业剩余劳动力的转移创造了前提条件;二是乡镇企业异军突起,成为吸纳农业剩余劳动力的重要场所,1985 年乡镇企业从业劳动力约为 465.4 万,占农村劳动力总数的 25%;三是城乡封锁的格局有所改变,城乡交流的范围有所扩大,部分农业剩余劳动力被允许进入城镇务工经商。

(3)"七五"期间的农业劳动力转移

"七五"期间,经济增长的波动和经济发展中各种矛盾的出现,导致这一期间农业剩余劳动力转移呈现出较大的波动性。在"七五"前期,浙江省农业劳动力转移基本保持了"六五"期间的势头,但从 1988 年开始转移速度有所回落,甚至出现倒流的现象。整个"七五"期间,由农业转向第二、三产业的劳动力总数约为 133.49 万,与"六五"期间的 325.78 万相比差距甚大,"七五"仅为"六五"的 41%。但是这一期间的农业劳动力转移性质与改革初期的前七年相比有很大的不同,这主要表现在以下几个方面:

首先,劳动力转移由单纯地转向第二产业开始以向第三产业转移为主。从我省"七五"期间农村就业构成变化来看,第一产业下降,第二产业稳定,第三产业有较大上升,1985 年农村一、二、三产业的劳动力构成比例为 69.7：23.1：7.2,到 1990 年演变为 65.7：23.6：10.7。

其次,跨省、跨县的长距离转移渐渐增多。1990 年,农村外出劳动力比 1985 年增加了 35.11 万人,而其中省劳动力就增加了 3.89 万人,从转移的地区构成看,转向东部地区的占 47.5%,转向中部地区的占 33.5%,转向西部地区的占 19.2%。

第三,经济发展的不稳定和宏观政策的波动不仅导致了农业劳动力转移规模和速度的波动,而且导致了转移的不彻底性。"七五"后两年的治理整顿,使农业劳动力一度出现"倒流"现象,由于乡镇企业的关停并转,城镇清退、禁招农民工,使农业劳动力转移受阻。1989年,仅乡镇企业撤并和全民所有制企业清退农民合同工两项,全省就有30余万劳动力退出第二、三产业,在这一因素的影响下,许多农业劳动力开始采取兼业转移的方式,农村劳动力大多成为"两栖"劳动力,这不仅影响了农村工业的发展,对农业发展本身也有许多潜在的危害性。

2. 农业剩余劳动力总量估计

农业剩余劳动力总量测算方法的确定主要从两个方面考虑,一是从耕地资源及林牧副渔各业发展对劳动力的需求量的角度进行测算,二是根据社会经济发展中由于农业与非农产业的收入水平差异所产生的对农业劳动力转移的拉力强度来测算;换句话说,前者考虑的是农业生产的劳动力边际效益,后者考虑的是社会财富的均衡分配。

(1) 边际农业劳动力的测定

农业生产的最终目标是要最大限度地提高农产品的总产量,由于相对于耕地资源及可能投入的资本来说,我省劳动力众多,在农业部门中,劳动的边际生产力很低,是零或者甚至是负数,因此存在着相当规模的剩余劳动力有待转移。1990年浙江省耕地面积为2604.7万亩(年报数),根据现有生产力水平,每个农业劳动力耕种4.5亩耕地不至于减少农业部门的总产量,也就是在每个农业劳动力耕种4.5亩耕地的情况下,使农业部门的劳动边际生产力为零,据此推算我省1990年边际农业劳动力为574.5万人,而我省1990年农业劳动力总量为1040.15万人,农业剩余劳动力为465.65万人,占农业劳动力总量的44.75%。

(2) 财富均衡分配条件下的剩余农业劳动力测算

1990年浙江省国民收入726.49亿元,其中农业221.1亿元,占全省国民收入的30.43%。根据国民经济各部门每一劳动力所创造的国民收入大致相等的原则,则1990年农林牧副渔业的劳动力总数应为777.32万,而1990年该部门的实际劳动力总数为1336.5万,所以剩余劳动力总量为559.18万人;假定在大农业部门中劳动力剩余状况大致相等,则农业剩余劳动力为435.19万人,占1990年农业劳动力总数的41.84%。

3. 农业剩余劳动力转移有关的几个问题

从前面农业剩余劳动力的估计可以看出,1990年我省1040万农业劳动力中,有近一半左右的剩余劳动力。要顺利实现如此庞大的农业剩余劳动力的转移,我们认为以下二个问题需加以妥善解决。

(1) 农业劳动力转移的适度问题

近几年,随着农业劳动力的大量转移,一方面,给农业发展带来较大的冲击,由于劳动力转移的选择性,出现了农业劳动力的"妇女化、老龄化和儿童化"现象;由于土地仍然实行"分田到户"的政策,已经实现转移的劳动力仍保留了一份"口粮田",出现了农业"副业化、兼业化"的现象,从而影响农业的规模经营和农业的现代化。另一方面,给城市的交通、住房及社会治安等也带来了很大冲击,且部分地区出现了"贫民窟"现象。因此,农业劳动力的转移必须适度,既要与农业发展相适应,也要与城市经济发展相协调,避免出现农业剩余劳动力转移的"盲目、无序",合理引导农业剩余劳动力的转移。

(2) 农业劳动力转移过程中的城镇化问题

目前,我省农业剩余劳动力转移主要采用"就地转移"、"离土不离乡"的模式,即使在80

年代中期出现过允许农民自理口粮进镇务工经商的政策,也只实行了很短一段时间,乡村非农化对城镇化的贡献不大,高速的非农化并未带来高速的城镇化,乡村的城镇化处于一种"稳性"状态,从而出现了乡村非农产业"规模小、技术低、污染重"等农村病。我们认为,今后我省乡村非农产业发展必须与城镇化结合起来,不仅要有"离土不离乡"的模式,而且还要有"离土又离乡"的模式,合理引导乡村非农劳动力和民间资金"进城镇入户",推动城镇化的发展。

(四)劳动力的就业结构

1.劳动力就业结构现状

劳动适龄人口的就业需求,除前面所讲的就业总量需求外,还有就业结构方面的需求。未来劳动就业人口的就业结构主要取决于未来经济发展的产业结构变化对劳动力结构的要求,但是这种变化又必须以现状劳动力的产业结构及其发展变化为基础。

浙江省劳动力的就业结构,是属于发展型的就业结构。总的来说,处于第一产业劳动力比重不断下降,第二产业相对稳定,第三产业不断上升的发展过程。从1982年到1990年的8年间,第一产业比重下降了9.3个百分点,第二产业上升了2.3个百分点,第三产业上升了7.0个百分点(见表3-4)。

表 3-4 浙江省 1982、1990 年劳动力就业结构及其变化

	1990 年	1982 年	+/-
第一产业	53.1	62.4	-9.3
第二产业	30.1	27.8	+2.3
第三产业	16.8	9.8	+7.0

资料来源:《浙江省第三次人口普查资料汇编》、《浙江省第四次人口普查资料》。

目前,浙江省劳动力的就业结构主要存在两方面的问题:一是相对于经济发展水平来说,第一产业比重偏高。资料分析表明,1990年,浙江省实际人均国内生产总值约为500美元左右,按照西蒙·库兹涅茨的分析,处于这一生产水平条件下的第一产业劳动力比重应为31.4%,而浙江省的第一产业劳动力比重比该标准高21.7个百分点;二是相对于第二产业来说,第三产业的劳动力比重偏低。1990年浙江省第二产业劳动力比重要比全国平均水平高约10个百分点,而第三产业劳动力比重却比全国平均水平低1.8个百分点。因此,必须制定合理的产业政策,积极发展非农产业,尤其是第三产业,促使我省产业结构的合理化和高度化。

2.农业劳动力总量预测

在上节农业剩余劳动力总量估算中,边际农业劳动力需求量分析与国民财富均衡分配条件下的农业劳动力需求分析的结果大致相近,因而,我们以边际农业劳动力分析来测定规划期的农业劳动力需求量。

农业劳动力大致由种植业劳动力和林牧副渔劳动力两部分构成。种植业劳动力的需求量主要取决于未来的耕地数量及劳动生产率水平的提高。以浙江省的情况看,在1957年至1990年的30多年间,耕地数量一直以4.5‰的速度锐减,随着非农产业的进一步发展,耕地数量将不可避免地以更快的速度减少。若以年报数为基础进行预测,则据比较保守的估计,

浙江省耕地总面积将从 1990 年的 2585.3 万亩减少到 2020 年的 2260.7 万亩,人均耕地将从 1990 年的 0.61 亩/人减少到 2020 年的 0.45 亩/人,因此种植业劳动力需求量亦将逐年减少。

另一方面,全省林牧副渔劳动力都以年均近 7% 的速度增长,这说明浙江省的农业劳动力除向非农产业转移外,还在农业部门内部进行了速度较快的转移,这是我们在研究中不能忽视的一个重要因素,尽管这种转移速度从 1987 年以后减缓,但在 2010 年前,林牧副渔业劳动力需求量仍将继续增长,我们估计其增长速度大致为 1.5% 左右,并到 2010 年达到一个确定的规模。

表 3-5　浙江省农业劳动力需求量预测　　　　　　　　　　　　　　　（万亩,万人）

项目 年份	1995	2000	2005	2010	2020
耕地数①	2528.1	2472.2	2418.2	2364.1	2260.1
种植业劳动力	56180	549.49	537.40	525.40	502.40
林牧副渔劳动力	368.20	406.50	450.95	495.40	500.00
农业劳动力	930.00	955.90	988.35	1020.80	1002.40

实际上,表 3-5 的需求量是在理想状态下的预测结果,劳动力从农业向非农产业转移还有一个逐步实现的过程。1990 年我省农业部门的劳动力总量为 1358.28 万,到 2020 年要减少到 1002.40 万,每年递减速度约为 1% 左右。假定在未来 30 年间,这一速度是均匀的,则各期的农业劳动力总量及占社会劳动力的比重如表 3-6 所示。

表 3-6　浙江省农业劳动力总量及比重预测　　　　　　　　　　　　　（万人,%）

项目 年份	1995	2000	2005	2010	2020
社会劳动力总量	2584.01	2676.25	2753.57	2832.61	2799.63
农业劳动力	1291.21	1227.46	1166.85	1109.24	1002.40
比重	49.97	45.86	42.38	39.16	35.80

3.非农产业中的劳动力结构

劳动力在第二产业与第三产业中的分布应考虑浙江省未来第二产业与第三产业的发展目标,根据已经确定的发展目标,到本世纪末,第三产业将有一个比第二产业快得多的发展过程,使第三产业的产值逐步接近第二产业的规模,并在 2020 年超过第二产业的产值规模。具体如表 3-7。

---

① 本节有关的耕地面积以年报数为准,有关分析与预测也都以此为基础。由于耕地面积年报数与调查数相差较大,1985 年年报数仅为调查数的 58%,因此,本节有关预测与第二节以调查为基础的有关预测有较大出入。

表 3-7　浙江省国内生产总值及结构预测　　　　　　　　　(亿元,%)

年份＼产业	第一产业		第二产业		第三产业	
	比重	产值	比重	产值	比重	产值
1990	224.95	26.88	407.03	48.64	204.83	24.48
1995	260.78	17.62	745.62	50.38	473.6	32.00
2000	302.32	12.72	1123.28	47.28	950.4	40.00
2005	350.47	10.27	1612.61	47.28	1447.98	42.45
2010	406.29	8.30	2315.16	47.28	2175.58	44.43
2020	546.02	5.41	4771.62	47.28	4775.25	47.31

说明:(1)1990—2000 年根据省计经委经研所方案;3(2)预测结果;2000 年以后增速,第一产业按 3%,第二产业按 8%,总产值按 8%测算。

从 1990 年的情况看,浙江省第二产业的劳动生产率是第三产业的 1.11 倍,考虑到在规划期的第三产业将由劳动密集型向资本密集型和技术密集型的方向转化,因此第三产业的劳动生产率亦将逐步提高,到 2020 年达到与第二产业大致相等的水平,因此预测浙江省 1995—2020 年劳动力就业结构如表 3-8。

表 3-8　浙江省未来劳动力的就业结构　　　　　　　　　(%)

年份＼产业	1995	2000	2005	2010	2020
第一产业	48.87	44.86	42.38	39.16	35.80
第二产业	30.10	29.89	28.94	30.35	32.41
第三产业	21.03	25.25	28.68	30.49	32.39

四、人口的社会需求与社会保障

(一)学龄人口变动与教育需求

学龄人口包括学龄期的儿童、少年和青年,是小学、中学、大学整个学校教育的学龄人群,是 21 世纪社会主义现代化建设的主力军,他们现在通过接受教育所形成的多方面的素养,将对今后 10 年、20 年乃至更长时间的经济和社会发展产生重大影响。因此,必须根据未来学龄人口的变动,制定各级、各类教育事业的发展战略与规划,使教育的发展不仅与经济社会发展相协调,而且与人口发展相适应。

1. 未来学龄人口的变动

随着人口出生率与死亡率的巨大变化,我省学龄人口在经历了 60 年代至 70 年代的急骤增加和 80 年代的迅速减少后,90 年代在总体上将进入缓慢减少的时期(表 4-1)。

表 4-1　浙江省未来学龄人口预测　　　　　　　　　（万人）

年份	1995	2000	2005	2010	2020	2035
7 岁入小学年龄人口	69.1	56.8	57.4	56.9	58.7	57.8
7～12 岁小学学龄人口	383.7	361.7	343.9	344.1	347.5	347.4
13 岁入初中年龄人口	74.0	70.3	54.7	57.4	58.4	58.1
13～15 岁初中学龄人口	189.1	183.2	172.0	171.2	172.3	174.8
16 岁入高中年龄人口	65.1	60.3	63.4	58.2	57.6	58.7
16～18 岁高中学龄人口	200.1	204.2	202.4	169.4	170.9	176.8
19 岁入大学年龄人口	68.4	53.7	58.2	57.1	57.9	58.0
19～22 岁大学学龄人口	283.0	244.9	241.6	547.9	230.1	231.5

资料来源：本课题组预测报告，见本报告第一部分。

（1）小学学龄人口变动。未来我省达到小学入学年龄人口将呈下降趋势，到 1999 年达到最低值 54.7 万人，比预测期最高年份（1994 年）的 70.3 万减少 15.6 万人。小学学龄人口同样呈下降趋势，到 2005 年达到最小值 343.9 万人，比 1994 年的 388.6 万人减少 44.5 万人，平均每年减少 2.78 万人。过了最小值年份后，无论是达到小学入学年龄人口还是小学学龄人口，都趋于稳定，基本控制在 59 万和 350 万之内。

（2）初中、高中学龄人口变动。达到初中、高中入学年龄人口，近年内都将有所增加，初中到 1995 年达到最大值 74.0 万人，高中在 1998 年达到最大值 73.9 人。2000 年以后，无论初中还是高中，到达入学年龄的人数都稳定在 60 万人以内，不会突破 2000 年以前最高年份的数字。初中学龄人口近年将有所增加，到 1997 年达到最大值 204.8 万人，随后开始减少，在 2000 年以后，基本稳定在 175 万人以内。高中学龄人口近年将有所减少，到 1997 年达到本世纪之内的最小值 179.7 万人，随后快速增加，到 2000 年达到最大值 204.2 万人，最后控制在 177 万人以内。

（3）大学学龄人口变动。我省大学学龄人口的高峰已经完全过去，在本世纪末的最后 10 年内将逐渐减少，到 2000 年达到最小值 244.9 万人，比 1990 年减少 109.03 万人，平均每年减少 10.9 万人。2000 年后，头十年大学学龄人口稳定在 250 万人以内，后十年大学学龄人口稳定在 230 万人左右。

2.未来学龄人口的教育需求

根据我省教育发展的现状和未来学龄人口变动的预测，考虑到今后我省经济增长对教育发展的支持能力和需求，参照国际上同类国家或地区的教育发展水平，我们对我省未来学龄人口的教育需求提出如下规划设想。

（1）小学教育将 100％地满足小学学龄人口的求学需求，并以满足质量需求为重点。目前我省小学教育已基本普及，1990 年学龄儿童入学率已达 99.30％，接近发达国家的平均水平（西方工业化国家小学平均毛入学率为 102％，苏联、东欧国家为 100％），近年又处于小学学龄人口的下降期，因此，我省小学教育规模不宜扩大，近年应以巩固、充实、提高教育质量为主。以此为原则,并参照联合国教科文组织、世界银行等预测[①],我们设计了一套 1991—2020 年小学毛入学率和在校学生数的规划方案(见表 4-2)。

(2)初中教育到 2000 年得到普及。初中教育是我国九年制义务教育的重要组成部份,根据全国 2000 年普及初中教育的要求和我省的实际,我们认为抓住 90 年代我省初中学龄人口总体上下降的有利时机,力争到 2000 年实现普及初中教育的目标,届时,初中毛入学率可望达到 100%,小学毕业生的升学率在城市达到 115%(考虑到农村小学毕业生将部分转入城市入学的因素),在县镇达到 100%,在农村将超过 94%,初中在校生数为 183.2 万人,比 1990 年增加 39.0 万人,平均每年增加 3.9 万人(表 4-2)。

(3)到 2000 年,高中阶段教育在校生数将翻一番,达到 80 万人以上。1990 年,浙江省高中阶段教育毛入学率为 18.89%,在校生数为 43.43 万人,与韩国经济起飞时的 1960 年的 19.90%和中国台湾地区经济起飞时的 1959 年的 18.20%相仿。60 年代初,韩国与中国台湾地区的经济开始起飞,加速发展加工工业、重化工业等,逐步形成出口主导的外向型经济。从 60 年代初到 70 年代中期,其 GNP 的年均增长率分别为 8.3%与 10%左右,这种情况与浙江未来 10 年的经济发展势头十分相似(浙江省要求从 70 年代末到本世纪末全省 GDP 实现翻三番,在提高质量、优化结构、增加效益的基础上,全省 GDP 年平均递增率在 10%左右),如果以韩国、中国台湾地区 70 年代中期水平为参照目标,则浙江省 2000 年的高中阶段的毛入学率应在 40%左右(韩国 1975 年为 40.5%,中国台湾地区同年为 39.8%),届时,浙江高中阶段教育在校学生数为 81.7 万人,比目前在校生 41 万人左右翻一番。这要求浙江省在未来 8 年左右的时间内,达到韩国、中国台湾地区用了 15 年左右时间所达到的目标。这样的发展速度,对我省来讲是比较快的,年均增长率为 6.52%,但其达到的水平,无论与邻近省区,还是与全国平均水平相比,还是比较低的。据世界银行预测,全国 2000 年高中阶段的毛入学率将达到 56%[②],1990—2000 年高中阶段在校生数的平均增长率仅为 3.79%。另据杭州大学人口所的预测,上海经济区五省一市在 2000 年时高中阶段的毛入学率都将达到 40%以上。[③] 因此,我们认为浙江省 2000 年高中阶段教育在校生数规划在 82 万左右是比较适宜,经过努力是可以达到的,与全国和邻近省市比较,也是应该达到的。具体见表 4-2。

(4)高等教育将得到较快发展,90 年代的平均增长率将达到 7%,到 2000 年,高等教育在校生数将达到 13 万人左右。我省高等教育发展水平在全国处于中等偏下地位,1990 年的在校生数为 6.29 万人,占大学学龄人口的比重仅为 1.8%。如果同样以韩国、中国台湾地区作为比较的参照系,则差距更为明显。韩国在经济起飞前的 1960 年,在校大学生数就达 10.85 万(当时全国人口仅 2500 万),在经济起飞的 1960—1975 年间的年平均增长率在 7%左右;中国台湾地区在 1959 年时的在校大学生数为 2.8 万人,然而到 1973 年竟达到 25 万人,年平均增长率高达 17%。当然,韩国、中国台湾地区在经济起飞过程中的高等教育也存在着盲目发展的现象,这是我们今后力求避免的,但他们这一阶段的高教发展,不仅为完成经济起飞及时输送了人才,而且为 80 年代开始的经济转型准备了足够的人才,则是必须肯定的。我们认为,韩国在整个经济起飞时期,高校在校学生数年均递增 7%的速度,是国

---

① 世界银行:《中国长期发展报告:教育分报告》,中国财政经济出版社,1986 年。
② 世界银行:《中国长期发展报告:教育分报告》,中国财政经济出版社,1986 年。
③ 骆克任等著《上海经济区人口发展战略》,杭州大学出版社,1991 年。

家对高教发展有所节制情况下的速度,我省未来高教的发展,保持 7％左右的速度,无疑是比较稳妥的,而且与 1992 年 9 月在北京国家教委教育研究中心主持召开的"高等教育发展与体制改革研讨会"上专家们提出的 6％～7％的发展速度比较接近。如以 7％作为高教发展速度,则未来我省高教发展规划如表 4-2。

表 4-2　1990—2020 年浙江省教育发展规划

年份		1990	1995	2000	2005	2010	2015	2020
小学	毛入学率(％)	94.7	97.0	100.0	100.0	100.0	100.0	100.0
	在校学生数(万人)	372.4	372.2	361.7	343.9	344.1	333.7	347.5
初中	毛入学率(％)	70.7	80.0	100.0	100.0	100.0	100.0	100.0
	在校学生数(万人)	144.7	151.3	183.2	172.0	171.2	172.1	172.3
高中*	毛入学率(％)	18.9	30.0	40.0	45.0	60.0	70.0	80.0
	在校学生数(万人)	43.4	60.0	81.7	91.1	101.6	120.5	136.7
大学	毛入学率(％)	1.8	3.2	5.1	9.5	9.5	15.8	22.1
	在校学生数(万人)	6.3	9.1	12.5	16.4	23.6	36.1	50.9

* 高中,指高中阶段教育,并不限于普通高中教育。

(二)家庭规模小型化与城乡住宅需求

家庭是社会的细胞,是住宅消费的基本单位。随着社会经济的发展和人们思想观念的变化,加上我国计划生育政策的长期有效执行,我省家庭规模日趋缩小,家庭结构不断简化,这必然对我省的住宅需求产生重大的影响。

1.未来家庭规模小型化趋势

根据第四次人口普查资料,1990 年 7 月 1 日全省共有家庭户 11684715 户,共有常住人口 40386689 人,平均家庭户规模为 3.46 人,比 1982 年第三次人口普查时的 3.96 人减少0.50 人,家庭户规模按从小到大的序列在全国 30 个省、区、市中列第四位,仅大于上海、北京、天津三个直辖市。家庭户规模的缩小,必然增加家庭户的数量,我省 1990 年"四普"时家庭户数量比 1982 年"三普"时增加 2126156 户,平均每年增加 265769 户,年平均增长率高达2.54％,远高于同期总人口的年平均增长率。表 4-3 是我省以来历年的户平均人口数。由于所引用的资料中无法将家庭户和集体户分开,因此其反映的家庭户规模不甚精确,但其反映的基本趋势是确实可信的。

表 4-3　浙江省以来家庭户规模的变化　　　　　　　　　　　（人）

年份	户均人数	年份	户均人数
1949	3.77	1970	4.47
1950	3.77	1971	4.49
1951	3.79	1972	4.50
1952	3.84	1973	4.49
1953	3.89	1974	4.44
1954	3.93	797	4.37
1955	3.95	1976	4.29
1956	4.00	1977	4.22
1957	4.05	1978	4.18
1958	4.16	1979	4.19
1959	4.21	1980	4.14
1960	4.22	1981	4.01
1961	4.10	1982	3.96
1962	4.14	1983	3.91
1963	4.27	1984	3.84
1964	4.36	1985	3.73
1965	4.43	1986	3.63
1966	4.51	1987	3.53
1967	4.50	1988	3.44
1968	4.49	1989	3.39
1969	4.50	1990	3.36

资料来源:根据《奋进中的浙江》提供的年末总户数与总人口数计算。

从表 4-3 可以看出,新中国成立后,我省户均规模在 1972 年以前基本是呈上升趋势,户均规模从 1949 年的 3.77 人增加到 1972 年的 4.50 人。1972 年以后我省户均规模呈持续下降趋势,到 1990 年末户均规模仅为 3.36 人。为了进一步研究我省家庭规模未来发展的可能趋势,我们选择 1972 年后户均规模持续稳定下降的 19 年数据,利用 logistic 曲线来拟合上述数据,发现拟合效果极佳,拟后的判定系数高达 0.98,拟合方程为:

$$F_S = 5 - 1/(0.5 + 2.06e^{(-0.1478(T-1971))}) \tag{2}$$

其中,F_S 代表户均规模,T 代表年份。

从(2)式可以看出,户均规模变化有一个下限,下限值为 $\lim F_S = 3$,即未来我省家庭户规模将继续缩小,但缩小的速度将减慢,其家庭户规模最小不会小于 3 人。利用(2)式,我们可以预测出未来浙江省家庭规模小型化趋势,详见表 4-4。

表 4-4　浙江省未来家庭小型化趋势

年份	户均规模
1990	3.36
1995	3.21
2000	3.11
2005	3.05
2010	3.03
2015	3.02
2020	3.00

2. 家庭户规模的城乡差异

由于城乡在自然、经济、文化、生产和生活方式上的差异，使得城乡在家庭户规模上体现了不同的特点。按照"四普"城乡人口统计的第二口径计算，在我省，市的家庭户规模为3.26人，镇为3.32人，县为3.55人，详见表4-5。

表 4-5　浙江省"四普"市、镇、县的家庭户规模及其构成

	家庭户规模（人）	家庭户构成（%）							
		1人户	2人户	3人户	4人户	5人户	6人户	7人户	8人及以上户
市	3.26	9.72	15.73	35.97	23.32	10.46	3.35	1.00	0.44
镇	3.32	10.57	15.74	32.77	22.90	11.56	4.06	1.45	0.95
县	3.55	9.99	13.17	25.66	27.28	15.29	5.64	2.02	0.95

资料来源:《浙江省1990年人口普查资料》。

从表4-5可见，我省城乡家庭户都趋于小型化，但程度各不相同：(1)市、镇的家庭户规模在1990年平均为3.28人，其小型化超前于全省平均水平约为3年，而农村家庭户规模大于全省平均家庭户规模，其小型化要滞后于全省3年，也就是说，城乡小型化的时间差大约为6年；(2)市、镇已以小家庭为主，1～3人户分别占61.42%和59.08%，而农村则不然，1～3人户仅占48.852%，分别比市、镇低12.6个和10.26个百分点；(3)市、镇的家庭户众数组在3人户，其户数的分布较为集中，而农村的家庭众数组在4人户，户数的分布较为分散；(4)市、镇6人以上的大家庭比重较少，分别仅占4.79%和6.46%，而农村6人以上的大家庭比重较大，占8.61%。

城乡家庭小型化的差异必然会影响城乡住宅需求，而且由于我国城乡家庭住宅的来源、大小等方面是不同的，在城镇一般由国家或集体分配住房或购买商品房，且人均居住面积较小，据1990年城市住户调查，为10.21平方米；而农村住房一般由农民自己建，人均居住面积较大。据1990年农村住户调查，为20.77平方米，农村为城镇的2.03倍。今后，随着我省城镇化进程的加快，这种家庭小型化和住宅性质的城乡差异必然对我省未来的城乡住宅需求产生重大影响。

3. 未来我省城乡住宅需求

城乡家庭的小型化,必然增加家庭户数量,从而使以户为消费单位的住宅需求大大增加,致使我省 2000 年实现住宅小康水平的"居者有其屋"计划增加难度。同时,随着经济的高速发展,我省城镇化进程大大加快,城镇人口将不断增加。根据本省的市、镇非农业人口比重变化比较稳定的 1976—1990 年间的 15 年数据,采用世界城镇化发展的 logistic 曲线进行拟合,拟合的方程为:

$$NUR = 1/(1 + 42.158e^{-0.0499516(T-1949)}) \tag{3}$$

从(3)式可知,浙江省的市、镇非农业人口占总人口的比重将从 1990 年的 15.64% 提高到 2000 年的 24.16%,到 2020 年将提高到 46.38%,市、镇非农业人口也将从 1990 年的 602.49 万人增加到 2000 年的 1078.53 万人,到 2020 年将进一步增加到 2314.41 万人,年平均增长率分别为 6.00% 和 3.89%。这么快的户数增长率和城镇非农业人口增长率,必然对住宅产生强大的需求。

改革开放以来,我省住宅建设得到了较大的发展,到 1990 年底累计竣工面积为 6713.64 万平方米,其中 1978 年后竣工 5955.02 万平方米,住宅总竣工面积的年均增长率高达 17.61%。由于我国近年没有进行过住房普查,在第四次人口普查时也没有住宅这一项目,因此,我省城乡住宅现状是不甚清楚的。如果以省统计局城乡社会经济调查队所得的数据为准则,1990 年末的城乡人均居住面积已超过全国 2000 年城镇居民人均居住面积 8 平方米的小康目标。未来我省人均居住面积预计每年提高 0.2 平方米,低于 1985—1990 年平均每年提高 0.37 平方米的速度,到 2000 年可望达到人均居住面积 12 平方米。农村的居住水平目前已达到相当的水平,今后农民建房的目标不是面积的扩大,而是质量的改善和提高,预测到 1995 年农民的人均居住面积为 22 平方米,2000 年为 25 平方米,21 世纪将保持 25 平方米的居住水平。有关我省未来城乡住宅需求的可能情况如表 4-6 所示。

表 4-6　浙江省未来城乡住宅需求情况

年份	全省总人口（万人）	城乡人口（万人）		家庭户规模（人）		总户数（万户）		平均每年新增户数（万户）		人均居住面积（平方米）		平均每户居住面积（平方米）		总居住面积（万平方米）		总建筑面积（万平方米）		每年新建筑面积（万平方米）	
		城镇	农村	城镇	农村	城镇	农村	城镇	农村	城镇	农村	城镇	农村	城镇	农村	城镇	农村	城镇	农村
1990	4145	648	3497	3.28	3.55	198	985	/	/	10	20	33.49	73.73	6331	72624	12752	139662	/	/
1995	4308	856	3442	3.14	3.31	272	1040	14.8	11.0	11	22	34.54	72.82	9395	75660	18067	145500	1063	1168
2000	4464	1079	3385	3.07	3.16	351	1071	15.8	6.2	12	25	37.92	76.75	13234	81509	25450	156748	1477	2250
2005	4609	1338	3271	3.03	3.08	442	1062	18.2	−1.8	13	25	39.39	77.00	17174	80850	33027	155481	1515	−253
2010	4745	1633	3112	3.02	3.04	541	1024	19.8	−7.6	14	25	42.28	76.00	22578	76836	43419	147762	2078	−1544
2015	4874	1962	2912	3.01	3.02	652	964	22.2	−12.0	15	25	45.15	75.50	29077	71952	55917	138369	2500	−1879
2020	4990	2314	2676	3.00	3.01	771	889	23.8	−15.0	16	25	48.00	75.25	36528	65994	70246	126912	2866	−2291

说明：1. 城镇与农村根据目前农业人口和非农业人口的统计口径进行划分；
2. 总居住面积根据人均居住面积与城乡人口计算所得；
3. 总建筑面积根据总居住面积与总建筑面积之比为 0.25 加以推算。

我们认为,在住房制度深入改革和房地产业得到迅速发展的今后,上述目标是可以达到的。以城镇住房总建筑面积为例,1990—1995年平均每年新增建筑面积1063万平方米,略高于1989年和1990年全省城镇的住宅竣工面积(分别为803.56万平方米和722.13万平方米),年平均增长率为7.22%。从经济发展的支持能力看,1990—2000年我省经济发展速度预计将达到10%,如果按此计算,则1995年和2000年的GDP分别为1347.69亿元和2170.47亿元(90年价),而我们预测的平均每年新增建筑面积1990—1995年和1995—2000年分别为1063万平方米和1477万平方米,如果住宅造价每平方米350元(1990年价)计算,则1990—1995年和1995—2000年的年平均住宅投资分别为37.21亿元和51.70亿元,占同期GDP的比重都为2.76%,低于全国2.38%的要求。因此,表4-6的预测是切实可行的,不仅住宅投资占GDP的比例适当,而且住宅建设速度也略慢于经济发展速度。

为满足家庭小型化与人口城镇化对城乡住宅的要求,我们认为必须尽快将住宅建设单独列入国民经济与社会发展计划,科学规划住宅投资占GDP的比重和住宅建设速度,同时加快城乡住房制度改革,彻底改变城镇国家分配住房和农村自己出钱造房的住宅建设和分配模式,依靠国家、集体、个人三方面共同建设住宅。

(三)人口老龄化与社会保障需求

人口老龄化是我省面临的一个突出的人口问题。根据第四次人口普查资料,65岁及以上人口为282.70万人,占总人口的比重为6.82%,在全国30个省、区、市中居第二位,仅次于上海。按目前国际上通用的划分人口年龄结构的标准,我省人口已十分接近老年型人口,人口老龄化的这种态势必将对我省经济和社会发展产生重大影响。本报告将在预测我省未来人口老龄化趋势的基础上,对人口老龄化与老年社会保障需求的问题作必要的分析,并提出有关建议和对策。

1. 未来人口老龄化趋势

(1)老龄化速度不断加快,程度不断加深,1991年进入老年型人口行列,比全国提前12年。有关未来浙江人口老龄化态势的指标如表4-7。

表4-7 浙江未来人口老龄化态势的有关指标

	人口类型	少儿系数(%)	老化系数(%)	老少比(%)	年龄中位数(岁)
国际通用标准	年轻型	40以上	4以下	15以下	20以下
	成年型	30~40	4~7	15~30	20~30
	老年型	40以下	7以上	30以上	30以上
预测结果	1990	23.29	6.82	29.29	28
	1995	21.30	8.13	38.17	30
	2000	19.97	9.50	47.57	33
	2005	18.57	10.31	55.52	35

续　表

	人口类型	少儿系数（%）	老化系数（%）	老少比（%）	年龄中位数（岁）
国际通用标准	年轻型	40 以上	4 以下	15 以下	20 以下
	成年型	30～40	4～7	15～30	20～30
	老年型	40 以下	7 以上	30 以上	30 以上
预测结果	2010	18.14	10.80	59.54	38
	2015	17.75	12.72	71.66	40
	2020	17.48	15.72	89.93	41
	2030	16.95	22.01	129.85	43
	2040	16.91	26.40	156.12	44
	2050	17.38	25.82	148.56	43

　　预测结果表明，浙江人口在 1991 年进入老年型人口系列，比全国 2003 年进入老年型人口将提前 12 年。[①] 到 1996 年，国际通用的划分人口年龄结构的 4 项指标都将满足老年型人口的标准，说明此时我省将进入典型的老年型人口行列。到 2000 年，我省人口老化系数为 9.50%，老化程度与 1980 年日本的 9.1% 基本相仿。老化速度由 80 年代的平均每 5 年提高 0.66 个百分点加快到 90 年代平均每 5 年提高到 1.34 个百分点。进入 21 世纪后，我省人口老化程度继续加深，到 2030 年为 22.01%，首次突破 20% 的超老年型人口的标准，老少比也首次突破 100% 的大关，达 129.85%。到 21 世纪 40 年代时，我省人口老化程度达到顶峰，为 26.40%，随后趋于平缓，并略有减轻。老化速度在 21 世纪的头 10 年比较缓和，平均每 5 年仅提高 0.65 个百分点。随后 30 年老化速度很快，平均每 5 年提高 2.60 个百分点。

　　(2) 老年人口绝对数将成倍增长，到 2000 年 65 岁以上人口比 1990 年增加一半左右，达 424.09 万人，以后，老年人口仍将持续增长，且过了 21 世纪的头 10 年后，老年人口增长速度明显加快，从头 10 年的平均每年增加 8.84 万人提高到平均每年增加 28.33 万人，快于本世纪 90 年代的增长速度。到 2040 年，我省老年人口达到峰值 1362.40 万人，占总人口的比重也突破 25%，也即平均每 4 个人中有一个是 65 岁及以上的老年人口。2040 年后，我省 65 岁及以上老年人口开始略有减少。按国内退休年龄统计的老年人口，其未来变化趋势基本与 65 岁及以上老年人口的变化趋势相仿，具体数字参见表 4-8。

表 4-8　浙江未来老年人口数（单位：万人）

年份	男≥60 岁、女≥55 岁人口	≥65 岁人口
1990	513.15	282.70
1995	596.63	350.22
2000	662.47	424.09
2005	756.83	475.21
2010	919.68	512.51

---

　　① 邬沧萍、杜鹏：《改革开放面临的人口老龄化分布问题》，载《农村深化改革与人口发展》，第 168 页，中国人民大学出版社，1990 年 8 月。

年份	男≥60 岁、女≥55 岁人口	≥65 岁人口
2015	1106.89	619.97
2020	1318.38	784.44
2030	1744.11	1134.59
2040	1816.02	1362.40
2050	1744.30	1306.96

2. 未来老年人口的社会保障需求

面对我省人口老龄化程度越来越高和老年抚养系数越来越大的形势和前景,在未来几十年内,我们不可能通过提高总和生育率来使人口年龄结构年轻化,唯一的出路是加速经济发展,增强经济实力,在此基础上建立和完善包括老年人口经济保障和生活服务保障在内的老年社会保障体系。

(1)老年抚养系数上升,老年人口的经济保障需求增加,人口老龄化对社会经济发展的最直接影响是劳动适龄人口的老年抚养系数上升,从而加重社会和家庭的负担。表 4-9 是我省劳动适龄人口抚养系数的增长情况。

表 4-9　浙江省未来劳动适龄人口抚养增长情况　　　　　　　　　　（%）

	国内口径			国际口径		
	少儿抚养系数	老年抚养系数	总抚养系数	少儿抚养系数	老年抚养系数	总抚养系数
1990	39.73	19.74	59.47	33.32	9.76	43.08
1995	35.80	21.83	57.64	30.18	11.52	41.71
2000	33.52	23.20	56.32	28.31	13.47	41.78
2005	31.19	25.77	56.97	26.11	14.50	40.61
2010	31.56	31.63	63.19	25.53	15.20	40.72
2015	32.44	38.91	70.35	25.52	18.29	43.81
2020	33.88	48.07	81.95	26.17	23.54	49.72
2030	37.36	69.63	107.00	27.77	36.06	63.82
2040	38.54	75.22	113.78	29.83	46.57	76.41
2050	39.43	73.32	112.76	30.60	45.47	76.08

从表 4-9 可知,未来 50 年左右的时间内,无论是国内口径还是国际口径,我省老年人口的抚养系数将呈上升趋势,其上升速度,在本世纪最后 10 年,平均每 5 年提高 1.5 个百分点左右。到 2010 年后,上升速度将明显加快,平均每 5 年上升 5 个百分点左右。尽管从现在起到 2005 年,我省社会总抚养系数有一段缓慢下降的时期(见表 4-9),但由于抚养老年人口和抚养少儿人口的费用在性质、来源和水平上都有很大差异,社会和家庭的总负担是加重的。1984 年世界银行对中国经济的考察报告认为,中国养小与养老的费用之比为 1∶1.8,浙江省老龄委对宁波、杭州等的城市街道和富阳、永嘉等的农村调查表明,养小与养老的费用之比为 1∶2.1。若以 1∶2 计算,则由于老年人口抚养系数的上升,社会和家庭的总抚养

费用仍将加重。更何况到 2005 年后,无论是国内口径还是国际口径,社会总抚养系数都将开始上升,到那时,社会和家庭的总抚养费用将明显增加。总之,老年抚养系数的上升,老年人口的经济保障需求将日益增加,从而极大地影响国民收入的再分配,影响经济和社会的发展,我们必须对此引起高度重视。

(2)离退休职工日益增多,离退休费用明显增加。据统计,1980 年,我省离退休职工为40.48 万人,到 1990 年底,离退休职工增加到 81.70 万人,十年间整整增加了一倍,离退休费用也从 1979 年的 0.76 亿元增加到 1990 年的 17.62 亿元,11 年间增加 16.86 亿元。为了研究我省未来离退休职工的变动趋势,我们选取了 1980—1990 年间的 11 年数据,选择与离退休职工人数(Y)相关程度极高的三个变量:全省总人口(X_1)、城镇非农业人口占总人口的比重(X_2),国内口径的老化系数(X_3)作回归分析,发现 Y 与 X_1、X_2、X_3 的线性相关系数高达 0.988,因此从统计意义上讲,上述得到的回归模型可以用作预测未来离退休职工人数之用。其模型为:

$$Y = -207.546 + 0.041X_1 + 1.0095X_2 + 8.086X_3 \tag{4}$$

$R^2 = 0.997$ $D.X$ 值 $= 2.807$

$S.E = 0.881$ F 值 $= 840.145$

利用本课题预测得到的未来我省的总人口、城镇非农业人口占总人口的比重、国内标准的老化系数值,我们就可以得到未来我省离退休职工的变化趋势,具体见表 4-10。

表 4-10　浙江省未来离退休老年人口和非离退休老年人口　　　　　(万人,亿元)

年份	老年总人口	离退休职工	农村老年人口*	离退休费用**	农村老年养老费用	总养老费用
1991	531.26	84.23	477.03	19.22	73.70	92.92
1995	596.63	101.31	495.32	26.01	86.13	112.14
2000	662.47	122.15	540.32	36.05	108.92	144.97
2005	756.83	144.41	612.42	49.82	143.12	192.94
2010	919.68	179.85	740.36	71.67	200.58	272.25
2015	1106.89	217.15	889.74	100.67	279.44	380.11
2020	1318.38	257.71	1060.67	138.52	386.18	524.70

* 农村老年人口指达到国内退休标准2的老年人口减去离退休职工所剩下的老年人口,这里包含达到退休年龄而未退休的老年人口。

** 离退休费按 1990 年的人均离退休费 2215 元用 3% 的增长率推算。农村老年养老费用按 1990 年养老费用 1500 元用 3% 的增长率推算。均为 1990 年价。

从表 4-10 可见,随着老年人口的大量增长,离退休职工激剧增加,1991—1995 年平均每年增加 4.27 万人,离退休费增加 6.79 亿元,到 1995 年增加到 26.01 亿元,占同期国内生产总值(1347.69 亿元,1990 价)的 1.93%。如果考虑到农村老年养老费用,则 1995 年城乡总养老费用占国内生产总值的比重为 8.32%,进入 21 世纪后,无论是离退休职工还是农村老年人口,都大幅度增加,离退休职工平均每年增加 6.83 万,大于 1991—1995 年间的增加速度。农村老年人口从 2000 年的 540.32 万增加到 2020 年的 1060.67 万,平均每年增加 24.81 万人。离退休费用和农村老年养老费 21 世纪的前 40 年年均增长率分别为 6.96% 和

6.53%,老年抚养负担将相当沉重。如果经济得不到迅速发展,则老年人口大量增加将反过来延缓经济的发展。

(3)老年人口的生活服务保障需求

老年人口不仅有经济保障的需求,而且还有生活服务保障的需求。

第一,加强老年医疗保健。人到老年,各种生理功能开始衰退,容易患各种影响自己独立生活的慢性病,保健需求急剧增加,老年人将占据相当一部分医疗服务设施。另外,随着人口老龄化的到来,人口的疾病谱与死因结构将迅速转化,慢性病将急剧上升,肿瘤、心血管病、脑血管病将成为主要死因。因此,我们应根据我省人口老龄化起步早、来势猛、速度快、程度高的特点,制定和健全老年人的社会保健体系的制度,加强老年病的预防工作。

第二,兴办老年教育。这不仅是老年人本身的需要,而且也是社会发展的需要,通过老年教育,可以丰富老年人的精神文化生活,使老年人跟上时代节拍,可以继续为社会做出贡献。老年教育形式要多样,要符合老年人的生活规律。老年教育的内容也应把"康乐"与"老有所学"结合起来。

第三,健全老年组织管理和老年社区服务,这是迎接人口老龄化,使老年保障由家庭向社会过渡,满足老年人社会保障需求的必要措施。

五、人口分布与城镇化态势

自70年代以来,随着经济体制改革的推进与经济的高速增长,全省不同层级的城镇迅速发展,城镇化进程和人口再分布步伐大大加快,这种情况必将对全省与各地区未来一系列经济和社会发展规划与决策产生重大影响。因此,预测分析我省未来人口分布与城镇化的态势,是国土规划中必需考虑的重要内容。

(一)人口分布的基本特征

本省各地区自然环境和经济、社会发展状况存在着显著的差别,加上不同时期政策导向和人口自然增长速度的区域差异,全省人口分布呈现以下特征:

1.人口分布东密西疏的基本格局没有改变

如果以长兴—义乌—苍南一线为界,将全省分为东、西两部分,那么在这面积相当的两部分中,东部地区集中了全省约79.22%的人口,西部地区只分布着约占全省20.78%的人口;东部地区为人口密集区,西部地区则为人口相对稀疏区。从人口密度来看,全省最高的地区位于浙北平原与东部滨海平原,其中杭嘉湖平原、宁绍平原、温黄平原、温瑞平原是人口最密集的区域,这些区域土地面积不到全省的1/3,却有占全省一半以上的人口;人口密度最低的地区是浙南中山区和浙西中山丘陵区,每平方公里不到100人;中部盆地区的人口密度介于上述两类地区之间,接近全省平均人口密度。以县而论,人口密度最高的是嵊泗、椒江、温岭、洞头、慈溪、萧山8县(市),均在每平方公里1000人以上,人口密度最低的是淳安、开化、景宁、遂昌、龙泉、云和6县(市),人口密度低于每平方公里150人。

人口分布的自然地域差异还表现在人口分布与高程之间的关系上,人口随高程增加迅速递减,通过乡中心聚落分布高程的资料分析表明,全省约有70%的人口居住在海拔50米以下的地区,另外约有20%多的人口居住在海拔50~200米的地区,只有不到10%的人口居住在海拔200米以上的地区。

相对于耕地资源分布来说,人口分布大致均衡,但各地市之间仍存在着较明显的差异。位于浙北平原的嘉兴、湖州两市,农业人口人均占有耕地一亩以上,而在人口密集、地形较复杂的温州、台州两市(地),农业人口人均耕地仅为0.5亩左右。

2.具有时代特征的人口再分布正在加速

当代的人口再分布,其主流不是耕地开拓型的人口再分布,而是城乡转移型的人口再分布,说到底就是以人口城镇化为基本内涵的人口再分布。这一再分布过程以前动量不足,现在正在迅速增强。

按1990年第四次人口普查市镇人口统计的第二口径[①],我省1990年有市镇人口1291.75万人,占全省总人口的31.17%,其中市人口为658.86万人,占全省总人口的15.89%,其中镇人口832.89万人,占全省总人口的15.78%。从城镇人口率(即市镇人口占总人口的比率,通常叫做城镇化水平)来看,1990年31.17%的水平低于同期世界平均水平。即使如此,"四普"31.17%的数字还是偏高了[②]。这主要是由于"四普"第二口径的市人口包括设区的市的全部人口,这就包含了过多的乡村人口,以致夸大了城镇人口率。舟山、宁波、嘉兴等市都存在着这样的问题。为了客观地反映我省人口城镇化的实际水平,我们曾设定学术界能够接受的计算城镇化水平所必需的市镇人口中非农业人口的下限指标(70%),用模糊数学中的模糊确定法,求得1982年"三普"和"四普"时我省的城镇人口率分别为14.61%和25.63%[③]。这两个数字基本接近实际,它们都略低于全国的平均水平,这与浙江省经济发展水平在全国所处的地位是不相称的,说明浙江省城镇化水平滞后于经济发展水平。但从发展速度来看,这两项调查数字表明,我省城镇比水平从1982年到1990年的8年间提高了11.02个百分点,平均每年提高1.38个百分点,这一发展速度比我省过去任何一个时期都来得快,比全国同期的发展速度也要来得快,这正是我省80年代经济高速发展的直接反映。

3.城镇化水平的地区差异基本呈东北向西南逐步递减的态势

由于"四普"第二口径统计的城镇人口率在市地一级也同样存在夸大的因素,因此,要客观地反映我省各市、地人口城镇化的区域分异,必须对城镇人口数据进行调整。我们同样采用前面提到的调整方法对"四普"各市、地城镇人口数据进行调整,具体如表5-1。

表 5-1 浙江省 1990 年人口城镇化的区域差异

	总人口(万人)	市镇人口(万人)	城镇人口率(%)	调整后的市镇人口(万人)	调整后的城镇人口率(%)
杭州市	583.2	234.8	40.26	234.80	40.26
宁波市	509.2	196.2	38.55	172.48	33.88
嘉兴市	316.3	121.4	38.38	95.12	30.07
湖州市	245.0	122.6	50.04	50.46	20.60
舟山市	97.6	77.3	79.23	40.09	41.08
绍兴市	399.7	83.8	20.96	82.15	20.55

[①] "四普"市镇人口统计第二口径为:市人口为设区的市所辖的区人口和不设区的市所辖的街道人口;镇人口为不设区的市所辖的居委会(建成区)人口。

[②] 周志刚:《第四次人口普查市镇人口统计口径的几个问题》,《人口研究》,1993年第3期。

[③] 周志刚:《中国80年代各地区城镇化水平的调整与分析》,见《中国城镇化区域比较研究论文集》,杭州大学出版社1992年版。

续 表

	总人口（万人）	市镇人口（万人）	城镇人口率（%）	调整后的市镇人口（万人）	调整后的城镇人口率（%）
金华市	4120	88.0	21.36	80.16	19.46
温州市	633.1	179.3	28.33	179.30	28.33
衢州市	216.0	49.1	21.73	42.28	18.71
丽水地区	234.9	44.3	18.86	44.30	18.86
台州地区	487.6	89.8	18.41	89.80	18.41

从表 5-1 可以出，1990 年"四普"时，城镇人口率最高的为舟山市，其次为杭州市和宁波市，最低的为丽水地区、台州地区和衢州市，城镇人口率仅在 18%～19% 之间。

从建制镇以上城镇的分布来看，1990 年全省有建制镇以上城镇 716 座，其中地级市 9 座，县级市 16 座，其他县城 37 座，县辖镇 648 座，城镇主要分布在杭州湾两岸及东部沿海地区，舟山、嘉兴、宁波、台州、金华、绍兴等六地市土地总面积约占全省的 40%，有城市 14 座，占全省城市总数的 56%，建制镇 358 座，占全省城镇总致的 55%。全省城镇密度最高的舟山市平均每 65 平方公里一个城镇，其次是嘉兴市，每 69 平方公里一个城镇，全省城镇密度最低的是丽水地区，平均每 480 平方公里一个城镇。全省平均城镇密度为每 143 平方公里一个城镇。

1990 年全省平均城镇人口密度为 114 人/km²，是 1982 年的 2.5 倍。从各地市的情况看，相互间的差异比较明显，其中浙北的杭州、宁波、嘉兴、湖州、绍兴、舟山等六市城镇人口密度较高，约为 174 人/km²。而浙南的温州、台州、金华、衢州、丽水等五地市城镇人口密度偏低，仅约 80 人/km²。其中最高的是嘉兴市，达 310 人/km²，最低的是丽水地区，仅为 26 人/km²，两地相差近 12 倍。

（二）人口城镇化水平预测

区域人口城镇化水平预测是一项复杂的工作，不仅是预测方法较难确定，而且作为预测基础的城镇人口数据，由于城乡划分标准和城镇人口统计口径的多变，需要采用比较合理的方法加以调整；另外，作为城镇化水平预测依据的城镇化速度又深受政策的影响，是一个很难确定的变量。本节首先对城镇人口数据进行调整，其次回顾我省城镇化发展的历史，分析影响城镇化水平的主导因素，并在此基础上，选择了多种预测方法，并对预测结果进行比较选择。

1. 城镇人口数据调整

我们直接引用我们前面提到的调整方法和调整结果，1978—1992 年浙江省调整前后的城镇人口和城镇化水平如表 5-2。

表 5-2 1978—1992 年浙江省调整前后的城镇化水平

年份	调整前		调整后	
	市镇人口（万人）	市镇人口比重（%）	市镇人口（万人）	市镇人口比重（%）
1978	527.00	14.05	451.23	12.83
1979	550.21	14.51	485.75	13.11

续　表

年份	调整前		调整后	
	市镇人口(万人)	市镇人口比重(%)	市镇人口(万人)	市镇人口比重(%)
1980	569.01	14.87	516.28	13.49
1981	993.89	25.07	565.62	14.61
1982	999.81	25.47	587.62	14.96
1983	907.51	22.87	590.22	14.89
1984	1017.84	25.49	623.88	15.62
1985	1534.15	38.06	797.16	19.78
1986	1179.60	43.71	850.10	20.88
1987	2127.12	51.61	902.61	21.89
1988	2399.43	57.53	932.86	22.37
1989	2612.00	62.06	1055.91	23.90
1990	2650.00	62.58	1068.38	25.23
1991	2733.00	64.13	1125.38	26.40
1992	3593.00	83.83	1178.67	27.50

2.人口城镇化发展过程

任何时期的城镇化都带有历史的烙印,并影响未来我省城镇化的发展。我省城镇化的发展大致可以划分为以下四个时期:

1949—1960年,是我省城市化迅速发展时期。1957年以前,由于政策较稳定,目标明确,国民经济得到了迅速恢复和发展,城镇人口和城镇化水平稳步上升。此后,因"大跃进"的冲击,国民经济计划失调,大批农村人口涌入城镇,1958—1960年招入城镇的农村人口达120多万,致使城镇人口急剧增加,城市化水平急剧上升。

1961—1965年,是城镇化逆转时期。由于1958—1960年在工作指导上的失误,国民经济比例严重失调,1961年后不得不转入调整阶段,于是大量压缩城镇,调整城乡划分标准和城镇人口统计口径,撤消嘉兴、湖州、绍兴、金华等4市和53个建制镇,城镇人口从1960年的587.91万人剧降至1965年422.62万人,城镇化水平也从22.44%直跌到14.24%。

1966—1977年,是我省城镇化水平徘徊不前的时期。由于十年内乱的影响,我省经济到了崩溃的边缘,城镇化步履艰难,城镇人口仅增加88.04万人,城镇化水平仅为13.18%,低于1965年的水平。

1978—1992是我省人口城镇化快速发展时期。随着改革开放政策的实施,我省经济高速发展,城镇化进程大大加快,城镇人口在1992年已达1178.67万人,城镇化水平达到27.50%,14年间城镇化水平上升14.67个百分点,平均每年增加1个百分点。

由此可见,我省城镇化受政策影响较大,在1977年以后,城镇化发展比较稳定,基本随经济的高速成长而快速发展。

3.影响城镇化水平的主导因素

对浙江省城镇发展与城镇化水平提高影响较大的因素主要有以下三个方面:

　　首先,区域生产力发展水平的提高是城镇发展与城镇化水平提高的基本前提,在经济发展及人口和生产力布局政策比较稳定的情况下,区域城镇化水平与人均国民生产总值水平呈高度正相关关系。

　　其次,区域城镇发展条件及现有的城镇发展基础是城市化水平提高的主要条件。这是因为城镇化是工业化的结果,而工业发展又必须以城镇为依托,工业化与城镇化存在着互促共进的关系。

　　第三,由隐性城镇化向显性城镇化的转变,是城镇化水平提高的潜在动力。本省农业劳动力大量剩余,在城镇就业机会不足,户口没有放开,以及农民积累不充分的情况下,剩余劳动力首先只能就地逐步向非农产业部门转移,在这一过程中,逐渐积聚力量,准备易地发展。由于非农业部门一般要以城镇为发展基地,因而必将导致劳动力和人口从乡村向城镇的转移。

　　4.全省城镇化水平的预测

　　根据上述三个主导因素分析,运用因果分析法、时间序列法、城乡人口增长差别法等方法来预测浙江省的城镇化水平,然后进行比较选择。

　　因果分析法是根据经济发展促进城市发展的基本原理进行城镇化水平预测。我们首先根据1978—1992年浙江省的人均国内生产总值和城镇人口率建立一元回归模型和逻辑斯蒂曲线模型,并用趋势外推的方法对未来城市化水平进行预测。

　　时间序列法的理论依据是在经济稳定发展的条件下,当城镇化处于初期发展阶段,未来一定时期的城市化发展趋势与前一时期的发展轨迹基本一致,便可用一定的数学模型来加以描述。我们以1978年至1992年全省历年城镇化水平进行回归拟合,然后进行趋势外推求得1995—2020年浙江省的城镇化水平。

　　城乡人口增长率差别法是根据基期的城乡人口增长率之差和它的"臆想"值进行加权组合,获取未来城乡人口增长率之差的估侧值,并据此预测未来城镇化水平。

　　现将上述三种方法的预测结果汇总列表如下:

表 5-3　浙江省未来人口城镇化水平预测

预测方法	1990 年	1995 年	2000 年	2005 年	2010 年	2020 年
一元线性因果模型	25.23	29.45	33.66	37.71	41.76	49.39
一元逻辑斯蒂因果模型	25.23	31.65	36.72	41.23	49.14	60.85
逻辑斯蒂时间序列法	25.23	33.05	43.27	51.01	61.24	73.85
城乡增长差别法	25.23	30.14	35.41	38.70	42.67	51.06

　　从表5-3可知,一元线性因果模型的预测值都比同期其他模型的预测值低,逻辑斯蒂时间序列法的预测值都比同期模型的预测值高。我们认为,逻辑斯蒂时间序列法的预测值偏高,按可以预想的情况,一般是很难实现的。一元线性因果模型、一元逻辑斯蒂因果模型和城乡增长差别法的预测值在20世纪90年代基本接近,在21世纪头20年,一元逻辑斯蒂时间序列法比一元线性因果模型和城乡增长差别法的预测值要高,这可以看作是21世纪我省经济发展比较顺利并实现经济起飞这种较好情况下的城镇化发展情况,而一元线性因果模型与城乡增长差别法的预测值差异不大,可以认为是一种比较切实的预测结果,城镇化水平基本平均每年提高1个百分点,和80年代我省经济发展比较稳定情况下的城镇化发展速度

接近,与我省分三步走的战略目标也比较符合。可以比较有把握地说,本省到下一世纪20年代将步入基本实现城镇化的时期。

六、几个问题的思考

以上研究表明,在未来二三十年内,浙江人口数量和结构的变动对全省经济社会发展的影响是多方面的、深刻的,有的甚至是严酷的。为了使人口发展与经济社会发展的关系逐步趋于协调,我们认为有三个方面的问题需要从宏观上认识,并加以妥善解决。

(一)解决好人地矛盾

人地矛盾问题就是人口对农产品的需求与土地生产能力之间是否能够保持良性平衡的问题。人口消费需求和土地生产能力是两个变量,人口数量和消费需求都在变化,随着人口的增长和人均消费水平的提高,向土地索取的农产品产量愈来愈多,在正常情况下,只要农业投入增加,土地生产力也会提高,当生产能力提高稳定地高于人口消费需求提高的速度时,可以认为人地关系处于良性平衡状态,否则就会表现出人地关系的失衡。

新中国成立以来,浙江人口增长很快,从1949年的2083万人增加到了1992年的4261万人,43年增长了1.05倍。在此期间,主要农产品产量虽然增长了数倍,但表现得很不稳定,即使在改革年代也是如此。为了使人口消费需求与土地生产力之间保持良性平衡,必须使人口增长尽快趋向静止,并使土地生产能力得到有效的提高。

要使人口趋向静止,关键是控制育龄妇女的生育率。从目前情况来看,浙江省的计划生育工作是富有成效的,育龄妇女总和生育率已降到1.4左右。照此下去,全省人口到下世纪20年代末,就可以达到零增长的境界。但是由于人口年龄结构变化相对平稳的需要,独生子女间婚配允许生育两个孩子的政策的落实,市场经济发展初期对计划生育工作的冲击,以及农村生育率反弹因素的存在,加上估计到出生婴儿漏报使生育率统计偏低的情况,从本世纪末到下世纪一二十年代,总和生育率从现在1.4左右的统计水平缓慢地上升到2.0左右是不可避免的,人口零增长的时间将不是21世纪的20年代,而是30年代。因此,在未来40年左右的时间里,总人口还要增加,人均耕地面积还要减少,人多地少的矛盾还要加剧。必须指出,这还是以把总和生育率控制在2.0左右为条件的,只要在一二十年内计划生育政策和工作稍有放松,总和生育率突破2.0,总人口超过预测最大值的可能性也是存在的。一旦出现这种情况,人地矛盾将更加尖锐。所以,摆在我们面前可供选择的方案只能是在一个时期内继续贯彻现行计划生育政策。

要使土地保持提供还在继续增长且消费要求日高的人口对农产品的需求的能力,必须遏止耕地锐减的势头,增加农业的投入,紧紧依靠农业科技的发展。

80年代以来,各种建设占用耕地的问题非常突出,使全省耕地急剧减少。为了保证必需的耕地数量,遏止目前耕地锐减的势头,首先必须保住基本农田,应由各级地方政府划定基本农田保护区,非农建设绝对不得侵占。其次,应有计划地开发宜垦荒地资源,努力提高废弃地的复垦率,尽可能弥补建设占地造成的损失。为了从根本上解决土地管理中的问题,必须推进土地使用制度的全面改革,利用经济手段调节土地使用结构和有效管理土地,改无偿无限期使用为有偿有限期使用,建立合理利用土地的自我约束机制。但是,也应该看到,随着国民经济建设的发展,耕地面积减少是难以避免的,因此必须重视提高复种指数,稳定作物总播种面积。

在耕地面积不可避免地继续减少的情况下,增强土地资源供给能力的根本出路在于提高单位面积的产量,而有效扩大投入规模是提高单位面积产量的重要保障。因此,需要政府部门真正把重视农业落到实处,以投资政策的调整体现产业结构调整,即在基建投资上向农业倾斜(确切地说是从失落中归位)。与此同时,要建立有效的农业资金管理和监督体系,改变国家财政支农资金以行政权限层层下拨,缺乏相应的资金管理体系的局面。从以往的实践看,农业生产所需资金更主要的是靠农民的自身积累,国家投资的关键作用在于导向性,其数额实际仅占农业资金的 10% 左右,所以培植农民的投入主体意识,激励农民向农业投资的热情,使农民把增加的积累尽可能投向农业,是农业长期有效发展的根基所在。目前由于较低的农业生产利益,降低了农民的投资热情,弱化了农民承受投资风险的能力,所以必须采取相应措施,保证农民从自身的农业投资中获得较好的经济收益。

农业科技是今后农业发展的主要支柱,离开了科技进步,就不可能在耕地日趋减少的情况下生产出更多农产品满足人民日益增长的需求。从科技角度出发,一是要对群众中行之有效的经验加以总结推广,二是尽快转化现有适用农业科技成果,三是积极开发新的实用技术。其关键是为科学技术寻找载体。目前,能够节约资源的农业适用技术已很多,但推广应用却很不够,究其原因,一是农业劳动者缺乏自觉应用科技的动力和能力;二是农业科技人员、特别是一线的推广人员奇缺,无力负担应用新技术的必要指导。为此,除了切实改善农业科技人员的工作、生活条件,造就一支稳定的农业科技队伍之外,还要充分发挥本乡本土的农民技术员的作用,并用农业实用技术培养回乡的学生,使之成为农村的科技骨干。更重要的是要解决由于农产品价格低,农民种粮获利不大,因而缺乏内在动力问题。由于理顺价格体系是一个极其复杂的过程,我们只能在这种不利局面下寻求出路,为此,发展资源节约型农业的过程更要注重节约费用。

(二)建立分阶段的社会发展目标范式

本报告第二、三部分提出了人口的社会需求。要满足人口的社会需求,必须通过社会发展项目的建设来解决。但是社会发展项目本身往往并不直接创造物质财富,它们的发展需要由经济发展来支撑。所以,在国土规划和区域规划中设定的社会发展目标必须与经济发展目标相适应。

当然,这决不能理解为社会发展只能作为经济发展的陪衬,只能消极地适应经济的发展,而不能对经济的发展产生积极的影响。事实上,社会发展与经济发展是相辅相成,互相促进的,问题只是在于经济发展是社会发展的物质基础,因而在设定社会发展目标时不能离开经济发展的实际水平。

围绕经济发展目标确立社会发展目标的问题,我们在第二、三节只是就未来人口数量和结构变动过程中的人口就业需求、教育需求、住宅需求和养老需求及其可能满足的程度作了逐项探讨。这种探讨是必要的,也是有一定依据的。但是,单项分析并没有考虑满足其他社会需求项目时的经济制约,难以保证实现单项社会需求与实现全部社会需求的协调与平衡。例如未来家庭数量、规模结构与类型结构的变动对住宅需求提出的要求,与经济发展可能满足住宅建设的程度的单项平衡是不难建立的,但是当就业、教育、住宅建设、养老保障同时要求满足时,单项平衡就可能需要修正,何况人口社会需求项目比本报告涉及的项目还要多,确定社会需求与经济保证之间的关系还要复杂。因此,作为长期规划,有必要根据人口的发展,建立与经济发展阶段相适应的阶段性社会发展目标。

国土规划中考虑的阶段性社会发展目标,是一种预期的相对合理的分阶段的长远目标。阶段性社会发展目标的设定,不能靠国民经济与社会发展计划来提供数据,因为国民经济与社会发展计划一般只有年度计划和五年计划,连五年计划目标也需要年度计划来滚动调整。从国土规划需要掌握长远的社会发展目标的角度来说,可行的办法是观察国际上不同经济水平国家的社会发展状况,辨识不同经济发展水平国家经济和社会发展水平之间的数量关系。由于经济发展与社会发展有着内在联系,同一发展水平的国家各项社会发展指标具有相近的指标值,不同经济水平国家按国民生产总值归类,各类国家的社会发展的平均指标值在很大程度上代表了后起的发展中国家的阶段性社会发展目标值,可以作为我们设立长远发展规划的阶段性发展目标的基本依据,基于这样的认识,我们认为可以根据国际统计资料得到社会发展与经济发展水平相适应的阶段性目标范式。

与经济发展水平相适应的社会发展阶段性目标范式,应包含足够多的社会发展指标,除了本报告所涉及的四个方面之外,也要包含其他与人口社会需求直接相关的社会发展指标,诸如第二、三次产业就业人数比率,城市就业率,初中以下教育普及率,高中教育普及率,高中阶段在校学生中职业技术教育学生的比重,每万人大学在校学生数,人均养老基金,社会养老基金占国民生产总值的比重,每万人医生数,每万人病床数,婴儿死亡率,城镇居民人均居住面积,人均住房间数,城镇人口率等。这是因为国民生产总值中用于满足人口社会需求的,实际上要比本报告涉及的范围广一些。

社会发展与经济发展水平相适应的目标范式,应该分若干阶段。按浙江省现阶段的人均国民生产总值水平,规划年代可以分别参考人均 1000、1500 和 2000 美元时的社会发展目标,这大体上是 2020 年之前的分阶段目标,对于国土规划和有关社会发展部门考虑长远目标将是一种不会偏离实际太远的基本参考依据。

上述社会发展目标范式,是国际资料中的若干同类国家的平均指标值,没有包含中国国情和浙江省省情的特殊性。事实上我国(我省)存在着特殊的人口国情(省情),一是人口基数大,二是人口结构失衡,三是人口平均文化素质低下。在运用阶段性社会发展目标范式时,必须根据人口国情(省情)对范式进行符合国情(省情)的调整。例如:人口基数过大,在就业问题上不能不正视未来二三十年中仍将存在就业不充分的问题,三次产业就业人数比重不可能与目标范式保持一致。在人口年龄结构上,未来二三十年将是老年系数迅速增大的时期,社会发展项目要适应老年社会的到来,情况将是社会养老基金占国民生产总值比重比同等发展水平国家要大,而人均养老基金比同等发展水平国家要少。如此等等。

(三)为加速城镇化时代的到来作好准备

按照人口城镇化的阶段性发展规律,在人口城镇化率处于 20%～70% 的阶段内,只要经济发展没有大的挫折,人口增长率继续得到有效的控制,城镇化速度是相当快的。根据目前预测到的下世纪 20 年代的各种数据估计,大约到下世纪 50 年代初,本省城镇人口就将达到占总人口 75% 左右的水平,这个水平大致是城镇化成熟阶段的水平,也是城镇人口绝对数最大的时期。

那时,浙江 5100 多万总人口中大约有 3/4 居住在城镇,比现在要多两倍左右。这不仅将彻底改变人口的城乡分布,而且在工业化和"城市规模效率梯度"①的作用下,在未来二三十年内,不仅各个规模等级城市都将吸收乡村人口,而且随着城市规模等级的提高,吸引乡村人口和其他城镇人口的力量增强,所以尽管城市数量随着城市规模等级上升而减少,但吸

---

① 王嗣均:《城市效率对我国未来城镇化的影响》,《经济地理》,1994 年第 1 期。

纳人口的数量则随着城市规模等级上升而相对增多,这就使城镇人口向大中城市偏集,从根本上改变现在那种大分散小集中的人口分布格局。

这种前景,要求我们从政策转换上和规划工作上作好准备。

首先,要重新检验城市发展方针。在计划经济年代后期提出的"控制大城市规模,合理发展中等城市,积极发展小城市"的城市发展方针①,是决策机构作出的一个一厢情愿的方针。这个方针实际上是在计划经济条件下实行不好,在市场经济条件下实行不了的方针,它既缺乏城镇化理论的依据,也缺乏市场经济观念,其弱点是显而易见的。具体来说,它忽视了城市经济基础理论;忽视了城市体系中规模与功能结构的理论;忽视了"城市规模效率梯度"的存在,违背了大城市超先发展的理论;也忽视了中国最终将有 16 亿人口,并且终将逐步实现高度城镇化,发展一些巨型城市乃至城市巨带是不可避免的现实。可见,合理的城市发展思路应该是整个城镇体系的各层级的全面发展,只有这样,才能解放思想,实事求是地迎接大规模城镇化时代的到来。

其次,要确立能正常吸纳人口与劳动力的城市运行机制。主要是通过以下几项管理制度的改革来解决,即:发展劳务市场,创造城乡人口通过正常途径在城镇谋职的环境;发展金融市场,解决城乡人口在城镇投资的正常渠道;发展房地产市场,使城乡人口能在城镇直接投资兴办第二、三次产业。另外,逐步恢复以加强社会治安管理为目标的户籍管理制度,改变把户口当作控制城镇人口迁移增长的主要手段的状况,使能在城镇正常立足的人口能够取得申报户口的正当权利,也是很有必要的措施。城镇真正需要限制迁入的,只是在城镇没有正常生活来源、没有固定住址的那部分人口。

第三,加强区域规划工作。广泛的城镇化和大规模的人口集聚,将在很大程度上改变空间经济结构和人口分布。这种变化的动力是以市场为导向的产业发展和产业布局的改变。在这种情况下,城市体系膨大,城镇规模等级结构分化,乡村逐步萎缩,城市间、城乡间的人流、物流、资金流、信息流加大,原来所取的点轴建设方式将为区域化建设所代替,其中的关键是基础设施区域化建设,这就决定了在未来几十年内加强国土规划和区域规划工作的必要性。

---

① 这一方针在 1990 年 4 月 1 日实施的《中华人民共和国城市规划法》中,已改成"国家实行严格控制大城市规模,合理发展中等城市和小城市的方针"。

《浙江可持续现代化报告》总序

新世纪之初,浙江大学可持续发展研究中心邀集10余名学者以及浙江大学和省科技部门领导,就发挥浙江大学学科齐全、有利于多学科联合攻关的优势,围绕可持续发展主题建立一个研究项目,进行全方位合作研究的问题进行了商讨。"可持续发展"是事关人类社会发展的重大命题,其研究对象涉及人口、经济、社会、资源、环境相互关系的复杂巨系统,需要探索的问题很多,不可能一揽子拿下来,也不可能毕其功于一役。对一个省来说,根据现阶段省内的实际需要,在建设小康社会、现代化社会过程中联系能否持续发展的问题寻找一个切入点,进行深入研究,为省委省政府战略决策提供必要的科学依据,应该是比较现实的选择。与会的省科技厅的一位领导鉴于浙江经济的快速增长,中央提出的分三步走的目标前两步在浙江都已经大大超前的情况,建议对浙江基本实现现代化的时间作一次依据比较充分的测算,供决策层参考。这个建议得到了大家的认同,认为可以成为研究的切入点。但同时,考虑到现代化建设中无法回避的人口、资源、环境制约问题,现代化建设与可持续发展的理念已经到了难解难分的地步,"可持续现代化"(可持续发展的现代化)应该成为一个完整的概念,那就是要在可持续发展理念支配下去推进现代化建设。其中,"现代化"是目标,"可持续"则是实现这一目标所必须坚持的指导思想及由此而衍生的法律、法规、方针、政策、办法等一系列保证手段和措施。因此,一方面可以根据现代化的内涵及国际上的参照标准,对浙江基本实现现代化的时间进行测算;同时还需要从可持续发展的角度对预测期内基本实现现代化的可能性加以论证。这就是"浙江可持续现代化研究"项目的最初构想。

研究浙江可持续现代化,有两个前导性的问题必须从理论上加以澄清。

第一个问题,为了预测现代化水平,必须回答什么是现代化。关于现代化的问题国内外学者发表过许多言论,但是现代化概念的定义,还是众说纷纭。由于浙江可持续现代化研究这个项目的重点不在于探讨现代化的理论问题,不必过多地纠缠于现代化概念和定义的一般理论探讨,关键是要把握现代化概念的基本内涵,以便为确定现代化水平预测所涉及的领域及涵盖的基本指标提供依据。根据现有文献,在关于现代化概念的各种提法中有两点看来是共同的:(1)现代化是一个动态的概念,它有起始阶段,但很难说有止境。18世纪由于科学技术的进步,一些现代化的先驱国家率先由传统的农业社会向工业社会过渡,开始了现代化进程。此后,经过两个世纪的发展,工业化趋于成熟。随着20世纪科学技术出现一系列突破性的进展,到20世纪后期发达国家又迎来了信息社会和知识经济时代。只要科技进步的脚步不停止,现代化进程就不会终止。(2)现代化的领域是扩展的,其涵盖面从侧重于经济领域扩大到经济、社会生活的各个领域,并且在现代科技引领下强调经济社会的全面发展和协调发展。基于这两点共识,可以为预测浙江现代化水平提供一个纵向发展和横向扩展的坐标。

第二个问题，为了认清哪些因素支撑或制约着现代化，必须回答什么是"可持续"。早在1987年，"世界环境与发展委员会"在《我们共同的未来》这个具有历史意义的报告中，就明确地把"可持续发展"定义为"既满足当代人的需要，又不对后代人满足其需要的能力构成危害的发展"。这个定义已经得到了国际社会的认同。然而，《我们共同的未来》是在世界面临资源和环境危机的形势下提出的，"可持续发展"概念的主要出发点在于号召人们行动起来保护我们共同生存的地球环境，而不能理解为确保地球上已知的不可再生资源永不枯竭。以全球几种不可再生的大宗工业原料资源为例，其静态保障年限（按2000年探明储量与当年产量之比）已经十分有限，例如石油只有43年，煤炭228年，天然气64年，铁矿石141年（王高尚，2004）。即使在未来若干年内这些资源的蕴藏量还将会有新的发现，在全球人口继续膨胀、资源消耗量日益增加的情况下，在一段时期后也会走向枯竭。显然，如果单纯从人口增长、不可再生资源枯竭、生态系统破坏、环境质量下降的角度看问题，那就只能重复罗马俱乐部在《增长的极限》的报告中的结论——立即停止增长。尽管《增长的极限》一书有很强的警世作用，但它的结论是不现实的，对正在争取摆脱贫穷落后状态的发展中国家来说，尤其无法接受"零增长"的限制。因此，我们在坚持可持续发展这一理念的同时，应当对可持续发展的涵义有个全面的认识。遏制人口增长，节约利用资源，保护生态环境，只是挽救人类赖以生存的环境系统崩溃厄运的限制性要求，更为重要的是人类要发扬理性抓住科技进步这个重要环节，推动经济发展和增长方式的转变，推进制度创新、技术创新和管理创新，使发展与创新互为条件，互相促进。发展和创新实质上是最重要的资源替代，也是遏制人口增长、减轻环境压力的根本出路。从这个意义上说，在发展中创新，在创新中发展，才能真正走向可持续的发展。

根据以上认识，浙江可持续现代化研究要在"以人为本，全面、协调、可持续的发展"的科学发展观的指导下，把现代化与可持续发展的理念紧密联系在一起，预测全省在本世纪中叶以前的现代化前景，同时联系预测所显示的现代化进程，对可能支撑和制约现代化发展的各种重要因素加以全方位的考察。

预测本世纪中叶之前浙江现代化可能实现的程度是整个研究项目的基点，其结果关系到与之配合的多角度可持续性论证的目标依托，也关系到研究成果的应用价值。课题组人员以饱满的情绪和高度负责的学术精神投入了这项工作，他们借鉴国内外研究现代化和可持续发展的成果，同时着重考虑为浙江经济社会发展提供决策参考的需要，从理论与实际相结合的高度进行创造性的研究。根据整个项目的要求，浙江实现现代化前景预测的基本目标是要提供一份本世纪中叶前可能达到的现代化程度的时间表。为此，必须做好两项前期研究工作：首先，从基本取得共识的现代化概念出发，建立相对完整的衡量现代化程度的数量分析系统，包括建立反映现代化程度的各主要领域（各大系统）的指标体系；选择评估现代化程度的参照标准体系；确定与科学发展观相一致的反映总体发展水平以及发展全面性、协调性的指数体系，使预测具有明确的指标和标准的依据。其次，为了使预测数据国际可比、国内可比和时间上前后可比，有必要对国际上所用的预测指标、国内全国性和分省的预测指标进行比较、筛选和整合，确立数据可得、基本可比的指标—数据体系，使预测便于纵横对比、内外对比。有了这两个方面的基础，通过计算机模拟，就可以得到反映浙江未来现代化实现程度的时间表。课题组较好地做到了这一点。值得一提的是，这项研究的预测范围和深度实际上远远超出了时间表基本内容的要求。为了能从静态和动态两个角度同时观察现代化的实现程度，研究者构建了静态观察和动态观察的两套标准：静态观察以基年（2001

年)的现代化程度分级标准为基准,衡量预测期与基年相比的各层次现代化实现程度;动态观察以滚动的当年分级标准为依据,衡量各年度实现当年各层次现代化的程度。此外,还对涵盖现代化概念的各大系统及子系统实现现代化的程度给出了时间表;对不同现代化水平下各个系统发展的全面性、协调性进行了多层次的测算和评估,因而拓宽了研究成果的参考价值。

尽管对浙江现代化进程的预测做了精心的设计,并且尽可能在指标体系的设置上考虑可持续发展的要求,使预测结果接近未来的实际。但预测毕竟是预测,指标设置和参数设定难免受到主客观因素的限制,对现代化进程中的诸多促进因素和制约因素也不可能做出定性与定量相结合的全面评估。因此,还必须在预测的基础上,按可持续发展的要求,就现代化时间表所反映的实现不同程度现代化的可能性进行更为广泛的论证,使整个项目在"可持续"与"现代化"两个方面更加紧密地结合起来。具体地说,就是要对可持续现代化的促进因素和制约因素的作用做出前瞻性的分析和论证。由于促进因素和制约因素只是相对而言的,同一个因素在一定条件下可能自我转化,因此不妨把这些因素笼统地合称为可持续现代化的支持系统。

这里所说的支持系统包括人口、人力资本、科学技术、经济、资源、生态环境、国内政策环境以及国际环境等。应当指出,上述可持续发展支持系统中的各个组成部分,一般来说除了人力资本积累和科学技术进步对可持续现代化的作用被肯定为正面因素之外,其余各项因素的作用都带有二重性,人口、资源、生态环境三项尤其如此。20世纪七八十年代以来,人们已经习惯于把人口、资源、环境看作是可持续发展的制约因素,其实这种认识并不全面,实际上这三大因素对可持续发展的作用都具有二重性。人口是可持续现代化进程中的一个重要变量,人口的数量、构成、素质、分布都可以从正反两方面影响可持续发展和现代化的进程,特别是人口数量。当一个国家一个地区的人口数量超过经济和环境容量的时候,就会对可持续发展产生消极的甚至破坏性的影响,而当人口数量处于"生态适度"和"经济适度"状态的时候,则可以成为推进可持续现代化的必要因素和积极因素。人口具有自然和社会两种属性,人口变动在一定程度上是社会经济发展的函数,政府有可能顺应发展并通过政策引导,促成社会对人口进行自我调节,使人口成为促进可持续现代化建设的积极因素。资源蕴藏、生态系统产出、环境容量在不受人类干预的自然状态下,可以看作是一种常量,一旦被人类利用之后就会出现数量减少、容量变小、系统稳定性遭到破坏等问题,以至减弱或逐渐丧失支持经济社会发展的能力,成为可持续发展的制约因素。尽管如此,自然界至今仍在支撑着人类社会的发展,它作为可持续现代化支持系统的基本性质并没有改变,而且地球上已知资源还存在一定的开发利用潜力,新资源、替代资源以及人与自然的物质能量交换也离不开环境这个母体,因此,资源、环境系统仍不失为可持续现代化支持系统中的基本因素。问题是人类对自然环境的滥用终究要遭到自然规律的惩罚,在论证自然资源与生态环境对现代化建设能支撑到何种程度的时候,不能忽视人与自然的这种辩证关系。至于经济,它对可持续发展的影响,是在矛盾中变化的。在工业化时期,经济增长是资源环境的"杀手",然而,不经过工业化的洗礼,国家就不会富裕,即使是创造条件走新型工业化的道路,在整个社会生活中大量消耗自然资源、损害生态系统和环境质量仍然是难以避免的。只有到了后工业化时期,坚实的经济基础带动社会全面发展,科学技术突飞猛进,人口素质大大提高,才能逐步缓解、减轻经济社会活动对资源环境的压力。当然,不能因此而理解为工业化时期国家和社会在提高可持续发展能力的问题上无能为力,应当看到,政府在抓住以经济建设为中心、迅速增强经济实力的同时,大力推动降低单位 GDP 的消耗水平和环境代价,努力建设低投入、高产出、低消耗、少排放、能循环、可持续的国民经济体系和资源节约型、环境友好型社会,努力向可持续现代化目标靠近,还是可以大有作为的。

由此可见,把所有这些因素都看作是可持续现代化支持系统的组成部分,理论上是说得通的。只是对可持续现代化的贡献,大部分是有条件的,而且各因素之间相互联系,相互支撑,相互促进,又相互制约,情况非常复杂,只有经过大量定性与定量的分析,才有可能对预测现代化进程的可持续性做出有根据的论证。这正是用可持续现代化支持系统各个组成部分去论证达到预测的现代化程度可能性的科学意义和困难所在。

经过课题组几年的努力,这个项目的研究已经取得了可喜的成果。关于本世纪中叶之前浙江可能实现现代化的程度,通过整体性、综合性的预测和分项预测,形成了详细的研究报告(1 号报告);关于现代化进程的可持续性论证,则通过对支持系统各组成部分进行研究,各自形成相对独立的研究报告;最后产生由现代化进程预测和对预测结果进行可持续性论证的多项成果组成的系列报告。这些都将为政府机构、有关部门和学术界提供有较高科技含量的参考材料。

浙江省可持续现代化研究有着广阔的活动空间,无论是在研究内容上、方法上、区域范围上、时空关系上都存在着相当大的回旋余地。浙江大学可持续发展研究中心组织的这项研究,是一轮开创性的活动,它将对浙江可持续现代化领域的研究产生积极的推动作用。

载浙江大学可持续发展研究中心:《浙江可持续现代化报告(一)》,浙江大学出版社,2006 年,第 1—6 页

《理论与实证：人口、环境和发展》序

去年初夏，承原华荣教授厚意，赠我一部他刚刚由中国环境出版社出版的新作，书名叫做《"小人口"原理》。全书分4卷，各卷依次定名为：《"马尔萨斯革命"和"适度人口"的"终结"》《文明的脉动、启迪、挑战和应对》《"生态目的性"与环境伦理》《"拯救"、"回归"和"人类革命"》，共160多万字，堪称宏篇巨著。

在该书中，作者从文明演替、环境伦理、生态保护的广阔视野，运用自然科学、社会科学多学科相关理论和实证材料，揭示人在大自然中的位置，人口数量在历史进程中的作用和地位，以及人口增殖与经济活动不当导致生态失衡的历史轨迹，从而得出"小人口"是人类社会实现可持续发展必由之路的结论。何谓"小人口"？他的定义是："节欲、小规模（低密度），处于低耗散'近平衡态'，或与环境保持'低位均衡态'的人口"。这是历来研究人口适度性问题学者中从未有人提出过的崭新概念。在整部书中，作者对学术界在人与自然、经济、社会关系上的许多传统思维，甚至某些世界性的著名论断，提出了质疑或颠覆性的挑战，观点鲜明，文字犀利，极具震撼力，读来振聋发聩，是迄今为止国内第一部以环境伦理为核心，在自然、经济、社会、人口的复杂系统中论证人口发展前景的最有份量的著作，在这个学术领域具有里程碑意义。

为撰写这部著作，作者整整花了十年时间，在这十年中，他日以继夜，几乎到了废寝忘食的程度。该书问世后，受到了同行的高度评价，这是他十年心血应得的回报。

如果说《"小人口"原理》是十年磨一剑的成果，那么，为了打造这把"剑"，作者花去的时间就不仅仅是十年，而是三十多年。原华荣教授1967年毕业于兰州大学地理系，1980年进入该校西北人口研究所工作，当他把世界和中国人口增长的历史进程，与全球和中国自然环境（生态环境）劣变趋势联系起来考察时，迅速开启了他作为科学工作者的良知。从那时开始，他便立下宏愿，要从文明演替、环境伦理、生物和环境保护结合的视角，写出一部关于人在全球环境、特别是生态系统中的位置，以及人口数量及其历史作用的著作。为了实现这一愿望，他三十年如一日，朝着自己设定的方向去读书、去思考、去调研、去积累、去撰著。他如饥似渴地大量阅读与这一广角的学术方向密切相关的科学文献，除了继续充实人口学和地理学这两门新老本行的学识之外，花更大的力气去钻研生态学、热力学、进化论、环境伦理学以及哲学（方法论）、历史学、（社会）伦理学、经济学等学科的重要论著，掌握相关的理论和实证材料，为全面开辟这方学术领地做好铺垫，大大提高了他对这一领域研究的学术自信，增强了朝着既定目标攀登的动力。三十多年来，他围绕自己的学术方向，陆续发表了上百篇颇有见地的论文，为确立他坚信不疑的"小人口"理念和理论奠定了坚实的基础。现在呈现在读者面前的这部书，就是他从80年代以来，特别是近20年来发表的一系列学术论文中选录下来的一个集子，我们可以从中领略到作者独到的学术见解、独特的学术风格和独立的学术思想。

　　这本集子在编纂方式上不同于一般的文集，它不是按写作的时间顺序排列，也不是按文章的性质归类编排，而是按照他越来越成型的学术思想，构建符合其思维逻辑的内容框架。所以，不妨把它看作是一部由系列论文构成的系统性论著。

　　《"小人口"原理》也好，定名为《理论与实证：人口、环境和发展》的这本文集也好，其本质都是弘扬"小人口"理念，都是以历史的眼光判定人口增长不可避免地给生物圈、给全球地理环境带来越来越严重的侵害，最终威胁人类自身的生存，从而告诫人类社会必须走"小人口"之路。所不同的只是前者把重心放在原理的探讨和阐发上，而后者收录了若干反映国内庞大人口数量"压迫"经济、社会、资源、环境的论题，较多地贴近中国国情，指明只有"小人口"才是最终解开中国人口问题症结，实现可持续发展的必然归宿。

　　由于作者在构建"小人口"理论的过程中糅合了自然科学和社会科学许多学科的相关原理，他的著作在科学分类的学科归属上已经界限模糊。正如《"小人口"原理》一书的内容简介中所说的，该书"可供从事伦理学、历史学、人口学、人类学、生态学、地理学、社会学、哲学、环境保护、可持续发展和计划生育等学科的教学、科研和相关政府部门管理人员参考，可作为高等院校本科学生、研究生通识教育的教材，也可用作公众的高级科普读物"。可见，作者为了阐明"小人口"原理，涉猎了许多知识领域，做了必要的科学抽象，使他的著述几乎升华到了哲学（自然辩证法和历史辩证法）的境界。不过，不要误解，作者研究问题的宗旨，始终没有离开过认识人口问题和解决人口问题的需要，只不过是在"小人口"立论中引进了人类历史和生态演替的大量材料，同时对许多跨界的科学问题借助于多种学科的理论来求解就是了。

　　当今世界的人口研究，大致涵盖三个层面：一是在经济社会发展与可持续发展愿景下探讨人口数量适度性的层面；二是以人口本身的社会存在及其变动规律为研究对象的层面；三是出于现实需要，研究完善人口与计划生育管理服务的层面。显然，"小人口"理念来自第一层面的研究，是宏观的、理论性的，有关成果可以归属"理论人口学"的范畴。这一层面关注的焦点，是世界和各国、各地区人口数量应该"适度"和怎样才算"适度"的问题。根据探讨问题的着眼点和角度的不同，可大别为"经济适度"和"环境适度"两大流派，原华荣教授的"小人口"理论是以环境伦理为核心来论证人口适度性的，从性质上说，也可以归入适度人口理论中的"环境适度"这一流派（恕我唐突，原教授对两个流派的"适度人口"观点从来都持批判态度；但我又觉得，在原教授看来"小人口"才是真正的"适度"，那么，把"小人口"理论看作"环境适度"流派的最新进展似也无不可）。当然，他的理论不但与"经济适度"流派截然不同，就是与"环境适度"流派的主流理论也的确存在重大的、甚至方向性的差异。用他自己的话来说，"经济适度"主张"扩大规模"，"环境适度"主张"稳定规模"，而他的"小人口"理论则主张"缩减规模"（三种主张中的"规模"均指人口规模和经济规模）。尽管这是对纷繁复杂的适度人口理论之间差别的极其简约的概括，或许多少会有点以偏概全之嫌，但他的看法总体上是准确的。

　　原华荣教授的主要建树，在于他透彻地批判了两种"适度人口"流派的思想和理论，在多角度、多维度论证人口数量在文明演替、生态演变与可持续发展前景中的序参量作用的基础上，创立了独树一帜的"小人口"理论，为人类需要切实控制自身的数量，并且在生态良性平衡的前提下缩减人口，提供了充分的、有说服力的依据。他的这两部著作对公众认识人口与发展的关系是难得的通识性教材，对高层领导的人口战略决策思考也是值得重视的理论导向。

　　长期从事理论研究，是坐冷板凳的活儿，要系统地出成果，不仅是艰辛的，而且要耐得住寂寞。在学术界浮躁情绪笼罩、功利色彩浓重的今天,要坚守住这一点还真不太容易。原华荣教授把大半生精力倾注于人口理论特别是"小人口"理论研究,不但要有乐此不疲的浓厚兴趣,更要有坚强的意志和毅力,这是非常难得的。在我们这个社会里,人口是"大众",但接触过人口理论的人是"小众"中的"小众";在我们这个世界第一人口大国,人口问题是基础性的大问题,控制人口是我们的基本国策,事关科学发展观的落实,但真正关心和认识人口问题的人并不太多。作为半路出家的人口学人,我衷心希望关心国家人口与可持续发展前途的有识之士,能够接触、了解和传播包括"小人口"理论在内的有价值的人口思想和人口理论。理论一旦掌握了群众,是可以变为巨大物质力量的。

载原华荣著:《理论与实证:人口、环境的发展》,浙江大学出版社,2014年,第1—3页

人口科学与人口决策

世界人口再生产类型转换规律与我国现阶段人口控制问题

　　近二百年来,世界人口增长的速度加快,引起了人们的关注。时至今日,人口问题已经成为世界五大问题的首要问题,全世界面临着控制人口的严重任务。

　　人口增长的快慢,与人口再生产特点有关。在人类历史上,人口再生产类型随着生产力的进步作有规则的转换,认识这种转换规律,联系我国人口再生产类型转换中所处的阶段,对人口控制的决策,具有重大的理论指导意义。

一、人口再生产类型及其转换

　　人类在地球上已生存了大约 300 万年,人口由少到多,现在已经达到 48 亿。在这个漫长的历史进程中,人类自身的再生产经历了三种类型:①高出生率、高死亡率、低自然增长率类型;②高出生率、低死亡率、高自然增长率类型;③低出生率、低死亡率、低自然增长率类型。

　　第一种人口再生产类型存在于前资本主义社会,经过原始公社制社会,奴隶制社会,封建制社会,一直延伸到资本主义社会的初期。换句话说,人类的繁衍绝大部分时间是在这一人口再生产类型中度过的。虽然,在这漫漫岁月中,生产方式的每一次更替,都标志着生产力的巨大进步,但是这种进步,对人口再生产状态只能产生量变的作用,不足以引起飞跃,导致类型的转换。因此,从总体上说,在资本主义社会初期以前,人口再生产始终处在高出生率、高死亡率、低自然增长率的状态之中。

　　第二种人口再生产类型起始于 18 世纪后半期首先发生在英国的产业革命。随后,发展较早的国家在 19 世纪之内先后完成了这一革命性的变革。在 18—19 世纪,这些国家人口的出生率不仅仍处于固有的自然状态之下,而且由于机器代替了熟练的手工劳动,资本家有可能把女工和童工大批投入工厂,这种新生产力和生产关系所激发的社会需要,刺激了人口出生率的提高。另外,大机器工业时代科学技术的进步,推动了医药学的发展,许多流行病、热病等渐次得到控制,人口死亡率逐渐下降。出生率上升,死亡率下降,使人口以前所未有的速度增长起来。这就是 19 世纪前后在较发达国家首先出现的人口再生产类型。这种类型是生产力已有很大发展,但还不够发达情况下的产物。

　　第三种人口再生产类型也首先出现在发达国家,本世纪 30 年代初露端倪,第二次世界大战后,经过短暂波动,渐趋成熟。其主要表现就是死亡率因医学进步降到了更低的水平,出生率则因下列原因而大大下降:①资本有机构成提高,劳动力的需求量相对减少;②在业人口的文化素养和技术要求提高,从而使劳动力培养费用提高,一般家庭难以负担多子女受

428 王嗣均地缘人口学术与人生·十亿人的空间归宿

高标准教育的费用开支;③养老金制度逐渐普及,减少了人们的后顾之忧;④物质文明和精神文明的进步,改变着人们的价值观念和追求目标。此外,妇女社会地位的提高,节育药具的推广使用,对降低出生率也起了积极的作用。低出生率,低死亡率,导致了低自然增长率,人口增长便逐渐静止下来。这种人口再生产类型,已经在不同社会制度的发达国家普遍表现出来。

二、当代世界人口问题的重心在发展中国家

三种人口再生产类型是任何国家都要经历的。当资本主义发达国家处在第二种人口再生产类型的时候,发展中国家还处在第一种人口再生产类型之中。所以,在 19 世纪,发达国家的人口增长比发展中国家要快。只是进入本世纪之后,情况才发生变化。战后,当发达国家普遍转变到第三种人口再生产类型的时候,绝大多数发展中国家相继进入了第二种人口再生产类型。这就使现今世界人口问题的重心转到了发展中国家。

第二种人口再生产类型在世界人口史上只不过是一个短暂的过渡性时期。发达国家花了两个世纪左右的时间度过了这个时期,发展中国家用同样的时间或更短一些,也将度过这个时期。但是,由于世界人口的急速增长正是在这种再生产类型下实现的,因此,即使在这一不太长的时期里,也可能使人口翻几番。何况现今发展中国家所处的第二种人口再生产类型的条件,比之于发达国家在 19 世纪到 20 世纪前期处于同一种类型时的条件,更易于产生人口问题。主要原因是:①现在发展中国家的人口基数比发达国家在 19 世纪时的人口数要大得多。以目前发展中国家的人口数与 19 世纪末期发达国家的人口数相比,至少多七八倍。由于基数大,即使以与当时同样的增长率发展,绝对数膨胀就要快得多。②由于医药学的世界性成就,现在发展中国家的人口死亡率远比当时的发达国家要低,因而人口增长速度远比发达国家要快。如 1984 年发展中国家的出生率为 32‰,死亡率为 11‰,自然增长率为 21‰;而发达国家在 1850—1900 年平均出生率、死亡率和自然增长率分别为 38‰、29‰ 和 9‰。③现在发展中国家在工业化中所采用的技术,起点比当时的发达国家要高,因而同等规模的企事业单位劳动力的需求量就要相对少一些。

基于这些情况,当代发展中国家大都受到增长过快的人口的困扰。为了摆脱困境,大多数发展中国家在发展民族经济的同时,提倡计划生育。但是,受到经济和社会发展程度的限制,群众传统意识改变不多,控制人口收效显著的国家尚属少数。

三、我国现阶段人口再生产类型与控制人口的任务

我国解放初进行了一系列的社会改革,国家安定,经济迅速恢复,人民得到休养生息的机会,人口再生产类型几乎在没有前奏的情况下,就由解放前的高出生率、高死亡率、低自然增长率,一跃而转变为高出生率、低死亡率、高自然增长率。经过 30 多年的发展,人口由 1949 年的 5.4 亿,增长到目前的 10 亿以上,增长了近一倍。

人口增长过快,给经济和社会发展带来了种种困难。70 年代中期以来,大力推行计划生育,力促人口出生率下降,取得了显著的成效。1971 年以前,全国人口出生率一般都在 30‰以上,1984 年降到了 17.50‰,同期,死亡率变动不大,从 8‰弱降到 7‰以下。因此,人口自然增长率从 1971 年的 23.40‰降到了 1984 年的 10.81‰。人口再生产正在向低出生率、低死亡率、低自然增长率的类型过渡。

但是,从人口发展的内部机制来看,还没有消除刺激高出生率的因素。我国现阶段尚处

于工业化初期,全国仍有近 80% 的人口生活在农村。尽管经济有很大的发展,但还不够发达,人们还不能完全摆脱旧的生育观念的影响。特别是广大农村,问题更加突出。首先,现阶段的农村经济基本上是以家庭为单位的小规模农业经济,家庭男劳力的及时替换,是维持这种经济的基本条件。这种状况使生育观不易改变。其次,农村生产仍以传统的手工方式为主,按现有劳动力素质,抚养一个孩子成长为劳动力所需的总费用,只不过是城市的 1/3 左右。家庭支付的培养费用低,对生育的负担产生麻痹。第三,农村还不能普遍实行养老金制度,养儿仍然是农民防老的一种"社会保险"。第四,封建宗法观念尚未彻底清除,对生育起着推波助澜的作用。凡此种种,说明我国现阶段生产力水平仍然对应着第二种人口再生产类型,物质文明和文化还没有达到足以使群众抛弃旧时遗留下来的落后的婚育观念的程度。而且,这种情况不是一朝一夕所能改变的。

很明显,我国的人口发展与控制存在着颇为特殊的矛盾现象。一方面,可以发挥党和国家集中统一领导和群众组织程度高的长处,通过坚持不懈的宣传教育和必要的措施,促使出生率迅速下降;另一方面,社会经济的发展程度和群众中存在的习惯势力,继续残留着多子女生育意愿冲动的土壤,阻碍着人口增长率的迅速下降。这就决定了我国控制人口任务的艰巨性和长期性。

据此,现阶段必须坚定地执行现行的计划生育政策,要在群众中进行各种形式的计划生育宣传,让大家了解计划生育是我国的一项基本国策的道理,自觉行动起来,使计划生育工作由国家主办的事业,变成群众自己的事业。只有把人口增长率有效地降下来,才能促进经济和文化的发展,加速国家现代化建设,为子孙后代造福。

载《浙江农大报》1986 年 1 月 10 日,第 2 期(总第 238 期),第 4 版(科学园地)

80年代浙江生育率变动及其对
人口决策的含义

我国推行严格的计划生育政策已经10多年了,总和生育率从五六十年代的5以上(1963年高达7.5),降到了80年代的2.5上下。

在这种形势下,学术界产生了不同的认识。70年代晚期,学者们异口同声,要求采取严格的计划生育政策以刹住人口的过快增长,到了80年代后期,新的生育形势就使人们对生育政策产生了多种探索性的见解。这些见解在1990年1月的全国第五次人口科学讨论会上集中地反映了出来。

浙江是贯彻计划生育政策比较有力的省份,生育水平下降很快,80年代育龄妇女总和生育率保持在2以下。当全国总和生育率还在2.5上下,净再生产率高于替换水平时,学术界对生育政策已开始发生理论分歧。那么,浙江省在净再生产率低于替换水平情况下,人们对生育政策产生不同的议论就更加不足为奇了。

制定生育政策的依据,除了育龄妇女的生育状况及其发展趋势之外,还有经济和社会发展方面的因素。生育率的变动对人口的数量和结构以至对整个社会、经济都很敏感,一个区域的生育率变动形成某种趋势后,会对区域人口、经济和社会发展产生深远的影响。而生育政策则对生育率的变动和生育趋势的发展起着决定性的、导向的作用。所以,对生育政策必须持慎之又慎的态度。

只有在仔细考察和研究一个时期的生育率动态和经济、社会状况后,才能对如何看待现行生育政策的问题提供可靠的信息反馈。

本文拟通过1982年人口普查,1987年1‰人口抽样调查和1990年人口普查(以下分别简称"三普"、"87年抽样"和"四普")资料中1981年、1986年、1989年育龄妇女生育状况的分析比较,考察80年代生育率变动及其趋势,把握与未来生育决策有关的社会脉搏,在此基础上,试对生育决策的一些现实问题和前景加以初步探讨。

一、80年代全省生育水平的变动

1.年龄别生育率的变动

年龄别生育率是育龄妇女生育状况的一项基本指标,它不仅可以直接观察到育龄妇女生育的若干特征,而且也是求得总和生育率、累计生育率等指标的基础。

为了便于分析,先把1981年、1986年和1989年年龄别生育率列表如下:

表 1　浙江省 80 年代三个年份的年龄别生育率　　　　　　　　（‰）

年龄	1981 年	1986 年	1989 年
15	0.00	0.69	0.34
16	0.34	1.15	1.75
17	0.83	5.36	6.46
18	7.52	12.06	16.19
19	19.85	28.74	37.34
20	42.73	80.65	81.95
21	82.87	125.42	128.38
22	133.99	183.48	166.18
23	208.03	223.29	197.89
24	274.16	228.89	184.86
25	276.86	171.21	139.66
26	236.41	129.58	103.66
27	184.10	93.61	77.15
28	130.08	82.43	60.33
29	94.10	59.36	50.43
30	63.18	40.94	41.82
31	46.64	27.26	32.38
32	34.69	25.12	22.92
33	24.30	15.75	15.02
34	19.47	8.19	10.16
35	13.55	4.19	6.64
36	11.78	2.22	4.54
37	8.03	0.67	3.19
38	6.79	1.71	2.33
39	6.66	—	1.62
40	5.89	—	1.18
41	5.74	0.50	1.07
42	5.13	—	0.89
43	4.35	0.62	0.66
44	3.18	—	0.62
45	2.87	—	0.55
46	1.24	0.69	0.40

续　表

年龄	1981 年	1986 年	1989 年
47	1.26	—	0.32
48	0.40	—	0.40
49	0.26	—	0.28

注:1986 年的数字系抽样调查数,未推及总体。以下同此。

对表 1 进行判读或换算后可以看出:全省育龄妇女生育状况具有下列特征:

(1)生育峰值从 1981 年的 276.86‰,降到 1986 年的 228.89‰,再降到 1989 年的 197.89‰,呈次第下降的态势。

(2)生育峰值年龄从 1981 年的 25 岁,前移到 1986 年的 24 岁,再前移到 1989 年 23 岁,呈依次提前的态势。

(3)标准化平均生育年龄 1981 年为 26.41 岁,1986 年为 25.01 岁。

(4)累计达到 90% 的总和生育率的年龄,1981 年为 30 岁,1989 年也是 30 岁,1986 年因样本内的育龄妇女人数少,到 35 岁以后,随着生育率急剧下降,出现 8 个年龄的生育数空缺,所以 90% 总和生育率的年龄只有 29 岁,看来是偏低了。可以有把握地说,80 年代全省 90% 总和生育率的年龄没有显著波动,基本上保持在 30 岁。换句话说,到 30 岁,绝大多数妇女的生育就结束了。

(5)15～19 岁未达法定婚龄妇女的生育率,三个年份呈依次上升的态势。

可见,除了最后一个特征不利于节制生育外,前面四个特征都表明 80 年代生育模式继续朝着有利于人口数量控制的方向演进。

2.胎次生育率的变动

在推行计划生育政策的条件下,胎次生育率是衡量计划生育工作成效的一项重要指标。

由于 70 年代末 80 年代初我国的计划生育政策发生了重大转折,提倡一对夫妇只生育一个孩子,因此,80 年代在胎次生育率上表现为多胎生育率的缩小和一胎生育率的集中(见表 2)。

表 2　浙江省 80 年代三个年份育龄妇女胎次生育率　　　　　　　　　　(‰)

年份	第一胎	第二胎	第三胎	第四胎	第五胎及以上
1981	37.13	18.26	7.63	3.17	2.42
1986	40.65	13.82	1.53	0.43	0.12
1989	37.91	12.20	1.93	0.38	0.13

如果从年龄别胎次生育率中累加成胎次总和生育率,那么,情况如表 3 所示:

表 3　浙江省 80 年代三个年份胎次总和生育率

年份	第一胎	第二胎	第三胎及以上
1981	1.04	0.51	0.41
1986	1.08	0.41	0.06
1989	0.97	0.35	0.08

　　这就是说,三个年份的一胎总和生育率分别占总和生育率的 53.0％、69.68％、69.29％;二胎总和生育率分别占总和生育率的 26.02％、26.45％、25.00％;三胎及以上总和生育率分别占总和生育率的 20.92％、3.87％和 5.71％。非常明显,80 年代初出生婴儿中属于第一胎的只稍过半数,到 80 年代后期,就超过了 2/3。相反,80 年代初出生婴儿属于第三胎及以上的超过 1/5,到 80 年代后期,已经跌到 1/20 上下。这是推行现行生育政策,控制人口增长所取得的积极成果。

　　但是也应当看到,在未达法定婚龄的妇女中,一胎生育率 1981 年为 6.01％,1986 年为 8.57％,1989 年为 12.78％,其中少数法定婚龄以下的妇女甚至生育了第二胎和第三胎。另外,在二胎和多胎的年龄分布中,几乎都集中在 25～29 岁组。这些现象表明,现阶段早婚早育之风抬头,生育旺盛期妇女生育密度有所提高,已成了一个值得注意的问题。

　　3.总生育率与总和生育率的变动

　　80 年代三个年份全省育龄妇女总生育率水平如表 4:

表 4　浙江省 80 年代三个年份育龄妇女总生育率

年份	年中育龄妇女人数(万人)	活产婴儿数(人)	总生育率(‰)
1981	999.11	685466	68.61
1986	11.34	6403	56.46
1989	1147.50	603119	52.56

　　表 4 数字反映了一个明显的特点,即 80 年代三个年份的育龄妇女人数依次呈上升趋势,而出生婴儿数则呈下降趋势,总生育率在 80 年代初期已经比五六十年代低得多的基础上继续下降。

　　众所周知,总生育率要受育龄妇女年龄结构的影响。因此,要判别总生育率变动的真实态势,作不同年份之间的比较,必须排除年龄结构的影响。观察三个年份育龄妇女的年龄结构数字,总的特点是法定婚龄以下育龄人群比重依次下降,生育旺盛期和次旺盛期人群比重略有上升。从 80 年代三个年份育龄妇女年龄结构的这种变化态势看,假如年龄别生育率相同,总生育率就一定会一年比一年高。然而事实正好相反,总生育率不是升高而是降低,这只有在 20～39 岁年龄段妇女年龄别生育率全面降低的情况下才会出现。可见,浙江 80 年代总生育率下降是在年龄结构变化不利于总生育下降的条件下实现的,是生育水平的真正降低。

　　为了定量地说明问题,这里用排除了年龄结构影响的、在不同年份间具有可比性的标准化总生育率来从总体上反映 80 年代全省生育水平的变化。

　　取 1981 年育龄妇女年龄结构为标准年龄结构,则标准化总生育率 1981 年为 68.61‰,1986 年为 54.10‰,1989 年为 48.35‰。对照表 4,标准化后的 1986 年和 1989 年的总生育率比各该年份的实际总生育率还要低。所以不论是否考虑年龄结构的影响,这三个年份总和生育率依次降低是毫无疑问的。

　　如果说用总生育率比较不同年份生育水平要考虑育龄妇女年龄结构影响的话,那么,用本身就排除了年龄结构影响的总和生育率来考察,80 年代育龄妇女生育水平的降低也是显而易见的。根据三个年份育龄妇女的年龄别生育率,总和生育率 1981 年为 1.96,1986 年为 1.55,1989 年为 1.40。

需要提醒的是,在 1989 年的育龄妇女中,1958 年以后进入法定婚龄的妇女尚未结束育龄期,她们中大约有 20 个年龄的人群是在尚未实行严格的计划生育政策的时期开始生育的,这些妇女的生育子女数大都在二三个以上,这可以从分年龄组的妇女活产子女数中清楚地看到。然而,1989 年全省总和生育率只有 1.40,其中一胎的占 69.29%,二胎的占 25.00%,三胎及以上的占 5.71%,可见 1958—1978 年进入法定婚龄的妇女,尽管终身生育率较高,但“四普”资料的总和生育率已基本上没有这批妇女生育子女数的成分,占绝对优势的是由 1979 年以后进入婚育的妇女的累计生育率构成的。换句话说,1958—1978 年进入法定婚龄的妇女,在计划生育政策感召和工作推动下,绝大多数已经提前结束了生育史,1979 年以后进入法定婚龄的妇女,接受计划生育的政策和措施,绝大多数人把生育子女数限制到了现行政策许可的范围之内。据此,我们可以作出判断,只要坚持不懈地做好计划生育工作,加上经济发展这一推动人们转变生育观念的基础变量的作用,在继续贯彻现行生育政策的条件下,近期生育率上升的可能性是不大的;同时,目前的总和生育率已低于政策许可的限度,进一步显著降低的可能性也是不大的。

二、80 年代生育水平变动的城乡差异和地区差异

以上分析只反映全省生育水平变动的总特征和总趋势,没有涉及城乡间和地区间的差别,分析这种差别,揭示其特征,对未来人口决策是必要的。

1. 城乡生育水平的变动与差异

把有关生育水平的几项指标分年份,分市、镇、县加以整理后列表 5 如下:

表 5　浙江省 80 年代三个年份城乡生育水平变动

年份	分类	总生育率(‰)	总和生育率	15~24岁累计生育率占总和生育率比重(%)	15~29岁累计生育率占总和生育率比重(%)	胎次总和生育率占总和生育率比重(%)		
						一胎	二胎	三胎
1981	市	53.86	1.48	31.76	87.16	70.27	20.95	8.78
	镇	55.05	1.53	26.80	83.66	67.32	21.57	11.11
	县	73.53	2.14	42.06	86.45	48.60	27.57	23.83
1986	市	42.14	1.42	54.23	92.96	79.58	16.90	3.52
	镇	55.79	1.54	56.49	90.26	72.08	24.03	3.89
	县	58.52	1.62	58.64	91.98	63.58	31.48	4.94
1989	市	46.47	1.28	50.78	88.28	82.81	15.63	1.56
	镇	48.06	1.25	54.40	90.40	76.80	19.20	4.00
	县	55.16	1.46	60.96	89.04	63.70	28.77	7.53

注:市、镇代表“城”,县代表“乡”。统计口径:系当时普查或抽样调查时的调查口径。

从表 5 可以看到,城乡生育水平具有一些共同特征,第一,从总体上说,生育率随时间的推移而下降,说明推行计划生育政策在城乡全面收到了成效。第二,城乡生育水平已低于替换水平(只有 1981 年县的总和生育率大致与替换水平相当),而且越来越低,为人口通过一

段时间的增长惯性作用后较快地趋向零增长甚至负增长准备了条件。第三,城乡育龄妇女渡过生育史的年龄都在提前,90％总和生育率的年龄前移到 30 岁左右,生育模式完全属于控制型。第四,城乡胎次总和生育率比重都是一胎增大,二胎及多胎缩小,说明 80 年代城乡计划生育工作的力度都是相当大的。

但是,尽管城乡生育水平差距在趋向缩小,其间的差别还是很明显的。第一,无论哪个年份,乡村生育率都高于城镇。第二,15～24 岁妇女累计生育率乡村比城镇高得多,反映了乡村生育年龄比城镇轻,即婚育较早。第三,乡村一胎总和生育率比重较城镇低,而二胎及多胎总和生育率比重则反之,说明人口增长的潜在可能性主要在乡村。

2.地区生育水平的变动与差异

省内生育水平的区域比较研究最好是建立在全面利用县级普查资料的基础上,以便作出比较可靠的类型划分和区域划分,但目前限于条件,只能根据现有的地区级资料来进行分析(见表 6)。

表 6　浙江省 1981 年、1989 年各市、地育龄妇女生育水平

地区	1981 年				1989 年				
	总生育率(‰)	一胎生育率(‰)	二胎生育率(‰)	三胎生育率(‰)	总生育率(‰)	一胎生育率(‰)	二胎生育率(‰)	三胎生育率(‰)	总和生育率
杭州市	51.10	38.05	10.21	2.09	51.09	39.79	10.15	0.98	1.37
宁波市	61.82	42.23	14.41	3.19	49.53	38.47	9.94	0.92	1.35
温州市	105.56	34.20	28.93	21.53	61.26	35.51	18.84	6.92	1.58
嘉兴市	55.20	45.73	8.28	0.98	46.37	38.17	8.10	0.09	1.23
湖州市	61.23	43.23	15.04	2.18	56.76	44.00	11.85	0.7	1.51
绍兴市	53.64	36.57	12.42	3.16	53.98	41.98	10.80	1.02	1.46
金华市	74.12	31.87	27.00	10.42	55.69	39.52	13.75	1.97	1.46
衢州市	73.73	32.85	22.76	11.03	49.82	36.07	11.44	1.79	1.33
舟山市	62.84	43.28	16.67	2.26	45.65	36.99	7.86	0.70	1.24
丽水地区	84.74	32.74	25.64	13.48	57.63	36.47	16.41	3.34	1.46
台州地区	69.48	32.15	22.04	9.65	46.30	32.37	11.02	2.31	1.20

1989 年与 1981 年相比,全省 11 个市、地生育率全面下降。总的看来,1981 年生育率愈高的地区,8 年中降低的幅度愈大。按 1981 年总生育率由高到低排列,居前 5 位的依次为温州市、丽水地区、金华地区(现为金华、衢州二市)、台州地区和舟山地区;按 8 年下降幅度由大到小排列,居前 5 位的依次为温州市、台州地区、丽水地区、金华市、衢州市和舟山市。两个序列的位次除了台州地区的序位有所变动外,其余市、地的排列前后几乎完全一致。与此相对照,80 年代初生育率已经降到较低的水平的地区(杭嘉湖和宁绍地区),生育率只表现降中趋稳。这种情况无疑是正常的,它表明差距就是潜力,有大差距就有大潜力,不论哪个区域,生育率降低的直接原因都是一胎生育率比重上升和多胎生育率比重下降,介于一胎与多胎之间的二胎生育率,开始成为区域之间生育率高低、升降的砝码。就 1989 年的情形

而论,生育率最高的地区仍然是浙南的温州市和丽水地区。但是,从总和生育率看,已经没有一个市、地的人口净再生产率达到或超过替换水平。

三、有关未来人口决策的几点看法

根据以上分析,可以对80年代生育状况作如下的概括:

1. 全省育龄妇女生育的年龄分布,是在严格控制生育率的条件下形成的偏于育龄期低龄段的尖峰型分布;胎次分布是以一胎生育占优势的由一胎向多胎急剧下倾的单斜型分布,这种形式的生育年龄分布和胎次分布已经接近现行生育政策作用所能达到的极限。

2. 全省总和生育率已经降到1.4,与1990年1月颁布的《浙江省计划生育条例》规定的生育许可范围相对照,实际上已经进入政策限度内的最低总和生育率的圈子。与当今世界各国各地区的总和生育率相比,已属具有数千万以上人口的行政区域中生育率最低的一类。

3. 城乡妇女生育率仍有差别,但这种差别是在低生育水平上的差别,或者说是在替换水平以下的差别。

4. 地区之间生育水平差别依然存在,但已显著缩小。80年代前期浙东北生育水平低、浙西南生育水平高的格局,现在除了温州市和丽水地区仍显著高于其他地区外,其余各个地区的生育率水平正在趋同。同生育率的城乡差别一样,现有的生育率地区差别也是在低水平上的差别,重要的是使全社会(特别是生育率下降相对滞后的地区)的广大群众树立正确的生育观,巩固和发展计划生育工作已经取得的成果。

由此可见,按照1989年的生育率数字,可以说浙江控制生育率的目标业已基本达到。但是联系整个人口发展过程、经济发展阶段和社会意识转变情况来看,事情还不这么简单。

我们先看一下同期几个欧洲国家的数字。凡是总和生育率在1.4左右的,如奥地利、联邦德国、卢森堡等,出生率和死亡率都在11‰上下,自然增长率大致在±1‰的范围内摆动,人口进入了向稳定型方向变化的阶段。再看一看一些经济发达、节制生育成效显著的亚洲国家和地区,如日本、新加坡、中国香港等,它们的总和生育率都在1.3～1.7之间,净再生产率都低于替换水平。但由于他们从人口转变第一阶段到第二阶段所经经历的时间较欧洲国家为短,人口增长的惯性尚未结束,生育率虽然低了,出生率还没有低到上述欧洲国家的程度,人口年龄结构轻于欧洲国家,死亡率比出生率要低,所以人口仍处于缓慢增长之中。浙江在人口控制阶段上相当于亚洲型的先进国家和地区,而且因为我们严格执行计划生育政策,人口从完成第一阶段转变到完成第二阶段转变,所需的时间似乎更短一些,因而一方面受人口年龄结构的影响,生育率低了出生率却一时不能低到与生育水平类似的欧洲国家的程度;另一方面,由于妇幼保健事业的进展,婴儿死亡率较低,而人口尚未完全迈进老龄化阶段,粗死亡率很低。于是,死亡与出生相抵后,人口自然增长率还是相对高一些。

在人口统计中,总生育率与出生率可以互相换算,即:出生率=总生育率×育龄妇女占总人口的比重,已知等号右边的数字,就可以算出出生率。据此,算得1989年的出生率为14.55‰。[①] 查阅同年的死亡率为6.01‰,所以近年人口仍在以8‰以上的速度增长,以1989年生育模式和死亡模式作为测算未来人口的参数,浙江人口还将增长30年左右。

这就是我们面对的矛盾:一方面是育龄妇女生育水平低到了净再生产率远低于替换水

---

① 生育统计中的出生婴儿数与出生统计中的出生人数有出入,故由总生育率换算出生率和直接出生数,与总人口数计算的出生数不完全一致。

平的程度,另一方面是自然增长率还不算很低,人口还要增长。它的本质是新中国成立后前
30 年人口发展过程中形成的人口增长惯性在生育率急速下降后的一段时间内的延伸。而
且,在现阶段尚未充分具备与人口转变第二阶段相适应的经济水平和社会价值观念的情况
下,人口的再生产过程不会十分稳定。因此,虽然控制生育率的目标已经基本达到,但抑制
人口增长的任务还不能说已经大功告成。

目前必须澄清对以下几个问题的认识:

1. 生育率已经很低,生育节制的尺度要不要放宽? 单从年龄结构畸变上说,回答似乎是
肯定的。但现实生活告诉我们,目前放宽政策的做法是不可取的。首先,如上所述,如果维
持 1989 年的生育和死亡模式,人口还得增长 30 年左右。现在放宽控制尺度,势必延长人口
增长的时间,增加人口的压力。其次,目前不宜以修订计划生育条例的形式调整生育政策。
要说调整,实际上就是指改行一对夫妇生育两个孩子的政策。这在农村传统生育观念尚未
彻底改变的今天,有可能引起生育率的强烈反弹,使人口再度失控。第三,计划生育条例本
身已为净再生产率向替换水平过渡准备了条件,除了条例第 11 至 14 条的各种照顾性条款
外,仅仅夫妻双方均为独生子女,可按计划再生一个孩子一项,就为生育率在法规范围内合
理调整铺平了道路。现在距离多数婚配由独生子女间结合的时间已为期不远,预计下世纪
初开始净再生产率将逐步向替换水平靠拢。这种在政策范围内的自然演进,可以避免剧烈
的社会振荡。

2. 乡村还是不是节制生育的重点? 从总和生育率来看,1989 年乡村只高于城镇 0.2 左
右,而且是在替换水平之下的差别,对人口变动同属于降势影响。如果计划生育工作力度不
变,乡村人口压力主要来自庞大的人口基数和仍在继续的人口增长惯性,而不是生育率过
高,但是这并不等于说乡村已不是节制生育的重点。必须承认,乡村生育率毕竟普遍高于城
镇,而且乡村目前达到的水平是在计划生育工作投入比城镇多得多的情况下取得的,甚至城
市现阶段部分计划生育投入也是为了加强对进入城市的乡村流动人口的管理。当前乡村地
区的经济和社会文化环境还不足以清除人们对孩子的性别偏好和许多其他世俗偏见,必须
把乡村继续当作计划生育工作的重点,来防止多胎生育意愿的抬头。

3. 计划生育还要不要分区规划、分类指导? 回答应该是肯定的。在全省范围内,生育率
的区域差异虽然在缩小,但差别还明显存在。以嘉兴与温州两市作比较,1989 年温州的总
和生育率高于嘉兴的 0.35,超过嘉兴水平的 28.46%,这种差别不仅反映在人口普查数据
上,而且也反映在育龄妇女生育意愿调查的数据上。1990 年对嘉兴市桐乡和温州市瑞安的
育龄妇女生育意愿抽样调查,就证明了这一点。因此,浙南仍然是控制人口增长的工作重
点。有的地区,如台州 80 年代生育急速下降,1989 年总和生育率仅为 1.2,水平之低已从
1980 年居各市、地的第 3 位跃升至第 1 位,但它的二胎生育率仍高居全省第 5 位。这类区
域的总和生育率和胎次率之间的关系,仍然带有微妙的含义,人口增长的潜因不能忽视。至
于节制生育长期领先的浙北平原,低生育率、低增长率状态下的人口发展过程中可能出现的
新问题,也需要及时总结研究和指导解决。总之,在区域上,计划生育工作仍需要把握重点,
分区规划,分类指导。

4. 如何看待早婚早育、晚婚晚育和依法婚育? 在 80 年代三个年份的统计中,未达法定
婚龄生育的一年比一年多,这种非法婚育增多的现象,是法制观念淡薄,社会风气滑坡的表
现,必须经过综合治理,加以杜绝。这种现象也提醒我们,宣传婚姻法,做到依法婚育,提倡
晚婚晚育,仍然很有必要。关于晚婚晚育,倡导已久,收到了良好的效果,特别是在 1980 年

颁布第二部婚姻法后的一段时间里对缓解生育集中的问题起了积极的作用,在基层安排生育指标需要、群众自觉的情况下,仍应该继续提倡。但当务之急是要把那些无视婚姻法和计生条例的人纳入法定婚育的轨道,作为最低限度的要求,因为早婚早育的人群客观上多半也往往是多育人群。

为了使人口平稳地向零增长过渡,必须定量地研究影响未来人口发展过程的重大因素。目前,可预计的人口因素(不包括经济和社会因素)主要有:(1)20～29岁生育旺盛期的女性人口,从1993年开始将由增多转向减少。如年龄别生育率不变,出生人数将陆续减少,出生率将依次降低。(2)按1989年死亡模式,到本世纪末,全省人口死亡率不会显著改变,以后随着老龄化的到来,死亡率将加速上升。(3)从90年代后期开始,城乡进入法定婚龄的独生子女陆续增多,下世纪头20年内独生子女间婚配概率将越来越大,按现行计划生育条例,依法允许生育两个孩子的增多,人口年龄结构和性别结构将逐步改善。

在充分研究人口发展过程中客观因素所起作用的基础上,有必要作出全省性的人口发展战略研究,目标是探索在尽可能短的时间里实现人口零增长的最优方案,作为大约在未来30年左右时间里人口工作的一项基本依据。

载《前进中的浙江人口》(第四次人口普查第二次科学讨论会论文选编),杭州大学出版社,1993年,第163—176页

浙江省未来人口发展趋势及生育政策选择[①]

自 70 年代初实行计划生育政策,尤其是 80 年代初提倡一对夫妇只生一个孩子以来,我国育龄妇女总和生育率已从 60 年代的 5 以上,下降到 1990 年第四次人口普查时的 2.3。最近的全国 38 万人口抽样调查数据表明,中国的总和生育率已下降到更替水平以下,1991 年为 1.9,1992 年为 1.7。

在这种形势下,有关持续的低生育率及其社会经济后果方面的问题,如人口老龄化及老年人口问题、出生性别比升高及婚姻后果、家庭小型化及代际供养关系等等,正日益受到学术界和政府有关部门的重视。1994 年 1 月在北京召开的第六次人口科学讨论会及 1994 年 7 月在北戴河召开的"中国生育率下降过程中的新人口问题及其对策"研讨会上对此进行了热烈的讨论。

浙江省是执行计划生育政策比较得力的省区,据 1990 年第四次人口普查,浙江省育龄妇女总和生育率仅高于上海市和北京市,仅为 1.4。完全可以这样说,浙江已进入持续的低生育率阶段,持续的低生育率的社会经济后果在浙江已初露端倪,研究浙江在低生育率条件下的人口发展趋势及未来生育政策的选择,显得尤为迫切和必要。本文拟对此作一探讨。

一、80 年代浙江人口变动回顾

由于人口过程是一种连续变化的动态过程,而且数量增减和结构变异的周期很长,因此,预测之前有必要对基年的前一个时期的人口状况进行考察,分析其间的人口变动特征,以及影响人口变动的各种因素,估计生育率和死亡率的变化方向和变动幅度,然后才能为预测选择参数,按人口仿真数学模型进行计算机人口仿真,最后得到预测期内可能最接近实际的人口数量和结构的测算结果。

本文的人口预测以 1990 年为基年,以该年全国第四次人口普查的浙江省数字为基本依据。为了较好地判断未来几十年人口的发展趋势,为合理选择生育率和死亡率两大参数准备较为充分的条件,先对 1982 年第三次人口普查(以下简称"三普")与 1990 年第四次人口普查(以下简称"四普")之间的人口状况及其影响因素作一回顾。

浙江省与全国一样,是从 70 年代后期进入严格的生育率控制时期的。从那时起,育龄妇女生育率下降很快。以总和生育率而论,一进入 80 年代就降到了替换水平以下,按"三

---

① 本文是根据浙江省计划经济委员会委托杭州大学人口与发展研究所承担的《浙江省人口数量和结构变动对经济社会发展的影响研究》课题报告的一部分改写而成。王嗣均为课题组组长,成员有周志刚、胡刚、冯雨峰、骆克任。本文由王嗣均、周志刚执笔。

普"资料统计的全省 1981 年的总和生育率为 1.96。随着经济的发展和计划生育政策的贯彻,总和生育率继续下降,1987 年全国 1‰人口抽样调查(以下简称"1987 年抽样")所得到的 1986 年全省总和生育率为 1.55,"四普"得到的 1989 年全省总和生育率更低到 1.40。生育率的降低是从城市开始的,然后迅速在浙江东北部农村地区见效,最后使西南部生育率也降到了替换水平以下。由于生育率下降,人口出生率也随之降低,1981 年为 17.93‰,1986 年为 14.41‰、1989 年降到 13.65‰。

可以看出,80 年代出生率下降的幅度没有总和生育率下降的幅度大。这是因为人口惯性在起作用,尽管生育率大幅度降低,但由于每年进入婚育年龄的人数仍较多,使出生率降低的幅度不能完全与生育率的降低同步,存在着出生率降低滞后于生育率降低的现象。

在人口统计中与生育率同等重要的死亡率,1981、1986、1989 三个年份分别为 6.27‰、5.85‰和 5.86‰,处于基本稳定的低水平状态之下。其原因主要是人口从传统的高出生率、高死亡率、低自然增长率的再生产类型走向低出生率、低死亡率、低自然增长率的再生产类型的过程中,死亡率的降低总是先于出生率的降低,这是一种普遍的人口转变规律。就浙江的情形来说,还在 60 年代后期,全省人口死亡率就从新中国成立初期的 14‰以上降到 7‰以下,达到了相当低的水平;而同期出生率水平只从 32‰~39‰降低到 28‰左右,可降低的潜力还很大。所以,在 80 年代死亡率几乎已降到了最低限度,而出生率仍有降低的余地。这就造成了这样一种现象:到 80 年代末,总和生育率几乎低到了无可再低的程度,而人口的自然增长率暂时还停留在 7.79‰的水平,如果按此速度递增,全省人口大约再过 90 年还会翻一番。所以在未来一个时期内,继续谨慎地控制生育率,使人口自然增长率向零趋近,仍然是不能忽视的任务。

二、1993—2035 年浙江人口变动预测

从以上简要回顾中,可以推知未来人口发展的基本趋势是:

第一,以前长期高出生率所造成的增长惯性,在未来一段时间内还将继续起作用,尽管生育率已经很低,自然增长率也在下降,但人口增长还要持续相当长的时间,只是增长速度随时间的推移而递减,增加的数量渐趋微小罢了。我们的人口目标是要在几十年以后实现零增长,生育率与自然增长率之间的矛盾,只能以这个目标为依据去调节。

第二,由于全省生育率控制是从 70 年代末以急刹车的方式来实现的,因此,一方面人口增长惯性还在推动人口增长,另一方面总和生育率已远远低于替换水平。这一矛盾现象使人口年龄结构趋于畸形,并且在它的背后隐含未来一段时间的人口负增长惯性。为了达到既控制人口增长,又不使人口负增长惯性过强的目的,在未来一二十年内,将有一个生育率向上微调的过程。

第三,按目前可预见的条件,在短时期内看不到影响不同年龄组人口死亡率的因素会有重大改变,因此,可以假定在规划期内死亡模式基本不变。

上述基本趋势实际上是未来人口发展的主要约束条件。根据这些约束条件,我们对人口预测的主要参数作如下设定:

1. 总和生育率的设定

思路是:(1)生育模式以"四普"调查的 1989 年的育龄妇女年龄别生育率为标准;(2)虽然 1990—1992 年的实际生育率在 1.3~1.4 的范围之内,但由于 60 年代到 70 年代初的生育高峰的周期性影响要到 1995 年以后才能缓解,所以 1995 年之前仍不允许生育率上升。

(3)按国家的方针,2000 年之前生育政策不会变,但现行生育政策规定独生子女间婚配允许生育两个孩子,鉴于 1995 年以后达到婚育年龄的独生子女比重增大,加上适当改善人口年龄结构畸变的需要,1996 年以后可能对目前的总和生育率水平作一段时间的轻微调升。(4)人口发展的总目标是在 21 世纪 30 年代达到零增长,总和生育率的微调最高不能超过 2.1。

据此,设定 1993 年以后的总和生育率如表 1:

表 1　浙江省 1993—2030 年总和生育率设定

时　段	总和生育率	时　段	总和生育率
1993—1995 年	1.4	2003—2005 年	1.8
1996—1997 年	1.5	2006—2010 年	1.9
1998—1999 年	1.6	2011—2015 年	2.0
2000—2002 年	1.7	2016—2035 年	2.1

2.死亡率的设定

死亡模式以"四普"调查的 1989 年分年龄死亡率为标准。但"四普"资料中,0 岁组死亡率过低,仅 14.45‰,不太符合统计规律,因此预测时对 1989 年 0 岁组死亡率作调高一倍处理。

3.净迁移量的设定

在"四普"资料中,全省常住人口比户籍人口少 70.2 万人,这是历年来,特别是改革开放以来流出人口多于流入人口的结果。但经常登记资料中净迁移量是不大的,而且以正值为主,这就使预测期净迁移量的设定要谨慎一些。我们根据迁移和流动的区别与联系,假定目前净迁移是负值,鉴于浙江经济发展较快,近年来流入人口有增加的趋势,今后净迁移的负值将缩小。据此我们对未来一段时间的迁移量假设是从微小的净迁移负值走向进出平衡。

1990—2000 年,−1200 人/年

2000—2020 年,−700 人/年

2010 年以后保持迁入迁出平衡,净迁移量为零。净迁移人口的分性别、分年龄比率和数量,按"三普"、"四普"资料和生命表留存率推算。

根据以上三个假定条件就可以以 1990 年为基年,预测未来的全省人口。预测结果如表 2 所列。

表 2　1993—2035 年浙江省常住人口预测

年份	总人口（万人）	男（万人）	女（万人）	出生率(‰)	死亡率(‰)	自然增长率(‰)	人口翻番年数(年)
1993	4242.0	2180.0	2062.1	14.00	6.13	7.87	89
1994	4275.8	2195.5	2080.3	13.60	6.18	7.42	94
1995	4307.8	2210.0	2097.8	13.10	6.21	6.89	102
1996	4339.6	2224.3	2115.3	13.53	6.26	7.27	96
1997	4371.2	2238.4	2132.8	12.97	6.31	6.66	105
1998	4402.4	2252.2	2150.1	13.35	6.36	6.99	100

续 表

年份	总人口（万人）	男（万人）	女（万人）	出生率(‰)	死亡率(‰)	自然增长率(‰)	人口翻番年数(年)
1999	4433.4	2265.9	2167.5	12.87	6.41	6.46	108
2000	4464.1	2279.3	2184.8	13.26	6.47	6.79	103
2005	4609.2	2341.8	2267.4	12.30	6.74	5.56	126
2010	4745.5	2398.5	2346.9	12.07	7.06	5.01	140
2015	4874.0	2451.0	2423.0	11.76	7.44	4.32	162
2020	4990.1	2495.8	2494.2	11.78	7.85	3.93	178
2025	5088.4	2529.1	2559.3	11.44	8.42	3.02	232
2030	5154.9	2543.9	2611.0	11.31	10.06	1.25	560
2035	5176.8	2537.1	2639.7	11.33	11.84	−0.51	−1372

续表 2 之一　1993—2035 年浙江省常住人口预测

年份	按国际标准			按国内标准			抚养系数
	少儿系数(%)	劳动力系数(%)	老年系数(%)	少儿系数(%)	劳动力系数(%)	老年系数(%)	(按国际标准)(%)
1993	21.89	70.48	7.62	23.49	63.15	13.36	41.88
1994	21.56	70.54	7.90	23.08	63.29	13.63	41.76
1995	21.30	70.57	8.13	22.71	63.44	13.85	41.71
1996	21.21	70.46	8.33	22.46	63.47	14.07	41.93
1997	20.68	70.69	8.63	22.37	63.38	14.25	41.46
1998	20.24	70.80	8.96	21.84	63.71	14.46	41.24
1999	20.03	70.73	9.24	21.40	63.94	14.67	41.38
2000	19.97	70.53	9.50	21.19	63.97	14.84	41.78
2005	18.57	71.12	10.31	19.87	63.71	16.42	40.61
2010	18.14	71.06	10.80	19.34	61.28	19.38	40.72
2015	17.75	69.54	12.72	18.93	58.36	22.71	43.81
2020	17.48	66.79	15.72	18.62	54.96	26.71	49.72
2025	17.20	64.24	18.56	18.32	51.10	30.58	55.66
2030	16.95	61.04	22.01	18.05	48.31	33.64	63.82
2035	16.81	58.05	25.13	17.94	47.08	34.97	72.25

续表 2 之二　1993—2035 年浙江省常住人口预测

年份	抚养系数（按国内标准）（%）	年龄中位数（岁）	育龄妇女				男 20 岁（万人）	女 20 岁（万人）
			15～49岁（万人）	20～29岁（万人）	30～34岁（万人）	35～49岁（万人）		
1993	58.36	29	1216.7	439.4	170.2	441.7	39.7	38.1
1994	58.00	29	1228.7	424.2	190.7	451.8	36.4	34.5
1995	57.64	30	1238.1	408.6	206.7	464.2	34.3	32.3
1996	57.55	30	1242.5	393.1	228.8	469.2	35.2	33.0
1997	57.77	31	1253.4	384.0	238.2	476.8	34.6	32.5
1998	56.97	32	1259.5	373.6	228.2	502.4	34.6	32.5
1999	56.40	32	1259.8	357.8	225.6	523.7	33.4	31.1
2000	56.32	33	1256.2	342.8	221.7	542.2	31.3	28.9
2005	56.97	35	1237.8	306.1	184.5	595.7	28.3	25.7
2010	63.17	38	1201.5	299.6	156.7	608.1	30.6	28.8
2015	70.35	40	1134.4	287.8	148.3	559.5	29.2	27.5
2020	81.95	41	1051.9	275.6	150.6	487.4	29.6	27.9
2025	95.69	42	1007.1	276.9	136.7	545.4	29.1	27.4
2030	107.01	43	991.3	277.2	134.5	434.7	29.1	27.4
2035	112.38	44	984.9	279.8	138.0	424.9	29.4	27.7

三、未来浙江人口发展趋势与特点

根据以上预测，我们得出未来浙江人口发展的五大趋势。

1. 浙江省育龄妇女总和生育率已下降到极低的水平，目前已处于持续的低生育率阶段，但由于以前人口增长的惯性作用，全省总人口还将持续增长相当长的时间。到 2000 年，全省人口将达 4464.1 万人（常住人口）或 4539.6 万人（户籍人口），不会突破国家按"12 亿"下达给我省到 2000 年人口控制在 4550 万以内的指标。

2. 浙江省第三次出生高峰已经过去，尽管目前 15～49 岁育龄妇女人数还在增加，直到 1999 年才从顶峰 1259.8 万人开始回落，但 20～29 岁生育旺盛期育龄妇女已从 1993 年开始回落，这对浙江省完成 2000 年人口控制目标及未来生育政策的调整都是极为有利的。

3. 浙江省总人口将在 21 世纪 30 年代初开始下降，人口的顶极规模将在 5200 万左右。由于人口控制是以"急刹车"方式实现的，因此在 21 世纪 30 年代以后有一个将近半个世纪的人口负增长时期，西方发达国家目前面临的"人口冬天"（population winter）将在那时的浙江出现。

4. 浙江省劳动适龄人口还将持续增长，直到 2010 年后才开始有所回落。90 年代浙江劳动适龄人口规模基本在 3100 万左右（国际标准），劳动适龄人口增长迅猛，10 年间将净增劳动适龄人口 223.63 万人。

5. 浙江省于 1991 年步入老年型人口行列，比全国提前 12 年，1994 年将进入典型的老年型人口时期。到 2000 年我省人口老化程度将达到 9.50%,到 2030 年,老化系数将首次突破 20% 的超老年型人口的标准,到 2040 年我省人口老化程度达到顶峰,老化系数为 26.4%。老年抚养系数持续上升,到 2040 年将达到 46.57%,社会总抚养系数将达 76.41%,届时,社会将不堪负担。需要说明的是,这些是在生育水平从 1996 年起就开始微调上升的条件下作出的,如果生育水平不作微调,则后果可想而知。

四、下世纪浙江人口生育政策探讨

人口发展具有周期长、惯性大的特点,生育政策上的任何失误都将对未来人口、经济、社会产生长远的不可挽回的损失,因此,制定生育政策一定要周而又周、慎之又慎。目前浙江人口发展正处于历史性的转折时期,总和生育率低于更替生育水平的时间已达 15 年之久,目前已低到政策所能达到的最低水平,计划生育政策条件下出生的一代,尤其是独生子女,将陆续进入婚育年龄阶段,因此,未来人口生育政策必须进行跨世纪的超前研究。不然,等到"人口冬天"到来时,再来讨论生育政策的调整,将为时已晚。下面对下世纪浙江人口生育政策作初步探讨,以期抛砖引玉,推动学术界的讨论和政府部门的重视。

1. 根据人口发展的内在规律,科学地设定人口发展的分步目标

众所周知,我国人口工作的基本方针是控制人口数量、提高人口素质、优化人口结构("优化"似宜提"改善")。在这个基本方针中,控制人口数量是前提,是基础。这一点,今天是这样,在未来几十年中仍然是这样。

浙江省控制人口数量的目标怎样设定,我们认为要分三步走:第一步,实现国家给浙江省下达的本世纪末的人口控制目标,即把人口控制在 4550 万之内。第二步,实现人口零增长目标,即把人口自然增长率从正降到零。第三步,通过微缓的负增长,把人口从顶极规模退回到与经济、社会发展较为协调的状态之下。

第一步目标,从各种预测方案来看,现在可以比较肯定地说,浙江省有把握实现,2000 年末全省人口不会突破国家下达的 4550 万的控制目标。作为人口研究工作者,现在的任务是要把重点转向第二步目标。

第二步目标是什么? 就是实现人口零增长。人口零增长是在严格实行计划生育政策的条件下,育龄妇女总和生育率降到更替水平以下之后必然要到来的第一个节点。问题是从达到第一步目标到实现零增长需要花多长时间。在我们看来,这一步需要花 30～35 年的时间。有人问,时间再短一点行不行? 也行,条件是现行的生育政策及育龄妇女生育水平和生育模式保持不变,一直持续到下世纪 20 年代。但是,这样做势必有失偏颇。因为这一步不仅有控制人口数量的任务,还有一个改善人口结构的任务。要把这两方面妥善结合起来,既使人口增长惯性尽快停下来,又不使在人口年龄结构上留下过深的老龄化隐患,更不能使第三步人口负增长的时间过长,程度过深。为此,我们必须从现在起切实研究生育政策的微调及其影响。

第三步目标,即通过微缓的负增长把人口从顶极规模逐渐减下来,直到处于围绕零增长的稳定人口状态。这是未来(21 世纪 30 年代以后)人口、经济、社会健康发展,人口、资源、环境互相协调的需要。做到这一点,不仅是浙江、全国的需要,也是未来全人类的目标。

2. 根据浙江未来人口发展趋势及分步发展目标,从现在起就要使全省各地计划生育工作强度向省计划生育条例回归,并切实研究下世纪生育政策的调整

从第二节人口预测来看,考虑到 1996 年以后妇女生育水平的轻微上升的影响因素下,

浙江省到 2000 年人口不会突破国家下达给浙江的 4550 万的控制目标,即人口发展的第一步目标能够实现。在此前提下,为使人口发展的第二步目标、第三步目标能够顺利实现,从现在起,全省各地的计划生育工作强度要向省条例回归,在下世纪要考虑生育政策的调整,主要内容有:

第一,晚婚晚育的年龄限制可以逐步退出,只要符合法定婚育年龄就可以生育第一胎。我们知道,生育量等于生育水平、育龄妇女人数、生育模式三者的乘积,在育龄妇女人数及生育水平不变的条件下,生育模式就决定了生育数量。在人口高速增长、生育水平高于更替水平的情况下,晚育型生育模式有利于生育数量减少,但在人口只是惯性增长,实际处于持续低生育率的条件下,晚育型生育模式不仅不利于生育数量的减少,反而有利于生育数量的增加,这已被我们用计算机模拟所证实。因此,目前对符合解除晚婚晚育条件约束的地区,提倡按法定年龄安排婚育是适宜的。

第二,浙江省计划生育条例规定,允许照顾生育二胎者,第一胎与第二胎之间的生育间隔必须达到 4 年。过去全省各地在生育间隔上都有层层加码的现象(这在过去是可以理解的),但现在应向省条例回归,不能任意拉大生育间隔。在下世纪,可以考虑放开严格控制的生育间隔,实行自然生育间隔。

第三,坚决执行独生子女间婚配允许生育二胎的生育政策,这对于生育水平的回升及未来人口结构的改善是至关重要的。随着 1980 年提倡一对夫妇只生一个孩子的生育政策后,80 年代、90 年代出生的一代独生子女将在下个世纪陆续进入婚育期,按现行的《浙江省计划生育条例》,独生子女间婚配允许生育二胎。这说明"独生子女政策"只是一代人的生育政策,21 世纪生育水平的微升是必然的。但独生子女间婚配允许生育二胎对未来水平的影响还未有人作过研究。最近,我们采用近年来国内外非常热门的测量生育水平的胎次递进比 (Parity Progression Ratio)指标对这一问题进行了定量研究。利用 1990 年第四次人口普查资料,采用重构生育史(Birth History Reconstruction)方法,可以计算得到 1980 年浙江省城镇一胎向二胎的胎次递进比为 80%,即只有 20% 的妇女只生一胎;到 1985 年,这一比例倒了过来,即有 80% 的妇女只生一胎;1990 年更只有 81% 的妇女只生一胎。假定男女独生子女比例相等,则在 2005 年左右,独生子女间婚配的概率为 $20\% \times 20\% = 4\%$,在 2010 年左右为 $80\% \times 80\% = 64\%$,在 2015 年左右为 $81\% \times 81\% = 66\%$。如果不考虑生育意愿的影响,则按现行的生育政策,2010 年城镇的总和生育率至少为 1.64。可见,独生子女间婚配允许生育二胎的生育政策对未来生育水平的上升作用是很大的。

第四,2000 年后,逐步适当放开农村生育二胎的照顾面,首先可以从放开农村独女户的二胎生育开始。由于城乡生育政策的差异,浙江省农村一胎向二胎的递进率远高于城镇,1980 年高达 96%,1990 年也有 60%。也就是说,1990 年出生的那些孩子中,将来仅有 40% 为独生子女,因此独生子女间婚配概率仅为 16%,独生子女间婚配允许生育二胎的生育政策在农村对未来生育水平的调升作用并不明显。因此,下世纪农村实际可能的政策将是接近二胎的政策。

载《当代人口》1995 年第 1 期,第 16—22 页

人口科学的视野与现阶段人口研究的几个深层次问题

——在省人口学会第五次代表大会暨 1997 年年会开幕式上的讲话

各位代表:

在今天的大会上我想讲点学术问题,因为学术活动是学会的生命。这里要讲的,重点是现阶段人口研究的几个深层次问题,不过首先要提一提人口科学的视野。这是因为人口问题除了人口本身变动所反映的问题之外,大量的是人口与社会生活交互作用中产生的现象和问题,它们并不为人口统计所注意,但却是在人口科学的视野之内。大家知道,人口学是以人口统计学为基础确立起来的,但是广义的人口学(人口科学)从来都关注人口本身以及人口在社会经济生活中的内部和外部联系的一切方面,寻求揭示人口规律,解决人口问题的。当今人口科学由 20 多种不同层次、不同侧面的学科(科目)群所组成,也从一个侧面反映要全面认识人口现象和人口问题应该有宽阔的科学视野。

当然,笼统地说人口科学的视野未免有点抽象,而用人口学所包罗的学科来确定人口科学的视野又显得偏于书卷气。我觉得可以把现实与理论、分析与归纳结合起来,从四个视角去把握人口科学的视野。第一个视角,是从人口自身的运动中去把握人口数量、结构和变动趋势,主要通过统计分析去考察人口发展的时间过程及其特征。这对宏观指导计划生育工作、老龄工作,以及为其他有关部门制订规划、计划提供人口依据是非常必要的。第二个视角,是从人口与所处社会经济环境的相互关系中去把握人口经济问题、人口社会问题和人口管理方面的问题,诸如就业、教育、人力资源开发、生活质量、养老保障、生育管理、户籍管理等等。这个视角涉及面宽,往往需要多学科研究,多部门协同解决问题。第三个视角,是从人与作为生存基础的生态环境之间关系的状况和演变趋势出发,寻求发展与可持续发展之间的契合条件,其中也包括人口的数量和质量条件。第四个视角,是从人口动态分布过程中的问题出发,寻求有利于经济发展、社会进步和生态良性循环的人口空间组织形式。

上述四个视角基本覆盖了人口科学的活动领域,但还不能说囊括无遗,例如有关一般理论、方法、思想史等就没有直接体现。注意到这一点是需要的,但并非缺失,因为理论、方法、思想正是从多角度的整体的研究中得到升华的。

总之,人口现象是多维的,我们研究问题也必须是多角度的。要从人口过程的内部联系与外部联系,人口时间过程与空间过程诸方面去探索人口变动、人口活动的种种矛盾及其规律性,避免把自己的思想定格在某一种状态之下,对深层次问题的观察与研究尤其应该是这样。

现在转过来谈谈在人口科学视野中现阶段我国需要研究的几个深层次的问题。既然是深层次问题,当然不是理论上容易得出结论,政策上容易一步到位的问题,而是需要花大力气去研究,深化对问题本质的认识,然后作出正确的理论阐释,为决策提供科学依据,任何急功近利的想法都解决不了这类问题。需要说明的是,我在这里讲深层次问题的研究,并不是说我对这些问题有多少研究心得,无非是提出问题,寄希望于学会的同志们一起开拓视野,解放思想,活跃学术空气,对那些与人口、经济和社会发展全局有重大影响的问题作出广泛而深入的研究。

下面提五个问题供大家参考。

第一个问题,关于生育政策问题。

70 年代后期以来,我国计划生育工作取得了重大的成就,全国育龄妇女总和生育率已经降到了更替水平,有的地方(如上海、浙江等)早在 1990 年就降到了 1.5 以下的超低水平,为有效地抑制人口增长,缓解人口总量膨胀过快对经济建设和社会发展的压力,立下了丰碑。与此同时,人口自然构成发生了相应的变化,很快进入了老龄化时期,而且老化程度将迅速加深,劳动年龄人口的年龄中位数也将上升。这种情况引起了人口学界和计划生育部门一部分同志的思考和讨论,焦点是低生育率、超低生育率条件下生育政策是否需要作某些调整的问题。

归纳起来,大致有 6 种意见:第一种意见认为,生育率虽然降低,但人口惯性增长还没有过去,总量仍在膨胀,人口形势仍然是严峻的。同时,传统生育观念并没有彻底转变,计划生育工作一松动,生育率就会反弹。无论从基本国情还是计生工作实情看,现行生育政策都必须坚持。第二种意见认为,超低生育率不宜长期维持,否则未来深度老龄化和人口自然构成畸变将使社会结构失衡。从现在起就应该在超低生育率的地方开始微缓回调,逐步达到在总和生育率不超过更替水平的限度内维持合理的人口自然构成。第三种意见认为,从全国各地总和生育率先后向超低水平发展的趋势看,生育率总有一天要调整,但现在还不是时候,否则将从老少两头抬高负担系数。何时调整,要根据未来劳动年龄人口锐减峰值年、老年人口总量峰值年、老年人口总量锐减峰值年去选择调整的最佳时机。第四种意见认为,我国的经济发展水平与资源、环境状况决定了在相当长的历史阶段中,人口数量过多始终是人口问题中的首要问题,低生育水平并没有使人口老龄化和年龄结构问题上升为主要矛盾,解决老龄问题不能从调整生育率找出路。今后半个世纪内劳动年龄人口不会少于 7 亿,无劳力不足之虞,也不需要用调整生育率的办法去补充劳动力。第五种意见认为各地计划生育工作条例就包含着调节生育率的内在关系,只要贯彻条文中关于独生子女间婚配的生育规定,未来几十年内超低生育率地区自然会在无政策性振荡的情况下回到接近更替水平的状态。第六种意见则认为,有试验证明,以晚婚晚育加间隔为条件允许生育两胎的办法不会使人口失控,不妨作为一种可行的办法加以试行。

应当指出,持这些不同意见的人都重视人口总量控制,都不希望生育率高于更替水平。也不否认生育率过低会导致年龄结构偏颇。分歧在于总和生育率降到超低水平时,人口惯性将从正向作用向负向作用过渡,在这种趋势已经清晰可见的今天,生育政策是否需要考虑调整。对于这个问题,回避是消极的,也是回避不了的,但不能偏执,要考虑制约生育政策的一切因素,进行全方位的分析研究,以便找到可以为决策提供科学依据的答案。

第二个问题,关于城乡劳动力就业碰撞的问题。

人口问题,说到底是人口过多,社会生产资料和劳动岗位满足不了充分就业的需要,消费资料满足不了全人口享有现代人所应有的基本生活水平的需要,而最主要的还是劳动力不能充分就业的困扰。

改革开放给劳动力就业带来了前所未有的机遇,僵化的计划经济体制和就业管理体制被打破后,拓宽了就业门路,并使就业结构向现代化方向迈进了一步,农村庞大的剩余劳动力不仅部分地实现了产业转移,有的还实现了乡村向城镇的转移。但是,随着改革的深入,市场经济要求经济增长摆脱粗放、低效方式,加速完成向集约、高效方式的转变,促使农业走向适度规模经营,制造业走向较高的资本有机构成,服务业也追求更高的效率,于是城乡产业中一批冗余劳动力游离了出来。农村剩余劳动力流向城市,城市下岗劳动力急于得到新的岗位,两股剩余劳动力在城市碰撞,城乡劳动就业陷入了新的困境。

这种现象是改革深化中的阵痛,本质上是一种进步,不能用牺牲改革去解除这阵痛楚。但是,因改革而从劳动岗位上游离出来的劳动力,如果长期得不到再就业,将是社会稳定的一种隐患,政府、社会团体、企事业单位不得不想方设法解决他们的再就业问题。值得注意的是,竞争促使企业减人增效还只是开始,市场经济体制越完善,企业越讲求效益,析出的冗员也将越多。今后全社会固然会不断创造新的劳动岗位,但就具体企业而言,将会更彻底地裁减冗员。宏观增人与微观减人的矛盾将长期存在。因此,解决社会就业问题将是一个需要长期探索的人口、经济和社会问题。

第三个问题,关于养老保障的政策准备问题。

从现在起的半个世纪将是我国老龄化程度一年比一年加深的时期(浙江跨进老龄化门槛早,老年系数峰值年也将比一般省区到得早),在经济还不很发达的时候,对付深度老龄化是一项艰巨的任务,必须未雨绸缪,准备有效的对策。但是,到现在为止,全国还不能说已经作好了迎接老年社会挑战的系统的政策准备。

所谓政策准备,主要是关于老年人口生活保障的经济来源和养老方式的一系列政策的制定和完善。目前,保障老年人生活来源的政策,城市这一块,退休职工由政府或企业付给退休金,非退休的老人,没有生活来源的,政府给予救济。农村这一块,推行养老保险,无养老保险条件的实行"五保"。这些安排体现了社会主义制度对老年人的关怀。但是由于以往养老资金采取"现收现付"的筹措方式,在国家、企业和农村集体经济能力有限的情况下,一部分领取退休金、养老金的老人生活比较紧张,救济和"五保"对象的生活保障线就更低,如不进一步改革,随着未来几十年老年人口不断增多,保障老年人生活的资金来源难免吃紧。现在对改革方向的认识渐趋一致,关键是逐步建立覆盖城乡的、运作机制健全的、多层次的养老保险制度。

在养老方式方面,我国的老年人权益保障法规定,老年人养老主要依靠家庭。这对一般低龄老人和家庭有照顾条件的高龄老人来说是正确的。然而,由于近20年来生育率下降很快,我国老年人的子女数将逐渐减少到一至二人,传统的大家庭因失去经济基础、社会基础和人口基础而解体;原来是核心家庭的,也因子女自立后分居而成为空巢家庭。老年人的生活服务要求随年龄增大而增多,但能够从家庭中的子孙得到的服务却越来越少。因此,以家庭为主的养老方式已经并将进一步表现出他的局限性,尤其是高龄老人和无生活自理能力的老人,家庭养老将难以满足他们的服务需求,社区为他(她)们提供各种服务,包括生活服务和医疗服务(例如设置家庭病床等)已经刻不容缓。可是,今天还没有哪个部门或社区把老年人的社会服务和家庭服务全面地管了起来。

第四个问题,关于人口再分布问题。

从农业社会向工业社会转变的过程中,人口流动与资本流动一样重要,通过人口流动实现人口再分布,其基本表现形式就是城市化。

一般而论,城市化是由工业化和二、三产业的集聚效益驱动的。当工业和伴随工业而兴起的第三产业在有利的区位以不同规模集中起来的时候,就形成不同规模的城镇。随着工业规模和分工分业的扩大,以及服务业的多层次化,城镇不断提出新的劳动力需求,把农村劳动力源源吸引过来,农村由于失去劳动力,促使农业走上机械化的道路。这一过程完成之时,就是城市化实现之日。

我国在计划经济时期城市化停滞不前,甚至发展到惟恐城市人口增长的程度。改革开放以后,从农村到城市的经济体制改革推动了经济的长足发展。但是,由于城市受计划经济体制的影响较深,城乡间政策环境有明显的差别,结果在城市化进程中城市的龙头作用发挥不充分,倒是农村在"城市壁垒"面前走出了一条就地工业化之路,形成了我国与世界城市化轨迹不同的二元城市化的格局。

二元城市化现象出于中国国情和特殊历史条件,是无可非议的。问题是,在这一事实面前,一部分人形成了思维定势,认为通过兴办乡镇企业,振兴农村经济,已使有的地方农村经济水平和生活方式与城市趋同,工业化未必一定要城市化,强调把城乡一体化作为我国城市化的范式。这种观点广为流传,但它至少忽视了城市具有乡镇所不具备的功能和条件,忽视了工业分散与相对集中在经济、社会、生态三大效益上的差异,也忽视了"城市壁垒"是城市体制还没有理顺,基础设施新老欠账还没有还清,引资和创造就业机会还不充足的条件下的暂时现象。

还有一种对人口再分布过程中形成的城市规模等级结构认识上的偏颇,反映到政府政策上是严格控制大城市规模,合理发展中小城市。乍看起来,这种政策思想并无大的毛病,但实际上它至少忽略了这样两个事实:其一,中国的城市化是十多亿人口国家的城市化,在大城市超先发展规律的作用下,大城市数量增加和规模膨大是必然的现象。其二,城市体系存在着不以人们意志为转移的规模等级结构规律。

上面两种认识用来指导我国的人口再分布未必是最佳的选择。因此,远近结合,经济、社会、生态效益结合,一般规律与我国具体条件结合,深入研究引导我国人口再分布进程健康发展的理论和政策,仍然是不可忽视的任务。

第五个问题,关于人和环境和谐共存的问题。

有人说,人的本质是反自然的。这话不无道理。人自从能制造工具而区别于动物界以来,总是通过自身不断增强的能力,从自然界索取越来越多的物质资料,以满足日益扩大的需要。到了近代,这种索取发展到了掠夺性的程度,以致生态环境遭到严重的破坏。中国的近代史是一部不幸的历史,由于受到列强的欺凌,我们的发展与西方国家发生了历史错位。当我国走上工业化道路的时候,我们在人口与自然之间的关系上经受着比发达国家多得多的困难。首先,经过以往人口爆炸性增长之后,人口总量将冲向十五六亿的峰值已成定局。

庞大的人口要生存,要改善物质和文化生活,即使是保证最低限度的索取,也会给自然环境造成沉重的压力。其次,落后就要挨打。我们有过一个多世纪的痛苦经历,现在要急起直追,加快工业化现代化建设,不得不增加向自然界索取的总量。第三,在工业化过程中,由于底子薄,资金短缺,工业技术装备、工艺和管理相对落后,加上遍地开花的乡镇工业技术比较原始,资源滥用、浪费和环境污染问题相当严重。

当我们急切追求经济发展的时候,八九十年代人类的良知已经开始在世界范围内筑起一道"绿墙",我国政府根据 1992 年联合国环境与发展大会通过的《21 世纪议程》,也相应地制订了《中国 21 世纪议程》,作出了组织实施可持续发展的战略、计划和政策,迎接人类社会面临的共同挑战的承诺。这当然是正确的,因为我们没有理由不从环境不堪承受的危险中摆脱出来。但同时这又是困难的,因为在中国这样一个亟待发展的国家,做到发展与可持续发展兼顾是极其复杂的任务。做好在人与环境和谐共存中求发展的文章,将是包括人口学在内的科学工作者和实际工作部门人员长期的共同责任。

各位代表,以人口科学的视野观察人口问题,能够丰富人口研究的内容。当然,有的问题是专属于人口学的,多数问题则是多学科交叉的,我们要站得高一点,发挥人口学的特长,同时从相邻学科吸取营养,理论联系实际,为解决中国人口问题,推动人口科学的发展而努力。

载《当代人口》1997 年第 3 期,第 7—9 页

浙江人口科学发展的回顾与前瞻
——在庆祝新中国成立40周年报告会上的讲话

我们的人民共和国已经走过了40年的历程,各项建设事业取得了辉煌成就。但是,我们仍然是一个低收入的发展中国家,在前进道路上还有种种困难。这中间,除了工作上的失误所带来的问题之外,一个重要的原因是过多的人口的困扰。

中国的人口问题是几百年来一直为世人所瞩目的问题,不仅国人有深切的体会,外国的许多学者和政治家也早有注意。一百多年前,革命导师马克思就谈论过它。新中国成立后,本来应该在推进各项建设事业的同时,有计划地采取控制人口数量,提高人口素质的步骤。可是因为历史的原因,国家在解决人口问题上,决心下得晚了一些,人口科学的起步,比共和国的成立更是晚了将近30年。

十年前人口科学在中国的复兴,得之于两股力量的推动。一是日益沉重的人口压力,唤醒人们必须正视人口问题,研究人口问题。二是全国掀起的"实践是检验真理的唯一标准"的大讨论,成了拨乱反正、正本清源的理论武器,促使人们对过去相当长时间内的思想僵化进行深刻反思,从而冲破了包括人口研究在内的某些理论禁区。在这种形势下,人口研究终于解冻。有志于人口科学的学者和人口战线的实际工作者走到一起,为振兴中国人口科学开始了铺砖添瓦的工作。1978年,全国举行第一次人口理论讨论会,浙江省4名代表出席。回省以后,在热心人士的推动和支持下,由省计划生育办公室具体组织,于1979年7月在余杭县举办了"马克思主义人口理论学习讨论会",全省计生系统、党校系统、高校、部分省直单位及军队有关人员196人参加学习讨论,点燃了本省开展人口理论研究的火炬。

从那时开始,浙江人口科学的发展经历了两个阶段。

第一个阶段(1979—1982年),主流是运用马克思主义基本原理研究人口理论。在这一阶段,乘着打破人口禁区的东风,针对十年内乱期间因思想僵化而曲解马克思主义对人口问题的某些观点,和无视人口现实的问题,展开了理论探讨。在所涉及的论题中,主要是以下三个问题:①关于两种生产理论;②关于人口规律;③关于人口发展对社会发展的作用。

关于两种生产理论,过去我国学者没有把它当作解决人口问题的理论上的钥匙来使用。在这一阶段中,大家以恩格斯《家庭、私有制和国家的起源》一书序言和马克思、恩格斯《德意志意识形态》中的有关论述为出发点,摆脱国际上曾对恩格斯上述著作指责为"二元论"的纠缠,根据马克思《资本论》中的社会再生产原理,着力论证人口生产必须与物质资料生产相适应的规律。在人类社会中,始终存在着两种生产,两种生产之间的比例关系,其内容表现为:①劳动人口的增长必须与生产资料的增长相适应;②社会总人口的增长必须与生活资料的增长相适应;③人口质量的提高必须与物质资料生产的发展相适应。基于这种关系,形象地提出"两种生产一起抓"的口号,成了推动各级领导机关一手抓以经济建设为中心的各项建设,一手抓控制人口的有力的理论杠杆。

关于人口规律是一种社会规律,以往并无异议。不同生产方式之下存在着不同的人口规律,即特殊人口规律,也没有分歧。但是,对是否存在一切社会形态都适用的一般人口规律的问题,过去多持否定态度。持肯定态度的即或有之,也没有开展过认真的讨论。在人口科学复兴的这一阶段,在这一点上产生了理论争论。论者的基本观点是:①人口同一切事物一样,都是矛盾的统一体,既有特殊性,也有普遍性。人口的发展既有特殊规律,也有一般规律。②人口规律是社会性和自然性的对立统一。在人口发展过程中,社会规律和自然规律都起作用,只是起主导作用的是社会规律。③鉴于人口生产和物质资料生产的辩证关系,应该认为人口发展必须和物质资料生产发展相适应,是适合于一切社会生产方式的一般人口规律。这一争论,尽管还不能说已经消除分歧,但是全面理解马克思和恩格斯原著,考察整个人类历史,深入开展讨论,不仅在理论上是必要的,而且在实践上也是有益的。

关于人口发展对社会发展的作用,人口学者除了排除人口决定论的错误之外,对人口促进或延缓社会发展的作用,都是肯定的。古今中外大量事实说明,与经济发展水平不相适应的过多或过少的人口,妨碍着国家的进步和发展。

随着人口理论问题讨论的展开,提出了对人口思想史上起过重要作用的人物进行重新评价的问题。很自然,这方面的注意力集中到了马寅初和马尔萨斯身上。

马寅初 1957 年发表了他的《新人口论》,系统地阐述了我国人口增长太快的情况、原因和值得注意的趋势,分析了人口猛增与经济社会发展的矛盾,以及人口数量和质量之间的辩证关系,指出了控制人口数量、提高人口质量的各种措施。其基本观点是正确的,立论是可靠的。可是,时隔一年,遭到了有组织的非难和政治围攻,使他蒙受了屈辱。马寅初是浙江籍人士,他的《新人口论》又是在调查了浙江旧时 11 个府中的 10 个府的人口和经济情况后写成的,作为浙江的人口工作者,理所当然地对重新评价《新人口论》具有较强的使命感。1980 年冬,省人口学会成立伊始,学会常务理事会就动议在马氏百岁华诞之际,公正评价他的人口思想,组织力量写出了《马寅初先生及其〈新人口论〉的产生和证实》等文章,为弘扬真理,维护马寅初在人口学上应有的地位和荣誉,起了一定的作用。

对于马尔萨斯人口论,马克思主义者历来持否定态度,新中国成立后,我国学术界更是全盘否定。人口学的解冻和学术界思想的解放,浙江人口学者中有人率先提出了对马尔萨斯《人口论》应该"部分肯定""一分为二看待"的观点。他们在批评马尔萨斯人口论基本观点的同时,对它的具体内容,包括"两个公理""两个级数""两个抑制""一条规律""一个适度"和"一个结论",认为都有可取之处,并一一作了详细的肯定性的评述。然而,由于马尔萨斯立论于"两个公理",抽掉了人口的社会属性,抹杀了资本主义人口相对过剩的实质,为资产阶级的统治辩护,从根本上陷入了人口决定论的错误,因而"部分肯定"论仍然受到坚持全盘否定观点同志的激烈反对。

第二阶段(1983 年以后),是浙江人口科学研究转向以实证研究为主的阶段。

1982 年全国第三次人口普查和千分之一生育率抽样调查,标志着人口科学的发展从第一阶段向第二阶段的过渡。

人口普查和生育率抽样调查的实施,把浙江人口研究推上了一个新的阶段。这是由于:第一,第三次人口普查和千分之一生育率抽样调查取得了空前丰富的人口资料,这些资料与人口日常登记资料结合起来,使得应用性很强的人口科学有了更为广阔的用武之地。第二,第三次人口普查和千分之一生育率抽样调查是在我国政府与联合国人口活动基金合作的条件下进行的。以我国国情为基础,引进国外先进的方法和手段,使人口调查和数据处理更加科学化,大大方便了人口信息的提取。第三,在普查和抽样调查过程中,培养了一批掌握人口调查、统计和分析方法的专业人员,涌现了一些具有一定人口研究能力的人才,充实了人口科学的队伍。第四,迅速膨胀的人口信息,给高等学校、党校等系统的人口学者提出了投身于资料开发的任务,并且根据研究工作的需要,还单独组织一些专门的抽样调查,如人口迁移调查、老年人口调查、流动人口调查等等。所有这些,促使人口研究从思辨为主的阶段走上以实证为主的阶段。

这一阶段浙江人口科学的研究取得了多方面的进展,表现为以下几点:

1. 以专项分析为主,全面开发普查资料和各种类型的抽样调查资料。分析所及,包括下列方面:育龄妇女生育率,人口死亡率和生命表编制,性别和年龄构成,教育程度和文化素质,在业人口和不在业人口状况,婚姻状况,家庭结构,老年人口状况,少数民族人口状况,城乡人口迁移以及人口的身体素质等等。这些专项分析报告,有据有理,具有广泛的应用价值。目前,在分析中运用现代人口分析技术尚少,有待向深层发展。

2. 围绕人口目标,进行人口预测。80年代初,国家制订了本世纪末的人口控制目标,各省也相应地制订了各自的目标。一般地说,现阶段决定人口目标能否实现的关键因素是育龄妇女生育率的变化趋势,这就需要对生育率进行合理规划和调控。在此基础上,对未来人口进行测算。人口学者所做的这种预测,对制定生育政策和经济社会发展战略提供了必不可少的依据。

3. 密切联系实际,探讨人口政策。人口工作涉及面很广,政策性很强,人口问题的解决需要依靠适当的政策调节。因此,摆在人口工作者面前的一项任务,是结合实际研究问题,为制定政策提供咨询。这些年来,人口科学工作者在各自的研究领域里,都从理论高度上提出了解决问题的政策建议,对推进各方面的人口工作起了良好的作用。这里特别要指出的是,在政府职能部门工作的人口工作者,他们在政策研究和政策制订上起着核心的作用。例如,《浙江省计划生育条例》就是在省内计划生育政策研究基础上所形成的地方性法规。

4. 根据日渐充实的资料条件,组织力量,开展省区人口综合研究。改革开放的政策,提高了社会科学研究的资料保证程度,加上人口普查和抽样调查的实施,使本省人口学者有可能进行复杂的省区综合人口研究。1983年开始,部分学术骨干承担起作为国家哲学社会科学重点项目的《中国人口·浙江分册》的编撰任务,花了近三年的时间完成了编写工作。这部区域性人口科学著作,以反映人口现状为主,对各种基本人口现象和人口问题进行了综合性的阐述和剖析,同时兼及人口活动背景,回顾历史,预测未来,为了解省情,制订人口规划和进一步实行计划生育提供了科学依据,也为本省人口科学研究和人口教育积累了基本资料。

5. 总结心得,探索人口学若干领域。经过几年的积累,浙江人口学界逐步成熟起来,人口学者正在单独或合作撰写一些著作,有的已经问世,例如《马尔萨斯人口论述评》《人口应用数学》等。此外,部分学者还参加了大型辞书和志书的编辑和撰稿工作。

可以看出,这一阶段人口科学活动从理论上唤起人们注意人口问题的圈子中走出来,踏上为决策机构提供人口决策的科学依据的新台阶;从零星探讨人口科学个别领域的较低层次中走出来,跨进初步总结系统理论和方法的较高层次。另外,如果说前一阶段的理论研究带有社会主义中国特有的浓厚气息的话,那么,这一阶段在指标和方法的运用上开始走向国际化。

今后,浙江人口科学的发展将沿着理论与实践相结合的道路继续前进。摆在我们面前的任务主要是:

1. 坚持马克思主义人口理论的基本观点,同时借鉴和批判地吸收当代西方人口科学理论和方法中的合理成分,创造出有助于解决现实人口问题的中国化的人口理论。

马克思主义关于人口生产要与物质生产相适应的观点;生产方式决定人口规律的观点;人口发展不能决定社会发展,但对社会发展能起促进或延缓作用的观点,是久经考验的基本理论观点。在人口理论研究中,只有遵循这些基本观点,才不至于陷入思想混乱。近十年来,由于贯彻实事求是的思想路线,带来了科学研究的春天,各种学术观点互相争鸣,大大地促进了学术的发展。然而,这种宽松的学术环境,格外需要我们鉴别各种学术流派中非马克思主义流派的观点。

但是,这并不是说我们应当拒绝借鉴和吸收西方人口理论中任何有价值的东西。人口学在西方的形成和发展已经有了三百年的历史,各种流派迭起,各种理论纷呈,其中也不乏有用的东西。例如,在人口转变理论、适度人口理论中就存在着一些可以采用和借鉴的成分。

当然,我们研究人口理论,重要的是解决中国的人口问题。因此,深入到人口过程的实际中去,深入到人口发展与经济、社会和生态环境发展的关系中去,揭示人口发展的内在规律,始终是至关重要的任务。

2. 掌握人口动向,为决策提供经常的咨询服务。

我国人口正处在转变的关键时期,即从高出生率、低死亡率、高自然增长率,向低出生率、低死亡率、低自然增长率转变的时期。这种转变,欧洲发达国家随着工业化和现代化而协同推进,大致经历了一个世纪,而我国在经济发展和计划生育政策的双重作用下,希望能在半个世纪左右的时间内完成。这就决定了我国的人口再生产动向,数量变化动向,要比欧洲国家显目得多。另一方面,宏观地看,人口转变归根到底决定于生产力的发展,在生产力水平较低,相应的生活条件还不足以彻底改变人们的生育观的情况下,即使大力推行计划生育政策,只要社会稳定性稍有变化,就会造成生育率的波动。这就决定了我国人口发展的不稳定性要比欧洲国家显著。

正因为这样,我们必须充分掌握人口动向,作出滚动的预测,经常为决策机构提供咨询。明年又是人口普查年,全国将进行第四次人口普查,人口学者和人口工作者要充分运用极其丰富的最新人口资料,深入分析人口发展的新特征和趋势。

3. 研究未来几个重大的人口社会问题。

①人口老龄化与老年人口社会保障问题。人口老龄化是人口转变的必然结果,任何国家都不会例外。所不同的只是我国的老龄化将在人均国民收入水平还相当低的情况下到来。随着老龄化的发展,在一个时期里,社会必须支付越来越大的养老基金,以保障老年人口的生活。这将是一笔十分可观的数字,国家在没有预作准备的情况下将不堪负担。因此,我们必须未雨绸缪,探讨老龄化时期老年人口养老的资金保障和服务保障问题。

②农业劳动力转移与人口城镇化问题。人口城镇化是工业化的孪生子,实际上是工业以及随后兴起的第三产业集聚所产生的人口效应。有了工业化才有城镇化,工业化向前推进,城镇化程度随之而提高。因此,只有在第二、第三次产业规模不断扩展的条件下,才能实

现农业劳动力的产业转移和空间转移。可是现实的情形是,大量农业剩余劳动力的转移几乎是绝对的,无条件的,而非农产业特别是城镇产业吸收劳动力的能力是相对的,有条件的,导致农业剩余劳动力的拥塞和向城镇的"盲目"流动。这将是一个需要长期疏解的人口社会问题。

③产业结构的变化与人口素质的适应问题。随着经济建设的进展,产业结构正在发生变化。产业结构的变化,不仅要求劳动力在产业之间的再分配,而且要求有与之相适应的劳动力素质。目前农村大批缺乏读写能力的劳动力,只能向低层次的非农产业转移,城镇青壮年劳力多半也对科学技术新发展缺少适应能力。这种情况,往往要以牺牲劳动生产率为代价。因此,研究产业结构与人才结构的相互关系,克服人口素质与产业结构变化不相适应的问题,亟需被提到人口研究的日程上来。

载《当代人口》1989 年第 4 期,第 14—17 页

长三角地区人口变动对浙江发展的影响及对策研究①

导言

2004 年 2 月国务院组织国家人口发展战略研究课题组,开展了规模空前的中国人口发展战略研究。课题组设置了若干系统性专题和区域性专题,长三角地区作为我国经济实力强、发展潜力大、人口动态特征鲜明的区域,被选入区域性课题之列,在国家人口发展战略研究协调办公室的指导下,通过江、浙、沪两省一市人口和计划生育委员会,组织有关专家对长三角地区的人口发展战略进行研究。鉴于长三角地区经济社会发展对浙江具有重大影响,人口是经济社会发展的重要因素,长三角人口变动对浙江省人口以及经济社会发展领域无疑会产生种种效应,这种效应究竟如何,有何利弊,如何应对,是需要研究的问题。正是出于这种需要,我省的人口发展战略研究课题组设置了这个课题,作为五个分课题之一。

课题的研究目标是:系统整合国家组织的长三角地区人口发展战略研究的有关成果,联系浙江与长三角我中有你、你中有我的实际情况,进行必要的补充调查,资料收集,数据处理,通过全面分析和区域对比,揭示长三角地区经济一体化进程中人口总量变动、结构变化以及人口流动、迁移、集聚与人口城市化、大都市带发展等态势,分析其对浙江全省和不同区域的人口总量、结构、素质、空间分布以及经济社会发展的影响,提出相应的对策建议。概括起来就是九个字:明态势,析效应,提对策。即:把握长三角地区经济社会发展趋势及人口发展态势;分析和评估长三角地区人口变动对浙江人口和发展可能带来的正负效应;探讨浙江省受长三角人口变动影响或浙江与长三角人口互动、联动过程中趋利避害的对策。

课题所涉及的地域范围,概而言之,包括长江三角洲地区和浙江省两个区域概念不同而又互相交叉的区域。长江三角洲地区在自然地理上是个确定的概念,但在经济区域意义上是不确定的、可塑的,在某种意义上是人为的。上世纪 80 年代是一个概念,现在又是另一个概念。仅就近年而言,2003 年长三角城市经济协调会的成员单位由 15 个市增加到 16 个市,增加了台州市;2004 年秋,又退回到了 15 个市。因此,在 2004 年国家组织的长三角地区人口发展战略研究中,长三角的地域范围包含 16 个地级以上的市,而这次在本课题的研究中又不得不把它重新定义为包括 15 个地级以上市的行政区域,即:上海市,江苏省的苏州、无锡、常州、镇江、南京、扬州、泰州、南通 8 个市,浙江省的嘉兴、湖州、杭州、绍兴、宁波、

① 本文是"浙江省人口发展战略研究"的一项分课题总报告,由王嗣均、叶明德执笔。

舟山6个市①。由于长三角地区包含了上海全市和江、浙两省的各一部分,在研究中涉及浙江的就出现了三种地域概念,即浙江全省、浙江长三角部分和浙江非长三角部分。为了便于叙述,我们把长三角的江、浙部分分别称为苏中南和浙东北,把浙江非长三角部分的5个市统称为浙中南。

在市场经济条件下,以上海为龙头的长三角都市带的崛起,无疑是长三角与浙江关系的主导因素。都市带高强度的经济和社会活动带来高强度的人口集聚,不仅会在长三角内部伴生人口结构和人口素质的深刻变化,而且会使周边省区的人口数量、结构、素质乃至经济和社会发展的取向和空间分布格局产生相应的变化。因此,本报告首先强调了长三角都市带崛起及其对外部区域人口和发展的意义,并且在整个报告中贯穿这条主线。

一个区域的人口变动对其他区域人口与经济社会发展的影响是非常复杂的问题。无论从人口方面还是从经济社会方面来说,大体上有三种情况:一是区域间带有共性的、各自独立的、基本上互不影响的变化;二是区域间非从属性质的彼此相互作用、互为因果的变化;三是区域间带有主导和从属关系性质的变化。不论区域间的影响属于哪一种关系,严格地说,其作用都不是单因素的,尤其是区域间互动型和主从型的影响,更是各种因素错综复杂的多变量作用的结果。因此,要单纯地回答长三角人口变动对浙江发展的影响,理论上容易以偏概全。如果把课题的命题看作是一种理论假设,那么,要作出全面的科学求证是一项非常困难的任务。

当然,一个区域的人口变动对另一个区域发展影响的复杂性,并不等于二者不存在某种相关性,这正是立题的出发点。因此,我们力求全面考察长三角地区和浙江各地区的人口现象,结合两个区域经济社会发展的特点,用定性分析与定量分析相结合、人口分析与经济社会分析相结合、现状分析与趋势分析相结合的方法,尽可能客观地揭示长三角地区人口变动对浙江发展的影响。

去年国家组织的长三角地区人口发展战略研究只开发了"五普"人口数据和相应的经济社会发展数据,它代表的是一个时间断面而不是时段;同时,该课题除了《长三角都市带人口容量研究》分课题作了预测之外,其余分课题无一作过预测,使本课题无法在整合长三角与浙江的资料和数据基础上进行回顾性和趋势性分析。为了弥补这一缺陷,本课题补充搜集了长三角和浙江省的"四普"资料和其他资料,并做了多项目的分区预测。另外,长三角地区人口变动对浙江发展的影响问题,虽然主体是人口研究,并不直接涉及人口社会政策,但是由于长三角走向一体化的形势要求尽快消除江浙沪之间行政壁垒和体制、机制的障碍,人们在关注这个区域经济一体化的同时,有理由期待人口社会政策方面的一体化,以减少或消除区域经济一体化进程中的社会磨擦。出于这种考虑,我们对适应长三角一体化形势要求的人口社会政策一体化问题也作了思考,以期增添一些决策参考价值。

一、长三角都市带的崛起:区域人口新变动的驱动力

(一)长三角都市带的崛起及其必然性②

长三角地区是正在崛起的一个都市带,它以占全国1‰的土地,养育7%的人口,提供

---

① 本报告初稿完成时国家发改委文件中又把台州市列入长三角地区,恢复到16个市。报告中未作改动。

② 本报告把整个长三角地区看作一个都市带,它是一种以一个或几个大都市为核心的城市连绵分布的地带。目前学术界不同学术背景、甚至同一学术背景的学者之间,对长三角地区城市空间分布现象的称谓各不相同,常见的有都市带、城市群、都市圈等等,实际上这些概念是有区别的,尤其是都市带与都市圈之间的区别更大,不宜混淆。

20％产值,在我国具有举足轻重的地位。这种现象不是偶然的,而是在多种因素共同作用下所出现的必然结果,概括起来主要有下列四个方面的促成因素。

1. 历史基础的铺垫

从 19 世纪中叶上海开埠到新中国成立的一个世纪中,长三角地区是中国近代经济发展的一个缩影。在半封建半殖民地的中国,这个地区无论是工业、农业还是贸易、交通运输设施,都最早地接受了市场的洗礼。在工业方面,据 1933 年对上海、天津、青岛、北京、南京、汉口、广州、重庆、西安、福州、汕头、无锡 12 个城市国内资本工业企业的调查统计,上海的工业资本和生产净值分别占这 12 个城市总额的 60％和 66％,而居第二位的广州只占 10％和 9％,第三位的天津只占 8％和 7％,倒是无锡大致位居第四(和青岛不相上下),占了 4％和 7％。在对外贸易方面,根据 1871 到 1947 年的历年海关报告,上海在全国港口对外贸易总额中通常占到半数以上(最低年份 41.4％,最高年份 69.4％)。在交通设施方面,长三角的水运设施走在其它区域前面,从 1872 年招商局成立到 1926 年的 50 多年中,仅国内资本在上海、杭州、天生港、无锡、宁波、绍兴、崇明等沿海和内河港口就成立了 20 多家轮船公司,其中大多数集中在上海。1876 年修筑的吴淞铁路(上海—吴淞)是我国最早的铁路,之后,沪宁、沪杭甬、浙赣、苏嘉诸线也是关内修筑较早的几条铁路。在农村经济方面,长三角也较早地卷入了商品化的潮流,据 1921 到 1925 年的农村调查,浙江镇海的农产品商品率为 83.8％,江苏江宁淳化镇和太平门分别为 73.7％和 66.4％,武进为 46.3％,除后者外都远高于晋、冀、豫、皖、闽各调查点的水平[①]。这些情况表明,近代以上海为龙头的长三角地区早就稳居全国经济重心的地位,兴起了二三产业,孕育了商品化农业,敞开了国内和国际市场,形成了巨型城市和国内最为密集的城镇群,相应地造就了几代有技能的劳动者和各类专门人才,初步奠定了形成都市带的基础,蓄积了都市带成长的能量。

2. 改革开放的推动

新中国成立以后至改革开放的 30 年中,尽管长三角地区对全国的财政作出了重大的贡献,但因计划经济体制和全国平衡布局生产力方针的影响,这个地区的经济总体上没有得到应有的发展。1978 年改革开放的号角吹响以后,潜藏在这个区域的能量开始被激活,历史基础加上改革开放的东风,使长三角在全国经济地位的重要性重新凸现。特别是 1992 年邓小平视察南方时的讲话发表以后,以浦东开发开放为契机,大大加快了长三角地区改革开放的步伐,迎来了新的发展机遇,使大上海及整个长三角地区焕发了青春,重新成为全国发展的龙头地区,引领现代化潮流和接轨国际经济的前沿阵地。从 1990 到 2002 年,这个区域的经济总量增加了 7 倍,年平均增长率高达 19.25％,比全国平均高 9 个百分点,比珠三角地区高近 8 个百分点;按户籍人口计算的人均 GDP 增加了 6.9 倍,达 2975 美元(按汇率计算),平均增速为 13.79％,高于全国 3.53 个百分点,也高于珠三角 2.32 个百分点。随着经济的增长,2002 年长三角地区三次产业中无论是产值构成还是就业构成总体上都已处在"二三一"阶段。城市对人口和劳动力显示出强劲的吸引力,"五普"时城市化水平已经达到 57.84％,高于全国 21.62 个百分点,其中上海市高达 88.31％,迈进了城市化的顶极水平阶段。在这样的经济形势下,作为经济活动主要载体的区域城市体系生机勃发,人们已经看到,一个新的巨大的都市带正在世界的东方迅速崛起。

---

① 本段落中的数据均根据严中平等编《中国近代经济史统计资料选辑》,科学出版社,1955 年

3. 区位因素的助力

都市带的表现形式,是在几万乃至一二十万平方公里的地域范围内,以巨型都市为主导、以大中城市为骨干、以小城镇为基础的城市连绵分布的地带。都市带的经济基础是由工业化带动的第二三产业的高度集聚和三次产业的率先走向现代化,要做到这一点,需要有一般区域所不具备的外部条件的配合,那就是优越的区位。环顾英格兰中部、莱茵河中下游、美国东北部大西洋沿岸、美国—加拿大五大湖沿岸、日本东海道太平洋沿岸五处有国际影响的都市带,莫不具备由历史基础、地理空间、自然地理基础、经济地理位置、商业腹地、水运通道或优良海港、集疏运网络、与国际商路的连接等因素所构成的优越的区位条件,有的还在都市带所在区域直接拥有能源和重要工矿资源。与世界各大都市带相比,长三角地区除了当地缺少能源和重要工矿资源这一并非所有都市带都需要具备的条件之外,其他各种区位因素都毫不逊色。正因为如此,无论是近代还是现代,只要国家有和平建设的环境,长三角地区的经济发展、城市成长就会走在全国前面。改革开放后长三角经济和社会蓬勃发展,GDP 总量和人均 GDP 高速度增长,市场化程度逼近得改革开放风气之先的珠三角地区[1],与此相应,人口扩容,人力资本增大,城市不断壮大,都市带迅速崛起,无不说明区位优越性是长三角都市带发展壮大不可替代的地缘经济条件。

4. 国际竞争的激励

当今世界已经进入了经济全球化的时代,国际竞争异常激烈,跨国公司的投资遍及全世界,各国对资源和人才的争夺到了白热化的程度。这些竞争,说到底是综合国力的竞争,而综合国力的基础是城市的经济实力和科技实力,特别是以巨型城市为核心的都市带的实力。我国国土广袤,人口众多,随着工业化和现代化建设事业的推进,将来有可能出现若干个规模不等的都市带,但是,现阶段基础较厚,发展较快,竞争力较强,已显露都市带形态的当首推长三角地区。这一点,早在上世纪 80 年代中期,就引起了中央的关注。当时,国务院曾建立协调和推进长江三角洲经济区发展的规划领导机构,着手进行长三角地区的研究和规划。后来虽然因为计划经济遗留下来的体制性障碍过多、条件尚不成熟而中止,但毕竟是政府为推进长三角区域一体化、促进经济加速发展走出了第一步。到了 1992 年,两省一市党政领导和经济工作者越来越清楚地认识到长三角应当凭借自己的综合实力,加快发展,协调发展,连接国内外市场,吸引外来投资,提高产业层次,参与国际竞争。为此,必须破除行政壁垒,加强联合,走区域一体化的道路,于是成立了由长三角地区地级以上城市共同发起的长江三角洲城市经济协调会,协力推进区域经济的快速协调发展。这一措施虽然没有完全扫除体制、机制性障碍和行政区域之间的政策性障碍,但对减少区域内部磨擦,加快整体发展,壮大经济实力,增强国际竞争力,无疑具有积极的作用。经过十多年的努力,长三角地区在供应链、法制环境、人力资本等方面的优势日益显露,不仅增强了本地区的内聚力,吸引了大量的国内资金,而且成为跨国公司扩大对华投资的首选区域。据商务部研究院发表的《2005—2007 年跨国公司对华产业投资趋势调研报告》,从投资区域变化趋势看,跨国公司看好长三角、环渤海湾地区、珠三角三个区域,按选择投资区域企业数看,以上三个区域分别占 47%、22% 和 21%,长三角占绝对优势[2],这无疑将激励长三角都市带的加速崛起。

---

[1] 据樊纲等:长江三角洲与珠江三角洲经济发展与体制改革的比较研究,2000 年长三角市场化指数为 6.93,珠三角为 8.45,到 2002 年二者分别为 7.93 和 9.32。见 http://www.cas.cn/html/Dir/2005/01/10/2889.htm

[2] 张明扬:长三角成跨国公司投资首选,《东方早报》,2005.2.28.

（二）都市带崛起对区域内外人口与发展的驱动作用

都市带的崛起实质上是经济带的崛起，这是因为城市化与工业化是一对孪生兄弟。

在都市带内，人口作为社会的主体，一方面，就劳动年龄段的人群而言，是生产力的要素，是推动社会进步的主力；另一方面，就人口总体而言，又是社会产品的消费者和社会服务的对象，是全部社会活动的归宿。因此，都市带的发展不仅必然是作为生产力要素的人口向大大小小城市集聚的结果，而且必然从数量、分布、结构、素质、就业出路、生活水平等各方面给区域人口以全方位的影响。这种影响主要表现于本区域内部，但都市带是要素流动非常活跃的地带，其人口和人才流动必然也对邻近区域乃至全国产生互动效应和联动效应。

1. 都市带的崛起促使区域内部人口产生全面变动

首先，都市带的文明先导作用促使人口再生产类型率先彻底转变。长三角地区在经济社会发展优势和两省一市卓有成效的计划生育工作的推动下，成为我国人口再生产转型最早、转变最彻底的区域。早在 1990 年，全区就开始进入"三低"型的阶段；到 2000 年，人口自然变动已经跨向零增长的门槛，紧接着将经历一段较长时间的受控负增长过程，然后再逐步回到稳定的零增长状态。

其次，都市带的崛起驱动区域人口总量的大幅度增加。在 1990 年与 2000 年的两次人口普查期间，长三角地区常住人口从 7265.63 万人增大到 8227.76 万人，增加 962.13 万人，增长了 13.24%，增长幅度比全国平均的 9.92% 高 3.32 个百分点。人口密度达到 820.72 人/平方公里。长三角地区以占全国 1.04% 的面积，哺育了 6.62% 的人口，创造了占全国 20% 以上的生产总值。应当指出，长三角地区是在人口自然变动向零增长冲刺、自然增长率比全国低得多的情况下实现人口迅速扩容的，充分反映了都市带经济宏大的规模效益和集聚效益以及对区域外部生产要素的强大吸引力。

第三，都市带加速人口转变给人口结构带来双重效应。人口再生产转型是人口现代化的主要标志，但都市带推动人口加速转型又是人口结构变动的一把双刃剑。一方面，人口急速转型、人口自然构成畸变会给区域带来一些好处：如少儿人口比重低，20 年后社会就业压力将显著减轻；同时，结合产业结构提升，经济水平较高，刺激人均受教育年限的提升，有利于育成比重较大的高层次人才，从而有利于人口社会构成特别是教育程度构成的现代化。另一方面，老龄化来势迅猛，在劳动适龄人口黄金时期过去后的几十年，如何满足大量老年人口养老保障需求的问题，则是一个尖锐的社会问题，青壮年劳力大量流出的农村更是如此。

第四，都市带的崛起使区域人口分布格局发生深刻变化。具体表现在：(1)随着城市化的快速推进，人口城乡比率迅速转向现代化，生活在城，将很快成为占压倒优势的居住方式。(2)在大城市超先发展规律支配下，百万人口以上大城市强势发展，以大城市为核心的多个都市圈将相继出现。2000 年，长三角两省一市首位城市市域的城市化水平都领先于其他各市。上海市城市化率高达 88.31%；南京市紧随其后，达到 71.09%；杭州市西部多山，山区半山区面积在长三角各市中最大，西部经济社会发展相对滞后，尽管如此，杭州市域城市化率也有 58.64%，超过除沪、宁以外的其他 12 个市域的水平。这种情况都与大城市各种职能的强大辐射力以及要素、产品、服务的大规模集聚和扩散直接相关。(3)大城市部分产业溢出，中小城市获得发展机会，城镇连绵分布形态进一步显示。目前，上海市、苏锡常、杭绍甬一带城镇连绵分布格局已相当明显。

2.都市带崛起引起区域外人口、经济、社会的连锁变化

长三角总体上仍处于工业化的中期到中后期阶段,距后工业化和高度城市化还有一段路要走,都市带产业和人口进一步扩容是毋庸置疑的[①]。都市带扩容的人口从哪里来?上世纪90年代以来的区域人口发展历程告诉我们,主要将由外部供给,也即长三角人口扩容带有外源性,这也是毋庸置疑的。各方面研究表明,到21世纪三四十年代,当全国城市化达到顶极水平的时候,长三角地区人口将占全国人口的8%以上,届时全国人口将转入自然负增长,而长三角都市带由于强固的经济地位,其人口在全国的比重,还可能相对上升。这就是说,当都市带及其他重要经济区域高度发展之后,发达地区的引力加上全国人口的减量,广大农村和不发达地区的人口将大大减少,我国国土将因此而能够逐步腾出一些宝贵的生态空间,对可持续发展是一种可以预期的利好。

由此可见,都市带的发展蕴藏着解决区域人口问题的巨大能量,对改善区域外部乃至全国的人口状况也具有不可忽视的影响力。都市带是现代经济社会发展高度浓缩的区域,它具有比其他区域高得多的劳动生产率、工作效率以及资源利用率,因而具有其他区域所无法企及的经济人口容量。通过都市带的发展,不仅可以增强国家经济实力,扩大社会就业,增加社会福利,提高人口素质,提升精神文明,自觉降低生育率,有效地控制人口,而且可以带动后进地区跨越式的发展,在一定程度上缓解甚至消除那些区域的生态危机,最终实现可持续发展的目标。

在上世纪最后十多年中,国际人口学界和各国政要就人口问题的一个重要命题取得了共识,那就是"人口问题本质上是发展问题",只有发展才能从根本上解决人口问题。这一点,在这里也得到了很好的印证。

二、长三角地区人口发展的现状与前景

(一)长三角人口的现状特征

现阶段长三角地区人口具有下列特征:

1.生育率持续走低,人口自然变动进入首次零增长临界期

长三角是全国最早实现低生育率的地区。早在1990年"四普"时,该地区的育龄妇女总和生育率就降到了更替水平之下,以后继续下降,到2000年"五普"时降到了不足1的水平,其中沪、苏、浙所属三个子区域分别为0.7,0.9和1.03。(以上总和生育率数据可能因统计误差而偏低,但大势不会有问题)由于上世纪五六十年代高出生率所带来的惯性增长作用,除了上海市从1993年开始就转入了负增长之外,整个长三角的人口自然增长依然是正值,只是增长率从"四普"时的8.51‰降到了"五普"时的1.16‰,开始进入零增长的临界期。其中上海(−2.6‰)、舟山(−0.31‰)、苏州(−0.27‰)、南通(−0.11‰)四市率先进入了负增长。

2.迁移增长开始占统治地位,人口低自增与总量高扩张并存

如上所述,长三角地区随着育龄妇女生育率的不断降低,人口自然增长量在逐步克服人口惯性影响之后已经变得越来越小。与此相反,由于经济的快速发展,对外来人口和劳动力的吸引力增强,上世纪90年代以来,区域外的人口和劳动力纷纷涌入长三角,

---

① 参见浙江大学课题组《长三角都市带人口容量研究》报告,2004年10月。

目前,迁移增长已经占据统治地位,因而形成了人口近乎自然零增长与人口规模迅速扩张并存的态势。

3.人口老龄化速度加快,但正处于最佳的"人口红利"时期

长三角地区和全国一样,在上世纪 70 年代推行计划生育以前人口出生率普遍较高,70 年代以后,随着计划生育工作力度的加大,加上改革开放后区域经济发展的助推作用,出生率先于全国而下降。现在,新中国成立后头 30 年出生的人口正处于劳动年龄,这个年龄段的人群数量很大,比重很高。80 年代以后出生率急剧下降,90 年代以后尤为显著,少年儿童人口数量减少,比重大大下降。由于新中国成立初期至 70 年代前期的高出生率时期出生的人口尚未进入老年期,尽管人口已经开始老龄化,并且在逐渐加速,但老年人口比重还不算很大。按 2000 年普查,长三角地区 0～14 岁的少儿组人口占 15.76%,15～64 岁的劳动年龄组人口为 74.24%,65 岁以上的老年组人口为 10.00%。这种年龄结构与世界同等发展水平的国家相比,劳动年龄人口比重高得出众,而少儿人口的比重则低得出众,是特殊条件下的特殊结构形态。但是,无论从少儿抚养比还是总抚养比来看,恰好处于最有利好的"人口红利"时期,这个时期处理好产业升级和社会就业的关系,对社会财富积累和社会稳定具有特别重要的意义。

4.人口城市化加速,城市规模普遍增大

在工业化的全过程中,二三产业发展与城市发展互为条件,互相激发,既推动了区域经济增长,又催化了人口向城镇的集聚,直到城市化率达到峰值为止。90 年代以来,这种互促共进的关系十分明显,从 1990 到 2000 年,长三角城市化水平由 36.83% 上升到 57.84%,提高了 21.01 个百分点,比同期全国从 26.20% 到 36.92% 上升 10.72 个百分点的城市化速度要快得多。[①] 2000 年,上海市 88.31% 的城市化率在全国直辖市中首屈一指,苏中南和浙东北分别达到 50.66% 和 50.87%,比江苏全省的 42.25% 和浙江全省的 48.67% 分别高出 13.41 和 2.2 个百分点。在这一过程中,受城市化中期城市产业集聚与人口集聚速度空前提高的普遍规律的支配,城市规模普遍增大,一些经济基础较好、区位条件特别优越的大城市,出现了暴发性的规模扩张,上海、南京、杭州、苏州、宁波、无锡便是这类城市的典型。

(二)长三角人口发展的前景

经估测,21 世纪头 20 年长三角人口发展将展示以下六个方面的前景。

1.人口总量仍将以较大幅度扩张

国际经验和对长三角都市带人口扩容前景研究结果表明,在全国整体实现工业化和人口零增长之前,长三角地区人口的增长不会静止下来。《长三角都市带人口容量研究》课题组曾对 21 世纪头 20 年长三角人口容量用两种方法作过具体测算:一是以 1990 与 2000 年两次普查间常住人口年平均增长率为基础对未来区域人口总量进行推算;二是在预测经济发展水平、产业结构、就业结构、就业弹性、在业人口、带眷系数基础上,按在业人口与带眷系数测定未来区域人口总量。结果如表 1 所示。

---

① 1990 和 2000 年两次普查的城镇人口统计标准不同,数字不完全可比,但趋势是可靠的。

表 1　本世纪头 20 年长三角地区人口扩容前景　　　　　　（万人）

	按人口增长率推算				按在业人口推算（中方案）			
	2005 年	2010 年	2015 年	2020 年	2005 年	2010 年	2015 年	2020 年
长三角	8775	9369	10018	10726	8533	9288	9869	10485
上海市	1820	2018	2238	2481	1701	1852	1968	2091
苏中南	4361	4588	4835	5104	4306	4687	4979	5290
浙东北	2594	2763	2945	3141	2526	2749	2922	3104

资料来源：浙江大学课题组《长三角都市带人口容量研究》，2004 年 10 月

说明：表中浙东北和长三角数据已扣除台州市数字。

将表中两种方法测算的结果取平均值，则长三角地区 2020 年的人口总量将是 1.06 亿左右，即：2000—2020 年全区总人口将从 8228 万扩大到 1.06 亿，20 年增加 2300 多万，年均增长率约为 1.2%。

鉴于全国人口总量和城市化率都要到 30 年代中期才能达到峰值，2020 年以后的十多年中长三角地区人口容量还将扩大，但增速将有所减缓，设年均增长率下降到 1% 左右，则到 2035 年全区总人口有可能增长到 1.23 亿左右。

2.外部迁入将成为人口增长的唯一源泉

长三角地区 20 世纪 90 年代以来人口自然增长率不断下降，而迁移增长率则大大上升。由于 2000 年全区人口自然增长率只有 1.16‰，按照人口惯性原理，在全国稳定低生育率的大方针下，当自然增长降到零之后，长三角地区将有一段相当长的人口自然变动处于负增长状态的时期。然而，根据上面的推算，2020 年全区人口将达到 1.06 亿，2035 年有可能进一步增长到 1.23 亿，即从 2000 年到全区人口峰值期，还将增加 4000 万人以上。一头减少（自然负增长），一头增加（迁移正增长），整个地区未来几十年人口的净迁入量将比人口的净增加量还要大，全区人口增长的唯一源泉将来自域外人口的迁入。

3.城市化仍将处在快速发展期

目前长三角地区城市化发展不平衡。按 2000 年普查数据，全区城市化率为 57.63%，其中上海最高，达 88.31%，苏中南和浙东北不相上下，分别为 50.66% 和 50.87%，比上海低 37 个百分点以上。按城市化水平上升趋势大致拟合逻辑斯蒂曲线这样一种规律，全区总体上仍处于城市化水平直线上升的阶段，按城市化进程的国际经验，城市化水平达到 70% 左右即进入缓慢上升阶段，在 75%～80% 的区间静止下来。但不能因此而忽视不同区域存在的差别，长三角地区是个都市带，其发展前景使整个区域的城市化水平超过一般区域城市化水平的上限是完全正常的，不要说苏中南和浙东北 14 个市的城市化水平还将大大提高，就是上海市，作为都市带的龙头和未来国际性的大都会，在只有 6340.5 平方公里的市域范围内，城市化率继续上升到突破 90% 甚至更高的水平，也在情理之中。因此，在本世纪的头 20 年，长三角仍将处在城市化的快速发展时期。根据本课题组的预测，2020 年城市化水平将达到 78%，最终将在达到 85% 左右之后静止下来，转入后城市化时期。

4.老龄化将向深度发展

从可持续发展的长远利益考虑，我国人口在达到峰值后应当有控制地减量，因此，制定稳定低生育水平、使未来相当长的时期内把总和生育率控制在更替水平之内甚至 1.8 的水

平之内的政策,是历史的必然选择。在本课题研究涉及的时间范围内,长三角地区即使生育率轻微上调,人口自然变动也至少要控制在轻度负增长的范围之内,这将使未来三四十年内老龄化程度大大加深(再往后,生育率控制对老龄化的影响将渐渐淡化)。根据预测,2020年之前长三角老龄化程度的变化如表2。(凡表下未注明资料来源的均为本课题组预测数,下同)

表 2　本世纪头 20 年长三角老年人口比重的变化　(%)

	2005 年	2010 年	2015 年	2020 年
长三角	10.64	11.51	13.93	17.75
上海市	11.61	11.92	14.19	19.04
苏中南	10.85	12.14	14.73	18.33
浙东北	9.62	10.18	12.40	15.80

注:均取中方案数字

非常明显,不论是整个长三角还是各子区域数字都反映了老龄化不断加深的趋势。应当指出,长三角是劳动适龄人口大量迁入的地区,在一定程度上延缓了老龄化进程。可以想见,这将或多或少地加深人口迁出地区的老龄化程度。

5. 就业压力将度过最沉重的时期,但"人口红利"时期也将随之消失

从现在到 2020 年的一段时期将是长三角地区劳动力供给最丰富的时期,也是就业压力最沉重的时期。在这段时间里,一方面区域内部有 2000 万左右的农村劳动力等待转移,另一方面区域外部又有 2000 多万的人口流入。"五普"资料表明,迁入长三角的域外人口中仅安徽、苏北地区、四川、江西、浙中南地区、河南、湖北 7 个区域就占了 79%,其中安徽占29.15%,苏北和浙中南占 24.31%,四川占 9.11%,江西占 8.89%。除了江浙两省之外,进入长三角的大部分是中西部地区的人口。尽管国家已经明确提出扶持中西部崛起的方针,但在未来一二十年内长三角区域经济优势不会淡化,域外人口的流向和流动强度将保持相对稳定,劳动力供大于求的矛盾仍将存在。另外,从产业方面来说,长三角地区随着产业基础的壮大和产业结构的提升,一方面固然会不断创造出新的就业岗位,尤其是第三产业会提供更多的就业机会;但另一方面由于单位 GDP 就业弹性的降低,尤其是农业和制造业就业弹性的降低[①],加上国民经济和社会发展对就业人员的科技、管理水平要求的普遍提高,劳动力市场还可能排斥一部分无专门技能的劳动者就业,因此,未来 15 到 20 年内就业压力仍然十分沉重。

不可否认,从现在起到劳动适龄人口峰值年,就人口年龄结构而论确实是"人口红利"时期,如能充分利用这段时间的劳动力资源,对积累社会财富十分有利。过了这段时间之后,尽管就业压力会有所减轻,但老龄化程度迅速加深,而且劳动年龄人群本身也趋向老化,"人口红利"时期将随之退出。

6. 人才高地将逐步确立

人才没有绝对的标准,从统计角度说,最能作为衡量尺度的还是受教育程度。从现状和趋势判断,长三角地区具有一定的人才优势,主要表现在以下三个方面:(1)根据"五普"资

---

① 同前页注 1

料,在 6 岁及以上人口中,具有高中以上教育程度的占 22.5%,明显高于江苏全省 17.94%、浙江全省 14.89% 和全国 15.76% 的水平;(2)在迁入人口中,具有高中以上教育程度的占 39.47%,低于上海(42.62%)和江苏(41.58%)的水平,大大高于浙江(28.34%),略高于全国(38.89%)的水平,说明长三角对吸引人才总体上处于有利的地位,值得注意的是浙江迁入较高学历人口的比率低下,拉下了长三角的水平;(3)近年来两省一市高等教育毛入学率迅速提高,2004 年上海高达 55%,江苏、浙江也都达到 30% 以上水平,高等教育较早进入普及阶段,而且两省一市的高校以及科技、管理人才使用单位大部分集中在长三角地区,著名高等院校以及紧缺专业毕业学生的就业多以沪、宁、杭为首选之地,余下部分也对长三角地区有较强的趋向性。所有这些,都为长三角形成人才高地打下了基础。

三、长三角地区人口变动对浙江人口变动影响的评估

区域间人口变动的关系大致可分为三种状态:一是自动,即各个区域各自独立的人口变动,基本上不受其他区域的影响,例如一定政策环境和经济社会环境下的人口自然变动。二是互动,即区域间的人口交流,如人口迁移。互动可以从普查统计中明确地读取数据。三是联动,即人口变动在区域间所产生的某些效应,涉及面较广,不易量化,但可以作间接的分析判断。这里,不妨忽略第一种状态,抓住第二、三两种状态,来分析和评估长三角地区人口变动对浙江人口变动的影响和相互影响。

(一)直接互动关系的度量

直接互动关系主要是通过迁移体现出来。人口迁移是一个(或一些)区域与另一个(或另一些)区域之间人口变动相互影响的最直接的数量指标。我们从区域外部和区域内部两个空间范围的人口迁移来考察长三角人口变动对浙江人口变动的影响。

1.长三角地区对浙中南人口存在强大的吸引力

长三角地区经济发展在国内处于领先地位,同时又处在城市化中期到中后期的阶段,是全国强有力的人口吸引中心之一,在人口迁移中表现出以高强度迁入为主的特征。我们用 2000 年人口普查资料、按"普查前某时刻的居住地法"和"居留时间法"统计的数据来反映这种情况。按此法统计的数字是 1995 年 11 月 1 日至 2000 年 10 月 31 日五年中从外部迁入长三角的人口数。尽管由于方法本身的原因,有一部分迁移信息得不到反映,使统计迁移量比实际迁移量要少一些,但并不影响对不同区域之间迁入量和迁入率差别的判断。按上述方法统计,1995—2000 年长三角接纳了 620.5 万全国各地区的迁入人口,其中约 94% 来自青藏高原以东、秦岭和黄河以南的 14 个人口稠密省区,其中浙中南就占有显著地位,列表 3 如下:

表 3　从外部迁入长三角人口的数量和比重排序

序次	来源地区	迁入人口(万人)	比重(%)	序次	来源地区	迁入人口(万人)	比重(%)
1	安徽	180.9	29.15	8	贵州	21.5	3.46
2	江苏(注)	94.6	15.25	9	重庆	15.6	2.51
3	四川	56.5	9.11	10	湖南	15.6	2.51
4	浙江(注)	56.2	9.06	11	福建	12.9	2.08

续　表

序次	来源地区	迁入人口（万人）	比重（%）	序次	来源地区	迁入人口（万人）	比重（%）
5	江西	53.3	8.59	12	山东	10.5	1.69
6	河南	28.1	4.53	13	广东	6.8	1.10
7	湖北	23.9	3.85	14	云南	6.7	1.08

注:江苏、浙江仅限两省长三角以外的区域,即苏北和浙中南

资料来源:2000 年人口普查资料 0.095% 数据库

表 3 数字表明,浙江省除了浙东北 6 个市以外,仅浙中南 5 个市迁入长三角的人口就有 56.2 万人,比重达 9.06%,占有显著的地位。同期从长三角迁入浙中南的人口仅 11.7 万人,相比之下,浙中南迁入长三角人口是长三角迁入浙中南人口的 4.8 倍,足见浙中南人口对长三角地区的强烈趋向性。

2. 在长三角地区内部人口迁移中浙东北处于弱势地位

这里先给出一个简化了的长三角地区内部及浙中南地区的人口迁移矩阵。

表 4　1995—2000 年长三角内部及浙中南人口迁移矩阵　　　（万人）

迁出地 / 迁入地	上海市	苏中南	浙东北	浙中南	迁入合计
上海市		28.9	10.7	11.6	51.2
苏中南	5.2		3.5	8.6	17.3
浙东北	1.8	2.8		36.0	40.6
浙中南	1.1	1.2	9.4		11.7
迁出合计	8.1	32.9	23.6	56.2	

资料来源:同表 6

表 4 反映了下列人口迁移信息:

(1)上海是苏中南和浙东北人口迁移的主要目的地,两区迁入上海人口与上海迁入两区人口之比为 39.6∶7.0,说明上海是长三角内部的人口吸引中心,稳居长三角地区发展的龙头地位。正因为如此,在长三角内部的迁移中,只有上海是净迁入,苏中南和浙东北都是净迁出。

(2)苏中南、浙东北迁往上海的人口以前者为主,占 72.98%,后者仅占 27.02%,而苏中南与浙东北总人口之比为 63.02∶36.98,显然,苏中南向上海的迁移强度大于浙东北。

(3)在上海迁往苏中南与浙东北的人口中,迁往苏中南的占 74.29%,迁往浙东北占 25.71%,说明上海人口在长三角内部的迁移流向主要是苏中南。

(4)苏中南人口迁往上海与迁往浙东北的分别占 91.17% 与 8.83%;反过来,浙东北迁往上海和迁往苏中南的分别占 75.35% 与 24.65%。表明苏中南对浙东北的吸引力稍强于浙东北对苏中南的吸引力。

(5)不属于长三角范围的浙中南与长三角的迁移关系是:浙中南迁往长三角与长三角迁往浙中南的比例为 82.77∶17.23,总体上反映了上面指出的浙中南人口对长三角地区的趋向性。不过,就子区域而言,浙中南迁往长三角的人口多数是迁往本省的浙东北,迁往上海

和苏中南的较少,其中迁往苏中南的尤少。

以上判别清楚地说明,浙东北在长三角地区内部人口迁移中处于弱势地位。由于长三角内部上海、苏中南、浙东北三个子区域之间的人口迁移长期以来都是以上海为核心运转的,浙东北在长三角人口迁移中的弱势,在某种程度上反映了浙东北与上海的经济联系处于弱势地位。如进一步细化到分市的数据来看,主要是太湖流域北翼的苏锡常与上海的人口交流强度大于南翼的杭嘉湖地区。

(二)间接联动影响的估计

1. 对浙江人口总量影响的估计

长三角地区人口变动对浙江人口的影响,除了前述从迁移关系上的直接考量之外,其余都是由多种因素作用的间接影响,人口总量变动也不例外,只能间接地作出估计。这里,从不同角度来分析长三角地区人口变动对浙江人口总量的影响:

(1)从区域经济增长差异的影响来估计。江浙沪都是经济快速增长的省市,从"十五"计划头四年的 GDO 增长情况来看,上海增长了 63.7%,江苏、浙江分别增长了 80.71% 和 86.45%。由于就业率与 GDP 增长速度存在正相关关系,浙江 GDP 增速高于沪、苏,从理论上说浙江吸引人口迁入的内在动力要强一些。不过,从经济水平上说,2004 年浙江人均 GDP 近 2900 美元,虽高于江苏的 2500 美元,但仅就浙东北与苏中南相比,二者差距不大,不至于形成明显的迁移势能。同年上海人均为 5000 多美元,对浙江经济活动人口有一定的魅力,只是上海的商务成本、创业成本、就业成本、生活成本较高,迁移存在着较大的风险,一般只对中高层次人员有较强的吸引力,浙江人口总量不会因上海的吸引而显著减少。

(2)从区域人口自然变动差异的影响来估计。江浙沪生育政策虽略有差别,但控制生育率都卓有成效,差别不大。江浙两省近年来自然增长都在向零值靠近,从自然变动角度来说,彼此不存在迁移势能。只有上海已连续多年处于自然负增长状态,在一定程度上造成了潜在的迁入势能。

(3)从省际人口迁移差异的影响来估计。1990 和 2000 年两次普查间江浙沪各自与全国各地区的净迁移率有很大变化。1990 年上海、江苏、浙江的省际净迁移率分别为 39.95‰、25.45‰ 和 -7.15‰;到 2000 年分别发展为 182.4‰(2992265 人)、11.2‰(821255 人)和 48.0‰(2206386 人),对照表 3 和表 4 的数字,上海有相当大的一部分人口来自江浙两省,而浙江则主要来自沪苏以外的省区。也就是说,浙江对上海是净迁出省,对其他省区是净迁入省。

(4)从区域人口增幅差异的影响来估计。从 1990—2000 年江浙沪人口总量的增幅来看,江苏无论是全省还是苏中南都不足以影响浙江人口总量,上海的增幅较大,存在轻度吸纳浙江人口的能量。

表 5　1990—2000 年江浙沪及长三角各子区域总人口增量与增幅

	上海	江苏	苏中南	浙江	浙东北
增量(万人)	306.59	598.69	370.84	448.46	284.71
增幅(%)	22.98	8.93	9.81	10.82	13.24

资料来源:全国和江浙沪 1990 和 2000 年人口普查资料

(5)从未来长三角人口扩容的影响来估计。本世纪头 20 年长三角地区人口容量将继续扩大,已是一种共识。根据本课题组对各家测算的评估,到2020年,长三角地区人口达到1.06亿左右是较为可信的规模。同时,根据本课题组对长三角各子区域总和净迁入率的测算,推得2020年上海、苏中南、浙东北的人口比2000年将分别增长41.1%、11.3%和19.2%,可见2020年之前长三角吸引人口的磁力中心还是在上海。

根据这些分析,结合本报告以上各部分给出的数据,可以作出如下判断:(1)浙江对长三角是人口净迁出的区域,其吸引中心是上海。(2)如不考虑迁移,单纯按自然增长计算,浙江将在2015年之前进入零增长。然而,到2020年全省人口仍将上升到5380万左右,比"五普"时的4593万增加780多万,其中560多万属于迁移增长,其余220多万则是包含原有人口和迁入人口生育所产生的自然增长。显然,对长三角以外省区而言,浙江是一个人口净迁入的区域。

由此可见,浙江人口总量变动的支配因素不是长三角,而是紧邻长三角以及自身所拥有的沿海区位优势,加上市场发育较好,促进了省内经济的高速增长,引来了国内许多省区人口的迁入。长三角的发展,对浙江人口总量的变动只产生有限的联动效应,而且这点联动效应的主发动机是上海。

2.对浙江人口分布影响的估计

长三角人口变动对浙江人口分布产生一定的影响,以下两组数据可以间接地反映这方面的情况。

首先,是长三角与浙江省人口集聚度变化的比较[①],列表6如下:

表6　　1990—2000年长三角和浙江省人口集聚度变化

	1990年普查人口（万人）	1990年户籍人口（万人）	1990年普查与户籍人口之比	2000年普查人口（万人）	2000户籍人口（万人）	2000普查与户籍人口之比
长三角	7265.63	7203.58	101：100	8227.76	7504.79	110：100
上海市	1334.19	1283.35	104：100	1640.77	1321.63	124：100
苏中南	3780.51	3763.86	100：100	4151.35	3902.49	106：100
浙东北	2150.93	2156.37	100：100	2435.65	2280.67	107：100
浙中南	1993.67	2058.20	97：100	2157.42	2222.02	97：100
浙江省	4144.60	4214.57	98：100	4593.07	4502.69	102：100

资料来源:中国统计出版社出版的浙江省、江苏省、上海市1990和2000年人口普查资料

从表6可以看出,1990年长三角地区人口的集聚度很低,除了上海有较弱的集聚之外,苏中南和浙东北几乎没有反映,浙中南和整个浙江还表现为负集聚效应,说明当时长三角都市带发展势头还不强,民工潮刚刚涌动,主要流向是珠三角。2000年,长三角人口集聚度上升到了110：100,其中人口向上海的集聚表现得特别强劲,浙江全省受浙东北集聚度上升的带动和浙中南维持负集聚现象的牵制,仅表现了微弱的集聚效应。这说明以1992年浦东开发开放为契机,上海开始发力,带动了长三角都市带的加速发展,而浙中南的区位处于相对劣势,尽管沿海城市集聚度也在上升,但内陆地区劳力外出多,人口的集聚度总体上仍然

---

① 这里,人口集聚度定义为普查时的常住人口与户籍人口之比。

没有起色。

其次,是在长三角与浙江省人口集聚度变化的大格局之下,浙江分县(市)人口增减发生分化。

从新中国成立到 1990 年第四次人口普查,浙江各县(市)的人口有增无减(只有个别例外,如文成县从 1980 年到 1990 年的人口有所减少,临海因台州行政中心搬迁,1990 年人口也比 1980 年少一些),其增长量决定于自然增长速度。进入 90 年代以后,情况发生了很大的变化,各县(市)人口有增有减,而且有的是大增大减,主要是由深化改革、扩大开放所激发的人口大进大出决定的。根据 1990 和 2000 年两次普查间人口增减的幅度,可以把全省县、市(含县级市和地级以上市的市区)分成 5 个组:

减幅≥10 个百分点的有:淳安、洞头、文成、绍兴、金华、常山、开化、三门、天台、青田、松阳、景宁 12 个县。

减幅<10 个百分点的有:建德、余杭、象山、宁海、永嘉、泰顺、新昌、嵊州、武义、磐安、兰溪、衢县、龙游、江山、岱山、仙居、临海、缙云、遂昌、云和、庆元、龙泉 22 个县市。

增幅<10 个百分点的有:桐庐、萧山、富阳、临安、余姚、奉化、平阳、海宁、平湖、德清、长兴、安吉、诸暨、上虞、浦江、东阳、舟山市区、嵊泗、丽水市区 19 个县市。

增幅≥10<20 个百分点的有:苍南、瑞安、嘉善、海盐、桐乡、湖州市区、永康、台州市区、温岭 9 个县市。

增幅≥20 个百分点的有:杭州市区、宁波市区、鄞县、慈溪、温州市区、乐清、嘉兴市区、绍兴市区、金华市区、义乌、衢州市区、玉环 12 个县市。

(说明:以上有下划线的三地人口减少或只有轻度增加,是行政区划变动所致,实际上原有属区人口均有较大幅度的增长)

以上分组反映了一定的规律性,大致可以作出如下判断:第一,在 74 个被统计的行政区域中,长三角范围内的浙东北 34 个,其中只有 9 个区域人口在减少,占 26%;而浙中南 40个区域中有 25 个属人口减少之列,比率高达 63%。第二,人口减少的县市多数在大山区,小部分属半岛、小岛或欠发达地区中心城市的郊县。而人口增加的大多数在平原和丘陵地区,这些地方容易形成产业集聚。第三,人口大幅度增加的主要是两种性质的区域:一种是大城市或区域性中心城市市区;另一种是块状集群经济特别发达的县市。

所有这些现象都反映了三种力量的联合作用:一是紧邻的都市带的牵引力;二是地区性大中城市和块状经济的聚合力;三是不适宜于现代产业活动的贫困山区对人口的排斥力。这是不以人们意志为转移的现代经济规律的空间表现,我们必须顺应时代潮流,因势利导,顺利实现省内人口的再分布。

3. 对浙江人口老龄化影响的估计

人口老龄化程度的区域差异决定于两个因素:一是出生率。在区域相对封闭、区域间死亡率相对均一的条件下,各地区出生率的变化趋势对区域间人口年龄结构和老龄化程度的变动起决定性作用。二是净迁移率。区域间人口迁移在统计上表现出多种选择性,其中年龄选择是最显目的一种标识。通常迁移最活跃的人群是 15~39 岁的青壮年活动人口,一个区域的净迁入率高,意味着年龄结构变轻,反之,则年龄结构变老。改革开放以来,特别是进入 90 年代以来,长三角和浙江人口年龄结构变动正是这两种因素共同作用的结果。

从人口自然变动来看,长三角是"三低"型的地区,2000 年普查时的人口自然增长率已降到 1.16‰的低水平,其中上海为-0.27‰,苏中南和浙东北分别为 0.83‰和 2.70‰,相比之下浙中南下降要慢一些,仍有 5.8‰ 的自增率。鉴于这种情况,从理论上说,浙江人口老化的程度应该比上海和苏中南稍轻一些。事实也正是这样,沪、苏 65 岁以上人口各为 11.46％和 9.74％,而浙东北和浙中南各为 9.45％和 8.60％,浙江全省则为 9.05％。从人口迁移变动来看,长三角和浙中南都是净迁入地区,其中上海和苏中南净迁入率为 12.63％ 和 4.06％,浙东北和浙中南净迁入率为 5.28％和 2.00％。相比之下,浙中南的净迁移率不仅比上海低得多,比苏中南和浙东北也要逊色一些。净迁入率居于高位的态势,对人口迅速接近零增长、老龄化迅速加深的长三角地区来说,无疑能起一定的缓冲作用,但对出生率下降滞后的浙中南地区来说,弱迁入对延缓老龄化进程意义不大。

上面关于迁移的区域差异是就四个子区域而言的,如果按市统计,像江苏的南通、泰州,浙江的衢州、丽水都是高强度的人口净迁出地区,65 岁以上人口分别高达 12.44％、10.30％、9.85％和 10.02％,甚至接近或超过上海 11.4％的水平(上海从 1993 年起一直处于自然负增长状态),足见长三角地区人口向核心区域集聚对催老包括浙江在内的外围地区人口存在一定的影响。

不过,对区域人口老龄化影响最重要的还不是长三角对浙江青壮年人口的吸引,而是城市化高速发展过程中城乡比较利益的巨大差异所产生的各地城市对欠发达乡村人口的强烈拉动,使得落后地区、落后县市乃至发达地区乡村的人口纷纷流出,导致城乡人口老化程度产生逆向转变。1990—2000 年省内人口减少的 34 个县市,按 65 岁及以上人口计算,2000 年平均老年人口比重达到 9.94％,比全省平均 8.92％高出 1.02 个百分点,可见越不发达的地方人口迁出率越高,老龄化速度越快。这种情况在工业化和城市化过程中是完全正常的,但必须引起重视,以便未雨绸缪,准备应对。

(三)一个值得注意的人口信号

长三角都市带总体发展水平在全国领先,但三个子区域的发展水平并不一致。人口是社会的主体,也是生产力的要素,人口现象的区域差异在一定程度上能够折射出区域经济社会发展水平和发展前景的差异。从人口角度来看,在长三角这块"发展高地"中客观上存在着相对的"发展洼地",拿浙东北的嘉湖绍三市的几项人口数字与苏南的苏锡常相比,就可以体察到长三角南翼属于浙江的这三个市发展相对滞后、竞争力相对不足的人口信号。这一点可以从以下五个方面的人口现象得到证明。

首先,嘉湖绍的人口集聚度比苏锡常要低。苏锡常在 1990—2000 年两次普查间人口集聚度从 101.4 发展到 115.6,而嘉湖绍则从 98.7 发展到 103.1。无论是起点还是上升幅度都存在明显差距。

其次,嘉湖绍的市际迁入强度比苏锡常要弱。按"五普"长三角 15 个市的市际迁移数字,苏锡常的市际总迁入与嘉湖绍的市际总迁入之比为 331∶100;从上海迁入的人口之比为 286∶100;从浙东北 6 市迁入苏中南人口与从苏中南 8 市迁入嘉湖绍人口之比为 217∶100。对照苏锡常与嘉湖绍的总人口之比为 149∶100 的情况,不难看出嘉湖绍的经济发展处于下风。

第三,嘉湖绍的非农化、城市化程度不及苏锡常。先看非农化,1978—2002 年,苏锡常三市大致从 16％～19％发展到 44％～47％,而嘉湖绍则从 8％～13％发展到 21％～28％,无论是起点还是发展速度都有显著差距。再看城市化,2000 年苏锡常在 53.95％与 58.25％之间,而嘉湖绍则在 37.98％与 48.68％之间,差距同样显著。

第四,嘉湖绍人口受教育程度不及苏锡常。按"五普"资料统计,苏锡常 6 岁以上人口受教育年数在 7.96 年与 8.56 年之间,高中程度以上的占 21.23％,大专以上的占 4.87％;而相应的数字嘉湖绍分别为 7.17 年与 7.52 年之间、13.35％和 2.4％。这种差距不仅在 6 岁以上人口的全部统计中存在,在迁入人口中也同样存在。由于这方面缺少细分到市的资料,我们把江浙两省从省外迁入人口中高中以上的所占比重加以比较,也可窥其一斑。这项比重江苏为 19.72％,与上海 22.73％的水平比较接近,而浙江只有 11.61％,差距很大,从一个侧面反映了浙江块状经济低、小的特点。

第五,嘉湖绍人口就业结构层次也比苏锡常要低。"五普"资料反映,苏锡常三次产业的就业结构为 20.96∶48.20∶30.84,属二三一结构;嘉湖绍三次产业的就业结构为 30.96∶44.22∶24.81,属二一三结构。表明嘉湖绍产业高度化要走的路比苏锡常长。

以上这些人口信号向我们提出了警示:长三角南翼的嘉湖绍与苏南的苏锡常相比,经济社会发展处于劣势地位,特别是嘉湖二市,与苏锡常毗连,但落差明显,值得引起重视,并加以充分研究。

四、长三角人口变动对浙江经济社会发展影响的评估

人口问题本质上是发展问题。近年来长三角地区的人口变动尤其是特征鲜明的人口机械变动,其宏观背景及深层驱动力在于长三角都市带的崛起,在于长三角地区经济社会的强劲发展。然而,人口因素并不是完全消极被动的,它在经济社会发展、资源开发利用以及环境保护等诸多方面起着重要的促进或制约作用。

为此,我们分析了长三角地区人口变动的现状、起因、趋势及其对浙江人口的影响之后,有必要对这种人口变动对浙江省经济社会发展的影响包括正面影响和负面影响做出评估。

(一)对经济发展影响的评估

1.有利于促进环杭州湾地区产业带的发展

环杭州湾区域位于长江三角洲南翼,包括嘉兴、湖州、杭州、绍兴、宁波、舟山 6 市,陆域面积近 4.54 万平方公里,占全省土地面积的 44.17％。据"五普"资料,2000 年环杭州湾区域有常住人口 2435.6 万人,占全省总人口的 53.03％。环杭州湾区域具有得天独厚的区位优势和资源优势,集中了浙江省主要的深水港口、滩涂,拥有钱塘江、太湖等江河湖泊,汇集了海、江、湖、溪、山、岛等多种自然景观。该区域已拥有秦山核电站、嘉兴电厂、北仑电厂等大型能源企业和高校专业技术人才资源,电子信息、现代医药、石化、纺织、服装等产业集群的优势逐步显露,城乡经济发展势头强劲。中国大陆社会经济综合百强县就有 19 个分布于这一地区。长三角都市带的崛起本身就包含着环杭州湾城市群和产业带的崛起。

然而,长三角都市带目前正处于形成和发展阶段,区域内部的发展尚不平衡。由于资源禀赋和初始结构不同,环杭州湾区域的经济社会发展状况不仅与处于长三角都市带龙头地位的上海市有差距,而且与长三角北翼苏中南地区也有一定差别。换一个角度来看,位于长三角南翼的环杭州湾地区具有更大的集聚产业和人口的潜能。

这一点可以从就业弹性系数上反映出来。就业弹性系数是劳动力就业增长率与经济增长率之间的比率,即经济每增长一个百分点所对应的就业增长率的变化。弹性系数高表明经济增长对就业的拉动效应大。当弹性系数为负值时,表明经济增长对就业产生挤出效应。表 7 给出的是长三角地区有资料的 12 个市的分产业就业弹性系数。

表 7　1990—2002 年长三角部分城市三次产业就业弹性系数

地　区		第一产业 就业弹性系数	第二产业 就业弹性系数	第三产业 就业弹性系数
上海市		−0.1165	−0.2602	0.32107
苏中南地区	苏州	−1.1330	−0.0503	0.1903
	常州	−0.6588	0.0224	0.2420
	南通	−0.3922	−0.0532	−0.0649
	扬州	−0.6936	−0.0663	0.2506
	泰州	−0.5704	−0.0659	0.1545
环杭州湾地区	杭州	−0.5644	0.1267	0.4095
	宁波	−0.6611	0.1964	0.2633
	嘉兴	−1.6600	0.1599	0.0825
	湖州	−0.7615	0.0652	0.3375
	绍兴	−0.7328	0.3172	0.4322
	舟山	−0.3512	0.1316	0.1929

资料来源:浙江大学课题组《长三角都市带人口容量研究》,2004 年 10 月

从表 7 中可以看出,无论是上海、苏中南还是浙东北,第一产业的就业弹性系数均为负数,表明这 15 个城市的第一产业是劳动力输出部门。第二产业的就业弹性系数环杭州湾的 6 个城市均为正值,而上海、苏州、南通、扬州、泰州 5 个城市均为负值,环杭州湾地区明显高于上海和苏南地区。这表明环杭州湾地区第二产业的发展尚不充分,还有较大的发展空间,对劳动力的就业还有较大的拉动作用。第三产业的就业弹性系数除南通市为负值外,其余城市均为正值,这表明在整个长三角地区第三产业普遍具有发展潜力。相比之下,环杭州湾地区发展潜力更大。

从上述分析中可以看出,环杭州湾地区作为长三角的重要组成部分,在二、三产业方面有较大的发展空间,对劳动力增长有较大的需求。在这种情况下适度补充劳动力有利于经济发展。鉴于长三角地区的人口增长方式已由自然增长为主转变为机械增长为主,那么对环杭州湾地区来说,要补充城镇二三产业劳动力必须以外部支援为主。这种外援劳动力主要来自本地的农村、本省经济欠发达地区和省外。

可见,当前及今后一个时期人口迁移流动对环杭州湾城市群和产业带的发展具有重要的促进作用。具体地说,适度的人口机械增长对环杭州湾地区的经济社会发展至少有以下几个方面的利好:

(1)有利于解决劳动力短缺问题。环杭州湾地区低生育水平已持续 20 余年,人口自然增长率已接近于零,有些地区已出现人口负增长。随着杭州湾跨海大桥、沪杭高速铁路等重大交通项目的规划与兴建,新一轮产业发展和城区发展即将兴起,劳动力的需求量会进一步增大。劳动力短缺问题有赖于通过吸收外来劳动力而求得解决。

(2)有利于引进人才,提高劳动者整体素质。由于历史等多方面原因,环杭州湾地区劳动者科学文化素质与经济社会发展的要求尚不相适应,近年来逐渐增加的外来人口中,有一部分是专业技术人员,他们的到来有利于提高劳动者整体素质,对于产业升级及经济增长

方式转变将会起到很好的推动作用。来自本地农村及省内外的农民工,一般说来年纪较轻,受过一定的正规教育。吸收这样的农民工并加强培训,同样有助于劳动者整体素质的提高。

(3)有助于缓解人口老龄化程度。外来民工一般都比较年轻,吸纳这样的民工有助于改善劳动者的年龄构成,对经济发展有利。环杭州湾地区计划生育起步早、控制人口见效快,是我国人口老龄化现象较早出现的地区之一。上世纪90年代以来,由于外来人口的不断增加,人口老龄化的势头有所缓解,这将使老年抚养比的增速不至于过快,有助于延缓"人口红利"期。

(4)有利于城市化率的提高和城市群的发展。环杭州湾地区大、中、小城市密集。这里不仅具有传统的优势产业,而且新兴产业也在快速发展,临港重化工业正在崛起,电子信息等高新技术产业的轮廓已经显现。杭州湾跨海大桥的规划与兴建,将给慈溪、海盐以及宁波、绍兴、嘉兴等市带来前所未有的发展机遇。产业集聚必然引导人口集聚,人口集聚又将促进城市发展。

2.有利于改善全省各地的人口经济关系

如前所述,上世纪90年代以来,长三角地区人口变动的主要特征是自然增长的势能趋弱,机械增长的势能加大。这种人口变动状态从总体上看有利于浙江各地人口经济关系的改善。

在发展中国家,人口的聚散势能与单位国土面积的人口密度高低关系不大,但与反映单位GDP人口负荷量的经济人口密度关系密切。经济人口密度低,意味着单位GDP人口负荷轻,从另一个角度看则是表明人均GDP水平高,人口发展与经济发展的关系比较协调。相反,经济人口密度高,表明单位GDP的人口负荷量重,也就是人均GDP水平低,表明人口与经济的关系不够协调。在允许人口自由流动的条件下,为了追求较好的经济效益,经济人口密度相对较高的地区的人们会向经济人口密度相对较低的地区流动。

由于资源禀赋以及经济、社会条件不同,浙东北与浙中南的人口与经济协调状况有明显差别。表8给出的是1990年和2000年浙江省各地经济人口密度状况。从表8中可以看出,1990年浙东北6个市的经济人口密度均低于全省平均水平,而浙中南5个市的经济人口密度则均高于全省平均水平,浙中南的经济人口密度是浙东北经济人口密度的1.86倍。2000年浙东北地区除舟山市外,其余各市的经济人口密度均低于全省平均水平,浙中南地区除台州市与全省平均水平持平外,其余各市均高于全省平均水平。从理论上看,浙东北具有吸纳人口的势能,浙中南则具有输出人口的势能。

表8　1990年和2000年浙江省经济人口密度

地　区	1990年		2000年	
	经济人口密度(人/万元)	与全省平均水平的偏离度	经济人口密度(人/万元)	与全省平均水平的偏离度
全省	4.92		0.76	
浙东北	3.82	-0.22	0.56	-0.27
杭州	3.28	-0.33	0.50	-0.35
宁波	3.60	-0.27	0.51	-0.33
嘉兴	3.89	-0.21	0.66	-0.13

续 表

地 区	1990 年		2000 年	
	经济人口密度(人/万元)	与全省平均水平的偏离度	经济人口密度(人/万元)	与全省平均水平的偏离度
湖州	4.46	−0.09	0.69	−0.09
绍兴	4.85	−0.01	0.55	−0.27
舟山	3.97	−0.19	0.88	0.15
浙中南	7.11	0.45	0.92	0.21
温州	8.13	0.65	0.91	0.20
台州	6.36	0.29	0.76	0.00
金华	6.08	0.24	0.84	0.10
衢州	6.72	0.37	1.31	0.73
丽水	9.61	0.95	1.58	1.08

资料来源:根据"四普""五普"资料和 1991、2001 年《浙江统计年鉴》有关数据计算。

上世纪 90 年代以来浙江省人口经济运行状况完全证实了上述的理论推测。

由于上世纪 90 年代初我国进行了市场取向的经济体制改革,计划经济时代种种限制人口移动的规章制度开始松动,人口迁移流动的势头日趋强盛。人口流动的趋向正如理论推测的那样,浙东北成为人口净流入地区,而浙中南则成为人口净流出地区。"五普"资料表明,2000 年浙东北地区净流入人口 154.81 万;浙中南地区净流出人口 63.46 万(见表 9)。

表 9 2000 年浙江省人口移动状况

地 区	户籍人口(万人)	常住人口(万人)	外来人口(万人)	外出人口(万人)	净流入(万人)	人口移动率
	1	2	3	4	3−4	3+4/1
全省	4501.72	4593.07	859.87	768.52	91.35	0.36
浙东北	2280.84	2435.64	444.69	289.88	154.81	0.32
杭州	621.61	687.87	148.45	82.18	66.27	0.37
宁波	540.67	596.34	135.57	79.91	55.66	0.40
嘉兴	332.14	358.30	46.11	19.94	26.17	0.20
湖州	255.17	262.56	31.01	23.62	7.39	0.21
绍兴	433.19	430.42	63.81	66.58	−2.77	0.30
舟山	98.07	100.15	19.74	17.65	2.09	0.38
浙中南	2220.88	2157.42	415.18	478.64	−63.46	0.40
温州	740.45	755.76	203.09	187.78	15.31	0.53
台州	545.48	515.37	83.28	113.39	−30.11	0.36
金华	445.20	457.19	88.81	76.82	11.99	0.37

地　区	户籍人口（万人）	常住人口（万人）	外来人口（万人）	外出人口（万人）	净流入（万人）	人口移动率
	1	2	3	4	3-4	3+4/1
衢州	242.18	212.89	16.01	45.31	-29.30	0.25
丽水	247.57	216.21	23.99	55.34	-31.35	0.32

资料来源：根据《浙江省 2000 年人口普查资料》有关数据计算。

要协调人口与经济的关系，降低经济人口密度，根本的途径是发展经济，做大"蛋糕"。与此同时，调整人口容量、改善人口结构也十分必要。在这方面做得最好的是温州市。1990年该市经济人口密度为 8.13 人/万元，比全省平均水平高出 65%。90 年代温州市一方面以民营企业为主的块状经济迅猛发展，另一方面人口移动频繁，大出大进。据"五普"资料，2000 年温州市外出人口 187.78 万，外来人口 203.09 万，人口移动率（外来人口＋外出人口/户籍人口）达 53%，为全省最高（见表 9）。这一年，经济人口密度由 1990 年的 8.13 人/万元降至 0.91 人/万元，与全省平均水平的偏离度也由 1990 年的 65% 降至 20%，10 年中下降了 45 个百分点，下降幅度之大也是全省之最（见表 8）。在市场经济条件下，经济人口密度较低的浙东北地区以及整个长三角地区适当吸纳外来人口，经济人口密度较高的浙中南地区人口向浙东北地区、整个长三角地区乃至国内其他经济人口密度相对较低的地区流动，这是顺势而为，能促进人口与经济的协调发展。

3. 有利于农业规模经营和产业结构调整与升级

浙江省是资源小省，人均耕地只有半亩左右，不到全国平均水平的一半。实行家庭联合承包责任制之后，每个农户都分到一小块土地，很难实现规模经营。根据浙江省目前的农业生产水平，要使农户成为种植业专业户，并达到较高的规模经营效益，至少每个劳力平均有 4 亩以上耕地，即每一农户应该拥有十亩以上的耕地，这样至少需要 2/3 的农村劳动力离开土地去从事其他产业①。因此，减少农民、转移农民是实现农业规模经营、提高农业生产效益的关键。

上世纪 80、90 年代，在改革开放的春风吹拂之下，人口机械变动与人口社会变动同时进行，人口的空间移动隐含着更为深刻的人口就业结构变动。从上世纪 80 年代初到世纪末，浙江省就业人口的产业结构发生了巨大变化（见表 10）。

表 10　浙江省就业人口的产业结构变化

年份	就业人数（万人）	第一产业		第二产业		第三产业	
		人数（万人）	比重（%）	人数（万人）	比重（%）	人数（万人）	比重（%）
1982	2097.59	1309.17	62.41	582.50	27.77	205.92	9.82
1990	2457.54	1505.55	61.26	610.37	24.84	341.62	13.90
2000	2665.21	898.39	33.71	1083.47	40.65	683.35	25.64

资料来源：根据浙江省第三、四、五次人口普查资料数据计算。

从表 10 中可以看出，从 1982 年到 2000 年这 18 年中，全省就业人口总数由 2097.59 万

---

① 参见顾益康著：《求索"三农"》，中国农业科学技术出版社，2003 年，第 358 页。

增加到 2665.21 万,增加了 567.62 万,而在第一产业就业的人口则由 1309.17 万下降到 898.39 万,减少了 410.78 万。相应的,第一产业就业人口比重从 62.41% 降至 33.71%,下降了 28.7 个百分点。

人口分布与产业分布之间有着内在的联系。工业化国家的实践证明,随着经济的发展和人均国民收入水平的提高,劳动力首先由第一产业向第二产业转移;当人均国民收入进一步提高时,劳动力便向第三产业转移(即所谓配第一克拉克定律)。改革开放以来浙江省农业在业人口的逐渐减少,不仅减轻了农业的就业压力,而且产生了联动效应,促进了二、三产业的发展,使三次产业的产值结构和就业结构逐步由传统型向现代型转变。

表 11 给出的是浙江省三大经济圈即环杭州湾地区经济圈、温台沿海地区经济圈和金衢丽地区经济圈三次产业产值结构的变动状况。从表 11 中可以看出,由于地理区位以及经济运行、人口运行的状况不同,三大经济圈产业结构的优化和升级的速度也有所不同。实践证明,人口布局优化与产业结构调整是相辅相成的,人口布局优化能促进产业结构调整,产业结构调整又能引导和带动人口布局优化。

表 11　浙江省三大经济圈三次产业产值结构变动比较　　　　　　　(%)

年份	环杭州湾地区			温台沿海地区			金衢丽地区		
	一产	二产	三产	一产	二产	三产	一产	二产	三产
1995	13.7	55.2	31.1	15.7	55.6	28.6	21.1	50.7	28.2
1999	10.3	55.4	34.3	10.9	57.1	32.0	15.5	51.6	32.8
2000	9.7	55.1	35.2	9.5	57.8	32.7	14.3	51.9	33.9
2001	9.1	53.4	37.5	8.9	57.2	33.9	13.4	51.3	35.3
2002	8.1	53.9	38.0	7.6	57.0	35.4	12.1	51.4	36.5
2003	7.4	55.1	37.6	6.8	57.6	35.6	10.9	52.1	37.0

资料来源:相关年份的《浙江统计年鉴》。

环杭州湾地区是人口净流入地区,人口移动活跃,经济发展迅速,第一产业的产值比重已大为缩小,第二产业发展势头正猛,第三产业也已呈现出良好的发展态势。环杭州湾地区以及整个长三角地区是浙江省经济发展的"领跑"区。

温台沿海地区初始条件并不好,但由于这一地区是经济体制改革的先导区,计划经济时代种种限制人口流动的规章制度不断被冲破,以民营企业为主的块状经济发展迅速,人口移动活跃。这个地区虽然不属于一般意义上的长三角地区,但接受长三角地区辐射的能力不断增强,产业的层级逐渐向环杭州湾地区逼近(见表 11)。这是一块神奇的充满生机与活力的土地。

金衢丽地区由于受区位条件及经济社会发展初始条件的制约,经济发展势头不如环杭州湾地区和温台地区,尤其是地处浙西南山区的衢丽地区,经济人口密度依然远高于省内其他地区。从上世纪 90 年代以来的发展态势看,这个地区经济人口密度与全省平均水平的偏离度不仅没有缩小,反而有进一步扩大的趋势(见表 8)。与温台地区相比,金衢丽地区无论是经济发展速度还是人口移动的活跃程度都有一定差距,产业结构也还处于较低层次(见表 11)。这一状况提示人们,对于金衢丽地区尤其是经济欠发达的衢丽地区,各级政府尚须加大支持力度,引导和鼓励发达地区与欠发达地区资金与劳动力双向流动,增强欠发达地区接受长三角辐射的能力,进一步促进这一地区人口与经济的协调发展。

（二）对社会事业影响的评估

长三角地区集聚产业和人口的过程也就是该地区人口城市化的过程。农村人口向城市集中，周边欠发达地区的人口向经济发达地区集中，形成规模空前的城市群，这是社会进步的表现。在一定限度内，产业和人口向城市集聚能更好地发挥城市的综合效应，不仅有利于经济发展，也有利于社会事业的发展。例如，能够促进城市教育和卫生资源的有效利用，提高人口素质和人力资本存量；能够改善城市人口年龄结构，使城市增添生机与活力；能够加强城乡之间的沟通，加速城市文明向乡村辐射等。

另一方面也不能不看到，由于城乡二元结构的存在和地区间发展不平衡，大规模的人口流动也将带来一系列不容忽视的社会问题。比较突出的有：

1. 人口流出地年龄结构将加速老化，老年生活照料问题趋向严峻

上世纪 80 年代以来，浙江省人口年龄结构明显地呈现出老龄化的趋向，老年人口的比例逐渐提高。与此同时，随着经济体制改革的逐步推行和限制人口移动的种种制度逐步松动，人口流动日趋频繁，人口机械变动对人口年龄结构变动的影响作用日益显露。如果说在上世纪 80 年代人口年龄结构的变化还主要取决于人口自然变动，那么到了 90 年代，人口年龄结构的变化则是人口自然变动和机械变动共同作用的结果。从表 12 中可以看出，1990 年到 2000 年这十年中，老年人口比重上升最快的是丽水市和衢州市，分别上升 3.59 和 3.47 个百分点，远远超出全省的平均水平。这是由降低人口出生率造成的吗？不是。据"五普"资料，2000 年在全省 11 个市中，恰恰是这两个市人口的出生率最高，分别达 12.73‰和 12.80‰，远远超出全省 10.18‰的平均水平。是由人口移动造成的吗？回答是肯定的。"五普"资料显示，这两个市都是人口净流出的市，也是全省 11 个市中独有的因人口净流出而导致人口负增长的两个市。

表 12　浙江省各市老年人口比重变化情况

地　区		65 岁及以上人口比重（%）		
		1990 年	2000 年	增加的百分点
浙东北	杭州	6.79	8.83	2.04
	宁波	6.81	8.75	1.94
	嘉兴	7.55	9.59	2.04
	湖州	7.65	9.94	2.29
	绍兴	7.56	9.69	2.13
	舟山	6.32	9.33	3.01
浙中南	温州	6.16	7.39	1.23
	台州	6.66	9.05	2.39
	金华	6.95	8.81	1.86
	衢州	6.38	9.85	3.47
	丽水	6.43	10.02	3.59
全　省		6.83	8.92	2.09

资料来源：根据浙江省"四普""五普"资料计算。

丽水市和衢州市属于本省偏远的经济欠发达地区,由于大量年轻人外出打工,而中老年人则仍然留守本地,导致人口年龄结构迅速老化。我国农村社会养老保障制度不健全,经济欠发达地区情况更糟。农村尤其是人口流出的经济欠发达地区农村的养老服务问题,是当前及今后必须认真面对的重大社会问题。

2.浙中南地区人才流失将进一步加剧

人力资源是第一资源,区域之间的竞争说到底是人才和人力资源竞争。在长三角一体化的进程中,将逐步实行区域内人才资源整合,消除行政壁垒,最终实现区域内人才自由流动。可以预料,在人才流动自由度逐渐增大的情况下,各类人才必然会逐渐流向经济效益好并能充分施展自身才华的新兴产业集聚地。就浙江省而言,上海市以及环杭州湾地区会成为各类人才的首选地,而经济欠发达地区则会成为人才净流失地。

这种态势事实上已经显现。统计资料显示,2003年专业技术人员占从业人员的比重环杭州湾地区为4.6%,温台沿海地区为3.2%,金衢丽地区为3.4%。环杭州湾地区专业技术人员比重最高。温台沿海地区虽然制造业比较发达,但专业人员匮乏。丽水和衢州是人才净流失地。以丽水市为例。据"五普"资料,2000年全市外出人口55.34万,其中流出大专及以上文化程度的人员5448人。外出人口的平均受教育年数为8.01年,比全市人口平均受教育年数的7.16年高0.85年。2000年全市有外来人口23.99万,多数来自经济欠发达地区的农村,文化程度较低,主要从事重活、脏活等简单劳动。2000年全市引进中专及以上学历的人才2105人,其中真正来自外地的非丽水籍人才只有23人,占1.09%[①]。丽水市人口平均受教育年数本来就不高,这种人才单向倒流无疑是雪上加霜。这种状况今后还可能加剧。

(三)对资源、环境影响的评估

由长三角都市带崛起而引起的长三角地区及浙江省的人口变动,对浙江省的资源环境将产生多方面的重大而深远的影响,既有消极的负面影响,也有积极的正面影响。

1.人口总量增大,对资源环境的压力会进一步加大

长三角地区之所以能够快速发展,是因为这一地区具有集聚产业和人口的条件和潜力。2000年长三角地区15个城市总人口为8228万人("五普"常住人口数)。据本课题预测,到2020年将增长到1.06亿左右。受长三角都市带崛起的影响和带动,未来浙江人口总量增长的年数将增加15年,高峰年份的人口量将增加700多万。浙江省是资源小省,不仅土地资源、水资源短缺,而且矿物能源和矿物工业原料资源极度匮乏。随着人口总量的增加,人均资源占有量将进一步下降。虽然人口密集的都市带不可能是一个封闭的系统,所需的能源及其它矿产资源可以通过市场渠道从外部得到增补,但是在全球资源争夺日趋激烈的背景下,对外部的依赖性越强,资源供给的风险也就越大。

此外,产业和人口的集聚,经济的发展,不仅会加大资源消耗量,而且必然加大"三废"的排放量,这无疑会给本已脆弱的生态环境增加压力。

2.山区人口减少,有利于生态空间的修复

在涌动的城市化潮流以及长三角都市带人口集聚效应的影响下,周边地区农村人口陆续向长三角地区或附近城镇集聚,偏远山区也不例外。山区居民有的实行梯度转移(即村里

① 以上数据引自《迈入新世纪的浙江人口》第二卷,中国统计出版社,2003年,第359—363页。

的一些人往镇里转移,镇里的一些人往城市转移),有的实行远距离的向城镇的链式迁移(流动),加上地方政府有意识地引导偏远山区的贫困人口"下山脱贫",长年在深山老林生儿育女、毁林开荒的人们开始逐步从林区撤离。这是在市场经济条件下、在党和政府倡导的科学发展观指引下人口分布格局的一种战略性调整。它的经济效益、社会效益和生态效益正在逐步显露出来。今年3月上旬国家环保总局公布了全国首次生态环境质量检查的结果。在全国各县、市生态环境质量排名中,浙江省丽水市占据了前10位中的4位,而且其中的庆元县名列榜首。丽水山区的生态环境改善与人口压力的减轻有关。由于实行计划生育和人口梯度转移,上世纪90年代与80年代相比丽水山区的常住人口不增反减,这就给生态环境的修复创造了有利条件。"下山脱贫"战略举措的实施,使那些生态失衡的林地得以休养生息,逐渐恢复昔日的平衡,森林覆盖率也得以提高,生态效益更加明显。

3.人口素质提高,人力资本投入将部分地替代资源环境投入

长三角地区是我国现代化建设的领跑区、走新型工业化道路的样板区。产业升级和经济增长方式转变的内在需求,必将促使该区域在扩充人口数量的同时下决心提高人口素质。这是长三角地区人口变动的重要趋向。当前我国在经济增长方式方面还存在着高投入、高消耗、高排放、低效率、难循环等突出问题,存在着严重的发展隐患。长三角地区GDP的持续快速增长同样付出了巨大的资源环境代价。浙江省2003年14%的GDP增长率,就是以22%的电力增长和38%的投资增长换来的[①]。人口素质的提高,意味着科技水平、经营管理水平、科学发展观认识水平的提高,有利于对自然资源的科学合理利用,也有助于开发出新能源、新材料、新技术来替代稀缺的矿物能源、工业原料资源和落后的生产技术,因而有利于资源环境的改善与保护。

五、长三角经济一体化趋势下的区域人口社会政策评估

区域经济一体化的基础是市场一体化。要推进长三角经济一体化,就必须消除区域内的各种体制性障碍,使商品及资金、劳动力、人才、技术、产权等要素实现无障碍流动。然而长三角地区分属江、浙、沪两省一市,存在三条省界和众多市界、县界的阻隔。现行的各种人口社会政策都是各行政区域从各自的现实情况及利益出发制定的,缺乏统一性和协调性。例如:

在计划生育政策方面,虽然江、浙、沪两省一市都是我国计划生育先进地区,都长期地维持低生育水平,但是在有关计划生育的政策方面仍然有一定差异,表现于特殊人群照顾生育二孩的规定不一样,生育二孩的时间间隔要求不一样,有关的奖励政策不一样,缴纳社会抚养费的标准不一样等。

在人口迁移政策方面,上海市从2004年10月1日起全面实施居住证制度(居住证有效期一般为一年,临时居住证有效期为6个月),2002年11月江苏省政府批转了江苏省公安厅《关于进一步深化户籍管理制度改革的意见》,2002年3月浙江省政府办公厅转发了浙江省公安厅《关于进一步深化户籍管理制度改革的意见》,尽管各省市都以国家户籍改革政策的基本框架为依据,但由于国家还没有统一的改革方案,各地的改革步子及举措都不尽相同。

在统筹城乡就业方面,上海市由于传统意义上的城乡二元结构已有很大改变,统筹城乡

---

① 见2004年8月1日新浪网:《中国需要怎样的经济增长方式?》。

就业更多地着眼于社会保障等配套制度的改革,以促进农民市民化;江苏省和浙江省从2001年起都开始启动城乡统筹就业的试点工作,江苏省以常熟市为试点单位,浙江省首批试点单位是义乌市和长兴县,2003年扩大到10个县(市、区),2004年进而扩大到34个县(市、区),两省在进度上和具体做法上都有所不同。

在农村养老保险制度改革方面,上海市于2003年出台了《上海市小城镇社会保险暂行办法》,将农村社会养老保险纳入"镇保";江苏省根据城乡一体化的思路对原先的农村社会养老保险制度进行改革,例如常熟市从2001年起就开始提高农村社会养老保险的缴费水平和给付水平,积极向城镇职工养老保险靠拢;浙江省出于城乡一体化的考虑,在设计城镇职工养老保险制度时使其具有很大的包容性和广泛适用性,在实行城镇职工养老保险"扩面"时,有些地方已将部分农民(主要是需要照顾的对象,如双农独女户等)纳入"扩面"范围。

应该说在现行体制下,省、市之间存在某些政策差异在所难免,但是这些差异对生产要素的自由流动必然起阻碍作用。尽管在利益的驱动下各地的人员及其他要素都早已开始流动,然而这种流动都或多或少地要增加额外成本。弱势群体需要付出的成本无疑会更大一些,这本身就是一种社会不公。

从总体看,实现长三角经济一体化面临两重障碍:一是城乡二元结构障碍;二是行政壁垒障碍。就客观因素而言,消除第一种障碍的难度相对更大一些。除上海市因特殊的区域条件城乡差距不那么明显外,江苏、浙江两省的城乡分割现象依然严重,消除城乡二元结构任重而道远。相比之下,长三角15个城市的客观条件倒是比较相近,相互之间的差距小于苏北与苏南、浙东北与浙西南之间的省内地区间差距。制度与政策方面的差异主要是行政壁垒造成的,在一定程度上是人为的。因此,只要两省一市加强沟通与协商,逐步消除体制性障碍,最终实现长三角地区制度与政策一体化是可以做到的。城乡二元结构和行政壁垒的障碍一旦被彻底消除,必将进一步促进包括人口和劳动力在内的要素有序流动,有利于降低经济运行的社会成本,也有利于社会公平和社会进步。

六、几点结论与主要对策

(一)几点结论

1. 长三角都市带的崛起推动区域人口容量的扩大。无论长三角地区还是浙江省外来人口都将继续增加。根据预测,到2020年长三角人口将达到1.06亿左右,比"五普"常住人口增加约2400万。目前,这个地区人口自然变动已经逼近零增长,行将进入负增长,人口的扩容主要由区域外迁入补充。浙江人口对长三角是净迁出,主要迁往上海,但数量不大,对浙江人口总量的增减无显著影响。相反,得益于长三角都市带崛起的整体效应,加上浙江本身地处东南沿海的区位条件,以及体制和机制方面的优势,经济发展迅速,对长三角以外省区人口有较强的吸引力,未来20年浙江人口总量将继续增大,其增加幅度决定于与吸纳能力相适应的外来人口迁入强度。

2. 浙江与长三角人口变动存在着多方面的联动效应,意义最深刻的体现在两个方面。一是人口空间分布将产生划时代的变化。缺少现代要素集聚条件的区域,主要是内陆山区,人口将大量退出,从而腾出大片生态空间,使自然环境和生态系统得以逐步恢复。二是城乡老龄化程度将发生倒置。未来20年,城市化潮流将进一步推动农村青壮年向城镇转移,乡村老年人口比重将由以前普遍小于城镇转向普遍大于城镇的格局,尽管青壮年外出会给家乡留守老人带来一些经济补助,但乡村地区特别是落后地区乡村老年人口的生活照料问题将日益突出。

3.人口方面的若干指标折射长三角三个子区域发展中浙东北局部处于劣势地位。根据人口迁入相对量、集聚度、城市化率、受教育程度、劳动力就业结构五个方面人口指标的对比,浙东北不仅落后于上海,与苏中南也有一些差距,其中嘉湖绍三市的这些指标显著地落在苏锡常三市后面。这是一种人口信号,折射出嘉湖绍与苏锡常相比是经济社会发展的"洼地",尤其是同属太湖流域的嘉湖地区与苏锡常地区反差较大,显示了嘉湖地区存在某些发展条件缺失的问题,值得引起重视。

4. 长三角都市带崛起有助于浙江人口与经济、资源、环境的协调发展。由长三角都市带崛起而引起的人口变动,从总体上看对浙江区域经济格局的调整和人口、经济、资源、环境的协调发展有利。位于长三角南翼的环杭州湾地区具有集聚产业和人口的潜能,适量吸纳人口有利于该地区新兴产业群和城市群的兴起。温台沿海地区通过人口的大出大进,有助于改善人口素质结构和产业升级。金衢丽地区尤其是衢丽山区适度输出人口有利于减轻生态压力和发展优势产业。因此,应当继续消除各种体制性障碍,加强对农村剩余劳动力的培训,促进农村人口城镇化和农民市民化。

5.新一轮人口变动可能出现两种负面效应。一是以劳动密集型为特征的小型私有、集体企业在未来一二十年内仍将是吸纳大量外来劳动力的重要载体,技术要求不高、大量使用活劳动的产业的存在,大批素质较低的外来劳动力的进入,可能在一段时间内对资源环境的压力继续增大。二是"五普"时已显示浙江有34个县市人口在减少,主要分布在浙中南地区的山区,这一过程在未来一二十年内仍将继续。人口输出地中青年劳动力和人才流失难以避免,其后果是导致人才资源弱化,使这些地区必要的人才供给难以保证。

(二)主要对策和政策建议

从世界人口分布的总趋势看,多数人口会进一步集聚于适合于人类生存的沿海或沿河地带。长三角都市带崛起的过程,是长三角地区及相关的两省一市以及整个华东地区乃至全国人口分布格局逐步进行调整的过程。这种调整既为现实的经济社会发展需求所驱动,也受人口分布一般规律的支配。

在经济全球化和国际产业分工变动的背景下,长三角都市带迅速崛起,这是江、浙、沪两省一市共同的千载难逢的发展机遇。利用国内国际各种有利条件,将长三角地区打造成世界最大的都市带,是两省一市的共同责任。地处长三角南翼的浙江省,应当主动接轨上海这个长三角地区的核心城市,将全省各地的发展置于长三角地区整体发展乃至泛长三角广域发展的视野之中。有关人口社会政策的目标取向,应该是在认清长三角和浙江省经济、社会、人口发展总趋势的基础上,积极促进长三角经济一体化,同时认真应对和尽量减少一体化进程中可能对浙江带来的负面效应。

根据长三角地区的发展趋势和浙江省的实际情况,我们提出以下人口社会对策和政策建议:

1.重视人口信号,填平长三角核心区域中嘉湖绍"发展洼地"

从人口迁入相对量、人口集聚度变化、人口城市化率、人口受教育程度以及劳动力就业结构五项指标的对比来看,浙东北的嘉兴、湖州、绍兴三市明显地落在苏中南的苏州、无锡、常州三市后面,这是嘉湖绍总体发展水平低于苏锡常的实质在人口指标上的反映,特别值得注意的是嘉湖二市与苏锡常紧紧相连,而差距较大。

为什么同属长三角核心区域的嘉湖绍地区会成为相对的"发展洼地"呢?大致有四个方

面的原因:第一,与上海的人文联系不如苏锡常紧密。上海在20世纪20年代建市前属江苏的一部分,与苏锡常地区的人缘地缘关系密切。从1951年1月上海市居民籍贯构成来看,属上海本市籍、江苏籍和浙江籍的分别占上海全市人口的15.07%、48.06%和25.78%[①],而在浙籍居民中又以宁波籍的居多,土地相连的嘉湖地区与上海的人缘纽带反而较弱,受上海现代化进程的熏陶也较少。第二,新中国成立后工业起步的政策环境不如苏锡常宽松。长期以来,浙江省一直把嘉湖地区作为省内的粮仓来建设,给全省提供商品粮的任务很重,工业的投入很少。相比之下江苏省总体上是个平原省,对苏锡常地区商品粮生产的期望值没有那么高,地方政府和民间发展工业的环境较为宽松。不仅如此,区域发展目标的长期定位,还影响人们观念的转变。第三,区域性交通设施不如苏锡常强大。铁路和高速公路(及公路网)是现代物流最有效的手段,是区域发展最重要的基础设施,在这方面嘉湖绍的条件不如苏锡常,特别是与上海的联系没有像苏锡常那样强大和便捷。湖州至今没有直通上海的铁路和高速公路,也没有直通南京的铁路,绍兴与上海联系的效能也不及苏南。以江南运河为骨架、发挥传统运输功能的内河水路,两个区域的条件大致相当,但与上海及区域内部联系的便利程度嘉湖绍也稍逊于苏锡常。第四,区域中心的规模不如苏锡常。嘉湖绍作为区域中心其人口规模比苏锡常要小,与此相应,其集聚功能和辐射功能、集聚效益和规模效益也不如后者。

要弥补嘉湖绍与苏锡常地区发展水平的差距,有必要采取以下措施:第一,政府对嘉湖绍特别是嘉湖地区三次产业的发展要准确定位,明确农业在全省和长三角的地位,同时要利用长三角都市带发展的势能,明确第二、三产业特别是制造业的主攻方向和发展目标,提高区域经济总量在全省的比重和在长三角的竞争力。第二,加强区域基础设施建设,尤其是要加强区域交通运输网络的建设。尽快弥补杭嘉湖小三角交通的薄弱环节,使湖州与嘉兴、上海、杭州、南京之间有强有力铁路和高速公路联系纽带,并且加密小三角内部的公路网,同时也要让绍兴尽快具备直接沟通上海和太湖流域的通道。第三,放手推进区域城市化,清理阻碍城市化的某些政策,加大中心城市的招商力度,充分发挥中心城市区域发展极的作用。第四,重视舆论的作用,在运用市场力量和政府引导、调控的前提下,进行舆论导向,既有利于区域经济的健康发展,又能够促进广大群众观念的转变。第五,加强对教育的投入。在人口信号中,嘉湖绍人口受教育程度与苏锡常有明显的差距,在国际国内竞争中人才竞争的意义越来越突出的今天,嘉湖绍加大教育的投入已刻不容缓。

2. 实施人口质量替代战略,避免低素质人口的过量流入

上世纪90年代以来,浙江人口对长三角是净迁出,主要流向是上海,但为数不多,对全省人口总量变化无关大局。与此形成极大反差的是,浙江与其他省区之间的迁移关系表现为大进大出,但迁入量远大于迁出量,目前,人口净迁入已经成为全省常住人口增加的主要来源,未来一二十年这种趋势仍将继续。据预测,如不考虑迁移因素,2020年浙江人口将为4816万;如考虑迁移因素则可以达到5380万,二者相差564万人[②]。可以想见,未来一二十年人口对资源环境的压力还要加大。

外来人口大量进入浙江当然不是偶然的。由于浙江拥有经济体制改革的先发优势和灵活的运行机制,20多年来经济获得了持续快速的发展,成为我国东部沿海地区经济增长最

---

① 见胡焕庸、张善余《中国人口地理》下册第114页,华东师范大学出版社,1986年。
② 据浙江省人口发展战略研究第二分课题预测数据。

快、活力最强的省份之一,自然而然地成为中西部地区人口外流的目标。然而,浙江经济的快速发展是以劳动密集型小型私有企业采取块状集群方式兴起为基础的,从总体上看,产业层次低,经济增长粗放,正是这样的产业层次、装备水平和增长方式,才容纳了大批从省外农村转移出来的非熟练劳动力。反过来说,又由于这些外来民工的劳动报酬低,给这类企业的生存和发展提供了有力的支撑。

这种情况不可能长久持续下去。首先,浙江能源和工业原料资源缺乏,环境容量有限,没有条件让大量低技术含量的企业长期去拼资源、压环境;其次,浙江人均 GDP 已接近3000 美元,初步具备了产业结构提升和增长方式转变的条件,低成本用工的优势将逐渐消失;第三,在经济全球化的今天,国际国内竞争日趋激烈,不提高产品和服务的技术含量就难以占领市场。因此,无论是从在长三角地区重新找准位置、发挥独特优势的角度,抑或从摆脱日趋严峻的资源环境制约困境角度,还是从防止人口压力继续增大的角度看问题,都有必要加速产业结构的战略性调整,促进经济增长方式的根本性转变。

要提升产业结构、转变增长方式需要人力资本尤其是高层次人才的支撑;要防止人口的过量迁入需要实施人口的质量替代战略。二者的方向是一致的。目前,浙江省在业人口平均受教育年限偏低,专业技术人员比重不高,层次较低;而在外来民工中,据有关方面调查,约有 3/4 的人受教育程度在初中以下,其中小学及以下程度占 16% 左右[①]。这种状况告诉我们,要摆脱发展困境,必须使增长方式转变与实施人口质量替代战略齐头并进,用提高既有人口的综合素质来替代外来人口的过多流入。从根本上说就是要坚定不移地实施科教兴省战略,大手笔地、超常规地加大教育与科研的投入,当务之急是一方面要加大培训人才的力度,另一方面要运用市场的力量引进各类人才。当然,从经济发展阶段和人口发展态势来看,目前劳动密集型产业仍然有它的现实需要和市场基础,不可能在短时间内退出,但人口的质量替代战略必须从现在抓起,一抓到底。

3.认清人口再分布趋势,因势利导调整与人口变动有关的各项空间规划

在工业化与城市化时代,人口大迁移和空间分布大调整是普遍规律。在服从这一普遍规律的前提下,不同地区人口的再分布格局有其特殊的表现形式。浙江人口再分布的基本格局决定于以下三个因素:首先,随着长三角都市带的崛起,周边地区乃至全国的生产要素受到它的强烈牵引,区域人口将在现有高密度、大容量的基础上进一步带来较大幅度的增加。浙东北地处长三角南翼,产业和人口进一步集聚不可避免。其次,受长三角都市带崛起整体效应和沿海区位优势及灵活的体制、机制优势的共同烘托,温台沿海地区将是浙中南最具发展活力的区域,由一批中小城市构成的城市群仍将继续吸引外来人口。第三,受块状集群经济和大型专业市场的互动作用影响,内陆局部地区将形成强势发展的次中心,人口将显著扩张(例如金华、义乌、东阳、永康等地)。

在这些吸引中心的作用下,全省广大山区农村及缺少成长条件的集镇部分人口将陆续向富有活力的城镇和区域转移,使山区人口大幅度减少。如前所述,"五普"时全省已有 34个县市人口比"四普"时有不同程度的减少。这个趋势目前正在加速,今后一二十年还将继续下去。山区人口最终将不会超过原有人口的半数。

这些情况向我们提示了与人口有关的空间规划将面临重新调整的任务,诸如:城镇体系规划、城镇总体规划、区域性基础设施规划、村镇建设规划、人口规划、土地利用规划、农业规

[①] 见 2005 年 3 月 1 日《都市快报》第 11 版民工荒特别报道。

划、生态建设规划等各种项目的规划,都需要适应人口再分布的新形势,做好合理调整的准备。我们认为,规划是引导发展的蓝图,也是建设的依据,政府和规划部门不仅要有宏图大略,而且要有远见卓识,把规划建立在对区域发展趋势深入研究和准确判断的基础上,避免不必要的失误。经验告诉我们,盲目追求区域发展或过于保守的规划和建设,都会付出沉重的经济、社会和环境代价。

4. 排除体制性障碍,促进人口迁移流动和农民市民化

长三角都市带崛起的过程,是长三角所在的两省一市乃至全国人口布局合理调整的过程,是农村及边远地区人口不断向城镇集聚即人口城镇化和农民市民化的过程。要加速这样的过程,必须消除各种体制性障碍,营造人口无障碍流动的社会环境。

新中国成立后,我国人口自由流动状况经历了复杂曲折的过程。新中国成立之初,曾有过短暂的人口迁移自由。1958 年 1 月实施《户口登记条例》后,农村人口流入城市受到了严格限制。此后,有关城乡的各项政策都是围绕户籍来制定的,形成了一整套城乡各异的经济社会体制。农村实行土地家庭承包经营后,农民取得了经营自主权和劳动力自我支配权,在市场取向的经济体制改革过程中,农民自发地冲破种种束缚,实行跨区域流动,奇迹般地掀起了巨大的民工潮。今天,城乡分割的户籍制度对人口流动的制约力已明显弱化,但是城乡二元结构并未取得实质性突破。虽然有数以亿计的农村人口向城镇集聚,但这种集聚是极不稳定的,甚至是不可持续的。尽管这些外来民工实际上已成为城市第二三产业职工的主体,有些行业如建筑、建材、纺织、服装等行业民工已占全体职工的 70% 以上,但是他们仍然未能脱去"农民"的帽子。他们干的是工人的活,但同工不能同酬,同工不能同权,经济上享受不到工人的福利待遇,政治上没有地位,沦为城市中的"二等公民"。他们工作、生活在城市,却不能融入城市社会,只能无奈地栖身于城乡之间,成为被"边缘化"的群体。

我国"城乡分治、一国两策"的体制已经渗透到经济、政治、社会各个领域。要彻底改变城乡二元结构,就必须继续深化改革,一方面要站在统筹城乡发展的高度,统一搞好城乡发展规划,另一方面要彻底革除计划经济时代遗留下来的不合时宜的旧体制。

我们认为,为了确保人口自由流动,以利于农村剩余劳动力有序而稳定地向城镇二、三产业转移,使进城的农民真正转化为市民,必须同时进行以下几个方面的制度改革:

(1)户籍制度改革

我省通过多年的户籍制度改革,县(市)及以下城镇地区的户口迁移、落户限制已基本取消,大中城市的户口政策总体上也逐渐宽松,但是城乡分割的户口管理二元结构尚未根本突破,一些部门在制定政策时仍然沿用计划经济时代遗留下来的办法,以"农业户口"和"非农业户口"为标准给出不同的政策待遇。因此,必须剥离或取消附加在户口上的一些不合理的社会管理功能,在全省范围内废除农业户口、非农业户口的二元户口性质以及由此衍生的自理口粮户口、蓝印户口、小城镇户口等户口类型及"农转非"政策,按照实际居住地登记户口,建立全省城乡统一的户口登记管理制度。实行以居住地划分城镇人口和农村人口、以职业区分农业人口和非农业人口的人口统计方法,如实地反映公民的居住状况和城市化水平。同时,加快计划生育、社会保障、教育、兵役、土地承包等相应配套制度的改革。

(2)劳动就业制度改革

当前劳动就业制度改革的目标就是要彻底打破城镇劳动力与农村劳动力在政策上、制度上的界限,形成城乡一体的开放、竞争、有序的劳动力市场,完善就业服务体系和就业培训体系,让进城就业的农民拥有与城镇居民同等的权利与义务,使他们在成为稳定的产业工人的基础上成为稳定的城镇居民。

在操作层面上,应根据轻重缓急,有计划有步骤地做好以下工作:

取消限制农民进城务工经商的一切歧视性政策,清理各种乱收费现象,完善和规范对劳动力市场的管理,让农民在城市有平等的就业机会。

切实解决拖欠、克扣农民工工资问题,杜绝劳动条件恶劣、不顾农民工安危的现象,充分发挥工会在调解劳资关系、维护职工合法权益方面的作用。

将农民工及其家属的计划生育、妇幼保健、子女教育、卫生防病及社会治安等纳入有关部门或社区的管理职责范围,相关的管理经费纳入财政预算。

建立针对农民工和城市下岗工人的职业技能培训体系,增强他们的就业能力,提高他们的专业技术水平。

(3)城镇职工社会保险制度改革

这是一项与劳动就业制度相配套的改革,基本目标是将农民工纳入社会保障网,使农民工与城镇职工一样享有养老、医疗、失业、工伤、生育等方面的社会保险。农民工之所以沦为"二等公民",就是因为他们只能为城镇建设作贡献,却无法享受城镇职工的福利待遇,无法分享城市发展的成果。目前的状况是,农民工虽然长年累月在城镇二、三产业工作,但他们的父母、子女仍在农村靠他们微薄的工资维持生活,要是他们本人病了、残了、老了,也还得回农村,生活毫无保障。这种状况对农民工是不公平的,也是不可持续的。将进城的农民工纳入城镇社会保障网是人口城市化进程中最紧迫的一项工作,由于涉及城乡劳动者的利益调整问题,因而也是难度最大的一项工作。但这项工作不能不做,否则,城乡二元结构就无法取得实质性的突破,减少农民和农村人口城镇化的战略目标就难以实现。当然这项工作不能一蹴而就,需要有一个过程。在操作层面上,一是要根据企业的承受能力,由易到难分步实施;二是要认真探索便于城乡对接并可以跨地区流转的社会保险制度;三是要逐步提高社会保险统筹层次;四是要建立和健全城乡统一的社会保障法律体系。

(4)农村土地产权制度改革

农村人口城镇化的过程,是农业劳动者从第一产业转向二、三产业的过程,是农业人口与土地分离的过程。但是,我国现行的农村土地制度却不利于这样的分化。现实的情况是:城镇的政府和企业以农民有土地保障为由将进城的农民工排除在社会保障网之外,使进城农民工无法享受市民待遇;进城的农民工则担心户口一旦离开农村,来自土地的一切好处就将完全消失并且得不到任何补偿①。

现行农村土地制度之所以对农民变市民的人口城镇化过程产生负效应,关键在于土地产权不明晰。党的十一届三中全会之后实行的家庭联产承包责任制,改变了人民公社时代土地经营管理体制,解放了生产力,调动了广大农民的生产经营积极性。然而这只是土地经营体制方面的改革,土地产权不清晰的问题依然存在,表现于土地所有权的主体不明确,农民土地使用权的物权性质未能得到确认。现行土地制度的这种缺陷影响了农民对土地投入的积极性和自觉性,使农民的合法权益时常受到侵犯,同时还影响土地的合理流转和农业剩余劳动力的转移。我国人口城镇化严重滞后于产业结构的变化,不能说与农村现行的土地制度没有关系。

---

① 《农村土地承包法》第二十六条规定:"承包期内,承包方全家迁入设区的市,转为非农业户口的,应当将承包的耕地和草地交回发包方。承包方不交回的,发包方可以收回承包的耕地和草地。"

关于农村土地制度改革的方向与思路学术界仍在讨论。本研究从有利于农村人口城镇化的角度强调明晰土地产权的必要性,认为必须继续深化农村土地制度改革,将农村土地制度改革由经营体制层面推向产权制度层面。第一,要明确土地所有权的主体,让农民真正成为土地的主人;第二,清晰产权,界定集体与农民个体的产权关系,使农民真正享有独立的、明晰的、便于流转的、受法律保护的土地权利。本研究还认为,有些地方以股份制改造农村土地产权结构的尝试值得重视。在股份制的框架下,集体作为法人拥有土地所有权,农民则凭集体成员的身份分享股权。经过股份制改造的土地集体所有制,实现了土地的社会保障功能与生产要素功能的分离,有利于土地合理流转和适度规模经营,从而有利于提高土地使用的效率。对农民个体而言,集体成员的身份和权利以股权形式得以确认。这种价值形态的股权可以流转和出让,不仅便于转出农业产业的人员割断与土地联系的"脐带",而且还可以成为他们进城创业的资本或参与社会保险的融资手段,因而对人口城镇化能够起到促进作用。

5. 完善城乡养老保障体系,积极应对人口老龄化

由于城乡二元结构的存在,目前农村人口向城市流动还带有临时性,而非举家迁移的永久性集聚。大批青年男性劳动力外出后,他们的妻子、子女、父母还留在农村,从而产生"留守妻子""留守子女""留守老人"问题。随着城市住房条件的改善和一些善待农民工政策的实施,夫妻携带子女一同外出打工的现象逐渐增多,"留守妻子"和"留守子女"有逐步减少的趋向。但是伴随着农村劳动力外流规模的扩大,留守老人将会继续增加。子女外出务工后,农村留守老人的经济条件有可能得到一定程度的改善,但是他们的家务负担甚至农业劳动负担会有所加重。高龄老人则会因得不到子女的照料和情感支持而陷入孤独无援的境地。因此人口流出地"留守家庭"尤其是其中的留守老人的处境应引起政府和社会各界的关注。

我国农村社会保障制度建设和社区建设还刚刚起步,农村社会保障水平与城市相比仍存在巨大差距。因此对于"留守家庭"的具体困难目前还只能采取一些应急措施,例如依托乡村小学设立"留守孩子"教育指导中心,建立农村老人的互帮互助组织等。但是从长远看还是要破除城乡壁垒,构建统筹城乡的社会保障体系。浙江省 2004 年人均 GDP 已接近3000 美元,应该说已经具备"工业反哺农业,城市带动农村"的条件。要解决人口流出地"留守家庭"问题及老龄化加速等一系列问题,应及早采取以下战略性措施:

(1)尽快建立便于与城市接轨的农村养老保险制度和医疗保险制度

目前农村社会养老保险参保人数很少,保障水平很低,农民缺乏积极性,几乎处于停顿状态。农村新型合作医疗也刚刚起步。要完善这两项制度,需要有新的思路,要做大量的调研工作和实际工作。

(2)完善农村以最低生活保障制度为基础的社会救助体系

浙江省在全国率先实行城乡一体的最低生活保障制度,农村"五保"对象的集中供养率也已明显提高①。在此基础上应继续扩大救助范围,规范救助行为,提高救助水平。

(3)加强农村社区建设,提高服务功能

人口流动加速了农村家庭的隔代化和空巢化。农村家庭也与城市家庭一样,在孩子的培育、老人的照料、护理及心理咨询等方面存在着巨大的需求。此类需求以往一般都是通过求助于亲友、邻里而得以解决。随着农村现代化的逐步推进,农村基层也应像城市一样加强

---

① 据吕祖善省长的《政府工作报告》,2004 年浙江省农村"五保"对象集中供养率达到 81.9%。

社区建设,建立相应的组织和服务机构,满足日益增长的社会服务需求。

（4）完善财政保障机制,加大政府的投入

社会保障的制度安排属于公共产品、公共资源在公共领域中的分配,因此必须坚持公平性原则。在我国工业化起步阶段农民为完成资本原始积累做出了巨大贡献,然而我国社会福利的资源几乎都集中在城市,农民没有享受到国家公民的应有待遇。在"工业反哺农业,城市带动农村"阶段,政府的公共财政投入应该向农村倾斜。

此外,要高度重视城镇户籍人口的少子老龄化问题。城镇吸纳外来民工虽然有助于缓解常住人口的老龄化程度,但不会也不可能改变户籍人口的年龄结构和家庭结构,倒是很容易掩盖户籍人口的少子老龄化问题。上世纪 80 年代以来在城镇职工中普遍推行独生子女政策,导致独生子女家庭大量出现。有的学者根据生命表中的死亡概率估算,在我国至少会有 8%～9% 的独生子女会在 55 岁以前因患疾病或非正常原因而死亡,另外还有少数独生子女会在后天不幸致残[①]。独生子女家庭会因唯一的子女独立成家或意外伤亡而变为空巢家庭。这种家庭的养老风险显而易见。对于独生子女不幸夭折或残疾的家庭,政府和社会应当予以照顾,独生子女父母的养老问题应作为一个重要社会问题予以关注和应对。此外,在兼顾人口总量及政策的稳定性与连续性的前提下,应当寻找适当时机对现行生育政策进行微调,以适当减少独生子女家庭的数量。这将有利于防范家庭风险、提高人们的生活质量及构建和谐社会。

6.加强两省一市的沟通与合作,促进长三角地区人口与人才自由流动

长三角经济一体化是我国发展的必然趋势,也是江、浙、沪两省一市必须牢牢把握的难得发展机遇。江、浙、沪地域相连,文化相近,经济社会发展水平相似,人口社会政策的基础条件差异不是很大。然而由于行政归属的不同,各地制定政策时的价值取向难免受地方利益的影响,有时还会故意以保持甚至扩大某些政策差异作为增强竞争力的筹码。令人欣喜的是,近年来长三角地区交通、旅游、信息一体化体系正在加速构建,跨地区的多形式、多层次、多领域的合作也正在逐步展开。在政府、学界和企业界的共同努力下,长三角经济一体化正由务虚逐步走向务实。鉴于目前两省一市在计划生育、人口迁移、劳动就业、社会保障等方面的人口社会政策还存在着一定差异,为了促进区域内人口和人才的自由流动,今后两省一市有关部门应加强交流与合作。

---

① 桂世勋:《更多地关爱独生子女夭折或残疾的家庭》,《人口研究》2004 年第 1 期。

因时而兴,与时俱进

——写在《当代人口》出刊百期之际

1980 年 9 月,在省委宣传部和教卫部的关怀和支持下,浙江省人口学会在杭州成立。学会成立伊始,第一届理事会即决定创办一份人口学刊物,以团结全省人口理论工作者和有关部门的实际工作者,共同研究人口问题,交流学术成果,宣传人口理论,普及人口知识,为促进计划生育、控制人口增长服务。刊名初定为《浙江人口通讯》,于当年 10 月以内部刊物形式创刊。

时隔 26 年,如今这份刊物(1989 年第一期起更名为《当代人口》)已经走过了一百期的历程,我们欣慰地看到,省人口学会已经用自己的行动实现了办刊的初衷,我们也有理由相信,在人口计生委与人口学会的通力合作下,刊物将会进一步满足时代的要求。在这百期纪念之际,我作为老学会人,向一贯支持办刊的部门和单位、向所有为浇灌这块人口研究和宣传园地付出辛勤劳动的同志表示深深的敬意。下面谈点自己的感想。

时代所孕　奉献所育

《当代人口》是学会人响应时代召唤、因时而兴的产物,也是乐于奉献、长期坚持的结果。

我国自有人口记录以来,一直是世界上人口最多的国家[①],到 1949 年,全国大陆人口超过了 5.4 亿,人地矛盾、人口与经济的矛盾突出。共和国成立后,经过三年恢复,国家进入了发展国民经济的第一个五年计划时期,社会安定,人民得到了休养生息,人口增长速度显著上升。然而,国家毕竟底子太薄,过快增长的人口进一步加重了长期存在的人口压力。这种情况引起了社会有识之士的严重关切,开始提出倡导避孕节育,切实控制人口增长的主张。但在当时的历史条件下,思想领域受到"左"的思潮的影响,这类正确的主张不但得不到最高决策层的支持,反而招来了声势浩大的有组织的批判,其结果不但把人口研究打入了理论禁区,而且客观上鼓励了人口的快速增长。60 年代中前期,中央意识到了人口问题的严重性,开始采取一些措施来推行避孕节育,但在理论上始终未能网开一面,公开宣传节制生育、抑制人口增长的必要性,以致到宣布"文革"结束的 1977 年,全国人口已经冲上了 9.5 亿。

---

① 18 世纪以前,有的年代中国的人口数小于印度次大陆,主要原因是中国记录的人口数字人为波动较大。参见 C. McEvedy and Richard Jones, ATLAS OF WORLD POPULATION HISTORY.

　　1978年，全国掀起了"实践是检验真理的唯一标准"的大讨论。经过这场大讨论，打破了此前20多年在社会科学研究领域所形成的包括人口研究在内的若干理论禁区，时年10月，在北京举行的全国第一次人口理论讨论会，有力地推动了人口研究和人口科学的复苏，并且在全国范围内起到了动员和组织研究力量的作用，一种新的正确对待人口问题、广泛开展人口研究的时代潮流开始涌动。在这科学的春天到来的时刻，浙江有志于启动人口研究、普及人口科学知识的学术界人士和计划生育部门的实际工作者，解放思想，在省有关部门的支持下，于次年夏在余杭临平举办了全省性的"马克思主义人口理论学习讨论会"，参加者196人，为撒播浙江人口研究的种子做了初步的思想准备、理论准备和组织准备。此后一年，经过一部分同志和省社会科学社团管理机构的协力推动，建立了以研究人口问题为主旨的群众性学术团体——浙江省人口学会，相应地诞生了《当代人口》这块人口研究的理论阵地和学术园地。

　　时代潮流提供了一种机遇，但把握机遇的是人，抓住机遇脚踏实地干一番事业更是要靠有事业心的人。在没有人员、没有场所、经费紧缺的情况下，举办人口学内部刊物这类非营利性的社会事业，只能依靠热心于这项事业而又有强烈责任感的学会人去开创，去坚持。在这一点上，学会常务理事会中一部分同志自告奋勇长期甘于充当办刊"志愿者"的行动是值得尊敬的。一个鲜明的事实可以支持这一看法，全国省级学会举办的人口学内部刊物在经历了上世纪八九十年代的大起大落之后，不少已经销声匿迹，而《当代人口》始终如一地坚持了下来，并且走上轨道，这正是省人口学会同仁在省计生部门的支持下，20多年如一日地发扬坚忍不拔、坚持奉献精神的结果。

立足浙江　面向计生

　　创刊之初，国内思想领域长期存在的"左"的影响还没有完全清除，有必要从理论上为宣传和推行新的人口政策扫清道路。针对思想界在"左"的思潮影响下曲解马克思主义在人口问题上的某些观点，《当代人口》在1980到1982年的两三年中，陆续刊登了一批旨在正确理解马克思主义人口理论基本观点的文章，集中反映在两种生产理论、人口规律、人口发展与社会发展关系三个方面，以促进人口理论战线的拨乱反正。这对我省普遍推行计划生育，切实控制人口增长，起到了舆论开道的作用。

　　经过这个阶段之后，人口理论战线的思想障碍基本得到克服，于是，刊物的重心适时转到了研究浙江人口问题的轨道。《当代人口》作为浙江省人口计生委和人口学会联合主办的内部刊物，本身就是本省人口和计划生育研究和信息交流的平台，因此，20多年来一直坚持立足浙江，面向计生的办刊方向。它的作用主要表现在两大方面：

　　第一，基于日益丰富的人口信息，通过学会的学术会议和刊物的导向作用，引导全省人口战线的研究力量参与人口研究活动，为解决浙江的人口问题献计献策。

　　在这方面，人口普查和抽样调查以及计划生育部门的大型社会调查起着基础性的作用。

　　从1982年的全国第三次人口普查以来，国家已经进行了三次现代化的人口普查和三次1%人口抽样调查，积累了大量的人口信息，摸清了我省人口的家底，使全省人口工作者可以利用日益丰富的人口数据，对全省及各地区人口的数量、结构、素质、分布、生育、死亡、迁移、流动、老龄化、城市化、劳动就业、人口发展前景等进行全方位的探析，提出相应的对策或政策建议。以普查和1%抽样调查数据分析为基础写成的大量论文在《当代人口》发表,为我省各部门、各地区提供了不少有决策参考价值的人口研究成果。

与人口普查和抽样调查平行,国家和省人口计生部门组织的生育率、生育力、生育意愿等多项社会调查,取得了一系列有关妇女生育状况的回顾性和前瞻性数据,人口工作者对这些资料加以深入分析,写出了若干研究报告,《当代人口》及时发表这类研究成果,扩大在专业人员中的交流,对人口计生部门把握妇女生育状况及其变动特征,做好人口规划和计划生育工作产生了积极的影响。

《当代人口》对浙江人口研究的导向作用是与省人口学会的活动分不开的。党中央、国务院发布的有关人口和计划生育的每一项重大方针政策,国家组织的每一项大型人口调查,省人口学会都会与省人口计生委、省人口普查办配合起来,联系浙江实际开展专项学术活动。学会还根据全省出现的新情况和各地区的特点组织专题研讨,诸如外来女问题、新家庭计划问题、城市化与城市人口问题、山区人口问题、海岛人口问题等等,使人口学术活动更贴近全省和各地区的实际需要,并且通过学术成果在刊物上的发表,把更多热心于人口和计划生育研究的人员团结在自己的周围。

第二,通过刊物内容比重的调配,适当向计划生育工作研究倾斜,以刊登较多计生工作经验的作品,更好地为实际工作服务。

计划生育是控制人口增长的最直接的手段,人口学刊物理所当然地要更好地为促进计划生育事业发挥自己应有的作用。《当代人口》一开始就重视对计划生育事业的宣传,1988年第一期起,原来由省人口学会主办的刊物改为由省计生委与人口学会共同主办,更有助于加强刊物中计划生育栏目的地位。办刊20多年来,《当代人口》在为计划生育工作服务方面所做的工作主要表现在以下几个方面:首先,是传播和交流计生工作经验,促进计划生育管理科学化,提高管理工作的效率。这方面的交流涉及管理体制、管理方法、宣传教育、技术服务等各个环节,随着计划生育事业不断取得进展,管理工作经验也不断提升,依法行政、人性化管理的经验也陆续涌现。其次,是与计划生育工作有关的问题研究。例如育龄人群的生育意愿问题,生育孩子的性别偏好问题,对计划生育困难家庭的政策扶持问题,等等。这类问题并不完全属于计划生育管理工作本身,但与计划生育工作存在密切的关系,通过探讨交流,促进计划生育政策不断完善,对进一步做好计生工作具有积极的意义。再次,刊物所提供的研究成果和信息交流平台,激发了一批又一批计生工作者的研究热情,纷纷为刊物撰稿。由于《当代人口》始终保持着中级学术刊物的特性,多年来也在一定程度上满足了计生部门部分专业技术人员职称评定的需要。

上述两个方面反映了《当代人口》的服务方向,但没有因此而忽视理论研究和全国性问题研究在本刊的位置,刊物适当留下人口理论和全国性人口问题研究成果的传播空间,有利于保持刊物的学术品位,也有利于增进读者对人口问题宏观背景和人口科学前进方向的了解和兴趣。

与时俱进 开创未来

在党中央和国务院的领导下,经过人口和计划生育战线同志的不懈努力,实行计划生育,控制人口增长这一基本国策已经深入人心。世纪之交,全国育龄妇女总和生育率跨进了低于更替水平的新时期，中央高瞻远瞩，在新世纪之初就提出了稳定低生育水平的战略方针，为人口和计划生育工作指明了方向。同时，在以人为本，全面、协调、可持续发展的科学发展观指导下，人口工作已经与经济、社会、资源、环境工作一起提到了新的战略高度，作为政府职能部门的计划生育委员会也更名为人口和计划生育委员会，以扩大人口工作的视野。2004年2月，国务院还组织国家人口发展战略研究课题组，开展了规模空前的人口发展战略研究。所有这些，都标志着人口和计划生育工作进入了一个新的历史阶段。

浙江是人口和计划生育工作走在全国前列的一个省份，人口形势的发展也快于全国绝大多数省区，我们必须不断地掌握新情况，研究新问题，把浙江的人口研究推向新的高度。

目前，浙江人口的发展正处在一个意义深远的历史转折期，它既反映了过去二三十年人口和计划生育工作的巨大成就，又面临着更为复杂的人口现象的挑战，非常需要开展多方面的研究。这里不妨列举几个方面：

一是人口总量及其变动。通过强有力的生育率控制，加上经济社会发展变量的作用，人口自然增长的惯性趋向终结，代之而起的将出现一个人口自然负增长的惯性期，原先由自然增长决定的人口总量变动将从增加转向减少。这无疑是可持续发展所追求的目标。但同时，在人口自然增长向零趋近的过程中迁移增长将保持旺盛的势头，导致人口零增长和负增长到来的时间推迟。由于迁移因素的复杂性和不确定性，给全省人口总量和总量转折的时间增加了悬念，也给未来人口政策和经济社会政策的制定增加了变数。

二是人口年龄结构及其变动。全省正在从原先典型的年轻型结构，急速通过非典型的成年型结构而转入老年型结构，这是在严格控制生育率条件下必然出现的少子老龄化大势，并将面临快速老龄化和极端老龄化的压力。这种人口年龄结构严重失衡的局面，预示着社会将由人口工作对经济的贡献，转向经济给人口年龄结构失衡的回报，但无论从人口工作的角度还是从经济、社会工作的角度来说，要平稳渡过结构严重失衡的时期都不是轻而易举的事情。

三是人口教育程度及其变动。随着九年义务教育的普及，高中教育普及率的大幅度提高，以及高等教育毛入学率短期内突破1/3并将继续冲高形势的出现，以往人口受教育程度的金字塔形结构正在发生历史性的改变，原先学历较高的劳动适龄人口数量不能适应经济发展需要的状况，在一段时间内有可能转变为产业结构提升速度难以满足高学历人员就业需要的局面，这样，社会将出现一个产业规模扩展不能满足全部劳动力就业需求和产业结构提升不能满足高学历人群就业需求并存的时期。

四是人口空间分布及其变动。随着工业化和城市化的快速推进，农村人口相继离乡进城，人口空间结构正在由乡村地区为主转向以城镇地区为主的时期，城镇膨胀农村空虚已是势所必然。这无论是对城市还是农村，无论是对人口还是经济社会和资源环境的影响，其主流都是积极的，但同时，现阶段存在的处理城乡关系的一系列理念、制度、体制、方针、政策都将在暴发式城市化进程中受到乡村人口大迁移浪潮的冲击。

上面点到的仅仅是人口研究领域中涉及最多的几个方面，在人口发展的历史转折时期，其他各方面的新情况新问题同样存在。所有诸如此类的问题，既是人口问题，又是与人口存在千丝万缕联系的社会经济问题；既有宏观的战略性的问题，又有中观的规划性问题和具体的政策性问题；既有大量的实际问题，又蕴含着一系列有理论和方法论研究价值的问题。上世纪八九十年代，控制人口增长是人口和计生领域压倒一切的任务，现在，人口工作者不仅要继续为稳定低生育水平做出不懈的努力，而且还要密切关注人口与经济社会的互动关系及其演变趋势,为落实科学发展观,促进社会和谐发展做出自己的贡献,这是时代赋予的使命。

我们热切期望浙江的人口工作者继续做新时期人口研究的开拓者,也殷切期盼《当代人口》编委会和编辑部同志继续发扬奉献精神,与时俱进,担当起反映和传播新时期浙江人口研究成果的光荣任务。

载《当代人口》2006 年第 3 期,第 7—10 页

人口和计划生育工作的新航标

2006 年 12 月 17 日，中央作出了《中共中央国务院关于全面加强人口和计划生育工作统筹解决人口问题的决定》（以下简称《决定》），1 月 22 日新华社播发了《决定》全文。这是继 1991 年《中共中央国务院关于加强计划生育工作严格控制人口增长的决定》、2000 年《中共中央国务院关于加强人口与计划生育工作稳定低生育水平的决定》之后，中央关于人口问题的又一次重大决定，给今后一个时期的人口和计划生育工作指明了方向。

中央的这一决定，是在我国人口和计划生育工作取得重大成就的同时，人口发展面临不同于以往的形势下作出的，这意味着我国人口和计划生育工作又进入了一个新的发展阶段。就我的理解，文件体现人口发展新形势和人口计生工作新阶段的集中点，在于明确提出了"坚定不移走中国特色统筹解决人口问题的道路"的指导方针。

《决定》指出，"十一五"时期，人口和计划生育工作进入稳定低生育水平、统筹解决人口问题、促进人的全面发展的新阶段。要全面贯彻落实科学发展观，优先投资于人的全面发展，稳定低生育水平，提高人口素质，改善人口结构，引导人口合理分布，保障人口安全，促进人口大国向人力资本强国转变，促进人口与经济、社会、资源、环境协调和可持续发展。

中央提出统筹解决人口问题的指导方针不仅正确而且及时。这是因为人口发展已经呈现出前所未有的复杂局面，只有统一运筹，全面应对，才能逐步、有序地解决我国的人口问题。

我国人口发展形势的复杂性，可以从两个层面来把握：

从总体层面上来看，经过 30 多年的计划生育工作和 20 多年的经济社会快速发展的催化，全国育龄妇女总和生育率较快地降低到了更替水平以下，从而使人口再生产类型在短时期内发生了历史性的转变，有效地抑制了人口总量的过快膨胀。然而应当看到，在今后相当长的时期内，人口总量过大仍然是我国的基本国情，是制约经济社会协调发展和资源环境利用保护的基本因素，何况在经济和社会转型尚不彻底、人们传统的生育观尚未完全被现代生育观所取代的情况下，低生育水平还面临着反弹的现实风险。同时，我国幅员广大，各地区发展水平不一，多数人口仍居住在农村，由于经济社会发展不平衡，在社会转型时期区域间和城乡间的发展差距还有所扩大，解决欠发达地区和农村人口问题的难度仍然较大。另外，在人口与经济社会发展相关的领域，计划生育工作的巨大成就和经济社会高速发展的共同作用，既产生了一系列相辅相成、互相促进的良性效应，也衍生出若干相生相克、互相矛盾的人口社会问题。所有这一切，都要求走中国特色统筹解决人口问题的道路，而且必须强调坚持统筹城乡经济社会发展，把农村作为稳定低生育水平、统筹解决人口问题的重中之重。

从计划生育层面来看，人口和计划生育管理也面对人口发展新形势的挑战。我国在开展计划生育工作之初，如何尽快把生育水平降下来，使人口的快速增长得到遏制，几乎是计划生育部门压倒一切的任务。现在,降低生育水平已经收到了卓著的成效,但新的人口形势迫使人口和计生工作去接受更多的挑战。第一,国家明确提出了 2010 年和 2020 年的人口总量控制目标,要实现这一目标必须千方百计地稳定低生育水平,人口和计生部门不得不应对新的经济和社会环境下生育水平反弹的挑战。第二,全国残疾人调查表明,我国残疾人比率有所上升,这一方面固然与老年人口比重增大有关,另一方面也是出生缺陷干预能力建设不足的反映。如何从婚、孕、产、育各个环节加强对出生缺陷的干预,提高新生人口的素质,是一个迫切需要解决的问题。第三,人口自然构成明显失衡,既表现在性别构成上,也表现在年龄构成上,突出地表现在出生人口性别比偏高和面临急速老龄化的问题上,二者都是需要综合治理的难题。第四,人口流动规模大,时空稳定性差,信息化管理平台尚未形成,要全面做到"属地化管理、市民化服务"还须作很大努力。不可否认,人口和计划生育部门在长期的实践中积累了丰富的经验,但新的人口形势促使人口和计划生育部门根据统筹解决人口问题的指导方针,与时俱进,全面加强自身的工作。

浙江的人口和计划生育工作以及经济社会发展都走在全国的前列,这一点值得自豪。但从另一方面来看,正因为人口转型快,经济社会发展势头强,人口发展给自身带来的结构异常问题暴露得也快,被人口发展和经济社会发展互动关系推上前台的人口社会问题,诸如计划生育贫困户的帮扶、劳动就业、劳动者素质提高、养老保障、户籍制度改革、城镇流动人口的社会融合等等,都比发展相对滞后的地区露头更早,演进速度更快,更需要在《决定》精神的指导下,全面加快统筹解决人口问题的步伐。

《决定》及时提出坚持统筹解决人口问题,承前启后地给人口和计划生育工作设置了新的航标,指引着新形势下人口和计划生育工作的前进方向,使人口和计生工作能够沿着正确的航道不断前进。我相信,只要按照中央文件的精神,加强领导,扎实工作,多方配合,一定可以在推进人口和计划生育工作、统筹解决人口问题的事业上,开创新的更加令人鼓舞的局面。

载《当代人口》2007 年第 1 期,第 4—5 页

王嗣均地缘人口学术与人生

淡淡的脚印
——我的一生

王嗣均　著

ZHEJIANG UNIVERSITY PRESS
浙江大学出版社

自　序

退休之前，我从来没有想过要给自己写一点传记性的东西。退休后的最初十来年，需要我参与的教学、研究和社会咨询等活动也没有怎么间断过，直到《浙江省人口志》编纂工作结束之前，都没有闲心去回首往事。

就在《人口志》刚刚脱稿的 2008 年 1 月底，我发觉右侧面部、舌尖麻木，经医生检查，发现颅内右侧桥小脑角区长了肿瘤，幸好是良性的，经过伽马刀手术处理，基本上控制了病情。那年我 79 岁，从那以后，不再接手外界委托的课题，也不再参与社会咨询一类的活动，算是真正退而休之了。人老了，闲暇多了，就常常会忆旧，这大概是老人的普遍心态。那时，在我的脑海里往事历历在目，像电影银幕一样，一幕幕掠过，连贯起来大致能看出人生的轨迹，于是萌生了把一生经历理一理的念头。

另外，还有一个触发因素，那就是 2009 年清明节，我偕子女两家去奉化，与胞弟及两位侄儿两家会合，一起到老家桐照给父母、祖父母扫墓，回奉时顺便去尚田堂侄仁诚家取阅仅存的一部星屿石鼓里（即茅屿村里宅）王氏宗谱一阅。读后发现我们从茅屿迁居桐照这一支系的族人，除了世系表上记录生配卒葬之外，没有一人有身世记录。至于其他文字遗存，我们的祖辈都出身于农渔民，缺少文化，就更谈不上了。想到这里，我觉得我是文化人，多少留点经历让后代有所了解，总是应该的。

大约在 2012 年，我开始动笔（电脑打字），按照一生的时间顺序，一步一步写下来。但年龄不饶人，毕竟老了，身体时好时坏，写写停停，停停写写，拖了六七年，到 2018 年 2 月，稿子还没有完全收尾，人已经疾病缠身，连从头至尾看一遍，通一通稿，把正文、附录补完整，都已经力不从心，只好就此搁笔。幸亏 6 月中旬，病体有了一点起色，才勉强完成通稿、补缺，算是大功告成了。

这本晚年自述，或者叫做自传，共分 17 部，84 节，基本上是叙事，不加文饰，定名为《淡淡的脚印——我的一生》，就作为个人历史遗产，留给亲人们看看吧！

目　录

第一部　灰色的童年

1. 降生在海养育的地方

在奉化县的东南部，象山港北岸，有一个渔村叫桐照。公历 1929 年 10 月 6 日（农历己巳年九月初四），我就在这个山海相依的村庄里降生。

象山港是深入陆地的一个海湾，桐照村坐落在快到这个海湾末端的地方。村庄背山面海，北边是山，南边是海。北边的山地向东南和西南两个方向伸向象山港边，渐行渐低，倾伏于海，跃然形成几个美丽的小岛。那陆上的山，好像一道弧形的屏风，拱卫着桐照这个村子。山其实并不高，充其量不过一两百米，只是因为有点陡，而且村庄紧挨着它，看上去倒也显出几分巍峨。山麓有几级冲积阶地，从山上下来的几条小溪穿切而过。阶地前方是濒海低平地，是早先已有淤积而仍有海潮出没的高位滩涂。先民们在滩涂前沿筑起海堤以抵御潮水，堤后筑室聚居，渐成村落。我家的位置就在这片低地上，紧挨着穿村而过的溪边，大潮汛期涨潮时潮水逆溪流而上，有时可以淹没道路和我家的天井，遇到特大的台风暴潮，甚至可以淹及窗台（1956 年 8 月 1 日那次在象山半岛登陆台风所掀起的暴潮，就在我家窗台边留下了海水浸淹的痕迹）。

因为村庄背山面海，村民大都以海洋渔业为生，生计比较容易解决，年长月久，生齿日繁，俨然成了奉化东南的第一大村，浙江省最大渔村。在我开始记事的时候，就常听大人们说，村里有八百户人家，约四千人口。到了 20 世纪末期，这里已经是个万人村。由于渔业历史悠久，经济规模大，是全国村级海洋捕捞能力最大的村庄，2010 年 1 月中国渔业协会授予桐照村"中国第一渔村"的称号。

不过，全村也不是渔民一统天下，也有一部分从事农业的村民，村子附近的一些梯地和海塘围田是农民的主要生活来源，村前延绵的一片海涂上出产的苔菜（冬天生发）和小海鲜则是他们生计的补充。因为村子大，手艺匠作、商人、教师、乡村医生、绅士等非渔非农的各色人等也有一些。

桐照绝大多数人家姓林。据林氏族谱记载，相传他们的祖先是福建莆田林氏侨居他乡的后人，在南宋嘉定年间为避战乱而辗转来到浙江奉化象山港边这块土地上落脚的，后经繁衍生息，逐渐发祥而成为一个大族。桐照也有大约二三十户陈姓人家，算起来是村里的第二大姓。陈氏在桐照拥有古老的台门、三进穿堂、东西各两进厢

房,二三十户人家聚族而居,还建有陈氏宗祠。我不大清楚陈姓乡亲的祖先是什么时候从什么地方迁到这里然后发族的,但从他们居住的格局来看,应该也有很长的定居历史了。福建流传着一句话,叫做"陈林半天下",说明陈、林二姓在福建人口中比例之大。这使我产生一种猜想:桐照陈氏是不是也是福建沿海陈姓氏族的后裔,在某种灾变或历史事件中离乡背井迁徙到这里生存下来的呢? 当然,这只是我的猜测。既然陈氏也早已在桐照建祠立祀,想来他们的源流在族谱里也不会没有记载。除了林、陈二姓以外,桐照还有吴、王、周、任、邬、沈、谢、孙、朱、李、董、章、杨、阎等十多个姓氏,他们都是在不同时期从别处零星移居过来的,人数很少,多的十来户,少的单家独户。因为在这个大村里林姓族众特别大,其他姓氏的乡亲都被看作外姓人,当地叫做"异姓人",多少带有一点姓氏歧视的意味。

我们王家在桐照只有十来户人家,祖上是从茅峙村迁来的。茅峙在桐照以西,离桐照20里,名副其实地处在象山港的尾闾。虽然也靠海,但仍是农村,只是有的村民兼业搞点近海和海涂作业,想专门从事海洋渔业还得到邻近的洪溪、栖凤或桐照等地谋生,我的祖上大概就是想改变自己的生存方式而迁到桐照的。

桐照比起茅峙来谋生手段毕竟要多一些,因为大多数人可以出海捕鱼,不必局限在山麓海滨的那一点点田地里。所以,我们在桐照的祖辈大都从事海洋渔业,主要靠捕捞,只有个别以手艺或在渔行帮衬为生。桐照的海洋捕捞基地在舟山群岛的岱山岛东沙角(现为东沙镇),捕捞的主要作业方式是张网,也有围网,但不普遍,靠的主要是岱衢洋渔场春夏之交的大黄鱼汛。秋汛和冬汛产出不多,一般不全出海,所以渔民大都靠半年的活计谋生。

桐照的张网渔业叫"大捕",使用的船只叫"大捕船",是木制帆船,一艘船上5个人手,"老大"(船长)、头手再加3个伙计,分工合作,各司其职。海洋捕捞风里来浪里去,既艰辛又有危险,收入也不稳定,不过在正常年景下,一般比农民的生活要活络些。在我童年的那个时代,虽然城市和大集镇早就有了浓重的商业气息,但是乡村仍然是非常闭塞的。渔民年年出海,熟知岱山岛的东沙角和高亭,也熟悉舟山岛的沈家门和定海城,见过一点城镇的小世面。有的还到过宁波、上海这样的"大码头"。但他们毕竟是直接生产者,除了把收获的鱼货在基地趸卖给鱼行之外,没有后续的商业活动。所以,当渔汛结束回家的时候,他们的闭塞程度实际上与农民也差不了太多。一般说来,不论是渔民还是农民,民风都是淳朴的,所不同的是,渔民在海上要与惊涛骇浪斗,与海盗斗,养成了一种强悍的性格和同舟共济的豪气;另外,渔民回洋后有足够的闲暇时间,手头多少有几个活钱,有的中青年渔民在社交上会表露一点江湖气息。在外乡农民看来,沿海渔民比较粗野,似乎是乡下人的另类。其实,在桐照,渔民和农民倒也相安无事。这个村至少在清末之前就有私塾,民国前期有了完全小学,但渔民和农民一样,绝大多数是文盲或半文盲,所以从我记事到晓事,印象中桐照民风的开化还是相当缓慢的。

2. 丧父之痛

追忆我的父亲,对我来说其实是一种奢望,因为在我8岁(虚岁9岁)那年,也就是刚刚能记事不久,父亲就去世了。所以,现在想记述一点,只不过是捡拾我幼年时获得的些许印象,以及母亲忆及往事时偶而向我说起,给我留下的一点记忆,这点印象和记忆恐怕还很难保证清晰准确,但多少记下一点,也算是给父亲的一份纪念,给自己的一份宽慰。

我们王家移居桐照后,按族谱模糊的记载推算,到我这一辈应该有六世了。现在桐照的族人,是茂字辈两位堂兄弟茂宸、茂荣二公的后裔所形成的两个小分支。茂宸是传到我家的这个小分支的祖公，他有四子，但传后的仅一子，名家榆（家字辈）。家榆公得五子，为瑞字辈，分别取名瑞乾、瑞元、瑞亨、瑞利、瑞贞，成年后分户为宫、商、角、徵、羽五房，一时成为人丁兴旺的一代。但是其后的启字辈都是单传，我的祖父启骅（习惯名启禄）就是曾祖父瑞贞（羽房）的独子。到我父亲一辈（贤字辈），宫、徵二房已经无后，只有商、角、羽三房有香火传代，其中我的祖父子息最旺，有四子，也就是我父亲和两个伯父一个叔叔。但非常不幸，大伯父和叔叔在一次海难中葬身大海，二伯父和我父亲也遭遇另一次海难，幸得旁边驶过的船只相救，使我父亲从死神手中夺回了生命，但二伯父已回生乏术。就这样，正处于青壮年时期的生气勃勃的父辈四人，只留下了我父亲一人。在那个时代，天灾、流行病频频发生，乡村缺医少药，死亡率本来就极高，以海上捕鱼为生的渔民，还要面对海难的威胁，一个家庭、甚至于一个家族的存亡，往往是顷刻之间的事情。

伯父和叔叔去世之后，两个伯父各留下一两个子女，他们都还年幼。叔叔遭海难时不满20岁，没有留下后代。我父辈兄弟四人大概在祖父离世之前就已经分家。所谓分家，其实只是立户，把四人分立为发、强、刚、毅四房就是了。祖父一生是渔民，没有多少遗产，两位伯父去世后，伯母和堂兄堂姐的生活是相当艰难的。那时我父亲虽然已经成家，但还没有子女，凭着自己的勤奋，多少能积攒一些，帮助两位伯父留下的孤儿寡母度过困难的岁月。后来两位堂兄长大成人，一个继续当渔民，一个当了商店的伙计。

父亲20多岁成家，但配偶（我的前母）过门不久就过世了，年仅19岁。后来续娶了我的母亲，父亲比母亲大12岁，而且母亲过门后12年才生了我的大姐，所以，父亲有第一个孩子时已经40来岁，以后，陆续出生了我的二姐和三个兄弟，当我弟弟出世时父亲已经52岁了。在那时，普遍的观念是年过半百已经算是步入老年，就要为身后的事情做些安排了。然而，在家口渐大而子女幼小的情况下，父亲面临的现实问题是如何把孩子养大成人，在浓浓的亲情和强烈的家庭责任感的驱动下，本来就勤劳的父亲更加渴求在自己手里为家庭、为孩子创造较好的生活条件。

父辈分家时我远没有出世，父亲从祖父手里分得的遗产，我所知道的就是方井路南侧祖父老屋的一间厢房，渔船渔具想来不会有完整的份额。独立成家后，首先要置办的家业就是打造一条属于自己的渔船。父亲有捕捞技术，自己是"老大"（船长），5人一条船出海只要雇用4个帮工即可，可以省去一笔雇请"老大"的费用。就这样，他开始了独立打造渔船、独立经营海上捕捞的生涯。

随着我两个姐姐的出世，老屋的一间厢房已无法满足一家人的居住需要，更不用说休渔期需要安放各种渔具的空余场所了。为了改善居住条件，父亲在村西北一处叫做"五份头"的地方租了两间楼房。又过了一些年，我的兄长和我相继出生，父亲不但觉得租住的房屋仍旧显得局促，更现实的是他意识到自己即将年老力衰，要趁早筹建一栋自有住房，使自己身后年幼的儿子有个庇护之所。于是在村中心大桥头十字路口的西北侧购买了一块宅地，盖起了一栋三开间两层的老式楼房，在我2周岁那年初步落成就迁入新居，那时父亲已经51岁。在盖新房的过程中，除了留着出海捕鱼所需的本钱之外，几乎花尽了父亲的积蓄，这座房子直到6年后他离世时内部分隔还没有完成，他期盼着海上有几个好年景来恢复元气。

在我4岁（虚岁5岁）那年，我有了弟弟。在父系社会里，家里添丁该是多大的喜事！但就在这一年，大我两岁的哥哥在一场大病中夭折，这使全家笼罩在悲痛之中。父亲心里清楚，在风浪里讨生活的职业，一般在50多岁就得退出生产第一线，但是他不能，即使我哥活着，等到成年后接班，他也得在捕捞第一线坚持到60多岁，现在长子殁了，更需要默默支撑下去。渔民没有别的盼头,盼的就是子承父业,一代代顺利地传承下去。自那以后,父亲一方面更加爱护我们,同时也更加不遗余力地为日后的传承创造条件。

有两件事我依稀还印在心里。

一件是在我7岁那年,父亲为长远之计,决心在结束春夏汛回洋后,更新渔船。于是,他奔走"判树"(当地对山主与林木买家一起上山物色木料、估价、交易的统称),雇工砍伐搬运,按船体设计出料,秋冬在一处距家20多里,搬运木料相对近便的翔鹤潭港上游河滩地开工打造。父亲没有人可以替换手足,从物料购备,技工雇请,到工地管理,生活安排等,都得亲自操劳。他是多么希望我能体验一下生活的艰辛和创业的自豪!当寒假开始时,他就把我带到工地附近的马头村暂租的一间房子住下来,有河泊所村的舅婆跟我一起住,她是父亲专门请来替造船工做饭的。我每天除了帮着给工人送饭,就是在工地看看玩玩,7岁的人体会不到生活的真谛,只是看着新船一天天成型,心里有一种莫名的喜悦。新船下水那天,燃放鞭炮,我站在船上,带着父亲的希望,注视着人群拉动辘轳,感受到新船顺着垫在船底龙骨下的圆木,缓缓滑向水域。

另一件是,新船落成后的那个春节过后,我8岁,父亲已经56岁了。按照惯例,过完新春,就要做春夏汛出海的准备工作。父亲为了抢时间,要在备汛前完成一项造林计划,他带领我到距村十里外的望台岭(因古时烽火台得名)东麓三眼碶旁的一座山丘上栽植松苗。山丘自西向东在黄贤塘和黄家滩塘之间伸展,北坡有一方属于我家的林地,一直没有顾得上造林,父亲为了在有生之年给儿子培育一方山林,才急迫地作了这项安排。父子二人清晨出发,带着苗木、工具和干粮。那天天气阴沉,有时下点阵雨,我们专心致志地花大半天时间完成了植树计划。其实我只会跟在父亲后面逐孔摆放树苗,父亲当然也不指望我能做更多,他是在让我慢慢地体会有耕耘才会有收获的道理。

这一年的初春父亲与往常一样备汛、出海,平平顺顺地收获了春夏汛的捕捞期。谁也没有想到,这竟是他一生中的最后一次出海作业。那年十二月初九(公历1938年1月10日),我和二姐正在上学,准备学期考试,我们的一位表嫂急匆匆跑到学校要我们赶快回家,我和姐姐向老师告了假,挎上书包就跟着回家。一到家就把我惊呆了。母亲和大姐已经泣不成声,弟弟只有4岁,茫然地偎依在母亲身旁,一些亲友和邻居正围着父亲用自己的方式七手八脚地抢救,廊下站满了人。我和二姐匆匆放下书包,挤进人群,无助地看着父亲,脑子一片空白,除了渴望父亲能苏醒过来之外,冥冥之中只觉得我们这个家庭的大梁已经倾倒。

父亲之死,起因于我家建房时干过活的一位木工。那木工要娶亲,但缺钱,向村里一家正由他施工建造新房的林姓大户借60块大洋(银元),双方自行约定还本付息的方式和期限后,央求我父亲和一位与他同吃百家饭的雕花匠(木雕工)一起作保。我父亲是个厚道人,觉得情面难却,再说成全人家的好事也是积德,就答应了下来。真是天有不测风云,事隔不久,正处于青壮年时期的木工突然一病身亡,于是债主要求担保人负责偿还债务。担保人之一的那个雕花匠是邻村人,一看这种情势,干脆一避了之。这样一来,父亲便成了被追责的对象。为了息事宁人,父亲也就认了,答应这笔债由他担代,分期偿清。然而,没有想到的是,十二月初九早晨,债主上门强令父亲在年关之前一次还清本息,这让父亲感到十分为难。因为在我们这个渔村,称得上富有的不是以捕捞为生的独立业主,而是拥有鱼行(鱼货购销)或鱼货加工厂的老板。捕捞户光靠单船捕捞,平常年景一年能积攒二三十块大洋(银元)已经算很不错了,现在年尽岁毕,哪里去筹钱一次偿清呢?不得已,父亲恳请债主宽限,分两次偿付,年前先付半数,开年渔汛后全部付清。债主与父亲本来都是熟人,父亲既然认了这笔账,保证兑现，只是因为手头现钱不够，提请分两期偿付，想来总能得到通融。不料对方执意不从，竟拉下脸皮，揪住父亲胸襟，气势汹汹地拽着往外走。那天正好是集市，我家就在集市近旁，债主仗着自己家族人多势众，蓄意当众羞辱，同时还要扯父亲到他家羁押迫债，后得路人劝阻，才算放手。父亲一生本分向善，诚实守信，从未受过这样的凌辱，今日代人受过，竟落个这样的结局，霎时悔恨交集，没有走回几步，就在集市上倒地不起。

父亲含冤离开了我们，父母的亲属们气愤难平，上门讨要公道，但是，在弱肉强食、没有法理可讲的社会，公道又在哪里？留给孤儿寡母的只有难以磨灭的悲痛和对世道永久的沉思。

父亲丧事之后十多天，就到过大年的时候了。除夕那天，正是亡父的三七日，上午，一家大小含悲祭奠；下午，母亲强忍着哀痛，默默操持了一顿不寻常的年夜饭，为的是让膝下的儿女在悲凉中感受到一份家和母爱的温暖。她已经把余生的全部希望寄托给了儿女，可是我们这些还不怎么懂事的孩子，又有谁能分担母亲的忧伤和无助呢？

3. 母爱永恒

父亲过世以后，母亲打起精神带着我们姐弟4人过日子，她要把这个家撑下去，把我们抚养成人。

开春，母亲接过父亲留下的生计，赶紧请了一位船老大，还有父亲生前雇好的伙计，一起做好汛前准备，按时出海投入春夏汛生产。在母亲的那个时代，妇女是缠脚的，而且不识字，行动很不方便，虽然生活在渔家，按照男主外女主内的传统，从来没有也不可能操持渔业生产活动。现在要挑起这付生活担子，自己又不能下海，只能委托船老大去操作，成败得失心里实在没有底。

然而，现成的渔船、渔具以及父亲生前已经雇请的伙计，又在促使母亲痛下决心。眼前没有第二条路可以选择，只能拜托船老大尽点心，伙计们尽点力，冒着风险孤注一掷。

最让母亲担心的问题还是发生了。船出海还不到一个月，就从岱山（桐照渔业的基地）传来消息，说我家的这条船上因为没了主人，伙计散散漫漫，老大的号令难起作用，这样下去恐怕难免亏本。大捕船张网作业一个春夏汛的捕捞期是三个月，不能半途而废，母亲焦急万分，决定把我们兄弟姐妹四人托付给村里的一位老太太暂时照料，自己不辞辛劳，跋山涉水，途经宁波、镇海，辗转赶赴岱山，了解实际情况，拜托渔工能够正常生产，力求避免亏损。但是母亲的到场只能起一时的作用，稳定不了整个汛期的生产，因为她所能做的，只有向船老大和鱼行问明我家渔船的生产和鱼货投售情况，嘱托老大和伙计尽力搞好后续的生产任务，然后就得赶紧回家。这样，一个生产季下来，亏损是可想而知的，母亲设想暂时以渔业过个渡的最后一点希望也就破灭了。

怎么办？要养活这五口之家，没有其他办法，只有尽快变卖渔业生产资料，置换成田地。先是卖了上新的渔船和所有渔具。那时，抗日战争已经第二年，物价开始不稳，出卖渔船渔具所得的款项如不立即购置田产，就会迅速贬值。因为本村无地出卖，只能托人在离村一二十里外的山区分散购买大约二十来亩土地，租给当地亲戚耕种，藉以收取租谷，维持一家人的生活。

　　家庭处境变了，让母亲思虑最多的是怎样让我们姐妹兄弟有个好的归宿。父亲在世的时候，为了不让女儿成为文盲，我的两个姐姐分别上过 4 年和 5 年小学，这在渔家女儿中已经算是不错的了。按照传统，女儿总是要出嫁的，当地风俗女子一般在 16～20 岁就要成婚，现在，她们逐渐长大，把她们许配给大体上过得去的人家便成了母亲首先面临的家庭责任。

　　至于我和弟弟，年纪还小，就业还谈不上，母亲的想法是先让我们好好上小学，同时在假日做些劳作。所谓劳作，主要是冬天上山砍柴，夏天趁退潮和涨潮间隙到海涂赶海（捕捉小海鲜）等零星劳动。这样做，多少可以补充一点家庭生活需要，也有助于防止长大以后成为游手好闲的人。至于小学毕业后怎么办，只能到时候再看。母亲起初没有让我们升学的打算，因为她不识字，没有这样的眼界。就是有，也下不了这个决心，因为家境已经不大许可。但是对就业，有两条路她是明确不主张走的：一条是农业，我们是渔家出身，村旁几乎没有属于自家的田地，不具备就地务农的条件；另一条是渔业，这条路对她来说已经是谈虎色变，因为父辈兄弟 4 人中有 3 人溺于海，其凄惨景象仍历历在目，何况到这个时候我们已经完全失去重操渔业的基础。不过，母亲对我们兄弟二人前途的思虑多少还是有点倾向，那就是在小学毕业具备基本读写能力后，拜师学中医，或托个与城市商人有亲朋关系的人，把我们推荐出去学生意，求个生计。

　　抗日战争的节节失利，扰乱了母亲原先的打算。1941 年春，奉化沦陷，日军在离我们村庄 15 里的吴家埠设了据点，时不时来村骚扰，学校自动停办，我和弟弟都辍了学，什么时候能复课谁也不知道。再说江浙一带沿海城市已先期沦陷，本来上海、宁波两个港口城市是我们家乡一带青少年出去学生意最集中的地方，那时这两座城市已经百业萧条，许多人撤到了内地或回到了家乡，此时我和弟弟即使已经小学毕业，也是就业无门了，何况连小学的学业都没有完成！

　　不管怎么说，小学的学业总得先想方设法完成。那时，我的大姐夫在鄞县横溪小学教书，那是一所不错的学校，母亲与姐夫商量并征得校长同意后，让我在该校插班。1942 年春节过后，我就到那里上了学，半年后顺利毕业了。1941—1942 年是抗日战争相持阶段中有转折意义的一年，日本为了侵占东南亚，在中国战场抽调大量兵力南下，并且于 1941 年 12 月 7 日偷袭了美国夏威夷的珍珠港，爆发了太平洋战争。日军困于兵力，在鄞奉一带撤掉了一些据点，老家的小学得以复课，弟弟也继续就地上学，因为他成绩出色，后来跳级完成了小学学业。

　　就这样，母亲为四个子女艰辛地坚守这个家，使我们在母爱的呵护下平顺地度过了辛酸和动荡的童年。

　　我虽然小学已经毕业，但并没有外出学生意的机会，因为上海和浙江的许多城镇还在日寇的铁蹄之下，不但工作难找，就连人身安全也得不到保障。至于上初中继续求学，我连想都没有想过，一则全村这么多人家，能上中学读书的只是凤毛麟角，何况家境日下，怎么好向母亲提出过分要求呢？二则当时奉化只有一所中学，处在日伪控制下的县城，不要说学费负担重，就是负担得起，也不想在这样的环境下求学。在这种境遇中蹉跎着时光，转眼就过去了半年。1943 年春节，我的堂舅偶然从象山县他内侄陈亚春先生那里得到了一个消息，说身兼定海、象山两县县长的苏本善和象山的一些社会贤达，为了解决沦陷区失学青年的就学问题，创办了定象两县联立中学，校址设在象山港对岸、宁海县北部山区的和平寺。这是一所战时初级中学，收费很低，邻近县份的失学青年也可就读。这个消息打动了我，我想争取去那儿上学。母亲支持我这一选择，为我奔走张罗，在已受聘为该校数学教师的陈亚春先生的推荐下，终于得到录取。从老家到学校，过海隔港，母亲不放心，报到那天，她亲自送我到学校，还为我打好地铺，站在一旁的陈老师批评我为什么不自己动手，要老妈妈替你劳累？回想起这一情景，至今仍深深自责，这是我进初中第一天所接受的难以忘怀的第一课。

1946年1月，结束了象山中学初中学业。此时，正值各地因抗战内迁的学校回迁复校，开始春季招生，我在求学欲望的支配下，分别报考了浙江省立宁波中学和锦堂师范学校，不久就收到了两校的录取通知书。那时，弟弟已经在半年前考入鄞县横溪镇上的正始中学就读，那里有大姐的家，可以走读，节省一点费用。面临两个人同时上中学，让母亲犯难了。她何尝不明白两个儿子的成长正处于青黄不接的时候，多一点知识就多一条出路的道理呢？但同时供二人上学，家境毕竟难以支撑。不得已只好先保全一个，让我进了宁波中学，弟弟则休了学。过了一年半，弟弟才另起炉灶，公费就读定海水产学校。1949年1月，我高中毕业，而弟弟所在的水产学校则在1949年4月受战事影响解散，未曾毕业便再次停学。他从小学业优秀，但迫于时势和家庭负担能力，多次辍学，令人惋惜。

自从父亲离世之后，母亲把心力全部倾注到了子女身上。为了把我们兄弟二人培养成人，她含辛茹苦，经受着种种磨难，连重病在身都默默忍受。在我和弟弟都还在念书的1948年秋，她得了乳腺癌，却长期隐忍，不去就医，也不吐露，为的是不让我们学业中断。直到第二年春夏之交，我们兄弟二人都滞留在家，她意识到自己病情日益加重，留给她的时日可能不多了，才向我们透露了实情。为了挽救母亲的生命，我们不惜代价，费了许多周折，在亲友的帮助下，把母亲辗转从宁波送到上海动了手术。幸好癌细胞没有扩散，才保全了生命。

在术后的十多年中，母亲更是负重度过余生。那是因为父亲过世后为了让全家平稳地生活下去，还要尽可能让我们多受一点教育，她竭力保住了用变卖渔船和渔具换来的田地，结果在1950年土地改革划分阶级成分时被划为地主。她不识字，更不知道什么是革命。但她不怨天尤人，她相信用渔船换土地，是养活家小和培育子女的唯一基础，对得起父亲丢给她的这个家，也对得起子女。为了子女，她长期承受着沉重的经济压力和精神压力。

4. 学习劳作

我生在渔家，是个劳动家庭，劳动是全家老少生活中最重要的组成部分。渔家孩子从小学点劳作，那是本分，不是什么新鲜事。例如，父亲在世时，我才七八岁，每年秋冬家里都要织网，织够第二年要用的网具。织网有好几道工序，都是妇女的活，其中两道工序（纺线和缨梭）孩子们也能帮得上忙，我从记事开始就学着做起了这类辅助劳动。不过，儿时家里的这种劳作，没有工作量约束，孩子嘛，想玩就要玩，大人们只好嘟嘟嘴，听之任之。

父亲过世后情况变了，家里织网的事再也没有了，要干就只能干别的。对我和弟弟来说，父母是老来得子，对我们十分珍爱，父亲过世后，母亲对我们更是疼爱有加。但她清楚，家境变了，前途未卜，应该让我们知道一点苦乐。所以，一方面供我们上学，同时也让我们在家里有点活干，慢慢锻炼起来，养成劳动习惯，以后好自食其力。

我在家里真正学习劳作，是从父亲去世后的第二年开始的。那一年我9岁，暑假期间天气正热，我和同村的一个小伙伴相约上山砍柴。砍柴是村民冬季的常活，但夏天是不上山的，因为盛夏时节柴草枝叶充满水分，挑回家太阳一晒，干物质充其量不过两成，既辛苦，又没有多少收获，划不来。我们年纪小，不懂这个道理，母亲没有阻止，也就上山去了。结果汗流浃背，脸被太阳灼得绯红不说，挑回十几斤毛柴，晒干了还烧不了一餐饭，真是得不偿失，姑且算是童年积累的一次生活经验。

　　从那次开始,打柴就成了我劳动锻炼的主项,不过再也不是暑期上山,而是从秋冬之交开始的星期日,以及寒假期间,只要天气晴朗,都要利用下午时间上山砍柴,直到春节前夕为止。父亲在世时,我家有两小片属于自家的山地,虽然面积不大,父亲栽了树,林下的灌木柴草砍下来,也够家庭一年的薪柴之需。可父亲离世之后,不要说柴草,就连树木都被盗伐一空,等我学会砍柴时,自家山上早已无樵可采,只能跟着一帮小伙伴上人家的山。我通常都是与同村下仓门(桐照村内的一处小地名)一群比我大一点的孩子搭档,三三两两到别家山上去砍柴,一般都没有问题,偶而有山主巡山,听到大声吆喝赶快转移也就是了。只有一次算是倒了霉,五六个孩子一起在姓周人家的山上砍柴,山主巡山来了,他也是下仓门一带的人,看到这帮小家伙都是熟人,不好说什么,只是叮嘱几句"柴可以砍,小树大树都不能动"之类的话了事,唯独看到我陌生,便把柴刀要了过去(当地称为"夺柴刀")。我才10岁开外的人,哪见过这种架势呵,那帮小伙伴毕竟也是孩子,不知道为我求情,我只好憋屈地回家。这是一次插曲,山主无非是想教训一下而已,柴刀还是找个熟人要了回来,后来再也没有遇见过这种事情。这样的冬季假日生活,一直维持到初中二年级,在高小到初中那几年,一冬砍的柴,差不多可以解决家里半年的燃薪需要。

　　我的第二项劳作是赶海(习称落小海),趁着退潮,在海涂里搞点捕鱼捉蟹之类的活儿。与打柴不同,赶海大都在暑期。几年下来,这方面的活也懂得一点,不过长进很少,手脚也慢,一潮赶下来,往往收获寥寥,与一些同龄人相差很远。后来弟弟长大了,他比我强,还学会了不少技术性的活计,一次赶海的收获比我丰富得多,有的珍贵的产品(如"望潮",一种头足类软体动物)舍不得自家吃,还拿到街上出卖,补贴家用。海涂是许多海洋生物的栖息地,只要合理捕捞,是可以维持良性生态循环的,也可以满足海滨居民的一部分生计,我虽然赶海技术不精,对家乡的海涂一直深怀感情。半个多世纪后,看到不少地方利用海涂开发旅游业,游客滑泥船、嬉泥浴、打泥仗,玩得近乎疯狂,我是又喜又忧。喜的是当地有了旅游收入,忧的是这样玩法难免会破坏海涂生态系统。

　　除了"上山""下海"之外,称得上学习劳作的还有碾谷舂米以及种菜之类的劳动,前者解决主食问题,后者补充一部分副食需要。

　　抗战之前,村里有两家私人小碾米厂,有稻谷的人家只要委托他们加工,就可以变成大米,比较方便。抗战爆发后,沿海地区沦陷,碾米厂买不到柴油,就停产了。村民只好重新采用古老的办法,借用畜力在碾子里碾谷,或者雇人在家里用木砻砻谷。不论用哪种办法,后续工作都得自家动手,那就是用风箱去壳,用石臼舂糙米,再用筛子分离米与糠。这类活计每年总有好几次,其中舂米几乎是常事。

　　说到种菜,主要是种点高脚白菜(用来腌制冬咸菜)、萝卜和蚕豆。种这类东西要借用一点亲友的农田。不过这好办,因为这些都是秋冬作物,可以利用冬闲田,而且蚕豆一般不损耗地力,萝卜、白菜都要施肥,不影响次年稻谷收成,所以一般都愿意给我们借用一畦土地。种菜种豆,起初学着干,慢慢就熟悉了。翻地、成畦、播种或移栽、施肥、培土等作业都能独立完成,最艰难的是挑运人粪尿施肥。特别是种高脚白菜,有句农谚叫做"三日两头浇,廿日好动刀",意思是要勤施肥,才能速生快长。我人小,气力单薄,挑运肥料一次不及成人的四成,所以,我种的菜与邻近的菜地相比,总显得有点"面黄肌瘦",看着心疼,但无可奈何!

　　不管怎么说,小时候的这些锻炼对于学习劳动技能、体验生活经历、增加对自然和社会的认知是很有好处的,对后来能够默默忍受艰苦生活的品格的形成,也起了潜移默化的作用。少年时代的这点零星历练,70年后的今天仍觉得不失回味价值。

第二部　青少年时代的求学之旅

5. 启蒙的历程

我不记得是哪一年上小学的，只依稀记得是一个春节后，由二姐陪我到学校，向孙中山先生遗像鞠躬，向先生们（那时称老师为先生）敬了糖茶甜点，登记上姓名就算入学了。但是，我清晰地记得父亲去世的那个时候是二年级下学期快要大考的时候。

父亲过世后，一家人在悲痛中度过春节。开春，学校开学，二姐再没有上学，我则重新踏进了桐照小学的校门。

我本来就好动，读书不用功，丧父后一家老小悲悲戚戚，更少了上学的心情，成绩每况愈下，尤其是国语和算术，难逃先生训诫。教国语（现在称语文）的先生姓林，每次上课总要点几个学生站起来背诵前一天上过的课文，我没有好好复习，背不出，少不了挨一顿戒尺打手心的体罚。不过林先生不狠，他下手总留点情。算术老师陈先生可就不同了，他常常出些应用题，要学生在黑板上列出算式，如果吊了黑板，这一顿就难挨了。他出手重，挨打后我手掌肿得火辣辣的，不由得下意识地用砚台来冷敷，回家时还怕被母亲发觉，引起她的伤心和责备。那时候常常有厌学和恐学的情绪，甚至产生弃学的逆反心理；但十来岁的人也是有荣辱感和报恩心的，一想到母亲忍着悲痛为我们姐弟四人日夜操劳，心里就会浮起一种莫名的痛楚，多少激发出一点要争口气把书读好的意识。就在这样的矛盾心情中勉强把学业坚持了下来。

也许是知耻而后勇的缘故吧，第二年，记得有一次在国语课中，时任校长的邬泽民先生给我们出了一道作文题，意思是在抗日救亡运动中，我们小学生应该做些什么。我不知道从哪里来的灵感，一气呵成写了自己的想法，交了上去。第二天，先生在课堂上对我的作文做了点评，说想法和遣词造句都不错，并且宣读了一下，最后还加了一句"蛮好"来肯定。我以前从来没有听老师在同学面前表扬过我，这突如其来的鼓励使我激动不已。自那以后，我好像没有那么讨厌读书，也不怎么害怕先生了。后来，当我自己成为一名教师之后，渐渐体会到一个人的学业也好，事业也好，除了自身要有上进心之外，师长的正确引导和鼓励是多么重要！少年儿童时期孩子往往缺乏自觉，学校老师不但要严格要求，还需要循循善诱，适当鼓励，老师的一句话，一个点拨，有时会影响学生的一生。

到了中高年级，人长大了一些，学业成绩稳定，师生间的亲和力也增强了不少。那时抗日战争进入了中期，一致抗日的口号虽然在全国早就响彻云霄，但是在我们家乡，国民党没有哪一级政府对百姓做过认真的战争动员工作。眼看大片国土沦丧，家乡也要沦入敌手，有强烈爱国心的师生们心急如焚，自觉地在学校范围内加强了抗日宣传教育，讲抗日形势，唱救亡歌曲，通过学生向家庭传播，扩大抗日的社会宣传。有一次老师在讲法国作家阿尔丰斯·都德的著名短篇小说《最后一课》时，师生们感同身受，非常难过。1940年的秋冬，学校还组织一部分高年级学生到村西一座叫老庙基山的山坡上晨呼晚唱，我被选入晨呼晚唱队伍之中，每星期几次，由一位老师带领，清晨高呼抗日口号，黄昏高唱抗日歌曲，高亢的口号声和嘹亮的歌声在晨昏时分的村庄上空回荡，激励着村上的父老乡亲，也激荡着每个呼唱队员的心灵。这些活动的社会影响有多大，对我这个小学生来说并不清楚，但是，当老师看到我们这些孩子有一股爱国热情，有参与力所能及的抗日救亡宣传的积极性，通过正面引导和鼓励，把我们组织到这项有意义的活动中去，我仿佛感觉到小小年纪肩上多了一份责任。

1941年春，敌舰横行于象山港内，炮击我们的村庄，幸无死伤。而敌机轰炸邻近的吴家埠村，我亲眼看到了被炸同胞的尸体。接着奉化沦陷，日军还在吴家埠建立起据点，耀武扬威，不时到邻村骚扰，我们的学校被迫停办。从此我结束了童年在家乡的求学经历。

学校停办时，我的小学学业还差半年多没有完成。失学期间帮家里干点杂活，诸如夏天有时下海涂赶海，秋冬上山打柴，天旱时挑点水，需要时舂点米，等等。但这毕竟是业余性的，对家庭生活起不了多少作用，主要还是想等待学校复课的机会。等了半年，复课还是渺茫，不得不另找出路，经过大姐夫的帮助，最后转学到了横溪小学。

6. 从桐照到横溪

当时我的大姐夫在鄞县横溪小学教书，母亲托他把我荐入他们学校读书，经校长同意，1942年春节过后我就在那里插了班。横溪离我家乡有五十多里路，地处鄞县东南部山区和平原的接触带，是一个经济比较活跃的小镇，而且距宁波较近，看上去比老家要开化一些。

横溪小学设在镇北的下祠堂，学校规模不比桐照小学大，但办得不错。我就随着姐夫在那里寄宿，安安心心读起书来。桐照小学与横溪小学的学年计法不同，前者从春季开始计学年，后者则从秋季开始计学年。所以桐照小学为避日寇而停办时，我上的是六年级上学期，到了横溪小学就插班成六年级下学期了。到横溪小学时，我迟了几天，学校已经在正式上课，新来晚到，开始有点不适应。那里六年级学生开设英语课，我因从来没有听说过，一下子觉得茫然。不过还好，我不算是唯一掉队的，班里也有好些同学弄不明白26个英文字母的。老师要让全班一齐学下去，采取了一项措施，抽一个下午放学后的时间，把这些同学集中起来突击，直到把所有字母的大小写都默写出来，读音都记住为止，谁完成了就举手让老师检验，通过了就回家。这一招还真灵，经过强记，我较快地就被老师认可了。另外的问题是我在桐照没有读完六年级上学期的课程，课业上有点脱节，主要是算术，有循序渐进的逻辑关系，需要抓紧补习一下才能衔接上，经过一段时间之后，这个问题也算迎刃而解了。一个学期下来还算过得去，以全班第二的成绩顺利地毕了业。对这个名次我并不自满，因为与班上名列榜首的同学吕增标相比，无论是学业还是能力，都还差一截呢！不过，话要说回来，经过这半年，自己的确觉得有了小学毕业的底气。

7. "青灯黄卷"修三年——从和平寺到儒雅洋

小学毕业后，没有机会学艺学生意，也没有机会升学，回到家里干点杂活，转眼就过去了半年。

1943年春节之后，经堂娘舅的内侄陈亚春先生（象山县牌头村人）推荐，我进了刚刚创办的战时初中——定象两县联立中学,校址在与象山县西陲毗连、属于宁海县境的偏僻山区和平岙,校舍借用那里的一座古寺——和平寺。

草创时期的定象联中校长,是身兼定海、象山两县县长的苏本善兼的。他是湖南人,黄埔军校出身,有军人气质,实际上他只领个校长的职衔,日常管理由校务委员会主任负责。大约因为来自定海的学子实在太少,一年以后学校改为象山县立中学,苏本善也不再兼任校长,校长职务由宁波一位接近政界的人物沈友梅专职担任,1945 年夏抗战胜利前夕,沈校长离校,校长一职改由何敏求接任。何校长是当地学者,他接手后,在秋季开学时节,把学校迁到象山县西乡的儒雅洋村过渡,那里是他的家乡,校舍借用他的家祠、藏书楼和旁边的庙宇。就在那个学期,我在那里完成了初中的学业。

从定象联中到象山中学,从和平岙山窝到同样是山窝的儒雅洋,度过了三年。那是大部分处在抗战最艰苦年月的三年,学校始终在艰难条件下办学,但历任校长都担起了自己的责任。学校虽然借用寺庙祠宇,因陋就简,没有图书馆,没有实验室,连简易的操场、球场、沙坑也是师生参与开辟的,但教学秩序井然,教学质量基本有保证,学生发展也比较全面。

在那种环境下,生活当然是清苦的。吃的是糙米大锅饭,8 人一桌,一大盆菜合食,当家菜是咸菜、青菜、萝卜、龙头鲓之类,春季有当地产的毛笋,菜蔬油水少,容易叫饿。住的寝室就在寺庙西厢房楼上,上百人的统铺,席地而睡,跳蚤很多,青年人好睡,倒也并不在乎。山岙里都有溪流,离学校不远,溪水清洌,大部分同学浣洗被服都自己动手,很少有依赖别人的。

处在敌后山区的学校,得不到教科书,每门课程的教材都用讲义。讲义是用蜡纸在钢板上誊写,然后用土制元书纸油印而成的,随着课程的进度陆续发给学生,淡灰黄色的元书纸,带着浓重的油墨味,在教室里散发着习以为常的气息。有时油印不太清楚,还得自己描一描。读这样的"书",没有一个人埋怨,人人接受这种现实。遇到誊写功夫好的讲义,不论是中文还是英文,反而有一种在课本上所感受不到的书法享受。平时上课认真听讲,课余好好复习,早起晨读,晚上双人课桌上点起一盏油灯,用的是乌桕树籽榨的青油,豆子般大小的灯焰跳动着,映照着一张张青春的脸庞,个个伏案做作业,没有人懈怠懒散。现在回想起在佛殿里伴着佛像挑灯夜读的岁月,还真有点像青灯黄卷、苦苦修行的僧尼。

这样的求学生活看起来似乎枯燥乏味,甚至让人煎熬,其实不然。除了个人可以有业余爱好之外,学校或班级组织的课外活动还是丰富的,如体育竞赛、童子军露营、远足、演讲比赛、英语背诵比赛、文艺表演、偶而到附近小镇进行抗日宣传演出或为救济难民募捐等等活动,不但能活跃学校生活,对促进学生全面发展和身心健康也都有积极的作用。我记得我在运动会上获得过全校乙组亚军,在英语背诵比赛中曾名列全校第一,童子军露营的野外生存能力训练也给我留下了深刻的印象。我们的同学绝大多数来自农村,过惯了简朴的乡村生活,有这样的求学环境已经相当知足。

另外,战时办学还有点人性化的措施,那就是给家境清贫的学生一点救济,使他们不至于辍学。不过,为了避免单纯救济,鞭策学生上进,也要看智德体的成绩,所以这项救济既是助学也是奖学。救济分甲乙两种,家境清贫而智、德、体三育二优一良以上的,可以获得甲种救济,一优二良的则可得乙种救济,甲种救济学费膳食费全免,乙种只免学费。我得过甲种救济,也得过乙种救济,这在一定程度上减轻了家里为供我读书所增加的经济负担。

修完 3 年初中课程,我们班里只剩下 24 位同学毕业。毕业后,有的走向社会,有的继续升学。继续升学的,不少上了宁波的优质高中,所以,我至今仍然相信,物质条件差,生活艰苦,都算不了什么,只要不丧志,反而更能激励人。

8.“晨钟暮鼓”又三年——宁中生活

求学的欲望一萌发,就很难逆转。初中毕业后,正逢各地因抗战内迁的学校回迁复校,开始春季招生,我分别报考了浙江省立宁波中学和锦堂师范学校。那时候入学考试是自由的,只要考试日期不冲突,报考多所学校都可以。我之所以只报考省立宁中和锦堂师范,是因为前者是省立中学,是名牌,知名度高,学费又低;后者是省内有声望的师范学校,而且师范生是免费的。不久,两校都录取了我。拿着录取通知书,我是既高兴,又犯难,犯难的是我的意向主要是进省立宁中,但进宁中毕竟要付学费,在我和弟弟同时需要求学的情况下,家庭经济能力是个大问题。我把心里的矛盾向母亲说明后,母亲考虑再三,咬咬牙承受了下来,让我进宁中读书。

宁中校址在宁波南门外濠河(护城河)边,东濒奉化江,环境和景色都不错。抗战前学校有以西式两层教学楼为主体的完整的建筑群,是当时宁波最有气派的学府。宁波沦陷时期,学校辗转西迁到嵊县太平和磐安大皿,原校舍遭日军轰炸和蹂躏,毁了一大批。光复后,把尚存的一座教学楼和几座附属用房修缮了一下,就从磐安回迁复校。1946年初春,我们这些战后第一批新生入学,学校房舍严重不足,没有宿舍,没有礼堂,连教室也不够,更不要说音乐教室、风雨操场等专用场所了。校本部教室只能容纳高中三个年级春秋季共六个班以及初中三年级春秋季各一个班,学校只得在外面另辟分部解决初中一二年级学生的就读问题。我们本部学生的住宿全部借用隔濠河相望的两座寺院,其中高中女生和初三男女学生住延庆寺,高中男生全部住在稍远一点的观宗寺。老师也住在这两座寺院,外加旁边的道观吕祖殿。延庆寺当时只有一两个僧人留守,无香客,无佛事,殿宇大都空着,所以礼堂、音乐教室以及盥洗室也都安排在那里。观宗寺则不同,原班僧众都在,香火极旺,佛事不断,寺院住持只能把他们西厢僧房一隅的楼上楼下出借给宁波中学使用,我们高中男生全部住在楼上,几位老师就住在我们楼下,每天就寝和起床时分总是听着晨钟暮鼓和寺僧集体诵经,那诵经的声调就像低沉的吟唱一般,3年听下来,几乎可以随口唱和。

宁中战时西迁和战后复校的校长都是赵仲苏,他事业心强,治校十分严格,无论是校务管理、教务管理还是学生生活管理都一丝不苟,井井有条,十年如一日,从不松懈。

这所学校在宁波的公立中学中是头把交椅,但办学经费并不充分,教职员薪水不算优厚,加上物价暴涨,他们的生活并不宽裕,只是凭着学校声誉,择优聘用,还能保持较高的师资水平。老师们工作兢兢业业,课堂教学可圈可点,有几位老师,如国文老师吕漠野、音乐老师陈有文,他们的教学水平一直为历届毕业生所称颂。而学生呢,由于宁中入学考试报考人数多,录取率低,能被录取的,基础都不错,学习比较自觉。加上学校严格的管理,不但不允许无故缺课,连自修课和早晚自习时间都容不得些许散漫,更促使学生们养成老老实实学习的习惯。

当时,初中有童子军训练,高中有军训。在一般中学里,尤其是私立中学,军训只不过是应景而已,但宁中就不同,军训不但列入正式课程,而且始终有一位中校军衔的军官专任军训教官,学校对学生的生活实行军事化管理,衣食住行莫不如此。例如:高中生着装,不论男女，一律穿黑色制服(中山装)，戴黑色学生帽，缀青天白日帽徽，胸前佩军训符号和校徽，军训课出操或外出上街，必须腰束皮带，打上绑腿。就餐必须集合，由高中各班班长(中队长)轮流担任的值星大队长统一整队进入膳厅，发令开动才能吃饭。不准带私菜，也不准在校内吃零食。起床、就寝、熄灯按令而行，教官督查。睡觉一律地板统铺，规定草席宽度 1.6 尺。内务按军事化要求，各人被子反面折叠，被里必须洁白，要折得方正平整，再由各寝室值日生统一整理和打扫，等候校长和军训教官检查，合格者打○，不合格者打×，定期公布，从不间断。被子每月一洗，内衣一周一换，教室清洁卫生、各人课桌内学用品和座椅翻斗内日常用品的清洁卫生每周都要检查。在校学生间不得恋爱，晚自修下课女生提前 5 分钟回寝室，避免男女学生同路。如此等等，不一而足。

这样的教务管理和生活管理，造就了宁中特有的学风、校风和校纪，社会声誉好，家长放心，学生也有自豪感，毕业后对这段学校生活能够留下不同寻常的回忆。不过，随着岁月的流逝，特别是后来自己毕生从事教育事业之后，觉得这种办学和教育方式应该说是有得有失。

从教务管理来说，教师规规矩矩地教，学生一五一十地学，按照教学大纲，该教的都教了，该学的都学了，3 年下来，若要考大学，十有七八能进名牌学校。但是这种教学方式在很大程度上是填鸭式的，课堂上缺少互动，课外阅读少，实验少(限于设备)，人文体验更少，全凭课堂接受程度和课外复习和做习题的功夫，很少有让学生主动思考问题、提出问题、讨论问题和发挥创造性思维的生动活泼的学习氛围。3 年中，学校也没有组织学生开展文学、艺术、科学、发明创造等兴趣性的交流或竞赛活动，学生基本上没有开发各自潜质、展示各自才能的机会。

从生活管理来说，军事化管理使学校确立了严格的风纪，但同时把学校变成了一座"军营"。在宁中的学习和生活环境里，学生的自由支配时间非常有限，连星期日都是这样，每个星期天上午 10 时前还必须按规定集中在教室自修，10 时以后才允许自由支配。即使在自由支配时间里，要外出或上街还必须束腰带打绑腿，保持军训姿态。要学生也像军人那样"以服从命令为天职"，那就严重束缚了年轻人活泼的天性，限制了个性发展的空间。

回想起来，宁中 3 年的高中生活是幸运的、值得自豪的，当然也因过多的纪律约束且缺少施展个人才能的机会。无论是幸运还是缺憾，都影响着我们这一代宁中学子的一生。

第三部　在困惑中踏进社会

9."问路"

1949 年 1 月,我高中毕业了。如果大学有春季招生,不管有没有钱上大学,我可能会去考一考,检验一下自己的学力。然而大学是没有春季招生的,加上家境的限制,上大学本来就是可望而不可及的事情,只好暂时死了这条心。那么就业呢? 也是前途茫茫,那时在高中学生中间流传着一句口头禅,叫做"毕业即失业",在民国政府已经风雨飘摇的局面下,百业凋零,物价飞涨,人心惶惶,就业的路又在哪里呢?

毕业离校后的头一个月,即 1949 年春节前后,我与一部分同学保持着联系,交流各自在毕业后的打算,希望在不能上大学的情况下能找到一条生活出路。与我同班毕业的共有四十六七位同学,他们来自十六七个县市,其中家住(或寄住)在宁波市区的有 10 来位,我主要是与他们之中平时比较接近的几位同学联系,当时他们都还待在家里,从直接交谈或通信联系的情况来看,同学们对毕业后的出路大致有三类取向:一是倾向于投身革命,二是准备报考大学,三是准备就业。其中持第三类取向的又有两种情况:一种是家庭或亲友有把握安排就业的,另一种是要自己想方设法去找就业门路的。我基本属于第三类取向的后一种人,就业前景渺茫。

正因为这种处境,也促使我考虑另外的出路,在当时的形势下,自然而然地想到了有没有可能投身革命的问题。这种想法虽然仅仅是一种朦朦胧胧的意念,但是产生这样的意念,也不完全是一时冲动。在宁中求学的后两年中,国内形势变化很快,解放战争急转直下,国民党当局为了支撑战争,滥发纸币,弄得民不聊生,民怨沸腾。不少大城市掀起了反饥饿反内战的学生运动,在杭州,浙江大学学生会主席于子三被国民党特务杀害引起强烈的抗议示威,等等,这些,在宁波的青年学生中都得到了共鸣。

另外,还有外来的红色报纸,偶而也在同学中流传,其新闻报导和观点使同学们耳目一新。如香港出版的《华商报》,对国内形势和战事的报导,与国统区主流媒体的报导差异极大,事后往往证明前者符合事实,而后者则不惜用谎言掩盖事实真相,对比之下,使当局和主流媒体宣传的虚伪性昭然若揭,在青年学生中产生日益强烈的愤懑情绪。全国时局的背景导致学生的这种思想变化,引起了校方的警觉,学校动用训导力量加强了对学生的思想控制,但其效果适得其反,反而激起了同学们的反高压行动。由于 1948 年物价像火箭升空一样地上涨,校长为了稳定教师的生活,规定学生要以敬师的名义缴纳数斗粮米。尊师敬师本来是中国的传统美德,但是在当时形势下用高压手段硬性索缴"敬师米",就成了引发学生反高压的导火线。以这件事为突破口,在校内出现了抨击校方、抨击时弊的油印宣传品《春雷》。校方对此十分恐慌,连日彻查所谓危险分子,学校气氛顿时紧张起来,为了压制这场风波,甚至有同学被勒令暗退。这样一来,事态表面上平息了下来,但实际上同学们心中对现实不满的怒火已经越烧越旺,在我们行将毕业的时候,我相信,相当一部分同学内心的天平已经向共产党倾斜。

所以,在毕业离校之初,我在就业无门而考虑另找出路时,先后与两位同学有过接触,一位是家住宁波的柴本琛,另一位是家在宁海桥头胡镇的丁从锵。他们二人为人正直,又有新思想,我不清楚他们当时的身份是什么,只是估计他们对出路的选择会是投身革命,于是向他们请教一些看法。

在我见到柴本琛时,他正在家里与三一中学高三年级一位姓华的女同学商讨发起组织一个读书社,取名"雨丝",打算出油印刊物,在宁波市区的中学生中传播新思想,迎接新形势。柴和那位女同学并不介意我在场,他建议我看几本书,当时就借给我一本艾思奇著的《大众哲学》,这是我第一次接触到红色启蒙读物,他示意读完这本书后可以再交换,有心得时可以给《雨丝》写稿。事后我尝试给《雨丝》写了一篇短文,中心是批驳把红色革命比作太平天国的农民起义,现在回想起来内容当然非常浅薄,不过还是被采用了。不久,我又去宁海走访了丁从锵,他也仍在家里,我们交谈了一些出路问题,他态度很明确,准备加入革命队伍,并且向我出示了一张简单的表格,是他入伍前要填写的。我觉得我的思想酝酿没有成熟到他这种程度,有待进一步考虑,容日后再联系。

大约一个多月后,已是春暖花开的 3 月,我再一次去宁波,带着那本《大众哲学》到柴本琛家,准备把书还给他,再听听他的想法,希望得到更多的启发和帮助。不料他已离家,连家人也不便说他去了哪里。到准备考大学的同学那里一问,说柴和宁波的另一位同班同学都不知去向。随后得知丁从锵也已经出走。这时我才意识到他们大概是去四明山区红色根据地正式参加了革命。两年半后的 1951 年秋天,我在杭州与丁从锵相遇,那时,他已是中共浙江省委宣传部理论教育处的干部,我已被保送到浙江师范专科学校学习。后来,我们在不同工作岗位上一直生活在杭州,相逢机会比较多,谈起往事,才知道他和另外几位同学都是1949 年春改名换姓秘密转移去根据地的。他改名为吕人及,柴本琛还有陈英午分别改名卢迪和陈去生。

与柴、丁二人失去联系之后,我觉得已经没有什么人可以讨论前途问题,内心感到茫然若失,只好独自寻找就业之路。但是,在那个时候,我所处的闭塞环境,想就业几乎是一种奢望。

10. 政治没有真空

1949 年 4 月下旬,解放军渡过长江,挥师南下,5 月间宁波、奉化先后解放。奉化一解放,随军南下的行政干部立即着手建立人民政权,同时,留驻下来的解放军部队开展剿匪反特的斗争,以维护社会安定。但县人民政府建立之初,乡里还来不及建政,村上的一些事务一时处于无人过问的"真空"状态。

我家乡桐照虽然是个闭塞的渔村,但村庄大,也有一些在外面求学或做其他营生的人,这时因受局势变动影响,求学或就业发生问题,有的人暂时闲居在家,我就是其中的一个。6 月间的一天,路遇一位与我处境相仿的小学时的同学,他叫林龙淼,也是刚从宁波的一所中学高中毕业在家待业的,二人谈起毕业即失业的情景,深感苦闷。他突然向我提出一个问题,你想不想在村里做点事情?说实在的,在村里长远做事不是我的愿望,但现在在家闲着,如有需要,为家乡尽点义务也是应该的。再说我在宁中毕业前后的一段时间里也多少接受了一些红色宣传的启蒙,有一点迎接新时代的思想准备,现在县里刚解放,人民政府还顾不上四里八乡的事务,能为村里服务也总是配合新形势的好事。想到这里,也就向林龙淼表示,只要能力所及当然愿意。

林龙淼和我都是 20 岁左右的青年,论文化程度,我们二人在村里算是比较高的,但村里有关公众的事务一向由绅士说了算,我们这种小青年产生不了任何影响,即使想做点好事也不会有人理会。在当时的形势下,老绅士不敢也不愿出头,年轻人要想做点事,需要有点声望的中年人的支持。于是不约而同地想到了我们小学时代的年轻老师林××,他抗战初期投笔从戎,现在回来了,在家赋闲。第二天,我们二人登门拜访了他,说了说我们的想法,他对年轻人想找点事情做的心情表示理解。据他回忆,20 多年前村里也曾有一些知识青年自发为本村服务的先例。他们组织了一个叫做"觉社"的小团体,倡议把村中心一块公地上的连片露天粪坑拆除,改造成为晒场,兼作集市场所,并付诸行动。这件事成功后,改善了村中心的环境,增加了公共场所(初称新晒场、后称小菜场),受到了村人的称赞。所以,他建议现在闲居在家的知识青年可以效法前人,组织一个小团体,不妨叫做桐照村青年桑梓服务团,做点有益的事情。

做点什么事情呢? 林龙淼和我征求了村里另外几位青年朋友的意见,大家觉得当下有两件事可以考虑:一是举办暑期补习学校。由于局势变动,桐照小学早早放了暑假,有的家长担心孩子荒废学业,办个暑期补习学校应该是受欢迎的。二是预防霍乱。抗战以来,夏季霍乱流行,往年入夏以后由县防疫机构发放预防霍乱疫苗,发动预防注射。据说今夏疫苗是有的,但没有人主办这件事,大家认为这是一件迫切需要做、也是可以做的事情。

有了这些初步意见,一致认为小团体可以建起来,有几个人就几个人,自愿参加,把能做的事做起来。7 月初的一天,请林××牵头,借桐照小学的一个教室,召集十来个人开了会,成立了"桐照村青年桑梓服务团"。会上,根据设想的活动分了工,推定在村里开设外科诊所的青年医生林克恩负责发动注射预防霍乱疫苗,我则被推定负责举办暑期学校。为了让父老乡亲知道我们想要做的事情,还在村中心张贴了简短的文告和宣传防疫的标语。接着,大家分头筹办,花了一个多月时间,先后完成了这两件事情。

大约在 8 月下旬之初,我们这些年轻人正在为自己给村里做了一点有益的事情而感到欣慰时,意外地听到了林××被拘捕的消息。因为林是桑梓服务团的领头人,大家都想当然地把他的被拘同桑梓服务团的活动联系了起来,难道我们暑期所做的事情错了吗? 为了了解情由,办暑期补习学校和打防疫针的几个人,相约前往距村 20 里地的纯湖区公所问个究竟。区里接待我们的一位工作人员问明来意后,没有二话,随手开了一张条子,让我们到附近牌门头村的一座庙里去找一位姓朱的参谋。见到朱参谋后,我们说明了来意,提出了疑问。参谋没有正面回答我们的问题,倒是平心静气地说,你们既然来了,就在这里留一下。说罢,吩咐一位工作人员把我们安排在庙内戏台上休息。这一"休息"就是三天。在三天里,部队文化教员教我们唱了一支歌颂共产党的歌曲《你是灯塔》,朱参谋向我们宣讲了革命胜利形势,另外就是分别找我们作了一次个别谈话,除此之外就再没有什么事情了,闲得我们不知怎样打发时间才好。不过,虽然闲得发慌,我倒不觉得无聊。因为我在高中毕业前后的一段时间里从共产党外围组织的同学那里接受过一些新思想,但那毕竟是间接的,由共产党干部直接与我谈话,这还是第一次,不但感到新鲜,也确实给了我一些启发。例如参谋同我谈话时,除了问我个人和家庭情况之外,也要我谈谈自己的思想认识,我直截了当地说,共产党取得革命胜利我很受鼓舞,但我们以桑梓服务团名义为村里做点好事,你们拘捕了领头人,这究竟是为什么,实在想不通。参谋看出我这个年轻人,有热情,但很单纯,他开导和勉励了我几句,最后说了句意味深长的话:"你年轻,很单纯,有些事以后会明白的。"这句话给我留下了久久的思考。

第四天早上,参谋告诉我们,县长正在莼湖镇上,要和我们谈次话,让我们马上去见他,谈话后就不必再回来了。县长名叫严式轮,是奉化籍的老革命,看上去上了年纪。他先给我们讲点政治形势,然后问了问桐照村的情况。在讲到桑梓服务团为村里做事的问题时,他说,你们认为国民党政府已被推翻,人民政府还顾不了许多,在这个时候村里的事情谁也指望不上,要靠你们这批青年去做的想法,是一种糊涂认识,现在已经解放,你不依靠共产党依靠谁?在讲到我们问及的人民政府拘捕林××是不是因为桑梓服务团暑期服务有罪的问题时,严县长反问,你们怎么知道他被拘捕就是因为桑梓服务团这点事呢?你们了解他吗?不该问的问题就不要问了。他这反问式的回答,听起来有点神秘,却带有深意,我们不好再说什么。最后,县长说他要到桐照去看一看,向群众做点宣传,希望我们配合。说罢,就叫我们走了。

告别县长后,我们各自回家,桑梓服务团就此烟消云散。回顾这一个多月,使我朦胧中意识到自己只有工作热情,没有社会生活经验,更不用说有什么政治经验了。实际上,政治是没有真空的,年轻人的一股热情在不经意间可能会陷入政治麻烦,这是值得好好反思的。正因为这样,我在 1949 年冬加入中国新民主主义青年团(1957 年更名为共产主义青年团)时所填写的入团志愿书中,就写上了这段经历,在以后历次填写的履历表中也都把踏入社会之前的这段"插曲"写上,作为对组织的坦诚和对自己的警示。但是,令我万万没有想到的是,这竟成了长期笼罩在我头上的阴影,在"文革"的十年内乱中,甚至成为"造反派"把我作为地理系打击对象之一的政治把柄。

11. 从教、培训和入团

1949 年 8 月,奉化县人民政府文教科开始行使行政职能,对全县区、乡两级中心小学调配新学年的教师,桐照小学是乡中心小学,自然也在调配之列。调配的人选来自两个方面:一是当地上报的,二是文教科直接物色的。我因为刚刚办过暑期补习学校,而且年轻,高中学历又过硬,因此在 8 月下旬接到了县文教科让我担任桐照乡(时称梧山乡)中心小学教员的暂派令。1949 年 9 月 1 日这一天,成为我后来终生从事教育事业的起点。

学期一开始,我就认认真真当起教员来,除了要教高年级的语文、算术之外,学校缺专任教师的音乐课也要边学边教搭上一把,还兼管一点总务工作,所以显得忙忙碌碌。不过,只忙了两个月我就被派到宁波去学习了。那是因为浙江是新解放区,县级人民政府刚刚成立,百废待举,各行各业吸收的人员,绝大多数没有接受过共产党的系统教育,要通过学习和培训,提高政治觉悟和思想水平,才能适应新社会的需要。为此,宁波专员公署文教科决定于是年秋举办宁波专区第一期小学教师训练班,向所属市县下达了通知。县文教科根据专署文教科要求向第一期小教班送学员的文件,分配给了梧山乡中心小学一个名额。学校收到通知后,校长让教师自愿报名,但同事们无人主动争取,原因是担心人身安全。这种担心来自两个方面:一是沿海流窜的敌对分子还有出没,接受共产党教育的人有可能遭到暗害;二是舟山群岛尚未解放,解放军正准备渡海作战,而宁波是解放舟山的前哨基地,市区唯一的一座现代化桥梁——灵桥,是部队和辎重快速跨过甬江抵达前沿的唯一通道,国民党空军正在对电厂和灵桥等军事目标进行空袭,宁波市区的安全没有保障。我知道,去宁波培训存在这两方面的安全威胁，但我也清楚，自己年轻，接触新思想比他们多一些，无论是从客观需要还是主观认识上说，我都是他们心目中第一个要推派出去的人选，于是主动报了名，经县文教科同意，去宁波参加了培训。

大约在 11 月初，宁波专区第一期小学教师训练班开学，地点在宁波老城区南部仓基街陈氏翰香小学。那个地方与灵桥及其附近街区的直线距离不过一里多路，到宁波培训的初期，确实让我感到震惊。在那些日子里，白天只要是晴天，几乎天天有一段时间在国民党飞机轰鸣声、机枪扫射声和炸弹爆炸声中度过。宁波遭受空袭一事，原先就有耳闻，但毕竟不曾亲历，耳闻与亲历的感受是完全不同的。记得在训练班开学那天上午，宁波地区专员苏展和中共宁波地委宣传部长薛驹来班作报告，当苏展正在讲话时，飞机呼啸而至，盘旋后又是扫射又是轰炸，在炸弹落地前发出恐怖啸叫声的一霎那，学员们都下意识地从凳子上滑了下去，只有在场的几位领导干部，毕竟饱经战火锻炼，依旧在讲台上端坐不动。那时候，解放军没有海军和空军，宁波连高射炮也还没有布防，眼睁睁看着市区一再遭到轰炸。电厂被炸后夜晚一片黑暗；灵桥遭受轮番轰炸，尽管桥梁主体结构依然屹立不动，但桥面已经百孔千疮；两端桥堍附近沿江的繁华街区——中山路东口通灵桥的闹市街东渡路、宁波人引以自豪的"走遍天下，不如宁波江厦"的江厦街、一向交易繁忙的水产码头和水产商行所在的半边街等等，都被燃烧弹化为焦土。曾几何时，宁波这座我度过三年高中生活的城市，那些既熟悉又亲切的街道、要津、港埠，竟然变得满目疮痍，真是触目惊心！

小教训练班的班部由几位南下干部和一部分参加革命不久的新干部组成，主持人是专署文教科的朱延平科长。学员由班部统一编组，各县市混编，每组十余人，选出正副组长各一人，掌握学习讨论。各组有班部分派的干部下组，辅导学习，掌握情况。培训计划为两个月，以形势与任务、新民主主义革命理论、社会发展史等为主要学习内容，全程采取听报告（上大课）与分组讨论相结合的形式，分阶段进行，每阶段一小结，期末做总结。

走进训练班，有一股扑面而来的新风，让人感奋，这是以前所从来没有感受过的。最直觉的是有一部分学员，尤其是来自宁波市区的一些学员，以奔放的热情和挑应战的形式，拉唱革命歌曲，竞作宣传漫画，写诗歌、出墙报，无形中营造了一种革命群体的热烈气氛。我不知道他们哪里来的这股劲，也许是身处中心城市，解放后集体活动多，受革命教育熏陶普遍，身心解放比较彻底的缘故吧！不管怎么说，反正很有感染力，把大家的情绪都调动了起来。所以在整个训练班里，学习虽然紧张，但气氛热烈，富有生气。

至于学习，起初大家对听大课、做笔记、课后分组讨论等的安排，无论从内容到形式觉得很新奇，只是在分组讨论中对人人联系自己的思想实际，畅谈心得体会，提出问题，敞开讨论的要求，不大适应。在班部联组干部的启发和鼓励下，经过自己的体验和尝试，逐渐体会到这种形式是通过短期培训掌握理论、弄通思想、提高觉悟的有效办法，是对被动接受教育的旧培训方式的革命性改造，无形中激发了学习的自觉性和积极性，加速了改造思想的步伐。通过两个月的学习，对新民主主义革命的性质，现阶段的任务，革命的动力、团结对象和打击对象，以及革命胜利的必然性等等，有了基本的了解。进训练班之前，对共产党领导革命从胜利走向胜利只是一种朦胧的意识，此时，在一定程度上有了理性认识，思想上有一种豁然开朗的感觉。

认识的提高，加上训练班内这种革命大家庭的热气，点燃了向共产党靠拢，争取更快更大进步的激情。在训练班的最后阶段，当班部安排在做好个人学习和思想总结的基础上，开展中国新民主主义青年团的建团活动时，我被作为建团的培养对象参加了团章的学习。接着,我提交了入团申请表,经过联组的干部席祖英介绍,入了团,时间是1949年的12月底。这样,我在培训结束回奉化时,带回了两种"文凭",一是培训班学员的学习总结和鉴定意见,二是转移团员组织关系的介绍信,分别交给了县文教科和县团委。

12. 小亲画上句号

1950年2月28日(正月十二),我与同村姑娘林莼清完婚。之所以说"完婚",是因为完成了旷日持久的婚约。说到这桩婚事,还得从十多年前悲情中订下的小亲说起。

1938年1月10日(丁丑年十二月初九),我只八岁(虚龄九岁),父亲撒手人寰。因为是受人逼迫突然致死,亲友们为讨回公道在多方奔走,母亲含悲张罗后事,家里忙得不可开交。就在那几天里,鹤翔叔偕同我的一位堂舅林岫亭(前母的堂兄)向母亲给我提亲。翔叔说,阿安哥(我父亲乳名安兴,正名贤全)劳碌一生,儿子还这么幼小,丧事没有儿媳戴孝是个遗憾,他愿将他的二侄女许给我家,作为未过门的儿媳前来吊孝送丧,希望母亲能够接纳。这突如其来的美意,使母亲感到意外,因为她正浸沉在悲痛之中,而且家里千头万绪,乱作一团,根本顾不上想其他事情,所以对这个建议一时不置可否。在当时乡村中,订亲是件大事,女儿许配都要挑个好人家。母亲知道,我家本来只能算是小康渔家,父亲一离世,眼见家道就要中落,而翔叔一家无论家境还是声望都在我家之上,我们岂敢高攀。但是翔叔在这个时候主动提亲,是真诚的,因为他是父亲生前的知交,深知我们是忠厚人家,否则谁会把自己的侄女送进一个前途未卜的家庭呢。在这种情况下,母亲感到左右为难。母亲是个不识字的旧式妇女,对婚姻大事在观念上起主导作用的当然是父母之命,媒妁之言,但她也觉得我年纪太小,这个时候订亲实在为时过早,而且她并不完全反对等我长大成人之后自主解决婚姻问题。再说我们的家境正面临每况愈下的境地,与翔叔一家不但做不到门当户对,弄不好姑娘过门后还会在我家吃苦受难。所以母亲向翔叔和堂舅的表态只能表示感激和婉谢,而不好做接受或不接受的决定。堂舅是个读书人,在当地是有头有脸的人物,他直截了当地作为媒人把支持翔叔的意思说了一遍,同时以带点责怪的口吻劝说母亲。他说,人家念朋友旧情,主动给你送上"媳妇",在丧礼上给逝者一份慰藉;而且念你们是忠厚之家,不计苦乐,不嫌门第,将来好好过日子,你还推辞什么呢。母亲不好再说什么,也就接受了下来。

那时,订小亲完全是由大人们摆布的事情,孩子不知道,也不必知道。所以,翔叔的二侄女林莼清被急速订亲后前来祭吊和送丧时,她自己全然不知道是什么身份。我也一样,只看到小学的这个同学也在参加丧礼,一点也不理会她是什么身份,真是两小无猜呀。后来长大了一点,才慢慢知道这究竟是怎么回事。

莼清虽然出身大户人家,论身世倒是值得同情的。她父辈兄弟三人,由她祖父生前按照旧时士、农、工、商的次序安排就业方向,老大读书,老二务农,老三从工。她父亲是老大,也就读了书,一直到大学毕业;翔叔是老二,就以祖上的遗产为基础当了农民;她小叔是老三,根据当时新式奉帮裁缝红遍上海、宁波一带的情况,到城市投师学了缝纫。所以她父亲从青年时代开始就出门在外,大学毕业后也一直在城市谋生,只是他的婚姻是旧式的,而且按照乡村早婚的习俗,早早就成了婚,生下了三个女儿,莼清是老二。她母亲是农家女,只初识文字,留在老家照看孩子,料理家务,倒也还过得去,不幸的是三十出头就因病辞世了。她母亲过世后,父亲在外面重新建立了家庭,在老家依靠一点祖业和大家庭的力量,把养育三个女儿的担子全盘托付给了她祖母和大叔。从此,她们姐妹三人不但早早失去了母爱,也失去了父爱以及在父亲身边得到培养教育的机会,就连她们的婚姻大事也得由大叔全权处理了。

当我们从两小无猜的少儿阶段进入到青年时期之后,彼此都知道早年有一个婚约,但心照不宣,不理会早婚的习俗。从她方面来说,小学五年级后就辍学在家,帮着姊姊做点家务事,她比我年长两岁,当然较早进入青春期,但她是一个本分的、同时又是安于现状的女孩,在叔叔严格的家教下从来没有什么异想。而且,从十六七岁开始就患了肾脏结核,直到二十开外,通过手术才得以基本康复,从年龄上已谈不上什么早婚了。而我呢,自从进了初中之后,求学的渴望一发而不可抑止,在学业终止之前,决不考虑自己的婚姻问题。

不过,在对待婚约这件事情的想法上,我与她是完全不同的。她非常单纯,觉得自己早就是王家的人了,进王家的门是迟早的事情。而我呢,随着学历上升,接受现代观念增多,在认识上,婚姻自由、自主渐渐成为一种价值取向。但是,我始终没有去追求自己的婚姻自由,仍然固守着旧约,主要是出于三个原因:一是感恩,感激翔叔对我父亲的真挚友情,他始终关心着我父亲身后的事情,在父亲治丧期间,他以侄女相许,在那个时代、那种环境下算得上是一种义举,我不能做忘恩负义的事。二是尽孝,母亲是恪守旧德的人,她千辛万苦把我扶养成人,我不忍心因我的异议而把她推到不义的境地。三是道义,姑娘已以王家儿媳的名义在父亲灵前吊了孝,此后又默默地等了我十多年,我不应以弃约去伤害她的尊严和名声。

正是对这种传统道德观念的坚守,成就了这段小亲,成婚时她 23 岁,我 21 岁。一生育有两个子女,大的是女儿,名叫亚田;小的是儿子,取名滨之。

13. 变革之年的处境

1949 年秋季学期结束时,县文教科委派我 1950 年继续在梧山乡中心小学任教。

1950 年,是充满政治变革和政治运动的一年。政治变革主要是普遍展开乡镇基层人民政权的建设,政治运动则有后来被合称为三大运动的抗美援朝、土地改革和镇压反革命。这些都是当时压倒一切的中心任务。在解放初期的那些岁月里,各级党政领导都要求各行各业围绕和配合中心任务做好工作,党团员要起带头作用,做群众的表率。那时,梧山乡还没有本地出身的共产党员,青年团员也只有我一个。身为团员,我明白,在做好本职工作的同时,应该努力配合完成党的中心任务。所以,在这一年中,我都是一面做好学校的教学工作,一面为配合当地的中心工作尽自己的一份力量。

凭着我的责任心和工作热情,我相信自己一定会在做好本职工作的同时,配合好中心任务。但是我毕竟年轻,只有初生牛犊不怕虎的勇气,全然没有估计到在这变革之年,我这个本地人的处境会变得相当艰难。

这一年的开春,梧山乡人民政府成立。建政之初,乡政府面临的主要问题是渔船不能出海,部分渔工的生活发生严重困难。这个问题如果不解决,人心就会不稳,政权就不易巩固。造成这个问题的原因是当时舟山群岛还没有解放,国民党军队为阻止解放军渡海作战,见船就扣,以致以岱山和衢山两岛为基地的梧山乡桐照、栖凤两大渔村的渔船不敢出海,无法投入春汛生产。为了解决困难渔工生活问题,乡政府一面号召生产自救,一面帮助他们筹措口粮,以渡过眼前的难关。由于生产自救需要一段时间才能见效,所以集中力量帮助困难渔工筹措口粮就成了乡政府稳住局面的第一位工作。

刚建立的乡政府只有几名干部,由莼湖区委副书记郑信本带领,他是南下干部,按部队的习惯称呼,都叫他指导员,手下有一名通信员,还有一名新参加革命的有高中文化程度的外地干部,叫徐性宜。他们决定就地筹粮,尽快分发到困难渔工手里。于是,召集村里拥有田地或其他产业的户主开会,动员他们拿出粮食接济困难渔工。会上没有人主动慷慨解囊,使会议陷入僵局。指导员是来自山东老解放区农民出身的干部，不能容忍对穷人冷漠，他非常生气，对着与会者狠狠地训斥了一顿。但台下不是面面相觑就是低头不语，还是一片沉寂。这个会是借我们学校的教室开的，我也在场，指导员要我用方言替他复述一遍，我照办了。那段时间指导员在集会上讲话要我当"翻译"是常事，不过，在这个会上我觉得他讲话的意思到会的人实际上是明白了的，他们之所以保持沉默，除了吝啬之外，恐怕还有三怕：一是怕共产党，他们不了解共产党和人民政府，心存疑惧；二是怕与会者，因为是要求自报而不是摊派，谁也不想做出头鸟，成为众矢之的；三是怕匪徒，当时沿海一带反共残余势力尚未完全肃清，带头响应人民政府号召，会给自己带来危险。我想，这种情况需要有人破局，我是青年团员，又是本地人，家庭也有点土地，尽管当时实际上家里的口粮已经要由弟弟开荒和我的工资米多换一点杂粮来作补充，但我每月总能领到这点米（那时物价不稳，工作人员工资都以实物计算，我的工资是每月一石一斗糙米，折合"九二米"151.8斤），家里不至于断粮，如果我带头表态尽点绵薄之力，会议僵局就可以打破。想到这里，便在会上自告奋勇地表示愿以一个月的薪米帮助困难渔工解燃眉之急。这样一来，与会者自知没有理由再保持沉默，都自报了捐粮数字，筹粮济困的紧迫任务就这样迎刃而解了。事后，《宁波时报》刊登了乡干部徐性宜写的关于梧山乡积极开展生产自救的报导，点名表扬了我这个小学教师在协助完成这项任务中所起的积极作用。但是，我自己知道，我的这一举动在当时的环境下是冒着风险的。

1950年5月17日，解放军攻克定海，舟山群岛解放，象山港沿岸渔民出海封锁基本解除，渔村重新获得生机。接下来区乡政府发动反霸斗争，解放军小分队下乡剿匪，我也都间接参加了一些活动。

在反霸斗争中，郑指导员组织桐照、栖凤、吴家埠三村联合举行反霸群众大会，约我同去协助他做方言讲解，地点在栖凤，对象主要是该村的一个劣绅。会上，突然有人大声吼叫：外村人怎什么来斗栖凤人！在群众还缺少阶级觉悟的情况下，这一挑动，立即引起一部分栖凤村民的共鸣。指导员毕竟是老干部，有斗争经验，马上告诉我：注意，有坏人。他手持武器站在台前喝令：谁敢闹事！统统坐下。然后简要地宣讲了反霸政策，再由我用方言做一番解释，事态终于平息。这件事使我认识到在新解放区做群众工作是不容易的。

至于配合解放军小分队的活动，那是因为解放军既是战斗队，又是工作队和宣传队，他们在剿匪之余，见缝插针，自编自演，以文艺形式向群众进行宣传教育，因为缺少伴奏的乐器，战士们要我用风琴帮他们伴奏，我试了一下，能配合得上，便答应了下来，利用晚上时间协助他们完成巡回演出。

结束了春季学期，我被选派参加了宁波专区中小学骨干暑期培训班学习。这个班本来是政治学习与业务学习相结合的培训，由于不久以前爆发了朝鲜战争，国际国内形势发生重大变化，整个班的重点就放到了形势和任务的学习上，专署文教科还专门请时任中共宁波地委书记的陈伟达做了形势报告。

在这样的形势下，迎来了下半年的抗美援朝、镇压反革命和土地改革运动。

随着"三大运动"的到来，乡政府面临大量的宣传工作和组织发动工作。在农村，中心小学是乡镇政府开展宣传活动的主要助手，面对中心任务，学校需要做一系列的具体配合。我年轻，学历较高，又有一定的政治思想基础，理所当然要多做些事情。

在"三大运动"中，土地改革的工作量是最大的，需要学校配合的宣传性工作也最多。例如：农民协会和民兵成立起来了，要给他们有学文化、学形势、学政策的场所，就要举办农民夜校,冬闲时还要举办渔、农民都能参加的规模更大的冬学;为了活跃乡村的政治气氛,鼓舞群众的革命热情,就要组织文艺宣传队伍(如农村剧团),围绕中心任务编排一些文艺节目,邀请专业文艺工作者加以辅导,让群众自己以喜闻乐见的形式巡回演出;也要根据中心工作中的阶段性需要,配合乡政府书写标语或其他宣传材料。除了围绕中心、面向群众的服务之外,校内也要结合形势组织学生开展活动,如成立儿童团(少先队的前身);在中高年级组织文艺活动,参加校内和全区中心小学的联合会演;等等。说到文艺,其实我是一窍不通,只是因为需要才凑合着参与罢了。这样,1950年下半年整个学期,我白天忙学校本职工作,晚上忙夜校、冬学的事情,星期日和其他业余时间还得帮助文宣队(农村剧团)开展活动,吃住都在学校,可以说全身心投入了工作,忙是忙一点,精神上是充实的。

但是,随着土改的轰轰烈烈开展,我的处境变得尴尬起来。我父亲在世的时候,家里原有几亩地,他过世后,母亲变卖渔船渔具购置了二十来亩土地养家,按当地土改划分阶级成分的标准,土地达到或超过25亩的户为地主,我家正好符合这个标准,便被划为地主。这样一来,尽管按照土改政策的规定,我本人成分是学生,但家庭出身是地主,于是两难的局面出现了。

从工作方面来说,只要有人拿我的阶级出身说事,那么,我接触的工作越多,处境也就越困难。在那段时间,虽然我周围的大多数人,包括学校师生、乡干部、夜校学员和文宣队员,仍一如既往,同我保持着良好的工作关系或个人关系,我自己也牢记青年团员的责任,尽心尽力做好该做的工作,从不懈怠。但在当时形势下,难免冷不防有人以阶级出身不好为由,给我生出点是非,制造点难堪。在那个秋冬,这类事情曾遭遇过两三次。遇到这种情况,心里当然不是滋味,但我相信自己问心无愧,所以经常自勉要忍辱负重,挺直腰杆,坦然面对。

从家庭方面来说,我家在急风暴雨的土改运动中被划成地主阶级,母亲被定为地主,土地要被没收。这一点母亲能够接受,因为我和弟弟已经能够自立,相信生活总能过下去。但她对和父亲一起亲手建造的住房被没收没有精神准备。当一夜之间两间房屋被贴上封条,留下的一间既无灶台,又缺日用家具,一家人的生活安顿立即发生问题。这突如其来的变故,使她茫然无措,心里一急,精神错乱了。那时,弟弟刚刚离家参加了县财粮科的工作,我妻子从来没有打理过家务,又有了六七个月身孕,干不了重活,母亲这一病,家就瘫了。我不能抛开我所担负的校内工作和社会工作,但也不能对正在经受剧变的家庭境遇不闻不问,必须一面做好份内的工作,一面挤出时间帮助家里应付燃眉之急。至于母亲的病,因为没有条件医治,病情很可能继续恶化,这是最让我焦虑的事情,但是除了嘱咐妻子好好照料之外,别无他法。谢天谢地,十多天以后,母亲的神志终于渐渐清醒了过来,经过劝解,逐步接受了现实,开始重新挑起处理家务的担子。这样,我总算慢慢度过了内外交困,进退两难,心里最为纠结的一段时光。

14. 机遇与困难同在

也许是县文教科考虑到一部分在自己老家工作的教师,随着政治、社会、家庭环境的急速变化,处境多有不便,需要挪动一下工作地点,以减轻精神压力;也可能是领导经过考察,在全县范围内对一部分教师做些调整,以改善师资力量的配置。1951年初,我接到了调令,新学期将把我调往江口区中心小学任教,安排在副校长的位子上,月工资是一石二斗大米。

1951年春节过后,妻子快要临产,学校也将开学。从老家到江口区校步行距离有90多里,我得在开学前提前到校,而妻子还没有临盆,我不能再等了,只好烦劳病愈不久的老母亲多多照应。

江口区校虽然是一所区中心小学，但是因为校址设在距江口镇五里的前江乡前江村，除了高年级学生有从乡里乡外来上学的之外，中低年级基本上都是本村和邻村学生，所以学校规模不算大，教师也不过七人。到校后，校长吴焕向我介绍了学校情况，商谈了副校长的职责。当我了解该校在任的鲍茂林老师原任副校长，人品没有问题，只是缺少一点活力而已，我想，副校长的职责无非是分工处理一点校外事务，没有太重的负担，何况副职也不是非由县文教科直接任命不可，这一职务仍由原任鲍老师继续担任又有何妨？再说当时教导主任的人选也还空缺，教导主任一职由我接替也就是了。于是便向校长建议，副校长仍让鲍老师担任，我可以负责教务工作。校长权衡了一下，同意了我的建议。这样，开始了在江口区校的新学期工作。

这一年的春天，土改和镇反已接近尾声，学校要配合乡镇政府的任务比上年少得多了。抗美援朝虽然热火朝天，不过在乡村，除了号召适龄青年保家卫国、保卫胜利果实、踊跃报名参军那阵子有个宣传热潮之外，其余时间也比较平静，乡政府要求我们协助的主要是做些有关形势、农业和农村政策方面的文字性宣传工作。所以，整个学期我可以更为专心地做好教学和教务工作，业余时间则组织学生和帮助当地群众搞点文艺宣传活动，也兼顾校产田里的生产劳动。另外，每隔一周的星期日有半天时间是全乡各村校教师集中学习，主要是时事政治学习，有时也结合一点业务，我的任务是做点力所能及的辅导。一个学期下来，我虽然不像上年那样忙得精疲力尽，但仍然是同事中工作头绪最多的一个。

在学期快要结束的时候，县文教科给各校下发了通知，内容大致是：浙江省人民政府为了发展中等教育事业的需要，急需培养合格的中学师资，决定由省文教厅与浙江大学联合创办浙江师范专科学校，要求全省各县、市教育主管部门从应届高中毕业生以及小学的校长、教导主任中择优选送，经省文教厅审查批准后录取。《通知》附有浙江师范专科学校招生简章。该校暂设6个学科，秋季入学，学制两年，目标是对口培养中学师资。对招生对象的要求是高中毕业或具有同等学力，品学兼优，身体健康，年龄在30岁以内，有志于从事教育事业。

我在两年前高中毕业时很希望能上大学，但当时没有条件，自己也不够坚决，失去了时机，不经意间当起了教员。不过，经过两年小学教师的实践，凭着我对事业的真诚和执着，觉得自己应该能够培养成为一名好教师，只是不能停留在现有水平上，要不断学习，不断上进，才有发展的后劲。可惜当时乡村环境过于闭塞，要创造学习条件实在很不容易。现在，看到这份通知，对照了招生条件，在我眼前似乎出现了一线亮光，又像一阵春风，吹动了我的心潮，我没有再多想什么，就决定向文教科报了名。

到报名截止的时候，据说全县各校教师中向文教科报名的共有10人左右。文教科给报名者发了履历表，还要求附上一份自传，以及对修习学科的认识（这是因为招生计划指定奉化选送一名小学教师专修地理，两名应届高中毕业生专修数学）。我很快上交了填写的全部材料，静候审查和筛选的结果。大约在7月末8月初，结果出来了，我有幸被选中，随后收到了浙江师范专科学校的录取通知书。

能被录取，当然高兴，因为实现了继续求学的愿望。但兴奋之余内心又十分困惑，因为上学的食宿和学杂费用虽然都由国家包了下来，但是我暂时离开了教师岗位，失去了一份工资，家里三口人——母亲、妻子和已经降生的女儿的生活就将难以为继，要弟弟（王嗣锤，时在奉化中粮公司工作，后与奉化县粮食局合并）替我全力挑起养家的担子不但非常困难，而且也不忍心。带着这个难题,我分别向弟弟、母亲和妻子摊了底,想最后听听家人的意见再作决断。他(她)们意识到这将面临非常严峻的生活困难,但也不希望我放弃难得的求学机会,相信两年时间总有期,全家咬紧牙关也要苦度过去。亲人们的坚定支持,帮助我下定了决心。

接下来的时间,我得做好上学前的准备。我把最后一个月工资米票交给母亲作为仅有的一点安家费,自己差不多已是身无分文了。浙江师专录取通知书规定的报到时间是9月8—10日,我得在此之前赶紧凑足从奉化到杭州的盘缠,只好求助于梧山小学和江口区校两位老同事赵慈赓和鲍茂林,承他们厚意,借给我人民币18万元(旧币。1955年3月1日币制改革发行新币,旧币1万元兑换新币1元),这个数目已经相当于二人月工资(米折价)的60%,足见他们对我的帮助是多么真诚! 有了这18万元,我才得以成行。要衷心感谢两位老友,还要向他们深深致歉,这笔钱直到我毕业后的1953年秋才向他们还清。

第四部　受业高等师范

15. 师专印象

1951 年的 9 月 8 日中午,我离开奉化启程去浙江师范专科学校上学。因为交通不便,当天借宿宁波老同学吴义玲家,9 日清晨乘甬杭班车赴杭,汽车跑了一天,下午三四点钟才到杭州长途汽车总站(湖滨慈幼路),赶紧雇了一辆黄包车拉着铺盖行李去学校报到。

浙江师专设在杭州庆春门外华家池的浙江大学农学院,那里是郊外,四周都是星星点点的农舍,一派农村景象。因为是农学院,有供实习实验用的农田、桑园、园艺作物场地、林地和小牧场,放眼望去校园比较开阔。"华家池"是已被包围在校区内的一片池塘,名为池,倒也称得上是个小湖,波光潋滟,岸柳成荫,不失为校内闲步的去处。整个校园环境清幽,是个可以专心读书的好地方。

师专受省文教厅和浙江大学双重领导,校长由文教厅副厅长俞子夷兼任,校舍、设备和教学业务都有赖于浙江大学。办公用房以及学生和员工的宿舍借用农学院最东面的两座两层的学生宿舍楼(华一斋和华二斋),教学楼、膳厅、礼堂、体育活动场地与农学院学生共用。全校六个专修学科——数学、物理、化学、生物、地理、历史的专业课程几乎全部由浙大理学院和文学院相关学系承担。学校自设图书室,但书刊不多。实验设备主要依托浙大校本部(在大学路)理学院各系的实验室。

学校校务由教务主任王绮替校长代行管理。政治思想抓得很紧,全校党团组织和学生会组织很快就建立了起来,干部起着骨干作用,整个学校有一种革命化的气氛。因为学生多数是从应届高中毕业生和小学教师中择优选送上来的,有较强的自律能力,专业思想也稳定,所以校风校纪都很正。理论教育也很重视,一学期开了两门政治理论课,一门是《社会发展史》,由王绮授课;另一门是《新民主主义论》,由省委宣传部理论教育处处长刘亦夫讲授。有时还请有关领导(如新华社浙江分社社长包少白)来校作形势报告。

在生活安排上,学生睡双层铺,两开间无隔墙的房间住 16 个人,铺位之间有限的空间摆放供自修用的桌子和凳子,我们地理科 32 名男生,两个房间就都容纳了下来。因为学校阅览室很小,容不下几个人,教室又没有课桌,只有靠手椅,而且晚上还要上锁,所以自修时间同学们差不多都在寝室里,满满当当,济济一堂。伙食标准每人每月 7 万 8 千元(旧币),按当时杭州的物价水平,满足基本营养需要不成问题。同学们浣洗被服一般都由自己解决,很少依赖别人。

解放初期,百废待兴,学校在草创时期能有这样的条件应该说是不错的了。更值得欣喜的是,因为学校由文教厅与浙大合办,业务上背靠浙大,专业课程的开设由浙大包了下来。浙大是国内名校,集中了一大批著名教授,特别是理科,更是出类拔萃,这在很大程度上弥补了物质条件的欠缺。以我所在的地理学科来说,浙大地理学系就拥有一批名师,是全国培养地理学人才的重要阵地之一。姑且不说浙江大学前校长竺可桢教授,是他把地理学作为理学院基础学科之一支撑了起来,就是当时在职的教授和副教授,如自然地理学家李春芬(系主任,兼师专地理科主任)、地质学家孙鼐、区域地理学家严德一、气候学家么枕生、地貌学家严钦尚等,也都是地理学界的著名学者;相对年轻的陈述彭和陈吉余两位讲师,后来还成了国内地图学与遥感技术、河口地貌学两个领域的学术带头人,分别被评为中国科学院和中国工程院的院士。师资力量的强弱,决定着学校的学术地位和教学品位,有这样一支教授队伍当我们老师,应当说是我们的幸运。

当然,我国一百多年来饱受内忧外患,国家积弱不振,解放初期,国内的科学技术水平总体上还是落后的。就地理学而论,当时还很少有中国学者在系统研究基础上形成的科学著作问世,图书室里专业书刊不多,老师们传授给我们的主要是从欧美引进的概念、理论和方法,无严格的教学大纲,也没有专用教材或讲义,全凭口授,带点自由讲学的风格。同学们都靠专心听讲做笔记,才得到一些比较系统的专业知识。同时,因为我们是速成培养中学师资的二年制专科生,课程设置做了压缩和合并,例如普通地质学和地形(地貌)学合并为地质地形学,气象学和气候学合并为气象气候学。公共必修课中除了两门政治课和体育课由学校直接安排外,浙大理科生必修的高等数学和大学英语也只能被舍弃。另外,由于经费不足和学制的限制,野外实习的时间也很有限。我们的科主任李春芬教授(兼)有心帮助全班同学提高专业英语阅读能力,每周主动抽出两小时,以 *The Elements of Geography* 一书为读本加以讲解,辅导阅读,可惜因原版读本不足及其他原因不得不中断。这些都是美中不足,多少留下一点遗憾。

尽管如此,通过一学期的学习,收获还是很宝贵的。进校之前,对地理学的认识只是停留在地志学的水平上;进校后,接触了高等学校的地理专业,才初步打开了地理学的视野。原来地理学要研究的,是在天文因素的诱导下,由岩石圈、水圈、大气圈、生物圈以至人类活动的人文圈的各种要素和因素相互作用中形成和演变的地球外壳——"地理圈",是一个以自然为主、兼有自然和人类社会作用的巨系统,它比单一圈层、单一系统的研究对象更为庞大,更为复杂。研究这样一个对象,有巨大而深远的科学意义和哲学意义,但难度极大,需要高素质人才以毕生精力去探索。领悟到这一点,对一个专业工作者一生的追求来说是非常重要的,但也注定绝大多数地理学者很难在这个研究领域有什么重大发现。

16. "五反"检查队

浙江师范专科学校的历史只有半年,而我在师专经历的时间比这还要短,只有四个月。结束师专历史的是 1952 年的全国高等学校院系调整,提前结束我在师专生活经历的是1952 年初掀起的"五反"运动。

1951 年末,中共中央发动了反贪污、反浪费、反官僚主义的"三反"运动,在这场运动中揭发出来的干部中的重大贪污案件,存在着蜕化变质分子与私商勾结共同作案的特点,这就使中央下决心要打退不法资本家的进攻。针对这个问题,中央于 1952 年初发动了在大中城市开展以反对资产阶级行贿、偷税漏税、盗骗国家财产、偷工减料、盗窃经济情报为内容的"五反"运动。

紧跟中央的部署,杭州市立即组织力量,开展"五反"。省市领导要求浙江大学和浙江师专两校在学生中选派 100 名团员参加,学校接受这项任务后迅速确定了选派名单,我是其中之一。那时,学期考试刚刚结束,因上面要得急,我们顾不上休息,就被集体送到青年团杭州市委,听取团市委领导乔石关于这场运动的性质、意义的介绍和对大家的要求。然后让我们回到学校准备行装,向中共杭州市委、市政府设立的"五反"领导机构报到。报到后安排了短暂的集中培训,包括聆听市长吴宪的报告,传达有关政策文件,分组学习讨论等,使大家对运动有个初步认识,然后分派工作。根据运动的任务和特点,从各方面抽调上来的人员,大部分被分到分行业的"五反"检查队工作,我也是其中之一。

由于在"五反"运动发动之前,"三反"运动已经开展了起来,市区的一部分机关干部正忙于"三反",所以参加"五反"运动的干部来自市区机关的并不多,大部分是从党校、干校、大学抽调来的人员。其中从正在省委党校学习的学员中抽调来的一大批县(团)级、区(科)级干部,是参加这场运动的中坚力量,他们多数有农村工作经验或军队工作经验,但基本上没有城市工作经验,对这场运动性质、特点也不怎么了解。不过,他们与我们这些学生干部和来自其他系统的年轻干部、年轻职工不同,他们有丰富的斗争经历,只要认知这是一场城市里的阶级斗争,就能够独当一面,去组织战斗。

我被分派到检查队后,开始被安排在皂烛碱业,随后被调整到酱酒业,编号为第9检查队。第9检查队配备了十来位干部,队长是县级干部,队员大都是区级的,只有我一个是学生。我们的驻地在杭州酱酒业同业公会的小院里,地址是佑圣观路梅花碑。因为队员多是工农干部,我是文化程度最高的一个,就自然而然地承担了检查队的文秘工作。

检查队主要是做两种人的工作:一种是资本家和资方代理人。检查队组织他们学习,让他们认识自己在经营中的违法行为,责成他们主动交代违法事实和非法所得。另一种是职工群众,特别是他们中的积极分子。主要是启发他们的阶级觉悟,发动他们揭发资本家的违法行为。在这个过程中,通过面对面和背对背地揭发检举,结合调查取证,分清守法的和违法的,把斗争重点放到少数不法资本家身上。队员们通常是白天做调查和发动工作,晚上召集资方人员、企业职工分别开会或面对面斗争,每晚9时左右归队汇报战果,再决定第二天的行动。我因为以文秘工作为主,一般是留在队部,做点联络工作或接待来访者等事情,有时也与其他队员一起参加一些活动,不过次数不多。我必做的工作主要在晚上,每当队员们回来汇报战况时我要做好记录,然后按规定整理成简短的战报,经队长过目签章后,连夜骑车送到位于圣塘路的市政府(六公园北面),亲手交给几乎每晚都在值守的市府办公室主任邓鄂。这是我每天的"必修课"。

经过两三个月的工作,到了4月中下旬,对不法资本家的揭发检举、责令其交代的群众性斗争高潮已经过去,接下来要做的是,进一步查证核实群众揭发检举和资方自我交代的违法事实与违法所得,然后逐一定案。到了这一步,大兵团作战已经没有必要,上级决定把从党校、干校、大学抽调来参加运动的人员分批撤出"五反"检查队,回到原来学习或工作的岗位上去。

5月初,我离开检查队回到了学校。不过那已经不是师专,也不在华家池,而是六和塔西面秦望山上的浙江师范学院。

17. 初历浙师院

1952年的5月3日,学校派车把年初应调参加"五反"运动的几十位同学接回学校,我们踏进了钱江之滨、秦望山上的浙江师范学院。

这里原来是之江大学的校址,怎么就成了浙江师范学院了呢?因为我参加了一百多天的"五反"工作,只知道学校接我们到新校址是因为院系调整,对调整的过程则一无所知。当时电话远远没有普及,虽然参加"五反"的同学和在校学习的同学同在杭州,但彼此联络都靠信函,疏于通信,信息就很闭塞,所以我连师专是哪一天合并到浙江师院的都不清楚。倒是40多年后读了《杭州大学校史(1897—1988)》(浙出书临〔89〕第17号)才知道事情的原委,摘录如下:

> 1952年,教育部根据政务院提出的"以培养工业建设人才和师资为重点,发展专门学院,整顿和加强综合性大学"的方针,在全国范围内进行了比较大规模的院系调整。在这之前,1951年8月召开的全国第一次师范教育会议上,就高等师范学校的调整和设置提出以"大学文理学院为基础,改组成立独立的师范学院"的原则。同年11月,全国工业学院院长会议上又提出院系调整的方案,其中有关浙江的调整方案是:"将浙江大学改成多科性的工业高等学校,校名不变,将之江大学的土木、机械两系,并入浙江大学,浙江大学的文学院并入之江大学。"12月,浙江省成立了高等学校院系调整委员会。整个院系调整工作经历了两个阶段,第一阶段,根据中央精神和我省文化教育事业发展的需要,1952年1月2日,决定以浙江大学文学院与之江大学文理学院为基础,成立浙江师范学院,院址设在之江大学;现有浙江师范专科学校并入师范学院为专修科;之江大学工学院的土木、机械等系并入浙江大学;财经学院改建为浙江财经学院(同年8月并入上海财经学院)。1月8日浙江师范学院建院筹备委员会成立,省文教厅厅长刘丹兼主任,焦梦晓、陈立、周正为副主任。经过一个月的筹建、并校与搬迁工作,2月5日,浙江师范学院正式成立。同年3月,中苏友好协会浙江俄文专科学校并入浙师院。第二阶段,8月间在全国高等学校进一步全面调整时,浙江省高校在师资配备上作了相应的调整,浙江大学理学院一部分教师调入浙师院,少数来自浙大文学院的教师调离浙师院支援其他兄弟院校。至此,浙江省的院系调整工作基本结束,浙江师范学院就此诞生,校址设在杭州市六和塔西秦望山上。

我从"五反"检查队回到学校时,新学期已经整整过去了两个月,一学期的功课脱了一半多。早在开学之初,当年级团支部和学生会得知我们参加"五反"运动的5位同学不能如期回校,耽误学业时间将比较长的消息之后,就发动同学们发扬互助精神,分头把他们每堂课的听课笔记替我们誊抄了下来。这样,我回校后除了技能训练课程和某些教学环节(如测绘、野外实习)无法补上外,理论性课程只要翻阅一遍已经誊抄好的笔记,就能大致衔接得上,接下来应该可以安心学习了。

事实并不是我所想象的那样,在接下来的两个多月中,学校的教学秩序并不稳定,原因有二:

其一,整个学期两场政治运动席卷校园。一场是"三反"运动。我回浙师院时,运动虽然已经进入尾声,但没有结束,墙上的标语口号与"打老虎"的大字报随处可见("三反"是反贪污、反浪费、反官僚主义,群众把揭发检举贪污分子称为"打老虎"),少数受"三反"冲击的对象惊魂未定,而一些被抽去参加查证和处理"三反"高潮中揭发出来有问题的人员,仍需把精力放在运动的扫尾工作之中,师生的情绪也还没有完全从这场运动的声势中摆脱出来。另一场是知识分子的思想改造运动。那时候,从旧社会过来的知识分子在思想意识上都被归属于资产阶级的范畴,不做脱胎换骨的改造,就不能全心全意为人民服务,要集中一段时间,以政治运动的形式,通过学习和批判来推动他们的改造。在高等学校里,师生都要投入思想改造,但重点是教师。所以,在思想改造运动中,学生有双重任务:一方面自己要认真学习,做思想检查,提高觉悟;另一方面,还要帮助教师进行改造。所谓帮助教师改造,就是安排一定时间参与老师们的学习批判活动,学生把老师在教学中存在的资产阶级思想和某些错误观点提出来,一起进行分析批判。我是班级团支部宣教委员,又是班委会的学习委员,当然在改造自己和帮助教师思想改造的双重任务中责任更重一些,专业学习的注意力相当分散。而老师们呢,尽管在思想认识上都有不同程度的提高,但毕竟是运动,内心有顾虑,教学上难免缩手缩脚。

其二,院系调整进入第二阶段,任课教师心神不定。按照政务院和教育部院系调整的既定方针,浙江大学只留下工学院,改为多科性工业大学。继文学院年初被调整到浙江师院(原之江大学)之后,浙大原来最负盛名的理学院也将在暑期被拆分到省外院校,1952年上半年是敲定拆分方案的关键时间。在此期间,理学院人心动荡。以地理系来说,教师的主力将被分配去华东师范大学和南京大学,个别去北京中国科学院地理研究所,少数留给浙江师范学院。在个人去向未落实之前,教师对日常工作无心恋战。我们从师专调整到师院的地理科学生,专业课教学全由浙大地理系老师担任,自从我们被调整到秦望山上原之江大学校园之后,家住在城东的浙大宿舍区的老师们,远道上课已经够他们奔忙,现在理学院要拆分,个人去向未定,心神不宁,山上山下奔波上课,对他们来说更成了累赘。在这种情况下,这个学期的课堂教学无形中陷入虎头蛇尾的状态。

回顾初进浙师院的这半个学期,仿佛是在混沌中度过的,说不清究竟学了些什么。

在学期匆匆结束的时候,省文教厅组织暑期全省性的文教调查(实际上是教育状况调查),人员主要是浙江师院学生,我又被抽了过去,经集中动员和培训后被指派负责绍兴县的调查。调查人员2~3人一组,既收集面上的材料,也做点上的调查,与我同去绍兴县的是同班同学朱国梅。从集训、调查、资料整理到任务交割,前后约一个月时间,回到学校已经是八月中旬光景了。

18. 师院学业的终结

浙江师范学院建院初期,学校做了许多艰苦创业的奠基工作,作为学生,我并不深知其中底细,但有两个方面对我印象很深:

一是迅速扩充校舍。建院前,原之江大学规模很小,教学活动和学生生活区集中在二龙头的平台上,靠山腰部位散布着几座供高级人员居住的别墅式住宅。头龙头是普通教职工住宅,三龙头则是尚未开发的一片荒丘(头龙头、二龙头、三龙头是秦望山麓校区范围内自东向西排列的三块阶地的习惯称呼)。建院后,计划招生规模大增,学校未雨绸缪,随即在三龙头开建新的学生生活区,在头龙头增建教职工住房,当年就满足了扩大招生和增加教职工的需要。1952年秋季开学,原住二龙头东斋和西斋的我们这批男生就搬到了三龙头的新斋宿舍,在那里我度过了最后一年的学生生活。

二是加紧组建师资队伍。教育部贯彻政务院方针,在院系调整中肢解像浙江大学这样的国内著名学府的理科,这一决策是得还是失,是功还是过,留给历史去评说。现实的问题是新建的浙师院理科既然已经失去浙大理学院师资的支撑,就需要另辟蹊径组建一支教师队伍,在这一点上,学校所采取的措施是得力的。1952年暑期,院系调整的第二阶段实施后,浙江大学理科的顶尖人才几乎全部流入京沪宁三地,留给省里的只是决策者认为能够在浙师院建院中起作用的少数人员。就地理学科而言,调整给浙师院的只有一位教授(严德一)和一位讲师(李治孝),外加两名绘图员,另外就是从师专过来的未独立任过课的两位教员,还有一位从外单位辗转到浙师院参加思想改造后留下来的讲师。这样的师资撑不起一个专业,当时受命担任地理科主任的严德一教授,在院领导的支持下,赶紧从不同渠道物色和调入几位教师,其中包括一名当时供职山东大学的地理学教授,一名地理学出身、刚刚完成新安江水电勘察设计技术经济调查的工程师,两名来自中学的资深地理教师。虽然从高校的学术品位上说,这样的教师阵容并不强大,课程设置与教师对位也还有缺口,但总算初步摆脱了师资力量捉襟见肘、严重短缺的困境,为后来的逐步充实争取了时间。

在这样的基础上,浙师院在1952—1953学年大致走上了自立之路。尽管一部分老师没有高等学校履职经历,学术视野不宽,校内专业书刊又不充分,更没有教材,需要有个适应和提高的过程,同学们对某些课程的讲授确实也不满足,但在现实面前只能理性对待,给予理解,毕竟老师们尽力了。好在这一学年学校没有大的政治运动,除了学习苏联,推进教学改革之外,教学秩序大体上是稳定的,同学们可以有一定的自由支配时间,增加一点课外阅读,来扩大和加深专业知识。

在师院最后一年的学生生活中,我付出了什么,收获了什么呢?

入学时我曾鞭策自己,争取在两年时间里学到尽可能多的知识,尽力培养自己的学习能力和工作能力。要达到这一目的,必须笨鸟先飞,应该比别人付出更多的时间和精力去学习,去思考,这是理所当然的,"书山有路勤为径,学海无涯苦作舟"嘛!另外,因为我是地理科学生团支部的宣教委员,又是班委会的学习委员,在当时全校共产党员人数还不多,团支部是党委学生工作的重要依靠对象,团组织和团员对自己的要求又比较高的情况下,每周需要投入一定的时间和精力到面向班级的组织活动和服务工作中去,除了组织生活之外,团干部晚上开会商讨工作是常有的事。每天的时间是个常数,政治活动挤了业务学习的时间就得自己设法去补回来,办法是牺牲个人闲暇时间。

这一年,我把自己的业务修养重点放在两个方面,一是加强思想方法的训练,二是提高综合分析能力。这是从现实出发的考虑,因为我意识到无论是处事还是治学,都离不开正确的思想方法和综合分析能力,否则就会看不清事物的本质,理不清问题的头绪,就不会有统筹兼顾、重点突破的思路和方法,那将会一事无成。特别需要提及的是,最后一年的专业课程已经不是地理要素分门别类的演绎,而是进入到了认识各种地理要素在区域中的组合作用的阶段,也就是说从部门地理学转到了区域地理学。随着学习内容的递进,学习方法当然也需要作相应的调整,必须让自己具备对地理空间的综合分析能力。

加强这两方面的自我修养,办法当然是多学习,勤思考。但另外一点也不能忽视,那就是要注意多吸取老师之长。我清晰地记得,在思想方法和地理综合能力的训练上,有两位老师分别对我起着潜移默化的作用:一位是焦梦晓老师。他是学院的党委书记、副院长,在人们心目中他是学校的党政领导,人人都以焦副院长相称,我却更愿意把他看作老师。他在课堂上只给我们讲过《矛盾论》和《实践论》,但实际上听他在各种会议上讲话的时间要比听他讲课多得多,无论是讲课还是讲话,都富含哲理,让我受益匪浅。还有一位是我们的业师严德一老师。他擅长区域地理,三四十年代在中国西部以至中缅、中印边界做过不少地理考察,给我们讲授中国地理课程。他讲课不罗列地理要素,抓得住区域特征,能够简明扼要地引导大家去综合地认识一个地理区域。这一点,对认识地理学的区域性综合性,对培养有综合、概括地理现象能力的中学教师,都是非常必要的。

我对自己的学习设计和追求,本来是本着把自己塑造成一个合格的中学地理教师的目标来安排的,没有想到在两年修业期满的时候,我的学业成绩、业务能力与工作表现得到了老师和领导的肯定,在急需留下少量应届毕业生来充实本校师资队伍的情况下,经学院领导批准,把我留了下来。

8月上旬,高校毕业生统一分配方案公布,地理科夏越炯和我2人留校工作(实际上还有顾嗣亮,因分配方案受留校名额限制,只宣布2人,顾是先分配到教育厅再转回浙江师院的)。我们送走了一批批奔赴各地工作的同班同学之后,向母校人事部门报了到,成了本校的职工,时间是1953年8月中旬。

第五部　跻身高教事业

19. 助教体验

1953 年 9 月上旬,浙江师院新学年开学,领导安排夏越炯去南京大学气象系进修,我与顾嗣亮留在校内,分别加入区域地理和自然地理两个教学小组的工作。

科主任严德一教授把我安排在区域地理教学小组,大概是因为区域地理存在着多要素综合和区域性的固有特点,从事这个领域的教学工作需要有较强的分析、综合和概括能力,估计严教授在给我们授课期间发现我有这方面的潜质,所以作了这样的安排。

我之所以做这样的揣测,是因为有一件事给我的印象较深。严老师在他担任的中国地理课程中,布置过一项大型作业,要我们自己搜集资料,独立研习长江中下游地理,写出一份相对完整的读书报告,然后选择几篇,以课堂讨论的形式向全班同学作报告,同学们通过质疑、讨论来认识这个区域,最后由老师扼要点评,以替代他这一部分的课堂教学。我完成的这项作业被选中做了课堂报告,课后他见到我时还郑重地说,你的读书报告写得好,反映了一定的研究能力,希望继续努力。

其实我在两年的学习中最感兴趣的是地质学,如有可能还真是愿意在这个领域工作。不过,既然领导要我去从事区域地理的教学工作,当然也没有二话,因为服从需要是我们这一代青年人当时的一种思想境界。

开始工作的时候,职务是见习助教,半年试用期后转为助教。在任务分配上,最初是协助世界地理任课老师冯铁凝副教授工作,数月后又调到严教授手下去助理中国地理的教学。不论是充当哪一门课程的助教,工作性质是一样的:首先是配合主讲教师的教学工作;其次在教研组范围内做些教学辅助工作,例如做文献索引、剪报等资料工作;其三就是按助教培养目标抓紧时间进修。至于政治学习、各种会议、组织生活等是每星期几乎人人都会有的活动。

所谓配合主讲教师教学工作,例行的是准备教具,随班听课,课外答疑。这对刚接触助教工作的人来说,当然是一种必不可少的学习和工作,但经过一轮教学活动之后,到第二轮周而复始再来一遍,就会觉得是在老套路中徘徊,吸取不了多少新鲜的学术养分,不如自己抓紧时间进修提高。然而在我国大学里长期存在教师讲学生听的传统,课堂上没有师生之间互动的习惯,主讲教师与学生之间的沟通还需要助教去做桥梁,即使是老套路也得走,因为这是职责所在。

不过,走这样的套路,心里确实是矛盾的,我总觉得这是高等学校在教学和助教培养上都需要改变的地方。

不同学科具有不同的性质,有的学科需要通过系统讲授学生才能理解,有的学科则只需通过诱导让学生自己去琢磨去把握即可。就地理学而论,要素地理和区域地理的教学方法应该有明显的区别,后者没有多少学生看不懂的内容,教师只要提纲挈领讲一点,让学生去分析、去扩展、去综合、去归纳即可。像这类学科,在大学讲堂的每节课里教师只需花一半时间,其余时间用来做师生互动的对话和讨论,一般问题在课堂上都可以解决,而且教师可以充分掌握学生真正存在的疑难问题是什么,完全可以免去课外答疑,也不必通过助教在学生与主讲教师之间作间接的沟通。更有意义的是,加强教与学之间的互动,有利于调动学生学习的主动性和积极性,激发他们的科学探索精神和创造性思维。学生中存在着各种各样的潜能,课堂应该是开发他们潜能的一种平台,有的学生善于学习,善于思考,思想很活跃,他们提出的问题和见解对教师水平的提高也会有一定的促进作用,收到教学相长的效果。至于助教,一旦摆脱了那种不必要的时间耗费,就可以有较多的时间投入到进修和研究中去。遗憾的是在我们的大学课堂上长期固守着只听教师讲授的传统教学方式,久久没有突破。

20. 病贫交困

我的体质本来就不壮实,参加工作以后一直比较忙碌,休息和营养都不充分,身体收支失去平衡,终于抗不住,病了。

那是在浙师院开始第二年助教生活的 1954 年 9 月,国庆节前的一天晚上,教师团总支正在开总支委员会,商讨教师团组织的国庆活动事宜,我突然感到喉咙有异物涌上,到室外咳吐,发现是咯血了,血量还不少。次日,经省立杭州医院(现为浙江省中医院)检查,确诊患了肺结核,已是浸润期,需停止工作,卧床休息,接受治疗,嘱三个月后复查,并开出了病休证明。我不得已向系领导请了病假,暂时离开工作岗位,住进了学校的疗养院。

肺结核是一种慢性传染病,中国习惯上称为肺痨病。这种病在异菸肼(商品名"雷米封")问世前没有有效的药物可用,死亡率很高,染病后能够幸存下来的往往是生活优裕的一些人,所以社会上把它看成是一种富贵病。我有幸病在雷米封已经传入中国的 1954 年,有幸享有公费医疗,更有幸生活在员工不会因病而遭受失业之苦的社会主义制度下,终于熬过来了。但是这病突如其来的袭击,还是使我陷入了病贫交迫的境地,而且病情反反复复,一闹就是 7 年。

对于贫,我有了点"免疫力",因为已经挺过了好几年。不是吗,三年前从家乡来到浙江师专念书,是借了朋友的钱作盘缠的,到校后除了买几样必不可少的学用品之外,几乎没有任何花费,因为无钱可花;参加"五反"工作期间,我所在的第九检查队驻地旁边就是省财政经济委员会食堂,队里的干部都在那里吃饭,我却在检查队驻地院子里那所小学老师的小伙房搭伙,因为师专学生的伙食费达不到财委食堂大灶伙食费的标准;在校学习期间,我放弃一部分午休时间和其他业余时间,接受学校提供的勤工俭学机会,为的也是能多少补贴一点家用;等等。即使是留校工作后,有了工资,别人转到教工食堂用膳,我却仍在学生食堂搭伙;别人积蓄几个月买块手表以便掌握作息时间,我则在两三年内没有置办过这类小"装备"。所有这些,我都不怎么在意,无非清苦一点而已。可这一病,真难着我了,病贫一起压上来的滋味是相当艰涩的。

病,毫无疑问使贫字雪上加霜。当助教,工资是低的。按当时国家规定的标准,在浙江,本科毕业生起薪为:试用期每月(旧币)53 万元,转正后 59 万元;专科毕业生转正前后分别为 43 万元和 48 万元。不过,收入虽然微薄,只要身体健康,每月总可以省出一点钱来寄回家去,以减轻已经被我拖累的弟弟的负担。但是病倒了,请了长假,工资打了折扣,还需增加营养,要兼顾养家和养病就越发捉襟见肘了。好在浙师院教育工会办了个互助储金会,可解职工不时之需,我常常需要采取月末借款、发工资之日还钱的办法来解急。不过在没有其他收入来源的情况下,这终究是过着寅支卯粮的日子,并非长远之计。在我最艰难的时候,也有师长和同事向我伸出援助之手,给了我温暖。在这里,我要特别提到恩师严德一教授和前辈林大夏老师对我的关爱,尽管我不会靠师友的帮助过日子,但对他们的深情厚意,自当铭记不忘。

病,使我在身体与工作之间的关系难以调和。1954年秋第一次发病后,遵照医嘱强制疗养了三个月,病情开始进入吸收期,临床诊断可以恢复轻度工作。于是在1955年元旦过后就离开了疗养院,向系领导销了假,重新上班了。一上班,恨不得甩开膀子把失去的时间抢回来,殊不知"吸收期"只是好转,而不是康复,一不小心病情就会重新恶化,使健康状况遭到更沉重的打击。果然,当我不顾一切地接手新老任务,投入教学辅导、教育实习、业务进修、尝试编写中级读物、准备开设新课等等工作的时候,病魔就卷土重来了。1957年初春,再度大量咯血,重返"浸润期",只好住进医院,遵医嘱绝对卧床。数月后,病灶有所吸收,医嘱可以出院,又回到岗位上兢兢业业捡起工作来做。岂料只过了半年多时间,到1957年冬,又一次大咯血,病情不但返回"浸润期",而且升级到了"溶解期",肺叶出现空洞,不得不丢掉幻想,住进医院,接受更长时间、更多手段的治疗。这时,我真正感觉到自己像是一只折了翅膀的孤雁,动弹不得,生死未卜。

病,也带来亲人的疑虑和忧伤。我在杭州求学的两年中,没有回过一次家。那时,母亲、妻子和幼小的女儿日子过得很艰难,但她们对我长期没有回家是理解的。毕业后,第一个暑假和寒假我都回去看了看,然后只身回到杭州,妻子虽然不太乐意,但也能谅解我暂时还没有能力带家眷一起生活的实际情况。此后,差不多又是两年不曾回家,只说工作忙,不想把生病的实情告诉她们,妻子是农村妇女,她没有贸然出来找我,却多少对我产生了疑虑。母亲看出了这一点,来信劝我把家小接到杭州。我虽有难言之隐,但也不想让母亲和妻子有太多的失望和疑虑,就答应了下来。1956年1月,妻子带着4岁多的女儿来到我身边,这才明白了我的处境。杭州的生活费用毕竟比老家要高,这样一来,供养母亲一头就难以周全,特别是在我病情反复的时候更是如此。这种难处我只能向胞弟透露,弟弟又替我多分了一份忧。母亲发觉我寄奉的赡养费不很正常,心里有点不安,当她从弟弟那里得知我的实情之后,急忙赶到杭州探望。那是1958年岁初,我正因咯血住在红十字会医院,母亲冒着严寒来到医院,母子在病房相见,不禁愁绪万千,黯然神伤。

21. 与疾病抗争的教训

1955年1月,我第一次发病后病情好转(吸收期),走出了学校疗养院,回到工作岗位。当时,摆在我面前的是几项原先就有的常规任务:一是继续做好严德一教授的教学辅助工作。二是随班参加毕业班学生中学教育实习指导组的工作。指导毕业班学生中学教育实习本来是全系多数教师的共同职责,不过在我们系里,这项指导任务习惯性地落在区域地理教研组身上。那几年助教派出去进修的比例大,区域地理教研组留在岗位上的助教基本上只有我一人,这样一来,每年五六月间我就成了与几位任课教师一起进驻教育实习第一线参与指导的唯一的一位年轻教师。三是继续加强在职进修。包括夯实专业基础,提高野外调查能力;抓紧学习俄语,提高阅读专业书刊能力;结合业务需要,努力掌握马列主义哲学和政治经济学理论,等等。这些都是系领导贯彻学校加强助教培养、克服师资力量不足困难总体要求下所作出的安排。

除了上述业务性工作以及每周例行的集体政治学习之外,还有结合当时形势安排的学习和政治运动,诸如:

1955年,正处于第一个五年计划中期,各行各业学习苏联进入高潮,教育部门要求高校认真学习苏联经验,推进教学改革。

1955学年度,从意识形态领域批判胡风文艺思想开始,发展成一场波及全国高校的肃反运动,全校教职员工都必须投入到深挖潜藏反革命分子的运动中去。

1956年1月,中央举行知识分子问题会议,明确了知识分子政策,号召知识分子向科学进军。高校是知识分子成堆的地方,教师当然是组织学习和贯彻会议精神的重点对象。

1956年,"一化""三改造"①的运动如火如荼,社会主义革命进入高潮。这是事关全局的革命形势,高校教师必须通过学习提高认识,适应形势发展。

一般来说,按规定完成业务工作,正常参加政治学习和政治活动,工作量就满足了。但是我没有到此为止,还在两个方面增加了负荷。

一是准备写一本地理读物。

解放初到第一个五年计划期间,文化教育事业快速发展,社会需要各种地理读物;同时,在当时的国内国际环境下,强调爱国主义和国际主义教育,地理读物是开展这两项教育的有效手段,这从当时国内唯一的普及性地理刊物《地理知识》发行量与日俱增的情势就可以得到说明。

面对这种社会需求,区域地理教研组的陈桥驿先生捷足先登,出版了多种作品,对普及地理知识产生了良好的作用。陈先生在与上海新知识出版社等出版机构的联系中,了解编辑人员有扩大组稿范围的意向,建议我可以选个题,写一本适合于中学生和有中学文化程度的社会读者,并可供中学地理教师参考的读物。陈先生之所以建议我写,是因为我们在一起工作已有一段时间,他对我的业务能力和文字水平有所了解。而我呢,除了觉得这是一项传播科学文化、满足社会需要的好事之外,还有一个驱动自己去写作的因素,那就是通过出书得点稿酬,有助于缓解经济困难。于是,我接受了陈先生的建议,把写一本普及性地理读物作为一项业余任务安排在自己的年度计划之中。写些什么呢,考虑到以往的学习和工作基础,觉得围绕我国第一大河长江的干支流脉络,写一本关于长江流域地理的稿子是有意义的,也是做得到的,书名可暂拟为《长江》。考虑停当以后,于1955年11月开始启动。到第二年早春,把目录和已经写出的两章(约3万字)的手稿寄给了新知识出版社,征求他们的意见。编辑先生回信对目录、内容结构和写法基本认同,同时提了几条建议,表示可以继续写下去。这是我第一次尝试写作地理书稿。

二是接受系领导安排,准备开设一门新课。

1955年年末,系主任指定我通过自学,准备一年后,即从1957年春季学期开始,为尚在校的专科毕业班和首届本科三年级学生开出经济地理课程。这是一项新任务,我领受了下来。

下达这项任务的背景是,1954年秋,浙师院地理专修科升格为地理学系,招收四年制本科生,专修科招生逐步退出。按照本科的教学计划,三四年级应该开设经济地理学课程,但解放初我国效法苏联,抛弃了西方的经济地理学和人文地理学,又来不及建立一套自己的学

---

① "一化"——社会主义工业化;"三改造"——对农业、手工业和资本主义工商业的社会主义改造。

科体系,所以经济地理学课程处于空缺状态。第一个五年计划开始以后,根据中苏两国政府的协议,苏联向我国派遣各方面的专家,其中就有派入中国人民大学和北京师范大学的经济地理学专家,帮助中国建立以马列主义理论为指导,以生产力布局为主要研究对象的经济地理学。两校分别于1953年和1955年举办了一期由苏联专家主讲的经济地理研究班和外国经济地理进修班,为计划部门和高等院校培养区域规划人才和经济地理学师资。与此同时,俄文书刊的引进和文献的翻译也逐渐增多,高校地理系开设经济地理课程的条件渐趋成熟。为了不误教学计划,1955年秋,系里派出了一位助教(马裕祥)去北京师大地理系参加由苏联专家主讲的外国经济地理进修班学习,但生产布局原理和中国经济地理两门课程的师资来源尚无着落,决定自力更生来解决。于是就有了指定我通过自学,花一年时间,先为最后一届专修科学生开出生产布局原理的安排。

经济地理学是地理学和经济学跨界的学科,需要具备地理学和经济学(包括政治经济、区域经济、技术经济)的专业基础。同时,学科性质决定了它必须随着经济政策、产业结构、产业规模、生产力布局等的变动,不断充实和更新资料,在国家统计数据和部分生产布局资料不公开的年代,这是一个很难克服的障碍。因此,要在短期内完成理论准备和基础资料准备,编写好教材,不是一项轻松的任务,何况一年之内总有一些穿插的事情要做。例如1956年夏秋两季,仅指导本系学生的中学教育实习,去山东见习、北京参会和温州调研,就占用了差不多四个月时间。所以真正能用于准备新课的时间并不充分。但既然接受了任务,就必须认真对待,用当时富有激情的话来说,就是要迎难而上。

因为备新课是本职工作,马虎不得,而时间和精力毕竟有限,所以,1956年春,我不得不把《长江》书稿先放一放,着手了解国内外有关经济地理学的学术动态。那时俄文书刊引进较多,我虽然断断续续听过俄语入门课,懂得一点语法,但词汇掌握不多,阅读原文相当费力,只能略知大意,真正要大量阅读的仍然是国内有关第一个五年计划生产力布局的方针、政策、布局思想、具体条件和技术经济依据等的材料。

经过一年(实际可利用时间约六七个月)的准备,终于在1957年春季学期首次开出了以"苏联模式"为蓝本的经济地理课程。这是我第一次登上大学讲坛独立授课。

在借鉴苏联经验构筑中国社会主义计划经济的年代,建立以马克思主义政治经济学原理为指导、以生产力布局理论和实践为核心的经济地理学体系,在理论上是讲得通的。所以我和当时国内同行一样,没有多少其他念想,专心致志把苏联的那一套学过来,经过消化吸收,提高自己的教学和研究水平。

然而好景不长,只讲了三个星期的课,又因再次大咯血而不得不把课程停辍下来。幸好上学期从中国人民大学研究班毕业生中分配来了一位年轻教师(林国铮),及时接替了我的课程,才没有让教学计划付诸东流。不过,我的"两个第一次"(第一次写书、第一次独立开课)也就半途而废了。这是强撑着与疾病抗争付出的代价。

22. 山东见习

自从1955年末系主任指定我通过自学准备开设经济地理学课程的任务之后,我关心这门学科国内外的现状和动态。

关心国内学术动态不难,只要经常注意仅有的两种专业刊物(《地理学报》《地理知识》)和有限的专业新书,同时适当注意相邻学科的刊物即可。至于关心国外学术动态,实际上就是注意苏联在这方面的发展情况。那时,世界分成两大阵营——以美国为首的资本主义阵营和以苏联为首的社会主义阵营。中国是社会主义阵营一员,政治上站在苏联一边,当时有句口号,叫做"一边倒",就是倒向苏联。政治上如此,意识形态领域也不例外。经济地理学的发展方向在很大程度上受到意识形态的支配,所以,经济地理学者关注国外学术动态,主要是关注苏联学术界和来华苏联专家的活动信息。

在 20 世纪 50 年代中期,我国高校引进的一批苏联专家大都集中在北京的重点院校,其他院校渴望分享他们的收获。就我而言,主要是希望得到中国人民大学和北京师范大学苏联专家所传播的经济地理理论与实践的信息。

教育部在引进苏联专家时考虑到了地方高校的这种关切,因此,除了通知各地有关高校向有苏联专家主讲的研究班、进修班选派学员之外,也希望所在院校能够把他们从专家那里得到的收获给其他院校分享。1956 年夏天,北京师范大学地理系安排山东经济地理实习,欢迎兄弟院校教师加盟,就是出于教育部的这种意向。

北京师大引进的经济地理学者是一位来自莫斯科列宁师范学院的副教授,叫拉可夫斯基。他来华之后,除了为外国经济地理进修班讲课以外,还参照苏俄教育部颁布的师范学院地理系夏季野外实习大纲,建议该校地理系 1956 年夏季安排三年级的经济地理野外实习,这是我国从未有过的。为此,他与该系教师一起,在山东济南、淄博、青岛、烟台 4 城市物色实习基地,并作了考察,然后制订为期 4 周的实习计划,于 1956 年 7 月实施。北京师大响应教育部的号召,发函欢迎兄弟院校教师参加。

是年初夏,我与我系区域地理教研组老师们一起,带领毕业班学生在杭州第一中学作为期一个月的教育实习。一天,系里得悉北京师大计划 7 月间在山东进行经济地理实习,欢迎兄弟院校派人参加。系领导觉得这是一次间接学习苏联的机会,遂与该校地理系联系,征得对方同意后,决定派我前去参加。于是,我在结束教育实习指导工作后,略作准备,便赶赴山东。

按约定,外校人员 7 月 6 日在山东师院报到。那时,铁路交通还不怎么便捷,从杭州北上要在上海转车,我 4 日下午出发,5 日夜里才到达济南,路上足足花了 30 个钟头出零。次日,如约赶到山东师院,实习队领队万方祥教授会见了我们,表示欢迎大家参加"指导",然后简要介绍了实习计划和注意事项,便带大家到实习队驻地——位于济南东郊洪家楼的山东农学院,开始了为期 4 周的见习生活。带领这次实习的北师大地理系教师,除万教授之外,还有任金城、李文华、张靖宜和卞千年 4 位中青年同行(万教授几天后回京,领队由任金城老师接替)。前来参加的兄弟院校教师共有 7 位,除了我之外,他们是内蒙古师院的孙金铸,陕西师大的肖志斌、李文胜,山东师院的唐伯英,福建师院的赵昭昞和黄公勉。

据带队的老师介绍,苏联师范院校地理系三年级经济地理实习注重工业和城市,通常选择远离学校的拥有众多工业城市的大经济区,如顿巴斯、乌拉尔等区域。他们这次选择山东,就是出于这样的指导思想。山东虽然不是工业和城市最集中的区域,但从这 4 座城市来看,内容也是相当丰富的。的确,在一个月时间里,通过听取城市政府领导人或当地地理学家的报告,实地踏勘,调查十余家工矿企业的布局条件及生产联系,走访海洋经济的研究单位,参观有关展览,一路过来,积累了不少感性认识和技术经济知识,涉及了生产布局理论和实践的许多问题,对 4 座城市的发展有了相当清晰的印象。

通过见习,使我对"苏联模式"的经济地理实习有了基本的了解,对我们组织同类实习有较强的指导意义,对经济地理教学和研究也有一定的借鉴作用。他们对实习的组织、安排和指导有几点值得肯定:首先是选点合理。所选择的 4 个点在城市性质、职能、产业结构与规模、发展条件与发展方向等方面各具特点,有助于学生了解城市的共性与个性。其次是准备充分。教师事先与苏联专家一起对 4 个城市作了预察,收集了各个城市的资料,约请了各城市的行政首长或熟悉当地城市的地理专家作指导性报告,联系了有关企事业单位的参观访问事项,使学生每到一地就能迅速掌握城市概貌和经济特征,并且能够顺利开展各项走访活动。第三是重视观察和踏勘。实习队在每一城市必定要选择一到两个制高点进行鸟瞰,然后对城市重要节点或特色区域进行踏勘,对把握城市形态和结构起了很好的作用。第四是重视代表性企业调查。使学生尽可能多地接触不相同的产业部门,了解其布局的条件、特点、经济联系和技术经济要求,有助于培养学生进行区域规划的实际工作能力。第五是强调学生日记和队记。在实习中要求学生既做笔记,又记日记。日记是梳理学生每日所思所感,对做阶段小结和撰写实习报告或论文大有裨益。第六是重视培养学生独立思考能力。教师事先对各个城市拟定数量不等的专题,对要参访的单位提出一些需要思考的问题,让学生在实习过程中始终保持活跃的思维活动。在结束每个点的考察时,要求各实习小组围绕一个专题,进行讨论,各抒己见,然后集中到全队讨论。最后的实习报告可以在一系列专题中自由选题撰写,作为学年论文。这样做有利于激发学生的潜能。

这次实习相当完整,带队教师的工作做得很扎实,我觉得新鲜,学到了不少东西。不过也有一点疑惑。远离学校,跨省进行大范围多点实习,牵涉到那么多的部门和企业,还要调动一些权力,所需要的人力、财力和权限,恐怕只有在接受苏联专家影响的那个年代的重点院校才能办到。

由于实习是仿照苏联的做法,侧重城市与工矿业布局,不太看重农业和交通运输业,基本上不涉及商业、旅游业等服务职能,所以实习过程中没有安排考察与观光两便的内容。不过偶而也有一点"副产品",例如,在淄博市考察煤炭产业时,下井参观了洪山煤矿地下 120 多米深的巷道和采煤工作面,浮光掠影地体验了井下采掘和搬运作业的场面。又如,从博山驱车去洪山,路过淄川的一个村庄,据陪同考察的当地人员指点,那叫蒲家庄,就是《聊斋志异》作者蒲松龄的故乡,而且还指了指一座旧式民居,据说就是蒲氏故居。回眸这些见闻,倒也颇有兴味。

实习队在最后一个实习点烟台结束工作,取道海路返京。8 月 6 日下午乘民主 10 号轮离开烟台,8 日上午抵达天津塘沽,晚上 10 时许到达北京。当晚住宿难找,内蒙古师院孙金铸老师邀我与陕西师大两位同行一起到他家过夜。孙老师家在宣武区骡马市大街,一座北京传统的四合院,挺宽敞,屋里有床有炕,他父母热情地接待了我们,让我们踏踏实实睡了一宿。次日上午辞别孙家,去北京师大办理费用结算等交割手续。

到北京已是暑假中期,我因为准备列席 8 月 20~23 日将在北京举行的中国地理学会第二次全国会员代表大会学术活动,没有急着回杭,暂时在北师大学生宿舍借住。这是我第一次到北京,借这个空档休整一下,白天观观光,会会友,给公家买点书,晚上还可以整理一些材料,思考一些问题,草拟一份给系领导的报告。8 月 23 日会议结束,25 日离开北京,27 日回到杭州。没过几天,秋季学期开学,我把山东之行的情况向系领导和教研组做了汇报,提交了一份八九千字的书面报告——《见习北京师大地理系领导山东经济地理实习报告》。那次北京师大的经济地理野外实习属于国内首次尝试,还没有人传播过这种经验,校刊《浙江师院》编辑部很感兴趣,全文刊登了我的这篇报告。

23. 北京"听会"

1956 年 8 月 20 日,中国地理学会第二次全国会员代表大会在北京举行,地点在西苑旅社,我参加了这个会。

我趁正在北京的机会,想见识一下这次学术盛会。为此,我事先请示了系主任严德一教授,他表示同意。因为他是这次会议的代表,我就请他替我准备一封列席会议的介绍信,随身带到北京。严先生很有心,会前就把介绍信寄给了我,这样,我以列席的名义参加了这次会议。因为不是正式代表,没有提交论文,只带耳朵,所以只是"听会"而已。

会议开了 4 天,很简朴,没有什么排场,内容都是学术性的。第一天的论文报告有点综合性,包括自然地理学和经济地理学两大分支的三篇论文。第一个出场的是中国学者、中国人民大学教授孙敬之,他的论文是《经济地理学的科学性质》;接着是两位苏联学者的自然地理学论文,题目是《冰川期后北半球气候的变动规律》和《动物种分布区的构成及其运动问题》。第二天主要是经济地理方面的内容,除了安排人民大学青年学者周起业的《农业区划问题》的报告之外,其余时间着重就孙敬之论文中的理论问题进行讨论,结果一批持不同观点的学者,抓住孙文中关于经济地理学科学对象的定义问题,展开了一场拉锯式的论战。第三天的论文报告集中在自然地理学方面。主要有中国科学院地理研究所施雅风的《青海湖区自然地理》、高由禧的《东亚季风问题》、罗开富的《中国自然区划草案的修正》,中山大学徐俊鸣的《广东的自然地理特征》,以及曾昭璇(华南师院)和缪鸿基(中山大学)的《对自然区划问题的意见(华中、华南)》。最后一天的重点是苏联专家萨莫依洛夫关于《海岸与河口的现代研究方法》的报告,还穿插了中国地理学会向萨氏的赠礼典礼。大会闭幕式上中国科学院院长郭沫若到会讲了话。

通过 4 天"听会",除了扩大学术视野之外,有两点感触颇深:一是我们的自然地理科学水平与苏联相比还差一大截;二是我们的经济地理理论研究存在过多的意识形态纠结。

对比苏联学者与中国学者在自然地理领域的学术报告,我觉得至少有三个方面存在差距。一是学术视野有差距。苏联学者会上提出的《冰川期后北半球气候的变动规律》和《动物种分布区的构成及其运动问题》两篇论文,视角都不局限于苏联,都是以全球的视野探索研究对象变化的规律性,理论性、实证性和前沿性都比较强。而我国学者提出的论文,基本上立足于本土,探讨的问题偏于常规性和传统性。二是研究手段有差距。苏联学者论文中反映的研究手段比较新,如气候变动规律研究中采用了孢子花粉分析,而在中国学者的历史气候研究中,还没有人采用过这种方法。三是基础研究向应用领域渗透的意识有差距。以海岸、河口研究为例,苏联学者在研究方法上走向现代化的同时,正在使海岸地貌、河口地貌的基础性研究向海岸河口开发的工程建设需要靠拢,而我国在这方面还没有起步。

当然,这仅仅是一次学术会议上的直觉感受,不是什么经过比较研究得出的结论,但是中国的地理科学研究必须急起直追则是不争的事实。郭沫若在闭幕式上讲话中有一句话值得深思,他说,过去人们都说光阴似箭,依我看,现在应该说光阴似火箭。郭老并没有在这个会上听过学术报告,但身为中国科学院院长,对我国科学技术的落后有切肤之痛,他以"光阴似火箭"来勉励中国科学工作者迎头赶上,乃是情理之中的事情。

在经济地理学领域,提交的论文并不多。给我深刻印象的是,在讨论孙敬之《经济地理学的科学性质》一文时,大量的时间纠缠在一个概念上。孙在他的论文中提出,经济地理学是一门研究生产力配置规律的科学。这一定义受到了一批学者的激烈批评,他们认为经济地理学的对象应该是研究"生产配置规律",而不是研究"生产力配置规律"。二者只是一字之差,但争论双方各持己见,始终没有取得共识。令人注目的是,争论双方的主力都是人民大学计划统计系经济地理教研室的人员,这反映了这场争论在他们单位内部已经持续多时,现在只不过是把争论从校内延伸到了全国性学术会议就是了。从这点上说,人民大学的学术空气倒是相当活跃的。但是,我觉得热衷于这种争论没有必要,说得重一点,是浪费科学工作者有限的生命。我倒认为孙文对这门学科对象所下的定义是合理的,因为即使是马列主义观点指导的经济地理学,在理论上要回答的也是不同社会制度下的生产力配置(布局)的规律性,在具体实践中要担当的任务也是解决不同发展空间的生产力配置(布局)问题。持"生产配置"见解的,无非是强调生产力离不开生产关系这样一个马列主义政治经济学概念罢了,在实际工作中彼此没有什么区别。所以,双方争辩实质上不是同一层面的问题,在实际工作中也没有意义。难怪孙敬之在阐述他写这篇论文的动机时,对长期陷入这种无谓的争论感到无奈,用他的话来说:"哭了半天,还不知道谁死了。"这是学术研究钻进意识形态争论牛角尖所造成的困惑。

24. 温州考察

1956年秋,浙师院地理系新来了几位毕业生,我所在区域地理教研组就有3位,一位是中国人民大学经济地理研究班毕业分配进来的林国铮,两位是本系毕业留校的沈雪苹和毛履军,其中一人被指定为严德一主任的助教,接替了我原来的工作。这样,我就有条件集中一段时间为年初开设新课编写教材了。

不过,没有过多久,系主任严先生同我讲起他新近的一个想法。他觉得温州是浙江三大城市之一,有一定的经济特色,有相对独立的商业腹地,但地理界还没有什么人认真关注过它,研究过它,应该对它做点调查研究。有鉴于此,他提议在今秋安排一段时间,由他领衔,以我为主力,再加上陈铎民先生(陈老是温州籍人),三人组成一个考察组,一起去温州做一次经济地理调查。

严先生提出这个想法,直接的动因是他在8月下旬出席中国地理学会第二次全国代表大会之后,对推动本系科学研究有一种责任感和紧迫感,想以自己的行动去激励全系教师的科研积极性。同时,他在听取了我关于见习北京师大领导山东经济地理实习的口头汇报,翻阅了我的书面报告之后,对苏联式的经济地理调查方法有了一些了解,觉得可以根据我们自身条件和浙江实际,参考人家的经验,做点调查研究。

除此之外,严先生之所以主动提出调查考察,我觉得还有久藏在他心底的触发因素。他是1933年中央大学毕业的老一辈地理学者,20世纪三四十年代对我国青藏高原和中缅边境一带做过不少地理调查,是当时中国地理学界考察西部足迹最广的学者之一,曾在《地理学报》《气象学报》《边政公论》等多种刊物上发表过不少他的调研成果,后来汇编成《边疆地理调查实录》一书,由商务印书馆于1950年12月出版。令他始料不及的是,此书出版不久,便在《人民日报》一角见到了一则批评意见。意见很短小,也没有涉及多少实际内容,只是从政治批判角度指出几处用语不妥的问题。这类学术批评,本来算不了什么,但是因为批评带点政治性,这对解放初期在意识形态问题上顾虑重重的老知识分子来说,还是看得很重的。批评一见报,而且见之于《人民日报》,思想上真背上了包袱,此后四五年再也没有见到他发表文章。不过,他没有把高校搞科研的必要性淡忘。我在1953年留校后的三年间,大部分时间做他的助手,我知道他心里一直惦记科研的事情。记得在1954年下半年,有一次他在办公室同我谈起,1952年院系调整成立浙江师范学院以来,学校没有倡导学术研究,这对一所高校水平的提高是非常不利的。半年后,领导开始注意抓科研工作,制定规划,成立学报编辑委员会,组织学术报告会。1956年3月31日,借年初中央知识分子问题会议的东风,浙江师院举行了第一次科学讨论会。这使严先生十分兴奋,他重新整理了抗战时期在西南地区的地理调查记录,撰写了《横断山脉》一文,在分会场作了报告,会后在地理刊物上发表了这篇文章。从那时起,他的学术热情被重新点燃。

既然严先生发起去温州进行调查,我自然要积极配合。我是三人小组中唯一的年轻人,做好外业调查的各项准备工作是义不容辞的事情。11月上旬末,我暂时放下手头正在编写教材的工作,投入外出调查的准备。准备就绪后,就于11月14日偕同严、陈两位老师一起前往温州。杭州到温州不算太远,大约400公里路程,但坐火车转汽车,也花了两天时间,到达目的地已是第二天晚饭时分。陈老的家就在温州市区,不须安排住宿,我和严先生前去市府招待所投宿。那时的政府招待所相当俭朴,一个大房间5张木板床,每床每天5角,伙食费每天不超过六七角,钱倒是比较节省,不过有点委屈严先生,他是教授,我没有办法替他安排得稍微好一点,心里多少有点不安。

从11月16日开始,我们三人就马不停蹄地进行调查和考察。连续8天,先走访了市政府,副市长张炳德接待了我们,介绍了该市经济建设情况。接着访问了计划、城建、工业、交通、农业、水产、航运管理等9个职能部门(其中工业、交通包括专、市两级),以及温州港务监督与温州水文站两个专司瓯江航道监测和全市水文测验的单位,还根据市工业局的推荐,访问和参观了市区最主要的三家工厂——地方国营温州造船厂、地方国营温州伞厂和西山陶瓷厂。此外,分别拜访了该市两位年长的文史专家方介堪和刘冠三,向他们了解一些温州城市的历史沿革。在走访之余,还踏勘了市区和郊区,对城市面貌、建成区功能组织和空间结构、郊区土地利用现状和城市发展空间等,作了必要的考察。

调查考察过程很顺利。一方面因为解放初期高等学校不多,政府部门对大学比较尊重,高校教师的调研活动一般都能得到他们的支持和配合;另一方面,那时政府机关干部较好地保持着革命热情,没有那么多官气,有时白天安排不出时间,晚上也可以约谈。所以每到一个单位都能受到真诚的接待,能够围绕我们的调查目的,给予具体的介绍。有的部门还提供一些文字资料,如市建设局的旧城改造情况报告和城市规划轮廓意见,专区、市交通局的不同运输方式和不同航线的货运情况等,使我们有更多的思考和判断依据。

随着调查的逐渐深入,对温州经济发展的条件和特点有了整体的了解,同时,在我的头脑里也产生了困惑。温州是浙南的中心城市,有居全省第二位的海港和六七百万人口的腹地,但是工业发展水平还是停留在工场手工业阶段。我们参观过的三家市内最大的工厂,无一例外地采用手工作业,劳动生产率很低。另外,同为工业系统中重要行业的几家造纸厂(一类生产铁笔蜡纸,一类生产有光纸和新闻纸),也是装备水平不高的小企业。那一年,城市工商业社会主义改造已经完成,产业发展要靠政府投资扶持,但地方政府财力不足,力不从心,只能维持现状。而中央呢,一方面财力有限,另一方面,浙江处于海防前线,国家"一五"期间156项重大建设项目大都远离东南沿海,自然没有温州的份。因此,当时的温州不可能也不需要把论证生产力布局问题提到议事日程上来。在这种条件下,我们的调查该有什么样的成果呢?

11月23日,结束了在温州的调查考察,两天后回到了学校。严先生把出成果的希望寄托在我身上,我确实也花了不少时间和精力想使温州之行有个圆满的结果。于是一面系统整理调查资料,一面思考如何出成果。我想,成果应该有两种出路:一种是就温州经济发展和生产力布局问题写一份考察报告,提出一些看法,供市领导参考。虽然这次赴温考察是我们自选的科研活动,没有向哪一家交付成果的义务约束,但如果能为当地发展提供一些参考意见,总是一件好事。另一种是学术界的惯常出路,即在考察报告的基础上撰写一篇论文,投向学术刊物。

这样一来,问题又回到了调查后期所产生的那种困惑。既然经济地理学的实践任务是解决以生产力布局为核心的区域规划问题,而温州发展没有到这一步,也看不到当地政府有做区域规划要求的端倪,那这考察报告或论文又从哪儿下笔呢?这事还真得好好想一想。

可时间耗不起啊,眼看已经是 12 月上旬,我开年一学期的教材才编写了四分之一,得赶紧先把教材写出来,再回过头来对付温州的事情。于是我把我的想法与严、陈两位老师沟通了一下,他们同意我的想法,此事先放一放,以后再商量。没有想到新春开课还不到一个月,我又病倒了,还是住院就医和长期疗养,温州之行成了一次有头无尾的学术活动。

25. 1957 年的感受

1957 年 8 月 25 日,我的第二个孩子(滨之)出生,出生地就在秦望山上浙师院校区内的上红房子,校医、助产士出身的戴育民医师接了生,非常顺利。二十多天后的 9 月 17 日,我的家就随着学校的搬迁到了道古桥附近新建的教职工宿舍。家里增添孩子,对家庭来说当然是一件大事,够我忙上好一阵子。不过与这一年学校变迁的感受相比,家事自然只是小事了。

1957 年的浙江师范学院,有两件大事:一件是学校迁址,一件是整风反右。前者是学校本身发展的结果,后者是全国性的政治运动在高校的具体演绎。

先说第一件事——学校迁址。

浙师院 1952 年春由原浙江大学文学院和理学院的一小部分、之江大学文理学院、浙江师专、浙江俄专合并组建的时候,全校只有 731 名学生,244 名教职工。经过几年的发展,到了 1956 学年第二学期,学生和教职工已分别增加到 2925 人和 816 人,成为一所初具规模、文理并重的多科性高等师范院校。师院组建时,校址定在原之江大学,坐落在六和塔以西、钱江之滨的秦望山二龙头。那里环境虽然优美,但用地有限。师院组建之前的之江大学,只有几百人的规模,校园面积和校舍用房绰绰有余;师院成立后,学校招生年年扩大,教职员工也相应增加,尽管在建校之初学校就增建了不少房舍,但没有多久,校园和校舍就不敷使用。1955 年,在省领导支持下,学校在当时杭州市规划的文教区南部(松木场以北的地块)选址新建,1956 年动工,1957 年春夏,新校区一期工程——主轴线东侧的教学楼和学生生活区相继落成,校部机关和部分系科于 4 月和 8 月分批搬迁下山,尚未搬迁的部分系科和行政、后勤人员暂留山上,作为分部,日后根据新校区建设进度再搬迁下山。

学校组建仅几年时间,就发展到这样的规模,是很不容易的。从新中国成立初期到第一个五年计划期间,国家财力并不充裕,高校的迅速发展,说明政府对培养人才是重视的。在这几年里,学校虽然穿插一些政治运动,但教学秩序大体稳定,师资培养无论岗位进修或外派学习都有显著成效,教学质量稳步提高,科研成果开始显现,全校呈现出欣欣向荣的气象。这是院领导尊重知识,团结广大教职员工,艰苦创业,辛勤劳动的结果。多年以后,从"山上"下来的一批师院老人回忆往事,还都会怀念这段团结奋斗、共图发展的历史。对当时主持学校工作的老领导焦梦晓、陈立也心怀敬意。所以当学校迁往新校区时,虽然对离开依山临江、景色秀丽的校园有几分依恋,但是为着迎接学校的新发展,心里还是有一种胜利的喜悦。

再说第二件事——整风反右。

这一年的 5 月 1 日,《人民日报》发表中共中央关于整风运动的指示,要在党内开展整风运动,目的是在国家从革命时期进入社会主义建设时期的时候,要求党员特别是党内领导干部提高思想政治水平,学会正确处理人民内部矛盾,改进思想作风和工作作风,克服脱离群众和脱离实际的官僚主义、宗派主义和主观主义,以适应社会主义改造和社会主义建设的需要。为了在整风中能听到党外的意见,国务院各部门、各省市自治区和一些高等学校党组织相继召开了党外人士座谈会,希望他们畅所欲言,对党和政府工作中的缺点和问题提出批评、意见和建议。

中共中央在新时期开展以正确处理人民内部矛盾为主题的整风运动,对党、对国家、对百姓都是一件好事。党外人士响应党的号召,在座谈会上提出许多批评、意见和建议,其中绝大部分是正确的和中肯的,也受到了中共中央和毛泽东主席的肯定和欢迎。但同时,因为在座谈会上和社会上出现极少数人挑战共产党领导地位的言论,引起了毛主席的高度警觉。他认定这是一场资产阶级对无产阶级较量的阶级斗争,经过短时间的静观,以 6 月 8 日《人民日报》发表《这是为什么?》的社论为信号,掀起了反击右派的斗争。这样,开始不久的整风运动就转变成了反右派斗争。

反右派斗争一经发动,就成为一场全国性的政治运动,运动的声势越来越大,随之而来的是"左"的抬头。"左"的倾向一扩张,打击面就扩大了。24 年后的 1981 年,中共十一届六中全会通过的《关于建国以来党的若干历史问题的决议》中,对整风反右的经验教训有一段总结与反思:

"在全党开展整风运动,发动群众向党提出批评建议,是发扬社会主义民主的正常步骤。在整风过程中,极少数资产阶级右派分子乘机鼓吹所谓'大鸣大放',向党和新生的社会主义制度放肆地发动进攻,妄图取代共产党的领导,对这种进攻进行坚决的反击是完全正确和必要的。但是反右派斗争被严重地扩大化了,把一批知识分子、爱国人士和党内干部错划为'右派分子',造成了不幸的后果。"

浙江师院与全国高等学校一样,也是开展整风和反右的单位,院党委也召开过民主党派和无党派人士座谈会,也发动群众向党提出批评和建议,党外人士和一般教职工也提出了不少意见,其中当然也会有被认为是右派言论的意见。这样,在全校开展反右派斗争自然成了顺理成章的事情。

在整风向反右转变的那段时间,我刚刚从病假转入恢复轻工作,在系里参加一些学习和讨论,工余时在校园看看"大字报"。从"大字报"内容看,的确也有"毒草"的问题,不过只是极少数。绝大多数师生员工在整风运动中向党提意见并没有采取激进的"大字报"的形式,而是在会议上提出自己的意见,应该说多数意见是中肯的,即使偏激一点也不见得是政治问题。但转入反右后,校内各单位事实上都有个深挖右派分子的指标,这样一来,就无形中扩大了打击面,严重伤害了一批本来不应受到伤害的教职员、干部和学生。作为一名普通教师,我对这场斗争究竟会产生什么样的后果和影响,当然不可能有什么预见,但对打击面如此之大,难免有点不解。

关于浙师院反右扩大化的后果,后来在《杭州大学校史(1897—1988)》中有一段记载:

"1957 年夏季开始的反右派斗争,历时三个多月。反右派斗争的严重扩大化,使全院 120 名教师、干部甚至一批学生被错划为右派分子,在 38 名错划为右派的教职员中,民主党派成员就占 11 人,把民主党派组织的主要负责人打成'反党四巨头'。反右派斗争,不仅打乱了教学秩序和工作秩序,而且对当时和原来的教学、科研和学校的各项工作带来了不良的后果。有的被停止了授课和辅导工作,有的因此中断了科研工作,这年的科研计划仅完成 53.8%。"

　　校史反映的只是反右派斗争后果中几项有案可查的数字,至于间接影响和长远影响就很难估计了。

第六部　教育大革命岁月

26.浙师院的最后日子

1957年的反右派斗争之后,毛主席改变了1956年9月中共八大政治报告决议中关于国内主要矛盾的论断,重新提出了无产阶级和资产阶级的矛盾是我国社会的主要矛盾的观点。与此同时,以批评反冒进为推手,在1958年形成了"鼓足干劲,力争上游,多快好省地建设社会主义的总路线",发动了国民经济的大跃进和人民公社化运动。总路线、大跃进、人民公社化在当时被通俗地合称为"三面红旗"(参见薄一波《若干重大决策与事件的回顾》下卷第23~25章,中共中央党校出版社1993年)。

"兴无灭资"观点的强化与大跃进的造势,势必触动高等学校领导的神经,头脑一热,就会在办学过程中做出异乎寻常的甚至是匪夷所思的事情。下面就是1958年我在浙江师院亲历过的传奇式的办学故事,名之曰"教育大革命"①。

在"教育必须为无产阶级政治服务,教育必须同生产劳动相结合"方针的指导下,在受"左"的思想支配的群众运动氛围中,浙江师院掀起了"教育大革命"(因一年之后又重复上演了一次,所以后来把这次运动称为第一次"教育大革命"),采取了一系列打乱正常教学秩序和科研秩序的措施和行动。要而言之,大致有以下几个方面:

一曰教育大检查、大辩论。做法是要求教师对教学思想、教学态度、教学方法和学术思想作自我检查、自我批判;学生则"翻箱倒柜"查笔记、翻讲义,写出分析批判意见。全校共检查了120余门课程,写下了一千多万字的检查和批判材料。在此基础上,各系纷纷举行"献礼大会",学生以"献礼"形式向任课教师提出分析批判意见,部分教师则受到了重点批判。

二曰"红专辩论","拔白旗,插红旗"。要求师生通过大辩论,辩明"红"与"专"的关系,自觉走"又红又专"的道路。在学生中,一些努力钻研业务,不大关心政治的人,被主流思潮看做是走"白专道路"的典型,在班级里加以批判;对那种政治表现和学业成绩都不被看好的学生,干脆就被看做是班级里的"白旗",要通过批判拔掉"白旗",让全班插上"红旗"。

三曰"三结合"编教材、搞科研。所谓三结合,就是教师、学生、干部相结合。实质上是在批判教师资产阶级教育思想和学术思想的基础上,鼓励学生破除迷信,解放思想,开展教材编写和科学研究。口号虽然提三结合,但在实际过程中常常是学生取代教师的主导作用,教师即使参加,也只不过是客卿。我曾被"结合"进一个科研题目("杭州市经济地理")的研究组,主持人是一位姓陈的三年级学生,我只是根据他们的需要提一点思路,帮助写一点,初步

---

① 本节以及随后两节(第27和第28节)文中的具体材料参考或引用了《杭州大学校史(1897—1988)》第二章第三节和第三章第一、二、三节的内容。

通一通稿,最后任凭主持人去定夺。我自知把我结合进去已经是看得起我了,要是再多走一步,恐怕就有"反客为主"之嫌了。

四曰教育必须与生产劳动相结合,通过下乡下厂,加强劳动锻炼。还在 1957 年的 12 月,学校就组织全校师生员工,包括领导和老教授在内,到萧山、余杭两县农村参加为时两天半的农业劳动,人数达 3629 人,几乎是倾巢而出。年底,又下放了 144 名教职工到萧山县三个乡的农村"安家落户"。进入 1958 年后,师生更是频繁下乡下厂参加劳动,这一年全校师生参加劳动多达 321100 人日,平均每人达到 95 天。

五曰大办工厂、大办农场、大办学校。师生们白手起家,或学校投入部分人力财力物力,短时间内办起了 40 余个工厂(整理后为 24 个)和一个拥有 150 亩耕地的农场。师生们还在杭州市区的工厂、机关、学校和郊区人民公社办起大、中、小学 86 所,参加办学的学生达 400 多人。

六曰大炼钢铁。这一举动本来不属于教育大革命的内容,但是在背景和时间上恰好是衔接的。这一年的夏秋之交,在工业"以钢为纲"的口号下,中央为了实现当年大跃进的钢产量目标,号召各地大办钢铁。我校师生(学生为主)闻风而动,几天之内,校园内就出现了土高炉林立的场面。师生们日夜苦战,称之为"沸腾之夜,不眠的人"。为了炼出钢铁向国庆献礼,学校推迟到国庆节以后开学。开学后还边上课、边炼铁。结果可想而知,除了浪费人力物力之外,一无所获,倒成了时代笑话。

平心而论,要知识分子参加一点工农业劳动,丰富生活体验;要教师总结和思考自己的教学工作、教育思想和学术思想,吸取学生有益意见,做到教学相长,共同进步;希望学生"又红又专",把自己培养成对国家对社会有用的人才;等等,只要动机正确,要求合理,措施得当,都不是什么坏事。问题是头脑发热,越来越"左",结果只能是危害教育和科学事业的健康发展。

27. 从浙师院到杭大

1958 年秋,浙江师范学院转身成为杭州大学,师院人不期而成为杭大人。这是怎么回事呢?

在"大跃进"的年头,经济和社会发展各个领域都要以革命的精神,大搞群众运动的办法,打破常规,大干快上。当大跃进浪潮滚滚袭来的时候,人们的头脑很容易发热,各个地区、各个部门往往不顾主客观条件,一轰而上,妄想一举而成就什么奇迹。头脑清醒的人当然明白不按客观规律办事会出大问题的道理,但在宁左勿右的政治氛围中,一般人是阻挡不住"左"的潮流的。所以"大跃进"固然干出了许多轰轰烈烈的大事,但终究不能不承认给国家建设事业和人民生活造成了严重的灾难性后果。

杭州大学也是在这样的浪潮开始涌起的时候,速成式催生出来的。

1958 年上半年,浙江省委决定筹办一所综合性大学,定名为杭州大学(当时所谓的综合性大学,是来自苏联的概念,大致相当于文、理两类学科的组合)。计划暂设中文、新闻、历史、数学、物理、化学、生物 7 个学系,学制 4 年。学校规模定为 2000 人,年招新生 500 名。校址设在文三路(省委党校和省工农速成中学原址)。筹办工作由省委常委、省高教党委书记周荣鑫负责,当年暑期招生,9 月正式开学。从筹备到开学,前后只用三个多月时间。

新建一所全日制综合大学,只花那么短的时间筹备就仓促开张,局面可想而知。当时师资、图书、设备都不具备,连领导和工作班子都没有配齐。各系主任大部分由浙江师范学院系主任或副系主任兼任,个别由浙江农大教授和《浙江日报》社领导干部兼任。各科教师更是绝大部分依仗浙师院师资队伍,小部分来自浙大、浙江农大或别的单位。图书和各种实验设备基本上由浙师院提供共享。这样一来,浙师院无形中负担了两所学校。因此,新建的杭州大学一开学就面临怎样办下去的问题。如何应对这种局面?省里开始有两种意见:一种意见是要把杭大办下去,但只办成社会科学性质的大学,把理科各系并入浙大;另一种意见是把杭大并入浙师院,以浙师院为主体成立杭州大学。后来倾向于第二种意见。经省委领导人与杭大、浙师院领导班子多次商议,最后确定按第二种意见办。于是,从 1958 年 10 月中旬起两校开始做合并准备,11 月初合并工作基本完成,12 月初正式公布了省委关于两校合并后定名为"杭州大学"的决定。

浙江师院与新办的杭州大学本来就只有一路之隔(隔文三路相对),合并后主体又在原浙师院,系科设置也没有明显变动,所以合并过程中浙师院的人寸步未移,没有任何波动,就完成了转换,感觉上只是更换了一个校名而已。这样,老浙师院就易帜成了杭大,我们也就由师院人成了杭大人。

省委要在杭州新办一所综合性大学,出发点是无可非议的。因为1952 年的全国高校院系调整,拆散了已有 55 年历史的浙江大学,除了留下工学院之外,把最负盛名的理学院五系分别成建制地划归复旦大学和华东师大,少数精英调往中国科学院和南京大学等单位;把文学院及理学院的余留人员,同之江大学文理学院和浙江师专等单位一起,组建成浙江师范学院;把农学院和医学院划出,独立组建为浙江农学院和浙江医学院。这样一来,浙江大学实际上成了一所工科大学,几千万人口的浙江省从此没有了一所综合性大学,这才促使省委决定重新筹建一所综合性大学,以弥补空缺。问题是这一决定受到"大跃进"的催生,把创办大学看得太简单了。在基本条件不具备的情况下,想在三个多月的时间里就孵化出一所综合性大学,结果只能是一场折腾。但不管怎么说,教训总归是教训。

28. 无所适从的变革

杭大的头 3 年(1958—1960),正是"大跃进"的 3 年,也是"教育大革命"的 3 年,学校翻来覆去,起起落落,叫人无所适从。

"大跃进"的声势,"教育大革命"的要求,在杭大办学上有什么表现呢?大致说来有三个方面:

一是教学秩序"大破大立"。"教育大革命"的宗旨就是要破资产阶级教学体系,立无产阶级教育体系。在杭大,这场革命三年中发动过两次,第一次是 1958 年,其内容和影响我在前面第 26 节里讲了,这里从略。第二次发动于 1960 年 3 月,主要有三种举动。首先,是参与社会上的技术革新和技术革命运动。学校根据省委指示,改变原来的教学计划,先后 3 次组织师生到杭州、宁波、金华、上海等地的工厂,少数到农村或农业单位,参加技术革新和技术革命运动以及技术推广工作。另外,抽调一部分师生参加本省中、小学的教学改革。其次,是组织文科 6 个系的近千名师生,由党委和系总支领导人带队,分别到杭州、宁波、金华、嘉兴、绍兴、湖州等 7 个县市参加城镇反贪污、反浪费、反官僚主义的"三反"运动。其三,是以大鸣大放、大争大辩的方式开展大检查,摆问题,提方案,然后制订教学计划、教学大纲和编写教材。由于省委对杭大的办学方向提出"文科党校化",基础理论课要以毛泽东著作和党的有关文件为基本教材的要求,文科的教学计划、教学大纲和教材发生了重大更改。全校各系教学计划中也相应增加了政治课和生产劳动比重。

两次"教育大革命"其实是一脉相承的,之所以分成两次,是因为中间发生起落,隔断了一年。原因是在 1958 年年末,中央对"教育大革命"中宁左勿右偏向有所察觉,作了纠正。然而由于 1959 年下半年发动了全国性的"反右倾"运动,"左"的思潮再次泛滥,使"教育大革命"的一些错误做法在 1960 年重演。

二是校系建制大拆大并。1960 年 2 月省党代会提出在"二五"计划期间要建立 1 万人的理论队伍及数万人的科技队伍的高指标,并提出"理科现代化""文科党校化"的口号。为实现这一目标,省委设想杭大以社会科学为中心,与省委党校合并,办成抗大式、陕北公学式的干部学校,规模一万人,设 12 个系。把理科各系从杭大划出去,方案是:数学、物理、化学 3 个系与杭州工学院合并,也搞万人规模;生物、地理两系划归浙农大,地理系改为气象系。1960 年 7 月 9 日,省委正式决定杭大与省委党校合并,设 9 个系,发展规模 6000 人;把数学、物理、化学 3 个系划给杭州工学院,生物系划给浙江农大,地理系分别并入杭州师范学院及建德矿冶学院。10 月 12 日,又将省教育厅所属的教育学院划归杭大,与杭大教育系合并成为杭州大学教育学院。

这样的大拆大并,给学校工作带来很多困难和问题,不利于教育、科学事业的正常发展。杭大师生对这种举措难以接受,引起情绪波动,思想混乱,副校长、著名数学家陈建功教授等为此向领导提出了不少意见。在这种情况下,省委又于 9 月 9 日作出决定,杭州大学划出的理科 5 系仍留杭大。于是,已经迁动的系迁回,准备迁动的停迁。我所在的地理系原定划归两校,地质、地貌的人员大部分去建德矿院,其余去杭州师院。我记得 9 月上旬旬末的一个下午,杭州师院派车把我们自然地理和经济地理两个教研室的教师和教辅人员接去开会,听取该院党委书记魏鉴清的开学动员报告,没过一两天,就听到了杭大理科各系仍留杭大的消息。因为当时信息不怎么透明,大家真不知道领导唱的是哪出戏。另外,杭大和省委党校终究因各自的职能不同,不宜强扭在一起,到 1961 年 11 月,二者终于再重新分开。不知什么时候,省教育学院也重新回去独立建制了。

三是专业设置快上快下。1958 年之前,杭大(当时的浙师院)各系未设专业,1958 年秋,在"大跃进"声中上马了一批专业,到 1960 年秋,全校 12 个系共设置了 23 个专业。专业多了,开设的分支学科也就多了,有关教师就得花大量时间和精力去准备新课。但是,杭大一些学科偏小、社会需求不多的专业,只招收一届学生就决定停招,从 1961 年开始,以不同形式陆续停办。1960 年下半年,国务院在总结"大跃进"经验教训的基础上,提出了"调整、巩固、充实、提高"的八字方针,要求 1961 年的国民经济计划按这一方针来安排。于是,从 1961 年春开始,学校对办学规模和系科、专业设置进行调整,适当控制数量,着重充实内涵,提高质量。此后一两年中,学校系科、专业、招生规模都有压缩,教职员工和学生也有一部分以不同渠道安置精减。到 1962 秋,学校已经从 1960 年 12 个系、23 个专业,压缩到 10 个系、14 个专业。1961 年春,杭大在校学生曾达 5239 人,是建校后、"文革"前的最高峰。此后逐年减少,1964 年 9 月降到低谷,全校在校学生只有 2204 人,只及 3 年前的 42% 左右。

"大跃进"年代高校的种种变革,令人眼花缭乱。作为高校人,我亲见亲历的事实都说明,那段时间驾驭高校办学的领导层,都自觉不自觉地执行了一条"左"的路线,一再把貌似革命实则严重伤害高教事业的一系列做法强加给学校。如此作为,岂有不付出代价之理。

29. 误打误撞上海赴会

在大跃进声中,杭州大学地理系接受了省民政厅的委托,编制《浙江省地图集》。

　　1960年春,地图集编制进入地貌地物注记阶段,地理系收到了一份中国地理学会发来的会议通知,内容是该会将于6月间在上海举行地图学学术会议,分配给杭大一个代表名额,希望准备好论文,届时出席会议。

　　杭大地理系只有一位地图学教师潘树庭先生,他是编图主力,负责图幅的设计,任务很重,没有时间写论文,不打算参加这次会议。编纂组组长由副系主任冯铁凝先生兼任,他的专业是外国地理,不便写隔行文章,也没有参会的意愿。这个组原来只配备4个人,除了冯、潘二位之外,就只剩下周丙潮、吴贤祚两位老资格的绘图员了,他们从未写过学术文章、也从未有过出席学术会议的念头。在这种情况下,眼看只好放弃参加这次会议的名额。

　　学术会议是同行交流的最好机会,学术界一般都不会轻易放弃参会名额。有鉴于此,系领导提了一个想法,编纂组是否可以就地图编制过程中的"技术革新"写份材料,去参加会议。这个建议听起来有点外行,不过在高喊破除迷信,解放思想,土法上马,土洋结合,大搞技术革新的大跃进年代,提出这样的建议似乎也不算出格。系里所谓的"技术革新",是指周丙潮先生土法创制的木制照相植字机。地图编制离不开照相植字,是一种光学文字成像设备,在国家还处于一穷二白的年代,只有全国性测绘机构才引进这种设备,各地编绘地图需要植字都得仰仗他们,很难做到呼之即来,得心应手。在这样的背景下,周先生为了应急,土法上马,制作了照相植字机,除了一只照相镜头是购买的之外,其余零部件都是按他的设计请学校总务处木工和金工加工组装的,在一定程度上满足了地图注记照相植字的补充性需要。现在,既然系领导提出了建议,编纂组就决定请周先生写一份材料出来,看看能否提供会议交流。

　　周先生奉命写了。成稿后在小范围传阅了一下,大家觉得稿子只是这件土制设备的说明书,缺少文章的气息,最好能改写一下,成为一篇能提交学术会议交流的作品。周一听要有点学术味,只好知难而退,这件事就搁了浅。那时我因带病做点轻工作,被安排在编图室帮忙,于是编纂组和系领导就想到了我,要我帮周先生改写。因为是领导布置,同时我也钦佩周先生的实干精神和无条件的服务精神,愿意帮他一把,便接受了下来。我请周带我仔细看了他的土制设备后,觉得可以从背景、动机、整体设计、材料和制作、功能和应用等几个方面来介绍,于是花了一星期左右时间,改写了一篇稿子。周先生和领导看了都表示满意,我也就交差了。

　　没有想到在会议日期临近的时候,领导突然通知我准备去上海开会,这使我发了懵。属于周先生的"革新成果",怎么派我去参会呢? 这不是让我背上掠人之美的嫌疑吗? 但领导坚持要我赴会,我恳辞不成,只得服从。就这样阴差阳错,误打误撞地参加了地图学术会议。

　　这个会在上海西藏路的基督教青年会大楼举行,与会代表近百人,分别来自中国科学院地理研究所、国家测绘部门、全国高校地理系、地图出版社以及其他有关单位。会议开得很认真,在地图学理论、中小比例尺地图集编制、大学地图学教学以及地理教学中地图的应用等方面,展开了广泛的交流和讨论,还展出了一些地图作品。

　　我以杭大地理系名义提交的这篇文章,打的是"擦边球",与地图学领域的理论讨论沾不上边,当然不会有大会发言的任务。再说我的专业方向不是地图学,所以基本上是抱着学习的态度多听多看。不过,杭大地理系的这篇自制照相植字设备的介绍性文章还是引起了两种人的注意。一种是几位来自地方大学地理系的地图学教师,他们在接受所在省政府委托编绘地图集的时候,在植字问题上与我们有类似的感受,也想自主解决,因此在会外向我询问了具体情况,其中有一位在会后还专程到杭州访问了杭大地理系。另一种是来自测绘部门和中科院地理所地图室的两位科技人员,他们也在会外与我进行了交谈,认为自制照相植字机反映了大跃进环境中群众的一种革命热情,但不代表技术发展方向,国际上照相植字技术已经比较成熟,现代技术是不可能用土办法取代的。

两种人两种倾向意见看起来是彼此不相容的。其实,上层人士都知道科技在飞速进步,中国要争取和看齐的应该是先进技术,而不是用土办法制作的替代品去取代先进技术。那么,是不是周丙潮先生不清楚"洋"植字机比自己土制的替代品先进呢?是不是那几位对杭大土制植字设备感兴趣的高校教师不了解科技进步的潮流呢?都不是。他们是不得已,退而求其次而为之。所以,对几位会议代表的不同看法,我的注意力并不放在"土"与"洋"、先进与落后两者之间取向的分歧上,而更在乎如何解开萦绕在我脑子里的一种疑团:照相植字算不上是什么尖端技术,国内已经有了这种地图制作设备,为什么不能便利地服务于需用单位,反而促使需用单位一些人煞费苦心去寻找土办法替代呢?这么简单的一个问题,当时就是找不到答案。

40年后,进入世纪之交的中国,经过改革开放,确立了社会主义市场经济体制,我才开始对产生上述矛盾的根源有所感悟。原来这种矛盾并不是对技术本身认识上的差异,而只是在没有市场发育的社会条件下反映在人们行为上的一种悖论。在社会主义计划经济体制下,市场的作用基本消失,人才、资金、商品、服务无不短缺,在这样的经济环境下,要做件大事往往必须自己动手或发动群众,用土办法或人海战术来解决。尽人皆知的大炼钢铁时期,大兴土高炉就是一个典型事例。当时有几个高层领导人真正不明白土高炉遍地开花是逆科技潮流而动的呢?但是大家都默认这么干,这就是那个时代的特征!

30. 康复路上的悖论

从1954年到1961年,我患了7年肺结核病。在此期间,经历了1954年9月、1957年2月、1958年12月三次恶化,都是浸润期大咯血,每次都得住医院或疗养院,而且一次比一次重,最后一次病灶甚至出现空洞,除了用药之外,还得做坚持数月的人工气腹。每次恶化后都有一个好转的时期,前两次好转都停留在吸收期,而后一次在病情更严重情况下的好转,竟然较快地度过吸收期,至1961年夏,病灶已经硬结钙化,用医学的术语来说,就是临床治愈了。人们都说肺结核是富贵病,要养好它,得有充足的营养和良好的生活条件。可是1959年到1961年正是三年困难时期,全国缺吃少穿,根本谈不上什么营养。那段时间杭大师生员工由于食物供应不足,营养大多不良。可就在这种情况下,我的沉疴却奇迹般地痊愈了。在康复之路上这似乎是一种悖论。

细想起来,其实并非完全是悖论。在三次病情恶化期间,医疗条件大致是差不多的,是什么原因使我走向康复的呢?我想主要是两方面的缘故:一是领导"放弃",二是自己"认输"。

先说领导"放弃"。

前两次养病回来,系领导总是让我回到原岗位工作,那是因为教研组需要人,而且他们也没有防备我的病情会多次反复,给工作安排造成被动。这第三次复出,情形就不同了,那已经是1959年夏天,几年来地理系师资队伍已经吸收了一批有生力量,教研组人手相对充实,为防止我健康状况再次反复,并不急于让我回去。系主任严德一先生当然清楚这种现实,也知道前两次的教训。他是我的业师,一方面对我知根知底,相信我在事业上可以有所作为;另一方面,更体恤我的身体和家庭困境,不希望我再次出现反复。于是对我采取暂时

"放弃"的办法,让我离开教学主阵地,变成地理系的一名"机动人员"。先是让我参加资料室的工作,那里原来有一位专职人员,足以应付日常管理工作,我进去后,针对教学与研究的需要,做一点报刊地理资料分类索引。在资料室呆了几个月,在那一年的深秋,系里因为前期已经上马的《浙江省地图集》编纂项目人手不够,项目组长冯铁凝先生要求系主任把我调去支援他们的审校工作,具体职责是草图校阅以及清稿的注记标定粘贴。于是,我又成了地图集编纂组的一员。做文献资料索引也好,地图审校也好,只要有地理学基础,做事耐心细致,就能胜任,不至于有太多的体力和脑力负担。在系领导的棋盘上"放弃"我这颗棋子,对我来说,看上去是失,实际上是得,客观上为我的康复争取了一年半左右较为宽松的宝贵时间。想到这一点,我由衷地感谢领导的关怀。

再说自己"认输"。

从1954年到1957年,我两度住院,两度恢复工作,但恢复工作期间,病程一直停留在吸收期阶段。从医学上说,处在吸收期的人仍是病人,只不过是可以遵照医嘱轻度工作的病人罢了。在实际生活中这"轻度"的"度"是很难掌握的。我这个人讲认真,有点死心眼,责任在肩总要一干到底,也许还带点革命英雄主义的成分,这个"度"就更难守住了。事实证明,在"轻度工作"期间,劳动强度往往会不自觉地超过病体的弹性限度,导致工作、发病、休养、再工作、再发病的恶性循环,而且一次比一次严重。这种结果,不但增加了自身和家庭的痛苦,也给单位安排任务造成麻烦。

吃一堑长一智,几度反复折磨后,除了领导上安排工作时"手下留情"之外,自己也悟出了一些道理。没有健康,何以争胜!若欲取之,必先予之。舍得失去,未必不是收获。我第三次发病后复出,刚刚30岁,来日方长,只要能恢复元气,眼前失去一点,将来还有机会,可以细水长流地慢慢补回来,总比带病加压,勉强争胜,最后毁灭自己好吧!人哪,有了这点悟性,就把得失看淡了,就肯认输了。有了这种退一步想的思想基础,无论领导上给我安排什么"杂活",都能够淡然面对。回想在资料室和地图编纂组工作的时候,原教研室的老同事见到我,往往投来同情的目光,我都泰然处之,因为这就是当时我力所能及的业务,有什么可以不自在的呢。也许那是自我解嘲,但更是尊重现实。

世间的事情往往是有失也有得。服输了,舍得放弃了,不勉强逞强了,身心也就放开了,使失去收支平衡的身体慢慢调理了过来。否极泰来,我的病体终于得到康复,1961年恢复了正常工作。

第七部　短暂稳定与短暂奋进

　　1958 年的社会主义建设总路线、国民经济大跃进和人民公社化运动，是决策层在社会主义建设急于求成的激进情绪支配下的产物，严重脱离当时社会经济发展的现实基础，违背经济建设的客观规律，以致国民经济的规模、结构、比例全面失调，国计民生陷入 3 年（1959—1961）严重困难的境地。面对这种现实，国务院在总结经验教训的基础上，于 1960年提出调整国民经济的"八字方针"，随后，又针对农村（农业）、工业、科技、教育、文化等各条战线的问题，出台一系列工作条例，扭转违反客观规律、工作无序的局面。在这一过程中，高校一度中止了"大跃进"时期那种无所适从的教育大革命的折腾，迎来了一段不长的教学秩序稳定时期。

31. 高校回归本位

　　1961 年，是高教生涯中印象深刻的一年。这一年，高校在经过几年政治运动反复冲击之后，开始回归本位。与此同时，教师也找回了自己作为教师的那种感觉。这中间，有两件大事起着关键性的作用。

　　第一件大事，是全国贯彻"八字方针"。

　　1960 年 9 月，国务院在总结"大跃进"时期经济工作经验教训的基础上，提出了"调整、巩固、充实、提高"的八字方针。"八字方针"的重点在于调整国民经济建设规模、速度、结构等计划指标，但其精神同样适用于社会发展的各个领域，高校当然也不例外。1961 年，杭大着手贯彻"八字方针"。按照这一方针，学校重新明确自己的性质、任务，对系科、专业设置进行必要的调整，着重充实内容，提高质量，适当控制发展规模。为了具体落实，学校制定了四固定（定任务、定规模、定专业设置及学制、定编制）方案，全校近半专业下马；部分系科根据学科特点和培养目标，延长或缩短了学制；一部分不适合继续在杭大完成学业的学生被安排回乡、回原单位或转校；教职员工中的冗员被精减。通过这些措施，促使学校从"大干快上""大破大立"，走向理性发展。

　　在"八字方针"的指导下，1961 年全国经济和社会发展的重要领域都制定了具体工作条例。其中《农村六十条》《工业七十条》的出台，推动了工农业生产的恢复和发展，有效地缓解了人们对基本生活的后顾之忧，稳定了人心，给各方面工作的拨乱反正提供了基础。

　　第二件大事，是高校贯彻"高教六十条"。

　　1961 年 9 月，中央下达了《教育部直属高等学校暂行工作条例（草案）》（条例分 10 章 60条，简称"高教六十条"）。这个条例（草案）在发给教育部直属高校的同时，也发给全国所有高等学校，它摆正了高校办学的总方针，重点解决了政治与业务（"红"与"专"）关系以及政治问题、世界观问题与学术问题之间关系的认识。条例（草案）重申了学校的基本任务，规定：

"高等学校必须以教学为主,努力提高教学质量。"学生参加生产劳动的时间限制在一个月至一个半月。从而,给学校恢复正常教学秩序提供了明确的政策依据。

贯彻《高教六十条》之后,教学秩序渐趋正常,学校面貌发生了良性的变化。在教学上,强调重视基本理论、基础知识和基本技能的"三基"教育,让有经验的教师充实教学第一线,有效地提高了教学质量;在学生管理上,强调学生以学为主,严格执行《学则》,全校的学习风气迅速改善;在师资培养上,通过在岗研修、外出进修、老教师对口帮带、教研室(组)抓教研活动(如教材编写、拟定和落实科研计划)等多种措施,加速了青年教师的成长;全校治学空气日渐浓厚,各系学术成果陆续涌现,校内外学术交流增多,一些优秀人材脱颖而出;政治学习和生产劳动的安排进入常态化;学生的文体生活也活跃了起来。

多年来的跌宕起伏,折射出一个浅显的道理:正确的路线、方针、政策能够铸就辉煌,反之,则可以带来灾难。人们盼望国家稳定发展,少一点折腾。我们这些高教人,对这几年学校稳步发展,教学质量有所提高,科研工作有所进展,内心感到欣慰。

32. 初涉人口

大致在开始贯彻"八字方针"到下达"高教六十条"这段时间里,我从地图编纂组回到了经济地理教研组。

1960 年冬,《浙江省地图集》的编纂工作大功告成。我偕同绘图员周丙潮先生去上海中华书局印刷厂联系了印刷事宜,由他们承接制版、彩印业务。不久,图集清样出炉,编纂组把样本送交委托单位省民政厅审定。经办此事的该厅处长陈联锐和一位姓牛的厅长审阅之后,认为图集符合委托要求,只待省委领导最后批示,然后付印。但当他们请示省委分管这方面工作的一位领导时,这位领导丢下了一句话:保密问题谁负责?"保密",这可是个深水区,既然省委领导负不了这个责任,民政厅官员哪敢去蹚这潭深水!就这样,《浙江省地图集》编纂项目功亏一篑,编纂组的使命就此结束。

1961 年春,我被召回教学岗位。那时,因为有了经济地理专业,原来的教研组已经扩充为教研室。教研室让我回去,前提当然是我病体康复,可以恢复正常工作,但客观上也是有课程等着要我去承担。当时教研室的情势是:1958 年大办专业时招收的第一届(后来实际上仅此一届)经济地理专业学生,到 1961 年上半年已经是三年级第二学期,专业课程需要陆续开出。因为大半是新课,需要提前准备,教研室早在上一学年就把课程分工基本确定了下来,唯一还没有人接手的课程是人口地理学。我在病前的专业方向是以经济地理理论(生产布局原理)为主,部门经济地理和区域经济地理为辅,而此时这些相对热门的专业课程都已名花有主,留给我的只有那门无人问津的人口地理课程,这就是说,我已没有选择余地,只能去填补这个缺口。

为什么这门分支学科如此受人冷落?除了学科内涵不怎么丰富,学术上吸引力不强之外,意识形态顾忌和人口数据难求,是人们对它避而远之的两大原因。

首先是意识形态顾忌的问题。

人口地理学作为人文地理学的一个分支,在西方国家是早就有的。十月革命以后,苏联作为第一个社会主义国家,强调意识形态领域的斗争。在学术研究,尤其是在社会科学研究中,要求清除资产阶级理论观点,确立马列主义理论、观点和方法的绝对权威。在这样的方针指导下,西方人文地理学的许多内容被归于资产阶级意识形态的产物,加以批判和扬弃。在人文地理领域内,只有经济地理学用马列主义的立场、观点、方法改造之后,能满足社会主义计划经济条件下合理布局生产力的需要，获得了一枝独秀的地位，其余分支都变得支离破碎，所剩无几。在苏联，人口地理学概念虽然存在，但内容贫乏，难成独立分支，往往把城市地理和乡村聚落地理的内容捏合在一起，笼统地称之为人口和居民点地理学。

中国学习苏联，对资产阶级人文地理学思想的批判也毫不留情，甚至有过之而无不及。在人文地理学家族中，除了经济地理学之外，其余分支几乎是一片空白。在这种情况下，作为人文地理学分支的人口地理学，当然不会受人青睐。

另外，在中国还有一个更加特殊的情况，那就是 1957 至 1958 年对马寅初《新人口论》的批判。《新人口论》是《人民日报》在 1957 年 7 月 5 日以人大代表书面发言的形式发表的，全文两万多字，集中反映了马寅初的人口理论见解，对中国人口形势与人口问题的看法，以及通过减少生育数量、提高人口质量两方面的努力解决人口问题的主张。他的这篇论著，是在 1954 和 1955 年以全国人大常委会委员的身分先后三次视察浙江省，详细调查农村人口增长和粮食生产情况的基础上，结合全国资源和经济状况写成的。文章有理有据，符合中国国情，对人口决策很有参考价值。但是，极左思潮不能容忍他的正确理论和观点，甚至不惜动用全国舆论工具和学术媒体，对《新人口论》发动了声势浩大的批判。尽管马寅初仍坚持自己的观点，但在那种政治气候下，纵然不服，又能怎样！更为可悲的是，此后整整 20 年，人口研究成了学术界的理论禁区。由此，与人口沾边的人口地理学无人问津也就理所当然的了。

其次是人口数据难求的问题。

新中国成立以后，到 1982 年的全国第三次人口普查之前，中国的人口数据是保密的。就当时的情况而论，中国称得上是世界上年度人口统计资料最准确的国家之一，究其原因：一是在社会主义计划经济体制下，市场不发育，城市就业难，城乡人口迁移受到严格限制，人口变动主要表现为自然变动，形式比较单纯。二是粮食和重要生活资料按户口分配、供应，百姓的生活给养都与户口捆绑在一起。三是居民的组织程度很高，人口变动登记及时。这些条件保证了公安户政部门人口统计数据的可靠性。然而，因为国家对人口资料保密，在一般情况下，教学和研究工作很难得到这类数据的支持，人口统计再精确，不能利用也无济于事。人口地理教学和研究离不开人口数据，没有数据支撑，这门学科就失去了基础。

就我自身而论，对开辟教学、研究的新领域还是有一定适应能力的。然而在这样的情况下接手开设人口地理学课程的任务，处境相当尴尬。好在教研室领导完全理解这种窘境，只要求这门课程以专题讲座的形式开出。经过几个月的准备，构建了"人口和居民点地理学"的内容框架，以一般学理为主干，结合人口、城镇和乡村聚落地理中的核心问题，组织了十余次讲座（每次两小时）和两次校外考察（城乡各一次，每次一天）。1961 年秋季学期算是完成了这项教学任务。

那一年，全国贯彻中央的八字方针，学校也采取了一些措施，经济地理专业在这届学生毕业后停办的倾向已经明朗。我原以为就此将与人口学告别，不曾想到不但没有告别，而且这次尝试性开课，倒成了我后半生与人口学结缘的起点。

33. 走进苏南城镇

1963 年是高等院校学术环境相对宽松的年份。那一年的春季学期，为了日后教学和研究工作的需要，我在完成该学期的教学任务之后，集中一段时间，于 6 月间参加了由华东师大地理系组织的苏南地区中小城镇及其人口发展变化的调查。

苏南城镇调查是华东师范大学地理系严重敏教授领衔的自选课题，调查范围是苏州和无锡两市所属各县的城镇。

选择这一课题的背景,是全国贯彻"八字方针"后,经济从极度困难中开始缓过气来,但在计划经济体制下,毕竟市场在资源配置中的作用已经消失,生产资料调配、生活资料供应、人口迁徙和流动等等完全由政府计划和行政手段来维持,社会经济生活运行的方方面面仍捉襟见肘。"八字方针"的贯彻执行,一方面扭转了"大跃进"时期乱铺摊子的局面,但同时也由于建设战线缩短,不得不把原先从农村安排进城镇的多余劳动力清退回去,而且还动员部分城镇知识青年和无业人员去农村"落户",这样一来,又加剧了农村劳动力的过剩。在世界工业化、城市化蓬勃发展的年代,我国城镇人口反而向农村倒流。城镇的出路何在?农村人口的出路何在?这类问题触动了学术界有关学科学者的神经,纷纷提出课题,进行调研。

严重敏教授苏南调研的班子是三个人,除她之外还有刘君德和孙大文两位青年教师。我之所以加入,不是因为他们人手不够,而是由于杭大经济地理教研室把城市地理、人口地理两门课程的建设寄托在我的身上,要建设这类课程,不但要多读书,还要多考察、多体验。因此,在征得严教授同意后加入了他们的调研队伍。调查于6月3日从无锡地区开始,然后转入苏州地区,四个人两两一组,分头走访,历时一个月,我与刘君德一起走访了无锡、洛社、玉祁、青阳、江阴、后塍、沙洲、苏州、吴江、平望、盛泽11座城镇。到6月底,外业调查接近尾声,即将转入撰写报告的阶段,为了避免分享他们的课题成果,我向严先生交割了调查工作和收集到的书面资料,并对他们给我有这样一次学习机会表示感谢。然后辞别三位同行,返回杭州。

那一年,提出这类研究课题的不止是华东师大,全国还有不少高校和研究机构,例如,国家计委城市发展研究院准备投入一些人力,花10年时间去研究城市人口问题;中国科学院地理研究所则针对中小城市与集镇发展问题进行调查;等等。这类调研,对象是城镇,核心要素是经济和人口,目标是探讨现行体制下的城镇发展和城乡人口出路。实际上,这样的课题在社会主义制度必定与计划经济体制捆绑在一起的观念强烈支配下,是找不出满意答案的。因此,选择这类课题、做了大量调查研究的单位和个人,都难以提交突破性的研究报告,有的干脆不了了之。严重敏先生的调研组倒是很现实,绕开制度、体制等复杂问题,写出一篇苏锡地区的城市地理论文,在《地理学报》发表。

一个月的苏南之行,时间不算长,但涉及的城市和人口两个学术领域,后来一直伴随着我的后半生。另外,通过这次合作,与华东师大的几位同行结下了长期的友谊,也是难忘的,尤其是严重敏先生。严先生解放初回国时曾在杭州工作,一度准备受聘于浙江大学地理系,我在浙江师专上学时,课程表上任课教师就有她的名字。从这层关系上说,她还是我的老师,只是因为当时她和她的丈夫朱夏先生(首批中国科学院学部委员,后称院士)一起被调往上海工作,才没有登上我们的课堂。所以,早在50年代初期我就知道了她。不过,真正熟悉她还是那次苏南调查,她给我的印象是一位平易近人的长者。后来,在"文革"十年内乱结束、学术界恢复正常学术活动后,由于专业相近,在全国或校际的学术活动中,交流的机会就多了,彼此了解也更深了。直到上世纪末本世纪初,这位已退休多年,进入了耄耋之年的师长,还没有把我忘记,先后给我寄来了她的同事和学生为庆祝她八旬寿诞而编印的《城市与区域研究》(严重敏论文选集),以及由她自己选编出版的朱夏先生与其父朱大可先生的诗词遗作《父子诗词选集》。

34. 走近学术"禁区"

1963年下半年,中国地理学会安排在杭州举行的综合性学术年会。早在是年春季,系主任严德一教授便号召有条件的教师要向会议提交论文。我去苏南之前,教研室主任陈桥驿先生也根据系领导的号召,希望我做好思想准备,届时能提交一篇文章,我默认了。结束苏南之行后,便打算利用暑假时间来做这件事情。

选什么题呢? 那时我的专业方向是经济地理学理论,执教的主课是生产布局原理(后称经济地理学导论),副课是人口与居民点地理学(是人口地理、城市地理和聚落地理的合称)。按常理而言,我的研究选题宜侧重于生产力布局问题。不过,因为中国的政治制度和经济体制是在学习苏联基础上确立的,经济地理学理论没有脱出苏联那套理论的窠臼,写这方面文章的人不少,套路大同小异,有新意的东西不多。倒是"人口与居民点地理学"方面的学术问题,多年来乏人问津,既然这方面的课程已经列入教学计划,理应有人去开辟这一研究领域。出于这样的考虑,我觉得不妨选个人口地理方面的课题,做点探索性调研。

确定这样一个选题目标,心里不是没有嘀咕的。前面说过,1957年,在康生等人的策动下,以批判《新人口论》为由对马寅初实行政治围剿以后,人口学便成了"理论禁区"。尽管我想不明白研讨我国现实存在的人口问题是哪来的罪过,但是大家都清楚一个基本事实,那些年人口学毕竟已经是中国社会科学这棵树上的一粒苦果,谁敢品尝谁受罪。所以,1961年我病后复出时教研组留给我的一门人口地理课程(地理学与人口学边缘学科),是众人眼里的一块烫手山芋。只是我有点不知轻重,既然领导把任务分配了下来,再困难也得坚持下去。因此,当时接受这项任务虽然有顾虑,也没有紧张到噤若寒蝉的地步。但是,当真要选择人口地理的研究题目时,心里不免有点忐忑不安,因为这是向"禁区"越走越近,一不小心就可能触雷,至少要准备遇到意想不到的麻烦和困扰。经过一番踌躇,最后还是决定小心翼翼地去冒一点风险。

根据初步考虑,我拟定了一个调研方案,区域选在宁波地区,主旨是考察地理学注重的人地关系。准备就绪后,便于7月上旬只身前去调查。不出所料,困扰立即迎面而来。当我持杭州大学介绍信走进宁波专员公署计委办公室,向一位工作人员说明来意,希望他们提供宁波地区代表性年份的人口和经济统计资料时,这位工作人员给了我直截了当的回答:"我们没有义务向学校单位提供这方面的资料。"对收集人口资料之难我是有思想准备的,但是面对他的断然拒绝,心里还是有点茫然。沉默片刻后,我接着问他:"你们要什么样的条件才能提供呢?"他回答:"必须凭省委介绍信。"说到这里,我明白了,那不完全是工作人员的办事态度问题,而是要向他们查阅这类资料必须有硬邦邦的来头,而这样的来头,高校的自选课题研究是搬不动的。还是知难而退,再作道理吧!

想想也是,在已经把研究人口问题打入冷宫,对哪怕只是人口总量、增长率等简单的几项统计数字都要保密的年代,普通人要查阅人口资料谈何容易! 就算是收集到一点资料,想实事求是地写人口文章也注定是自讨苦吃。冷静下来后,我考虑改变原先从"人口"这个主题词出发的调研计划,决定在宁波专区范围内物色一个小区域,对农业与劳动力资源的空间匹配关系进行剖析。主意打定后,便准备到新嵊或姚慈地区试试。先到嵊县、新昌两县(当时属宁波专区)所在的新嵊盆地做一番粗略的选题性考察,觉得那里是个相对完整的地理单元,但农业与劳动力资源及其匹配关系特点不明显。于是又转入余姚、慈溪两县,那里从南部山区到北部滨海,自然地带性和农业地带性十分显著,农业和劳动力资源关系的特点相当鲜明,是较为理想的调研区域,便决定驻足姚慈两县。在那里,除了向两县农业局了解情况之外,不要求计划、统计机关提供什么数据,可以直接到农村人民公社和生产大队就农业和农村劳动力状况进行具体考察访问。经过半个多月从姚江平原到滨海盐地的走访,获得了必要的第一手材料,然后回校,对所得资料进行筛选整理,同时查阅有关地方文献,逐步厘清了这个区域海涂围垦、作物构成、人口和劳动力变迁的历史和现状。在此基础上,又经过补充调查,进一步充实资料,写成了《浙东姚慈稻棉区农业劳动力资源及其利用平衡》的学术论文。

文章几经斟酌修改后,油印寄交给了中国地理学会秘书处。因为这是中国地理学界从劳动力资源角度写就的第一篇人口地理论文,有探索学术新领域的意义,在当年地理学会学术年会上受到了论文选编人员的注意,决定把此文收入这次会议的论文集,并把这一决定以书面形式通知了我。会议结束后几天,又收到《地理学报》编辑部来信,告知此稿准备在《地理学报》刊用。

学报是反映一门学科重要学术研究成果的园地,对学科发展起引领作用,能在学报发表,我感到高兴。但是,我自己知道,在学术界对敏感问题谈虎色变的环境下,我在撰写这篇论文的时候,除了阐明区域人地关系以及农业劳动力资源利用的基本特征之外,对在调查过程中意识到的人地矛盾不断加剧的症结,解决矛盾的根本出路,未便着墨深究,仅仅在结语中申述几句,轻轻带过。所以,从科学态度来说,这不能算是一篇切实求真已经到家的文章。看来学报编辑部是理解作者心情的,他们认可了文章的内容、观点和处理方法,只是为慎重起见,建议对文中引用的数字再做点技术处理。

文章在《地理学报》1964年第4期发表,事后没有什么风波。我想,这本来就是一篇小区域的人口地理文章,又没有正面触碰敏感问题,而且文字和数字都经过反复的处理,能有什么事情呢!可是我的想法还是过于天真了。过了几年,在史无前例的"文化大革命"中,我还是被"革命群众"扣上了一顶"宣扬人口过剩"的"马尔萨斯主义者"的帽子。那是后话。

35. 短暂奋进的收获

如上所述,在贯彻"八字方针"和"高教六十条"那几年,高校回归本位,学校出现井然有序的新气象。这说明只要有正确的办学方针和合理的政策措施,就能够把广大教职员工特别是教师的积极性调动起来,同心协力办好学校。生活在那个时代的知识分子,多年来接受共产党的政治思想教育,绝大多数人已经有了一定的政治觉悟。他们没有太多的奢求,只希望有一个能够发挥各自才能的工作环境,通过自己的努力,为国家、为社会作点贡献,同时也希望自己的劳动能够得到党和政府的承认和尊重。

1962年,知识分子的这种愿望变成了现实。

在1961年中央出台"高教六十条""科研十四条""文艺八条"等政策文件之后,要推行这些条例,绕不开落实知识分子政策的话题。1962年3月,国家科委召开全国科学工作会议,文化部、戏剧家协会召开全国话剧、歌剧、儿童剧创作座谈会,两会都在广州举行,都涉及知识分子政策问题,需要对知识分子状况有一个正确的估计。为此,国务院总理周恩来和副总理陈毅专程到会,就知识分子政策问题讲了话,郑重宣告我国知识分子绝大多数已经是劳动人民知识分子。这一论断,对科研、文化、高教乃至整个知识界产生了巨大的鼓舞作用。有一件事我至今印象深刻。著名数学家、杭州大学副校长陈建功教授参加了广州会议,亲身聆听了两位领导人对知识分子状况的估计、肯定知识分子在政治上的进步以及要求全党正确执行知识分子政策的讲话。他回校后向全校教职员传达了会议精神,会场上群情振奋,尤其是在传达到陈毅副总理形象地表述要对知识分子"脱帽加冕"(脱资产阶级知识分子之帽,加劳动人民知识分子之冕)的时候,全场掌声雷动,经久不息。这一场景,生动地表露出知识界是多么希望看到党和国家领导人对他们点滴进步的尊重!

实行"高教六十条",正确执行知识分子政策,对知识分子群体是一种鼓舞,对每个人也是一种激励。以我个人而言,在这一短暂的稳定期中,有过短暂的奋进,得到了一些收获。

收获之一,是边讲课边完成一门主课的教材建设。在《高教六十条》下达前夕,我有幸身体基本康复。在遵循党委要求防修反修、加强学习、提高无产阶级政治觉悟的前提下,珍惜贯彻"八字方针"和《高教六十条》带来的教学秩序相对稳定的时机,认真做好教学工作。做好教学工作要抓三个环节:教材、讲课和带学生实习,而教材是教学质量的基础。因此,在经济地理学科还没有全国统编教材的情况下,首先要把着力点放在自己承担的主课(生产布局原理,后称经济地理学导论)教材的编写上。从1962年春开始,经过一轮边讲课边编教材的工作,草就了《生产布局原理》(讲义)。作为教材,这不算完备,只能说在没有全国统编教材可用的情况下,为这门课程提供了必要的基础。但对个人来说,算得上是在短暂稳定期中收获的一项教学成果。

收获之二,是集体科研项目和个人研究两手抓。

集体项目方面:前期以参加国家科委的全国海岸带资源综合调查为主。杭大地理系承担浙江沿海的部分,我所在的经济地理教研室负责经济资源方面的调查,为编写调查报告积累了必要的资料(后因政治形势变动,这项调研工程时辍时续,到"文革"结束后才最终完成)。后期主要是承担浙江省农业部门的全省低产田调查,地理系师生,足迹遍及全省。这项任务后来也因形势变动而成为旷日持久的工作。

个人研究方面:集中在人口和居民点学术领域的探索。3年内接触了学科中彼此相关的三个命题,撰写了3篇论文,参加了3次全国性学术会议。

1963年写了姚慈地区农业劳动力资源利用问题一文,列席了是年11月在杭州(华侨饭店)举行的中国地理学综合性年会。此会规模较大,规格也高,中国科学院副院长、中国地理学会理事长竺可桢亲自到会,国内地理学界名流大都出席了会议。

1964年秋、1965年春写了关于人口地理学发展前景和城镇发展机制问题的两篇文章,分别参加了1964年11月在长春举行的地理学会经济地理学术讨论会和1965年3月在广州举行的地理学会几个分支学科的学术讨论会。这两篇文章,前者史料不足,后者理论准备不充分,难以全面概括和准确把握,我并不满意。不过到会上交流一下,吸取不同的学术见解,倒也不无裨益。(附记:长春会议在长春火车站站前广场东南侧的一家宾馆举行,据说此宾馆的建筑是1903—1907年沙俄在我国东北修筑中东铁路时的产物。广州会议在沙面胜利宾馆举行。沙面1861—1941年沦为英法租界,我们开会的宾馆据说就是当年的英国领事馆。这两个会议地点都是半殖民地时期列强侵略中国的产物,在那里开会,不由得激起毋忘国耻、奋发图强的思绪。)

收获之三,是提升了中级职称。在相对稳定的办学环境下,杭大校务委员会对教师进行了职称评定。1962年11月,41位助教提升为讲师;1963年9月到12月,12位讲师提升为副教授,3位副教授提升为教授。我是1962年被提升为讲师的人员之一,那一年我33岁,按常理而言,这个年龄提讲师已经晚了一点。不过,从那个时代过来的高校学人都清楚,1952年院系调整后的整整10年间,除了前期有过零星的职称认定外,没有办理过一次常规性的职称评定,这两年集中提升一批教师的职称,已经是体现高校回归本位的一件幸事。

回想往事,我觉得贯彻《高教六十条》的几年是个人有几分成就感的几年。总的来说,那段时间日子是过得比较充实的。

然而,稳定只是事情的一个方面,还有另一个方面,那就是"左"的冲动依然存在,只不过在贯彻"八字方针"和"高教六十条"的头两三年里收敛了一点。实际上,"政治是统帅","教育必须为无产阶级政治服务,教育必须同生产劳动相结合"的基调没有改变,一旦政治运动来临,只要政治上有需要,学校的教学环境、教学秩序和科研秩序立刻就可以改变。事实正是这样。1964—1966 年的"四清"运动,部分高校的正常教学、科研秩序被打乱。至于后来的"无产阶级文化大革命",那就不仅仅是乱了高校的问题了。

36."四清",告别"高教六十条"

1963—1964 年,全国城乡开展社会主义教育运动。起初,运动的内容城乡有别,1965 年初,中共中央决定城乡社会主义教育运动的内容一律为清政治、清经济、清组织、清思想,通称"四清"。

中共浙江省委根据中央通知精神,随即组织省内高校师生分赴"四清"第一线。杭州大学早在 1964 年 11 月就派出除外语系之外的文科 4 个系师生 949 人,加上部分理科教师和部分机关干部 204 人,共 1153 人,分赴诸暨、萧山两县参加社教("四清")运动,历时 8 个多月。1965 年 10 月和 11 月,又将理科 5 系和外语、体育 2 系师生分别派往新昌、平湖两县参加运动。其中:物理、地理、外语 3 个系的二、三、四年级学生、教师和部分机关干部共 469 人于 10 月奔赴新昌;数学、化学、生物、体育 4 个系的师生及干部共 740 人于 11 月赶赴平湖(批次和人数均据《杭州大学校史》)。

为领导这场运动,省里成立了几个社会主义教育("四清")工作团,新昌是中共浙江省委上虞社教工作团第四分团,由省委宣传部副部长商景才任分团长。分团部设在新昌县城。分团向各人民公社派遣工作队,工作队向各生产大队派遣工作组,工作组直接面向群众开展工作。第四分团及其所属工作队、工作组的三级骨干,多数是从诸暨县已从"四清"运动中解放出来的县、区、乡(即公社)三级干部中抽调来的,少数来自绍兴地专机关,此外就是杭大师生,以及来自诸暨农村、作为农村基层后备干部培养的知识青年。人员绝大多数下派到工作组,每个工作组约 20 人左右。

地理系师生于 1965 年 10 月上旬出发去新昌,地点是大灵公社,公社驻地在小将。按照事先安排,系总支副书记和秘书二人留在队部(公社驻地),其余人员都分派去各个工作组。我作为杭大人员内部分组的一个组的组长,带领 6 人(教职员、学生各 3 人)去南裕生产大队向已入驻该地的工作组报到。南裕大队所在的自然村叫南洲,位于大灵公社南部与天台县交界的地方,这个自然村行政上分为南裕、南岭两个大队,各驻有一个工作组。南裕大队工作组组长赵本达、副组长张庆木都是来自诸暨县两个公社的干部。

因为中央要求高校师生参加农村"四清"的目的很明确,主要是通过运动的锻炼来改造知识分子,学校党委和系总支在动员中也反复强调这一点,所以,师生们对自己的身份和任务一清二楚:作为工作队员,要在这场政治运动中完成工作组布置的各项任务;作为知识分子,要通过运动的历练,改造自己的思想。把外在的任务和内化的体验结合起来,就是领导常说的,在改造客观世界的同时,改造自己的主观世界。

"改造客观世界",目标任务都很明确。总的是通过农村社会主义教育运动,提高当地干部和社员的政治觉悟,解决生产大队领导班子的"四不清"问题,进而健全农村基层党组织,带领全体农民坚持走社会主义道路。杭大师生的具体任务,是在工作组的统一领导下做好各阶段的工作,每人参加一个战斗组,具体联系一个生产队的工作,了解情况,宣传政策,释疑解惑。同时,深入到社员家庭,特别是贫下中农家庭,访贫问苦,了解他们的生产、生活和思想情况,鼓励他们在搞好生产的同时,积极投入运动。教师一般还要负责或参加一项专线的工作。工作组的活动结合农村实际情况安排,通常是上午集中学习,听取队员联系群众的情况汇报,布置下一步工作;下午分头去各自联系的生产队参加劳动,或去大队、生产队参加干部会议、社员大会等;分散走访社员家庭一般放在晚饭以后。

"改造主观世界",基本上是结合每天的活动进行自我体验。切入点是三个方面:一是学习。重点是学毛主席著作,学"四清"运动政策,学王杰、焦裕禄等革命英雄模范人物,以提高各自的思想认识和精神境界。二是工作。要求围绕每一阶段的中心任务做好各自的工作,诸如:开展宣传教育;发动群众,揭开大队组织和干部的"四不清"问题;整顿和健全大队党组织;调整生产队规模,推动小型农田水利建设;培养积极分子,发展新党员;等等,从中锻炼做农村群众工作的能力,检验自己的无产阶级感情和政治立场。三是坚持"三同"。即与贫下中农同吃、同住、同劳动,体验贫苦农民生活,培养贫下中农感情。

在改造主观世界的三个切入点中,最不容易坚持的是"三同"中的"同吃"。一个细节很有代表性。工作组进村后,队员分散安排在贫下中农社员家搭伙,按规定标准交给粮票和伙食费,与他们同桌吃饭。但因当地经济落后,农民生活水平低下,饭食搭粗粮,蔬菜多是生咸酸辣的腌制品,不少队员不适应,纷纷要求工作组自办伙食。分团部根据工作队的反映,同意工作组按照实际情况自行处理。南裕工作组闻风而动,办起了自己的小食堂。可我们6位师生仍继续坚持在农家搭伙,我们不能忘记领导对坚持"三同"的叮嘱。

1966年4月中旬,大灵公社工作队的"四清"工作进入扫尾阶段,地理系师生经过半年的运动考验,通过了工作组和工作队的鉴定。分团领导决定:参加新昌"四清"的杭大师生于4月20日撤离工作组,返回学校。

亲历新昌农村"四清",有一点确实有些感触,尤其是在事后回味时,感触更深。以我所在的南裕大队来说,在运动过程中,尽管工作组利用大会小会反复宣传发动,队员串门入户与农民沟通,但大多数农民并不兴奋,对运动神情淡漠。这究竟是怎么回事呢?我做过种种揣测,想找出答案,都被我否定。最后,我觉得恐怕是与农民感受不到运动能给他们带来什么希望有关。这场以反修防修、防止和平演变为出发点,自上而下发动的社会主义教育运动,农民看不到与他们有多少直接关系。新中国成立十多年来,政治运动不断,而当地农民仍然生活在贫困之中,久而久之,对政治运动就麻木了。据我们的亲身体验,当地除了农业之外,没有任何其他产业。在计划经济和人民公社化体制下,农民缺乏生产积极性,经济没有活力,加上城乡二元化社会管理,劳动力无法流动,而山区依靠梯田以种粮为主的农业,只能勉强解决糊口问题,农民要用钱,没有其他办法,便从山上找财源,一度产生乱砍滥伐,严重破坏山林的问题。当时省委书记江华曾发出过"新昌的阶级斗争表现在山上"的政治性警告,刹了一下破坏山林的歪风。可是农民总得找点财路啊,怎么办?种白术。白术倒是比较名贵的中药材,但它受供求关系限制,而且生产周期长,又耗费地力,为保证"以粮为纲",只允许腾出少量土地来种植,为他们提供一些经济收入。那个冬天,我们目睹了生产队白术的收获、焙烘和投售过程,农民确实得到了一些现金分红,但因种植面积不大,产量不多,社员收入毕竟有限,生活难有明显改善。这种窘境,如果国家不加速工业化,解放和转移农村大量剩余劳动力,是摆脱不了的。但在以阶级斗争为纲的路线支配下,谁也无法从根本上改变农民的这种生活境况。

第八部 "文革"之劫

37. 山雨欲来

1966 年 4 月 20 日,杭大在新昌参加"四清"运动的几个系师生回到了学校。回校后,又集中一星期做思想总结和汇报交流,4 月底宣告这批参加农村"四清"的任务结束。

在一般情况下,这个学期还有两个月时间可以从事正常的教学工作,但事实不然。进入5 月份,政治学习加码了,学习内容也与以往不同,主要是批判吴晗的《海瑞罢官》,批判邓拓、吴晗、廖沫沙的"三家村"。我们学地理的,不太懂得也不太关心历史和文学艺术,但是看得出来,报刊、广播发表的那些批判《海瑞罢官》和"三家村"的文章,不同于通常的学术批评或文艺批评,而是上纲上线的政治讨伐。果然,5 月 19 日系党总支在地理系文化大革命学习中心小组会议上传达了校党委的意见,明确指出批判《海瑞罢官》和"三家村"已经不是什么学术问题而是政治问题了。当时我是教育工会杭大地理系部门委员会副主席,参加了中心小组会议,就在这次会议上,"文化大革命"这个词第一次印在了我的脑海里,初步意识到那将是一场政治斗争。

6 月 1 日,《人民日报》刊发了《横扫一切牛鬼蛇神》的社论;当晚,中央人民广播电台播出了北京大学聂元梓等 7 人攻击该校党委负责人的大字报,题为《宋硕、陆平、彭珮云在文化革命中究竟干些什么?》,次日《人民日报》又发表了该大字报和评论员文章。这是政治运动的冲锋号,各大城市的高校闻风而动,史无前例的"无产阶级文化大革命"大幕一下子就在全国拉开了。6 月 2 日一早,我去学校上班,杭大校园人流集中地方的墙头已经出现了不少大字报,文字散发着浓浓的火药味。接下来的两三星期,大字报铺天盖地贴了出来,大字报矛头直指所谓"党内的资产阶级代表人物"和"资产阶级权威"的,也有许多是放乱枪的,想放就放。在地理系的大字报中,也有 5 份是冲着我的(这一点,我将在下一节做些回忆)。

随着"革命造反"声势的壮大,高校的上层领导、中层干部、著名教授以至一般教师受到大字报冲击的越来越多,学校干部、教师人人自危,校内秩序开始动荡。为了防止运动失控,中央指示各地派工作组进驻高校,指导运动的正常开展。工作组进校后,在一段时间里还能掌控局面。记得在工作组刚进驻后的 6 月 15 日,全校开了一次大会,校党委书记陈烙痕和工作组长刘桂(省委组织部副部长)都讲了话。陈在讲话中带点自我批评的意味,刘的讲话则简要地申述了文化大革命的对象、政策和做法,明确指出革命的对象是两种人:一种是党内走资本主义道路的当权派;另一种是资产阶级权威。根据这一精神,全校和各系开始物色重点斗争对象。

6 月 20 日,各系宣布二、三年级和五年制专业的四年级学生全面停课。6 月 21 日,政治、中文两系贴出声讨林淡秋(作家出身的老党员、原副校长,此时已调任省委宣传部副部长)和夏承焘("一代词宗"、中文系著名教授)的大字报,开启了声讨林淡秋和夏承焘的"林夏战役"的序幕。

就在此后,出现了一些北京的大学生来杭州高校串联的身影。他们声言工作组执行的是一条资产阶级反动路线,揪出党内走资派,踢开工作组闹革命,并高喊"革命有理,造反无罪"等口号。

"风乍起,吹皱一池春水",杭州各高校学生闻风立即对工作组发难。7月30日、31日,省委李丰平等领导人连续两天来杭州大学召开座谈会,了解情况,征求工作组去留的意见,同时透露了北京大学等高校已经撤走工作组的信息。没过几天,工作组就悄悄撤走了,这样一来,"林夏战役"当然也就熄火了。

8月5日,毛泽东发表《炮打司令部——我的一张大字报》。接着,由北京率先、各地高校和中学相继出现自命为"红卫兵"的学生组织,迅速掀起"革命大串联"的浪潮。各地"红卫兵"纷纷涌向北京,表示要保卫毛主席,效忠无产阶级革命路线。毛主席先后8次(自1966年8月18日至11月26日)在天安门城楼亲自接见(检阅)了"红卫兵",支持和鼓励这些"革命小将"的行动。

在此期间,涌起了各地大中学生和部分年轻教师也到全国各大城市学校"串联"的大潮。"大串连"的人流充塞着铁路干线上的列车,他们凭着学生证、工作证或者加上一纸学校开的团体串连介绍信涌上火车,车厢内水泄不通但"革命小将"却乐此不疲。在杭大校园,充满着进进出出的外来串联者,学校成立了接待站,腾出新建图书楼尚未启用的房舍和部分教学楼的教室,置办简单卧具,安排串联者住宿。接待人员临时拼凑,我就曾被抽调到接待站做过一段服务工作。"大串联"坐火车不用买票,滚滚人潮几乎使铁路运输瘫痪,接待单位也不堪重负,不得已,毛泽东于次年8月发出"就地闹革命"的号召,"大串联"才渐渐停息。

1966年从初夏到初秋,几个月时间里一场政治运动居然出现了翻来覆去变化的局面,个中原因我们常人是弄不明白的。因为当时虽然开始听到"二月提纲""五一六通知"这类名词,但多数人并不清楚它们的具体内容和来龙去脉,也不明白既派出工作组又废除工作组到底有什么隐情,只知道这场"无产阶级文化大革命"是毛主席亲自发动的,凭着他老人家崇高威望与对共产党的信任,大家只有跟着走,不大可能有别的选择。但世事难料,错综复杂的内外环境最终会酿成旷日持久的"十年内乱",使国家陷入深重的灾难。

38. 树小也招风

在山雨欲来风满楼的1966年初夏,也有一股风刮到我的身上,在地理系近千份大字报中,有5份是针对我的。

虽然比率不算高,不过我那时还只有30多岁,职称是讲师,资历尚浅。

"送"给我的大字报,是我所在的教研室及原先工作过的教研室同事写的,都署了名,堪称光明正大。要是在以前似乎有点不可思议。因为写大字报是要拉下脸来的,曾长期共事、平时毫无过节的同事,有的甚至称得上是知交,怎么就平白无故地撕破脸皮了呢?这一点,对那个时代身历其境的人来说,大概不会大惊小怪。因为当时对"革命大字报"是鼓励的,聂元梓等七人的大字报就得到了领导人的高度评价,称赞那是"全国第一张马列主义大字报"。这类大字报矛头直指各自的"老熟人"——老战友、老同事、老上级。这无疑是一种榜样,一种号召,宣示革命群众可以拿起大字报这种武器向身边资产阶级的、修正主义的东西开火。在这种情势下,人们响应号召,用大字报揭发、批判他们工作或生活圈子里存在资产阶级意识形态的人和事,自然是情理中的事了。

大字报总带点火药味,动不动就"上纲上线"。① 这也不奇怪,在那个时候,不这样似乎不足以表现革命,而且攻击错了也不用负法律责任,因为那时只讲人治不讲法治。给我的大字报,也有火药味,带点政治攻击性,还夹杂一点歪曲事实的东西,但还不算太滥,总的还是围绕我在学习、会议、教学、科研或者个别交往中的言论,抓住某些"突破口",向我发起冲击。

给我的大字报都写了些什么呢? 归纳起来主要是五个方面:一是"揭穿"我的"左派"面目。说我表面是左派,实际上有许多封建的、资产阶级的思想。二是斥责我反对地理学直接为农业生产服务。理由是我强调地理学本质上是基础学科,它可以在广泛领域为国家建设服务,其中为农业服务是一个重要方面,但教改方案只强调对口农业,直接为农业生产服务,是不全面的。三是指责我去苏锡地区参加城镇调查、去姚慈地区进行人口地理调查、去浙江图书馆查阅杭州城市发展的历史资料,是想一鸣惊人、成名成家的资产阶级个人主义表现。四是批评我写的姚慈稻棉区文章在初稿结论中宣扬人口过剩;我编的《经济地理学导论》讲义是修正主义一套。五是"揭露"我与陈桥驿互相吹捧,一唱一和,其"依据"是我捧陈是神笔手,陈吹我是天才;我强调地理学是基础学科,陈强调地理学只能间接为生产服务;陈搞绍兴历史地理,我搞姚慈人口地理,以曹娥江为界,一东一西,是精心策划的。

大字报内容是否公允,不需我辩白,让时间去证明就是了。

好在受党的多年教育,我对批评,哪怕是攻击性批评,还是有一定承受能力的。面对这些批评,我还是以言者无罪,闻者足戒,有则改之,无则加勉的态度,尽量思索自己究竟有哪些缺点、错误,默默地做着自省。在 20 世纪五六十年代,知识界有点思想修养的人都会抱这种态度。

此后,我就没有再去多想大字报中的是非曲直。不过,有一点我总有所不解。人们常说,树大招风,比喻一个人出了名往往会招来麻烦。我只是小树丛中的一棵小树,怎么也会招风呢? 而且,这股风还是从同我比较接近的同事和朋友那里刮过来的,这到底是怎么回事?

三四十年后,生活在与"文革"时期完全不同的改革开放和社会主义市场经济环境下,不经意间,我似乎悟出了一点当年遭遇这番波折的深层次原因。

20 世纪五六十年代,我国政治上风起云涌是常事,但职场的横向流动和纵向流动却是相对凝固的。在城市,用人单位人员的流动性极小,无论是横向的(地区间、单位间调动)还是纵向的(职位升迁、变动)都是如此。由于计划经济条件下缺少激励机制,人员又不流动,单位内部人际关系出奇的稳定。但大学毕竟是培养人才的地方,在学术思想、科学技术日新月异的当今世界,即使在凝固的社会体制下,也总有局部解冻的时候,例如职称评定、科研项目申报、外出进修、学术交流等等。一旦这类机会出现,均衡就可能被打破,有人获得机会,有人没有机会。在那个年代,学校和社会能提供的资源和机会十分稀缺,获得机会的是极少数,得不到机会的是大多数,而后续的机会又遥不可及(例如职称评定,从 1952 年院系调整到 1962 年的十年间,只有个别年份有过零星的晋升;而 1963 年后,更是在长达 14 年的时间里毫无动静),导致多数人感到失落。这是一种社会凝固的潜在危机派生出来的微妙的人际

---

① "纲",指阶级斗争;"线",指政治路线。"上纲上线"是当时流行的政治术语,意思是把思想意识或认识上的问题,上升到两个阶级(资产阶级与无产阶级)、两条路线(资产阶级反动路线与无产阶级革命路线)之间斗争的政治高度去认识、去批判。

关系危机,在一定的条件下就会暴发出来。

正是这种微妙的人际关系危机,人们都无意识地被卷在里面。在 60 年代中前期贯彻"八字方针"和《高教六十条》的岁月,我仗着身体基本康复的底气,想尽量找回一点前些年因病失去的时间,多读点书,多做点工作。在这期间,开出了两门课程,编写了一门教材,参加了一些集体科研项目,做了点独立调查研究,撰写和发表了几篇文章,当然也参与教改和下乡锻炼。结果,我成了机会的幸运儿,1962 年提升了职称,1964 年 11 月和 1965 年 3 月,分别参加了在长春举行的中国地理学会自然地理和经济地理学术会议和在广州举行的中国地理学会地貌学、外国地理、经济地理学术会议。这些都是稀缺的机会,人们都希望得到,但多数人没有得到。这样一来,我这棵小树,无形之中多长了一点枝叶,就难免招风了。社会凝固积累起来的潜在人际关系危机,趁着某种政治氛围,人们往往以革命的名义加以宣泄。这也从另一个侧面反映了社会流动机制长时间缺失的无奈。

39."清队"遭遇[①]

自 1966 年 6 月"文革"发动之后,学校停课闹革命,连一年一度的全国高校统一招生也被迫停止。9 月下旬以后,学校一步步被"革命群众组织"(后习称为造反派)控制,一些党政领导干部被当作"走资派""反党黑帮",一些教师被当作"反动学术权威的黑干将""牛鬼蛇神",受到揪斗与迫害。没有或暂时没有遭殃的教师,内心惶惑,但又不好逃避"革命",每天都得到办公室读报、听广播、学习主席最新指示。年轻一点的,加入一个大的造反派团体旗下的"战斗队",表示紧跟毛主席的革命路线。

造反派"闹革命",闹了一年多,派系林立,"派仗"不断,到处夺权,造成党政机关、企事业单位机构瘫痪,秩序混乱。中央先是对地方政府和一些重要部门、单位实行军事管制。后来,号召造反派要"大联合",组建政府、部门或重要单位的新领导班子要"三结合"(即由革命军人、革命干部、革命群众组织代表三部分人组成)。据此,浙江省于 1968 年 3 月 24 日成立了省革命委员会,开始行使省党政领导机构职权。杭大也于 3 月 29 日成立了杭州大学革命委员会。

在这种形势下,政府部门开始重新运作。4 月间,省农业厅商请杭大地理系继续开展全省农业区划工作(这个项目 1965 年已经存在,因"四清""文革"而中断),我们这些从事教学、科研工作的人员,已经两年半不接触业务了,心里空落落的,现在有点工作好做,还真感到欣慰,于是欣然领命。我和宋小棣、陈德恩、周桂明一行随即出发前往安吉县调查,宋、陈二人负责北半部,我与周桂明负责南半部(孝丰、报福、杭垓、章村一带),限期完成任务。然而,没过多久,约在 5 月初的一个晚上,我们从外业调查点回到县政府招待所,接到了因事回家的陈德恩打来的电话,说形势有变化,学校已经"兵管",通知我们中止调研,尽快回校。电话是周桂明接的,他也没有细问究竟是怎么回事,既然让我们回去,那就回去吧。

回到学校以后,气氛果然有些异样,似乎增加了几分杀气。实际上,"两报一刊"(指《人民日报》《解放军报》和《红旗》杂志)1968 年元旦社论提出彻底清查混在革命队伍内部的一小撮叛徒、特务、党内走资本主义道路当权派以及没有改造好的地、富、反、坏、右分子,就已经传递出中央要发动"清理阶级队伍"的信号。5 月 25 日中共中央、中央文革小组发出《转

---

① "清队",是"清理阶级队伍"的简称,主要集中在 1968 年 5 月至 1969 年 4 月的一年中。"清队"中打击了一大批无辜的人,制造了许多冤、假、错案。"文革"结束后,中央拨乱反正,受害者陆续得到平反昭雪。

发毛主席关于〈北京新华印刷厂军管会发动群众开展对敌斗争的经验〉的批示的通知》，"清队"的锣鼓终于在全国敲响。

从那时开始，"清队"在杭大校园内大张旗鼓地展开。造反派以校、系革委会的名义，对全校教师、干部人为地分类排队，把一大批人打成"牛鬼蛇神"，任意扣上"现行反革命分子""叛徒""特务""漏划右派""漏划地主"等等帽子，加以迫害（杭大"清队"后来在校史中有概略的记述）。

在地理系，我亲闻、亲见、亲历了这场劫难，心里五味杂陈。

5月下旬开始，系革委会几乎把全系中老年教职员都当作"清队"对象，把他们一个个关进"牛棚"（看押所谓"牛鬼蛇神"之处），由"兵管组"（此"兵"，非军人，是造反派自命的）实行专政。"清队"对象被勒令写书面材料交代自己"罪行"，这些人挨训挨骂甚至挨打，终日提心吊胆。

三个多月后，厄运轮到了我的头上。那是1968年的9月7日，我一生中难忘的日子。那天下午，地理系"兵管组"的两个学生，把我从家里"传唤"到系里。到了系革委会办公室，造反派直截了当地宣布："从现在起，对你隔离审查。不准回家，不准与外界联系，老实交代自己的问题。"随后，通知家属送来简单的卧具和生活用品。

在羁押我的房间里，起初只有我一个人，没过几天，造反派把一位老教授和一位老讲师押了进来，他们都是带着铺盖来的，都是属于被"关押"的对象。接着，另外有三位教师和一位老共产党员也被送到这里，责令他们每天必须在这里"学习""反省""交代问题"，但允许回家吃饭睡觉。造反派没有把这个房间统称为"牛棚"，而是叫做"学习组"。

我被隔离后，对我的批斗有两个高潮。

第一个高潮是发动大字报攻势。大约是9月中旬的一天，地理楼三楼楼厅四周墙上全是向我发起攻击的大字报，我利用如厕往返通过楼厅的短暂时间，匆匆浏览了大字报的内容。凭当时的印象，大概有这么几个攻击点：一是否定我政治上的进步，二是攻击我是混进"革命群众组织"的异己分子，三是指称我是"资产阶级反动学术权威"的黑干将，四是抓住我1964年发表在《地理学报》的《浙东姚慈稻棉区农业劳动力资源及其利用平衡》一文结论中的观点，加以歪曲，把我打成"马尔萨斯主义者"。

第二个高潮是召开全系批斗大会。造反派的目的是想依托我老家奉化县桐照公社的造反派，借桑梓服务团一事，给我编造"罪名"，把我打成"反动分子"（关于桐照村青年桑梓服务团一事，详见第10节）。

经过这次批斗，我的政治帽子换成了"反动骨干"，"兵管组"用硬纸板给我制作了"反动骨干XXX"一块大牌，随时准备挂在胸前挨斗、示众、游街。

如此这般的恐怖的气氛，直到1969年春才有所缓解。

40. 两阵风带走一岁光阴

1969年，在杭大人的经历中刮了两阵风。一阵是以教育革命名义组织师生下乡劳动，或组织小分队去县市基层探索教改；另一阵是以战备疏散名义把师生拉到莫干山区。这两阵风，在"文革"十年内乱中只能算是两次插曲，但这种对高等教育事业的任意摆布，对高校师生的任意拨弄，对光阴的随意糟蹋，则是"文革"时期的一种常态。

第一阵风是乘着九大的"东风"刮起来的。

1969年4月1日到24日召开的党的九大，自始至终被强烈的个人崇拜和"左"倾狂热气氛所笼罩,使"文化大革命"的错误理论和实践更加合法化(据人民网《党史百科》)。

在这种政治氛围下,杭大驻校工宣队和校革委会提出:要以两条路线斗争为纲,掀起教育革命新高潮。

4月16日,学校召开了首批下乡革命师生动员大会,几天后化学、生物、地理、政治4个系的师生分赴吴兴县妙西公社的几个生产大队。接着,又于4月21日举行了全校教育革命誓师大会,要求不在首批下乡之列的中文、历史、数学、物理、外语、体育等系,成立教育革命领导小组,组织教改小分队,到几个县市基层进行教改探索。

下乡师生去哪里? 去多久? 去干什么? 事先我不清楚,因为学校开动员大会时,我还没有被解除"隔离审查",不可能参加会议,当然不知道会上说些什么。我只知道通知我下乡,就打起铺盖卷跟着走。地理系师生落脚的地方在妙西公社井冈山生产大队,我被分发在位于一个叫王部院的自然村的第三生产队,住在一户贫农家的一间空屋里,户主是一位叫周章洪的木匠师傅,我隔壁住了陈桥驿,工宣队和系革委会专门派一名助教与我们住在一起,先是监管,后来撤离。

在王部院的日子里,只要生产队社员出工,我一定自觉出工,从不惜力,因为这是我呼吸自由空气的广阔天地。在那里,我不与系里任何一位"革命师生"主动说话,为的是避免是非。所以,从春耕时节下乡到夏收夏种结束回校的4个月中,地理系下乡队伍在干些什么,除了我亲历的事情(如协助村里开凿水井)之外,其余一概不闻不问。倒是19年后的1988年,在学校编印的校史中有一段话,使我对那次大批师生长时间下乡究竟去干什么,有个大概的了解。校史有简要的记载,下乡主要干三件事:一是"宣传毛泽东思想",搞"早请示,晚汇报";二是"上好阶级教育这门课",听老贫农忆苦思甜,吃忆苦饭;三是投入春耕生产,参加田间劳动,接受贫下中农再教育。

不属于首批下乡的各系,概略地说,文科到农村搞些普及性的红色教育探索;理科则尝试自办工厂或到基层搞些应用技术培训。

在经济和科学技术日新月异的时代,我们却在被毫无顾惜地浪费宝贵的时间和人才培养,令人痛惜!

第二阵风是根据林彪"战备疏散"的指令刮起来的。

60年代,中苏从两党意识形态纷歧发展到两国关系恶化。1969年3月,中苏在黑龙江珍宝岛发生边境军事冲突,形势日显紧张,引起中央的高度关注。毛泽东主席在同月举行的党的九大预备会议上提出要准备打仗。

1969年10月18日,时任中共中央副主席林彪发出"加强战备,防止敌人突然袭击"的"紧急指示",调动全军进入紧急战备状态。这本来是对军队系统的指令,不知怎么,地方也动起来了。杭大革委会根据上级"战备疏散"的指示,于11月初,除了少数人员在校留守之外,把大部分师生拉到了浙北的莫干山区。

我们驻扎在莫干山麓的庾村,住在旧时留下来的两所无人居住的别墅里,过着半军事化的集体生活。那时,我还没有恢复自由,一般不与人交往,除了行军拉练之外,平时就是早晨出操,上午用一段时间学《毛泽东选集》,剩下来的时间,我的任务就是干些与集体生活有关的杂活。晚饭前后有点自由支配时间,就拿出一把伴随我20年的京胡,独自拉一曲"革命样板戏"的唱段或京剧曲牌,作自我消遣。

时光一天天流逝,转眼到了1969年的年底。12月31日上午,地理系在驻地召集全体师生开会,会上宣布了校革委会关于撤销对我和陈桥驿政审的决定。

41. 家事抱憾

"文革"十年,祸害国家,乱了社会,也给无数家庭留下本不该有的种种遗憾。就我这个小家而言,对老母与子女两头,多有愧欠,留下了深深的遗憾。

——对母亲,我未能尽孝。

1968 年 7 月中下旬,母亲在宁波大姐家小住。月底,突发心绞痛,病情十分凶险,情急之下,姐夫给我发了母亲病危的电报。8 月 1 日上午,我接到电报,心急如焚,我的芳邻戚庆荣、翟燕芳夫妇,见我急需用钱,而手头不济,主动借钱给我,多亏他们解我燃眉之急,使我能够当天赶赴宁波。黄昏时分赶到大姐家,母亲已经处于休克状态,我立即请姐夫雇了一辆三轮车,一起送母亲去市第二医院急诊。经抢救,到第二天上午终于渐渐苏醒了过来。神志恢复之后,母亲便惦记着两件事:一是不愿意给子女加重医疗费用负担,二是不希望自己在医院终老。因此,入院仅两三天就坚持要出院,送她回家。我拗不过,仔细征询了医生意见。无奈,办理了出院手续,并遵医嘱服药和调养。

出院当天,我买了汽车票,并约弟弟次日按时在奉化车站等候,一起送母亲回家。母亲到家后,需要服侍和护理,不得已,电召女儿亚田随即从杭州回乡应急服侍祖母,然后再找人手替代(后来由象山下沈村舅妈接替)。大体安排停当后,弟弟因工作繁忙,先回单位,我待女儿到达后,处理一下未尽事宜,交代一些注意事项,也匆匆返回杭州。因为弟弟在奉化酒厂工作,比我近便一些,临别前我托弟弟多辛苦一点,尽可能利用厂休日去看看母亲,有急事用电报与我联系。当时,我想在可能条件下我会抽时间回来看看,但没有想到,一个月后我就成了造反派的"阶下囚",暂别母亲竟成了与母亲的永别。

我回杭之后,弟弟一直把母亲的病体放在心上,但偏僻的渔村毕竟没有基本的医疗和急救条件,进入冬季,她的病情急剧恶化。那段时间一直在注视母亲病情变化的堂姐(阿环,家住栖凤,离桐照 5 里),看看情况紧急,赶紧差她女儿到奉化城里禀告我弟弟,可是,等弟弟赶到,母亲已经撒手人寰。在弥留之际,母亲得知我还在受难,欲哭无泪。此时此刻,她是多么渴望能见子女一面啊!但是,我无法回去尽孝;弟弟厂里事务多,也不能经常留在母亲身边;两个姐姐又远嫁在外,不能朝暮相见。在母亲临终的那一刻,身边只有舅妈、堂姐和堂侄女在场,没有一个子女侍奉左右,她是带着难见骨肉亲人的最后遗憾离开人世的。

1968 年 12 月 25 日,母亲走完了她艰辛的一生,与世长辞了。

母亲逝世的时候,我被置身于隔离室,还没有行动自由。

面对这样的现实,弟弟独立挑起给母亲治丧的担子,在族人和亲友的协助下,料理完后事,然后给我发了电报。

我身为长子,在母亲生前未能床前尽孝,临终难见最后一面,身后不能扶灵归山,心里既内疚又凄凉。回想母亲一生,为把我们姐弟四人抚养成人,培育成才,付出了毕生心血,承受了种种艰难困苦,不由得涌起阵阵心酸。如今,在母亲生命走到尽头的时候,自己连最起码的一份孝心都没有尽到,如何对得起亡灵!这是什么滋味!

唐代诗人孟郊在《游子吟》中写下"谁言寸草心,报得三春晖"的名句,他多少还能报慈母之恩于一二,而我呢,此生只能留下抹不去的遗憾!

——对子女,我无以尽责。

"文革"开始时的 1966 年 6 月初,女儿是杭州第四中学初中二年级学生,儿子是保俶塔小学二年级学生。谁也不会想到女儿从此辍学,儿子 7 年后也被剥夺了高中求学的机会。

关于女儿辍学：

到了 1968 年夏,初高中积压在校的"毕业生"已达三届,怎么办?学生和家长心急如焚,各地政府不敢擅作主张,也无能为力,只能等党中央、毛主席指示。毛主席意识到了这一点,考虑了解决问题的办法。于是号召知识青年到农村去,接受贫下中农的再教育。当年在校的 1966、1967、1968 三届初、高中毕业生(后来被通称为"老三届")大部分被下放到农村插队落户务农,或回乡投亲靠友落户务农;一部分被安置在国有农场和生产建设兵团农场从事农业,只有一些城镇独生子女家庭的孩子,被允许留在城镇安排到工厂或服务业单位务工。

20 世纪六七十年代,是全球工业化、城市化蓬勃发展的时期,一些发达国家正走向后工业社会。在这样的时期,国家不是以经济建设为中心,设法把社会主义制度和市场的作用结合起来,激活和发展城乡经济,创造更多的就业机会,而是把城镇知识青年推向劳动力普遍过剩的农村,既加深了城市的社会灾难,又稀释了农民本来就极其微薄的经济利益。这是个多么深刻的教训!

在这股人口逆迁移中,我的女儿王亚田去了浙江生产建设兵团南湖农场(老余杭县城西南部)。据记载,"文革"时期全国有 1600 多万城市青年下农村,人数超过城市总人口的一成,城市家庭大多与此烦心事有关。就这个大背景而言,我女儿只不过是千万个下乡"知青"和"知青家庭"的一分子,算不上什么委屈。但换一个角度来看,她却因父亲是知识分子而吃了亏。因为中国的知识分子总体上一直被看作是资产阶级的一部分,有"臭老九"之称。这么一来,他们的子女就跟着倒霉了。

1970 年 10 月,全国高校开始采取推荐和考试相结合的办法招收"工农兵学员",生源主体是"老三届"生。因为"老三届"生多数从农村上来,也有极少数从工厂或部队退伍上来,因而被尊称为"工农兵学员"。此后,尽管"老三届"生入围的逐渐减少,但这种招生办法连续实行了 7 年。应当说,高校能在某种程度上恢复招生是好事,问题是这样的招生办法既不规范,也不透明。不仅存在招生质量问题,同时存在公平、公正的问题。由于推荐是招生的前置条件,那么就有一个谁来推荐和怎样推荐的问题。谁来推荐?当然是基层革命委员会或类似的权力机关。这个权力圈子里的人,不会把推荐的视线落到被歧视的社会阶层家庭出身的孩子身上,绝大多数出身于知识分子家庭或一些与基层权力圈子扯不上关系家庭的"知青",事实上被剥夺了接受高等教育的权利和机会,推荐的公平性和公正性存在的弊端是显而易见的。我女儿在兵团农场一干就是 11 年,去时年仅 17 岁,回来时已经是 28 岁的人了。1979 年末,按政策搭上"知青"回城的"末班车",调入杭州大学后勤部门工作。此前,杭大曾经执行过"知青"转干(由工人编制转为干部编制的简称)的有关规定,但等她调入,这项规定已经停止执行,转干机会也就化为泡影。结果,尽管她在杭大医院化验员的岗位上工作到退休,但编制和待遇始终是工人。

关于儿子失学：

儿子王滨之,出生于 1957 年 8 月,按当时 7 岁上学的规定,"文革"开始时还没有念完小学二年级。"文革"这场动乱,小学的教学秩序也不稳定,教学进度和质量都受影响,不过,总算没有"停课闹革命",学生还能上学,毕业后可以按学区就近上初中。我儿子从保俶塔小学毕业后,转入附近的向阳中学就读,1973 年初中毕业。

那一年,杭州市初中毕业生转入高中的升学率计划限定在 40%,一个班 50 名毕业生,有 20 名学生可以升入高中。我儿子按成绩在班上属 20 名之内,升学应该不成问题。但是,令人痛心的事情还是发生了,在学校确定的升学名单中,我儿子居然榜上无名。而当我得知这一消息时,内心还是受到深深的刺痛。对孩子来说,这是关系到前途命运的大事,无论如何应该向校方斡旋。为了了解事情的内幕,我先走访了两位任课老师,一位是物理老师,另一位是英语老师。这两位老师并非当事人,此事与他们没有直接的利害关系,只是我儿子对他们的课程有兴趣,成绩较好,老师印象较深。通过与他们的交谈,对事情真相有了基本的了解。概括起来大致是:孩子开始确实排在班级 20 名之内;具体排名由班主任操作;调整、确定升学名单的关键人物是校革委会副主任(原副校长,在"文革"中成立的"三结合"革委会任副主任);最后名单名义上由革委会负责人拍板。名单的调整过程在当时都是暗箱操作的,不言自明。

在无公理可言的年代,了解了这些,再向校方要公道其实已经是徒劳的了。但是,为了孩子的前途,我还是忍着性子找到了班主任(陈××,女,语文老师,杭州人)和那位有实权的革委会副主任(朱××,男,象山籍),看看能不能挽回,同时也讨个说法。他们既不否认我儿子原来排序在 20 名之内,也不说明剥夺升学权利的任何理由,只是三缄其口,一言不发,问得不耐烦了,就抛出一句话:集体决定的,无法改变。很明显,他们是守住同一个口径,拿革委会做挡箭牌。革委会的负责人是谁?是进"三结合"革委会的"工宣队"代表,再找上门去是不会有意义的。

孩子没有书读,只能在街道办事处登记待业,半年多后,被安排进杭州钢铁厂就业。后来,他在夜校业余修完了高中课程,又被选入厂办职工大学脱产学习钢铁工业技术,成了一名生产技术人员和管理人员,不过那已经是改革开放年代的事了。

我一生从事高等教育事业 40 余年,培养了不少本科生和研究生,但自己的孩子连接受正常中学教育的机会和权利也得不到保障,这究竟是谁之过?!

第九部　随时领命

42. 送教上门到龙泉

1970 年上半年，"文革"已进入第五个年头，中央文革小组仍在策划和掀起一波又一波的"路线斗争"，局面并不平静。这时候高等学校情况有点特殊。急风暴雨式的斗争场面已经淡出；"文革"前入学的学生绝大多数已经先后"毕业"离校，只有 65 级五年制专业学生尚待分配离校，四五年来鼓动学生单纯的"革命热情"闹得热火朝天的斗争场面已经冷却；在连续 4 年没有招生，在校学生行将走空的情况下，偌大的学校已经完全"不务正业"。此时校园气氛沉闷，仿佛处在一个战役与另一个战役之间的间歇期，静候上级对下一阶段行动的部署。

经过几年批斗，学术界已经无所事事，书店里难见新的学术著作上架，许多学术刊物早就停刊。我们当教师的，要么每天上班在教研室集体读毛主席的书，学毛主席最新指示，或学习"两报一刊"文章（当时《人民日报》《解放军报》和《红旗》杂志被合称为两报一刊）；要么由校革委会分派一些体力劳动，如下工厂、农村劳动，在校内挖防空洞，或到食堂帮厨，等等。在此期间，人人都在随时准备领受新的号令。

8 月下旬，一项新任务酝酿成熟。既然校内没有教学任务，杭大革委会便按照"开门办学"的指导思想和一些县培训师资的需求，决定派遣"教育革命小分队"，分赴山区、海岛和教育事业相对落后的地区，送教上门，帮助他们培训急需的初中师资。

"教育革命小分队"下县培训师资，以半年为一期。[①]

首期派出 4 支小分队，分赴 4 个县，每队十七八人至二十来人，其中教师约十五六人，职员、工宣队员和军宣队员各一人。参加小分队的教师从全校 11 个系抽调。每个小分队建立一个领导小组，由工宣队或军宣队代表和两名教师组成的，负责队内政治思想工作，以及与当地教办和杭大的沟通联络工作。

我是地理系抽调出来的人员之一，被派往丽水地区的龙泉县。出发之前，杭大革委会教革组负责人对 4 个小分队集体作了一番动员，但任务并不明确，估计他也不太清楚县里的具体要求，大家都抱着去了再说的心情上路就是了。9 月 3 日，赴龙泉小分队出发，同车前往的还有赴云和县的小分队，当天抵达丽水，开始了我参加小分队第一期下县送教的历程。

赴龙泉小分队的人员共 17 人，他们是：工宣队员李长青，军宣队员徐＊＊（大家都称小徐同志），教师有中文系倪宝元、何寅泰，外语系顾建华、史元达，历史系宋显昌，政治系包＊

---

① 从 1970 年 9 月开始到 1974 年夏为止，4 年间杭大先后向 11 个县派出 20 余期小分队，受派教职员 400 余人次，培训中学师资 2000 余名。

＊(名字已忘),教育系魏春孚、侯玉贞,数学系洪宗华、沈珏民,物理系沈天福,化学系杨国樑,生物系吴葆华,地理系王嗣均,体育系陈诗颖。领导小组由李长青、顾建华、沈天福三人组成,李师傅为组长。

下去后的实际安排是,小分队人员先接受贫下中农再教育,适应农村教育革命形势,然后再去做培训工作。这大概就是"先当学生,再当先生"的意思。

接受再教育安排了两周时间,先在丽水,后在龙泉。

在丽水,主要是聆听地区革委会教办负责人所作的地区教育事业基本情况,教育革命的要求,以及农村出现大批初中班急需解决师资问题等的形势报告,参加一些座谈讨论,访问一所叫做丽水"五七"四校的初级中学,使我们了解了教育革命对当地学校教育的要求。给我的初步印象是要培养重政治,重实用,能成为多面手的初中教师。

到龙泉后,先把我们放到农村去接受再教育的做法又进了一步。县革委会教办负责人周功为除了向我们作关于龙泉教育事业原有基础和教育革命形势方面的报告之外,还带领我们去大沙、瀑云、剑湖三个公社体验农村生活,接受贫下中农的再教育,感知农村的教育需求。下乡的行动除了从县城到瀑云一段借助汽车交通之外,其余都是打起背包跋山涉水行军。这一举措我们倒并不新奇,上年战备疏散白天黑夜打起背包行军几十公里已经经受过了。体验生活的重点,三地略有不同:在大沙,主要是听一位老贫农忆苦思甜;在瀑云,重点是听取农村教育需求、办学方向、对教师要求、改革和管理经验的介绍,有区、公社、大队领导干部、学校校长、贫管会(贫下中农管理学校的组织)负责人、专兼职教师、以及贫下中农讲师团成员10余人发了言;在剑湖,则由公社召集各生产大队负责人、贫管会负责人以及学校教师代表举行座谈,从他们的认识和体会出发,对希望杭大输送什么样的师资提出要求。

在下乡期间,有两段小插曲记忆犹新,一段在大沙公社,另一段在剑湖公社。

在大沙,那位给我们忆苦思甜的老农,他的开场白是好奇。他回忆说,30年前他见过大学教授,他们穿长衫、西装,手里提一只皮包或夹一叠书本,一看就是大读书人的样子。今天你们这批"教授",穿着都同我们农民一样(指棉布或涤棉布的中山装),怎么不像呢? 他所说的30年前见过大学教授,是指抗战初期浙江大学内迁贵州时期,为了满足东南一带学子的求学需要,于1939到1945年在浙南山区增设了浙大龙泉分校,地点就在大沙。时隔30年,时代变了,中国的知识分子变了,但知识分子发生了什么变化,他们却全然不清楚。

几天后在剑湖,一个夜晚,公社安排当地有关干部和由小学"戴帽"升格的初中部教师,与杭大教革小分队座谈,地点在公社礼堂。计划参加会议的人数并不多,但屋里坐满、站满了人,多数是听说来了一班大学教授而来看新鲜的。会议主持人刚宣布开会,就有许多人嚷嚷要"教授"上台给大家看看,我们上台与大家见了面,台下又啦"教授"们唱样板戏。面对农民像闹新房似的热烈,怎好扫他们的兴,就凑合着唱了一段多数人能哼一哼的革命现代京剧《智取威虎山》的"我们是工农子弟兵"。难为几位实在不会唱的老师做了一回南郭先生,不过不要紧,总是答谢了农友们的热情,也满足了他们的好奇心。

两地的两段小插曲,都是对"大学教授啥样"好奇。这反映了远离城市的农民,对自己这方乡土以外的世界是多么陌生! 造成农村闭塞状态的原因很多,根本问题当然是我们国家经济落后,亟需加速发展。但是,十多年来,传统的计划经济体制下的经济和社会管理,固化了城乡二元结构,加深了城乡隔绝的局面,应该是不能漠视的现实原因。

结束下乡"接受再教育"的活动,回到培训班举办地龙泉县第一中学后,按照小分队领导小组要求,每人做了思想小结,队里开了"讲用会"(当时政治思想教育中的一种常用形式,发言者讲自己的学习或改造心得,表明付诸行动的态度和决心),做了内部交流,然后转入培训班的开学准备工作。

说是培训班,县里倒给它起了个响当当的名字,叫做龙泉县"五七"大学。这样起名,一来表示秉承毛主席的"五七指示"精神①,二来表明县领导提高本县办学层次的心迹,是革命形势的反映,没有人大惊小怪。

培训班计划招收学员110名(实际报到102人,中途报名参军7人,结业时95人),招收对象大都是初、高中程度在乡参加务农的知识青年,也有少数年轻民办教师和退伍军人,统称工农兵学员。因为培训目的是给各公社近期增设初中班而师资极度短缺解困,要求速成培养"全能型"教师,所以,培训班不分科,也不按文化程度高低分组,而是按军事化管理体制,混合编成课程完全一样的两个排(相当于普通学校的两个班)。培训组织机构、管理方式、教学计划和教学内容都由县教办定夺,小分队只提点意见,总体上尊重他们的安排。

1970年9月20日,龙泉县"五七"大学开学,23日开始上课,计划1971年1月16日结业,为期4个月,除星期日和国定假日外,实际培训工作日为99天。

开学之前,首要的是要敲定教学计划,落实任务分工。按县教办的方案,99天中总的时间支配是政治活动(包括入学教育、学工、学农、学军、评四好五好、庆四届人大等)与课业活动三七开,即政治活动30天,课业活动69天。课业活动中,课程设置与各科时间分配为:毛泽东思想14天,语文、数学各20天,工业基础9天,农业基础6天,平均每天课业时间按6小时计算。军事体育、革命文艺每周在课外活动时间中各安排2小时,不计入课业时间。课程教学的实施方法,要按教育革命精神,破"三个中心,搞三个结合"。即:破教师为中心,课本为中心,课堂为中心;搞教师与工农结合,书本与生产实际结合,小课堂与大课堂(指社会)相结合。小分队按此落实任务,确定分工,组织教学。

"教学革命"从1958年开始,在杭大内部翻来覆去折腾了若干年,好像已经积累了一些经验。其实不然。这次教育革命小分队来到龙泉,说开门办学,送教上门,学校还是把自己高看了。从实际情况来看,至少对一大半教师来说,不是"送教",而是在任务驱使下的"求教"。杭州大学本来是一所由中文、外语、历史、教育、政治5门人文社会科学学科,数学、物理、化学、生物、地理5门自然科学学科,再加上一门体育学科构成的培养基础科学人才、兼顾培养中学师资的文理科综合大学,对工科、农科等应用性领域一无所长。但从龙泉培训班的课程设置和"三破""三结合"的教学革命指向来看,也许只有语、数、政、体4科教师大致还能对付,其余各科教师几无用武之地。就以我和吴葆华老师来说吧,小分队分配我们二人负责农基课程的教学,按县教办计划,要学员掌握针对当地水稻栽培所需要的种子、植保、土肥、"九二零"生物制剂等4个方面的基本知识和具体应用方法,而我和吴老师分别是从地理系和生物系出来的,各自的专业素养充其量只能说与农业搭一点边,面对眼前的教学任务,确实无从下手。然而,这种农业入门性、实用性、讲座式教学任务,对县里有一定实践经验的农业技术人员来说,却是驾轻就熟的事情,请他们帮助完成,岂不更符合"破三个中心,搞三个结合"口号的要求?这一点,县教育部门也是清楚的。所以,我们干脆走捷径,通过县教办

---

① 1966年5月7日毛泽东在给林彪的一封信中提出,军队和社会各行各业都要以一业为主,兼学别样。因为信是5月7日写的,就被称为"五七指示"。这封信中有一段是针对学校说的:"学生也是这样,以学为主,兼学别样,即不但学文,也要学工、学农、学军,也要批判资产阶级。学制要缩短,教育要革命,资产阶级知识分子统治我们学校的现象,再也不能继续下去了。"

约定县农业部门相关技术人员,请他们分别按 4 个专题的内容,联系龙泉的实际,来班讲课。课后集中两天时间,由我们带学员下乡,请公社讲师团的农作能手指导,把理论与实践联系起来加以验证。留下一些基础理论方面的内容,我们讲一点,再节编一点材料,发给学员补充阅读,给他们做些阅读指导。就这样,借力发力,算是交割了农基课教学的任务。事后我只能自我解嘲,我们二人做了一回课程"捎客"。

农基课在培训计划中只不过 6 天 36 学时,连前前后后准备和总结工作加在一起,也不过半个多月时间,其余时间做什么呢? 根据培训班的需要和小分队的指派,加在我身上的主要有两方面的事情:一是担任第二排的辅导员;二是负责课外活动中每周两小时的革命文艺活动。前者是要管理一个排学员的学习、思想和日常生活,有时也参加一点其他课程的辅助工作,比如工业基础课的实验。这好办,因为年轻时做过一点学生工作,多少有点经验。后者除了活跃日常文娱生活外,还有一项硬任务,那就是要发现和组织培训班的文艺积极分子,编排群众性的革命文艺节目,准备参加龙泉县元旦文艺会演,要包下三台会演中的一台,而且是最受重视的元旦晚上那一台。很明显,县里是把培训班——"五七"大学——这个龙泉"最高学府"当作"文艺富矿"来开采了。这还真不好办,但那是"革命任务",没有退路,硬着头皮也得干。于是拿起发动群众这一法宝,调动培训班学员中文艺骨干的才智,并请小分队在这方面有潜质的老师协助参与指导,花了一个多月时间,总算勉为其难地交了差。

小分队怎么会指派我这个对文艺一窍不通的人去做革命文艺指导呢? 主要原因当然是小分队根本就没有配备文艺教师。而我呢,说来偶然,只是因为喜欢听京剧,身边有把京胡,有时茶罢饭后自得其乐地拉两弓。这下可好,那时革命现代京剧样板戏风行一时,小分队便把我推上去顶了这个岗。看来现实生活中赶鸭子上架的事还真是免不了的。

在这期培训班行将结业的时候,小分队每个人都做了全面的思想和工作总结,在谈到工作时,我给自己做了概括:我只是一颗螺丝钉,哪里用得着,就在哪里拧一把。

龙泉的工作于 1971 年 1 月 16 日结束,次日小分队返回杭州。

43. 再送教,临安一年

在龙泉的半年,我的差事比较杂。不过,比起自身专业与培训课程不搭边、其他差事也不大搭得上手的几位同事来,我总算是起了一点螺丝钉的作用。使我意想不到的是,小分队不知哪位领导人居然看好我的这种螺丝钉作用,回校后,校革委会教革组在组建第二批教育革命小分队时,轮换了一些人,把我留了下来,指派参加 1971 年赴临安小分队的工作。在临安,这一干就是两期(一年)。

派赴临安第一期的教育革命小分队教学人员有:政治系沈善洪、方宪玕,中文系倪宝元、何寅泰,外语系顾建华、张少伯,历史系倪士毅,教育系金锵、侯玉贞,数学系洪宗华、娄志渊,物理系孙寿民、张文远,化学系金永木,生物系俞志隆,地理系王嗣均,体育系陈诗颖;管理人员有:工宣队员李长青、政工干部张青山和教务干部李芝芳。小分队领导小组由李长青(组长)、张青山、顾建华三人组成。

在"文革"年代,政治路线教育是头等大事。1971 年春节刚过,校革委会就给新组建的几支教育革命小分队安排了 8 天时间,集中进行路线教育。教革组负责人王绮做了学习动员,接着传达省四届党代会文件,讨论党代会上南萍的报告和决议,然后传达、学习、讨论中央 1971 年 3 号文件,学习形势、学习毛主席教育革命思想,同时结合参观和"讲用",提高路线教育的效果。

路线教育告一段落后,距培训班开学还有一段时间,小分队人员各自做业务准备。因为有了上一期的经验,这一期各小分队对举办地东道主的计划安排比较清楚,业务分工也基本明确,有了事先做些准备的条件,避免了临渴掘井。

3月21日,小分队出发去"临安县中学教师培训班",举办地在於潜镇上的於潜中学。

在我们到达前,临安文教局就搭建好了培训班的领导班子。领导小组组长由副局长王自海担任,杭大小分队领队李长青、于潜中学领导叶明华为副组长,文教局王笑白、于潜中学周正长以及两名学员代表为领导小组成员。王笑白代表文教局常驻培训班,负责日常管理。

临安虽然也是山区县,但毕竟离省城不远,文化教育基础比龙泉要好一些,培训班学员程度相对整齐,大都具备高中或普师学历,且有或长或短的初中从教经历,因此可以分科编班,把首期80余名学员分编为语文、数学、工基三个排,业务指向比较明确。

培训班办学的指导思想、办学路线、培训目标、管理方式,以及让小分队人员"先当学生,再当先生"的做法,与龙泉那一期没有什么区别,这是"文革"时期政治路线所决定的。小分队到於潜后,第一步就是到农村体验生活,接受农村干部和贫下中农再教育,感受农村教育革命形势,然后回到培训地,按照既定的培训方针执行培训计划。实际上小分队和学员下乡、下厂(主要是工基排)和政治活动的时间比龙泉那一期还要多,这一点,教师和学员都是早已适应了的。

在这期培训班里,我的职责是分担语文排革命文艺课的部分教学工作,兼做语文排的辅导员和整个培训班文艺宣传队的指导。语文排的革命文艺课包含美术、音乐和样板戏欣赏三方面的内容,每个方面都有一定要求。例如:美术要一点素描、美术字的素养,音乐要识简谱、照谱练唱,革命现代京剧要能欣赏样板戏的思想性与表演艺术,等等。杭大没有艺术系科,不可能给小分队配备这类专业人才,只能从内部"挖潜",由几个人凑合着去对付。这样,张少伯和我便分别承担了美术与京剧样板戏艺术欣赏两方面的课业责任;音乐方面,乐理我做了一点准备,练唱则调动有这方面特长学员的积极性,以互教互学的形式来实现。

承担这份教学工作,对我来说,当然是不得已而为之。好在吸取了在龙泉的经验教训,加上临安培训班分科目标比较明确,使我有可能在赴临安之前的一个月中,做一些针对性的准备,才得以勉强招架。说勉强招架,决不是自我谦虚,因为再怎么准备,充其量不过是京剧和音乐业余爱好者的水平。说到文宣队"指导"这项差使,我不但依旧摆脱不了赶鸭子上架的窘境,而且比龙泉还要艰辛。临安培训班下乡机会多,语文排学员还有下乡接受贫下中农再教育,体验农民生活,进行采访和写作训练的专门安排,每次下乡都带着通过文艺形式宣传毛泽东思想的任务。另外,由于培训班在於潜镇的地位和影响,当地文化站还要求培训班文宣队"七一"、元旦等节日在於潜剧院进行的专场演出。培训班不是正规学校,更不是专业文艺团体,筹划一场演出是相当费事的。尽管领导支持,学员中也有一些文艺爱好者,可以依靠大家群策群力去做,但人员物色、题材选编、节目编排、道具筹借、场地布置等一系列组织准备工作,总是把我弄得焦头烂额。举一次活动的例子来说:5月下旬去桐庐南堡大队接受再教育,学习他们遭受特大洪水洗劫后的那种泰山压顶不弯腰的精神,加上沿途在阔滩等两个大队和一个下乡知识青年定居点参观、学习和劳动,在一个星期时间里,白天安排参观、学习、劳动,晚上要完成4场宣传演出或联欢,而且于潜——南堡之间往返几十公里都是打起背包步行,结果,那些参加演出、特别是一些在演出中担纲的学员,个个哑了嗓子,疲劳不堪。我这个担着"指导"责任的外行,当然免不了精疲力尽。

1971年上半年培训工作告一段落后,经过小结,小分队回校休整。在这期培训班结业前,县文教局已商请杭大继续派遣小分队,为临安增办一期培训班。杭大同意了他们的要求,因此,我们7月底离开於潜时,已经知道小分队下半年将重返于潜。

度过暑期之后,赴临安小分队于9月13日集中,由校革委会教革组安排5天学习班,教革组负责人林人妥宣布了小分队人员名单,除了中文系李显国替换倪宝元,数学系李中林替换洪宗华,外语系黄云鹤、吴梅华替换顾建华,生物系不再派出俞志隆之外,其余不作更动,基本保留原班人马。学习班结束那天,校革委会副主任高培明宣布了小分队新的领导小组,李长青、张青山为正副组长,李显国、沈善洪为组员。

9月21日,小分队重返於潜。23日,临安第二期中学教师培训班开学,办班的指导思想、过程和做法与上期一脉相承,小分队专业分工和职责也基本不变,培训班本身除了由上期的3个排扩展为4个排(增加了英语排)的变动之外,没有什么特别值得追述的新变化。

不过,在临安的一年中,因为下乡次数较多,对农村生活还是增加了一些体验,印象较深的有三处:

一是"相见"生活之难。昌北龙井桥公社的相见大队,地处昌北溪峡谷西侧山岗,全大队50户人家,270人,分6个自然村,头尾相隔12里。这个大队与公社所在地隔峡谷相望,因山上不通公路,居民上下山全靠步行、肩挑、背扛,费力费时,龙井桥百姓有句形象的顺口溜,叫做"相见相见,望望看见,叫叫听见,走走半天"。至于生产,无论是农田开垦、田间作业还是引水灌溉、物资运输,都得付出艰苦的劳动。就拿灌溉来说,为了解除岗坡水田长期存在的旱灾威胁,他们发动全队劳力,从遥远的鹰坑岩引水,开渠11里,其中50%以上的渠段在悬崖绝壁中开凿。渠成后,社员自豪,取名红心渠,俨然成了红旗渠(河南林县)在这里的缩影。

二是"株柳"重生的期盼。昌化西乡颊口公社有个株柳村,据说清代时是个千户之镇,拥有六千人口,后来血吸虫病入侵,人口不断减少,硕大的村镇渐渐出现了"万户萧疏"的局面。到1949年,全村只剩下142户,496人,其中有寡妇的就有87户。1956年普查,感染血吸虫病的达80%以上,情况十分严重。此后,政府发动群众,消灭钉螺,对病人进行集中治疗,经过多年奋斗,终于在1971年11月30日宣布结束了血吸虫病侵扰的历史。我们穿行在株柳街巷,虽然仍能感受到长期受血吸虫病摧残所带来的冷清,但人们已经可以憧憬"送瘟神"后重新萌发的生机。

三是农村文化生活的饥渴。因为培训班下乡机会多,每次下乡都带有文艺宣传的任务,文宣队演出次数也多。每次演出,村民们总是喜气洋洋,把小礼堂坐得满满当当,直到剧终而散,即使在於潜镇剧场演出,也总是座无虚席。培训班文宣队无非是一期一凑合的业余班子,每次出演都能得到村民的热情回报,这当然不是演艺有多高,节目有多精彩,而是农村享受文化生活的机会实在太少了。

在临安第二期培训班期间,国内发生了重大政治事件,那就是"九·一三"事件。

1971年9月13日林彪出逃,在蒙古温都尔汗机毁人亡。林当时是党中央的副主席、军队的副统帅,是毛泽东亲自选定的接班人,被称为毛主席的亲密战友,发生这样的事情令国内外震惊。事件发生后,一段时间中央严格保密,常人并不知道出了什么大事,只是隐约感到政治气氛有点神秘。后来,中央安排逐级传达,五十多天后传达到我们这一级,才明白国家发生了这件大事。因为逐级传达,严守纪律,尽管传达很简短,只知道一个大概,并不清楚事件的就里,大家也不谈论、不推测,保持平静。所以,纵然是大事,倒也波澜不惊。在培训班,只是在随后一段时间里,按照上级布置,对语文、政治、文艺等课程中有关歌颂林彪的材料作了清理。

　　虽然小分队在临安的第二期培训班本身没有什么值得记述的新变化,但我本人,这一期倒是增加了一点新差事,那就是给培训班开国际时事讲座。1971年下半年,中东地区矛盾凸显,埃以战争、以巴冲突、石油危机等成为国际问题的焦点,但我国在"文革"政治环境下,教育界只注重两条路线斗争,很少关注重大国际问题,我们的培训班也不例外。小分队领导小组成员沈善洪觉得这是一种缺失,即使不属培训计划份内之事,也应当弥补。他向培训班领导小组建议,在整个培训班里安排一次中东问题的时事讲座,并且提议由我去主讲。领导采纳了他的意见,于是这个任务就落到了我的头上。这也难怪,这类国际问题属地缘政治问题,与广义的人文地理有点关系,而我是小分队里唯一学地理出身的,便成了责无旁贷的理由。为此,我专程到杭大图书馆和地理系资料室查阅有关材料,返回於潜再做一番准备,满足了领导的要求。在培训班讲出后,据说效果还不错,于是,於潜中学通过培训班领导,也要我给该校高中学生做一次讲演,我同意了。

　　说到沈善洪,在临安培训班的一年工作中,他是给我留下较深印象、值得一提的一位同事。沈和我是浙江师范学院同届毕业的校友,他学历史,我学地理,早就认识,但真正了解,还是这一年。他是党员,"文革"前期也受过冲击,进过"牛棚",赴临安第一期时虽然早已被"解放",但仍未受杭大革委会教革组重视,只作为一名普通队员参加,到第二期才成为小分队领导小组的一员。在我看来,作为一名党员,他襟怀坦荡,敢担责任,有较强人格魅力。作为一名学者,他治学严谨,不图虚名。正是他的这种气质,使他在小分队里产生了一定的凝聚力。在培训班里,他的意见和建议也渐渐得到大家的尊重。是人才,终究会被人们认知,次年杭大组建赴桐庐教育革命小分队时,他被任命为领导小组组长(他在桐庐那一期,还约我去做过一次讲座)。在"文革"结束后的改革开放时期,他先后担任浙江社会科学院院长和杭州大学校长,决非偶然,是对他人品、学识和能力的肯定,当然,前提还是对他政治上的肯定。

　　1972年2月初,小分队完成了在临安的使命,撤回杭大。我在教育革命小分队的经历到此结束。

44. 置身于大批判之中

　　离开小分队回校后,虽然从大环境来说,仍旧处在"文革"的乱局之中,但就杭大具体环境而言,已经有了从"不务正业"到有正业可务的转变。

　　这一转变是1970年秋我去龙泉小分队之后不久开始的。从1966年到1970年,高校在"文革"冲击下,连续5年停止了暑期统一的招生考试,长此以往,其社会后果可想而知。在这种情况下,国务院决定全国高校从1970年10月开始,以推荐和考试相结合的办法招收"工农兵学员"。这种形式的招生,是在恢复全国统考之前的过渡办法,是一种权宜之计,在人才选拔机制和教育权利公平上有明显的缺陷,但对减少知识青年在农村的大量积压,缓解社会矛盾,恢复高校固有功能等的社会期盼,总是做出了有积极意义的回应。是年11月,杭大招收了1100多名"工农兵学员"入学。

　　我回到地理系是1972年春季学期,系里已经招收了两届"工农兵学员"。不过专业(地理系有三个专业——地理、气象、海洋地质地貌,我属于地理专业)负责人并不急于给我分派教学任务,这是因为:第一,地理专业人才需要量不大,不是年年招生。第二,我的学术领域是经济地理学。按照原有专业教学计划的课程开设顺序,不论是经济地理学导论、部门经济地理还是区域经济地理,都是高年级的专业课程,应安排在基础课、自然地理领域的专业课开设之后,此时未到经济地理学开课的档口。第三,按照教育为无产阶级政治服务,与生产劳动相结合的方针,以及毛主席关于学制要缩短,课程要砍掉一半的指示,"工农兵学员"的修业年限定为 2 年(后改成 3 年),课程和学时都要在原来 4 年制本科基础上大刀阔斧地削减,课堂教学内容必须精简和压缩。地理专业经过讨论,把原来自然地理和经济地理两个教研室的 4 门区域课程,归并成中国地理和外国地理两门,把它们的学时和内容平行地紧缩在最后一个学年完成。因此,涉及我专业领域的教学任务,不要说当时还没有上马,就是上了马,工作量也有限,不愁没有人接盘。经济地理教研室在编人员有 8 人,除了少数参加教育革命小分队,或下放到"五七"干校劳动锻炼之外,多数人员在系里应岗,与自然地理教研室教师合力承担两门拼盘的区域地理课程,人手绰绰有余,自然不急于派我去上阵。

既然回系后暂时不必担负教学任务,下放"五七"干校劳动的任务也还没有轮到我,所以,那一学期我就在系里待命。

待命期间做些什么?首要的是政治学习,要求学习无产阶级专政下继续革命理论,参加革命大批判。这是杭州大学党的核心小组(4 月恢复校党委)和校革委会在当时形势下按照上级指示安排的这个学期政治思想工作的中心任务。

学习无产阶级专政下继续革命理论,是在 1971 年"九·一三"事件背景下提到日程上来的。因为我们是高等院校,解决意识形态问题要体现理论深度,学校根据上级宣传部门的要求,指定了 9 本必读的马克思主义经典著作,即:《共产党宣言》《哥达纲领批判》《反杜林论》《唯物主义与经验批判主义》《国家与革命》《无产阶级革命与叛徒考茨基》《向匈牙利工人致敬》《共产主义运动中的"左"派幼稚病》和《十月革命与俄国共产党人的策略》。这 9 本书都是国际共产主义运动方面的著作,要读懂还需要具备国际共运的背景知识,对我们这些不是研究国际共运史的人来说,即使指定了阅读的重点章节,也只能是生吞活剥。不过,这是政治任务,当然要在规定的政治学习时间认真研读。

在学习无产阶专政下继续革命理论的同时,还必须结合国内形势,开展革命大批判。为了引导全校掀起革命大批判的热潮,学校专门安排了重点批判的辅导报告。报告人从当时社会思潮中筛选出若干有代表性的论调,从阶级斗争的视角,归纳成 8 个方面,逐一进行批驳。辅导报告结束时,主持人向全校师生布置了 17 个大批判选题(即为"文革"所不容的社会思潮中选列出来的 17 种言论),要求全校师生拿起毛泽东思想武器,自觉投入批判,把这些言论批倒。

也许是因为我此前有一年半时间在教育革命小分队,那种小集体的活动和生活环境相对局限,信息来源有限,所以对这场大批判存在疑问,因为在批林高潮中,必定涉及了"文革"所不容的言论和社会思潮。

除了校内组织的学习和批判外,还有参加校外的更大规模的革命大批判,例如,1972 年5 月 7 日,杭大师生集队到省体育馆参加由省革委会政工组系统召开的"批林批孔大会"。会上,政工组所属的"五七"干校、宣传办公室、组织办公室等单位代表 6 人先后发了言,点名批判了林彪、南萍、陈励耘以及夏琦和铁瑛。南、陈是省革委会原正、副主任,林彪出事后他们下了台,批南、陈大概属于"批林"的范畴。夏、铁是南、陈下台后接任的省革委会领导人,从批判的调子看,他们似乎成了浙江"批孔"的靶子。"批孔"是中央文革小组在"批林"声中添加的一项新攻势,是假托批判儒家的代表人物,矛头直指艰难支撑着国家机关运转的国务院总理周恩来,甚至露骨地在"批孔"后面加上"批周公"。一位结合进省革委会任副主任位子的造反派组织头头,在大会最后的发言中也不忘对"批孔"点一把火,他带着煽动的口气问道:为什么说批孔比批林更困难一些?这个问题大家应该经常想一想。

一学期时间基本上在大批判的声浪中度过。政坛之水越搅越混,人们暗暗担心,这样乱下去,什么时候是个头啊!

45. 缓冲期的零活

时间进入 1972 年的秋季,学校没有受到新的重大的政治冲击。在系里,按照专业教学计划和人力调配,暂时没有我的教学任务,也没有轮到我去"五七"干校劳动锻炼,在我面前出现了一段宝贵的缓冲时间,按照后来的实际情况,这段时间差不多有三个学期,半自主性地做了一些过渡性的业务工作。

回顾当年的实际安排,大致可分为三个段落,做了三个方面的事情。

第一个段落(1972 年秋冬),赴浙南山区作低产田调查。

按照教育革命要求和当时形势,高校地理工作者走出校门,为生产建设服务,是题中之义。经济地理学是研究生产力空间布局的学科,当然要根据实际需要,立足浙江,开展多方面的调查研究。不过,当时呼声最高的是地理学要为农业生产服务,所以,现实的选择首先是开展农业低产田调查。实际上,这方面的调研,在 1965 年春至 1966 年春已经陆续投入了不少时间和人力。那时,杭大地理专业受省农业部门的委托,从当时亟需摸清底细的全省低产田调查入手,进而对作物布局和农业地域类型进行调研,最后做出全省农业区划,为浙江农业合理布局和科学发展提供必要的依据。可惜当时因"四清"运动的穿插和紧随而来的"文革"的冲击,无形中中断了,一搁就是七八年。现在,农业部门仍然还顾不上重起炉灶,但我们利用大致可以自主支配的时间,做一些调研,应该是可行的。基于这样的考虑,征得系领导同意,也得到农业部门的支持,就在这一年的秋冬到浙南山区进行低产田分布和利用改造情况的调查。

我和同教研室的宋小棣、徐书田一起,组成一个调查组,于 11 月 2 日出发,前往浙南山区调查。调查期间走访了丽水地区的缙云、松阳、遂昌、龙泉、云和、青田,温州地区的泰顺、文成、永嘉,台州地区的仙居等 3 个地区、10 个县的农业、水利、气象部门,从面上掌握各县低产田数量、分布、自然特征、土地生产率以及利用改造基本情况和问题,同时循着地区和县农业部门指点的改造低产田的先进典型(公社和生产大队),进行实地考察,取得第一手资料。除此之外,还专访了省农科院设在龙泉上东公社东书大队的科学实验站。这个站是为配合浙南山区探索农业耕作制度改革而设的,有 3 处实验点,分别选在东书(谷地)和梨斜、山见头(山上)3 个自然村附近,观察不同海拔高度对同一品种水稻全生育期各个阶段生长发育的影响,并注意朝向、光照条件等局地因子作用的差异,通过观测为山区耕作制度改革和水稻品种选育提供科学依据。我们与驻站的 4 位农业科技人员(赖灿祥、姚长溪、孙东文、厉无畏)作了交流,了解了他们对改制问题的认识和取向。在耕作制度选择与水稻品种选用上,农科人员的实验数据与改造低产田的先进生产大队积累的实践经验是高度一致的。结束了台州地区的调查之后,于 12 月 21 日返回杭州,历时 50 天。

浙南山区的低产田,主要是深藏山间的山垅田、山弯田和梯田。由于海拔高,无霜期短,地形复杂,日照不充分,加上水冷、土薄、田块小,耕作粗放,历来只种单季稻,一年一熟,产量低是早前的常态。20 世纪 50 年代后期开始,在以粮为纲的农业发展方针推动下,全国农村掀起了向粮食亩产超《纲要》①的目标奋进的热潮。浙江各地通过耕作制度改革,提高复种指数,改一熟为两熟,改两熟为三熟,改老三熟为新三熟;同时推行农业"八字宪法"(土、肥、水、种、密、保、工、管),加强精耕细作,以加速和提前实现粮食亩产超《纲要》的目标。在这一行动中,低产田集中的大山区社队也不甘落后,他们发动社员克服种种困难,去争取提高粮食单位面积产量,塑造了若干改造低产田、夺取粮食高产的典型。

从我们到过的社队来看,遂昌县垵口公社根竹口大队堪称改造低产田、夺取粮食高产的代表。这个深处山岭的生产大队,有 780 多人,770 多亩耕地,分属 8 个生产队(11 个自然村)。田片分布在 600～800 米高度,由于山高水冷,历史上一年只有一熟。1958 年公社化以后,贯彻以粮为纲方针,围绕农业"八字宪法",实行科学种田,力求粮食亩产超《纲要》。他们想尽一切办法改造低产田,改变耕作制度,提高复种指数,在山区农业不利条件一个不少、三熟制很难推行的地方,硬是把粮食亩产从 1957 年的 280 斤提高到了 1971 年的上千斤。在这一过程中,农民付出的辛劳是可想而知的。他们以极大的决心和毅力,拿起农业"八字宪法"中的每一项法宝,一点一滴地去克服低产的难题。不说别的,仅土壤改良一项,就动员全大队劳力,花了 6 个秋冬搬运客土,把瘠薄的水田耕作层普遍加厚了 1～2 寸。毫不夸张地说,他们的高产是全体劳力用汗水浇灌出来的。

另外一个例子,是缙云县马加坑大队。那是另外一种印象。那里有 38 户人家,154 人,水田 32 亩,旱地 30 亩,水田平均每人只有两分左右。就这么一点田,还分成 204 块,即使改造低产田,提高复种指数,提倡科学种田,也看不到粮食自给的前景。大队干部发了狠心,发扬愚公移山精神,先移掉一个山岗(乌坛山),来一个移山造田。从 1968 年秋至 1971 年春,花了三个秋冬,每个秋冬劳均投工 150 天,完成土石方 4 万多方,砌墈长 208 米(平均高 4米,最高处 13 米),开凿引水渠 179 米,造出了 10 亩水田。另外,还开垦了近 30 亩荒山,以增加旱作。就这样,用透支自然环境、透支劳力的办法,稍稍缓解了耕地的短缺。

我在七八年前开始接触浙江的低产田调查,主要是在浙北的杭嘉湖地区和浙东的宁绍地区。那些地方有低产田改造问题,也有围涂、垦荒以缓解耕地短缺的任务,不过没有像浙南山区典型例子那么艰难。所以,当时一心只顾把低产田分布、特点和改造情况调查清楚,没有去换个思路考虑农业、农村、农民的出路问题。但我毕竟是搞经济地理的,时常接触有关工业化、城镇化和人口迁移的书刊,知道一些农业最终出路的世界性趋势,在这次浙南山区的低产田调查中,不由得浮起一种断想:我敬佩山区农民不畏艰难、战天斗地的精神。但是如果决策层把这种做法当作解决山区农业问题的价值取向,那就错了。农业的出路在于规模化、专业化、科学化和集约化。要做到这一点,只有通过工业化、城镇化来带动农村冗余劳动力的产业转移和空间转移,同时用科学技术去武装农业,才是正理。所以,合乎时代潮流的价值取向,应该是抓住工业化这个发展的牛鼻子。我想,这是预期,而不是异想。

第二个段落(1972 年冬—1973 年初春),应约撰写两篇地理文章。

1972 年冬到 1973 年初春,我接受了两次约稿。

一次是《人民画报》编辑部的。该刊 1973 年出版计划中安排了关于我国海疆方面的几

---

① 指《1956 年到 1967 年全国农业发展纲要》。《纲要》提出了 12 年内全国粮食亩产提高的指标。黄河、秦岭、白龙江、黄河(青海境内)以北地区,从 1955 年的 150 多斤提高到 400 斤;黄河以南、淮河以北地区,从 208 斤提高到 500 斤;淮河、秦岭、白龙江以南地区,从 400 斤提高到 800 斤。《纲要》同时提到,对一些自然条件苛刻的特殊地区,可以按照情况,另外规定指标。

个主题,派一位编辑来杭州大学地理系约写两篇稿子。地理系总支向他推荐了两个人,一个是海洋地质地貌专业的毕敷洪,一个是我。经引见后,由编辑先生分别与毕、我二人约谈撰稿事宜。约我写的主题是"我国沿海海域与岛屿",他出示了一组拟在这个主题下发排的相片,申述了文章的基本要求和交稿日期。《人民画报》是摄影画报,以图片和简明文字组成专题,报导我国政治、经济、文化、人民生活、自然风光、历史文物等内容。此刊除了中文版以外,当时已有国内五种少数民族文字版(蒙、藏、维吾尔、哈萨克、朝鲜)和八种外文版(英、俄、法、日、西班牙、德、印地、阿拉伯),外文版和海外汉文版名为《中国》画报,是中国对外发行面最广、发行量最大的期刊。"文革"期间,《人民画报》与《人民日报》、《解放军报》、《红旗》杂志一起,成为没有停刊的四大报刊之一。正因为这样,此刊物的影响大,政治性、政策性强,文章要求内容准确,文字严谨,但不失鲜明生动,以达到良好的报导和宣传效果。我明白,为该刊撰文,篇幅不大,但分寸要掌握得恰如其分并不容易。所以,开始有点犹豫,经与编辑交换意见与自我掂量,才接受了下来。文章怎么写,关键是要充分理解应该传递什么样的信息,我反复回味编辑部的组稿意向以及他们所准备的照片组画,查阅有关资料,然后经过简约的构思,深入浅出的表达,如期草成了文稿,满足了编辑部的要求。稿子在《人民画报》1973年第4期刊出。

另一次是《地理知识》[①]编辑部来信向地理系经济地理教研室约稿。《地理知识》是中国科学院地理研究所与中国地理学会主办的刊物,编辑部与全国高等院校地理系学者联系频繁,按照往常的做法,他们可以直接向学者组稿。但此时情况不同,"文革"尚未结束,政治上敏感,编辑部与学者都不便以个人方式联系,因而采取迂回的途径,通过单位约稿。教研室接信后,经过考虑,把这件事落实到了我和宋小楝身上。《地理知识》编辑部约写的题目是《富春江》,那是钱塘江中下游历史上久负盛名的河段,此时因为富春江水电站的建造,七里泷峡谷险滩和严子陵钓台景观发生变化,又增添了新的地理和历史内涵,所以引起了编辑部的注意。我们二人觉得,身在浙江高校,接受这样的任务是责无旁贷的。何况有关富春江的自然地理和人文地理基础资料基本具备,只要对电站建设前后出现的流域自然和经济状况变化做一些补充调查即可,不至于太费事,所以,没有多想便接受了下来。说干就干,经过内业和外业的准备之后,随即着手撰稿,稿子如约寄交编辑部,在该刊1973年第3期发表。

写两篇普普通通的文章,本来是平常事,不料也会引来与文章本身毫不相干的两种截然不同的声音。我在两篇稿子上都没有署写姓名。《人民画报》上的那篇稿子,由系办公室寄出,发表时署"杭州大学地理系供稿";《地理知识》上的那一篇,与宋合署为"谷峰"。后者因为采取笔名形式,而且中华姓氏中也不乏"谷"姓,读者只道作者叫做"谷峰"也就是了,大概不会有人去探究"谷峰"何许人也。《人民画报》那篇就不同了,因为署名杭大地理系,刊物一上架,系里师生翻阅后,就会好奇地打听文章的执笔人是谁。这本来也没有什么,那时的高校教师有谁不清楚作者不署真名实姓的原因呢?无非是大家心照不宣罢了。但不经意间还是冒出了两种对著作权态度完全相反的声音。一种是主张尊重著作权,有人在资料室看到这篇文章的署名时,以调侃的语气发问:"地理系"会写文章吗?意思很清楚,文章是人写的,作者有权对自己的作品署名,也表示对作品负责。另一种是恰恰相反,无视别人的著作权。"文革"时期为刊物写稿,一般没有稿酬,文章发表后,编辑部通常寄上一本当期刊物和一点

---

① 《地理知识》杂志创刊于1950年。1960年一度停刊。1961年复刊,更名为《地理》。1966年,与国内许多科技刊物一样,受"文革"冲击停刊。1972年复刊,恢复《地理知识》刊名。2000年更名为《中国国家地理》。

小纪念品。小纪念品一度流行奉送一贴年历卡（大概 12 张，一面印月历，一面印彩色风景之类），我的稿子刊出后，画报编辑部把刊物和年历卡寄到了杭大地理系。系总支办公室屠秘书（女）启封时，在场的人对年历卡感兴趣，就像抢喜糖那样抢开了。这本来是一桩小趣事，大家高兴就好，只是秘书说了一声，别拿光，给作者留几张。此言一出，冷不防有位中年教师顶上一句，难道现在这种东西还要归作者吗？第二天我在教研室开会，秘书把剩余的几张年历卡交给我时，无意中提到了这个趣味性情节和那句话。其实，刊物编辑部有没有小礼品，我根本没当一回事，但是秘书提到的那句话倒是一滴水见太阳，看来这位先生是把出版社给作者的这种小礼品也当作"资产阶级法权"来清算了。"文革"竟把一部分人的理智糟蹋到了这种程度，实在让人无语！

第三个段落（1973 年春夏），在杭嘉湖地区做了一点工业、运输业发展动态调查。初次接触工业污染的社会问题。

1973 年春夏，我的时间和精力主要投放在本省工业和运输业发展、布局的动态调查上。这不是带学生的教学实习，也不是政府下达或委托的区域规划任务，而是在下学期重登经济地理教学讲坛之前，未雨绸缪，先热一热身，积累一点素材。

由于不是硬任务，限于经费，只能在杭州市和附近地区对工业、运输业、城市建设规划等部门和企业做些了解。从 3 月开始，用三四个月时间，断断续续走访了省属工交系统，包括重工业、轻工业、第二轻工业、燃料化学工业、建筑材料工业以及交通运输业等政府管理部门，实地访问和考察了杭州钢铁厂、杭湖铁路管理处、杭州航运公司以及杭州港航管理处。然后走出杭州，到嘉兴、湖州两个地区访问了工业、手工业、交通运输、城市建设管理等部门，参观了嘉兴化工厂、毛纺织厂等企业。在此期间，金华地区农业部门正在对黄土丘陵进行开发，以增加耕地资源，这也是我们这个专业所关注的领域，特地抽时间去了一趟金华，对那里的土地后备资源现状和开发前景做了一点了解。

几个月的调查经历，有两点给我留下了深刻的印象。

第一个印象是，经济地理工作者暂无用武之地。我已经 8 年没有接触工、交、城镇方面的调查，这次走马观花式的调研，无论从有关部门提供的材料，还是从访问考察中的耳闻目睹，都没有带给我新鲜感，唯一有点醒目的，是增添了一条杭湖铁路（后延伸至牛头山，改称杭牛铁路）。经济地理学的实践任务，笼统地说，是对产业布局的合理性进行综合论证。说得具体一点，小到企业选址、工业区规划（相当于第一个五年计划时期的厂址选择、联合选厂），中到区域规划，大到经济区划，都可以发挥经济地理工作者的作用，但前提是经济发展，投资增长，产业布局空间格局发生改变，有规划和论证的需要。遗憾的是，此时"文革"正把国民经济推向崩溃的边缘，经济地理工作者基本上没有自己的用武之地。

第二个印象是，老重工业企业存在严重环境问题。1953 年开始的第一个五年计划，由 156 项重点工业项目起步的国家工业化，浙江因地处海防前线，没有获得重点投资。本省工业建设主要是依靠地方财力，规模不大，数量不多，布局也比较分散，环境问题未引起重视，直到 70 年代中前期，政府还没有设立主管环境的职能部门，像杭州这样的城市，也只是在市建设局之下设立了三废办公室，负责处理三废（废水、废气、固体废物）排放所引起的矛盾。那时，在我的业务范围内，没有具体接触过环境问题，但实际上在那些三废排放量大的老企业周边，居民已经深受其害。4 月上旬，市建设局三废办接到康桥公社对杭州钢铁厂和杭州玻璃厂的投诉，约请杭大地理系协助参加当地的环境调查，系里派我和另一位教师应差。4 月 10 日，由市建设局三废办出面，在康桥公社举行了有杭钢技术人员、公社有关负责人、杭大地理系教师参加的调查、听证会，听取了公社干部和计家村、蒋家浜、吴家墩、独城、金星五个生产大队负责人对杭钢（部分包括杭玻）排放的废气、废水、河道沉积污泥以及烧结爆破声波等对农业生产和农民生活造成严重危害的诉述。这几年，公社和钢铁厂、玻璃厂对这些问题已有交涉，厂方对受害农村作过经济补偿，也帮助他们安装自来水，解决了村民的清洁饮水问题，双方对污染危害程度的认知没有多大争议。难的是如何解决两个问题：一是如何确定赔偿的尺度；二是如何提高企业的环保水平，那是要由技术和投资来保证的。对我来说，这是实际体验环境问题严峻性的第一次。

46. 面对"工农兵学员"

1973 年下半年，我没有长期外出，大致稳定在校内，也接触一点面向教学和学生的工作。此时的学生通常不被称为大学生，而特称他们为"工农兵学员"。称呼的这种改变，除了"文革"中的名词时髦之外，更多的是给他们涂抹上一层"革命"的色彩。

1970 年秋季至 1974 年秋季招收的大学生，之所以被冠以"工农兵学员"之名，还得从中学"老三届"学生特殊的历史境遇提起。"文革"前期，因停课闹革命而长期滞留在校的初、高中各 3 个年级的学生（即"老三届"生），既无法完成学业，继续深造，也无处就业。而且，因为他们没有离校，小学毕业生升学也受影响。面对这一新的社会问题，1968 年 12 月 21 日毛主席发出号召，要求知识青年到农村去，接受贫下中农的再教育。于是，从那个冬天开始，城镇"老三届"中学生大部分被下放到农村插队落户，或回农村老家投亲靠友，或分配去国有农场、生产建设兵团农场当农工，只有少数（一般是独生子女）被允许留在城镇，安排他们在工厂或服务单位务工，也有极少数学生应征入伍，参了军。几年下来，他们获得了工农兵的身份，一旦被推荐上学，便成了"工农兵学员"。因为工农兵是红色革命的主力，而毛泽东号令的教育革命正是教育战线的红色革命，"工农兵学员"进大学，便顺理成章地成了助推教育革命、结束"资产阶级知识分子统治学校"的生力军。于是，"工农兵学员"入学伊始，便有一句口号响彻全国大学校园，叫做"工农兵上大学，管大学，用毛泽东思想改造大学"。

其实，"工农兵学员"头顶罩着这么一层光环，是不由自主的。他们中的一些人，虽然在"文革"初期的红卫兵运动中做出一些丧失理智、甚至丧失人性的事情，但他们毕竟是孩子，是响应"革命"号召，并不真正了解"文革"。经过几年下乡、下厂的生活体验和磨炼，多少领悟到一点人生的滋味，多数人并不在乎头上罩着什么光环，而是渴望利用上大学的宝贵机会，找回失去的金色年华。一般来说，他们心向学习，守纪律，讲道理，师生关系也还融洽，并没有把自己当作教育革命的天使，因为谁也没有弄清大学教育革命的真实涵义是什么。当然，也有人抱着浓重的造反派习气，忘乎所以地把自己看作是改造大学的天生主人。不过，那只是个别人，不必太在意。

话是这么说，但全不在意也不现实，尤其对中老年教师来说是这样。毕竟"文革"的乱局尚未结束，谁能保证教师不再是批判对象？老教师们哪能没有一点顾忌？

此时，我已跨入中年，心有余悸的事情有一点，但基本上已成过去。至于"工农兵学员"，我在龙泉、临安三期教育革命小分队里早就和他们一起生活过，他们大多是单纯、向学的青年，也没有什么好顾忌的。就我个人的感受而言，对"工农兵学员"这群青年人，谈不上有什么思想顾虑。

但是，有一点使我感到茫然，"工农兵学员"上了大学，我们应该给他们什么，能给他们什么？我们国家的经济还不发达，财力有限，高校是稀缺资源，应该为国家培养尽可能多的高质量专门人才。可是,眼前的情况不是这样。在我本学期参与一些本专业教学活动之前,高校招收"工农兵学员"已经 4 届(就专业而言,需求量不同,不一定各专业每届都招),而教育革命目标与高等教育使命之间的基本关系一片混沌。说得远一点,从 1958 年算起,教育革命(有时叫教育大革命、教育改革)的锣鼓已经敲了十多年,但是没有一个人能说清楚究竟演成了哪出戏!眼前在做的,无非是按"五七指示"行事:缩短学制,撤并课程,压缩学时,减少课堂教学;走出去,请进来,结合实际,开门办学;建立劳动基地和教学实践基地;批判修正主义思想和资产阶级办学路线;等等。至于高校究竟应该造就什么样的人才,怎样才能造就,却无人愿意深究。

招收"工农兵学员"入学,教育领导部门除了把学制暂定为 2～3 年之外,没有明确的、有行政约束力的办学路子,学校各自为战,全国同类学校、同类专业形成五花八门的培养方式,谁也不能肯定自己的做法是对还是不对。杭大地理系地理专业为了求证自己的做法是否对路,特地派出两名中青年教师(何绍箕和毛发新)到中南三省、华东两省一市的 7 所兄弟院校和一所研究机构"取经",结果发现,在培养目标(包括学制)、课程设置、基地建设、教材建设、科研取向等高校办学重大问题的做法上,你做你的,我做我的,好像全国高校都成了不计成本的教育革命"试验田"。

"教育革命"四字是个中性词,本身不存在是和非的问题,但是"教育革命"革什么,怎么革,就有个合理与不合理的问题了。百年大计,教育为本,像中国这样一个还没有摆脱贫穷状态的世界第一人口大国,几百所高等院校,应该怎么把它们办好,不能只凭体现最高领导人个人意志的几句话,让学校去"照办",总得要有高层决策,统盘规划,制定合理的改革目标和切实可行的改革方案。只有这样,才能既满足国家对德智体全面发展的各类专门人才的需要,又不背离高等教育发展的基本规律。眼前让全国高校自行揣摩"最高指示",表面上步调一致,实际上是不敢正视高教事业的正常发展规律,自我麻痹。

47. 劳动在"五七干校"①

1974 年春,按照校系两级的安排,是轮到我下放劳动的批次了。3 月间,我们这批人打起铺盖,由校车送往"五七"干校,接替上一批的"学员"。

杭州大学"五七"干校从 1970 年 11 月创办,到 1974 年底撤销,历时 4 年。在此期间,全校共有 13 批教职员和干部轮流下放到那里劳动,我大概属于第 12 批,在我的记忆里,我们这一批是 3 月 21 日报到,6 月 21 日"结业",我们撤回那天,前去接替我们的已经算是最后收尾的一批。

参加我们这期干校劳动的大约有 30 来人,人员来自各系教职员及校党政机关干部。校人事处长吴森林、图书馆党支部书记张青山为这期干校的领导小组正副负责人,下设农业、蔬菜、畜牧炊事和基建四个班,分别负责水稻、蔬菜、畜禽饲养和食堂炊事以及农具维修和零星土建。另外,还有一位随队医生。干校还配备一位农民师傅,是从附近农村聘请的,姓仇,负责农事安排和技术指导。

干校位于安吉县东南部、距县城递铺镇不足 10 公里的梅坑桥。那是一个不大的山坞,

---

① "五七"干校,是 20 世纪"文化大革命"时期,全国各地各部门根据毛泽东的"五七指示"兴办的农场。起始于黑龙江省。1968 年 5 月 7 日,该省在纪念毛泽东"五七指示"发表两周年时,把成立革委会时精简下来的大批机关干部下放劳动,在庆安县柳河开办一所农场,定名为五七干校。"文革"结束后,"五七"干校陆续停办。

东西向狭长,南北两面是山,东面是连接南北山体的低岗,西面是出入口,口外便是公路,是个相对独立的地形单元。在出入口路旁的小高地和山坳里面的中段,各有一座砖木结构的平房,有厨房、食堂等生活设施。据说县教育部门在这儿办过简易师范学校,后来成为劳改农场。劳改队撤走后,这里交给了县里的一个林场,然后又给杭大借用,办了"五七"干校。

据说,干校开头几批下放劳动的人数较多,生产资料也多一些,有80多亩水田,100多亩山地,还饲养50多头猪,20多头牛。到我参加的那一批,已快接近尾声,人数只有30来人,多数水田和山地已不在我们的管理范围之内,只留下一小部分水稻田、蔬菜地、一座可供砍柴的小山丘,以及留在猪圈里的四五头猪,显出一副维持残局的样子。唯一增添的劳动内容,是县农业部门授意干校养了100只种鹅,准备以后收购种蛋。我是蔬菜班的一员,班里一共7人,他们是:胡放龙(物理)、蔡良骥(中文)、毛昭晰(历史)、陈刚(外语)、黄汉升(政治)、袁妙保(生物)和我,全是男子汉。班长是胡放龙,曾在国防科研部门工作过,后调入杭大,人挺豪爽。

组织教职员下"五七"干校,总的要求是通过劳动锻炼改造知识分子。具体措施是两方面:一是农业劳动。让知识分子从事农业生产,做到毛主席"五七指示"所说的"一业为主,兼学别样"。更重要的是,要让知识分子通过在农村的体力劳动,体验农业、农村和农民生活,树立劳动人民感情,改造自己的世界观。二是学习批判。按照"文革"领导的意图,布置下来,组织大家学习、讨论和批判。

上述两方面任务的时间安排,通常是上午学习,下午劳动。农忙时变通一点,或改为雨天学习,晴天劳动。

说到学习和批判,在"五七"干校是平静的,但外面就不一样了。"文革"到这个时候已经整整8年,全国上下的政治派性闹了8年,"派仗"也打了8年。这种可能撕裂党、政府和军队的乱象,连毛泽东都已显出几分焦虑,他发话说:"无产阶级文化大革命已经8年。现在,以安定为好。全党全军要团结。"(中央1974年26号文件)。至于老百姓,对"文革"早已发生怀疑,"四人帮"倒行逆施的行径反感日益强烈。在这种情况下,干校布置大家学习、讨论、批判,实际上已经只是一种形式。

倒是劳动,还有点实的东西。说起来蔬菜班算是工作量比较饱满的,因为每天必须给伙房供应足够的蔬菜瓜果,剩余物也可以给畜禽当饲料。蔬菜瓜果的种、管、收时令性非常强,对天气变化和病虫害疫情很敏感,所以翻地、整畦、播种、移栽、搭棚、施肥、灌溉、排水、除虫、采收等田间作业,非此即彼,每天都有。春耕时还帮助农业班插秧,有时也协助伙房砍点柴,备点薪。蔬菜班的农活一般不算太重,最吃重的活要算施肥。这个班是整个干校的用肥大户,三天两头用肥,肥源不缺,人粪尿和厩肥很充足,只要有气力挑就行,可缺的就是体能。我们班七个人,多数生长在农村,对这种农活并不陌生,但一担人粪尿上肩,一百四五十斤,毕竟举步维艰,不得不浅担多挑,量力而行。

干校的星期天,一般可以休息,不过在那么一个小山坳里,也没有什么去处。到干校的头几个周日,有时去一趟递铺镇街上,走一走,看一看,或者买点日用品什么的。后来,没有兴趣去了,有什么要买的,就托负责伙房采办的韦今来上街时捎一下。到了后期,大家不约而同地把星期天的兴趣转移到了竹制工艺上。安吉是浙江有名的竹乡,漫山遍野的毛竹,花块把钱就可以买到一支,于是大家干起了竹艺活儿。干校创建时有个木工间,配有木工,此时已没有木工驻守,但场子还在,斧、凿、锯、刨、钻、锉以及角尺、墨斗等传统的木工工具大体齐全。领导让我保管木工间的钥匙,开始什么事也没有,竹艺一兴起,工具俏了,木工间就热闹了起来,连寝室也成了竹艺加工的"车间"。劳动期满撤回杭州时,不少人都带了一些竹制小玩意儿回家,挺有意思的。我缺少工艺天才,不会设计灵巧的玩意,就干点笨活,用竹片削了两付纱窗框带回家。在物资匮乏的年代,倒也实用。

　　大学这块知识高地,知识分子的时间本来是宝贵的,但政治运动一来,往往强调革命的需要,或是接受贫下中农再教育、改造思想的需要,让教师抛开业务,集体去农村锻炼、改造,短则二三个月,长则一年半载。有时领导也有正面鼓励,说这是知识分子自觉改造世界观的表现。那倒未必尽然,只不过我们这一代人,从青年时代开始一直受到党的教育,经受运动和下乡劳动锻炼考验也多些,对这类行动已经比较适应。在"五七"干校的三个月,大家的确没有什么不自在,都愉快地劳动和生活,甚至比在原单位更快乐。你说怪吗? 不怪! 因为"五七"干校的成员,是从全校各系各单位抽调来的,这里没有原单位的那种人际关系,没有利害冲突,面对的又是对谁都没有偏见的大地和畜禽,没有人会勾起"文革"风暴中原单位那种的苦涩记忆。所以,似乎大家都有在此"修炼"倒也清净"的那种舒坦心情。这种心情不算正常,但却是真的。

48. 走马干燥区

　　结束了"五七"干校的劳动之后,不久,我与教研室同事周复多一起,踏上了赴西北考察干燥区、半干燥区自然地理之路。

　　周复多和我都是经济地理教研室的,怎么突然转向搞起自然地理考察来了,而且还是远赴与服务本省需要没有直接关系的西北地区呢? 原因很简单,"文革"已经折腾了 8 年有余,人员没有更新,地理专业是个老专业,中国自然地理课程是门老课程大课程,教师老的老,退的退,面临师资缺失的局面,领导为了应急,召我们二人临时受命。

　　地理专业的中国自然地理课程原有 3 位资深教师,一位在"清队"中离世,一位决定退休,暂不退休的一位是原系主任严德一教授,已年过 65 岁,精力有限,势将独木难支。要缓解这种局面,自然地理教研室本来可以在本室自然地理分支学科人员中挖掘潜力,但他们没有这样做,而是建议系党总支、革委会在专业范围内调配力量支援。系领导接受了他们的建议,决定从经济地理教研室抽调人员救急,承担下一年度中国自然地理课程的教学工作。这件事情,在我去"五七"干校前夕,领导就找我和周谈过,我们为了照顾全局,服从了调配。但我们知道,自己所具备的中国自然地理基础只是书本知识,缺乏感性的东西,尤其是对西部地区,更是如此,最好能抽出一段时间到西部考察一次,哪怕是走马观花,也多少能弥补一点欠缺。我们把这个想法向系领导做了申述,得到了他们的理解和支持,批准了我们的要求。于是决定在我从"五七"干校回来后,抓紧时间,利用暑期出发西行,目标主要是经受一次干燥区、半干燥区地理现象的亲身体验。另外,领导也吩咐顺道走访兄弟院校地理系,了解他们的教育革命做法。

　　成行之前,我们初步制定了一个考察计划,大体包括:目的要求、考察路线、时间安排和经费概算。我们没有专用的交通运输工具和野外考察的仪器装备,交通只能依靠运输部门的运行班车,装备只有平时野外实习用的各人一双高帮皮鞋、一只背包、一把地质榔头,二人合带一只罗盘、一只高度计和一架黑白照相机。然后,领了几百元差旅费就出发了,时间是1974 年 7 月 14 日。

　　根据计划,我们设定的考察路线是:以津京二市兄弟院校教育革命访谈为起点,然后进入晋、陕两省的黄土高原,转经内蒙古鄂尔多斯和河套地区,沿包兰线进入宁夏和甘肃,再折向青海柴达木盆地,穿越祁连山到河西走廊,沿兰新线进入新疆。原来打算对天山南北两翼的地理剖面都做些察看,但短时间内难以解决南疆往返乌鲁木齐的交通问题,就决定在北疆的石河子结束整个干燥区、半干燥区的考察行程。返程时从兰新、陇海线转宝成、成渝线抵达重庆,作为这次考察的终点。在重庆准备访问最后两所高校,交流地理教育革命的经验和体会。办完这件事,便走长江水道,顺流而下,返回杭州。所以,在考察的全过程,我们的工作实际上是两大项:一是实地观察我国干燥、半干燥地区的自然地理和土地利用状况;二是在沿途短暂停留的主要城市,向当地地理工作机构了解地理教育革命和地理科学研究的取向与做法。

我们访问过的高校地理系有9所。因为此时杭州大学的任务基本定位在培养中学师资上,所以,走访对象主要是高等师范院校和与我校性质相仿的综合性大学,包括天津师院、北京师大、西北大学、陕西师大、兰州大学、甘肃师大、新疆大学、西南师大和重庆师院。

在地理教育革命探索中,所有学校存在着共性。那就是:在教改取向上都与"最高指示"精神保持一致,即缩短学制,减少课程,简化内容,注重实用,搞开门办学,走出去,请进来,破三个中心,搞三个结合等等;在具体操作上,都各试各的,找不到准星,难见成效。好像都在摸着石头过河,又过不了河,不知道出路在哪里。分析各兄弟院校的探索,联系我们自己的实践体验,我觉得这样的改革不是善作,难以善成,最后恐怕只能不了了之。原因有二:一是中学地理教学已面目全非,初中地理课程被农业基础所取代,高中地理教育若有若无,而师范性院校地理系是为培养中学地理师资而存在的,中学地理教育既然处于虚无状态,保持着地理学科学体系架构的高校地理教育,还有存在的必要吗?皮之不存,毛将焉附!怪不得有的师生情绪激动,高喊砸烂地理系了。二是地理学毕竟是一门科学,有它特有的科学对象和科学体系,任意打乱,岂能成为培养合格地理科学人才的正道。

除了访问地理教育机构之外,我们也访问了两家隶属于中国科学院的地理研究机构,一家是设在北京的中科院地理研究所,另一家是设在兰州的中科院冰川冻土沙漠研究所。应当说,这两家国字号研究机构的情况比高校要稳定一些。他们虽然还不能说已经从"文革"前期的干扰和冲击中完全恢复了元气,但此时他们大体上坚守着自己的职责。在地理所,我们与所长、中科院院士(时称学部委员)黄秉维先生、经济地理研究室农业地理研究组组长郭焕成先生、研究所业务组负责人杨先生分别进行了座谈,参观了该所的制图自动化研究室,他们在两个方面给我留下了清晰的印象:一是瞄准国际地理科学研究和技术应用的前沿;二是为当前生产和国家建设需要服务。我觉得他们的方向是正确的。在冰川冻土沙漠所,我们向他们请教了冰川、冻土、沙漠研究的现状,听取了冰、冻、沙三个研究室的苏珍、吴紫汪、苏宗正三位先生对研究工作主要情况的介绍,参观了沙漠室的风洞试验设备和沙漠植物标本,领略了他们在冰冻沙领域所做的研究,以及对国家在干燥、高寒地区工程建设项目论证所做出的特有的科学贡献。

至于对干燥、半干燥地区自然地理的考察,那是这次远行的首要目的。我们是带着求知的渴望,做好克服种种困难的思想准备上路的。但我们也清楚地知道,在有限的时间内,又没有自备交通工具和野外考察装备,不可能一厢情愿地选择地理信息最丰富的理想考察路线,也不可能达到尽可能多的富有代表性的理想考察地点。在那个时代,我国的交通还不发达,西部更是如此,加上"文革"的混乱,铁路公路运行都不正常,能够大致顺利地利用长途客运班车,沿着计划设定的路线行进,已经是上上大吉了。在计划的路线上,我们采取以线定点、点线面结合的观察办法,多看,多问,多听,勤做纪录,力求粗线条地掌握所经地区的综合自然地理特征。通过巡礼式的考察,我们对晋陕黄土高原,鄂尔多斯的半荒漠,后套的黄河灌区及其紧邻的乌兰布和沙漠,银川平原灌区的塞上江南景色,贺兰山植被的垂直分带及山前冲洪积扇造成的砾漠(戈壁滩)、直逼包兰铁路的腾格里沙漠,河湟谷地的农耕区域,日月山和青海湖盆的草原,柴达木盆地的荒漠和盐沼,昆仑山、祁连山、天山的夏季雪线,跨越祁连山与阿尔金山之间连通柴达木与河西地区的当金山口,河西走廊西北段与新疆达坂城之间连绵不断的戈壁,天山北麓的绿洲,等等,都有了较为清晰的印象。在沿线短暂停留的几个"点",在当地有关部门人士的帮助下,都做了具体的访问和踏勘,增添了考察线路上不可多得的具体材料。这些"点"上考察的内容主要是:晋东昔阳县大寨虎头山七沟八梁一面坡黄土地貌的农业利用,陕北黄土高原绥德县韭园沟水土保持综合试验(由设在绥德的榆林地区水土保持工作站实施),导致历史上榆林三迁的鄂尔多斯南部毛乌素沙地沙丘的移动与固沙,银川平原至贺兰山的地理景观剖面,柴达木盆地察尔汗盐湖的盐沼地与"盐桥"(用盐沼沉积物修筑的公路),以及北疆石河子绿洲的军垦开发。

一个长期在东部工作、未曾亲历干燥、半干燥区生活的中国地理学人,有这样一次直接感知的考察经历和全程纪录,应当说是不虚此行了。

结束在新疆的行程后,离开乌鲁木齐经川渝返杭,10月8日回到杭州,历时86天。回校后,向系领导和地理专业教师作了兄弟院校教育革命情况汇报,便转入下一步的工作。

这次出行,有点艰苦,这算不了什么,倒是交通之难无谓地耗费了我们不少时间和精力,有时还陷入尴尬的境地。交通之难,有两个原因:一是那时我们国家发展水平低,交通还不发达,西部地广人稀,尤其如此。这一点可以理解。二是"文革"扰乱了各行各业的秩序,交通营运很不正常。这一点令人生厌。难,是基本的,不必多说。不过难中有见美见丑的小故事,还是值得回味的。

先说美的——为人解难。西北多大漠,我们考察的线路大都比较荒凉,从一地到另一地,往往没有长途客运班车,而我们要走的距离,近则几十公里,远则数百公里,在荒无人烟的地方长距离行进,单靠步行,无论是时间、体力还是安全都有问题。例如,我们在完成格尔木附近的考察后,打算穿越柴达木盆地和当金山口,到河西走廊的柳园乘火车进疆。但是从格尔木到柳园656公里的地带都是荒漠,有公路而无班车,这可难煞了我们。我们向格尔木县政府请教解决办法,他们把我们介绍给西藏驻格尔木办事处,请他们帮助,因为该办事处有往返拉萨与柳园之间运送物资的车队,有可能搭他们的卡车走。我们向西格办车队登门求助,车队调度员爽快地答应替我们约车,一天后便有了着落。我们搭乘的卡车驾驶员是位转业军人,他热心相助,让我们二人坐在驾驶室后排,就稳稳当当地启程了。从格尔木到柳园,除了在大柴旦交通站过宿之外,行车时间需要十五六小时,在三处交通站停车吃饭。停车时,驾驶员还得检查车况,非常辛苦,我们过意不去,总是在交通站食堂先买好饭菜,等他一起吃。因为是交通站,不是什么宾馆饭店,就算我们作东,也没有花几个钱。结果,到了柳园火车站,他特地买了两个哈密瓜回赠我们,真不知道让我们说什么好!我们望着他离去的背影,不由得心生敬意。一个在艰苦环境工作的驾驶员,把为人解难看作是自己的本分,不但分文不取,还报以友情,这种正直、朴实、真诚才是发自心灵的美啊!

再说丑的——给人添难。我们在重庆结束了对两所兄弟院校的访问,买好了10月3日早晨重庆开往上海的船票,准备返校。临行前一天,去沙坪坝重庆师院向老同学(也是老校友)道别,下午三点左右,告别校友,准备乘公共汽车回朝天门码头附近的招待所,不料一直等到日落西山,已是薄暮时分,也没有离开沙坪坝。眼看等公交车无望,而重庆当时又没有其他公共交通工具,如当晚赶不回招待所,势必耽误第二天一早登船的行程,这又如何是好?不得已,只好拜托校友商请校方派车送我们回去,才避免了误船的尴尬。据当地人说,这种怪现象是公交公司闹派性、打派仗的表现,驾驶员用下三滥的办法向乘客发泄,制造交通困难。这种说法是否准确,我们不得而知。反正情况就是这样,不管站上有多少人等车,明明车上空无几人,他就给你来个到站不停,或故意越站,或早早收车,让你无车可等,急得站上等车乘客直跺脚。城市公共交通的运力本来就不算富裕,再来个节外生枝,制造人为紧张,市内出行就变得难上加难了。大城市范围内的交通,居然比在大西北荒漠地区行进还要惊心,岂不荒唐!

49. 不是客串的客串

结束干燥、半干燥区考察回校后,距中国地理(自然地理部分)开课还有 4 个月时间,对从经济地理转过来支援这门课程的我来说,当然需要抓紧时间准备。在教学问题上,我一向认死理,不管教育革命怎么搞,做好教学工作,给学生以扎实的专业知识和求是的科学精神,总是教师最基本的职责。过去 20 多年的教育生涯是这么想也是这么做的,现在仍然不改初衷。眼前放下比较熟悉的业务,担起相对生疏的课程,自然不想有半点马虎。

4 个月的准备,主要是解决符合课程改革要求的教材建设问题。地理系高年级的区域地理原来是四门课程,业内习称四大块,即中国自然地理、中国经济地理、各洲自然地理和世界经济地理,每门都有相对成熟、完整的内容体系。"工农兵学员"入学后,根据课程改革的要求,合并成中国地理和世界地理两大块,教材需重新编写。由于改革没有定型,不但全国没有统编教材,就是几校组织起来协作编写的,也未见成果,各校只能各自为战,自力更生满足需要。在这种情况下,我们利用本校、本系所具备的资料和原有工作基础,尽我们的力量进行整理、取舍和增删,编撰一份差强人意的讲义,以应新学期授课之需。

围绕这项工作,需要大量阅读中国自然地理文献,也要涉猎自然地理学及其分支学科的学术文献。我是地理学"科班"出身的,虽然后来的专业方向是经济地理学,但自然地理学毕竟是经济地理学两大基础之一,这方面的文献资料平时也接触一些,不过注意力主要是放在了解其学术新动向,摄取一些新材料,而不是去做深度研读。现在要转过来讲中国自然地理课程,那就不同了,不仅要大量浏览,对一部分与课程直接相关、具有核心价值的学术文献还必须精读,以把握区域自然地理的精髓。回想起来,这段时间是我职业生涯中研读自然地理学文献最为用心的时期。

在编写过程中,我与周复多分工合作,经过几个月紧打紧做的学习、讨论和撰写,按时完成了任务,以油印讲义形式发到了学生手里。不过,我心里明白,这份讲义是在短期内催化而成的,不是循序渐进、长期积累、厚积薄发的结果,不能体现教材应有的成熟性和科学水平,无非是国内没有专业通用教材,领导要求教师自编讲义,我们满足了这项要求就是了。

1975 年春季开学,按约定开讲中国地理。课程按照先自然后经济的顺序,由几位任课教师依次轮流讲出,是"拼盘"式的教学,每人只担负二三十至三四十个不等的课时,工作量不大。虽然如此,但教师并不清闲。原因很简单,在贯彻"教育为无产阶级政治服务,与生产劳动相结合"的方针中,必须到工农中去、到生产实践中去探索如何用专业知识为工农服务,为生产服务。在地理学界,上层领导还特别强调地理学要直接为农业生产服务,这已经不是一般性的服务导向,而早就是"指令"性的要求了。要顺应这一要求,做一些可行的服务,必须走出校园,到生产第一线去摸索,那就需要投入足够的时间和精力。所以,教师看起来课业负担不重，实际上还是忙忙碌碌的。

应当说，地理学与农业的联系是存在的。农业是在一定自然条件下的生物再生产，是要受地理环境制约的，地理研究确有可能为农业提供某种服务。例如，《1956年到1967年全国农业发展纲要》中的粮食亩产指标界线，就是根据自然区划研究成果确定的。而且，自然地理学和经济地理学及其某些分支学科，如气候学、土壤地理学、植物地理学、农业地理学等，都与农业有某种"亲缘"关系，根据需要与可能，从不同角度为农业提供服务，也是有意义的。当然，地理学要"直接"为农业"生产"服务的提法过于绝对化，而且有急功近利倾向，那是当时政治环境使然，就另当别论了。

因此，在学期中间，教研室多数同事一直在着力探索地理学为农业服务的方向、目标、内容和做法，大家与省属农林部门及有关科研单位联系，进一步了解省内不同类型农业区域存在的问题，基本选定以农业自然条件利用和农业区域性问题评估为重点的服务方向。在此基础上，分解任务，制定计划，分组指导学生实践。我与另外两三位教师的任务是，联系浙江普遍推广的双季连作稻和新三熟制在浙北和大部分山区受到热量水平分布和垂直分布限制，在考虑地理位置、地形地貌、活动积温、耕作制度、作物品种等多种因素相互作用的前提下，对新三熟制（春花、双季稻）农业纬向分布和垂直分布的适宜区域、过渡地带和极限进行识别。同时，对柑橘、油茶、茶叶的冻害情况加以注意。为此，前期指导学生做好对双季连作稻热量保证程度、经济林木冻害情况调查和论证所需的农业统计和气候统计资料的准备工作，后期（7月上中旬）分别带学生去龙丽、金衢、临黄三个区域进行实地性的调查和验证。我带着3名学生（鲍昌甫、徐昌琪、商颂明）到金衢地区进行了为期两周的野外调查。

回顾这一年的工作，是兢兢业业过来的。在学期结束进入短暂暑假的时候，我还在考虑后续的教学事宜，直到自然地理教研室配齐中国地理（自然部分）教学人员为止。但在多变的年代，我这种实心眼的想法实在是多余的。暑期刚一度过，杭大又接到了省委新的政治任务——组织师生下乡参加农业学大寨的运动。于是，教学业务被再次抛开，而且，这门课程从此与我别过，因为随着后来形势的变化，需要我去对付的已经是新隔行的任务了。一年前，接盘中国地理，回头看，只是一场客串。

50. 下嘉兴农村

从1975年秋至1976年春，我在嘉兴农村度过半年时光。

1975年的10月，杭州大学根据中共浙江省委指示，组织2000多名师生参加"浙江省农业学大寨工作队"赴嘉兴县工作，地理系师生的工作地点在洛东人民公社，我和几位教师及地理专业二年级学生落实在该公社的庄新生产大队。

洛东公社位于嘉兴县最西部，公社驻地在一个叫西文桥的村庄。整个公社都是传统的农村，除了农业以外，几乎没有其他产业，连公社驻地西文桥也没有一家能满足百姓开门七件事的商店，农民购买日常生活用品都要到公社以东相距一二十里地的集镇——新塍。嘉兴县属水网地区，公路不发达，洛东那时还不通汽车，居民出行大都是以舟代步。我们从杭州出发去洛东公社，也是包船走的，早上从杭州卖鱼桥乘汽船，沿运河杭申乙线行进，下午三四点钟才到洛东公社附近的一个船埠，再由各生产大队等候在那里的农用船，摇着橹，顺着小河浜接我们进村。

农业学大寨工作队不同于六十年代中前期的"四清"工作队，它不是去农村基层主导一场政治斗争，而是到农村第一线去贯彻全国农业学大寨会议精神，把农业和农村工作搞上去。杭大师生参加工作队，领导的要求也是宣传全国农业学大寨会议的精神，运用专业知识，为农业学大寨运动服务。进村后的生活方式也与"四清"运动时不同，不要求与贫下中农同吃同住同劳动。住宿集体安排，师生一起住在一个生产队腾空的仓库里。仓库沿河而建，建筑简陋，屋檐和瓦顶透风，风一刮，屋顶尘埃便纷纷扬扬地洒在床铺上，大家用铺盖绳和塑料薄膜拉起大篷，当作"天花板"遮挡尘垢。伙食也集体开，在仓库大门外边，挨着仓库搭起披檐，砌起地灶，作为厨房，由大队指派一位老农帮我们打理一日三餐。劳动不作集体安排，通常是以二三人为一组，分散到各自联系的生产队参加田间作业。工作队进驻的头一个月，正是秋收冬种时节，大家都和社员一起参加收种劳动。这是工作需要，也是改造世界观的需要，这点要求是不会变的。

在村里（大队和生产队），我们的中心任务是宣传、贯彻全国农业学大寨会议的精神，与干部、社员一起学习讨论，传播大寨人自力更生、艰苦奋斗的革命精神，推动农田建设，提高农业生产水平，改变农村面貌。有时也利用农民夜校的形式，做一些与农业、农村发展有关的科普讲座。在和社员一起学习或劳动中，了解他们所思、所想、所愿，在可能条件下帮助他们解决一些问题。实际上农民有各种各样的活思想，大的，关系到国家的方针政策，小的，只涉及社员在生产队内部的个人利益。这些思想问题或实际问题，往往不是一般宣传教育所能解决的。对那些国家方针政策与农民实际利益存在矛盾的问题，他们虽然服从大局，但心里是有想法的。例如，嘉兴地区是浙江重要商品粮基地，每年必须完成省里下达的粮食征购指标任务，对稳定全省商品粮供应作出重大的贡献。但是，粮食是"低值"产品，农民收入不高，总是在有饭吃而缺钱用的水平上徘徊，生活难以改善，情绪多少有些抵触。在计划经济体制和集体经济的框架下，面对这样的现实，要找到两全其美的化解办法是非常困难的。工作队只能按照政策精神做些正面宣传，在农民看来，这样的宣传是苍白的。又如，在冬种问题上，县里给公社有计划要求。我们进村后，正值冬种季节，工作队希望各生产队落实"三麦"（大麦、小麦、元麦）种植面积，但干部社员反应比较冷淡。他们认为，冬种的粮食作物，既耗肥又耗地力，而且产量不高，反而影响后续的水稻产量，得不偿失。从农业经营的角度来看，他们的看法也不是没有道理。

身历农村现实，再次勾起我几年前在浙南山区低产田调查中亲见农民千辛万苦开辟"大寨田"时曾浮现过的感想：解决中国农业、农村、农民这样一个重大的社会经济问题，出路不在于让亿万农民在穷乡僻壤战天斗地，而应该是着力推进工业化，把多数人逐步从人多地少、固守小块土地的格局中解放出来，转移出去，使农业走向现代化。

我敬重农民自力更生、艰苦奋斗的精神，它也是中华民族坚忍不拔的一种品格。但在解决农业根本出路的问题上，却非国家工业化莫属，如果决策层看不到这一点，继续漠视世界潮流，那是可悲的。

第十部　　尝试城规培训

51. 推上新战车

1976年,对国家来说是不平常的一年,对我的职业生涯来说也是有转折意义的年份。这一年的春天,地理专业74年级学生("工农兵学员")向系领导提出了专业改向培养城市规划人员的要求,而且情绪有点躁动。学生这样做,事出有因,原因来自两个方面:

一是出于他们的切身利益。地理系招收"工农兵学员"时,省里确定的主要任务是培养中学地理师资。可是按照毛主席教育革命理念,以及他提出的课程要砍掉一半的主张,在中学课程中,除了语文、数学保持基础课地位之外,其余各科不同程度地受到砍削,其中历史、地理、生物等科目首当其冲,地理课程濒临可有可无的境地。这种态势伤害了学生的专业信心,他们开始对专业前途不抱幻想,而要在就业出路上作一番另辟蹊径的争取。

二是受到政治上的刺激。1976年1月9日早晨,我们在嘉兴农业学大寨工作队的师生,和往常一样在驻地收听中央人民广播电台的新闻广播,当喇叭传出周恩来总理逝世的噩耗时,引起一阵震惊,大家不约而同地发出一声惊叹,然后陷入了沉思。在这特殊的年代,是周总理,顶着"四人帮"倒行逆施的压力,艰难地、甚至忍辱负重地支撑着这个庞大国家政府的运转。在百姓心目中,周恩来是国家的顶梁柱,现在他走了,接下来将会发生什么事情,人们感到茫然,只好用各种形式的悼念活动来寄托对他的哀思。可就在各界自发悼念总理时,"四人帮"却对吊唁周恩来活动下了种种禁令。"四人帮"的所作所为,本来已经天怒人怨,这样一来,更激起全国人民义愤,也促使这班学生要竭力排遣"文革"的烦扰,把注意力集中到自己出路的争取上。

学生们把就业出路转向瞄准城市规划,不完全是盲目的,他们有一定的参照系。半年前,北京大学、南京大学、中山大学三所大学地理系的经济地理专业,在国家建委和各自学校的支持下,把该专业"工农兵学员"毕业班转向办成一年期的城市规划培训班,毕业后由建委安排到城建部门就业。这一动静,我们的学生已有所闻,大都心向往之。不过,年前没有明显反映,现在一方面对"文革"失去耐心,另一方面自己也将跨进最后一个学年,此时不转过来为自己就业前途找出路,更待何时? 于是,竭力敦促经济地理教研室和系领导把握机遇,努力争取,设法促成他们这个班转向实用的城市规划方向。

其实,教师对学生的专业处境是感同身受的,对三所部属大学经济地理专业部分改向的信息也不比学生知道得晚,但教师不便主动请命。原因很简单,教师不像学生只争取自己就业出路那么单纯,他们要考虑的问题比学生多得多,诸如:

——城规毕业生省内就业容量有多大。部属大学是全国招生,全国分配,招生面广,就业面也宽;而省属大学多数专业是省内招生,省内分配,就业容量不是那么大。杭大是省属大学,尽管也有部分省外生源和省外分配,但专业改不改向,总需要顾及学生出路的稳定性。

——省建委(建工厅)能不能接受杭大临时改向的"城规班"毕业生。国家建委可以接受三所部属大学专业改向后的"城规班"毕业生,不等于浙江省建委也能够接受我校专业改向的毕业生。经济地理工作者对城市、对区域有独特的视角,在区域规划、城市规划中有自己的长处,在头几个五年计划国家重点建设地区的区域规划工作中也露过头角,国家建委有关部门人员对此有一定了解。但那时浙江因地处海防前哨,国家没有重大建设项目落地浙江(包括"一五"期间全国156个限额以上项目),而本省财力有限,不可能有大规模的建设投资,因而没有做大规模区域性建设规划的必要。在这样的情况下,杭大经济地理专业教师与省建委官员之间不曾有过合作机会,彼此并不了解,在培养城规人才问题上恐难一拍即合。

——省教育厅是否能同意我们改向。地理专业要从培养中学师资向培养城市规划人员转变,除了校、系两级领导要取得一致意见之外,还必须得到省教育厅的首肯。教育厅是省里的教育主管部门,杭大毕业生的主要服务对象又是教育部门,没有他们的同意是不可能采取行动的。

——我们自己在业务上有没有问题。杭大自1962年秋开始结束经济地理专业工作后,虽然教研室原班人马还在,但是,新中国成立20多年来,全国的城市规划人才都是由建筑工程院校输送的,建筑工程和经济地理专业方向大相径庭,如何对接,心里没有把握。

但教师有顾虑归有顾虑,学生可顾不了那么多。他们咬定青山不放松,力求专业改向,天天向老师做说服工作,希望老师和他们站在一条线上,向系领导明确提出转向要求。系领导在征求有关人员意见和权衡利弊后,倾向于可以对这个班的最后一年做专业改向的探索。

谁来负责专业改向的探索呢?系党总支把这件事交给了总支和系革委会领导成员、经济地理教研室教师马裕祥。

1976年4月间,师生们结束了农业学大寨工作队的工作,撤回杭大。马裕祥把系里的意见与经济地理教研室人员作了沟通,大家认为地理专业目前处境的确令人不安,但能否转向城市规划,怎么个转法,也存在不确定性和难以预见的困难,只能先试探一下再说。

随后,马裕祥约我与他一起投入这项试探工作,我同意了他的要求。我们决定从三个方面着手,向有关单位做一番了解、探讨和说服的尝试。

先是利用人脉关系,用通信方式向北大、南大、中大的同行取经,了解他们转轨的经验和遇到的问题,包括用人单位对培养人才的规格要求,以及经济地理专业转向城规后如何取长补短,开哪些课程,用什么教材,怎样组织实习,还有哪些问题有待解决,等等,做到事先心中有底。

再是走访省建委(基建局),探询他们对城规人才的需求和规格要求,申述我们在这方面可能提供的服务。建委(基建局)具体和我们接洽交谈的是城市规划处处长葛起明,他向我们介绍了1966年受"文革"冲击,规划机构被废,直到1973年才恢复重建的历史过程,以及城市规划长期缺失,建设、管理处于无序状态,规划工作亟需开展,但人才奇缺,必须抓紧培养等等实情。但他是一位建工院校出身的专业型、学者型官员,对我们这个专业转行培养城规人才的可能性有所疑虑。他向我们提出一个关键性的问题:城规人才一向由建工类院系输送,综合性大学经济地理专业未曾承担过这方面的任务,你们有哪些优势?怎样满足规划设计的要求?针对他的问题,我们如实地说明了我们的长处和不足,一旦确定改向,我们将补充建工院校相应专业出身的城市总体和专项规划设计方面的教学人员,以充实这方面的力量,力求两类专业出身的人员优势互补,相互对接,使城市规划既有工程设计的传统长处,又有城市产业布局和空间发展的战略眼光。经过几番交流，省建委城市规划部门接受了我们的想法，表示可以支持杭大培训城市规划人员，拨给必要的经费，毕业生出路由他们来安排。

最后是走访省教育厅，向分管高教工作的副厅长李春田说明了来意，详细汇报了杭大地理专业培养目标和出路之间的现实矛盾，以及解决或缓解这一矛盾的可能取向，请厅领导理解、支持杭大地理系解决地理专业 74 级出路的尝试。李春田曾是杭大党委领导成员之一，对杭大比较了解，这件事只是对一个年级学生最后一年课程作些改变，并不牵涉专业设置的重大变动，因此态度比较灵活，表示可以试试。

经过这些工作铺垫，我们心中有了几分底数，便由马裕祥出面把上述情况向系总支、革委会作了汇报，并向校党委、革委会打了书面报告。经校领导同意，在专业名称暂不变动的前提下，确定地理专业 74 级学生最后一学年，即 1976—1977 学年，改向学习城市规划。就这样，这件事在 1976 年暑期来临前定了下来。

52. 且作马前先行

确定了的事情就要筹办。谁来负责筹办？当时的地理专业是由自然地理和经济地理两个教研室共同支撑的，两个教研室的负责人哪一个出来牵头都不太合适，顺理成章的办法还是由系领导班子中联系地理专业的马裕祥出来总成其事。

暑期来临，时间紧迫，得尽快行动起来。首先，要确定"城规班"的办班方针。按照当时的主客观条件和实际需要，采取"开门办学"的办法，请进来，走出去，以现场教学为主，边学边干，边干边学，训练学生实际工作能力。其次，要确定内部业务分工。以经济地理教研室为主，自然地理教研室配合，把两个学期需要开设的课程先落实到人，以利及早备课。第三，要确定"请进来"的人选，特别是开学之初就要登临讲座的校外专业人士。第四，要选定实习、实践基地，派出适当人选，做好考察、预习工作。

明确这些总体部署之后，实质性的业务工作就开始启动了。三军出师，总得有马前先行，谁来充当？我便成了"应卯"出战的"先锋"。1976 年的暑期一开始，便马不停蹄地投入工作，直到第二年这个班毕业，几乎没有喘息机会。那个学年，就我个人的工作来说，大致分成 5 个时段，完成 5 个方面的任务。

第一时段：选宁波为实习性参观基地

由于宁波港的作用日渐重要，滨海工业和港口建设大项目相继启动，城市活力凸现，城市规划的迫切性日益明显，以宁波为学生参观性实习的首选基地有较高价值。为此，由马裕祥、王嗣均、陈德恩组成的三人小组，于 7 月 14 日前往宁波，联系落实以宁波为"城规班"学生参观性实习基地的安排，并对宁波城市作一次前期考察。宁波市城建局对杭大"城规班"拟以宁波为实习基地表示欢迎，并将尽力协助。在我们考察期间，该局规划科长（后任副局长）孔万里、市计划委员会城规室主任邵槐分别向我们详细介绍了宁波城市建设的历史和现状，规划部门恢复后（"文革"期间规划机构一度被废，1973 年恢复重建）城市建设和规划面对的种种矛盾。接下来，孔、邵二位及有关规划人员连续 5 天轮流陪同我们参观、考察，包括：甬江岸线及其利用状况；江北、江东、镇海三个港区功能划分和吞吐能力；北仑港开发一期工程港区设施；铁路线路（包括镇海、北仑二港区集疏运铁路）和站场布置；姚江水利枢纽（姚江大闸）建成后对甬江航道的影响；滨海石化、火电等项目建设及市区原有工业企业的布局；东钱湖水利和景区现状；城市功能组织和市区道路骨架，等等。参观、考察后，市建设局规划科专门组织了一次有全体技术人员参加的座谈会，听取我们对宁波城市发展和规划的看法。看得出来，宁波规划部门真诚欢迎我们的到访，迫切希望双方合作把宁波城市规划搞好。不过，我们算不上是城市规划行家，至少当时是这样，何况5天考察也只能说是对宁波近期发展有个轮廓性的了解，难以深入探讨，所以还是从原有专业特长出发，对港城生产力布局与城市发展问题提出一些相对宏观的前瞻性想法，供他们参考。7月21日结束了宁波之行。

说到学生参观性实习，杭州是最近便的去处，所以7月10日在去宁波之前，先访问了杭州市建设局规划管理组总工程师黄宏煦，听取他对杭州城市现状、矛盾和规划的看法，为以后日常教学过程中就地选择参观目标做些铺垫。

第二时段，受命率先给"城规班"开课。

1976年秋，为期一年的"城规班"上马。第一学期的安排是：前半学期（9月8日至11月14日）以校内教学为主，让学生初步掌握城市规划的基本知识；后半学期（11月15日至1977年1月11日）师生一起去义乌，开展稠城总体规划的实践。

在城市总体规划、控制性详细规划、管线工程综合、园林绿化规划等课程一时还不能系统开设的情况下，领导对前半学期的教学工作采取了两项应急措施：一是围绕城市规划的原理和方法，请在杭专业人士以讲座形式给学生授课；二是原经济地理专业的工业布局和交通运输业布局两门课程，经过适当改造，大体适用于城市规划工作的需要，先移植到"城规班"的教学中来。

实际的安排是，校外专家的讲座视情况穿插进行，校内人员按校历作系统讲授。我和陈德恩分别有过讲授工业布局和交通运输业布局的经历，领导点名要我们二人抓紧准备，率先登上城规讲台。在那个年代，任务面前基本上没有讨价还价的事情，我和陈德恩都无条件接受了下来，8月份花上一整月的准备，算是大致具备了上阵的条件。这样，前半学期除了公共课及校、系安排的政治活动之外，在业务方面，只有国家建委规划司处长杨炳辉（后调入浙江省）、市建设局总工程师黄宏煦等业内人士，以讲座形式穿插讲了几个专题，诸如：我国城市建设、管理的历史与经验教训；城市规划的原理、要领和方法；杭州市城市规划的编制与总图解读，等等，作为城市规划理论和总体规划的入门知识。其余时间基本上由我和陈德恩二人分别支配，我们根据课程性质，各自采取课堂讲授、实地观察、小组讨论相结合的办法，引导学生理论联系实际，使书本知识形象化，观察所得系统化。以我的"城市工业布局与工业区规划"课程而言，授课30多学时，结合课堂教学，分两段安排5天时间带队考察杭州半山重工业区和浦沿化学工业区，参观大中型火电、钢铁、重机、水泥、化肥、棉纺织等企业的厂区平面布置、生产流程，了解其对城市工业布局规划起决定作用的主要技术经济指标，再辅以小组讨论和课堂讨论，加深理解，达到能够实际应用的目的。

前半学期的最后一周，又与陈德恩一起按计划把学生带到宁波学习、参观。宁波城建局两位规划专业人士邵龙飞和吕逸民就宁波城市现状，规划和管理的历史经验，规划管理工作受"文革"冲击而停顿后城市存在的种种问题，向学生做了详细讲解。在他们的协助下，对该市的工业区、对外交通，城市道路骨架，沿江景观规划等进行了参观考察，使学生从规划工作的视角对宁波城市全貌以及工业、交通布局状况有了概括的了解。

第三时段，初试稠城规划（1976年11月15日—1977年1月11日）。

1976年11月15日师生一起投入稠城的城市规划。

这次规划是由省基建局牵线安排的。稠城是义乌县城，全县两个建制镇之一，浙赣铁路客货重要中转点,集聚了县内主要非农产业,集市贸易在放了收、收了放的尴尬中生生不息,但城镇没有规划,布局零乱,功能混杂,管理困难,亟需有外部力量帮助规划。而我们呢,要短期培训城规人才,必须从实战出发,通过规划实践来实现。这样,经省基建局城市规划处的撮合,定下了这次规划。对我们来说,这是第一次直接担负城市规划工作,虽说当时的稠城只是一座规模不大的县城,但毕竟是新手上阵,能做到什么程度,没有十足的把握,只能抱着兢兢业业的心态投入工作。

为开展这次规划,县里成立了九人领导小组,由县委副书记、城建委主任赵虎林挂帅,县委常委、城建委副主任仲跻仁主持,城建委办公室副主任虞章洪负责操办。在领导小组中,有三名杭大实习队里的党员参加,其中两名教师(自地室何绍箕、经地室周复多),一名学生(刘洪生)。另外,城建委办公室派出两名工作人员(方向、任永泉)全程配合实习队的工作。

实习队内部由何、周两位负责管理,业务上分综合、工业仓库和道路交通三个组,每组指定一名负责指导的教师,我负责工业仓库组学生的指导。不过,城市规划是一项系统工程,在实际工作中分工不能分家,总体规划与专项规划必须互相呼应。而且,因为我过去在经济地理专业讲授经济地理学导论(生产布局原理)以及人口与居民点地理学(或称"人口地理与城市地理")两门课程,涉及面较广,所以较多地参与了综合组的总体规划方案设计的论证。例如:人口规模和用地规模测算,城市性质及用地功能组织论证,等等。

在规划过程中,实习队从初步踏勘,部门、单位、街区调查,资料和数据整理分析,到规划方案敲定,总图绘制,都按照城市总体规划的基本要求,按部就班地进行。当然,那时国家还没有城市规划法,没有法定的指标定额和严格的规划程序,客观地说,只能说是遵照国家建委某些规定的要求做就是了。经过7周工作,产生了规划方案与草图,征求了有关部门和各界人士的意见,最后向县委、县政府领导班子作了汇报,得到了他们的基本认可。这就意味着我们的规划工作经受了初步的考验。实习回校后,由周复多和我紧打紧做地分别完成总图清绘和说明书撰写,二人于春节前专程把一图一书(《义乌县稠城镇总体规划图(1977—1985)》、《义乌县稠城镇总体规划(1977—1985)说明书》)送往义乌作了交割。做完这件事后,连我自己都有点糊涂,怎么不知不觉地卷进最终成果的处理中了呢。

社会变革的力量真是令人叹服!计划经济思维框架下出笼的规划,还没有来得及实施便成了"历史文档"。大背景是1978年中共十一届三中全会揭开了改革开放的序幕,全国经济社会迅速转入快车道,城市建设发生别开生面的变化。但义乌还有一个小背景,提前开启了它翻天覆地变化的历史。1976年的9月9日毛泽东逝世、10月6日"四人帮"被粉碎,稠城有位贫困居民找到县委书记(谢高华)要求政府给个人有做小生意的权利,县委领导顺应百姓的合理要求,放宽了对私人经商以及集市贸易的限制。于是,唤醒了稠城这个小县城,赢得了商业先机,潜藏的市场活力得到释放,迅速崛起成为声名远播的小商品集散地。继而,爆发性成长,使这个城镇无论是性质、功能还是规模,都发生了难以置信的巨变。1976年只有2万人口的小城镇,几年下来,就成了初具规模的小城市,又迅速跃升为拥有数十万人口的中等城市。2010年的全国第六次人口普查,稠城7个街道办事处辖境常住人口达84.9万多人,小小的稠城镇转眼变成了大大的义乌市。巨变之下,我们的规划当然失去了实施的价值,只能算是给稠城留下过一抹淡淡的规划记忆。沮丧吗?一点也不,相反,倒是值得庆幸。因为市场的作用奏响了高速城市化的进行曲,它代表的是经济发展的历史潮流。

第四时段,出省"开门办学"。

1977年春季学期,除了开学初期安排一个多月课堂教学之外,余下的时间还有两段专业活动——省外参观和湖州规划。一个多月的课堂教学没有我的课程,我的任务是在这轮课堂教学之后带领学生到省外城市"开门办学"。准确地说,是由周复多和我二人负责联系、安排并带领学生到合肥、南京作城市规划的实习性参观。

教学计划安排到省外"开门办学"的时间是 4 月 24 日至 5 月 14 日,但周我二人提前一个月就去苏皖两省做了联系和准备工作。原因有三:一是要选定参观学习的城市。我们的目标是两个地方,但事先没有充分把握,要多走几个地方看看,先后考察了合肥、马鞍山、南京和常州,最后才敲定合肥和南京二地。二是要落实两地参观学习的业务安排。如邀请两市城建局城规处专家围绕所在城市的实例讲课,确定授课时间;选好参观路线,落实带领参观考察的专业人员,排定参观日程等等,都要好好沟通,要给人家有考虑和准备的时间。三是要落实生活安排。因为缺钱,30 余人(学生 30 人,教师 3~4 人)的实习队不可能住旅馆或招待所,师生都自带铺盖,食宿安排仰仗当地兄弟院校帮助解决。并非所有院校都能接受,要准备"碰壁"。在那个年代,请有关单位协助我们解决业务指导和生活安排,全凭发扬"革命风格",不计任何报酬。正因为这样,更需要体谅对方的难处,提前做好联系、协商和协调工作,给人家有回旋余地,使准备工作落到实处。

整个过程堪称顺利,花了不到两周时间,业务安排和生活安排都定了下来:业务指导上由合肥、南京两市城建局规划处大力支持,全程配合;食宿安排请合肥工业大学和南京师范学院帮助解决。

联系定当后,就回校做带队外出的准备。我和周复多做了分工,二人各有几位教师配合,组成两个指导组,先由我带队前往合肥参观学习,计划完成之后,把队伍带到南京,按预定日期交给在南京等候的周复多,由他继续带队完成在南京的计划。就这样,我们以接力的方式完成了各自的任务。

合肥和南京的参观教学活动安排得很紧凑,内容也比较充实,无论是当地规划师和管理专家讲课也好,引领学生踏勘、观察、参观也好,都准备得相当充分,考虑得细致周到。学生通过听讲和实地参观考察,在总结讨论中普遍感到扩大了视野,增长了知识,加深了对城市规划和管理工作的理解,收到了良好的效果。随队的指导组同事也都觉得不虚此行。大家有此感受,我们的奔忙也算值了。

我把队伍带到南京,适值"五一"劳动节,是女儿亚田的婚期(知青下乡高潮中安排在浙江生产建设兵团,此时尚未回城),我这个当父亲的,没有帮上她什么忙,只有匆匆赶回杭州,见证她的婚事,算是尽了一分为父的心意。

第五时段,接手湖州规划(1977 年 5 月 16 日—7 月 9 日)。

实习队从南京回到杭大,只在学校停留一天,就出发前往湖州,开始了吴兴县湖州镇的总体规划实践。

湖州是杭嘉湖平原西部中心城市,著名的丝绸之府,有近 10 万人口。尽管行政级别早已降为县属镇,城市规划和管理又受到"文革"的严重破坏和干扰,但长期以来湖州毕竟是吴兴县治、湖州地区中心城市,规划和管理有一定基础,城建处还保留着几名技术人员,存放着一些以往规划的历史资料,他们有修订规划的迫切需要,但限于条件,无法启动。所以,杭大师生接手规划,工作容易对接,配合也比较默契。

为做好这次规划,湖州也成立了一个县级的领导小组,主持这项工作。杭大实习队的内部领导和业务分工大致承续稠城时的做法,我还是负责指导工业仓库组调研和规划,同时本着分工合作的精神,参与一点总图的工作。

按照当时城建部门的要求,总体规划的规划期定得比较短,一般不超过10年。同义乌一样,湖州的规划期也定为1977—1985年。我们的工作按正常程序开展,力求形成一个前瞻性强、空间布局相对合理的规划方案。但我发现,这个规模不大的城市,其规划难度比预想的要大。难度不在于业务性、技术性的问题,而在于行政地位一降再降,由新中国成立初期的专区(地区)属市,降到后来的县属市,最后竟降为县属镇,它的地位和作用在上层领导意识中逐渐淡化,再加上计划体制束缚,管理条块分割,资源和产业结构又显示不出有发展前途的主导部门,以致没有哪一级领导能比较清晰地勾画出湖州的发展前景,连领导小组讨论问题,也往往着眼于城市建设当前要安排的具体项目或要处理的具体矛盾。

为了符合城市总体规划的要求,我们就湖州规划的远景性问题征求地、县、镇有关领导的意见,但各级领导心中并没有自己的蓝图,哪怕是轮廓性的设想。说来也难怪,新中国成立28年,全国的城镇化率始终在百分之十几的范围内徘徊,有哪位地方领导敢大胆地提出"不着边际"的设想呢? 在这种情况下,我们只好与城建处规划人员联手,在分析和测算的基础上,就城市性质、人口规模、用地规模、用地发展方向、用地功能组织、城市道路骨架、客货运码头新址以及工业区(特别是前景尚不明晰的杨家埠工业区与生活区)布局等基本问题取得共识,然后具体落图,形成规划方案。客观地说,这是一项缺少城市发展战略思考的过渡性总体规划,有待在实施过程中逐步修订完善。

总图(《湖州城市总体规划图(1977—1985)》)形成后,我们把规划文件汇总,向地、县、镇及有关部门领导参加的会议做了汇报,得到与会人员的基本认可。会上也提出了一些具体意见,我们对这些意见做了认真考虑和筛选,尽可能在规划文件上有所体现,然后向城建部门交割了任务。

结束了湖州的工作,实习队回校做了总结,地理专业74级最后一年的"城规班"学业就此完成。全班30名学生,除了少数分配去中学教学岗位之外,绝大多数进入城市建设的规划管理部门。后来,长期从事规划设计的毕业生大都成了规划师,少数优秀的进入了高级规划师甚至高级结构工程师的行列,也有成为建设部门领导干部的。

53. 拓展培训服务

送走了地理专业74级转轨的"城规班"学生后,时间跨进了1977学年第一学期,此时,中央决定恢复高等院校正常招生。不过,在那拨乱反正,只争朝夕,百废待举,千头万绪的年头,教育部门一时来不及准备,高校入学考期不得不从以往的7月上旬延迟到10月举行,新生入学也顺延至11月之后。

这一年,杭大各系都转入正常招生,地理系除气象专业外,海岸河口、地理两个专业已无在校"工农兵学员",各专业面临的任务主要是培养4年制本科新生。按照教学计划中的课程设置,地理专业第一二两年基本没有经济地理教研室的任务,这就给我们留出了足够宽裕的时间,去开拓城规人员的培训工作。

城市规划的紧迫性和规划人员的短缺,是一时不易解决的矛盾。杭大上年转轨举办一年期城规培训班的消息传出后,邻近几省的建委城建部门有委托杭大代培的意向。经与省建委规划处商讨,认为杭大可以继续举办城规培训班,培训对象扩大到浙赣闽三省,经费由他们支持,名额30人,每省10人,人员由三省建委选送,培训时间为1978年一年,结业后回原省工作。

为了进一步了解各省对城规人员的需求数量与规格要求,杭大经济地理教研室派出一个调研组,对赣闽两省主要城市发展现状、建设管理中的矛盾、城建部门规划人员的需求、配备和缺口进行调查了解。调研组由马裕祥、蔡一波、宋小棣和我4人组成,9月2日出发,9月25日返校,先后走访了赣闽两省建委系统有关领导,以及南昌、九江、赣州、三明、厦门、福州6个市的城建局和九江市规划办(该市因正在筹建长江大桥、石化、能源三大项目,故专设此机构)有关负责人,考察了所到城市的建设和规划实况。从各地访谈情况来看,对规划人员需求的迫切性是毫无疑义的。江西省建委城建处一位姓廖的副处长匡算的一组数字有一定的代表性,他列举了江西3个省辖市、5个地属市、1个地属镇(鹰潭)、两个管理局(井冈山和庐山)、80多个县以及省建委拟筹建一个规划设计院所需的人员数量,全省需要配备的规划人员总数约为现有人员的2~3倍。他表示,杭大若每年为江西输送10名规划人员,连续接受十几年不成问题。当务之急是加紧培训,尽快弥补人员缺口,在此基础上对专业结构填平补齐,逐步提高人员的专业水平。

通过对两省的调研,我们比较清楚地了解了近期对城规人员需求量与需求的迫切程度。可以肯定,继续办班或以后转为四年制城市规划专业,毕业生出路不会有什么问题,因为眼前提出的,仅仅是在受计划经济体制束缚、城镇化率长期徘徊在极低水平的情况下,为了摆脱"文革"破坏性影响、恢复城规正常秩序所需的人员补缺数量,而不是展望大规模工业化、城镇化对城规人才的需求前景。中国要从目前的城镇化水平发展到相当于发达国家的水平,无疑需要培养成千上万的城市建设规划人才。

到这个时候,我们的思想实际上从被动推上城规的"战车",开始转向主动地去驾驭这辆"战车。"1977年下半年,经济地理教研室的工作重心就放在浙赣闽三省城规人员培训班的筹办上,同时开始对经济地理教研室筹办区域与城市规划专业的可能性进行实质性的酝酿。

1978年3月初,浙赣闽三省的一年期城规短训班如期开班。三省选送的学员只有极少数接触过与城建城规有关的工作,绝大多数是从其他单位转过来的,且大都只有初中程度,通过一年的培训要使他们都能胜任城规岗位并不容易。但从我们自己方面来说,有过城规班一年办学的经验,上届没有开设的课程多了一年的缓冲准备,原来欠缺的建工院校出身的教师开始得到补充,教学人员总数已经达到16人,针对城规培训需要的教师专业分工基本明朗,应该说,办学条件有了一定改善,只要认真对待,相信能够取得较好的效果。

在办学方式上也有所改变。上届根据主客观条件,强调"开门办学",边学边干,边干边学。这一届则根据已有的条件,适当增开课程,增加系统的理论训练,做到理论与实践兼顾,课堂教学与课业实习的时间,略多于规划实践和赴外地城市作实习性参观的时间。

1978年上半年,多数时间从事课堂教学,同时穿插就地实习和观察。最后半个月,把全班分成两半,组成两个实习队,分别赴江西南昌、九江、景德镇和福建福州、厦门、三明进行系统的参观和学习。赴江西实习队有全体福建学员和半数浙江学员参加,指导组由蔡一波(组长兼领队)、宋小棣、徐书田和张介一4人组成;赴福建实习队则有全体江西学员和部分浙江学员参加,由王嗣均、金和钟、黄瑾如和陆仲彝4人组成指导组,我为组长兼领队。我们按计划于7月5日分头出发,我带领赴闽实习队从福州到厦门,再转到三明。由于浙江省建委事先向赣闽二省建委发了函,商请所到城市支持杭大实习队的活动,各地城建部门都很热情,分派技术骨干具体指导,学习、参观内容充实,日程安排也很紧凑,通过一地一小结,师生普遍感到有不少收获。7月20日,在三明完成最后的参观,下午全队总结,布置学员撰写实习报告,然后,按既定计划宣布就地放假,要求8月30日返校。

下半年,除了按计划完成校内教学活动之外,重头戏是接手绍兴的规划,时间安排在11

月6日至12月16日。对我们来说,这次规划仍然是带学生进行教学实习性的规划实践,但就省城建局和绍兴当地领导而言,比我们预期的要重视得多,期望值也要高得多。

省城建局早在7月上旬已组织力量着手做绍兴的城市规划,搞了现状调查,后来因为安排我们去绍兴做规划就中途停了下来。由于我们接手绍兴规划既是实战,又是教学任务,规划过程也是教学过程,因而省城建局趁势"借船出海",抽调各地区有关人员到绍兴见习,以便通过一轮规划,达到在职培训的目的。他们抽调的人员来自全省除杭、甬、温三市以外的8个地区的城建部门,共29人,几乎和杭大城规班学员人数相当,统一编入我们的规划队伍,由杭大指导小组统一调度。这样一来,我们的工作就被寄予双重期望。

绍兴当地领导的重视程度也超出我们预想。由于浙江解放初期设置的嘉兴、湖州、绍兴、金华、衢州5个地属市,都经历过60年代初降格为县属市,以后又降格为县属镇的过程,此时的古城绍兴只是一个县属镇,所以原先绍兴县城建办公室考虑设立的规划领导小组也只是县级的。后来不知是受到绍兴地专机关领导的关注还是什么原因,规划领导机构升格,成立了以地委常委、副专员曹戎为组长,由地、县、镇三级领导和有关方面负责人组成的领导小组。领导小组在规划工作的初期、中期、后期三次听取我们的工作汇报,对规划初步方案和最终方案进行认真审议,尤其是11月30日听取中期汇报和审议初步方案的参加者,规格远高于领导小组,与会的11位发言者中就有4位地委、专署领导(吴书福、王尊贤、＊＊＊、杨金达)、3位县委领导(沈祖伦、崔树桐、李建光)和1位镇委领导(董荣水),他们从不同层面对规划方案做了评估,提出了各自的见解和建议。会上,地委副书记王尊贤还建议领导小组组织一次规划方案报告会,邀请党政机关和各界人士参加,以便广泛征集意见,完善规划方案,同时也是对规划进行宣传,扩大影响。报告会在12月5日举行,我作为报告人之一作了规划方案介绍,会上展示了规划图件和有关材料,反响热烈,效果不错。一方城市规划,受到当地三级领导如此高度的关注,反映了处在结束十年动乱、迎来转折时期的当口,领导希望摆脱城市建设布局乱象的迫切心情。

规划工作相当紧张,生活也比较艰苦。我们的工作场所在绍兴体育场(偏门以东)看台底下的屋子里,木板搭床,以床为桌,60多人(30名学员,29名见习人员,8名指导教师)工作、开会、吃饭、睡觉都在这里。全队根据工作需要,划分为综合制图、工业布局、道路交通、生活居住、园林绿化、管线综合6个组,每组指定见习人员、学员各一名为正副组长,再配上一名指导教师,负责各自任务范围内的现状调查、资料整理、规划构想、制图和文字说明,要求按计划进度完成。实习队的领队是马裕祥,我是副手,不过因为马裕祥是地理系负责人之一,要往返兼顾两头,他不在时实习队的事情就委托我处理,所以我除了统抓综合、工业、交通三个组的工作(另三组由张友良统抓)之外,往往还得兼管全局,显得相当忙碌。

经过40天的工作,绍兴规划告成,培训任务也接近尾声。在实习队撤离前一天(12月15日),规划领导小组组长曹戎主持召开了"绍兴规划工作座谈会",也是最后听取我们规划成果的汇报和审议的会议,地、县、镇领导、省城建局领导和杭大地理系领导参加了会议。当地三级领导经过讨论,对这次规划成果表示满意。他们认为,规划为绍兴未来一二十年城市建设空间布局提供了基本依据,今后城市建设的摆布,应该是规划说了算,而不是领导说了算。当天晚上,规划领导小组办公室正副主任全体来到我们驻地,为我们举行了欢送茶话会。

由于系领导参加了"绍兴规划工作座谈会",领略了规划成果的价值和当地的评价,觉得我们的工作情况应该向本专业在校师生做一次介绍,以展示成绩,鼓舞士气。于是,在学期结束前,专门安排了一次汇报会,参加者除了本专业在校师生外,还邀请了校党委、教务处、系总支以及省城建局有关领导。在这次会上,我和张友良代表指导组分别做了绍兴规划工作情况和绍兴规划成果的报告,学员潘军文和徐荣泉分别介绍了各自在规划实践中的心得和体会。

规划是软科学,只有更完善,没有最完善,任何规划都需要在实施过程中逐步调整。我们的规划,限于时间和条件,算不上做得很到家,严格地说,还是一项未经细琢的工作成果,有待后续加工。我们离开后,省城建系统的规划人员做了比较细致的后续加工。加工后的规划文件,在次年5月20日的"绍兴规划评议会"上做了评议,有来自北京、上海、浙江各路20多位高层次专家到会,足见这项规划在省城建部门和当地领导心目中的份量。

第十一部　尊严和价值回归

1976 年 9 月 9 日毛泽东主席逝世。10 月 6 日"四人帮"被粉碎。

此后,经过几年拨乱反正,改革开放,到 1982 年 9 月中共十二大,彻底清除"文革"的错误理论、政策和口号①,根据邓小平提出的"走自己的路,建设有中国特色的社会主义"的思想,坚持以经济建设为中心,开创了国家迅猛发展的新局面。

斗转星移,这是当代中国意义深远的一次重大历史转折,其核心是中共中央在总结历史经验和教训的基础上,对党的理论、路线、方针、政策做了实事求是的调整,它符合新时期的国情民意,不仅给经济社会的发展带来了勃勃生机,也给全国千千万万人的命运提供了新的转机。

对我来说,这次历史转折成了我后半生实现人生价值的开始。这里包含两层意思:一是人的尊严、人格的尊严回来了;二是作为高校教师,学术和学人的价值回来了。

54. 回来了,人和人格的尊严

说到人和人格尊严的回归,自然要提及人和人格尊严的丧失,这就不得不触碰一下"文革"留下的伤痛。

在那场劫难中,我被扣上莫须有的罪名,受到隔离审查(详见第 39 节),遭受迫害和凌辱,时间长达 16 个月(其中前半段失去人身自由,后半段处于半自由状态)。在那个时候,受害的知识分子斯文扫地,人的尊严和人格的尊严被剥夺殆尽。16 个月后,宣布解除隔离审查,恢复了人身自由,但没有谁对无视国法、任意践踏人权的暴力行为承担责任,认错道歉,还我清誉。直到 1978 年春夏,在一部分"革命群众"眼里,"文革"受过枉屈的那些人仍然不是他们的"同类",而是"另类"。原因很简单,中共十一大文件仍载有肯定"文革"的文字,人群中相当普遍地存在着宁左勿右的思维惯性。

有两件我所经过的小事也许可以从侧面印证这一点。第一件小事,是 1978 年春推举经济地理教研室主任。那时,马裕祥因担任系副主任,无暇经管教研室事务,决定由群众推举,选出教研室正副主任。在推举会上,尽管我是抱着无祸便是福的态度,惟恐避之不及,但在候选人提名中还是提到了我,很明显这是教研室党支部的倾向。可是事实上当时有相当一部分人对我这个曾经的"另类"保持着"政治距离",倾向于选出属于他们的"同类"来主持教研室的工作。马裕祥看出了其中的微妙之处,便从拨乱反正的高度在会上做了一番疏通,生生地把我扶上了马。第二件小事,是参加 1978 年全系迎新会。会前,系党总支要我代表教

---

① 1977 年 8 月十一大虽然宣告"文化大革命"结束,但未能纠正"文革"的错误理论、政策和口号,反而对"文革"加以肯定。

师在会上发个言。那时,离中央宣布"文革"结束不过一年时间,"文革"的色彩和遗风尚未褪尽,开起大会来,站上讲台的,不论讲多讲少,总是对着稿子"照本宣科",内容离不开套用报刊上的用语做些说教,好歹算是一番"革命"言论。"宣读"完了,稿子向主持人一交,便万事大吉。地理系的这次迎新大会,发言者继续保留着这种"革命"遗风。而我呢,由于"文革"原因,多年没有上过大会讲台,现在系总支要我代表教师在会上发言,那已经是一种抬举,是落实政策的体现,当然不好推辞。但我没有在这类会上念稿子的习惯,也没有讲"正确的废话"的癖好,直截了当地联系地理系四个专业"管地、管天、管海洋、管城市"的实际,勉励同学们正确认识自己的选择,牢固树立专业思想,踏实进取,把自己锻造成这些领域的有用之材。作为教师代表,我也表示,老师们将勤教勤学,努力使自己成为莘莘学子的良师益友,与同学们携手共进。我的发言并没有太多别出心裁的东西,无非是与新生沟通一下,说点心里话,尽一份教书育人的本分而已。不料,短短十来分钟的讲话,迎来了全场唯一的一次热烈掌声。下得台来,当主持人向我索要讲稿时,却让他失望了,因为我只有腹稿,没有手稿。这阵唯一的掌声,倒使我产生几分不安,我在想,我是否又把自己摆到"另类"位置上了。

践行社会正义,尊重公民的人权,对"文革"造成的冤假错案进行清理,给一大批受害者平反昭雪,还是这次历史转折中完成的一件大事。"文革"结束后,十一、十二届中央采取了一系列拨乱反正的措施,着手消除"十年内乱"遗留下来的各种恶劣影响。在组织和人事问题上,各级党委组织部门对本地区、本系统、本单位在"文革"中制造的各种冤假错案做出了全面复查,该平反的平反,该道歉的道歉,向无辜受屈的人们归还了失去已久的尊严。

我就是在这一历史转折中得到平反,重新领略人和人格的尊严的。

1978年,中共杭州大学地理系总支委员会根据拨乱反正的方针,对我在"文革"中受隔离审查的问题,提出了平反意见。1979年1月10日,中共杭州大学委员会组织部同意这个意见。以后,又根据中共浙江省委〔1982〕45号文件精神,再次复查,于1982年10月12日最后作出结论。复查结论原文要点如下:"王嗣均同志的政历问题,浙江师范学院人事科一九五八年十二月十六日已作结论。'文革'中对王嗣均同志的政历审查是错误的,给予平反,恢复名誉。"1982年10月27日,地理系党总支把平反结论交给我亲自过目,我签字表示同意。

至此,笼罩在我头上的乌云散去,雨过天晴。经历过这场噩梦,一旦被剥夺的尊严重新归来,真是倍感珍贵。这种感受,不经风雨无从体会,从这点上说,也算是一种人生感悟吧。

我个人的屈辱是过去了,但"文革"十年内乱的经历,引起我对上世纪50年代中期以后二十年来国家政治变革的思考。1956年9月,中国共产党举行了第八次全国代表大会。大会是在我国社会主义改造已经基本完成的形势下举行的,大会关于政治报告的决议阐明了社会主义改造基本完成后国内主要矛盾的变化以及党的主要任务。决议指出:"我国的无产阶级同资产阶级之间的矛盾已经基本解决","国内的主要矛盾,已经是人民对于建立先进的工业国的要求同落后的农业国的现实之间的矛盾,已经是人民对于经济文化迅速发展的需要同当前经济文化不能满足人民需要的状况之间的矛盾"。"党和全国人民的当前的主要任务,就是要集中力量来解决这个矛盾,把我国尽快地从落后的农业国变为先进的工业国"。可是,时隔一年,领导人否定了这些论断,重新强调国内主要矛盾仍然是无产阶级和资产阶级的矛盾。而且,在此后的二十年中,国家经历的一系列重大政治变革,都是以"两个阶级"、"两条路线"斗争为纲的思想为指针发动的。历史证明,这些变革都产生过偏差和错误,严重的甚至酿成全国灾难性的后果,给国家政治、经济、文化、社会生活等各方面造成了难以估量的损失。

这些偏差、错误甚至灾难的发生,除了指导思想和路线问题之外,也有决策民主化缺失的问题。共产党在中国这么大的国家推行社会主义制度,许多问题认识不到,走点弯路,出点偏差,并不奇怪。如果党的民主集中制健全,领导层的集体决策即使有点问题,也不难纠正。问题是产生系统性的重大错误,甚至把国家推向灾难而长期得不到纠正,那就不仅仅是领导层一时决策不当的问题,而是决策民主化严重缺失的问题。

那么,决策民主化缺失的根源又在哪里?我想,长期以来把领袖人物过度神化,恐怕难辞其咎。一个成就过伟大事业的政治领袖,一旦其个人作用和威望被神化,形成了个人迷信,如果其本人对政治主见的自信不容动摇,在重大决策中容不得不同意见,那么,在中国这样一个家长制传统烙印很深的国家,便会陷入个人专断,党的民主集中制甚至国家宪法的尊严都会遭到践踏。到了这一步,决策层的集体意志已经名存实亡,对国家的重大政治变革自然也就更多地顺着领袖的意志。

长期生活在个人迷信笼罩的社会氛围之中的广大群众,在政治运动来临的时候,更是只要神化了的领袖一声令下,就会热血沸腾,全然不在乎是对还是错,是祸是福。这种特质在那个时代许多青年学生身上表现得特别明显。

在这样的政治环境下,人的人格往往是分裂的。一个有理想有信念的人,他的政治行为,理论上应该与自己的理想、信念、人格保持一致。然而,在现实生活中不完全如此。在个人迷信盛行的年代,出自领袖人物的思想、理论,以及由以产生的路线、方针、政策,不论是正确的还是错误的,理解了的还是不理解的,全国上下都得无条件执行。对那些明明会给国家、社会造成灾难性后果的路线、方针、政策,执行者即使未失良知,也不好抵制,甚至昧着良心去贯彻。这种理想信念与现实错位、人格与行为分裂的内省体验,对一个正直的人来说,是精神上的一种创伤。

我深切地感到,人不但要有理想信念,还应该有独立的人格。当然,在现实生活中,这很不容易。无数事实表明,坚持做正直的、人格独立而完整的人,往往要付出代价,有时甚至是沉重的代价。但无论如何,把持自己,保持良知,服从真理,总是做人的准则。

55. 回来了,学术和学人的价值

"文革"十年,在"以阶级斗争为纲"、"无产阶级专政下继续革命"口号的支配下,社会生活中许多原本正确的或合理的价值观被看成是资产阶级的东西,都难逃被批判的厄运。

拿高教界的情况来说,教师本该是培养人才的中坚力量,但那时,教师,尤其是解放前已在大学执教的资深教师,大部分被看成资产阶级知识分子,政治上得不到信任,当然也不会把他们当作培养人才的主力。结果,在我们这样一个高层次人才本来就十分紧缺的发展中国家,一批有造诣的学者被晾在一边,反而成了高校中可有可无的边缘人物。同样,在高等院校,教学与学术研究本来是相辅相成、互相促进的,高校的学术水平要提高,就得鼓励教师在搞好教学的同时,不忘潜心进行学术研究。政府理应在"百花齐放,百家争鸣"方针指导下提倡学术自由,活跃学术空气,促进科学技术的发展和繁荣。但在那时,积极进行学术研究的人,大都被当作追逐资产阶级名利而遭到批判,要是在学术思想上再有点不符合"左"的胃口的东西,就难免成为政治上的靶子。结果,学术研究几乎偃旗息鼓,学术交流平台(刊物、学会等)停的停,废的废,出版物贫乏到了极点。当时学术界的沉闷与压抑,用万马齐喑来形容大概不会过分。

"文革"结束后,经过正本清源,拨乱反正,改革开放,那些原本正确的或合理的价值观重

新得到承认。长期被压抑的国家和社会对科学技术的需求,群众对知识的渴望,学者对学术研究的感情和责任感,开始涌动起来,迎来了科学、教育的春天。随着思想的解放,学术和学者的作用被重新肯定,"文革"期间被冷落多年的学人开始繁忙了起来。

这股科学、教育春天的气息,我亲身领略到了。来自经济建设、教育事业、科学研究、社会管理等方面的需求迅速增加,同我业务直接间接相关的活动接二连三地找上门来。

我的老本行是地理学的教学和研究。1958 年以后,特别是"文革"期间,大学的教育革命和教学改革无视地理学的科学性质,硬是想把属于基础科学的地理学改造成为直接为生产服务、特别是为农业生产服务的应用工具,搞得地理学者不知如何是好。加上中学教育革命中"课程要砍掉一半",地理课几乎退出了中学课堂,弄得高等师范院校和地方综合大学地理学科前途渺茫。正因为如此,还在"文革"结束前夕,杭大地理专业"工农兵学员"就竭力要求转修城市规划,把一部分教师尤其是经济地理教师推上了筹办城规专业的战车,其中我是领命筹办的主要成员之一,以致老本行的业务在新的本职工作中渐渐淡化。

但是,科学是世界性的,一门学科的存在,是全世界从事这方面研究的学者长期探索的结果,不是谁说要变就能变的。拨乱反正之后,那种蛮横的学科改革的戾气消失了,是什么性质的学科就是什么性质的学科,无论理论假设、实地考察、实验求证,还是区域综合、实际应用,都应按照科学发展的自身规律和社会需要去探求,去创新,去发展。这样,大学这个教书育人和学术活动的舞台,终于有了让各门学科、各路学者在相对自由的学术空气下施展自己拳脚的空间。同样,学术界的另一些平台也开始搭建起来,一些被弃置的学术团体(学会、研究会等)恢复重建,新的学术团体不断生长,学术交流空间日益扩大;一些学术刊物纷纷复刊或创刊,为学术研究成果的传播提供了越来越便捷的渠道。一些出版机构为了抢回失去的时间,尽快满足社会对科学文化知识的渴求,他们与学术单位密切合作,着力组织不同层次读物的撰著、编译和出版。

在这一过程中,地理工作不知不觉地又在向我招手了。地理工作和地理活动的需要是多方面的,有来自学校的、政府部门的、出版机构的,也有来自学术团体的。任务包括讲课、调研、写论文、当编委、审稿子、参与学术团体、进行学术交流等等。我的感受是,接触面比以往任何时候都要广泛,活动频度也比以往更大。这些工作和活动似乎在向我提示,老本行没有跟我分手,我这个地理学人还是地理学人,还需要在这个领域里发挥一点力所能及的作用。

虽然地理学科恢复了本来面目,并且出现新的进展,但我没有回到地理专业的工作岗位上,因为当时我的主要职责已经落在了城市规划专业。随着城规专业的草创,先是在 1978 年 3 月被推上教研室主任岗位,以后学校又根据地理系拥有 4 个专业的实际情况,于 1981 年 11 月 21 日宣布成立由 7 人组成的系务委员会,主持专业的 4 位教研室主任都被任命为系务委员,负责所在专业的工作。这是一个并不轻松的差使,城规专业正处于初创阶段,除了担当教学之外,里里外外要操持的事情很多,仅此一端,就够我忙的。

除了城规之外,此时又加进了一个头绪——人口。1978 年 11 月初,北京举行了第一次全国人口理论讨论会,我在毫无前兆的情况下,被学校派去参加了这次会议。没有想到,这次会议以及后续的活动,竟使我在职业生涯的晚期,与人口结下了不解之缘:建立人口研究机构,参与联合国援助的人口项目的多边合作,培养人口学人才,开展与人口决策有关的研究,组织人口学术团体的活动,等等,直到退休后还延续了一段时间。

在这个历史转折时期,因为跨学科的多头业务需要,常常弄得我应接不暇。我是个凡人,没有多大能耐,况且已是知天命之年的人了,健康状况又不怎么理想,头绪和任务过多也是受不了的。那几年,有些老朋友问我在忙什么,我自嘲,连我自己也说不清忙在哪个点子上。不过,与"文革"鄙视学术、糟塌学者的处境相比,精神上是愉快的,因为学术和学人的价值终于回来了。

忙,既是一种挑战,看你怎么应对,有没有能力应对;忙,也是一种价值,看你怎样去认识、去实现这种价值;忙更是一种机遇,看你能否捕捉,善加利用。我想,抓住这难得的时机,根据自己的年龄、精力和能力,做我该做而又能做的事情,心无旁骛,多少有点建树,就算不虚此生了。

第十二部　守望城规六年

56. 转轨定局

1978 年春夏,"文革"后的高校正规招生进入了第二个年度,杭大地理系的地理、气象两专业已经在上年首次招生中录取了一批新生,办学初步进入常态。

一年半前,原先地理专业的两个教研室——自然地理教研室和经济地理教研室,因形势需要,曾戮力同心举办城市规划短训班。现在地理专业办学回归常态,教师,尤其是教学上首当其冲的自然地理教研室教师,理所当然地要服从并满足本专业的需要。于是,正在为浙赣闽三省举办的一年期城规短训班的办班任务,便全部落到了经济地理教研室人员的身上。

这样一来,新的问题来了。经济地理教研室人员在是年冬季完成这一期城规短训任务之后,是回归地理专业,还是继续为培养城市规划人才服务? 如果回归地理专业,在系里不设经济地理专业的情况下,经济地理教研室人员明显过剩;如果继续培训城规人才,这点人力就只够勉强应付。那时,城市规划人才需求旺盛,人员培训工作方兴未艾(直到 1982 年 1 月浙江省城建局还给我校发了浙城〔1982〕第 8 号《关于商请杭大地理系举办城市规划短训班的函》),从社会需求看,甚至从办短期培训班转入举办四年制的城规专业也受欢迎。因此,大家倾向于在城规人才需求较旺而且稳定的情况下,可以以经济地理教研室人员为基础,转办四年制城市规划专业。这个问题经过反复思考,看法趋向一致。当然,涉及专业设置的问题不是教研室能说了算的,得把意见提交给系领导,由系领导权衡之后上报学校,请学校领导做出决定。

学校领导考虑了地理系的意见,同意以经济地理教研室为基础,试办四年制城市规划专业。于是紧打紧做地开始了筹备工作。

筹划城市规划专业,大致做了三方面的准备:

首先是报批专业设置。这要做两条线的工作:一条是教育领导部门,另一条是城市建设部门。杭大是省属大学,要设置新专业,先要得到省教育主管部门的同意,方能列入招生计划。这一点比较容易办到。因为上年恢复高考,地理专业已经招生,在该专业教学计划中经济地理课程远在两年之后,而经济地理教研室已经两度举办一年期的城市规划短训班,有条件过渡为本科专业,而且毕业生出路也不成问题。所以,很快就得到了省教育部门的首肯,学校做好了当年招收城规专业学生的准备。不过,专业名称要教育部统一备案,一时还不能定夺。为了尽快解决这个问题,不但要请省教育部门上报国家教育部门备案,也要向省城建部门进行疏通,请省建委通过国家建委商请教育部确定专业名称。1978 年 6 月 21 日,省建委城建局打电话给杭大,转达了国家建委给省建委的答复,说教育部将在下半年统一研究专业设置问题,杭大今年可先在浙江招收城规本科生。这样,专业招生的路是通了,专业名称暂时搁浅,得先变通一下,以"经济地理(城市规划)"名义列入浙江当年的招生专业名录。至此,新的专业得到认定,仍隶属于地理系,成为系里第四个专业。

其次是安排师资力量。专业招生计划基本落实后,接下来的要务就是要对师资的数量和结构做出初步安排。为了在短时期内破解这个问题,校、系两级采取了两项措施:一是校内调剂。除了稳定"文革"十年动乱后仍留在经济地理教研室的8人以外,把"文革"期间由外单位暂时挂靠在杭大的4名工作人员的人事关系转入杭大,落实到经济地理教研室。这4人原系地理专业1963和1964届毕业生,毕业时分配在省农业区划办公室,因这个机构迟迟没有正式建立,业务上暂时挂靠在杭大地理专业。"文革"一来,既无事可做,又没有正式的归属单位,成了"孤儿"(一度把他们的人事关系寄放在杭大动物研究室,日常政治学习和其他活动放在地理系)。现在,"文革"既然已经结束,省农区办一直没有建立,根据他们的意愿,结合城规专业上马,索性让他们落实在这个专业,根据工作需要和各人特点,明确一门课程方向,创造条件,抓紧准备。二是外界调入。主要是物色建工院校相关专业出身的业务人员。在"文革"时期,有这方面业务素养、散落在各地而不能充分发挥作用的人才还是有一些的,我校开办城规专业的信息传出后,就有一些人陆续前来联系,希望调入杭大。在学校人事编制许可的条件下,先后调入了5名五六十年代同济大学毕业的人员,他(她)们分别出身于城市建设与经营、道路桥梁、给排水等专业,初步解决了城规专业师资结构性短缺的问题。

第三是准备各科教材。在高等院校,除了必修的公共基础课有一些全国通用的教材外,多数学科的专业基础课与专业课没有通用或统编的教材,依靠任课教师自己编写,以讲义形式供学生使用。"文革"前,教师自编讲义的问题还不难解决,因为国内出版和国外引进的科技书刊,虽不算富足,至少各科都有一些,大致可以满足编写教材的需要。可眼下情形就不同了,"文革"期间,大多数科技刊物停刊,后来虽有部分复刊,但因一些学有专长的学者饱受极左势力批判甚至迫害,此时即使已经"解放",也是心有余悸,或者学术准备不足,整个学术界发表的学术论文或出版的科技专著仍然寥若晨星。因此,我们的专业开始草创,急需教材,而教师却面临"无米之炊"或"少米之炊"。这是现实,必须突破,办法只能是在明确各人职责的基础上,人自为战,找米下锅。市面上买得到、订得到的新书刊买一点、订一点;买不到新的,沉到图书馆里去查、去读、去借;有人脉的,与学术界同行进行交流,互相周济。反正目标只有一个,在规定的时间内,把列入教学计划的课程开出来。当然,感受这种困境的不是我们一家,实际上各兄弟院校都是难兄难弟,只不过专业有老基础的单位和新近转轨举办同类专业的单位,在学术素养和成果积累上有差别,某些在方向上有变换的课程,都有共同探讨新教材编写方案的愿望。当时,有几所大学分别牵头召开了若干课程的教学大纲和教材编写的研讨会。例如,1978年4月上旬,我应邀参加了在重庆建工学院举行的教材大纲讨论会。在这次会上,我的任务是参加"工业布局与环境保护"课程组的讨论,同组的有11人,是来自北大、南大、中大、杭大、同济、重庆建院、哈尔滨建院7所院校的10位教师和重庆建委的一位业务干部。通过研讨,对教学大纲和教材基本内容取得了共识,对提高教材编写水平颇有助益。

经过以上三个方面的准备,从总体上说,专业筹办就算基本就绪。1978年暑期招生,9月上旬杭州大学地理系"经济地理(城市规划)专业"首届新生入学。此时的地理系又有了4个专业,即地理、气象、海岸河口和城市规划,显出一派欣欣向荣的景象。

57.个人角色转换

在地理系教师队伍中,原来我是"普通一兵",只要用心做好自己份内的业务工作,认真参加学校或系里安排的政治学习及各项活动,就功德圆满了。即使是教研室要我在工作上多起点作用,也是限于学术上的,用不着我去操心管理方面的事情,因为在职称"凝固"、人事"凝固"的体制下,操持业务管理的事情一直由担任系或教研室业务主管的老教授、老讲师们顶着。

从1978年起,情况发生了变化。是年3月,经济地理教研室以推举形式把我推上了室主任的岗位,开始操持整个教研室的事务。这是一步。接下来还有第二步,是因为地理系先后成立了4个专业,系行政系统对包揽各专业的事务感到力不从心,专业管理工作的大部分责任实际上转嫁到了相关教研室负责人身上。系领导根据这样的现实,考虑将行政和业务工作结合起来,组建一个系务委员会,作为领导集体,把实际主持4个专业的教研室负责人吸收进这个委员会,让他们名正言顺地去分管各自的专业。系里把这个意见上报学校后,得到了校领导的批准。1981年11月21日,由副校长江希明教授代表学校在地理系全体师生员工大会上宣布了这项决定,宣告地理系成立由孙英、马裕祥、孙忠华、冯怀珍、徐松年、周志康、王嗣均7人组成的系务委员会。其中前3人是系原来的行政领导班子,分别担任委员会正副主任,后4人为系务委员,分管各自所在的专业。这样,我就成了这个领导集体中专管经济地理(城市规划)专业的负责人。

个人角色的这种转换,当然是高校恢复正常秩序后事业发展的需要,但同时也是教师年龄结构、职称序列畸形状态下人事安排的必然。

在我国的大学里,从新中国成立初期到"文革"前夕,随着高教事业的发展,每年从毕业生中分配一些新人进入师资队伍,教师数量大体上能适应需要,年龄结构也基本正常。职称构成因为职称评定制度常常受到政治运动的冲击,存废无定,教授、副教授、讲师、助教的比例关系发生扭曲,职称序列只能说还能勉强维持。经过"文革"十年的破坏,师资队伍的年龄结构和职称序列就变得奇形怪状,面目全非了。

在年龄结构上,年长和年轻两头人员缺失,中间年龄段人员膨胀。年长一头,即原有的教授、副教授和老讲师们,老的老了,退的退了,全校只有极少数几位资深教授,因为主持重大科研项目、恢复研究生招生等需要,学校实在离不开他们,不得不再挽留一段时间,继续发挥业务带头人的作用。至于年轻一头,因十年"内乱"高校没有可能造就一批能够补充自身师资队伍需要的新生力量,后备人才完全断档。少了老青两头,留下来的几乎成了清一色的中年人,凸显中间虚胖的现象。

在职称构成上,集中表现为中低端职称在中年人身上的堆积。这批中年人绝大多数毕业于新中国成立初期至"文革"前夕,有一定的高校工作阅历,其中有的人早已是教学、科研的骨干,但他们的职称构成很奇特,人到中年了,有讲师衔儿的只是少数,多数还是助教。要他们讲课、做课题研究可以,但把他们扶上业务领导岗位,似乎不合惯例。按照高校的传统,业务上担任领导职务,职称是很讲究的。然而,我国高校自从1952年全国院系调整之后,除了1954年有过局部的职称认定,1962—1963年有一次涉及面稍大的职称评定之外,直到1978—1979学年开始恢复职称评审制度,十多年没有办理过一次教师职称评定。因此,在高校开始恢复正常秩序的年月,许多教学、科研工作等着这批中年人去做,业务领导的担子等着他们去挑,但在他们中间几乎找不出具有高级职称的对象。就以这次任命为地理系务委员的 6 位教师(另一位是行政干部出身)来说,在 1978 年的时候,不但没有一位教授、副教授,连讲师都只有 4 人,另外 2 人还是助教。1978 年下半年开始恢复职称评定制度,经过1979 年和 1981 年的两次评审,这 6 个人的职称构成才变成 2 名副教授和 4 名讲师。所以,地理系系务委员会人员的组成,实在是在政治运动长期冲击之后,教师队伍年龄结构和职称序列断裂状态下无可奈何的必然的选择。

当然,把我推上专业负责人的位置,除了高校复兴亟需用人的形势之外,个人特质是起了重要作用的。在进入系务委员会的 7 人之中,6 人是共产党员,唯独我是党外的。我想,这样安排并不是领导有意用一位党外人士作点缀,而是基于长期相处的同事,尤其是几位我曾经的同学和同志(指新民主主义青年团时期)、后来的同事、此时的领导对我的了解。在他们看来,我虽不是共产党员,但思想理论水平不低于一般党员,看问题有深度;同时,治学比较严谨,业务称得上称职,不图虚名,能自觉坚持高校教师的职业操守;更为现实的是有大局观念,有负责精神,对完成自己担负的任务从不含糊。所以,在当时的条件下,他们大概认为把城规专业这付摊子交给我去打理,是合适的选择。

其实,我只是一个有责任心、做事认真的人,并不具备强烈的开拓创新精神,也不善于公关,又缺少管理经验,未必能有声有色地成就一番事业。同时,我的体质并不理想,面对日益繁忙起来的工作,要身体力行地带领一个单位前进,体能上也缺乏保证。对于这些,我自己清楚,领导恐怕也不会完全看不到,只不过是在拨乱反正尚在紧锣密鼓地进行,改革开放的号角开始吹响之际,高校发展有大量事情要做,而业务梯队面临断层,单位急需用人,领导对我身上存在的欠缺顾不上考虑那么多就是了。

角色一转换,身上有了系务委员兼教研室主任担子,接踵而来的会议和事务就多了,而且比我预想的要多得多,也杂得多。白天除了讲课,其余时间几乎全被各种事务和内外会议所占据,而花在这些方面的时间和精力有相当一部分是无谓耗费和无效劳动。这里有体制上的原因,一时无法改变。所以,那些必须静下心来做的案头工作(也包括当时穿插进来的地理学和人口学方面的案头工作,这一点以后再说)只能放到夜深人静的时候去做,有时不得不通宵达旦地去完成。现在回过头来看,20 世纪 70 年代末到整个 80 年代的那段时间,是我职业生涯中最为劳心的时期。

58. 试探专业方向

城市规划走进大学课堂,形成一门专业,在国内外都不是什么新鲜事。让人觉得新奇的是半路杀出程咬金,中国东部 4 所综合大学一下子撑起了 4 家由一批经济地理学者(广义地说是人文地理学者)挑头的城市规划专业。这是十年内乱后期中国特殊历史环境下的产物,似属偶然,也不完全是偶然,个中缘由在本书第十部已经讲过,这里不再赘述。但不可否认,在以文理为主的综合大学创设城规专业,由地理系承办,建筑类学者加盟,确是打破了历来由建工院校包揽的惯例的。

专业是办起来了,而且得到了城市建设部门的支持和教育部门的认可,但这个新设的专业该办成什么模样,是摆在我们面前必须回答的问题。

在我们之前,好像没有人提过城规专业该办成什么模样的问题。原因很简单,因为那时城规专业是建筑类学科一统天下,根本不存在这样的问题。今天我们之所以提出这样的问题,是因为综合大学地理系还不曾有过设置城市规划专业的先例,而我们正是举办这类专业始作俑者的单位之一。既然办了,当然应该问一问,究竟是因循建筑类院系的模式来办,还是结合本学科的特点来办？

从学科源流来说，地理学属于理科，建筑学属于工科，二者挨不上什么亲缘关系，这是学科分类的现实。由于学科归属上各有其主，两类学者在学术上没有多少共同语言。俗话说，隔行如隔山，这是情理之中的事情。

从大学科（一级学科）的关系上说，地理学与建筑学确实很难结上亲。但每一门大学科之下都有若干分支，分类学上看似互不相干的两大学科，不见得其分支学科之间也毫无关系，在实际工作中，经济地理学与城市规划学之间就存在着相通之处。这两门学科都面向地域空间，都落脚于空间规划，城市是它们共同关注的领域。不然经济地理学者怎么会在特殊历史环境下挺身举办城市规划专业呢？创办起来了又怎么会得到有关部门的认可呢？

一般来说，经济地理工作者在参与国家和地方规划任务时，主要是面向大中尺度的区域，按照领导部门给定的任务，在做大量考察研究的基础上，提出综合的或专项的区域规划蓝图，为区域产业布局、城镇体系布局等提供决策依据。城市规划工作者职责也是研究和规划一个区域，所不同的是他们所面向的是一种特定的区域——城市，在分析一个城市发展历史、现状和前景的基础上，致力于解决这个城市规划空间内各类物质要素的布局，为城市建设提供蓝图。所以，站在空间规划的共同立场上说，区域规划可以看作是城市规划的前一级规划，为城市规划提供背景性依据；反过来，城市规划可以看作是在区域规划框架内的下一级区域——城市中的延续。从服务于国家建设需要的空间规划程序看，二者可以前后衔接，在实践中这种衔接并不存在任何障碍。

既然区域规划和城市规划有相通之处，程序上也可能前后衔接，区域规划可以为城市规划提供城市发展的战略思路，城市规划也可以为区域规划提供若干战术性支点的具体材料，那么经济地理学者和城市规划学者走到一起，合力缔造一个兼有区域规划之长的城市规划专业，在理论上是说得通的，实践上应该也是可行的。

不过，这是从理念上说的，在现实生活中有一点必须注意，那就是我们是在办学，而办学必须考虑毕业生的出路。在我国，接受城市规划专业毕业生的是城市建设部门，这个部门在全国大大小小城市中都是常设的，地市级以上城市还专门设置城市规划部门，按照新陈代谢规律，它们每年都在吐故纳新，从高校毕业生中吸收一批有生力量，只要供需平衡，供求双方都不会产生危机。但是，城市建设部门不承担全国性或全省性的区域研究和区域规划，这类任务是由国家和省两级政府的计划委员会和建设委员会下属的区域发展规划机构主管的（20世纪90年代后这类机构统一归口到发展与改革委员会，简称发改委）。计委、建委作为高层政府机构，要领导国土规划、国土整治、区域建设规划等大范围的工作，需要这方面的专业技术队伍，但大规模的区域调研和区域规划不是他们的日常工作，政府部门本身并不拥有庞大的专业技术队伍，在开展大规模区域调研和规划时，主要是依靠外部力量（例如委托或组织科研院所、高等院校等单位的专业人员）去完成。所以，像计委、建委这类高层政府部门主管区域发展建设规划的机构，并不是吸纳区域研究、区域规划人才的大户。

这就说明，我们办学的重心必须落在城市规划而不是区域规划。在此前提下，发挥经济地理学研究区域的专长，把这一学科的思想、理论和方法的精华渗透到城市规划的教学研究和实践中去，使我们培养的学生既具有城市规划专长，又懂得区域研究和区域规划，形成以城市规划为主兼顾区域规划的专业特色。

基于这样的认识，经济地理学者要发扬包容精神，放低自己的身位，把业务重心后移，与建工院校出身的同事紧密合作，合力办好专业。

确立了理念,统一了认识,措施就要跟进。措施跟进的关键是制定教学计划,明确培养目标和课程设置。

我们制定教学计划,不是撇开建工院校城市规划专业原有教学计划的内容,另搞一套,而是围绕培养既具有城市规划专长又懂得区域研究和区域规划的人才的目标,适当调整课程设置,在确保培养合格的城市规划人才前提下,尝试建立理工结合的课程体系。具体的安排就是传统教学计划中规划设计方面的必修课程一律照开,选修课机动,增设有助于开拓空间视野,理解产业、城市、人口时空变动规律的理论与方法的经济(人文)地理课程,让传统的城市规划从这些学科的思想和理论中吸取有益的养料。

这就是专业初创期间我所理解的办学模式,虽然专业名称仍旧维持初创时暂定的经济地理(城市规划),但实质已经清楚,就是培养广角的城市规划人才。这种办学模式的好处是在传统城规学科的基础上,注入了较为宽广的时空元素,使学生有较宽的知识面,较广的视角,比较善于宏观思考,但也可能会影响一部分学生对规划设计的兴趣与动手能力。这一点,在第一届(1982年)毕业生的毕业论文(毕业设计)选择中给我留下了初步印象。该班31名学生,多数人选择写论文,只有三分之一的人选择做设计,这表明我们提供的办学模式和学习环境,学生更容易接受区域和城市调研与理论思维的熏陶。然而,在城市规划部门的实际工作中,通常更重视设计、制图的动手能力,这是矛盾,需注意引导,避免在培养过程中出现偏颇。

在我的任上,送走了三届毕业生,总体上说,用人单位是满意的。1984年夏,我告别了这个专业。后继者继续沿着这条路办学,1989经济地理(城市规划)专业从地理系分出,单独成系,定名为区域与城市科学系。1998年,浙大、杭大、农大、医大四校合并,成立新的浙江大学,杭大区域与城市科学系归入新浙大的建工学院,原来的办学模式仍在发展中继续。

59. 双管齐下促师资水平

新设的专业除了厘清办学模式之外,还有一个不可回避的问题,那就是专业能不能办出水平。说得直接一点,就是我们输送的人才职业素质是不是过硬,能不能受到用人单位的普遍欢迎。

决定毕业生职业素质高低的,主要是两个因素:一是生源;二是师资。

就生源来说,应该不是问题。我们兴办城规专业的1978年,是"文革"结束后恢复高考的第二年,全国大学少、招生数少而考生多,录取率很低,竞争非常激烈。这一点,只要看一看头两届高考的几项数字就可以一清二楚。第一届(1977年,11月考试,次年3月入学)全国570多万人报考,录取27.3万人,录取率4.8%;第二届(1978年)全国610万人报考,录取40.2万人,录取率6.6%。不难想象,经过这样严酷的筛选,能进入杭州大学这样一所省属重点高校本科专业的学生,资质已经是很不错的了,只要学校教学秩序完全恢复正常,经过认真培养,造就一批优秀的城市规划人才,应该不是什么奢望。

既然我们的生源不错,那么能不能培养出职业素质过硬的人才,就要看我们的师资质量了。毋庸讳言,专业处在草创时期,我们的师资配备不尽如人意。1978年全专业16位教师(三四年后增加到21位),由于历史的原因,教师中只有3位是讲师级,其余都是助教级,来自地理学科与建筑学科的学术队伍都缺少资深专家和领军人物,年轻骨干也不足,形不成强有力的学术梯队。因此,专业要办出水平,必须抓住师资水平这个关键因素,采取必要的措施,改变师资力量相对薄弱的局面。

　　要解决这个问题,有两条路可以选择:一条是引进学科领军人物和业务过硬的骨干,构建学术梯队,增强整体实力。这是一条捷径,但在当时的人事管理体制下,人才难以自由流动,除非学校或本专业在国内有特殊地位,否则要引进这样的人才只能是一种愿望,客观上是走不通的。另一条是面对现实,努力在专业内部营造良好的工作环境和学术环境,凝心聚力,最大限度地发挥现有人员的潜力,做好各自的本职工作,在工作中提高水平。这条路看起来保守,但比较现实,眼前没有其他选择,只能从实际出发,依靠主观努力,来实现我们的目标。

　　选择后一条路径,教研室主要是抓五个着力点:一是抓读书报告。要求结合各自的专业方向,瞄准学科前沿或热点去读书,教研室组织读书报告会,通过讨论,共同分享对最新学术动向的了解。二是抓教材编写。专业通用教材极少,多数课程教材必须自编。教材质量是教学质量的重要保证,通过教材编写,促使教师全面、系统地掌握课程范围内的知识、理论和方法,并在教学中加以检验。三是抓科研项目。衡量高校教师学术水平的尺度主要是学术研究成果,教研室十分重视教师的学术研究,以集体的科研项目和个人研究计划为抓手,跟踪进度,推动研究,力求取得有价值的成果。在此基础上鼓励参加学术交流,以拓宽学术视野。四是抓规划服务。主要是根据政府有关部门的要求,提供区域规划和城市规划服务,既满足国家建设需要,又在实践中不断提高解决实际问题的能力。五是抓外语和数学两种工具。这两种工具是理工科教师治学必不可少的。由于历史和现实的原因,外语(以英语为主)水平普遍不高,我们从实际出发,对“文革”以前参加工作的人员,一般不求“四会”,但求提高阅读能力,鼓励教师多阅读外文专业书刊,同时,利用经济地理教研室承担出版部门南亚国家地理出版计划中部分翻译任务的机会,安排部分教师利用业余时间投入这项任务,促进英语读写能力的提高。至于数学工具,针对区域科学研究定性与定量相结合的趋势,教师需要有运用数理统计方法的能力,教研室鼓励教师参加系里举办的数理统计学入门讲座(由数学系老师主讲),以适应学科发展的需要。

　　对这些着力点,由教研室和个人分别制定学期或年度计划,教研室通过组织、协调、交流、检查、总结,确保计划落到实处,从而稳步推进师资水平的提高。这样做是有成效的,每个人的有形和无形产出都是师资水平提高的体现,但教研室的努力对提升师资水平有局限性。首先,教研室抓工作是一种职责,不具备长效的制度优势;其次,教师水平的提高,教研室和个人都能够感受到,但教研室没有有效的激励手段。

　　要激励教师自觉奋进,使每个人的水平有更快的提高,还需有长效的制度和优胜劣汰的运作机制,这方面最具制度和运作机制优势的是高等学校教师职称评定制度。如果说教研室工作和个人的努力能使大家感受到进步,那么,职称评定能使各人的进步程度在制度上得到承认。换句话说,要有效地提高师资水平,需要双管齐下,既要发挥人的主观能动性,又要在制度上承认人的进步。

　　高校教师职称评定制度历来都有,只是在20世纪50年代以后的二三十年中或者中断了,或者废弛了。那时,政治运动接二连三,运动一来,学校正常管理制度和教学秩序往往受到冲击,使一些行之有效的规章制度,停摆的停摆,废弛的废弛。灾难性的“文革”时期就更不必说了,一些好的规章制度被视为资产阶级统治学校的工具或资产阶级法权的残余而遭到摧毁,其中就包括职称评定制度。所以,在新中国成立初期到改革开放的近30年时间里,除了1954年有过零星的职称认定、1962—1963年有过一次相对完整的职称评定之外,这项制度早已与大家久违了,以致“文革”过后留给高校的是奇形怪状的职称构成。根据杭州大学校史记载,1978年全校有专任教师868人,其中教授24人,副教授49人,讲师81人,教员(未定级教师的暂称,一般相当于讲师)16人,助教694人(总数与分项加总略有出入,原统计如此),助教在全部专任教师中的比重高达80%,这是世所罕见的畸形职称构成。一些20世纪50年代进校工作的助教和讲师,直到1978年多数人还原封不动地保持着原来的职称,领着1956年工资改革时定下的级别工资。这些人进校时都有自己的抱负和目标,但久而久之那股锐气就渐渐泯灭了。

令人欣慰的是,经过"文革"后的拨乱反正,学校开始复兴,包括高等学校教师职称评定制度在内的一些必要的规章制度纷纷着手重建。职称评定制度的恢复,如同一股拂面的春风,给大家送来暖意,更重要的是为提升师资水平提供了强大的推动力。

恢复职称评定从1978年下半年启动。因为积压下来的职称欠账实在太多,从年资来说,人人都有申报晋级的资格,于是一下子出现了千军万马过独木桥的局面,而每一轮晋级人数是受名额限制的,只能分批解决。批次怎么分?最简单的办法就是论资排辈,按资历深浅排队,先老后新。根据每次晋级人数的限额,大致分3批,到1983年基本上可以理清职称评审的欠账,然后过渡到职称评定常态化的时期。

千军万马过独木桥的现象,最突出的是初级升中级这一档(即助教升讲师)。全校等待晋升讲师的助教多达六百八九十人,大家挤在一起,除了基本上按资历排队之外,确实也找不到更好的解决办法。讲师升副教授也有类似情况,不过积压人数比助教要少得多。全校论年资待升副教授的讲师(含教员)近百人,其中数十名是解放前大学毕业、五十年代已取得讲师资格的教师,即所谓"老"讲师,另外就是数十名1962—1963年从助教晋升的"新"讲师。在1978—1979年的第一轮副教授评审中,一般是先给"老"讲师让路,"新"讲师留待第二、三轮去申报。与申报讲师、副教授的热闹场面相比,申报教授的显得比较冷清,全校有条件申报教授的,只有几名"老"字辈副教授和十来名1963年晋升的"新"字辈副教授,不存在谁给谁让路的问题。

职称积压现象像金字塔一样,基底大,顶端小,但是解决起来倒是基底部分要简单得多。原因有二:一是学校上上下下普遍认为已经被积压了十多年、二十多年的老助教,除非真不成器,一般没有理由不给晋升,无非是按年资排队分个先后罢了。二是初级晋中级的评审程序相对简单,标准也较低,只要教研室提名,系一级提出评审意见,学校审定即可,淘汰概率很低。不像中级晋副高、副高晋正高那样,在系、校、省三级评审中都有可能被刷掉,让一部分人望而却步。更何况在学校未获高级职称审定权之前,经学校职称评审委员会评审后,还须报省职称评审委员会统一评审。

尽管职称提升只是个"名",师资水平提高才是"实",但职称评定制度毕竟含有催人奋进的激励机制,提职称与促水平的关系是相辅相成的。所以,我们要借职称评审这股东风,与日常管理工作结合起来,互相推动,把师资水平促上去。

在这场评级的热潮中,教研室的作用有二:一是把关,二是护航。按照学校规定,职称晋级不能由个人申请,而是个人向教研室汇报,教研室根据条件和标准提名,经全系酝酿后,方得由个人提交申报材料,逐级评审。职称评定的条件除了政治表现之外,业务上主要是教学业绩、科研水平、外语能力三项,具体标准因申晋的职称等级不同而异。面对职称严重积欠的现象,虽然不得不采取按年资排队分批解决的办法,但对晋升必须坚持标准这一点学校从未松口。教研室要提名,必须坚持标准,否则在上报材料时将造成被动。由于每个人的申报材料要由教研室主任签署意见后才能上报,这就意味着教研室负责人在对本室人员提名前就得心中有数,对条件尚未成熟的要提醒他们尽快补上短板。在待升的助教中,比较普遍的短板是外语能力,这是由特殊的历史条件造成的,这一点学校高层领导都很清醒,所以要求并不高,考核办法采取了若干变通措施。尽管如此,还是有人觉得这一关不怎么好过。我作为教研室负责人,既要把好关——掌握最基本的标准;又要护好航——给他们提供必要的时间和辅导条件,让他们突击补一补短板。这些都是权宜之计,上下心知肚明。

职称积压靠论资排辈去消化,多少冲淡了职称评定制度的激励作用,但对大多数等着升讲师的助教来说,仍然是一次久旱逢甘霖的及时雨,它预示着职称评定制度将从此走向正规,个人只要不懈努力,都有可能登上高校职称系列的顶端,那种耗尽岁月过着高年资、低职称、低收入日子的历史将被翻过。因而新的希望在多数人心底燃起,使他们重新看到前程,找回已经淡漠的尊严和自信,唤醒潜藏的进取精神,从而更自觉地去追求新的高度。这种新气象正是教研室所希望的。

这就是制度的力量,一项好的制度确有四两拨千斤的作用。

60. 在城言城说研究

我在城规专业的 6 年间,接触的科研领域不算少,概而言之有三大块:城规、地理和人口。关于地理、人口两大块的事留到后面的篇章去说,这里只说城规这一块,这是因为身在城规,"在城言城"嘛!而且城规这一块的研究也确有一些可以回味的东西。

搞区域与城市规划这一行,偏重于应用,研究项目大都由政府发展改革部门和城乡建设部门立项并组织实施。中共十一届三中全会确定改革开放的方针之后,全国经济和社会发展各项事业蓬勃兴起,区域与城市发展中需要重新研究或规划的课题日益增多,政府立项,组织专家学者研究,便成了惯常的合作形式。在那几年中,我接触的规划或研究项目主要有三个来源:一是省内市县的城市规划;二是国务院上海经济区规划办公室的"上海经济区城镇布局规划";三是由建筑工业部支持、南京大学牵头的全国性"城市合理规模研究"。

在这些来源中,来自城市规划部门的任务最多,宁波、湖州、绍兴、金华、镇海、兰溪、东阳、青田、长兴等市县都希望我们派出师生帮助他们进行规划或研究。单个城市规划的任务一般比较具体、明确,可以根据当地的工作条件,结合我们的实习计划或毕业设计等安排,在教师指导下帮助当地规划部门完成任务。来自上海经济区和建工部(南大)的项目,或涉及面较广,或理论性较强,力量的组织要根据主办单位的合作意向和我们介入程度来具体安排。

我作为专业和教研室的负责人,省内城镇委托的规划事宜,只要人力调配和时间安排许可,就会尽量满足对方的要求,协调好彼此关系,明确责任分工。我本人也会参加一些必要的巡回指导,但从研究工作的角度来讲,我的重心是放在区域与城市发展的论证上面。6 年间我接手或直接参与调研、规划的课题主要有 4 项:一是宁波城市发展与规划取向研究;二是城市合理规模研究;三是绍兴县域工业布点规划论证;四是上海经济区城镇布局规划。

——"宁波城市发展与规划取向研究",是 1979 年 2 月应宁波市城建局约请进行的,其背景是随着改革开放形势和建设事业的升温,宁波的地理位置和港口条件日益受到国家的重视,港口开发和重大工业项目建设开始推进,新一轮城市规划已经提到议事日程上来,但宁波市政府与规划部门对城市规划的取向一时难以准确把握,要求杭大经济地理(城市规划)专业教师帮助做一次规划前的调查论证。

这件事由我负责,带领几位教师在城建局领导和规划人员的配合下开展工作。经过调查、考察和资料分析,在充分了解宁波城市现状和空间格局的基础上,作出了四点判断:(1)港口已基本完成从河港、河口港到满足远洋航运的深水海港的过渡;(2)大型重化工、能源等产业已经出现,依托海港是其布局的重要条件;(3)城市将由单一中心向宁波、镇海、北仑三个组团的组合式形态发展;(4)宁波城市在向海型、组团式发展进程中受镇海县行政建制制约的矛盾将日益突出,市县合并、统一建制势所必行。基于这些判断,初步形成了宁波城市发展趋势与规划取向的构想。市城建局分管规划工作的副局长孔万里认为,这些观点和思路那时还没有人系统地提出过,很有新意,也有可行性,为下一步城市总体规划提供了有说服力的依据。为此,他先安排了一次由规划部门负责人和骨干参加的小型座谈会,让我谈谈看法,也听听大家意见。随后,为了让更多人了解我们的思路,又安排了一次有全市城建系统有关干部和技术人员参加的报告会,由我在会上做一次全面的阐述,得到了积极的反响。调研结束后,由我执笔写成《宁波港口开拓与宁、镇、北仑区域发展的几个问题》的调查报告,付印后送交宁波市城市建设局,作为最终成果向他们做了交割。

次年5月,孔万里副局长专程来杭,向我们通报了与调研报告思路基本一致的规划取向,把宁、镇、北仑三点作为组团式城市统一规划,并进一步征求我们对规划工作的具体意见。至此,我们的调研成果已经收到了为当地城市规划做好铺垫的效果。

——"城市合理规模研究",是在建工部的支持下,由南京大学城市规划研究者牵头的全国性合作研究项目。项目从1980年5月启动,1982年下半年结束。其立项背景是改革开放初期城市规划尚未摆脱计划经济体制的束缚,涉及城市规模时总是强调严格控制城市人口,这种出自特定时期国情的思维方式,与改革开放形势和工业化、城市化前景格格不入,必须突破。以南京大学城规专业为代表的一批规划学者,希望通过城市合理规模的研究,从理论上摆脱这种惯性思维的束缚。

回过头来看,这个课题的立项动机和命题是理想化了。合作研究一展开,经过几场理论讨论,学者们就意识到,抽象的城市合理规模是不存在的,它只是城市规划工作者的一种意向、一种愿望、一个使用方便的概念。这使我联想到人口学中一个熟悉的概念——适度人口。适度人口这个概念也曾引起人口学者的兴趣,结果也被证明只是个理想化的概念。法国经济/人口学家阿尔弗雷·索维在对适度人口经过一番研究后,写下了结论性的警句:"适度人口不过是一个使用方便的概念而已,人口学家可把它做为一个过渡性的工具使用,就像数学家使用虚数一样。"

不过,在现实生活中,并不排除一个城市在特定时期、特定区域、特定条件下存在相对合理的人口规模的可能性。基于这样的认识,总课题组把重心放到了不同城市在规划期相对合理的人口规模研究,各合作单位根据各自条件选择研究对象,对国内几十座城市进行了研究。我们杭大课题组(由我负责,马裕祥、周复多参加)就近选择了杭州,经过大量的资料分析和实地调查,完成了《杭州本世纪末城市人口规模试析》的研究报告,于1982年5月提交给了总课题组。随后经过节写,于是年9月被内部刊物《浙江人口通讯》刊用,最后在《杭州大学学报》(自然科学版)1983年2期正式发表(由总课题组汇编的最终成果,1988年获江苏省社会科学优秀成果二等奖)。

参加这个项目的收获,不在于取得了什么成果,发表了什么文章,而在于突破了计划经济时期延续下来的严格控制城市人口的观念束缚,同时也澄清了城市合理规模概念的性质。

——"绍兴县域工业布点规划论证"。绍兴县在委托省城市规划设计院完成城市总体规划后,提出了县域工业布点规划的后续项目。不知什么原因,城规院没有承接,而是由省城建局与我们联系,希望我们参与这项工作。1981 年 1 月 8 日,省城建局的规划工程师翁可隐来我校与我们商谈此事,希望我们对绍兴县域工业布点做一次调查论证。因为没有委托书、协议之类的手续,我们只凭平时与城建局的工作关系,像是接受友情的邀请,组织了马裕祥、张友良、陈德恩和我 4 个人去了绍兴,时间半个月(4 月 13—28 日),先后与县计委、建委、各工业局、交通、规划等有关部门举行了一系列的访问座谈,查阅了有关资料,实地考察了县域内主要城镇和基础设施。当时的现实情况是,乡镇企业比较普遍;县里没有大中型企业投资目录;商品市场尚未萌发;主要交通设施只有由萧甬铁路、104 国道和浙东运河组成的东西向轴线,全县未形成网络;计划经济观念在人们头脑里仍占主导地位;等等,要做出可行性较强的县域中长期工业布点规划,主客观条件还不具备。在这种情况下,我们不便仓促论证,只是向当地领导申述了我们的想法,然后返回杭州。

——"上海经济区城镇布局规划"①,是浙江省建设厅根据国务院上海经济区规划办公室的要求,对该经济区规划范围内的浙江省杭州、嘉兴、湖州、宁波、绍兴 5 个市的区域分别进行城镇布局规划研究,制定规划纲要和规划图纸,然后逐级汇总成整个经济区的城镇布局规划纲要和图纸。出于这个需要,省城建局规划处长葛起明率宋绍杭于 1984 年 2 月 22 日来杭大与我们商谈,希望我们参与这个项目的工作,具体任务是承担嘉、湖两市城镇布局规划纲要的研究和制定。因为这是属于国家项目,需要多单位协作,我们有责任参与,也就痛快地答应了。我们准备两市各派出 3 位教师 8 名毕业班学生,学生作为毕业设计参加实际锻炼,教师既指导学生,又负责这项工作。后来,同济大学希望参与嘉兴市的城镇布局规划,经省建设厅同意,我们的战线缩短到湖州一个市。我因专业的事情多,不驻点,只做必要的巡回指导,同时参与全省城镇布局规划的论证和审议工作。同年 12 月,上海经济区从原来的长江三角洲地区 10 市扩充为一市四省,各省都包括了全部市、地。由于地域扩大,内部地理条件和经济条件差异增大,原来的思路需要调整,项目内部的协调、论证任务也就增多了。我从 1984 年 2 月参加这项工作开始,至次年夏天,除了来往于杭湖两地之外,先后参加湖州市、浙江省乃至上海经济区的论证会、协调会就多达 8 次,直到 1985 年 7、8 两月先后参与全省城镇布局规划审查讨论会和全省城镇布局规划纲要汇总稿讨论会之后,会议和研究任务才算结束。一年以后,上海经济区规划办停止运作,1988 年宣布撤销。规划办运作时期所做的工作也就通通付诸东流。

上海经济区城镇布局规划纲要研究也好,绍兴县域工业布点规划论证也好,都是无效劳动,没有"修成正果",连上海经济区规划办本身也是半途而废。这些事给我留下的思考是,既不必怪决策者的动机,也不必怪主办机构的工作,问题的实质在于政府认识到了条块分割的管理体制严重影响国民经济运行效率这一痼疾,想通过区域试点探索解决问题的办法,但是,问题虽然看准了,方法却不对头,用计划经济体制下惯用的行政手段,去解决大部分要靠市场经济体制解决的问题,只能是一事无成。历史证明,社会主义市场经济体制及其运行机制逐步成熟、国内统一市场逐步确立的过程,也就是水到渠成地解决这类问题的过程。

---

① 上海经济区是国务院为了搞好国民经济管理体制改革,通过中心城市把条条块块协调起来,形成合理的经济区域进行试验而提出的。上海经济区以上海为中心,包括长江三角洲的苏州、无锡、常州、南通和杭州、嘉兴、湖州、宁波、绍兴,经济区内城市和企业的行政隶属关系不变。1982 年 12 月 22 日国务院发文成立上海经济区规划办公室,次年 8 月开始运作,着手编制上海经济区规划,下达了一系列专项规划任务,上海经济区城镇布局规划便是其中的一项。1984 年 12 月,上海经济区扩大到一市四省(沪、苏、浙、皖、赣)。1987 年上海经济区规划办已停止运作。1988 年,国家计委发出通知,撤销国务院上海经济区规划办公室。

61.大意失荆州的教训

在恢复职称评审的头几年,我为解决教研室十多位积压多年的助教升讲师的事情尽了一分责任,但我自己却在报评副教授的过程中遭到了一次挫折。

在恢复职称评审的初期,按照论资排辈的默契,我是第二轮申报晋升副教授的,时间是1980—1981年。在那一轮,按照程序,经过本人述职、教研室提名、外语考试、上报材料、论著送审(送国内同行专家评审)、系评审组评审、校评审委评审,最后上报省职称评审委员会评定。省评于1981年4月初结束,我没有被通过。

4月4日晚,大雨滂沱,我正和往常一样,在杭大教工宿舍(道古桥)16幢那间既是卧室又是书房和会客室的狭小房间里做案头工作,突然进来两位长者,定睛一看,原来是系主任严德一教授和校长陈立教授。这也难怪,因为那时电话远未普及,到员工家里串门都无法事先约定。起初,我真有几分惊讶,两位上了年纪的领导,竟然会在晚上冒雨来到一个普通教师家里访问。但定神一想,就立刻明白了,一定是为我在省职称评审中失利的事来的。进屋寒暄几句后落座,严主任先开了口,说陈校长是特地来看我的。我带着几分感慨,说了句陈校长这么忙,还特地来看我,真不好意思。老校长马上接上话茬,"这可是对我的批评呵!"然后言归正传,他说:"最近省里评审副教授、教授,你送审的材料中一篇两年前写的关于宁波港口和城市发展的论文,在小组评审中有人认为与当前的调整形势有矛盾,提出了不同看法,结果没有被通过。希望你不要有情绪波动,继续工作。"我一时没想说什么,只是对两位年逾古稀和年近八旬的师长、领导赶在学校公布评审结果之前,冒雨前来说明情况,觉得很过意不去,因而表示感谢,并表明我会更加努力的态度。老校长接着我的话补了一句:"你已经很努力啰!"随后,起身告辞。

这件事,在两位领导来访之前我已经从传闻中有所感知。据说省职称评审委员会聘请的地理学科评审组专家,没有一位经济地理、城市地理方面的学者。这样的专家构成,在评审组里出现有人提不太专业的质疑而无人出来释疑是不奇怪的。当然,从内心来说,我对这样的质疑不以为然。因为受到质疑的那篇文章是我们教研室接受委托在调研基础上由我写成的关于宁波城市发展与规划思路的报告,其评价标准不在于与一时的项目建设形势是否完全合拍,而在于对宁波城市发展前景和框架性规划设想有没有远见,对新一轮城市总体规划有没有决策咨询价值。不过,事情既然已经这样,我也就认了。

有人告诉我,省评时严德一教授就在这个评审组,他很清楚我上报的材料在系、校两级评审时均无异议,在参加省评时对我的晋升也很乐观,没有发生变故的思想准备。严教授本人不搞经济地理和城市地理,不太了解宁波城市的空间发展情况,面对质疑(据说质疑者是一位地质学者),便难辨真伪。事后,他为这件事感到内疚,陷入自责,真是难为他了。现在,两位领导登门说明了情况,事情也就过去了,接下来需要的是我自己做一番冷静的思考,尽量做到亡羊补牢吧!

职称评审受挫的人,在系、校、省三级评审中每次都有,这种事对个人来说可能算是大事,站在系、校的高度来看便算不了什么。这一回在我身上难煞了系主任,惊动了老校长,让他们如此劳神,以至亲自登门抚慰,这是极少见的,我心里着实有几分不安。事后细细想来,大概是我在系、校两级的评审中过于顺利,一旦省评遇挫,系主任和校长都感到意外。尤其是系主任,系里有人对我失利感到不理解的议论,对他也有所触动,因而特别担心我想不开。他们的关心,也许从一个侧面反映了领导对我工作业绩的肯定,从这个意义上说,他们给了我信心。事实上,我自己也确有几分自信,无论是管理工作还是业务能力,虽不敢说有什么过人之处,但自以为不落人之后,大概不会过分。不过,眼前重要的不是坚持自信,而是总结经验,吸取教训。

以前,我对省里评审高级职称的特点不了解,经过这次失利,倒是悟出了一点奥妙。职称评审到了省评这一关,评审组专家的注意力集中到了科研成果上,因为这是代表高校教师学术水平的主要标志,如果送审的论著有瑕疵,或者与参评专家观点有出入而受到质疑,评审对象就有可能受挫。在这次教训中,专家观点是否有失偏颇我无法点评,但在送审论著的内容或形式的处理上,确实应该做得更缜密一些。在这一点上,我是需要吸取大意失荆州的教训的。

按照规定,讲师升副教授必须上报两件符合要求的科研成果。我按要求提交的两件成果,一件是发表在《地理学报》30卷4期的论文《浙东姚慈稻棉区农业劳动力资源及其利用平衡》;另一件是1979年3月为宁波市城建局所做的调研报告《宁波港口开拓与宁、镇、北仑区域发展的几个问题》。对这两件成果我都有相当的自信,因为前者发表在国内地理学权威刊物上,后者受宁波市城建局的委托投入调研,成果基本思路已在该市总体规划中得到体现。但回过头来看,后一件成果在形式处理上应该做得更充实一些,因为这是一项委托调研成果,调研单位应当提请委托单位组织一次高级别专家评审,把评审意见和结论的副本附在报告正文之后,一并提交给职称办。如果这样,不仅会使这项成果的内容和形式更加完整,而且可以避免或澄清某些不必要的误解。

吃一堑长一智。一年半以后,时间进入了1982—1983年的一轮职称评审,我重新办理了晋升副教授的申报手续,研究成果都作了更换。这一回一帆风顺,1983年4月6日,省里公布了评审结果,杭大有65人被批准为副教授,我在列。

此后,在我职称晋升之路的最后一程经历了一次戏剧性的变化。1986年,又是一个职称评审年,这一年的初夏,全校申报晋升副教授、教授的人员经过系、校两级评审,淘汰了一部分,能上报省职称办参加最终评审的人数比原来估计的要少,学校领导考虑在各系遴选符合条件的对象补报。这件事在7月上旬已有耳闻,不过7月5日至14日我在新新饭店主持《中国人口丛书·浙江分册》最后一次的审稿、定稿会议,无暇顾及此事,只是招呼一位同事留意一下这方面的动态。7月12日上午,校党委组织部长马裕祥突然到新新饭店找我,说学校领导准备开会研究补报晋升教授人选,想在会上提我,要我提供一点情况。我临时做了口头汇报。当晚,马裕祥和邹耀宗(校职称办主任)再来饭店,让我填写表格,提供送审论文。我因忙于会务,脱不开身,承诺在14日会议结束后回校处理,15日一定把表格和3件科研成果送交校职称办。申报高级职称,从提名到系、校、省评审,一般都要半年时间,没有想到学校采取应急措施,抓紧举行系、校两级评审会议,评审通过后,与前一批人的材料一起上报到了省职称办。一个多月后的8月18日,省高级职称评审结束,通过了我的教授资格。按照规定,除了破格晋升之外,在一般情况下,从获得某一级职称任职资格到允许申报高一级职称的间隔时间是4年,而我晋升副教授后到此时还只有三年零四个多月。这样一来,我倒成了"破格晋升"的一员。

62.告别城规专业,告别地理系

1984年6月27日,新任地理系主任王德翰告诉我系里收到了一份学校调我到本校人口研究室任职的通知。此时正是期终,手头事情多,我暂时没有理会这件事。第二天上午,我正在主持城规 1980 年级学生毕业论文、毕业设计报告会,系里把这份通知送到了我手里,不容分说,学校把我调离了地理系。既然这样,那就抓紧料理一下学期结束工作,向城规专业和系领导做个交代,带着几分留恋和无奈,准备向学校报到,接受新的差使。两个月后,新学年开始,9 月 17 日,学校公布了成立杭州大学人口研究中心,任命董如宾、王嗣均为正副主任的通知。董是去年上任的校党委副书记,他没有那么多时间来具体主持人口研究中心的建设,学校之所以这么安排,是因为杭大即将进入联合国人口活动基金(UNFPA)受援单位的行列,人口研究中心需要一位副校级的人物挂帅,方能显示它在杭大的地位,至于具体操持中心的筹建工作,责任还是落在我的肩上。这一年我 55 岁,早已不是创业的黄金年龄,这把子年龄,还让我白手起家去筹建学校的一个研究中心(研究所),解决人力、物力、财力,争取多边合作,组织项目研究和人才培养等一系列问题,真不是轻松的差使!

学校在我身上下这么一步棋,是有个过程的,这还得从上一年干部调整时学校要我出任地理系主任的事情说起。

1983 年好像是一个不同寻常的干部调整年。是年初春,省委组织部从浙大、杭大、农大、医大等高等学校党员知识分子中抽调了一批中上层领导骨干去充实省、市领导机关的班子。这样一来,牵动了高校内部的人事变动。就杭大而论,是年秋,学校内部就有一次动静较大的中、上层干部调动。以我所在的地理系来说,原系总支副书记夏越炯继两年前调任校科研处长之后,这次被任命为校党委书记;马裕祥由系总支副书记调任校党委组织部长;孙英拟从系代理主任岗位调离学校,到某地级市任职(未果,后改调浙江省科学技术协会任副主席)。夏、马都已于 10 月初之前赴任履新。接下来就是全校中层领导岗位的充实和调整,校党委组织部于 10 月中旬开始了校内中层干部的预选工作。

刚刚履职校党委组织部长的马裕祥,一上任就为全校中层干部预选工作忙开了。在地理系,因孙英拟调外单位任职,系主任一职出现空缺,物色新的系主任人选当然也是他的职责所在。10 月 12 日、15 日,马两次找我谈话,希望我出任地理系主任,但我都婉言谢绝了。物色系主任人选,学校领导颇费掂量,这一点我是理解的。因为历史的原因,当时教授极其稀缺、副教授也不多,年龄、水平和气质适合担任系主任职务的确实很少,在领导眼里,我的年龄和经历大体上符合要求,把我作为选拔对象也在情理之中。但是我不能不自量力,贸然接受。这并非我过于谦逊,也不是不识抬举,更不是对事业冷漠,而是有两个原因使我对系主任一职望而却步:一是地理系不好办。全系 4 个专业缺乏共性,内在联系很少,基础性和应用性的关系很难处理,要合理整合和调准办系方向,非我之力所能及。二是健康状况不允许我接过系主任这付担子。这是最直接的原因。那一年,从 5 月下旬起,我一直腹泻,久治不愈,一拖数月,虽然工作一天也没有停下,但身体日益消瘦,体重只剩 90 多斤,有医生怀疑我可能有消化系统肿瘤问题,劝我住院仔细检查(当时因看病难、住院难的问题非常突出,直到 11 月 28 日才托人帮忙住进浙医二院检查治疗,一住就是 51 天)。这是现实,再加上我在 50 年代患病之后,体质不佳,但我讲求认真,有职责在身就要负责到底,结果往往是工作和健康两头不讨好。1978 年以后更是如此,本职工作以及内外事务大大增多,白天忙事务,夜里忙业务,经常搞得精疲力尽。不得已,曾于 1982 年 6 月和 1983 年 2 月两次向系党总支领导李德余、马裕祥、系主任孙英请辞专业的教学行政职务,以便集中精力做好业务工作。可惜两次都没有得到批准。所以,这次我是铁了心,真不想再给自己加重负担了。

我住院之前,虽然已经两次向马裕祥表示感谢领导厚意,恕我不能接受系主任的职务,但领导并没有改变主意。在我住院之后,夏越炯曾到医院看望,嘱咐我安心养病,康复后等着我去挑担子。在我出院前,薛艳庄校长也曾到医院看望,得知肿瘤可能性已经排除,便期待我出院后接受任命。对领导的信任我心领了,但肿瘤的可能性虽然被排除,体能毕竟没有恢复过来,如果逞一时之勇,接过系主任的担子,只能把自己压垮,于公于私都没有好处。想来想去只好辜负他们的期望,再次谢绝了。

出院那天是 1984 年 1 月 18 日,农历十二月十六,回校后处理一下专业期末的结束工作就进入了寒假。春节后,从两位新任领导金锵(副校长)和董如宾(副书记)那里得知,我校准备上报省人民政府的杭大中层领导人员名单中地理系主任一职仍然是我。这才使我恍然大悟,原来我三番两次向几位领导恳辞都没有得到他们的首肯。也许是他们太高估我了,不管我怎么辞谢,还是把我放到了上报的名单之中。但是,这一回真要让他们失望了,因为我婉拒地理系主任一职是真诚的、坚决的。为了避免被动,在学校把任命名单上报省府之前,我于 2 月 11 日致函薛艳庄、夏越炯、马裕祥三位领导,简短地陈述了我不能接受任命的理由和态度。接到这封信之后,他们觉得我的理由是实在的,既然态度这么坚决,就不要再勉强了。当天傍晚,马裕祥来到我家,告知我三位领导决定接受我的恳辞。

这件事就这样过去了,我继续当我的教师,管城规专业的事情。

可是,实际上职务调整的余波没有远去。没过多久,1984 年 3 月 15 日,董如宾找我谈话,要我去主持人口研究中心的工作。杭大人口研究室要升格为人口研究中心,这件事的来龙去脉我都清楚,但是,要我去主持那里的工作,我还是感到不解,我刚刚把系主任桂冠送还给领导,怎么又准备用另一顶桂冠给我加冕了呢?然而,董的话说得很肯定,"校长已经同意你不接地理系主任职务,人口研究中心的工作总不能再推了吧,你不干,还能找谁?"这话像铁板钉钉,不能不引起我的思考,因为杭大与人口研究发生关系,的确与我 1978 年以来的活动有关,这点应该承认;再说,对学校给我的任命一概拒之门外也说不过去,处事总得有点回旋余地。所以我只回答了一句缓冲性的话,"让我想一想再说吧"!董也没有再说什么。

接下来发生的事情,就是本节开头所说的那一幕,学校干脆把我从地理系、城规专业连根拔了出来,移植到了人口研究中心,结束了我对城规专业的 6 年守望,离开了我为之工作大半辈子的地理系,开始了职业生涯的最后一段旅程——人口研究和人口学人才培养。

第十三部 跨进人口学界

63. 一次撞上来的人口盛会

1978 年 10 月,我在毫无前兆的情况下接到了一份去北京参加全国人口理论讨论会的通知。这份通知不是由会议主办单位寄到杭大,更不是直接寄给我的,而是会议筹备组计划给浙江 5 个参会名额,把 5 份通知统一寄到浙江省计划生育领导小组办公室,省计生办自留一份,其余 4 份由他们转发给在杭的大学、党校、社会科学研究机构等单位,由各单位自行决定参会人选。

会议通知的这种没有确定具体单位或具体对象的寄发方式,我杜撰了一个词,叫做"盲发"。这也难怪,自从 1957 年马寅初的《新人口论》遭到错误批判之后,议论中国人口问题成了国内学术界的"理论禁区"。我国研究人口的学者本来就寥若晨星,这样一来,更是 20 年无人问津,现在要开全国性的人口理论讨论会,筹备组除了"盲发"会议通知外,恐怕也没有更好的办法。

通过省计生办分发给杭州大学的会议通知,学校办公室拟让政治系派政治经济学教研室的人去参加,但政治系回应没有人研究人口问题,表示放弃。于是,校办转过来征询地理系的意见,系领导听人说我写过与人口有关的文章,就把会议通知接了过来,交到了我手里。这样,全国第一次人口理论讨论会就撞到了我的身上。

这次会议是在两种形势汇合下催生的。一种形势是思想形势。是年 5 月 11 日,《光明日报》发表了《实践是检验真理的唯一标准》的文章,经过各大报纸转载,在全国掀起了一场真理标准的大讨论,从根本理论上否定了"两个凡是"的说法,推动了一场新的马克思主义思想解放运动,促使全国各方面的工作重新回到实事求是的思想路线上来,为冲破"人口理论禁区",实事求是地讨论我国人口问题创造了条件。另一种形势是经济和人口关系陷入恶性循环的形势。在计划经济时期经济增长乏力,加上历次政治运动干扰、特别是"文革"的破坏,国民经济走到了崩溃的边缘,而人口盲目增长(从 1949 年的 5.4 亿多人增加到 1978 年的 9.6 亿多人),城市社会就业越来越困难,农村人口与劳动力不但无法向城镇转移,还要接收大批城镇下乡知识青年去分摊本已捉襟见肘农村资源,使农村人口压力越来越沉重。破解经济和人口困境已经到了刻不容缓的地步。

在这样的形势下,冲破人口理论禁区,破天荒地召开全国性的人口理论讨论会,为解决中国人口问题造势,当然不同于寻常的学术会议。会议由国务院批准、中国人民大学主办,于 1978 年 11 月 1 日至 7 日在北京城西国务院第一招待所举行。与会者 171 人,来自高等院校、党校、社科研究机构、计划生育机构以及国家机关有关单位。中国人民大学副校长胡凌主持了开幕式,中国社科院副院长许涤新做了主题报告,国务院计划生育领导小组办公室、劳动部劳动工资总局、国家建委城市建设研究所、公安部户政部门的代表分别就计划生育、劳动就业、人口总量和构成以及城市人口等方面的现状和问题做了介绍。全体代表围绕社会主义人口规律的理论问题和现实的人口问题进行了分组讨论和大会交流,中国人民大学人口理论研究所所长刘铮做了总结发言。会议结束前,中共中央政治局候补委员、国务院副总理陈慕华到会讲了话,她鼓励大家要解放思想,敢于冲破禁区,理论的正确与否让实践来检验;希望大家对人口增长应该怎么控制,进行充分论证,为制定政策提供参考或依据;对改变旧的生育观念要宣传指导,对解决人口问题、开展计划生育要著书立说。

这次会议的中心议题是探讨社会主义人口规律。从刘铮在大会总结发言中的意思来理解,把探讨社会主义人口规律作为中心议题的出发点是:新中国成立近 30 年来,我们国家在对待人口问题上吃够了不认识客观人口规律的苦头,现在,不能再用没有经验来开脱,应该是联系实际总结社会主义人口规律的时候了。

从理论上说,结合实际总结我国人口工作的经验教训,认识社会主义条件下人口发展的规律性,为正确解决我国人口问题提供理论依据,是符合逻辑的。但是,从会议的实际情况来看,尽管与会者讨论很认真,但就总结社会主义人口规律而言并没有取得实质性的成果。原因很简单,与会代表中绝大多数人至少 20 年没有触碰过这类议题,手头没有系统的人口、经济、社会、资源、环境资料,而且多数人会前又没有什么准备,仓促参加会议,谈不上有什么胸有成竹的见解。这一点从提交大会的论文中就可以看出,大会共收到论文 35 篇,其中 5 篇还是手稿(在正常情况下,一百六七十人的学术会议,论文数量应该不下百篇),多半出于经济学出身的代表之手,由于对中国人口问题缺少系统的资料积累和研究,文章大都围绕政治经济学中有关社会主义基本经济规律的表述,试图从中推出社会主义人口规律的表述,结果是从概念到概念,很难同指导解决实际人口问题的需要联系起来。

不过,从另一种角度来说,这次会议对我国全面开启人口研究和人口活动所起的先导作用是不可低估的。这一点可以从三个方面的影响作出判断:首先,它吹响了冲破"人口理论禁区"的号角,为理直气壮地研究我国人口问题开创了良好的舆论环境。这次会议,后来被称为第一次全国人口理论讨论会,随后几年,连续举行了数次这样的会议,影响进一步扩大。其次,它突破了单纯研讨社会主义人口规律的局限性,从理论和实际结合的角度提出了一系列重大问题,为进一步开展人口研究、促进人口和计划生育工作提供了大量的课题。其三,它不仅激发了与会者研究我国人口问题的责任心,同时,通过媒体的传播,也激起了国内部分科学工作者研究人口的热情和勇气,起到了在全国范围内动员、组织人口学队伍的作用,为后来在全国各省区建立人口学术团体和人口研究机构创造了条件。

这些影响很快就在全国表现了出来,比我预想的还要快。我回到杭州后,杭大政治系和马列主义教研室教师(主要是政治经济学教师)很想了解这次会议的信息,他们通过地理系总支约我做一次会议情况的传达,我应约满足了他们的要求。此后,他们之中就有二人(董如宾、徐天琪)成为人口活动的积极参与者。而我呢,在这次会议之后,不由自主地改变了职业生涯中最后十几年的人生轨迹,成了杭州大学和浙江省人口研究和人口活动的先导性、代表性人物。

64. 当会长,历史的附会

第一次全国人口理论讨论会(以下简称北京会议)之后,我的精力依旧放在城市规划专业的本职工作上,在一年多的时间里,除了出席 1979 年 12 月在成都举行的第二次全国人口理论讨论会(以下简称成都会议)之外,省内有什么人口活动我并不了解。这一方面固然与我从事的专业工作与人口活动的关系不很直接有关;另一方面,也与我为人处世比较低调,不擅长社交和公关活动,与政府有关部门和社科界很少接触有关。

其实,这段时间浙江是有人口活动的,而且动静不小,只是我事先不知情而已。例如1979年7月,也就是北京会议之后8个月,浙江举办了全省第一次人口理论学习讨论会。讨论会由省委组织部、宣传部、教卫部联合通知,省计划生育领导小组办公室(简称省计生办)具体操办,地点在余杭县委党校,人员主要来自省、地、县委党校、宣传系统和计生系统,有200余人参加,规模可谓不小。对此,我事先一无所知。又如,成都会议之后,出席会议的省计生办代表向省计划生育领导小组做了口头的和书面的汇报,其中关于全国将成立中国人口学会,筹备组已经建立,有条件的省区可以把人口学会先成立起来的信息,受到了省有关领导的关注,当即指示由省社会科学研究所学会办公室(简称省社科学会办)会同省计生办、省委党校、杭州大学联合筹备省人口学会。对这件事,我事先也并不清楚。

但是,从1980年5月以后,我不由自主地一步步介入了省内的人口活动。那是从成立浙江省人口学会筹备组开始的。

5月14日,杭大地理系总支书记李德余告诉我,省社科学会办提名我为省人口学会筹备组成员,已征得学校领导同意。

过了4个月,1980年9月13日下午,我正在组织专业教师学习、讨论学校1980—1981学年工作意见,李德余书记又通知我说:"省人口学会筹备组推荐你当会长,经省委教卫部副部长陶振民同志批示同意,并征求了我校党委意见。校党委高培明、高镜生两位副书记以及地理系总支都表示同意。"

这件事我感到有点突然,因为我在5月间进入筹备组后参加过一次筹备工作会议,讨论过一些常规的筹备事宜,会后一些具体工作由省社科学会办协同计生办在一一落实,这期间从来没有听说有人建议我当会长的事。所以,乍一听到要我走马上任当会长的消息,实在有点丈二和尚摸不着头脑,不好理解。更出乎意料的是,3天后的9月16日,省社科学会办就通知我去参加筹备组会议,商讨拟在9月25—28日召开学会成立大会的准备工作。从突然通知我担任会长,到召开成立大会出任会长,前后只有十几天时间。

为什么安排得这么匆忙?内中情由在学会成立后我才算弄明白。原来省社科学会办和计生办原先的想法是请省有关部门领导来担任省人口学会会长。当筹备工作基本就绪,成立大会行将召开的时候,省社科学会办和计生办就省人口学会筹备情况向省计划生育领导小组扩大会议作了最后一次全面汇报,提请省里确定一位领导同志担任会长。会上,省委副书记、省计划生育领导小组组长陈作霖发了话。他说,学会主要领导人应由有声望的学者、专家担任,党政部门领导人一般不要兼学会负责人。这一指示,让省社科学会办有点措手不及,只好马上回过头来找一位能够充任会长的专家学者。在浙江这块人杰地灵的土地上,此前倒是出过两位著名人口学家的。一位是我国学术界尽人皆知的马寅初,晚年公认的称号是经济学家、人口学家、教育家;另一位是曾任职清华大学等国内几所著名大学教授、担任过国际人口学会副会长的社会学家、人口学家陈达。可是现在这块土地上有二十多年没有人敢接触人口研究,到哪里去寻找有声望的人口学家呢?无奈之下只能将就行事,于是,有人想到了我。因为我写过农业劳动力出路方面的文章,点到过人口问题,近两年来还是省内高校参加过两次全国人口理论讨论会的唯一代表。于是省社科学会办在我毫不知情的情况下就把我的名字报了上去,并且得到了省委教卫部领导的批示同意。事后地理系有位老同事跟我开玩笑,"你这是黄袍加身呐!"其实,那不是"黄袍加身",而是历史的附会。当历史走到需要人去研究人口、建立人口学术团体这一步的时候,偌大一个省份却找不到一位能担此任的地道的人口学家,只好把我这个与人口研究沾点边、算不上人口学家、更不要说是有声望的人口学家的人附会上去,凑合着为浙江人口研究和人口活动的这段新的历史进程开路。

学会成立大会如期于 9 月 25 日上午在省府米市巷招待所(即后来的之江饭店)举行。80 余位代表参加了会议,他们中多数是去年 7 月举办省第一次人口理论学习讨论会之后在人口理论宣传和调研活动中涌现出来的积极分子,其余是来自省宣传、教育、卫生、计生、公安等部门以及工青妇等社会团体的代表。省委领导对人口学会的成立相当重视,省委常委、宣传部长王家扬不但亲手批准举行这次会议,而且与教卫部陶振民副部长一起(两位都是省计划生育领导小组副组长)出席开幕式,都在会上讲了话,他们在分析人口形势和控制人口增长任务紧迫性的基础上,期望人口学会对人口控制与计划生育进行广泛的理论宣传,对人口与经济、社会、资源、环境的关系进行深入调研,争取在理论上有所创造,有所突破,为不断完善我国人口政策、推进计划生育工作做出贡献。《浙江日报》、浙江人民广播电台做了报导。

四天会议顺利完成了各项议程,概括起来是做了两件事:一是围绕人口形势进行了学习、讨论和交流,特别是对会议期间发表的《中共中央关于控制我国人口增长问题致全体共产党员、共青团员的公开信》组织了认真的学习和讨论。二是通过了学会章程,选举了理事会,产生了学会领导机构。此外,会议特邀了两位在人口研究方面走在前面的嘉宾:一位是上海人口研究会干事长、复旦大学教授吴斐旦,另一位是中国社会科学院经济研究所后起之秀田雪原,他们分别做了"世界人口概况"和"国外人口研究动态"的学术报告,对拓宽视野、扩大学术交流起了良好的作用。在闭幕式上,我作为新上任的会长对会议做了总结发言,并对今后一年的学会工作讲了几点意见。

浙江省人口学会首届理事会由 35 名理事组成,从中选出常务理事 7 人,他们是(以姓氏笔画为序):王嗣均(杭州大学)、李军(省委党校)、张乃恭(省计生办)、胡子诚(省委党校)、徐天琪(杭州大学)、顾耀德(杭州市委党校)、戴宗贡(省社科所)。王嗣均任会长,胡子诚任副会长、张乃恭任副会长兼秘书长,李军、徐天琪、顾耀德、戴宗贡任副秘书长。

学会是群众性学术团体,学会领导职务通常都是兼职,一般没有太多实事。但人口学会与基础学科学会不同,它带有应用性,面对的是现阶段成为国家和社会热点的人口问题。而且,由于服务对象与活动经费来源的关系,它的挂靠单位不是大学或研究所,而是省计生办。因此,除了学会本身每季一次的常务理事会、一年一次的综合性学术年会、不定期的小型研讨会以及专题调查、会刊编审、成果评奖等活动和事务之外,还需根据各地需要投入人口理论、人口政策宣讲,参与计划生育部门有关会议和活动,等等。要使学会发挥积极作用,是需要花费一些时间和精力的

根据章程规定,学会理事连选得连任。结果我连续四届被选入理事会,当了 17 年会长,这是始料所不及的。1997 年退出时,我已经是 68 岁的老人了。

65."人口热"热了我

真理标准的大讨论之后,个人迷信在政治生活中迅速消退,由"左"的思想路线构筑起来的"人口理论禁区"高墙土崩瓦解。实行计划生育、控制人口过快增长的政策理直气壮地从台下走到台上,进而发展成为基本国策。人口这条战线从政府到民间都热起来了。

对于学人来说,最初感受到人口论题炙手可热的是在学术界,有关人口方面的学术会议、学术团体、学术刊物如雨后春笋地涌现出来。而这一阵热,在我身上增温的诱因则是省人口学会会长这一社会职务。因为是省学会会长,引来了外界对我的"认知",于是有几股热从不同角度辐射到我的身上。

第一股热是学术团体上下级关系热。按照国内群众性学术团体遴选理事的惯例,某一级专业学会的会长,通常都会成为上一级学会理事会的一员,或者同级综合性学术团体理事会的一员。在我担任省人口学会会长的次年 2 月,中国人口学会成立,推举我为该会理事便成了顺理成章的事情;两年后,省里酝酿成立浙江省哲学社会科学联合会(正式成立于 1984 年 12 月 18 日,后更名为浙江省社会科学界联合会),要各界推出参加联合会的理事人选,人口学会自然又把我提了出去,只是我坚持推荐副会长胡子诚出任,才免了这一兼职。不过,因为有会长身份存在,省社科联的部分活动还是需要参加的。这是对上,还有对下的。省人口学会成立后,各地区(市)学会也纷纷成立,有的地方这阵子学会热还延伸到了县一级。学会是群众性学术团体,各级学会之间没有上下级领导关系,但不成文的业务指导关系还是存在的,因此,地区学会有重要活动,有时会向省学会指名邀请或请省学会派员出席"指导",主要任务是做个学术报告或参加工作座谈。对于这类邀请,一般是要满足他们要求的。

第二股热是对政府非常设机构或附属机构的兼职热。这类机构包括浙江省人口普查领导小组、浙江省计划生育委员会①、杭州市西湖区计划生育协会②等。浙江省计划生育委员会聘我为委员,西湖区计划生育协会聘我为会长,具有应景的色彩,只出席过一两次会议,没有实质性的要求。省人口普查领导小组聘我为顾问倒不完全是挂名,确有一定程度的介入。这次人口普查是中华人民共和国成立以来的第三次全国人口普查,是 1964 年"二普"以来间隔了 18 年后的一次人口普查,又是中国第一次接受联合国人口机构技术援助、调查项目较多、数据由电子计算机系统全面处理的人口普查。普查时点定在 1982 年 7 月 1 日 0 时。对于这次普查,国家非常重视,从国务院到县一级的各级政府都成立了普查领导小组(全国人口普查领导小组组长是国务院副总理陈慕华,浙江的领导小组组长是省委常委、副省长翟翕武),国、省两级领导小组都聘请了顾问,浙江省也不例外。我是 1981 年 5 月被省人口普查领导小组聘请为顾问的,带着"顾问"的头衔,做了一些需要我做、我也能做的事情。在普查前期,先后参加了全省普查工作会议以及地市普查领导小组组长与办公室主任会议。12 月上旬,省人普办在绍兴举行普查大型试点第一阶段(登记阶段)工作告一段落后,为来自全省各地、市、县参加普查试点工作的人员举行了 3 天培训,其间安排了半天时间由我做关于"认识人口普查意义,搞好人口普查工作"的报告。会后,报告的纪录稿以省人口普查领导小组办公室文件的形式下发到地、市、县人普办。到了普查后期,除了参加领导小组审议手工汇总主要数字公报内容编排等会议之外,我的任务转移到了协助人普办组织"三普"数据的开

① 计划生育委员会的前身是计划生育领导小组,属政府非常设机构,后转变为常设的一个政府职能部门,称计划生育委员会。在转变之初(1983 年春),上层采取委员会的形式,浙江省计划生育委员会约有二十余名委员组成,主任委员由副省长刘亦夫兼任。

② 计划生育协会是协助、促进计划生育工作的群众团体,成员多为热心于计划生育事业的离退休老干部、老计生工作者等,协会会长大都为德高望重的离退休领导干部。协会机构通常附设在计划生育部门之内。杭州市西湖区聘我为第一任计生协会会长,理由是我担任省人口学会会长,德高望重,我的工作单位杭州大学又落在西湖区,自然是西湖区的一员。不过他们忽略了一点,我没有退休,是杭大城规专业的负责人,日常工作繁多,没有条件去做计划生育的群众工作,让他们失望了。

发,主要是通过召开普查数据科学讨论会,来推动全省人口普查数据的分析和研究,取得一批研究成果,汇编成册,发挥普查成果应有的作用。

第三股热是宣讲热。需求比较频繁的是计划生育部门,受众大致是两类:一类是计生系统参加培训或会议的干部,他们熟悉计生政策,但人口学素养相对欠缺,需要增加一点理论知识;另一类是计生工作的基层干部,这类人员有基层计生工作经验,但对人口形势和控制人口增长的必要性缺乏完整的了解,需要接受一点入门性的人口知识。除了计生部门之外,人口宣讲热还波及社会其他人员,例如市县机关干部、高校师生、党校学员、中学教师,以及与计生工作有关的部队机关干部等。面向这些人群,在 20 世纪 80 年代的中前期,省内多数地市及部分县市的机关单位或院校邀我做过人口理论讲座。在我的记忆里,这类讲座大大小小不下 20 场。

在这几股热的后面,接踵而来的还有研究热。不过,这种热不完全是因为省人口学会会长身份而附上身来的,而是因为我的工作单位在杭州大学。在省里,这样一所文理综合的学府,承担一些人口研究任务实在是责无旁贷。这一点留到后面再说。

担任学会会长之后,还有一些意想不到的"热",比如外事接待。在改革开放初期,中国与西方国家学术界的交流不多,即使有点交流也大都落在北京的有关单位。不过,浙江是沿海地区,杭州是开放城市,到北京的外国客人往往有访问浙江、杭州的安排,所以,我上任会长伊始,就摊上了学术性接待任务。那是中国社会科学院与美国斯坦福大学的交流项目,来访者阿瑟·沃尔夫夫妇是人类学者,来中国的目的是选几个点调查 50 岁以上妇女的生育史,其中一个点选在绍兴县上旺村(时称上旺生产大队)。中国社会科学院行文请浙江省社科所协助安排和陪同,但省社科所没有对口学科,灵机一动通过省学会办公室把协助安排和陪同的任务分派给了省人口学会。结果,学会不仅要派人陪同,我也免不了赔上时间去上旺考察,协同绍兴地区外办做些安排。还有一次,一位叫福诺斯的美国人口学会会长偕夫人来杭州访问,外事部门安排由副省长沈祖伦出面会见并设便宴款待,计生委临时派车接我到杭州饭店陪同会见并参加晚宴。外国普通民间学术团体一位负责人来杭,居然由副省长出面接待,究竟是什么性质的访问,我至今都不明白。

"人口热"在我身上的种种表现,大抵都是担任省人口学会会长所产生的连锁反应,也许还夹杂一点马太效应。这种反应(或效应)与我在杭大原有的实职几乎没有关系,但却成了改变我学术生涯轨迹的潜在因素。不过直到此时,我并没有清楚地意识到这一点。

66. 搭起人口研究小平台

随着人口问题讨论的开放和计划生育工作的推进,省计生办意识到计生工作需要有人口研究来提供理论支撑,因而萌生了推动省内大学举办人口研究机构的想法。为此,时任省卫生厅副厅长、省计生办主任的徐爱光,偕副主任张乃恭(张兼任省人口学会副会长、秘书长)于 1981 年 7 月 4 日走访了杭州大学,提请杭大成立人口研究机构,以满足人口和计生工作形势发展的需要。杭大党委副书记张拯璜会见了他们,会见时我和徐天琪在座(徐是杭大马列主义教研室教师,省人口学会副秘书长)。对省计生办的想法,张拯璜原则上表示支持。但学校如果新设一个研究所(相当于系一级的机构),牵涉到人员、经费、房舍、设备等诸多条件,必须要有充分的理由,提出详细的计划,上报教育行政领导部门核准方可行事。如果设立一个研究室(相当于系以下的教研室),不给编制,在校内物色几位兼职(业余)研究人员,可以免去繁复的审批手续,但缺点是机构松散,没有经费保证,不易正常运行。如何定夺,一时不好表态,只能告诉对方,待校党委研究后再做回应。

此时,临近暑假,学校正忙于学期结束工作和部署下学期开学前的先期准备工作,这件事一时排不上议事日程,学校主要领导委托党委副书记高竞生先考虑一个初步方案,放到 9 月初校办公会议上去讨论。高把这个任务交给了科研处长林琼,林随即草拟了一份关于建立人口研究室的初步方案。

8 月 11 日,高竞生副书记就方案草拟稿征求我的意见,我讲了个人的看法。我觉得,按照当时情况,我校确实还不具备建立相当于系一级的人口研究机构的条件,筹组一个以兼职为主、附设于某系级单位的研究室过一下渡是可行的。但是,方案草拟稿把研究室的研究任务和经费来源寄托于省计生办身上,是把人口研究领域与服务范围看得过于狭窄了。在草创时期,由省计生办提供一点启动资金,根据本省人口决策和计生工作的需要,开展针对性的人口研究和培训活动,是合理的。但这只能是过渡性安排,从长远考虑,根据杭大的性质和地位,应该远近结合,本省需要与全国需要结合,学术研究与决策咨询结合,逐步建设成一所有精干研究力量、有自主发展能力的人口研究机构。

不过,事后我觉得我的看法可能是过于理想了。也许林琼处长方案的出发点有一定道理,因为凭她的行政工作经验,如果明确杭大受省计生办委托举办人口室,那么,经费之类的问题就容易解决。当然,这也只是一种判断,还要看省计生办的具体合作意向。

9 月上旬,学校办公会议如期举行,讨论通过了建立杭州大学人口研究室的决定。决定中没有考虑增加编制,研究人员从校内有关专业物色,从事兼职(业余)研究,研究室正副主任也是兼职,由董如宾(杭大马列主义教研室副主任)和王嗣均(地理系系务委员、经济地理—城市规划教研室主任)担任。机构附属于马列主义教研室。

董如宾和我都有自己的本职工作,对人口室只能是兼管一下,投放不了多少时间和精力。但既然学校任命了,就得先搭建一个小小的工作平台。我们通过总务处安排了一间办公用房,通过人事处从学校印刷厂调剂了一名办公室管理人员,再从有关专业物色了四五位有兴趣兼职(业余)研究人口问题的教师,组成了一个松散的研究班子。

办完这几件事后,开始考虑人口室的运作问题。11 月 17 日,董如宾和我一起去省卫生厅(那时省计生办与卫生厅合署办公)找徐爱光商谈人口室运作事宜,重点是落实研究项目和经费。由于 7 月间徐爱光与张拯璜会见时,只是提请杭大创办人口研究室,表示省计生办可以提供人民币一万元的启动资金,没有提出过对这个研究室的具体要求和具体承诺,随后双方在工作层面上也没有做过进一步商谈和安排,因此,此时找他们谈人口室运作的合作事宜,他们内部也没有明确的意向,只好看一看,再作道理。

至此,杭大人口室虽然成立了起来,暂时还是徒有其名,要有所作为,必须找米下锅——联系研究项目,解决研究经费。

67. 主持《中国人口·浙江分册》编撰

就在杭大人口室在如何运作的问题上踌躇不前的时候,第一个全国性人口研究合作项目不期而至。

此时,国家教育委员会(原教育部、高等教育部合并组建,简称国家教委)正在酝酿一个大型人口研究项目——编写全国区域性人口丛书《中国人口》,作为国家教委第六个五年计划时期社会科学研究规划重点项目之一(后又列入国家社科基金"六五"重点规划项目),准备委托北京经济学院孙敬之教授担任主编来组织编写。1982 年春开始考虑编写计划,全书拟出版 32 个分册,其中全国总论一册,31 个省市、自治区、直辖市各一册(包括台湾省)。这是一项大型文化工程,需要筹组一个总编委会和各省区市的分编委会,在统一全书编写大纲的基础上,分头编写,在编写过程中及时组织交流,最后统一审定。

这个项目得到国务院计划生育领导小组办公室和国务院第三次人口普查领导小组办公室的支持,决定由国家教委会同计生办和人普办联合向各省、自治区、直辖市下属部门发文,推动省区分册编委会的筹建和编写工作的开展。

仿照《中国人口》丛书项目全国筹建的领导架构和编写组织架构,《中国人口·浙江分册》由省高等教育局牵头,在省计生办和省人普办共同支持下开始筹备。我因为是省人口学会会长,又是杭大人口研究室负责人之一,近两年与计生办、人普办都有工作上的联系,与丛书主编孙敬之教授也熟悉("文革"前,孙是中国人民大学经济地理教研室主任,我在杭大经济地理教研室任职,论年龄论资历他是前辈,但因专业上是同行,在某些学术会议场合有过接触,故彼此相识),很自然地就被推上了浙江分册筹备工作的前台,担起了筹组浙江分册编委会、组织编写班子、制定编写计划、在总编委统一制定指导性编写大纲前提下,结合浙江人口情况,进一步充实分册编写提纲的责任。

对从事学术研究的人来说,张罗这些事情不算太费力,而一些涉及多个领导机关的行政性事务,像我这样的学人办起来就觉得不顺手。比如经费问题,说起来简单,政府部门立项的课题公家拨点款就是。实际上,办起来没有预想的那么简单利索,最后落实的结果也并不怎么理想。除了省高教局作为项目主管部门做了相应的资助之外,省计生办和省人普办两个项目支持部门只是做了象征性的资助,最后到位的经费满足不了项目工作的基本需要(缺口靠后来杭大人口研究中心其他课题经费结余填补)。

项目筹备工作从 1982 年 3 月开始,到 11 月下旬省高教局发出《关于建立〈中国人口丛书·浙江人口分册〉编写委员会的通知》(浙高教教字〔82〕231 号文件)为止,历时 9 个月。

分册编委会以我为主编、浙医大人口室的王瑞梓为副主编,编委会由 15 人组成,成员来自杭州大学、浙江医科大学、省计生办(委)、省统计局和杭州师范学院 5 家单位。我作为分册主编,也是总编委的一员。是年冬,浙江分册编委会实质性的编务工作启动,到 1986 年夏完成初稿,经过几轮审议修改后,于是年秋定稿,交付总编委,历时 4 年。

整部丛书从 1982 年春启动,各省区分册在 1985 至 1987 年陆续交付总编委,中国财政经济出版社于 1987 至 1991 年陆续出版发行,历时近 10 年。全书共 32 册,约 1200 万字,为国内区域人口科学领域填补了空白。

后来,在丛书的原计划之外,还附加了两项成果:一是在原著出版的基础上,各分册按原著一半的篇幅节编出版了英文本。英文本由总编委聘请专家翻译,在联合国人口基金资助下,仍由财经出版社于 1990 至 1995 年陆续出版。二是在中文版全部出版时,全国第四次人口普查已经结束,人们期待对"四普"资料进行解读。总编委要求各省区分册编委增写一篇 80 年代人口变动分析的详细报告,浙江由我执笔,成稿后交总编委汇编,追加出版,作为《中国人口》丛书的续编。续编题为《80 年代中国人口变动分析》,总篇幅约 200 万字。

第十四部 为人口事业奔忙的十年

68. 拥抱振兴大学人口学的历史机遇

1979 年,在改革开放的号角声中,中国政府开始同联合国人口基金(UNFPA)进行全面合作,①设立了涉及计划生育、教育、卫生、人口普查、社科院等多个部门与之合作的若干项目。所有合作事项统一由国家对外贸易和经济合作部(简称外经贸部)归口管理,各部门的合作项目归口各部门的外事机构管理。在实际管理过程中,各部门外事机构负责处理外事,具体业务由直接相关业务机构负责管理。例如,属于国家教委外事局主管的合作项目中,有一个叫做"高等学校人口学培训与研究"的项目,涉外事务归口外事局国际合作处,具体业务则归口高教一司文科科研处。

所谓与联合国人口基金项目的合作,实际上是联合国人口基金对发展中国家的一种援助形式。中国是个发展中国家,但"文革"前从未接受过这类援助。改革开放后,国家以逐步融入国际社会的开放心态,开始接受并欢迎这类援助。联合国人口基金的援助形式,不是给受援国政府直接拨款,而是在该基金组织的职能范围内,设定一些项目,编造一套预算,通过对受援国进行人才培训、技术合作、设备提供、研究资助等形式,促进受援国人口活动的现代化。

"高等学校人口学培训与研究"项目,从 1980 年开始实施,以 5 年为一个周期(共执行了三个周期)。第一、二周期以人口学人才培训和人口学教学基地建设为主,兼顾人口研究;第三周期重心转到人口研究,适当兼顾人才培训。每个合作周期都取得了预期的成果,有力地推动了我国高校人口学人才的培养、人口学研究的开展和人口学教学基地的建设。

1979 年开始筹划第一周期合作的时候,我国高校的人口学队伍尚处于萌芽阶段,全国高校究竟萌生了多少人口研究机构,国家教委并不清楚。高教一司只能根据初步了解,以北京为中心,顾及全国 6 大区域,确定中国人民大学、北京大学、北京经济学院、河北大学、吉林大学、复旦大学、安徽大学、中山大学、四川大学和兰州大学设立的 10 家初建人口研究机构,作为第一周期(1980—1984)项目合作单位,项目编号为 CPR/80/P01,简称 P01 项目,开始了我国教育部门接受联合国人口基金援助,重点推进人口学人才培训和人口学教学基地建设的大规模活动。

---

① 联合国人口基金是 1966 年联合国大会通过决议后设立的。1969 年开始运作,定名为联合国人口活动基金(United Nations Fund for Population Activity,缩写为 UNFPA)。1987 年更名为联合国人口基金(United Nations Population Fund,缩写仍保留原写法,即 UNFPA)。机构直属联合国大会,总部设在纽约。1980 年在北京设立代表处,开始向中国提供援助,中国也向该基金进行捐款。联合国人口基金的主要职责是帮助发展中国家解决人口问题,是人口援助方面最大的国际组织。

　　杭州大学人口室进入国家教委高教一司的视野,是在 3 年后的 1982 年。是年 9 月 8 日,高教一司文科科研处处长章学新来杭大考察中国人口丛书浙江分册编写的筹备情况,他从我校科研处了解到杭大不但牵头承担了编写《中国人口·浙江分册》的任务,而且已经建立了人口研究室。当晚,他约人口室的两位负责人董如宾和我在他下榻的杭大专家楼详谈,谈话内容除了继续了解人口丛书编写筹备工作情况和存在的问题之外,还饶有兴趣地询问了人口室的一些情况。交谈中没有直接传递 P01 项目合作的信息,但他对杭大人口室的兴趣,给了我们一种预感,那就是杭大有参与项目下一周期合作的可能性。

　　几个月后,一次座谈会证实了这种预感。那是 1983 年 1 月 10 日至 14 日,中国人口学会第一届第二次理事会在北京举行(会议地点在东城区海运仓总参第一招待所),我出席了会议。在会议间隙,穿插了 3 次座谈会,组织座谈会的东道主分别是中国人口情报资料中心、中国人口丛书编委会和国家教委高教一司。高教一司的座谈会由章学新主持,他约了南开大学、南京大学、华东师范大学、武汉大学、厦门大学、西安交通大学、杭州大学、郑州大学等 8 家人口研究机构的人员座谈,这 8 家单位有一定的研究力量,但都不是"高等学校人口学培训与研究"项目第一周期的参与单位。组织这次座谈会的目的是让这些单位了解这个项目第一周期合作的情况,并就国家教委准备在后续周期增加合作单位、扩大成果共享范围的意图吹一吹风。高教一司倾向于第二周期的合作单位从第一周期的 10 家增加到 20 家左右,应约参加座谈会的单位大致就是"扩军"的遴选对象,只要条件符合,学校领导支持,各校可以向国家教委高教一司提交参加此项目合作的意向和背景材料。

　　从章学新的介绍来看,参与联合国人口基金援助项目的合作,对国家人口事业、对学术界振兴人口科学研究都是有利的。我国人口科学的基础本来就很薄弱,20 世纪 50 年代后期开始又"封禁"了 20 多年,通过这个项目的合作,不但能促进我国人口学人才的培养和人口学研究水平的提高,而且在人口活动上,也为立足国内,放眼世界,增进国内合作和国际交流,提供了难得的平台。我想,杭州大学应该热忱拥抱这样的历史机遇,因此,在座谈会上我以杭大人口室负责人的身份代表杭大对加盟这项国际合作表示了积极的态度。

　　回校后,把北京之行的情况先与董如宾通了气,然后与董一起,专门就高教一司座谈会的情况向陈立校长、高竟生副校长及校科研处林琼、夏越炯两位处长做了汇报和陈述。学校领导对这件事态度明朗,鼓励积极争取,抓紧准备背景材料,及时上报。

　　在学校领导的支持下,人口室着手准备背景材料。我们召集人口室全体兼职人员开了会,通报了我北京之行的情况和学校领导的意见,大家对国内人口学发展形势感到兴奋,推董如宾和我尽快起草背景材料。我们紧打紧做起草就绪,送交校领导审阅后,按照国家教委的要求,以中、英文两种文本各 20 份报高教一司(发文日期是 1983 年 2 月 9 日,农历壬戌年腊月廿七,距春节还有三天)。

　　由于长期以来国内高校很少有接触国际合作的机会,各单位在起草文本的时候,并不了解联合国人口基金组织对受援单位的要求。高教一司文科科研处在这方面的经验也有限,只是在收到上报的背景材料后,觉得不怎么对路,希望把这些候选单位负责人集中起来,讨论一下,统一认识,把背景材料修改好。这一要求,在 3 月上旬借中国人口丛书编委扩大会议召开的机会得到了落实。

　　中国人口丛书编委扩大会议 3 月 7 日至 10 日在北京召开,我出席了会议。参加会议的京外单位编委,大都是高校人口研究机构的负责人,国家教委拟扩大"高等学校人口学培训与研究"项目第二周期合作的候选单位,都有人员到会。章学新作为国家教委高教一司对人口丛书项目的行政主管,兼副主编,当然也在会上。他抓住机会,利用丛书编委扩大会议期间每个夜晚及会后一天时间,把拟加入这个项目第二周期合作的候选单位负责人集中起来,突击完成修改背景材料文本的任务。

经过这一轮工作,进入这个项目第二周期扩大合作的单位基本确定。1月间在北京参加过座谈会的8家单位有7家入了围,只有郑州大学换成了辽宁大学。另外,高教一司也接纳了浙江和哈尔滨两家医科大学提出加入项目合作的申请。同时,为顾及少数民族地区高校的需要,又增加了云南大学和新疆大学。这样,有12家新增单位进入第二周期合作的阵营(加上第一周期的10家,合作单位增加到22家)。

在完成项目合作单位"扩军"的组织工作后,高教一司安排了与项目有某种联系的外国专家来杭大访问。6月17日,章学新陪同美国人口理事会副主席德米尼(Demeny)和该会驻曼谷代表巴隆(Baron)来访,重点是与人口室人员座谈,了解人口学人才需求情况。访问期间,陈立校长亲自会见客人,并设宴款待。与此同时,外事局国际合作处也开始行动起来,着手做接受第二周期援助的准备。8月底,教育部(即原国家教委)下达了〔83〕教外际1033号文件,要求各单位提交接受第二周期援款的文本。紧接着又通知各单位带着文本于9月5日至8日到北京中国人民大学开会,为外事局与联合国人口基金高级项目官员就具体援助事项进行谈判做准备。

联合国人口基金援助项目的财务活动同各受援单位没有直接联系,但是为了提交接受援助的文本,各单位必须认真对待。从文本的会前草拟到参加会议,再到会后修改定稿,形成中英文两种文本提交,足足花了半个月时间。我们的任务是提交选派出国培训人员以及用于国内人才培训和人口调查研究的办公设备需求清单,如微型电子计算机、影像设备、复印胶印设备、微缩阅读设备、外业调查车辆以及国外人口学书刊等。经过各单位负责人与外事局、高教一司官员的共同讨论审议,修改确定各单位拟接受哪些援助的项目文本,作为教育部官员与联合国人口基金项目官员谈判的基础材料。走完这一步,申请加入"高等学校人口学培训与研究"项目合作的国内程序就算基本完成了。

1984年3月初,高教一司通知新增单位派人列席在厦门召开的第一周期(CPR/80/P01项目)最后一次年度项目会议,以便在第二周期项目活动启动前做好思想衔接。3月中旬,根据我国政府与联合国人口基金驻北京代表处的安排,UNFPA科技合作部官员、人口司代司长帕锐－拉米瑞来杭州,对杭州大学人口研究室和浙江省人口普查办公室进行考察。在杭大的考察中,谢庭藩副校长会见了他,董如宾和我在座(董是校党委副书记和人口室主任双重身份)。我就人口室和人口活动的基本情况做了汇报,回答了客人的提问,陪同参观了图书馆、计算中心和电化教学室。通过考察,帕锐－拉米瑞对杭大消化UNFPA援款的能力没有异议。

至此,杭大人口室参与项目活动的资质和需求,得到了教育部、外经贸部和UNFPA有关机构的确认。

69. 国际合作催生人口研究实体

经过一年的酝酿,到1984年初春,杭大加盟中国/联合国人口基金"高等学校人口学培训与研究"项目一事已成定局,将从次年起参与第二周期(1985—1989)的合作。这场即将开始的合作,促成了杭大"实体性"人口研究机构的建立。

所谓"实体性"人口研究机构,是相对于1981年9月成立的人口研究室而言的。当时的人口研究室是个小小的空架子,一无专职研究人员,二无事业经费,只是凭着几位兼职人员的学术热忱和社会责任感,对人口做点理论研究,编写一点读物,配合计划生育部门和人口普查部门做些调研和宣传。这些活动,只能说是利用业余时间为推进人口事业做了一点添砖加瓦的事情,如果说这对人口学的振兴、对本省人口工作的开展多少起了一点作用,那对人口室的几个兼职人员来说,就算是可以聊以自慰的了。

加盟"高等学校人口学培训与研究"项目之后,情况就不同了,那是要在人口学人才培训和人口研究上拿出实绩来的。在一个合作周期内,合作单位每年不但要向教育部外事局和高教一司提交项目进展的季度和年度报告,还要一年一度举行有外事局和高教一司官员、联合国人口基金高级项目官员以及全体合作单位负责人参加的年度项目会议,检查项目进度与实绩,协调合作中存在的问题,补上工作中的短板。要应对这样的硬约束,人口研究机构不能只是空架子,而是要建成能适应各项任务需要的实体。

建设实体性人口研究机构,是要配备一定数量的专职研究人员的,而配备专职研究人员要有人事编制指标,还要有最低限度的事业经费保障。在一般情况下,没有外力推动,特别是没有国家教育行政部门或地方政府的支持,一所大学,不论是部属大学还是省属大学,要自己解决这样的问题,是很难办到的。现在,借助联合国人口基金提供项目援助的"东风",以及外经贸部和教育部的"行政杠杆",来推动我国高等学校人口学人才培训与人口研究现代化,事情就好办多了。联合国人口基金组织不会也没有必要干预受援国大学人口研究机构建设的内部事务,但它以援助项目与受援国政府合作的时候,必然要得到受援国政府对实现项目目标做出实质性支持的承诺。这种支持,除了政府对项目的实施负责组织领导之外,当然也包括给合作单位创造必要的工作条件。其中最关键的应该是两个方面:第一,给项目合作单位提供人事编制指标,确保项目工作有必要的专业人员来执行;第二,给项目合作单位提供国内配套经费,确保项目活动的正常开展。

事实证明,教育部和外经贸部确实在这两方面起了杠杆作用,为顺利落实人事编制和按时拨给利用外资的国内配套经费提供了保证。这对项目单位来说,不啻一把尚方宝剑。

先说落实编制。当教育部确定杭大加盟之后,我向薛艳庄校长和谢庭藩副校长、董如宾副书记(仍兼人口研究室主任)汇报了情况,提出了在正式参与第二周期合作之前解决我校人口研究机构建制和编制问题的建议。薛校长授意先以人口室名义给学校打个报告,再由学校给省里打报告。据此,我以人口室名义给学校写了报告,还代拟了一份向教育厅申请编制的报告,呈交给分管这方面工作的谢副校长。当时,对于人口所需要多少编制,我和董如宾都心中无数,只能参考第一周期项目单位的经验,提出一个概数。原以为在编制人数问题上可能会有些周折,没有想到事情比预想的要顺利。6月6日,接到了教育厅的批复,给杭大人口研究机构30人的编制,其中专业人员25人,行政、辅助人员5人,一次定编,分段进人。这样,申请编制的问题就迎刃而解了。这个编制定得足够宽裕,在接下来的两个周期运作的实践表明,只要专业人员和行政、研辅人员工作得力,即使在所务和项目事务最繁忙的时候,有15~20个编内人员在岗,就足以使机构正常运转了。所以,在项目连续两个周期的运作中,人员从未满编。后来接触了一些国内外人口研究机构,专职人员都不是很多。这也不难理解,人口学的属性和它的服务对象决定了一个大学人口研究所不需要拥有庞大的专业队伍。

再说项目活动的国内配套经费拨款。这件事归外经贸部门管理,学校和人口所对受援额度和配套额度及其比例关系并不清楚。我作为这个合作项目从申请加盟到被确认的全过程亲历者,也只是大概地了解,政府会根据国家财力对联合国人口基金的援助项目投入一定比例的国内配套经费。每个项目单位无从辨别自己能分享到联合国人口基金援款的多少份额,因为援助主要是以派送青年教师出国培养,以及给项目单位提供人口学培训和研究所需的现代化办公设备的形式统一兑现的。但我大体知道,先后拨到杭大账户的这项外资利用的国内配套经费大概是人民币 30 万元左右(记忆可能有出入)。这个数字,放到 30 年后的今天来看,不会令人惊讶,但在 20 世纪 80 年代中后期,这已经是一笔足以让文科各系、各研究所刮目相看的政府拨款了(不过,有一点要弄清楚,那是利用外资项目的国内配套资金,而不是经常性事业经费。系、所一级没有经常性事业经费的预算)。

这样,杭州大学建立实体性人口研究机构的条件基本成熟,它得益于加盟"高等学校人口学培训与研究"项目,其背后的扶持力量,是我国政府与联合国人口基金的合作。

70. 惜别,履新

杭大建立人口研究实体的条件基本成熟以后,1984 年初春,校长办公会议决定成立相当于系一级的人口研究机构,定名为杭州大学人口研究中心。

学校做出决定之后,要找个主持人,目标瞄准了我。3 月 15 日晚,董如宾副书记受薛艳庄校长之托,就学校的这项决定和意向找我谈话。在此之前,我因健康状况不好,苦苦推辞了学校要我担任地理系主任的任命,现在要我出任新职,压上新担子,按常理推论,我还会婉拒学校任命。这一点,董如宾是了解的。但另一方面,他也相信,在这个问题上他比学校其他领导人找我谈话更具有说服力,因为他和我仍兼任着杭大人口研究室的正副主任,他清楚,学校新建人口研究中心,离开我是不现实的。因此,这次谈话他用了先发制人的策略,口气恳切而态度坚决。他说:"去年以来你几次推辞学校请你担任地理系主任一职,校长最后批准了你的请求。现在,学校决定成立人口研究中心,要有人去主持,这个人选非你莫属,你不能再推辞了。你倒想想看,你不去还能派谁去?"哎呀,学校实在是抬举我了!不过,董说的也是实情,让我难以断然拒绝,谁叫我在人口活动上越卷越深呢?但年过半百,身体又弱,心里很矛盾,只好表示容我想一想再说吧!

大概是因为我没有明确谢绝,领导就权当我默认了。6 月 27 日上午,地理系收到了学校关于我工作调动的通知,当时我正在主持城规专业毕业班学生的毕业设计/毕业论文答辩,新上任的系主任王德翰派人把通知送到了我手里。我看了后感到很突然,一纸通知,把我从城规专业、从地理系连根拔了出来,准备移植到即将成立的人口研究中心这个"坑"里去。

说实在话,学校筹建人口研究中心,如果说要我协助一下,我有心理准备,因为这几年我的确为浙江人口活动做了一点业余贡献。但因此而要离开地理系,离开城规专业,我连想都没有想过。一旦要连根拔走,心中真有点不舍,而且也有点不甘。

说不舍,是因为在地理系土生土长 30 多年,尽管坎坷、波折不少,一旦离开,难免情有依恋。说不甘,是因为我愿意做点学问,而做学问贵在专一。现代地理学是地球科学中空间最广泛、系统最庞杂、综合性最强的一门学科,是近乎自然哲学的系统科学,一个人穷其毕生精力去探求,也难穷其表里。我经历半生,未有成就,1976 年却因工作需要,跨界接手了城市规划培训,地理学的本行也就半途而废。现在,在城市规划这一行游走了 8 年,好不容易积累了一点心得,而且,说得世俗化一点,城市规划是当今国家建设中的热门,事业有奔头,学生有出路,工作忙一点,日子倒是好过的。可是因为要成立人口研究中心而又令我改弦易辙,另起炉灶,这种安排多少有点"冷酷",心有不甘是很自然的。

　　我怎么也不会想到,1961 年因为接过教研室无人胆敢开讲的人口与居民点地理学课程,随后做了一项关于农业劳动力资源利用的调查,发表了一篇调研报告;1978 年因为阴差阳错出席了全国第一次人口理论讨论会,随后不由分说,披上了省人口学会会长的"黄袍";1983 年为了使杭大在国内人口活动中占一席之地,抓住中国政府与联合国人口基金落在高校的一个合作项目的机遇,催生了杭大人口研究中心,这些不期而遇的人生经历,竟然成了颠覆我职业生涯后期对原有专业坚守的动因。结果,并非为了寻求我个人的出路,而是抱着给学校尽一份历史责任的意念,自告奋勇地拥抱了在联合国人口基金促进下加快实现人口活动现代化的历史机遇,这一行动竟然把自己牢牢地栓在了人口研究中心的柱子上。这大概也算是作茧自缚吧!

　　不舍归不舍,不甘归不甘,既然学校给我下了调令,总得服从需要吧!不过,纵然到了这个时候,我还是心存幻想,似乎把人口中心筹建起来后,过渡一下,学校还是会把我调回城规专业的。就这样,既服从需要,又带着几分幻想,在做完城规专业的学期结束工作后,向地理系做个交代,拿着调令向学校报到。

　　报到后的第一件事,是与董如宾商量及早为人事配备做准备。趁应届毕业生分配方案尚未确定之际,向学校上报相关专业优秀本科毕业生留校名额;同时,请人事部门对人口室几名可以转为专职的校内兼职人员办理人事调动手续。

　　进入暑期后,草拟了两份计划:一是杭大人口研究中心(当时还是人口室)三年工作计划纲要;二是根据省教育厅、省财政厅联合下发的文件,利用外资项目首批配套资金已经进入杭大账户,按照配套资金的使用要求,草拟了资金的使用计划。两份计划准备在新学期开始时让全室人员讨论。

　　9 月 1 日,1984 学年度第一学期开学。次日,与已经报到的原人口室几位工作人员一起,按照学校分配给人口研究中心使用的新建金融楼(即东一教学楼)三楼的房舍,安排办公室、资料室、研究室和计算机室等用房。

　　9 月 17 日,学校正式公布成立杭州大学人口研究中心[①],任命董如宾为主任,王嗣均为副主任[②]。从这一天起,55 岁的我开始了职业生涯最后阶段的十年跋涉。

71. 人口所十年经略

　　从 1984 年 9 月入主人口研究中心,到 1993 年 9 月卸任人口研究所所长职务,首尾任职十年;如果算到 1994 年末在人口与发展研究所退休,则是十年有余(为简便起见,下文把本单位三个阶段的不同名称统称为人口所)。

　　要问我对人口所十年操持有何劳绩,说起来里里外外事情不少,许多都是日常事务,不必细数。概而言之,是做了内部建设和外部合作两方面的事情。内部建设就是致力于建设一个有实力、能出人才出成果的人口研究机构;外部合作主要是做好与联合国人口基金资助

---

　　① 用"中心"二字,意在发挥杭大的影响力,为浙江以至全国人口学界提供一个开放式的人口研究和学术交流平台。但限于体制和财源,此名称的名实不太相符。1990 年 2 月,经有关部门同意,更名为杭州大学人口研究所;1994 年 9 月,根据实际工作的特点,再次更名为杭州大学人口与发展研究所。

　　② 1983 年秋,董如宾任校党委副书记,次年,人口研究中心成立,他兼主任,日常工作由副主任王嗣均主持。1988 年 4 月董改任副校长,兼职不变。1990 年 2 月,学校同意董辞去人口研究中心主任兼职,任命王嗣均为人口研究所所长,骆克任为副所长。

的"高等学校人口学培训与研究"项目第二周期（CPR/85/P47）和第三周期（CPR/90/P04）
计划的衔接，落实好每个周期承担的任务。其中第二周期主要是按计划安排好选送人员出
国进修；第三周期则是把主要精力放在"走向二十一世纪的中国人口、环境与发展"总命题下
的十大课题协作研究。

十年时间所做的内外两方面事情，展开来说，是念了"八字经"，即：建所，育人，研究，
服务。

建　所

建所，即建立杭州大学人口研究中心（研究所）。在草创时期，这是要办的第一桩实事，
任务比较繁重，主要是做好人力、物力、财力的配备，同时建立和健全内部管理制度、确保机
构的正常运转。

总的来说，建所初期，在争取解决物力和财力的问题上消耗精力不算太多。原因是办公
用房和办公用具由学校供给；计算机、调查车辆、复印机等现代化办公设备，按照中国政府与
联合国人口基金合作项目协议的安排，由联合国人口基金（UNFPA）以实物形式直接提供
给国内的合作单位；配套建设所需资金，根据利用外资项目国内配套建设资金投入的要求，
由外经贸部通过政府财政渠道解决。有了这些安排，当然要比没有这些安排轻松许多。

建所工作中比较费神的事情，一是人员配备，二是机构内部管理。

人员配备，包括研究和管理两方面人员的物色和调动，其中最关键、也最费事的是吸收
学养较高的研究人员。我们的目标是要建成一所有实力的人口研究机构，尽快把人口研究
水平抓上去。要源源不断地出成果，出人才，有效地为国家和地方的人口决策和人口工作服
务，没有几个有学术素养的人来充当教学和研究团队的骨干是不行的。可是现实呢？我国
是人口大国，而人口学人才一向十分稀缺。在共和国成立以前，国内称得上人口学家的大概
只有陈达，就是从经济学、社会学、地理学等学科涉足人口问题研究的学者，也是寥寥无几。
新中国成立以后，真正能对人口决策起作用的也就是马寅初和他的《新人口论》，不幸的是马
遭到"左"的政治路线的围剿，连国内人口研究也销声匿迹，当然不会有人口学人才冒头了。
1978年十一届三中全会后，全国迎来了科学的春天，在国家迫切需要解决人口问题的形势
下，人口研究出现了补偿性的复苏，人口学人才开始通过三种途径成长起来：一是从70年代
末开始，一些中年社会科学工作者改向投入人口研究；二是从80年代前期开始，中国人民大
学开办了人口学本科专业，随后，包括杭大在内的一些大学也着手招收人口学研究生；三是
从1980年开始，通过联合国人口基金资助的"高等学校人口学培训与研究"项目的安排，选
送了部分青年教师出国专修人口学科。不过，在杭大建立人口所之初，全国从第二、三两种
途径培养的人才大都还没有出炉，远水救不了近火。我们办所依靠的中坚力量还是来自第
一种途径——"半路出家"的中年教师，另外就是吸收几名相关专业的青年教师和应届毕业
生，通过内部培养或出国进修，作为必要的人才储备。

吸收"半路出家"的人口研究者，采取了"内转"和"外调"双管齐下的办法。"内转"是物
色校内有关单位对人口研究有志趣的人员转入人口所工作；"外调"是根据1978年以来我在
国内人口学术活动中的了解，对有一定学术水平、愿意来杭大工作的中青年学者进行商调。
起初，由于考虑把杭大人口所打造成浙江人口学人才培训和研究的平台，我们还尝试过聘请
一些校内外兼职研究人员，但这一设想不太现实，稍试即罢。

"内转"的事情比较好办，只要本人愿意，原单位肯放，人口所可用，学校办个校内调动手

续还是比较方便的。通过校内调剂，很快落实了 6 个中年研究人员，除了董如宾以校党委副书记身份兼中心主任、我先期应调入职副主任之外，其余 4 人是徐天琪（马列主义教研室）、韩常先（图书馆）、叶明德（校党委宣传部）和韦今来（生物系）。此外，还从有关专业转入两名年轻教师杨秀石（地理系城规专业）、张晨甦（经济系），从应届本科毕业生中分配进来吴汉良（地理系城规专业）、邢积夫（哲学系）和赵宇（外语系英语专业），作为校内培养或备选出国留学的人员储备。

麻烦的是"外调"。从省外调入一个人，要过几道坎：首先是人事制度的坎。20 世纪 50 年代计划经济体制下形成的人事制度，到 80 年代中期依然在稳固地起作用，全民所有制事业单位员工的进出都属于计划调配。那时，人是"单位人"，个人的自由度极少，单位间、地区间的调动除非是上级领导机关下调令，否则阻力重重。其次是城市人口控制的坎，那是带眷调动往往会遇到的一道坎。中国农村劳动力 80 年代末、90 年代初开始大规模流向珠三角、长三角和京津地区，然后梯度推进波及全国广大城镇。然而各级政府直到 90 年代末才意识到城市化是不可阻挡的历史潮流，在此之前，全国城镇普遍实行人口控制政策，许多大中城市还设置了人口控制办公室（简称人控办），不仅严格控制农村和小城镇人口迁入大中城市落户，也限制同级城市间人员调动随迁家属的落户。其三是单位间利害关系的坎。这道坎不完全是制度性或政策性的，但也与制度有关，在高校人事调动中冷不防就会遇到。当人事调动与职称评审或工资调整撞在一起的时候，调出单位和调入单位人事部门都不希望当事人占用本单位提职、提薪指标，你推来我推去，弄得当事人进退两难，用人单位不得不两头斡旋。

在我任内，曾经有 7 位省外大学的人口研究人员表示愿意来杭大工作，其中 4 位调动成功，依次是骆克任（兰州大学）、刘长茂（郑州大学）、尹文耀（辽宁大学）和原华荣（兰州大学，其调入手续由我的后任叶明德办理）。在 4 人中，只有骆克任的调动只涉及前两道坎，没有撞上提职、提薪的档口，其余 3 人三道坎都得跨过，无论是当事人还是用人单位都必须花时间和精力去一一对付。解决一个人的调动问题，少则几个月，多则一两年，大大增加了人事调动的制度性成本。

这里举两个典型的例子：一个例子是尹文耀调入时随带妻子和一个儿子落户杭州受阻。原因是杭州市是控制人口迁入的重点城市，政策执行非常严格，尹夫妇迁杭要缴城市增容费，且孩子落户有一个条件不完全符合政策规定，结果被卡在人控办。另一个例子是刘长茂调动时遇到了评职指标的扯皮。当时，郑大正在进行职称评定，刘是评定副高职称有竞争力的对象，该校人事部门为了少占用一个指标，要求他的职称评审到杭大解决，这对当事人明显是一种不利的安排，何况杭大那一轮职称评定工作已基本结束，人事部门不会接受这类拖泥带水的要求。这样一来，事情便陷入僵局。刘为了摆脱困境，与我书信、电话频繁往来，一方面希望敦促双方人事部门协调解决，同时提出，如果无法协调，调动一事就此作罢。这两个尴尬的例子，经过折腾，最后总算按原定目标解决，但已经费了不少周折，无谓地耗费了宝贵的时间和精力。这种制度性摩擦，明显不利于人才流动。

在配备管理人员和研究人员基本就绪的基础上，人口所确立了两个层次的管理架构。

一是基础层。设办公室和两个研究室。办公室由行政、资料、计算机、车辆管理人员组成，徐天琪为办公室主任；第一研究室由人口经济学和社会人口学方向的人员组成，刘长茂为室主任；第二研究室由人口统计、人口资源环境、人口迁移与城市化方向的人员组成，骆克任为室主任。

二是领导层。核心是中心主任。为了使机构层次扁平化，提高管理效率，把领导层和基础层结合起来，由王嗣均、徐天琪、刘长茂、骆克任、叶明德（叶是中心学术秘书）五人组成办公学术领导小组，以我为组长，负责中心全局性工作的决策、规划和协调。办公学术领导小组议决的事情，由办公室和两个研究室负责人直接贯彻，一些重大问题则向兼任中心主任的董如宾副书记（1988 年 4 月起改任副校长）报告后定夺。

经验证明，扁平的行政架构运作比较顺畅，但研究室学科组成与科研项目的人员组合不可能完全一致。为了调适二者关系，在行政架构不变的条件下，科研项目以主持人为核心，人员根据特长和需要自由组合，以提高效率，必要时由中心会同研究室加以协调。

育　人

育人，主要是在两类人中培养人才。

第一类，是培养人口所内部的年轻教师。全所的年轻教师是由两条渠道进来的：一是从校内有关单位转入；二是由有关专业本科或硕士研究生毕业分配而来。在我任内，从这两条渠道进来的年轻教师共有 8 人，对他们的培养采用两种方式："内培"和"外送"。"内培"，就是在职培养。鉴于我国人口学薄弱的历史和现实，进人口所的年轻教师都没有受过人口学专业训练，因此，首先要求系统地学习作为人口学基础和核心的人口统计学，同时也要根据人口问题的特点，了解社会和人口学领域的分支学科，然后根据个人特点和工作需要大致确定一个研究方向，结合各自所在研究室和课题任务，在骨干教师的指导下边干边学。不论是本科毕业还是硕士研究生毕业，愿意继续攻读高一级学位的，鼓励报考，在职研读；个别的也可以根据本人情况或本所需要，与中国人民大学人口研究所/人口学系（国内唯一受中国政府与联合国人口基金合作的"高等学校人口学培训与研究"项目重点扶持的人口学培训基地）联系，选择课程，作短期进修，补上个人业务上的欠缺。

"外送"，主要是利用"高等学校人口学培训与研究"项目（P47 周期）的奖学金，派送年轻教师出国进修；也有通过教育部或本校的其他国际交流渠道，获得奖学金名额而派出的。这些由公家的渠道获得国际资助派出留学的，都属于二类公派。自费出国留学不在派送之列。

对每位年轻教师来说，"内培"和"外送"两种培养方式都兼而有之。每个人或长或短都会有一段在职边工作边学习的时间，也都有派送出国留学的机会。出国留学的机会大致是均等的，只不过机会的先后要根据人口所内部工作安排、个人语言准备程度（英语合格的 TOEFL 成绩是 P47 项目选派留学生的刚性要求）以及争取到的奖学金名额到位时间等因素来确定。

在我任内，以 P47 项目名义（二类公派）出国留学的有杨秀石、张晨甦（女）、邢积夫、赵宇（女）4 人。这 4 人中杨秀石业务素养比较全面，早在 1984 年，TOEFL 考试就已经通过，英语水平符合美国名校招收中国留学生的要求，还通过了在中国举行的美国人口理事会人口学奖学金申请者的专业测试，名列第二，被教育部"高等学校人口学培训与研究"项目列入利用美国人口理事会 1985 年奖学金留学人选之一报送该会（共报送两批，第一批 6 人，第二批 4 人，杨属于第一批）。不知道哪个工作环节出了差错，该会奖学金管理机构只收到并受理了第二批 4 人的材料，第一批 6 人反而错失了利用这项奖学金的机会。在这种情况下，教

育部把杨改由"高等学校人口学培训与研究"项目(P47)奖学金计划派出,于1986年秋去了美国布朗大学。接下来派出的3人,都是利用P47项目的奖学金,没有上述这类周折,人口所主要是给他们创造条件补上各自的短板。张晨甦、邢积夫二人没有TOEFL成绩储备,把他们送到北京语言学院培训后,解决了这个问题,二人分别去了美国的犹他大学和澳大利亚国立大学。赵宇是英语专业毕业生,TOEFL成绩不成问题,只是要增强一些人口学专业基础,经过国内短期进修,被派往英国的伊克塞特大学。

第二类,是招收人口学方向的研究生。1985年,即在我入职杭大人口所的第二年,学校安排我招收3名首届人文地理学硕士生(吴清法、杨建军、韩波),这是我调入人口所后为地理系招收的唯一一届研究生。从1987年起,人口所每年招收人口学硕士生(杭大人口所1989年取得人口学硕士学位授予权),招生数随着具备导师资格教师的增加而增加,陆续为政府有关部门、省内外高等院校有关院系以及其他有关单位输送了相应的人才。在我退休之前,人口所招收过6届11名人口学硕士研究生,其中吴汉良(本所在职研究生)、胡刚、毛必晟、周世锋、周皓、王东平6人以我为导师(周皓、王东平有尹文耀参与指导),廖亦宏、黄乾、班茂盛、葛小寒、李芬5人分别由徐天琪、叶明德、尹文耀指导(刘长茂参加了班茂盛的前期指导,退休后由叶明德接替)。各届学生都完成了学业,获得了硕士学位(1998年秋,浙大、杭大、浙农大、浙医大四校合并成立新浙大,2003年,人口学科取得博士学位授予权。此后,浙大人口与发展研究所兼招硕、博两种学位研究生)。

研　究

人口学是一门偏重于应用的社会科学学科,其研究成果主要是为政府和有关部门的决策提供参考。

为政府服务的课题来自中央和省级的政府部门与社会科学规划部门,是为满足国家和地方政府制定人口发展战略或与人口问题有关决策的需要而立项的,通过委托或招投标方式把研究任务落实到人口研究机构。一般来说,这类课题偏于宏观,时空跨度大,综合性强,涉及的专业领域比较宽广,诸多专业知识,如人口统计分析、人口预测、人口与资源环境关系、人口与经济社会发展关系、城市化与人口地域组织等都有用武之地。这样的课题不是几个人或一两个单位所能完成的,往往需要由一家研究机构甚至政府出面牵头,实行跨单位、跨地区甚至全国性的大协作。在我的任内,杭大人口所承担这类课题协作的任务不少,其中落实到杭大、以我为主分担的全国协作课题就有4项:一是《中国人口》丛书的编写(前面已有记述,此处从略)。二是"中国城镇人口迁移与城镇化"的研究。属"七五"国家社科规划重点项目,受联合国人口基金CPR/85/P50项目资助,中国社会科学院人口所牵头。我所承担了作为此项目基础的"中国1986年74城镇人口迁移抽样调查"中浙江省9个城镇的调查,参与了最终成果的编写。三是"中国城镇化发展模式和途径"的研究。属"七五"国家社科规划项目,南开大学人口所牵头,我们承担了温州模式的研究。四是"转变中的中国人口与发展"系列研究。这是个很大的项目,含9项大课题,由联合国人口基金CPR/90/P04项目资助,教育部立项,高教一司牵头。其中"中国现阶段不同区域城镇化比较研究"一项由我负责组织杭大、南开、中大、西安交大、吉大、华东师大、南大、辽大8所大学的人口学者合作完成。其余由其他大学人口学家负责组织合作完成的8项课题,杭大人口所人员也参与了"中国部分贫困县人口问题研究"、"中国女性人口与生育行为研究"、"中国改革开放中出现的最新人口问题研究"和"中国人口、社会经济数据库的构建"等4项课题的研究。

除了以上这些大跨度的全国协作项目之外,本所也承担了国家计生委的一项"八五"重点课题"县及县以下计划生育管理"研究,以及多项本省政府部门决策需要的课题研究,如:省计经委委托的"浙江省人口结构变动对经济社会发展影响及其对策研究";衢州市政府与杭州大学合作的"衢州市经济社会发展战略研究";浙江省"八五"社科规划重点课题"浙江农村城市化过程中的妇女发展状况"研究;浙江省扶贫办公室委托的"磐安县贫困人口问题研究",以及因编制浙江省城镇体系规划需要受省城乡规划设计研究院委托的"浙江城市化趋势预测"等。

承接所有这些课题,既是尽服务国家和地方之责,也是维持人口所生存的需要。杭大人口所的建立,是在教育部接纳我们加入"高等学校人口学培训与研究"项目合作的形势下促成的,建所启动资金在很大程度要依靠利用外资的国内配套资金支持。外资项目有时间限制,项目周期一结束,政府投入配套资金的义务也就结束。人口所要存在下去就得从另外的渠道去争取经费,比如向省里申请重点扶持学科建设资金等,但能否如愿,决定权不在我们手里。一旦"断奶",人口所就难以为继,就得依靠争取课题经费来维持生存。因此,发挥团队力量,多方争取课题,努力开展研究工作,是人口所负责人、也是所内有能力争取课题的研究人员的共同责任。

除了面向政府需要的这一块研究任务之外,另一块是研究人员自选的研究项目。自选项目可以视情况向国家或省级社会科学规划部门申请立项,以取得一定的经费资助;也可以不申请立项,按照各人的学术素养和资料积累,自主地总结学术成果,开展理论研究。高校讲求学术水平,学术水平关系到学校和研究所声誉,也关系到研究人员的个人前途。无论是申请立项的自选课题,还是为著书立说的自由选题,只要有益于国家,有益于社会,有助于学术进步,能够在优秀刊物发表论文,在学术性出版机构出版著作,我们都给予鼓励。在我任内,全所完成的研究报告、发表的论文、出版的著作,总数不下百件。

服 务

人口所除了份内的教学和研究工作之外,还要兼顾社会服务。人口是社会的"大众",但人口学的服务对象不是"大众",只能算是"小众"。所谓社会服务,实际上也还是根据政府有关部门的需要,配合他们做些工作,内容大致还是与培训和研究有关,所不同的无非是这类工作一般不是人口所计划内的任务,而是尽一份社会义务。

人口所与政府部门关系最密切的是计划生育委员会和人口普查办公室。与省计生委的联系是常年性的,一般说来,计生委有调查、宣传、培训、研究、咨询需要,希望人口所协助时,我们只要人力和时间安排得过来,就一定给予配合,尽力满足他们的要求。

与人普办的联系大致是间歇性的,通常与一个普查周期中数据开发阶段的工作密切相关。当每次人口普查登记数据计算机汇总工作结束以后,省人普办都会组织力量集中对普查资料进行一轮开发,把分门别类的分析研究成果汇编成册或公开出版,供全省各级政府部门参考。当这项任务来临时,省人普办通常希望人口所在两件事情上与他们通力合作:一是举办全省人口普查系统人员人普资料分析培训班,邀请人口所人员到班上讲课;二是省人普办集中力量对省级普查资料进行分析、研究和开发,吸收人口所研究人员作为中坚力量共同参与。在这种场合,配合省人普办的工作是责无旁贷的。

还有一些临时穿插进来的服务性任务,有的带有研究性质,工作量也不小。比如联合国教科文组织有个国际性合作项目(主要是针对发展中国家),叫做"促进妇女接受高等科技教育与培训"项目。该组织与中国联合国教科文组织全国委员会合作,计划在我国4个省开展这方面的调查,浙江是其中之一。中国联合国教科文组织全国委员会会同国家教委高教三司,把浙江的调研工作委托给省教委来主办,省教委也不知从何下手,只好借重有关单位的力量主要是杭大人口所的力量来帮助实施。我作为杭大人口所的负责人,自然是首当其冲,除了尽我所能为项目工作出点主意之外,还要组织所内有社会人口学专长的人员投入这项工作。项目工作从1986年9月下旬省教委高教处长姚竺绍通过杭大领导机关同我取得联系后开始酝酿;10月中旬在杭州国际大厦召开项目预备会议,确定调研课题清单,明确分工,进行工作动员;11—12月各有关单位按选定的调研课题进行调查研究;1987年1月上旬在浙江宾馆举行研讨会,交流调研成果;最后,集中两个月时间完成调研成果的汇编和总报告的编写。整个工作耗时5个多月。在这一过程中,杭大人口所前后有6人参与,总报告和成果汇编的文字工作主要由叶明德、韩常先二人完成。我在这个项目中的作用,一是提出系列调研课题的计划方案;二是按照教委的安排,在预备会议上就我对这个项目的理解,做引导性的主题发言,在成果研讨交流会上做业务性小结;三是与叶、韩一起拟定总报告框架,并对总报告进行最后通稿。上述服务只是这个项目的第一轮工作,实际上,一年半以后又有一轮任务,人口所也做了力所能及的配合。

72. 脚踏实地才能站住脚

1988年2月13日,国家教委外事局和高教一司的两位项目官员田小刚、阚延河联合发来电报,通知我赴京开会,讨论"高等学校人口学培训与研究"项目第三周期(1990—1994)人口研究选题计划。会期2月29日至3月2日;地点北京西黄城根北街2号全国人大常委会招待所。

这次会议是紧接着1月12—15日在成都举行的项目负责人年度工作会议之后召开的。根据成都会议的意见,第三周期项目活动要从第一、二周期以人口学人才培训为主,转向以人口研究为主。为了及早选列第三周期的研究课题,论证其必要性和可行性,在此基础上,拟定各课题研究的计划方案,以及各项目单位第三周期的工作计划,为中方与联合国人口基金议定第三周期总的项目计划作准备,教委外事局和高教一司专门安排了这次会议。会前,高教一司委托北京经济学院魏津生草拟了一个方向性的选题意见,交付会议酝酿讨论。会上经过反复讨论和论证,最后选定了9项课题。

会议范围不大,只有12家人口研究所的负责人共16人到会,田小刚和阚延河联合主持了会议。会上,田小刚向大家通报,教委决定P47项目今后除涉外事务外,统一归口于高教一司领导。接着,阚延河发布了教委的另一项决定:"高等学校人口学培训与研究"项目第三周期的活动,重点将放在12所大学的人口研究机构,它们是中国人民大学、北京大学、北京经济学院、南开大学、吉林大学、复旦大学、华东师范大学、杭州大学、中山大学、西安交通大学、兰州大学和四川大学。邀请出席这次会议的就是这12所大学人口所的负责人。

第一条信息是为了让大家联系工作方便。第二条信息则预示着现有的22家合作单位将形成两个方阵,一个方阵是重点的12家,另一个方阵是其余的10家。在原来22家合作单位中,国家教委直属大学人口所13家,省、自治区、直辖市属大学人口所9家。根据这次决定,列入重点的直属大学人口所是10家,地方大学人口所是两家。

作这一"收缩性"的调整,是否意味着联合国人口基金对"高等学校人口学培训与研究"项目第三周期的援助额度将缩减,我国政府对此项目的支持力度也将相应减小呢?阚没有多做解释，但趋势是清楚的。联合国人口基金和我国政府在这个项目已经执行的两个周期中，帮助受援单位解决了机构建设、人才培养、科学研究等方面的部分办公设备和资金需求，在进入第三周期的时候，适当降低扶持力度也可以理解。何况联合国人口基金的援助额度也会受其自身财务状况的影响。比如，某些重要捐款国捐资不到位，就有可能导致对某些项目活动经费资助的削减。另外，随着经济体制改革的深化和对外开放的扩大，中国的发展加速，UNFPA 的援助目标当然也会向另一些发展中国家转移。

但是我想，国家教委对 22 家项目合作单位分出主次，虽然可能有 UNFPA 援助缩减的因素在起作用，但它不会是主要原因。主要原因应该是第三周期项目活动的重心将从前两个周期以人口学人才培训为主转向以人口研究为主的变动，随着工作重心和方向的转换，教委需要审时度势，重新组织力量，来保证下一周期的项目活动的顺利进行。

人口研究，本来就是中国/联合国人口基金"高等学校人口学培训与研究"项目的两大目标之一，第三周期既然把项目重心转向研究，那就要针对中国重大的人口问题，组织力量开展大规模的研究活动，让成果服务于国家建设的需要，也经得起项目领导机关和 UNFPA 的检验。要实现这一目标，当然需要好好组织力量。而组织力量，首当其冲的就是要解决这些重大课题由哪些单位、哪些学者来牵头的问题。因此，瞄准整体实力强、学科有特色的单位，从这些单位中遴选学术水平较高、在学术界有一定影响力的学者，出来分头主持这些研究课题，便成了顺理成章的事情。国家教委外事局和高教一司正是顺着这一思路，凭着前两个周期项目工作中对 22 家人口研究机构的内部建设、整体实力、学科特色以及学术带头人的学术地位及其在项目活动中作用的了解，及时做出了以 12 所大学人口研究机构为重点的决定。从这些单位中选取课题的主持人，有利于力量的组织和课题工作的开展，因此，这项决定实际上是教委为第三周期转入重大人口课题研究铺平道路的一项行政举措。

国家教委所定的第三周期 12 家重点合作单位，属于地方大学的只有北京经济学院和杭州大学两家人口研究机构。杭州大学人口所被列入 12 家之内，无论是对我们研究所，还是对我个人，都是一种鼓励。但更重要的是一种责任，一种担当，要求我们挑起组织课题合作研究的担子。当然，有一点值得欣慰，那就是经过 P47 周期项目活动，杭大人口所和我个人在项目合作中的作用得到了同行和教委项目管理机构的认可。这一点并非偶然，应该说首先是脚踏实地地进行人口所内部建设的结果，教委为了推动各所的建设，还曾在 P47 项目工作会议上指定北京大学和杭州大学两家人口所做过这方面的经验介绍。另外，在项目合作乃至人口学界合作中用工作实绩和信誉来证明自己，也是取得业界信任的重要因素。脚踏实地、真抓实干才能站住脚，这就是从中得到的一点体会。

73. P04 研究大协作

"高等学校人口学培训与研究"项目第二周期（P47,1985—1989）结束后，接下来的第三周期（P04），也就是这个项目最后一个周期，原计划从 1990 年初开始执行，后因 UNFPA 援助资金未及时到位，时间顺延一年，1990 年成了缓冲期，P04 周期从 1991 年初正式开始，到 1995 年末结束。

在 P04 周期，UNFPA 缩减了对机构建设和留学生派遣的援助，增强了对人口研究的支持。人口研究课题在 1988 年 2 月北京选题工作会议上确定 9 项，后来，因全国第四次人口普查（1990 年）数据即将面世，临时增设了"四普"资料分析一项，这样，研究课题增加到了 10 项。下面是 10 项课题目录（括号内为课题主持或联合主持人，由首列者牵头）：

1. 中国第四次全国人口普查资料分析(查瑞传、曾毅、郭志刚)

2. 中国人口控制评估与对策(魏津生、王胜今)

3. 中国人口生活质量研究(冯立天、戴星翼)

4. 中国现阶段不同区域城市化的调查与比较研究(王嗣均、李竞能、朱云成)

5. 改革开放中出现的最新人口问题(邬沧萍、桂世勋、张志良)

6. 中国妇女就业与生育关系研究(朱楚珠、彭希哲)

7. 中国少数民族人口调查研究(张天路、黄荣清)

8. 中国23个贫困县人口问题研究(张纯元)

9. 中国人口发展前景与对策(林富德、翟振武)

10. 中国人口、社会经济数据库(蒋正华、陈松宝)

课题研究工作由各课题主持人或联合主持人负责组织。每个课题成立一个课题组,联合主持人担任正副组长。课题组人数与专业搭配根据课题的性质、特点、内容和研究工作的需要来确定;同时,考虑到项目领导机构倡导广泛协作,扩大项目受益面,各课题要敞开合作之门,尽可能吸纳各项目单位中的有关专业人员参加。因此,除了课题主持人主动物色和约请其他项目单位人员参加研究之外,各项目单位也可以向各课题组推荐合适人员参加或个人自荐参加,只要符合课题需要,都可以被接纳。这样,整个项目就形成了各课题与各项目单位互相交错的研究工作大协作的局面。在这场大协作中,杭州大学人口所除了张罗上列4号课题("城市化课题")之外,也推荐或应约派出人员参加了第5、6、8、10号四个课题的合作研究。

"城市化课题"在决定由我主持之前,中间有个小插曲。这还要从1988年2月北京选题工作会议说起。在那次会上,南开大学李竞能教授、中山大学朱云成教授和我三人一起酝酿、商讨城市化方面的选题,我们意识到中国城市化发展的速度、动力、模式存在着显著的空间差异,提出了"中国现阶段不同区域城市化的调查与比较研究"的课题建议。会议组织者汇总各方面的建议后,经过讨论,选定了9个研究课题,我们建议的课题是其中之一。课题目录中以立题建议者为基础,列出了各个课题的主持人,"城市化课题"开列了我们3人,李列首位。正是这一点,诱发了后来的小插曲。1989年2月14日,P47项目负责人会议在广州召开,当晚,项目主任阚延河召集上年参加北京选题会的十几位项目负责人会商第三周期课题协作计划。当会上宣布课题牵头人时,朱云成对"城市化课题"的牵头人选提出了意见,他认为李竞能的专长不在城市化方面,由他牵头不合适,提议由王嗣均来牵头。当时,李在国外,代他出席会议的南开大学人口所副所长李建民一时不知所措。而我呢,感到事情很突然,左右为难,唯有推却,不好表态。其他与会同行倾向于由我牵头,但不便明言。会议因此而陷入尴尬局面,为了不影响其他议程,阚延河来了个权宜之计,宣布"城市化课题"先由王嗣均教授把今年的工作抓起来,余留的问题会后再商量。这"会后再商量",客观上是无从商量,因为朱、李两位当事人显然谁都不便再来出头,这摊子实际上是交给我去处理了。

我接手"城市化课题"的工作,主要搭档还是朱、李两位教授,我当然要在二人之间起一点粘合剂的作用,团结两位一起带领课题组的所有合作者做好研究工作。好在朱、李两位平素并无过节,朱对李的意见也只是就事论事,没有个人企图。事后尽管李在有些场合有意回避,但二人也都保持绅士风度,不过多计较,这让我省心不少。城市化课题组最后由8家人口研究机构的学者组成,除了杭大、南开和中大3家之外,其余5家是吉林大学、辽宁大学、华东师范大学、南京大学和西安交通大学。大家通力合作,直到取得各方满意的成果。

这种跨校跨省的多边合作,对这类全国性、特别是带有区域性课题的研究,确实有它的有利之处,但同时也在组织工作上增加了不少事务。例如,为了统一认识,从课题实施方案、课题论证,到进度检查、阶段成果汇报交流,再到最终成果的讨论、审议、修改和评定,以至经费分配等等,都需要及时沟通,不少环节还必须通过会议的形式来解决。因此,在主持人与课题组成员之间不但需要有频繁的信件、电报、电话来往(那时固定电话尚未完全普及,更没有移动通信设备),还免不了安排多次会议。一般课题工作会议和成果审议等都由杭大操办,同时,为了尊重李、朱二位的工作,还先后由朱云成主持在中山大学举办了为期一周的城市化理论研讨班,由李竞能主持在南开大学举办了城市化问题专题研讨会。

课题组织工作的事务多,需要安排的会议多,再加上涉及的调研区域多,需要花钱的地方当然也多。但 P04 项目的研究经费是根据核定的 10 个课题计划方案,由 UNFPA 提供资助的,而 UNFPA 的预算并不宽裕,课题主持人根据合作者分担的工作任务,能分发到各单位的经费有限。我们要求课题组成员扎扎实实地做研究工作,但只能精打细算用钱,在这一点上,是难为朋友们了。

经过 5 年的工作,P04 项目 10 项课题研究任务全部按时完成,取得了预期的成果。在10 项成果中,除了第 10 号课题提交的是一份篇幅不大的关于建立人口、社会经济数据库的方法论报告之外,其余 9 项都是长达数十万字的研究报告。这些报告,再加上最后一项定名为《转变中的中国人口与发展总报告》,共 10 项,360 多万字,形成了"转变中的中国人口与发展系列专著"。这套系列专著在 UNFPA 的资助下,于 1996 年 3 月由高等教育出版社出版,成就了中国人口科学领域的又一项重大文化工程。

74. 派出留学人员之惑

人才培养是人口所的一项要务,也是中国/联合国人口基金"高等学校人口学培训与研究"项目的一大内容。为了完成这方面的任务,我尽了自己的努力,前面已经做了概略的盘点,这里要说一说的是对派出留学人员结果的困惑。

前面说过,我们抓人才培养,重点对象是两种人:一是人口所内部年轻教师的使用和培养。一般以岗位培养为主,脱产培养为辅;脱产培养的,兼顾国内进修和派出留学。二是招收研究生。在取得博士学位授予权之前,主要是培养硕士研究生。

从培养人才的全局来看,派出留学只是我们工作的一小部分,算不上是重头戏。不过,从"高等学校人口学培训与研究"项目的角度来说,那可是联合国人口基金(UNFPA)援助的要项,因为 UNFPA 对发展中国家人口学人才培训的支持,主要是通过奖学金资助的方式,安排好被派的青年教师出国留学。所以,我们必须积极配合,用好这项国际资源,在抓紧国内人才培养的同时,做好出国留学人员的选派准备。

应该说,在 P47 项目周期,我们与 UNFPA 在执行项目计划的配合上,是做到"无缝对接"的。在这个周期内,杭大人口所争取到了 4 个奖学金名额,派遣了 4 名年轻教师出国留学,这在 P47 项目单位中称得上是收获颇丰的一家了。

但是,如果认为 UNFPA 援助项目的奖学金名额会想当然地平分给每个合作单位,那就错了。项目单位能够得到几个奖学金名额,前提是 UNFPA 援助项目有多少奖学金预算,在此前提下,还要看国家教委(教育部)对 22 个项目单位的需要与可能的权衡,以及各单位的内部准备和外部争取工作做得是否充分和及时。对一个单位来说,要能够充分利用这项国际资源,不但要有选派对象,还要使选派对象具备合格的派出条件,及早补齐英语

TOEFL 与人口学基础的短板，等等。

另外，在选派留学人员过程中，作为单位领导，还需要应对某些临时变故。这类变故主要发生在两个方面。一是报送材料在国际邮传或经办环节失落，待国家教委察觉后，赶紧告知派出单位迅速补报，作为派出单位负责人，又少不得一阵忙上加忙。二是当人口所报经学校确定的派出人选时，遭到来自派出对象原单位人员和人口所部分人员的质疑，我们经过调查，群众质疑意见属实，不得不请示校长采取必要的应对措施。

遇到人事上的临时变故，作为单位负责人当然要花时间和精力去处理，这并不奇怪。奇怪的是，在处理这类变故的时候，居然还会遭来暗箭。有人利用利害关系，挑动以匿名信形式向国家与联合国人口基金合作项目领导部门举报杭大人口所负责人在应对临时变故上有徇私之嫌。领导部门接到举报后，责成浙江省国际合作归口部门——外经贸厅调查此事，省外经贸厅为此派出 2 人调查组到杭大进行查证。为了配合调查，校党委副书记、人口研究中心主任董如宾、副主任王嗣均、党支部书记叶明德在百忙之中放下其他工作，把国家教委 P47 项目办公室与杭大的信函来往，P47 项目办公室国内负责人阚延河及国际合作处负责人范仲明和经办人员田小刚与杭大人口所的电话联系，人口所办公学术小组会议的内部讨论以及向董副书记和校长的请示，校长的意见，学校与国家教委 P47 项目办公室的沟通，国家教委 P47 项目办公室的最终决定，等等，通通摆到桌面上来，把事情的原委理清楚。叶明德还花不少时间整理了一份完整的书面材料，由董如宾、王嗣均、叶明德签字提交给了学校和调查组。调查组没有留下任何疑问，结束了他们的工作。清者自清，清水是搅不混的。这件事就这样过去了，但也看清了在我们工作圈子里一个惯于捕风捉影、别有用心的人。

我作为人口所日常工作的负责人，积极争取利用这项国际资源，满腔热情地为青年教师出国深造创造条件，甚至不惜被人诬告，究竟是为了什么？无非是想加速培养几个人口学人才，盼望他（她）们能学成归来，与留在国内的年轻伙伴一起，接好我们这些半路出家、肩负人口学教育和研究两副担子的中年人的班，继往开来，共同完成振兴我国人口科学、推进人口事业发展的历史使命。

但事与愿违，4 人出国一年后不但学业出现了分化，而且国内同仁盼着他们学成后回人口所工作的愿望渐渐落空了。杨秀石在布朗大学学习期间得到导师哥德斯坦的赏识，在美国申请到了后续的奖学金，沿着原定的方向取得了硕士、博士学位，毕业后受聘于美国的大学；张晨甦和邢积夫利用联合国人口基金 P47 项目奖学金学完一年后，没有在犹他大学（美）和澳大利亚国立大学申请到后续的奖学金，转而在所在国找工作定居了下来；赵宇在英国依克塞特大学修习一年硕士学位课程后，考虑个人专业条件和家庭因素，未继续争取国外奖学金，回到了国内，但不久，感到自己受原来专业的局限，不易在人口研究上出成果，便请调去外语系从事英语教学。

据了解，在 P01、P47 项目周期，各校派出的留学人员都存在这种分化和不归的现象。学业上分化既有不易获得所在国奖学金的问题，也有个人专业素养和努力程度差异的问题，但是青年人出国后无心回国则是一种相当普遍的倾向。出现这种倾向不是偶然的，随着形势的变化，年轻一代的价值观变了。改革开放后，国内掀起了出国热，不但一二类公派出国留学的人数增多，自主申请国外奖学金和自费出国留学的也与日俱增，在这股潮流中，许多人一出去就没有打算回来。与此同时，国家也顺应深化改革、扩大开放的形势，对出国留学人员的政策从过去的严格管理，转向鼓励留学，来去自由。对滞留国外或选择在国外定居的，采取了包容态度。

形势和潮流的这种变化,我能理解。但属于二类公派出国留学的青年教师,有的在出国之前还与校方签订了按时回国效力的协议,结果,不论学成与否,大都未向国内做任何交代就留在了国外,这一点我感到困惑。眼看按 P47 项目要求派送国外留学的青年教师不能回国效力,复兴时期的人口科学事业还得依靠那些心力渐衰的中老年教师去奋力支撑,作为一所之长,内心难免产生一种失落和无奈的纠结。

不过我也在想,事情总有两面性。改革开放初期触发人才外流;随着深化改革、扩大开放激发出来的经济、社会大发展,总有一天,海外留学人员甚至外国人才也能为我所用。

75. 失才之痛

——悼汉良

人口所成立时吸收进来的本校 82 届和 84 届 5 名本科毕业生,在 P47 项目期间(1985 至 1989)先后派出 4 人赴国外留学,留在人口所工作的年轻教师只剩下一人,他就是吴汉良。

为什么别人先后出国,唯独吴汉良留在所里?是不是因为他不具备当时作为出国留学前置条件的 TOEFL 成绩呢?不是,他英语"四会"(听、说、读、写),TOEFL 成绩也在多数派出留学人员之上。那么,是不是他专业水平有欠缺,先让他在国内打基础呢?更不是,从专业水平和综合业务能力来说,他在当时 5 位助教(见习研究员)中间是名列前茅的。

事实上,在人口所加盟 P47 项目之后,国家教委和 UNFPA 派遣青年教师出国留学的名额陆续下达,所里虽然原则上兼顾外派和所内工作的需要,但是为了充分利用这项国际资源,总是咬咬牙让可以走的先走,把独立工作能力较强、手头任务较多的先留一下。吴汉良因为地理学、城市规划学、人口学知识兼备,襄助指导教师教学和研究的任务比较多,在其他年轻人接二连三派出的时候,需要像他这样的人先留在所里分担一点工作,待先期派出的伙伴回国或有合适的研究生分配进来时再安排他出国。同时,所领导也不忽视给他出国的机会,稍后也向国家教委提交了派他出国学习的申报材料,据 1989 年来自高教一司的信息,吴已被列入派往澳大利亚留学的计划,待正式通知下达后成行。所以,确切地说,正是因为吴汉良有伙伴们所缺少的长处,需要他先留在所里工作,而把先期出国的机会让给了别人。

汉良不擅长于社交,是一位静得下心来,耐得住寂寞,可以专心致志做学问、搞研究的人才。在 1984 年毕业后的 5 年多时间里,他抓紧进修业务,协助做好教学与研究工作。他利用业余时间仅仅在一年时间里便实现了英语"四会"的要求,在省计生委外事活动中几次请他担任翻译。他在别人先出国的情况下,利用自身有利条件,考上了杭大人口所的硕士研究生,在我的名下主攻人口迁移与城市化方向。为了使他有更全面的专业素养,所里也安排他用半年时间去中国人民大学进修人口学理论和方法论方面的课程。在那段时间里,他利用首都科学文化中心的条件,收集和阅读了一些国内外学术文献。他作为在职研究生和我的科研助手,在与中国社科院人口所合作的"中国 1986 年 74 城镇人口迁移抽样调查"中,参与了浙江 9 城镇的调查,做了基础资料的汇总和数据分析工作。他还作为我的教学助手,跟随了两轮人口地理学课程的教学,领悟了教学工作的要领,工作 3 年后便独立走上了讲台。通过这些历练,他有了学术上的初步积累,在结合课题调查、资料整理、数据分析、准备撰写硕士论文的过程中,陆续在国内人口学刊物上发表了数篇论文。他的业务素养称得上是年轻伙伴中的佼佼者。

可是,谁能想到厄运竟然会降临到他的头上。那是 1990 年的清明节,学校放春假,人口所员工集体参观位于上海市郊青浦县的"大观园",不料在回程路上我们的车辆与前方来车相撞,我车多人受伤,吴脑部重创,送上海华山医院抢救无效身亡。

一次飞来横祸竟夺走了这样一位年仅 29 岁的青年才俊的生命。

哀哉,汉良!

——悼志刚

1989 年夏,一位本校数学系应届毕业的硕士生走进我的办公室,申述他想到人口所工作的意愿。他叫周志刚,师从林正炎教授专攻数理统计,获得了硕士学位。经过一番谈话和事后向数学系进一步了解,我和董如宾副校长都觉得该生可用,遂按照进人计划,通过学校毕业生分配机构落实到了人口所。

周志刚在大学本科和硕士研究生阶段学的都是数学,取得硕士学位后,他没有继续沿着数学专业考研攻博,而是选择到数理统计有用武之地的社会科学研究单位工作,人口所是他意想中的单位之一。由于这是他的选择,因而进所后不是观望、犹豫、缩手缩脚,而是在了解人口学领域的基础上,迅速参与 P04 项目合作周期本所承担的课题的调查研究,同时围绕国家控制人口增长的目标,结合自己的特长,就育龄妇女生育率变动、胎次递进动态等热点问题进行统计分析。在业务活动中,无论是配合所内重点科研项目工作,还是发挥自己特长的研究探索,他都自觉投入,表现出对人口科学有很强的亲和力。在我任内进所的(包括进所后出国的)8 位年轻人中,他给我的印象是与人口研究最投缘的一个。

正因为这样,他在职业生涯的第一站就是准备取得人口学的博士学位。他设想在数理统计学和人口统计学的基础上,朝着数理人口学的方向去攻读博士学位。他把这一想法征求了林正炎教授和我的意见,希望以林教授和我为导师,由数学系和人口所联合培养。林教授支持了他的设想,表示可以联合招生。而我呢,由于杭大人口所尚未取得博士学位授予权,我还不是博士生导师,不好信口应允,只能表示原则支持,先由数学系出面招生,待条件成熟后再申报联合培养。据此,周以人口所助理研究员身份再次考入林教授门下,成为数理人口学方向的在职博士生。从这件事情可以看出,他在个人业务发展方向上是颇有主见和进取精神的。

周志刚还是个有胆识、有担当的青年人,他在学生时代就是学生会社团活动的组织者,有事敢于挺身而出。我从一位病人那里听到的一个故事,也许可以印证他在这方面的品格。1983 年秋冬,我在浙医二院消化内科病房住院,同室有个刚从死亡线上挽救过来的病人小陈,是杭大数学系二年级学生,向我讲述了同学帮他从死亡线上夺回生命的感人故事。那年秋,小陈得重病,病情迅速恶化,急需住院。当时医院床位紧张,加上不正之风盛行,不托人情、不走"后门"要想住院难上加难。眼看病情危急,班上同学自发抬着担架到杭城几家大医院要求收治,均遭推拒;不得已,护送至上海求助于沪上的大医院,也遭同样结果。无奈之下返回杭州,再用担架抬到浙医二院。这一回,同学们以医院应该救死扶伤而不能见死不救的正理与院方抗争到底,最后让院方折服,收治了这名垂危的年轻病人。经过两个多月的治疗,终于从死神手中夺回了年轻的生命。

当时我不知道不辞辛劳帮助同学与死神抗争的主人公是谁。6 年后,就在周志刚找我面谈想来人口所工作的那一次,偶然问起他知不知道这个故事的时候,才发现组织那场解危济困义举的主角正是坐在我面前的那个周志刚。此后,在人口所的共事中,我也亲身体察到了周确有这种品格,这是难能可贵的。

周志刚是一位有朝气、有组织能力、业务上有进取精神、有造就希望的后起之秀。校党委组织部经过考察,明确把这个年轻的共产党员作为人口所事业的接班人来加以培养和提拔。1994 年,我卸去人口所行政职务,叶明德接任所务。稍后,学校为了充实人口所领导班子,即任命周志刚为副所长。1996 年 7 月,他被派往印度孟买国际人口学院,获得为期一年的进修机会。

此时的周志刚,无论是年龄还是事业,都如日中天。可是天有不测风云,是年 11 月上旬,他在国际人口学院这个班的外出社会调查中不幸溺水身亡,美满的家庭失去了支柱,人口所失去了一位难得的英才。

哀哉,志刚!

(孟买国际人口学院是联合国人口基金设在印度的人口学教育培训机构。噩耗传来,我受叶明德之托,代拟了一份给国家教委社科司副司长、项目办公室领导人阚延河的传真稿,希望项目办公室与 UNFPA 驻北京代表处取得联系,通过他们沟通 UNFPA 驻印机构,要求孟买国际人口学院给赴印处理善后的杭州大学代表和死者家属以必要的协助。同时,请 UNFPA 驻北京代表处按规定给死者家属以抚恤。传真稿由学校以校长名义发出。)

第十五部　　国门内外的国际交流

76. 国门之内的国际交流

　　1978 年的中共十一届三中全会决定,我国实行对内改革,对外开放,不同层面的国际交往日渐增多。不过,在改革开放初期,限于国家经济条件,学术界能够出访的为数不多。我记得,1978 年到 1984 年那几年,我所在的杭大地理系只有陈桥驿、冯怀珍两位中年教师先后参加过中国科学技术协会(科协)组织的地理学者考察团出国访问。而外国学者(包括外籍华裔学者)则乘着中国开放之风,纷纷来到中国访问。所以,那时我们的国际交流,基本上是在国内接待来访者。以杭大地理系来说,主要是接待一些以来自美国为主的西方国家的地理学者和城市规划学者,临时安排一些座谈交流。后来我国派赴国外留学的学子和出国访问的学者逐渐增加,特别是我调入人口研究中心(1984 年秋)工作、接触 UNFPA 的援助项目之后,人口学界出国人员增多的感觉更加明显。但是,事物发展需要有个过程,总的来说,在 20 世纪 80-90 年代,中国学者的国际学术交流,多数还是限于国门之内。

　　我国学术界为了扩大国际影响,在奋发图强、迎头赶上的同时,也主动举办一些国际学术会议,邀请国外著名学者参加,通过这种形式,加速打开国际学术交流之门。在人口学界,80-90 年代国内举办的国际学术会议就不下七八次,我参加了其中的 5 次。

　　第一次是"人口与发展国际讨论会"。时间:1984 年 12 月 10 日至 14 日。地点:北京香山饭店。这次会议是在我国人口活动国际交流开始活跃,特别是在中国和联合国人口基金全面建立合作关系的形势下举行的,是改革开放后我国在人口学领域举行的第一次国际学术会议。由于是第一次,领导颇为重视,为了开好这次会,组委会在三个月前就在北戴河举行预备会,我也应邀参加了。预备会的任务是审议国内代表准备提交大会的全部论文稿,以保证论文的质量。

　　会议由中国人民大学主办,邀请了国内学者 30 余人、国外学者 15 人参加。国内学者多数来自大学人口研究机构,其余来自中国社科院及其他单位。外国学者以西方国家为多,个别来自苏联、东欧国家和发展中国家。开幕式上全国人大副委员长周谷城到会讲了话,教育部副部长张文松、国家计划生育委员会主任王伟以及有关部门官员出席。当晚,张文松举行了招待会。闭幕式后,中国人民大学副校长、会议组织委员会主委李震中在北京烤鸭店宴请全体代表。可见,安排的规格是相当高的。

　　会议学术气氛浓厚,开幕式后即转入论文宣读和提问、讨论。论文宣读采取同声传译的方式交流,由于会议规模不大,发言时间比较充裕,不过因为中外学者之间存在语言障碍,讨论不易畅谈,好在都有英文稿,对有兴趣的文章可以会外翻阅。

　　我在 12 日上午的大会上宣读了题为《中国近期城市化速度和市镇人口的分配问题》的

论文。城市化这个主题当时还少有人涉及,我的这篇论文很快被《人口动态》(国内人口情报刊物)中国发表。会后,全文收入《人口与发展国际讨论会论文集》,由中国人民大学出版社出版。人民大学对国际交流相当重视,该校人口所所长刘铮会后还给我来信,为了国际交流需要,我的这篇论文除了原来提交的中、英两种文本之外,还被译成了日文。

第二次是"城市化与城市人口问题国际学术讨论会"。时间:1987 年 10 月 27 日至 30 日。地点:天津国际科技咨询大厦。会议由南开大学主办,我作为会议组织委员会成员,通过通信联络参与了某些筹备事宜。这次会议仿效 1984 年香山会议的做法,会前在北戴河举行了为期 5 天的预备会,任务是分 6 个专题组审议国内学者的论文。我作为第三专题组的召集人之一,共同主持审议了 17 篇论文。

天津会议规模较大,与会者 140 人左右,其中国内学者约 100 人,国外学者约 40 人,提交大会的论文超过百篇,安排在会上宣读的论文多达 70 篇左右。会议不设分会场,在 4 天时间里,除了开幕式、闭幕式之外,都马不停蹄地以大会形式宣读论文和讨论。宣读的论文分 6 个专题,每个专题 10—12 篇,各安排半天时间,前半段宣读,后半段提问和讨论。因为论文多,时间紧,每个专题的论文又分重点和一般,重点论文的宣读限时 10 分钟,一般论文限时 5 分钟,只有开幕式后会议的主人、南开大学人口所所长李竞能教授和美国布朗大学哥德斯坦教授二人的论文宣读(属于主报告性质)时间较为充裕。我提交给会议的论文《中国城市化空间发展的战略转变与宏观调节》,被作为第六专题的重点论文安排第一个宣读,保证有 10 分钟时间扼要地介绍文章的主要内容和观点,已经是很荣幸的了。

参加这次会议的,大多数是人口学界的同行和相关学科的学者,也有人口学刊物和其他媒体的编辑,其中就有既是中国社科院人口研究所所长,又是《中国人口科学》主编的田雪原。田捷足先登,在会上选了一批有代表性的论文带回北京,交给该刊编辑部,其中就有我的这篇文章。几天后,我收到该刊编辑部来信,通知我此稿将在最近一期《中国人口科学》发表(此文后来被包括中央编译出版社《中国经济文库》在内的多种出版物以中、英文形式收录)。

【附白】:《中国城市化空间发展的战略转变与宏观调节》一稿的主要观点在我国学术界还没有人提出过,比较适合于与研究城市化空间发展问题的学者交流。因此,我在赴津开会前夕就把稿子寄给了《经济地理》杂志,这也是我作为《经济地理》编委的一份义务。但该刊编辑部收到我的稿子后没有及时和我联系,倒是中国社科院人口所所长、《中国人口科学》主编田雪原从天津会议稿子中选取一部分给他的编辑部后,该刊编辑几天后就给我来信,决定刊登我的文章。为了避免一稿两用,我立即通知《经济地理》编辑部抽回我的稿子。几天后,《经济地理》编辑负勤学给我回信,称稿子本来已编排在 1988 年第一期作为重点文章发表,只待执行主编钟功甫签发,现在既然别刊已决定发表,只好遵照你的意见,把此稿抽换下来。

通过这件事,我觉得《经济地理》编辑部在长沙、编委会主体在北京、执行主编和编委分布在全国的这种组织架构,与编委审稿、编辑部编稿、执行主编签发这种运作机制之间的关系不够顺畅,影响刊物组稿、编稿效率。

第三次是"中国城镇人口迁移与城市化国际学术讨论会"。时间:1989 年 12 月 6 日至 8 日。地点:北京紫薇宾馆(石景山南路)。会议由中国社科院人口研究所主办,规模不大,应邀参加的不过 60 人,其中国外学者 10 人。这个会开得比较简朴,但开幕式会场安排在人民大会堂广西厅,显得有点隆重。开幕式上国务委员彭珮云到会讲话,还有政府有关部门及联合国人口基金(UNFPA)驻北京代表处官员到会。

这次会议是在国家社科基金"七五"重点研究项目(也得到 UNFPA 的资助)"中国城镇人口迁移与城市化"研究取得基础性成果后举行的。这项基础性成果叫做《1986 年 74 城镇人口迁移抽样调查》,由中国社科院人口研究所副所长马侠主持,会同几个省的社科院和两家大学的人口研究机构协作完成。在这次会上,国内代表提交的论文大都是围绕这项调研成果撰写的。我作为马侠教授物色的几位合作者之一,所撰论文也与这个项目有关,只是时空尺度更大一些,题目叫"近代中国城镇人口发展的时空观察",在会上做了发言。此文后来被收入这个项目的最终成果《中国城镇人口迁移》一书,1994 年由中国人口出版社出版。

由于会议主题明确,论文宣读和讨论都没有分组,始终以大会形式分段进行。每个时段(两小时)均由中外两名学者以联合执行主席名义主持讨论,我与澳大利亚国立大学教授洛瑞·科娜共同主持了一个时段的论文宣读和讨论。

会议开得比较从容,中外学者都发了言。不过,这个主题牵涉到户籍制度和城乡划分标准,由于当代中国的特殊国情,现实的户籍制度和城乡划分标准,使抽样调查数据难以真实反映城镇人口迁移与城市化现象。因此,讨论一展开,就陷入户籍制度和城乡划分标准问题的争论。这对国内代表来说已是司空见惯,但外国代表就很难理解,讨论对他们来说变得一头雾水。

第四次是"人口与可持续发展国际研讨会"。时间:1995 年 9 月 27 日至 29 日。地点:北京海淀区皇苑大酒店。会议是在"高等学校人口学培训与研究"项目第三周期(P04)行将结束的时候举行的。由于 P04 项目的重点放在人口研究上,此时已经取得一系列成果,因此,这次会议对内实质上是向国家教委的一次成果汇报,对外则是中国高校最新人口研究成果的一次国际交流。

会议由国家教委 P04 项目领导机构委托北京大学人口所主办,组织委员会由国家教委 P04 项目负责人、北大有关领导以及作为 P04 项目重点的 12 家人口所项目负责人等组成,邀请了 60 多位国内代表和近 40 位国外以及港、台两地的代表参加,另外还有 30 多位国内学者列席或旁听。杭州大学人口所参加会议的代表,除了我之外,还有刘长茂、尹文耀和周志刚。

这次会议安排比较紧凑,第一天除简短的开幕式之外,都是大会宣读论文,十几篇有代表性的论文在会上做了宣读和讨论,其中包括我与周志刚合写的《农村隐性城镇化的调查与水平估测——以萧山为例》一文。第二天一整天和第三天上午是分组发言,安排了 ABC 三个分会场 16 个专题的论文宣读和讨论,我与台湾大学地理系教授、人口研究中心主任姜兰虹女士联合主持了 C 会场的"人口迁移和城市化"专题讨论会。最后半天在大会听取专题讨论汇报和会议总结后闭幕。

除了上述 4 次与我在这个时期的业务活动直接相关的会议之外,另外还有两次属于国际组织发起、由我国大学人口所或人口学会承办的国际学术会议,我也得到了邀请。

一次是 1995 年 5 月 19 日至 21 日在华东师范大学举行的"'地球村'的人口与环境"国际学术会议。在会前 5 个多月,华东师大人口所所长朱宝树就给我来信,邀请我参加国外一个民间国际学术团体委托他们在上海举办的这样一次会议。从会议名称看,我觉得这是一个包括人口与环境在内的全球性热点问题,作为地理学者和人口学者,理应参与这类国际学术交流。因此,我很快就给朱回信,同意参加这次会议。为了有备赴会,我专门抽出时间到奉化、慈溪两地做人口、发展与环境关系的小范围调查,草拟了一篇题为《为了明天——介绍一个经济社会环境协调发展的农村社区滕头村》的推介性文章。令我感到意外的是,复旦大学人口所的代表对这篇"微观"文章发生兴趣,随即带回给他们主办的《人口》杂志刊发了。

这次会议报到人数不少,仅外国人就有 110 人左右,主要是来自美、日、韩三国。但据会议承办者介绍,这些人并非都是前来参加学术讨论的,除了少数是人口学者和地理学者(如日本人口学家黑田俊夫、地理学家大友笃)之外,相当一部分人是来中国旅游,也有来华寻求投资的,是借会议之名来上海的匆匆过客。倒是国内 70 多位代表都是来自人口学界和地理学界的学者,多数人提交了论文。面对外国代表的这种人员构成,承办单位也有点出乎意料,他们郑重其事地安排的 4 个分会场、24 个专题的国际学术讨论会,外国学者却寥寥无几。我倒是按照会务组的安排,认真主持了 B 会场的一个社区人口与环境问题的专题会,当然,与会者也多数是国内学者。

另一次是 1997 年 10 月 11 日至 17 日由中国人口学会主办在北京举行的"国际人口科学研究联盟第 23 届大会"。① 这是国际人口学界级别最高的学术会议,每 4 年举行一次,举办地由该组织理事会投票决定。中国取得这次会议的主办权,反映了改革开放以后我国人口研究的重大进展,也反映了我国人口学者已经开始融入国际人口学活动。

国际人口科学大会通常规模较大,这次中国做东道主,又是人口大国,开这种世界性大会,参加人数当然不会少,除了大批国外代表之外,国内代表也空前的多。组织委员会光是给浙江就分配了 10 个代表名额,其中 4 人由组委会直接指定,他们是徐爱光(省计生委原主任)、王嗣均(省人口学会会长)、李南寿(杭州市人口学会会长)和叶明德(杭州大学人口所主持工作的副所长),其余 6 人由省人口学会分派。

我作为组委会的指定代表,本来应该到会,考虑到我当时已 68 岁,尽管仍担任着省人口学会和杭大的几种兼职,但参不参加这类会议已经不那么重要,倒是正在为人口所后续发展出力的后起之秀,应该有这种机会让他们去了解国际人口学的最新动态。为此,还在 1996 年 6 月组委会通知我参会的时候,我就给他们写信,建议由杭大人口所新任的年轻副所长周志刚以我的代表名额去参加,他们接受了。可惜周于当年 11 月在孟买国际人口学院进修期间意外身亡,因此,我的育人愿望落空,而我自己也没有再去亲临这次在我国举办的级别最高、规模最大的人口科学大会。不过组委会工作人员没有把我忘记,还是让杭大出席会议的叶明德等同志给我捎来了国际人口学大会三大卷英文本的论文集和一大卷的中国人口论坛文选。

  *   *   *   *   *   *

回顾这些在国内举办的国际会议,可以看作是中国学者准备走出国门、走向国际进行学术交流的操练。我们的国家封闭得太久了,在很长时间里对世界新鲜事物闭目塞听,以致高等院校、科研院所的大多数人对本行科学技术的国际动态知之甚少。所以在 80 年代的几次

---

① 国际人口科学研究联盟(International Union for the Scientific Study of Population;IUSSP)——国际性人口学术组织,联合国人口基金的受援组织。成立于 1928 年,总部设在比利时列日市。会员主要由人口学家、经济学家、社会学家、统计学家、地理学家、医务人员、计划生育工作者、管理和决策人员等组成。领导机构是理事会,由 9 人组成,下设若干专门委员会。该组织的宗旨是:致力于推动各国政府、国际间的政府组织、非政府组织及公众对人口问题的关注,提倡把人口学作为一门科学来对待。其活动主要有每 4 年召开一次的国际人口科学大会;举行区域性的人口专业会议及有关人口的各种专业性会议;开展学术活动、举办培训项目;向最欠发达国家的人口机构提供赞助;出版历届人口科学大会的论文集及下属委员会的研究成果。

国际学术会议上,不但在意识形态和政策问题上小心翼翼,就是在专业问题上也抱着几分试探的态度。后来,随着改革的深入和开放的扩大,国家经济和文化开始起飞,请进来走出去、参加学术会议、出国留学、做访问学者的人也就多了,同行之间的国际交流不再陌生。像中国人口学会这样历史不长的学术团体,也敢于申办国际人口科学大会这类顶级的、大规模的学术会议,这是告别陌生,走向共同进步的重要标志。更重要的是,这项活动反映了国力、民族自信心和国内科学水平的提高,正如申办奥运会那种世界顶级赛事那样,没有国力的强盛和国内体育事业的发展是办不到的。

77. 马尼拉与曼谷之行

在中国/联合国人口基金(UNFPA)"高等学校人口学培训与研究"项目的活动中,我作为杭州大学人口所的负责人,执行了P47、P04两个周期的项目合作任务,在项目计划的范围内,为青年教师争取了4个出国留学的名额,为一位中年教师提供了去美国合作研究、两名中年教师去墨西哥、奥地利短期考察访问的机会。而我自己呢,在两个周期中也各有一次短期出国机会,分别去了马尼拉和曼谷。

马尼拉之行

根据P47项目计划,UNFPA联系菲律宾大学举办了一次"人口学研究与人才培训组织管理研讨班",时间是1987年7月23日至9月4日,对象主要是P47项目人口研究所所长和副所长。国家教委外事局根据各校上报人选,派遣冯立天(北京经济学院)、古清中(吉林大学)、何承金(四川大学)、黄志贤(厦门大学)、刘庆相(辽宁大学)、王瑞梓(浙江医科大学)、王嗣均(杭州大学)、解振明(安徽大学)、钟逢干(中山大学)9人参加,其中前7人为所长或副所长,后2人为研究人员,兼任研讨班翻译,以冯立天、王嗣均为正副领队,带队前往。

这件事从国家教委最初通知到成行,前后准备了9个月。先是国家教委外事局1986年10月通知各校人口所上报一名派出人选,条件是:担任过此项领导工作一年以上,英语有阅读能力,回来仍担任领导工作的中年业务骨干。接着是各校向国家教委外事局上报派遣人选;外事局把各校上报人选的材料汇总后,通过UNFPA联系菲律宾大学;菲大落实后向中方发出9人赴菲的邀请函;国家教委收到菲方邀请函后才向各校下达批准9人赴菲的正式文件。学校收到这项文件已经是1987年7月3日了,而教委外事局通知赴菲人员要在7月9日到北京集中,因此必须紧打紧做办理出国政审和申领护照等手续,以免耽误行程。抵京后还有一些零星手续需要补办,然后等待领取签证和机票,准备出发。出发前教委外事局安排了李顺兴副局长会见我们,面授一些注意事项。UNFPA驻北京代表处也安排了副代表拉奎恩(A Laquain)与我们见面。拉奎恩是菲律宾籍,曾经在菲律宾大学工作过,他在会见中主要是介绍一些菲大和马尼拉的情况。完成所有这些环节后,于7月19日启程离京赴菲。这是我第一次出国,也是第一次体验到办理出国事宜环节之多和手续之繁杂。

UNFPA委托菲方举办的这个班的名称,国家教委在P47项目计划中叫做"人口学研究与人才培训组织管理研讨班"(亦称"中年骨干研讨班"),未提及参加者身份,也无培训二字。但UNFPA联系菲律宾大学时用的是Mid-Career Training Programme for Directors and Deputy Directors of Chinese Demographic Research and Training Centres,用中文来说,意思是中国人口研究所中年骨干(所长、副所长)培训项目。看来,在UNFPA的观念中,对中国"高等学校人口学培训与研究"项目的援助,本身就包括对人口所负责人的培训。而菲大公共管理学院呢，他们在实际操办中干脆简称为 Mid-Career Programme for Chinese Officials。这么一来，又成了中国中年公职人员培训项目。一个班，三方似乎都在按自己的理解来称呼。

菲律宾大学是全菲最主要的综合性大学，拥有若干校区，校本部坐落在大马尼拉的奎松城。研讨班计划由公共管理学院政策与管理发展中心具体实施，地点在马尼拉城区帕德方拉街利萨大厦菲大的一个校区内。我们下榻在距这个校区约两个街区的一家叫 TROPICANA APARTMENT HOTAL 的公寓式旅馆里。

为办这个班，菲大公共管理学院政策与管理发展中心的工作是认真的。他们制定了详细的课程计划，安排了人口学基本概念、社会科学研究与政策分析方法导引、学校教育与短期培训、管理学基本概念等 4 个单元 20 几讲的课程，每一讲都以专题讲演为主，穿插课堂讨论和小组讨论，同时配合安排几次参观访问和考察。客观地说，各单元的内容基本上都是人口学、社会学、管理学方面基础性的东西，但培训、研讨的形式是活泼的，如果没有语言障碍，能够互动交流，应该是有收获的。在全部课程中，登上讲台的教师多达 26 位，不但管理学院一批高学历、高职称的教师亮了相，还有来自菲大有关院系的学者，其中包括个别名流（例如该校人口研究所资深教授 Mercedes B. Concepcion，曾是国际人口科学研究联盟副理事长，此时还是这个组织的名誉理事长）。由于历史的原因，菲大的教师大都受过欧美教育，熟悉西方人口学、社会学、管理学等学科的动向，他们的讲演和发下的参考资料，都反映当代西方的学术观点，这对长期缺少东西方学术交流的中国学者来说，也未尝不是一个了解西方学术的窗口。

学院对这个班的组织管理也不错。研讨活动井然有序，工作安排有张有弛，全部课程结束后，腾出一周去碧瑶（菲律宾避暑胜地）休整，同时做好个人小结，然后回到马尼拉做全面总结，整个过程堪称圆满。

学院在活动安排上讲究礼仪。开班时院长依格雷西亚斯（Gabriel U. Iglesias）接见学员。结束时学院举行结业典礼，菲大一位副校长出席。先举行晚宴，然后举行典礼，会场插中、菲两国国旗，领导和学员代表致词，院长发结业证书。会后以舞会形式联欢，气氛热烈，只是难煞了我们队伍中包括我在内几位不会跳舞的古板先生。菲律宾上流社会好像有东方民族的西方式好客，在办班期间院长和另外三位教授分别在各自家中设晚宴或午餐招待，有两次晚宴和结业典礼不仅邀请了几位菲大内部的上宾，还邀请了中国驻菲使馆临时代办喻明生和 UNFPA 驻马尼拉代表 J. 彼得森。另外，双休日安排我们参观游览也比较多，包括马尼拉市区的西班牙殖民时期的古堡、大天主教堂和现代的总统府、菲大校本部，以及市外的"天宫"、火山口、菲大洛斯巴纽斯分校等，协调员玛丽露、助手贝塔、詹文始终陪伴左右。而我们自己呢，只在休息日看过马尼拉的中国城和"华侨义山"（华人公墓群）。

菲大公共管理学院体面地举办这个班，当然与 UNFPA 向他们提供的资助比较宽裕有关，但同时也可能与我们这些人的身份有关。对该学院来说，一个发展中小国的学术机构，受 UNFPA 委托，专为一个发展中大国的人口所领导人办班，恐怕也是一种不小的荣光。

研讨班 9 月 4 日结束，原定 5 日离菲回国。不巧，因 8 月 28 日马尼拉发生针对总统科拉松·阿基诺的军事政变，受机场一度关闭的影响，无法按计划启程，被困在旅馆等待。9月 8 日近午时分，班主任米拉和玛丽露来电话，说在联合国驻马尼拉代表处的帮助下拿到了飞北京的机票，但未排定座号，必须到时机场持票等候（standing by），要我们马上准备好，她们立即派车送我们去机场。在机场，米拉、玛丽露和贝塔 3 人和我们一起静候通知，直到值机窗口确认北京航班未满座,可以排号登机,大家才舒了一口气。下午2:35告别马尼拉,飞回北京。

曼谷之行

1993年12月,一个以我为领队、李新建为副领队的P04项目出访小组访问了泰国。出访组由下列12人组成:陈先淮(复旦大学)、池刚毅(国家教委)、崔凤垣(北京经济学院)、郭宝森(中国人民大学)、何健(北京经济学院,出访组翻译)、李新建(女,南开大学)、梁巧转(女,西安交通大学)、孟秋丽(女,吉林大学)、王嗣均(杭州大学)、原华荣(兰州大学)、张善余(华东师范大学)和朱云成(中山大学)。

泰方接待我们的是马赫多大学。这是泰国的一所著名大学,位于曼谷西郊,校园宽敞,环境清静,是个修学的好去处,只是位置偏一些。负责具体接待事宜的该校人口与社会研究所,为了照顾我们生活方便,把住宿安排在市区紧邻湄南河东岸的Viengtai酒店(后来改住一家华侨经营的吉豪旅游公寓),距马赫多大学约半小时多一点车程,不算太远,不过那几年曼谷正好是汽车暴增时期,堵车是家常便饭。

这次出访是国家教委国际合作司(原外事局)与UNFPA根据"高等学校人口学培训与研究"项目第三周期(P04)计划安排的。由于P04周期项目活动以十大人口课题研究为重点,出访任务和人员组成也大致依照课题的需要来确定。我们这个组是以"中国现阶段不同区域城市化的调查与比较研究"课题组(以下简称"城市化课题")为基础组成的,半数以上成员来自这个课题的合作研究单位,出访的目的主要是在考察泰国城市化进程特点、问题和经验教训的基础上,与对方进行探讨和交流。

大概是UNFPA项目官员没有完全理会"城市化课题"计划出访的目的,与泰方联系时要求不怎么明确,以致马赫多大学人口与社会研究所制定的接待计划也缺少针对性,不是围绕城市化这个主题,通过考察、研讨和交流,拓展和深化对城市化道路、动力、社会摩擦、政策措施等的认识,与我们的期望有一定差距。不过到了这个时候,计划已不可能调整,只能客从主便。

我们访泰的时间是12月11日至31日,共20天,马赫多大学人口与社会研究所除了头尾各有半天安排见面会和告别会的活动之外,其余两周半的工作时间都安排了业务活动,其中大约一半时间由该所研究人员向我们介绍他们在几个人口研究专题上的研究心得,另一半时间用于参观访问。在研究方面,主人安排了9个单位时间,做了迁移与死亡、人口构成与人口变动、生育率决定因素与避孕率特征、人口与环境、人口数据在经济社会发展规划中的应用、人口预测、人口趋势与人口政策评估等7个专题讲座,有基础研究成果,也有应用研究成果,有的做得比较深入,可以借鉴。在参观访问方面,主人带领我们访问了联合国亚太经社理事会、泰国国家统计局社会统计司、泰国发展研究所、泰国国家经济社会发展部、泰国公共卫生部家庭卫生司,参观了位于东南部沿海小城镇拉绒附近的经济开发区。其中国家统计局社会统计司、国家经济社会发展部两个部门各安排了两个单位时间的介绍。通过这些访问和参观,我们感受到发展中国家城市化进程的矛盾:一方面,城市化进入加速期;另一方面,城市治理能力跟不上——农村人口涌入,城市就业岗位不足,贫民窟一片片衍生,环境污染,交通拥挤,艾滋病传播,犯罪率上升等发展中国家常见的"城市病"出现。

在泰期间,主人利用周末,由协调员帕尼和助手玉苹陪同我们参观游览了曼谷的大王宫、尤他雅省的夏宫、海滨旅游城市芭提雅以及称为"死亡之路"的桂河大桥,领略了这个东南亚佛教国家的风土人情、名胜古迹以及二战时期日本侵略军为打通泰缅之间的军事通道,强制盟军战俘在桂河上修筑铁路大桥,许多战俘受折磨致死的史迹。泰国是华人华侨比较集中的国家,曼谷街头也不难感受到中华历史文化的影响。在我们访泰期间,马赫多大学人口与社会研究所老所长蓬銮(Boonlert Leograpai)邀请我们共进午餐,离别之前,在任所长阿菲恰特(Aphichat Chanratrithirong)举行送别晚宴,订的都是中国餐馆。

我们的访泰活动于12月29日下午结束。在话别会上,我代表访泰小组全体人员向马赫多大学人口与社会研究所赠送了礼品——一幅徐悲鸿名作奔马图画框,阿菲恰特所长代表该所接受了馈赠。

1994年元旦,是我们回国的日子。凌晨,曼谷华人社区的新年爆竹声划破长空,东方微明,主人便派车来送我们去机场。上午9时,告别曼谷。

第十六部　　难以了却的地理情结

尽管在"文革"结束时我的工作岗位已不由自主地转到了城规专业，几年后又身不由己地离开了地理系，跨进了人口研究机构，但在转折年代，随着基础学科（包括地理学）的作用开始恢复常态，地理学界一些同行还是想起了我这个半新不老的学人，他们从不同角度促使我参与一点地理学的活动。那时，按从属关系来说，我虽然脱离了地理专业，但业务上仍有联系，而且我毕竟是从地理学这块土壤中生长起来的，对老本行总还有藕断丝连的情缘。现在，既然社会有需要，我岂能拒之门外，在自己能力、精力和时间许可的条件下，兼顾一点地理学术活动，做点社会服务，就算是延续一点老本行的前缘吧！

从 1977 年开始的 10 多年中，我对地理学的社会服务，大致从四个方面尽了自己的一分义务。

78. 略尽传播地理知识之责

在"文革"后的历史转折中，随着学术界春气的萌动，新闻出版事业开始活跃，一部分出版机构为了解除 10 多年来社会的知识荒，把编辑出版一批知识性读物列入了他们的计划，其中也包括编辑出版一些地理读物。所以，出版社可以说是找上门来最积极的文化服务部门。在这种形势下，我应约做了一些地理知识传播的文字工作。

最先接触的是浙江人民出版社。1977 年秋，他们计划出版一本普及性的地理读物《浙江地理》，由责任编辑来杭大地理系约稿，辗转找到了我。我问明了他们的组稿要求和计划出版时间，觉得撰写这类满足社会急需的普及读物的任务应该接下来，但区域地理编写是一项综合性的学术活动，需要做大量的资料准备工作，而出版计划要求的时间很紧，须组织几个人抓紧完成。于是约了 3 位同事（顾嗣亮、宋小棣、徐书田），连我 4 个人，分工合作，一起来做。初稿完成后，由我集中通稿，然后交付出版社，于次年春出版。

做完这件事情之后不久，这家出版社计划编辑出版一套《浙江简志丛书》，其中一种是《浙江地理简志》。因此，编辑部再来杭大地理系约稿，这一回他们找到的是与他们合作较多的老作者陈桥驿。陈先生此时的主攻方向是历史地理，而地理简志要反映的是浙江这块土地上各项地理要素及其相互关系的科学纪实，内容涵盖自然地理和人文地理两卷共 12 篇，非一人在有限的时间内所能完成。于是，由陈先生出面，约请了对地理学不同分支有研究基础的 12 位同事来共同承担，我编写了其中的人口地理篇。简志于 1984 年春完成，1985 年 8 月出版。

除了出版社之外，报社也注意到了经济地理专业特长对思考和宣传区域经济发展的作用。

报纸是敏锐的传播媒体，适应新形势非常快。"文革"结束后，"文革"期间那种内容几乎端赖新华社电讯、版面充斥黑体字排印的毛主席语录的现象,迅速得到扭转。报社开始扩充版面,充实内容,从实际出发扩大组稿范围,我也成了他们的组稿对象之一。

1980年6月,《浙江日报》理论组准备在第三版开辟一个"学点经济地理"专栏。该报理论组负责人吕韶羽、责任编辑蔡全忠专程来杭大组稿,找到了我,约我写一篇关于浙江海洋经济方面的文章,我答应了他们的要求,拟就一篇题为《海洋是我省一大经济优势》的文章,如约寄给了他们。7月上旬,吕、蔡两位来电,要我协助他们给这个专栏再组织4篇关于杭嘉湖平原、黄土丘陵区、浙南大山区和舟山群岛的稿子。随后,蔡全忠再次来到杭大与我碰头,他告诉我前稿即将发表,同时要我在他们提出的4篇组稿建议中,就发展浙江海岛经济再写一篇稿子,我也同意了。对于另外3篇,他希望我帮助他落实约稿,我替他物色了两位约稿对象,给他做了牵线搭桥的工作,由他与约稿对象直接洽谈。

编辑约我写的第二篇文章,随后我以《发展海岛区域经济问题初探》为题写成,寄交给了他们。两篇稿子先后于7月12日和8月16日在该报第三版刊出。

这是转折时期最初几年我在传播地理知识方面所做的一点工作,仅仅是地理工作者服务于社会的沧海一粟,无非是回忆所及,略记一笔而已。

79. 参与地理学界的学术交流

在基础科学领域,提供学者之间面对面学术交流的平台主要是学会举办的学术会议,地理学也不例外。中国地理学会及其所属专业委员会举办的学术会议是学者们交流的主要场所。

"文革"结束后,地理界学术活动恢复,我因受本职工作两次调整的影响,专业开始偏离地理学,参加地理学学术交流机会有所减少,但还是出席了几次重要的学术会议。印象较深、且具有标志意义的会议有4次。

第一次,是1980年1月在广州举行的全国地理学会代表大会。那是"文革"乌云散去、中国地理学会恢复重建后的首次大型学术会议。参加这次会议的除了全国高等院校地理系、中科院系统各地理研究机构的老中青代表外,还有中国科协领导、多家出版社和刊物的编辑到会。另外,这次会议一个颇有深意的安排,是特邀了几位"文革"前对我国地理学发展起过作用、有过影响、如今睽违学坛多年但仍健在的老一辈地理学家出席,表示科学工作的继往开来,尊重前辈对科学事业的付出,让他们共同感受科学春天的到来。因为这是久违了10多年的一次盛会,代表们普遍情绪振奋,心情舒畅。但从会上交流的论文来看,新的发现或理论建树并不多,反映了受"文革"祸害,经历了10多年的荒废、系统的科学考察和理论研究缺失,对国际地理学界的新思想、新理论、新方法、新手段尚不熟悉的现实。所以,代表们心里并不轻松,我国地理科学水平与世界先进水平的差距不是缩小,而是拉大了。要迎头赶上,需要十几年、几十年的艰苦奋斗。从这个意义上说,这次大会不仅是一次学术交流的大会,一次吹拂科学春风、振奋地理工作者精神的大会,更是一次看到差距,鼓起干劲,迎头赶上世界水平的大会。会议期间,"文革"后复出的时任中共广东省委第一、第二书记的习仲勋和杨尚昆亲临会场,会见全体代表,也体现了新时期党和政府对科学工作者为科学事业作出新贡献的期待和鼓励。

第二次和第三次,是1981年5月和1983年5月分别在杭州和南宁举行的两次人文地理讨论会。

杭州会议是根据上年中国地理学会全国代表大会(广州会议)上部分代表提出"复兴"人

文地理学的倡议举办的，是中国地理学会破天荒的第一次人文地理讨论会。会议有70多人参加，收到论文30余篇，主要议题是回顾我国人文地理发展的历史和现状；介绍国外人文地理学发展趋向和代表性思潮；讨论我国开展人文地理学研究的设想。这次会议，在中国地理学会历史上具有里程碑意义，它标志着我国人文地理学的发展在一扫几十年的人为障碍后，开始进入到一个新的阶段。

南宁会议是在杭州会议之后，经过两年探索、研究的基础上举行的。到会学者89人，收到论文80余篇。论文范围涉及人文地理学基础理论、人口地理、农村聚落地理、城市地理、经济地理、旅游地理、行为地理、军事地理、政治地理、历史地理、文化地理、计量地理等12个方面，与会者从中体会到了人文地理学在人口发展、城乡建设、资源利用、环境保护、区域规划、旅游资源开发以及外交、军事等各个领域中都有用武之地。同时，在国家公布的第六个五年计划中，人文地理被列为要加强研究的薄弱学科之一，也鼓舞了地理工作者从事人文地理研究的信心。为了更好地推动人文地理学的发展，中国地理学会副理事长吴传钧代表学会常务理事会在会上宣布，由李旭旦等9人组成人文地理研究组，负责组织此后一段时间的全国人文地理学活动。这一措施实际上是成立中国地理学会人文地理专业委员会的前奏，在此后正式成立人文地理专业委员会时，我也成了其中的一员。

第四次，是1990年4月27日至5月1日在香港大学举行的"地理研究与发展"研讨会。这是一次以内地、香港、台湾的地理学者为主的学术会议。会议由香港大学地理地质系主办，该校查良镛基金会资助，以香港地理学术团体为桥梁和纽带，通过与"两岸"的地理学会沟通、联络，在预计会议规模的框子内，由"三地"学会分别确定参会人数和邀请对象，再由主办单位发出邀请，最终实现了这次会议的成功举行，开创了"三地"地理学者共聚一堂进行学术交流的历史。

赴港开会并不容易。当时香港还在港英当局的管辖之下，内地人员赴港，不仅要办理护照和签证，事先还需通过中国政府驻港机构（由新华社香港分社代理）的审核，很费时日。我在接到中国地理学会通知和主办单位邀请之后，随即按程序申办出境手续，但等签证下来，已是会期届临，匆匆赶到香港，已经是会议的第二天了。后来得知，还有人根本就没有赶上会议的。

出席这次会议的同行学者共80余人，主要来自香港（38人）、内地（24人）和台湾（13人），另外还有来自美国、加拿大、马来西亚和英国的7位华裔学者。港大校长王赓武主持了开幕式。会议共收到论文75篇，内容相当广泛，大会秘书处把它们归并为资源评估与开发、区域与城市发展、环境变化与保护、地理学发展与教学、发展中的地理技术等5个方面，挑选了61篇文章，分19节进行宣读和讨论。因为与会者都是华人或华裔，会议语言使用中文（汉语）。

在会议过程中，我亮了三次相：一是根据大会的安排，在会上宣读了自己的论文——《中国人口地理研究的进展》。二是充当了一个节次的会议评论人。按照国际学术会议的惯例，每篇论文宣读后都有提问、讨论和点评的环节。我应大会秘书长陈金永（香港大学地理地质系）之约，作为一节会议的评论人，对宣读的每篇论文分别做了学术点评。三是担任了一节会议的主持人。大会秘书处为了平衡"三地"学者间的关系，每节会议通常由三地学者联合主持，我作为联合主持人之一，参与了一节会议的主持。

会议开得很顺利，气氛也比较融洽，起到了正常的学术交流作用。主办单位承诺，会议成果由他们负责汇编出版（见《地理研究与发展》，香港大学出版社1993年出版）。为了使这种有益的学术交流能够继续下去,会议闭幕前通过了两项决议:一是建议"三地"地理学者组成一个联络委员会,负责各地的联络工作;二是争取两年召开一次这样的会议,建议下次会议在台湾举行。

除了以上四次会议之外,我还在退休之后去美国参加过一次全球环境变化学术会议。这是国际热点问题,也是我最后一次出席与地理学相关的学术会议。

那是 1995 年 5 月 2 日,我收到了一封美国阿斯盆全球变化研究所(ASPEN GLOBAL CHANGE INSTITUTE,缩写为 AGCI)的来信,邀请我参加将于 8 月 20 日至 9 月 2 日在科罗拉多州阿斯盆举行的 1995 年夏季科学讨论会专题Ⅲ的会议,主题是"作为区域与全球环境变化分析地理单元的大都市地区城乡复合体"(The Metro-Agro-Plex as a Geographical Unit of Analysis for Regional and Global Environmental Change, Session Ⅲ)。

要我去参加这次会议,说起来有点意外。我不熟悉 AGCI 这家研究所,也不认识其中的任何一个人,但邀请函寄到我手里,邀我去参加他们举办的 1995 年夏季科学讨论会Ⅲ,却是明白无误的。而且条件比较优越,国际旅费和食宿费用都由他们提供,往返机票可以由他们订购,事先寄到我手里。不过,这家机构的资质如何,他们是怎么知道我的,我不清楚,因而心存犹豫,没有立即给他们回信。我之所以犹豫,还与那几年收到几家外国学术单位或学术团体(有人口学方面的,也有城市规划方面的)寄来的邀请函有关。那些邀请函,名为参加学术活动,实则掺杂着旅游观光和营利的目的,我都不予响应。不过,这一回 AGCI 的邀请,我不是立即放弃,而是通过我在美国的学生从互联网上检索 AGCI 这个单位,明确这是一家隶属于科罗拉多大学的无营利目的的研究机构后,决定给他们回信,接受邀请。

至于 AGCI 是怎么知道我的,这个谜团在我回国后无意中被解开了。9 月下旬我去北京参加"人口与可持续发展研讨会",会上遇到西安交通大学人口所的李树苗,闲谈间讲起我去美国开会的事,他说这件事同他还有点关系。1995 年春,李老师在斯坦福大学做访问学者,这段时间 AGCI 正在紧张筹备三场夏季科学讨论会,其中专题Ⅲ的组织者之一是斯坦福大学的一位教授,他正在物色与这个专题内容有关的美中两国学者,便向李老师探询有没有可能找个研究城市化问题的中国学者。事有凑巧,恰好李老师是我负责的 P04 项目"中国现阶段不同区域城市化的调查与比较研究"课题组的成员,他便把我的简况告诉了这位教授,然后就有了 AGCI 出面的邀请。这样,李树苗无意中成了我出席 AGCI1995 年夏季科学讨论会Ⅲ的牵线人。

阿斯盆是科罗拉多州的一座小城市,坐落在落基山脉的一个山间盆地,海拔 2400 多米,是冬季滑雪夏季避暑的胜地。AGCI 创办历史不长,成立以来,每年夏季围绕全球环境变化这个主题,举行三次科学讨论会,每次一个专题,每个专题安排两个星期。1995 年夏季讨论会安排的专题是:Ⅰ."全球植被类型变化及其与人类活动的关系",Ⅱ."提高气候变化公约的效力",Ⅲ."作为区域与全球环境变化分析地理单元的大都市地区城乡复合体"。每个专题会议的参加者 30 人左右,参加专题Ⅲ的学者 80% 来自美国,其中 3 名是美国华人(大陆 1 人,台湾 2 人)。来自中国大陆的学者 6 人,人数不多,但层次相当高,其中包括中国科学院院士、气象学家周秀济,以及时任国家计生委副主任(后任全国人大常务委员会副委员长)的系统工程和人口学家蒋正华。

我是当地时间 8 月 19 日傍晚到达阿斯盆的,下榻在 ASPEN BED and BREAKFAST LODGE。

8月21日（星期一）上午，专题Ⅲ的科学讨论会在 AGCI 开幕。主人卡曾伯格做了简短的致词，接着，在与会学者一一自我介绍后，即进入论文报告和讨论程序。AGCI 的夏季科学讨论会有几个明显的特点：一是主题明确，围绕区域和全球环境变化问题展开讨论；二是角度多样，旨在通过多角度基础性研究成果的交流，提高对区域和全球环境变化问题的全面认识；三是讨论充分，会议给论文提交者每人半天时间（报告1小时，提问、讨论3小时），比一般学术会议论文宣读和讨论时间要充裕得多，有利于及时消化、深化认识；四是讲求效率，两周时间几乎都用于论文报告和讨论，会议由专题的组织者（三位所外教授）轮流主持，没有排场，主人只配备一名技术人员，全程操作录像和投射设备，负责记录和整理每场会议的内容，每天理清。三场专题讨论会结束不久，就把会上76篇论文节编的文集（Elements of Change,1995）编辑出版（我节编后题为 Industrialization and Urbanization in China 的论文在列），效率很高。这些都是可取之处。当然也有不足，主要是专题组织者与会议参加者之间沟通不够，相当一部分论文与专题的目标贴合不紧密；同时，对大都市地区城乡复合体的定义和分析参数没有集中研讨，因此，虽然会议总结中提出了今后的工作，但没有明确的方法论依据。

对我个人来说，参加这次会议，还有一点与会议本身无关的切身体会，那就是英语听力与口语能力不足。我的英语是解放前高中的基础，能够阅读专业书刊，但缺乏听、说能力，基本上是"哑巴英语"。像我这样年龄的一代人，没有留过学，又没有经过英语强化训练，能够阅读英文专业书刊，在工作单位里已经算是难得的了，但在以英语为工作语言的场合，是无法应付自如的。在 AGCI 的会议日程中，原安排我在第一周的周三上午做报告，但我带交会议的论文《区域均衡与不均衡发展政策及其对中国城市化的影响》是中文稿，要做一小时的发言和演示，必须译成英文才能对付，只好商请主办方把我的报告推迟几天。结果突击了几个夜晚，勉强译成可以在会上讲出的英文稿，于第二周的周一上午登台，弄得十分紧张。中国是新兴的发展中大国，国际交往越来越频繁，英语是世界通行的语种，到处都会用到，但愿我们的后继者不再出现我们这一代人的尴尬。

9月1日下午，会议在组织者总结后结束。晚上，主人举行告别宴会。会后，应我的学生、欧道明大学副教授杨秀石事先的邀请，前往诺福克，准备在诺福克、华盛顿和纽约走一走，看一看，顺便在欧道明大学做一次学术讲座。9月11日离开诺福克回国。

80. 参与刊物建设

在这方面，涉及三家专业期刊。

一家是《经济地理》。该刊由中国地理学会经济地理专业委员会1978年12月在长沙举行的学术会议上决定创办，经过两年多的筹备，于1981年7月在长沙创刊。刊物由中国地理学会经济地理专业委员会与湖南省经济地理研究所合办，聘请23名学者组成编辑委员会，以宋家泰为主编，还有5位副主编，我是编委之一。另外两家是《人文地理》和《国外人文地理》。那是1983年南宁人文地理讨论会之后成立的中国地理学会人文地理专业委员会，与西安外国语学院人文地理研究所合作，于1986年在西安创办的。这两家刊物同根、同源、同时创办，编委会基本上也是同一付班子，我作为中国地理学会人文地理专业委员会的一员，同时被两刊聘为编委。两刊的差别在于，前者眼睛向内，给全国人文地理研究者提供园地；后者眼睛向外，重点介绍国外人文地理研究动态和研究成果，引进、借鉴国外新的学术思想和研究方法。三家期刊均为季刊。

我虽然与三家期刊有缘,但介入程度有较大的区别。《人文地理》和《国外人文地理》两家的编务工作大致与国内多数刊物一样,稿件编审主要由编辑部解决,对编委没有多少实质性的要求,我在担任编委后只是应邀参加过一次编委会,审阅过一两篇稿子。所以,编委会基本上是衬托刊物学术地位的名誉性安排。《经济地理》就不同了。办刊之初,编委会鉴于编辑部专业力量不足,为了保证刊物质量,决定来稿以外审为主,要求编辑部对来稿进行初步筛选淘汰后,把余留下来的每篇稿子寄给两位编委审阅,经两位编委一致认可的稿件,方可刊用;如两位编委意见相左,再送第三人审阅,然后决定取舍。因此,在刊物稿源充足的情况下,作为编委,每年收审编辑部寄来的稿子不下十来篇。从 1982 年开始,到 1988 年末编委会决定稿件编审基本上由编辑部处理为止的 7 年间,每年为《经济地理》杂志审稿确实投入了一些精力。

从 1996 年第 4 期起,我退出了 3 家期刊的编委会。那时,已年满 67 岁,退休已经两年了。

81. 助力人文地理学复兴

说人文地理学复兴,其实并不怎么确切。人文地理学有许多分支,在中华人民共和国成立初期,由于学习苏联,以及国内意识形态斗争的展开,受西方学术思想影响较深的这门学科总体上受到批判。一部分分支,诸如人口地理、聚落地理、政治地理、军事地理、社会地理、文化地理、人种地理等,从此沉寂了二三十年。另外,在那个时期,国际上开始兴起的旅游地理学、行为地理学和计量地理学,在我国也无声无息。当然,也有几个分支比较幸运,如经济地理学及其下伸的农业、工业、交通运输业地理,经过一番学术观点的改造,能为计划经济体制下的区域规划和产业布局提供一定的科学依据,基本站稳了脚跟,称得上是人文地理学中一枝独秀的学科(经济地理学中只有商业地理没有分享到这份幸运)。历史地理和城市地理的境况也还差强人意,尚能见到为数不多的学术成果。因此,所谓人文地理学复兴,并不是这门学科的所有分支都处于"冬眠"状态,都必须一一唤醒,而是要反思 20 世纪 50 年代至70 年代因一味强调人文社会科学学术研究服从主体意识形态,导致若干学科窒息的学术环境。实际上被扼制的那些学科都是人文地理学中不大的分支,并不需要有多大的学术队伍,但这些学科确实存在,世界上多数国家,特别是大国都有人在研究。所以,重要的是要承认学科的客观存在,倡导学术民主,尊重学术研究,通过学术争鸣来提升学术水平和思想境界,通过实际应用来证明其在物质文明和精神文明建设中的价值,而不是把它们一棍子打死。

复兴人文地理学,是地理学者,尤其是人文地理学者的共同责任。我是一个普普通通的地理学人,而且本职工作已经不在正宗的地理工作岗位上,所以只能为人文地理学复兴敲敲边鼓,业余做点添砖加瓦的事情。大致说来,有四件事情要我起一点作用,但实际上我只做了三件事情。

第一件事情,是参与《中国大百科全书·地理学卷》人文地理学条目的编撰与审稿。

那段时间,中国大百科全书出版社开始出手。中国是个泱泱大国,历来有编类书的传统,但近世以来,国力不振,经济文化落后了,偌大的一个国家,还没有一部属于自己的、具有现代意义的类书——大百科全书。1978 年,国务院决定编辑出版《中国大百科全书》,为此,专门成立了中国大百科全书出版社,承担这项庞大文化工程的出版工作。同时,成立了《中国大百科全书》总编辑委员会,以及各大学科的编辑委员会,具体领导编撰工作。在地理学领域,因为中国地理和外国地理条目的份量大,所以分设了地理学、中国地理、外国地理 3 个编委会,各成一卷①。

　　地理学卷编委会两位副主委李旭旦和吴传钧,在接受人文地理学主编的任务后,于1980年4月着手选拟条目,确定撰稿人选,然后由编辑部向撰稿人分发聘书和约请撰写的条目清单。8月15日,我收到了由中国大百科全书出版社上海分社编辑部寄来的聘书和约我撰写的7个条目,其中2条是城市地理学、聚落地理学两门三级学科类条目,另外5条是三级学科之下的学术概念性条目,要求在1981年3月底前交稿。

　　4月,我撰写的人文地理学7个条目脱稿,略作修改后寄给了大百科上海分社编辑部,撰稿任务告一段落,接下来就是编委会和编辑部安排审稿的事了(后来中国地理卷和社会学卷也来信约写几个条目,那又是另一回事)。5月中旬(13—19日),中国地理学会人文地理学术讨论会在杭州举行(地点在浙江省军区第一招待所,即后来的华北饭店),出席会议的代表中不少是承担了大百科人文地理学条目撰写的学者。因此,大百科全书出版社上海分社编辑部与这次会议主持人、也是人文地理条目正副主编李旭旦和吴传钧事先商定,在学术讨论会闭幕后,请这部分代表留下来,就编辑部已经收到的人文地理条目稿子开个初审会。初审会于5月21日至24日举行,20余人到会,对已有的稿子进行审阅讨论,提出处理意见。最后,吴传钧就条目后续修改的要求、交稿时间、下一轮审稿分工以及出版等事宜做了说明。关于下一轮审稿的分工,他宣布按学科分支归6个口子分别约定负责人把关。其中经济地理分成4个口子:经济地理综合(吴传钧)、农业地理(周立三、邓静中)、工业地理(李文彦)、交通运输业地理(张国伍);人口地理、聚落地理、城市地理3个分支归为一个口子,由王嗣均负责;商业、旅游、历史、民族、宗教、语言、社会、军事地理等诸多小分支统归一个口子,由李旭旦负责。这样,我从一个单纯的撰稿人延伸成了一个口子的审稿负责人

　　在归口审稿阶段,先由出版社编辑把归口稿件分别汇总寄给各口子的负责人,然后分口召开审稿会。我所在口子的审稿会于1981年10月26—31日在北京香山别墅举行,承担31个条目(其中3项与相邻学科交叉)的11位撰稿人及编辑到会。经过充分交换意见,面对面落实了条目的具体修改任务,由撰稿人自行修改,约定在年底前将修改稿寄到我处,由我通稿后于开年寄往大百科上海分社编辑部。

　　接下来是终审,把经过归口审改的地理学卷人文地理学条目(共142条)全部集中起来,由人文地理学主编李旭旦,副主编吴传钧、周立三共同把关审定。这最后一道审稿本来没有我的事情,但三位正副主编为了加快审稿进度,决定增加几个人,采取小范围会议形式,集中审定。会议除了他们三位之外,还有大百科全书出版社领导成员、地理学卷顾问吕东明,上海分社责任编辑郑景纯,以及杭州大学地理系陈桥驿和王嗣均,共7人。陈桥驿和我是以特约编辑名义邀请参加的。

　　终审会于1982年12月6日至20日在上海达华宾馆举行。由于全部条目此前已通过了一道归口审改的关,明显不符合大百科全书编写要求的稿子已经不复存在。但毕竟条目多,时间紧,终审任务仍然比较繁重。主编按照与会学者的业务专长,每人分阅若干条目,把内容全面准确、体例与文字符合要求的,首先听取分阅人评介,予以通过;余留下来的、基本符合要求但存在某种不足的,由分阅人提出意见,逐篇改定;个别条目,一致认为没有必要选录的,予以撤除。终审工作日以继夜,最后审定了138个条目约29万字的稿本。

---

　　① 国外已有的大百科全书,一般按学科来组织撰写条目,最后把所有学科的条目统一按首字母顺序排列,不以学科分卷。我国根据现有条件,首部大百科全书先按学科分卷。

三位正副主编出于对复兴人文地理学的考虑,征得大百科全书出版社的同意,准备在地理学卷正式出版前,先把人文地理学全部稿子以简装单行本形式付梓发行,以便国内学者参考。单行本于1984年9月面世,书名《人文地理学》(地理学整卷则在6年后的1990年正式出版)。

第二件事情,是为人文地理学重进大学课堂助一臂之力。

如前所述,新中国成立后的30年,除了经济地理处境较好,历史地理、城市地理尚存生机之外,其余分支学科事实上已经销声匿迹。学科陷入这种境地,一些资深的老学者心里不是滋味,还在改革开放之初,他们就发出了要大力开展人文地理研究的呼吁。

这个问题引起了国家高层的重视。1982年在我国公布的第六个五年计划中把人文地理列为要加强研究的薄弱学科之一。社会科学院和教育部的领导人也一再提到过去被忽视的重要学科(包括人文地理)要积极恢复和加强(见中国大百科全书出版社1984年出版的《人文地理学》一书序)。

人文地理学要积极恢复和加强,一个重要的措施是让这门学科重新进入大学课堂。但要把一门荒废了30年的学科在大学课堂里重建起来,师资从哪里来,成了首先必须解决的前提条件。

为了尽快解决在全国高校地理系及其他有关系科开设人文地理课程所需的师资问题,1984年,国家教育部决定于是年暑期与中国地理学会共同举办一期人文地理讲习班(亦称研究班),学员从全国高校地理系的中青年教师中选送,人数约40人,时间一个月,地点定在北京师范大学。主讲的学者由中国地理学会从全国大学地理系、中科院地理研究所以及其他有关部门的专家中物色。由于人文地理学没有通才,只能找各分支学科中有一定研究基础的学者,出来为讲习班讲课。教育部根据地理学会推介的对象,一共聘请了25位涵盖人文地理学绝大多数分支学科的主讲人。我因为在杭大经济地理专业给学生做过人口地理学(含聚落和城市)的专题讲座,并在困难的学术环境中写过人口地理的文章,便被地理学会列入推介的名单之中,成为受聘给讲习班讲课的人员之一。

讲习班于7月下旬在北师大如期举办。8月初,我按讲习班的日程安排赴京讲课,讲题是:人口地理学概观,内容包括五个方面:(1)人口地理学的历史;(2)人口地理学的研究对象;(3)人口地理学的基本内容;(4)人口地理学发展中的两个基本问题;(5)人口地理学的实践任务。

给讲习班的授课是拼盘式的,一般是给每个主题一天时间,上午讲课,下午课堂讨论。通过讲课,传授学科的基本框架、内容、理论和方法;通过课堂讨论,帮助学员打开思路、加深理解、激发思考。考虑到学员的需要,主讲人事先都准备了讲稿,课前发到学员手里。讲稿末尾一般还开列了参考文献,以便学员延伸阅读。教育部和地理学会为了推动人文地理学的教学和研究,在讲习班结束后,把全部讲稿汇编成书,书名为《人文地理学论丛》,由人民教育出版社出版,向全国发行。

第三件事情,是指导杭大首届人文地理研究生。

1984年秋,地理系计划于次年招收首届人文地理学硕士学位研究生,要我担任指导教师,经核准,校研究生部落实了招生指标(起初额定1名,后扩至3名)。

那时,学校刚把我调到新建的人口研究中心(相当于系一级研究机构)主持工作不久,机构建设、日常管理、课题研究、内外会议以及人口问题的宣讲、咨询服务等事务头绪繁多,此时兼任地理系的研究生导师已不是我的本职工作,何况以前我就不曾带过研究生。但地理系的业务领导人、我的老同事出于本系发展的迫切需要,还是按照惯性思维,仍旧把我当作地理系的一员,直截了当地要我担当指导首届人文地理的研究生的任务。当然,从地理系的角度来说,这是现实需要。当时,全校文理各系大都已经开始招收研究生,地理系自然不能无动于衷,况且原经济地理教研室人员中已有一位教授(陈桥驿)、两位副教授(马裕祥和我)以及几名教学骨干,研究方向涵盖人文地理学若干重要分支,无论从培养人才需要还是从教师团队力量来看,应该说具备了招收硕士研究生的条件。因此,凭既是"娘家"又是"老东家"的双重关系,拉住我这个与"老东家"藕断丝连的人,再为地理系尽一份义务,也算是情理之中的事情。我实在很难推辞,就勉强答应了下来。

其实,以原经济地理教研室为基础,招收人文地理学硕士研究生,并不是从我开始的,走在前面的是陈桥驿。早在两年前,陈就招收历史地理学方向的研究生,只不过当时杭大地理学科还没有取得硕士学位授予权,而历史学科已经有了这项权限,历史地理学是地学与史学的跨界学科,于是就把历史地理学纳入历史学科名下招收硕士生。这是变通的做法,容易理解。遗憾的是,时隔几年,杭大地理系迟迟没有获得地理学(一级学科)或自然地理学、人文地理学(二级学科)的硕士学位授予权。因此,我指导的那届研究生已经完成全部学业、在校内通过了论文答辩,要取得学位证书,还须委托有地理学硕士学位授予权的兄弟院校再组织一轮论文答辩予以确认。我校委托的是华东师大,通过答辩,顺利取得学位。

我首招的人文地理3名硕士学位研究生是杨建军、韩波和吴清法,都是杭大毕业生,前者毕业于地理专业,后二者毕业于城市规划专业(在3名研究生中,地理系准备把韩波留在城规专业工作,要求在3年学习的最后一年让该生转入城规专业过渡,我同意办理转移手续,但毕业论文的写作和答辩仍由我统一安排),他们的资质都不错,经过3年的学习和论文写作,业务素质显著提高,基本具备了独立研究问题的能力。三人学位论文的水平受到华东师大答辩委员会的好评,事后,担任那次答辩委员会主席的程潞教授在教育部的一个人口项目(CHINA/UNFPA/P47)工作会议上见到我时,一本正经地抛出一句话来:"你们的研究生论文水平确实不错。"按照程先生的个性,这种慷慨地恭维人的话,通常是难得从他的口中听到的。

1988年,第一届人文地理学方向研究生顺利毕业,这是我为"老东家"培养的唯一的一届研究生。不久,杭大地理系和人口研究中心都获得了硕士学位授予权,我指导研究生的任务也落实到了人口研究中心。

除了以上三件事情之外,本来还有第四件事情,就是参编《中国人文地理丛书》,后因故脱钩。

那是1996年5月,中国地理学会决定于11月7—9日在郑州举行"区域持续发展"学术讨论会及自然地理、经济地理、人文地理三个专业委员会的工作会议,紧接着于11月11—12日在开封举行《中国人文地理丛书》编辑委员会。两段会议一份通知,通知我去参加。

我是中国地理学会人文地理专业委员会委员,又是专业委员会推荐的《中国人文地理丛书·人口地理卷》编写工作的三位牵头人(中山大学朱云成、杭州大学王嗣均、华东师大张善余)之一,参加这两段会议理所应当。可是事不凑巧,10月中旬,因椎基动脉供血不足而眩晕,行动不便,短时间难以恢复,只好写信向会议组织者、中国地理学会副理事长吴传钧院士请假。但考虑到人文地理专业委员会既然推荐我为"丛书"中人口地理卷编写工作的牵头人之一,还是应该草拟一份编写大纲,供会议参考。于是,在开封会议前夕,趁我的研究生周皓去北京出差之便,托他到开封转一下,把大纲草案带交给会议主持人,顺便了解一下会议情况。结果周皓带回一个意外信息,专业委员会推荐的人口地理卷三位牵头人均未到会,受吴传钧委托主持会议的郭来喜临时把人口地理卷转托河南大学(原开封师范大学)地理系来组织编写。事后,河南大学地理系办公室金学良来信,征求我承担部分编写任务的意见,我因事情较多,精力有限,没有再准备接手,辞谢了。

第十七部 夕阳余晖

82. 一留再留总关情

1994年10月,我年满65岁,按规定于年末办理了退休手续。

从法定意义上说,从那时开始我结束了在杭州大学人口与发展研究所的职业生涯,但实际上个人与单位的关系没有一下子被割断,彼此之间仿佛有一条无形的纽带,继续维系了相当长的时间。

按照常理,退休的时候把未尽事宜向领导和后继者交割一下,彼此握别也就是了。但是,人口所人员少,一两个人一个研究方向,每个人的研究方向都比较明确,有人退休未必马上有人顶上。权宜之计就是单位征得退休者同意,学校以返聘形式请他们多留一段时间。此前,在我的任上,韩常先、刘长茂退休时就是这样处理的。事实上这类情况其他系、所也都有,已经成了当时的常例。就我退休时的情况来说,由我负责承担的中国/联合国人口基金合作的P04项目研究课题,按计划还需一年时间才能收尾;学校在我名下招收的最后两名人口学硕士研究生,此时才修业一个学期,距获得学位还有两年半时间。我退休后,这两项工作暂时无人接盘,单位领导通过返聘留我两年(一年一聘),也属寻常。

不寻常的是,返聘期满后,我的后任叶明德给我安上人口所顾问的名分留我两年;叶的后任原华荣又以同样名分再留我两年。1998年四校合并,杭州大学人口与发展研究所与浙医大人口所合并成立浙江大学人口与发展研究所,2000年成立所学术委员会,所领导(副校长黄书孟兼所长,原华荣为副所长)还报请学校聘我为学术委员会主任,任期两年。我后面的两届所领导不约而同地一再留我,这一点,局外人就有点不好理解了。

其实,这是我的后任在特定条件下所采取的一种措施。人口学界的人都明白,我国高校人口研究机构是应时而兴的产物。改革开放之初,我国长期积累下来的人口过多、增长过快的问题亟待解决;20多年讳莫如深的人口"理论禁区"急需打破;政府与联合国人口基金合作推进我国人口现代化的若干项目开始起步。这种解放思想、快马加鞭解决我国人口过多、增长过快问题的气势,激励了全国高校和社科界研究人口的热潮,在短短两三年内全国建立了一大批人口研究机构。然而,解决人口问题这个话题,说棘手很棘手,但一旦党政领导下决心,各级政府把这项工作抓起来了,收效也比想像的要快。到了90年代中期,国家生育率控制目标已初步实现,人口普查手段已进入现代化,人口学界的人才培养和研究能力已基本能满足国家需要,联合国人口基金经过三个周期(5年为一周期)的援助后开始退出。这样一来,全国关注人口问题的热度下降,关注焦点开始转移,原先一哄而上的人口研究机构出现过剩,开始自发洗牌。人口这个领域,研究机构和研究人员多了没有必要,但没有也不行。像浙江这样一个90年代中期就有四千多万人口的省份,适当保留一点研究力量还是必要的。当时,浙江高校的社会科学重心在杭大,而多所高校(杭大、浙医大、杭师院)和省、市委党校都设有人口研究机构,在这种情况下,浙江要留一点人口研究力量,杭大当然是主要担当者。我的后任叶明德和叶的后任原华荣正是在这样的转折时期先后接手杭大人口所工作的。面对新形势和新问题,这个所如何承先启后、继往开来,需要好好谋划。在这个节骨眼上,他们挽留我这个老所长一起出点主意,再共事一程,也就可以理解了。

希望再留我一程当然是叶、原两位的意愿,至于我愿不愿意留,决定权还在我自己。不过,当他们提出留我一程的意向时,我没有过多思考便应允了,这又是为什么呢? 我觉得这里有一种情愫。我从杭大人口所创立开始,毕竟付出了 10 年心血,也从那时开始,与包括叶明德在内的一些老同事共同创业,同舟共济,直到我退休。因此,在我内心,无论对事业还是对老伙伴,都蕴含着颇深的感情。现在,人口所面临转折,有的问题需要探索,做出决策,老伙伴希望我陪伴一程,岂能无动于衷!

因此,从 1995 年初开始,我先后以返聘、顾问、学术委员会主任名义,在杭大人口与发展研究所(后为浙大人口与发展研究所)继续逗留了 8 年之久。在这其间,参与了研究所的决策,做了一些力所能及的工作,主要有以下几个方面:

一是认清办所形势,推动人口所尽快从行政架构与办所经费来源的矛盾中解脱出来。杭大人口所成立时单独设置了行政机构,有机构就要有行政经费支撑。当初,人口所参与中国/联合国人口基金合作项目,有国内配套资金支持,如今,合作项目结束,配套资金断绝,靠学校向省教育部门申请新兴学科扶持经费,在学校领导兼任所长期间还好说,但也是短期行为。从长远计,应该是保持人口所建制和精干的研究力量,免设行政机构,走院所(或系所)结合之路。人口学是二级学科,有若干结合路径,较为常见的是与经济学、社会学、公共管理学等院(系)结合的方式,也可以另辟蹊径与其他有关院系(包括新创设的有关院系)结合。这个问题,在杭大酝酿多时,四校合并成立新浙大初期,人口所与法律系、思政系一起组成法学院,人口所暂时保留一个半人的行政编制。后来,法律系单独组建学院,人口所并入浙大新成立的西部发展研究院,所行政职能全部退出(当然,学校的这一安排也非长远之计,因为西部发展研究院是国家发改委与浙大合作建立的一个研究工作平台,而非以学科群为基础的学院)。

二是协助解决保硕争博,提升人口所的学术地位的问题。在上世纪 80 年代末至 90 年代初中期,几位老教师(韩常先、刘长茂、徐天琪)先后退休,一位中年教师(骆克任)调离。这样一来,硕士点指导教师吃紧,原来准备申报博士点的行动只能暂缓,赶紧充实硕士研究生的指导力量,除了设法从外界调入之外,一个重要措施就是扶植现有中青年教师,尽快解决他们的职称提升问题,力争在稳住硕士点的同时,为早日获得人口学博士学位授予权创造条件。创建博士点的目标,终于在 2003 年 7 月实现。

三是利用已有的人脉,承接省内外重大课题,帮助人口所组织力量进行研究。通过研究,提高研究人员的学术水平和社会服务能力,扩大社会影响,也有利于开辟科研经费的来源。

四是根据人口所的力量,明确硕士研究生培养目标,调整课程设置,合力强化研究生的学术训练和实践训练。在这一过程中,我本人继续给他们开设以人口迁移与城市化为主线的人口地理学课程,同时帮助审阅部分学生的学位论文,参与或主持每届硕士生的论文答辩。与此同时,也对有需要扶持的青年研究人员在申报课题、提高独立研究能力方面做些指引。

五是继续发挥个人在人口学界（特别是在省内）的影响，发挥杭大人口所在省内外人口活动中的作用和地位。

到 2002 年，浙大人口与发展研究所大致平稳渡过了转折时期，留下了一支由叶明德、尹文耀、原华荣、周丽苹、姚引妹、班茂盛、张海勇、李芬 8 人组成的研究队伍，成为浙江延续和发展人口科研事业的火种。是年，我 73 岁，带着几分欣慰与新老同事作别。

不过，说作别也没有完全割断。在原华荣余下的任期内，仍没有让我完全变成闲人，凡人口所有大一点的或全局性的事情需要讨论时，他总要打个电话邀我"劳驾一下"，出点主意，做点"平衡工作"。在老原眼里，大概是把我当作人口所这艘小船的压舱石了。

83. 尽一点"智库人物"义务

中共十一届三中全会之后，用改革开放来医治"文革"造成的创伤，市场开始发育，全国各条战线、各个区域的建设事业有序开展。在这种形势下，政府部门和企事业单位的发展理念、体制机制、规划设想不断更新，那些需要专家咨询、论证、评估、审定、鉴定的改革设想、发展构想、空间规划、制度设计、研究立项、成果应用等事项日渐增多。这些事项有的同我长期从事经济地理工作，诸如生产力空间布局、区域规划、城市规划有关，有的同我后期涉足的人口问题研究有关。因此，随着改革的深化和开放的扩大，我不知不觉受到了某些部门和单位的注意，进入了他们的视线，在他们眼中成了咨询、论证、评审等等活动的邀请对象。

不过，在我退休以前，由于本职工作比较繁忙，加上一些兼职羁绊，参加这类社会活动在时间上难免会与本、兼职工作发生冲突。到了退休之后，虽然年事渐高，在原单位和社会上也还有一些兼职，不过那毕竟是虚职，不同于原来繁重的本职工作，一般不至于同社会上不算太频繁的活动邀请发生矛盾。正因为如此，参加这类活动的机会反而比退休以前多一些。

邀请参加活动的，大都来自同我专业方向有关的政府部门和事业单位，包括计划部门（后来的发展与改革部门）、社科规划部门、城乡规划部门、计划生育部门、人口普查部门，以及高等院校与科研院所的有关专业。从活动的性质来看，主要是区域与城市发展问题咨询、规划或改革方案论证、任职资格认定、课题立项与研究成果评审鉴定，以及高校每年常规性的研究生论文评阅与答辩等几大类任务。

单次应邀参加活动任务最重的要算研究课题的立项与研究成果的评审。这类任务的来源主要是省市政府有关部门、省哲学和社会科学规划办公室、国家自然科学基金和社会科学基金，以及杭州市与浙江大学的市校合作项目。那些申请立项的课题设计方案或提交评审的项目研究成果，送请评委审阅的，往往一次就是五六件、十来件。尤其是省哲学社会科学规划办公室，一轮课题立项评审或研究成果评审的数量很大，每个学科组评委一次需要审阅的文件不下一二十件，要认真对待这项任务，是有一定工作量的。

活动中最具决策参考价值的是区域与城市发展重大问题的咨询、规划方案的论证以及某种改革方案的意见征询。这些议题都与决策有关，政府和部门为了科学决策，使建设事业不走弯路或少走弯路，往往在做出决策前邀集各路专家出谋划策，然后集中起来，去粗取精，制定必要的计划、规划、改革方案以及相应的政策措施。

邀请最为常态化的是来自高校研究生的学位论文评阅和答辩。大致在每年的春夏之交都会有一批硕士和博士研究生论文进入这一程序，而且，随着研究生招生量的增大，学位论文评阅和答辩的工作量也逐年有所增加。

咨询、评审等活动的地域范围大致以杭州市区和省内为主。省外的有国家自然科学基金、教育部社会科学基金课题立项评审,京沪高校兄弟单位博士论文评阅,以及个别的政府部门改革事项专题咨询等。省外约请的咨询、评审活动通常采用通讯方式提供书面意见,亲赴外省参会只是偶一为之。例如,海南省作为一个经济特区,在法定权限内可以特事特办。该省为了冲破原有户籍制度对特区发展的阻碍,于1996年尝试户籍制度改革,试拟了《海南经济特区人口登记暂行条例》,试拟稿经内部反复讨论,五易其稿后,省户籍改革领导小组于1997年1月上旬就第六稿邀请公安部户政局、该省法制局(体改办)各两位干部,中国社科院、人民大学、南开大学、北京大学、杭州大学、公安大学各一位学者开会论证,我应邀参加了会议。

咨询和论证活动通常都是主办方人员与应邀者一起开会,主办方除了听取与会者的意见之外,可以通过提问、讨论增进共识,或深化对问题的认识。评判性活动则不同,特别是研究课题立项及研究成果评奖,都带有选择性,评委与申请人一般是"背靠背"的,评审委员会在分学科组审议的基础上由全体评委投票决定。这种评判,其结果是否公平、公正、准确,在某种程度上取决于主办单位的组织和准备工作是否充分和细致。

所有这些活动都是智力服务,受邀者用自己的专业知识服务社会,但活动过程中会接触一些理论问题和实际问题,有时还会遇到一些前沿性的科学问题,促使自己去思考,去研究。从这个意义上说,这些活动既是一种社会服务,也是一种学习和进修。我觉得参加这些活动无形中延长了自己的学术生命。

84.老牛夕阳还奋蹄

退休前夕,以为退休以后会清闲下来,可以在以往教学和研究的基础上,对人口(人类)迁移问题做个系统梳理,扩展一些内容,如果精力许可,可以写出一本"迁移通论",对人口学、人文地理学和人口、资源、环境关系的教学和研究都会有参考价值。可是,思路一打开,便觉得必须涉及古今中外的大量资料,以及理论和方法论上的许多问题,而退休之后,一无经费、二无助手,要启动这样一项研究,牵制条件不少。

实际上退休生活也不像我原来想象的那么清闲,由于多年累积的学术影响还没有退去,除了人口所工作和社会咨询方面的需要之外,省市党委和政府及有关部门提出的现实研究任务接踵而至,不大可能静下心来去做一件细水长流的研究,索性就把"迁移通论"的设想搁置起来,专心去完成现实需要的课题。

政府和有关部门委托的课题,先后接手了7项:

1."2020年浙江农村社会发展前景和目标研究"。浙江省计划经济委员会委托,1997年3月立项,1998年5月完成,成果获省教委1999年科技进步奖二等奖。

2."浙江城市化进程的加速与户籍制度改革研究"。浙江省哲学社会科学规划办公室立项的1998年重点课题,1998年5月启动,1999年7月完成,2000年获浙江省教育厅哲学社会科学优秀成果奖二等奖。

3."京杭运河(杭州段)功能及沿河地带开发基础研究"。杭州市委市政府与浙江大学合作项目(简称市校合作项目)之一。1999年9月市府委托浙大来研究,浙大社科部又委托我主持,组织力量进行研究。1999年10月启动,2000年8月完成,9月通过省级鉴定,2001年获省人民政府颁发的浙江省科学技术进步奖二等奖。

4."杭州三墩区域功能与发展方向研究"。市校合作项目之一。市政府发展计划委员会立项,直接委托我主持,进行研究。2001年12月启动,2002年6月完成。

5.“长三角人口发展战略研究”。属国家级课题“中国人口发展战略研究”的一个重点区域课题。2004年4月启动,同年11月完成。

“中国人口发展战略研究”课题,是由以国家委托以蒋正华为组长,宋健、徐匡迪为副组长的课题组承担研究任务的。“长三角人口发展战略研究”,是上述国家课题的一个分课题,通过国家人口与计划生育委员会委托上海市人口计生委牵头,会同江苏、浙江两省人口计生委成立课题领导小组,下设办公室具体运作,组织复旦大学、江苏省社科院、浙江大学、华东师大、上海社科院等院校人口、经济、资源、环境方面的专家,进行跨省区的6个方面的专题研究。我作为课题专家组成员,参与总课题设计,主持完成第4方面专题——“长三角都市带人口容量研究”。

6.“浙江人口发展战略研究”。由国家统一部署、省政府领导、副省长盛昌黎牵头、省人口发展战略研究协调会议办公室组织专家承担任务。课题任务是进行5个专项研究,在此基础上形成一个总报告。我作为课题专家组副组长参与总课题设计,并主持第4项专题——“长三角地区人口变动对浙江发展的影响及对策研究”。总课题于2004年4月全面启动,2005年10完成,是年11月通过了以蒋正华为组长的验收组验收。成果由省计生委上报国家计生委,获一等奖。

7.《浙江省人口志》。浙江省地方志办公室规划的专志之一。1994年成立编纂委员会,由省计生委主持,内容以计划生育为主,人口为副。1996年1月任命我为主编(双主编之一),负责人口部分的编纂。2002年1月,省计生委决定计划生育部分单独成志。2002年9月,经省计生委同意,决定人口部分继续编纂,形成完整的人口志,另组编委会,任命徐八达、王嗣均为主编。为此,重新构建通贯古今、涵盖人口数量、结构、分布、移动、人口思想、人口机构、人口活动等全方位的人口发展变动历史过程的框架体系,增加编撰力量,经过6年多的努力,于2008年初完成编纂任务。全志150万字,由中华书局出版。

以上课题,除了《浙江省人口志》是一部志书,起存史作用,供众人查阅之外,其余各项都是紧密结合国家和省市党政领导机构或相关部门的实际需要,为决策、规划提供了必要的科学依据。成果以不同方式问世,包括以研究报告集形式留存(供政府和有关部门内部使用)、整理或改编后公开出版、部分内容转化为学术论文发表,等等。

在现实课题中,运河(杭州段)的研究成果产生了较大反响。课题成果鉴定通过后,受到杭州市委市政府领导重视,成为运河杭州段及沿河地带功能定位与开发的重要依据。同时,也引起新闻媒体与相关专业人士的关注,《杭州日报》先向课题组几位主要成员约稿,就成果总体情况做了整版报导,随后又就成果中“三水共导”等7个方面亮点陆续做了报导。成果最终以《杭州运河地带功能定位与综合开发》为题,受杭州市计划委员会与浙江大学“侨福建设基金”资助,于2001年6月由浙江大学出版社出版。市计委视此成果为那几年他们委托学术界研究课题中的样板。

结束语

我自1953年留任浙江师范学院地理系助教，开始进入高教界之后，经历了浙江师院和一脉相承的杭州大学两个阶段，到1994年退休，前后41年半，把大半生都交给了高教事业。

在这41年半的人生经历中，概括起来可以分为三个段落，扮演了三种不同的角色：一是地理专业、经济地理专业的"螺丝钉"；二是城市规划专业的"铺路人"；三是人口研究中心的"拓荒者"。

所谓"螺丝钉"，说的是哪里需要往哪里拧。在这一段职业生涯中，开始当过两门区域地理课程的助教，后来独立开设过以经济地理为主的三门课程，中间穿插参与过《浙江省地图集》的编制，还是本系年轻教师应派出席国内学术会议较多的一员。

所谓"铺路人"，意思是与老同事、当时系领导人之一马裕祥合力在地理系试办城市规划专业后，我作为业务先行者、专业负责人，尽心尽力，为城规专业后来升格为杭大区域与城市科学系做了铺垫。

所谓"拓荒者"，指的是在浙江高校率先探索和开展人口研究，建立杭大人口研究中心（后更名为人口与发展研究所），成为国内十余家有一定影响的大学人口研究机构之一。

在高等学校，但凡专心治学的，大都把精力倾注在一个专业方向之中，只要有兴趣，有足够的努力，持之以恒，就会取得或大或小的成就。而我呢，因为形势发展需要，接受领导的托付，几度变更专业方向，难以专注于一个学术领域的工作。从专一治学的角度来看，当然是一种失落，但换个角度看问题，响应时代召唤，服从领导合理安排，也未尝不是积极的生活态度。只要干一行爱一行，执着地坚持下去，尽力而为，为后来人留下点事业基础，也是一种奉献。同时，对自己也是拓宽知识面、延伸服务社会能力的一种机遇，并非虚度光阴。这不是自我安慰，也不是自嘲，而是后半生实际生活的一点体悟。

附录:学术生涯简录

A. 个人简历

王嗣均教授,1929年10月生,男,汉族,浙江奉化桐照村人。1953年毕业于浙江师范学院地理科,留校任教。1958年转入杭州大学,历任经济地理教研室主任,经济地理(城市规划)专业负责人,人口研究中心(后更名为人口与发展研究所)副主任、主任、中心(所)学术委员会主任、校学术委员会委员等职。1994年底退休,回聘为杭州大学人口与发展研究所学术委员会主任、顾问。1998年四校合并组建新的浙江大学后,继续回聘为该校人口与发展研究所学术委员会主任、顾问。学术团体的兼职主要有:中国人口学会理事,中国地理学会人文地理专业委员会委员,中国人口学会人口迁移与城市化研究委员会委员,浙江省人口学会会长,浙江省国土经济研究会常务理事等。

在教学上,前期以讲授经济地理学为主,1976年以后先后从事城市规划学与人口学的教学。1985年开始招收人文地理学硕士研究生,1987年起招收人口学硕士研究生,建立了硕士点,为国家培养了相应的人才。

在学术研究上,主要研究领域是中国城市化与人口迁移。曾主持了联合国人口活动基金援助中国的"大学人口学研究与培训"项目(CHINA/UNFPA/P04)十大研究课题之一暨国家教委"八五"社会科学重点课题之一的"中国现阶段不同区域城市化的调查与比较研究";主持了国家社会科学基金与国家教委"六五"重点项目《中国人口·浙江分册》的编撰工作;作为重要成员参与了"中国74城镇人口迁移调查""中国城市化的模式与发展道路"等国家社会科学基金"七五"重点项目的研究。此外,还主持了浙江省"七五""八五""九五"社会科学重点项目和省内若干重要应用基础研究项目的研究。先后发表论文60余篇,出版主撰、主编著作5种,参撰参编著作9种、类书辞书与志书5种。代表性论文有:《浙东姚慈稻棉区农业劳动力资源及其利用平衡》《中国城市化空间发展的战略转变与宏观调节》《城镇效率差异对我国未来城镇化的影响》《论中国现阶段大城市的成长》《迁移管理制度改革的理论思考》等。代表性著作(主编、主撰)有:《中国人口·浙江分册》《中国人口迁移与城市化研究·浙江卷》《中国城市化区域发展问题研究》《杭州运河地带功能定位与综合开发》等。上述代表性性论文和著作的出处分别参见附录中B、C两部分。

9项研究成果获省、部级奖励。1992年起享受国务院特殊津贴。

B. 发表的文章(有合作者或参与者的,均在备注栏注明)

题目	刊物与刊出时间	估计字数	备注
1. 新疆维吾尔自治区	浙江省科学普及资料(活页),1956	9000	
2. 杭州市经济地理	杭州大学学报,1959(1)	15000	师生合写,是"大跃进"年代产物
3. 怎样开展县级地理学会的活动	地理,1965(2)	6000	本人撰写(署名浙江省地理学会)
4. 浙东姚慈稻棉区农业劳动力资源及其利用平衡	地理学报,1964(4)	18000	
5. 浙江省嘉兴专区农业区划工作的几点认识和体会	地理学报,1965(4)	10000	与陈桥驿合写
6. 富春江	地理知识,1973(3)	6000	与宋小棣合写
7. 我国沿海海域与岛屿	人民画报,1973(4)	2000	本人撰文。因"文革"原因,署名杭州大学地理系。此文后被选入陕西人民出版社《中国地理知识》的小册子。
8. 海洋是我省一大经济优势	浙江日报,1980-7-12.	2700	
9. 发展海岛区域经济问题初探	浙江日报,1980-8-16.	2100	
10. 从人口地理角度看浙江人口的几个问题	浙江学刊,1981(1)	9000	与周复多合写
11. 人口普查的现代特点和作用	浙江人口通讯,1982(2)	7000	原系本人在省人普绍兴试点工作会议上讲话的纪录稿,省人普办以文件形式印发全省各级人普办。《浙江人口通讯》刊用前本人作了节写。
12. 杭州本世纪末城市人口规模试析	杭州大学学报(自然科学版),1983(2)	12000	①本人撰稿,马裕祥、周复多前期参与调查,同署名。②此文是建筑工业部"城市合理规模研究"合作项目的一个专题,项目由南京大学牵头,成果汇编获 1988 年江苏省社科优秀成果二等奖。③先在内部刊物《浙江人口通讯》1982 年第 3 期刊用。
13. 人口地理学中一个被忽视的领域	人口与经济,1984(2)	6000	1986 年分别获省科协和省社科优秀成果二等奖和三等奖。
14. 人口地理学概观	《人文地理学论丛》,人民教育出版社,1985	13000	

续　表

题目	刊物与刊出时间	估计字数	备注
15.中国近期城市化速度和市镇人口的分配问题	经济地理,1986(1)	11000	①本人撰稿(韩常先前期配合资料工作)②此文参加1984年12月北京"人口与发展"国际学术讨论会,会后,《人口动态》、Population Research两刊即刊出其主要内容,1987年全文收入中国人民大学出版社《人口与发展》一书及美国Chinese Sociology and Anthropology春夏合期。(3)1988年获省高校自然科学人文科学优秀论文三等奖。
16.浙江省人口述要	中国人口年鉴(1985)	5500	本人撰稿(徐天琪同署名)
17.浙江省"六五"期间人口发展的特点	中国人口年鉴(1986)	5500	合写(4人署名)
18.中国城市化空间发展的战略转变与宏观调节	中国人口科学,1988(2)	11000	获1988年省社科优秀成果二等奖。选入1989年北京大学出版社出版的《人口科学的探索与开拓》一书。
19.浙江杭宁绍硖四市镇人口迁移和流动特征初析	人口与经济,1988(4)	10000	与吴汉良合撰
20.菲律宾的人口政策与人口活动	浙江人口通讯,1988(1)	5300	
21.关于城乡划分标准问题的思考	探索,1988(6)	6900	与韩波合撰
22.关于城乡划分标准问题的几点意见	人口与经济,1989(1)	3400	同上
23.浙江省城镇人口迁移与流动的时空特征	收入1988年北京经济学院出版社出版的《中国人口迁移与城市化研究》一书	5400	与吴汉良合撰
24.浙江人口科学发展的回顾与前瞻	当代人口,1989(4)	6500	
25.温州市乡村地区超高速城市化问题探略	温州人口研究,1989(6)	7000	
26.略论温州经济模式下的乡村超高速城市化	人口研究,1990(2)	8700	与吴汉良合撰
27.中国城镇迁入迁出人口特征的对比分析	南方人口,1990(3)	9000	
28.中国人口地理研究的进展	人文地理,1990(3)	7500	1990年春参加香港大学主办的"地理研究与发展"国际学术讨论会论文,1992年收入香港大学出版社出版的《地理研究与发展》一书。
29.80年代中国人口城镇化概况	《中国人口年鉴(1990)》专论	10100	

续　表

题目	刊物与刊出时间	估计字数	备注
30.人口区划问题刍议	中国人口科学,1990 专刊	6000	同时收入《第五次全国人口科学讨论会论文选》
31.继往开来,办好刊物——寄语《当代人口》	当代人口,1989(1)	2300	
32.浙北浙南不同经济格局对人口和生育影响的比较研究	中国人口科学,1992(1)		本人为课题负责人,顾耀德执笔。
33.二元经济结构条件下产业投资的城镇化效应探析——以宁波为例	人口学刊,1992(1)	12000	本人主撰,周志刚、吴清法参与调研,共同署名。
34.中国城镇化几个问题的省际定量比较研究构想	《中国城镇化区域比较研究论文集》,杭州大学出版社,1992	19900	
35.80 年代浙江生育率变动及其对人口决策的含意	《前进中的浙江人口》,杭州大学出版社,1993	10600	
36.农村隐性城镇化的调查与水平估测——以萧山为例	人口与经济,1993(1)	12900	与周志刚合撰
37.城镇效率差异对我国未来城镇化的影响	经济地理,1994(1)	9700	
38.论中国现阶段大城市的成长	中国人口科学,1995(6)	10000	
39.经济、社会、环境协调发展的滕头村	西北人口,1996(2)	8600	参加 1995 年 5 月华东师大主办的"地球村"国际学术会议文章,原题为"为了明天——介绍一个经济社会环境协调发展的农村社区滕头村",约 1 万字。会后,上海内部刊物《人口》即在 1995.4 期原样刊登。
40.浙江省未来人口发展趋势及生育政策选择	当代人口,1995(1)	9600	与周志刚合撰
41. Industrialization and Urbanization in China	Elements of Change,1995		美国 Asban Global Change Institute 1995 年夏季科学讨论会论文摘编。

续　表

题目	刊物与刊出时间	估计字数	备注
42.《山区集镇与可持续发展》序	农业科技出版社,1996	2000	
43.现阶段中国城市化区域发展的比较研究	《中国人口年鉴(1995)》(调查报告)	10500	与李新建合撰
44.可持续发展与人口工作的长期使命	当代人口,1996(3)	9000	
45.城市化道路的回顾与反思	浙江通讯(月刊),1997(5)	5000	
46.户籍制度改革需要重点处理好三个问题	人口研究,1997(3);同年《新华文摘》转载	3500	
47.人口科学的视野与现阶段人口研究的几个深层次问题	当代人口,1997(3)	7000	
48.脱出窠臼 迈向新的高度——读《中国人口分布与区域经济发展——一项人口分布经济学的探索研究》	人口与经济,1998(5)	3400	
49.尊重规律 因势利导推进长江三角洲经济区南翼的城市化	杭州师范学院学报,1999(5)	3300	
50.消除城市化的制度障碍	浙江经济日报,1999-4-23	1000	此系"科学规划,积极推进浙江城市化进程研讨会"发言摘登
51.《慈溪市人口与计划生育研究与实践》序	市计生委、计生协、人口学会编印,1999 年	2000 余	
52.迁移管理制度改革的理论思考	浙江学刊,2000(1)	7500	
53.经济发展呼唤自由迁移	浙江法制报(明镜周刊),2000-3-25.	3000	
54.城市化与人口现代化	当代人口,2000(1)	5000	
55.开发运河,提升杭州城市品位	杭州日报,2000-12-24	1500	
56.《21 世纪中国人口系统模拟与决策》序	浙江大学出版社,2000	4800	
57.中国户籍管理制度问题的症结与改革思考	《中国人口年鉴 2003》	12400	
58.户籍制度深入改革需要解决的两个问题	中国人口科学,2002(5)	9000	王嗣均负责,班茂盛执笔,张爱华参与
59.因时而兴 与时俱进——写在《当代人口》出刊百期之际	当代人口,2006(3)	6000	

续　表

题目	刊物与刊出时间	估计字数	备注
60.《浙江可持续现代化报告》总序	浙江大学出版社,2006	5000 余	
61.《浙江城市化进程中老龄问题研究》序	中国农业出版社,2005	2800	
62.《绍兴城市人口研究》序	西泠印社出版社,2008	2800	
63.人口与计划生育的新航标	当代人口,2007(1)	2000 余	
64.《基石——余姚市人口和计划生育工作研究文集》序	中国文化出版社,2011	4000 余	
65.《理论与实证:人口、环境和发展》序	浙江大学出版社,2014	3400	

C. 出版的著作

1. 浙江地理　　浙江人民出版社,1978 年,7 万字。署名浙江地理编写组,撰稿人王嗣均、宋小棣、徐书田、顾嗣亮,本人通稿。

2. 浙江地理简志　　浙江人民出版社,1985 年。本人撰《人口地理志》,2.8 万字。

3. 人文地理学论丛　　人民教育出版社,1985 年。本人撰《人口地理学概观》,1.3 万字。

4. 中国人口·浙江分册　　中国财政经济出版社,1988 年。全书 31.8 万字,本人主编,并撰 4 万字。分册获 1990 年浙江省哲学社会科学优秀成果二等奖,整套丛书获 1995 年国家教委社会科学优秀成果二等奖。

5. 衢州市经济社会发展战略研究　　杭州大学出版社,1990 年。本人为项目中心组成员,撰总报告社会发展部分约 1 万字。此成果获 1992 年浙江省科技进步三等奖。

6. 中国人口迁移与城市化研究·浙江卷　　华中理工大学出版社,1995 年。本人与吴汉良合著,14.8 万字。获 1999 年浙江省哲学社会科学优秀成果三等奖。

7. 中国城镇化区域比较研究论文集　　杭州大学出版社,1992 年。全书 24 万字,本人主编,并撰两文(约 3 万余字)。

8. 中国城镇人口迁移　　中国人口出版社,1994 年。本人撰 12、15 两章,约 3 万字。

9. 跨世纪的中国人口·浙江卷　　中国统计出版社,1994 年。全书 39 万字,本人为副主编,对初审稿作通改,并撰"第一章人口发展的回顾",约 3 万字。

10. 中国城市化区域发展问题研究　　高等教育出版社,1996 年。本人主编,撰绪言、第二、五、十五章、后记,7.6 万余字(全书 36 万字)。这部著作是联合国人口基金资助项目(CHINA/UNFPA/P04)的合作研究成果,《转变中的中国人口与发展》10 部系列专著之五,该系列专著获 1998 年中国人口学会、国家计划生育委员会人口学优秀成果一等奖。

11. 转变中的中国人口与发展总报告附录 4:中国现阶段不同区域城市化的调查与比较研究课题主要研究成果报告　　高等教育出版社,1996 年。本人撰 14500 字。

12. 八十年代中国人口变动分析(《中国人口》续篇)　　中国财政经济出版社,1996 年。

全书201.2万字,本人撰下卷第11章(八十年代浙江人口变动分析),3.95万字。

13.走向均衡:1995—1996浙江社会发展蓝皮书　　杭州出版社,1996。本人撰"城市化",18000字。

14.人口科学的探索与开拓——高校人口学研究优秀成果汇编　　北京大学出版社,1989。(收入本人在《中国人口科学》1988年2期发表的论文1篇)

15.浙江社会发展问题与思考　　杭州大学出版社,1998。本人撰城市化篇,23000字。

16.杭州运河地带功能定位与综合开发　　浙江大学出版社,2001。系杭州市发展计划委委托、由本人领导的课题研究成果,获2001年浙江省科技进步二等奖。

17.长三角人口发展战略研究　　复旦大学出版社,2007。本人为"长三角都市带人口容量研究"分报告负责人。

18.译作　(美)施坚雅主编《中华帝国晚期的城市》　中华书局2000年12月出版,多人合译,本人译45000字左右。(原书为 THE CITY IN LATE IMPERIAL CHINA, Edited by G. WILLIAM SKINNER, Stanford University Press, Stanford, California 1977)

D. 出版的类书、辞书、志书

1.中国大百科全书·地理学·人文地理学　　中国大百科全书出版社,1984。本人为特约编辑,并撰6条。

2.中国大百科全书·地理学卷　　中国大百科全书出版社,1990。本人为人文地理编委,并撰7条。

3.中国大百科全书·中国地理卷　　中国大百科全书出版社,1993。本人撰宁波条。

4.中国大百科全书·社会学卷　　中国大百科全书出版社,1991。本人撰人口学6条。

5.经济大辞典·国土经济、经济地理卷　　上海辞书出版社,1988。本人撰44条。

6.经济大辞典　　上海辞书出版社,1992。本人撰44条。

7.浙江省人口志　　中华书局,2007。本人为主编,并撰约10万字。

E. 负责承担的科研项目研究报告

·当时未公开发表的:

1.浙江省人口数量和结构变动对经济社会发展的影响研究

委托单位:浙江省计划经济委员会(浙江省国土总体规划专题研究之二)

完成时间:1993年6月

成果出路:1994年8月省计经委组织专家评审验收,验收负责人董君舒、黄勇。

2.2020年浙江农村社会发展的前景与目标研究

委托单位:浙江省计划与经济委员会

完成时间:1998年4月

成果出路:1998.6.14.由省科学技术委员会组织9名专家评审通过。后由省计划与经济委员会农业区划办公室汇编入《浙江省农业与农村可持续发展研究》。

3.浙江城市化进程的加速与户籍制度改革研究

下达单位:浙江省哲学社会科学规划领导小组办公室(1998年重点项目)

完成时间:1999年6月

成果出路:1999年8月由省哲学社会科学规划领导小组办公室组织专家鉴定通过。

4.杭州市三墩地区开发的功能定位与协调发展研究

委托单位:杭州市发展计划委员会

完成时间:2002年5月

成果出路:完成后即交市发展计划委员会验收,得到市委市府肯定,已在后续研究和规划中起作用。

5.长三角都市带人口容量研究

委托单位:国家人口发展战略研究办公室

完成时间:2004年10月

成果出路:作为国家人口发展战略研究项目组成部分的长三角区域研究的分课题成果之一,于2005年1月编入由上海、江苏、浙江一市二省人口计生委联合汇编的《长三角人口发展战略研究》。

6.长三角地区人口变动对浙江发展的影响及对策研究

委托单位:浙江省人口发展战略研究协调会议办公室

完成时间:2005年5月

成果出路:由省政府邀请京沪杭专家评审通过。浙江省哲学社会科学规划领导小组办公室认定为重大课题研究成果。2006年由省人口发展战略研究协调会议办公室汇编入《浙江省人口发展战略研究课题报告集》。

·公开发表的:

1.联合国人口基金资助的"大学人口学培训与研究"项目(代号CHINA/UNFPA/P04)的十大研究课题之四:"中国现阶段不同区域城市化的调查与比较研究",成果于1996年由高教出版社出版(见C.11)。

2.杭州市发展计划委员会委托的"京杭运河(杭州段)功能及沿河地带开发基础研究"项目,成果于2001年由浙江大学出版社出版(见C.16)。

3.上列5中包含"长三角都市带人口容量研究"成果在内的《长三角人口发展战略研究》,经长三角课题组办公室略作处理后,于2007年由复旦大学出版社公开出版(见C.17)。

F. 校内职务及学术兼职

杭州大学地理系经济地理教研室副主任(1978.3—1979.3)、主任(1979.4—1984.7)

杭州大学地理系系务委员,主持经济地理(城市规划)专业(1981.11—1984.8)

杭州大学人口研究室副主任(1981.7—1984.7)

杭州大学人口研究中心副主任(1984.7—1990.2)

杭州大学经济与管理学院副院长(1986.10—1988.12)

杭州大学经济学科职称评定组副组长(1987—1989)

杭州大学人口研究所(由人口研究中心更名)所长(1990.2—1993.9)

杭州大学学术委员会委员(1990.3—1994)

杭州大学经济与管理学院院务委员(1992.6—1994.12)

杭州大学人口与发展研究所(1993年由人口研究所更名)学术委员会主任(1993.9—1996.8)

杭州大学人口与发展研究所顾问(1996.9—1998.8)

浙江大学人口与发展研究所学术委员会主任(2000.8—2002.8)

浙江省社会保障研究发展中心学术委员会委员(1998.12—)(中心设浙大西溪校区内)

浙江大学可持续发展研究中心顾问(2000—)

G. 学术团体及其他社会兼职

·学术团体兼职

浙江省地理学会理事(1978—1997)

中国地理学会人文地理专业委员会委员(1983—2000)

浙江省人口学会会长(任四届,1980—1984,1984—1988,1988—1993,1993—1997)

中国人口学会理事(任四届,1981—1985,1985—1990,1990—1994,1994—1998)

中国人口学会人口迁移和城市化研究委员会委员(任两届,1990—1994,1994—1998)

浙江省村镇建设研究会理事(1990—1997)

浙江省国土经济研究会常务理事(1992—200?)

浙江省人口学会顾问(1998—2009)

·其他兼职

浙江省计划生育委员会委员(1981—1983?)

杭州市西湖区计划生育协会名誉会长(1986—)

浙江省人口普查领导小组顾问(1981—1984)

浙江省哲学社会科学规划领导小组专家评审组社会学组副组长(两届,1987—1990,1991—1995)

中国大百科全书地理学卷人文地理学编委(1982—)

《经济地理》杂志编委(1981—1996)(编辑部设在湖南经济地理研究所)

《人文地理》杂志编委(1985—1996)(编辑部设在西安外国语学院)

《国外人文地理》杂志编委(1985—1996)(编辑部设在西安外国语学院)

《人口》杂志编委(1985—1988)(编辑部设在复旦大学)

中国人口丛书编委(1983—1991)

中国人口问题系列专著编委(1990—1995)

浙江省马寅初人口福利基金会顾问(1994—?)

《浙江省人口志》编纂委员会副主任、主编(1994—2008)

浙江省计划生育系统技术职务评审委员(1993—)

杭州宁波经济建设促进会象山分会理事(1996—)

H. 国际交流

1984.12.10—14　参加联合国/中国 CPR/80/P01 项目主办(中国人民大学承办)的"人口与发展国际学术讨论会"(北京,香山饭店)

1987.7.19—9.8　参加联合国/中国 CPR/85/P47 项目主办(菲律宾大学承办)的"人口学中年骨干研讨班"(马尼拉,菲大公共管理学院)

1987.10.27—31　参加联合国/中国 CPR/85/P47 项目主办(南开大学承办)的"城市化与城市人口问题国际学术讨论会"(天津,国际科技咨询大厦)

1989.12.6—8　参加中国社会科学院人口研究所主办的"中国人口迁移与城市化国际学术讨论会"(北京,紫薇宾馆)

　　1990.4.27—5.1　参加香港大学主办的以大陆、台湾、香港地理学者为主的"地理研究与发展研讨会"(香港,香港大学)

　　1993.12.11—1994.1.1　参加联合国/中国 CPR/91/P04 项目主办(泰国马赫多大学人口与社会研究所承办)的"合作研究",实际是访问,以学习、考察为主。(曼谷)

　　1995.5.19—21　参加华东师范大学举办的"'地球村'人口与环境国际学术会议"(上海,华东师大)

　　1995.8.20—9.2　参加隶属于科罗拉多州立大学的阿斯盆全球变化研究所(AGCI)举办的"1995 年夏季科学讨论会Ⅲ"(美国科罗拉多州,ASPEN)。会后,顺访欧道明大学。

　　1995.9.27—29　参加联合国/中国 CPR/91/P04 项目主办(北京大学承办)的"人口与可持续发展研讨会"(北京,皇苑大酒店)

I. 荣誉

　　从 20 世纪 80 年代开始,各种荣誉接踵而至,这里择要选录几项:

　　1.改革开放后科研成果中 9 项获省部级奖励。

　　2.1992 年起享受国务院特殊津贴。

　　3.80—90 年代载入国内多种名人录一类的典籍。1996 年载入英国剑桥国际传记中心传记第 24 版。

　　4.2002 年获浙江省马寅初人口奖科学奖。

　　5.在 2012 年中国人口学会成立 30 周年庆祝大会上被授予终生荣誉会员称号。

图 1　作者　摄于 1992 年

图 2　1965 年全家福

图 3　1993 年于杭大体育场路 142 号 1 单元 301 宿舍

图4　1983年地理系（城规专业）全体教师合影，前排右6为本人

图5　1962届经济地理专业毕业生聚会杭州，图为该届毕业生与应邀参加聚会的老师合影，前排左4为本人。1996年3月16日摄于杭州大学邵逸夫科教馆前

图6 1986年《中国人口·浙江分册》编写组成员合影，前排右3为本人

图7 1994年6月15日中国/联合国人口基金合作的 P04 项目"中国现阶段不同区域城市化的调查与比较研究"课题成果初审会，会间部分专家合影，左起王嗣均、张开敏（上海社科院）、顾文选（城乡建设部）、马裕祥（杭州大学）、严重敏（华东师大）、夏越炯（杭州大学）、胡序威（中科院地理研究所）

图 8　1984 年 12 月 "北京人口与发展国际学术讨论会" 在香山饭店举行，本人在宣读论文

图 9　1991—1995 年中国 / 联合国人口基金合作的 P04 项目 "中国现阶段不同区域城市化的调查与比较研究" 课题初步成果，于 1994 年 6 月 15 日在杭州举行专家初审会，本人在主持会议

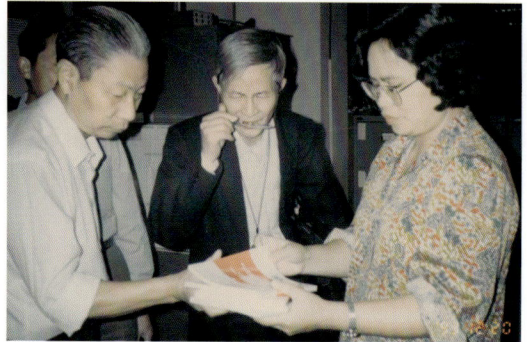

图 10　1993 年 12 月 20 日访曼谷联合国亚太经社理事会（ESCAP），接受该机构赠送资料。左起王嗣均、朱云成（中山大学）

图 11　1989 年 12 月 "中国人口迁移与城市化" 国际会议在北京紫薇宾馆举行，8 日下午本人与澳大利亚国立大学科娜女士担任会议执行主席

图 12　P04 项目组团 12 人于 1993 年 12 月—1994 年 1 月参访泰国马赫多大学人口与发展研究所，临别前（12 月 29 日）本人代表访问团向该研究所所长阿菲向特赠送纪念品

图 13　P04 项目 1993 年工作会议在海南大学举行，会议间隙西安交大陈松宝与本人交谈

图 14　P04 项目 1992 年工作会议于 9 月 23—27 日在乌鲁木齐新疆大学举行

图 15　1996 年联合国人口活动基金驻北京代表处副代表拉奎恩（中）访问杭州大学人口所，并做学术报告，本人（左）主持学术报告会，本所杨秀石（右）兼翻译

图 16　1991 年 9 月 16 日联合国人口基金评估团来杭大考察，姜新茂副校长（前中）会见。后排右 2 为本人

图 17　1985 年 P47 项目工作会议在杭州举行，会议间隙作个人交谈，自左至右为联合国人口基金高级项目官员 Roy，国家教委外事局副局长和我本人

图 18　浙江省哲学社会科学"八五"第二批重点课题申请评审会于 1992 年 7 月 8 日建德清心宾馆举行，会前领导小组与各学科组负责人举行碰头会，右坐者为本人

图 19 应海南省政府（通过公安部户政局）邀请，于 1997 年 1 月就"海南经济特区人口登记暂行条例"（第六稿）进行讨论。左为南开大学李竞能，右为本人

图 21 1987 年 8 月访菲期间，应邀参加菲大洛斯巴纽分校校长 De Guzman（正面中）在其官邸举行的午餐会，餐后随意交谈。其左侧为北京经济学院冯立天，右侧为本人

图 20 1987 年 9 月 4 日晚，菲律宾大学公共管理学院于 Holiday Inn 举行结业典礼，院长 G .U Iglesias（中）和人口研究中心主任 R .B Ocampo（左）向本人颁发结业证书

图 22 1990 年 5 月 1 日在香港大学"地理研究与发展"研讨会上作学术报告。左起：应秉洪（加州大学洛杉矶分校）、郭来喜（云南地理研究所）、刘鸿喜（台湾中国文化大学）和我本人

图 23　1990 年 4 月底 5 月初香港大学 "地理研究与发展" 研讨会代表下榻处 –
港大柏立基学院

图 24　出席美国科罗拉多州阿斯盆举行的 1995 年夏季科学讨论会专题 Ⅲ；主题
是 "作为区域与全球环境变化分析地理单元的大都市地区城乡复合体"。这是在
阿斯盆山（Aspen Mountain）的合影，左起：本人、江家驷（乔治亚技术研究院）、
周秀济（中国气象科学研究院），身后为 1.4 万英尺雪峰

图 25　1995 年 9 月 10 日摄于纽约联合国总部大楼前广场，因周日，未升联合国成员国国旗

图 26　1993 年 10 月在温州景山

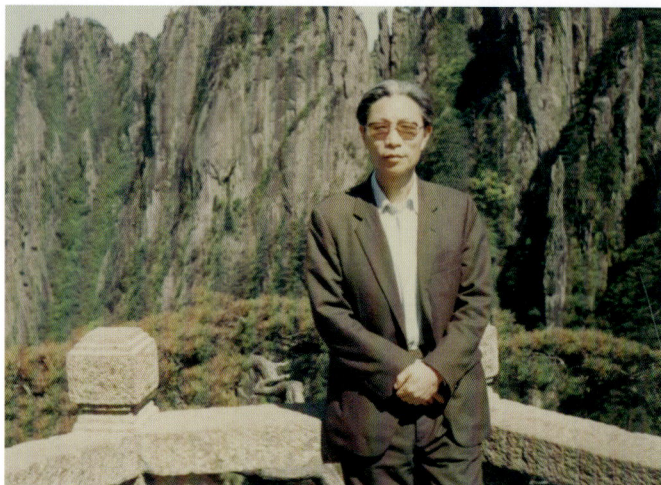

图 27　1988 年 5 月 17 日登黄山，摄于黄山北海清凉台

图 28　1987 年访菲律宾时下榻的 TROPICANA APARTMENT HOTEL，背景为马尼拉市区

图 29　1987 年 9 月于菲律宾碧瑶

图30　1997年7月3日杭大人口与发展研究所师生合影，后排右六为教师，余为硕士研究生

图31　2007年9月17—23日《浙江省人口志》第一次通稿会，摄于余杭径山绿神茶苑。左起：胡菡芬（副主编）、王嗣均（主编）、李志庭（副主编）、徐八达（主编）、叶明德（副主编）

图 32　1980 年 9 月在浙江省人口学会成立大会上做总结发言

图 33　1992 年 6 月 18 日本人（左 2）在萧山裘江乡作隐性城镇化抽样调查后与调查员交谈

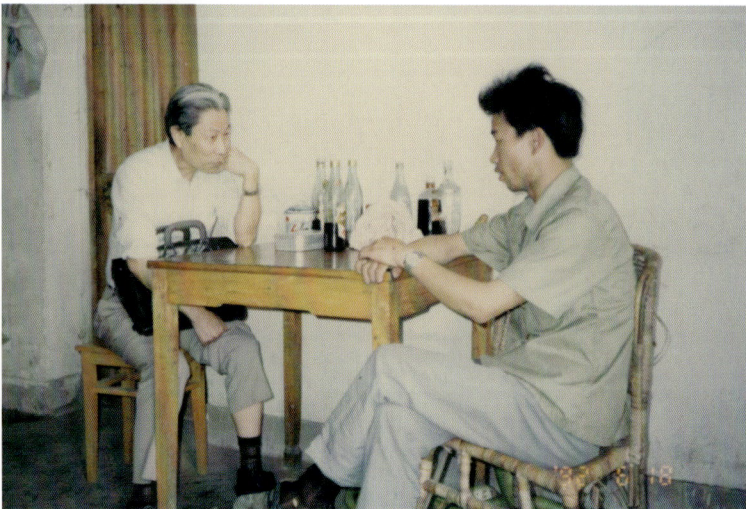

图 34　1992 年 6 月 18 日本人（左）在隐性城镇化抽样调查中走访萧山裘江乡农家

图 35　1965 年 10 月 8 日 –1966 年 4 月 20 日杭大参加新昌大灵公社南裕大队社会主义教育工作组同志合影，1966 年 3 月摄。左三人为地理专业三年级学生朱凤仙、麦继成、王文彪，右三人为教职员李庚锦、倪镇封、王嗣均

图 36　1972 年 1 月临安县中学教师培训班（第三期）全体教师合影，二排左 1 为本人

图 37　西行考察——陕西榆林城外冲沙造地，1974.8

图 38　西行考察——河西走廊的戈壁滩，1974.9

图 39　西行考察——青海柴达木察尔汗盐湖，白色堆积物为盐，1974.9

图 40　西行考察——宁夏贺兰山东麓草滩和羊群，1974.8

图 41　西行考察——山西昔阳大寨新村，1974.8.1

图 42　西行考——贺兰山上的高山草甸，海拔约2520 米，1974.8

图 43　西行考察——新疆石河子生产建设兵团农田防护林带，周总理曾在此接见上海知青，1974.9

图 44　2002 年 9 月在杭州

图 45　第三代——孙子、外孙女对奕，1993 年

图 46　1989 年全家福

图 47　作者母亲——奶奶与孙子（滨之）、孙女（亚田）在一起，摄于 1960 年

图 48　2009 年重修父母墓，2013 年 1 月 22 日回乡祭扫，与胞弟嗣锤在墓前合影